问学集续编

上

周祖谟　著

中华书局

图书在版编目(CIP)数据

问学集续编/周祖谟著. —北京:中华书局,2022.12
(周祖谟文集)
ISBN 978-7-101-15672-0

Ⅰ.问… Ⅱ.周… Ⅲ.汉语-文集 Ⅳ.H1-53

中国版本图书馆 CIP 数据核字(2022)第 048638 号

书　　名	问学集续编(全二册)
著　　者	周祖谟
丛 书 名	周祖谟文集
责任编辑	秦淑华
责任印制	陈丽娜
出版发行	中华书局
	(北京市丰台区太平桥西里 38 号　100073)
	http://www.zhbc.com.cn
	E-mail:zhbc@zhbc.com.cn
印　　刷	三河市宏达印刷有限公司
版　　次	2022 年 12 月第 1 版
	2022 年 12 月第 1 次印刷
规　　格	开本/710×1000 毫米　1/16
	印张 61½　插页 4　字数 1035 千字
印　　数	1-1500 册
国际书号	ISBN 978-7-101-15672-0
定　　价	290.00 元

周燕孙（祖谟）先生

与夫人余淑宜女士（左）、长子周士琦（中），20世纪40年代后半期
于北平

与朱德熙（左二）、裘锡圭（右一）等先生于北京颐和园佛香阁

北京大学中文系七八级研究生毕业留影

《周祖谟文集》出版说明

周祖谟(1914—1995),字燕孙,北京人,我国杰出的语言学家,卓越的文献学家、教育家。原北京大学中文系教授。历任普通话审音委员会委员、中国语言学会常务理事、中国音韵学研究会名誉会长、北京市语言学会副会长等职。

周祖谟先生一生致力于汉语史与古文献研究,出版学术著作十余种,发表论文二百余篇,涉及音韵、文字、训诂、词汇、方言、语法、词典编纂、版本、目录、校勘、敦煌学、文学、史学等多个领域,而尤孜孜于传统语言文字学典籍的校勘。作为 20 世纪人文领域的一位大家,周祖谟先生根植传统、精耕细作,对中国语言学的发展与进步产生了深远的影响。

《周祖谟文集》共分九卷,涵盖周祖谟先生论文结集、古籍整理成果及学术专著等。所收文集、专著保持周祖谟先生生前编订成书的原貌,其他散篇论文新编为《问学集续编》。收录论著均参考不同时期的版本细心校订、核查引文,古籍整理成果后附索引,以便读者使用。

《周祖谟文集》的出版工作得到了周祖谟先生家属及社会各界人士的帮助和支持,在此谨致以诚挚的谢意。

中华书局编辑部

2020 年 12 月

本卷出版说明

　　本卷《问学集续编》是按照《问学集》的编纂思路汇编没有收入《问学集》的文章而成的文集。收入周祖谟先生的论文、辞书条目、讲话稿、书跋书序书评、回忆录、诗词等一百六十余篇。

　　这些文章散见于各处，且时间跨度长，我们在尽可能搜集全部资料的基础上进行了加工和编辑。内容方面尽量尊重原貌，没有根据之处不作改动；明显的文字、标点类排印错误，在广泛征询学界朋友的意见后，适当作了改动。为方便读者使用，制作了"主要术语、人名、论著索引"。

中华书局编辑部

2016 年 6 月

目　录

论校勘古书的方法

古书之难读是人所共喻的。所以难读的缘故,固然有许多是由于今人去古已远,对于古代的语义文法等不易明了使然;但是因为书籍制度的改换,文字形体的变迁,以及后人传写摹刻的校改发生错误以致难读的也很多(见叶德辉《书林清话》、王念孙《读淮南子杂志叙》)。后者之滞碍尤大。我们读书的目的在于通解大义,然而常常因为书中文句有错误,便难以理解。所以要想读通古书,非切实地先校雠一下不可。俞樾说(《札迻序》):"欲使我受书之益,必先使书受我之益。"是深有体会的。校雠古书,在汉代的学者已经很用心了。到清代成为专门之学,功绩也最伟大,若卢文弨(抱经)、王念孙(怀祖)、俞樾(曲园)、孙诒让(仲容)四人所校书极多。其中方法和态度最审慎的首推王氏。孙诒让《札迻叙》说:

> 乾嘉大师唯王氏父子郅为精博,凡举一谊,皆确凿不刊,其余诸家,得失间出。

我们现在要讲的校勘方法也就以王氏为正宗。他所用的方法,孙诒让的话说的最扼要。就是:

> 以旧刊精校为据依,而究其微旨,通其大例,精研博考,不参成见。其谊正文字讹舛,或求之于本书,或旁证之它籍,及援引之类书,而以声类通转为之锘键。(《札迻叙》)

我现在把他这些话引申举例说明一下:

概括来说,校勘古书的方法可以分两种:一种是版本的校勘,一种是理性的校勘。

(一)版本的校勘,是完全依据古本旧抄来校正今本的错误。这种方法是最基本的。凡书籍之讹误大半由于传写摹刻的粗疏,所以愈古的版本,错误也就愈少,如宋元旧刻和影抄宋本都是最可宝贵的。自晚明毛氏(晋)汲古阁、钱氏(谦益)绛云楼开了藏书的风气以后,到了清代古书皆荟萃下东南。当时学者注意校雠古书的极多,如何焯、卢文弨、蒋光煦、黄丕烈、顾广圻都是很著名的。他们所校的书极细密,一书各本的异同毕录无遗。间附案语以刊正文字之误,也都非常精到。但是有时崇信古本太过,偏爱宋本,尽以宋本为是,这就不免以此自蔽了。须知书以宋版为善,而"宋版不必不误"(焦循语)。宋刻坊刊本固不论,即官刻本、私宅本也有纰缪,这一点宋朝当代的人就说过,如岳珂的《刊正九经三传沿革例》、叶梦得的《石林燕语》、王应麟的《困学纪闻》皆有论列。清人王士禛的《居易录》、钱大昕的《十驾斋养新录》、叶德辉的《书林清话》等也都谈到过。所以我们校书决不能佞宋,同时也不能完全凭依宋本。宋本固不足恃,而唐写本亦不尽都对,例如《荀子·劝学篇》"蓬生麻中,不扶而直"二句下宋本、今本皆脱"白沙在涅,与之俱黑"二句。唐杨倞也没有这两句的注文,可知杨氏所见的本子已同今本了(王念孙依《尚书·洪范》正义引和《史记·三王世家》索隐注补)。所以版本的校勘虽然是最要紧的方法,然而有时还不足用。尤其是读秦、汉以上的书,专据版本是不成的。我们校书不能以版本为终点,当以版本为起点,另外参用别的方法来勘正唐、宋本的讹误,而上求秦、汉古书之旧观。那种方法,就是属于理性的校勘。

(二)理性的校勘是超乎版本的。凡一书各本皆误者,能用理性分辨出来,而且援引实证更正之。所谓实证,不外本证、旁证两类:

1. 本证者是就本书中寻求类似的事实,或相同的文例,互相参证。凡前后有矛盾或错误的,都可以据此以订彼。简单说来,就是以本书证本书,例如《荀子·富国篇》:

> 故仁人在上,百姓贵之如帝,亲之如父母,为之出死断亡而愉者。

"愉"上当有"不"字。王念孙据本书《王霸篇》"为之出死断亡而不愉"改定(见《读荀子杂志》)。这就是一个很好的本证。又如《淮南子·泰族篇》:

> 孔子为鲁司寇,道不拾遗,市买不豫贾。

王念孙说(见《读淮南子杂志》):"买字即贾字之误而衍者也。市不豫贾,谓市之鬻物者不高其价以相诳豫。《荀子·儒效篇》作'鲁之鬻牛马者,不豫贾';《淮南子·览冥篇》及《史记·循吏传》并云'市不豫贾'。多一买字则文不成义,且与上句不对矣。"其中所举《淮南子·览冥篇》一证,就是本证。引本证校书是最直接最有力的一种方法。本证不足,则取旁证。

2. 旁证者是在本书以外寻求佐证来刊正此书之脱误。旁证又分两类:一类是本书内一件事实、一段文字在同时代或时间相去不远的各书里所论相同,可以援引比证。一类是前人某书或类书里引到本书的可以比勘。二者之中前面的最有力,往往有想不到的收获。这一点完全要凭自己读书的多少了。博学的人可以由这一种书联想到另外一种书,比勘起来很容易有发明,例如《荀子·宥坐篇》:

> 孔子观于东流之水,子贡问于孔子曰:"君子之所以见大水必观焉者是何?"孔子曰:"夫水大遍与诸生而无为也,似德。"杨注:"遍与诸生谓水能遍生万物,为其不有其功似上德不德者。"

王念孙说:"案'遍与'上不当有'大'字,盖涉上文'大水'而衍。据杨注云'遍与诸生谓水能遍生万物',则无'大'字明矣,《初学记·地部》中引此无'大'字,《大戴记·劝学篇》《说苑·杂言篇》《家语·三恕篇》并同。"案《大戴记》《说苑》《家语》三部书都是汉魏古籍,据以订正《荀子》文句是很好的旁证。又如《庄子·徐无鬼篇》:

> 公曰:"鲍叔牙。"曰:"不可,其为人洁廉善士也。其于不己若者,不比之,又一闻人之过,终身不忘。"

孙诒让说(见《札迻》):"案此'又'当为'人','不比之人'句断,言不得齿于人也。《列子·力命篇》云:'小白曰:"鲍叔牙可。"曰:"不可,其为人洁廉善士也。其于不己若者,不比之人,一闻人之过,终不忘。"'《吕氏春秋·贵公篇》:'管仲曰:鲍叔牙之为人也清廉洁直,视不己若者,不比于人。'高注云:'比,方也。'并与此书同,可据以校正。"三书文句大同小异,据《列子》《吕览》足证《庄子》之"又"字为"人"字之误。

前人所引的古书与今本字句不同是常有的事,据之以订今本之失,也是有力的旁证;不过要加以衡量,仅仅据孤证而立说是很危险的。因为前人引书,常有不检原书而凭记忆来写的。更重要的是在雕板以前一书之传本各异,引书者之所据未必即是善本,这是不可疏忽的。

古代的类书传下来的有唐虞世南《北堂书钞》,欧阳询《艺文类聚》,徐坚《初学记》,唐白居易、宋孔传《白孔六帖》,宋李昉《太平御览》。诸书所引古代文籍极多,都是校勘上的资料。但是类书也时有脱误,不可拘滞。以类书所引校勘今本的例,如《淮南子·修务篇》:"又况赢天下之忧,而海内之事者乎?"王念孙说:案"海内"上脱"任"字。《艺文类聚·人部》四(卷二十)、《杂器物部》(卷七十三)、《太平御览》一百一十《器物部》六,引此皆有"任"字。足证唐人的传本还没有错。据诸书所引可以补正今本。

　　另外，还有从文字声音上校正古书的讹误。此法可以说"古已有之"。汉高密郑玄、涿郡高诱都用此法校书。郑氏注经所谓"当为"者就是改正讹字（见段玉裁《周礼汉读考序》），这种方法只限用于校正确切是先秦的古书，否则不可滥用。现在举孙诒让《札迻》里的一个简单的例子：

> 　　《庄子·人间世》四："而强以仁义绳墨之言，衒暴人之前者，是以人恶有其美也。"案衒与述古通。《礼记·祭义》"结诸心，形诸色，而衒省之"，郑注云："衒当为述，声之误也。"

这一类的方法最重要的是本证和旁证两项。清代能够融会贯通的只有王念孙一个人。今不惮繁，再举一个全例作准绳，《荀子·君道篇》：

> 　　人主欲得善射射远中微者，县贵爵重赏以招致之……欲得善驭速致远者，一日而千里，县贵爵重赏以招致之……

王念孙校此文最精，各种方法全用了。他说："欲得善驭速致远者，元刻世德堂本'速'上有'及'字，卢（文弨）从宋本云：俗间本有'及'字。案有'及'字者是也（板本）。'及速'与'致远'对文。行速则难及，道远则难致，故唯善驭者乃能及速致远，非谓其致远之速也，则不得以'速致远'连读。'善驭及速致远'与'善射射远中微'对文，若无'及'字则与上文不对，一证也（文例）。《王霸篇》云：'欲得善射射远中微，则莫若羿蠭门矣；欲得善驭及速致远，则莫若王良造父矣。'与此文同一例，二证也（本证）。《淮南·主术篇》云：'夫载重则马羸，虽造父不能以致远；车轻而马良，虽中工可使追速。''追速致远'，即'及速致远'，三证也（旁证）。《群书治要》有'及'字，四证也（旁证）。"由此可悟校书之法。

　　校书一事，校易而勘难。校要细心，勘要博学明辨。何焯（义门）、卢文弨（抱经）等所校各书极精密，然而案断或欠允当，如《荀子·劝学篇》：

> 　　礼者法之大分，类之纲纪也。

宋本"类"上有"群"字，卢校从之。但王念孙在《读荀子杂志》上说："宋本作'群类'者，盖不晓'类'字之义而以意加'群'字也。不知'类'者谓与'法'相类者也。"这话很对，因为"法、类"在《荀子》中常常对举。又《荀子·修身篇》：

> 　　身劳而心安为之，利少而义多为之。事乱君而通，不如事穷君而顺焉。

顾千里说："'穷、顺'二字疑当互错。'顺君、乱君'对文也，'而通、而穷'亦对文也。荀子每以'通'与'穷'为对文。"这话有误。俞樾（曲园）说："荀子之意以为事乱君则不顺矣,事穷君则小通矣。然与其事乱君而通,不如事穷君而顺。正上文身劳而心安为之,利少而义多为之之意。若从顾校,则全失其旨矣。"由此可知《荀子》本文实在没有错,与下文"士君子不为贫穷怠乎道"之意正相符合。由以上两个例子可以知道校书非精审明辨不可。

此外还应当注意以下几件事:

第一,要明了本书的义例。知道本书的义例,才能够改正后人窜乱混淆的地方,若戴震(东原)之校勘《水经注》、段玉裁(茂堂)之改正《说文》,都是先发明义例,然后动手校勘,所以成效极大。

第二,要注意古书的用韵。注意古书的用韵,常常可以帮助我们改正两种错误:一种由前后用韵可以看出当协韵而不协韵的字是误字;一种由前后用韵可以剔去忽然窜入不协韵的文句,借此可以推断这些不协韵的文句是错简,或是注文误入正文(详王氏《读淮南子杂志叙》)。

第三,注重古注。我们校勘正文常常可以引据注文的解释作为辅证,如《吕氏春秋·察微篇》:"因归邴氏之宫,而盗其宅。"孙人和(蜀丞)说(见《吕氏春秋举正》):"按归本作侵,与《淮南·人间篇》同。故高注云:侵邴氏宫以益己宅也。"这就是因注文而校勘正文的一个例子。

第四,忌臆改。宋明刻书,往往因为不审文义,或者字不习见,于是任意妄改。古书因是大坏,所以段茂堂说(《经韵楼集》卷八《士礼居重刊明道二年国语序》):"古书之坏于不校者固多,坏于校者尤多;坏于不校者,以校治之;坏于校者,久且不可治。"清人刻书这种毛病已经不多,不过有时还不周到,如张士俊校刊《广韵》改易宋本的地方很多,虽然得者十之八九,但依旧有改错了的,反倒不如一依原书刊刻,而别附校勘记为好。所以校书首当从本书相传旧本校起,然后再用理性校勘的方法刊正相沿的谬误。若欲改定原本,自当仍本书之旧(正文、注并同)。遇有刊改,则别加案语,条系其下,令读者自行体味,这才是校雠的正则(详《抱经堂文集》卷第二十《与王怀祖庶常论校正大戴礼记书》)。而校书者又必得"毋凿,毋泥,毋任己,毋任人"才成(段玉裁《经义杂记序》)。

以上所说都是限于书本上的校勘。现在我们更要注意的就是晚近出土的古物碑铭,这对于校订经史文集都极有帮助,如周代的铜器款识,汉代的碑刻、木简,后汉的石经,都跟校正经文很有关系。又如六朝的碑文、北魏的墓志、唐宋的碑版,跟校正文史很有关系。利用这种新材料,可以补苴前人之不足,而别有创获。

校勘古书的方法已略具于是。这虽然是一种细密的专门学问，然而却有普及的必要。我们读古书或考订史料无时不需要校雠，知道这种方法固然可以自己应用，同时也可以衡量前人的短长。因此写成此篇，供读古籍者参考。

1936 年 8 月于北大之新斋

古籍校勘述例[*]

一、叙　说

我们要研究古代的社会历史、经济、文化,不能不利用古书,而我国历代流传下来的古籍浩如烟海,时代早的书几经传写或刻板,都不免出现一些错误,或篇简错乱,或字有讹夺,读起来难以理解,因此不能不进行校勘。

校勘的知识,对利用古书的人是必要的,对从事整理古籍的人来说,尤为切要。所以研究校勘古书的方法也就成为一门专门之学,即校勘学。"校"是比对异同的意思,"勘"是审核订正的意思。"校勘"就是以两者互相校核,发现异同,而正其讹误。校勘学也称为校雠学。"雠"是相比对的意思。校雠古书,著为定本,远自汉代刘向、刘歆开始。历代官府都设有校书之官,私人藏书也多手自校雠,如梁代的任昉、宋代的贺铸,史传都有记载。但发展成为一门专科的学问则时代很晚。校勘学是随着版本学之兴起而建立起来的。

古书在唐代以前都是写本。晚唐以后雕版盛行,一般书籍都有了刻本,刻本一出,得书容易,好的古写本也就逐渐散失。书籍有刻本,固然便于流传,但是刻书所根据的底本是否为足本、善本,刻板的时候曾否跟别本校对过,有无错字等等,都是问题。宋代刻书者多,同一种书每有不同的刻本,卷数多寡或有不同,板刻也有精粗美恶之分。官刻本或家刻本经过用心校对,一般来说错字较少;书坊所刻,为急于谋利,往往校订不精;而且书籍屡经翻刻,手民传录不慎,也能出现错误。所以从南宋开始学者已重视版本文字的校勘,如岳珂刻九经三传曾广聚众本,订正纰缪(见所著《刊正九经三传沿革例》),所刻"相台五经"最为知名。

元代所刻的书也有不少胜于宋刻的,但种类不及宋刻之多。到了明代,宋元刻本流传日稀,于是传刻古书颇为盛行。惟明人遇不懂处每每以意校改,反多讹误。刻本不同,文字也大有出入。因此,读书不能不讲求版本。明清两代藏书家多,如范钦天一阁、毛晋汲古阁、钱谦益绛云楼、黄丕烈士礼居、黄虞稷千

---

* 前一篇写于1936年,发表于报刊,本篇为前些年的讲稿,两篇可以互相补充,所以并存。1986年5月2日日记。

顷堂、吴骞拜经楼等,家家竞购宋元旧本,风靡一时,版本之学由是而兴。书籍既然讲究版本,就离不开校雠以判断文字的是非,因此校勘学随着版本学的建立逐渐发展为一门有理论、有方法的学问。

校勘古籍盛于清朝乾嘉之际。成就最多、考校最精的当推王念孙、王引之父子。王氏的《读书杂志》是很重要的一部书。在他以后,俞樾著有《古书疑义举例》和《诸子平议》,孙诒让著有《札迻》,都续有发明。这些都是从事整理古书和校勘古书的人所当留意的书。

校勘古书所需要的一般知识是相当广泛的:一方面要有关于古书的书籍知识,如古书的体制、古书的传写、古书的板刻以及有关书籍目录的知识;另一方面要有文字、音韵、训诂的基本知识,包括文字的假借、字体的流变、古今声韵的通转、词义的引申等等。除此之外,对古代的历史文化、典章制度之类也须要有所了解,并能运用不同种类的工具书,以解决书本上所出现的问题。然而各门学科又自有其专门知识,校某一类书,就要有某方面的专门知识,自不待言。这里仅就如何推寻书中文句的讹误以及如何进行校订发凡起例,撮举其要,加以说明,其他则略而不论。

二、古书讹误举例

王念孙在《读书杂志·淮南内篇第二十二》中曾就《淮南子》一书所出现的错误情况列举出六十四项,并举例加以说明。现在就主要的现象,约举十条,并略举例,以便参证。例子也多采自王念孙《读书杂志》、俞樾《诸子平议》及《古书疑义举例》。为行文方便起见,不烦详注。

(一)篇简错乱

篇章简策的错乱通称为"错简"。错简一般有两种情况:一种是一篇之内段落文句错,一种是这一篇错入另一篇,例如1973年从长沙马王堆三号汉墓出土的帛书《老子》有两种写本,跟今本颇有不同,今本第二十四章"企者不立,跨者不行,自见者不明,自视者不彰"云云,两种帛书均在第二十二章("曲则全枉则正")和第二十三章("稀言自然,故飘风不崇朝,骤雨不崇日")之前,今本盖传写失次。

又如1972年在山东临沂银雀山一号汉墓出土的竹简中有《管子》一些残简,其中一部分与今本《七法》一篇对校,文字大不相同,例如今本"为兵之数"有以下几句:

> 举之如飞鸟,动之如雷电,发之如风雨,莫当其前,莫害其后,独出独入,莫敢禁围……

今本"选陈(阵)"又说:

> 故有风雨之行,故能不远道里矣;有飞鸟之举,故能不险山河矣;有雷电之战,故能独行而无敌矣……

可是竹书《管子》这两部分是连在一起的,文字作:

> 动如雷神(电),起如蜚(飞)鸟,往如风雨,莫当其前,莫害其后,独出独入,莫能禁止。有风雨之疾,则不冀(难)远道;有蜚(飞)鸟之起,则□□山河;有雷神(电)之威,则能独制而无適(敌)……

这些文句的层次很顺,今本因简册错乱而传录有误。

(二) 字形相近致误

《管子·九守》:"脩名而督实,按实而定名。""脩"当为"循"字之误。"循"唐人写书多作"揗",因讹为"脩"。"脩"同"修"。

《管子·乘马》:"樊棘杂处,民不得入焉。"王引之说:"'樊'当为'楚',字形相近而误。楚,荆也。楚棘杂处,谓荆棘丛生也。"

《韩非子·十过》:"禹作为祭器,墨染其外,而朱画其内。"王念孙谓"染"当作"漆",俗书"漆"字作"柒",因讹而为"染"。《说苑·反质》正作"漆"。

(三) 文字有增衍

传写增多出来的字,通称为"衍文",例如:

《管子·事语》"彼壤狭而欲举與大国争者","举"字因跟"與"字形近而传写误衍。

《韩非子·诡使》"名之所以成,城池之所以广者",俞樾谓"池"为"地"字之误。"名之所以成,地之所以广"相对成文,不当有"城"字,"城"即由"成"字而误衍。

《吕氏春秋·当染》"不知要故也。不知要故,则所染不当",这里下句的"故"字,涉上句而误衍。

(四) 文字重叠出,不符原意

《管子·乘马》:"正地者,其实必正。长亦正,短亦正,小亦正,大亦正。长短大小尽正,正不正则官不理。""正不正"文义不通,上"正"字显然是书写重复,原文当是"不正,则官不理"。

《庄子·天运》:"故西施病心而矉其里,其里之丑人见而美之,归亦捧心而矉其里。其里之富人见之,坚闭门而不出;贫人见之,挈妻子而去之走。"此处"其里"二字叠见。"病心而矉其里"与"捧心而矉其里"的"其里"二字传写误重,当删。"矉"是蹙额的意思,字亦作"顰"。它是个自动词,后面不能带宾语。《太平御览》卷三九二、七四一引并不重上面两处"其里"二字。唐写本上一"其里"二字亦不重出。足证当删。

(五)两字合为一字,或一字分为两字

《战国策·赵策》:"太后明谓左右:有复言令长安君为质者,老妇必唾其面。左师触詟愿见太后,太后盛气而揖之。"案此据姚宏本,鲍彪本作"左师触龙言愿见太后",《史记·赵世家》同。《汉书·古今人表》也作"左师触龙"。姚本合"龙、言"二字为一字。

贾谊《新书·过秦论中》"故先王者见终始之变","者见"二字当是"覩"字之误,"覩"字误分为二,遂错为"者见"二字。

(六)字词有窜改

《老子》第十四章:"视之不见名曰夷,听之不闻名曰希,搏之不得名曰微。"案《老子》帛书甲乙两本此三句作"视之而弗见,名之曰微。听之而弗闻,名之曰希。揗之而弗得,名之曰夷"。朱德熙先生说:"搏"亦作"搏"。按《说文》"揗,抚也,摹也""夷,平也"。盖"揗"讹为"搏、搏",与夷义不相应,遂改"夷"为"微",而将"视之不见"句之"微"改为"夷"。今案朱说极是,今本文字有误。

《孙子·九地》:"四五者,一不知,非霸王之兵也。夫霸王之兵,伐大国则其众不得聚,威加于敌则其交不得合。"案"霸王之兵"银雀山汉墓竹简《孔子》作"王霸之兵"。"王霸"屡见于古书,《孟子·滕文公》云:"大则以王,小则以霸。"《荀子》也有《王霸篇》。王霸之业为古之常言,今本《孔子》作"霸王之兵"当为后人所窜改。

(七)字句有脱漏

《荀子·劝学》"蓬生麻中,不扶而直",《书·洪范》唐孔颖达正义引此下有"白沙在涅,与之俱黑"二句,"直、黑"二字为韵,王念孙以为今本脱,当补。

《洛阳伽蓝记》卷一永宁寺条:"时太原王(尔朱荣)位极心骄,功高意侈,与夺臧否肆意。""与夺"下脱漏"任情"二字。见《魏书·孝庄纪》。

（八）文句之间有颠倒错乱

《老子》第十四章"迎之不见其首,随之不见其后",汉代帛书《老子》乙本作"随而不见其后,迎而不见其首",唐广明元年焦山道德经幢作"随之不见其后,迎之不见其首",与帛书合,今本误倒。

《荀子·非相》:"谈说之术,矜庄以莅之,端诚以处之,坚强以持之,分别以喻之,譬称以明之。"王念孙谓:"分别"当在下句,"譬称"当在上句,譬称所以晓人,故曰譬称以喻之。分别所以明理,故曰分别以明之。《韩诗外传》及《说苑·善说》引此并作"譬称以喻之,分别以明之"。

（九）注文误入正文,或正文误为注文

《韩非子·难三》:"且夫物众而智寡,寡不胜众,智不足以遍知物故,则因物以治物。下众而上寡,寡不胜众者,言君不足以遍知臣也,故因人以知人。"这里是就郑国子产而说的,与君臣无关。今本"智不足以遍知物故"和"言君不足以遍知臣也"两句俞樾以为应是旧注,传写误入正文。

《淮南子·道应》:田鸠"往见楚王,楚王甚说之,予以节,使于秦。至,因见惠王而说之。"今本"因见"下有"予之将军之节"六字当是高诱解"予以节"所加的注文。今窜入正文,义不可通。

《淮南子·说林》:"粟得水湿而热,甄得火而液。水中有火,火中有水,疾雷破石,阴阳相薄,自然之势。"今传本"自然之势"四字误作注文,使原文偏奇不全。当改正。

（十）写书旁记之字误入正文

《管子·立政》:"未之令而为,未之使而往,上不加勉,而民自尽竭,俗之所期也。"案"而民自尽竭"原文当是"而民自尽"。"竭"是竭尽其力的意思,应是写者在字旁所注义训,后人不察,致误入正文。《鹖冠子·天则》云:"未令而知其为,未使而知其往,上不加务,而民自尽,此化之期也。"文义与《管子》正同,可证今本《管子》"尽"下不应有"竭"字。

《晏子·内篇问下》:"景行行止之者其人也。"清卢文弨《群书拾补》云:"案今《诗》作'景行行止',而古来所引每作'行之'……此书必本作'行之',后人以《诗》'止'字注其旁,遂误入正文耳。"王念孙又据《淮南子·说山》谓"其"字上脱"乡（嚮）"字。

古书中出现的讹误情况很多,以上仅就其常见的列举十条,学者如能掌握其中一些规律,对古书中文字上的讹误就比较容易辨识,并能加以校订。

三、校勘古籍的方法

要校书首先要读书。要了解原书的体例和思想内容以及语言的风格、辞例、文例等等。只有在这样的基础上才能很好地从事校勘,善于辨别文辞上有无错误。

校书还要知道古书中常见的避讳字。避讳从汉代已经开始,《老子》帛书乙本已避刘邦讳,以"国"字代"邦"字。后世避讳日繁,唐人写书遇到"世"字改为"代","民"字改为"人","治"字改为"理";宋代则"匡"改为"刊","恒"改为"常",诸如此类,不烦枚举。这类的避讳字有时对文义妨害不大,有时就会涉及到意义,如清人刻书,"玄"字避康熙帝讳改写为"元",就要注意了。关于避讳,可看陈援庵(垣)先生的《史讳举例》一书。

校勘古书,一般总是先从不同的版本校对入手。今日我们所读的古书几乎都是清代的刻本,明代的刻本已不多见。有的书以前只有一种刻本,有的就有几种刻本。有几种刻本的,时代又有先有后,所根据的底本未必相同。同一书屡经翻刻,翻刻时也许有所校改,有的改得对,有的改得不对。要校书就不能不多聚众本,寻求足本、善本,校其异同。

古本是非常难得的,如果有古本就可以解决不少字句上的问题,如《老子》第二章"有无之相生,难易之相成,长短之相形,高下之相倾"数句,帛书甲乙本均作"有无之相生也,难易之相成也,长短之相刑(形)也,高下之相盈也","倾"字作"盈",义更明豁,胜于今本。又第十章"爱民治国,能无以知乎?天门开阖,能为雌乎?明白四达,能无以为乎"数句,帛书乙本作"爱民活国,能毋以知乎?天门启阖,能为雌乎?明白四达,能毋以知乎?"案《淮南子·道应》云:"老子曰:明白四达,能无以知乎。"文字与帛书相合,今本作"能无以为乎"误,当依帛书改正(上句"能毋以知乎"的"知"字当依唐景龙碑作"为")。由此足见古本之可贵。至于敦煌石室所出的唐写本古籍,数量较多,虽然也不免有错字,然远胜于宋以后的刻本。我们应当尽量利用古本来刊正今本。

利用各种不同的版本进行校对异同,这是校勘古书的第一步。利用版本校勘不仅可以了解各本的优劣,而且可以辨别各本之间的关系,推寻源委,分别主次,知所去取,例如《荀子》一书有宋刻杨倞注本和元刻纂图互注本,明嘉靖间有顾氏(春)世德堂所刻六子本,各本文字互有不同。然经过校勘,知道顾刻本实与元刻本为一系统,因而可以从纷挐中有所侧重,避免瞀乱。

校书本身也是一个读书的过程,有时只凭版本校勘还不能解决问题,因为有些古书只有一种刻本,或者各刻本的错误相同,难以判断正误,那就必须利用其他方法进行订正。在版本校勘之外更重要的方法可以概括为两种:

一种是根据本书的体例,本书的上下文义、辞例以及前后篇章中相同或相近的文句反复寻按,对照比勘。这种方法就是以本书校本书的方法。

还有一种方法是在单凭本书尚难以确定的情况下,于本书之外利用其他书籍所引文字或其他与本书相关的材料比对异同,以考订今本的是非,决定去取。这种方法就是用他书对校的方法。

现在就上述两种方法分项举例,加以说明。

(一)用本书文句订正本书

古书一篇之内文义相承,用词往往一样,同一文句,有时数篇共见,可以比对参照,校正讹误。一部史书,史实相同,不同传记,文字歧出,也可以互校。宋吴缜《新唐书纠谬》、清汪辉祖《元史本证》即是其例。今以子书为例:

《管子·八观》:"彼民非谷不食,谷非地不生,地非民不动,民非作力,毋以致财。天下之所生,生于用力;用力之所生,生于劳身。是故主上用财毋已,是民用力毋休也。"这里"天下"当是"天财"之误。《立政》云"天财之所出"、《国蓄》云"天财之所殖"意思相近,依上下文义足证"天下"二字有误。

《管子·七臣七主》:"彼时有春秋,岁有赈凶,政有急缓,故物有轻重。岁有赈凶,故民有义不足。"案"义"当作"羡",形近而误。"羡"是多余的意思。"羡"与"不足"为对文。"羡不足"又见《国蓄》和《轻重己》两篇。

(二)参考注文刊定正文

古书的注解在解说原文文义的时候经常联系到原文的词句,如原句有误,可以根据注文加以校正,例如:

《管子·侈靡》:"夫运谋者,天地之虚满也;合离也,春秋冬夏之胜也。"案依文义"胜"上当有"相"字。尹注云:"若无春秋冬夏之变,则不能相胜而成岁。"可证尹所据本原有"相"字。

《管子·心术》:"毋代马走,使尽其力;毋代鸟飞,使弊其羽翼。"这里"羽"字误衍。"使尽其力"与"使弊其翼"文例相同。尹注云:"能走者,马也;能飞者,鸟也。今不任鸟马之飞走,而欲以人代之,虽尽力弊翼,而终竟不能尽。"据此可证"羽"为衍文。

（三）根据文义和文例订正谬误

校勘古书,从文义和文例上推究原文是否有误,这是非常重要的,一方面看自己的学识,另一方面也看自己读书是否细心。清代校勘家于古人文字擘析精微,未见古本而所校往往与今日所见古本暗合,例如:

《庄子·天道》:"桓公读书于堂上,轮扁斫轮于堂下,释椎凿而上,问恒公曰:'敢问公之所读者何言邪?'公曰:'圣人之言也。'曰:'圣人在乎?'公曰:'已死矣。'曰:'然则君之所读者,古人之糟魄已夫。'""君"字依上文当作"公"。《北堂书钞》卷一〇〇引"君"正作"公"。

《淮南子·人间》:"佞人得志,是使晋国之武舍仁而后佞。""武"即"士"。"后佞"字有误,当是"从佞"。"从、后"二字形近而讹。

白居易《琵琶行》:"间关莺语花底滑,幽咽泉流水下难。""难"或作"滩",与"滑"不相类。水下难,段玉裁谓当是"冰下难",若作"水下难",义不可通。

（四）根据文辞押韵考订谬误

先秦古书中一篇之内经常有韵语,目的是便于记诵。但有时依例当属押韵字,而读来并不谐和,那很可能是文字有误,应根据古时韵部进行寻按,加以订正,例如:

《管子·明法解》:"故威势独在于主,则群臣畏敬;法政独出于主,则天下服德。故威势分于臣,则令不行;法政出于臣,则民不听。"案"服德"当是"服听"之误。"法政独出于主,则天下服听"与下文"法政出于臣,则民不听"文义正相应。"敬"与"听"押韵,作"德"则音义都不合。

《荀子·天论》:"大天而思之,孰与物畜而制之? 从天而颂之,孰与制天命而用之? 望时而待之,孰与应时而使之? 因物而多之,孰与骋能而化之? 思物而物之,孰与理物而勿失之也? 愿于物之所以生,孰与有物之所以成? 故错人而思天,则失万物之情。"这一段义理精微而且语句精练的韵语都是两句一换韵的,惟有"大天而思之,孰与物畜而制之"的"思"与"制"不叶。案古韵"思"为之部字,"制"为祭部字,韵不同部。唐杨倞注云:"尊大天而思慕之,欲其丰富,孰与使物畜积而我裁制之也。"然则"制"字当是"裁"字之误。"裁"与"思"同属古韵之部。今本作"制",乃传写之误。

《淮南子·兵略》:"天化育而无形象,地生长而无计量,浑浑沉沉,孰知其藏。"这几句是韵语,惟"沉"字不押韵。王念孙校正为"沆"字,则"沆"与

"象量藏"三字叶韵。

（五）根据其他书籍所引改正今本之误

校勘古书,除了用本书证本书以外,还可以利用别的古书引用本书的文句对校,这就是前面所说的第二种方法了,如用《韩非子·解老》《淮南子·道应》可以校今本《老子》,即是一例。

为校订古书可以利用的古籍很多,同时也随所校古书的内容性质而异。其包容广、引书多的可分四类:（1）汇抄,（2）古籍旧注,（3）类书,（4）总汇。

汇抄是就某一方面的书杂抄为一集的,如唐魏征《群书治要》、马总《意林》,对校子部书都是有用的。古籍旧注引书极多的莫过于史书的旧注和唐李善的《文选注》。类书是分别事类采录前代的著述编排而成的,性质近于百科全书。自天文、地理、历史文化以至动物、植物,包括很广,集录的书籍也最多,如唐虞世南的《北堂书钞》、欧阳询的《艺文类聚》、徐坚的《初学记》,宋李昉等所编的《太平御览》等都是常用的类书。不过,类书的引文只相当一种版本。类书本身几经传刻,版本不同,也难免有误。因此,有了类书的引文,还要参证本书的文义来断定取舍。总汇是专就某一方面不同时代的著作分类编纂成为一书,如宋代的《册府元龟》集录的是史书传记,《太平广记》集录的都是前代的小说,对专门校某一类的书是很有用的。

根据他书所引以与今本对校,比用同书的不同版本对校,得益更多。今本从宋元刻本而来,又辗转翻刻,往往以讹传讹,终不及前代书中所引为得其实,例如:

《管子·小匡》:"寡君有不令之臣在君之国,愿请之,以戮群臣。"案下文云:"愿生得之,以徇于国,为群臣僇。"《左传·庄公九年》正义引"戮"下有"于"字是也。今本脱。

《管子·形势解》:"使人有礼,遇人有理。"《群书治要》引此作"使人有理,遇人有礼"。今本"礼、理"二字误倒。

《晏子·谏上》:"景公将观于淄上,与晏子闲立。"这里说的是齐景公同晏子在淄水岸上闲立,说"将"则时间与文义不合。案《群书治要》和《太平御览》卷四二八所引都无"将"字,可证"将"为衍文。

《史记·李斯列传》:"夫以秦之强,大王之贤,由灶上骚除,足以灭诸侯,成帝业。"案"由"与"犹"同,"骚"与"埽"同。《太平御览》卷四六一引此文"由灶上骚除"作"如老姬灶上扫除","灶"字上有"老姬"二字。王念孙云:

"索隐曰:言秦欲并天下,若炊妇埽除灶上之不净,不足为难。据此则正文内有'老妪'二字明矣。"

(六)取其他书籍相同或相近的资料或文句对校

古代书籍叙事载言每每更相祖述,时代相同或相近的古书里论述相同或记载相同的文字都可以互勘,校正讹误,例如我们可以据《吕氏春秋》校战国诸子,据《大戴礼》和《史记》《汉书》校贾谊《新书》,据《汉书》校《史记》,据荀悦《汉纪》校《汉书》,据《册府元龟》校《旧唐书》。清代学者利用这种方法校订古书,探微索隐,所得甚多,例如:

《管子·宙合》:"天不一时,地不一利,人不一事。是以著业不得不多,人之名位不得不殊方。"案《淮南子·泰族》也有相似的话,《泰族》云:"天不一时,地不一利,人不一事,是以绪业不得不多端,趋行不得不殊方。"今本《管子》"绪业"误为"著业",形近而讹;"多"字下又脱"端"字,以致意思不明。

《荀子·劝学》:"昔者瓠巴鼓瑟,而流鱼出听。"《大戴礼·劝学》文字与《荀子》同,而"流鱼"作"沉鱼"。依文义自以作"沉鱼"为是。

以上所举的一些方法都是在版本互校以外的几种方法。前四种方法是以本书校正本书,后两种方法是以他书校正本书。在校勘过程中,要从不同方面去进行,不同的方法也交错为用。实在不能解决的,只可存疑,切不可臆改。前人曾经指出:古书之讹误由于传写摹刻不加校对而失者半,由于臆改而失者半。所以切忌不知而妄作。

校书能否校得好,是否能成为善本,关乎个人的学识与见闻。学力深,见闻广,才能知所去取。清人段玉裁曾说:"校书之难,非照本改字不讹不漏之难,定其是非之难。"由此言之,读书能用心体会是非常重要的。要校书,就必须读书,真积力久,才能充然有得。清人所校的书主要是先秦诸子和一些史籍,很多书都还没有触及。前人要找到善本书很难,而今天我们所有的条件远胜于前代,在校勘古书和整理古书方面一定会有极大的成就。

1979 年 10 月

景宋本《刊谬正俗》校记

颜师古《匡谬正俗》，乃杂辨经史字训及俗语音义之作。原书本为未竟之业，及颜氏卒后，其子扬庭始编为八卷，表上于朝。案师古为有唐一代通儒，最娴雅故，观其所论，博洽精审，有足多者，如宋赵令畤《侯鲭录》载其"池毡、几头"之说，洪兴祖《楚辞补注·天问》引"斡笼"一条以证"斡"字字音，即深重其书。然而考辨之学，每易蔽于己见，意裁未密，而理致乖张者亦云多矣。若《正俗》一书，后人亦颇有辨其不当者。宋汪应辰《书刊谬正俗二则》既条驳数事，清《四库提要》又摘发颜氏拘牵习俗，不能知音有古今之弊，是智者千虑必有一失也。今平情论之：师古生当唐初，所见之书正多，其中所载逸书雅记及当世之俗言音义，固已足贵；至若所引扬雄叙甘泉宫数语不见于《汉书》《文选》，所引陆机《元康四年从皇太子祖会东堂诗》及《愍思赋》《大暮赋》诸句不见于今本《士衡文集》，唐人类书均已阙载，而此一二珠玑竟赖本书以传，可勿宝乎（上述诗赋丁福保《全晋诗》及严可均《全晋文》均未辑录，盖失诸眉睫之前）？至如所论《汉书》之文，能与班书集注相发明（如卷三"素食"一条）；其不合者（如卷五"赦令"一条，与《哀纪》注不合），尤资研核也已。

至于今日所见颜书，为清卢见曾雅雨堂重翻南宋本，其中讹字脱文，已复不少。余向读此书，尝笺校一二，竟未能详。此见徐乃昌旧藏清嘉庆间张绍仁以景宋抄本所校卢本，改订讹字六十条，增补脱文二十有五，顿快心意。书尾张氏题识曰"此本乃吴丈枚庵旧藏，余于十五年前得之，置之箧中，未及详读。今郡城故家散出古书中有景宋抄《刊谬正俗》为黄荛翁所得，余见而借归，以校此册，是正甚多"云云。又曰："明日复以家藏明刻本重勘，凡与抄本同者皆不更书，与抄本异而义似稍长及可疑者，略记数条。后有驳正本书十三则，不著何人所作，抄本明刻皆有，此本失刻，今照景宋本行款抄补于末。"观此乃知景宋本者为士礼居旧藏。原书每叶二十二行，行二十字，书名"匡"字宋人避讳均作"刊"。其中文字与卢本错互者至多，实一别本也，即如卷五"逡遁"一条，景宋本作"遁巡"，其立意与《汉书·陈胜传》注尽合，然则卢本作"逡遁"者，岂后人之所改定欤（卢刻总目犹作"遁巡"）？此中消息，盖难言之。又景宋本书末有评议本书者十三事,为卢刻所无。其指陈事理,亦粲然可观。谟遂移录,以备一说。因复就张氏所校,撰次为校记,以明旧本与卢刻之得失。倘异日更有古本出,将借以论证焉。又汪氏《书刊谬正俗二则》与清人所辑《玉山集》中文字间有歧异,陆心源《皕宋楼藏书志》有旧抄本《刊谬正俗》者,亦载汪跋全文,今并参核云。

上《匡谬正俗》表　书名"匡"景宋本均作"刊"。下同。

皇帝陛下　"皇帝"上景宋本空一字。

捐棄　棄,景宋本作"弃"。

多所匡正　匡,景宋本作"刊"。

汪应辰书后

则知是书非定本也　汪文定《玉山集》四库辑本作"则是书初非定本也"。

以朱书标所释於上　文集"释"下有"字"字。"於"作"于",下同。

后蜀标朱书　景宋本皕宋楼藏旧抄本均作"后蜀标宋书",是也。论《宋书》道怜字见卷五。

后有毛诗字数章　字,景宋本作"事",与文集合。

以知正是属纂之际　正,景宋本旧抄本均作"止",是也。文集作"必是属纂之际"。

未皇绪正　皇,文集作"遑"。

论史记体制　文集作"论作史体制"。

宜改朱书论语字　旧抄本无"字"字。

春秋为游　游,景宋本作"斿",与卷四本文合。旧抄本及文集亦误。

又春秋下皆是左传事　景宋本"左"下有"氏"字,与文集合。

又阡字下引汉书原涉传　"引"上文集有"止"字。

疑必有阙文　文集无"必"字。

受授字下乃是谓寿有两音　文集作"受授字乃是寿字有两音"。

而以疑左氏春秋则过矣　旧抄本同。景宋本无"春秋"二字,与文集合。

岳必不以免为勉　免,文集作"懋",是也。

易左氏语以牵合懋盛之意　文集作"易左氏语以牵合懋,盖取茂盛之意"。

非唯不合　唯,文集作"惟"。

亦复不成语　景宋本旧抄本"成"下有"赋"字,与文集合。文集"语"下复有"岳必不然"四字。

此则文人相轻　此,文集作"斯"。

颇穿凿　"颇"下景宋本有"为"字,与文集合。

倔强之貌　貌,景宋本作"皃"。

有何交涉而合为一语乎从而求其义则过矣　文集作"有何交涉而合为一语,必欲求其一义,则又过矣"。

子云曰正考甫常睎尹吉甫矣　常睎,文集作"尝睎"。

公子奚斯常睎正考甫矣　常睎,文集作"尝睎"。

正考甫得商颂于太师　于,景宋本作"於"。

而与尹吉甫并言之　景宋本旧抄本"而"下有"以"字,与文集合。

匡谬正俗总目　案景宋本无总目

猒　案当从本文作"罭"。

開　案当从本文作"閦"。

锡鈇　案"鈇"当从本文作"跌"。

刚杠　案"杠"当从本文作"扛"。

複名　案"複"当从本文作"複"。

廻　案当从本文作"迥"。

卷第一

论语　不可得而闻已矣　矣,景宋本作"也",与《论语》合。

　　脩春秋　脩,景宋本作"修"。

攘　书云岔攘矫虔　岔,景宋本作"岔"。虔,《书》作"虔",当据正。

风　关雎后妃之德也　案"雎"当作"雎"。德,景宋本作"惪"。

架　诗郑氏笺云鹊之有巢冬至加功　案《诗》笺作"冬至架之"。《释文》云:"俗本作加功。"

　　而刘昌宗周续等音加　案"周续"当作"周续之",周续之刘宋时人也。《经典释文·序录》周有《丧服注》。

　　若以搆架为义　搆,景宋本从木作"構"。

夹　亦为专輄　輄,景宋本作"轭"。下并同。

籀　按许说文解字　"许"下景宋本有"氏"字,是也。

　　从竹榴声　竹,景宋本无,张绍仁所藏明刻本有之。

　　盖毛公以籀解读　"盖"上景宋本有"此"字,是也。

　　其繇曰专之渝　案"繇"当作"繇",下同。

　　并未读卜筮卦之辞也　未,景宋本作"谓"。

甲　　而徐仙遂音甲为狎　　案"仙"下当有"民"字，《晋书》徐邈字仙民。下"矜"条"徐仙"下亦脱"民"字。余季豫先生曰："唐本《正俗》盖避太宗讳作徐仙人，后人并去人字，遂为徐仙矣。"

溥　　后人辄改为之溥字读为团圆之溥　　案二"溥"字审上下文义当作"團"。

露貌　　貌，景宋本作"皃"。

音上兖反　　兖，景宋本作"衮"误。下"又上兖之音"，"兖"亦误为"衮"。

忉　　意忉怛而潜恻　　潜，景宋本作"憯"，是也。

切字从刀匕声　　匕，景宋本作"七"，案当作"七"。

矜　　哀此鳏寡　　案"鳏"当作"鳏"。

其孤独则收敛之使有依也　　案今《毛诗·小雅·鸿雁》郑笺作"其孤独者收敛之，使有所依附"。

号　　亦甚非也　　甚，景宋本作"以"。

卷第二

故秘书监琅琊县开国子颜师古撰　　景宋本自此卷以下各卷首均无此结衔。

尚书　　然后之学者　　者，景宋本作"土"。

的　　予则孥戮　　戮，景宋本作"戮"。

及至困亢　　亢，景宋本作"亾"。案当依《汉书·季布传·赞》作"阨"。

御　　以役西土　　役，景宋本作"伇"，是也。案《说文》：役，古文作伇。师古所引乃孔氏《古文尚书》也。

所以役我西土　　役，景宋本作"伇"，是也。

按御既训迎　　按，景宋本作"案"。下并同。

不得音御　　御，景宋本作"禦"，是也。下文云："徐氏并音讶，何乃《牧誓》独为禦音？"是其证。

予御续乃命於天　　天，景宋本误作"于"。

嚣　　景宋本作"獣"，非。

往伐归嚣　　嚣，明刻本同。景宋本作"獣"，非。

偃武脩文　　脩，景宋本作"修"。

音嚣为始售反　　景宋本"嚣"作"獣"，"始"作"如"，并误。

嚣辇也　　嚣，景宋本作"獣"，误。

嚣音火又反　　嚣，景宋本作"獣"，误。

於后始借养字为耳　"养"上景宋本有"畜"字,当据补。

尔雅论牛马羊豕　论,景宋本作"说"。

夹　　按夹既训近音陋　景宋本"音"上有"当"字,宜据补。

孔安国注云　云,景宋本作"曰"。

为寇於东　东,今《尚书序》作"鲁"。

故东郊不閟　閟,景宋本作"開",是也。下文云:"故孔氏释云东郊不開尔。"可证。

东郊不开爾　爾,景宋本作"尔"。

帷　　而今文尚书变为维者　景宋本"变"下有"惟"字,当据补。

因爾穿凿　爾,景宋本并作"尔"。

乌呼　案"乌"依下文当作"呜"。

允征　允,景宋本作"肙",避讳缺末笔。

卷第三

礼记　郑元注云　元,景宋本作"玄",避讳缺末笔。

禹字止区　区字既是　字,景宋本作"宇",当据正。

　　　　晋宫閤名　閤,景宋本作"閣"。

　　　　并不须讳并为诡妄　案"并为诡妄"四字亦见下文,此处依文义观之,当是衍文。

予　　郑元注曲礼下篇　景宋本"郑元"作"郑康成","篇"下有"云"字。

踰空桑兮从女　女,景宋本作"汝"。

以古今字　"以"下景宋本有"为"字,当据补。

邶诗　邶,景宋本作"鄁",是也。

人涉卬否卬须我友　案"卬"当作"卬"。

卬我古今字　卬,景宋本作"卬",是也。

葬　　而乃读葬为葬才浪反　景宋本作"而乃读葬为藏"。案"而"字上盖有脱文。《经典释文》云:"葬,徐才浪反。"徐谓徐仙民。

五方之兵　中央其兵剑　剑,景宋本作"劒"。

　　　　以救耳　耳,景宋本作"尒"。

杀　　庆父通於夫人　於,景宋本作"于"。

就飧于大夫　于,景宋本作"於"。

褐　　孔子朝服立于阼阶　案今《礼记·郊特牲》无"阶"字。

　　　　今读者遂不可言禠　　"可"字景宋本无。

温　　不当改读为蕰也　　蕰,明刻本同,景宋本作"蕴"。

啸　　念此硕人　　此,景宋本作"彼",与《诗·小雅·白华》合。

卵　　濡香　　香,景宋本作"鱼",与《礼记·内则》合。

不至　婿亲迎　　婿,景宋本作"壻",与《礼记·坊记》合。下"舅姑承子以授婿"同。

　　　　及婿亲迎　　婿,景宋本作"壻"。

　　　　其诗曰东门之杨其叶牂牂昏以为期期而不至即其事也　　案"期而不至"四字当依《诗》作"明星煌煌"。

　　　　女留他色不肯时行乃至大明煌煌然　　案此文与今本郑笺合。景宋本作"女留他邑而不肯行,乃至明星煌煌然"。

素食　谓復平时食也　　復,景宋本脱。

　　　　始喪三日　　喪,景宋本作褭。

　　　　谓麤疏之饭　　疏,明刻本作"穊",景宋本无。

　　　　遣使诏莽　　"使"下景宋本有"者"字,与《汉书·王莽传》合。

　　　　今秋幸孰　　孰,景宋本作"熟"。

　　　　幸以时食肉　　"幸"字,今《汉书》脱,当据此补之。

卷第四

肉食　凡是食肴炙者　　肴,景宋本作"餚"。

鹬　　杀之於陈宋之间　　於,景宋本作"于"。

　　　　礼之衣服圖　　圖,景宋本作"畾"。

轩　　曹共公不礼　　共,景宋本作"恭"。

王夫　庚是十斡　　斡,景宋本作"榦"。

闬闳　诸侯舍于隶人　　于,景宋本作"於"。

　　　　方文伯不应云以无忧客使　　景宋本"伯"下有"所称"二字。

草创　润色岂膏泽乎　　"岂"下景宋本有"加"字,当据补。

卷第五

史记　篇别皆有引辞　　景宋本重"别"字。

　　　　其本传亦传法言之目　　下"传"字景宋本作"载",是也。

　　　　篇篇皆引辞　　案"皆"下盖脱"有"字。

　　　　谓汉述　　"谓"下景宋本有"之"字。

汉书　孔安国尚书传曰障水曰陂　　障,景宋本作"蓄"。案《书·泰誓上》孔传云:"泽障曰陂。"《汉书·高帝纪》"尝息大泽之陂",师古注:"蓄水曰陂。"

防是水中　　防,景宋本作"陂",是也。

强读为陂失其义也　　景宋本重"陂"字。案明刻本作"强读陂为坡"。

赦令　揔遣除之　　揔,景宋本作"總"。

襁　故揔谓之襁耳　　揔,景宋本作"總"。

文云　　文,景宋本作"又",是也。

谓襁为钱　　为,景宋本作"是"。

逡遁　景宋本作"遁巡"。

逡遁而不敢近　　逡遁,景宋本作"遁巡",今《汉书·陈胜传》同。沈钦韩《汉书疏证》云:"《新书》作逡遁是也。案《新书》谓《贾谊新书》。遁巡皆一字:《乡射礼》"宾少退",郑注"少逡遁"。《释言》"逡,退也",郭注"逡巡却去也"。《管子·戒篇》亦作"逡遁"。《晏子·问篇》作"逡循"。《庄子·至乐篇》"蹲循而争"。无作"遁巡"者。师古所妄改也。

当音详遵反　　详遵反,景宋本作"七均反"。

逡字不知遁为巡字遂改为遁逃　　景宋本作"不知遁为逡字,遂改巡为逃"。

且书本好者　　好,景宋本脱。

今犹为逡遁不作遁逃也　　景宋本作"今犹为巡字,不作逃也"。

游衣　高帝寝衣月出游高庙　　案"衣"下当有"冠"字,下文云"高庙之衣冠",是其证。

随越国公杨素　　案"随"宜作"隋"。

郎署　非谓趣衣小吏　　趣衣,景宋本作"趋走"。

便面　盖便面之遗事與　　與,景宋本作"歟"。

柱　案当作"拄"。

拄者撑拄之名　　景宋本作"柱者撑柱之柱"。"拄"作"柱",非。《汉书·西域传》颜注云:"拄者,支拄也。"又云"拄音竹羽反,又竹具反"。其字从手,是其证。下文"柱"字亦均当作"拄"。

非一　摩而不雕　　雕,景宋本作"彫"。下二"雕"字同。

葬　正冬采榆桑　　采,景宋本作"採"。

辟疆　卫侯辟疆　　疆,景宋本作"彊"。下"启疆、辟疆、蒍启疆",景宋本

"疆"均作"壃"。

閼氏　犹中国言皇后尔爾　爾,景宋本作"尒"。

盖北翟之言　翟,景宋本作"狄"。

自谓解释　谓,景宋本作"为",是也。

隄　揔其隄防封界　揔,景宋本作"總"。

封籍之体　籍,景宋本作"藉",是也。

岂宜臆说　景宋本作"则不宜臆说"。

陂池　犹言靡陁耳　陁,景宋本作"迤"。

杨豫　指刺奸臣　奸,景宋本作"奵"。

西河孙会宗　景宋本作"西河县令段会宗"。案段会宗亦见《汉书》,与杨恽无涉。

及豫上书数说　数,景宋本作"敨"。

戎昭果毅　此言理戎之禮　禮,景宋本作"體"。

熹　误为喜字　喜,景宋本作"熹",误。

读者不救　救,景宋本作"究",是也。

因呼为意　意,景宋本作"熹",误。

是好憙之意　意,景宋本作"憙",是也。

音虚记反　景宋本无"虚记"二字,"音"下有"吏"字。

不谓之熹也　"熹"下景宋本有"虚记反"三字小注。

锡跌　簟簏之跌　簏,景宋本作"筩"。

卷第六

圻　令所云　令,景宋本作"今",是也。

搋　咸池不齐度於搋咬　度,景宋本无。

而众听或疑　景宋本作"而众听者疑或",误。

恫　今太原俗呼痛而呻吟谓之通唤何　案"今"上当有"问曰"二字,"何"下当有"也"字。

洋　此字下景宋本有"一本洋作详"五字小注。

略刃　张楫　案"楫"当作"揖"。张揖字稚让,魏人。

古作蠚　蠚,景宋本作"蠚",非。

骼　俗言濕为塎　濕,景宋本作"溼",下同。

宷　字上或加草　草,景宋本作"艸",是也。

什器　遂谓天下通称　谓,景宋本作"为",是也。

军行戍役　役,景宋本作"伇"。

谓之幕调度耳　"幕"上景宋本有"火"字,当据补。

猱　于义无取　于,景宋本作"於"。

跌　张楫古今字诂　楫,景宋本作"揖",是也。

俾　疾之□音讹若云不使尔　"音"上阙字景宋本作"曰"。

木鍾　於义何取　於,景宋本作"鍾"。

故汉书云货殖传云　案《汉书》下"云"字衍文,当删。

有主章　主,景宋本作"典"。

杨　反杨恽为由婴　"婴"下景宋本有"反"字,非。

埒　举其大故谓之率　案"大"下盖脱"数"字。

聆　以枚敲之　枚,景宋本作"杖"。

複名　棄疾称疾　棄,景宋本作"弃"。

羛　今为小羊未成为旋子　为,景宋本作"谓",是也。

草马　芻而养之　芻,景宋本作"秣"。

牧于草　于,景宋本作"於"。

高诱曰五尺已下为驹　案"已"当作"以"。见《淮南子·修务篇》注。

卷第七

反　连阁云蔓　阁,景宋本作"閣"。

俗呼回还之反　回,景宋本作"迴"。

襐　又失之也　又,景宋本作"皆"。

兔　故韩厥言于晋侯　于,景宋本作"於"。

亦无邪僻之君　无,景宋本作"有",是也。

黄巷　潘生自秦之东　秦,景宋本无。案明刻本作"潘生自东之西",是也。晋元康二年潘安仁西之长安,因作《西征赋》以述所经人物山水也。

妄生意见　意,景宋本作"異"。

隶齿　皆美其立功于朝　于,景宋本作"於"。

薰灼四方　景宋本"薰"上有"乃"字,与《文选》合。

但言不得与十馀之属为齿　"馀"下景宋本有"公"字,当据补。

尸韩　類尸韩之旧处　類,景宋本作"歟"。

丞属　丞,景宋本作"蒸",非。

诚惠爱之洽著　洽，《文选》同。景宋本作"浃"。

无益于县官　于，景宋本作"於"。

延寿弃市　弃，景宋本作"弃"。

逆人人为饮酒石馀　景宋本"饮"上有"饮计"二字，与《汉书·韩延寿传》合，当据补。

乡髟　班鬓髟以承弁　案"弁"下《文选》有"兮"字。

训发貌　貌，景宋本作"皃"。

渚　三闾沈骸湘渚　案"骸"下《梁书·刘峻传》及《文选》均有"於"字。

穰　飞紫烟以奕奕　奕奕，景宋本作"弈弈"。

不日而成　而成，景宋本作"成之"，失韵。

维礼是荣　荣，景宋本作"营"，非。

神具萃止　具，景宋本作"其"，非。《毛诗》云："神具醉止，降福穰穰。"

上　紫菜荧晔以望被　菜，景宋本作"荄"。案《文选·江赋》李善注云："菜或为荄。"

激　伏棍槛而颎听　颎，景宋本作"俯"。

荆门阙竦而磐礴　此与《文选》合，景宋本"阙"作"阇"、"磐"作"盘"。

中　兰草自生香　生，景宋本作"言"。

生于大道旁　于，景宋本作"於"。

蜼　山海图赞　海，景宋本作"经"。案当作"山海经图赞"。

翰笎　皆转也　"皆"下景宋本有"为"字。

实为腐陋　腐，景宋本作"螫"。

靡倾盖于歧坂　歧，景宋本作"岐"。案"岐"盖"峻"字之误。《汉书·爰盎传》云："上从霸陵上，欲西驰下峻阪。"峻者，高峭之称。陆氏此文与上句"遗朱光于濬谷"为对文。濬谷者，深谷也。

贲　恧他人而自勖　勖，景宋本作"属"。

扬雄传作宿篿字　"篿"字景宋本并作"蓟"。

振　按说文解字云富也　案"富"上宜有"赈"字。

怒　薄言往愬　愬，景宋本作"遡"。

殿研　或总言殿研　或，景宋本作"故"。

两量　故为量耳　耳，景宋本作"尒"。

章估　有何义　案"义"下盖脱"训"字。卷八"砢硬"下云："或问曰：俗谓轻忽其事不甚精明为砢硬，有何义训？"与此文例正同。

　　　徐仙音商章　案此文"商"下当有"为"字。卷一"赍"下云"徐仙音赍为来"，卷二"夹"下云"徐仙音夹为协"，是其例。今本《尚书》释文云："商，徐音章。"

卷第八

西　朱柱黝儵于南北　于，景宋本作"於"。

　　兰芝婀娜于东西　芝，《文选》同。景宋本作"枝"。又"于"，景宋本作"於"。

　　晋灼汉书音义反西为洒　案"洒"字下盖脱一"落"字。

番　及于官曹上直　于，景宋本作"於"。

　　于义何取　于，景宋本作"於"。

　　故番耳　案"故"下盖脱"为"字。

句鉤　今之官书文按　案"按"宜作"案"，上"番"字条下云："文案从省。"字作"案"。

斃　音与弊同　弊，景宋本作"獘"，下同。

　　欲死之貌　貌，景宋本作"皃"。

　　音辟锡　锡，景宋本作"壩"，盖误。"獮"从"析"不从"折"也。

　　呼斃皆作斃音　斃，景宋本作"孹"，是也。

　　遂无为弊读者相与不悟　案宜作"遂无读为弊者，相与不悟"。

县寰　所以谓其字者　案"谓"盖"为"之讹。

　　下輋成晏　晏，景宋本作"宴"。

　　此即言字寰耳　寰，景宋本作"县"。

鄙人　自尔已来　尔，景宋本作"尒"。

　　无系于贤愚也　于，景宋本作"於"。

摹姑　故祭酬出之　酬，景宋本作"酹"，是也。

　　遍于三辅　于，景宋本作"於"。

砢硬　但流浴讹　案"浴"当作"俗"。

门限　是柣声之转耳　耳，景宋本作"爾"。

替　雁说计反　案"说"字误。

　　自有止文　案"止"当作"正"。

享　　乡声之转耳　耳,景宋本作"爾"。

迥　　音户茭反　户,景宋本作"苦"。

上下　江南士俗　俗,景宋本作"族"。

孟仲叔季　元方季方　景宋本无"季方"二字。

　　　　　　　不思其义　义,景宋本作"意"。

肩　　金铉王铉　案"王"当作"玉",金铉玉铉见《易》鼎卦。

　　　皆谓釰屈之内　釰,景宋本作"钮",是也。

　　　字或亦作鼎　案"鼎"当作"鼏"。

　　　非鼎明矣　案"鼎"当作"鼏"。

仇　　义与讐同　讐,景宋本作"雠",下同。

　　　读淑为善邪　邪,景宋本作"耶"。

舍　　训息也人舍屋　也,景宋本作"之",明刻本"息"下作"人之舍屋"。

饬　　考功记曰　按"功"当作"工"。

　　　饬躬齐精　齐,景宋本作"齋"。又"精",《汉书·武帝纪》元鼎五年
诏书作"戒"。

　　　全不辨者　"全"上景宋本有"其"字,当据补。

禽小者禽兽　兽,景宋本作"鸟"。

殊死　死罪已下　案依上文"已"当作"以"。

　　　春秋传曰断其本而不殊　断,景宋本作"斫"。按昭公二十三年《左
氏传》作"断其后之木而弗殊"。

　　　此说亦未尽　"尽"下景宋本有"理"字。

抉目　抉其门东门　案"东门"上当有脱文。

　　　故殺之　殺,景宋本作"煞"。

无恙　楚辞九辨　辨,景宋本作"辩"。

圈称　转相诳耀　耀,景宋本作"曜"。

稻秫稬　稬,景宋本作"穤",下"稬米"同。

沙苑　出沙苑　出,景宋本作"生"。

　　　间有此惑　间,景宋本作"闻"。

苦菜　名荼草　案"荼草"《尔雅释文》引作"荼草"。

　　　陵冬不凋　陵,景宋本作"凌",是也。下并同。

　　　蘵黄蒢　蘵,景宋本作"蕺",下"苦蕺"同。

一名茶　茶,景宋本作"荼"。

主疗疾病　疾,景宋本作"诸"。

附录

景宋本卷末所载驳正本书之十三条,今依原式录出:

徐仙字恐當作徐仙民蓋唐諱民字然陸德明釋文不諱也况師古此書有用民字處然只作徐仙除去它民字迺可耳庶不失其真也

焉得諼草言樹之背以爲陸士衡用事之誤然詩人便宜不宜拘以箋注若作背與襟尤覺意切而味長也

取於人取人恐當有兩音

丘與區固爲同音但所引陸士衡詩以證者非漢書丘蓋不言荀卿子以爲區蓋是也

怠字固有苔音然所舉证者非易曰萃聚而升不來也謙輕而豫怠也當以此为證

免字不惟漢書黽勉作閔免而晉人用免迺有作勉字者足見其通用也

奚斯頌魯以爲始於王延壽靈光賦誤亦非蓋班孟堅西京賦序已用之矣然班孟堅所用又祖於楊子雲所謂正考父睎尹言甫公子奚斯睎正考父蓋漢詩有四家其說各異李善注文選以此迺薛君韓詩章句師古不譏孟堅而譏延壽亦可見其爲孟堅忠臣也古者作器能銘可以爲大夫安知奚斯不作廟而又作頌邪

河字以爲睢去河遠亦非睢河只謂睢水耳北人水無小大皆曰河南人水無小大皆曰江

上字既以爲有盛音又爲以有市郢反只當從一古人之音緩緩不必韵韵皆叶也此孔穎達詩説

西有先音是也然西本爲先音後迺有西音耳漢以前多只爲先音未有西音也

歷底之説既迂且其音亦非歷經歷也底居也猶律所謂經歷亭藏是也若如此釋則於下文中道迥之意甚明白

替字先見於書詩勿替引之在其後也

遲字可爲夷音然古夷字作𡰪或後誤增作遲亦不知也

1938 年 5 月

《中国版刻综录》序

我国雕版印刷术的发明，对我国文化的发展贡献极大，举凡知识的开拓、人才的培养、科学技术的进步，全都仰赖于书籍的广泛传布。书籍的流传跟雕版事业的开展，大有关系。

雕版印书自晚唐五代刊印经史韵书开始，宋代以后刻书事业日益兴盛，官府刻书，如宋代的国子监、州学、府学、郡学、县学、军学、公使库，元代的行省、各路儒学、县学、书院，明代的内府、经厂、国子监、藩府、布政司、府学、县学、书院，清代的内府、使院、官廨、县署、书局，都传刻书籍。至于书坊和私家所刻的书籍更多于官刻。刻书地方分布之广，难以尽述。古书之得以流传，文化之得以绵延赓续，不能不归功于雕版印刷。

印刷术自宋以后又有活字印刷法，包括泥活字、木活字、铜活字、锡活字、铅活字，技艺不断提高。至于明清的套版印刷，色彩之精美，图像木版，绘刻之传神，直是艺术珍品，令人赞叹。书籍之孤本未曾传刻的，藏书家又倩工精心抄录，景抄宋元旧椠，笔致不爽毫发，如祁承㸁澹生堂、钱遵王述古堂、毛晋汲古阁、鲍廷博知不足斋、黄丕烈士礼居等都是赫赫在人耳目的。

回顾自宋代以来文士对书籍传布之热诚，对古代文化传统之爱护，懿德盛美，寄意于以教人为先务，虽费巨金，不以为过，此种精神，实令人感佩不置。书坊书肆刻书固藉以营利，但其有利于人之大，影响之远，未容小视。其中且又不乏累世以此为业，或遭困穷，蹶而复振，使前代名贤著述不致湮没无闻，不为无功。后人对此，又未可与一般商贾相提并论。惟其历代不断传刻书籍，我民族光辉灿烂的文化传统才不致废坠，反而有所发展，这跟历史上长期的刻书事业有很重大的直接关系。

清末叶德辉关心书林掌故，在所著《书林清话》中对往代刻书家分别记载，诚为研究版刻发展史的重要参考资料，但是清代公私刻书最多，未能编录。现在陕西西安杨绳信同志有鉴于此，即以叶书为基础遍访国内十四处图书馆，考察各馆所藏清末以前公私所刻书籍，登录刻书的时间地点和刻书家的名称，每家又举其所刻之书为例，并注出藏书地点和编目书号，以便读者考索，用意周详,为研究中国版刻史提供了翔实的资料。全书有一万二千多条,可谓宏富。前后两易其稿,费时十年,锲而不舍,专心致志,这种坚韧不拔的精神深堪钦佩。

这本书虽是为记载版刻发展的情况而作,但是我认为其用不仅如此。从宏观上看问题,这本书也是反映中国历史文化的重要参考材料,例如观看某一时代全国刻版的地点分布,从刻书的多寡和时间看社会经济发展的情况。又如看某一时代州县儒学以及书院所刻书籍对当地传布文化所起的作用,从不同的私人所刻的书来看他对某一类书籍,如文集、史传、医学、词曲等重视的倾向与他个人从事的学术研究有何关联等等。这就要看读者如何利用了。

除此之外,这本书更是研究版本学所不可缺少的参考书。他日绳信同志有暇能仿杨守敬所编的《留真谱》萃集各时代所刻书的精华,或评比不同刻本的优劣,或进一步考察诸刻书家的人名事迹以为一编,也是不朽的盛事。

今适自京来西安,恰逢《中国版刻综录》将印成出版,绳信同志以原稿见示,而嘱为之序,屡辞不获允,谨书此以请正。

1986 年 4 月 10 日书于西安西北大学迎宾馆,

唐温国寺之故址

《中国古代书籍制度汇考》序

　　中国自有书契以来,历时数千年,古籍传写雕刻,源远流长。商代卜辞中已有"册"字,惟甲骨以外尚未发现其他形制的典策。可是周代的经传中屡言简册或策书,如《尚书·洛诰》"王命作册",《仪礼·既夕礼》"书遣于策",《诗·小雅·出车》"畏此简书"。由此可知以竹简记事起源当甚早。秦汉时代流传至今的有缣帛,有竹简,有木简,有版牍,而木简最多。东汉时期,已有纸出现,自此书籍传写流布容易,惟有诏令、册命、经传、贵重图籍仍用缣帛。魏晋以后,纸之为用日广,书籍大都用纸抄写成卷。下至唐代中叶,卷轴或转为叶子。到雕板术发明以后,装帧制度又有所改变。历时既久,形制屡变,名目繁多。清代学者已有人论述(见《诂经精舍文集》),惟语焉不详,且欠完备。

　　20世纪初年日本学者岛田翰著《古文旧书考》(明治三十七年公元1904年刊本),其中有《书册装潢考》一篇,论列稍多。其后王国维(静安)又作《简牍检署考》,详考简策检牍的异同和封缄的方法。叶德辉(焕彬)在《书林清话》中又详考书之称册、称卷、称本、称叶、称部、称函,以及书有刻板之始等。后来,马衡(叔平)又作《中国书籍制度变迁之研究》(见《图书馆学季刊》一卷二期),专就简册、卷轴、册叶几种材制和形式有所阐发。外舅余嘉锡(季豫)又作《书册制度补考》,以补以前诸家所不备。由杀青、缮写以成书,以及有纸以后,写书用纸、糊缝、装背,以至制成册叶,有了雕板以后,装帧为蝴蝶装之款式等都一一论述。

　　合以上诸家所作来看,关于自有书契以来简册书本制度之变迁已明了无疑。但近二三十年又有古代早期的玉版盟书、竹简、帛书等实物发现,都是前人所没有见到过的,当为之补充。因此,除采录以前诸家所论以外,又取陈梦家《武威汉简·叙论》的一部分和别家有关帛书形制的论述汇集成书,学者有此一编,可免寻检之劳。所收各家文字前后不免有重复之处,今仍保存原貌,不便删节。但原文引书有不确处,别作校记附于原文之后,以免以讹传讹。如属印刷上出现的错字,那就径加改正,不作校记。所录原作未加标点的,今全面点校,以便阅读。

1984 年 5 月序

古籍整理答问

　　谈到古籍的整理,我认为,不仅祖国浩如烟海的典籍须要整理,陆续出土的古籍也急须整理。这类古籍史料价值很高,引起世界许多国家的重视,必须抓紧研究。但研究必须在整理的基础上进行,整理古籍则需要广泛的知识和能力。

　　一要认真读古书。根据自己的基础和实际水平选择一本切实可读的书,反复阅读,熟能成诵,以积蓄自己的力量,并能在阅读其他古书时收到触类旁通、左右逢源的效果。

　　二要具有深厚的基础知识。(1)掌握马克思主义哲学原理,并用这些原理指导古籍整理,但不要套用,也不要臆说。(2)具有广博的历史知识,职官、人物、典章制度要精熟。(3)有深厚的文学基础,多读一些古代文学作品,如《诗经》《楚辞》等,既可增长语言运用能力,又有益于个人的修养。

　　三要具有精深的专业基础。(1)古汉语知识:古代语言是发展的,句子也是有变化的,日常口语时常冲击着书面语言,因此,搞古籍整理必须通文字、音韵、训诂之学。同时,古今语言又有密切的联系,因而,也不能忽视现代汉语。(2)目录学是治学的门径,搞古籍整理要明古书之分类、古书之书目,对当代人的著作更应了如指掌。初学者应该读范希曾《书目答问补正》,会利用《四库全书总目提要》。(3)版本学:研究版本的目的在于了解古籍的流传情况,通晓各时代刻书的特点和各种版本的优劣、长短。(4)校勘学:读名家著作,明了校勘之方法,这一点甚为必要,如王念孙的《读书杂志》、王引之的《经义述闻》、陈垣的《校勘学释例》。这些书,必须时常翻阅,置之案头,我们可以从中吸取许多营养,提高我们的能力。搞校勘难在下断语,指出孰是孰非,错在何处,有何根据,以及以何本为底本,这些都非易事,须要有许多学识才能决定。搞校勘还须有性情方面的修养,耐心细致,一丝不苟才行。

　　四要培养和提高自己的能力,经常进行古籍整理实践。(1)写作能力:整理一部古书,必须写注释、凡例、前言和校勘记,无一能离开写作。提高写作能力,须常写常练,也要随时留心,注意他人好的注释方法,取他人之长。(2)整理古书的能力:首先要提高自己的眼力,善于识别书籍的优劣。在选择要整理的古书时,要切合实际,而不要眼高手低。

五要注意借鉴外国的研究方法和经验。国外研究中国史有两个特点:一是材料搜集的既多且全又快;二是搞研究往往写小题目,比较深入,我们可以借鉴。在整理古书时宜先选小书,以便深入。搞大部头著作须要合作。当然,合作者要水平相当,志趣相投。

总之,治学要严谨、求实,踏踏实实地读书,认真地练习,不断增长知识,提高能力,就能担负起古籍整理的重任。

1984 年 4 月

《古书通例》序

　　《古书通例》为外舅余嘉锡先生遗著,作者 30 年代在北京各大学讲授校读古籍时所写的讲义,一名《古籍校读法》。

　　中国的古书,自周秦至明清,流传至今的总在五万种以上,大抵时代距今愈远的书,问题也愈多,如书籍的真伪问题、作者谁属的问题、作者的时代问题、书的篇目编次和卷帙多寡存佚的问题、书中有无后人增益或删削的问题等等,种种不一。前人固有所考证,然亦往往有得有失。究其原因,固然由于考核有精粗,然而也与是否通达古代著作的体例有关。不明古人著作体例,就难免有似是而非之论。

　　余先生这本书专就汉魏以上的古书举出一般通例,详加诠释,以为学者读古书之助。书分四卷:一,案著录;二,明体例;三,论编次;四,辨附益。书中对古书的真伪、古书的命名和编定、诸子书中造作故事的缘由、古书分别内外篇的性质,以及古书中的附录等都援引例证,分别解说,使读者知汉魏以上古书的体例与后代著述有不同。如不明古人著述的主旨和书籍编定的原委,而以后代著作的体例论列先秦汉初古籍的真伪、传本的是非,则不能无误。这本书虽然篇章不多,而探微索隐,足以解疑释惑。读者据此举一以反三,所知自多。

　　作者博览群书,凡有考证,皆有凭据,莫不原原本本索其根由,未尝率尔立论。他认为学者考校古书,自当实事求是,多闻阙疑。要做到"揆之于本书而协,验之于群籍而通","若意虽以为未安,而事却不可尽考,则姑云未详,以待论定"。这种治学的审慎态度,对研究和整理古籍非常重要。前人每每好论古书的真伪,或以不伪为伪,既厚诬古人,又贻误后学,实为不审慎之过,如汉陆贾《新语》,屡为汉人所称道;晋崔豹《古今注》,唐人屡引其书,而《四库总目提要》却都视为赝作,节外生枝,徒令学者迷罔不解。类似这种情况的很多,足为先戒。

　　关于阅读古书的问题,前人大都从文句和词语的解释着眼,而论及古书体例者不多。先生这本书作为讲章,可惜没有全部写完,卷四《辨附益》一篇仅有"古书不皆手著"一节,说明古书中属于弟子门人附益的文字并非伪作。至于后世羼乱增益的情况,当别有说,而文章阙如。然在作者所撰《论学杂著》中有《太史公书亡篇考》一文,以为《史记》原亡十篇,仅存目录,今之所传,为褚少孙、冯商等人所增益,考辨极详,可资参考。

又本书每言及"家、家法"以及"依托"等词,但没有解说。案作者在所作《四库提要辨证》子部法家类《管子》一条下说:"向、歆、班固条别诸子,分为九流十家。而其间一人之书又自为一家,合若干家之书而为某家者流。明乎其所谓家者,不必是一人之著述也(家者合父子师弟言之)。父传之子,师传之弟,则谓之家法。六艺诸子皆同,故学有家法。称述师说者,即附之一家之中,如公、穀传中有后师之说是也。其学虽出于前人,而更张义例,别有发明者,则自名为一家之学,如《儒林传》中某以某经授某,某又授某,由是有某某之学也。其间有成家者,有不能成家者。学不足以名家,则言必称师,述而不作。虽笔之于书,仍为先师之说而已,原不必于一家之中分别其孰为手撰、孰为记述也。况周、秦、西汉之书,其先多口耳相传,至后世始著竹帛。如公羊、穀梁之《春秋传》、伏生之《尚书大传》。故有名为某家之学,而其书并非某人自著者。惟其授受不明,学无家法,而妄相附会,称述古人,则谓之依托,如《艺文志》'文子'九篇,注为依托,以其与孔子并时,而称周平王问,时代不合,必不出于文子也。"这一段话对何者为"家",何者为"家法",何者谓之为"一家之学",何者谓之为"依托",剖析甚明,可补本书注文之未备。

本书以往只有讲课临时印本,始终未曾正式出版,所以流传极少。现在根据 1940 年排印本整理,分别段落,重加校订、标点,由上海古籍出版社印行,以供研究和整理古籍者参考。

1983 年 6 月 30 日

五代刻本《切韵》之韵目

今日所见之五代刻本韵书有二：一为德国普鲁士学院所藏之残叶一纸，存平声寒桓二韵字，为列考克得自新疆者。其编号为 T1 L1015。一为伯希和得自敦煌者，即本文所要讨论之《切韵》，凡十七纸，今存巴黎国家图书馆。其每版有边栏及界线，板叶数次均记于每版之末，与宋代雕板书之记于版心一行者不同。此十七纸伯氏分编为 2014、2015、4747、5531 四号。2014 之一末叶题"大唐刊谬补缺切韵一部"数字，余无标记。此 2014 凡九纸，2015 凡三纸，4747 凡一纸，5531 凡四纸。其所存各韵之韵目如次：

2014	3	存东冬二韵字	7	存侵盐二韵字
	4	存鱼虞二韵字	9	存纸韵字
	6	存仙宣萧三韵字	2	存缓潸产铣四韵字
	5	存肴韵字	1	存职德二韵字
	8	存肴豪二韵字		
2015	3	存东冬钟三韵字	1	存盍洽狎叶帖五韵字
	2	存齐佳皆灰四韵字		
4747	断片	存东韵字		
5531	2	存尾语二韵字	3	存薛雪锡三韵字
	1	存蟹骇贿三韵字	4	存昔麦陌三韵字

此四号之中字体颇不相同，今细辨之，约为五种：

（一）2014 之 2、3、5、7、8、9 数纸及 4747 为一种。

（二）2015 之 3 为一种。

（三）2014 之 4，2015 之 2 及 5531 之 1、2 为一种。

（四）2014 之 6 及 5531 之 3、4 为一种。

（五）2014 之 1 及 2015 之 1 为一种。

此五者之第二、第五两种与众不同，最易分辨。第一种注文稠密，笔画粗劲，以视四、五两种注文疏朗、笔画柔细者亦复有别。第三种则字体颇不工整，笔画粗钝，最为拙劣，与其他数种相较，不难辨其美恶也。夫德国所藏之残叶仅为一纸,姑置不论;惟此十七纸所存既多,是否同为一书,则不可无考。

兹先就其版式论之:第一种内 2014 之第 3 纸所存上下二版为东冬二韵字,首尾俱不完备。上一版系抄写配叶,存后八行,末题"二版"。下一版与前一版相接,自第一行"魟"字始,至"丰"纽止,为木刻,凡十八行。而第六至第十七各行上部均有残阙。案其所阙,正为伯氏编号 4747 之断片,原自一叶分裂为二者也。自第十九行以下复为抄写配叶,凡十二行。合前共为三十行。第二种 2015 之第 3 纸为二冬、三钟字,凡十九行,末题"三版",与前一种下一版收字及注文全同,则二者当为一书不同刻本。前后所阙,适可相补。全版都为三十四行。又第一种中 2014 之第 2、5、7、9 四纸版式字体如版一,所存皆为上版之尾与下版之首,惟行数多寡不齐耳。第 2 一纸,照片之首尾不备,所存之行数似更稍多,不见原物,无由推度。其第 8 纸,存十五行,与第 5 纸同出于一版,固极明显。此一、二两种之大较也。

第三种 2014 之第 4 纸及 5531 之 1、2 两纸所存亦为上版之尾及下版之首。惟 2015 之第 2 纸为一整版,凡三十四行,与前二种每版之行数相同。

至于第四种 2014 之第 6 纸但存二十七行,5531 之第 3 纸则存三十四行,虽有残损,确为整版。而同号之第 4 纸,仅存后三十行,其首尚阙四行也。第五种 2014 之第 1 纸所存为一版之末十六行,2015 之第 1 纸则为整版,凡三十四行。然则此五种字体虽不相同,而每版同为三十四行之版式,则知之已审。

若夫此五种刻本之体制,乃又不尽同矣。约略言之:

(一)2014 之第 3 纸,2015 之 2、3 两纸及 4747 之第 1 纸每纽之首皆训释列前,反切列后。例外甚少。

(二)2014 之 2、4、5、6、7、8、9 七纸及 5531 之 1、2 两纸,反切或在训释之前,或在训释之后,为例不纯。然而每韵之第一纽反切在前,实为惯例(仅产韵为例外)。

(三)2014 之 1,2015 之 1 及 5531 之 3、4 两纸反切一律在训释之前,毫无例外。

据是则此五种雕板,其板叶之行数虽同,而其体制犁然有别,未可混同也。

今复就其内容寻绎之:第一第二两种东冬二韵行款内容相同,宜视为一书,前已言之矣。若再与第三第四两种合观,其第一种平声韵目之有数次者,为二冬、三十五豪、五十一盐;第二种为二冬、三钟;第三种为十虞、十三佳、十四皆、十五灰;第四种为三十一宣、三十二萧。依此推之,乃知此四种分韵之系统完全吻合。其平声之韵次当为：

> 1 东、2 冬、3 钟、4 江、5 支、6 脂、7 之、8 微、9 鱼、10 虞、11 模、12 齐、13 佳、
> 14 皆、15 灰、16 咍、17 真、18 谆、19 臻、20 文、21 殷、22 元、23 魂、24 痕、
> 25 寒、26 桓、27 删、28 山、29 先、30 仙、31 宣、32 萧、33 宵、34 肴、35 豪、
> 36 歌、37 戈、38 麻、39 覃、40 设、41 阳、42 唐、43 庚、44 耕、45 清、46 青、
> 47 尤、48 侯、49 幽、50 侵、51 盐、52 添、53 蒸、54 登、55 咸、56 衔、57 严、
> 58 凡，都五十八韵。

此虽出于蠡测，然而惟其如是，第四种之宣始为三十一、萧始为三十二；第一种之豪始为三十五；而盐始为五十一也。否则若谓第一种与四种韵目不同，齐后有栘，仙后无宣，盐韵亦为五十一，则与第三种之韵目不合，殆不然矣。又此韵目自三十五豪以迄五十一盐之间乃依陆法言《切韵》之旧序排比而成，虽无实证，然以此类韵书之入声目次仍与陆法言旧次相合一点观之（详后），则其平声亦当本乎陆氏，不复有所更革也。如此论之，设若不误，则一、二、三、四数种虽刻版不同，而韵目固无异焉。

至如第四种平入两声体制虽异，而一则平声有宣韵（2014 之 6），一则入声有雪韵（5531 之 3），宣者仙之合口，雪者薛之合口，平入分类适能相应。考雪韵"膗"纽下有"絟"字，注云："细布。又至全反。"而宣韵"诠"纽下之"絟"字，训释既同，且正音"至全反"。如此相合，当非无故，斯盖两种刻本同为一系之书也。

若夫第四种之入声一类及第五种体制固同，是否同为一书，颇不易知。若以韵目数次观之，即使非一书之两刻本，而韵目亦必相合。盖第五种入声韵目之有数字者为二十六洽、二十七狎、二十八叶、二十九怗、三十四德。洽韵之前又有盍韵字，则盍为二十五；德韵之前复有职韵字，则职为三十三。其数目如此，实唐本韵书中之仅见者。至于前后之韵目何如，又非藉第四种刻本无由推知。案第四种韵目之有数字者为二十雪、二十一锡、二十二麦、二十三陌。然此麦韵前复有昔韵字，昔为二十一乎，则雪、锡之数字不合；昔为二十二乎，则麦、陌之数字又不合。是雪、锡及麦、陌二者之数字必有一误。今考之王写本《切韵》之第三种（S2071）及蒋斧所印之《唐韵》，其入声锡、昔、麦、陌之后均为合、盍、洽、狎、叶、怗、缉、药、铎、职、德、业、乏诸韵。若依此次推之，第五种三十三职之前当为三十二铎、三十一药、三十缉；二十五盍之前当为二十四合、二十三陌、二十二麦。麦、陌两韵既为二十二及二十三矣，则第四种麦、陌二韵之数字，会当不误。其误盖在雪、锡二韵。复就雪韵以上之韵目考之，终亦不足二十之

数。案孙愐《唐韵》自屋迄薛仅十七韵而已，若此刻本质韵后，有如夏竦《古文四声韵》所据之韵书多一聿韵，则自屋迄薛仅得十八韵，雪韵之数，但为十九，亦不得为二十也。足证雪、锡之数有误。今定雪为十九，锡为二十，昔为二十一，则前后统序，无一不合矣。试拟其次如下：

1 屋、2 沃、3 烛、4 觉、5 质、6 聿、7 术、8 物、9 栉、10 迄、11 月、12 没、13 曷、14 末、15 黠、16 辖、17 屑、18 薛、19 雪、20 锡、21 昔、22 麦、23 陌、24 合（下接第四种之 25 盍、26 洽、27 狎、28 叶、29 帖，再下则为 30 缉、31 药、32 铎、33 职、34 德、35 业、36 乏。凡三十六韵）。

此第四种之叙次既明，而第五种之韵目亦得其叙。交相比证，二者正可衔接。是四、五两种复为一系之书也。

又此第五种刻本洽韵"恰"纽口洽反下有"揢"字，注云："爪揢。亦作他刀反。"考之第一种 2014 第 8 纸豪韵"叨"纽他刀反下正有"揢"字，反切完全相符。此虽戋戋小节，盖绝非偶然。案豪韵"他刀"一音，《切三》作"吐蒿反"，项跋本及敦煌本《王韵》作"土高反"，宋跋本《王韵》作"吐高反"，均不作"他刀"。此第五种与第一种平入反切竟尔如是相应，则二者亦系同类之书也。

综此数事观之，此五种不同之刻本，固非一书，然就其内容而言，其韵部之分合必同，殆无疑义。此事魏建功先生曩于 1931 年所作《唐宋两系韵书体制之演变》一文（载《国学季刊》三卷一号）已曾道及矣。时伯氏 5531 数纸尚不为人所知。至 1936 年王有三先生（士琦按：著名版本目录学家王重民先生，表字有三），始自巴黎寄归照片，余乃得以录副。去岁复承有三先生惠示伯氏 4747 之照片，与向之所有比类参校，更得证成师说，益信先生之卓识，诚不可及也。今复比拟此类韵书四声之韵目如后：

平上去三声：

1 东董送	9 鱼语御	17 真轸震	25 寒旱翰	33 宵小笑	41 阳养漾
2 冬〇宋	10 虞麌遇	18 谆准稕	26 桓缓换	34 肴巧效	42 唐荡宕
3 钟肿用	11 模姥暮泰	19 臻	27 删潸谏	35 豪皓号	43 庚梗敬
4 江讲绛	12 齐荠霁祭	20 文吻问	28 山产裥	36 歌哿个	44 耕耿诤
5 支纸寘	13 佳蟹卦	21 殷隐焮	29 先铣霰	37 戈果过	45 清静劲
6 脂旨至	14 皆骇怪夬	22 元阮愿	30 仙狝线	38 麻马祃	46 青迥径
7 之止志	15 灰贿队	23 魂混慁	31 宣选〇	39 覃感勘	47 尤有宥
8 微尾未	16 咍海代废	24 痕很恨	32 萧筱啸	40 谈敢阚	48 侯厚候

49 幽黝幼　51 盐琰艳　　53 蒸拯证　55 咸豏陷　57 严广酽

50 侵寝沁　52 添忝㮇　　54 登等嶝　56 衔槛鉴　58 凡范梵

入声：

屋、沃、烛、觉、质、聿、术、物、栉、迄、月、没、曷、末、黠、辖、屑、薛、雪、锡、昔、麦、陌、合、盍、洽、狎、叶、怗、缉、药、铎、职、德、业、乏。

此平声凡五十八韵,实为今日所见韵书分韵之最多者。且其韵部与夏竦《古文四声韵》所据之唐《切韵》最为相近,当为晚唐同系之韵书。惟夏目平声齐韵后有移韵,仙韵后有宣韵,凡五十九韵,此有宣无移,故少一韵。入声夏目有聿韵无雪韵,凡三十五韵,此有雪韵,故又多一韵。二者韵目略有参差,未为全合。然夏目上声有选韵,此平入有宣、雪二韵,则此上声盖亦有选韵矣。且此刻本韵书韵目之反切,如虞遇俱反、产所简反、铣先典反,异于《切三》《王韵》,而与夏书相同,亦足证两书之相近矣。然而此刻本之"恭、蚣、枞"等字则在钟韵,一本于法言,一本于孙愐,是取裁间或有异耳。

往者王静安先生尝谓(见《观堂集林》卷八《李舟切韵考》):"唐人韵书以部次观之,陆法言《切韵》、孙愐《唐韵》、小徐《说文解字篆韵谱》、夏英公《古文四声韵》所据韵书为一系。"其说是矣;若就韵类之分合而言,陆法言《切韵》之后,王仁昫《切韵》为一类,孙愐《唐韵》为一类,小徐《说文解字篆韵谱》与《古文四声韵》所据之韵书及此类五代刻本《切韵》为一类。陆韵之韵部即本于南北朝诸家韵书而来,惟草创之初,容有分析未尽者,故自王仁昫以下,续有增加。严韵上去二声陆韵并缺,而王仁昫增之;真、寒、歌三韵四声之开合两类,陆氏原为一韵,而孙愐析之。浸假以至此类五代刻本之《切韵》,分别愈细,定类益严,推溯其始,皆肇自王仁昫也。然则此书之题为《大唐刊谬补缺切韵》,亦足以见其渊源矣。

1948 年 4 月

《新集古文四声韵》与《集古文韵》辨异[*]

《新集古文四声韵》为北宋仁宗庆历四年（1044）夏竦所作，是在后周郭忠恕所著《汗简》之后一部集录古文的字书。此书大体以《汗简》为基础，而另外又有所采集，所以比《汗简》字数稍多。《汗简》是按《说文解字》始一终亥五百四十部的部次来排列的，《古文四声韵》则是根据唐本《切韵》分韵来编排的，两者体制不同。

《古文四声韵》通常所见是清乾隆四十四年（1779）新安汪启淑一隅草堂刻本。他是根据毛氏汲古阁所藏的影宋抄本覆刻的。汲古阁抄本卷首夏竦序中阙一百数十字，汪氏据桂馥友人用《永乐大典》校补增入，始成完璧。

现在我们在汪刻本之外，又有了中华书局1983年据北京图书馆所藏宋刻配抄本影印的《新集古文四声韵》。这个本子以前没有印过，宋刻部分与抄配部分与汪启淑本完全相同。抄配部分书写之美无与伦比，楷法效欧阳询，古文篆法也极为精致，当出于名手。

《古文四声韵》根据的《切韵》比已知的唐本《切韵》分韵都多。卷一平声上有二十九韵，卷二平声下有三十韵，卷三上声有五十六韵，卷四去声有六十韵，卷五入声有三十五韵，四声共有二百一十韵。我们已知陆法言《切韵》是一百九十三韵；王仁昫《刊谬补缺切韵》是一百九十五韵，多严韵上去二声韵；蒋斧本《唐韵》平声比王仁昫书多谆桓戈三韵，上声多准缓果三韵，去声多稕换过三韵，而缺严韵去声，入声多术末二韵，全书为二百零五韵。夏竦书所根据的《切韵》平声比《唐韵》多移韵（自齐韵分出）、宣韵（自仙韵分出），上声多一选韵（自狝韵分出），去声多一酽韵（自梵韵分出），而入声又多一聿韵（自术韵分出），所以是二百一十韵。这很明显是在《唐韵》的基础上韵部又有增加的一种韵书。

《古文四声韵》在韵目的排列上，其次第与《切韵》《唐韵》仍然是一致的，如平声覃谈两韵次于歌戈麻与阳唐之间，蒸登两韵次于侵盐添与咸衔之间，其相

* 士琦按：宋夏竦撰《新集古文四声韵》，1983年中华书局影印出版，佚名《集古文韵》附于该书之中。

承的上去入三声的韵部次第也一如平声。去声泰韵在暮韵与霁韵之间也与《唐韵》一致。但这些都与宋修《广韵》的韵次不同。

《古文四声韵》的韵目下均注出反切，而韵内字一律不注。最有趣味的是《广韵》的反切。《广韵》每卷开头韵目的反切不与韵内相同，而同于《古文四声韵》，如平声韵目真韵职邻切，韵内作侧邻切；谆韵之纯切，韵内作章伦切；文韵武分切，韵内作无分切；元韵语袁切，韵内作愚袁切；宵韵相焦切，韵内作相邀切（上去入三声也多有不同，不备举）。由此可知陈彭年等修《广韵》时曾经参考了夏竦书所根据的《切韵》。这种韵书的反切与《广韵》韵内的反切是不一致的。《广韵》全书韵内的反切仍然是陆法言《切韵》一类书的反切，夏竦所根据的《切韵》当是另外一类的韵书。夏竦书在自序后所列的书目中有祝尚丘《韵》、义云《切韵》、王存义《切韵》和《唐韵》，究竟他根据的又是哪一家书已不可知。

中华书局既影印了《古文四声韵》，又附印了一种宋刻本《集古文韵》，篆法亦精，补板则拙劣有误，也是北京图书馆所藏，惟残存卷三上声一卷。旧有汪士钟、李鉴、莫友芝、袁克文诸家藏印。书凡二十一叶，中缺第七叶和第八叶之半。书后袁克文有跋谓：

> 《集古文韵》，宋椠残本，存上声卷第三一卷，即夏竦所著《新集古文四声韵》……书原五卷，汲古毛氏谓世无其书，曾从文渊阁原本抄出。清乾隆时汪启淑得毛氏影本，遂以重刊。又《天一阁书目》有绍兴乙丑浮屠宝达重刊本，即吾衍所谓僧翻本，今已早佚。文渊原本，亦渺焉无闻……此书刻画苍崭，当是北宋原本，即补板亦必在南渡初年。

他认为这个残本《集古文韵》就是北宋时刻的夏竦《古文四声韵》。案元吾丘衍《学古编》曾说夏书"首有序并全衔者好。别有僧翻本，不可用"。现在僧翻本已不传。清全祖望曾从范氏天一阁借抄。《鲒埼亭集》卷三十一有跋云：

> 据晋陵许端夫所为序，盖绍兴乙丑（1145）浮屠宝达重刊于齐安郡学。许为郡守，因序之。宝达者刘景文之孙也，景文与东坡善，而宝达精于古文篆，亲为摹写，其亦南岳梦英一流矣。

因此，中华所印《集古文韵》在《出版后记》中就以此为宋绍兴齐安郡学本。不过这个刻本给我们增添很多疑问。袁克文谓此即夏竦原书北宋刻本固不足信，说它就是绍兴间僧宝达重刻本也未见其是。理由是：

（1）前一种宋本，书名是《新集古文四声韵》，而本书作《集古文韵》，名称不同。前者每板十二行,本书为十六行。上声一卷,前者有三十板,本书有二十一板。果为僧宝达翻本,板面不会相差如此之多。

(2)两种刻本每韵字的多寡和字的排列次第都不尽相同,所标书名也有差异,如前一种刻本中引"崔希裕纂古",本书则作"崔希裕略古"。又如纸韵"蛾",前者注云"古礼记。本音俄,亦作蚁",本书注云"古周礼",两者全不相同。

(3)前一种刻本每卷开头有韵目,本书卷首则不出韵目。又两种书分韵的多寡和韵部排列的次第也差别很大。前者上声一卷分五十六韵,狝韵后别出一选韵,本书分五十五韵,无选韵,是分韵多寡有异。又前者感敢二韵次于果马与养荡之间,拯等二韵次于琰忝与赚槛之间,这仍是《切韵》《唐韵》韵书的次第;但本书感敢二韵次于寝与琰忝之间,拯等二韵次于静迥与有厚之间,则是宋修《广韵》《集韵》的次第;这完全是两种不同的系统。据王国维说《广韵》的韵次是出自李舟《切韵》,所以不同于陆法言旧次。

(4)两种刻本韵目的反切不尽相同,例如:

《新集古文四声韵》	《集古文韵》
旨　职雉(《广韵》同)	轸视(《集韵》同)
贿　呼猥(《广韵》同,《集韵》虎猥)	呼罪(《广韵》韵内同)
轸　之忍(《广韵》韵目同,韵内章忍)	止忍(《集韵》同)
吻　武粉(《广韵》同)	粉　府吻(《集韵》同)
缓　乎管(《广韵》胡管)	胡管(《广韵》同,《集韵》户管)
筱　苏鸟(《广韵》先鸟)	先了(《集韵》同)
养　余两(《广韵》馀两)	以两(《集韵》同)
有　云久(《广韵》同)	云九(《集韵》同)
厚　乎口(《广韵》胡口)	很口(《集韵》同)

(5)《古文四声韵》韵内字很少注出反切,而《集古文韵》韵内字都注有反切,这些反切绝大部分不同于《广韵》,而同于《集韵》。案宋人修纂《广韵》根据的是陆法言撰本(见卷首),书中的反切因承陆法言《切韵》而来,《集韵》反切用字多与《广韵》不同,丁度等根据的是哪一种韵书,卷首《叙例》未加说明。《集古文韵》上声这一卷不同于《广韵》,而同于《集韵》的竟然有九十处之多,例如:

　　肿韵:悚　荀勇切(《广韵》息拱切。以下括号内所注都是《广韵》音)

　　纸韵:毁　虎委切(许委)　兕　序姊切(徐姊)　死　想姊切(息姊)

止韵:以　养里切(羊己)　　耳　忍止切(而止)　　子　祖似切(即里)

语韵:暑　赏吕切(舒吕)　　处　敞吕切(昌与)　　吕　两举切(力举)

麌韵:舞　网甫切(文甫)　　主　肿庾切(之庾)

海韵:乃　曩亥切(奴亥)　　改　己亥切(古亥)　　在　尽亥切(昨宰)

准韵:尹　庾准切(余准)　　笋　笋尹切(思尹)　　盾　竖尹切(食尹)

狝韵:软　乳兖切(而兖)　　免　美辨切(亡辨)

养韵:柱　妪往切(纡往)　　怳　诩往切(许往)　　长　展两切(知丈)

有韵:缶　俯九切(方九)　　受　是酉切(殖酉)

这里的反切上字如"笋、想、敞、忍、肿、曩、笋、妪、诩、养、序、网、尽、乳、展"等都是《广韵》所不用的。

根据以上所举,《集古文韵》与《新集古文四声韵》名称不同,上声分韵多寡不同,韵次也不同,显然与夏竦序所说"准唐《切韵》分为四声"的话不相符合。且书中的反切不同于《切韵》《唐韵》《广韵》,而多同于《集韵》,则其非夏竦书更无疑义。其是否为绍兴乙丑僧宝达所刻也成疑问。案夏书成于仁宗庆历四年(1044),《集韵》成于英宗治平四年(1067),推测《集古文韵》是因承夏书,而采取与《集韵》所本的一类的韵书改作而成的,两者非一书,不能混为一谈。古书在流传中往往有变改原书别为一编的情况,惟有细加勘校,方能辨其异同。

1990 年 7 月 4 日

论裴务齐正字本《刊谬补缺切韵》

一

裴务齐正字本《刊谬补缺切韵》旧有唐兰(立庵)先生写印本和延光室据原物影照本。原书为册叶装,共三十八叶,末有明万历壬午(十年,公元1582)项元汴题记一纸。旧藏故宫博物院。全书五卷,平上声缺佚颇多,去入二声完整无缺损。关于这部书,前人曾经有过一些论述,可是对这部书的性质并没有认识清楚,因此有必要再进行研究。

现在先录出全书的韵目,以便讨论:

平声	上声	去声	入声
1 东	1 董	1 冻	1 屋
2 冬		2 宋	2 沃
3 钟	2 肿	3 种	3 烛
4 江	3 讲	4 绛	4 觉
5 阳	4 养	5 样	5 药
6 唐	5 荡	6 宕	6 铎
7 支	6 纸	7 寘	
8 脂	7 旨	8 至	
9 之	8 止	9 志	
10 微	9 尾	10 未	
11 鱼	10 语	11 御	
12 虞	11 麌	12 遇	
13 模	12 姥	13 暮	
14 齐	13 荠	14 霁	
		15 祭	
		16 泰	
15 皆	14 骇	17 界	
		18 夬	

平声	上声	去声	入声
		19 废	
16 灰	15 贿	20 海	
17 台	16 待	21 代	
18 真	17 轸	22 震	7 质
19 臻			8 栉
20 文	18 吻	23 问	9 物
21 斤	19 谨	24 靳	10 讫
22 登	20 等	25 磴	11 德
23 寒	21 旱	26 翰	12 褐
			13 黠
24 魂	22 混	27 恩	14 纥
25 痕	23 很	28 恨	
26 先（以下八韵目据上去声补）	24 铣	29 霰	15 屑
27 仙	25 狝	30 线	16 薛
28 删	26 潸	31 讪	（13 黠）
29 山	27 产	32 裥	17 鎋
30 元	28 阮	33 愿	18 月
31 萧	29 篠	34 啸	
32 宵	30 小	35 笑	
33 交	31 绞	36 教	
34 豪	32 皓	37 号	
35 庚	33 梗	38 更	（29 格）
36 耕	34 耿	39 诤	19 隔
37 清	35 请	40 清	（30 昔）
38 冥	36 茗	41 暝	20 觅
39 歌	37 哿	42 个	
40 佳	38 解	43 懈	
41 麻	39 马	44 祃	
42 侵	40 寝	45 沁	21 缉
43 蒸	41 拯	64 证	22 职

平声	上声	去声	入声
44 尤	42 有	47 宥	
45 侯	43 厚	48 候	
46 幽	44 黝	49 幼	
47 盐	45 琰	50 艳	23 叶
48 添	46 忝	51 㮇	24 怗
49 覃	47 禫	52 醰	25 沓
50 谈	48 淡	53 阚	26 蹋
51 咸	49 减	54 陷	27 洽
52 衔	50 槛	55 鉴	28 狎
			29 格
			30 昔
53 严	51 广	56 严	31 业
54 凡	52 范	57 梵	32 乏

　　从这个简单的韵目表上可以看出此书与陆法言《切韵》的韵目排列次第不同,有些韵部的名称也不一样。这是在唐五代韵书中别具一格的书。就字迹来看,书写的时代不会早于中唐,"旦"字或缺笔作"旦",或写作"旦"。全书字画端正秀丽,颇有法度,惟脱误甚多,跟敦煌本王仁昫《刊谬补缺切韵》一比,就看得很清楚。

　　本书卷首书名之下题"朝议郎行衢州信安县尉王仁昫撰"。次行题"前德州司户参军长孙讷言注""承奉郎行江夏县主簿裴务齐正字"。后有王仁昫序和长孙序,序文后又别出字样(偏旁字形变异)一段,再下为平声韵。王国维《观堂集林》卷八《书内府所藏王仁昫〈切韵〉后》认为此书"盖王仁昫用长孙氏、裴氏二家所注陆法言《切韵》重修者,故兼题二人之名"。因此一般都称之为"王仁昫切韵"。可是从内容来看,并不能这样说,只要注意以下几方面的问题,自然可以明白:

　　(1)王仁昫书卷首只载自序和陆法言序(见宋濂跋本),不载长孙讷言序。本书没有陆序而有王序和长孙序,由此可见本书并非王仁昫原书。

　　(2)全书韵目的编次与王仁昫书不同,仅严韵有上去二声与《王韵》相合。

　　(3)本书各卷体例不一致。平声东冬钟江支脂之七韵中每一纽头一个字的注文大都先出反切,后出字数,然后是本字的训释(有少数字的训解列在反切之前),而平声其他各韵以及上去入三声都是反切之后先出本字的训解,然后注明字数,体例不同。案训解置于反切与字数之间,这是王仁昫书的体例,训释殿于反切与字数之后是从长孙笺注本的格式而来(见王国维《写本切韵》第二种),两者各有所承。另外,平声前面七韵字的反切下注明字数的方法是"几加几",其他则只有一个数目,不言"几加几"。前者是长孙书的办法,后者是王仁昫书的办法。据此,也可以证明本书不是纯粹的一家之书。

(4)全书平上去入五卷各韵小纽收字数目与《王韵》相比,情况不尽一致。平声东冬等七韵收字特多,平声其他各韵也比敦煌本和宋跋本《王韵》有增加,而去入两卷收字反倒少许多,惟有上声一卷几乎都合于《王韵》。这种差异的现象是很特殊的。书中字的归韵也有不同于陆法言和王仁昫的地方,如上声尾韵"𡲬㞑虮"三组入止韵,有韵"妇缶"二纽归厚韵都是。

(5)全书反切,上声与《王韵》比较接近。偶有不同,或为抄写者临书改易。但平去入三声则往往有不同。

(6)在注释方面,平声东冬等七韵最为详细,而且案语极多,且都标明"案"字,与《切二》相近。所引字书和训诂书有《尔雅》《方言》《博雅》《说文》《字林》《字书》《汉书音义》等。平声其他各韵注释比较简略,既无案语,又很少引用各种字书,只有几处注明出《说文》或《方言》。去声一卷注释详细,并有案语。所引字书和训诂书,除《尔雅》《方言》《说文》《字林》外,又有《释名》、王逸《证俗文》(见祃韵)、杜延业《字样》(见教韵)。至于入声,类似去声,注中虽不出"案"字,但也引《尔雅》《说文》等书。惟独上声一卷的注解与王仁昫书大都相同,详于字形字音,而略于训释。宋跋本《王韵》上声纸韵有"倚、輢"两组同音"于绮反","輢"纽下注云:"于绮反,车輢。陆于绮韵作于绮反之,于此輢韵又(作)于绮反之,音既同反,不合两处出韵,失何伤甚。"本书则并"輢"字于"倚"纽下,注云:"车輢。陆本别出。"略有修改。又敦煌本《王韵》去声遇韵"足"下、入声屑韵"凸"下、洽韵"凹"下都对陆法言书有批评,而本书全然不载,也可以证明上声与去入两声的底本不同。

综合以上所说来看,本书只有上声是与现在所看到的王仁昫书最相近。至于其他几卷,平声东冬等七韵是属于长孙书一类最繁富的本子,平声其他各韵又另为一种。去入两卷接近于《切二》,又是一种。那么,本书至少是由四种本子汇纂而成的。除平声东冬七韵注文的体例特殊外,其他都用王仁昫的体例。所以本书既有王仁昫序,又有长孙序;既题王仁昫撰,又兼题长孙笺注。从全书的编制和内容各方面来看，其中有长孙笺注传本的东西在内，又有王仁昫书传本的东西在内，似乎是某家用长孙书和王仁昫书增补改编过的，而不是王仁昫用长孙和裴务齐两家书来重修的。王国维因为没有能够看到敦煌本和宋跋本《王韵》，所以推论有误。然而这一家究竟是谁，也很难说。卷首虽然有裴务齐的名字，但未必就是裴务齐所编。因为日本源顺的《倭名类聚抄》曾引到裴务齐《切韵》两条都与本书不合，那也就难以确定了。不过本书有关字的写法和注中解说字形的话一定有裴务齐的东西，这是无疑问的。这部书，我们最好称为裴务齐正字本《刊谬补缺切韵》，或简称"裴本切韵"，不宜再称"王二"了。

这部书既然是一个汇合的本子，它的时代一定在长孙书和王仁昫书盛行之后。上声部分同《王韵》最为接近，但训释并不完全相合。其平入二声与王国维所写长孙注本《切韵》第二种、第三种也很有不同。至于去声部分则与另一种长孙注本（伯希和编号 3694）比较接近①，例如：

		伯 3694	本书	敦煌本《王韵》	宋跋本《王韵》
祭韵	劂	义例反	同 上	牛例反	同 上
	跐	丑世反	同 上	丑势反	同 上
震韵	橒	楚觐反	同 上	初遴反	
	韵	永夷反	永烬反	为捃反	同 上
	刃	而进反	同 上	（ ）	而晋反
	舜	舒闰反	同 上	施闰反	同 上
愿韵	贩	方愿反	同 上	方愿反	方怨反
证韵	称	蚩证反	同 上	齿证反	尺证反

这些反切都不同于《王韵》，而同于长孙注。另外每纽收字的数目也大体与伯 3694 相近。字下的注解与伯 3694 字下的训释也极相似，例如：

		伯 3694	本书
送韵	凤	《说文》从凡鸟声	从凡鸟
	调	謥詷《说文》共也《周书》曰在夏后之詷一曰謞	謥詷又共也一曰謞也
	梦	（注引《说文》）	（同）

---

① 伯 3694《切韵》残卷为长孙注的一种传本，别有考证。

伯 3694		本书
祭韵	沥　渡水《说文》又作砅	渡水又作砅
夬韵	话　会合善	语话也一云会合也又善
震韵	浚　在卫《说文》又抒	水名在卫又抒
愿韵	献　《说文》作猷宗庙大名	贡也一曰宗庙大名
恩韵	恩　闷心乱《说文》忧也一曰扰	闷乱又忧亦扰

从这些注文来看,本书是参照了伯 3694 长孙注本无疑。

又本书在效韵"挍"字下注云:"捡挍。杜延《字样》二并从木。""杜延"下脱"业"字。伯 3693(与 3694 为一书)上声琰"捡"下注云"书捡。又按《说文》、杜廷业《字样》为捡","廷"又为"延"字之误。这两条恰恰相应。由此可见本书承接长孙书的东西一定比较多。本书凡有引《说文》的部分可能都与长孙书有联系。平声东冬等七韵和去入各韵固然如此,就是平声和上声后一部分引到《说文》的恐怕也是如此。还有,本书字下有注明"一本作某"的,这可能也是出自长孙笺注一类的传本,因为《王韵》中是没有这类注语的。经过以上的考校,我们对于这部书的性质就有了比较清楚的认识了。下面我们可以进一步来考察这部书的一些特点。

二

前面已经指出这部书在唐五代韵书中别具一格,其特点表现在好几方面:

首先从韵部的名称看,很多韵目与陆法言、王仁昫等书不同。本书特别注意到一个韵部的四声韵目在声母上和韵母的开合上是否一致。凡是不一致的,都参酌《切韵》原来的韵目而尽量改换同纽的字和开合相同的字,例如:

灰	贿	海(队)	
台(咍)	待(海)	代	
斤(殷)	谨(隐)	靳(焮)	讫(迄)
寒	旱	翰	褐(末)
魂	混	恩	纥(没)
删	潸	讪(谏)	黠
交(肴)	绞(巧)	教(效)	
庚	梗	更(敬)	格(陌)
耕	耿	诤	隔(麦)

清	请(静)	清(劲)	昔
冥(青)	茗(迥)	暝(径)	觅(锡)
佳	解(蟹)	懈(卦)	
覃	禫(感)	醰(勘)	沓(合)
谈	淡(敢)	阚	蹋(盍)
衔	槛	鑑(鉴)	狎

这些都表明本书的编定者特别注意四声韵目在声韵系统上的一致性。除非没有同组的字,或没有比较常用的字可取,才因仍旧贯,不加改变。

在韵次方面,我们所看到的唐本韵书一般都没有脱离陆法言《切韵》的规格,惟有本书改变很多,如平声江韵后列阳唐两韵,佳韵次于歌麻之间,斤韵(殷韵)之后出登韵,魂痕之前列寒韵,删山元三韵列于先仙之后,庚耕清冥(青韵)列于萧宵交豪与歌佳麻之间,尤侯幽之前出侵蒸,盐添与咸衔之间列覃谈,所有这些都与陆法言《切韵》一系韵书不同。上去两声也与平声一致。去声王仁昫以"泰霁祭怪夬队代废"为次,而本书则以"霁祭界夬废海代"为次。入声韵目,陆法言的编次稍嫌杂乱,而本书惟有"黠格昔"三韵与平上去不相应,其他各韵都与平上去相应,条理秩如。足见本书的编定者对四声韵目相配也是比较注意的。

本书韵次的一些改变正反映出当时编定者本人的语音实际情况。书中阳唐与江相次,是江读近阳唐;寒与魂痕音近,而不与先仙删山相近;佳列于歌麻之间,是佳不与皆音近,而转与麻相近;泰不列于霁祭之前,废不列于队代之后,是泰与界(怪)夬音近,废与队音近。这些都与当时语音的转变有关。书中登与斤(殷)相次,蒸与侵相次,但在《切韵》音系里登收-ng,斤(殷)收-n,蒸收-ng,侵收-m。据此,登与斤、蒸与侵似乎不应当排在一起。本书编者所以这样安排,不是韵母元音相近,就是韵尾读同一类。登或收-n,侵或收-ng。这些现象对了解唐代语音有很大的帮助。

关于唐代语音的改变,我们从本书的反切中还可以看到一些现象,例如唇音分化为重唇、轻唇两类,从唐代已经开始。《王韵》里有些类隔切本书已改为音和切,如

支韵	卑	府移反改为必移反	裨	符支反改为频移反
耕韵	绷	甫萌反改为逋萌反		
幽韵	彪	甫休反改为补休反		

讲韵　佬　武项反改为莫项反

笑韵　裱　方庙反改为必庙反

质韵　弼　房律反改为旁律反

另外,本书共韵"话"音下快反,又胡跨反,隔韵"画"音胡麦反,又胡卦反。两字的又音正是当时口语中通行的音。

总起来看,这部书对研究唐代语音自有它的价值。书的体例和内容虽然不属于一家之作,但是编者在采掇编定时考案音义,也颇具匠心。既改变韵部次第以求符合实际语音,又改变韵部名称以使四声韵目同属于一纽,而且又把部分唇音类隔切改为音和切。个别韵字归韵的移动,如果不是抄者的忽略,那也是编定者根据语音而改并。由此可见编者既善于审音,又富有革新精神。这是极大的特点。在现在所能见到的唐本韵书中是独具一格的。上声一卷虽然接近于《王韵》,而注文并非完全照录,其中改变的地方仍然很多。

在训释方面,本书特别加详也是一大特点,例如钟韵"鷛"字,《切韵》《王韵》仅注"鸟名";本书注云:"鸟名。案鷛鸟似鹜而黑,尖口鸡足。颜师古[云]今之水鸟也。"又脂韵"夷"字,《切韵》无注释,《王韵》训平;本书注云:"平也,伤也,说(yuè)也,灭也。又东方人名。字从弓从大。"举此可见一斑。这在韵书的发展上代表一种新的转变,目的在于使韵书兼备字书之用。因此,我们不能简单地认为这就是一部杂纂抄撮而成的书。可惜的是我们难以推断本书编定的确切年代,而裴务齐的事迹也无可考。检本书去声泰韵"稽"字下注云:"苦会反,秦音苦活反。"这是记载当时秦地方音的一条。"苦活反"音"阔",为入声。陆法言《切韵序》曾说"秦陇则去声为入",此与之正合。案唐代慧琳《一切经音义》多引《韵英》一书。《韵英》每言秦音。《韵英》为天宝末陈王友元庭坚所著,不知本书是否采自《韵英》。果尔,则本书编者当在天宝以后,也许就在肃宗时代。不过,这只是一种推测而已。要确切地指明,还须要有其他材料。

自从王仁昫书有了敦煌本和宋跋本以后,这部书已经不大为学者所重视,所以有必要加以申论。长孙笺注已经看不到完本,本书的平声东冬等七韵和去入两卷既然都取自长孙注,那么,同今日所见到的长孙书合而观之也就近于是一部长孙书了。

1958 年 8 月

宋修《广韵》书后

　　《广韵》之兴，论者以为始于魏李登《声类》，其书本以五声命字，各以类从，初未尝分立韵部，明辨四声也。逮北齐阳休之撰《四声韵略》，分韵隶字，科别四声（见《文镜秘府论》引刘善经《四声论》），韵书之体制始趋精密。其后李季节、杜台卿等相继有作，体例盖同。然诸家音有楚夏，韵有讹切，隋陆法言乃整齐众制，斟酌南北，取择精审，定为《切韵》。制作之士，咸有所取则矣。及乎唐代，陆书大行，学者继踵而作者益众。今之所知，竟不啻十数家也。其中韵纽反切，固有更张；而形体义训，亦骎骎增广。卷帙既富，纰缪自多。沿及宋代，陈彭年、丘雍等方综辑唐人诸作，雠校而增损之，纂为《广韵》一书，使前代遗文不致废隳，后生晚学，所赖实多。然《广韵》之作，意在登录旧文，整饬众本，若云刊正校改之功，犹未宏肆，是以书中音字踳驳讹衍者，比比可数。盖旧本丛杂，披检为劳，若使研核精尽，亦云难矣。今详勘其书，因摘发数端，以供用此书者参考。

　　论其形体，则有字体不正，乖于声义者，如宵韵之"憍"，当作"嫶"；虞韵之"䓷"，当作"茜"；合韵之"㾹"，当作"㾓"；洽韵之"䈽"，当作"箑"。又宵韵之"麿"，当作"瘭"，从疒票声；豪韵之"䅷"，当作"穋"，从禾翏声；止韵之"萆"，当作"蒒"，从艸囟声。是皆因承唐人之俗写讹体，而未改正者。此其一。

　　又有本非一字，误合为一声，如脂韵匹夷切之"纰"，缯欲坏也。昄、継，二同。案"昄"当作"皽"，器破也，与"纰"非一字。盐韵七谦切之"臉"，臉䐑也。臁，上同。案《玉篇》臉，七廉切；臁，初减切，是"臉、臁"非一字。愿韵芳万切之"酓"，一宿酒。奔，上同。案"奔"，《玉篇》上大也，与"酓"非一字（"上同"即"上大"之误）。质韵卑吉切之"韠"，胡服蔽膝。瑿，上同。案"瑿"，佩刀上饰也，见《说文》，与"韠"非一字。若是者形义不合，不容混同。此其二。

　　又有本为一字，误分为二者，如鱼韵渠纽之"淚"，淚挐。《方言》云：杷，宋魏之间谓之淚挐。案"淚"即"渠"之讹体，《方言》本作"渠"也。虞韵其俱切之"胊"，脯也。又䏰，脯名。案"䏰"即胊之讹体，不当别出。有韵女久切之"莥"，《玉篇》云：鹿豆也。又葅，蔺实。亦作莥。案《玉篇》"葅莥"一字（《尔雅·释草》字作"菇")。琰韵衣俭切之"㡓",掩也。又㡓,掩光("光"字误)。案"㡓㡓"同为"㡓"字之误,《广雅·释器》:㡓,率也。此训掩覆之掩,义正相得。如是者音义无别,又未可分之为二矣。此其三。

论其声音,则有形讹而音讹者,如先韵之"狗",兽似豹而少文,崇玄切。案"狗"为"狗"字之误,"狗"已见药韵,音之若切,与《山海经》底阳之山郭璞音之药反相合(《玉篇》音同)。此字既讹为"狗",遂衍出崇玄一音,不可征信。歌韵得何切之"莜",姓也。汉有莜宗。傗,上同。案"莜"为"傗"字之误,登韵步萌切字作"傗",《汉书·王尊传》本作"傗",苏林音朋,晋灼音倍,均无得何一音。此盖"傗"字讹作"傗",由"傗"讹作"莜",字从多,而音亦同多矣。麻韵"碬",砺石也,胡加切。案"碬"为"碬"字之误,"碬"见换韵,此误从段,而音胡加切非也。登韵"蒌",秒也,武登切。案"蒌"为"菱"字之误,"菱"见酽韵亡剑切,云:草木无蔓也。《广雅·释诂》:菱,薉也。曹宪音亡咸反。此盖"菱"讹作"蒌",由"蒌"讹作"蒌",遂有武登一音。余如东韵之"涫",为"涫"字之讹,"涫"见桓韵;歌韵之"涐",为"减"字之讹,"减"见咍韵;旨韵之"犰",为"犰"之讹,"犰"见尤韵;养韵之"㭿",为"㭿"字之讹,"㭿"见桓韵;暮韵之"篹",为"簒"字之讹,"簒"见缓韵;遇韵"𫓶",为"𫓶"字之讹,"𫓶"见狝韵,字误音误,均宜刊削。此其四也。

至于反切误字,尤难一二数。如"丰、厓、脂、推、葵、尸、崒、冀、齌、崴、㨨、夬、慨、真、密、芬、讫、妼、照、衍、箹、沈、逡、嗤、俨、凡"等纽反语,并有误字、是其著者矣。此其五。

又有收字取音乖戾殊甚者,如谆韵之"趣",当入真韵;准韵之"蟪",当入轸韵;果韵之"爸𥐫",当入哿韵;线韵之"徧";当入霰韵;是其例也。又如宵韵起嚻切之收"橇"字,侯韵落侯切之收"剅"字,凡韵匹凡切之收"欻"字,小韵以沼切之收"鷪"字,子小切之收"膘"字,有韵除柳切之收"鮦"字,霁韵奴计切之收"懝"字,原讹作"愕"。考案旧籍,音有未合。推其致误之由,则或为错简,或为抄纳旧音,仓卒误记。此其六。

进而论其义训,则有上下二字相连,脱夺下字,其注遂窜属于上者,如桓韵薄官切"綮",番和县名,在凉州。案《集韵》:綮,小囊也。此云"番和县名"当本为"番"字之注,"綮"下既脱注释及正文"番"字,故"番"字注误系于"綮"下也。马韵胡瓦切"犰",大口,又声。《说文》曰:击踝也。案敦煌本王仁昫《刊谬补缺切韵》"犰"训击踝,别有"嘏"字训大口。《集韵》:嘏,矍大口曰嘏。是"犰"下脱"嘶"字,而大口之义误入"𰯞"下也。勘韵丁黩切"𩦆",冠帻近前。案《集韵》"𩦆"训马睡貌,别有"𩥋"字训冠俯前。是"𩦆"下脱注文及正文"𩥋"字,而"𩥋"注误逮于"𩦆"下矣。如此者,传定滋讹,卒不易辨,承学之士,能勿惑乎。此其七。

又有形音不误,而义训错乱者,如魂韵户昆切"騉",騉騃,野马。案"騉"为兽名,见《山海经·北山经》。野马字本从单作"騉"。尤韵所鸠切"鍭",马金耳饰。案《尔雅·释器》:刻镂物为鍭。此注亦当有误。马金耳饰字本从犮作"鏺",见范韵。曷韵古达切"葛",葛藟。《广雅》云:苑童,寄生葛也。案寄生葛乃寄生蔦之误,见《广雅·释木》及《尔雅·释木》郭注。此又不辨形体之疑似,因而错置其义训者,尤不可不正也。此其八。今抽绎全篇,略举其例,以为读《广韵》者之一助。

《广雅疏证》录遗

新会陈援庵先生藏有高邮王氏《广雅疏证》手稿三卷,存卷一下篇及卷二、卷三上下篇。卷之二、三,为第一次清本,其中后来复有增改。卷之一,则为第二次清本,其中增改者稍少。取与《疏证》刻本相较,并有异同。盖原稿于稚让之书即使是常训亦有注释,及付剞劂,乃多芟刈矣。足见前人著书,其始盖不遗毫发,纤细毕举;及编次成书,则芟薙繁芜,存其精要,凡无关宏旨者,皆汰而不录,未尝以繁博为可贵也。今承先生惠假,得以寻览再三,受益良多。惟予以为《疏证》虽有刻本行世,然犹有以其或有不备而为之拾遗补疏者;则原稿之珠玑,向为刻本所不取者,于读此书者未始无益也。因随手移校,捃其有补者录出,亦景仰王氏之私意耳。1939 年 8 月周祖谟记。

《广雅》卷第一下

嫶,好也。　　疏内别签云:"吕氏春秋适威篇,周书曰:民善之则畜也,不善则仇也。高诱注:畜,好也。"

蹑,履也。　　疏"韩策云:被坚甲,蹑劲弩",原作"宋玉高唐赋:背穴偃蹠。李善注引许慎淮南子注云:蹑,蹋也"。

薀,盈也。　　疏"列女传云"上,原有"嵇康琴赋云:承闲薀乏。是也"。

屑,劳也。　　疏"汉书董仲舒传"云云,原作"汉书王莽传云:晨夜屑屑,寒暑勤勤"。

眅,视也。　　疏"魏策"云云,原作"汉书杨雄传:眅隆周之大宁。颜师古注云:眅,视也"。

眳,视也。　　疏"燕策"云云,原作"庄子山木篇云:虽羿蓬蒙不能眳视也"。

詍,诱也。　　疏"晋语"云云,原作"韩长孺传云:詍邪临浮说。詍与怤通"。

睎,望也。　　疏"吕氏春秋"云云,原作"班固西都赋云:睎秦岭。汉书董仲舒传云:希世用事"。

谓,使也。　　疏内"小雅"云云,原作"大雅常武篇:王谓尹氏。郑笺训谓为使;小雅绵蛮篇云:命彼后车,谓之载之"。

絫,及也。　　别签云:"段若膺云:古重累(上声)波累(去声)字皆作絫,隶变作累,在古音十六部。纍者大索也,在十五部。浅人多纍、絫不能分别。"

卷第二上

掇,贪也。　疏"每与掇通"上,原有"叙传云:致祸为福,每生作愍。掇、每古通"。

咨,问也。　疏"咨各本讹作资"上,原有"咨者,春秋襄公四年左传:访问于善为咨"。

讯,问也。　疏内别签云:"庄子徐无鬼释文引广雅讯作谇。"

何、服,任也。　稿云:"何者,诗商颂玄鸟篇:百禄是何。毛传云:何,任也"。又疏"是服与任同义"下原有"易系辞传云:服牛乘马。诗郑风大猎于田篇:两服襄,毛传云:两服中央夹辕者。皆任之义也"。

燎,干也。　疏"炙也"下,稿有"后汉书冯异传:光武对灶燎衣"。

憺,助也。　疏"亦通作澹",原作"汉书食货志:犹未足以澹其欲也。颜师古注云:澹,给也。憺、赡、澹古通用"。

埤,助也。　疏"埤鼙裨并通"下,有"仪礼觐礼:侯氏裨冕。郑注云:裨之言埤也。天子六服,大裘为上,其余为裨。汉书项籍传:籍为裨将。颜师古注云:裨,助也,相副助也。释名曰:城上垣曰陴,陴,裨也,言裨助城之高也。又云:脾,裨也,在胃下,裨助胃气,主化谷也。义与埤并相近"。

戡,插也。　疏"戡者"云云,原作"诸书无训戡为插者,字当作届。说文:届,从后相臿也。是届训为插。玉篇届、戡并音楚立切,是届读为戡。盖戡字乃舌字之音,今本戡字误入正文,又脱去届字耳"。

骁,健也。　疏"枭与骁通"下,原有"汉书高帝纪:北貉燕人来致枭骑助汉。应劭注云:枭,健也。张晏云:枭,勇也,若六博之枭也。说文:骁,良马也。义并相近"。

舆,载也。　原有"舆者,僖六年左传云:士舆榇。舆训为载,故车所以载物者谓之舆。续汉书舆服志云:上古圣人见转蓬始知为轮,轮行不可载,因物智生,复为之舆是也"。

赦,色也。　疏"瞻彼洛矣篇"下二十二字,原作"玉篇赦字注又云:赦,怒貌。案人怒则面色赤,故赤貌谓之赦,怒貌亦谓之赦。又通作奭,今本汉书窦婴传:有如两宫奭将军,则妻子无类矣。颜师古注云:奭,怒貌也,音赫。赫乃赦字之讹。集韵、类篇奭又音赫,怒也。则宋时汉书本已讹作赫。考广韵二十四职有懘字,音赦,云:瞋怒貌。懘与奭字异而义同,今据以辨正"。

攘,让也。　　别签云:"泰山不让土壤。让与攘通,却也。"

谦,让也。　　疏"说文谦谦也"下三十四字,原稿以墨笔勾去,而改为"汉书五行志公车大谦卒。应劭云:在司马殿门掌谦呵者也。是谦为让也"。

卷第二下

阑、闲,遮也　　原稿云:"阑者,魏策云:有河山以阑之。史记魏世家作阑。阑、阑古通。说文:阑,门遮也。史记楚世家云:甚愿为门阑之斯。汉书王莽传:与牛马同阑。颜师古注云:阑谓遮阑之,若牛马阑圈,义并相近也。闲者,楚语为之关籥蕃篱而远备闲之。韦昭注云:闲,阑也。周礼虎贲氏:舍则守王闲。郑注云:闲,陛桓也。校人:天子十有二闲,马六种,郑注云:每厩为一闲。皆取遮阑之义也。"

徼,遮也。　　疏"字通作要,又作邀"上原有"史记司马相如传:徼麋鹿之怪兽。集解引汉书音义云:徼,遮也。徼又音於霄反。玉篇:邀,遮也。春秋襄公三年左传云:吴人要而击之。邀、要并与徼同。徼又音古吊反。汉书百官表:中尉掌徼循京师。颜师古注云:徼,谓遮绕也。佞幸传:盗出徼外铸钱。颜师古注云:徼犹塞也,东北谓之塞,西南谓之徼,塞者以障塞为名,徼者取徼遮,义并相近也"。

怀,归也。　　稿云:"诗皇矣传云:怀,归也。释名:怀,回也。本有去意,回来就己也。亦言归也,来归己也。虞书皋陶谟篇云:黎民怀之。"

淋,渍也。　　别签云:"汉李翕析里桥郙阁颂:涉秋霖瀤,霖与淋通。"

洽,渍也。　　疏"说文洽霑也"下,稿作"楚辞九辩云:尝被君之渥洽",后改为"众经音义卷六引仓颉篇云:洽,遍彻也"。

娸,丑也。　　别签云:"毛嫱西施天下之爱姣也,衣之以皮倛,则见之者皆走。"(慎子,神女赋注引。)

谲、诈、讇、诬,欺也　　稿云:"说文:谲,权诈也。论语宪问篇云:晋文公谲而不正。尔雅释诂:诈,伪也。说文:诈,欺也。又伪者,说文:伪,诈也。诈之言作,伪之言为,皆谓以无为有也。又诬之言虚无也。说文:诬,加言也。郑注礼记云:诬,罔也。又注表记云:不信曰诬。"

悍敢,勇也　　疏"悍通作果"上,稿云:"悍敢者,尔雅释诂:果,胜也。释文作果。广韵云:仓颉篇果敢作此悍。李善注魏都赋引方言云:悍,勇也。春秋宣公二年左传云:杀敌为果。悍、果古通用。众经音义卷十六引三苍云:敢,必行也。礼记聘义篇云:此众人之所难,而君子行之,故谓之有行,有行之谓有义,有义之谓勇敢。"

卷第三上

粒,飞也。　别签云:"汉铙歌思悲翁篇:拉沓高飞暮安宿。"

嬉、勑、遊、敖,戏也　疏"勑,经传通作佚,又作逸",原作"众经音义卷三引仓颉篇云:嬉,戏笑也。勑者,李善注长门赋引仓颉篇云:佚,愓也。周书无逸,汉石经作勑。史记鲁世家作佚。勑、佚、逸古通用。遊、敖者,说文,出游也。诗邶风柏舟篇:以遨以遊。遊与游同"。

曤,煥也。　别签云:"晋书左贵嫔传悼后颂:曤晲沾濡,用韩诗也。"

文,勉也。　别签云:"方言谓牟莫为勉强,晋书栾肇论语驳曰:燕齐谓勉强为文莫。皆黾勉之转音也。"

归、饷、馈,遗也　稿云:"归者,春秋庄公六年齐人来归卫宝。饷者,尔雅释诂:饟,馈也。诗周颂良耜篇云:其饟伊黍。孟子滕文公篇:葛伯仇饷。饷与饟同。馈者,郑注士虞礼云:馈犹归也。又注周礼玉府云:古者致物于人,尊之则曰献,通行曰馈。"

幼、稚,少也　稿云:"幼者,说文:幺,小也,象子初生之形。幼,小也。从幺从力,幺亦声。尔雅释言:幼,穉也。礼记曲礼篇云:人生十年曰幼。稚者,说文:穉,幼禾也。方言:穉,年小也。郭璞注云:穉,古稚字。诗鲁颂閟宫篇:稙穉菽麦。韩传云:稙,长稼也;穉,幼稼也。尔雅释亲篇云:长妇谓稚妇为娣妇,稚妇谓长妇为姒妇。释名云:青徐人谓长妇曰稙,长禾先生者曰稙,取名于此也。盖长幼之义,物与人同,故其命名亦同也。"

埻,尘也。别签云:"易稽览图云:黄之色悖如麴尘。"

祥,谍也。　疏"祥与详同"下,稿云:"后汉书刘恺传注引书告尔详刑,郑注云:详,审察之也。今书作祥,祥、详古通用。"

担,击也　别签云:"古辞妇病行云:有过慎莫笪笞。"

卷第三下

褈,厚也。　稿云:"褈者,说文:緟,增益也。玉篇音徐恭切。緟与褈同,经典通作重。又说文:重,厚也。玉篇音直陇、直龙二切。物重则厚,相重叠亦厚,故皆训为厚也。"

驙,止也　别签云:"魏阮瑀驾出北郭门行云:马樊不肯驰,车殆马烦。"

蕴,聚也　疏"说文作薀"下,稿云:"引春秋传:薀利生孽。今传作蕴。诗桧风素冠篇:我心蕴结兮,小雅都人士篇作苑结,蕴、苑古通用。"

甸,治也　原稿作"甸",并云:"甸,各本讹作甸。小尔雅:甸,治也。亦甸之讹。考诸书无训甸为治者。诗小雅信南山篇、大雅韩奕篇:维禹甸之。毛传并云:甸,治也。礼记王制篇:千里之内曰甸。郑注云:服治田出谷税。今据以订正。"今刻本删去。

鍭,本也。　疏内别签云:"后汉书南蛮传:鸡羽三十鍭。鍭与鍭同。李贤注以为鍭矢,失之。"

嬖婞,亲也。稿云:"嬖婞者,说文:嬖,爱也。隐三年左传注云:嬖,亲幸也。婞、幸古通用。"

嫉,恶也。　疏"毒者"上有"嫉者,说文:倿,妬也。或作嫉,亦通作疾。周书泰誓篇云:冒疾以恶之。又说文:倿,毒也。春秋宣公十五年左传:山薮藏疾。杜预注云:山之有林薮,毒害者居之。又昭公九年左传:辰在子卯谓之疾日。注云:疾,恶也。凡言疾者皆有恶义。故春秋郑公子去疾字子良也"。

捭、发,开也。稿云:"捭又音博厄反。礼记礼运篇:其燔黍捭豚。疏云:捭析豚肉,加于烧石之上而熟之。内则篇云:涂皆干擘。捭、擘声义亦同。"

孙星衍平津馆重刊宋本《说文解字》校勘记

此以嘉庆间原刻孙氏《平津馆丛书》本重刊宋本《说文解字》校雠《续古逸丛书》景印本王氏宋本《说文解字》。因王氏宋本讹误较多，原稿繁琐，改就孙本为记。王本之善处，业已采入无遗；孙本之误处，皆据以订正。此记本为求一善本《说文解字》而作，故王本之误处而孙本不误者，未能详举（余别有记）。至于二本同误之处，亦略笺出，如有纰缪，尚望爱我者指正之。二十四年夏周祖谟记。

标目

二叶　二行　　兀。　　王氏宋本作㐆，是也。（以下简称"王本"）

　　　　六行　百　百，博陌切。　　按百，并当作"㬝"。

　　　　八行　芈　式潘切。　　王本"式"作"北"，是也。

三叶　七行　朩　朩，普活切。　　朩，王本作"朮"，是也。

　　　十四行　马　弓，乎感切。　　弓，王本作"弓"，是也。

　　　　　　束　束，七赐切。　　束，王本作"束"，是也。

四叶十二行　髟　必衔切。　　王本作"必凋切"，是也。

第一上

一叶　九行　丕　敷悲切。　　王本"敷"作"牧"，误。

二叶　七行　絭　补旨切。　　旨，王本作"盲"，是也。

　　　十行　𥻆　臣铉等曰："舂麦为𥻆，今无此语。"　　舂，当作"春"。

第一下

二叶十四行　薑　艸也，公艸盡声。　　公，王本作"从"，是也。

　　　十七行　蓩　从艸，務声。　　務，当作"孜"。

三叶　六行　莙　井藻也。　　井，当作"牛"。

四叶十一行　蘦　诗曰："卬有旨蘦。"　　蘦，王本作"鵰"（今《诗·陈风·防有鹊巢》作"鵰"）。

五叶　四行　藭　藭蘼虋冬也。艸墙声。　　"艸"上脱"从"字。

六叶十五行　蒔　时更切。　　王本作"时吏切"，是也。

七叶　五行　蘻　从艸繇声。　　繇,当作"繇",王本亦误。

九叶　一行　蘩　从艸繁声。　　繁,当作"繇",王本亦误。

第二上

三叶十八行　嗺　读若叔。　　叔,王本作"刷"。

四叶　五行　嘖　野人言之。　　毛本作"野人之言",是也。

　　　二十行　噎　乌结切。　　乌,王本作"为",误。

六叶　三行　唬　呼讦切。　　王本作"呼许切"亦误,《五音韵谱》作"呼讶切",当据正(参段氏《汲古阁说文订》)。

　　　八行　唤　評也。　　王本作"呼也"。

　　　十四行　罊　一曰窑罊。　　王本同。段氏《汲古阁说文订》云:"二宋本、叶本作窑,毛本从之非也。赵本及《五音韵谱》《类篇》《集韵》,及小徐、《广韵》皆作'窒'不误。"

七叶　二行　赳　读若蟜。　　王本"蟜"作"撟"。

　　　六行　趌　千牛从。　　王本同。从,字当作"切"字。

　　　九行　赺　子救切。　　毛本作"于救切",是也。

　　　十五行　趠　趡赵久也。　　趡,《玉篇》引作"趍",毛本同。

八叶　十行　疌　从止以又。　　以,字当作"从"字。

第二下

一叶　七行　躠,㿎。　　二字王本另起一行,误。

二叶　八行　遰　特计切。　　王本作"徒计切",《唐韵》作"特计反"。

　　　十三行　迷　或也。　　毛本作"惑也"。

三叶　一行　迍　前顑也。　　顑,《韵谱》《集韵》《类篇》皆作"顿"。

　　　　　　一读若枱。　　枱,当作"拾"。

　　　四行　趨　王本作趯,毛本同。　　钮氏《校录》与严氏《校议》并云:"宋本作趯。"

　　　十六行　循　许遵切。　　许,藤花榭本作"详"。

四叶十八行　齫　一曰马口中橶也。　　橶,王本作"檿",并讹;当作"檿"。

五叶十二行　猗　武牙也。　　武,避唐讳,当是"虎"字。

六叶　二行　跋　旁各切。　　王本作"旁谷切"。《广韵》傍各切。

　　　八行　跟　从足贝声,掠盖切。　　王本作"博盖切",毛本同;当据正。

七叶　一行　踸　五甚切。　　王本作"丑甚切",是也。

第三上

三叶　一行　謦　去挺切。　　挺,王本作"梃"。

谈　从言炎声。　　"声"字王本在下行。

四叶十二行　讶　周礼曰诸侯有卿讶發。　　王本同。"發"字当从《系传》作"也"。

五叶十一行　訆　如求妇先訆叕之。　　王本作"先言叕之"。唐写本《玉篇》引"叕"作"發",当据正。

十五行　詪　眼戾也。　　眼,当作"很"。

六叶　十行　譙　读若嚼。　　王本"嚼"作"嗺"。段氏《汲古阁说文订》云:"王氏宋本及叶本'嚼'作'嗺'。"严氏《说文校议》谓宋本作"嚼",与孙本同。按本书口部"嗺"或体作"嚼"。

十二行　詘,诘诎也,口曰屈襞。　　詘,当作"詘"。曰上阙"一"字。

十五行　讕:　怟讕也。　　王本同。《汲古阁说文订》云:"赵本《五音韵谱》《类篇》作'抵讕',与《汉书·文三王传》合(按《梁平王传》云:"王阳病抵讕置辞,骄嫚不首。"师古注"抵,距也;讕,诬讳也。")。宋本、叶本作'怟',毛本及《集韵》作'詆'皆误。"

八叶十三行　弈　《论语》曰:"不有博弈者乎。"　　博,当作"博",王本不误。

第三下

一叶十六行　鞻　曲辕鞻缚,直辕簚缚。　　王本同。段氏《汲古阁说文订》曰:"各本'暈'讹'簚'不成字;车部'暈'下曰:'直辕车鞻也。从车具声。'"

三叶　四行　鬻　孚也。　　当作"亨也"。

五行　鬻　吹声沸也。　　王本同。段氏曰:"赵本及毛本作'吹釜溢',今按当作'炊釜瀵溢也'乃完。《类篇》'吹'作'炊'不误。"愚谓当作"炊釜沸也"。

十二行　䢃　虱持亟种之,《书》曰:"我執黍稷。"　　徐锴曰:"坴,土也。"鱼祭切。亟,毛本作"而","书"作"诗"。段氏曰:"两宋本、叶本'而'作'亟','诗'作'书',按书误。"　鱼祭切,王本作"育祭切"误。

馞　设饪也。　　王本作"设食也",《玉篇》同。

四叶　六行　爕　臣铉等案,燮字义大熟也。　　熟,王本作"孰",是也。

七行　叟　引也。　　王本作"抻",当是"伸"字。段氏曰:"宋本作'神也'(按未是),恐是'伸'之误。"段注《说文》依宋本作"伸"。钮氏曰:"宋本作'神也',恐非,顾(按是顾千里)云:'王兰泉藏本经人描写,故误引为神;其实予屡见宋椠,皆作引。传之失真,不可不辨。'"　　按钮氏未见王本。

四叶　九行　叡　又早也。　　又,王本作"叉",是也。

九叶　一行　敲　横擿也。　　毛本、王本同。段氏曰:"惟赵本作'横搋',明刊《五音韵谱》同。考唐贞观中释玄应作《大唐众经音义》卷十二、十三、十六、十七,凡四引皆作'搋'。"又云:"手部擿投也,作横擿则为桀石投人之义。"

九叶十一行　敄　从教从门,门尚朦也。　　朦,王本作"矇",毛本同。

第四上

一叶十五行　暖　汎晚切。　　汎,当作"况",王本亦误。

二叶十三行　睼　也计切。　　也,藤花榭本作"他"。

　　　十五行　看　睎之。　　当作"睎也"。

三叶十五行　盾　食问切。　　问,当作"闰"。

四叶　四行　鼻　入二切。　　入,当作"父"。

　　　七行　䀾　读若祕。　　祕,当作"祕"(钮氏说)。

　　　十三行　翰　从羽幹声。　　幹声,当作"倝声"。

五叶　九行　䎞　侯鞍切。　　鞍,王本作"幹"。《唐韵》侯旰反。

　　　十一行　雊　雄雌鸣也。　　雌,王本同误。当从《类篇》作"雉"。

八叶　十行　雉　鸐,或从隹。　　鸐,当作"鷄"。

九叶　四行　鸓　从鸟,虍也。　　王本同。"也"字当是"声"字。

　　　十三行　莺　从鸟,荣省声。　　荣,王本作"茔"。

十叶　六行　焉　朋者,羽虫之属。　　王本同。毛本"属"作"长",是也。

第四下

二叶　二行　兹　使吾水兹。　　兹,王本作"滋",是也。

　　　四行　予　余臣切。　　臣,当作"吕"。

　　　十行　䚩　徐锴曰曰。　　多一"曰"字,王本亦然。

　　　十六行　叡　王本作"叡"是也。

四叶十四行　胳　古洛切。　　洛,王本作"各"。《唐韵》古落反。

五叶十一行　胡　牛颔垂也。　　王筠《系传校录》云:"大徐'颔'作'顄'。顄,面黄也,非其义;或'颔'之讹。"今王本正作"颔"。

六叶　六行　古文然。　　然，当作"狀"。

七叶十六行　刾　从朿，朿亦声。　　二"束"字，当作"朿"，王本亦误。

八叶　一行　刅　从刀从一。　　刀，王本作"刃"，是也。

　　　　十一行　耒　册又可以划麦。　　段氏以为当作"冊叉可以划麦"。《广韵》冊，先立切。引《字统》云："插粪杷。"叉，爪字。

　　　　十六行　觃　斫启切。　　斫，当作"研"。

九叶　八行　觺　读若觺。　　觺，讹字。王本作"餽"，亦误。毛本作"鱃"是也。

第五上

二叶　五行　簎　一曰宋魏谓箸筩为簎。　　簎，王本作"筲"，与今《方言》同。《玉篇》"筲"为"簎"之重文。

　　　　十七行　篓　篼，或从女。　　女，当作"妾"，王本、毛本不误。

三叶　一行　笒　从竹，令声。曰笒篥也。　　"曰"上脱"一"字。王本有。

　　　　十六行　笑　喜也。从竹从犬。　　犬，王本作"夭"当是。

五叶　四行　䜌　从麻麻调也。　　麻，当作"麻"。

　　　　五行　甚　从甘从匹，耦也。　　王本作"从甘，甘匹耦也"。并非。《韵会》引作"从甘匹，匹耦也"，当据正。

六叶十四行　旨　职雉切。　　王本作"职稚切"，《广韵》作"职雉切"。

第五下

一叶　八行　青　丹青之信言象然。　　象，王本作"必"，是也。

三叶十八行　饐　乌困切。　　王本作"乌因切"，是也。

四叶十七行　矣　语以词也。　　以，当作"已"。

五叶　六行　市　从冂，冂古文及。　　冂，王本皆作"乛"。

六叶　二行　壄　从后土。　　士，当作"土"，王本不误。

七叶　九行　庋　又卜切。　　又，当作"皮"。

　　　　二十行　舛　从舜，生声。　　王本同。生，当作"屮"。

八叶十九行　及　从了从反。　　了，王本作"乛"，是也。

第六上

一叶十八行　楸　桑谷切。　　王本作桑屋切，毛本同。《唐韵》桑谷反。

三叶　十行　梗　山枌榆有束荚，可为芜夷者。　　王本作"山初榆有束荚，可为芜荑者"，误。

四叶　七行　橾　木橾施。　　施，王本作"橀"。

　　　十七行　檊　从木，檊声。　　檊声，当作"轧声"。

五叶　五行　楣　武悲切。　　王本作"莫悲切"。

　　　九行　楯　阑楯也。　　阑，王本作"槛"。

　　　十五行　橦　帐极也。　　王本作"帐柱也"。

六叶　十行　杓　从从木从勺。　　此多一"从"字，王本同。

　　　十八行　栫　徂闷切。　　闷，王本作门。《广韵》"徂闷切"。

七叶　三行　柲　丘媚切。　　丘，王本作"兵"，是也。

八叶十五行　棐　敷尾切。　　毛本同。王本作"府尾切"，《广韵》同；段注从之。

　　　二十行　棟　棳也。　　王本作"栦也"。

九叶　九行　棼　複屋栋也。　　複，王本作"榎"，讹。

第六下

三叶十七行　圓　似沇切。　　沇，王本作"沇"，毛本同，是也。

　　　二十行　困　南伦切。　　藤花榭本同。王本作"去伦切"，毛本同。

四叶　二行　因　《左传》曰："植有礼因重固。"　　植，王本作"種"，误。

五叶　七行　贬　方歛切。　　歛，王本作"斂"，是也。

七叶　二行　鄭　慕各切。　　慕，王本作"墓"。《唐韵》暮各反。

　　　十三行　郂　什邡广汉县，邑方声。　　"邑"上脱'从'字，王本同。

七叶十六行　酆　当作"酆"。

八叶　二行　邹　孔子之鄉。　　鄉，王本作"郡"。

　　　十七行　鄗　房成切。　　成，王本作"戎"，毛本同，是也。

　　　　　　郲　从邑，敲省声。　　敲，讹字。毛本作"蔽"，是也。

九叶　一行　鄉　六鄉治之。　　王本同。当作"六卿治之"。

第七上

二叶　一行　旱　乎旰切。　　旰，藤花榭本作"旰"。

三叶十四行　旛　幅胡也。　　王本作"旛胡也"，《韵会》引作"幡"。

五叶十九行　楝　从木马，马亦声。　　二"马"字当作"丮"。

六叶　一行　糠　千非切。　　王本作"于非切"，毛本同，是也。

七叶十二行　稙　《诗》曰："種稚未麦。"　　種，当作"稙"。

　　　十四行　槩　从禾既声，利切。　　利字上脱"己"字，王本不误。

　十八行　䅤　齋或从次。　　齋,当作齌。

八叶　一行　穬　百猛切。　　百,藤花榭本作"古"。

　　一行　秜　稻今季落来季自生。　　"季"字王本作"秊",是也。

　　六行　秏　二秗二米。　　王本作"一秗二米",是也。

　　七行　秅　续若昨,在各曰。　　续,当作"读";曰,当作"切"。王本亦误。

　　十三行　秆　稈,或从于。　　于,当作"干",王本不误。

　　十四行　稍　从禾,稍声。　　稍,当作"肖"。

　　十五行　稖　蒲庚切。　　王本作"蒲庚切",是也。

九叶　六行　秣　郎击切。　　击,王本作"狄"。

　　十九行　粱　从米,粱省声。　　当作"梁省声"。

第七下

三叶　六行　夏　王本作"宴",是也。

　　八行　宎　从宀,人声。　　当作"久声"。

　　十行　竂　窻,或从穴。　　窻,当作"窗"。

　　　　　　宄　居洧切。　　毛本同。王本作"居鮪切"。

九叶　十行　席　籍也。礼天子诸侯席有黼繡纯饰。　　籍,当作"藉"。黼繡,王本作"黼黼",《系传》同。

　　十一行　幜　以囊盛穀大满而裂也。　　大满,王本作"太满"。

第八上

一叶　十行　佼　下功切。　　王本作"下巧切",是也。

　　二十行　份　文质僣也。　　僣,当作"備"。

二叶十九行　伦　田屯切。　　田,当作"盧"。

三叶十五行　任　符也。　　毛本作"保也"。

　　　　　　俔　一曰閒见。从人从见。《诗》曰:"俔天之妹。"　　閒见,王本及毛本、鲍本皆作"閒见"。段氏曰:"閒各本作闻,今正。《释言》曰:'閒俔也。'……閒音谏,若言不可多见而閒见之。"妹,王本作"妹",是也。

　　十六行　優　从人憂声,曰倡也。　　曰上脱"一"字,王本不误。

　　十九行　使　伶也。　　段氏曰:"按《类篇》《集韵》及小徐作'令'为是。伶弄也,非其义。"

四叶　五行　伥　一曰什也。　　什,王本作"仆",毛本、《系传》并同,是也。

　　　　　　八行　佻　士雕切。　　士,藤花榭本作"土"。

　　　　　　十行　𠈃　隋也。　　毛本作"惰也"。

　　　　十二行　佚　一曰佚忽也。　　忽,当作"忽",王本不误

　　　　十三行　御　其虚切。　　王本作"其虐切",毛本同,是也。

　　　　十七行　伤　少羊切。　　少,藤花榭本作"式"。

　　　　十七行　侉　憍词。　　王本作"備词",毛本同,段氏不取。

　　　　十八行　催　相傅也。　　毛本作"相擣也",是也。

　五叶　四行　傅　《诗》曰:"傅沓背僧。"　　僧,王本作"憎",毛本同,是也。

　　　　十七行　眞　从匕从目从乚音隐。　　王本作"从匕从目从乚,乚音隐",是也。

　六叶　一行　𭔆　《诗》曰:"歧彼织女。"　　歧,王本作"𭔆",是也。

　七叶　九行　鬘　尼见切。　　见,当作"厄"。

　八叶　七行　襃　籀文襃从㞬。　　表,当作"㚒"。

　九叶十七行　卒　隶人给事者衣为卒。　　王本同。案"衣"字当芰。

　十叶　九行　耂　老人行才相逮。　　王本"逮"作"遠",讹。

　　　　十七行　𣪡　士盇切。　　士,当作"土"。

　十一叶三行　屆　从尸,由声。　　由声,当作"𠂤声"。

　　　　十一行　屢　丘羽切。　　当作"立羽切"。

第八下

　一叶　一行　汉太尉祭酒许氏记。　　许氏,王本作"许慎"。

　　　　十八行　俞　从舟从刂,刂水也。　　二"刂"字,王本作"〈〈"。

　三叶十三行　親　王问切。　　此反切因"䩒"下王问切而误,《广韵》力玉切。

　　　　十八行　覛　救豔切。　　救,当作"敕"。

　　　　十八行　覩　从炎见声。　　当作"从見炎声"。

　四叶　十行　霓　见雨而比息。　　毛本"比"作"止",是也。

　　　　十八行　謌　謌或从言。　　謌当作"歌"。

　　　　　　　歕　心有所恶若吐也。　　吐,乃"吐"之讹。

　五叶　四行　歠　欲歠歠。　　当作"欲歠也"。

　　　　六行　歊　从欠穌声。　　穌,当作"鰥",王本亦误。

　　九行　　歊　从欠繫声。　　繫当作"轂"，王本亦误。

第九上
一叶　十行　　顱　項顱首骨也。　　段氏谓"項"乃"碩"之误。

　　　　十八行　願　八頑也。　　段氏曰："字之误也。毛本作'大頭'。"

二叶十一行　頤　从页因声。　　因，王本作"困"，毛本同，是也。

四叶　九行　鬀　从髟差。　　毛本作"从髟，差声"。段氏曰："无'声'字非也。"

　　　　　　　髻　结也。　　王本作"鬐也"。

　　　十七行　鬊　鬈发也。　　毛本、小徐作"鬄发也"。

　　　十八行　髯　小人曰髯。　　小人，毛本作"小儿"，是也。

五叶十七行　卷　从卩关声。　　王本"关"作"夵"。

六叶十二行　匈　声也。　　此误。毛本作"膺也"，当据正。

　　　　　　　匑　币偏也。　　偏，王本作"徧"，是也。

　　　二十行　匏　从包从夸声。　　当作"从包夸声"。

七叶　七行　魃　从鬼友声。　　友，当作"犮"，王本不误。

　　　　八行　魃　郑交甫逢二久。　　久，当作"女"，王本不误。

七叶十六行　纂　初官切。　　王本作"初宦切"，毛本同，是也。

　　　　　　　厹　从多从羌。　　多，当作"厶"。

第九下
一叶十二行　屺　《诗》曰："陟彼屺弓。"　　弓，乃"兮"字之讹。

　　　十三行　冈　山骨也。　　骨，当作"脊"。

　　　十五行　隓　读若相推落之憜。　　憜，当作"墮"。

二叶十一行　崖　从户圭声。　　户，王本作"屵"，是也。

　　　十八行　廜　从广膚声。　　膚，当作"虜"。

三叶　一行　庚　水槽仓也。　　槽，王本作"漕"，是也。

　　　二十行　厝　又七玄切。　　玄，当作"互"。

四叶　十行　卝　《周礼》有卝人。　　卝人，当作"卝人"，王本不误。

　　　十四行　磏　陵也。　　王本作"陜也"，毛本同，是也。

　　　十五行　硈　若角切。　　若，当作"苦"。

　　　十六行　礚　又若盍切。　　若，当作"苦"。

　　　十七行　磛　钜衔切。　　王本作"鉏衔切"是也。

十八行　硗　礜石也。　王本作"磐石也"。段氏曰："作磐误字也。"

十九行　磬　从石殸象县虍之形。　虍，当作"虡"。

二十行　䂭　上摘巖空青珊瑚堕之。　王本"摘"下有一"山"字。

五叶　四行　砭　以石刺病也。　刺，当作"刺"。

　　　　　　　方彫切。　彫，当作"廉"。

　　五行　砢　来可切。　来，藤花榭本作"求"。

六叶　六行　毅　上谷名豬毇。　毇，当作"殽"，毛本不误。段氏云："作毇非也。"

　　九行　獌　獌有爪而不敢以撅。　撅，当作"橛"。见钮氏《说文解字校录》。

　　二十行　毚　后蹏发谓之毚。　"毚"王本作"毚"。发，当作"废"，段氏说。

七叶　九行　玃　樊玃也。　樊，当作"獿"。

第十上

一叶十九行　騺　从马幹声。　幹声，当作"钬声"。

二叶　四行　駜　马饱也。　饱，当作"肥"。

　　九行　駤　乐追切。　王本作"渠追切"，是也。

　　十一行　冯　从马ㄚ声。　ㄚ声，王本作"仌声"。

　　十八行　驧　从马鞠声。　鞠声，当作"鞫声"。

三叶十六行　麚　以夏至解角角。　当作"以夏至解其角"。

　　二十行　麚　麋牝者。　牝，王本作"牡"，是也。

五叶十一行　状　盈亮切。　盈，当作"叕"。

　　十二行　獳　读若槈。　槈，王本作"耨"。

　　十三行　狎　胡甲切。　王本作"胡时切"，误。

六叶　五行　玃　母候也。　王本作"母猴也"，是也。

　　六行　夑　食母候。　王本作"食母猴"，是也。

　　八行　狐　小前大后。　大，王本作"犬"，误。

　　九行　猵　布兹切。　兹，当作"弦"。

七叶二十行　閦　从火，门省声。　门，王本作"冎"，是也。

八叶　三行　兲　从火，于声。　于，当作干，王本不误。

　　六行　烓　口迥切。　迥，当作"迴"。

　　九行　𪋿　敖，或从麦。　敖，当作"熬"。

九叶　二行　熠　《诗》曰："熠熠宵行。"　熠熠,当作"熠燿"。

　　　　五行　炫　燿燿也。　毛本作"熠燿也"。

　　　　八行　　　褒似灭之。　似,当作"姒"。

十叶　一行　黶　申黑也。　申,当是"中"字之误。

　　　　六行　黠　切八切。　当作"胡八切"。

　　　　九行　黲　黲糤下哂。　哂,当作"色"。

　　　　十行　儵　式竹切。　王本作"式者切",误。

第十下

一叶二十行　羴　读若《诗》施罟泧泧。　泧泧,王本作"濊濊"(段云"作濊濊非")。

二叶十八行　旭　从允艮声。　艮,当作"㫚"。

　　　二十行　爐　即果切。　即,当作"郎"。

三叶　九行　睪　目视也。　王本作"司视也",是也。

　　　　　　圉　从㚔从曰。　曰,当作"囗",王本不误。

　　　　十行　报　博号切。　王本作"博耗切",《唐韵》作"博耗反"。

四叶　六行　大　他达切。　王本作"他盖切"。《广韵》徒盖切。

五叶　五行　　　文二。　王本作"文三",是也。

　　　　十行　息　从自,自下声。　下,当作"亦",王本不误。

　　　二十行　恬　从心,宗省声。　宗,当作"甜",此涉上文而误。

六叶　二行　忯　巨文切。　王本作"巨支切",毛本同,是也。

　　　　五行　愳　从心愳声。　愳,当作"晋"。

　　　二十行　惆　嘘俱切。　嘘,王本作"虞"。

七叶　六行　怚　骄也。　王本作"矫也",误。

八叶十五行　怂　其从切。　从,当作"久"。

九叶　七行　愽　从心葡声。　当作"葡声"。

　　　十四行　恳　康恨切。　王本"恨"作"很",毛本同。

　　　十九行　繁　从㚔系声。　当作"系声"。系,讹字也。

第十一上

二叶　三行　渏　东南入海。　王本作"东南入泲"是也(段氏说)。

　　　十七行　淮　水出南阳乎氏桐柏大复山。　乎,当作"平"。

三叶二十行　湳　奴感切。　王本作"乃感切"。

四叶　一行　淮　从水圭声。　"圭"字误。王本作"坙",是也。

　　　　四行　沇　从水光声。　"光"字误,当作"尤"。

　　　　十三行　渧　一曰渧渧寒也。　王本作"一曰渧水寒也",段氏从之。

　　　　十四行　淢　子逼切。　王本作"于逼切",是也。

　　　　十七行　沄　王分切。　毛本同,误。王本作"于分切",是也。《系传》作"羽文切"。

　　六叶　五行　沸　浑沸滥泉。　《系传》同。王本"浑"作"毕",毛本同。

　　　　十八行　溯　成冰切。　藤花榭本作"皮冰切"。

　　　　　　　潢　小津也。　王本作"水津也",段氏曰:"作水误。"

　　　　十九行　泭　编水以渡也。　水,当作"木",王本亦误。

　　七叶　四行　没　黄勃切　黄,藤花榭本作"莫"。

　　　　七行　　　一曰瀑资也。　资,当作"霣"。

　　　　八行　濒　久雨涔资也。　资,当作"濒"。

　　　　　　　　水私切。　水,当作"才"。

　　　　八行　蕧　雨流雷下。　《集韵》《类篇》"下"字下有"皃"字。

　　　　十三行　涔　溃也。　当作"渍也"。

　　八叶　七行　涫　古丸切。　王本作"古玩切"。

　　　　十行　浚　杼也。　王本作"抒也"。

　　　　十八行　涤　徙历切。　徙,当作"徒",王本、毛本皆不误。

　　九叶　六行　染　枕茜之属也。　枕茜,王本作"桅茜",当作"栀茜"。

　　　　七行　泰　今《左传》作汏辅。　王本作"汏辅",毛本作"汏輔",与今《左传》合。唐石经"汏"作"汰"。

　　　　十六行　　　重二十二。　王本作"重二十三",实重二十四。

　　　　十八行　瀄　从水瀄省声。　瀄,当作"霕"。

第十一下

　　一叶　七行　濒　臣铉等曰:"今俗别作水滨,非是。"濒,王本作"宾"。

　　　　十行　〈　姑泫切。　泫,王本作"玄"。

　　三叶　三行　凝　俗水从疑。　水,王本作"冰",是也。

　　　　十三行　雪　文甲切。　文,王本作"丈",是也。

　　　　十五行　霰　稣旬切。　旬,当作"旬"。

　　五叶　二行　鲖　从鱼同声。　当作"同声",王本不误。

十三行　餡　尸赚切。　　尸,乃"户"字之讹,王本不误。

第十二上

十行　扇　从扅声。　　当是"从扅省"。

二叶十九行　開　门蒳枦也。　　蒳,王本作"薄",当作"檽"。

三叶　六行　閭　乙鐯切。　　王本作"乙割切"。

闠　门響也。　　王本"響"作"嚮",《御览》一八二居处部引同。段氏疑为"鄉"字与此合。

七行　闭　阖门也,从门才所从距门也。　　王本作"闭门也,从门,才所以距门也"。

九行　阉　宫中奄阍闭门者。　　奄,王本作"阉",是也。

阅　弋垂切。　　当是"弋雪切"。

十九行　毡　丁兼切。　　王本作"丁廉切"。

四叶二十行　捗　莽进趣之疾也。　　趣,王本作"趋"。

五叶　六行　撲　今折切。　　今,当作"食"。

八行　抍　从手井声。　　当作"卅声"。

十三行　按　乌旰切。　　旰,王本作"旰",是也。

六叶　三行　招　从手召。　　王本"召"下有"声"字。

七行　摽　一曰挈门壮也。　　门,当是"闑"字。

七行　抉　从手夬声。　　夬,当作"夬",王本不误。

九行　摘　竹厄切。　　王本作"竹历切",毛本作"竹厄切",与《广韵》同。

十四行　捀　敷容切。　　毛本同,王本作"扶容切",与《玉篇》同。

七叶　三行　抌　所臻切。　　王本作"所巾切",《广韵》所臻切。

四行　拓　从石切。　　从,当作"之"。

六行　抽　擂或从由。　　王本作"籀文从由"。清儒段、王、桂、朱皆作"擂或从由"。

八行　撲　朝撲批之术兰兮。　　批,当作"阰"。术,当作"木",王本不误。

十三行　抲　抲撝也。　　王本作"抲擔也"。

十八行　摡　《诗》曰:"摡之釜鬵。"　　摡,王本作"溉",与今《诗·桧风·匪风》合。

八叶　八行　扜　从手于声。　于，当作"干"，王本不误。

　　　　十行　挂　畫也。　　王本作"宣也"，李文仲《字鉴》同。《玉篇》"悬也"。

　　　　十八行　掠　《唐韵》或作摤。　　摤，王本作"樐"，毛本同，误。

第十二下

一叶　八行　娸　杜林说。　王本作"杜林曰"。

二叶　五行　頟　女婐之蝉媛。　蝉，王本作"婵"，是也。

　　　　十五行　奻　从女妃声。　妃，当作"夗"，王本亦讹。

三叶十二行　媛　爰，引也。　王本作"爰於也"，非。

　　　　十六行　佞　巧讇高材也。　讇，王本讹作"调"。

四叶　八行　嬾　一曰卧也。　卧，当作"臥"。

　　　　十五行　婞　汉律曰："见婞变又得侍祠。"　"又"字王本作"不"字，毛本同，是也。

六叶　五行　戞　从戈从首。　首，当作"百"，王本不误。

　　　　六行　或　从口从戈以守一，一地也。　王本作"从口从戈，又从一，一地也"。

　　　　七行　戓　投也。　王本作"杀也"，是。

　　　　八行　戕　抢也。　王本作"枪也"。

　　　　　　　士良切。　士，当作"在"。

六叶　九行　戣　长抢也。　王本作"长枪也"，是。

七叶十三行　望　从亡朢省声。　当作"从亡朢省声"。

八叶　二行　匴　从匚箅声。　箅，当作"算"。

　　　　三行　匪　器似竹筐。　筐，毛本作"篋"，与《广韵》合。

　　　　六行　柩　曰救切。　当作"巨救切"。

　　　　十二行　籯　杜林从为竹筥。　从，当作"以"。

　　　　十九行　甂　小盂也。　盂，当作"盃"，王本不误。

　　　　　　　瓴　㽦似瓶也。　㽦，当是"瓮"之误。

九叶　一行　甑　上封切。　当是"与封切"。

第十三上

一叶　一行　汉太尉祭酒许慎记。　王本无"记"字。

　　　　十行　緒　曰皆切。　曰，王本作"口"，是也。

十一行　纸　从糸氏声,節兮切。　　氏声,当作"氐声"。節兮切,王本作"都兮切",毛本同。

　　　　絓　一口以橐絮练也。　　一口,当作"一曰",王本不误。

十四行　统　他综切。　　王本作"他緫切"。

十五行　纇　从糸类声。　　类,当作"頪"。

二叶　九行　縩　读若撻。　　撻,当是"捷"字之讹。

十三行　紫　掫缯也。　　王本作"緻缯也",《玉篇》《韵谱》《韵会》并同。

十九行　绾　恶也绛也。　　当作"恶色绛也"。

　　　　　　一日绡也。　　当作"一曰绢也"(段氏说)。

三叶　四行　纔　七咸切。　　七,王本作"士",毛本同,是也。

九行　绶　植酉切。　　王本作"殖酉切",毛本同。

十行　纳　绶紫青也。　　也,当作"色"。

十八行　綅　绛线也。　　绛,当作"缝"。

五叶　一行　緆　先擊切。　　王本作"先繫切",误。

八行　彝　米,器中寶也。　　寶,当作"實"。

十五行　豹　白约缟也。　　约,王本作"豹",毛本同,是也。

七叶　五行　蠕　即丁切。　　藤花榭本作"郎丁切"。

八叶　一行　蜗　亡华切。　　亡,当作"古"。

八叶　四行　蟎　从胃鸣者。　　从,当作"以",王本亦误。

九行　蠅　首角切。　　首,藤花榭本作"直"。

第十三下

二叶十八行　　没阎切。　　没,当作"汝"。

四叶十五行　垸　一曰补垸。　　垸,《系传》作"垣",是也。

六叶　七行　艱　从堇良声。　　良声,当作"艮声",王本不误。

十八行　略　乌约切。　　乌,藤花榭本作"离"。

二十行　畼　今俗别作畅非是。　　王本无"今"字。

第十四上

一叶十七行　镕　金封切。　　金,当作"余"。藤花榭本作"釜"亦误。

二叶　九行　鍱　从金葉声。　　葉,当作"枼"。

三叶　二行　钴　王本作"鈷",是也。

　　　四行　锥　藏追切。　"藏"字误,当是"職"字。

　　　五行　厕　籀文说从厂刿。　说,当作"锐"。

　　　八行　锾　罚书曰列百锾。　王本同,非也。当作:"《书》曰:'罚百锾。'"

　　　十三行　锄　一曰曰器。　王本作"一曰田器",是也。

　　　十五行　镗　上郎切。　上,当作"土",王本不误。

　　　二十行　矛戡柲下铜鐏也。　战,当作"戡"。

四叶　一行　镞　矢金镞翦羽谓之镞。　谓之镞,当作"谓之镞",王本不误。

　　　二行　铜　从閒声。　"从"下脱"金"字,王本同。

　　　六行　鈶　当作"鈜"。

　　　十八行　钿　待季切。　季,当作"季",王本不误。

五叶十八行　新　从斤新声。　新,当作"亲",王本亦误。

　　　二十行　斝　王爵也。　王,当作"玉",王本不误。

　　　　　　　从叩从斗曰象形。　曰,当作"冂"。

六叶　一行　斡　从斗斡声。　当作"臭声"。

七叶　三行　肇　张营切。　当作"渠营切"。

　　　四行　鞭　鞭或从革。　鞭,当作"軝"。

　　　六行　辒　毂端沓也。从车官声。古满切。　王本"端"作"耑","满"作"缓"。

　　　九行　衙　从车从行,曰衍省声。　曰上脱"一"字,王本不误。

七叶十四行　轹　郎击切。　王本作"历各切",《广韵》十九铎有此音。

第十四下

一叶十七行　阮　门也。　王本作"闉也",毛本同,是也。

　　　　　　　隤　读若徒谷切。　"读若"下有脱字,小徐作"读若渎"。

　　　十九行　阺　秦谓陵阪曰阺。　泰,当作"秦"。

六叶　十行　毅　从子毅声。　毅声,当作"豙声"。

　　　十八行　孱　七连切。　王本作"士连切",是也。

七叶　六行　羞　息流切。　王本作"息旒切"。

八叶　二行　午　此予矢同意。　予,当作"与",王本亦误。

　　　七行　申　吏臣铺时听事。　臣,王本作"昌",是也。

十八行　醲　厚酒也。　王本作"淳酒也"。

二十行　酷　酒厚朱也。　朱，乃"味"字之讹，王本作"味"不误。

第十五上

一叶十二行　著於竹帛。　著，王本作"箸"。

三叶　九行　使下杜人程之所作也。　之，当作"邈"，王本亦误。

　　　十六行　诸生竞说字解经誼称秦之隶书，为仓颉时书。　誼，王本作"谊"。段氏不取。

五叶十七行　百　当作"皕"，王本亦误。

第十五下

二叶十二行　慎又学孝经孔氏古文说，文古孝经者。　文古，当作"古文"，此误倒。

五叶十六行　影　合通用景。　合，王本作"今"，是也。

六叶　一行　麇　群口相聚也。　王本"口"作"臣"，是也。

　　　七行　鱼　止史籀笔迹小异。　止，当作"上"。

原载《国学季刊》五卷一期(1935 年)

陶刻孙本《说文解字》正误

嘉庆九年(甲子)刘文楷所刻《平津馆丛书》本《说文解字》流传甚少,极不易觏。今日常见者皆同治十三年(甲戌)陶升甫摹刻本,即朱氏新斠本也。陶刻笔法既逊于原本,而且时有讹误;为便学人,谨就所见揭举若干条附后。

第一上

四叶　六行　叡　籀玉璿切　原刻作“籀文璿”。

第一下

三叶　十行　瑨　玉瑨也　玉,原刻作“王”。

　　　十六行　茖　力六切　力,原刻作“方”。

七叶十八行　蓴　当伦切　当,原刻作“常”。

第二上

二叶　二行　胖　普斗切　斗,原刻作“半”。

三叶十九行　嚖　从口夒声　夒,原刻作“蒬”。

七叶　四行　越　王代切　代,原刻作“伐”。

第二下

三叶十四行　復　从彳夏声　夏,原刻作“复”。

六叶　八行　跟　从足具声　具,原刻作“貝”。

第三上

二叶　五行　句　古侯切九遇切　原刻作“古侯切又九遇切”。

五叶十六行　誦　呼封切　封,原刻作“卦”。

九叶　六行　興　同方也　方,原刻作“力”。

第三下

一叶二十行　鬻　鰎也　鰎,原刻作“鍵”。

七叶　八行　將　从寸醤省声　醤,原刻作“牆”。

第四上

二叶　十行　督　氏目谨视也　氏,原刻作“氐”。

九叶十三行　鴥　诗曰鴥彼晨风　鴥,原刻作“鴪”。

第四下

二叶十一行　爭　臣铉等古　古，原刻作"曰"。

第五上

二叶　九行　筶　括筶也　括，原刻作"栝"。

三叶　一行　笒　郎一切　一，原刻作"丁"。

五叶十一行　舩　亡沿切　沿，原刻作"沼"。

八叶　八行　虖　荒鸟切　鸟，原刻作"乌"。

九叶　七行　醢　从血　血，原刻作"皿"。

第六上

一叶　十行　枡　从木井声　井，原刻作"爿"。

　　　十三行　桂　七桂切　桂，原刻作"荏"。

　　　十八行　椵　原刻作"柀"。

七叶十八行　棱　船總各　各，原刻作"名"。

第七上

三叶十五行　臣铉等日　日，原刻作"曰"。

十叶十三行　糖　飲也　飲，原刻作"飴"。

第七下

四叶　七行　窒　法径切　法，原刻作"去"。

第九上

二叶　一行　顝　从页昏声　昏，原刻作"昏"，

第十二上

七叶十七行　拮　诗曰子手拮据　子，原刻作"予"。

第十二下

三叶　三行　嬰　評其切　評，原刻本作"許"。

四叶　三行　婓　不媚一曰却婓婓也　"一曰"二字，原刻作"前"字。

第十三上

二叶十九行　缙　春秋传缙需氏　需，原刻作"雲"。

三叶二十行　組　从糸组声　組，原刻作"旦"。

第十三下

五叶　十行　墣　麈士也　麈，原刻作"塵"。

第十四上

五叶　一行　开　象二于对构上平也　于,原刻作"干"。

第十四下

四叶十五行　乾　土出也　土,原刻作"上"。

原载《国学季刊》五卷一期(1935 年)

关于唐本《说文》的真伪问题

我曾经写过一篇讲许慎《说文解字》的文章,发表在《中国语文》第51期,提到唐写本《说文》木部残本是今日所见《说文》最早的传本。有同志指出清代学者孙诒让在《温州经籍志》卷七内已经断定唐本《说文》木部是清人伪造的。

孙诒让说:"近独山莫友芝得唐本《说文》木部之半,笺校刊行。友人歙汪茂才宗沂语余曰:'此乃其乡一通小学者所伪作,其人彼尚识之。莫号能鉴别古书,乃为其所欺,可哂也。'"由此可知孙诒让是听汪宗沂说的,汪宗沂是否可靠也很难说。我们要断定它的真伪,只有根据原物来判断。

唐本《说文》木部从莫友芝手转归端方,后来又流入日本,大家所看到的都是莫友芝的覆刻本,既然很少有人看见原物,所以很多人疑惑它是伪品。

我曾经看到原物的照片,除宋"绍兴"小印、米友仁鉴定跋和俞松题记外,尚有明人印记。末有杨守敬跋语,称"此卷黄麻坚韧,墨光如漆,与守敬所藏唐人书《左传》无异"(原件书影见拙著《问学集》下册)。这说明鉴赏家已经肯定它是唐代的古书了。

其次,从原物的书法来看,楷书的体势确乎是唐人的笔法,绝非清人所能伪造,凡是熟悉唐写本的人,一望可知。最值得注意的是篆书,篆书作悬针体,遒健隽逸,胜于唐元次山《峿台铭》,清代的人是写不出来的。汪宗沂的话绝不可信。

以上只是从纸张、墨色、书法方面来谈的。但最重要的是要看内容。内容要从三方面来看:(1)字次,(2)说解,(3)反切。

木部的字次,唐本与二徐本不同的地方很多,互有短长。然唐本"槍"字列于"櫪、橭"之后,"桱"字列于"椑、櫑"之前,"梲"字列于"棓"字之后,都比二徐本合乎许书条例。在说解一方面,唐本的说解要比二徐本好得多了。莫友芝的《笺异》已经讲得很多,不须要多谈。但是无论字次或说解,唐本也都有错误。这正可以说明它不是清人所伪造的,如果是出于伪造,有现成的二徐本可以做根据,为什么作伪的人一定要弄出许多错误出来呢?可见原物绝非清人所伪造。

大凡古本书籍其中往往有胜于今本的地方,也有不如今本的地方。因为书经传写,难免有误。古本之可贵,就在于今本都错而古本不错处。唐本《说文》木部较二徐本有优有劣,也正是古本书籍的面貌。

唐本《说文》木部的反切跟《字林音义》是一个系统,这是唐以前《说文》传本的旧音(拙著《唐本说文与说文旧音》一文已谈过),清人想伪造也伪造不出来。

从内容看来,我们可以断定它的确是古写本。孙诒让过信汪宗沂的话而不去虚心研究唐本的内容,就断定它是伪品,这不是一种科学的态度。孙诒让在经籍、文字方面的成就我们非常重视,可是这一段话,我们不可以据为典要。假如认为他的话可信,就会把一份极其宝贵的文化遗产给抹杀了。现在这个写本仍保存在日本。

　　　　　　　　　　　　　　　　　　　　　　　　1957 年 4 月

敦煌唐本字书叙录

中国有字书，远自秦朝以前开始。传说《史籀篇》是秦朝以前的书。秦始皇统一天下以后，李斯作《仓颉篇》，胡毋敬作《博学篇》，赵高作《爰历篇》，以四言为一句，两句一韵，供学童诵习之用。汉人合三书为一书，称为《三仓》。汉元帝时史游又作《急就篇》，有三言、四言、七言。成帝时李长又作《元尚篇》，平帝时扬雄又作《训纂篇》。今日所存者只有《急就篇》。到东汉时期许慎作《说文解字》，开始按字形偏旁分部编排文字，晋世吕忱作《字林》，梁顾野王作《玉篇》，都以许书体例为依据，下至唐代，如唐玄宗的《开元文字音义》、张参的《五经文字》都是如此。但是《三仓》《急就》等书仍流传不绝。梁代周兴嗣奉梁武帝敕作《千字文》，流行更广。足见不同的字书在社会文化的发展上各有所用。宋齐以至陈隋之间，韵书盛行，但是在韵书之外还有不少种字书出现。见于《隋书·经籍志》的，如何承天《纂文》、周成《难字》、王义《小学篇》、诸葛颖《桂苑珠丛》等，直到唐代都是风行的书，而到宋代以后却湮没无存了。

清代光绪二十五年敦煌石窟发现大量古书，英人斯坦因、法人伯希和相继来华，劫走万余卷，其中有许多种唐代的杂字书，这些字书除《千字文》外都不见于《新唐书·艺文志》和《旧唐书·经籍志》，很值得注意。

今所知唐本杂字书可以分为五类（音义书除外）：

童蒙诵习书，如《开蒙要训》《千字文》《六合千字文》；

字样书，如《字样》《正名要录》《时要字样》《古今字样》；

物名分类字书，根据事物名称分类编录，如《俗务要名林》；

俗字字书，如《字宝》；

杂字难字等杂抄，如《诸杂字》《难字》。

现在分别铨次，述其大略。

一、童蒙诵习的字书

童蒙诵习的书主要是《千字文》和《开蒙要训》。很多是佛寺僧人和习字者所写。

（一）《千字文》　写本至多，有二十余件。文字有首尾，保存最全者为P.3108和P.3416，两卷均有乌丝栏，首题"敕员外散骑侍郎周兴嗣次韵"。开头为"天地玄黄，宇宙洪荒"，末尾为"谓语助者，焉哉乎也"。周兴嗣见《梁书·文学传》，字思纂，陈郡项人，世居姑孰。梁武帝时为员外散骑侍郎，佐撰国史，后又迁给事中，普通二年（521）卒。《千字文》是奉敕据王羲之所书的一千字而编纂成韵语的。以四字为句，文辞博赡，为世所重。加之书家迭相传写，所以一直流传至今。敦煌写本中也以《千字文》写本为多。一方面为识字，一方面为习书。惟书法工整者不多。周兴嗣《千字文》在梁代有国子祭酒萧子云注，《隋书·经籍志》和日本藤原佐世《见在书目》都有著录，今已不传。

在敦煌写本《千字文》中"吊民伐罪，周发殷汤"，有的写本"民"字避讳写为"人"。宋以后传本"殷"字则避讳改作"商"，与原本不合。又"年矢每催，羲晖朗曜"，有的写本"矢"误作"时"。

唐本中有两种特殊的残本：一为篆书《千字文》，一为真草《千字文》。

篆书《千字文》，存十二行，每行10字，字旁注出楷书，伯希和编为P.4702和P.3658两号，二者实为一书。P.4702号存五行，始于"承明，既集坟典"，后至"车驾肥轻"。在"车驾肥轻"后断绝一行，下即接P.3658号首行。P.3658号存七行，始于"（桓）公匡合"，后至"驰誉丹青，九州"止。此书篆法极劣，笔画纠绕不清，全不知字体结构。唐人碑额所题篆书也往往如是，无怪李阳冰的篆书独步一时了。

真草《千字文》，伯希和编号为P.3561，存三十四行，每行10字，前行为真书，后行为草书，前后间出，书法极秀丽，原卷似为绢本。首行自"帷房纨扇员洁"始，末至"谓语助者，焉哉乎也"止。后有题记为"贞观十五年七月临出此本蒋善进记"。案贞观十五年为公元641年，此本既为临本，其底本似即一般所称南朝陈永欣寺僧智永所书真草《千字文》。今以1918年罗振玉于日本用小川简斋藏本影印的《智永真草千字文真迹》对比，笔画酷肖，形制几乎丝毫不爽，有如即据小川藏本影拓，只是笔画稍纤细，笔力小弱而已。然草书笔法娴熟，自是高手。可惜其人事迹不传，临本仅存三十四行，诚为遗憾。

（二）《新合六字千文》（S.5961）　此书为卷子本，首行题"新合六字千文一卷"，次行题"钟棐（？）撰集千字文"，下题"唯拟教训童叟"。"钟"下一字不见字书，疑为讹字。此所称"新合六字千文"是就周兴嗣本原句在四字之外增加两个字，使原句意思稍稍显豁，学者易于理解，因此题为"新合六字"。这可能

是乡里塾师所为,词句不免拙劣。开头说:

<table>
<tr><td>石勒称兵失次</td><td>梁帝乃付周兴</td></tr>
<tr><td>员外依文次韵</td><td>连珠贯玉相承</td></tr>
<tr><td>散骑传名不朽</td><td>侍郎万代歌称</td></tr>
</table>

下面就原书加字,如:

<table>
<tr><td>天地二宜玄黄</td><td>宇宙六合洪荒</td></tr>
<tr><td>日月满亏盈昃</td><td>阴阳辰宿列张</td></tr>
<tr><td>四时寒来暑往</td><td>五谷秋收冬藏</td></tr>
<tr><td>三年闰余成岁</td><td>十二月律吕调阳</td></tr>
<tr><td>神龙云腾致雨</td><td>露结九月为霜</td></tr>
<tr><td>黄金生于丽水</td><td>白玉本出崑岗</td></tr>
</table>

全卷所存有些事典已点出,如"墨悲丝染"作"墨子感悲丝染","存以甘棠"作"邵伯存以甘棠";但是有些勉强凑字,未免流于荒诞。此卷缺损很多,尾部仅到"易辖攸畏"止,以下都残缺。

(三)《开蒙要训》 这是一种为童蒙诵习而编的书,敦煌写本有十五件之多,首尾完整的有 P.2487、P.2578、P.3054、P.3610,其他多有残缺。全书凡一卷,作四言韵语,共 348 句,1392 字。自天地、四时、山川、人事谈起,以下详记各类事物的名称,颇为完备,跟周兴嗣《千字文》述说事典、宣扬儒家思想者迥不相同,极适宜童蒙学习。这些写本都未题作者姓名。《隋书·经籍志》《旧唐书·经籍志》和《新唐书·艺文志》都未著录。惟《日本见在书目》有记载,云:"《开蒙要训》一卷,马氏撰。"列于周兴嗣《千字文》之前,不过确切的时代和作者名字里贯等都不可考。此书到宋代以后很少有人提及。

这些写本中有书写年代的有三件:

(1)S.705 存八十三行,前部残缺,卷尾题"大中五年辛未二月廿三日学生宋文献诵安文德写"。此本书写工整,讹误较少。大中为唐宣宗年号,五年辛未为公元 851 年。

(2)P.2578 一卷,首尾完整,书法尚精细可观。难字字旁都加有直音,但稍有讹字,有数句跟其他写本小异。刘复先生所编《敦煌掇琐》已收录。罗常培先生曾据此考证唐五代西北方音。此卷末尾题"天成四年九月十八日敦煌郡学仕郎张□□书"。案天成为后唐明宗年号,天成四年为公元 929 年。

（3）P.3054 一卷,首尾完整,中间下部二十余行有缺损。前部为小字,后部作大字,其中多俗体讹字。卷尾题"维大唐天福三年岁次己亥九月五日张富邦书"。案天福为后晋高祖石敬瑭年号,三年为公元938年,但己亥为天福四年,与三年又不合,三当为四之误。写者处于边陲,不知后晋已代唐,所以仍书为大唐。

这三件中以第一件时代最早,可以与其他残本对校。P.3102虽首尾残缺,书法也比较精美。

（四）《百家姓》（P.4630）　残叶二纸,无作者姓名。所记都是姓氏,四字一句,有韵,如:

　　赫连皇甫,尉迟公羊,澹台公冶,宗政濮杨。
　　淳于阙于,大叔申屠,公孙仲孙,轩辕令狐……

这里《广韵》的模韵字和虞韵字相押。另一纸以"农充容终弘东隆融空"等字为韵,"弘"为登韵字,与东冬钟三韵字相押,这表明晚唐五代时期方音与韵书的读音有不同。

又旧时塾师所教《百家姓》,起句为"赵钱孙李",前人或以为《百家姓》为宋人所编,宋太祖姓"赵",所以把"赵"字摆在最前。案 P.4585 与 P.4630 为同一书,存二十四行,起句即为"赵钱孙李",疑后代所传的《百家姓》实出于唐代。

二、字样书

（一）《字样》和《正名要录》（S.0388）　这一件残卷,共存二百六十八行。前八十三行为《字样》一类书,卷首残缺,无书名和作者名。后一部分为《正名要录》。

《字样》部分,后面说明了作书的意旨和体例:"左依颜监《字样》甄录要用者考定折衷,刊削纰缪。颜监《字样》先有600字,至于随漏续出不附录者,其数亦多。今又巨细参详,取时用合宜者。至如字虽是正,多废不行,又体殊浅俗,于义无依者,并从删剪,不复编题。其字一依《说文》、石经、《字林》等书。或杂两体者,咸注云'正',兼云'二同'。或出《字诂》今文,并《字林》隐表,其余字书堪采择者,咸注'通用'。其有字书不载,久共传行者,乃云相承共用。"

由此可知本书作者是根据颜师古的《字样》进一步有所考定补充的。主要是辨别形近义异和别体俗书,指明何者为正字,何者可以通用,一以《说文》《字林》为定,如"琱"为治玉,"彫"为彫饰,"凋"为凋落,声旁相同,而义自有别,

"雕"为鸟名,然相承又以此作为彫饰字。又如"羅置署買罪"五字,准篆文都从网,汉熹平石经隶书都从四,楷书也就承用下来。其中辨明两字通用何者为正的极多,对纠正讹体有一定的作用。残卷中"治"避唐高宗讳写为"理"(见"瑚"字下),则书写的时代自当在唐高宗或武则天之世。同一卷《正名要录》中不避中宗和玄宗讳也是明显的证明。

残卷《字样》后即为《正名要录》。

《正名要录》书名下题"霍王友兼徐州司马郎知本撰"。霍王为唐高祖第十四子,名元轨。太宗贞观十年(636)封为霍王,授绛州刺史,不久转为徐州刺史。至州,唯闭阁读书,吏事责成于长史、司马。贞观二十三年(649)转为定州刺史(见《旧唐书·霍王元轨传》)。案郎知本史无传记。《隋书·郎茂传》说"有子知年",郎知本是否与郎知年为同宗,则不可知。此书既题为霍王友兼徐州司马,则《正名要录》当作于贞观十年至二十三年之间。

这本书也是一本分别古今字形的正俗和辨别音同字异的书。其中分为六部分:

(1)隶定字与通行楷体笔画的异同,如"貴"字隶定字作"貮"、"丘"字隶定字作"北"。

(2)刊定正体与俗讹,如"婦"正,"奴"讹;"逃"正,"逊"讹。这些讹体都起自南北朝之间。

(3)辨正楷体与别体,如"豎"作"竖"、"嫂"作"婹"、"牀"作"床"之类,前者为楷体,后者为别体。

(4)定字形,如"切"从七、"爭"从爪、"坐"从两人、"弘"从尖口。

(5)定古今字异体。所举有240对字,如"棲"与"栖"、"鉏"与"鋤"、"筒"与"筍"、"翦"与"剪"、"嶽"与"岳",形别而义同。前者为古典书籍中所用,后者为今代所通用。不过也有不准确的。

(6)辨音同义异字。这一类列举的字众多,有780字。每字下注出主要的训释,辨别与另一同音字意义不同,如"祥"注福,"详"注审;"岐"注山,"歧"注路;"呈"注示,"程"注期;"徭"注役,"摇"注动;"中"注内,"忠"注直。

《正名要录》与前一部分《字样》同为一人所写。《正名要录》题名在前一部分之后另起,则前者《字样》未必为郎知本所作。贞观中在颜氏《字样》之后,学士杜延业有《群书新定字样》一书(见颜元孙《干禄字书》序)。此《字样》是否为杜延业书亦难确定。

（二）《新商略古今字样》（S.6208、S.5731）　这是一种分别同音异义的字书。S.6208 残卷有两部分，同为一人所写。前一部分无书名，是一种分类抄录事物名称的书（详下"物名分类字书"）。后一部分，另为一书，题《新商略古今字样撮其时要并行正俗释下卷□□》。书中所出都是同音的单字语词，并分别注其字义，以免混淆不分，例如"控"下注"制"、"倥"下注"偬"、"鞚"下注"彊三"。"控"义为控制，"倥"义为倥偬，"鞚"义为鞚彊，"三"字是指上面三个字同音，而意义不同。又如"诵"下注"读"，义为诵读；"颂"下注"碑"，义为碑颂；"讼"下注"言三"，义为讼言，"三"字指"诵颂讼"三字同音。卷中所出单字都是去声字，韵目次第与《切韵》相同。其间暮韵以后残缺过多，只存下半幅，有些字因破损而粘接的地位也不对。

S.5731 残卷与 S.6208 相衔接，实为一书，因断裂为二，斯坦因误编为两号。S.5731 共存三十九行，有三十三行缺一幅纸的下一半，前十四行的上一半正与 S.6208 末所存的下半幅一部分相衔接。S.5731 前十四行的韵次也跟《切韵》相同，但所出单字有不见于王仁昫《切韵》的，时代或稍晚。

（三）《时要字样》（S.5731）　此书写于 S.5731 前十四行之后，题为《时要字样卷下第四》，此下所收字都是入声字，存屋沃烛觉至屑韵字。可惜只存上半幅字，下半幅残存不多。由所标"卷下第四"推断，全书当为两卷，上卷为平声字和上声字，平声为卷上第一，上声为卷上第二；下卷则为去声字和入声字，去声为卷下第三，入声为卷下第四，然则此所谓《时要字样》与 S.6208 残卷的《新商略古今字样撮其时要》为同一书的别名。S.6208 一段都是去声字当为下卷"第三"可知。S.5731 卷尾别有"乾符六年己亥"题字，乾符为唐僖宗年号，六年为公元 879 年。此书当写于乾符六年以前。

三、物名分类字书

（一）某氏字书残卷（S.3227、S.6208）　S.3227 为一残卷，分类抄录各种事物名称。前面残缺颇多，无书名和作者。所存部分以犁耳、锄铧等耕作器物开头，下面是石部、靴器部、农器部、车部、冠帻部、鞍辔部、门窗部、舍屋部、屏幛部、花钗部、彩帛部。彩帛部只存残卷上截一段，而 S.6208 残卷开头只有下截，恰可与 S.3227 相补，两个残卷实际是一个书，却分裂为二。S.6208 在彩帛部后是缬部、音乐部、饮食部、干味部、姜笋部、果子部、席部、布部、七事部、酒部等。所有这些不同事物的名称，除了少数几个三个字的名词以外，如 S.3227 屏幛部的"如意杖"与 S.6208 的"蒲萄酒"之类,大都是两个字的,这说明在唐代日常语言中双音词已经占了极大优势了。

(二)《杂集时用要字》一千三百言(S.0610)　此书无作者主名,附抄于《启颜录》之后。《启颜录》为隋代侯白作,书久佚。此残卷存其一部分。《启颜录》末行有"开元十一年八月五日写了"的字样,下面即题"杂集时用要字一千三百言",题目下书"二仪部第一"。再下即另起为词语。自"乾坤巽艮离兑震坎"开始,其后都是双字,如"雷雹、觌电、霹雳、氐暗、虹霞、晖曜",后面又有"扫洒、厅馆、拂拭、埃尘、西园、会友、东阁、延宾"等词语。"二仪部"之后为"衣服部第二",再下为"音乐部第二",所记都是双音词。自书名题目到最后共存十二行。可以说又是一种分类专记双音词语的书。貌似类书,而实际是一种字书,所以名为"时用要字"。

(三)《俗务要名林》(P.2609、S.0617)　这是分类记载日常应用的各种不同语词的书,不见于古代书籍目录。伯希和劫去的一卷编号为 P.2609,藏于法国巴黎国家图书馆,开头有残缺,只从量部"十撮为一勺,十勺为一合"开始,卷尾题"俗务要名林一卷",无作者主名。从量部以下列有秤部、市部、果子部、菜蔬部、酒部、肉食部、饮食部、聚会部、杂畜部、兽部、鸟部、虫部、鱼鳖部、木部、竹部、草部、舟部、车部、戎仗部、水部、手部,每字下或注反切,或注直音,有的兼注词义。

语词分类始见于《尔雅》和《释名》,后来的类书都分部隶事,例仿《释名》。这本《俗务要名林》分部罗举语词,便于寻检,自是唐代在民间普通流行的一本字书。P.2609 曾刊布于刘复先生所编的《敦煌掇琐》内(琐 104)。惟原件颇有脱误,抄录刊刻也不无讹字。

至于斯坦因劫去的 S.0617 残卷,藏于伦敦大英博物院,起首也有残缺,但是可以增补上面 P.2609 所缺的一部分。此残卷开头为器用一类词,如"罐、筥、桶、枯、弗、扫帚、簸箕"等等,下接田农部、谷部、养蚕及机杼部、女工部、彩帛绢布部、珍宝部、香部、彩色部、数部、度部、量部、秤部、市部。以下接果子部、菜蔬部、酒部等等,直至车部、火部、水部、疾部开头为止。但 P.2609 车部后是戎仗部,下接水部、手部止,无火部,也无疾部,而多戎仗部,与 S.0617 不同。两本反切注音也有不同,如:栗,巴黎本作离吉反,伦敦本作离七反;檎,巴黎本作渠金反,伦敦本作渠今反。

以两本共同有的部分相比较,伦敦本错字较少,而且巴黎本脱字处也可以据伦敦本补足。伦敦本所出的语词有多出于巴黎本的,如酒部多六个词,杂畜部多五个词,但巴黎本也有多于伦敦本的,如车部就多十一个词。两本注音也不尽一致。可知这两个写本是两个不同的传本,因此详略有异。细加比勘,可以发现伦敦本略胜于巴黎本。可惜伦敦本开头残缺很多,更无以考定为何人所作。由"虎"字下避讳音"武"来看,可能就是出于唐人之手。

本书是一部通俗字书,它的特点在于记载事物的名称有单音词,也有复音词,如属于器用部分的,在"罐、桶、筐、箩"之外,又有"扫帚、簸箕、箔帘"之类。彩帛绢布部有"彩、缯、绮、绣"之类,又有"独窠、双紝、龟甲、雀眼、填心"五种绫名,"孔雀、瓜子、许香"三种罗名,"波斯、卧鹿、鸭子、对凤"四种锦名。这不仅对于研究汉语词汇发展的历史有用,而且对于了解唐代社会的经济、生活、风习等也大有帮助,这是一份很重要的资料。

书中的注音,基本上属于《切韵》系统,但反切用字略有不同,如"白"音彭革反,"絮"音想虑反,"锡"音星历反,"米"音铭礼反,"钳"音巨严反等都是。其中有些反切也表现出一些当时的语音情况,如"梨"音力之反,"梨"《切韵》为脂韵字,此则归之韵;"樱桃"的"樱"音乌耕反,"樱"《切韵》为清韵字,此则归耕韵。如此之类,值得注意。

(四)某氏字书残卷(S.5514)　残卷无书名和作者,存二十四行,有乌丝栏,也是一种分类记载语词的书。书中只有单字反切注音,没有训释,也没有标目。从所收的字类来看,大体上是自天地气象始,然后是四肢身体、装束衣物,以下继之以用具,如"锵、锹、刷、锉"之类。可惜仅此一段,没有相同的材料对校。其中反切注音,仍为《切韵》一系读音。惟书法拙劣,且有误字。

(五)某氏字书残卷(P.3391)　此残卷无书名,仅有十九行,似未照全。像是一种杂抄的分类字书。开头九行属于刑律语词,如"搜获、系缚、囚禁、牢狱、诘问、研穷、取实、不吐本情、漫言、诋语、多有错失、急通文状、免行鞭脊、犯罪、并放愆过",以及"楼罗、了事"之类,其次则罗举"麦、豆、麻、菜蔬、碗碟"等类名词。其中如"筐子、釜子、镬子",在单音词下已加"子"字。从这些词汇我们可以了解到唐五代的政治经济和生产的一些情况。

(六)某氏字书残卷(S.3836)　这又是一卷杂抄的分类字书,存三十一行,有乌丝栏。性质与P.3391残卷相似,但较杂乱,字画亦拙劣。其中包括鸟类、牲畜类、虫类、野兽类、药类、食品类等词,但无标目。有些词有"儿",如"驴驹儿、骆驼儿、马驹儿",是其特点。这些语词带有小的意思,是语词已有"儿"后缀的表现。

四、俗字字书

郑氏《字宝》（P.2058、P.2717、P.3906、S.0619、S.6204）

《字宝》在敦煌写本中共有五件，三件为伯希和劫去，藏巴黎国家图书馆；有两件为斯坦因劫去，藏伦敦大英博物院。这五件文字互有短长，可以对校。P.2717 刘复先生曾采录刊于《敦煌掇琐》（琐 03）。P.2058 和 P.3906 都有序文，P.2717 序文不全。本书正文部分惟 P.3906 和 S.6204 最全，P.2058 和 S.0619 末尾均有残缺。P.2717 则传写稍有删略。但书写较整齐，有乌丝栏。其他各写本书法较拙劣。众本书写时代多不可知，只有 P.3906 卷尾有"天福七年壬寅岁四月二十日技术院学郎□□惠卿书于吕□"题记，天福为后晋高祖石敬瑭年号，七年为公元 942 年。S.6204 末尾有"壬申年正月十一日僧智贞记"题记，壬申应为哪一年也难定。猜想不是唐宣宗大中六年（852），就是后梁乾化二年（912）。

此书 P.2058 卷首题"大唐进士白居易千金字图"，下面又题"次郑氏字图"，另一行题：

> 郑氏字宝　　千金赤白碎金

郑氏不知为何人。所称"白居易千金字图"，首卷也没有其他记载，字图如何，无可考校。书名之后有长篇序文。序文说：

> 凡人之运动足（?）皆有名目。言常在口，字难得知。是以兆人之用，每妨下笔，修撰著述，费于寻检。虽以谈吐，常致疑之。又俗猥剌之字不在经典史籍之内，闻于万人理论之言，字多僻远。口则言之，皆不之识。至于士大夫及博学之客，贪记书传典（籍）之言，详，心岂暇繁杂之字。每欲自书，或被人问，皆称不识有何。耻之下辈而惭颜于寡知。则有无学之子，劣智之徒，或云俗字，不晓斯言谬甚。今天下士庶同流，用（庸）贤共处，〔语〕论相接，十之七八，皆以协俗。既俗字而不识，则言话之讹诎矣。在上者固不肯录而示之，小学者又贪轻易而傲之，致使暧昧，贤愚蒙（?）细无辩。余今讨穷《字统》，援引众书，《翰苑》《玉篇》，数家《切韵》，纂成较量，辑成一卷，虽未尽天下之物名，亦粗济含毫之滞思，号曰《字宝》，有若碎金。然零取救要之时则无大改，而副笔济用之力实敌其金，谓之《碎金》。开卷有益，读之易识。取音之字，注引假借。余思济众为大，因（罔?）以饰洁为美，

将持疑从来者也。成之一轴,常为一卷,俯仰瞻瞩,实有所益,省费寻检也。今分为四声傍通,列之如右。(参照 P.3906 校订,尚有数处文理费解。)

这篇序文提出文字跟语言相连属的关系,语言中具有的通俗语词不能没有文字来写,这个观点是正确的。但事实上却又不为人所重视,因此作者参考众书辑成此篇,以便寻检。这是很难得的一部书。称为《字宝》,称为《碎金》,言其可贵,值得珍视。

全书所收词语按照平上去入四声叙列,主要是属于人的动作和形态以及事物情状的一些词,而属于东西的名称和动物的动作词都较少。属于人的如:

　　人瞠眼(丑庚反)　　　人眼蔋(音花)　　　笑哯哯(由伊文。今案义同咦)

　　手挼挼(乃和反,素和反)　　　寒瘆瘆(所锦反)　　　语声誓(音西)

　　口嗫嚅(而页反,下儒)

属于物的,如:

　　轮辊动(公稳反)　　　物窖窖(音教荫)　　　白醭出(莫卜反)

　　齐矗矗(所六反)　　　声韕韕(音蓬)　　　物矕矕(音问)

这在唐本字书中别具一格。惟只注字音,不注字义,未免美中不足。虽说都是口语常谈,当时未必人人领会。在字的写法上,奇特的也不少,几乎不知何所取义,如"人眼蔋"的"蔋"字(今作"花")、"水澏洗"(所患反)的"澏"(今作"涮")、"相偓倚"的"偓"(今作"挨"),都是六朝时期的俗字别体,在史传文学作品中是很少见的。

P.3906 在卷末入声后附录了几首诗,一首是沈侍郎赞《碎金》,诗云:"墨宝三千三百余,展开胜读两车书。人间要字应采尽,呼作零金也不虚。"沈侍郎不知为何人。从这首诗可以知道《字宝》应有 3300 余字。另外还有白居易和王建的诗都称道这部书有价值。

五、杂字、难字等杂抄

(一)《诸杂字》残叶(编号不详)　此残叶存字不多,题名为《诸杂字》,所出有用具和食品名称,共八行。"杓斗、筐箸、刷子、木盉、灌头、瓶儿、花毡、帽子、手巾、腰绳、油炸、餬饼、木槌、牙盘、镜子"等等。由此可知名词加"子"、加"儿"起源固早(在南北朝时),到唐代已经比较普遍。另外,食品名物繁多,且多加"食"字偏旁,用意在于表现是食品,而在字形上反多赘疣。

(二)难字(S.5690)　存三行,杂抄一些难字,疑取自某书。题目"难字"上一字只存一半,似为"卷"字。第二行中有"第四"二字,亦是一证。书法矫健,书写时代疑在中唐。

(三)**杂字**(S.0840)　存十七行,杂抄难字,书法笨拙。有些字旁注直音,声韵也有与《切韵》不合的,如"侧"音责、"衔"音咸、"绥"音须、"匮"音具、"贯"音管、"驻"音主等,当属方音。

(四)**杂字**(S.5712)　存七行,杂抄一些单字,与前者类似。有几个字旁边注有直音,如"愦"音具、"羼"音扇、"蘩"音乳,都与《切韵》音不合。

(五)《**诸杂难字**》(P.3109)　首题《诸杂难字一本》下有"太平兴国八年记"几字。案太平兴国为宋太宗年号,八年为公元983年。此所谓诸杂难字似抄自佛经,共存五十五行。前九行为一人所书,颇拙劣,后四十六行为一人所书,颇工整。其中字下有注音的与《切韵》音多不合,如"忌"音巨、"荣"音营、"蔽"音闭、"鄙"音比、"励"音礼、"慇"音因、"劂"音计、"储"音诸等,当是方音。此类注音为另一人所加。

以上所述,二、三、四几类都比较重要,因为三者代表了三种类型。对我们研究语言文字、词汇等都极有用。可惜经过晚唐五代时期的战乱,从宋以后都亡佚不传,幸有敦煌写本开拓了我们的知识领域,今谨将录文校订,汇为一编,作为《敦煌遗书》丛刊之一出版。

士琦按:本文约写于1993年之前

要培养整理古籍的人才

教育部关于落实古籍整理的初步设想是很好的。他们提出整理古籍要立足于"救书、救人、救学科",要把整理、研究和培养新生力量结合起来,这种意见很对。我们应当大力培养整理古籍的人材。

整理古籍,语言文字(也就是"小学")功夫是第一位的,其次才能谈到专门知识。标点、翻译都要以能读懂原书为前提。目前,应该着重培养学生的语言文字素养,提高阅读古籍的能力。文字、音韵、训诂,都十分重要。现在大学有古代汉语课程,但还不够,应当进一步加强。有了古文选本,可以明了文体在历史上的流变和编选者的文学艺术观点,但光靠读选本,是不能念懂古书的。要想念懂古书,关键在于认真念,就是说要与古书直接接触,不断增强感性知识,日积月累,才会有所长进。古典文献专业的毕业生之所以受人欢迎,就是因为他们真正地念了点古书,不是仅仅读过几部选本。

整理古籍,还须要有版本学、目录、校勘等方面的专业知识。不但古典文献专业的学生要学,文史专业的学生也要学。整理古书,必须找到好的版本,不懂版本学、目录学,就很难办。版本学目前无专门书籍,即或有这门课程,如果只讲一些黑口、白口、单鱼尾、双鱼尾等等,还是不能解决问题的(当然这些也要懂)。更主要的是在学了这些基本知识以后,还要多多实习。比如,段注《说文解字》,一般都认为经韵楼本印得很好,但实际上这个本子错字很多,而两宜轩的老的石印本却把错字改了。由此可见了解古籍版本的优劣,要靠亲自阅读,比较对照。校勘,要先懂得古书中经常出现什么样的错误,以及怎样处理这些错误。这里,还有一些技能问题,应该教会学生使用工具书,每一门科目都要引导学生学会使用工具书。

现在有些大学文科学生读书过分窄而偏,这样不行,必须有广泛的知识才行。中文系学生不懂历史非常吃亏。当然,文学方面的知识也很重要。

目前,常用的基本书籍多年无印本,急须重印。有些书可以分类编为丛书,如《史学丛书》之类。《十三经注疏》也应该标点。

原载《文献》1982 年第 3 期

广泛联系　增加信息

　　《文献》杂志创刊至今已经十年，一直为学者所重视。这本刊物是阐扬我国光辉灿烂的历史文化和发掘披露各种珍贵的图书资料的一种专门刊物，许多学者得以在这本刊物上发表他们对文史书籍的新发现和自己研究的成果，佳作名篇，迭有新意，美不胜收。读者从中获得很多重要的知识。这本刊物已经成为交流图书文献信息、推动历史文献学的发展不可缺少的园地，深受欢迎。

　　近些年来我国人文科学的发展远不如自然科学发展得快，甚至真正喜欢研究古代著作的人也日见其少，因此我们对《文献》杂志越发感觉重要。我国的历代典籍之多浩如烟海，国内外图书馆所藏的珍本秘笈未曾发现者必多。除书籍之外，如前代的谱牒、图影、碑版石刻以及名家的手札遗文等同样是我们应当注意的。我热切地希望《文献》杂志的编辑先生们在北京图书馆的领导下，进一步多与国内外图书馆广泛联系，增加信息，以引起读者的兴趣，为发展我国具有优良传统的古文献的研究工作而尽力。

1989 年 4 月 8 日

原载《文献》1989 年第 4 期

《广韵声系》叙例

一　本书取《广韵》之字依其谐声之系统编纂而成,体例有如清人之《说文谐声谱》,而清人之书,皆以古韵部为统领,是书则以四十一声类为纲纪,是其异也。盖凡谐声字之主谐字声纽相同者皆归为一类,每类之主谐字及其被谐字又均依其见于《广韵》韵次之先后排列之:平声居首,上声次之,东韵居首,而冬韵次之。其主谐字之纽次在后,而谐声字之纽次居前者,则以主谐字为准,先列与主谐字同纽之字,次列其他声纽之字,如溪纽主谐字下有见纽字,则先列本纽字,次列见纽字是也。如是文字孳生蕃衍之次第,皆可一目了然,且全书于每字之音读义训,并载无遗,因之形声相益之理得,音义相雠之事备,于韵书字书之编制上,实别具一格。

二　《广韵》之字,其谐声系统至为错杂,有隶变,有俗体。凡《说文》所有之字,今悉以《说文》为定。如字之从卯从戼、从𩰪从𦥑者,今多混淆莫辨,兹皆分别加以厘正。其大小徐所言有异者,则择善而从,要以与音义兼合者为宗。其并误者,则兼采清人段、王、朱、桂之说,以正其谬。至如《说文》所无之字,审形定音,皆研寻再三,而后著之于篇,无敢妄作,贻误后来。

三　本书谐声字之排比,固以《说文》为主,然《广韵》谐声字之偏旁,颇多变省,虽不尽合《说文》,揆其音义,亦无乖互,或且为经典承用之文,凡此即以《广韵》为主,字从某声,即列于某声下,不复援据《说文》,改订划一。

四　《说文》两见之字,有谐声不同者,本书则依据《说文》之音义,参校《广韵》,定其音旨。如塎字,《说文》两见,水部云:"塎,涂也。从水从土,龙声。读若陇。"土部云:"塎,涂也。从土,泷声。"而《广韵》肿韵"塎",力肿切,塎也。与《说文》水部塎字音义并合,今故即列入龙声。

五　《广韵》之字,若从《说文》之重文得声,而书中有《说文》之正文,无其重文者,即以此字列于正文之下。如𪔅字,《说文》从鼓肙声,《广韵》无肙字,据《说文》"肙"为"渊(淵)"之省体,故"𪔅"即列于"渊"下矣。若字从《说文》之正文得声,而书中有《说文》之重文,无其正文者,则增补《说文》之正文以为诸被谐字之主谐字,其外以规〇为识。《说文》无者,则旁考《玉篇》《类篇》《切韵》《唐韵》等韵等书补之。若谐声字所从得声之字不见于《广韵》,而根据他书证明此字之或体已见于《广韵》者,则诸被谐字即系于此或体之下,加案陈明。即如《广韵》"鋊、顾"二字均从厔声,而《广韵》无厔字,据故宫本王仁昫《切韵》,"厔"即《广韵》之厔字,故即列"鋊、顾"于厔字之下。如其音旁均不见于各书者,即列于音旁所从得声之下,如"傑"从桀声,而各书无桀字,即列入巩声是也。

六 《说文》一字之重文,《广韵》有与正文分之为二者,本编或从《说文》定为一字,或从《广韵》区分为二,皆以二者有无谐声之关系及意义之变迁而定,不尽从《说文》也。如"靁"之与"晶"、"雲"之与"云",仅为形体之增益,而无意义之变迁者,均定为一字。至如"互笠、乂刈、其箕、盟鼂"之类,《广韵》不以为重文,且义训不同,则不合为一字,而以"笠"从互声、"刈"从乂声、"箕"从其声、"鼂"从盟声,各列于所从声母之下。若夫《说文》本为二字,而《广韵》合为一字者,今皆依《说文》分判为二。如"疌、前"《说文》有别,"疌"会意,"前"从刀疌声,《广韵》列"疌"于"前"下,为"前"之古文,与《说文》有异;今依《说文》列"疌"为声母,"前"为"疌"之谐声字,条理秩如,无容混淆。他如"堇堇、索索、楸杶、睪睪、惪德、号號"之类,皆其例也。又《广韵》字下所列之古文,每每为《说文》之正篆,而其正文,则或为《说文》之古文,或为后世之隶变,与谐声之旨不合者居多。今叙列谐声,胥以合乎《说文》之正篆者为主,以明其声韵相谐之理。其正文重文之次第,则因仍旧贯,不加更易。如《广韵》畮字下列"畮畮"为其古文,考《说文》"畮"为正篆,从田每声,"畮"为古文;今依《说文》,"畮畮畮"三字均列于每声下,是也。

七 本书所用《说文》,大徐本为孙氏《平津馆丛书》本。小徐《系传》为祁刻本,必要时或参用汪本、马本,均于字下注明。

八 本书谐声字之排列既依据《说文》而作,而许氏之言亦有讹谬,案之殷周古文,往往不合。或字非谐声,而误为谐声;或字从某声,而与本音不谐;或云省声,而非省声;或字为谐声,而误为会意;如此之俦,其例至繁。虽欲广加刊定,虑有未周。而近人新解,亦不尽可信。故仍本许氏之说,不便辄加更易。墨守之讥,固所不辞;鼠璞之诮,庶几免焉。

九 《广韵》之字非《说文》所有,其谐声系统有不易辨识者,则旁考《玉篇》《集韵》诸书定其所从。如洽韵唊字,侯夹切,从甲声,抑从夹声,卒不易辨,考之《玉篇》此字列于甲部,是从甲夹声也,故本书"唊"列夹声下。又如夬韵

“歠”，楚夬切，其声母为何，初不能定，及考之《集韵》字本作“啜”，或作“歠”，亦省作“欼”，是“歠”从叕声也，故本书“歠”列叕声下。又如麻韵以遮切有“荶、蒣”二字，“荶”为木名，知其从芽得声；而“蒣”训枭属，则不知从何得声矣。考《集韵》“蒣”为“荶”字或体，则“蒣”亦从芽得声也。《广韵》虽非重文，有《集韵》可考，则凡形体变易以致主谐字不易定者，皆可迎刃而解矣。

十　《说文》之谐声字本有省声一例，所谓某从某省声，是也。考许书凡言省声者，非仅音韵相谐而已，其间亦颇有因声以见义者。前人不明此理，遇大小徐云省声者，辄喜改从某声，或别立新解，殊未有得。今《广韵》所收之字，凡《说文》明言为省声者，皆从之而不改。大小徐本或言省声，或不言省声者，本书则以省声之字与所从省之字有无意义之关系为定。如《广韵》遇韵“埾”：“垛也。才句切。”《说文》：“土积也。”大徐从土，从聚省；小徐作聚省声，朱骏声云取声。案“埾”训土积，与“聚”音义相关，当依小徐作聚省声为是，朱氏改为取声非也。至于非《说文》所有之字，亦有可以定为省声者，如废韵“猷、䰳”二字，符废切，与“吠”同音，必从吠省声。模韵酥字素姑切，与“稣”同音，必从稣省声是也。然亦必以同居一韵一纽者为限，其稍涉疑似者，则或列为意符，或不定为省声，不敢曲为穿凿。如叶韵皣字筠辄切，训“草木白华”，与“晔(曄)烨(燁)”同音，《说文》“烨”从火晔省声，而“皣”则作从白、華会意，本书此字即据《说文》定为意符字。又如虞韵“煦”，况于切，“煦瞜，笑貌”，疑此字从昫省声，第未能确定，故列于句声，惟论其谐声不误，而不论其孳乳之次第矣。

十一　《广韵》之谐声字有形旁不可解者，姑依其所由得声排比之。如合韵侯閤切之“匌、啗”二字，形旁均不可解，惟知其从合得声，故列于合声下。

十二　本编既以《广韵》谐声字为主，依四十一声类排比之，其意符字则附录于每纽之末。附录又分为二类：一为纯意符字，凡象形象意之字不为主谐字者属焉；一为疑似之音符字，凡字之纽韵与声母不谐，或字体分析不明者属焉。但纽谐或韵谐者，仍列为谐声字。如“㙺”有昨闲、士山、士连三音，纽谐，韵不谐；“浨”音卢感切，韵谐，纽不谐；本书均列为谐声字是也。

十三　《广韵》之形体有与音切不谐者，或字形有误，或反语有疏，今并参校他书及唐本《切韵》，一一订正之，然亦有形音相应，而实为讹体者。如屋韵之“竦”音卢谷切，案《说文》此字从立从录，“录”籀文鬽字，《广韵》既讹作“竦”，遂出卢谷一音，今以《说文》为正，故收入意符字。又有因字形有省改而别造一音者，如鄜字《广韵》有芳无、卢谷二音，考《说文》此字本作“鄜”，从邑鹿声，俗省作“鄘”，故《广韵》有卢谷一音，实则非也。凡此皆探本求原，刊其疏谬。至于义训相同，形体相似，而音读不合之字，亦有不易定其是非者，则惟有加案申明，不敢擅自改订矣。如狝韵“飖”，以转切，训“小风”；而线韵又有飖字，以绢切，注云：“再扬谷；又小风也。”案兑声与以绢切不合，考之《玉篇》《集韵》并有飖字，《玉篇》徒会切，《集韵》徒外切，则此字果当从兖抑当从兑，殊不能定。惟从兑而读以绢切，音有不合，故于“飖”下加案说明。

十四　《广韵》之字有形义相同而音有两歧者，依音定声，则甲音与字之左旁相合，乙音则与字之右旁相合，所谓一形二声是也。如“䟡”有陟利、於刃二切，“㱥”有力膺、纪力二切，“䇷”有争义、平义二切，“䎠”有如之、胡官、奴禾三切，“嗀”有苦候、空谷、甫鸠三切，其间何者为本音，何者为变音，去古邈远，难以定其先后。今则审音归类，分列两处，不加合并。

十五　《广韵》中形体相同之字，其声义有不尽相同者，如歌韵胡歌切之“菏”，训“菏蒩，草也”，字从艸河声；古俄切之“菏”，注云“泽水，在山阳湖陵县”，则字从水苛声。元韵之“窓”於袁切，训为“窓枉”，字从心宛声；而阮韵之“窓”，於阮切，训“小孔貌”，则字从宀怨声。此虽形体相同，而音义各殊，今皆一一研核，分辨偏旁，定去所从。又有形体相同之二字，而性质有形声与会意之别者，如姥韵之“坻”，徒古切，“瓶也”，从瓦土声，与覃韵之“坻”，口含切，“瓦器”，从土、瓦会意者，有别。又缉韵之“箵”，似入切，“櫓箵，修船具也”，从竹習声，与祭韵之“箵”，祥岁切，古文篲，有异。凡此一类，并加审悉，形声者各谐其声，会意者则列入意符字。

十六　《广韵》一字之重文，以省体变体为多。其与本字同从一声仅仅增减偏旁者，本编皆依旧附于本字之下。其另谐他声者，则分别列之。如“迹”之重文作“速”，“迹”在亦声，“速”则列入束声；“靼”之重文作“韇”，“靼”在旦声，“韇”则列入亶声；是也。惟欲明其关系，仍于本字下录其重文，而外加括号，以表明此字非从本母谐声，乃附见之意也。至于此另谐他声之重文，既列于他声之下，仍注明此字同某，庶几学者可以因此以知彼。若谐声字之重文为意符字者，则收入意符，而本字下亦录其重文，加括号以识之。若字之正文从其重文得声者，则列重文为首，而以正文为被谐字，列于其下。如椒字系“散”之重文，今以“椒”为主谐字，散字为被谐字，是也。若字之正文为意符，而其重文为谐声者，则各归其类，不相杂厕。如鉴韵“埿”蒲鉴切，“深泥也”，从土从泥得义，为意符字；其重文作“泚”，从水並声，为谐声字；故“埿”入意符，“泚”则列入並声矣。若正文为谐声字,而重文为讹体者,则重文附于正文之下,不列入他声,亦不入意符字。如代韵"埭",徒耐切,重文作"隷","隷"非从录声,实为"埭"之讹体,因即附于埭字下是也。至如正文为重文之讹省,或正文形体讹舛,而注中所出之或体不误者,则据重文及或体所谐之声旁系联之。如没韵"鵨","麦屑",苏骨切,重文作"䴾","鵨"殆即"䴾"之讹省,故列"鵨"于屑声。又如铎韵"嗷",苦郭切,案此字从敦声,与音切不合,注云或作"啰",是字当从口郭声,从敦者,乃讹体也。今即从注文列"嗷"于郭声矣。

十七　本书之主韵字既依声类排列,若第一主谐字有二音,一音之声纽在先,一音之声纽居后,则此字列于前一声纽之下。即如折字,《广韵》有杜奚、旨热、常列三音,旨热、常列属正齿,杜奚属舌头。前二音虽属常见,而依四十一声类之次第,舌头居于正齿之前,故折字即列于定母。虽不便于寻检,而本书附有笔画索引,亦可一览即得。若主谐字之二音同归一纽,而其韵次有先后之异者,则从其韵次在先者列之。若主谐字有二音,一在此韵,一在彼韵,而二者之字形不同,一为正体,一为变体者,则虽变体之韵次居前,而仍以正体之韵次为准。

十八　主韵字之有数音者,皆依其纽韵次第之先后,举其反切,列于本字之下。

十九　《广韵》中一字有两读者,往往分注又音某某切。其未注又音,或又音之反切彼此用字不同者,本书皆加案注明。若又音所属之纽韵与重出字所属之纽韵不合,或系类隔,或系音近,则亦注明疑即某韵某某切。

二十　《广韵》中所注明之又音字,形体时有不同,有正体,有变体。若立为主谐字时,得当为一字,变体附见于正体之下,而外加括号以别之。如端纽之"泒泒",非纽之"庳痹埤",是也。

二十一　《广韵》中有数字之又音同注于一字之下者,如叶韵"萐",山辄切,注云:"萐箑猰霎并又所洽切。"是也。本书于"箑猰霎"三字下则均加又音案,云某注又音某某切。

二十二　本书各主谐字皆书为粗体,以别于被谐字。又为明了谐声次第之先后计,于栏内每字之左方加画竖线,览者视线之多寡,自可明其孳乳之次第。要言之,凡第一主谐字皆无线,其被谐字则加竖线;其被谐字下复有被谐字者,加画双线;余皆依次类推。

二十三　本书于各组主谐字及被谐字排比终止处,均记明本组之字数。且第二主谐字及其被谐字各组间皆加一横线分隔之,以清眉目。

二十四　每一主谐字或被谐字,于栏内概记其反切音读,栏外并记其纽韵等呼,及瑞典高本汉(B.Karlgren)所拟之《切韵》音值,以便比较研究。惟高氏所拟之《切韵》读音,屡有更易,今之所标,乃据其《分析字典》《诗经研究》及《汉语词类》等书,参订而得,学者自可翻检原书。至于等呼之说,皆以《韵镜》《七音略》为准,《四声等子》《切韵指掌图》与《广韵》不尽相合,故不取焉。

二十五　本书每纽之谐声系统均于书眉注明,以便寻检。

二十六　《广韵》传世之刻本,有详本、略本之异。详本有宋刻小字本、张氏泽存堂本、黎氏《古逸丛书》本;略本有元泰定本、明经厂本。本书所用为张氏泽存堂初印本。张刻出于宋椠,且通行最广,故以之为底本。所录点画悉仍其旧,以存其真。惟避讳缺笔字,添写不阙而已。至于张刻与其他各本不同处,亦择要甄录,加案注明。

二十七　《广韵》各字注文,本书悉行登录。其征引姓氏族谱及地志山川图记,文繁不杀,无关音旨者,则酌量删节,以省篇幅。凡删节处,均以虚线……为识,以资鉴别。

1944 年 6 月补识

《中国大百科全书·语言文字卷》条目

本义

指一个汉字由最初书写的字形上所反映出来的意义,例如"从",甲骨文作
𦫃,一人随从一人,表示相从的意思。这就是"从"字的本义。《说文解字》说:
"相听也。"那是引申发展出来的意思。又如"莫",篆书从日从 𦫃,𦫃 是众草,
日没于众草之中,表示日暮的意思。《说文》说:"日且冥也。"这是"莫"字最初
造字的本义。后来借用为否定词,又另造一"暮"字,代表原来的意思,那就是
一般所说的后起本字了。本义是对引申义、转义和假借义来说的,也可以称之
为基本意义。汉字数量很大,除一小部分象形字和表意字以外,大多数只能从
古代文献中去探求其最早使用的意义,很难知道最初的意义。汉代许慎作《说
文解字》,采录古代经籍中的训释,多能申明字的本义,但有些须根据商周古文
字参验,正其谬误。

《比雅》

分别解释意义相类语词的书。清代洪亮吉编。洪亮吉,生于乾隆十一年
(1746),卒于嘉庆十四年(1809)。江苏阳湖人,字君直,一字稚存,号北江,举
乾隆进士,督贵州学政。嘉庆时上书论事,语过激烈,免死,改戍伊犁,后赦还。
平生沉研经史、地理,又善为诗文。有《洪北江全集》。

《比雅》依照《尔雅》体例而作,搜录古书训诂集成一书。原为遗稿,尚未编
次就序,后人依照《尔雅》编排,始于《释诂》,终于《释畜》,分为 19 类。惟篇次
和名目略有改变,移《释天》《释地》《释山》《释水》于《释亲》之前;把《释亲》改
称《释人》,并《释丘》于《释山》;又于《释水》之外别出《释舟》,包括《释车》。原
书因为未定稿,其中归类错乱之处也不少。

作者的目的是要把见于古书中有关义类相近的语词的解释比写在一起,以
便省览和理解。同南北朝刘宋时何承天(370—447)的《纂文》(清任大椿《小学
钩沉》内有辑录)和唐代徐坚(659—729)的《初学记》有些相似,例如,《释训》
引《诗经毛传》:"洸洸武也,溃溃怒也。"引《通俗文》:"不长曰幺,细小曰麽。"
引王逸《楚辞注》:"爱财曰贪,爱食曰婪。"《释山》引《诗经毛传》:"山无草木曰

岵,山有草木曰岵。"《释水》引高诱《吕览注》:"有水曰泽,无水曰薮。"这在训诂书中自成一格。对涉猎文辞、考求字义都很有用。不过,有些单字在现代语中已经构成为一个复合词,而不是单个的词了。

《比雅》有《粤雅堂丛书》本,有商务印书馆《丛书集成》排印本。

比喻义

就汉字(词)的原有的某义因比喻而产生的意义。比喻义也是一种引申义,例如"轮"是有辐的车轮,是能转动的,由此而产生轮班、轮换、轮流的意义,由名词转为动词,是比喻义。同样,"鼓"是一种乐器,形圆而中空,本义是名词,而用为凸出高起的意义,如"鼓出来、鼓起来",转为动词,那也是一种比喻。又如"灰心"一词,出于《庄子·齐物论》:"形固可使如槁木,而心固可使如死灰乎?"人的意绪消沉,有如死灰,因而说"灰心",这也是一种比喻。语词的词义出于比喻的,在双音词里比较多,如"眉目"指端绪,"荆棘"比喻困难险阻,"机械"比喻死板等都是。比喻义跟修辞学所说的比喻不同:文辞的比喻是作者临时而施设的;汉语训诂学所说的比喻义是久已约定俗成,固定下来的,两者有分别。

避讳字

指中国古代回避君父尊亲的名字而改写的字。避君主的名字,据说始自秦代。秦始皇名嬴政,一名正,所以秦代称正月为"端月"。秦以后避讳成为惯例。汉高祖名刘邦,所以汉代人把"邦"改写为"国";汉景帝名启,就把"启"改写为"开";同见于史书和长沙马王堆汉墓所出帛书。汉代以后,避讳的要求渐严。梁武帝名萧衍,刘孝标注《世说新语》称晋代的王衍为王夷甫。唐太宗名李世民,唐代人写书把"世"写作"卅",或改写为"代";"民"缺笔写作"卩"或改写作"人"。避讳不仅要避当代皇帝的名字,而且要避皇帝的父祖的名字,如唐太宗的父亲名李渊,史书遇到"渊"字就改为"泉",或改为"深"。宋太祖的祖父名赵敬,宋代人书中"敬"字改为"恭",或改为"严";同音的"镜"字改为"鉴",这又叫做"避嫌名"。宋代避讳,极为繁乱。

别名

一种事物在通常的名称之外还有另外的一种名称,或同是用之于书面,或同是用之于口语,例如《尔雅·释草》:"荷,芙渠。"郭璞注说:"别名芙蓉,江东呼荷。""别名"也说"一名",如《尔雅·释虫》:"蟫,白鱼。"郭璞注说:"衣书中虫,一名蛃鱼。""一名"也说"亦名",同书"蟋蟀,蛬"郭璞注说:"今促织也。亦名青鼜。""别名、一名、亦名"意思相同,都指的是通常称谓以外的名称,不限定流行区域的广狭。

《别雅》

以训解双音词为主的书。清代吴玉搢作,凡 5 卷。吴玉搢(1698—1773)字藉五,号山夫,江苏淮安人,廪贡生,官凤阳府训导。这本书原名《别字》,后改名《别雅》。所收的词,都是字形不同而音义相同的双音词和少数的单音词。体例类似《尔雅》的《释诂》和《释训》。有的单独解释一个相通的同义词,有的解释几个相通的同义词。这些被解释的词语大都出于经书、诸子、史传和汉代碑刻,跟通常的写法不同,例如:

　　①从颂,从容也。注云:"《史记·鲁仲连传》世以鲍焦为无从颂而死者皆非也。"注音:从容。

　　②扶於、扶疏、扶苏、扶胥,扶疎也。注云:"《史记》司马相如《上林赋》'垂条扶於'。郭璞曰:'扶於,犹扶疎也。'五臣本竟作扶疎。疎乃俗字。故李善本改作扶疏。注引《说文》曰:"扶疏,四布也。"《吕氏春秋》曰:'树肥无使扶疏。'……《诗·郑风》'山有扶苏'……盖古於、疏、胥、苏皆相通,犹姑苏亦作姑胥。"

注文中除举出书证外并解释"某与某二字相近古通用",或云"某与某一声之转,故多通用",或云"某某音同,故两相假借"。又说:"古人形声相近之字多通用无别,此即假借转注之义,今人不知此理,始株守一字以为一义,然日用寻常之字,其非本意而能假通用者不可胜数,学者童而习之,不以为怪耳。"又说:凡诸变体,其义则一,盖古人不惟借声,见形义相近者,时牵率书之。又说:"凡形容之辞初无正字,皆假借同音之字书之。"这些意见大都正确。

本书资料丰富,所引有焦竑《俗书刊误》、周伯琦《六书正讹》、方以智《通雅》。受方以智《通雅》的影响尤多。近代朱起凤《辞通》之作又比《别雅》加详。《别雅》有乾隆七年(1742)新安程氏督经堂刊本。前有镜湖王家贲序和水南程嗣立序。后来道光末又有重刻本。另外沂州日照许瀚有《别雅订》5 卷,在《滂喜斋丛书》内。订正《别雅》解说之不当处。可以参考。

别字

指跟正字不同的字。凡当写某字,而写为另外一个音同或音近的字,这个字就称为别字。别字就是另外一个字的意思。清代顾炎武《日知录》卷十八

"别字"条说:"别字者,本当为此字,而误为彼字也。今人谓之白字,乃别音之转。"清代赵之谦有《六朝别字记》,近代罗振玉有《碑别字》,都是采录古代碑刻中别字的书。

常言

指通俗常说的话,如日常生活中关于亲属、称谓、礼俗、居住、行旅、饮食、衣着、服饰、人事等等通俗的名称或一般的成语谚语。不同的地方关于事物的名称可能各有专称,而"常言"则是通行较普遍的说法。近代孙锦标著有《通俗常言疏证》,所记多成语。常言,也称"常谈",宋代无名氏有《释常谈》一书。"常言"或称"恒言",清代钱大昕著有《恒言录》。

成语

语言词汇中的一部分定型的词组或短句。汉语成语有固定的结构形式和固定的说法,表示一定的意义,在语句中是作为一个整体来应用的,例如:

言简意赅　勇往直前　相反相成　实事求是　诲人不倦　经年累月
千钧一发　缘木求鱼　削足适履　七手八脚　细大不捐　坐井观天

成语有很大一部分是从古代相承沿用下来的,在用词方面往往不同于现代汉语。其中有古书上的成句,也有从古人文章中压缩而成的词组,还有来自人民口里常说的习用语。有些意义从字面上可以理解,有些从字面上就不易理解,特别是典故性的,如"汗牛充栋、虎踞龙蟠、东山再起、草木皆兵"之类,在汉语成语里占有一定的比例。汉语历史悠久,成语特别多,这也是汉语的一个特点。

成语是一种现成的话,跟习用语、谚语相近,但是也略有区别。最主要的一点是习用语和谚语是口语性质的,成语大都出自书面,属于文语性质的。其次在语言形式上,成语几乎都是约定俗成的四字结构,字面不能随意更换,而习用语和谚语总是松散一些,可多可少,不限于四个字,例如"快刀斩乱麻、九牛二虎之力、驴唇不对马嘴"及"前怕狼,后怕虎",这是常说的习用语;"百闻不如一见、真金不怕火炼、有志者事竟成"及"路遥知马力,日久见人心",这是一些经验之谈,表示一个完整的意思,属于谚语一类。成语跟习用语、谚语是不一样的。

成语大都有一定的出处,如"狐假虎威"出于《战国策·楚策》,"鹬蚌相争"出于《燕策》,"画蛇添足"出于《齐策》,"刻舟求剑"出于《吕氏春秋·察今》,"自相矛盾"出于《韩非子·难势》,都是古代的寓言。又如"完璧归赵"出于

《史记·廉颇蔺相如列传》，"破釜沉舟"出于《史记·项羽本纪》，"草木皆兵"出于《晋书·苻坚载记》，"一箭双雕"出于《北史·长孙晟传》，"口蜜腹剑"出于《唐书·李林甫传》，都是历史上的故事。至于截取古书的文句用为四字成语的更为普遍，如"有条不紊"取自《尚书·盘庚》"若网在纲，有条而不紊"，"举一反三"取自《论语·述而》"举一隅，不以三隅反，则不复也"，"痛心疾首"取自《左传·成公十三年》"斯是用痛心疾首，暱就寡人"，"分庭抗礼"取自《庄子·渔父》"万乘之主，千乘之君，未尝不分庭抗礼"，"奴颜婢膝"取自晋代葛洪《抱朴子·交际》"以岳峙独立者为涩吝疏拙，以奴颜婢膝者为晓解当世"，"胸有成竹"取自宋代苏轼《文与可画筼筜谷偃竹记》"画竹必先得成竹于胸中"。诸如此类，不胜枚举。其他采用古人文章成句的也为数很多，如"忧心忡忡"出自《诗经·召南·草虫》，"外强中干"出自《左传·僖公十五年》，"以逸待劳"出自《孙子·军争》，"水落石出"出自苏轼《后赤壁赋》，"萍水相逢"出自唐代王勃《滕王阁序》，"牢不可破"出自唐代韩愈《平淮西碑》。

在人民口里常说的一些四字习用语也可以归入成语里来，如"咬文嚼字、拖泥带水、阳奉阴违、不三不四、心直口快"之类，与成语的结构相同。在成语中也有些是接受外来文化而出现的，如"天花乱坠、当头棒喝、不可思议、不二法门"都是。

成语一般都是四字格式，不是四字的较少，如"五十步笑百步、欲速则不达、醉翁之意不在酒"。成语一般所以用四个字，这与汉语本身句法结构和古汉语以单音词为主有关系。

四字的语法结构主要有以下几种形式：

　　主　　谓　式：名副其实、盛气凌人、杞人忧天、胸有成竹；

　　动　　宾　式：好为人师、莫名其妙、视为畏途；

　　联合主谓式：天翻地覆、水落石出、手舞足蹈；

　　联合动宾式：知己知彼、养精蓄锐、防微杜渐、发号施令；

　　联合名词式：粗心大意、南辕北辙、镜花水月；

　　联合动词式：突飞猛进、勇往直前；

　　动　　补　式：逍遥法外、问道于盲；

　　兼　　语　式：以邻为壑、令人生畏。

成语的结构是多种多样的，上面只是简单举例的性质。成语在语言表达中有生动简洁、形象鲜明的作用。它的本身就有不少比喻和对比以及加重的措辞方法,如"阳奉阴违、外强中干、五光十色、一知半解、七嘴八舌、患得患失、不寒而栗"等各有妙用。所以文学家对成语的运用都非常注意。

程瑶田(1725—1814)

中国清代学者,字易畴,安徽歙县人。生于雍正三年,卒于嘉庆十九年。乾隆三十五年(1770)举人,选嘉定县教谕,嘉庆元年(1796)举孝廉方正。他对于经学、制度、舆地、声律、各种名物都有研究,著有《通艺录》42 卷,包括 24 种,如《释宫小记》《释虫小记》《释草小记》《考工创物小记》《解字小记》《九谷考》等,多有发明,对研究名物训诂很有帮助。他又有《果臝转语记》,以声音通转的道理来说明事物形状相似,具有相类的特征,其名称往往相近。他说:"声随形命,字依声立,屡变其物而不易其名,屡易其文而弗离其声。"这话在陈说事物的命名与声音的关系方面对我们考查词族有一定的启发,可是必须重视证据,不能随意牵合,不能把偶然的现象作为必然的规律来看待。

重言

指两个相同的汉字重叠在一起。重言通常是一个词。从字上来说,也称为"叠字"。古人称一字为一言,如《史记·老庄申韩列传》说老子著书五千言,五千言就是五千字。重言的名称见于明代方以智《通雅·释诂》,后来一直沿用。清代王筠有《毛诗重言》一书,专讲《诗经》中的重言。

在《诗经》里,两字重叠为一个词的很多,或摹仿物的声音,或形容事物的形貌状态,如"关关"状鸟鸣,"呦呦"状鹿鸣,"喓喓"状虫鸣,"丁丁"状伐木声;"依依"形容杨柳枝叶摇曳,"楚楚"形容衣服鲜明闪光,"蹲蹲"形容舞蹈之状,"迟迟"形容行路舒缓之状都是。物的发声和物的动作姿态经常是持续重复的,所以在语言里就采用重言来表示,这是汉语所有的特殊的东西。发展起来,也就成为一种修辞上加重意思的手段,如"洋洋得意、姗姗来迟、夸夸其谈、岌岌可危、茫茫一片、惶惶不安"等等。

普通话口语里的亲属称呼也大都是重言,可能也是由表示声音的重复而来,如"爸爸、妈妈、姐姐、妹妹、哥哥、弟弟、爷爷、奶奶、姑姑、舅舅"都是如此。这些词第二个音节一般都读为轻声。"姐姐、奶奶"第二音节的音调变为半上。

《春秋名字解诂》

训诂书。清代王引之著,收入《经义述闻》卷二十二、二十三。古人的名与字,义多相应,有些字义不明的字可以利用古人的名字来考察,所以许慎的《说文解字》里每每引古人名字以诠发字义,如认部的"认"字,《说文》说:"认,旌旗之游汜塞之貌,读若偃。古人名汜,字子游。"汜"字不是常用字,可是利用名与字相对比,就可以了解其义了。《左传·成公六年》郑公子偃字子游,《昭公十四年》驷偃也字子游,其他如《史记·仲尼弟子列传》的言偃,《庄子·齐物论》的颜成偃也字子游。这些都是很明显的证据。因此王引之就本着许慎的意思,作《春秋名字解诂》两卷,钩沉索隐,触类引申,并阐发文字假借,就音以求义,创见极多,对研究训诂开辟了一条门径。王引之从古人名与字意义相应方面考察到有 5 种条例:

①同训。即名与字为同义词,如《史记·仲尼弟子列传》鲁宰予字子我,又施之常字子恒;《左传·襄公二十八年》齐庆嗣字子息。

②对文。指字义相反、相对照,如《国语·晋语》晋阎没字明,"没"与"昧"古字通,"昧"训为暗,故字明,取相反之义。《左传·襄公二十八年》齐庆封字子家,"封"读为邦,"邦"与"家"相对为文。又《襄公二十七年》楚公子黑肱字子皙,《二十九年》郑公孙黑也字子皙,"皙"是白的意思,与"黑"相对成文。

③连类。指意思相类,如《史记·仲尼弟子列传》鲁南宫括字子容,"括"就是包容的意思;又鲁原宪字子思,"宪"就有思的意思。

④指实。联系实物来命字,如《左传·昭公十三年》郑然丹字子革,古人用革多用丹色染,所以字子革。又《襄公六年》楚公子启字子闾,"闾"是里门,字闾取启门之义。《史记·仲尼弟子列传》卞仲由字子路,取行必由路之义。《国语·鲁语》展获字禽,取获禽之义。

⑤辨物。取物名为名与字,如《左传·襄公十五年》陈瓘字子玉,"瓘"为玉石之名,所以字子玉。《史记·仲尼弟子列传》梁鳣字叔鱼,《孔子世家》鲁孔鲤字伯鱼,都是以共名为字。

在这 5 种条例之外,王引之又从声音上审辨一些难以解释的例子,发前人所未发。后来俞樾(1821—1906)又校补其书,作《春秋名字解诂补义》一卷,胡元玉又有《周秦名字解诂补》,收入《聚学轩丛书》。

词族

在语言发展的过程中积累很多声音和意义相通或相近的同源词,不同的同源词可以一组一组地分开,每组自成系统,通常称为词族,例如"吾、我、卬"声母相同,都是疑母字,同是自称之词。"吾"见于《论语》,"我"见于《诗经》和《左传》,"卬"见于《诗经》。古韵"吾"为鱼部字,"我"为歌部字,鱼歌韵近;"卬"为阳部字,与"吾"为对转,这三个词是同源词,成为一族。又如"夷由、夷犹、犹豫"都是双声联绵词,同是迟疑不前的意思。"徜徉、相羊、常羊、仿羊"都是叠韵联绵词,同是逍遥的意思。"阿那、猗傩、婀娜、旖旎、猗狔"等声音的结构相同,声母都是影泥[ʔ-n]的形式,韵母相近,"那、傩"古韵歌元对转,"那、旎"歌脂通协,同是柔弱、舒迟飘动的意思。这些也都音义相通,各成一族。清代王念孙作《广雅疏证》,把音通义近的词联系在一起,触类引申,不限形体,就是"词族"的研究,他为训诂的研究开拓了一条新路,瑞典学者高本汉作《汉语词族》,研究的范围更加扩大,但是有些是不可靠的。

"词族"也有人统称作"字族",不作分别。从科学的严谨性来讲,以分作两个名词为好。"词族"跟"字族"的意义不完全一样,二者有两种分别:一种是"字族"是从一个个汉字就其声符既相同,字义又相近来说的,"词族"是从声音相通意义又相同或相近的同源词来说的,包括单音词和双音词,二者范畴不同。另一种分别是"字族"从文字论,"词族"从语词论。说"字族"就是要从形体的谐声系统区分,说"词族"就不为形体所限。这两个名词是有区别的。

《叠雅》

训诂书。清代史梦兰作。史梦兰(1818—1898)字香厓,号砚农,乐亭人。全书13卷,序作于清同治三年(1864)。作者把古代经史子集和诸家注疏中所用的叠字汇集在一起,按照《尔雅·释训》的体例,类聚意义相同的为一条,并加训释。所收的叠字有不见于《尔雅》《小尔雅》《广雅》《骈雅》《埤雅》的。搜罗较富,而且每条之后都自为疏证,引书极广,包括经史子集、类书、字书、韵书、训诂书、石鼓文以及《一切经音义》《太平广记》等书。所引都根据原书。经书、子书都注明出自哪一篇,史书注明出于哪一个人的传,诗文必注出题目和作者的时代,毫无含混之处,这是很可贵的。书末另附《双名录》一卷,辑录古代以双字为名的人。因为也是叠字,所以附录于后。

叠字

指两个相同的汉字重叠起来用。有些是表示一事的重复,是两个词,但联在一起说,如《诗经·芣苢》"采采芣苢,薄言采之","采采"是连续的动作,不是一采,所以说"采采"。有些则是在语意上有所加重,以增强感染力,如《文选·古诗十九首》:"青青河畔草,郁郁园中柳。盈盈楼上女,皎皎当窗牖。娥娥红粉妆,纤纤出素手。"这种文字的叠用又是一种特殊的修辞手段。

通常在语言里所用的叠字,包括书面的和口头的,实际就是叠音,也就是两个音节的一个词,如《诗经·柏舟》:"耿耿不寐,如有隐忧。"《楚辞·湘君》:

"石濑兮浅浅(jiānjiān)，飞龙兮翩翩。交不忠兮怨长，期不信兮告予以不闲。"白居易《长恨歌》："天长地久有时尽，此恨绵绵无尽期。"温庭筠《梦江南》："过尽千帆皆不是，斜晖脉脉水悠悠，肠断白苹洲。"这些叠字都是一个词，跟单独的一个字意义不同，有的只能重叠用，不能单用，如"翩翩"，"翩"是"翩翩"一词的词素。其他如"迢迢、姗姗、娓娓、侃侃、婷婷、萋萋"等都是如此。

在语言里应用叠字的地方还很多，例如"红彤彤、白花花、绿油油、黑黝黝、乱糟糟、懒洋洋"之类的叠字加在形容词的后面成为一种后缀成分，使词意形象化，增强语感。又如"清清楚楚、庸庸碌碌、慌慌张张、冷冷清清、凄凄惨惨、仿仿佛佛、空空洞洞"之类把一个词的两个词素都分别重叠起来加强语义，又是一种叠字的形式。这些都是汉语里特殊的东西。因为语言里使用了这样一种声音上的重叠，构成语言更加悦耳的声音美。叠字也称为重言。

《订讹杂录》

订正文字写法和读音谬误的书。清代胡鸣玉作。胡鸣玉字廷佩，江苏青浦人。《订讹杂录》刻于乾隆初年，后又一再重刻。嘉庆十八年(1813)萧山陈氏湖海楼雕本前有乾隆二十三年(1758)长洲沈德潜序。这部书共有10卷，类似唐代颜师古所作的《匡谬正俗》，考证常见的文字写法和读音的谬误以及用典相沿的讹谬，分条驳正，所以书名《订讹杂录》。胡鸣玉善校雠，书中各条考订详明，间或有采录前人成说处，如顾炎武的《日知录》、王士禛的《居易录》之类，也不无参考价值。

独体字

指汉字的一个字只有一个单个的形体，不是由两个或两个以上的形体组成的。这种字大都是一些简单的象形字和表意字。因为这类字是从图画演变而成的，所以每一个字都是一个整体，如"日、月、山、水、牛、羊、犬、隹、人、止、子、戈、矢"等都是独体的象形字，"天、立、上、下、一、二、三、三(四)、企、见、卧"等都是独体的表意字。

独体字在现在使用的汉字里所占的比例很小，大多数的汉字是由两个或两个以上的形体组成的合体字。独体的象形字和表意字是构成合体字的基础。参见"合体字"。

段玉裁(1735—1815)

中国清代经学家、文字音韵训诂学家。字若膺，号茂堂，晚年又号砚北居士、长塘湖居士、侨吴老人，江苏金坛县人。生于雍正十三年，卒于嘉庆二十年。

乾隆二十五年(1760)中乡试,入都会试,屡不中。乾隆三十五年(1770)吏部铨授贵州玉屏县知县,后又为四川富顺、南溪和巫山知县。经 10 年,称疾告归乡里。58 岁时移居苏州阊门外之枝园。

段玉裁在京时,得师事戴震,并结识了钱大昕、邵晋涵(1743—1796)、姚鼐(1731—1815)等学者。返里后,又得与卢文弨(1717—1795)、刘台拱、汪中(1744—1794)、金榜(1735—1801)等人相交。55 岁时,二次入都,得识王念孙、王引之父子,商讨音韵、训诂,颇为契合。乾嘉时代汉学昌盛,段、王两家在音韵、训诂方面的贡献极大。

段玉裁博览群书,著述宏富,由经学以治小学。在小学范围内,又从音韵以治文字训诂。根基充实,深得体要。所著有《六书音均表》《诗经小学》《古文尚书撰异》《周礼汉读考》《仪礼汉读考》《汲古阁说文订》《说文解字注》及《经韵楼集》等书。《六书音均表》在顾炎武《音学五书》和江永(1681—1762)《古韵标准》的基础上剖析加密,分古韵为 17 部,在古韵学上是一部划时代的著作。《说文解字注》积三十余年的功力写成,体大思精,为前所未有。他先为《说文解字读》,每字之下博引群书,详注出处,晚年才删去繁文,简约成《说文解字注》。嘉庆二十年(1815)五月全书刻成,风行一时,大为学者所称赞,《说文》之学也由此而盛。

《说文》段注的主要特点是:①比勘二徐(徐铉、徐锴)本,刊正传写和刻本的谬误。②阐明许书著作的体例。③引证经传古籍,解释许说,推求许说所本。④在许慎训解之外,说明字义的引申和变迁;指出字有古今,义也有古今。⑤阐发音与义之间的关系,根据谐声声符说明音义相通之理。

段玉裁注《说文》的成就极大。他不仅贯串全书,详加注释,把《说文》在考订文字、声音、训诂三方面的真实价值阐发无遗,而且创通许多研究词义的方法,对汉语训诂学的发展开拓了新的内容和新的门径。尽管书中不免有偏执武断之处,可是其中精粹之处终不可没。其后钮树玉作《段氏说文注订》,徐承庆作《说文段注匡谬》,王绍兰作《说文解字段注订补》,徐灏作《说文段注笺》,虽各有发明,然成就不大,且有以不谬为谬者,转增烦扰。段书旧有经韵楼原刻本,后又有苏州书局翻刻本。1981 年上海古籍出版社据原刻本影印行世。惟原刻本误字不少,苏州局本稍胜。学者可参考冯桂芬《段注说文考正》,冯将原书误处均已校出。参见"《说文解字》《六书音均表》"。

《敦煌变文字义通释》

解释唐代变文词义的书。蒋礼鸿著。蒋礼鸿字云从，浙江嘉兴人，精于训诂学。敦煌石室所出的变文是唐五代间流行于民间的文学作品，其中保存不少当时口语的材料。有些词语现在已不易理解，必须比证研究才能理解其意义。本书作者取《敦煌变文集》中此类词语疏通诠释，就所释各词的义类分为六节：①释称谓，②释容体，③释名物，④释事为，⑤释情貌，⑥释虚字。六者之中以第四类词为最多，且极难解释；第六类虚字部分则又牵涉语法。六类范围包括甚广，非综合比较，并联系其他有关材料，如唐五代人的诗词、笔记、小说之类相互证发不可。作者用力甚勤，创获极多，又几经修订补充，对研究唐五代民间文学和汉语词汇发展史都大有帮助。可与张相《诗词曲语辞汇释》媲美，同为不可多得之书。自从这两部书出版以后，关于唐以后口语语汇的研究有了很大的发展。1981年上海古籍出版社出版第4次增订本。

《尔雅》

中国最早的一部训解词义的书。《汉书·艺文志》著录《尔雅》3卷20篇。今本19篇。分《释诂》《释言》《释训》《释亲》《释宫》《释器》《释乐》《释天》《释地》《释丘》《释山》《释水》《释草》《释木》《释虫》《释鱼》《释鸟》《释兽》《释畜》。原无作者主名。汉代郑玄《驳五经异义》说："某之闻也，《尔雅》者孔子门人所作，以释六艺之旨，盖不误也。"魏太和中博士张揖《上〈广雅〉表》，又以为周公著《尔雅》一篇，"今俗所传三篇，或言仲尼所增，或言子夏所益，或言叔孙通所补，或言沛郡梁父所考，皆解家所说，先师口传……疑不能明也"。后人大都以为是秦汉间人所作，作者又非一人，当是学者采集训诂注释，递相增益而成。"尔雅"是近正的意思。汉末刘熙《释名》说："五方之言不同，皆以近正为主也。"唐初陆德明《经典释文·叙录》也说："尔，近也；雅，正也。言可近而取正也。"《尔雅》在东汉时就有刘歆、樊光、李巡几家注，魏时又有乐安孙炎注，都久已亡佚。现在所存最早的注本是郭璞注，凡3卷。郭璞又有《尔雅音义》2卷，今已不存。郭璞精究训诂，荟萃旧说，又补其疏略，以成一家言，所以流传不废，一直为人所重视。北宋真宗时邢昺（932—1012）根据郭注作《尔雅疏》10卷，与注别行。郭璞注《尔雅》，一方面用经传文句证明雅训，另一方面用今义释古义，又用晋代方言以释古语。邢昺疏，则又疏解郭注，对《尔雅》条例又多所发明，并非奉旨虚应故事之作。

到南宋高宗时，郑樵又为《尔雅》重新作注，攻击经文，认为以数十言为一义,多昧于言理,解释《诗》义又多昧于物之情状,从而加以辨证。又孝宗淳熙元年(1174)罗愿(1136—1184)又作《尔雅翼》32卷,专释草木鸟兽虫鱼的名称、形状。不因循旧文,而重视目验。下至清代以迄近代,研究《尔雅》的不下20家。大致可分4类:

①校正文字。因《尔雅》流传抄写不无讹误窜乱,所以以校正文字为先务。阮元有《尔雅注疏校勘记》可为代表。其后严元照(1773—1817)又有《尔雅匡名》20卷,他以《说文解字》为主要参证材料,一方面校正讹体,一方面说明字有假借。

②补正郭注邢疏。周春(1729—1815)有《尔雅补注》4卷,潘衍桐有《尔雅正郭》3卷。

③疏证《尔雅》。一部是邵晋涵(1743—1796)的《尔雅正义》20卷,注重采集《尔雅》古注和汉人诸书注解注释《尔雅》,兼释名物为郭注不备的。文字讲解简明精核,远胜于邢疏。另一部是郝懿行(1757—1825)《尔雅义疏》20卷,这部书在辨释名物上注重目验,胜于邵氏《正义》,在疏解字义方面能因声以求义,略胜于邵。然剿袭邵书处极多,实是疵累,不免为人所鄙薄。

④释例。主要有两家:一为近代陈玉澍(1853—1906)《尔雅释例》5卷,虽然创见,然条例过繁,反而不易得其要领。另一为王国维《尔雅草木虫鱼鸟兽释例》,收入《观堂集林》卷五,对古今雅俗之命名、《尔雅》释词之体例发明至多,为前人所未道,又近人黄焯所集黄侃《尔雅音训》一书,就音以说义,也颇有胜处,可供参考。

《尔雅翼》

训诂书。宋代罗愿作。解释《尔雅》草木鸟兽虫鱼各种物名,以为《尔雅》辅翼,所以名为《尔雅翼》。

罗愿字端良,徽州歙县人。此书作成于南宋孝宗淳熙元年(1174)。度宗咸淳六年(1270)王应麟守徽州时,得方回访得的罗愿从曾孙的家藏本刻于郡斋。

书分32卷。卷一至卷八为《释草》,卷九至卷十二为《释木》,卷十三至卷十七为《释鸟》,卷十八至卷二十三为《释兽》,卷二十四至卷二十七为《释虫》,卷二十八至卷三十二为《释鱼》。包容很广。每释一物都原原本本,既考之于书传,又参之以目验,足以解疑释惑。全书五万余言。今传本有元仁宗延祐七年(1320)洪焱祖《音释》。见清代张海鹏所刻《学津讨原》第四集。

凡语

指各地一般普遍说的词语。见于汉代扬雄的《方言》，例如《方言》卷一说："嫁、逝、徂、适，往也。自家而出谓之嫁，由（犹）女出为嫁也。逝，秦晋语也。徂，齐语也。适，宋鲁语也。往，凡语也。"这里所说的"凡语"就是一般通行的都可以这样说的话。在扬雄书里有时也说"通语"。

繁体

指与简体相对的汉字字体。汉字是一种方块字，有不少笔画繁复的字，如"變、屬、圖、鹽、鐵"之类都不便书写。因此，在长期使用中就产生简体，如"变、属、图、盐、铁"几个字就是简体字。原来的字就称之为繁体。繁体都是由篆书、隶书演变成的楷体字。唐以前的书籍都是用手抄写的，凡是高文典策都是根据字书的正规的写法来写。唐代简体字应用较广，民间一般的笔札、契券、账簿之类往往采用通常流行的简体。宋代以后刻板书盛行，经史要籍字体要求合乎规范，文字都根据通行的字书、韵书用繁体，惟话本小说之类或杂用简体。现在所写的楷体字基本上是从唐代的开成石经和宋代以来的字书一直传下来的写法，有些稍繁的常用字和偏旁进行了适当的简化。

《干禄字书》

一本刊正汉字形体的书。唐武后时颜元孙撰。元孙是颜师古四世从孙，颜杲卿的父亲。《旧唐书·颜杲卿传》说："父元孙，垂拱初登进士第。考功员外郎刘奇榜其词策，文瑰俊拔，多士耸观。历官长安尉、太子舍人、亳州刺史。"颜师古在唐太宗贞观年间在秘书省校正经籍，曾著《字样》一卷，作为校勘楷书正误的根据。后来杜延业又作《群书新定字样》，文字虽有增加，可是缺乏条理，该有的字没有，有的也不尽正确，所以颜元孙又编辑这本书，辨别楷书笔画写法的正俗，供为官和应试写字的参考，因此取名为《干禄字书》。

《干禄字书》所收的文字按平上去入四声编排。同属一声的字又按唐本《切韵》一类韵书的韵次排列，如平声为东、冬、钟、江、支、脂、之、微、鱼、虞、模、齐、佳、皆、灰、咍、真、臻、文、殷、元、魂、痕、寒、删、山、先、仙、萧、宵、肴、豪、歌、麻、覃、谈、阳、唐、庚、清、青、耕、尤、侯、幽、侵、盐、添、蒸、登、咸、衔、严、凡。这里耕韵不在庚韵之后，而入声部分与耕韵相对的入声麦韵也不在庚韵入声陌韵之后，略与陆法言《切韵》不同，其他都是一致的。

颜元孙分别文字为俗、通、正三体，有的一个字列举三体，有的一个字列举两体，一一加以说明。如果同样偏旁的字很多，就只举一个例子，加注"他皆仿此",或"诸同声者并准此"。遇有形体近似,容易相混的,如"彤"与"肜"、"尢"与"究"之类,就一并举出,说明有不同。这是现存最早的一本辨正楷书字体的书。

颜元孙所谓俗,大都指与通行的隶楷不同,在点画之间略有差误的字,如"坐"作"坐"、"犀"作"犀"、"貌"作"皃"、"凡"作"几"。所谓通,指通行已久,大半是隶省、隶变,或改易偏旁的字,如"等"作"荨"、"走"作"赱"、"暂"作"蹔"、"板"作"版"、"糧"作"粮"。所谓正,是指符合篆隶,都有凭据的字。他认为"自改篆行隶,渐失本真。若总据《说文》,便下笔多碍,当去泰去甚,使轻重合宜"(自序)。这跟他的上辈颜之推在《家训·书证篇》的主张是一致的。他对于俗体并不绝对排斥。他认为俗、通、正三体可以在不同方面应用。俗体可用于书写契券、文案、户籍账簿、药方等;通体可用于书写表奏、笺启、尺牍、判状;但书写著述、文章、对策、碑碣最好用正体,进士考试,理应用正体。颜元孙所作的工作可以说是一次整理辨正的工作。对后来楷书的规范化起了一定的作用。不过,书中所定的正俗只反映当时社会上的书写情况,有些也不甚妥当。

《古书虚字集释》

解释古书虚字的书。裴学海于 1932 年作。全书共分 10 卷,虚字按字音声母喉、牙、舌、齿、唇五音次第排列。所出虚字共 290 字。

关于古书虚字的解释,前人已有一些成书。一直为人所称道的有清代刘淇的《助字辨略》、王引之的《经传释词》、吴昌莹的《经词衍释》、俞樾的《古书疑义举例》。近代杨树达又有《词诠》一书,续有补充,涉猎更广。可是千虑一失,智者不免。本书作者自 1927 年即从事古书虚字研究,就周秦两汉的古籍搜集其中的虚字,寻绎其解释,参酌前人有关的著述,条分缕析,而以《经传释词》的训解为主,集成一编。一方面补前人之不备,一方面纠正前人的错误,创见颇多。对阅读古书很有帮助。

顾野王

中国南朝梁陈间文字训诂学家。字希冯,吴郡吴人(今江苏吴县)。博学,通经史,精于天文、地理、文字音义,在梁朝为临贺王萧正德府记室。梁亡,入陈。陈宣帝陈顼太建中(569—582)领大著作,掌国史,后为黄门侍郎。平生著述有《玉篇》《舆地志》等书。《玉篇》凡 30 卷,根据许慎《说文解字》和吕忱《字林》而作,分部略有变动,文字音义都有增加。参见"《玉篇》"。

《广释名》

训诂书。清代张金吾撰集。张金吾字慎旃,号月霄,江苏昭文(今江苏常熟县)人。生于乾隆五十二年(1787),卒于道光九年(1829)。著有《言旧录》《爱日精庐藏书志》。本书作于嘉庆十九年(1814),共 2 卷,为增广汉末刘熙《释名》而作。《释名》是从语音上推求语词得义的由来,并加以解说,在训诂学上称为声训。张金吾更从古书中就声音以训解词义的材料搜集在一起,按照《释名》区分语词的类目。自《释天》《释地》《释州国》以迄《释丧制》,依类排列成书,以备一家之学,所以名为《广释名》。他所引用的书都是汉代的书,如《尔雅》《诗毛传》《左传》《周礼》郑玄注、《白虎通义》、《淮南子》高诱注、《说文解字》等等。不过其中有些不是声训的材料,删削未尽。有鲍廷博《知不足斋丛书》刻本。

桂馥(1736—1805)

中国清代文字训诂学家。字冬卉,号未谷,山东曲阜人。生于乾隆元年。乾隆五十五年(1790)举进士,分为云南永平县知县,嘉庆十年卒于官。桂馥博览群书,精于金石篆刻、文字训诂之学,生平著述有《说文解字义证》《札朴》《晚学集》《缪篆分韵》等书。《说文解字义证》凡 50 卷,用四十余年写成,最为知名。此书目的在于证明《说文》训释,所以称为"义证"。他首先在每字下广引古书的文句词字的训解可以跟许说相发明的,或数义、或十数义,资料极为丰富。然后再分别解说许氏原文,并订正二徐(徐铉、徐锴)本传写的讹误。给研究《说文》者提供了极大的便利。

桂氏《札朴》凡 10 卷,内分"温经、览古、匡谬、金石文字、乡里旧闻、滇游续笔"6 部分。其中涉及的方面很广,有关经史、诗文、训诂、方言、民俗、风物等考释极为精到,而以考订经义训诂的居多。"乡里旧闻"所记曲阜方言也是很值得重视的资料。

郭沫若(1892—1978)

中国文学家、史学家、古文字学家。字鼎堂,四川乐山人。平生著作极多,对古文字的研究功力极深,所著有《甲骨文字研究》《殷周青铜器铭文研究》《卜辞通纂》《殷契粹编》《金文丛考》《两周金文辞大系图录考释》等书。

他研究古文字不是只注重于识别文字,而是结合古代社会的发展,从文辞上考查其时代所反映的事实内容,由文字以证史,由史以证文字,所以发明甚多。

《卜辞通纂》是在罗振玉《殷虚书契考释》以后又一部有系统的按卜辞的内

容分门别类进行研究排比材料的书,是学习甲骨文首先必读之作。两周铜器数量众多,散见在不同金石书内,他能广泛搜集按时代和地区国别来排列,进行解释整理,贡献很大。郭沫若还写过一些有关金文的论文,收在《文史论集》中。晚年还主编《甲骨文合集》,这是一部甲骨文资料的总汇,所收甲骨近5万片,分期分类,编纂成册,为研究商代社会文化和甲骨文字的资料宝库。

郭璞(276—324)

中国晋代文字训诂学家、文学家。史称"郭璞字景纯,河东闻喜(今山西闻喜县)人也……璞好经术,博学有高才,而讷于言论,词赋为中兴之冠。好古文奇字,妙于阴阳算历"(《晋书》卷七十二本传)。惠帝怀帝之际,曾为宣城太守殷祐参军。明帝时,王敦谋逆,为王敦所杀。郭璞既注《尔雅》,又别为《音义》《图谱》,又注《三仓》《方言》《穆天子传》《山海经》及《楚辞》《子虚赋》《上林赋》。他注意疏通古训,旁采方言,创通以俗语释雅言、以今语释古语的方法,对训诂学和历史地理学以及动植物学贡献都很大。

汉语文字学

研究汉字的形体和形体与声音、语义之间的关系的一门学科。

1. 汉语文字学的内容　汉字是记录汉语的符号,每一个字代表一个音节,一个字可能就是一个有完整意义的单音词,也可能是一个复音词中的一个构词的词素。词素或称为语素。

汉字远在公元前3000年以前新石器时代就已经产生。开始是用绘画来表示语义,后来由图画发展为象形字。以后,又以简单的象形字为基础向表意和一半表意一半表音的方向发展,而以一半表音一半表意的形式为主。但始终没有走上纯粹用拼音符号来记录语音的道路,从古到今汉字一直守着方块的形式没有变,在世界文字中有自己的特点。对汉字进行研究,是了解汉语的重要阶梯。

文字学的名称是近代才有的,古人称之为"小学"。"小学"的名称最早见于东汉班固(32—92)的《汉书·艺文志》。《汉书·艺文志》根据西汉末刘歆(？—23)的《七略》;把幼童识字用的字书和解释字义的书附在经学《六艺略》之后,统称之为"小学"。后代也就以此来称语言文字之学。清代的《四库全书总目提要》的经部小学类又把语言文字书分为训诂、字书、韵书三类,三者各有所侧重。训诂之属侧重解释字义;字书之属侧重辨别字形,兼及音义;韵书之属侧重辨别字音,兼释字义。前人也曾称小学为字学,到近代才称为文字学。

　　文字学研究的内容,基本上就是前人所说的小学的内容,应当照顾到形、音、义三方面。因为三者是息息相关的,所以不能全然脱离音义孤立地去研究文字。不过,由于近代音韵学和训诂学都各自独立为一门学科,所以有人主张文字学就以专门研究文字的形体为主。主要研究文字的结构、形体的变迁、文字的发展、字形的规范化和简化以及文字改革等问题,自成一个系统。然而自从清末光绪二十五年(1899)在河南安阳殷墟发现甲骨文以来,大家对于汉字早期的面貌、形体的结构和发展增加了许多新的认识;同时西周以迄战国时期的青铜器和其他文物又大量出土,更加强了学者对古文字研究的兴趣;因而古文字学在文字学的领域中蔚为大国,成为专门之学。如果按照不同历史时期的文字形体进行研究,就可以分为以下几方面:①先秦古文字研究;②秦汉篆隶文字研究;③魏晋以后的行书、楷书研究;④六朝唐宋以来的俗字、简体字研究;⑤近代方言字的研究。这里单就先秦古文字来说,又可按不同的资料分为商代的甲骨文,周代的金文,春秋战国时期的玺印、货币、陶器等文字以及相传的秦以前的"古文",品类繁多,各成项目。学者除了做资料的整理和分析辨认的工作以外,还要进一步探讨文字发展史上的理论问题和当前使用汉字在文化教育方面的实际问题,如汉字发展的规律、汉字与汉语发展之间的关系、汉字的教学法和正字法等等都须要探讨。最终要解决两个问题:一个是在历史上汉字怎样表现汉语,为记录汉语服务的;一个是现在怎样使汉字在发展中国文化教育事业上和开展国际文化交流上发挥更大的作用。

　　2.汉语文字学发展的历史　　(1)战国秦汉间的识字书　　中国的文字学已有长久的发展历史。远在春秋战国时期就有了学童识字的字书,班固《汉书·艺文志》小学类载《史籀》15篇,他说:"史籀篇者,周时史官教学童书也。"《史籀篇》早已亡佚,许慎《说文解字》还保存了200多字,字形繁复,跟春秋到战国初期的铜器文字很接近,据王国维推测,《史籀篇》应是秦国早期教学童的识字书。籀文就是战国时秦国使用的文字,籀文也称为大篆。

　　后来,秦始皇兼并天下,实行统一文字,李斯等又改《史籀》大篆为小篆,字形既求其整齐方正,笔画又要求简化,偏旁写法也要求一致;这是一次极为重要的文字整理工作,对后代汉字的发展有很大影响。李斯又作《仓颉篇》,赵高作《爰历篇》,胡毋敬作《博学篇》。这些书都是教学童的字书,对推行小篆、统一文字也起了重要的作用。汉代初年把三部书合在一起,总称为《仓颉篇》。这种书本为学童识字而设,所以编为韵语,以便记诵。《仓颉篇》是四字一句,两句一韵。《汉书·艺文志》说:"《仓颉》多古字,俗师失其读。宣帝时征齐人能正读者,张敞从受之。"所谓正读,就是能认识是什么字,能知道它的音义。《仓颉篇》本用小篆书写,汉代隶书盛行,也就用隶书来写了,所以传习不绝。到汉武帝时司马相如作《凡将篇》,元帝时史游作《急就篇》,成帝时李长作《元尚篇》。《凡将篇》是七言韵语,据说没有重复的字,《急就篇》则有三言、四言、七言,而以七言为主。三言、四言隔句一韵,七言每句押韵。到平帝时扬雄又作《训纂篇》,去《仓颉篇》中的重复字,凡 89 章,5340 字。这些书只有《急就篇》流传下来,我们可以看到汉代通行字书的样式。《仓颉篇》既多古字,到东汉光武帝时杜林作《仓颉故》,以解释其中的字义,这是字书有注解之始。《汉书·杜邺传》说"世言小学者由杜公",等于说文字之学创始于杜林。

(2)六书说与文字学的建立　汉代通告使用的文字是隶书,对文字有研究的是一些古文经家。"古文经"是六国晚期的写本古书,如《毛诗》《春秋左氏传》《古文尚书》《古文论语》等都是用六国时期的古文字写的,跟篆书不同。古文经家在朝廷秘阁校书,他们能看到许多古书,他们从篆书和古文、籀文中分析出造字的条例,创为六书说,六书的名称曾见于《周礼·保氏》。汉人所称的六书细目始见于《汉书·艺文志》,《艺文志》说:"古者八岁入小学,故《周官》保氏掌养国子,教之六书,谓:象形、象事、象意、象声、转注、假借,造字之本也。"班固《汉书·艺文志》大都本于刘歆《七略》,所以很明显,六书说是古文经家创造出来的。这种造字条例的分析成为早期文字学理论的一部分。到汉和帝时,侍中贾逵的弟子许慎根据六书进一步分析篆书的形体结构,建立研究文字体系的方法,作《说文解字》14 篇,按照偏旁分为 540 部,始"一"终"亥",凡同从一个偏旁的都列在一起,同条共贯,杂而不越;每个字的解说都兼顾到形音义三方面,这是极大的特点。全书以小篆为主,兼收古文、籀文,共收字 9353 字,重文1163 字,是中国也是世界最早的一部最有创造性的字典,在中国也是最有影响的一部字典。书中保存了大量的古文字和古音古义,对研究文字的功用极大。中国文字学在这时已经建立起来了。后代许多字书都仿照《说文解字》的体例,按部首编排文字。这种方法一直到现在还在应用(见"《说文解字》")。

(3)魏晋南北朝的字书　汉代篆书不通行,通行的是隶书和草书。《说文》的正文是篆书,在社会上不易通行,所以晋代任城人吕忱作《字林》7 卷,用隶书书写,全书沿袭《说文》的编排方法,仍分为 540 部,而收字有 12824 字,比《说文》多 3471 字。在唐代《字林》跟《说文》同为士林所重,但到宋代以后反而亡逸,清人任大椿始有辑本。南朝梁代,吴郡人顾野王又编纂一部《玉篇》,共分30卷,仍沿袭《说文》的编法,分为524部,但是部次有变动。书中每字下详举字义,并引证经传文句和注解,这是前所未有的。字有异体,则分列在两部或数部,也跟《说文》列于一字之下不同。全书收字达16917字,又比《字林》多4000多字,这正反映文字在随着语言不断发展。这部书在唐代跟《说文》一样流行,一直流传至今。不过,今本《玉篇》是唐代孙强的增字本,注文已大加删节,宋代重修,名为《大广益会玉篇》,跟顾野王原书的面目全不一样了(见"《玉篇》")。

　　魏晋南北朝的文字学主要表现在编纂字书上。一是多收罗古今异体,二是多列举训释例证,原原本本,信而有征。这两方面对后世字书的编纂都有很大的影响,如宋代的《类篇》,明代的《字汇》《正字通》,下至清代的《康熙字典》,都合于《玉篇》的格局,广采众书编纂而成。其次,魏晋时代有关文字的杂书也不少,如魏张揖的《古今字诂》《杂字》《埤苍》,晋王义的《小学篇》,晋葛洪的《要用字苑》,宋何承天的《纂文》,齐王劭的《俗语难字》,梁阮孝绪的《文字集略》等都见于前代史志,唐人书中引到的很多,他们对文字跟语言的实际配合以及俗语、今义之类都极为重视,这是一大特点,可惜这些书今已亡佚无存。在魏晋时代"仓雅之学"盛行,"仓"即《仓颉篇》,"雅"即《尔雅》。《尔雅》是秦汉间小学家所编的解释词义的书。张揖、郭璞学识都极为渊博。郭璞尤精于训诂,著述亦多。

　　(4)唐代刊正字体与《说文》研究　南北朝时期解散隶体,行书、草书、楷书盛行,字的写法日趋于混乱,如"恶"写为"恴"、"鼓"写为"皷"、"席"写为"蓆"之类,都是一些别字讹体,所以到隋唐时代开始刊正文字。隋代曹宪曾著《文字指归》4卷。到唐代贞观年间秘书监颜师古作《字样》1卷,以刊订经籍文字。其基本精神是折衷于篆隶正俗之间,取其适中,以为楷法。后来他的侄孙颜元孙又作《干禄字书》,分字为正、通、俗三体,提倡高文典策应当用正体。其后唐玄宗有《开元文字音义》一书,以隶书居首,而以篆文附下,以确定楷体的写法。到唐代宗大历中张参又作《五经文字》一书,根据《说文》《字林》《经典释文》等书审定字体;文宗开成二年(837)唐玄度又作《新加九经字样》,补充《五经文字》所不备;由此楷书有了一定的规范。这是文字学史上的整齐文字方面所取得的重要成果。

　　唐代本是韵书盛行的时期,虽然也有人编制了很大的字书,如武则天的《字海》就有100卷之多,但是没有传布。反之,在社会上却有不少记载日常用语的书,如敦煌古书中的《时用要字》《字宝碎金》《俗务要名林》等,自成一类,很切合实用。

《说文》在唐代虽为应"书学"考试的人所必学,可是因为有《玉篇》《切韵》可以检字,就很少有人真正理解《说文》的价值去从事整理工作。大历中李阳冰精于篆书,曾刊定《说文》,但多荒谬无稽之说,徒知篆法,不足以言学。直到唐末五代时期南唐徐铉、徐锴兄弟二人,才精究许书,而徐锴尤为精通。徐铉入宋后曾与句中正等校订《说文》,使《说文》流传至今。徐锴著有《说文解字系传》40卷,这是《说文》最早的注本。徐锴认为"文字之义,无出《说文》",所以把许书比之于经,而称自己的解释为传。《系传》的主要工作是疏证许说,引书以证古义,并且从文字的谐声偏旁和字音上推寻语义的本源,创见很多。在文字方面特别说明古书中字有假借,由于时移世易,字又有古今之异。辨析精审,在文字学史和训诂学史上都占有很重要的地位。徐锴又有《说文解字篆韵谱》10卷,把《说文》的字按韵书的韵部来排,颇便于检索。

(5)宋代的金石文字之学　五代末和宋代初年好古之士注意搜集古文奇字,编纂成书,如郭忠恕的《汗简》、夏竦的《古文四声韵》都是。他们所根据的材料主要出自书本和一部分的石刻。可是后来商周钟鼎彝器出土日渐增多,有些学者如刘敞、杨南仲、欧阳修等开始从事古器物的著录和研究。一方面摹绘器形,一方面试着认识铭文。宋哲宗元祐七年(1092)蓝田吕大临作《考古图》,并作了释文,这是属于古文字学的第一本书。他虽然只认识了几百字,但是为古文字学的建立开创了道路。后来类似《考古图》的书有王楚的《宣和博古图》。专录铭文的有南宋绍兴年间薛尚功的《历代钟鼎彝器款识法帖》、王俅的《啸堂集古录》。专门集录文字的有王楚的《钟鼎篆韵》。后来薛尚功又作《广钟鼎篆韵》,集录的文字稍稍加多。这是研究钟鼎文字的先驱。

宋代不单是对钟鼎彝器文字开始进行研究,而且对石刻文字也很注意。欧阳修《集古录》和赵明诚《金石录》都有关于石刻的记载。在南宋孝宗乾道二年(1166)洪适作《隶释》一书,凡26卷,收碑碣258通,专门研究汉碑的隶书,考证了不少文字的假借,提供了很多重要的材料,代表了一种新的研究方向。

(6)宋元间的六书之学　六书自东汉人提出以后,应用六书来研究文字构造的不多。宋代王安石作《字说》,过分强调形声字的声旁有义,把形声字都解释为会意字,六书就缺其一。南宋时郑樵创新,不用《说文》系统,专用六书作文字形体的分析,以独体为文,合体为字,立330母为形之主,870子为声之主,合为1200文,成无穷之字。他把《说文》的540部归并为330部,开后人归并部首之先河。他的学说保存在《通志·六书略》里。宋末元初戴侗作《六书故》,则不用《说文》部目,而另分为九部:一曰数,二曰天文,三曰地理,四曰人,五曰动物,六曰植物,七曰人事,八曰杂,九曰疑。分为33卷。文字以钟鼎文为主,注用隶书,以六书说明字义,颇有创见,可惜不为人所重视。元世祖时杨桓又作《六书统》20卷,用六书来统摄文字,先列古文大篆,次列钟鼎文字,再列小篆,他想利用古文字来推寻造字本意,但为六书所囿,类例庞杂,反不足取。

(7)明代的《字汇》和《正字通》　自许慎作《说文解字》创以形旁编排文字的方法以后,《字林》《玉篇》和宋代的《类篇》都仿效《说文》而作,惟《玉篇》稍变许慎部次,而把字义相近的序列在一起,《类篇》则一如《说文》原来的部序不改。明代万历四十三年(1615),梅膺祚作《字汇》12卷,另外创制新的排列法,颇有革新精神。他按照楷书笔画多少排列部目,自1画至17画列为214部,而一部之内的字也按笔画多少排列次第,这是很便于检查的一种新方法。因为从篆书变为隶书,部首之间已经很难据形系联,为便于查检,势不得不以笔画多寡为序。所以后来的字书如崇祯末年张自烈、廖文英所编的《正字通》,清康熙年间所编的《康熙字典》都沿袭承用。至今还是编排检字常用的方法。《字汇》收字以见于《洪武正韵》的为主,兼采经史中常见的字,怪僻的字一律不收。注释比较简要,在明代极为流行。《正字通》就是根据《字汇》而作的,全书也分为214部。不过收字多于《字汇》,注解也增繁,并援引前代书籍为证,兼及一般俗语意义,虽稍嫌芜乱,然比宋代的《类篇》切于实用。清代的《康熙字典》也就是以《正字通》为蓝本修辑而成,收字加多,例证更加充实,惟成于众手,不无错误。道光年间王引之奉命作《字典考证》12卷,刊正其误。

(8)清代的《说文》之学　中国文字学到清代有了很大的发展,这跟考证经史、推重汉学有很大的关系。因为要通五经就不能不通小学,而小学里最重要的一部书就是《说文》,所以《说文》之学在清代最为盛行,以说文学名家的很多。段玉裁有《汲古阁说文订》和《说文解字注》30卷,桂馥有《说文解字义证》50卷,王筠有《说文释例》20卷和《说文解字句读》30卷,钱坫(1744—1806)有《说文斠诠》14卷,朱骏声有《说文通训定声》18卷。其他有关《说文》的论述极多,不胜枚举。

他们对《说文》的研究,主要有下列几个面:

①校勘许书。《说文》经过历代传写到宋代刻板,讹夺已多,明代毛晋、毛

宸用宋本开雕,又出现一些错误,所以段玉裁首先根据不同的宋刻本和徐锴《说文解字系传》、熊忠《古今韵会举要》以及其他古籍校订汲古阁本的讹误。段氏以后又有几家刊正《说文》,进一步改正宋以后传本的疏失。

②解释许书的体例。为读通《说文》,首先要了解《说文》的体例。钱大昕在《十驾斋养新录》里最先指出《说文》中有注文连篆文读例,如"参"字下注文是"商星也",应读为"参商星也"。段玉裁作《说文解字注》更随注阐发许书通例,王筠极为推重。王氏又作《说文释例》一书,多所发明。后来又有人对《说文》中的"一曰、读若、引经"等等作考证。

③疏证许书的训解。《说文》中保存了很多的古字古义。在清代最先注解《说文》的是段玉裁。他引证经传子史来解释许说,并且从形体和声音两方面说明字义,最有创见。同时注《说文》的还有桂馥、钱坫。桂馥的《说文解字义证》搜集的古书训解最为完备,对研究许书的训解很有帮助。后来王筠又参照段、桂两家书作《说文解字句读》,简当易读。

④说明古今字和假借字。文字在使用上因时代的不同而有古有今。段玉裁说(《广雅疏证序》):"古今者,不定之名也。三代为古,则汉为今;汉魏晋为古,则唐宋以下为今。"许慎书中有些是古字跟后代通用的字形不同。清人研究《说文》,根据许书的训释而说明古某字与今某字相当,以见文字的孳乳和演变。古人写字,有时同音或音近假借,古书所以难读,往往由于文字有假借,清代研究《说文》的人,如段玉裁、王念孙、桂馥、朱骏声对古书的假借字都有所发现,解释了不少经传中文字训诂的问题。

⑤根据《说文》的谐声字研究古音。古音的研究自宋代就已经开始。郑庠有《古音辨》,吴棫有《韵补》。到明代陈第又作《毛诗古音考》和《屈宋古音义》。主要都是根据《诗经》和《楚辞》等韵文考察古韵。到清代又开始注意到文字的谐声。段玉裁据《诗经》押韵分古韵为17部,又按照《说文》的文字谐声系统把声旁按17部列为谐声表,以与《诗经》押韵情况相印证,在考证古音方面创出另一种方法,识见超卓,引起很多学者重视。后来就出现不少《说文谐声谱》之类的著作。影响所及,也就有人利用文字的谐声系统研究古声母的类别了。

⑥根据《说文》的文字谐声系统因声以求义。形声字的声符相同的字,其意义有时相近或相通。在清人的小学著作中,段玉裁阐发的最清楚,他说(《广雅疏证序》):"学者之考字,因形以得其音,因音以得其义。"又说(《说文解字

注》示部"禛"字注)∶"声与义同原,故谐声之偏旁多与字义相近,此会意形声两兼之字致多也。"他在《说文注》里举出很多谐声字声中见义的例子,如凡"于"声字多训大,凡从"皮"之字皆有分析之意,凡"亚"声之字皆训直而长者,如此之类很多。这样把形音义贯串在一起来研究,执简驭繁,掌握规律,使知识条理化,成为新的语言文字之学,这是前所未有的。

(9)近代的古文字学　清代学者除了研究《说文》篆书以外,也还注意到隶书和草书,如顾蔼吉有《隶辨》,翟云升有《隶篇》,石韫玉有《草字汇》,都是属于字典的性质。可是自乾隆、嘉庆时期起,金石学特盛。清朝官修的《西清古鉴》和《宁寿鉴古》著录的是宫内所藏的钟鼎彝器,而在民间又不断有古器物出土,收藏家不仅摹为图录,而且研究器物上的铭文,古文字学也就有了很大的发展。研究的主要对象是金文、石鼓文、古玺和古陶文字。光绪间,吴大澂著《字说》,提出一些文字的新的解释,他又作《说文古籀补》,搜集了各种古文字材料以增补《说文》,为用古文字与《说文》籀篆相对照进行研究提供了方便。

从18世纪中叶到19世纪中叶,100年之间,集录铜器铭文的,在阮元的《积古斋钟鼎彝器款识》之后,有吴式芬(1796—1856)的《捃古录金文》、吴荣光(1773—1843)的《筠清馆金文》、方濬益(?—1899)的《缀遗斋彝器款识考释》等;著为图录的,有吴大澂的《恒轩吉金录》、刘喜海的《长安获古编》。品类繁多,盛极一时。关于文字的研究,如刘心源的《古文审》、孙诒让的《古籀拾遗》《籀庼述林》《古籀余论》等书对研究金文都有所发明,而孙诒让倡偏旁分析法尤为重要。

到了近代,古器物收藏家更注意摹拓传印。罗振玉对影印铜器铭文不遗余力,有《殷文存》《三代吉金文存》,搜罗甚富,为研究铜器铭文提供了极大的便利。王国维又作有《金文著录表》,把前人书中已著录的钟鼎彝器都注明见于何书。学者也就可以按图索骥、检视原书了。

引起古文字学家更大兴趣的是商代甲骨卜辞的发现。自清光绪二十五年(1899)在安阳殷墟发现甲骨文以后,古文字学转入了一个新的时代。王懿荣、刘鹗首先搜罗甲骨。刘鹗又印出《铁云藏龟》一书,学者大为惊喜。孙诒让开始认识甲骨文,写出《契文举例》,后又作《名原》,对汉字的发展有了更多的理解。

后来甲骨文出土的数量越来越多。罗振玉把他历年收藏的汇编为《殷虚书契》前后编印出,并作《殷商贞卜文字考》和《殷虚书契考释》,王国维作《戬寿堂殷虚文字考释》,又根据卜辞考证商代的先公先王,成就独多。在罗、王之后,已故的著名的古文字学家有董作宾、容庚、郭沫若、唐兰、于省吾、陈梦家、孙海波等人。这些人里,容庚有《金文编》,孙海波有《甲骨文编》,都按《说文》部次编排,等于是金文字典、甲骨文字典。董作宾曾从事安阳殷墟的发掘工作,最先提出卜辞要作断代的研究,并作有《殷历谱》。陈梦家有《殷虚卜辞综述》一书,对甲骨卜辞作了全面的说明。郭沫若、唐兰、于省吾三家著述极多,他们在考释甲骨文、金文两方面都各有发明,成绩超卓。在文字学理论和研究方法上建树较多的是唐兰,唐兰论文字的构成破除六书说,而倡三书说,即象形、象意、形声,以三书范围一切文字,这是一种新的见解。

现在古文字的研究正在蒸蒸日上,甲骨文、金文都有集录在一起的书,如《甲骨文合集》《殷周金文集成》,为研究者提供了方便。近年来,出土文物日多,春秋战国时期的铜器、陶器、货币以及秦汉的竹简、木简,汉代的帛书都是研究的材料,古文字学定将有更大的发展。

(10)结语　根据上面的叙述,中国文字学发展的历史按照时代来说,可以概括为以下6个时期:

①秦汉时期。秦代到西汉以编纂学童的识字书为主。东汉时期古文经家注意研究相传的篆文、古文、籀文,分析造字的原则,创六书说,开始建立文字学。和帝时,许慎作《说文解字》,以篆文为主,兼采古文、籀文,创按形体偏旁编排文字的方法,分别部居,据形系联,成为中国第一部字典,影响极大。

②魏晋南北朝时期。这个时期文字逐渐增多,一字往往有异体,而且有不少增益偏旁的字,因此出现了各种不同的注解详细的字书,同时也出现了按韵编排文字的韵书,还有解释古今字和俗语、俗字的书。这个时期是编纂字书的时期。自东晋以后,也是音义书盛行的时期。

③隋唐时期。这个时期为了确定楷书的规范,减少南北朝时期的别字讹体,因而有字样之学,目的是确定楷法,使楷书趋于定型。在这个时期内虽然韵书盛行,但是在文字形体方面仍尽量要求纯正,对正体、俗体分别很清,这个时期内,除刊正文字的书籍以外,还有很多属于《时用要字》一类的书和编纂日常口语词汇的书,这类书在社会上颇为流行。唐代篆学衰微,注意篆法的只有李阳冰堪称独步,到五代时,南唐徐锴始有《说文解字》的注解,成为一家言。

④宋元明时期。宋代有了《说文》的刻本,字学开始复兴。始而学者注意搜集古文字,编订成书;继而开始根据古器物和古代石刻等实物从事古文字的

研究,为文字学开辟了一条新路。古文字学随着古器物学的兴起而建立起来。铜器的铭文由收录于古器物的图录中而被摹录为法帖,成为研究古代文字和文化历史的资料。由南宋到元代又有杰出之士,重新利用六书探讨文字制作的原则,虽时有新解,而所立类例不免支离破碎。明人承其弊,除编有新的部首检字的字书和刊正俗体字者以外,虽有述作,但大都无可取。

⑤清代时期。清代是经学昌盛的一个时期,要通经传,就不能不研究文字、音韵、训诂,所以文字学也随之而兴盛。乾嘉之际,学者尊崇汉学,《说文》的研究最为盛行。他们以古音知识为基础,把文字、音韵、训诂融会贯通,向新的语言文字学的方向发展。道光、咸丰间学者注意到以钟鼎文字与《说文》篆书相比较。同治、光绪间钟鼎文字研究成为文字学的新的领域。到近代就有了极大的发展。

⑥近代。近代学者对文字研究所取得的成果比较多。研究的资料包括甲骨卜辞、铜器铭文以及玺印、竹简、木简、绢帛、石刻等所有的古文字和唐宋元明书籍中的俗体简字,研究内容之广泛为前所未有。而且不单纯局限于识字,由识字进而涉及语词文句的意义和语法结构。有的学者如王国维、郭沫若更由文字以考证古史和古代的社会文化。研究的方法特别重视分辨材料时代的早晚,例如甲骨卜辞要作断代的研究,铜器铭文分西周和春秋战国来诠释。多数学者能破除六书旧说,根据古器物上的文字探求古人造字的原则和字形结构发展的规律,同时也从形体上考索字的本义跟引申义的关系,因此文字学有了很大的发展,并成为语文教育的一部分。语言文字学家又从事整理汉字和简化汉字的工作,以促进汉字规范化,使汉字更好地为记录汉语服务。所有这些都是近代的新成就。

3. 文字学与音韵学、训诂学的关系 文字学虽是以研究形体为这一门学科的主体,但是文字本身具有形音义三方面,所以文字学跟音韵学和训诂学互相有联系。不懂得古音,就不能理解谐声字和声旁在声音上的关系,也就不懂得文字的假借或通用在声音上的关系。

宋代初年徐铉校订《说文解字》,对有些字的谐声就产生疑问,如"代"从"弋"声,徐以为"弋"非声;"轘"从"睘"声,徐以为"睘"非声,当从"還"声;"翚"从"军"声,徐以为当从"挥"声;"辂"从"各"声,徐以为"各"非声,当从"路"声。诸如此类都是由于不了解古音而疑所不当疑。明代张位的《问奇集》论字的假借,以为内外的"内"作收内的"内",伯仲的"伯"作王伯的"伯"为"意借",而与声音不相涉,也是不对的。

清人因为了解了古音系统,所以能理解文字的假借。由于理解了假借,所以能讲明古书,发前人之所未发。唐宋学者所不能理解的都涣然冰释,怡然理顺。足见研究文字必须以了解古音系统为关键。研究古文字更不能不了解古音,否则就不易识别古器物中的一些不易认的字。

文字通假是秦汉古书中极普遍的事情,反过来从文字的通假也可以考证古音。汉字中形声字占大多数,从文字形体上所标记的声符既可以推求声韵的部类,也可以推求同从这一个声符的字所含有的共同具有的意义,为训诂学增添有系统的理论知识。清人所说的因声以求义主要是以形声字为根据的。这些都可以说明文字学跟音韵学、训诂学是互相联系的。清代的小学之所以昌盛,就是由于深切理解三者的关系,以三者互相求的办法来研究字形、字音和字义,所以能有特殊的成就。

汉语训诂学

中国语言文字学中一门传统的解释语词和研究语义的学科。"训"是说明解释的意思,"诂"本义是古言的意思,引申也作解说古语讲。"训诂"的原意是用通行的语言解释不易为人所懂的古字古义,目的在于疏通古书的文义,讲明字义。后来就作为解释词语音义的泛称。

"训诂"一词在班固《汉书》里多写为"训故"。"故"就是古语,如《刘歆传》说:"见古文《春秋左氏传》,歆大好之……初,《左氏传》多古字古言,学者传训故而已。及歆治《左氏》,引传文以解经,转相发明,由是章句义理备焉。"又《扬雄传》说:"雄少而好学,不为章句,训诂通而已,博览无所不见。""训故"与"训诂"同义。章句是分章析句,解释一章一句的意思;训诂是专指讲明文字的音义,两者不相同。训诂学就是解释语词和研究语义的学问。旧日只看作是"小学"的一部门,现在正逐渐发展为一门有科学体系的汉语语义学。

语言里的词因时代有变迁,而有古今之异;因地域有不同,而有方言之别。因此,后代的人读古代的著作不能懂,就要以今语释古语;同一事物,不同的方域称名或有不同,就要用通语释方言。语言总是在发展的,语词在使用中意义也常常会有改变。一个词由一个意义引申发展出别的意义,就成为一个多义词。多义词在使用时场合不同,意义就不一样,为免去误解,也往往须要加解释。这些就是训诂所由起。久而久之,就有集中讲解字义词义的书,这种书就称为训诂书。语言的各个方面都是有系统的,语音的声韵有系统,词汇的构词有系统,词的音与义和词与词的音与义之间的关系也是有条理可寻的。因此由一字一词的解释进而有意识地从事联贯的、有系统的语义研究工作,创造出科学的理论,对汉语发展历史的理解,对解释古书,对编纂字典、词典,对语文教育都会有重要的贡献。

1. 训诂学的内容和任务　　训诂学既然是研究词义的学问,其研究的对象主体即古代的书面上的语言材料,而现代方言的口语资料也在参考之列。要研究古代的书面语,应当具备文字、词汇、语法以及语音史的基本学识,掌握语言文字一般的发展规律,才能从事整理研究前代的训诂资料,总结前人研究词义的理论和方法,并进一步开创新的途径,作深入广泛的研究。

前代解释语词的资料极为丰富,研究工作者应当按照时代的先后,按照不同的性质,分别层次加以整理。前代的训诂学家解释语词时所应用的方法是多种多样的,训诂学上有所谓形训、义训、声训。形训是就字形本身的结构说明所表现的词义的;义训是用现代人所理解的词语解释字在书面上使用的含义,采用一个同义或义近的词或一句话作解释;声训也称音训,是从词的读音上着眼,使用音义相通的词来说明词义,或有意识地从音上探求词义的来源。三者之中,义训用的最为广泛,不过如何加义训也是随词而异的。要研究前代的训诂,对古代的训诂书、字书、音义书以及韵书中怎样解释单词,怎样解释固定的词组和联绵词,怎样就文意说明词的通用和假借以及字音改变而意义不同之类的问题,都须要从事分门别类的整理,求出通则,评定是非,从中吸取符合语言实际的有用的经验。

进而言之,凡是一门学术必然有理论、有方法。前代许多研究训诂的专家在解释词义的实践中曾提出很多重要的见解,如词与词之间音义相比的关系、通语与方言同实异名的关系、谐声字声符与字义的关系、本义与引申义和假借义的关系等等。在理论上就有所谓右文说、字义起于字音说、音同义近说、一声之转说、古假借必同部说。同时还提出探求词义的一些主要的方法,如形、音、义三者互求,因声以求义,比例文辞以相证,"疑于义者以声求之,疑于声者以义正之"(戴震《转语二十章·序》)等等。这些都是从研究《诗》《书》古训而发展成为一门学科的缘由。今日在总结继承前人的成果的基础上,语言研究工作者就要根据现代语言学的原理,研究词义的引申和由旧词派生新词的规律以及正确解释词义的方法;还要研究辨别同义词的法则、词义与语法的关系以及修辞对词义的影响等问题,从而建立起科学的汉语语义学。

2. 训诂学产生和发展的历史　　汉语历史久远,有文字的记载已经有4000多年,而语言却随着社会的发展不断地有变化。春秋战国以前,一个字大都是一个词。春秋战国以后,构词法有了发展,双音词逐渐多起来,字在增加,字义也有引申和变迁。想要了解古书中的词义不能不有解释,因此在先秦书里就有不少解说字义的材料,其中有据字形说义的,如《左传·宣公十二年》说"夫文,止戈为武";《宣公十五年》说"故文,反正为乏";《昭公元年》说"于文,皿虫为蛊"。有从字音推求字义的,如《孟子·滕文公上》说:"设为庠序学校以教之。庠者养也,校者教也,序者射也。夏曰校,殷曰序,周曰庠。""庠"与"养"、"校"与"教"、"序"与"射"都音韵相近。在《易经》里,如《说卦》说"乾,健也""坤,顺也""坎,陷也""离,丽也",都从音立训,也属同一类。又有用同义字来作讲解的,如《易经·杂卦》说"恒,久也""节,止也""解,缓也""蹇,难也"。这些都是字的常用义。有些字所代表的概念比较难懂,或别有专指,就采用语句加以说明,如《易经·系辞下》说:"幾者动之微,吉凶之先见者也。"《说卦》说:"神也者,妙万物而为言者也。"《孟子·梁惠王下》说:"老而无妻曰鳏,老而无夫曰寡,老而无子曰独,幼而无父曰孤。"——分别说明,力求明确,免有疑惑。在战国时代,"名家"是一时的显学,辨析名实,尤为精密,如《墨子·经上》说:"平,同高也。""中,同长也。""圜,一中同长也。""信,言合于意也。""间,不及旁也。""盈,莫不有也。""梦,卧而以为然也。"这些可以说近似科学的定义了。

周代自平王东迁雒邑以后,王室的势力日趋衰弱,诸侯争霸,战争频繁,人民转徙不安,语言也随之有了很大的变化。北方黄河流域有了区域共同语,凡是古语或方言为人所不能理解的就要用当时通行的语言即所谓雅言来解释。《论语·述而》说:"子所雅言,《诗》《书》、执礼皆雅言也。""雅言"就是"中夏"之言。《孟子·梁惠王下》解释齐景公时命太师作乐,诗云"畜君何尤"一句说:"畜君者,好君也。"又《滕文公下》解《书经·大禹谟》"洚水警余"句说:"洚水者,洪水也。"又《左传·宣公四年》说:"楚人谓乳,谷;谓虎,於菟。"这些又是以通语解释方言的例子。由以上所说可以充分理解训诂之兴在春秋战国时代。

训诂所以在春秋战国时代兴起,约有4种原因:①语言有发展,古今语有不同和方言有不同;②书面语用词与当时口语用词有不同;③社会不断发展,名物繁多,一词多义的现象比较普遍;④对用词表达思想的作用的理解和认识有了提高,逻辑思维日趋严密。因为有了以上几种原因,所以训诂在春秋战国时代就有了很好的开端。

（1）两汉的训诂书与经传的注释　　汉代是训诂学蓬勃发展的时期。由于秦末社会的动荡，语言起了很大变化，先秦古籍多凭口耳传授，用隶书写出，世称为"今文经"。而从汉武帝以后前代的古文经出现日多，其中多古字古义，不尽为人所识，因此就有训诂学家为之注释。但在西汉时期，今文经盛行时，注释五经的人已经很多。以《诗经》而论，就有齐、鲁、韩三家，文字颇有不同。其他各经也有章句训释之类。汉代的训诂学就是依靠经学而发展起来的，而且汉代已有专门解释词语的训诂书，主要的训诂书有《尔雅》《方言》《说文解字》《释名》4 种。这 4 种书各有特点，是中国训诂学的基石。

《尔雅》是由古代流传下来的最早的一部训诂书，无作者主名，从内容看应当是战国至秦汉之间经学家和小学家迭相增益而成的。旧说是周公所作，或说是孔子门人所作，都不足信。《汉书·艺文志》著录为 3 卷 20 篇，今存 19 篇。书中《释诂》《释言》《释训》3 篇是解释名物以外的语词，其余 16 篇是解释各种事物名称的，如亲属、宫室、器物、山川、草木、虫鱼、鸟兽之类。书中所释的词语主要是出自经传古籍。"尔"是近的意思，"雅"是正的意思，"尔雅"就是言辞近于雅正的意思。书中有的以汉代的今语释古语，有的以雅言释方言，有的以俗语释雅言。《释诂》《释言》《释训》3 篇主要是类聚一般意义相同或相近的词语用一个通用词作解释，如《释诂》："初、哉、首、基、肇、祖、元、胎、俶、落、权舆，始也。"其他各篇主要是类聚同类事物的名称分别解释，有古今称名不同的，有异名同实的，有同名异实的，用单词不能解释的，就用一句两句话作解释。品物多方，训解的方法也有不同。这是汉代早期一部训诂的总汇，成为后代解词释义的重要根据。汉代的训诂学也就由此开始发展起来（见"《尔雅》"）。

《尔雅》之后，西汉末扬雄作《方言》，东汉和帝时许慎作《说文解字》，东汉末刘熙作《释名》，都是极为重要的著作。

《方言》的全称是《輶轩使者绝代语释别国方言》，其中有绝代语释和别国方言。《隋书·经籍志》题为《方言》。扬雄，蜀郡成都人。汉成帝时到长安为郎，他由从四方来到长安的孝廉、卫卒的口里调查殊方异语，条列排比，整理成书。原书为 15 卷，今存 13 篇。这是专门解释方言语词的一部著作，所解释的语词有的是古代的方言，有的是当时不同区域的方言，把意义相近的列为一条，用当时通用的同义词作解释，并分别说明不同语词所通行的地区。这不仅是一部重要的训诂书，而且也是研究中国古代方言的一部重要著作，在中国语言学史上有很高的价值(见"《方言》")。

继《尔雅》《方言》之后出现的《说文解字》为东汉和帝时许慎所作,这是中国最早的一部按照字形偏旁分部编排的字典,虽是一部字书,也是一部训诂书。许慎是贾逵(30—101)的学生,精通五经,既通今文经,也通古文经。他在《说文解字》里利用不同方式解说字义,有根据字形的构造说明造字的本义的,如"理",治玉也;"忘",不识也;"鬑",面毛也;"突",犬从穴中暂出也;"炙",炮肉也。有根据古训以说明常用的词义的,如"慈",爱也;"劲",彊也;"辟",法也。其中有许多是字的古义,如"沫",洒面也;"浴",洒身也;"澡",洒手也;"洗",洒足也;"颂",貌也(同"容");"翁",颈毛也;"奭",盛也;"爰",行貌;"澒",丹砂所化为水银也(即"汞")。书中也有从声音上来作解释的,如"诗",志也;"尾",微也;"马",怒也,武也;"夜",舍也,天下休舍也;"晋",进也,日出万物进也。还有从字的声旁说词义的,如"斐",分别文也;"贫",财分少也。又有根据方言为训的,如"夥",齐谓多为夥;"眮",吴楚谓瞋目顾视曰眮。《说文》解释一个字从形音义三方面着想,立意精深,对后代的字书、训诂书影响极大(见"《说文解字》")。

《释名》又是另外一种训诂书,作者刘熙专从词的声音上推求事物所以得名的由来,用同音或声韵相近的语词作解释。这种方法训诂学上称之为"声训",或称之为"音训"。声训本起于战国末,西汉时今文经家多从声音上解说字义,刘熙是要从语言出发来研究事物命名所以之故,跟今文经家不同。他是有意识地要把语音和语义联系起来,就音以求义,例如《释名·释天》说:"天,豫司兖冀以舌腹言之,天,显也,在上高显也;青徐以舌头言之,天,坦也,坦然高而远也。"虽然不免有主观唯心成分,但是从声音上推求各种事物名称的取义,类似寻求语源,对训诂学的发展有一定的影响(见"《释名》")。

汉代的训诂书还有《小尔雅》《通俗文》。总起来说,各种解释词义的方法在汉代已经具备。最著名的训诂学家大部分都是古文经家。东汉时期古文经盛行,如贾逵、马融(79—166)、服虔、郑玄都先后注解经传。郑玄,兼通今古文经,所注最多。他能就其原文,字之声类,考训诂,捃秘逸,以发疑正读,成为"汉学"的正宗,与许慎并称为"许郑"。

(2)魏晋南北朝训诂义疏之学 在魏晋时期,张揖和郭璞是最著名的训诂学家。张揖是三国时魏明帝太和年间的博士,他搜罗汉代以前古书的词语和相传的古训纂集为《广雅》一书,体例完全依照《尔雅》,而补充《尔雅》所不备,所以名为《广雅》。张揖又作《古今字诂》和《难字》,见于《隋书·经籍志》,今已失传。郭璞是东晋河东人,为弘农太守著作郎,博学多识,精通训诂,所作古书注释最重要的有《尔雅注》和《方言注》。《尔雅》在汉代已有好几家注本,郭璞别为新注,超越前人所作,他既能以今语释古语,又能以方言释雅言,诠释品物的形貌,以及其功用等尤为明晰(见"《尔雅》")。他所作的《方言注》能贯通古今,以晋代方言解释古代方言,并且联系语音,提出音有通转,为训诂研究增添了新的方法。

魏晋南北朝时期社会动荡,人民播迁流转,语言起了很大变化,古书词义艰深,不易理解,于是注释古书的风气日盛。魏晋时期,不仅《易》《书》《诗》《左传》《穀梁》《论语》等儒家经典有注,其他古书如《史记》《汉书》《老子》《庄子》以及辞赋之类也有人注释,训诂之学得以不致废坠。其中精义颇多,不无可取。自宋齐以后,兼释经注的义疏体出现,如梁代国子助教皇侃著有《礼记义疏》《论语义疏》。义疏的兴起可能是受了佛教经典有"讲疏"的影响。

魏晋以后除经传有注释外,字书和辞书都多起来。字书和辞书之增多与语言词汇的范围扩大、文字的增多和一词多义有直接的关系。晋代有任城吕忱作《字林》7卷,仿照《说文解字》而有所增益。宋代何承天有《纂文》3卷,北魏杨承庆有《字统》21卷。梁代阮孝绪有《文字集略》6卷,顾野王有《玉篇》30卷。现在所存只有唐人增字本宋修《大广益会玉篇》,顾野王原书只有5卷残卷,其他各书清人都有辑佚本。

(3)隋唐时期的训诂学 隋唐时期承接魏晋南北朝注释古书的风气纂著更多。隋代陆善经有《昭明文选注》,唐代李善也有《文选注》。孔颖达(574—648)奉诏作《五经正义》,包括《毛诗》《尚书》《周易》《礼记》《春秋左氏传》。同时又有贾公彦作《周礼注疏》,徐彦作《春秋公羊传注疏》,杨士勋作《春秋穀梁传注疏》。这些书都是参照前代已有的注释而有所抉择。李善书除解释文词字义外,并注明字音和字的通借,对文句的出典尤为注意,成为一种注释的体式。孔颖达的《五经正义》不仅解释经文,而且解释注文,对语言中的虚词和文法也有不少的解说,这是以前古书注释中少见的。

在经部、集部以外,子部、史部书籍也有注释,如杨倞有《荀子注》,成玄英有《南华真经义疏》,司马贞有《史记索隐》,张守节有《史记正义》,颜师古有《汉书注》,章怀太子李贤有《后汉书注》,这都代表了一时的风气。虽然是随文释义,但是也汇集了许多前代的训诂资料。

隋唐时期,韵书盛行,可是字书也不少,如隋代诸葛颖的《桂苑珠丛》100卷,唐武则天的《字海》100卷,唐玄宗的《开元文字音义》30卷,卷帙都极繁富,应有可观。可惜久已亡佚无存。但就前代书中所引到的材料来看,解词释义已改变旧观,由笼统而趋向于清晰,同时也由只记书面常训进一步注出当时口语使用的意义。这确是一种新的改变。就解词的范围而论,既有专门解释双音词的书(如《兼名苑》),又有专门解释日常应用的口语词的书。现在还能见到的有出自敦煌石窟的《字宝碎金》和《俗务要名林》,都是极珍贵的材料。

唐代在字书、韵书以外还有一类音义书。音义书一类始自魏晋,主要为经部书注音。到陆德明纂集前代各家所作书音(经书外,包括《老子》《庄子》《孝经》《论语》《尔雅》)为《经典释文》30卷,注音之外,有时涉及字义。到北齐时曾有沙门为佛典作音义。后至唐代高宗时释玄应作《大唐众经音义》(通称《一切经音义》),唐宪宗时释慧琳又根据玄应书扩充,作《一切经音义》。这两部书都仿照《经典释文》的体例,就原本经文摘字为训,所采古代训诂资料极多,而且有所辨析,在传统小学书中独为一类,对研究前代训诂极为有益,所以随着藏经一直流传下来。清代学者从中辑录出许多训诂材料。

(4)宋元明时代的字义研究 宋代承接五代时期研究古文奇字的风气,学者对大量出土的钟鼎彝器广事搜罗,扩大了眼界,学术思想也因之大为解放。在经学方面已不完全斤斤墨守古人的成说,而别创新义,如欧阳修的《诗本义》、王质的《诗总闻》都是如此。在解说文字方面则出现了王安石(1021—1086)的《字说》。王安石《字说》把形声字都说成是会意字,"六书"缺而为五,如谓"与邑交"为"郊","同田"为"富","讼者言冤于公"之类,完全出于主观臆断,虽行于一时,终不免为人所弃置不顾。

但同时有另一学者王子韶,他倡"右文说",认为形声字的声符不仅表音,而且表义,凡谐声声符相同的字大都有一个共同的基本意义,如"戋"是小的意思,水之小者曰"浅",金之小者曰"钱",贝之小者曰"贱",如此之类,都以"戋"为义。汉字的形声字一般是形旁在左,用以表义,声旁在右,用以表音,所以称声旁为右文。王子韶,字圣美,浙右人,有《字解》20卷,失传。他所创声旁有义的学说对后代的训诂家提出因声求义的方法有很大的启发。

宋代研究《尔雅》的有邢昺(932—1012)、郑樵两家。邢昺有《尔雅疏》,补郭璞注所未详;郑樵有《尔雅注》,引旧书以证郭;都各有发明。在南宋期间,朱熹(1130—1200)是重视训诂的人,他著有《周易本义》《诗集传》《四书章句集注》《楚辞集注》等书。既采用前代旧注的优点,而又参酌新解;解经说字能运用到钟鼎彝器的铭文,见于《诗·大雅、行苇、既醉、江汉》诸篇,这是以前所少见的。

在宋代以前,学者对古今音异是比较模糊的。到南宋时期才开始注意到古韵问题,吴棫作《韵补》,从古代的韵文材料中考察古人分韵与《广韵》的异同,项安世的《项氏家说》也提出"诗韵"与后代音不同。郑庠又作《古音辨》,讨论《诗经》分韵的大类。这是清代学者研究古韵的先导。对研究词义有一定的帮助。

元代在字学上承接南宋时期的六书之学,并不注意研究训诂,所以在训诂方面除有两三种经传注释外,没有什么突出的表现。

明代学术不振,受宋代性理之学的影响,游谈无根。训诂书籍有万历时朱谋㙔所作的《骈雅》,类聚古书中义近的双音词,按《尔雅》体例分类,每条予以解释,所以称为《骈雅》。这是一部属于雅学的书。在万历以后研究古学的风气日盛,如江宁焦竑(1541—1620)、成都杨慎(1488—1559)、桐城方以智(1579—1671)等人都有著述阐发字义。方以智的《通雅》,根据古代的语言材料说明音义相通之理,兼论方言俗语,创见极多,对清代的学者有不少启示。

(5)清代训诂学理论的建立　清代学者受晚明焦竑、杨慎等人提倡古学的影响,极力推崇汉代的经学和小学,重考据,求实证,不尚空谈性理之学。到乾嘉时代"汉学"大为昌盛,为经书、子书作注解的人很多。要解释经传就不能不研究文字、音韵、训诂,因此语言文字之学盛极一时,《说文》《尔雅》成为人所必读之书。研究《说文》《尔雅》的重要著作都多至数十种,或刊正文字,或发明古训,各有述造。其他如《方言》《释名》《小尔雅》《广雅》等书也有人为之疏通证明。训诂之学有了极大的成就,著名的训诂学家指不胜数。

清代训诂学的发展跟古音学的成就有密切的关系。自清初顾炎武作《音学五书》,根据《易经》《诗经》等书的韵字开始把古韵分为十部起,经过江永(1681—1762)、段玉裁、王念孙、孔广森(1752—1786)、江有诰等人的研究,逐渐加详,发展为二十二部,同时戴震又提出韵类通转的学说。在声母方面,钱大昕又提出声转的说法,而且发明轻唇音古读重唇音,舌头音、正齿音古归舌头。这些都成为研究先秦古籍和探讨字义的根据。

在理论方面,清代学者在训诂学方面最大的贡献是沟通语言与文字的关系,提出研究文字和字义必须理解声音,不理解声音就无以解决从文字形体上所不能解决的问题,甚至有时会陷于迷惘而不知所措。因为语言是用声音来表达意义的,文字只是记录语音的符号,所以必须了解文字的声音,从声音去探求意义。戴震说(《六书音均表序》):"训诂音声相为表里。"这是很重要的见解。后来王念孙在《广雅疏证·序》里说:"窃以诂训之旨,本于声音。故有声同字异、声近义同,虽或类聚群分,实亦同条共贯。"段玉裁为王念孙《广雅疏证》作序,也说:"圣人之制字有义而后有音,有音而后有形。学者之考字,因形以得其音,因音以得其义。治经莫重于得义,得义莫切于得音。"这些话十分精辟,成为清代学者研究训诂的准绳,从而建立了许多推考字义的理论和方法,把零散的知识贯串起来,使训诂学在中国语言学科中成为有系统、有理论、有严谨方法的一门学问。

　　清人研究训诂的目的,从实用的意义来说,首先是要解释经传和其他隋唐以前的古书。他们应用的方法主要有以下几种:

　　①从声音上推求文字的假借。古书之所以难读,一是由于有古字古义,二是由于文字上有假借。古字古义当考之《尔雅》《说文》和其他前代书中的诂训,文字上的假借当求其本字。王念孙说(王引之《经义述闻序》):"诂训之旨,存乎声音,字之声同声近者,经传往往假借。学者以声求义,破其假借之字,而读以本字,则涣然冰释。"那么,假借与本字的关系首先是音同或音近。段玉裁指出(《六书音均表》"古假借必同部说"):"假借必取诸同部。"所谓同部就是属于古韵的同一部。因此,凭借古韵的知识,按照文字上的音同或音近的关系,再参之以文义来推求本字,就可以解决许多古书中难解的文句和古人所加的训诂上的问题。这是清人研究训诂方面的一大发现。

　　②确定字的本义,根据本义以说明引申义。清人认识到音有古今之异,同时也认识到词义有古义,有今义;有本义,有引申义,如"曾"作为虚词用,古义同于"乃",后世用为曾经的意思。"仅"唐以前作约近于的意思用,后世用为但的意思。这就是古义与今义之分。又如"荟",《说文》解为"草多貌",引申为凡物荟萃之义(《说文》段注)。"过",《说文》训"度也",引申为有过之过(段注)。这就是本义与引申义的关系。汉语词汇中一词多义是常见的现象,段玉裁说(《经韵楼集》卷一"济盈不濡轨"条):"凡字有本义焉,有引申假借之余义焉。守其本义,而弃其余义者,其失也固;习其余义,而忘其本义者,其失也蔽。蔽与固皆不可以治经。"他以历史发展的眼光说明词义的发展,对辨析字义极为重要。

③比证文句以考定词义。采用古书中相同的文句互相比证以考定词义，宋代人已经这样做了。在清代尤其重视这种方法，段玉裁注《说文》，刘台拱作《论语骈枝》，都能从实证出发解释古训。王念孙、王引之父子尤其善于利用古书的资料，解决从来没有人解决的问题，例如解《诗经》"终风且暴"为"既风且暴"；解"邦之司直"为"主正人过"（《经义述闻》卷五），都是颠扑不破的。王念孙的《读书杂志》，胜义环生，尤为人所称道。王引之作《经传释词》，专门解释古书的虚词，综合各种古书中的用例参互比证，而得其确解，对研究古代文献有极大的帮助。他的书已经联系到语法的范畴了。后来又有人作了补充。

④因声以求义。研究字义从声音上来考察，在清代以前虽然也有人注意到，如南唐徐锴的《说文解字系传》、宋代王子韶的《字解》、元代戴侗的《六书故》、明代方以智的《通雅》等，但都不曾进行全面有系统的研究，也没有能总结出具体的规律来。其主要原因在于缺乏古音的知识，清人有了先秦古音的知识，在前人成说的启发下进一步提出因声求义的原理，把形、音、义统一起来，因形以知音，由音以求义，为训诂的研究开辟了新的科学的途径。

段玉裁注《说文解字》首先提出"声与义同原，故谐声之偏旁多与字义相近"（示部"禛"字注），进一步又说"凡同声多同义"（言部"誓"字注），如从"农"声的字有厚重义，如"浓、酞、脓"，从"辰"声的字多有动义，如"振、震、唇"。当然这不是绝对的。同从一个声符的字不一定只有一义，而不同声符音同或音近的也可以有同义的关系。段氏指出有这类现象，这就比前人的右文说有了新的认识。王念孙作《广雅疏证》，就古音以求古义，而又把古书中有关的声近义通的字都联系起来解释，"引申触类，不限形体"，着重从语言的角度说明其间的音义相通和声音相转的关系。这种作法接近于词族的研究，是前所未有的。王念孙又作《释大》一篇，从声母方面观察声母相同而意义也相近的现象，又是一种新的尝试。与王氏同时的程瑶田作《果蓏转语记》，指出凡物的形状、作用相同或相似的往往用声母相同的词来称谓，但字形不必相同。这又把声近义近的道理阐发无遗了。清代的训诂学到王氏父子已发展到了一个崭新的阶段，研究的范围不仅是单音词，也注意到双音词；不仅研究实词，还研究虚词，初步进入了语法的范畴，对古书的解释提出许多新的见解，贡献极大。

清人对于训诂的研究所应用的方法主要是以上几种。他们除了注释古书和疏证古代训诂著作以外，还研究一些古代的钟鼎彝器款识，探讨一些文字的古义,并且做一些古代训诂音义的辑佚工作,如黄奭的《汉学堂丛书》、马国翰的《玉函山房辑佚书》、任大椿的《小学钩沉》、顾震福的《小学钩沉续编》等都是一些资料书。另外,清人还编纂了不少训诂书,如吴玉搢(1698—1773)的《别雅》、史梦兰(1813—1898)的《叠雅》、夏燮的《拾雅》、洪亮吉(1746—1809)的《比雅》等书。阮元还主编了一部《经籍籑诂》,把古书中所见的每字的训释都编录在一起,检一字,而众义俱在,是一部训诂资料的总汇,极为有用的工具书。在历代书籍当中还有很多方言的记载资料,也有人搜集编录,如杭世骏(1696—1773)有《续方言》2卷,程际盛又有《续方言补正》1卷。程先甲又有《广续方言》。其他方言、俗语也有人集录,如钱大昕有《恒言录》,胡文英有《吴下方言考》,毛奇龄(1623—1716)有《越语肯綮录》,翟灏(1736—1788)有《通俗编》等等,为研究古今方言俗语提供了方便。

清代人研究训诂的成绩是大的,但也不无缺点,主要的缺点有两方面:一是在段玉裁以后有些学者墨守《说文》,以为《说文》的字都是本字,《说文》的训解都是本义,一词一语都要到《说文》去寻本字,执碍而难通。不知《说文》9353字中有古字,也有汉代后起的增益偏旁的字,具有前后不同的产生层次,不能作为平面的看待;其训解以通用义为多,也并非都是本字本义,甲骨文、金文的佐证很多。二是讲解训诂,声转无方,凡言"语转、一声之转"之类未必合于先秦古音,滥用通转之说,所言多误,如钱绎《方言笺疏》之类,足为先戒。

(6)近代以来训诂学的发展 20世纪之初到现代研究训诂的学者继承清代学者研究的成果,吸收了外国的一些早期的语言学的知识,开展了一些新的研究工作。主要有以下几方面:

①字原和语根的探求。章炳麟作《文始》,取《说文》中的510个独体字和半独体字作为"初文"和"准初文",推求由同一"初文"而繁衍出来的音义相关的语词。凡音义皆近,叫作孳乳;音近义通,叫作变易。目的在求"语源",求语词之间的亲属关系。但可惜没有脱离文字形体的束缚,所求不是"语源",结果是文字之原,他用的方法是演绎法,而不是归纳法;在声音的通转上又以他所定的成均图为根据,有些也失之勉强。

其后,沈兼士作《右文说在训诂学上之沿革及其推阐》,主张以形声字为出发点,用归纳的方法研究形声字同一声符所表现的基本意义。但同一个声符所表现的意义不一定就是一个,也当有所区别。形声字的声符,凡音义相同或相近的可以构成一个词族,由此再联系音韵,借重古音的知识(包括声母韵母),

以求其语根。以实际证据为主,不以主观想象为断,其结果必较可信。这种理论无疑问是正确的。就研究的方法来说,把语言文字作为一个有系统的整体来研究,溯源探委,具有创新的精神,大为学者所重视。他后来所主编的《广韵声系》就是为从事这项研究工作的张本。

②研究同源字。同源字是音近义同和义近音同的字,合在一起可以定出是同出一源。类聚同源字的意思也是在寻求语源。同源字的研究,其实就是语源的研究。同源字大都是同义词,或意义相关的词。在原始的时候本来是一个词,代表某一基本概念,后来语音分化为两个以上的读音,才产生细微的意义差别。但是同义词不都是同源字,要以声音是否相近为定。王力在这方面作了深入细致的研究,根据古代的训诂资料,探微索隐,编成《同源字典》一书,以韵部为纲,声纽为目,条理秩如,是研究汉语词义学的一部新著。

③虚词的研究。近代因为语法学的兴起,虚词的研究有了新的发展。最明显的改变是研究虚词的人对虚词的词类和用法都有比较清晰的说明。杨树达曾根据《马氏文通》作《高等国文法》,后来就以《高等国文法》为基础,参照王引之《经传释词》,作《词诠》一书,专门解说虚词。其后裴学海又作《古书虚字集释》,集录前人所说,并加以补正,与《词诠》相得益彰。吕叔湘有《文言虚字》一书,简明赅要,是学习古代文言文的一本重要的参考书。

④根据出土的古铜器铭文考订古书的训释。先秦的古书都以篆书古文书写,到汉代经过传写,后来又转写为隶书,文字讹变已多,汉代以来的解释往往有误。现代可以借助商周铜器铭文解决一些前代义训中的症结问题。王国维首先以铜器铭文解释《诗》《书》中的常用词语(《观堂集林》卷二《与友人论〈诗〉〈书〉中成语书》),别开生面。后来一些古文字学家继踵而起,创获更多。在这方面成就最多的是于省吾,他平生所最服膺的是王念孙,所以他所著的书都重实证,不为凿空之论,如《尚书新证》《诗经新证》《楚辞新证》等书驳正前人误解的地方极多,为利用古文字资料刊正古书创立出一种新的门径。

⑤研究的范围扩展到唐宋以后语词的考释。清代学者对一些通常在书面上见到的口语词已经有所集录,大都是随笔札记,略明出处,而解释不多。近代以来,罗振玉虽有《俗说》一书,稍补前人著述所不备,但仍属札记性质,还不能说是训诂的研究。惟到张相作《诗词曲语辞汇释》一书才开始作唐以后诗词曲语词的研究。诗词曲中很多习用的不容易懂的口语词在字书和词书中都没有解释,张相一一举例,比证详考,作出解释,是一种新的成就。同类的著作还有

陆澹安的《小说词语汇释》《戏曲词语汇释》和蒋礼鸿的《敦煌变文字义通释》,都有很精到的解释,为阅读唐以后的文学作品提供了参考。

3.训诂研究的展望　中国传统的训诂学肇始于先秦春秋战国时代。训诂之所以兴,最根本的原因是由于语言随着社会的发展而有变化。古的语词,后人不懂,就要有解释;方言有歧异,或语词在表义的内涵上赋予了新义,也须要有解释,所以就产生训诂。

从训诂学发展的历史来看,训诂学的兴盛,两汉是一个高峰,清代是一个高峰。两汉学者的训诂著作和经传的注释为训诂学的全面发展奠定了基础,两汉训诂学的兴盛跟语言变化的加剧和古文经的传布有极大的关系。清代的训诂学有理论,有方法,发展为一门语言学科,跟经学、史学的考证和古音学等的成就有密切的关系。近代以来,学者受语言学、语法学的影响在理论和研究方法以及研究的范围上都有了新的建树,改变了旧日墨守古训、拘牵文字形体和重古略今的风习,开创了新的途径。

研究训诂对解释古书、了解古代的科学文化和考证语言发展的历史以及校勘古书、编写字典辞书都有重大的作用。今后的训诂学从理论上和实用上都会向建立有科学体系的汉语语义学的方向发展。理论的开拓将给词汇学和词典学提供科学的根据。具体的工作,首先是总结前人的成果,吸取前人研究的经验和外国语义研究方面的理论,联系古今,旁及方言,分别层序,研究词义发展的各种现象,并寻出一般的规律,给语文教学和编纂词典以帮助。还有根据古今不同时代的语音系统,从音与义的关联上从事词与词之间的关系的研究,进一步发展为全面的词族的研究,这项工作的完成将为汉语发展史增添新的重要内容。

汉字

汉族人民从古以来一直用以记录汉语、交流思想的工具,是汉族祖先在生产劳动和生活实践中创造出来的。从出土的远古时代的文物来考查,汉字在公元前 3000 年以前新石器时代就早已产生了。汉字是一种音节文字,一个字代表语言里的一个音节。汉语是以单音节语素为主的,所以汉字正适应于记录汉语。每一个字都有一定的音义。在字形的结构上以一半表意、一半表音的形声字为最多,占汉字的 80% 以上。汉字本身有一定的严谨的结构规律,自有其完整的系统性。在中国几千年社会发展的进程中汉字对团结汉族人民、发展全民族的经济文化、巩固国家的统一、对外传播文化等都起了极其重大的作用。尽管汉语方言比较分歧,可是用汉字写下的书面语言,南北各地的人都能看得懂,虽然古今语音有很大的变化,但是商周的古文和由秦汉传下来的古书现在仍然能读得懂。这不是其他民族的文字所能相比的。

汉字随着汉语的发展,在不同的历史时期都出现一些新字,文字日益增多,字书所收盈千累万,其中有很多古老的废字和异体字。实际上我们现在经常使用的汉字约在六七千之数,见于古书中流传下来的字也不过一万五千字,所以不用的字就要废除掉。中国文字改革委员会(现名国家语言文字工作委员会)对异体字和印刷用字都做了精细的整理工作,以便于文字的使用趋向现代规范化,汉字对发展中国的文化事业和进行国际文化交流都将起更大的作用。

1.汉字的产生　汉字有极悠久的历史,在战国时期曾经传说文字是黄帝史官仓颉所造。一说仓颉是古帝王。这种传说只是传说而已,本不足信。因为文字绝对不是一个人所能独创,而是在社会文化发展到一定阶段,须要有文字记事的时候,人们在集体生产劳动过程中经过观察自然的事物,并根据所要表达的思想内容而创制出来的。然后又一步一步使之完善起来,成为记录语言的工具。汉字有繁富的体系,非经过很长的时间是不能创制成功的。

汉字开始产生的时间,还难以确实断定。今天所能见到的最古的文字是商代刻在甲骨上和铸在青铜器上的文字。商代的文字已经是很发达的文字了,最初产生文字的时代必然远在商代以前,那就是夏代或更早于夏代,距今当在四五千年以上,应当在新石器时代。

商代是奴隶社会时代,已经有宫室城郭,有农业,还有制陶、冶炼等手工业。

商王好占卜,凡是祭祀、征伐、田猎、农事等都要占卜,占卜所用的东西主要是龟腹甲,有时也用牛肩胛骨。占卜的文辞就刻在龟甲兽骨上。商代占卜的甲骨是于清光绪二十五年(1899)在河南安阳西北五里小屯村发现的。这个地方是殷商的旧墟。从1928年以后又经过几次发掘,前后所得甲骨在10万片以上,其中绝大部分是商朝后半期盘庚自奄迁于殷以后的东西,约在公元前13—前11世纪,在甲骨上所刻的文字我们称之为甲骨文。甲骨文字的发现使我们对于汉字产生的最初情况有了明确的认识。

甲骨刻辞大部分是贞问之辞,也有一部分是记事的。现在能认识的字有2000多个,还有些字我们还不认识。从已经认识的字来看,很明显汉字是从图画发展而来的。由图画而变为笔画简单的文字,再由笔画简单的文字进一步创制大量的新的文字。

甲骨文已经是很发达的文字了,但在甲骨文里图画式的文字还很多,凡是实物有形可画的大都用图形来表示,例如:

| 人 | 大 | 女 | 又 | 目 | 耳 | 口 | 齿 | 日 | 月 | 草 | 木 |

| 水 | 戈 | 户 | 门 | 牛 | 羊 | 犬 | 豕 | 马 | 鹿 | 弓 | 矢 |

以上这些字所表示的都是有形可画的实物。在文字学上称这类字为象形字。这类字虽然接近于图画,但是已经成为一种代表语词的文字,笔画采用线条式,只要能把事物形象的特征表现出来使人一看就能明白是什么字就行了,并不须要像图画那样复杂,如牛、羊的犄角有不同是很容易分辨的。另外,有些字如"马、豕"之类,横写占的地位太大,所以改为竖写,这说明甲骨文字已经脱离了图画阶段,演变成为真正记载语言的文字了。

语言里的词并非都有具体的形象可画的,如数词,在甲骨文里就用线条来表示:

| 一 | 二 | 三 | 四 | 五 | 六 | 七 | 八 | 九 | 十 |

有些事物没有实际的外形可做为表象,而在甲骨文里也想方设法用图形来表示,例如:

| 上 | 下 | 彡 | 彭 | 晕 | 皀 |

这些字都是一种表意文字,用点画来表示所要指出的意思。上和下无形可象,而用"一"在"〜〜"的上下来表示事物所处的方位。彡就是《尚书》"高宗彤日"的"彤"。古人称祭而又祭曰彡。甲骨文的彡字即表示连续不断的意思。"彭"字左边是鼓,右边的几画表示的是鼓的声音。"晕"字在日的四周画上几画表示日周围的光圈。"皀"字《说文》解释为"谷之馨香也",甲骨文𣁋为食器,上面的几点表示食物上的香气。像这类的表意文字在文字学上称为指事字。

在语言里除事物的名词用图形来表示以外,属于行为动作的词在甲骨文里也利用图画来表示,例如:

𣥑 出,从止从凵,表示足由凵走出。

步，从两止，表示两足向前进。

陟，从阜从步，表示两足登山。

降，从阜从夅，表示两足由高下降。

堕，从阜从倒人，表示一人由山阜下堕。

立，从大从一，表示人立于地。

至，从矢从一，表示矢至于地。

聑，从耳从口，表示耳有所听。

折，从斤从，表示以斤断木。

隻（獲），从又从隹，表示手获一隹。

㝵（得），从又从贝，表示得贝。

为，从又从象，表示牵象。

驭，从又从马，表示御马。

牧，从攴从牛，表示牧牛。

伐，从戈从人，表示以戈伐人。

这些字都是用绘画的形式把两个形体组合在一起的表意文字，在文字学上称为会意字。

以上所举出的字有象形字、指事字、会意字，都是用图形来表示的。后来字形变成篆文、隶书，又变为楷书，始终没有改掉原来图形的基础，也就没有改变为拼音文字了。

2.汉字形体的演变　现在我们日常手写的规规矩矩的汉字字体称为楷书，或称为正楷。楷书是从公元3—4世纪魏晋时代开始形成的一种字体。魏晋以前，从殷商到秦汉，汉字的写法有过很大的变迁，汉字形体的变迁主要可以分为三个大的阶段：

（1）商周的古文字到秦代的小篆　商代的文字见之于卜辞和铜器铭文的已经不是图画，而是一种笔画简单的记录语言的符号了。但是很多文字在表形表意上还离图画的形式不太远，例如：

隹　齿　興　星　竝　逐　男

这里"隹、齿"二字都是象形字，"兴(興)"像四只手共举，"星"像人企立远望，"並(竝)"像二人并立，"逐"像人逐豕，"男"像以耒耜在田耕作。

到了周代，铜器上的文字在写法上跟甲骨文还很接近，只是在笔画上或有改变，例如：

到了春秋战国之间，书写工具有了竹简和丝帛，文字可以用笔来写，不用契刻和陶铸了，因而使用日广。这时，列国的文字各有地方特色，不完全一致。秦人承继了西周的文字，笔画趋于繁复，如秦刻石(通称石鼓)，即所谓大篆；而东方诸国的文字又趋于简易，改变比较多。秦灭六国以后，建立了统一的王朝，李斯倡议进行统一文字，罢其不与秦文合者，于是有小篆。小篆对大篆而言，形体比大篆简单，结构比金文整齐，写法有一定的规范，而且同从一个偏旁的字，偏旁的写法和地位也都有一定，因而文字走向系统化，例如从女旁的字在金文里大都写在右边，有时写在左边，在小篆里则一律改写在左边。从言字边的字，在金文里有的写在左边，有的写在右边，如"许"字、"谏"字，在小篆里一律也改写在左边。又如在金文里从彳又从止的字，彳写在左边，止写在右下边，在小篆里就一律合写在左边，作"辵"。秦朝统一文字在汉字发展的历史进程中是一大进步。小篆是由商周文字发展而成的，小篆以前是一个大的阶段。

(2)秦汉的隶书   隶书是由简略的篆书逐渐发展而成的。战国时代的兵器文字已趋简捷，相传秦代开始有了与篆书接近的隶书，隶书在民间使用。到了汉代，隶书不断发展，由接近篆书而改变篆书，成为日常应用的字体了。隶书不同于篆书的地方很多，主要表现在三方面：①笔画简化，如言字边、辵字边、阜字边之类。②结体改变，如"晋、秦、曹、春"的上边一部分都不同于篆书。③变篆书的圆笔为直笔或方笔，如"月、木、文、六、女、大、甲、有、以"等都是。

隶书的出现是汉字由繁复变简单的一大发展。隶书解散了篆体，使文字完全脱掉了图画的性质，成为便于书写的符号，文字也就走向大众化的方向，在社会生活中发挥着更大的作用。从东汉时起，纸已经大量生产，书写文字也更加方便，因此隶书的笔势带有波折，在体势上与篆书不大相同，东汉时期有不少的书法家善于楷隶。

在汉代隶书开始发展的时期，又有了草书。草书是草率的隶书，汉魏时通行的是章草。汉末又有了由楷隶简化的行书,东晋时又有了今草。足见文字为便于实用,不断有新体出现。但草书只求整个形体与隶书相似,不容易认,行书又偏于草率,所以楷法为人所重。

(3)魏晋以后的正楷 "楷"是有规矩的意思。从汉代有楷隶以后,到魏晋时代就有了正书。正书也称为真书。这种字体比楷隶又有了不同,波势减少,笔画也趋于平易圆转,所以从唐代以后一直成为手写的字体。

总之,汉字的形体演变从商周古文字到小篆是一期,由小篆发展为隶书是一期,由隶书发展为正书又是一期。总的趋向是由繁难变为简易。文字在使用上尽量求其易写,不再斤斤于表意了。

3.汉字的结构 汉字自古至今都是方块式的文字,有的是独体字,有的是合体字。独体字来源于图画式的象形字和指事字,合体字是以独体字为基础而构成的,包括会意字和形声字。在汉字总体内,独体字很少,合体字占90%以上,而合体字中又以形声字占绝对多数。

合体字是把两个已有的字组合在一起,组合的形式主要有两种:一种是左右排列的形式,另一种是上下组合的形式。形声字的结构是一半形旁,一半声旁,形旁表意,声旁表音。形旁和声旁所摆的位置则有六种不同的方式:

①左形右声,如:组、红、语、提、伍、校、忙、江、城、附、唱、鲤、舫、狗、炬、神、迷、距。

②左声右形,如:放、和、鸭、视、收、颈、翅、部、勃、额、剂、救、谿、钦、敲。

③上形下声,如:简、花、室、草、定、覆、炭、糜、冕、岑、星、露。

④上声下形,如:吾、常、裂、帛、含、盟、婆、斧、忽、摩、烹、费、翡、恭、贡、瞀、驾、忌、密、努。

⑤外形内声,如:匡、衷、痕、病、废、闱、弼、街、圃、匐。

⑥外声内形,如:闻、闷、辨、问、赢。

这些不同的写法,最初是为了书写的方便和形式的美观,以致形旁跟声旁的位置有不同,后来同从一个形旁的字就大都有一定的格式,例如:"亻、口、彳、氵、火、木、扌、土、犭、衤、纟、禾、米、虫、酉、足、玉、巾、礻、日"等形旁一般都在左边;"力、支、殳、见、刂、戈、页、欠、瓦、鸟、斤"等形旁都在右边;"宀、穴、艹、竹、雨"等形旁都在上边;"皿、子、心、灬(火)、黾"等形旁都在下边。这些不同的形旁在字形结构中所处的位置看起来仿佛复杂,实际上具有一定的规律,对认字和书写两方面都有很大的方便。这种结构的形式从秦汉时期的篆书发展为隶书就已经固定下来了。书写的笔顺也必然要从左到右,从上到下,从外到内,不能错乱。

4. 汉字与汉语的关系　　汉字是一种表意注音的音节文字,每一个汉字代表语言里的一个音节。在上古时代汉语有单音节词,也有双音节词,而以单音节词为主,一个汉字就是一个词。自汉代以后,双音节词逐渐加多,一直发展到现代,汉语就变为以双音节词和多音节词为主了。这样,语言里的词大多数须要用两个或两个以上的字来表示,字跟词的数目就不能相应,因此,一个字不一定就是一个词,它可能只是构成一个词的词素(或称语素),它只代表整个词的一个音节。

汉字虽然是音节文字,但是汉字本身不都能确切地表示语音。汉字中的象形字和表意字,如"山、水、首、目、大、文、京、方、走"之类,都是不表音的字。汉字的形声字,一半是形,一半是声,表声的部分跟字音相同的固然不少,可是也有很多不相同的,例如"词、资、堂、杜、汤、荡、欣、汗、都、循"之类,声旁跟字音只是韵母相同而声母不同;其他如"涤、灑、仍、特、雕、凝"之类,声旁跟字音就全不相同,很难看出应该怎样读。声旁也就失去了表音的作用。

声旁跟字音不相应,主要有两种原因:一种原因是古今音异,古代原来音是相同的,由于时代的变迁,语音有了改变,读音也就不一样了,如"铺"从甫声,"铺、甫"古音声同;"结"从吉声,"结、吉"古音韵同,今音就不一样。另一种原因是前人制字,声旁与字音本不相同,只取其相近,例如"浩"从告声、"聚"从取声、"暖"从爰声、"蔡"从祭声、"似"从以声、"枢"从区声、"喘"从嵩声之类都是。因此汉字中形声字尽管占大多数,而字形上所标识的声旁跟语音并不都相协合,表音的作用也就不显著了。汉字本身既不能明确表音,每个字就只能按照字典所注的读音来读了。

汉语的语词极为丰富,古代字少,一字多义,或一个字代表几个词,连带着都有一字多音的现象,例如"说"有 yuè、shuō、shuì 三个音,表示喜悦、说话、游说三个意思,喜悦的意思是一个词,说话、游说两者又各是一个词。"卒"有 zú、cù 两个音,zú 有兵卒的意思,又有终了、死亡的意思;cù 是猝然的意思,兵卒是一个词,终了、死亡是一个词,猝然又是一个词。"罷"字音 pí,又音 bà,pí 是疲敝的意思,bà 是停歇的意思,疲敝是一个词,停歇又是一个词。又如"行"字有xíng、háng 两个音,xíng 是行走,háng 是行列。"贾"字有 gǔ、jiǎ 两个音,有商贾、价值两个意思。"遗"字有 yí、wèi 两个音,有遗留、馈赠两个意思。这些都是一字多义,要分辨意义和读音只有凭仗上下语句来断定了,这是文字与语音不相应的又一种情况。

汉字在记录语言时,每一个字都有一定的约定俗成的用法。汉字当中同音字也特别多,除古代已经通行的同音假借字一直沿用的以外,其他是不能随便写的。写错了就称为写"白字",例如 shi 这样一个音,见于下列一些词里:城市、表示、战士、方式、考试、教室、形势、解释、装饰、合适、事情、世界。这里每一个词都有一定的写法,其中每个字都是组词的一部分,因为它又联系着许多相关的词,自成一组,所以不能写错,例如"市",既有"城市"一词,又有"都市、市场、市井、市价"一些词。因此,汉语的语音系统虽不复杂,而文字却成千累万。一个字作为一个词素构成一个词,它本身承担着一定的意义,每个词怎么写是受字义和词义所制约的,所以不能错乱。

汉字在记录语言当中也出现不少古今字和异体字,例如"洒(灑)、皃(貌)、罷(疲)、辟(闢)、莫(暮)"是古今字;"泄(洩)、窥(闚)、迹(跡)、懒(嬾)、辖(鎋)"等是异体字。一个词也可以写成几个形体,如"箇、個、个""泛、汎、氾"。为了使文字规范化,许多不必要的异体字现在就都不用了。

5. 汉字的增繁与简化　汉字在商代除了有象形字、表意字以外,还有形声字和假借字。象形、表意主形,形声、假借主音。为配合语言,表音是汉字发展的必然趋势,所以从周代以后形声字成为造字的主体。语言随着社会政治、经济、文化、科学的发展,语词不断增多,文字也随之日益增加,形成一个繁富的文字体系。

秦代的《仓颉》《博学》《爱历》三篇有 3300 字,汉代扬雄作《训纂篇》,有 5340 字,到许慎作《说文解字》就有 9353 字了(不算重文)。晋宋以后,文字又日渐增繁。据唐代封演《闻见记·文字篇》所记晋吕忱作《字林》,有 12824 字,后魏杨承庆作《字统》,有 13734 字,梁顾野王作《玉篇》,有 16917 字,隋陆法言作《切韵》,有 12158 字,都达一万数千字。唐代孙强增字本《玉篇》有 22561 字。到宋代司马光修《类篇》就多至 31319 字,到清代《康熙字典》就有 47000 多字了。

字书中文字数量的增多是由不同时期所产生的文字累积而成的。各时期都有不少新的语词出现,就要造许多形声字,字数自然增加。并且在文字使用中也出现很多不同情况的异体字和孳生的字。不同形体的字有以下几种:

①相传下来的古文奇字,如《说文解字》所收:"儿"是古文奇字"人"字,

"无"是奇字"無"字，"礼（禮）、际（視）、夗（多）、愳（懼）"等字是古文，"雱（旁）、墬（地）"是籀文。

②字的异体，如"鷄雞、譑憍、遑趌、踣趌、呧诋、谿溪、偪逼、脣唇"等字形旁不同；"枹桴、询洵、胑肢、艭觥、悑怖、搯抽、澂澄、礚磨"等字声旁不同，但音义是相同的。这种异体字特别多。

③古今字。同是一个字而古今的写法不同，今字或就古字增加偏旁，或另成一字，如"从"作"從"、"辰"作"派"、"寽"作"捋"、"尚"作"敝"、"冎"作"渊"、"鬻"作"煮"、"鬻"作"爛"、"黾"作"蛙"、"黿"作"蛛"、"鬴"作"釜"、"羴"作"膻"、"次"作"涎"、"汙"作"泗"。这些字音义都一样。

④俗体字。民间流行的手写体字很多，如："煞（殺）、柒（漆）、吊（弔）、头（頭）、楞（棱）、辯（辯）、愿（憂）、泪（淚）"等都是。以上这种异体字在字书里占有很大的比重。

其次，文字在使用中还产生一些增添偏旁的字。有些是属于俗体字一类，如"栋樑"的"樑"、"水菓"的"菓"、"筜簹"的"簹"，徒增赘疣，自当会废弃不用。但有些因为原来的字作为另外一个词来用，与原来造字的意思毫无关系，于是又就原字加偏旁代表原字的意思，这在文字学上称为后起本字，如"莫"的本义为日暮，因"莫"另作"无"的意思来用，所以又造"暮"字。"暴"的本义为晒，因"暴"作暴虐的意义来用，所以又造"曝"字。"须"的本义为胡须，因"须"用为必须字，所以又造"鬚"字。"韦"的本义为围，因"韦"用为皮革字，所以又造"围"字。"然"原义为燃烧，因用为如此的意思，所以又造"燃"字。又有些字由于义有引申，原义不用，而通常作引申义讲，于是加偏旁又为原义另造一字，如"监"字原义是人俯身向水鉴中看自己，引申有监察、监督等意义，原义不用，因而又造"鑑"字。"益"字原义是水从皿中溢出，引申有增加、有利等意义，原义不用，所以另造"溢"字。"原"字原义是水源，引申有原始、本来等意义，原义不用，因而又造"源"字。以上这些都是后起本字。

另外在汉字发展过程中还产生一些义近音同或音近的分别字，如"輓"为輓车，但属于一般牵引的意思就别作"挽"。"版"为版图、版筑的"版"，木板、铁板都别作"板"。"称"为称举、称量轻重，可是称量轻重的器具却另造"秤"字，音 chèng。"受"为接受，受与别人就另作"授"。"知"为知道、明白的意思，聪明有知识就别作"智"，音 zhì。这些都是分别字。

从这些方面来看，汉字在历史上之所以日趋繁富，一方面由于不同时代有新的语词增加,须要创造新字与之相适应;另一方面由于产生了大量的异体字、俗体字和用增益偏旁的方法以表现新的意义的孳生字;因此汉代以后字书的字日益加多。实际上日常使用的字不过六七千而已。

汉字作为记录语言的符号,分歧旁出的异体字就要废除掉。选择的标准就是要求简易便用,而且要符合约定俗成的规范。因此废去古字而用今字,不取繁复的异体字,而取简便易写的字。由繁复趋向简化,这是汉字形体发展的规律。从商代到近代,一直是如此。由篆书变隶书就是一次大改革,例如"泰、秦、春、奉"几个字的上头,篆书都不相同,可是隶书就都变得一样了。又如"心"字在字的左边,楷书都作"忄","火"字在字的下边,楷书都写作"灬",都是有意的简化。至于各时代受行书、草书的影响出现的简体字更是指不胜屈,如"斷"作"断"、"牀"作"床"、"莊"作"庄"、"潛"作"潜"、"條"作"条"、"備"作"俻"、"憐"作"怜"、"召"作"召"之类,从隋唐时代以来就已在民间流行了,所以有条理的、符合汉字的形体结构方式和表音作用的简体字还是有利于识别和书写的,但不能违背约定俗成的原则。随意简化,师心自用,就失去作为交流思想工具的作用。中国文字改革委员会在整理异体字和制定简化字方面做了大量工作,对汉字的规范化起了重大作用。

合体字

指由两个或两个以上的单个字组成的汉字。合体字有两种:一种是从组合的两个成分上来显示字义,如"伐"字从人从戈,表示以戈伐人;"取"字从又从耳,表示提取一个人;"休"字从人从木,表示人倚着树木。这类字文字学上称为会意字。另外一种是两个字组合在一起,一个字表示义类,一个字表示字音,如"河"为水名,从水可声;"张"字指张弓,从弓长声;"经"字指经线,从糸巠声;"球"字指玉球,从玉求声。这类字文字学上称为形声字。在现在常用的汉字里形声字占80%以上。参见"独体字"。

合文

指合写在一起的汉字。汉字是音节文字,一个字代表语言的一个音节。用汉字记录汉语,从古至今一直是字与字分开写的,但在商代的甲骨文和周代的金文里有少数把两个字或三个字合写在一起的,文字学家称之为合文。在商代,合文的形式有四种:

①上下合写在一起,如　(五十)、　(六十)、　(小甲)。

②左右合写在一起,如　(太乙)、　(太丁)、　(太甲)、　(示癸)、

（五月）。

③包容在一起,如 𠯑（雍己）。

④左右上下排在一起,如 𣥯（十三月）、𣅀（十三月）。

在金文里,也有少数的合文,如 𡥀（小子）、𠂤（小臣）、𤨒（武王）、𤤴（文王）。到秦汉以后就不大出现了。

互训

两个字互相训释,即用甲解释乙、又用乙解释甲的训诂方式。因为语言里有很多同义或义近的词,在经传注解和字书及训诂书里往往采用这种方法解释词义,避免用繁琐的语句作说明。汉代许慎《说文解字》里就很多,例如"老,考也""考,老也";"更,改也""改,更也";"追,逐也""逐,追也";"寄,托也""托,寄也";"奉,承也","承,奉也";"切,刌也""刌,切也";"极,栋也""栋,极也"。这些都是互训的例子。后代的字书也多袭用《说文》。这种互训的方法,固然简便,但遇到两者之中有一个不懂,或两者意义有广狭之分,解释就失去作用。所以现代的词书字典里就尽量不用互训的方法,而代之以精确的说明。

《急就篇》

一本教学童识字的字书。西汉元帝时（前48—前33）黄门令史游作。汉代教学童识字的书,如《仓颉篇》《训纂篇》《凡将篇》《滂喜篇》等都已亡佚,只有《急就篇》流传下来。全书为三言、四言、七言韵语。三言、四言隔句押韵,七言则每句押韵,以便诵习。"急就"是很快可以学成的意思,所以开头说:"急就奇觚与众异,罗列诸物名姓字,分别部居不杂厕,用日约少诚快意,勉力务之必有喜。"篇中分章叙述各种名物,如姓氏人名、锦绣、饮食、衣服、臣民、器物、虫鱼、服饰、音乐以及宫室、植物、动物、疾病、药品、官职、法律、地理等,不仅为识字而设,还有传布知识、以应实际需要的意思。儿童学书,写在三棱木上,上小下大,所以说"急就奇觚",一般也写在简牍上。原书可能是用隶书写的,东汉时章草盛行,书家喜用草书书写,魏晋时期钟繇、皇象、索靖、卫夫人、王羲之都有写本,所以一直流传不废。后人于末尾也有所增改。旧分32章,相传吴皇象写本为31章,宋太宗所写为34章,不同传本文字也略有异同。现在所见有元代书家赵孟頫、邓文原写本,有明代杨政松江府学石刻本,各有优劣。注本有唐代颜师古注和宋代王应麟补注,《小学汇函》和《学津讨原》都有刻本。

假借义

指一个汉字被借为别的字而出现的与原义无关的意义。假借义不同于本义和引申义。本义是造字原有的意义,引申义是由原义引发出来的意义,例如"须"字金文作𩑋,《说文》解释为"面毛也"。"须"就是胡须的"须","面毛"正是"须"字的本义。古书里有用为等待义的,后来又用为必须的意思,这都是假借义。又如"令",本义是命令、号令,可是古人说"令闻令望","令"是善的意思,善是假借义。又如"常",《说文》训"下帬也",可是又有恒的意思,那是假借义。又如"诞"是大言、妄言的意思,可是又有诞生、生育的意思,那也是假借义。假借义是否另有它的本字往往不可考。

假借字

汉字是由象形、象意的文字发展起来的。有的外物有形象可以描绘,有的意思可以利用图象和笔画来表现,可是有很多代表某些事物的概念不能用象形、象意的方式随时造出文字来表现,于是就假借已有的同音或音近的字来代表,这种跟借用的字的形义完全不合的字就称为假借字。

假借字有两类:一类是本无其字的假借,那就是上面所说假借字,如"东",甲骨文作𣅀,象束物的形象。东方的"东"无形可象,就借语音相同的𣅀字来表示东方的意思。又如"北",甲骨文作𦝠,像二人相背。北方的"北"无形可象,就借语音相同的𦝠,来表示北方的意思。这就是本无其字的假借。许慎在《说文·叙》里所说"假借者,本无其字,依声托事",就是这一类。在语言发展过程中这一类的字很多,如方圆的"方"、歌曲的"曲"、市郊的"市"、甲胄的"甲"、你我的"我"、专门的"专"、原因的"因"、人才的"才"、黑白的"白"、巨大的"巨"、容易的"易"、时辰的"辰"等都是,不胜枚举。

假借字的另一类是本有其字的假借。"本有其字"的意思是在日常使用的文字当中本来有表示某个词义的书写形式,但是在使用当中不用本来约定俗成的字形而写为另外一个意义不相涉而音同或音近的字。这一类在秦汉以上的古书中极为常见,如《诗·陈风·宛丘》"子之汤兮,宛丘之上兮",借"汤"为"荡";《豳风·七月》"七月食瓜,八月断壶",借"壶"为"瓠";《小雅·菀柳》"上帝甚蹈,无自瘵焉",借"蹈"为"悼";《小雅·隰桑》"隰桑有阿,其叶有幽",借"幽"为"黝"。这些都是本有其字的假借。

前一类可以说是不造字的假借,后一类是在用字当中的假借。在用字当中既然本有其字,为什么还要另外写一个假借字呢,其中可能有两种原因:一种原因是写书者仓促间写为一个音同的字,历代传抄因其旧而不改;另一种原因是某一时期、某一地区,或某一师承,经常习惯以某字代某字用,后世传写也就一仍其旧,这从《周礼》故书和长沙马王堆汉墓所出帛书可以略知消息。

简化字

指汉字楷书简化的字。汉字在长期使用过程中曾经产生不少由繁体简化的简笔字,这种简笔字一直在民间流行。为使汉字便于书写,1956 年中国文字改革委员会(今国家语言文字工作委员会)提出简化汉字方案,把现在常用的繁体字加以适当的简化,后来又进一步把简化了的偏旁相应地类推到其他有同样偏旁的字。1964 年公布的《简化字总表》包括先后简化的字共有 2236 个字,经国务院批准实行。

简化字是以通行已久的一些简体字为基础,又做了进一步的整理和改进,并且参考了草书和行书的写法,吸取其一二,以便书写,具体地说,有以下几种简化的方法:

①采用古字,如:从(從)、众(衆)、礼(禮)、无(無),都见于许慎《说文解字》。

②利用草书楷化,如专(專)、东(東)、汤(湯)、乐(樂)、当(當)、买(買)、农(農)、孙(孫)。

③简省笔画,如:鱼(魚)、单(單)、变(變)、冲(沖)、劳(勞)、庄(莊)、烛(燭)、伤(傷)。

④用简单符号替代繁体的一部分,如:观(觀)、戏(戲)、邓(鄧)、区(區)、岁(歲)、罗(羅)、刘(劉)、齐(齊)。

⑤取字的一部分,如:习(習)、县(縣)、务(務)、雾(霧)、条(條)、广(廣)、医(醫)。

⑥取同音代替,如:几(幾)、后(後)、系(繫)、向(嚮)、筑(築)。

⑦改换声旁,避繁就简,如:钟(鐘)、辽(遼)、迁(遷)、邮(郵)、阶(階)、运(運)、远(遠)、扰(擾)、犹(猶)。参见"汉字简化"。

简体

指由楷体字简化的汉字字体。汉字在长期历史发展过程中由繁复以趋于简约,这是总的一种趋势。隶书是篆书的简化,草书、行书又是隶书的简化,简体是正楷书的简化。楷书的减笔字在南北朝时期(4—6 世纪)已经出现,到唐宋以后逐渐加多,大体都是一些常用而笔画又比较多的字,例如:營:营、壽:寿、繼:继、離:离、燭:烛、壯:壮、儒:儒、齊:齐、淵:渊、婁:娄。这些字大部分是受草、行书的影响而简化的。

另外,有一类简体字是用两三笔简单的符号代替复杂的部分,例如:树、戏、难、欢、对、观、刘、齐、乔、风、区、应、兴、敛、释、罗、岁。这些都是民间久已流行的简体字,一般也称为俗体字。现在使用简化字是在前代已有的简体字的基础上进一步加以整理改进的。参见"简化字"。

《金文丛考》

铜器铭文研究著作。郭沫若于 1932 年著,与《两周金文辞大系》为姊妹篇,内容包括《金文丛书》8 篇、《金文余释》16 篇、《新出四器铭考释》4 篇、《金文韵读补遗》共 40 器。其中"丛考"部分论金文中所表现的周人的传统思想、谥法的起源、彝器人名的字义以及毛公鼎的年代等,考证详明,多非前人所能道。《论毛公鼎的年代》一文,从铭辞中所透露的历史背景,从文辞中的熟语跟《诗》《书》中文句的比较,从器物的花纹与形式等几方面来考察,推定其为宣王时器,可谓尽考证之能事。以此为法,可以做为判断彝器时代的准绳。其他解字辨韵各篇,大都可为定论。1954 年作者把本书又与《金文余释之余》《古代铭刻汇考》和《古代铭刻汇考续编》中有关金文部分汇集为一书,仍名《金文丛考》。

《九经字样》

一种辨正经传文字形体的书。唐文宗开成二年(837)翰林待诏朝议郎、权知沔王友唐玄度撰。玄度奉敕核定石经字体,根据大历十一年(776)张参所作《五经文字》,补其未备,撰集为《新加九经字样》1 卷,与《五经文字》一同刻于石经之末。全书有 76 部,有的字在偏旁上不好归部的统归杂辨部。共收字 421字。书前所载开成二年八月牒讲到刊定字体的准则是:"如总据《说文》,即古体惊俗;若依近代文字,或传写乖讹。今与校勘官同商较是非,取其适中。"关于注音,唐玄度在自序里说:"谨依《开元文字》,避以反言,但纽四声,定其音旨。"即采用唐玄宗《开元文字音义》的方法,不用反切,而用直音。如果没有适当的同音字可注,就注出某平、某上、某去、某入,按四声来调音,这就是"但纽四声,定其音旨"的意思,跟《五经文字》反切与直音并用的方式不同。《九经字样》有石刻本,在西安陕西博物馆碑林。木刻本有《小学汇函》本、《后知不足斋丛书》本,商务印书馆所印《丛书集成》收有此书。

《康熙字典》

清代康熙帝玄烨令张玉书、陈廷敬等参照明代梅膺祚《字汇》和张自烈《正字通》编纂而成的一部大型字典。书成于康熙五十五年(1716),因定名为《康熙字典》。书分为 12 集 214 部,与《正字通》相同。书首列《字母切韵要法》和《等韵切音指南》,以便读者了解切音。又有《检字》和《辨似》。《检字》为检查疑难字而设,《辨似》是辨别笔画近似的字。书中每字下详列《广韵》《集韵》《古今韵会》等书的反切,并加注直音。字义之下都引经、史、子、集文句为证,并举出篇名,极有条理。对音义有疑的都加按辨析,颇便应用。而且收字极多,有 47035 字。不过引书时有错误,道光十一年(1831)王引之著成《字典考证》一书,凡 12 卷,改正原书的错误有 2588 条,足备参考。

《匡谬正俗》

刊正误解字义和误读字音的书。唐代颜师古撰。师古名籀,以字行。先世为山东琅邪临沂(今山东临沂县)人,后迁居京兆万年(今陕西长安境内)。生于隋文帝开皇元年(581),卒于唐太宗贞观十九年(645)。唐太宗贞观中为中书舍人、秘书监,奉诏与孔颖达(574—648)撰定《五经正义》,又著有《汉书注》100 卷、《急就篇注》4 卷。

原书本为未完之作,其子扬庭编为 8 卷,在唐高宗永徽二年(651)上于朝廷,有司录出副本存于秘书阁,因此流传后世。宋人刻板时避宋太祖赵匡胤讳,改题为《刊谬正俗》。

颜师古博学多识,精于文字、音韵、训诂之学。书中收有 182 条,指陈前人对书传之误解,并订正书籍传写之误和俗语俗音之失,可供学者参酌。其中确凿可信者固然不少,可是有些所论也过于牵强。不过这类驳正讹误的书在唐以前还不多见,直至中唐以后乃至宋代笔记杂考之类的书才多起来。颜师古这本书可以说是开风气之先。清代卢见曾所刻《雅雨堂丛书》本,文字颇有脱误。黄丕烈(1763—1825)士礼居旧有影宋抄本,可以刊正今本误处甚多,北京图书馆藏有嘉庆十九年(1814)张绍仁移校本。

《类篇》

一部按部首编排的字书。宋仁宗宝元二年(1039)十一月丁度等奏称:"今修《集韵》,添字既多,与顾野王《玉篇》不相参协,欲乞委修韵官将新韵添入,别为《类篇》,与《集韵》相副施行。"仁宗命王洙、胡宿、掌禹锡、张次立等人相继修纂,到英宗治平三年(1066)由司马光接代,业已成书,治平四年缮写成功,上之于朝。旧称司马光撰,实际只是由司马光整理成书而已。

《集韵》是仁宗景祐四年(1037)命丁度、宋祁等开始修纂的,到英宗治平四年同为司马光编定成书。《集韵》按韵编字,《类篇》按部首编字,两书相辅而行。《类篇》依据《说文解字》分为14篇,又目录1篇,共15篇。每篇又各分上、中、下,合为45卷。全书的部首为540部,与《说文解字》相同,部首排列的次序变动也很少。本书是直接承接《说文解字》和《玉篇》的一部字书。所收字数31319字,比《玉篇》增多一倍。《集韵》遗漏的字也都尽量收入,但《集韵》书中冗杂的重文就不尽采录,体例比较严谨。每字下先列反切,后出训解;如果字有异音异义,则分别举出,可与《集韵》相印证。且书中收有唐宋之间所产生的字不少,为研究文字发展的重要参考资料。旧刻有清代曹寅所刻《楝亭五种》本,现在通用的是后来姚觐元的翻刻本,即一般所说的《姚刻三韵》本。

謰语

也作"连语"。这个词见于明代方以智《通雅》卷六《释诂》。方以智说:"謰语者,双声相转而语謰讀也。""謰讀"即连接不断的意思,指两个字合成为一个词,不能拆开来讲。《通雅》书中所讲的都是双声词,但是两个字为叠韵的也属于謰语一类,例如"黾勉、玲珑、慷慨、消息"都是双声词;"苍茫、从容、殷勤、婆娑"都是叠韵词。这些都是不能分开讲的。謰语现在通常称为联绵字或联绵词。

联绵字

两个字联缀在一起不能分开来讲的双音节词。从语言的角度来说,就是联绵词。联绵词在汉语里起源很早。在先秦以前上古时代,除了单音词以外,就是复合词和联绵词,不过联绵词所占的数量不是太多而已。联绵的名称见于宋代张有所著的《复古编》。联绵字可以分别为三类:一类是双声字,一类是叠韵字,一类是非双声叠韵字,例如"犹豫、留连、憔悴、荏苒"是双声,"彷徨、烂漫、叮咛、徘徊"是叠韵,"淡漠、翱翔、颠沛、滂沱"既非双声,也非叠韵。在这三类之外,有人把叠字(或称重言)也列入联绵字之内,如王国维所作《联绵字谱》。联绵字有些在古书中书写也不尽一致,例如"烦懑"或作"烦闷"、"逶迤"或作"委移"、"逍遥"或作"消摇"之类,虽然字不同,但是音同或音近,仍然是一个词。

《联绵字谱》

编录古代联绵字的书。王国维编,收在《海宁王静安先生遗书》中。本书按"双声之部、叠韵之部"和"非双声叠韵之部"分别排列。双声之部分声母的类别为影、喻、晓、匣、见、溪、群、疑、端知、透彻、定澄、泥娘、来、日、精照、清穿、从床、心审、邪禅、帮非、滂敷、並奉、明微23类。叠韵之部分东、蒸、侵、谈、阳、耕、真、谆、元、歌、支、至、脂、祭、盍、缉、之、鱼、侯、幽、宵21部。声母类别近于章炳麟《新方言》所定21组,韵部分类则完全根据王念孙所定(王引之《经义述闻》卷三十一)。书中所收联绵字只限于先秦两汉的经传、诸子、《楚辞》以及《尔雅》《方言》《说文解字》等书所有,其他不录。双声部分把叠字也一并收入。全书每一条下都详细注明出处,这是研究联绵词语很有用的一本资料书,根据这本书可以因音以求义,解决其中一些音义相关的问题。

刘师培(1884—1919)

中国清末民初语言文字学家、经学家。字申叔,曾名光汉,别字左盦,江苏仪征人。先世以治《春秋左氏传》名家。刘师培幼承家学,通五经文字、音韵、训诂。年二十就勤于著述,是《国粹学报》的主要撰稿人。有《国学发微》《中国文学教科书》《经学教科书》等著作。后赴日本,与章炳麟相识,为章氏《新方言》作序。当时思想倾向革命,但归国后,反依附清朝官吏端方。辛亥革命后,1917年应北京大学校长蔡元培延聘,任教授,主讲经史。提倡"国故",完全与新文化运动相背谬。

刘师培著述宏富,他在语言文字学方面主要的成就在于发扬清代训诂学家所提倡的因声求义之说,并提出音近义通的理论。《左盦集》里有《字义起于字音说》,他说:"古人观察事物,以义象区,不以质体别,复援义象制名,故数物义象相同,命名亦同。及本语言制文字,即以名物之音为字音,故义象相同,所从之声亦同;所从之声既同,在偏旁未益以前,仅为一字,即假所从得声之字以为用。"这是他的学说的主旨。他又有《古韵同部之字义多相近说》(《左盦集》)和《正名隅论》(《左盦外集》),把声音相同、相近的都认为同义,未免以偏盖全,陷于谬误。然在《中国文学教科书》中所谈训诂学部分仍有可取。他的知识比较渊博,为文主汉魏,对社会科学多有研究,可惜死时仅三十余岁。

刘台拱(1751—1805)

中国清代经学家、训诂学家。字端临,一字江岭,江苏宝应人。生于乾隆十六年闰五月初二日,卒于嘉庆十年五月二十二日。21岁中试举人,会试礼部不第,留京师,授生徒。乾隆五十年(1785)方任丹徒县训导。为学自天文律吕,至于声音文字莫不深究。对于汉宋诸儒之说,不主一宗,无依傍门户之见。平生与王念孙、段玉裁、汪中、阮元等人相交甚深。所著书卷帙不多,但都是精粹之言。广雅书局刊本《刘氏遗书》有《论语骈枝》《经传小记》《国语补校》《荀子补注》《淮南子补校》《方言补校》《汉学拾遗》《文集》等共8卷;其解《论语》"子所雅言"之"雅言"、"文莫吾犹人也"之"文莫",释"摄斋升堂"之"摄斋",以及《文集》中的《转注假借说》,都是确切不易之论。至于所校各书,证据详实,毫无臆测之病,这在清代学者之中也是不多见的。

刘熙

中国东汉经学家、训诂学家。字成国,北海人(今山东高密一带),生当汉代末年桓灵之世,献帝建安中曾避地交州。据陈寿《三国志》所说,吴人程秉、薛综,蜀人许慈都曾从熙问学。著有《释名》27 篇,就音以说明事物得以如此称名的缘由,对后代训诂学因声求义的影响很大。其书一直传流至今。刘熙又有《孟子注》一书,见于唐代慧琳《一切经音义》引,今已亡佚无存。参见"《释名》"。

《六书故》

一部用六书理论来分析汉字的字书。元代戴侗作。戴侗字仲达,永嘉人。全书有 33 卷,通释 1 卷。作者认为六书之学是读书的门径,而学者不讲已久,即使有人学,也往往陷于支离傅会,不得其要,所以就许慎《说文解字》订其得失,重新解释象形、指事、会意、形声、转注、假借六书的意义。书中不沿袭《说文》540 部,而别立 479 目,称其中 189 目为文,又有 45 目不易解释的为疑文,又称其 245 目为字。文为"母",字为"子"。字是与文的形体有一定联系的,所以称之为"子"。

戴侗把 479 目分为九类:一数、二天、三地、四人、五动物、六植物、七工事、八杂、九疑。每目之下把偏旁相同的字叙列于后,如"月"字为目,"月"下列"夕",为指事字,"夕"下又列会意字"多","多"下又列谐声字"夥",后面又列从"夕"的谐声字"夜、梦、夝"。这种联系的方法,与《说文》大不相同,戴侗称为"父以联子,子以联孙",看起来似乎很有层序,但难以检索,反而庞杂紊乱。

戴侗把六书的次第排列为:一指事、二象形、三会意、四转注、五谐声、六假借。他认为侧"山"为"冒",反"人"为"匕",反"欠"为"旡",反"子"为"云",就是转注,纯属臆说,毫无根据。

这部书的价值在于能援引钟鼎文来说明字形,又能明辨字义的引申不同于文字的假借。对于音与义的关系阐发尤其多,戴侗说:"书学既废,章句之士知因言以求意矣,未知因文(字)以求义也;训诂之士,知因文(字)以求义矣,未知因声以求义也,夫文字之用莫博于谐声,莫变于假借。因文以求义,而不知因声以求义,吾未见其能尽文字之情也。"他提出"因声以求义",不仅为了解释形声字的声与义的关系,而且由此可知辨认古书中文字的假借。这是很重要的见解。

《六书略》

讲解汉字形体构造的书,宋代郑樵撰。收在他所著《通志》内。六书即许慎《说文解字·叙》所说的指事、象形、谐声、会意、转注、假借六种造字的方法和原则。许慎虽然给六书作了解说,可是在他的书里并没有把所收的9000多字总的加以区分。郑樵首创六书分类之学,他在《六书略》里不仅把六书都分别举例,而且又细加区分,又有所谓形兼声、形兼意之类,竟增多至12类,以文字牵就六书,未免于理不合。自此以后,元代戴侗有《六书故》、周伯琦有《六书正讹》、杨桓有《六书统》,明代魏校有《六书精蕴》、赵古则有《六书本义》、赵宦光有《六书长笺》,几乎把六书分类看做是研究《说文》的惟一途径,众说纷纭,走入歧途。

但郑樵本人对文字演进的趋势并不模糊,他在本书《六书序》里说:"象形指事一也,象形别出为指事。谐声转注一也,谐声别出为转注。二母为会意,一子一母为谐声。六书也者,象形为本。形不可象,则属诸事;事不可指,则属诸意;意不可会,则属诸声;声则无不谐矣。五不足,而后假借生焉。"这些话还是有些道理的。郑樵还写有《六书证》,今已失传。

《埤雅》

训诂书。宋代陆佃(1042—1102)作。佃字农师,越州山阴人。北宋神宗时为尚书左丞,著有《尔雅新义》20卷。本书也是20卷,专门解释名物,以为《尔雅》的补充,所以称为《埤雅》。书中始于《释鱼》,继之以《释兽》《释鸟》《释虫》《释马》《释木》《释草》,最后是《释天》。陆佃当时以讲说《诗》义著名,在本书解释名物时,也以引《诗》中文句、推阐《诗》义的为多。书中解释字义,还夹杂有王安石《字说》一类的臆说,不足为训。书前有宣和七年(1125)其子陆宰序。

《骈雅》

解释双音词的训诂书。明代朱谋㙔撰。谋㙔字明父,一字郁仪,豫章人,宁献王朱权曾孙。平生无书不读,博学多闻,据《明史》本传称所著书有112种,其中《水经注笺》一书最为人所称道。

《骈雅》作于明万历十五年(1587),大体以解释双音词为主。凡两字成为一义的,以及字异义同的都类聚而加以解释,所以称为《骈雅》。内容实际包括两类:一类是语词,一类是品物名称。由于因承《尔雅》的体例编制,所以分为释诂、释训、释名称、释官、释服食、释器、释天、释地、释草、释木、释虫鱼、释鸟、释兽 13 目,凡 7 卷。所采词语出于周秦两汉以迄六朝的经史文集和唐宋类书,其中属于音声相转而写法不同的词很多,出处纷繁,难以理解。

《骈雅》旧有张海鹏《借月山房丛书》刊本。清代道光年间魏茂林作《骈雅训纂》,把原书 7 卷分为 16 卷,每条分别为注,引用的经史子集书有 256 种之多,各书都载明篇名卷数,并注明所根据的版本。如果是属于佚书之列,并注明从何书转录,一丝不苟。《骈雅》原书旧无音切,魏茂林注都根据所引原书一并注出读音。原书没有音切的,则根据《玉篇》《广韵》《集韵》补出。在清人所注解的古书中,体例最为精善。通行本为道光二十五年(1845)有不为斋所刻。

《骈字分笺》

训解词义的书。清代程际盛作。际盛为江苏吴县人。本书分上下两卷。所解都是并列的词语,如"日月、寒暑、原野、表里、沐浴、孝友、切磋、翱翔、嫉妒、田畴"等。都是摘自古书,即以原书的解释为注。所收词语大体根据事类排列,与洪亮吉《比雅》相似。

阮元(1764—1849)

中国清代经学家、训诂学家。江苏仪征人,字伯元,号云台。生于乾隆二十九年,卒于道光二十九年。乾隆五十四年(1789)及进士第,由翰林院编修历官户礼兵工等部侍郎,山东浙江学政,浙江河南江西巡抚,两浙两广云贵总督,太子太保体仁阁大学士。平生以提倡汉学、刊刻古籍、奖掖后进为事。任江西巡抚时,校刻《十三经注疏》,每一经都撰有校勘记,罗列众本,刊校异同,读者称便。在广东任两广总督时,主持学海堂,刊刻《皇清经解》,把清人所著各种经书的新注和解释经传文字的佳作汇刻成编,有 180 余种,1400 卷,续刻 8 卷,对清代学术的发展影响极大。他还主持编纂《经籍籑诂》,把唐以前古书中的文字训释都荟萃在一起,检查一字,许多义训都呈现在眼前,是研究字义的重要资料。他对如何研究字义很有创见,与王念孙、王引之父子的学术见解相近,他又是王引之的先生。著有《揅经室集》58 卷。

沈兼士(1886—1947)

中国语言文字学家、文献档案学家。浙江吴兴县人,与兄文学家、书法家沈尹默(1883—1971)都名重一时。生于清光绪十二年农历六月十一日,卒于民国三十六年农历八月二日。沈兼士早年曾到日本留学,参加同盟会,并与马裕藻、钱玄同、许寿裳等人从章炳麟问学。归国以后,任北京大学和北京高等师范学校教授,讲授文字学、《说文解字》等课程,并在北京大学创办研究所国学门,任主任职,积极培养史学、语言文字学、考古学各方面的科学研究人才。提倡调查歌谣、调查方言,开展新的学风;对于后进奖掖不遗余力。受到他的教导和启发的人,成为知名学者的很多。

沈兼士学识渊博,又精于诗文,尝与诗家樊增祥唱和。曾任北平故宫博物院文献馆馆长,主持整理内阁大库明清档案事宜,并任北平辅仁大学文学院院长,讲授有关文字学、训诂学等课程。平生治学主张兼通博采,不为拘墟之见,因此对文字训诂发明独多,是中国近代最有见地的训诂学家。其主要的见解是从总体上探求汉语语词的语根,推寻语词表现在形音义三方面的嬗变,并提倡利用形声字的声符进行汉字的字族研究,以建立汉语语源学和字族学。最著名的著作是《右文说在训诂学上之沿革及其推阐》一文和《广韵声系》一书。零篇文字都收入《段砚斋杂文》内。最近中华书局又进行编辑《沈兼士学术论文集》,即将出版。

《广韵声系》最初由辅仁大学于1944年印出。此书取《广韵》里的字,按照谐声的系统编纂而成,体例有如清人的《说文谐声谱》。不过,清人的书以古韵部为纲领,此书则以四十一声类为纲领,凡谐声字的主谐字声纽相同的归属为一类。作者在《编辑旨趣》中说:"吾人欲建设汉语学,必须先研究汉语之字族;欲作字族之研究,又非先整理形声字之谐声系统不可。"此书之主要旨趣约有下列四点:①叙列周秦两汉以来谐声字发达的史迹;②提出主谐字与被谐字训诂上文法上之各种关系;③比较主谐字与被谐字读音分合之现象;④创立以主谐字为纲之字典模范。由此可知这本书是作者为研究汉语字族而做的一次创举,是很重要的一本资料书,1945年辅仁大学出版。1986年中华书局根据原稿本影印出版,并附索引,颇便检阅。

声符

汉字形声字的表音部分,也称声旁。例如"芬、氛、纷、汾、粉、份、忿"等字都从分得声,"分"就是这些字的声符。声符跟字的读音在最初造字的时候可能是相同或相近的,但是经过时间长了,字音或声符的读音变了,就产生了差异,这种情形很多,例如"堂、棠"都音 táng,可是声符是"尚","尚"的读音变为 shàng,就与字音不同了。

就现在的读音来看,声符跟字音不同有三种情形:①声母不同,如"赴"(fù)从卜(bǔ)、"桃"(táo)从兆(zhào)。②韵母不同,如"废"(fèi)从发(fā)、"结"(jié)从吉(jí)。③声母韵母都不同,如"移"(yí)从多(duō)、"途"(tú)从余(yú)。这些不同都牵涉到古今音异的问题。另外,也有些字在最初制字的时候就不那么严格,只求相近,不求相同,到了后代,约定俗成,也就不改了。

汉字在历史发展过程中有些形声字产生了异体字,意符相同,而声符不同,如:澱:淀、擣:捣、鎚:锤、汎:泛、曘:昵、筍:笋、餧:馁、癡:痴、擔:担、膽:胆、煙:烟、袴:裤。这些字的异体产生的时代有早有晚,现在一般应用后面的一个字,前面一个字就很少用了。

声训

从语词的声音方面推求词义的来源,以音同或音近的词为训,说明其命名之所以然的训诂方式,也称音训。声训起源很早,如《易经》:"乾,健也。""坤,顺也。""夬,决也。""坎,陷也。"《孟子·滕文公上》:"庠者养也,校者教也,序者射也。"这些都是声训。到汉代,应用较广。汉末刘熙又作《释名》一书,专门用声训解说词义。从释词与被释词在声音方面的关系来说,声训约可分为四种:

①同音,例如:"景,竟也,所照处有竟限也。""晷,规也,如规画也。""土,吐也,吐生万物也。""盲,茫也,茫茫无所见也。"

②双声,例如:"星,散也,列位布散也。""火,化也,消化物也。""木,冒也,华叶自覆冒也。"

③叠韵,例如:"山中丛木曰林。林,森也,森森然也。""矢,指也,言其有所指向迅疾也。""毂,埆也,体坚埆也。"

④音转相近,例如:"船,循也,循水而行也。""癣,徙也,浸淫移徙处日广也。故青徐谓癣为徙也。""鼓,郭也,张皮以冒之,其中空也。""辔,拂也,牵引拂戾以制马也。"

这四种声音关系主要从形状、性质、现象、功用和人所感受等各方面加以推陈,以说明事物命名之所以然,其中也自有可取之处;然而每个名号各自为说,且又多出于主观推测,不尽可信,如《释名》说:"山,产也,产生物也。"《说文》说:"山,宣也,宣气散生万物也。"义相近而不相同,难以抉择其是非。不过利用这些材料可以考查古音,取其因声求义的办法以探求语源。清代的训诂学家受《释名》的影响是比较大的。

《诗词曲语辞汇释》

解释诗词曲中常见语辞的书。张相撰。张相精通文史,于诗词曲尤为娴熟。本书凡6卷,汇集唐宋金元明人诗词曲中常用的特殊语辞,如"须、则、却、且、镇、厮、解道、怎生、则箇、划地、端的、兀自"之类,详加引证,解释其意义和用法。此类常见的语辞大都是历史上当时通俗的口语,或见于诗歌,或见于词曲,或见于戏文传奇,向来没有专书作过解释,而且一词不一定只有一个意思,要理解确切,势必要综览各家诗词戏曲作品,探求其文意,揣度其语气,寻索其确实的含义。设若索得一解,又必须施用于各篇都能通晓无碍才行,这就不是一件容易的事了。本书作者用了8年的时间专心从事这项工作写定成书,标目537,附目600有余。这对研究唐以来文学作品的贡献极大。在此以前,黎锦熙曾在北京师范大学讲授过"近代语研究"一课,可惜没有成书遗留下来。

张相在这部著作的前面所写的叙言里谈到他探求词义的经过:一曰体会声韵,二曰辨认字形,三曰玩绎章法,四曰揣摩情节,五曰比照意义。而比照意义,又从异义相对、同义互文、前后相应、文从省略、取异文相印证等几种方法参互比较,这在研究词义方面比清代刘淇的《助字辨略》、王引之的《经传释词》用心更加细密。现代很多研究近代汉语语词意义的人都或多或少受其启示,全书的缺点在于有些义项分别较繁琐,有些语辞字同而音异者没有标注读音,未免美中不足。此书在作者谢世后于1952年始由中华书局印行。

《释名》

训解词义的书。汉末刘熙作。刘熙字成国,北海人。汉末避乱至交趾。《三国志·吴书·韦曜(昭)传》说曜在狱中上书称:"又见刘熙所作《释名》,信多佳者。"考曜入狱在孙皓凤凰二年(273),据此可知《释名》在吴末已广为流布,为学者所重视。

《释名》这部书是从语言声音的角度来推求字义的由来的。刘熙在自序里说:"熙以为自古造化制器立象,有物以来,迄于近代,或典礼所制,或出自民庶,名号雅俗,各方多殊……夫名之于实,各有义类,百姓日称而不知其所以之意。故撰天地、阴阳、四时、邦国、都鄙、车服、丧纪,下及民庶应用之器,论叙指归,谓之《释名》,凡二十七篇。"

今本27篇分为8卷。所释为天、地、山、水、丘、道、州国、形体、姿容、长幼、亲属、言语、饮食、采帛、首饰、衣服、宫室、床帐、书契、典艺、用器、乐器、兵、车、船、疾病、丧制。这代表刘熙对语词所表示的事物的一种分类。

刘熙解释事物所以如此称名的缘由,完全从声音上去探索,如"日,实也""月,阙也",这种解释已见于《说文解字》,但是刘熙要说出道理来,作了进一步的解释,他说:"日,实也,光明盛实也。""月,阙也,满则〔复〕阙也。"全书都是这样考求语词音义之间的关系,说出缘由来,如说:"星,散也,列位布散也。""春,蠢也,万物蠢然而生也。""冬,终也,物终成也。""彗星,光梢似彗也。""身,伸也,可屈伸也。""皮,被也,被覆体也。""脊,积也,积续骨节终上下也。"

诸如此类都是就音以求义,在训诂学上称之为声训,也称音训。刘熙所加的声训,虽然有些是不无道理的,但是大部分都出于主观的推想,没有实际的根据,也并非经过系统的探索而得出来的,因而缺乏科学性。不过,远在 1700 多年以前就有这样具有语源学性质的书,还是很可贵的。其所以能流传下来而没有亡佚,与人民很想追寻语源的心理有关系。《释名》这部书对后代学者提倡因声以求义的训诂方法也有很大的影响。

《释名》书中记录了很多汉代通用的语词,可以跟《尔雅》《说文》等书相参证。全书以声为训,或取同音字,或取韵同韵近字,或取声同声近字,由此可以考证汉末的语音,是一部极有价值的书,不能等闲视之。中外学者已有论文发表。

《释名》的传本只有明代的覆宋本,缺误已多。清代学者毕沅作《释名疏证》校勘其中讹误,有扑尘之功。王先谦又作《释名疏证补》,续有刊正,可称善本。

《说文古籀补》

集录中国秦代以前古器物文字的一部书。清代吴大澂(1835—1902)编。吴大澂字清卿,号恒轩,又号愙斋,江苏吴县人。同治进士,累官广东、湖南巡抚。甲午之战,督师山海关,兵败革职。家藏古器物甚多,著有《愙斋集古录》和《恒轩吉金录》。本书以集录古钟鼎彝器所见文字为主体,兼收石鼓文、古币文、古陶器文,按照《说文解字》体例始"一"终"亥"部首次第编排。光绪九年(1883)初刻本收 3500 余字,光绪二十一年(1895)在湖南重刻,又增 1200 余字。所编文字都根据墨拓原本摹写上板,未见拓本的概不采录,足见著者极为谨慎,以免失真。同一字见于不同器物的,笔画小有不同也一一录出,均注明器名,每字下并略加训释说明。这是自宋代开始治彝器款识之学、历时 800 余年、从来没有的著作。所录之字多为《说文》所未收,这对研究古文字学的功绩很大。他从不同的古器物铭文中体悟到《说文》中的"古文"实际是周末的文字,古器物习见的字才是成周的文字。这种见解是前人所没有说过的,对研究《说文》的人大有启发。自吴大澂有《说文古籀补》以后,黄县丁佛言又作《说文古籀补补》,补其不备。

《说文解字》

中国最早的对后代影响极大的一部字典。东汉许慎著。书成于和帝永元十二年(100),到安帝建光元年(121),遣子许冲上之于朝。

自秦始皇焚《诗》《书》百家语以后,在西汉时期五经立于学宫的都是用隶书所写的今文经,虽然用篆书古文所写的古文经已开始出现,但一直为今文经家所排斥,到东汉时期才盛行起来。古文经家是有本之学,今文经家不明古人造字的条例,根据隶书,随意口说,荒谬不足信,所以许慎作《说文解字》一书,根据前代古文,首创分析文字结构的方法和理论,一扫西汉东汉间今文谶讳的谬说。

许慎在自叙里陈述作书的旨趣说:"俗儒鄙夫玩其所习,蔽所希闻,不见通学,未尝睹字例之条,怪旧艺而善野言……盖非其不知而不问,人用己私,是非无正,巧说邪辞,使天下学者疑……今叙篆文,合以古籀,博采通人,至于小大,信而有证,稽撰其说,将以理群类,解谬误,晓学者,达神旨,分别部居,不相杂厕。"书中所收文字包括篆文(即小篆)、古文(壁中书)、籀文(大篆)、或体、俗体。"文字"通常是作为一个词来用的,许慎在自叙里说:"仓颉之初作书,依类象形,故谓之文。其后形声相益,即谓之字。字者言孳乳而浸(寖)多也。""文"指的是整体象形表意的字,"字"指的是结体有表形表声的合体字,所以他以"说文解字"为书名,后代常常简称为"说文"。

《说文》是一部有严整体例的著作。全书以小篆为主体,分析字形结构,根据不同的偏旁,分立为540部,始于"一"部,终于"亥"部。本于五行家言,认为万物始于一,毕终于亥。凡字形偏旁或笔画接近的字都归于一部,举偏旁居一部之首。部与部排列的顺序大体以部首的笔画和形体结构是否相近为准则,笔画结构相近的就序列在一起。

许书540部分为14篇,卷末叙目别为1篇,故为15篇。每部文字的排列主要本着三个原则:①文字在应用上的意思是属于好的、善的列在前面,属于贬义的、不好的意思的列在后面;②一部之内,属于专名词的列在前面,属于普通事物名词的列在后面;③一部之内的字,义类相近的序次在一起,以便寻检。

每一篆文之下先言义,后言形体结构,最后或说明读若某。小篆之外,如有籀文、古文异体,则列其下,名为"重文"。全书原收篆文9353字,重文1163字。古书中所使用的文字大体具备,其中既有先秦所有的字,也有汉代新产生的字,为后代考查汉字发展的历史提供了极宝贵的材料。近代以来识别甲骨文、金文,如果没有《说文解字》就难多了。因为有了许慎的书,所以现在得以读通大量的甲骨卜辞和铜器铭文。

许慎分析字形,根据相传的六书说(见"六书")。象形、指事由字形以见义,如说"气,云气也,象形""⊥,高也,此古文上,指事也"。会意、形声则分别其组合成分,如"此,止也。从止从匕,匕即相比次也"。又"赏,赐有功也,从贝尚声"。凡言"从某从某"或言"从某某",都是会意字;凡言"从某某声"的都是形声字。书中也有会意兼形声的,如"贫,财分少也,从贝从分,分亦声"。也有言"从某某省声"的,如"夜,舍也,天下休舍也,从夕,亦省声"。许慎做了这些分析,对我们理解篆书的结构大有帮助,下而考察隶变也可以知道其来龙去脉,不知篆书形体,就难以明其音义,如"夜"之从夕从亦,"春(萅)"之从艸从日,屯声,都是从篆书演变成今体的。所以清代道光年间黄承吉说(《梦陔堂文集》卷二《字义起于右旁之声说》):"不有《说文》,势必至今日举一字而不知其为何声,不知其为何义,甚至不知其属何偏旁。"《说文》中的训释,或因形以说义,或取书传中的古训,灿然具备,虽为字书,实际也是一部极为重要的训诂书。后代的字书都援引《说文》训释,以为典要。至于依照《说文》的偏旁分部来编排文字的,更多不可数。晋代吕忱的《字林》、梁代顾野王的《玉篇》、宋代司马光等的《类篇》,下至明代梅膺祚的《字汇》、清代张玉书等的《康熙字典》等都按偏旁部首排列文字,惟部首多寡有不同而已。直至现代所编的字典辞书也要应用部首检字的方法。由此可见《说文》一书在中国字典学史上地位之重要。

《说文》在唐代虽然传习不废,但善写篆书的不多。代宗大历年间李阳冰善于规摹李斯小篆,并刊定《说文》,修正笔法,而臆说颇多。到南唐时徐铉、徐锴兄弟二人精究《说文》,徐锴作注,名为《说文解字系传》,凡40卷,详解许书,并纠正阳冰之误。南唐亡,徐铉入宋,于宋太宗雍熙初奉诏校定《说文》,将原书15卷各分上下。《说文》传本旧有后人所加音读,互有异同,徐铉改用唐代孙愐《唐韵》反切为定。经传古籍通用字有不见于《说文》的也作为"新附字"增入。书成奏上,由国子监雕板传布。今日所见《说文》,除《说文解字系传》外,有徐铉校定本。徐铉本通称大徐本,徐锴本通称小徐本。两本文字的次第略有不同。大徐本有《四部丛刊》影印宋本。原本为汲古阁书,后归王昶,又归陆心源,今归日本东京静嘉堂文库。大徐宋本还有清代覆刻本,以孙星衍《平津馆丛书》原刻本讹字较少。同治间番禺陈昌治覆刻孙星衍本改为一篆一行,检索最便,有中华书局影印本,并附有索引。徐锴书除《四部丛刊》影印述古堂抄本外,以清代祁寯藻翻刻影宋本最善。

《说文》尚有唐写本木部残卷一卷,存188字,清同治间莫友芝曾覆刻传世,并加笺识案语,名为《唐写本说文解字木部笺异》。原件现藏日本大阪杏雨书屋。另又有口部数字,也是唐本,似为日人摹本。以木部残卷而论,胜于大徐本处甚多。又徐锴编有《说文解字篆韵谱》一书,按唐本《切韵》韵次编排《说文》文字,徐铉又按唐代李舟《切韵》改订,意旨在于取便检查,稍具训诂而已。南宋时,李焘又有《说文解字五音韵谱》,依据宋代韵书编列,始"东"终"法"。三种韵谱都有传刻本。

《说文》中保存大量古字古义,为研究古代典籍和研究古文字必读之书。清代汉学昌盛,学者对《说文》最为重视。有的校勘《说文》,有的为《说文》作注,有的研讨《说文》的体例以及书中的引经、读若之类,著作如林,纷然并陈,知名的不下百余种。其中最著称的有段玉裁的《说文解字注》、桂馥的《说文解字义证》、王筠的《说文解字句读》、朱骏声的《说文通训定声》四家。

段玉裁从校勘刻本文字,考究许书体例入手,对全书详加注解,引据经传诠释许说,以许慎所加字义为字之本义,进而推衍其引申义、假借义,并定其古韵部属。考证详明,博大精深,创见极多,但也不免有武断处。

桂馥的《义证》意在证明许说,首先博引群书诂训,或数义,或十余义,依次序列,兼收详载,不加案断,供学者参订。然后别起,解说许书原文,厘订二徐讹误,资料丰富,条理秩如,极便参考。

王筠的《句读》在段、桂两家之后,就以段、桂所注和其他学者所论博观约取,取其精当处录出,而又略有增易更正,以便学者诵习。王筠又作有《说文释例》一书,专为解释许书体例而作。

朱骏声的《说文通训定声》改变编排方法,以古韵十八部为纲领,同部的按不同谐声声旁分别排列,声旁相同的字顺序列在一起,改换了《说文》原本的次序,除解说许慎的训释以外,旁及字义的引申和假借,并且在许书原有的文字之外另附汉魏以前书中所见的字,以当补阙。

这四家的书各有特点,对文字学和训诂学都有极大的贡献。清人研究《说文》的著述极多。近代丁福保曾搜集所有关于《说文》的著述,不论卷帙多寡,汇总集为一书,名为《说文解字诂林》,举一字而众注俱在,极便研究。正编之外又有续编,搜罗不遗余力,琅玕珠玉,巨细不遗,可以说是许学渊海了。

俗名

也说俗言、俗呼,指在口头上普通话的名称。例如《尔雅·释木》:"遵,羊枣。"郭璞注:"实小而员。紫黑色。今俗呼之为羊矢枣。孟子曰:曾晳嗜羊枣。"按依郭注,羊矢枣今北方俗名"黑枣",像柿子,小而黑,味极甜。同书《释草》"荄,根"郭璞注:"别二名,俗呼韭根为荄。""俗"经常对"雅"而言,"雅"是接近书面的文语的,"俗"总是口头上说的。

俗体

指民间手写的跟字书写法不合的汉字字体,例如"盡"作"尽"、"備"作"俻"、"答"作"荅"、"覓"作"覔"、"變"作"变"、"敵"作"敌"、"顧"作"顾"、"獻"作"献"。俗体字从六朝已入碑刻,到隋唐时代俗体字更加增多。俗体字最大的特点是改变笔画,而有的字声旁也有更改,如"燈"作"灯"、"墳"作"坟"、"驢"作"驴"、"遷"作"迁"等字都是俗体。唐代颜元孙《干禄字书》和王仁昫的《刊谬补缺切韵》里所收俗体字极多。宋元以后在戏曲小说刻板书画还经常应用一些俗体字,其中很多字一直到现在还有应用,有不少已作为正式的简化字。参见"《宋元以来俗字谱》"。

唐兰(1901—1979)

中国古文字学家。字立庵,浙江嘉兴秀水县人。早年曾就读于江苏无锡国学专修馆3年,后从事《说文解字》和古文字研究,深为罗振玉、王国维所称许。1932年开始为各大学所延聘,讲授古文字学,1946年任北京大学教授。中华人民共和国建立后,调故宫博物院任陈列部主任、研究员、副院长等职。唐兰研究古文字最服膺清代孙诒让的偏旁分析法。识字至多,不为臆断,为学者所推重。所著有《古文字学导论》《殷虚文字记》《天壤阁甲骨文存》《中国文字学》等专著。《古文字学导论》是一本关于研究古文字的理论和方法的书,提出许多极重要的见解。《中国文字学》中对古代文字的起源和文字的发展及演化,论述极详。他不取古人的六书说,而别创造字的三书说,即象形、象意和形声,自成一家言。其他考证古文字的文章见于《国学季刊》《考古学报》《文物》等刊物。长沙马王堆汉墓帛书出土后,积极参加整理工作,考释出来的文字极多。

通名

指一事物在广大语言地区内的共同的名称。例如"玉米"是一般的称谓,是通名,"玉蜀黍"是学名,"苞谷"是方言。又如"粟"是古书上用的名称,现在则通称"小米"。"莱菔"是书面上用的名称,如中草药有"莱菔子",而口语通称曰"萝卜"。"玉米、小米、萝卜"都是现在较为通行的名称,所以称之曰通名。

《通俗编》

辑录通俗词语加以解释,属于俗语考源一类的书。清代翟灏编。翟灏字大川,一字晴江,浙江仁和人。生于乾隆元年(1736),卒于乾隆五十三年(1788)。乾隆十九年中进士第,曾任金华府学教授。本书采录前代书中所出现的各种常用词语,分天文、地理、时序、伦常、仕进、政治、文学、武功、仪节、祝请、品目、行事、交际、境遇、性情、身体、言笑、称谓、神鬼、释道、艺术、妇女、货财、居处、服饰、器用、饮食、畜兽、禽鱼、草木、俳优、数目、语辞、状貌、声音、杂字、故事、识余等 38 类。每类为一卷,共 38 卷,5000 余条。每条举出出处,有的出于经史,有的出于笔记、诗文,大都是一般口语里常说的词句,对考查一些词语的解释和故事的出典以及民间风俗等极为有用。不过品类较杂,关于作者、卷数篇名等项所记不很完备,是其缺点。同时钱塘人梁同书又作有《直语补正》一书,载《频罗庵遗集》卷十四,专记民间口头俗语,可与《通俗编》相补充。两书有 1958 年商务印书馆排印本。

通训

在字书或古书的注释当中对多义字(词)根据通常使用的意义所加的解释。例如"庸"字训"用",训"常",训"众",其中在古书中训"用"者为常见的训释,这就可以说是通训。又如"端"字训"正",训"始",训"本"(大端),训"耑末",在古书中训"正"者为常见的训释,"正"就是通训。不过"庸"训"常"、训"众"以及"端"训"始"、训"本"也一样是常常使用的意义。凡是一般常有的解释都可以称为通训。但是如《左传·昭公十三年》"吾庸多矣","庸"训为"功";《礼记·乐记》"端冕而听古乐","端"为玄衣,那就不是通训了。

《通雅》

杂考事物名称和训诂、音韵的书。明代方以智撰。全书 52 卷,卷首 3 卷。《四库全书总目》归入杂家杂考类。

方以智(1579—1671),字密之,安徽桐城县人,崇祯十三年(1640)进士及第,曾官翰林院检讨、礼部侍郎、东阁大学士。明亡为僧,法名弘智,字无可,卒于清康熙十年(1671)。平生博览群书,他说:"学惟古训,博乃能约。"这部书就是他平日读书考释字词音义积累纂集而成的。因为他在博学的基础上,要"观古今之通",所以命名为《通雅》。

书首卷一为"音义杂论",卷二为"读书类略"和"小学大略",卷三为"诗说"和"文章薪火"。书中由卷一至卷五十二分为疑始、释诂、天文、地舆、身体、称谓、姓名、官制、事制、礼仪、乐曲、乐舞、器用、衣服、宫室、饮食、算数、植物、动物、金石、谚原、切韵声原、脉考、古方解诸目，门类很细。举凡名称、事物的音义都原原本本详为考证，辨驳音义相传之误。

方以智说："小学有训诂之学，有字书之学，有音韵之学。"《疑始》一卷和《切韵声原》一卷是讨论古今音韵的，《释诂》是专讲词义的，《谚原》是讲方言俗语的。从他的书里我们可以看到很多有关文字、声音、训诂的精辟的见解，例如他说（《音义杂论》"方言说"条）："欲通古义，先通古音。"这就是很重要的创见。由于他理解到音与义之间的关系，所以在讲古今方俗语词时就能从声音相转上观其会通，例如他在卷一《疑始》"爾你而若乃一声之转"一条下说："爾又为尔，尔又音宁礼切，俗作你，犹兒之有倪音也。"又卷四十九《谚原》中说："某，古梅字。母、亩、每、马声皆通转。故今京师曰作么，读如麻；江北与楚皆曰么事，读如母；而南都但曰甚。苏杭读甚为申驾反，中州亦有此声。而秦晋之咱，则怎之转也。"这种用声音贯串的方法来研究语词的音义对清人有很大的影响。

通语

指在广大地区里通常共同说的词语。见于汉扬雄所作的《輶轩使者绝代语释别国方言》（简称《方言》）。"通语"是对"方言"来说的，即不是一方一地之言，例如《方言》卷一说："娥、𡢻，好也。秦曰娥，宋魏之间谓之𡢻。秦晋之间，凡好而轻者谓之娥；自关而东，河济之间谓之媌，或谓之姣；赵魏燕代之间曰姝，或曰妦。自关而西，秦晋之故都曰妍。好，其通语也。"扬雄所说的"通语"就是各地能通行的普通词语，含义也是一般性的，跟各地特有所指的方言词语不同。在扬雄书里"通语"有时也说"凡语"。

同源字

在汉字里有很多音同义近或音近义同的字。这类字往往是语出一源，如"广"与"旷"、"坚"与"紧"、"空"与"孔"、"宽"与"阔"、"改"与"更"之类，语义相通（或相同），声音相近（或相通转），所以称之为同源字。如果语音毫无关涉，或音虽近而意义相去极远，就不能称为同源字。音同音近是推断是否同源的关键。假借字和异体字都不是同源字。因为假借字不是同义词或意义相近的词，异体字则是一个字的两种或几种不同的写法，只是同字而已，谈不上同源。同源是历史的概念。在汉字发展的过程中，一字一义的固然不少，一字兼有数义的也很多。如数义各不相关，这个字实际上是代表着几个不同的词，只是同音而已，当然也谈不上同源。

同源字实际也就是同源词。不同文字的同源等于是追溯语源。在声音上，就必须以上古音的声韵部类为基础去探求上古的读音；在意义上，就必须以古代的训诂和古籍中应用的词义为根据；分别何者为同源，何者非同源。研究同源字是一件很繁难的事，要把形音义三方面联系在一起去探讨。参见"字族、词族"。

王国维（1877—1927）

中国史学家、语言文字学家、文学家。字静安，号观堂，又号永观，浙江海宁人。幼年肄业于杭州崇文书院。1898 年入上海罗振玉所办的东文学社，学习外语、哲学、文学等新学。1907 年与罗振玉同在学部任职。辛亥革命后，随罗振玉避居日本京都，开始进行古文字研究。1916 年回国，在上海英人哈同所办仓圣明智大学任教授。1922 年曾任北京大学研究所国学门通信导师。1925 年到北京，任清华研究院教授。1927 年投颐和园昆明湖自尽。

王国维平生著述宏富，成就甚多，而且能开风气之先。他在古文字研究方面，成绩最超卓的是甲骨文。因为罗振玉藏有两三万片甲骨，王国维利用这些材料考释出不少文字，而且他能以地下出土的这些实物材料跟史书相参证，作《殷卜辞中所见先公先王考》《殷卜辞中所见先公先王续考》，系统地考明商代的先公先王的名号、世系和称谓，立论精确，为学者所叹服。又为哈同作《戬寿堂所藏殷虚文字》，诠释文字也多有发现。对甲骨学贡献极大。

王国维在金文研究方面也是成绩超卓的，所著《宋代金文著录表》和《国朝（清朝）金文著录表》是检索宋代和清代书中所著录的有铭文的铜器的重要参考书。他还写了 10 多篇考释青铜器铭文的单篇文章，收入《观堂集林》。王国维解释文字极为矜慎，不知者则阙而不论，不为穿凿附会之说。他在《毛公鼎考释序》里说："今日通行文字，人人能读之解之。《诗》《书》、彝器亦古之通行文字，今日所以难读者，由今人之知古代不如知现代之深故也。苟考之史事与制度文物以知其时代之情状，本之《诗》《书》以求其文之义例，考之古音以通其义之假借，参之彝器以验其文字之变化，由此而之彼，即甲以推乙，则于字之不可释、义之不可通者，必间有获焉。"这一段话就是考释彝器铭文的方法论。由此可见王氏研究古文字深得三昧。他还提出"战国时秦用籀文，六国用古文说"，也为学者所承认。

王国维除对古史、古文字研究有贡献外，对古音和训诂也有许多重要论著，如《补高邮王氏说文谐声谱》《联绵字谱》《与友人论〈诗〉〈书〉中成语书》《〈尔雅〉草木虫鱼鸟兽名释例》《书郭注方言后》等都是信今传后之作。总之，王氏治学贵在闳通，实事求是，不固守前人成说，能精心比证，以实物与史书参验，决定是非，所以所得独多。

王念孙（1744—1832）

中国清代音韵学家、训诂学家、校勘学家。江苏高邮县人。字怀祖，号石臞。生于乾隆九年，卒于道光十二年。幼从父安国读书，稍长，从休宁戴震学。乾隆四十年乙未（1775）为庶吉士，改工部都水司主事。嘉庆初年，官直隶永定河道。连年治水，最后因永定河水异涨罢官。居京师旃檀寺第，以著述自娱。著有《广雅疏证》10 卷（见“《广雅》”）、《读书杂志》82 卷。王念孙对经传诸子最熟，而学问师承戴震，以音韵之学为根基。曾辨析《诗经》《楚辞》《淮南子》《易林》等书用韵，定古韵为 21 部，同时对古书中文字的假借、声音的通转都深有领会，所以超轶前人，独有创获，他认为“训诂之旨本于声音，故有声同字异，声近义同”，就古音以求古义，不必限于文字形体。在旧日训诂学的基础上有了新的发展，趋向于字族、词族的研究。《读书杂志》一书，校订古书的讹误，疏解前人的疑义，大都确凿不易，对校勘学的发展也有很大的影响。《广雅疏证》《读书杂志》旧有木刻本，现在都有新的影印本。王念孙又有《方言疏证补》《释大》和《毛诗群经楚辞古韵谱》等著作，罗振玉都根据遗稿印入《高邮王氏遗书》内。

王先谦（1842—1917）

中国清代经学家、训诂学家。湖南长沙人，字益吾，号葵园。生于清道光二十二年，卒于民国六年。同治进士，曾任国子监祭酒、江苏学政、湖南岳麓书院和城南书院山长。平生致力于经学和史学，并且从事训诂研究和古书注释。著有《诗三家义集疏》《汉书补注》《后汉书集解》《荀子集解》《庄子集解》等书。毕沅原有《释名疏证》一书，惟注释疏略，王先谦又作《释名疏证补》一书，补其不备。王先谦除著书外，又曾继阮元之后辑刊《皇清经解续编》209 卷，为研究清代经学提供了极大便利。

王引之（1766—1834）

中国清代训诂学家，江苏高邮人。祖王安国，吏部尚书。父王念孙，直隶永定河兵备道。王引之字伯申，乾隆六十年（1795）举人，嘉庆四年（1799）进士，由翰林院编修为礼部尚书，又改为工部尚书。平生由治经学而深究训诂之学，用训诂以说经，又用训诂以校正群经。其学主要出于庭训。所著有《经义述闻》32 卷、《经传释词》10 卷。《经义述闻》所述,包括《易》《书》《诗》《周官》《仪礼》《大戴记》《小戴记》《春秋内外传》《公羊传》《穀梁传》《尔雅》等书,不为凿空之谈,不为墨守之见。前人聚讼不解的,以合于经意者为断。既熟于汉学的门户,而又不囿于汉学的藩篱。善于以声求义,发前人所未发。字有假借,则求其本字,以正其解,所以成就最多。书末卷三十一、三十二所载"通说"53条,更是精粹所在。所著《经传释词》一书专为解释经传中的语词而作,自九经三传以及周秦两汉之书凡有虚词的文句都一一搜讨诠释,"揆之本文而协,验之他卷而通",为后来研究虚词的人开辟了一条门径,贡献极大。

王筠(1784—1854)

中国清代文字学家。字贯山,一字菉友,山东安邱人。道光元年举人。生于乾隆四十九年,卒于咸丰四年。平生精究《说文》之学,所著有《说文释例》20卷、《说文解字句读》30 卷、《说文系传校录》30 卷。《说文解字》段玉裁注早出,《说文》大例,段氏虽有论说,但不完备,所以王筠又别为《说文释例》一书,补充段氏。其中同部重文、异部重文例,分别精细,确不可易。《说文解字句读》根据《说文》段注、桂馥《说文解字义证》和严可均《说文校议》三家书,斟酌损益,取长截短,疏解许说,而又参以己见,力求简约易读,以便初学诵习,所以名曰《句读》。稿凡三易,10 年才写成书。态度平实,既崇敬段氏之精深,又推重桂氏之博洽,但意有不同,也必称心而出,不为模棱两可之说。《说文系传校录》是就杭州朱文藻所作《说文系传考异》而改作,根据徐铉本不同的刻本和徐锴《说文解字系传》不同的刻本互相比证,以定是非,可为读《系传》者参考。

《五经文字》

一种辨正经传文字形体的书。唐代宗大历十一年(776)国子司业张参撰。张参,新旧《唐书》无传,《新唐书·宰相世系表》"河间张氏"下有张参名,或即此人。清代朱彝尊《五经文字跋》说:"按《孟浩然集》有《送张参明经举觐省诗》,《钱起集》有《送张参及第还家作》,而'郎官石柱题名'参曾入司封员外郎之列,盖参在开元天宝间举明经,至大历初佐司封郎,寻授国子司业者也。"

大历十年六月张参奉诏校勘五经文字,并且书于太学屋壁。随后又收集疑文互体,根据汉熹平石经和《说文解字》《字林》《经典释文》等书,收经传文字3235 字,依据偏旁部首排列,凡 160 部,分为 3 卷。所收文字除见于《易》《书》《诗》《礼》《春秋》五经的以外,也兼收《论语》《尔雅》中的字。每字加注读音,而以注反切为主,兼注直音,所注反切多与《字林》音相合。经书文字的楷书写法自有《五经文字》以后才有了一定的准绳。所以这本书对汉字的规范化起了极大的作用。

不过,这本书的分部并不完全合乎《说文》。书中既以偏旁形体分部,但在分部上有以形旁为部首的,又有以声旁为部首的,如木部、手部为形,而才部、且部为声。或一部之内有以部首为形的,又有以部首为声的,未免与分部之意不合。又如艹部、十部之字随意割取偏旁,更为凌乱,不足为法。

原书最初书于国学讲论堂东西厢屋壁,后来改为木版。唐文宗间刻石经,附于九经之后。清代《后知不足斋丛书》从唐石本覆刻,字大清晰,最佳。

《戏曲词语汇释》

解释金元戏曲词语的书。陆澹安编著,1981 年上海古籍出版社印行。此书所收词语,以见于金元院本杂剧和诸宫调为主,明清传奇的词语则未收录。诸宫调有《刘知远诸宫调》、董解元《西厢记》;院本杂剧包括臧晋叔《元曲选》、《元杂剧三十种》《孤本元明杂剧》等书所收。

全书词语的排列以第一字笔画多寡为序。每一词语均举出例证,注明出处。一词语有多种意义的则分别解释。有些词语往往与元明小说中所用的相同,在解释中则引为旁证。戏曲词语中有些行话、市井土语和少数民族语言与一般普通词语不同,也都一一分别注明。不过有些不常用的字没有注出读音,是其缺点。书中更没有列出资料引用目录,也未免美中不足。戏曲中有些常见的成语,作者另辑为《戏曲成语汇纂》一卷附于书后,可为研究成语者参考。

《现代汉语词典》

一部以记录普通话语汇为主的中型词典。中国社会科学院语言研究所词典编辑室编,1979 年商务印书馆出版。词典中所收条目,包括字、词、词组、熟语、成语等,共约 5.6 万余条。本词典注重推广普通话和促进汉语规范化,所以在字形、词形、注音以及释义各方面都具有革新的精神。为适应广大读者的需要,除一般语汇外,也收了一些常见的方言词语和旧时使用的部分旧词语,以及现代书面上还常见的文言词语。另外,还收了某些习见的专门术语。这是现在通用最广的一部词典。

在这部词典以前,也曾经有过现代语词典问世,但是收词、释义都有不足之处,其中新词较少,释义也往往失于笼统,不够确切精当,而又缺少用例。这部词典就大不相同,其中有很多创新的地方,收词方面较广,选择较细。解释特别注意科学性、知识性和准确性,力求详明。必要时还注明是口语还是书中用的文语或是方言。一词多义的,尽量根据实际用例,区别其意义,有分析,有综合,并且兼顾到语法和词与词在搭配上出现的意义。这些都是优点,远非旧词典所可比拟。

这部词典在单字条目下统领多字条目。单字条目和多字条目都有字形相同而字音或字义不同的现象,书中都分别处理,各立条目,如"好"(hǎo)和"好"(hào)形同而音义不同;"薄"(báo)和"薄"(bó)形义相同而音不相同,各有适用范围。如此之类都分立条目,不使相混。这种处理方法是创新的方法,使读者由此可以分别形音义三者之异同。体例精当,审辨明晰,是本书的特色。

《小说词语汇释》

解释中国古代小说词语的书。陆澹安编著,1964 年中华书局出版。本书选择清代以上通俗小说 64 种,搜集其中不易索解的词语加以简单解释,并列举两三条出处。在解释中也常常举元曲中所见者为例,有举一反三的便利,所出条目有 8000 多条,其中有些是方言和行话。收集面也比较宽,对阅读古代话本小说颇为有用。但有些词语难字未附加注音。本书在词语汇释之后又附《小说成语汇纂》2000 多条,大都是古今相传的人民口头语,对研究语言的历史,考察人民的风习、思想和道德文化方面也有参考的价值。

《小学钩沉》

辑录古代训诂资料的书。清代任大椿编辑,共 19 卷。任大椿(1738—1789)字幼植,一字子田,江苏兴化县人,乾隆三十四年(1769)进士,由礼部职转为四库书馆纂修,官至陕西道监察御史。此书从前代古书中钩稽已亡佚的字书、韵书和训诂书,以其逸文按书分别编录,所以名为《小学钩沉》。其中包括《仓颉篇》(附《仓颉训诂》《仓颉解诂》)、《三仓》(附《三仓训诂》《三仓解诂》)、《凡将篇》、《古文官书》(附《古文奇字》《郭训古文奇字》)、《劝学篇》《圣皇篇》《通俗文》《埤苍》《古今字诂》《杂字》《声类》《辨释名》《韵集》《杂字解诂》《难字》(周成)、《小学篇》《字苑》《字林》、《音谱》(李概)、《纂文》(何承天)、《纂要》《文字集略》《广苍》、《字统》(杨承庆)、《韵略》(阳休之)、《证俗音》《文字指归》《切韵》《字书》《字体》《异字苑》《字类》《字谜》《古今字音》《声谱》《证俗文》《异字音》等。各书大体按照年代早晚排列。任大椿还著有《字林考逸》《深衣释例》《弁服释例》《释缯》等书。此书前 12 卷经王念孙校订,后 7 卷由王引之刊正。书前原有仪征施朝干所撰墓志、嘉庆二十二年(1817)汪延珍序言,今并失去。现在通行的是光绪年间刻本。

《小学蒐佚》

辑录已经亡佚的文字音韵训诂之类的书 76 种,清末龙璋(1854—1918)编纂。清代学者辑录小学佚书始自任大椿(1738—1789)、孙星衍(1753—1818)。任大椿有《字林考逸》《小学钩沉》,孙星衍有《仓颉篇》,主要辑自唐代玄应的《一切经音义》所引各种字书。清光绪七年(1881)黎庶昌(1837—1897)出使日本,得见许多古佚书,如顾野王原本《玉篇》、杜台卿《玉烛宝典》都是中国久已失传的书。后来唐释慧琳的《一切经音义》100 卷、辽僧希麟《续一切经音义》10 卷,又都由日本相继传入国内,由是补辑小学书的人渐多,如顾震福的《小学钩沉续编》、陈其荣辑《小学三种》。但引书卷次,标列不详,而且所辑佚书尚不足 50 种,所以龙璋又进行辑录。自《仓颉》以下,共计 76 种。其中分上下两编,上编属于字书和训诂书,有 54 种;下编属于音韵,有 22 种,可以说是集古代小学书之大观。此书主要利用慧琳《一切经音义》,引书都注明卷数。字书之部,每种都依据《说文解字》《玉篇》分部编次集录;音韵之部每种都依据《广韵》四声分韵编录,颇便于检阅,远胜前人所辑的小学书。惟因排印于湖南,印本不多,流传不广。

《新译华严经音义》

解释《华严经》中文字音义的书,一般略称《华严经音义》。唐代释慧苑作。此书见于智升《开元释教录》,《新唐书·艺文志》未著录。《开元释教录》说:"慧苑,京兆人,华严藏法师上首门人。勤学无惰,内外兼通,华严一宗,尤所精达。以新译之经未有音义,披读之者取决无从;遂博览字书,撰成二卷,俾读之者不远求师,而决于字义也。"这里所说的"新译"是指唐武后证圣年间实叉难陀所译,凡 80 卷,与东晋义熙末佛陀跋陀罗所译 60 卷不同。华严藏名法藏,字贤首,康居人,唐玄宗先天元年(712)卒。慧苑生于盛唐,所引古书的注解和古字书颇多。可供学者辑佚采录,以为研究古代训诂者参考。

此书有 2 卷本和 4 卷本。原书依《释教录》当是 2 卷,宋藏、明南藏为 2 卷,明北藏才各分为两卷,成为 4 卷本。旧有清代臧镛堂删节本,又有《守山阁丛书》本和《粤雅堂丛书》本。书名都题为《大方广佛华严经音义》。

形训

根据汉字的形体结构解说字义的训诂方式。据形说义,在先秦古书里已经出现,例如《左传·宣公十二年》:"夫文,止戈为武。"《昭公元年》:"于文,皿虫为蛊。"《韩非子·五蠹》:"古者仓颉之作书也,自环者谓之厶,背厶谓之公。"这些都是从字形的结构上讲字义的。"武"字从止从戈,意思在于武以定乱。"蛊"字从虫从皿,皿中有虫,有如腹中有虫为害。"公"字从八从厶(私),八是背的意思,所以说"背私为公"。汉代许慎作《说文解字》是注重解说文字形义的书,其中字下所加训释属于形训的例子很多,举例如下:

示:天垂象见吉凶,所以示人也。从二(古文上字)。三垂,日月星也。观乎天文,以察时变。示神事也。

王:天下所归往也。董仲舒曰:古之造文者,三画而连其中谓之王。三者,天地人也,而参通之者王也。

小:物之微也。从八。丨见而分之。

公:平分也,从八厶(段玉裁注:八厶背私也。八犹背也。韩非曰:背厶为公)。

右:手口相助也。从又从口(段玉裁注:又者,手也。手不足,以口助之)。

名:自命也。从口从夕。夕者冥也,冥不相见,故以口自名。

品:众庶也。从三口。

喿:鸟群鸣也。从品在木上。

古:故也。从十口,识前言者也。

十:数之具也。一为东西,丨为南北,则四方中央备矣。

这些都属于形训。形训只是训诂的一种方式,用意在于推求造字的本义。不过往往出于主观的推测,最初造字的原意有时是很难说的,只是从古文字中可以窥见一部分。

徐锴(920—974)

中国五代时期文字训诂学家。广陵(今江苏扬州)人,徐铉弟,字楚金。生于后梁末帝贞明六年,仕于南唐,起家为秘书省校书郎;后主李煜时,迁集贤殿学士,终内史舍人。国亡前一年,即宋太祖开宝七年卒。平生著述甚多,今仅存《说文解字系传》40卷、《说文解字篆韵谱》10卷。

徐锴精通文字训诂之学。《说文解字系传》实际就是《说文解字》注。因尊崇许慎,以其书为经,而自谦所作训解为传。这部书是自汉魏以后最早的一部有系统的、比较详密的注解。书中卷一至三十为《通释》,随文解释许氏原书的训解。卷三十一至三十二为《部叙》,推寻许书540部排列次序的意义。卷三十三至三十五为《通论》,是阐发文字结构的意义的。卷三十六为《祛妄》,是驳斥前人说字的谬见的。卷三十七为《类聚》,是取同类名物的字说明其取象的。卷三十八为《错综》,是从人事推阐古人造字的意旨的。卷三十九为《疑义》,是论《说文》所阙的字和字体跟小篆不合的。卷四十为《系述》，是说明各篇著述的旨趣的。此书自上秘阁以后，传本极少。今本出自宋苏颂所传，阙卷二十五，用大徐本补足，已非完书。现在流传的刻本有清乾隆间汪启淑刻本，有马骏良刻《龙威秘书》本，又有道光十九年（1839）祁寯藻刻本。三者以祁本最好，且附有校勘记 5 卷，《龙威秘书》本次之。又《四部丛刊》有影印钱氏述古堂抄本，文字也颇有讹误。清代王筠有《说文系传校录》，可参阅。

《说文解字系传》以《通释》部分为主体，除引据前代古书以证明许慎训解外，还指出其他引申的意义，并从谐声字的声旁说明声旁与字义的关系，对后代训诂学家有很大影响。在《通释》中也往往说明古书的假借和古今用字的不同，有时还用今语解释古语，内容极为丰富，足见徐锴对于文字学和训诂学研究之深。《系传》在文字训诂学发展史上占有重要的地位。见"《说文解字》"。

《说文》唐本旧有反切，《系传》改由朱翱另加反切。徐锴所编《说文解字篆韵谱》，则依唐本《切韵》编排文字，目的是便于寻检篆体，原书注释并不完备。有冯桂芬刻本。其兄徐铉据唐代李舟《切韵》重定的本子，有《函海》刻本。

徐铉（917—992）

中国五代时期文字学家。字鼎臣，广陵（今江苏扬州）人。生于后梁末帝贞明三年，卒于宋太宗淳化三年。五代时期仕于南唐李璟、李煜。南唐亡，入宋，太宗时官右散骑常侍，又迁左常侍。事迹见《宋史》卷四四一。他精于文字学，善学李斯小篆。宋太宗雍熙初奉命与句中正、葛湍、王惟恭等校订许慎《说文解字》，一方面改正传写讹误，驳正唐代李阳冰刊定《说文》的谬误；另一方面略加解说，辨正别体俗字。《说文》传本旧有注音，颇不一致，徐铉改用孙愐《唐韵》反切，又增益许慎未收的经典用字，列于每部之末，称为"新附字"。雍熙三年（986）由国子监雕板，流传至今。现在通常应用的有影印宋刻本和覆宋刻本，为研究文字学和学习小篆的人必读之书。徐铉精于篆法。秦始皇东巡会稽，刻石铭功，原石已毁，幸有徐铉摹写石本传世，可与《史记·秦始皇本纪》所载相印证。

许慎（58？—147？）

中国东汉经学家、文字学家。字叔重，汝南召陵（今河南郾城）人。《河南通志》卷四十九说许慎墓在郾城县城东 35 里召陵城下。今据郾城县文化馆调查，郾城县东 30 里召陵故城西三里有许庄，许慎墓冢即在许庄村东一里处。许慎在《后汉书》卷七十九下有传，但未载生卒年。据清代严可均《许君事迹考》和陶方琦《许君年表考》等所考证,许慎约生于汉明帝永平初,卒于桓帝建和初。

据《后汉书》本传称许慎"性淳笃,少博学经籍,马融常推敬之,时人为之语曰'五经无双许叔重'"。曾为郡功曹,后被举为孝廉,又为太尉府南阁祭酒,当即丞相府阁下之令史。安帝永初四年(110)与刘珍、马融等于东观校书。东汉时期,古文经盛行,许慎从名儒贾逵(30—101)问学,通籀篆古文。因鉴于当时俗儒说字解经多与古义不合,所以作《说文解字》15 篇,成于和帝永元十二年(100),到安帝建光元年(121)遣子许冲上之于朝。

《说文解字》以小篆为主,并采录见于秦国所使用的籀文和六国古文,按540 部首编排。每篆注明字义,并说明形体的结构,间或指明读音,是中国最早的最有权威的一部古文字的字典,对后代研究中国古代文字的形音义和文字发展的历史贡献极大。许慎还著有《五经异义》和《淮南子注》,已散佚不存。参见"《说文解字》"。

《续一切经音义》

解释佛经字义的书。辽僧希麟撰。希麟为燕京崇仁寺沙门。唐代慧琳《一切经音义》按照《开元释教录》所载经论作音,自《开元释教录》以后相继翻译的经论及拾遗律传等都没有音义,所以希麟继续模拟慧琳书作音义 10 卷,自《大乘理趣六波罗蜜多经》起至《续开元释教录》止,总有 226 卷。所引古书很多,功用与慧琳书相同。

据陈垣《中国佛教史籍概论》所考证,希麟书当撰于宋太宗雍熙四年(987),即辽圣宗统和五年。此书有 1745 年日本高野山北室院沙门尧昌据高丽藏雕印本。丁福保曾据以影印,与慧琳书并行。参见"《一切经音义》(慧琳)"。

雅学

指研究《尔雅》的学问。古人有"仓雅之学"的说法。"仓"指《仓颉篇》,"雅"指《尔雅》。《仓颉篇》是字书,《尔雅》是训诂书。"仓雅之学"就是文字训诂之学。《尔雅》是中国最早纂集经传文字训诂的一部书,是战国以至秦汉之际研究文字训释的人陆续编定的。汉魏时期已经有人作注,如樊光、李巡、孙炎都有注本。孙炎还有《尔雅音》。到了东晋时,郭璞又错综樊、孙,补其阙失,作《尔雅注》3 卷,博洽周赡,远胜前人,一直传流至今。自郭璞以后研究《尔雅》的书就很多了,魏晋下至梁陈作《尔雅音》或《尔雅音义》的见于陆德明《经典释文》所载有好几家。宋代更有为郭注作疏解的,如邢昺作《尔雅疏》;有另为《尔雅》作注的,如郑樵作《尔雅注》。到了清代,著述更多,有校订《尔雅》文字的,有解释《尔雅》体例的,有仿照《尔雅》体例纂录古书的训解编排成书的,统归雅学之列。清代光绪间湖南胡元玉著有《雅学考》一书,收入《长沙胡氏杂著》,记述清代以前有关《尔雅》的著作,可资参考。清代有关雅学的著作极多,是雅学昌盛的时期。

雅言

这个名称最早见于《论语》。《论语·述而》篇说:"子所雅言,《诗》《书》、执礼皆雅言也。"这句话的意思是说孔子在读《诗》《书》和作傧相赞礼的时候都说的是雅正之言,即当时中夏区域的共同语,犹如明清时代所说的官话。

清代刘台拱在所著《论语骈枝》里解释"子所雅言"说:"五方之俗不能强同,或意同而言异,或言同而声异,综集谣俗,释以雅言,比物连类,使相附近,故曰尔雅。《诗》之有风、雅也亦然。王都之音最正,故以雅名;列国之音不尽正,故以风名……雅之为言夏也,孙卿《荣辱篇》云:'越人安越,楚人安楚,君子安雅。'……又《儒效篇》云:'居楚而楚,居越而越,居夏而夏,是非天性也,积靡使然也。'然则雅、夏古字通。"根据他这一段解释,可以理解"雅言"跟一般的"方言"有所不同。雅言是区域间的共同语,通行的地区广,有如说是广大地区的标准语。方言则不然,只流行在某一地区而已。因此"雅言"可以跟"方言"对称。

"雅言"作为一个词,还有另一个意义,是跟"俗言"相对称。"雅言"指文雅的语言,指一般书面语而言;"俗言"则指口头的俚俗语而言,例如"青蛙"是雅言,"蛤蟆"就是俗称;"蟋蟀"是书面用语,而"蛐蛐儿"就是口语。

谚语

人民口里常用的现成的话。谚语类似成语,但口语性强,通俗易懂,而且一般都表达一个完整的意思,形式上差不多都是一两个短句,例如"吃一堑,长一智""远水不解近渴""吹什么风,落什么雨""忙中必有错""笨鸟儿先飞"之类,都是人民在生活实践中总结出来的带有实际经验的话。谚语内容包括极广,有的是农谚,如"清明前后,栽瓜种豆""六月六,见谷秀";有的是事理谚,如"种瓜得瓜,种豆得豆""有志者事竟成";有的属于生活上各方面的常识谚,如"饭后百步走,活到九十九""七九河开,八九雁来""百里不同风,千里不同俗""没有规矩,不成方圆"等等。类别繁多,不胜枚举。谚语跟成语一样都是语言词汇整体中的一部分,在表达思想感情方面可以增加语言的鲜明性和生动性。

《一切经音义》(慧琳)

解释佛经字义的书。唐代翻经沙门释慧琳撰。唐贞观间玄应曾撰《众经音义》25 卷(后来也称为《一切经音义》)。慧琳这部书所注的是贞观以后新翻译的经论和玄应没有注过的一些书,凡 100 卷,始于《大般若经》,终于《护命法》,总 1300 部,5700 余卷。他把玄应《音》和慧苑《华严音义》也收纳在一起,可以说是一部佛经音义集大成的书。据卷首试太常寺奉礼郎景审序称,大兴善寺慧琳法师姓裴氏,疏勒国人,为不空三藏弟子,精于密教,对华夏文字声韵和印度声明都很有研究。书中所定字音以元庭坚《韵英》和张戬《考声》为准则;释义以《说文解字》《字林》《玉篇》《字统》《古今正字》《文字典说》《开元文字音义》等书为主,兼考经史注释,训诂典籍,用力 20 余载,以德宗建中末年(783)创制,至宪宗元和二年(807)才完成。元和十二年(817)二月三十日绝笔于西明寺。慧琳事迹也见于宋赞宁《宋高僧传》,惟说起笔于德宗贞元四年(788),迄元和五年(810)绝笔,以元和十五年(820)庚子卒于所住,春秋八十四。跟景审所述略有不同。但景审为当时人,似当以景审所说为是。

慧琳书成于中唐时期,所见古书极多。审辨声音,诠解字义,原原本本,较玄应书为详,论音,主秦音,不取吴音,如卷四"浮泡"条下注云:"上辅无反。《广雅》:浮,漂也。郑注《礼记》:在上曰浮。贾注《国语》:浮,轻也。《说文》:泛也。从水孚声也。吴音薄谋反,今不取。"案"薄谋反"是《切韵》音,当为六朝相传的旧音,"辅无反"当为《韵英》音,是唐代的北方音。慧琳采用当时的读法,是有道理的。其中解说字义,辨析字形,详引书证,不仅对研究文字训诂有用,而且对辑录古书、校勘古书也大有功用。

此书以高丽藏本最善。通行的为 1737 年日本狮谷白莲社翻刻本。民国十三年(1924)丁福保有影印本,并附通检,极便应用。近年海外已翻印有高丽藏本,行款保持原本之旧,字大悦目,较丁本清晰。

《一切经音义》(玄应)

解释佛经字义的书。唐代大慈恩寺翻经沙门释玄应撰,凡 25 卷。《唐书·艺文志》著录,称《众经音义》,当为原来名称。考《大藏经》唐释道宣《大唐内典录》和本书道宣(终南太一山释氏)序都标题为《大唐众经音义》。今题《一切经音义》是由唐智升《开元释教录》所改。此书存于释藏中。释玄应的事迹即见于《大唐内典录》,《内典录》说:"大慈恩寺玄应法师以贞观末历敕召参传,捃拾藏经为之音义,注释训解,援引群籍,证据卓明,焕然可领。恨叙缀才了,未及复疏,遂从物故。"《开元释教录》同。《内典录》作于高宗麟德元年(664),由此可知玄应当卒于麟德元年以前。玄应以前北齐沙门释道慧曾为《一切经音》。玄应继踵前修,又有撰集,所以深为当时人所重视。

此书仿陆德明《经典释文》例,从经中择字为注,形音义三者兼顾。梵语名号也一律注明音读,解说所译文字当否。注文中所引古书,除经传注释以外,以古字书训诂书为多,《尔雅》《方言》《说文解字》《广雅》《释名》《玉篇》之类是今天还存在的;其中如《仓颉篇》《三仓》《通俗文》《古今字诂》《埤苍》《声类》《韵集》《字林》《字书》之类早已亡佚。清代学者发现这部书以后,从中辑录出多种佚文训释,对研究古代训诂极为有用。

《大藏经》有北藏板、有南藏板。南藏,明洪武刻于南京;北藏,明永乐刻于北京。乾隆五十一年(1786)武进庄炘官于咸宁,曾用咸宁大兴善寺南藏本刊行,并同钱坫、程敦、洪亮吉、孙星衍等人校订文字。然大都宗主《说文》,所说不尽妥当。同治间杭州曹籀又翻刻本书,但讹误尚多。1935年商务印书馆影印南宋苏州陈湖延圣院碛砂藏本,一语一行,极为清楚,讹字也少,仍保留唐本面目。敦煌石室所藏书中有一部分残卷可资参证。国内还有山西赵城藏本。国外藏有高丽藏本。日本又有大治年间释觉严手抄本,略胜国内刻本。日本学者山田孝雄曾以大治本配高丽藏本编为一书,足供校勘之用。

一声之转

训诂书中解说两个词声音相同,语义相通,往往称之为"一声之转"。换言之,就是有双声相转的关系,例如王念孙《广雅疏证·释诂一上》解释"捞、略,取也"这一条时说:"捞,通作劳。《齐语》'牺牲不略,则牛马遂',《管子·小匡》篇作'牺牲不劳,则牛羊育'。劳、略一声之转,皆谓夺取也。"又《释诂四下》"蔫、菸、矮、蔹,也"一条,《疏证》说:"皆一声之转也。蔫者,《说文》:蔫,菸也……菸者,《说文》:菸,矮也……矮者,《说文》:矮,病也。《小雅·谷风》篇云:'无木不萎。'萎与矮亦同。《众经音义》卷十云:'今关西言菸,山东言蔫,江南言矮。'蔹者,《玉篇》云:'败也,萎蔹也。'""捞、略"二字为来母双声字,"蔫、菸、矮、蔹"等字为影母双声字,所以《疏证》都分别说明是一声之转。由双声说明词义之相通,这是训诂学上很有用的一种方法,在郝懿行《尔雅义疏》中更为常见。但是单纯用"一声之转"来说明语义相同或相近,那还是很不够的,最要紧的是要有书面上的佐证。佐证有两种:一是见于字书、训诂书,一是见于前人的文章内有明确的用例。如果不如此,随意立论,往往陷于错误。

《义府》

训诂书。明末清初学者黄生撰。黄生字扶孟,别号白山,安徽歙县人,生于明熹宗天启二年(1662),卒年不详。在明为诸生,入清未仕。精通文字声音训诂之学。

《义府》分上下两卷,以解释经史子集书中的词语文句为主,附带诠释宋代赵明诚《金石录》、洪适《隶释》、北魏郦道元《水经注》所载古碑文和梁陶弘景《周子良冥通记》中的一些词语,考证详明,无凿空臆断之论,如解《书·皋陶谟》"天明畏"即"天明威";解《召诰》"厥既得卜,则经营",释"经营"为"相步其基址也";解《周书·武成》"血流漂杵"为"血流漂樐","樐"为大盾;解《诗·邶风》"死生契阔","契阔"为合离,跟"死生"同为对言;解《孟子·公孙丑下》"寡人如就见者也","如"作"宜"讲;解《周礼·考工记·玉人》"大圭,杼上终葵首",谓斜锐其上,首作锥形,"终葵"二字为"椎"字之切音,急言之曰椎,缓言之则曰终葵。如此之类都精确不易。书中解释《史记》《汉书》的词语,驳正前人误解处尤多。他深知字音相近往往通用,音转字变,而义不变,所以能有所发明,刊正前人之谬误。考证之功力与方以智(1579—1671)的《通雅》不相上下。

黄生还作有《字诂》一卷。《字诂》跟《义府》原只有抄本流传,乾隆时收入《四库全书》。道光间,黄生族孙黄承吉(字春谷,江苏江都人)从文宗阁《四库全书》本过录,把两书合为一书,并加按语,题为《字诂义府合按》。《安徽丛书》即据黄承吉本影印。《字诂》《义府》两书也见钱熙祚所刊《指海》内,《丛书集成》根据《指海》本排印。参见"《字诂》"。

义训

以语词在语言中实际使用的意义直接解释词义,不从字形结构或字的音义关系上去分析推论的训诂方式。义训是对形训和声训而言。古书中文句下所加的注解和字书、辞书里所加的解释一般都是义训。义训总是以通语、常言去解释不易知的文语、古语或方俗语,例如(见《尔雅》):"肇,始也。""干,求也。""揆,度也。""克,能也。""愧,惭也。"这些都是通训。对于名物,经常说明其属类、形状、颜色和功用,如《说文解字》:"璧,瑞玉圜也。""瑗,半璧也(半圆形)。""薰,香草也。""菜,草之可食者。""翠,青羽雀也。""钼(锄),立薅所用也。""涧,山夹水也。""袷,衣无絮。""筤,举土器也。"这都是属于义训一类。

义训解释的方式很多。常用的除了说"某,某也"以外,也说"某谓之某",或"某曰某",如《尔雅·释宫》:"宫中之门谓之闱,其小者谓之闺,小闺谓之阁。"又《释器》:"肉谓之败,鱼谓之馁。"又《释亲》:"妇称夫之父曰舅,称夫之母曰姑。"又《释水》:"水中可居者曰洲,小洲曰陼,小陼曰沚,小沚曰坻。"这些都是训诂中常见的方式。

异体字

指汉字通常写法之外的一种写法,也称或体。这种字跟通常写法相比较,或在形旁上有所不同,或在声旁上有所不同,例如:

①杯:盃　迹:跡　勅:勒　唇:脣

②捶:搥　柸:枹　裤:袴　韵:韻

这里①是形旁不同,②是声旁不同。形旁不同,所表示的意义必然比较接近;声旁不同,声韵必相差不远。现在我们通常写的是前边的一些字,后边的一些字就是异体字了。有时一个字在字书和韵书里有几个异体,因为在社会上都曾经有人使用过,所以就都登录在一起以备检查。

意符

汉字形声字的表意部分。也称形旁。汉字的形声字是由两个字组成的。一个字表示字义所指事物的属类,一个字表示字的声音,例如属于木一类和用木做成的东西,偏旁都从木,如:松、柏、杨、槐、柱、梯、床、楣;属于水名或与水有关的,偏旁都从水,如:江、淮、河、济、深、浅、游、泳、注、污。表示事物属类的称为意符,表示字音的称为声符。

意符在表意方面只是一种粗疏的分别。生活中的事物是多种多样的,词语所代表的概念也是有具体的,有抽象的,古人造字也只能略分大类,把性质类似的、有关系的用同一偏旁来表示其意义,例如,犬是一种动物,"狐、狼、猿、猴"从犬,"狮、獐"大兽也从犬;陆生的矮小的草木从艸,如"蒿、蓬、苏、葱、莎、蘭、蕙、菊、萱",而水生的植物,如"芰、荷、菱、蒲、苇"等也从艸。足见意符只是起粗疏的表类作用而已。

作为意符的字,有些在意义上是相通的。因此有的字有两种写法,这就是文字在使用上出现的异体字,如,秕:粃、鸰:雏、鷄:雞、猪:豬、暖:煖、堤:隄、坂:阪、坞:隖。现在的这类异体经过整理,后面的字已经不用了。

音义书

专指解释字的读音和意义的书。古人为通读某一部书而摘举其中的单字或单词而注出其读音和字义,这是中国古书中特有的一种体制。根据记载,汉魏之际就有了这种书,魏孙炎曾作《尔雅音义》是其例。自晋宋以后作音义的就多起来了。一部书因师承不同,可以有几家为之作音,或兼释义,有的还照顾到字的正误。这种书在传统小学著作中独成一类,与字书、韵书、训诂书体例不同,所以一般称为音义书或称书音。魏晋至梁陈之间的书音已亡佚无存,惟唐初陆德明《经典释文》中采录颇多。在唐代,《史记》《汉书》也有音义,但早已亡佚。史部中只有天宝间何超所作《晋书音义》随《晋书》流传至今。

佛教经典在北齐时也有人作音。到唐代有两部最知名的音义书:一部就是唐高宗时释玄应所作的《众经音义》,另一部是唐宪宗时释慧琳所作的《一切经音义》。包容极富,为研究古音古义的重要参考资料。

《殷虚文字类编》

甲骨文著录。商承祚编。商承祚为罗振玉弟子。罗氏于 1915 年著《殷虚书契考释》一书,1916 年又将不认识的一些甲骨文字编为《殷虚书契待问编》。后来与王国维又增释了不少字。《殷虚文字类编》就是根据罗、王两家之说,并略参己见,按《说文解字》分部次序将《考释》中的文字重行编次而成的。甲骨文一字异形的很多,本书都一一列出,颇便检阅。

引申义

由一个词的本义引申发展出来的相关的意义。例如"生",《说文》:"象草木生出土上。"《广雅·释诂二》:"生,出也。"这是"生"的基本意义,也可以说是"生"的本义。由这个本义引申而有生养、生产、生命等义。又如"徒",《说文》:"步行也。"这是"徒"的基本意义。步行就是不乘车,古时步兵也称为徒兵。引申之,"徒"又训众,如说"圣人之徒"。徒行没有车船,引申之,"徒"又训为空,如说"家徒四壁、徒劳无功"等。引申义通常是对本义来说的,引申义必然跟本义在意念上有一定的联系,否则不能称之为引申义,例如《说文》:"向,北出牖也。"引申为向背的"向"和方向的"向",但向时的"向"就不是引申义了,那是作为假借字而产生的假借义。朱骏声认为是"曏"的假借字。参见"假借义"。

右文

指汉字字形右边的声符。汉字中形声字占大多数,在形声字中意符在左,声符在右的最多,如从木、从水、从人、从言的字,声符大都在右。声符本来是表音的,但是在文字的发展过程中,同从一个声符的字在意义上有时又有联系,这就是声符兼义了。唐代欧阳询《艺文类聚·人部》曾引晋代杨泉《物理论》说:"在金曰坚,在草木曰紧,在人曰贤。"这说明晋人已经注意到声旁相同的字,如"坚、紧、贤"都从臤声,意义是有联系的,到宋代就有人专从声符来说解字义,沈括(1029—1093?)《梦溪笔谈》卷十四说:"王圣美治字学,演其义以为右文。

古之字书皆从左文。凡字,其类在左,其义在右,如木类,其左皆从木。所谓右文者,如戋,小也。水之小者曰浅,金之小者曰钱,歹而小者曰残,贝之小者曰贱。如此之类,皆以戋为义也。"这就是说凡从戋声的字都有小的意义在内。《宋史》卷三二九称王子韶字圣美,太原人。神宗熙宁时阿附王安石,所以神宗与论字学,留为资善堂修定《说文》官。沈括说他解说字义以右边声符来定,"右文"的名称就由是而起。根据右边的声符说字义的这种学说就称为右文说。

宋神宗时,王安石为相,势倾朝野,曾著《字说》24 卷,见于《宋史·艺文志》。《宋史·王安石传》说:"初,安石训释《诗》《书》《周礼》既成,颁之学官,天下号曰'新义'。晚居金陵,又作《字说》,多穿凿傅会,其流入于佛、老。一时学者无敢不传习,主司纯用以取士,士莫得自名一说,先儒传注,一切废不用。"足见当时声势之大。但是他那些谬妄之言,到哲宗元祐中终被禁绝。陆佃作《尔雅新义》或用王安石说,也无可称道。

右文说创自北宋时期,到宋末元初时也有人敷衍其义,关键是声符与字义之间是否绝对相关。事实上,有的相关,有的毫不相关。同从一个声符的谐声字,可能具有不同的意义,例如从叚声的字,如"瑕、騢、霞、蝦"等具有红色的意思,《说文解字》说:"瑕,玉小赤也。""騢,马赤白杂毛。谓色似鰕鱼也。"又大徐本《说文》新附字说:"霞,赤云气也。"但是从叚声的字,如"假、嘏、暇、遐"等另有别的意思,都与红色无关。有的形声字的声符只表音,并不表义,如"江、湖、河、海"等字声不兼义。所以不可执一以概全,牵强附会。

不过,右文说在训诂学上并非毫无价值,这种学说对探讨语词意义的本源还是很有用的,例如从仑得声的字,如"沦、轮、伦、论、纶"等字都具备有条理、有伦次的意思,由此可以执简以驭繁,找出一组字所共有的义素。这从南唐徐锴的《说文解字系传》里已露出根苗,到清代的学者就提出因声求义的训诂方法,进而走向研究字族或词族的道路。因此,对右文说的得失也要有明确的认识。

《玉篇》

一部按汉字形体分部编排的字书。梁武帝大同九年(543)太学博士顾野王撰。顾野王(519—581)字希冯,顾烜之子,吴郡吴人。入陈为国学博士、黄门侍郎。《玉篇》卷首有野王自序和进《玉篇》启,这部书是奉命而作,呈给梁武帝之子萧绎的。书分 30 卷,可是《隋书·经籍志》著录作 31 卷,《日本见在书目》

同,可能是序文跟表启曾为一卷。野王作《玉篇》,在《说文解字》和《字林》之后,所分部首有增有减,与《说文》比较,少"哭、延、畫、敖、眉、白、甲、饮、后、介、弦"11 部,增"父、云、枭、尢、虍、兆、磐、索、書、床、单、弋、丈"13 部,共 542 部,比《说文》多两部。部首排列的次序也有很大变动,主要是按照义类相近与否来安排的。

唐代封演《闻见记》称《玉篇》"凡一万六千九百一十七字"。今日我们看到的《玉篇》是宋真宗大中祥符六年(1013)陈彭年等重修。唐代上元间孙强的增字本,收字有 22561 字,比封演所记的数目多 5600 多字,而注解大有删削,已经不是原本之旧。顾野王原本在宋代就已亡佚,只有日本还保存一部分传写本,日本现在所存有卷八、九、十八、十九、二十二、二十四、二十七几卷,其中除卷二十二、二十七不缺字以外,其他都是残卷。这些字都是唐代日本到中国的留学生和僧人传抄带回日本的。共存 62 部的 2052 字,相当原书的八分之一强。这都是稀有的秘籍。

从顾野王的原本来看,每字下不仅注明字义,而且举出见于古籍的例证和前人的注解,先经传,后子史文集,最后是字书、训诂书,极其详备,字有异体也分别注明,跟今本很不一样。

顾野王在自序中说:"六书八体,今古殊形。或字各而训同,或文均而释异,百家所谈,差互不少。字书卷轴,舛错尤多,难用寻求,易生疑惑。猥承明命,预缵过庭,总会众篇,校雠群籍,以成一家之制,文字之训备矣。"这说明他作《玉篇》的宗旨是要综合众书,辨别形体意义的异同,网罗训释,以成一家之言。《字林》收字 12000 多字,《玉篇》比《字林》多 4000 多字,这是在《字林》之后一部承前启后的重要著作。可惜后来经过孙强增删,又经陈彭年等重修,原书体例已大改变。

今本《玉篇》有宋本,又有元本。宋本有清代张士俊泽存堂刻本和曹寅扬州诗局刻本。元本有《四部丛刊》影印本。宋本卷首在野王序和进书启之后有"神珙反纽图"及"分毫字样",而元本多《玉篇广韵指南》一卷。宋本注文繁富,而元本则大都减略,排比整齐,因而部中字的排列次第与宋本不相同,现在通常应用的是张士俊泽存堂刻本。

张相(1877—1945)

中国语言文字学家。原名廷相,字献之,浙江杭州人。早年任杭州各学堂教师,讲授古文与历史。后应上海中华书局聘,任编辑之职。除主编文史课本外,又编有《古今文综》10 册。1936 年又与舒新城、沈颐、徐元诰等人主编《辞海》,包括语词和百科词语,体例谨严,内容丰富,出版之后,风行一时。50 岁以后,专门研究诗、词、曲中不曾有人解释的语辞,经历六七年,写成《诗词曲语辞汇释》一书(1953 年始由中华书局出版),成绩超卓,对研究古典文学和近代语汇贡献甚大。

张揖

中国三国时期文字训诂学家。张揖史无传记,唐颜师古《汉书·叙例》说:"字稚让,清河人,一云河间人,太和中为博士。"后魏江式进表论书说(《北史·江式传》):"魏初,博士清河张揖著《埤仓》《广雅》《古今字诂》。究诸《埤》《广》,缀拾遗漏,增长事类,抑亦于文为益者,然其《字诂》,方之许篇,古今体用,或得或失。"张揖精于文字训诂,所作各书只有《广雅》流传至今,《埤仓》和《古今字诂》宋以后已失传,唐人所作《一切经音义》每每引及。清人尚有辑录,龙璋《小学蒐佚》中辑录最为详备。

正体

指合乎字书规范的汉字字体。汉字从篆书变为隶书,隶书发展为楷书,自魏晋开始,字体的偏旁结构,已趋于一致。书写时要求符合字书的写法,凡合乎一般规范的就称为正体。正体的名称在唐代颜元孙《干禄字书》中已经出现。但民间写字,往往有一些别体字,与正体的笔画有不同,因而有俗体的名称。正体与俗体有时对称,例如"召"俗作"呂"、"牀"俗作"床"、"單"俗作"単"、"回"俗作"囬"、"規"俗作"规"、"柏"俗作"栢"。这些都是见于《干禄字书》的。

郑樵(1104—1162)

中国宋代史学家、语言文字学家。字渔仲,生于宋徽宗崇宁三年,卒于宋高宗绍兴三十二年。福建莆田人,居夹漈山,谢绝人事,勤于著述,聚书数千卷,好为考证伦类之学。所著《通志》200 卷,分年谱、纪传、二十略,在史学中独具一格。二十略中《七音略》《六书略》是有关声韵文字的。《七音略》保存了宋代早期流传的四十三转的韵图,对研究《切韵》《广韵》的音韵系统有重要的参考价值。《六书略》是用六书解说汉字构造的不同,首创六书分类之学。郑樵又著有《尔雅注》一书,不依傍旧注,别为新解,不失为一家之言。

《中华大字典》

中国字典中收字最多的一种。陆费逵、欧阳溥存等编。本书共收字 4.8 万多,其中包括方言字和翻译的新字,较《康熙字典》多出 1000 多字。1909 年开始编纂,1914 年编成,1915 年中华书局出版。因为这是 20 年代的书,在收词释义方面不免有过时的,但是书中却有不少特点,在中国字典编纂史上仍然有其地位。

这部字典分部与《康熙字典》相同,仍为 214 部,惟笔画相同的部首在排列次序上小有移动。每字下的注音都采用《集韵》的反切,并加直音,但又加注《佩文韵府》106 韵的韵目,以资参照。书前附《切韵指掌图》,以明反切声韵的类别。这本书的特点是解释简明,并有近代自然科学知识。字下每一义只引证一条,而每一义又都分行排比,眉目清楚,极便检阅。其中形体相同而音义并异的都另列为一字,义同音异的则止列一字,这种安排是一种创举,例如伤害的"害"(hài)跟训"何"的"害"(hé)、衣冠的"冠"(guān)跟"以为冠"的"冠"(guàn),都分为两个字来处理。书末附有笔画检字,以便寻检。其缺点在于释义过求详尽,有时不免重复;引书也有未出篇目的。然而这部字典是在《康熙字典》之后首先进行革新的一部字典,改正《康熙字典》的错误 4000 多条,还有许多地方可以补《康熙字典》之不足,仍具有很大的参考价值。

朱骏声(1788—1858)

中国清代文字训诂学家。字丰芑,号允倩,江苏吴县人。生于乾隆五十三年,卒于咸丰八年。博学,无书不读,娴习经史,擅长诗赋词章。嘉庆二十三年(1818)举乡试,为安徽黟县训导。著作甚多,刻版的只有《说文通训定声》和《传经堂文集》10 卷。

《说文通训定声》凡 18 卷,是一部按古韵部改编《说文解字》的书。作者在《凡例》中说:"六书,形声之字十居其九。是编就许书五百四十部舍形取声,贯穿联缀,离之为一千一百三十七母,比之为十八部,以著文字声音之原,以正六朝四声之失。"这里说的"母",指的是谐声字的声符。全书以谐声声符为纲,按音分别归属于古韵十八部。同从一个声符孳衍的字都联缀在一起,秩然有序。每字之下,先释《说文》本训,引群书古注为证,即所谓"说文";次陈述字的引申义和因文字假借而产生的假借义,即所谓通训;最后举出上古韵文中的用韵来证明古音,凡同韵相押叫做"古韵",邻韵相押叫做"转音",阐明字音,即所谓"定声"。这三部分的主要部分是通训。通训部分,又有"转注"和"假借"两项。凡一字数训,在意义上有连属的称为"转注",在意义上没有连属的称为"假借"。这跟许慎所说的转注和假借的定义已经全然不同,独成一家言。

《说文》中,字有不见于正篆而见于说解中的;有具有偏旁而没有正篆的;

有只见于小徐(徐锴)本的;有别的书引《说文》的。是书都增补在内。其有见于《方言》《广雅》和子史传记中的也别列于每部之后,以备考索。全书共收字17240字,极为丰富。书前有检字,以便检查。总之,这部书不是专门为解释许说而作,乃是在《说文》本训之外,详举其他意义,以辨析何者为引申义,何者为假借义,对研究词义的发展和转变大有帮助。

此书始创于清道光十三年(1833),历时十数年,到道光二十八年才完成,二十九年在黟县学署雕版成书。现在有中华书局影印本。

转义

指汉语语词由固有的意义而转换借代出来的另外的意义。例如"昔"字,甲骨文象日在水浪下,当即潮汐的本字,后来转为"一夕"的"夕"。《春秋穀梁传·庄公八年》说:"日入至于星出谓之昔。"《庄子·齐物论》说:"是今日适越而昔至也。"进而转为往昔、昔日之"昔"。又如"社稷"一词,古人称土神为"社","稷"为五谷之长,立稷而祭,以稷为谷神。古时天子、诸侯都要祭祀社稷,后来就以"社稷"一词称国家。又如"齿"是牙齿,年龄也称年齿。人以年齿相比列,凡不能比次在一起、非同一类的就说"不齿"。语言中又有"齿冷"一词,是讥笑的意思。张口笑久就齿冷,所以"齿冷"指可笑而言。这些都是转义。转义与原来的词义内容多少总是有联系的,假借义则全无联系,两者不同,不能相混。

转语

指语词因声音有变转而别为一意义相通的语词。语言变转,有因时而变的,有因方言地区不同而变的。晋代郭璞注《尔雅》《方言》,每每说"语声转",或说"语转、声转",例如《尔雅·释诂》:"卬,我也。"郭璞注:"卬犹姎也。语之转耳。"又《释鸟》:"鹢鴼,戴鵀。"郭注:"鹢鴼犹鶏鵙,语声转耳。"这些都是声母相近而意义相同的词。又《方言》卷一说:"秦晋之间,凡人之大谓之奘,或谓之壮;燕之北鄙、齐楚之郊或曰京,或曰将,皆古今语也。"郭注:"语声转耳。"又卷三:"苏、芥,草也。"郭注:"苏犹芦,语转也。"又卷五说:"杷,宋魏之间谓之渠挐,或谓之渠疏。"郭注:"语转也。"又同卷:"薄,宋魏、陈楚、江淮之间谓之苗,或谓之麴。"郭注:"此直语楚,声转也。"("楚"是偯楚的意思)这些都是韵母相同、意义也相同的词。自从郭璞解释语词提出"语转、声转"的观念以后,清代学者研究训诂,就从声音转变而意义相通这一条规律去说明见之于古书中的音义相关的各类语词,或为古今语,或为方俗语。

"转语"这个名称始见于扬雄《方言》,如《方言》卷十说:"煤,火也。楚转语也,犹齐言煨火也。"清代戴震有《转语二十章》,其书不传,可是有序一篇,载于《戴东原集》。他把声音的变转分为两类:一类是"同位",一类是"位同"。"同位"为正转,"位同"为变转。这都是就声母来说的。"同位"就是发音部位相同,"位同"就是发音方法相同,如端、定两母相转是同位,端、精两母或定、从两母相转是位同。他说:"凡同位为正转,位同为变转……凡同位则同声,同声则可以通乎其义。位同则声变而同,声变而同则其义亦可以比之而通。"他认为由此就可以"疑于义者以声求之,疑于声者以义求之"。总之,用音义相求,才能把散漫的材料转为有系统的知识。上溯可以求语根,下推可以解语词分化的缘由。王念孙作《广雅疏证》,郝懿行作《尔雅义疏》,钱绎作《方言笺疏》,都以此阐发训诂,成就极大。

与戴震同时的人程瑶田又作《果嬴转语记》,说明有相同的声音组织形式的复音词,字义也每每相通,他说:"声随形命,字依声立;屡变其物而不易其名,屡易其文而弗离其声。"这就把许多双音语词字不同而音义相通的也纳入研究的范围来了,在清代训诂学中推寻语源方面又前进了一步。

《资治通鉴释文》

解释司马光《资治通鉴》中文字音义的书。宋代右宣义郎监成都府粮料院史炤撰。卷首有绍兴三十年(1160)三月左朝散郎权发遣黎州军州主管学事缙云冯时行序。史炤,四川眉山人,字见可,苏轼兄弟以乡先生事之。

本书共 30 卷,依照《资治通鉴》原书(249 卷)卷次文字顺序摘字注出音义,与陆德明《经典释文》、何超《晋书音义》之类相似,但参考前代书籍颇为详备。冯时行序文说:"字有疑难,求于本史,本史无据,则杂取六经诸子释音,《说文》《尔雅》及古今小学家训诂辨释、地理、姓纂、单闻小说。精力疲疚,积十年而书成。"由此可知史炤取材之广,如《通鉴》卷首御制序"札"字下云:"札者梜也,编木如梜齿,即简札也。见唐《苏鹗演义》。"又"其要"下云:"一笑切,约也。贾魏公(昌朝)《群经音辨》云:要者总最之称。"其他各卷中引用前人之说的地方极多。间或也有驳正前人处,如御制序"无间"下说:"旧说不能间厕其间,窃谓间乃闲隙之闲,言禹之德至盛无闲隙可议。"即是一例。书中所注字音,有取自前代书音的,惟采用《集韵》反切的比较多,如"砥"音轸视切,"质"音职日切,"别"音笔列切,"橄"音邪狄切,"铁"音匪父切,"邻"音离轸切,"橹"音笼五切,如此之类,不可胜数。此书在胡三省注之前,为读《通鉴》的重要音义资料。后来胡三省著有《通鉴释文辨误》12卷,对《释文》又有所刊正,可以与史炤书参看。

《字诂》

解释字义的书。明末清初学者黄生撰。黄生字扶孟,别号白山,安徽歙县人。生于明熹宗天启二年(1622),卒年不详。在明为诸生,入清未仕。精于六书训诂之学。《字诂》凡一卷,共107条,取经史群书语词,考辨其音义,订正讹误,与颜师古《匡谬正俗》相类。黄生为学极有根柢,能从声音上考察字义,不为文字形体所囿,在明代学者中极为突出,如谓"伏羲"与"包羲"古音相同,从分之字都有乱义,"怎"为"作么"合音,"咱"为"自家"合音等等,都精确不易,对清代的汉学家不无影响。黄生还著有《义府》一书,较《字诂》尤为渊博精深。参见"《义府》"。

《字汇》

明代流行极广的一部按部首编排的字书。梅膺祚撰。膺祚字诞生,安徽宣城县人。《字汇》作于明神宗万历四十三年(1615),收字以《洪武正韵》为主,并参照《说文解字》《古今韵会》等书,收入属于经史常用的字。凡属于怪僻的字一律不收。这部书具有很大的特点:一是他把《说文》《玉篇》《类篇》等的500多部首,按楷书笔画,改并为214部首,依照地支子丑寅卯等次序,分为12集,所收文字有33179字。二是部首的排列次第按笔画多少叙列先后,少者在前,多者在后。一部之内的字除去部首笔画不计外,也都按余下的笔画多寡排列,极便检查,在检字法上是一大改革。三是一字之下先注读音,然后注解字义,字义以基本的常用义列前,其他列后。释义下列举古书中的例证,也采录一部分口语、俗语的意义,富有革新的精神。由是也就为中国字典的编纂法奠定了基础。后来张自烈作《正字通》,清代修《康熙字典》,都按照《字汇》的体例编定,足见其在字典编纂法上影响之大。

这部书在写字方面也给人一种规范。梅膺祚认为写字以不背于古、不戾于今为好,凡今时通行的,笔画正规的可用,笔画不对或过于从古的都不宜用。卷首又标出运笔的次第,指出写字的笔顺,如"止",先卜、后上;"兆",先儿、后冫,等等,对村塾教学起到很大的作用。卷末又有"辨似"一项,教人辨别一些形体相似而音义都不同的字,如"刺"之与"剌"、"段"之与"叚"之类,都须分辨,这对识字有很大帮助。《康熙字典》卷首也列出很多相似的字,就是承袭《字汇》而来。

《字林》

一部按汉字形体分部编排的字书。《隋书·经籍志》题晋弦令吕忱撰,7

卷。《魏书·江式传》说："宣武帝延昌三年(514)式上表曰:'晋世义阳王典祠令任城吕忱表上《字林》六卷,寻其况趣,附托许慎《说文》……文得正隶,不差篆意也。'"又唐代封演《闻见记》说:"晋吕忱撰《字林》七卷,亦五百四十部,凡一万二千八百二十四字。"由此可知《字林》即仿《说文解字》而作,收字比《说文》多3000多字,兼有异体,不过仍分为540部,全书7卷。在刘宋时扬州都护吴恭曾撰《字林音义》5卷,见于《隋书·经籍志》。唐代《字林》与《说文》并重,而且以此考取书学博士。宋代书中多称此书为5卷,可能传本不同。《字林》是《说文》与《玉篇》之间的一部字书,在字书发展史上很重要,可惜宋末以后就亡佚不存了。清乾隆间任大椿著有《字林考逸》8卷,对研究文字训诂很有用。光绪间陶方琦又有《字林考逸补本》,据隋代杜台卿《玉烛宝典》、唐代慧琳《一切经音义》等书补任书所未录。

字书

以解释汉字形体为主,兼及音义的书。清修《四库全书总目》把小学类分为训诂、字书、韵书三种。以《尔雅》以下为训诂,《说文解字》以下为字书,《广韵》以下为韵书。这三种书各有所侧重。训诂书重在讲解字义,解释名物;韵书则重在分辨字音,依韵列字,并说明字义;字书与训诂书、韵书不同,重在据字形分部,说明字的音义。

汉字历史悠久,始终是以一个个单个的形体代表一个词,或代表一个语素,但形体的写法随世而有演变。由商、周的古文字发展为篆书,因篆书不便书写而又有隶书、草书、行书、真书,因此研究字形和根据字形以考证音义的字书很多,大体可以分为以下五类:①学童习诵的识字书——这类书如汉代流行的李斯等的《仓颉篇》、史游的《急就篇》。或为四言韵语,或为七言韵语。《仓颉篇》已佚,《急就篇》保存至今。②按形体偏旁分部编排的字书——自东汉许慎作《说文解字》按篆书形体分立部首编排文字以后,仿照这样体例的字书很多,如梁代顾野王的《玉篇》,宋代司马光等的《类篇》,明代梅膺祚的《字汇》、张自烈的《正字通》,清代官修的《康熙字典》都是。③刊正字体的字书——唐代有颜元孙的《干禄字书》、张参的《五经文字》、唐玄度的《九经字样》,都是订正笔画讹误的书,下至宋代张有的《复古编》、元代李文仲的《字鉴》、明代焦竑的《俗书刊误》,都是这一类的书。④集录篆、隶、古文字的字书——如宋代郭忠恕的《汗简》、夏竦的《古文四声韵》、娄机的《汉隶字源》,以及近代容庚的《金文编》、孙海波的《甲骨文编》、罗振玉的《碑别字》等都是。⑤用六书分析文字的书——如宋代郑樵的《六书略》、元代戴侗的《六书故》、杨桓的《六书统》之类。

字族

"族"是族类的意思,汉字在历史发展中的增衍繁多主要是形声字,同从一个声符的字可以有很多。其中有的只起表音的作用,有的不仅表音,还兼表义。表音兼表义的,可以归在一起,称之为字族(只起表音作用的不在其内)。从下面几组字可以看得很清楚:

①工、功、攻(有攻治义);

②空、腔、栲、硿、埪、崆、蛿、箜(有中空义);

③非、扉、排、骓、辈、辅、腓(有排列和分列义);

④绯、翡、痱(有红色义);

⑤龙、庞、咙、牻、駹(有杂和杂色义);

⑥会、荟、浍、袷、绘、烩(有相会合义);

⑦乔、骄、鳙、桥、蹻、鐈、峤、轿、趫、膭(有高出义);

⑧句、鉤、枸、跔、痀、翎(有弯曲义)。

这里所举的几组字里声旁相同的,意义也都相类,只是涉及的事物各有不同,因而形旁有差异。从繁多的汉字中以音义相雠的方法归纳在一起找出科学的条理来,对研究字义可以多一层理解。不过同一个声符所包含的意义不一定只限有一种,随时代的变迁,也可以增多有两种或三种,如上面所举的①②和③④即是其例。

秦朝统一文字的历史意义

一、春秋战国时期的秦国文字与六国文字

根据《史记·秦本纪》，周宣王时，秦庄公为西垂大夫。周幽王为犬戎所杀，庄公之子襄公救周有功，所以周平王东迁雒邑后，封襄公为诸侯；始立国，跟东方诸侯通使聘享。经过春秋战国时期，最后秦灭六国而统一天下。

秦国处于西周故址，承接周人的文化，所使用的文字跟西周的铜器文字（即金文）是同一系统的。我们现在所看到的秦统一六国以前的文字材料主要有四种：

（一）《史籀篇》的籀文 《汉书·艺文志》小学类载《史籀》十五篇，注称："周宣王太史作大篆十五篇，建武时（光武帝，公元 25—55）亡六篇矣。"《史籀篇》远在汉末即亡佚。许慎《说文解字》收录有二百二十多字，称之曰"籀文"。王国维作《史籀篇疏证》，认为《史籀篇》为春秋战国之间秦人所作以教学童的书。字的体势与篆文接近而比较繁复，所以又称之为"大篆"。

（二）秦景公时（前 576—前 535）的秦公钟和秦公簋 这两件铜器上的文字形体较西周金文稍趋整齐，但很有气势。

（三）石鼓文 石鼓的时代古人认为是周宣王时候的。近代马衡（叔平）认为是秦穆公时所刻（前 659—前 621），唐兰（立庵）认为是秦灵公时所刻（前 422），说法不同。但字体仍是大篆。写法比较繁复，而较整齐谨饬，时代当晚于秦公簋。

（四）诅楚文 秦惠文王时刻（前 318 以后），有三石：一在凤翔出土，一在渭河出土，一在洛阳出土。文见《古文苑》。有摹刻本。文字跟小篆相近。有少数字跟籀文相同。

这几种材料在体势上没有很大的差别，很清楚是一个系统。可是东方诸国的文字则不然，东方诸国都有各自的文化，文字颇有不同，更不与秦文字相同。从铜器方面来看，各国文字之不同表现在两方面：一方面是书法的体式不同，或方，或长，或整饬，或疏放，如北方的齐晋，南方的徐楚吴越，风格各异。另一方面是字的形体笔画不同，还各有一部分特殊的字。

至于战国时期的盟书、玺印、货币、陶器、竹简上的文字更是纷乱，变化多歧，不易辨认。汉代所发现的古文经（包括孔子壁中书）有《尚书》《周官》《春秋》《论语》《孝经》等都是战国时期六国的传写本，字形特殊，跟秦文字相差甚远。汉人以其为早已不用的文字，所以称之为“古文”。许慎《说文解字》内有古文，魏三体石经也有古文，跟篆文是两个系统。战国时期文字既然如此分歧，就很有统一的必要。所以秦始皇灭六国以后，二十六年即下令统一文字。

春秋战国时期古文字示例：

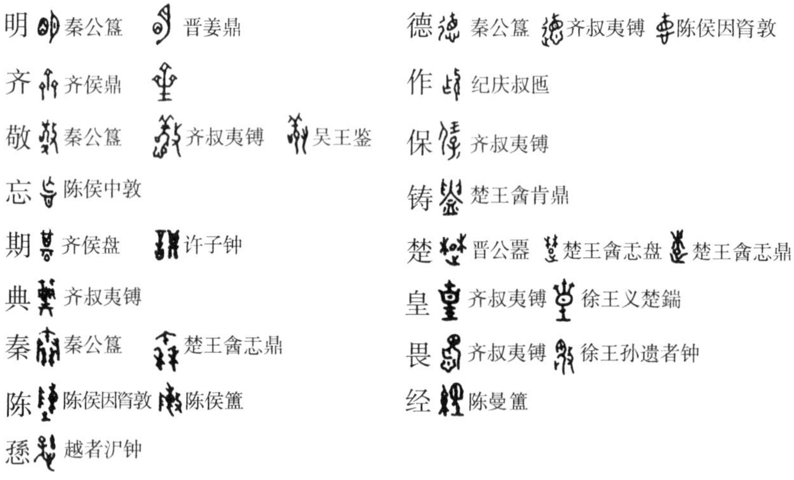
明 秦公簋 晋姜鼎
齐 齐侯鼎
敬 秦公簋 齐叔夷镈 吴王鉴
忘 陈侯中敦
期 齐侯盘 许子钟
典 齐叔夷镈
秦 秦公簋 楚王酓忎鼎
陈 陈侯因資敦 陈侯簠
孫 越者沪钟
德 秦公簋 齐叔夷镈 陈侯因資敦
作 纪庆叔匜
保 齐叔夷镈
铸 楚王酓肯鼎
楚 晋公盦 楚王酓忎盘 楚王酓忎鼎
皇 齐叔夷镈 徐王义楚鍴
畏 齐叔夷镈 徐王孙遗者钟
经 陈曼簠

·以上见于铜器。

耳 取 卑 女 侃 氏 是 道
善 息 豆 喜 弩 安 高 童

·以上见于盟书、玺印、货布、陶器。

公 秦 蔡 陈 则 大 民 用 惟 武

·以上壁中书古文。

上面举一些例子，以见春秋战国时期文字的分歧。

二、秦始皇统一文字的政治意义

文字是记录语言、表达思想的工具，可以行远传久，为治理国家、发展文化不可须臾离的东西,所以许慎《说文解字·叙》里说:"盖文字经艺之本,王政之始,前人所以垂后,后人所以识古,故曰本立而道生,知天下之至赜而不可乱也。"自春秋至战国,历时将近五百年,各国之间,文字的差异很大。秦始皇灭六国之后,就要求"一法度、衡石、丈尺。车同轨,书同文字"(《史记·秦始皇本纪》)。这在政治和文化上都有极重要的意义。

《说文解字·叙》说:"秦始皇帝初兼天下,丞相李斯乃奏同之(文字),罢其不与秦文合者。李斯作《仓颉篇》,中车府令赵高作《爰历篇》,太史令胡母敬作《博学篇》,皆取《史籀》大篆,或颇省改,所谓小篆者也。"这里包括两件事:一是凡跟秦文不合的一律废除不用。始皇三十三年李斯又奏请"史官非秦记皆烧之。非博士官所职,天下敢有藏《诗》《书》百家语者,悉诣守、尉杂烧之"。于是用六国文字书写的书籍归于消亡。二是李斯对原有的秦文大篆有所省改,以成"小篆",使文字便于书写,这确是一件大事。李斯所写的小篆,现在可以看见的有泰山刻石、琅邪刻石,还有会稽刻石的徐铉临本,跟大篆(籀文、石鼓文)确实不一样。

秦朝统一文字的政治意义有三方面:

(1)秦始皇实行高度中央集权,统一文字,罢其不与秦文合者,则免除六国诸侯的后代和各地的豪族大姓复起,造成分裂,免除国与国的战争。

(2)统一文字才可以统一文书和法令,这是治理国家的必然要求。

(3)文字得到统一,促进了四方人民和各族人民的互相了解和团结,社会的经济和文化得以发展。

三、小篆在体势结构上的特点与字形的简化和规范化

李斯等改大篆为小篆顺乎文字在使用上发展的趋势,由繁趋简,由不整齐趋向整齐,由不规则趋向规则,所以能为人所接受,获得成功。

在秦人没有灭六国以前,即战国时代的晚期,秦文字已经有趋向简易的迹象,如商鞅戈、吕不韦戈。李斯等又进行有意识的省改,并走向规范化。以大篆跟小篆相比较,我们就会发现小篆改变大篆的地方很多:首先从字的整体来看,小篆已向整齐方正的方向发展,不像大篆那样松散接近图画。从字的偏旁结构和笔画多寡来看,小篆的写法是:(1)一个字的笔画多寡有定;如果作为一个字的偏旁,写法仍然不变。(2)同从一个偏旁的,偏旁的地位有定,不容混乱,如"女"字边的字,大篆"女"旁在内,声旁在左;小篆则一律改"女"旁在左边,以与

"人"旁、"亻"旁、"木"旁之类一致,进行规范化。(3)小篆改变大篆的写法最突出的也是最重要的一点就是简化,如"秦"字原从两个禾,改从一个禾;"栗"原有三个实,改从一个实。简化可以使文字更便于书写,发挥更大的作用。下面举一些例子,以见小篆是怎样改变大篆的:

秦朝小篆:

整齐方正化 金文→ 石鼓→ 石→ 石→

石→ 石→ 石→ 诅楚文→

规 范 化 石→ 诅→ 金→ 金→ 石→ 石→

偏旁定型化

简 化 石→ 秦公簋→ 石→ 石→

石→ → 石→ 石→ 石→

四、秦朝统一文字对语言文字的发展所起的作用

秦朝小篆的规范化是自甲骨文、金文发展到大篆的一次总的整理和改造,使文字形体进一步系统化,对汉以后语言文字的发展至少起到两方面的作用:

(一)小篆在古文字的发展过程中是一个转折点,后代的隶书、楷书、行书、草书基本上都是在小篆的基础上经过简化,改变笔法,发展而成的。隶书比篆体草率,在战国时已见端倪;秦代隶书兴起,逐渐成为一般应用的字体;到汉代隶书盛行,篆书就比较少用了。文字的发展转到一个新的时代,现在我们看到的汉简和帛书几乎都是用隶书来写的。隶书写起来比篆书容易,文章、书籍自然就多起来,古书传写也就容易多了。设若文字没有小篆整齐化这样一个阶段,隶书的形成不会那样快,没有简便易写的隶书,很难想象汉代会有那么多的书籍和作品。李斯改大篆为小篆,统一文字,对中国文化的发展确实起了极大的作用。

(二)小篆有一定的书写规范,其结构的形式和结构的法则都已固定,偏旁也都有其系统性,这样,不仅书写学习有规律可循,而且为配合语言,创制新字也有了一定的办法,由是形声字不断增多,语言中所有的词都可以按照其读音和意义制成文字,因而使文字在记录语言上能更好地适应,这又是李斯整齐文字所做的一大贡献。由此可知李斯创制小篆对汉语语言文字的发展具

有极重要的历史意义。联系到我们今天的工作，整理汉字，提倡汉字规范化，进行部分有条理的简化是必要的。但是我们也必须防止随意的简化，破坏汉字的规范。

1985 年 7 月

中国文字学发展史

一、战国秦汉间的识字书

中国的文字学已有长久的发展历史,远在春秋战国时期就有了学童识字的字书,班固《汉书·艺文志》小学类载《史籀》15 篇,他说:"史籀篇者,周时史官教学童书也。"《史籀篇》早已亡佚,许慎(58?—147?)《说文解字》还保存了二百多字,字形繁复,跟春秋到战国初期的铜器文字很接近,据王国维(1877—1927)推测,《史籀篇》应是秦国早期教学童的识字书。"籀文"就是战国时秦国所使用的文字,籀文也称为"大篆"。

后来,秦始皇兼并天下,实行统一文字,李斯等又改《史籀》大篆为"小篆",字形既求其整齐方正,笔画又要求简化,偏旁写法也要求一致。这是一次极为重要的文字整理工作,对后代汉字的发展有很大的影响。为教学童,李斯又作《仓颉篇》,赵高作《爰历篇》,胡毋敬作《博学篇》。这些书无疑都用小篆来写,对推行小篆、统一文字也起了重要作用。汉代初年把三部书合在一起,总称为《仓颉篇》。这种书既为学童识字而设,所以编为韵语,以便记诵。《仓颉篇》久佚,从前代古书所引和近代自居延所得汉代木简中的《仓颉》残简来看,我们知道《仓颉篇》是四字一句,两句一韵,开头是"仓颉作书,以教后诣"。《汉书·艺文志》说:"《仓颉》多古字,俗师失其读。宣帝时征齐人能正读者,张敞从受之。"所谓正读就是能认识是什么字,能知道字的读音和意义。《仓颉篇》本用小篆书写,汉代隶书盛行,也就用隶书来写了,所以传习不绝。

到汉武帝时司马相如作《凡将篇》,元帝时史游作《急就篇》,成帝时李长作《元尚篇》。《凡将篇》是七言韵语,据说没有重复的字。《急就篇》则是三言、四言、七言,而以七言为主。三言、四言隔句一韵,七言每句押韵。到平帝时扬雄又作《训纂篇》,去《仓颉篇》的重复字,凡 89 章,5340 字。这些书只有《急就篇》流传下来,我们可以看到汉代通行字书的样式。《仓颉篇》既多古字,到后汉光武帝时张敞外孙之子杜林作《仓颉故》,以解释其中的字义,这是字书有注解之始。《汉书》说"世言小学者由杜公"(《杜邺传》),等于说文字之学创始于杜林。

二、六书说与文字学的建立

汉代通行使用的文字是隶书,对文字有研究的是一些古文经家。"古文经"是六国晚期的写本古书,如《毛诗》《春秋左氏传》、古文《尚书》、古文《论语》等都是用六国时期的古文字写的,跟篆书不同。古文经家在朝廷秘阁校书,他们能看到许多古书,他们从篆书和古文籀文中分析出造字的条例,创为六书说。"六书"的名称曾见于《周礼·保氏》。汉人所称的"六书"细目始见于《汉书·艺文志》,《艺文志》说:"古者八岁入小学,故《周官》'保氏'掌养国子,教之六书,谓:象形、象事、象意、象声、转注、假借,造字之本也。"班固《汉书·艺文志》大都本于刘歆《七略》,刘歆是古文经家,所以很明显,六书说是古文经家创造出来的。这种造字条例的分析成为早期文字学理论的一部分。到汉和帝时,侍中贾逵的弟子许慎根据六书进一步分析篆书的形体结构,建立研究文字体系的方法,作《说文解字》十四篇,按照偏旁分为540部,始"一"终"亥",凡同从一个偏旁的都列在一起,同条共贯,杂而不越,每个字的解说都兼顾形音义三方面,这是极大的特点。全书以小篆为主,兼收古文、籀文,共收字9353字,重文1163字,是中国也是世界最早的一部最有创造性的字典,在中国也是最有影响的一部字典。书中保存了大量的古文字和古音古义,对研究文字的功用极大。中国文字学在这时已经建立起来了。后代许多字书都仿照《说文解字》的体例,按部首编排文字,这种方法一直到现在还在应用。

三、魏晋南北朝的字书

在汉代篆书不通行,通行的是隶书和草书。《说文》的正文是篆书,在社会上不易通行,所以晋任城人吕忱作《字林》七卷,用隶书书写,全书沿袭《说文》的编排方法,仍分为540部,而收字有12824字(见唐封演《封氏闻见记》),比《说文》多3671字。在唐代这部书跟《说文》同为士林所重,但到宋代以后反而亡逸,清人任大椿始有辑本。南朝梁代,又有吴郡人顾野王编纂一部《玉篇》,共分三十卷,仍沿袭《说文》的编法分为542部,但是部次有变动。书中每字下详举字义,并引证经传文句和注解,这是前所未有的。字有异体,则分列在两部或数部,也跟《说文》列于一字之下不同。全书收字达16917字(见《封氏闻见记》),又比《字林》多4000多字,反映文字在随着语言不断发展。这部书在唐代跟《说文》一样流行,一直流传至今。不过,今本《玉篇》是唐代孙强的增字本,注文已大加删节,宋人重修,名为《大广益会玉篇》,跟顾野王原书的面目全不一样了(参见《大广益会玉篇跋》)。

　　魏晋南北朝的文字学,主要表现在编纂字书上:一是多收罗古今异体,二是多列举训释例证,原原本本,信而有征。这两方面对后世字书的编纂都有很大的影响,如宋代的《类篇》、明代的《字汇》《正字通》,下至清代的《康熙字典》,都合于《玉篇》的格局,广采众书编纂而成。其次,魏晋时代有关文字的杂书也不少,如魏张揖的《古今字诂》《杂字》《埤苍》、晋王义的《小学篇》、晋葛洪的《要用字苑》、宋何承天的《纂文》、齐王劭的《俗语难字》、梁阮孝绪的《文字集略》等都见于前代史志,唐人书中引到的很多,他们对文字跟语言的实际配合以及俗语今义之类都极为重视,这是一大特点。可惜这些书今已亡佚无存。在魏晋时代"仓雅之学"盛行,"仓"即《仓颉篇》,"雅"即《尔雅》。《尔雅》是汉初的小学家所编的解释词义的书,张揖、郭璞学识都极为渊博。郭璞尤精于训诂,著述亦多。

四、唐代的刊正字体与《说文》研究

　　南北朝时期解散隶体,行书、草书、楷书盛行,字的写法日趋于混乱,如"恶"写为"惡"、"鼓"写为"皷"、"席"写为"蓆"之类(见北齐颜之推《颜氏家训·书证篇》),都是一些别字讹体。所以到隋唐时代开始刊正文字,隋代曹宪曾著有《文字指归》四卷,到唐代贞观年间秘书监颜师古校正经籍作《字样》一卷,以刊订字体,基本精神是折衷于篆隶正俗之间,取其适中,以为楷法。后来他的侄孙颜元孙又作《干禄字书》,分字为正、通、俗三体,提倡高文典策应当用正体。其后唐玄宗有《开元文字音义》一书,以隶书居首,而以篆书附下,以确定楷体的写法。到唐代宗大历中张参又作《五经文字》一书,根据《说文》《字林》《经典释文》等书审定字体;文宗太和开成间唐玄度又作《新加九经字样》,补充《五经文字》所不备,由此楷书有了一定的规范。这是文字学史上在整齐文字方面所取得的重要成果。

　　唐代本是韵书盛行的时期,虽然也有人编制了很大的字书,如武则天的《字海》就有100卷之多,但是没有传布,反之,在社会上却有不少记载日常用语的书,如敦煌古书中的《时用要字》《字宝碎金》《俗务要名林》等,自成一类,很切合实用。

　　《说文》在唐代虽为应"书学"考试的人所必读,可是因为有《玉篇》《切韵》

可以检字,就很少有人真正理解《说文》的价值去从事整理工作。大历中李阳冰精于篆书,曾刊定《说文》,很多荒谬无稽之说,徒知篆法,不足以言学。直到唐末五代时期南唐徐铉、徐锴兄弟二人才精究许书,而徐锴尤为精通。徐铉入宋后曾与句中正等校订《说文》,使《说文》流传至今。徐锴著有《说文解字系传》40卷,这是《说文》最早的注本。徐锴认为"文字之义,无出《说文》",所以把许书比之于经,而称自己的解释为传。《系传》的主要工作是疏证许说,引书以证古义,并且从文字的谐声偏旁和字音上推寻语义的本源,创见很多,在文字方面特别说明古书中字有假借,由于时移世易,字又有古今之异。辨析精审,在文字学史和训诂学史上都占有很重要的地位。徐锴又有《说文解字篆韵谱》10卷,把《说文》的字按韵书的韵部来排,颇便于检索。

五、宋代的金石文字之学

五代末和宋代初年好古之士注意搜集古文奇字,编纂成书,如郭忠恕的《汗简》、夏竦的《古文四声韵》都是。他们所根据的材料主要出自书本和一部分的石刻。可是,后来商周钟鼎彝器出土日渐增多,有些学者如刘敞、杨南仲、欧阳修等开始从事古器物的著录和研究,一方面摹绘器形,一方面试着认识铭文。宋哲宗元祐七年(1092)蓝田吕大临作《考古图》,并作了释文,这是属于古文字学的第一本书。他虽然只认识了几百字,但是为古文字学的建立开创了道路。后来类似《考古图》的书有王楚的《宣和博古图》、王俅的《啸堂集古录》。专录铭文的有南宋绍兴年间薛尚功的《历代钟鼎彝器款识法帖》,专门集录文字的有王楚的《钟鼎篆韵》。后来薛尚功又作《广钟鼎篆韵》,集录的文字稍稍加多,这是清代学者研究钟鼎文字的先驱。

宋代不单是对钟鼎彝器文字开始进行研究,而且对石刻文字也很注意,欧阳修《集古录》和赵明诚《金石录》都有关于石刻的记载。在南宋孝宗乾道二年(1166)洪适作《隶释》一书,凡26卷,收碑碣258通,专门研究汉碑的隶书,考证不少文字的假借,提供了很多重要的材料,代表了一种新的研究方向。

六、宋元间的六书之学

六书自东汉人提出以后,应用六书来研究文字构造的不多。宋代王安石作《字说》,过分强调形声字的声旁有义,把形声字都解释为会意字,六书就缺其一。南宋时郑樵创新,不用《说文》系统,专用六书作文字形体的分析,以独体为文,合体为字,立 330 母为形之主,870 子为声之主,合为 1200 文成无穷之字。他把《说文》的 540 部归并为 330 部,开后人归并部首之先河,他的学说保存在《通志·六书略》里。宋末元初戴侗作《六书故》,则不用《说文》部目,而另分为九部:一曰数,二曰天文,三曰地理,四曰人,五曰动物,六曰植物,七曰人事,八曰杂,九曰疑,分为 33 卷。文字以钟鼎文为主,注用隶书,以六书说明字义,颇有创见,可惜不为人所重视。元世祖时杨桓又作《六书统》20 卷,用六书来统摄文字,先列古文大篆,次列钟鼎文字,再列小篆。他想利用古文字来推寻造字本意,但为六书所囿,类例庞杂,反不足取。

七、明代的《字汇》和《正字通》

自许慎作《说文解字》创以形旁编排文字的方法以后,《字林》《玉篇》和宋代的《类篇》都仿效《说文》而作。惟《玉篇》稍变许氏部次,而把字义相近的序列在一起,《类篇》则一如《说文》原来的部序不改。明代万历四十三年(1615),梅膺祚作《字汇》12 卷,另外创制新的排列法,具有革新精神,他按照楷书笔画多少排列部目,自一画至十七画列为 214 部,而一部之内的字也按笔画多少排列次第,这是很便于检查的一种新方法。因为从篆书变为隶书,部首之间已经很难据形系联,为便于查检,势不得不以笔画多寡为序。所以后来的字书如崇祯末年张自烈、廖文英所编的《正字通》,清康熙年间所编的《康熙字典》都沿袭承用,至今还是编排检字常用的方法。

《字汇》收字以见于《洪武正韵》的为主,兼采经史中常见的字,怪僻的字一律不收;注释比较简要,在明代极为流行。《正字通》就是根据《字汇》而作的。全书也分为 214 部。不过收字多于《字汇》,注解也增繁,并援引前代书籍为证,兼及一般俗语意义,虽稍嫌芜乱,然比宋代的《类篇》切于实用。清代的《康熙字典》也就是以《正字通》为蓝本修辑而成,收字加多,例证更加充实,惟成于众手,不无错误,道光年间王引之奉命作《字典考证》12 卷,刊正其误。

八、清代的《说文》之学

中国文字学到了清代有了很大的发展,这跟考证经史、推重汉学有很大的关系。因为要通五经就不能不通小学,而小学里最重要的一部书就是《说文》,所以《说文》之学在清代最为盛行,以《说文》学名家的很多:段玉裁(1735—1815)有《汲古阁说文订》和《说文解字注》15 卷,桂馥(1736—1805)有《说文解字义证》50 卷,王筠(1784—1854)有《说文释例》20 卷和《说文解字句读》30 卷,钱坫(1741—1806)有《说文斠诠》14 卷,朱骏声(1788—1858)有《说文通训定声》18 卷。其他有关《说文》的论述极多,不胜枚举。

他们对《说文》的研究,主要有下列几个方面:

(1)校勘许书。《说文》经过历代传写到宋代刻板,讹夺已多,明代毛晋、毛扆用宋本雕,又出现一些错误,所以段玉裁首先根据不同的宋刻本和徐锴《说文解字系传》、熊忠《古今韵会举要》以及其他古籍校订汲古阁本的讹误。段氏以后又有几家刊正《说文》,进一步改正宋以后传本的疏失。

(2)解释许书的体例。为读通《说文》,首先要了解《说文》的体例。钱大昕在《十驾斋养新录》里最先指出《说文》中有注文连篆文读例,如"参"字下注文是"商星也",应读为"参商星也"。段玉裁作《说文解字注》更随注阐发许书通例,王筠极为推重,王氏又作《说文释例》一书,多所发明。后来又有人对《说文》中的"一曰、读若"、引经等等作考证。

(3)疏证许书的训解。《说文》中保存了很多的古字古义。在清代最先注解《说文》的是段玉裁,他引证经传子史来解释许说,并且从形体和声音两方面说明字义,最有创见。同时注《说文》的还有桂馥、王筠,桂馥的《说文解字义证》搜集的古书训解最为完备,对研究许书的训解很有帮助。后来王筠又参照段、桂两家书作《说文解字句读》,简当易读。

(4)说明古今字和假借字。文字在使用上因时代的不同而有古有今,段玉裁说(《广雅疏证序》):"古今者,不定之名也。三代为古,则汉为今;汉魏晋为古,则唐宋以下为今。"许慎书中有些是古字跟后代通用的字形不同。清人研究《说文》,根据许书的训释而说明古某字与今某字相当,以见文字的孳乳和演变。古人写字,有时同音或音近假借。古书所以难读,往往由于文字有假借。清代研究《说文》的人,如段玉裁、王念孙、桂馥、朱骏声对古书的假借字都有所发现,解释了不少经传中文字训诂的问题。

(5)根据《说文》的谐音字研究古音。古音的研究自宋代就已经开始,郑庠有《古音辨》,吴棫有《韵补》。到明代陈第又作《毛诗古音考》和《屈宋古音义》。主要都是根据《诗经》和《楚辞》等韵文考察古韵。到清代又开始注意到文字的谐声,段玉裁据《诗经》押韵分古韵为十七部,又按照《说文》的文字谐声系统把声旁按十七部列为谐声表,以与《诗经》押韵情况相印证,在考证古音方面创出另一种方法,识见超卓,引起很多学者注意。后来就出现不少《说文谐声谱》之类的著作。影响所及,也就有人利用文字的谐声系统研究古声母的类别了。

（6）根据《说文》的文字谐声系统因声以求义。形声字声旁相同的字,其意义有时相近或相通,在清人的小学著作中,段玉裁阐发得最清楚,他说（《广雅疏证序》）:"学者之考字,因形以得其音,因音以得其义。"又说（《说文解字注》示部禔字注）:"声与义同原,故谐声之偏旁多与字义相近,此会意形声两兼之字致多也。"他在《说文注》里举出很多谐声字声中见义的例子,如凡于声字多训大,凡从皮之字有分析之意,凡巠声之字皆训直而长者,如此之类很多。这样把形音义贯串在一起来研究,执简驭繁,掌握规律,使知识条理化,成为新的语言文字之学,这是前所未有的。

九、近代的古文字学

清代学者除了研究《说文》篆书以外,也还注意到隶书和草书,如顾蔼吉有《隶辨》,翟云升有《隶篇》,石蕴玉有《草字汇》,都是属于字典的性质。可是自乾隆、嘉庆时期起,金石学特盛。清朝官修的《西清古鉴》和《宁寿鉴古》著录的是宫内所藏的钟鼎彝器,而在民间又不断有古器物出土,收藏家不仅摹为图录,而且研究器物上的铭文,古文字学也就有了很大的发展。研究的主要对象是金文、石鼓文、古玺和古陶文字。同治间,吴大澂著《字说》,提出一些文字的新解释,他又作《说文古籀补》搜集了各种古文字材料以增补《说文》,为用古文字与《说文》籀篆相对照进行研究提供了方便。

从 18 世纪中叶到 19 世纪中叶,100 年之间,集录铜器铭文的,在阮元（1764—1849）的《积古斋钟鼎彝器款识》之后,有吴式芬（1796—1856）的《捃古录金文》、吴荣光（1773—1843）的《筠清馆金文》、方濬益（？—1899）的《缀遗斋彝器款识考释》等;著为图录的,有吴大澂的《恒轩吉金录》、刘喜海的《长安获古编》。品类繁多,盛极一时。关于文字的研究,如刘心源的《古文审》、孙诒让的《古籀拾遗》《籀庼述林》《古籀余论》等书对研究金文都有所发明,而孙诒让倡偏旁分析尤为重要。

到了近代,古器物收藏家更注意摹拓传印,罗振玉（1866—1940）对影印铜器铭文不遗余力,有《周金文存》《三代吉金文存》,搜罗甚富,为研究铜器铭文提供了极大的便利。王国维又作有《金文著录表》,把前人书中已著录的钟鼎彝器都注明见于何书,学者也就可以按图索骥、检视原书了。

引起古文字学家更大兴趣的是商代甲骨卜辞的发现。自清光绪二十五年

(1899)在安阳殷墟发现甲骨文以后,古文字学转入了一个新的时代,王懿荣、刘鹗首先搜罗甲骨,刘鹗又印出《铁云藏龟》一书,学者大为惊喜。孙诒让开始认识甲骨文,写出《契文举例》,后又作《名原》,对汉字的发展有了更多的理解。

后来甲骨文出土的数量越来越多,罗振玉把他历年收藏的汇编为《殷虚书契》前后编印出版,并作《殷商贞卜文字考》和《殷虚书契考释》,王国维作《戬寿堂所藏殷虚文字考释》,又根据卜辞考证商代的先公先王,成就独多。在罗、王之后,已故的著名的古文字学家有董作宾、容庚、郭沫若、唐兰、于省吾、陈梦家、孙海波等人。这些人里,容庚有《金文编》,孙海波有《甲骨文编》,都按《说文》部次编排,等于是金文字典、甲骨文字典。董作宾曾从事安阳殷墟的发掘工作,最先提出卜辞要作断代的研究,并作有《殷历谱》。陈梦家有《殷虚卜辞综述》一书,对甲骨卜辞作了全面的说明。郭沫若、唐兰、于省吾三家著述极多,他们在考释甲骨文、金文两方面都各有发明,成绩超卓。在文字学理论和研究方法上建树较多的是唐兰,唐兰论文字的构成破除六书说,而倡三书说,即象形、象意、象声,以三书范围一切文字,这是一种新的见解(见唐兰《中国文字学》)。

现在古文字的研究正在蒸蒸日上,甲骨文、金文都有集录在一起的书,如《甲骨文合集》《金文合集》,为研究提供了方便。近些年来,出土文物日多,春秋战国时期的铜器、陶器、货币以及秦汉的竹简、木简,汉代的帛书都是研究的材料,古文字学定将有更大的发展。

十、结　语

根据上面的叙述,中国文字学发展的历史按照时代来说,可以概括为以下六个时期:

(1)秦汉时期。秦代到西汉以编纂学童的识字书为主。东汉时期古文经家注意研究相传的篆文、古文、籀文,分析造字的原则,创六书说,开始建立文字学。和帝时,许慎作《说文解字》,以篆文为主,兼采古文、籀文,按形体偏旁编排文字的方法,分别部属,据形系联,成为中国第一部字典,影响极大。

(2)魏晋南北朝时期。这个时期文字逐渐增多,一字往往有异体,而且有不少增益偏旁的字,因此出现了各种不同的注解详细的字书,同时也出现了按韵编排文字的韵书,还有解释古今字和俗语、俗字的书。这个时期是编纂字书的时期,自东晋以后,也是音义书盛行的时期。

(3)隋唐时期。这个时期为了确定楷书的规范,减少南北朝时期的别字讹体,因而有字样之学,目的是确定楷法,使楷书趋于定型。在这个时期内虽然韵书盛行,但是在文字形体方面仍尽量要求纯正,对正体、俗体分别很清。这个时期内,除刊正文字的书籍以外,还有很多属于《时用要字》一类的书和编纂日常口语词汇的书,这类书在社会上颇为流行。唐代篆学衰微,注意篆法的只有李阳冰堪称独步。到五代时,南唐徐锴始有《说文解字》的注解,成为一家言。

(4)宋元明时期。宋代有了《说文》的刻本,字学开始复兴。始而学者注意搜集古文字,编订成书;继而开始根据古器物和古代石刻等实物从事古文字的研究,为文字学开辟了一条新路,古文字学随着古器物学的兴起而建立起来。铜器的铭文由收录于古器物的图录中而被摹录为法帖,成为研究古代文字和文化历史的资料。由南宋到元代又有杰出之士,重新利用六书探讨文字制作的原则,虽时有新解,而所立类例不免支离破碎。明人承其弊,除编有新的部首检字的字书和刊正俗体字者以外,虽有述作,但大都无可取。

(5)清代时期。清代是经学昌盛的一个时期,要通经传,就不能不研究文字、音韵、训诂,所以文字学也随之而兴盛。乾嘉之际,学者尊崇汉学,《说文》的研究最为盛行。他们以古音知识为基础,把文字、音韵、训诂融会贯通,向新的语言文字学的方向发展。道光、咸丰间学者注意到以钟鼎文字与《说文》篆书相比较。同治、光绪间钟鼎文字研究成为文字学的新领域,到近代就有了极大的发展。

(6)近代。近代学者对文字研究所取得的成果比较多。研究的资料包括甲骨卜辞、铜器铭文以及玺印、竹简、木简、绢帛、石刻等所有的古文字和唐宋元明书籍中的俗体简字,而且研究内容之广泛为前所未有。不单纯局限于识字,由识字进而涉及语词文句的意义和语法结构。有的学者如王国维、郭沫若更由古文字以考证古史和古代的社会文化。研究的方法特别重视分辨材料时代的早晚,例如甲骨卜辞要作断代的研究,铜器铭文分西周和春秋战国来诠释。多数学者能破除六书旧说,根据古器物上的文字探求古人造字的原则和字形结构发展的规律,同时也从形体上考索字的本义跟引申义的关系。因此文字学有了很大的发展,并成为语文教育的一部分。语言文字学家又从事整理汉字和简化汉字的工作,以促进汉字规范化,使汉字更好地为记录汉语服务。所有这些都是近代的新成就。

1985 年 10 月

汉字铅字字形规范化的重要意义

今年1月30日中央文化部和中国文字改革委员会发出《关于统一汉字铅字字形的联合通知》,通知指出"为了便利阅读,须要统一铅字字形",同时把汉字字形整理组所编的《印刷通用汉字字形表》印成样本,分送全国各有关部门,以便逐步进行。这是整理汉字工作中的一项重要工作。

现在印刷书籍报刊所用的汉字铅字有三种:一种是普通的宋体字,一种是仿宋体字,另外一种是楷体字。这三种铅字的笔画规格不是完全一致的,主要的分歧有两点:一种情况是笔画有多有少,不尽一致,例如:

宋体　　眞尙換爭麻虛通卽黃

仿宋　　真尚換争麻虚通卽黃

楷体　　真尚换争麻虚通即黄

从以上几个例子可以看出普通的宋体字和楷体字差别较大,而仿宋字或同于宋体,或同于楷体,介于二者之间。

这三种铅字所以不同,和它们的依据有关。普通的宋体铅字是因承宋元明清的雕版书而来的,有不少字的偏旁点画采用了接近于隶书的写法,如"礻"旁作"示"、"辶"旁作"辶"、"青"字作"青"、"羽"字作"羽"之类都和近代以来通行的楷体不同。至于横画细、竖画粗的笔法是明代万历以后木刻本书的普通格式。清代相承不改。现代应用的铅字字形就是根据清代的一般刻本书来制造的。仿宋体的铅字,笔画粗细均匀,这是仿照宋代刻本书刻制的,所以称为仿宋体。宋代的刻本书大体都是楷体,和唐石经的写法相去不远。不过,各种宋板书雕刻的时间和地点有不同,规格也不一样,有的在楷体之中又杂有近似隶书的写法,颇不一致。现在通用的仿宋铅字和楷体的写法不完全相合就是这种缘故。至于楷体铅字,它是最接近现代手写楷书的了,可是也有些字和社会上相沿成习的写法不合,例如"并"作"幷"、"既"作"旣"都是。这些又不免受了旧日讲字学书籍的影响。由此可知这三种铅字各有依据,而所保存的隶书写法也有多有少,所以,彼此之间互有异同。

三种铅字的字形有不同,这是一种情况。另外还有一种情况是同一种字体的同一个字在不同的书籍报刊上有时也出现不同的写法。这是因为字模制造有先后,新制造的就可能和旧制造的稍有出入。同时,制造字模的工厂不止一处两处,制出来的铅字字体也可能稍有差异。因此,印出书来就不完全一致。

印刷铅字在字形上有分歧是由来已久的事了,可是在今天,这对于我国社会主义文化教育事业的发展是不利的。

首先从识字和写字两方面来看,印刷铅字字形不统一给学生带来很多的困难,同一个字在不同读物里所印的字形不一样,是一是二,初学的人就很难分辨。小学生有时看到一个字,明明是学过的,可是不敢认,因为字形和他所熟悉的楷体不同,例如“巨”字宋体铅字作“巨”,“卧”字宋体铅字作“臥”。查查字典看,字典是用楷体铅字印的,“巨、臥”两个字形根本找不到。这就成了疑问了,只有去问老师才能解决。学生在阅读时经常遇到这种问题,为此,不知花费了多少时间和精力。最后,恐怕很少有人能够把全部问题弄明白了的。在写字方面,也是如此,因为铅字字形和楷体不同,学生常常产生疑惑,例如宋体铅字的“内、户、尚、平、研、直”等等和手写楷体都不一样,到底应当怎样写才算对呢,在学生的心里总是一个疑问。当然这对读书多年的人不算什么问题,可是我们必须想到印刷的字形不一致给数以千万计的初学汉字的人所带来的困难有多么大。

其次,从汉字的排检来看。由于铅字字形不同,笔画的多少有时也不一样,在排检的时候就出现很多麻烦。我们出版的书籍往往要有一个索引或检字表,在编排索引的时候,每一个条目能按音序来排列固然最好,不过有时还不能不按字的笔画多少来排列。如果一个索引是按字的笔画多少来排列的,那就牵涉到铅字字形的问题。无论是用宋体铅字或用楷体铅字都和手写体不完全相同,应用索引的人在查检的时候都会遇到一些问题,例如“郎”字手写体是八画,而宋体铅字左边从“良”,是九画,笔画的数目就有了分歧。同样,与“良”字有关的字,如“朗、廊、榔、螂”等字,宋体铅字也都照样多一画,那么,编索引的人是按照手写体的画数来排呢,还是按照铅字的笔画来排呢? 比如把“郎”字排入八画,而铅字明明是九画;如果排入九画,同字形结合了,但又明明知道会给查检的人造成困难,怎样做都不妥当。假如采用楷体铅字的话,是不是就没有问题了呢? 那又不然。举例来说,如楷体铅字的“弁、既、溉、收”等字都同一般手写楷书的笔数不同,有的多一画,有的多两画,在排检方面也同样有困难。

如此看来,为了减轻记认和书写上的困难,为了便利于排检,就有必要整理铅字的字形,使印刷用的汉字在字形上有一致的规范。

从 1962 年起汉字字形整理组就开始进行这项工作,经过了长时间的调查和反复的研究,在去年已经编成一个《印刷通用汉字字形表》。这个《字形表》包含印刷上通用的 6196 个汉字,每个字都确定了它的笔画结构和笔数,为统一铅字字形提供了一个良好的范本。

在《字形表》的《说明》中指出:"整理字形的标准是:同一个宋体字有不同笔画或不同结构的,选择一个便于辨认、便于书写的形体;同一个字宋体和手写楷书笔画结构不同的,宋体尽可能接近手写楷书,不完全根据文字学的传统。"这种观点和方法是非常正确的,因为只有采用这样的标准才真正能解决铅字字形的矛盾,才符合汉字在长期使用中发展的规律。

我们知道,汉字在书写形式上发展的规律,简单来说,就是由繁趋简。简化的目的和要求是:既要便于辨认,又要便于书写。在历史上由篆书发展为隶书,由隶书发展为楷书,都是顺应着这条规律而发展的。以前木板书的宋体字有不少接近于隶书的写法,那是在一些文人崇古的风气下而产生的,后来变本加厉,刻板书的字形和发展了的手写楷书之间差异更多。现在的印刷铅字字形上的主要矛盾也就是宋体和通行的楷体之间的矛盾。要解决这个矛盾,使汉字字形趋于规范化,根本的办法只能是使宋体字尽可能接近于手写的楷体,而不是使手写的楷体向宋体字看齐。这是符合汉字发展规律的一条原则。同样,现在使用的仿宋体和楷体的铅字也应当本着这条原则进行规范化。

在手写楷书方面,有些字也还存在着不同的写法,例如"爭争、着着、彥彦、骨骨"之类。对这类字又怎样办呢?在《字形表》里照样本着简化的精神,不采用笔画繁的,而采用笔画简单的;不用不便于书写的,而用容易书写的;凡是可以做一笔来写的,不再分为两笔。同时又尽量要求系统化,偏旁相同的,写法一致,例如确定用"争"不用"爭"以后,从"争"的字,如"净、静、挣"等都一律从"争"。这样就秩然有序,既容易学,又容易记,完全符合群众的要求。所以说《字形表》所确立的整理铅字字形的标准是完全正确的。假如不这样做,每一个字都斤斤固守着文字学的传统,惟恐有失,那就必然不能有所改革,有所前进。

世界上的事物总是不断发展不断变化的。只要我们正确认识到事物发展的规律,就能发挥主观能动性,变不利为有利。既然铅字字形和我们现在手写的楷书有分歧,对我们文化教育事业的发展不利,我们就完全可以改革铅字,使铅字能更好地为发展社会主义文化服务。

统一汉字铅字字形是对人人有益的,这件事本身就是一项重要的文化建设工作,它不仅对我们这一代人有利,而且对后代也沾溉无穷。字形有了一致的规范以后,在教与学两方面可以免除许许多多的麻烦,学生可以不必既要熟悉手写体,又要熟悉印刷体了。仅就全国的小学生来说,不知他们可以节省多少精力和时间,而学习的效果也必将大大提高。

另外,铅字字形规范的确定,不仅消除了铅字字形本身的分歧,而且还可以带动手写楷书的规范化。前面已经说过,手写楷书有些字在笔画结构上是有分歧的。一个字的不同写法既然在社会上都流行开了,就很难说哪一种写法算错,例如"牙齿"的"牙"有"牙、牙"两种写法,"没有"的"没"有"没、沒"两种写法,"宫殿"的"宫"有"宫、宫"两种写法,都不一致。如果一个字的笔画结构在印刷物上得到统一,写字的时候就可以依据铅字的笔画来写,无形中也就逐渐趋于规范化。字形确定以后,笔画的多少当然也就有定了,要编排索引之类的东西在笔数上也可以得到统一。

总之,统一铅字字形这件事的意义非常之大,这是我国进行社会主义文化建设中的一项重要的工作。现在全国从事印刷出版工作的同志正在积极为统一铅字字形而奋斗,而从事文化教育工作的同志更应当从多方面支持,共同为促进汉字字形规范化而努力。

1965 年 8 月

汉字形体的发展过程

现在我们日常手写的规规矩矩的汉字字体称为楷书,或称为正楷。楷书是从魏晋以后形成的一种字体。魏晋以前,从殷商到秦汉,文字的写法有过很大的变迁。概括来说,可以分为三个大的阶段,现在分述如下:

一、商周的古文字到秦代的小篆

商代的甲骨文是今天我们所能看到的最古文字,这种文字以象形字和表意字为主体。象形字和表意字是从图画发展来的,但已经不是图画,而是一种记录语言的符号了。不过有不少的字在表形和表意上还离图画的形式不太远,例如:

这里"鬥"像二人相斗。"望"像人举足回头远望,从目从壬。"長"像长发老人拄杖形,表示年长。"昃"从日从矢,像天晚日暮,人影倾斜的样子。"專"像用手转动纺轮之类的东西,从又从叀。"若"像人用双手整理头发形。

到了周代,铜器上的文字即通常所说的金文,在写法上大体跟甲骨文接近,但也不无改变,如:

女𠯗：中 令𠓤：令 皿𡈆：𡈆 豕𧰨：豕 自𦣻：自 執𡊏：𡏳

取𠬶：臼 斤𠂤：斤 爲𤣥：𤔔 衆𣆪：衆 貝𦥑：𦥑 剝𠛜：剝

这里左边的是甲骨文,右边的是金文,其中有的笔画变动比较大,如"豕、自、取、斤、贝、爲";有的多增加了一部分,如"執、剝","執"增加了"土","剝"增加了"木";有的可能是一种讹变,如"衆"字甲骨文上从"日",金文却变为从"目",原来造字的意思完全泯灭了。到了春秋战国之间,除见于铜器文字以外,又有玺印、盟书、货币、陶器上的文字。这时各国的文字各有地方色彩,不完全一致。秦人继承了西周的文字,笔画趋于繁复,如刻于石鼓上的文字,前人称之为大篆。东方列国的文字大都趋于简易,改变比较多。

秦灭六国以后,建立了统一的帝国,由于李斯倡议而进行统一文字,于是有小篆。小篆对大篆而言,形体比大篆简单一些,结构比金文整齐,例如:

孙　神　受　则　鱼

这些很明显,小篆的字形已经写得很整齐,而且走向简化和标准化;偏旁也比较分明。小篆是由商周的文字系统发展而成的。小篆以上是一个大的阶段,所以称为篆书阶段。

二、秦汉的隶书

隶书是由简易的篆书逐渐发展而成的。战国时代的兵器文字已趋简捷,而且已经有了略与篆书接近的隶书。到了汉代,隶书不断发展,日趋约易,就成为日常应用的字体了。隶书不同于篆书,主要表现在三方面:

(1)笔画简化;

(2)结构整齐;

(3)篆书的圆笔变为直笔或方笔。

从下面的例字就可以看得很清楚:

篆　目　利　晋　守　楚　春
隶　目　利　晋　守　楚　春

隶书的出现是汉字由繁复变简单的一大发展,隶书解散了篆书字体,使文字完全摆脱了图画的性质,成为便于书写的符号,文字也就走向大众化的方向,在社会生活中发挥着更大的作用。考古发现的竹简和木简都是隶书。从东汉时起,纸已经大量生产,书写文字的工具也更加方便,因此隶书的笔势带有波势,在体势上与篆书很不相同。东汉时期有不少的书法家善书楷隶。

在汉代隶书开始发展的时期,又有了草书。草书是草率的隶书。汉末又有了由楷隶简化的行书,足见文字为便于实用,不断有新体出现。但草书只求整个形体与隶书相似,不容易认,行书又偏于草率,所以楷法为人所重。

三、魏晋以后的正楷

"楷"是有规矩的意思。从汉代有楷隶以后,到魏晋时代就有了正书,正书也称真书。这种字体与楷隶又有所不同,波势减少,笔画也趋于平易圆转,所以从唐代以后一直成为手写的字体,一般就称为楷书。

总之,汉字的形体变迁,从商周古文字到小篆为一期,由小篆发展为隶书是一期,由隶书发展为楷书又是一期。总的趋向是由繁趋简,由不规则变为有规则,偏旁求其一律,便写便认,不再斤斤于表形和表意了。

在历代文字发展过程中又总是要求规范化,由分歧而归于一致。李斯等定小篆是最早的一次正字工作。汉末的隶书熹平石经固然是为刊定经文而设,同时也就起了正字的作用。到了唐代玄宗时又有《开元文字音义》(今亡),文宗开成时又刻石经(一般称开成石经),文字的讹变也就减少了。但是汉字本身是很复杂的,社会中仍流行着不少简体字,这种简体字,或为草书楷法化,或在笔画上有意的省减,都以达到易写为目的。

现代的铅字印刷体是从明代开始逐渐发展而成的。宋代刻板书的字体都规摹颜真卿,即一般说的颜字体;元代刻板书有些规摹赵孟𫖯,即一般说的赵字体;明代承接前代的书写笔势而又变为横画细而竖画粗的形式,字形也写成长方形;到清代改为方形;现代的铅字就依照清代木板书而来。

1986 年 10 月

汉字发展的历史

中国的汉字起源很早,距今至少有四五千年了。汉字是一种方块式的文字。就每一个汉字来说,它本身就是一个记录语言的符号,每一个字代表语言中的一个音节,而又各有各的写法。这跟拼音文字大不相同。现在我们所看到的最古的汉字是商代刻在龟甲和兽骨上的记录占卜文辞的文字,这种文字称为甲骨文。甲骨文就是后代汉字发展的基础。

甲骨文字是由图画发展而来的,有不少的字还跟图画很接近,例如:

日 月 人 大 犬 豕 牛 羊

舟 贝 衣 門 鬲 水 山 鱼

这些字虽然类似图画,但是早已发展成为文字符号了。一方面,笔画变得很简单,只重事物形象的基本特征,而不作复杂的图形;另一方面,肥实的笔画改为轮廓的细画,横画的图形改为竖直的字形,完全脱离了图画的阶段。在使用上它是做为代表语言中的一个个的词来应用的,与图画并不相同,这种字在文字学上称为象形字。

象形是象物之形。但是语言里的词要表现的事物很多,不能仅仅依靠单纯象物之形的符号表达不同语词的意义,于是在甲骨文里又有其他的造字方法:

(1)纯粹属于符号性质的字:

一 二 三 四 五 六 七 八 九 十 上 下 齊 彤

这里由“一”到“十”都是数字符号。“上、下”用“一”在上在下来表示,“齐”表示东西整齐,“彤”表示连续不断。

(2)在一个字形上增加记号,表示特定的意义:

亦(腋) 本 亡(铓) 員 弘

这里“亦”表示两臂腋下,“本”表示树根,“亡”表示刀的锋芒,“员”表示鼎口为圆形,"弘"表示弓臂,都是在已有的字形上加标志。

(3)在一个字形上增添一部分代表某种事物的形象,表示新的意义:

这里在"大"上加"口",表示头的颠顶;在"人"上加"田",表示鬼;在"鬼"上加"卜",表示鬼持木棍,以示可畏;在"人"上加"目",表示有所见;在"人"上加张口形,表示呵欠;在"矢"上加"厂",表示射侯;"矢"外加"囊",表示包函;"弓"上有弦和弹丸,表示控弦施弹。

(4)在一个字形的基础上加以变换,表示另外的意义:

这里从"大"字生出"矢"字、"夭"字、"屰"字;"矢"表示人的头偏侧一边;"夭"表示人的两臂弯曲,一上一下;"屰"表示人从对面迎着走来。这里从"见"字而生出"艮"字、"臮"字,"艮"表示人回头看,"臮"表示人在举目远望。

(5)组合两个象形字表示语言中一个词的意义:

这里"从"表示人相从,"北"表示二人相背,"休"表示人倚木,"利"表示以刀刈禾,"秉"表示手持禾,"采"表示手(爪)在树上有所采,"为"表示手牵象有所为,"牧"表示以攴牧牛,"殸"表示以殳击磬,"取"表示以手提耳,"伐"表示以戈伐人,"隻(獲)"表示手持隹(鸟)而有所获,"寽(得)"表示手持贝而有所得,"劦"表示众力相协作,"即"表示人来就食,"集"表示隹集于木。

(6)组合两个字,一个字表意,一个字表音:

这里"鳳"字左边是凤形,右边从凡声;"雞"字右边是鸡形,左边从奚声;"霖"字上边是雨,下边从林声;"河"字左边是水,右边从丂声;"潢"字左边是水,右边从黄声；"唐"字下边是口，上边从庚声；"戋"字从戈，上边从才（灾）声；"祀"字左边是示，右边从巳声；"翌"字右边是羽，左边从立声。

以上几类当中，前五类都是表意字。表意字是以象形字为基础的。从构造上来看，一、二、三、四几类是独体字，第五类是合体字。合体字比独体字所能表现的方面要广得多了，所以在甲骨文里合体的表意字很多。但是语言的词汇是不断发展的，要表现一个词义，完全依靠组合已有的字而成为一个新的表意字必然有时技穷，因此在甲骨文里又出现了以一字表意、一字表音的合体字，这就是一般所说的形声字。有了这种方法，就可以随音造字，不必想尽种种方法去制造表意字了。

形声字能跟语音相结合，这是汉字的一大发展。所以到了周代形声字大量出现，后世产生的文字几乎都是形声字，表意的文字就很少。因为从很古创造了这种一半表意、一半表音的造字方法，基本上可以适应记录汉语的需要，所以在长期封建社会中全民族都一直使用着这类方块式的文字，没有能发展为拼音文字。现代的汉字在书写的笔画和结构上虽然不同于商代的甲骨文，但是与商代的文字还是一脉相承的。

根据以上所说，可以知道汉字发展的规律是以象形字和表意字为基础，向表音的形声字发展。不过，形声字既要表意，又要表音，两方面都有一定的局限性，因为在表意方面，只是表示事物的一个类属，不能充分显示词义的内容，如从木、从心、从水、从火，只是代表一个大的范畴而已。至于表音方面，声符也不能都与词的读音一致。有不少是相同的，但不同的也占很大的数量，只取相近而已。随着时间的改变，声符跟字音就会有差异，不能完全吻合。不过，这种特有的文字使用了数千年，历代的著作都用这种文字来记述，适应了古今不同方言区域的人交流思想，对增强全民族的团结，对发扬民族的文化都起了巨大的作用。

文字是记录语言的符号。语言在发展的过程中不断产生新词，就要创造新字。由于语义的发展和语音的改变，原有的字在表意或表音上有不足之处，就要在原有的形体上增改意符，或改变声符，例如"莫"字原义是日暮，"莫"作否定词以后，另造"暮"字，代表日暮的意思。"采"本义为采摘，后来"采"作五彩、色彩来用，于是又造"採"字，代表采摘的意思。又如"炒"古作"煼"，由于声符与后代语言不合，所以用"炒"代"煼"。"担"古作"擔"，"锄"古作"鉏"，"爱"古作"嬡"，这些都由于声符不合于后代的读音而另造新字。因此汉字在使用上不断产生新字,有些不大为人所用的,日久也就废弃,只见于古书而已。现在字典里有很多异体字,都是历代在不同时期所创造的字。为了便于记录语言,交流思想,不能不进行规范化。所谓规范化就是每个汉字在使用上要有一致的写法,把异体字取消不用。异体字的产生是汉字在发展中所出现的必然现象。

汉字的形体在历史上也有过几次的变迁。由商代的甲骨文发展为周代的铜器文字,由契刻转用陶范冶铸,方笔改为圆笔,笔势有了变化,文字也繁衍日多。到春秋战国时期,各国的文字不尽一致。秦始皇灭六国之后,统一文字,以秦国的文字为主,形成一种篆书,篆书没有脱离金文的图画形式,即所谓小篆。但是从战国到秦朝的时候,又新兴一种字体叫隶书,隶书改变了图画的形式,比篆法简易多了,所以到汉代隶书大为盛行。同时虽有草书,但过于潦草,不便使用。到魏晋以后,隶书又发展为楷书,这是一次大的改变。隶书虽然还能在石刻上看到,但已经不是通行的字体了。六朝时期有行书,比楷书笔法较简捷随便,大都用于书信或草稿,而书籍的撰写一直应用楷书。隋唐到现在,楷书就是正规的字体,每个字都有一定的写法,不容混乱。这就是汉字形体发展的经过。

1986 年 10 月

"汉字是科学、易学、智能型、国际性的优秀文字"学术座谈会上的发言

　　刚才听了几位先生的意见都是非常正确的,也可以说深得我心。我感觉事实就是事实,凡是科学的东西,总不是随便就能驳倒的。过去很长时间,很多的学者认为汉字难认、难念、难写。其实呢,对于汉字的性质,以及它在整个中国文化发展上所起的作用跟它的特殊性并没有很好地深入地去研究,去理解。认识本来是逐渐深入的。过去,我也没在这方面很好地做些钻研,去体会汉字的发展状况,尽管从事教学,讲文字学,讲训诂学,讲音韵学,讲字形、字音、字义……而到底,却没有研究汉字在我们数千年的应用当中为什么能够不动地一直延续下来? 这是个理论问题,确实须要分析和研究。

　　今天参加这个会受益匪浅。听了袁(晓园)教授、钱(伟长)老、安(子介)老的讲话,觉得对于汉字性质的认识有所提高。这一点很重要,因为有时候,我们常被一些表面现象所蒙蔽,比如说汉字难写,我也觉得是难写,有的地方很麻烦是不是? 繁体字笔画特别多。可是呢,我也写了好几十年了。今年 77 岁了,也没觉得特别难。遇见外国留学生,我就问他们:"你们学汉语有什么困难吗?"他们说:"难学啊!"我说:"并不难啊,怎么见得难呢?"他们仍是"难学、难认"这一套话。实际上并不是这样一个问题。我想钱老对于这点已经发挥得很透彻了。不过我想再进一步说明一下。汉字之所以能够存在,是因为它的形和义拼得非常紧。为什么呢? 我们从早期的最简单的基础的汉字的字形来看,它本身是由象形发展起来的。而汉字整个系统中有一类就是象物形,像东西的形状。另有一类表示的意义在形体上出现,像刚才袁教授举的例子。还有一类呢,即在汉字发展中起主流作用的一大类是形声字。汉字主要是这三大类。在这三大类中,象形和象义是基础,我们认识汉字从形体上就很容易加以理解。比如说:人、水、牛、羊,表示普遍事物的名词并没什么难的。特别要强调的是在教学上,我们应有一套规律教法,就是按汉字的整个系统来考虑,先教笔画少的,而且形状最为明显的,引起学生的兴趣,使他们很快地就能够把笔画简单而又有趣味的字记住,比如,袁教授刚才举的日月为"明",那就是很有趣味的字了。

如果先教这些字,学生很快即能学会。

汉字形和义表现得最清楚不过的就是那个偏旁。我觉得东方人的文化、思想和西方人不完全一样,中国人对事物讲究分类,这很重要。比如说,我们看《尔雅》这部训诂书,这本书早在战国就逐渐写成了,它就是按语词的义类来分的,首先一部分是语言中应用的词,底下按草、木、鸟、兽、鱼、虫,就都分开了。分类是非常重要的。到了许慎的《说文解字》时,它找出了部首,掌握了汉字结构的一个分类学,用形旁来统辖汉字,所以他说"据形系联""以究万原"。他能够找出这样一个系统来,这很重要。这是一个分类。后代的类书、字书都是如此。延续《说文解字》的就是按照它的偏旁,540 部偏旁演变发展,最后变为 210 多个,逐渐形成一个有系统的东西。

类书也是这样,它是按天文、地理分下来的。文学这方面总集也是按类别分下来的。这一点说明中国人对事物的认识,从科学的角度是注重分类的。而汉字偏旁正是这方面的一个充分的表现。我们如果掌握了汉字的偏旁就会发现,汉字通过偏旁它最基本的词义就都能表现出来了,人旁、心旁、山旁、水旁,你一看就知道了。比如刚才钱老说的化学元素符号,气体上面都带气字,金属的带金字旁,非金属的加石字旁,一看就非常清楚。这是非常有趣儿的。

对汉字而言,第一我说说它是科学的;第二是容易学,关于容易学就是指的刚才讲的教学方法要有科学性的安排,因为汉字最基本的部件是有限的。一个字可以是两个部件,也可以是三个部件,有时有四个部件,这就是很多的了。这些基本的部件形式写起来并没有什么难的。说音难吗,也不然,因为我们刚才说了,现在的普通话是 436 个音节。从形声字来看,它的声旁也有一定的系统。当然,有些因为历代语音的变化,我们从字面上看不出来了,不太清楚了。比如说,容易的"易"字就念 yì,可是踢球的"踢"呢,它就念 tī,为什么念 tī 呢?这就是一个音的变化使这个字念 tī。另外挑剔的"剔"字,右边加一个竖刀。还有警惕的"惕"字,因为要注意,所以左边加个心字。这三个字都念 tī 音。汉字本身都有一个它演变的系统性,有的几乎完全一样,它可以出一串的字,比如像宛转的"宛"、茶碗的"碗",这是一套的。还有从女字边的"婉",从玉字边的"琬",讲玉器上边是圆的。它都有一个圆的意思,本身宛转就是圆的了。所以这些字一看,声音都是一个声音,在意义上都有一个圆转的意思。再比如烟囱的"囱",从囱的意义上讲都是有窟窿的地方,比如窗户的"窗",是个变音,底下从囱,窗户必然得有洞的了,没有洞就不是窗户了,不通空气。虽然它念 chuāng,

是音变,但从囱,我们就形而知义。另外吃的葱(蔥),中间也是空的,所以从囱得声;当然也还有别的意思的,比如表示蓝颜色,表示青白色的"騘",加个马字边。"聪(聰)"是讲人的智慧,聪明,念 cōng 的音,而意义也在这声音上面表示出来了。所以,我们理解汉字时,应当看到它的形和义关系是非常密切的,这是汉字一个根本的性质。不了解这个汉字的根本性质,就总觉着汉字难学难认等等。实际上了解了形跟义的关系,在使用上就多少感到有很多方便而不至于难学了。

汉字在形上表义是很有趣儿的事。我有一位研究生,他正在作论文,因为作论文,他要查很多很多资料。从这些资料中要找某一类的词,很不好找。因为旧书是竖着一行一行地写的,新书是横着一行一行写的,要查词儿很费劲。我说:"我教你一个秘诀,让你很快地查到要找的词。"他说:"先生,你有什么秘诀啊?"我说:"要看竖行的,就斜着从右上方一直到左下方,横行的就相反,从左上方斜着到右下方看,这样用眼一扫,所谓一目十行,立刻就会找到你要找的词了。如果你要找一个句子,怎么找呢? 这里也有一个办法,就是你要知道这个句子里面的字是什么,然后找这句话中笔画最简单的字。这样很快就能找到你要找的句子。"从前,有位先生叫刘文典,是清华大学的教授。他教我校勘学,有一天,他问我:"要查一个书中的句子,怎么查才好啊?"我说:"就是先找到那个笔画最简单的字,就能找着了。"他说:"你说的真对,就是这么回事。"那么就是说,前辈他已经肯定了我这种方法了。再看效果如何呢? 我那位研究生听我告诉他后,如法炮制,查书时这么一来,那么一斜,很快他就查完了一本书中有关汉字的词句。足见,我们不要把汉字的形体看轻,它是一个科学、有系统的东西,并且是易学的。

关于汉字的智能性,我们要研究这个问题。小孩在学东西时,在他面前摆上实物,最易使他学会。如果实物告诉他是两个,他能明白,如果空白抽象地讲 two、2,他就不能明白。如果是形象的东西,小孩才好理解,拿两个苹果放小孩面前教他,他很快会明白 2 是怎么回事。再拿一个苹果,告诉他是 3,他也很快能够学会这个是 3。汉字本身有许多都是通过形象来表现义的,不过从甲骨文开始逐渐演变,字形已经有很大的改变了。但是如果在教汉字时,把偏旁、部件一个个都弄清楚,讲清楚,学生就能很快地学会汉字,同时也学会了汉语的语词。汉字在开发智力上面,我看未见得比拼音文字逊色。而且我感觉到开发得更快,就像刚才我讲的一目十行的办法很容易,所以汉字开发智力是很好的东西。要想理解古代事物的名称,通过汉字就可以思过半矣,它有这种好处。至于汉字的国际性,刚才钱老、袁先生都讲过了,我就不必多讲了。

汉语在世界上是最精练、最简单的,因为它没有形态变化,语法和构词有自己的一套规律。这种系统性、科学性是很值得我们自豪的,有这样一种文字用来表达我们的汉语。将来在计算机(computer)声控方面,汉语是最优选的,最优秀的,因为凭着汉语单音节的一个个声音就能说出一串音。当声控计算机通行以后,立刻感觉到我们汉语是最好不过的了。而描写汉语、记叙汉语的符号呢,就是汉字。所以,今天我们这个讨论会,我觉得非常有意义。我个人在认识上也提高很多,我就把自己一点很粗浅的意见作为刚才三位先生的一点补充好了。谢谢大家。

1991 年

汉字的特性和它的作用

汉字是经过长期历史的发展而固定下来的记录汉语的书写形式,它是跟全民族为维护团结统一及发扬优秀的文化所具有的特殊作用相联系着的。

汉字是一种符号体系,它是从表意的形式向表音方向发展起来的一个个单个的形体,但始终没有脱离其原有表意的意味,或因形以见意,如一些表意字;或因形以表音表意,即大量的形声字,每个字只有一个音节。由于汉字是极其精练的语言,语言的结构也比较简单,在构词时就非常爽利,大多数合成词的词义从字面上都可以或多或少地显示出来,这是汉字的特点,又是其优点。缺点是同音字多,势必要维持每一个字的固定写法,不能随心所欲地假借替代,免去造成混乱。

汉字在历史上为什么不改用拼音式的文字呢?一方面是由于汉语是从最初的单音词发展起来的,同音词要靠不同的字形来表示;另一方面是由于汉语自古方言复杂,语音差距很大,至今各地方言的语音仍然有很多差异,为了全民族的团结,便于传播文化,在书面上不能不使用符号式汉字。几千年来汉字为了维护全民族的团结、保存历史的文化,发挥了巨大的作用。

现在汉字不仅是海峡两岸十亿几千万同胞共同使用的文字,而且也是港澳和侨居世界各地的侨胞共同互通信息、交流思想的工具。我们的邻邦日本还在使用,一千九百多汉字定为"常用汉字"。现在世界各国学习汉字的人正在日益增多,汉字的世界越发宽广了。特别是成套的汉字信息处理系统已由我国科学技术工作者研制成功,这样,汉字在国际来往中,无论是在政治经济方面,还是在科学文化方面都将起到不可估量的作用。汉字已跟上电子计算机发展的脚步,这是难以想到的。

以前经常有人说汉字难写难认,其实不然。现在常用的汉字只有三千多,学会这三千多字以后就会认得用这些字组成的几万个词,这比学习欧美各国语言时要记多少万复杂的多音词不知道要容易多少倍。三千字都认为难认,可以说,那是世界上的懒汉!至于说难写么,那要看你肯不肯学了,肯学,那又何难之有?

原载《汉字文化》1989 年创刊号

甲骨卜辞中的"蚰"字

《说文》云："虫，一名蝮，博三寸，首大如擘指。"《唐韵》音许伟反。又云："它，虫也。从虫而长，象冤曲垂尾形。上古草居患它，故相问无它乎？"《唐韵》音托何反。这两个字的音读不同，然而甲骨卜辞中"虫"与"它"就是一个字，象蛇虫之形，"无圉"字可以从它，亦可从虫，"无圉"也可以作"无虫"，即是明证。然则"虫"即音它是无可疑的。《说文》又有"蚰"字，云："蟲之总名也……读若昆。"《唐韵》音古魂反。在卜辞中也有"蚰"字，我所见到的有八处。

这八片卜辞中"蚰"字的写法虽小有异同，而由词句上的比较可以知道就是一个字，相当于《说文》的"蚰"字。第一片至第七片是属于祭祀的卜辞，"蚰"字当是人名。第八片是属于贞问灾害的卜辞，"蚰"字似为地名。前三片为同时所卜，四、五两片为同时所卜，书法的时代都很早，约为武丁时卜人所书。据董彦堂先生《殷历谱》所说，尞祭字如此作也正是早期的写法（见上编卷三第 13 页）。惟有这里所祭享的人，名为"蚰"的，不类殷之先公先王，因为我们所见到的材料中他不曾与别的先公先王等在一起合祭，所以我以为或即《尚书·仲虺之诰》的"仲虺"。《书·仲虺之诰》序云："汤归自夏，至于大坰，仲虺作诰。"《仲虺之诰》人人都知道是伪书，而仲虺当确有其人。在《春秋左氏传》宣公十二年、襄公十四年都曾称引仲虺的言辞，而且定公元年《传》云：

> 薛宰曰："薛之皇祖奚仲居薛，以为夏车正。奚仲迁于邳，仲虺居薛，以为汤左相。

这更是最可信的记载。然则仲虺生于商代，乃薛之祖先，当无可疑，所以《尚书》伪孔传说"仲虺为汤左相，奚仲之后"，即本于《春秋左氏传》。仲虺既确有其人，是当商汤的时候有两个重臣：一为伊尹，一为仲虺。伊尹之名，卜辞中已屡见，且时常与大乙合祭（见《后编》上廿二叶第一片及《萃编》第一五一片），则仲虺不能不见于卜辞。现在从以上所举的几片甲骨来看，似乎"蚰"就是"仲虺"了。

但是要建立这一种说法，首先要解决两个疑问：第一，伊尹有与大乙合祭的卜辞,而仲虺没有,似乎可疑;第二,"虺"字《尚书》释文音许鬼反,韵书亦然。"蚰"字则《说文》与韵书音昆,古魂反,二者不合,应当寻求一个解释。

关于第一个问题,要有满意的解答很难,必须有新材料的发现始可。前面的材料虽不足语此,然而既可以燎柴祭之,享以羊豕,则非先公先王及国之重臣莫属。今蚰固不与先公先王同列,反而可以见出是国之重臣了。

关于第二个问题,似为症结所在,然亦不难解释,我们可以分为两点来讨论:(1)"虺"字的读音;(2)"蚰"与"虺"在读音意义上的关系。

(1)"虺"字《说文》云从虫兀声。此字《释文》既音许鬼反,则从兀声不合。所以徐铉云"兀非声,未详"。考清人吴凌云《小学说》释虺略云:

> 《尚书》"仲虺",《史记·殷本纪》作"仲虺",石经作"仲傀",《荀子·尧问篇》作"中蘬"。《说文》:"傀,伟也。"《尔雅》:"红茏古,其大者蘬。""傀"与"蘬"皆有长大之义,"虺"既与"傀蘬"通用,则"虺"亦有长大之义,故从兀。兀,高貌也。虫,声也。然则"蘬"是茏古之大者,"傀"是人体之大者,"虺"是蝮蛇之大者,音义并同得通。

吴氏此说最得音义相关之理。《玉篇》已谓"虫"为古文"虺"字,则称"虺"从虫声殊有见地。今由吴氏所举《尚书》"仲虺"字的异文来看,"虺、傀、蘬"都是古韵脂部字,则"虺"也应当属于脂部,而且《国语·吴语》云:"为虺弗摧,为蛇将若何?"此"虺、摧"协韵,"蛇、何"协韵,"摧"亦脂部字,是"虺、摧"同部,尤有确证。又《颜氏家训》中曾举出一个"蜼"字来,也与"虺"字相通,《家训·勉学篇》云:

> 吾初读《庄子》"蜼二首",《韩非子》曰"虫有蜼者,一身两口,争食相龁,遂相杀也",茫然不识此字何音,逢人辄问,了无解者……后见《古今字诂》,此亦古之"虺"字,积年凝滞,豁然雾解。

据此则张揖《古今字诂》"虺、蜼"复为一字。"蜼"从鬼声,亦属脂部,如是更可以断定"虺"字在古代必是脂部的读音了。

(2)"虺"字古音属于脂部既然知道了,则相传读为许鬼一音,自然不错。但是"蚰"字《说文》音昆,《唐韵》作古魂反,"古魂"与"许鬼"不同,仍是疑问。案"昆"字古韵属谆部,脂、谆两部常有对转的关系。"昆、虺"二字当为对转。因为在声纽上"昆"是见母字,"虺"之古音亦属见母。前所举"虺"字之异文"傀"《广韵》音公回切,"蜼"音居追切,既都与"昆"为双声,且《诗·何人斯》

"为鬼为蜮",《文选·芜城赋》"坛罗虺蜮"一语,"鬼"通作"虺",是"虺"字古代当读为见母之证。在韵上来说,"昆、虺"都是合口字。可以说声韵部类除去韵尾以外,其余都极为相近。至于今音"虺"为许鬼反,属晓母,似有可疑,若以"军"声作例,则涣然冰释。"军"字属见母,而从军得声的字如"挥、翚、㡓、䡖"等都读晓母,以此互证,则由见母变为晓母,本无足多怪。所以"昆、虺"读音上的不同必是对转的关系。以理推之,读脂部音宜在前,读谆部音在后。若从字义上来讲,"虺、蝮"古人往往并举,虺是蛇之大首者,而甲骨卜辞的"蚰"字正象大首之形,余所见甲骨卜辞之第一、二、三、六、七各片所作最为明显,可以说甲骨文的"蚰"字与古人所用的"虺"字意义相符。再看《说文》的"蚰"字,既云"读若昆",就是"蚰、昆"为古今字,"昆"有众义及盛义,而甲骨文的"蚰"字从两虫以见其多,意思也正相应。

由以上的讨论可以下一结论,即甲骨文的"蚰"字在形体上就是《说文》读若昆的"蚰"字,在声音上应当是读作仲虺的"虺"字,"虺"字古读如"傀"若"魁","昆"与"虺"为一语之转。如此则第二个问题也有了适当的解释。

所以我就不妨大胆地假设卜辞中"寮如蚰"的"蚰"就是《书》之"仲虺"。不过假设终是假设,还希望有新的材料加以证明,不敢确乎自信。

原载《申报》文史 15 期,1948 年

《说文解字》概论*

一、绪　论

（一）汉字的发展　从历史上看,文字起源很早。尽管出土的陶器上也有像很早的文字的东西,但它究竟属于什么时代,怎么去认识,还有待深入研究。因此,今日所能见到的最早的有系统的记录汉语的文字是甲骨文。从甲骨文发展到铜器上的文字即金文。到了春秋战国时期有所谓六国古文:秦早期的籀文、货币上的文字、陶器上的文字等等。到了秦始皇时代,简易了秦的籀文,成为小篆。再发展成隶书、草书、行书、真书(即楷书、正书)。

从书写方式上看,汉字的发展有形变和势变。形变即字形有了改变,势变即书写的笔画有了变化。形变如金文跟六国古文相差很远,小篆跟金文相比又有了很大变化。篆书是圆笔居多,小篆已有点变化,隶书变化很大,把圆笔改成方笔,如"大、日",字形由圆的变成方块。这种发展一方面由繁复趋于约易,简单化,如由大篆、籀文到小篆;另一方面又可看到由单体变为合体,加上不同的偏旁则成为形声字。书写上由繁复趋于约易,字的繁衍上由形以表义向表音方向发展。最早先有图画代表形象,作为文字把图画简化而成为象形字。还有指事,《说文》举"上、下"为例,因为无物可象,所以有指事。又有会意,会意一般是合体的,如"相",是由两个独体字合成的会意。此法还是有时而穷的,遂向表音方向发展,因此有了形声。又有转注、假借,合前几种为六书。转注,《说文·叙》讲"建类一首,同意相受,考老是也",前人有各种不同的理解,我认为比较准确的是刘台拱的讲法:"从一义生数字谓之转注,以一字摄数义谓之假借;随音立字,谓之转注,依音记字谓之假借。"戴震、段玉裁讲转注是互训,非也,互训不是文字孳乳的方法。假借以不造字立字,同音假借,拿一个字代表两个不同的语词。转注是表音的,假借更是表音的,因此我说是形从表义向表音方向发展。

文字使用上,一字多形(或体,一个字的不同写法)慢慢趋向固定。从历史

＊　士琦按:周祖谟先生于 1984 年为北京大学中文系本科生开设《说文解字》课程,本文系根据当时讲课的
　　录音扼要记录整理而成的。题目乃编者所拟。

上看,有古字今字之别。

(二)声韵的演变 首先应理解声、韵是一个系统(system),不是杂乱无章的。一种语言里声母、韵母各分多少类是有数的;声韵的结合是有规律的,是系统的,比如现代汉语普通话语音[tɕ][tɕ'][ɕ]一定跟[i][y](或有[i][y]介音的韵)相拼,不跟 ɑo 相拼。声韵的演变就是在这一系统内部有些发展改变,演变或者由简而繁,比如古代的端透定在一定条件下发展为知彻澄和照穿床。或者由繁而简,比如"蓝"是来母,而"监"是见母,古代有复辅音声音[kl]。为什么说古代有复辅音?这样的事例不是个别的,比如"恕"从如声。一个字也可以有两个读音,比如"率"shuài、lǜ,最早为两个辅音,在一定条件下,发展为有的保留了前面的辅音(如"监"),有的保留了后面的辅音(如"蓝")。除谐声外,从汉藏语同源词比较也可看出古有复辅音。

时代有不同。从汉语语音的声韵系统发展来看,可以分成几个阶段(period):上古、中古、近古、近代、现代。上古又可以分成前期(proto Chinese)、后期(archaic Chinese)。时代前后亦有伸缩,商代为上古前期,周秦即为上古后期;若周秦以上为上古,则汉代也可说是上古的后期。魏晋南北朝为中古,唐、宋为近古,元、明、清是近代,现在为现代。研究任何学问,了解其历史,都应在历史上划分不同的阶段,不要笼统。

方音有不同。因政治、经济、文化各方面交错的关系,方音由分歧而逐渐融合,趋于一致,这是一个发展趋势。方音自古有之,而汉语是有一个最早的母语,方言不过是其不同分支而已。有些美国学者认为闽方言跟早期汉语不是一回事,有自己的原始闽方言的母语。我们不同意这种说法,闽、粤、吴、北方话都是由一种早期汉语演变来的,因为一种语言不能单从语音来比较,还要看它的语法、词汇。闽方言也是音节语言,没有很多的形态变化,语法结构跟其他汉语方言基本一致,声调也可以对应。词汇上的证据就更多了,不过有些词汇北方话没有。这里面有不同民族往来时互相影响的问题,吸收一些别的民族语言的词汇。语言发展也是不平衡的,有的快一些,有的慢一些。方言的发展是交错的,有的趋于一致。一致也是相对的,不是绝对的。北方话一般无入声,但山西话还有入声,声调也不同,有的有五个、六个声调。

总之,关于声韵演变要建立两个观念:一个是古今时代的不同,一个是方音的不同。

(三)语义的发展 文字的意义有本义,有变义。本义指从早期文字形体上所反映出来的取像及其所代表的词义,变义指使用文字在表意方面所起的发展变化。变化又是多方面的,转义、比喻义、借义都是对本义而言的变化。研究语义,不能孤立地看:第一,要看这个词在最早的文献里是怎么讲的(the first appearance),有的不能单从字形来看。第二,要根据这个字(词)处于一定的句子中的意思来定,不是仅仅单凭古老的字书(训诂书)来看的,训诂书讲的不一定是这个字的全面的意思,或是在某个句子中的意思,例如《尔雅·释诂》第一条:"初、哉、首、基、肇、祖、元、胎、俶、落、权舆,始也。"这些字是不是都当开始讲? 其实开始只是核心(kernel)的意思,事实上用处不一样,所指的方面也不一样,要把语词放到具体的句子中来看它是什么意思才行。

就语言的总体来说,形音义三者是联系在一起的,要研究语言,就不能偏于一隅,要把事物的各方面联系起来观察分析(古今,形音义),所谓"观其会通""好学深思""心知其意"就是要联系起来观察分析;同时也要了解历史的发展,所谓"探本求源""明其原委",也就在此。把事物孤立起来看,不是科学;只了解一段,不了解历史的发展,是不能理解透彻的。

二、许慎的事迹及许慎为什么作《说文》

(一)许慎事迹　《后汉书》卷七十九下《儒林传》中有记载,不过很简略:"许慎,字叔重,汝南召陵人也。性淳笃,少博学经籍,马融常推敬之。"当时很多人觉得许慎很博学,特别是经学,"时人为之语曰:'五经无双许叔重。'""为郡功曹,举孝廉,再迁除洨长。卒于家"。又从贾逵读书,古文字之学是从贾逵受学的,"初,慎以五经传说,臧否不同,于是撰为《五经异义》。又作《说文解字》十四篇,皆传于世"。儿子许冲《上〈说文〉表》,说其父曾为"太尉南阁祭酒",相当于现在的校长,"本从逵受古学",还著了《淮南子注》。古人作书,书叙放在书后面,目录又在叙之后。刘向校书作叙录,都是校订完毕作叙录。从许慎自叙和许冲的上表可以了解作《说文》的时代。

(二)为什么要作《说文》　《说文》之前有很多杂字书,用一些文句编成,为儿童识字而设,如《仓颉篇》。罗振玉影印的《流沙坠简》里有杂字书。赵高作《爰历》,胡毋敬作《博学》,司马相如作《凡将》,史游作《急就》,扬雄作《训纂》,贾鲂作《滂喜》,都是杂字书,编成韵语,最早皆四言,后来有七言。汉代有所谓《三仓》。许慎为什么作《说文》? 当时经学很复杂,古文经已盛行,是对今文经而言的。古文经是用古文字写的,称古文经;今文经是口耳相传,用汉代隶书写下来的,叫今文经。晁错从秦博士伏生受《尚书》,写下来的是今文经。汉代有两次古文经出现:一次是从孔子宅壁中取出,一次是河间献王从古屋里取到的。古文经是用六国古文写的,而不是汉代的隶书。许慎作《说文》时,今文经学家和古文经学家还在争论。刘歆已看到古文经,它是有本之学,篇幅也多些,内容也有不同,比如《左传》就是古文经,《公羊》《穀梁》为今文经。最早只有今文经流传,立于学官,许招博士弟子员,有官有禄。古文经出现之后,也要立学官,招博士弟子员,今文经学家则反对。刘歆有《让太常博士书》,批评今文经学家,时人非毁古文经,以为向壁虚造,这是不对的。今文经学家又喜讲谶纬,如董仲舒,说了很多没有根据的说法,谶纬盛行。许慎从贾逵受古文经,既通古文经,又通今文经,"五经无双许叔重"。他要保存古文,说明文字形体的结构,文字的表义和声音,所以作《说文解字》。《叙》曰:"诸生竞逐说字解经谊,称秦之隶书为仓颉时书,云:'父子相传,何得改易?'乃猥曰:'马头人为长,人持十为斗,虫者屈中也。'廷尉说律,至以字断法,苛人受钱,苛之字止句也。若此者甚众,皆不合孔氏古文,谬于史籀。俗儒鄙夫,玩其所习,蔽所希闻……巧说邪辞,使天下学者疑。"诸生说字解经不合古谊,因此他要作《说文解字》。何谓文? 何谓字?《叙》曰"依类象形故谓之文""形声相益即谓之字"。说,解释。解,分析(分判)。文,独体字,造字是怎么样的? 象形还是指事? 字,合体字,分析它从何得声? 是什么偏旁? 故曰《说文解字》。《叙》曰:"今叙篆文,合以古籀。博采通人,至于小大,信而有证。稽撰其说,将以理群类,解谬误,晓学者,达神旨。分别部居,不相杂厕。万物咸睹,靡不兼载。厥谊不昭,爰明以谕。其称《易》孟氏、《书》孔氏、《诗》毛氏、《礼》周官、《春秋》左氏、《论语》《孝经》,皆古文也。"以古文经为主,孟氏《易》是今文经。(1)分别部居;(2)据六书分析字体;(3)搜集训诂,博采通人;(4)明字音;(5)采古籀。《说文》包容了这么多的内容。当时今古文经争论未息,古文经在东汉已开始盛行,许慎要保存古学,文字上多方面采纳,编新字书,也是世界上最早的完整字典。公元100—121年,写成《说文》,成为字书之祖,在文化史上有很重要的地位。收字9353个,重文1163个,解说133441个字。保存了战国、秦、汉间的古文字。

三、《说文》的价值

(一)收字范围很广　包括:(1)秦汉间通行的篆文;(2)古文(壁中书),含奇字,采自扬雄的书;(3)籀文,即大篆,比小篆繁复,笔画重复的多,如"则",籀文左边写得跟"鼎"似的。（4）或体，收当时书本上流行的不同写法。如"文籍"的"籍"、"返回"的"返"。还有一种他认为的俗体，"公"字不是正规的小篆，认为是俗体。"衺"有正体、俗体。包容面很广，给我们丰富的古代文字的知识。

（二）首创分析文字结构的理论和方法　　一扫西汉、东汉间今文谶纬谬说，这是很大的功绩。汉人早就讲六书，如班固、郑众等。许慎通过实践把汉字加以整理，把这种理论具体体现在字典里。当时今文经学家有很多臆说，"推十合一为士"之类，很可笑的。许慎很了不起，给后代很多字典树立了规范。许冲《上〈说文〉表》曰："其建首也，立一为耑。方以类聚，物以群分。同条牵属，共理相贯。杂而不越，据形系联。引而申之，以究万原。毕终于'亥'，知化穷冥。""据形系联"，有条不紊。为何"毕终于'亥'"？亥者，该也，树根底下也叫荄，万物皆该备。由"一、上、示、三、王"，从形体上往下牵引，下来到"亥"。六书说很重要。尽管六书本身不够完善，有了六书，对汉字结构形式比较清楚些。六书里，象形、指事为独体，所谓文；会意、形声为合体，所谓字（"形声相益即谓之字"）。《说文》里"从某某"，或"从某从某"，这是会意；"从某某声"，这是形声。合体又是用独体字组成的。转注和假借，是用字上不断孳乳和增多。前面已讲过，转注，以刘台拱的说法比较正确，随音立字，声旁相同，形符不同。假借是同音假借。西汉、东汉间今文谶纬之学盛行，不是根据文字形体结构发展规律，而是按唯心方法讲文字构造，所据亦非篆书，更不是籀文，而是汉代隶书，《说文·叙》在讲了八体六书之后说："其铭即前代之古文，皆自相似。虽叵复见远流，其详可得略说也。而世人大共非訾，以为好奇者也，故诡更正文，向壁虚造不可知之书，变乱常行，以耀于世。诸生竞说字解经谊，称秦之隶书为仓颉时书，云：'父子相传，何得改易？'乃猥曰：'马头人为长，人持十为斗，虫者屈中也。'廷尉说律，至以字断法，苛人受钱，苛之字止句也。若此者甚众，皆不合孔氏古文，谬于史籀。俗儒鄙夫，玩其所习，蔽所希闻，不见通学。未尝睹字例之条，怪旧埶而善野言。以其所知为秘妙，究洞圣人之微旨。又见《仓颉篇》中'幼子承诏'，因号：'古帝之所作也，其辞有神仙之术焉。'其迷误不谕，岂不悖哉！"今文经学家据隶书讲文字结构是错的。许慎根据古籀、篆文说明文字结构，把今文谶纬谬说一扫而空。

（三）创立部首编排文字的方法　　这是受《三仓》《急就》的影响，特别是《急就篇》，"急救奇觚与众异，分别部居不杂厕"。先姓氏，后名物，分别开。同类的字写在一起，偏旁相同的字排在一起，如鸟虫、草木。这对许慎很有启发，他能创立部首编排文字的方法,为后代立下一个很好的规范。

(四)记载了丰富的古代词汇,保存了大量词的古义 古汉语单字往往是一个词,许慎对每个词都要讲解,讲解用词也往往是古义,比如:"毕,田网也。"捕鸟网。"自,鼻也。""须,面毛也。"六艺群书的古义有很多在《说文》里记录了下来。另外,还有古音,形声字,说出"从某某声",声旁与此字有直接关系;"读若某",记载了古音。所以,《说文》是研究汉语文字的重要典籍,讲词源学、文字学、词义学都要参考《说文》;要理解古书、古代文学作品,不能不理解《说文》;编词典,要注意词的本义,也要参考《说文》。但《说文》所记,亦非全是古义、本义,这先不谈。

四、《说文》的功用

(一)可以利用《说文》部首和形体分析了解隶书与今楷书的构造 《说文》用篆文分析每个字的结构、偏旁。隶书、楷书与小篆不同,有些字不知为什么这样写,可以从小篆知道,如"兵、其、采"。"陷"和"滔",楷书写法不同,易写错。从古文字看,滔,上面从爪,用于取;陷,一个人掉下去了,字形、字义区别得很清楚。

(二)可以根据《说文》保留的篆书和古义,认识和研究甲骨文和金文 《说文》著录下小篆来,我们才可据小篆与甲骨文、金文相对照,认识甲骨文、金文,若无篆书就难多了。有的小篆和更古的文字之间比较容易了解其关系,如"女",无小篆,也能认识甲骨文"女"。有的就不那么容易,如"伐、腋(亦)、监(人于水监)"。再如"门、老、奔",古文字就比楷书、隶书形象多了。有的字从篆文字形也不能理解,与甲骨文对照起来,就明白为什么那样写了,如"豨",小篆为什么这样写?不清楚。甲骨文从矢从豕,就看得很清楚了,篆文从甲骨文发展而来,如无篆书,也不易理解甲骨文此字的字形。

(三)据《说文》的六书说,文字中很多是会意字,有些还是形声字 写出这个字时,就知道其字的取像、取义何在,如"逆、大、启、得"。理解最初古训的取义是什么。汉字中形声字占大多数;由表义向表音发展,这是文字发展的规律。也有跟古文字不对头的,在,《说文》"才声",是形声字。青,从生声,篆书上没有撇。地,从也声。矣,上边从以声,楷书作"厶",从篆形更易理解。

(四)从《说文》可推寻词义的转变跟用字的假借 因为《说文》给一个字作解释,都有来历,六艺群书的解释都概括在里面了,如"逆",今为顺逆,不用迎逆义了。"降"有二音 jiàng、xiáng，词义转变。旨，《说文》为甘旨，今为旨趣。禦，今简化后无"示"了，古则为御下；从示，是祭名，今为抵御。再如"适、汤、视、企"等。

(五)从《说文》所收词汇中可见其对古代社会文化发展及其阶段的反映

事物有不同名称，今以一个共名称之，如祭祀，《说文》有很多专门祭祀之名，后代不需要了，无此名了，但还有祭祀，只用一个普通名称，无专名了。专名反映最初文化的情况。玉石，反映用玉做的器物，而最早又是用石做的器物，玉器又作礼器，圭、璋等佩饰也有玉石做的，代表当时人的生活、文化。牛部，不同颜色牛的命名，与畜牧时代牧养牛有关。"犉，白牛也。""牻，白黑杂毛牛。"反映了社会发展阶段的生活文化情况，古人对事物认识的深入程度。

五、《说文》的传本、注本

今日所见《说文》的本子，主要是宋以后的，唐写本很少。清代有木部残卷（唐写本），只存 188 个字，仅占全书的 2%。书籍制度上，最早用竹简、绢帛，但要卷起，不便阅读。又发展出册页、帖子、叶子本，唐代就有了叶子本，可折叠的。唐残本是叶子本，每面十行，每行二篆，上下排着两个字，双行小字是注，先出反切，然后是许慎释义。日本有口部 12 个字断简，一片，上下两行，每行二篆，存 12 个字。据说还有 6 个字一片，但未见过，也是叶子本，注文列下面，反切在注文之后。这个反切与今所见宋本反切不同，字的次序也不完全与宋本一样。关系之大，牵涉到许慎排字次序问题和体例问题。唐人对《说文》《字林》都很重视，为何传本这样少，不可理解。唐本反切跟《字林》反切相近，五代所传的《说文》本子与唐本一致（部首和反切）。今日所见宋本，为大徐所校订，与唐本不同。

宋本 徐铉所校订。他发现相传的本子有误，把很多的本子拿来对照，详细考察，又发现有遗漏的字，补了新附字，反切音以孙愐《唐韵》为准。今日所见的《唐韵》残本，与大徐本反切也不完全一样，可见孙愐《唐韵》传本在宋代也有很多。徐锴为弟，称小徐，作《说文解字系传》40 卷，用功夫很深，有通释，说解《说文》十五卷的字。另外讲部序、通论、祛妄、类聚、错综。小徐本的注文和篆文的次第也跟大徐本不同，《系传》早成。徐锴比徐铉高明，通释里有很多好东西，清人注《说文》受《系传》影响很大。《系传》有两个本子：一是《四部丛刊》影宋本，因是抄本，有不少错字；一是刻本，刻得很精，祁寯藻所刻《说文解字系传》即为通常应用的刻本。祁本也有错字,可用《四部丛刊》本对校。《系传》是本很好的书,引古训、古书来解释《说文》,很有价值,只不过因清人有更好的更详尽的注本,把《系传》给淹没了。

清人的本子,汲古阁本最早,藤花榭的本子、孙星衍《平津馆丛书》本,刻工非常精美。陈昌治据孙本改刻为一字一行。中华书局影印的本子,每个篆书上都标出楷书,并附《通检》,比陈昌治本又高出一筹,当然,有的字属于隶定。

清代注本 徐锴《系传》引古书证《说文》许慎的训释,这也是清人注《说文》的一贯方法。段玉裁用汲古阁本和其他本子对校、作注,段氏用心很细,胆子也大,改字也有改错了的。桂馥《义证》,与段不同,段是注《说文》,桂氏是给《说文》找根据,引古书用到这个字时如何讲,桂氏书材料很充实,不大有错误,用起来很可靠,作为材料书很有用。桂氏缺点是墨守许说,不敢驳许。王筠《说文解字句读》兼取段、桂二家,是比较通用的书,梁任公以为此书便于初学,解释简明扼要。王筠另有《说文释例》,解释《说文》的文例、辞例;《文字蒙求》,按六书讲的。王氏曾校过《系传》,在《说文》释例方面很有建树。

朱骏声《说文通训定声》,说解文字,引古书训解,考定字声,他把《说文》原书拆散了,不按 540 部,按他所定的古韵 18 部统摄《说文》之字,18 部用《易》卦名,如“丰、升、临、谦”等。把《说文》谐声字用古韵部统摄起来,同属一个声符的字按《说文》出现先后为序列出来,一部中有许多声符,皆归属在一个韵部之中,查字要按谐声偏旁查。一个字下面也有或体,下面有《说文》的训释,还有转注(引申义)、假借、声训、古韵、转音。定声,即统纳入 18 部之内。每韵部之后,又附录了不见于《说文》的唐以前古书上的字,有一千八百多字。最特殊的是对转注和假借的讲法,“转注者,体不改造,引意相受,‘令、长’是也”,这完全是意义引申,而非《说文》转注原意了。“假借者,本无其意,依声托字,‘朋、来’是也”。朋友之“朋”无其字,借朋鸟之“朋”;“来”是借小麦之“来”,用为来往之“来”。他书中并不全是如此,多是古书上的通借,非《说文》之假借,这也是他独创的一种。

六、怎么读《说文》

从前读《说文》的人都要先抱着段注来读的,还要点,全书点下来也要两年时间了。现在不能那样了。

(一)先要读《说文》,不看注 丰富文字形体的知识,从学习《说文》部首开始。注意文字形体的认识学习。还要熟悉形声字的形符与声符,如"临、志"。对会意字,楷书已看不出其义了,可通过篆书和楷书相比,了解其变化。

(二)了解《说文》的编排体例　分辨训释的方法、编排的方法、文例辞例,怎样说明这个词。

(三)掌握常用字的训解　这对读古书有很大便利。因有些词义不太好理解,去古已远,《说文》中保存了很多最早的通用的意义,掌握其中一部分很有用。总之,要读《说文》,就要掌握字的形体,分析字的结构,掌握常用字义。

七、《说文》的编排方法

(一)部的次序　《说文》分部排字受《三仓》《急就篇》的启发。许冲《上〈说文〉表》讲了"其建首也……知化穷冥"。至于《叙》中开头的"叙曰"是后加的,非许氏原文。以形体相近者依次系联,并无深意。"始一终亥"。今文经家哲学,道生一,一生二,二生三,三生万物,故始于一;亥,该也,备也,根也,故终于亥。其他则无深义,只是据形系联。此书体大思精,当时许氏书于木简,受条件限制,非一以贯之,有的系联不上,只好按意义相近的排列了。小徐《系传》,完全从义理上讲部序,不足为据。主要是据形系联,也有按意义系联的,如"齿、牙、足、彳",形不似而意义近。

(二)部首与部内文字的关系及部里文字的次序　部首一般是部里字的形旁,只有少数是部里字的声旁,比如卷三上句部,拘、笱、鉤,部首为声旁;丩部,纠,部首亦为声旁。卷九上后部,听,"后"为声旁;司部,收一个"词"字,"司"为声旁,这是例外,也有些自乱体例了,但主要的还是部首是部里字的形旁。

部里文字的次序:(1)专名在前,后列其他,如山部、水部,均先列山名、水名,后列与山、水有关系的字。(2)先列实物名,后列其他方面的词,如足部,开头皆足部的名称,与走有关的词列其后。宀部,"家、宅"在前,其他列后面。名词之外的形容词、动词在最后。(3)意义相近的字比次在一起,如口部,"咦、咽、喘、呼、吸、嘘、吹",意义相近,排在一起。(4)好的意义的词在前,不好意义的词在后。以上归纳了部内字序的四种情况,我认为许慎部中文字次序总的来说是有规律的,但不是绝对的,因当时是写在木简上,排乱、排错的情况也有,还有可能传写错误,唐写本木部残卷就比二徐本排列次序好,虽有错乱,但并非无次序,乱七八糟。这样做的好处:首先,古人专名在前,动词、形容词在后,反映出古人对名词、动词、形容词有一个朦胧的粗浅的认识。其次,把好的意义的词和坏的意义的词分开,表明古人对词义的理解。跟今天的词义相比,有的变化了,从中可见词义的发展。总之,读古人书,从这里推测古人用心之所在。许氏并未讲部里字的次序如何,他只讲部次,没讲部里边也有次序,其实里边也有意义。我们读任何一部古书都应窥探古人用心之所在。

读《说文》,首先要重视部首的学习。重视每个字的形、音、义,注意加以分辨,且留心部首字的写法与今楷书之间的关系。要把部首字的学习与部首内所收的字联系起来看。540部,这是许氏据篆书分析出来的,有些并不完全对,比如"、",其实不是跟其他形旁一样的,是他离析出来的;"宀",古人书里没有这一部(《康熙字典》里念"头")。部首读音大体上与大徐本反切相应。有的部首当时可能不是字,是许慎分出来的。识别部首,看形体写法,要能念出来,比如:辵,念 chuò;虍,念虎,不用说虎字头;宀,念 mián;爿,念 pán;囗,念 wéi。

记部首有点巧妙的办法:(1)辨形。有的部首形相似,厶、又、北、臼,"欠"倒过来念 jì(旡)。(2)同性质,意义相近的。如"止、正""是、辵""彳、行""目、眂"。连类而及,容易记忆。(3)重叠偏旁的。"昍(jū)、皕(bì)""羊、羴(shān)""隹、雔、雥""玉、玨""山、屾""鹿、麤""犾""炎、焱""林、棘""泉、灥""孨"。

进一步就要利用部首了解文字的构造,即前所说,把部首与部里的字联系起来看,哪是形? 哪是声? 会意是由哪个部分与哪个部分会合? "祳",会意兼声。"珑",会意兼声。"世",从卅。"竦",立部。"分",八部,从刀。要了解《说文》在解释词义时应用的方法,能牵上字形的时候一定据形释义,如一个词有好几个意思,许氏选一个与字形搭得上的意义作为解释,这是他的特点。大多为会意字。有时形声字也要据形以说义,认为是会意,而把声旁与意义联系起来,即会意兼声,如上举"祳、珑"等字。心知许氏之意即可,不必斤斤追逐,讲形声也无关系。

如果是联绵词,上字已释义,下字就不出解了,这是比较有规则的,例如"琅玕、玫瑰"。

一曰　用于解释多义词,释义后再说一个别的意思,例如卷七上:"昌,美言也……一曰日光也。"卷十二上:"扐,裂也……一曰手指也。""播,种也。一曰布也。"清人有疑古倾向,王筠认为"一曰"不是许氏原著,是后人加的。我以为不宜过多地疑古。"一曰"不仅有释义,还有释形、注音的,故应视为许氏原有的东西,例如:"祝,祭主赞词者。从示从人、口。一曰从兑省。"这是"一曰"释形。"玞,石之次玉者……读若《诗》曰'瓜瓞菶菶'。一曰若蛤蚌。"这是"一曰"讲音的。

读若　为汉经师给字注音的术语,大部分"读若"是谈注音,也有少数联系字义,主体是注音,如:"瑂,读若眉。"也有"读与某同",作用同"读若",也是注音。"读如",以假借居多。

省声　《说文》对会意与谐声有分别,有的谐声字很特别。"进,登也。从辵,閵省声。""詧,察省声。""羔,从羊,照省声。"此字完全从四点来推测,不一定对。"窦,空也。从穴,渎省声。"隶定后跟"卖"相同了。这些是可信的,有的就不一定可信。有的说"从某,某声"也可以,不必说"省声",如:"睎,望也。从目,希声。"

阙　《说文》有 47 个字注"阙"义。有的是不知字形而阙,"丙,再也。从冂,阙。"义阙的如:"戠,阙,从戈从音。"音阙的如:"兓,进也。从二先,赞从此,阙。""毳,疾也。从三兔,阙。"关于这个问题,有《说文阙义笺》《说文阙义考》。清人认为可能是许书原有,传抄而阙了。古书传抄中有缺漏的,但《说文》之"阙"不都是抄阙的。有的则比较能肯定是传抄中阙了,比如卷八下:"朕,我也。阙。"从字形上看,可见从舟、灷,许氏不会不作解释,大概是传抄而阙的。

引经　清人很多讲《说文》引经的。《说文》引《诗》,有的跟今《毛诗》一样,有的是《韩诗》。所引《仪礼》,多今文经的。《说文》前后引经的字也有不同的。我认为,《说文》引经的目的主要是证字义。"向,北出牖也……《诗》曰:'塞向墐户。'""殷,作乐之盛称殷……《易》曰:'殷荐之上帝。'""试,用也……《虞书》曰:'明试以功。'"

八、《说文》解说文字的条例

(一)先释义,再释形,后释音　"吏,治人者也。从一从史,史亦声。""调,和也。从言,周声。""皇,大也。从自。自,始也……自读若鼻。"

(二)注解的句读问题　一般句读比较清楚,篆文之下,解释字义。有两点须注意:(1)连上篆文为句。"昧,爽旦明也。"应读为"昧爽,旦明也"。也有人认为小字隶书"昧"省了。"参,商星也。"(参、商,星也。)"诂,训故言也。"(诂训,故言也。)"离,黄仓庚也。"(离黄,仓庚也。)(2)注文如何理解的问题:一句应作数读,一篆之下的解释应分开来念。"禔,安福也。"(安也,福也。)"振,举救也。"(举也,救也。)"吾,我自称也。"(我也,自称也。)"标,木杪末也。"(木杪也,末也。)《说文》本身也有分开的:"咸,皆也,悉也。"是否许慎有的分,有的就疏忽了呢? 不! 写书的人是认真的,后来传抄时偷懒而漏了、省了。

(三)解释字义的体例 古人给字加训释,有三种训释方法:形训、义训、声训。

形训 就字的结构来释义。《左传·宣十二年》:"楚子曰:'夫文止戈为武。'"《说文》戈部:"武,楚庄王曰:'夫武定功戢兵,故止戈为武。'"《左传》上还有"皿虫为蛊"。《说文》面部:"覿,面见也……《诗》曰:'有覿面目。'"这些都是形训。

义训 陈说词的词义。《说文》中主要是义训,不必多说了。

声训 按词的声音推说它的词义。声训起源很早,《易经》里已经有很多声训了。《说文》里也有一些:"天,颠也。"(双声)古文字"天"就是人的头。"帝,谛也。""礼,履也,所以事神致福也。""礼、履"古人通常用,皆来母字。"八,别也。""户,护也。""门,闻也。"这些都是声训,训释和被释词词义并不相等,只有一点相似,某方面与被释词有关系,音上相同或相近。这是古代训诂学家的推想,为什么这个词取这个音? 这个音与意义是何关系? 是他们主观推想,主观性较强,不是实际应用的东西,比如刘熙《释名》:"星,散也。"我们也可说"星,小也"(今说"零星")。从主观上推,有的有点道理。心母字,很多都有小的意思。《诗经》上"鼓瑟吹笙"。笙者,小也,小者为笙。"星"也是从"生"得声,"生"古读为心母(审母)。从声音上联缀看出其义,这是核心词根,由此发展出一些词,加偏旁,有的音没变,有的音有小变。把语言中零散的词汇从声音上贯穿起来,成为字族(family)。声训,今文经家常用此法。刘熙是古文经家,但受了今文经家影响。

《说文》中形训、声训是少量的,大部分是义训。《说文》中解释字义的特点须特别注意。据形以说义是它的特点,把字形和字义联系起来。许氏总是迁就字形去解释字义,大多属于会意字。《说文》体例,"从某某"是会意;"从某从某"也是会意;"从某从某,某亦声"是会意兼形声(表声音的是第二个某),比如"合",收在亼(jí)部:"合,口也,从亼从口。"但不在口部。"喿"收在品部,不收在木部:"喿,鸟群鸣也。""品,众庶也。"(众也,庶也)"木"上三个"口",从形释义。"古,故也。从十、口,识前言者也。"十个口传述下来的,从字形以释义。"交,交胫也。从大,象交形。"也可说交错,但他就形说义,故曰"交胫"。"即,即食也。"小徐说:"即,就也。""加"收在力部,不收在口部:"加,语相增加也。从力从口。""卖"不放在贝部,而放在出部,篆文上边是"出"字。"买"放在贝部。这些皆会意字,据形以说义,也有会意兼声的。

许慎《说文解字》及汉字的重要性[*]

这次承蒙漯河市文化局和许慎研究会的邀请,能够来到漯河市,能同各位同志会面,聆听高论,深感荣幸。

关于成立许慎研究会的重要性,几位领导同志讲得很透彻,我完全同意。成立许慎研究会应当说是一件大事。许慎,在学术界,惟有研究社会科学的人比较了解,理工科的同志就不一定知道许慎是何许人了,那么,我们就应当使人知道才对。

许慎生于东汉时期,距今已有 1900 年了。他是一位著名的经学家和语言学家,他作的《说文解字》是当今世界上最早的一部语言词典,给后代人提供了重要的文化宝库,从汉代一直流传下来,历代都有人学习研究。清代的学者写出来的有关《说文》的重要著作就有 100 部以上,足见这部书对于汉语语言文字的研究影响之大。在我们这样一个有悠久历史文化的国家里,在公元 100 年之际就出现了许慎这样一位伟大的语言文字学家确实值得称扬,他的名字应当列在世界历史文化名人大词典里,与世界上其他国家的语言学家相比,毫不逊色。可是在国际上除了少数的汉学家,如法国、日本一部分学者知道以外,恐怕知道许慎的人就很少了。许慎在整个世界文化史上毫无疑问应当有一定的地位,因此我感觉到我们有这个许慎研究会,大家来研究"许学",同时要多多宣传许慎在世界文化史上的地位,也就是进一步在世界学术界引起对汉学的重视。

此外,我认为成立许慎研究会也是属于继承古代文化遗产的一项工作。现在有一些人缺乏对中国文化的理解,总以为没有很多可说的。其实不然。我们知道英国有一位科学家李约瑟教授写了一部《中国科学技术史》,对中国历史上的自然科学各方面的科学成就及其对世界文明的贡献都做了详细的叙述,而且他还称赞说:"在人类了解自然和控制自然方面,中国人是有过贡献的,而且贡献是伟大的。"他特别提出宋朝沈括的《梦溪笔谈》,把沈括做为中国科学家的代表人物看待。《梦溪笔谈》中涉及的科学知识和科学技术范围之广是惊人

---

* 本文是 1989 年 5 月在河南省漯河市召开的许慎研究会成立大会上的讲话。题目为周士琦先生所拟。

的,其中有天文、历法、地理、数学、气象学、地质和矿物学、物理学、化学、生物科学、植物学和动物学、医药、冶金、工艺等等方面的探讨和说明,无怪乎李约瑟认为他可算是中国整部科学史中最卓越的人物了。就此一端来说,我国的古代文化遗产中值得我们重视和研究的方面确实不少,不应当弃而不论。以李约瑟这样一个外国人对中国的文化特别是科学技术尚且如此称颂来看,我们更没有理由对祖国光辉的优秀的文化传统毫不在意了。

以语言学而论,在西汉时期,已有《尔雅》和《方言》两部讲词义的书,《尔雅》按照词义把语言中的大部分的语词作了分类,每类词又都分别作了解释,主要的精神是以今语释古语,以通语释方言。这是汉语最早的一部训诂书。《方言》则是以通语来解释在不同方言中所出现的同义词或义近词。这两部书可以互相补充,但是所解释的语词并不十分完备,语言中很多实际应用的词都没有收录。因为作者着重的是解释书传中的语词和方言,凡属于通常应用的口语词就不烦解说了。不过这两部书对研究古籍还是很重要的。《尔雅》对语词的分类对后代的训诂书也有不少的影响。

许慎的《说文解字》是中国语言学史中的一部巨著,是汉语言文字的宝库,许冲在《上〈说文〉表》中说:"六艺群书之诂,皆训其意,而天地鬼神、山川草木、鸟兽昆虫、杂物奇怪、王制礼仪、世间人事,莫不毕载。"《说文》既是一部文字学书,又是一部语词的训诂书,其中的文字形体以小篆为主,兼收古文、籀文,由此我们可以通晓甲骨文和金文,我们可以通晓古训,读通古书,它对于我们了解古代的语言和古代的文化至关重要。它的重要性远在《尔雅》《方言》之上。我们应当认识到《说文》在中国文化史中的地位,在前人的研究基础上进一步加以阐发,并且把《说文》所收的文字放在汉代这一个阶段里和汉代的哲学、文学、史学的著述联系起来说明汉代语言文字的发展情况,这将会更有意义。这是继承古代文化遗产的一项重要的工作。刚才会长谈了很多今后的工作任务,颇有宏图大志,这恰是使人很高兴的事。

另外,我想着重谈一谈文字的问题。文字在人类的文明史上占有极为重要的位置。在远古时代或者说原始时代,从没有文字到创造了文字,这是人类文明发展的一次重大的飞跃。有了文字,有了国家,文字就成了记述史实的工具,许慎在《说文解字·叙》里讲得很清楚,他说:"文字者,经艺之本,王政之始,前人所以垂后,后人所以识古。"这说明一个国家的政治机构要拟定法令和各种不同的文件,非得有文字不可。文字可以行之久远,口语就办不到,有了文字,书于竹帛纸张,后人由此才能知道古代的语言、古代的历史。我们设想,如果没有文字的话,我们今天对于有史以来4000年的光辉历史就无法知道了。我们还可以想一下,如果一个民族没有文字,跟一个民族有文字相比,在人民的生活中该受到多么大的局限呢?

中国在上古很早很早就有了文字,而更为奇特的是这种文字一直经过不同时期的演变,到现在,我们仍然用这种文字记载语言。我们日常应用的一些基本字在商代的甲骨文里就都有了,后来由篆书变为隶书,由隶书变为楷书,体势和笔画虽有不少变化,可是依旧保持原形,还是一个个的方块字。可是在外国大都使用拼音文字,跟汉字迥乎不同。有人会问我们为什么不改一下呢? 这件事很值得我们思考。我们的国家在秦汉时期已经发展成为一个方言多而又包容着一些少数民族的大国,如果不用这种文字,我们的国家就不会达到这样的统一。在历史上,民族经过融合,已经有一些古老的民族消失了,但是还有许多少数民族都有他们的语言。汉语地区的方言虽然逐渐减少,但并没有完全消灭。方言的语音不同就难以互相交际,所以汉字正符合实际的需要。我们听广东人、福建人讲话觉得很难懂,可是在纸上写出文字来就无不通晓了。由此可知文字关系着一个国家的统一和发展,文字是非常重要的。

假如不这样说,不用汉字而用拼音式的文字,我们就很难实行。譬如说汉语拼音方案,那是一个学习普通话语音的很好的工具,但是如果我们看一段按照汉语拼音方案写出的文章或小说,你能懂吗? 你能很快地理解吗? 不是说不能懂,当然能懂,因为它还是汉语,可是你未必一下子能看明白,比起用汉字写出来的就大不相同了。这不是因为我们不习惯于用拼音符号的缘故,而是汉字本身有个特点,它是便于目治的,譬如“陇海铁路”四个字,不用念,一看就了解了,汉字就有这样的好处。从字形上首先给我们一个词义的大的范畴,如金属类的词,“铜、铁、铅、锡”都从金;水一类的词,“河、海、潮、汐”都从水;形体本身就表现了一定的意义。而在音上呢? 它又有一定的系统。在声符上,同声符的字又往往具有共同的基本含义。总之,在形体上所表现出的信息之多,不是拼音文字所能有的。我们应当珍视汉字的形式,学好使用汉字。

有人总说汉字难写难认,我看那不是本质的问题,而是我们如何进行教育、推进文化教育的问题。我们不认真研究怎样教幼儿学习的方法,不研究从文字的使用频率和文字本身表现音义的规律去寻求办法,而空喊难写难认,这是错误的。我说应当特别申说文字教学在文化教育工作中的重要性。现在有不少人写的字一塌糊涂,漫不经意,胡画一气,使人哭笑不得。有一次,我到医院去看病,医生给我写在病历上的字,稀里哗啦,萦回缭绕,一个字也不认识。怎么写出来的汉字会难认到如此地步呢?原因就在于书写的人对汉字的优点和汉字的表意性质缺乏认识,所以我们应当很好地理解汉字。这是非常重要的。

说汉字难写,由于笔画繁多,笔画繁多则由于把不同的部件摆在一个方块内。设若不摆在一起,把部件分写,也许就不觉繁难了。反过来看,写一个英语的多音节的词,如 literature(文学)、dictionary(字典),那又何尝很简单呢?我们在教学上如果善于安排,从笔画简单的字教起,然后把文字结构的情形分类作解说,经过反复练习,也就化难为易了。

今天是"五四"的第二天,70 年前"五四"时期,曾经有人提出"废除汉字"的口号。汉字如果被废除,我们今天就都成文盲了。当然,那是欠思考的一种激进的提法。汉字废除掉,几千年的书籍都成为废纸了,几千年光辉灿烂的文化也就泯没无闻了,那我们又怎能称得起是一个文明的古国呢?论断事情绝不可执著于一面,而忽略其余。不重视汉字在继承文化遗产方面的作用,而加以鄙薄,那是错误的。为了提高全国汉族人民的文化素质,消灭文盲,我们不能不认识文字的重要性,对于汉字还要好好研究它,研究怎样更好地使用它,发挥它的作用。

以前人们总以为汉字不能输入电子计算机,可是现在全无问题了。这是前几年大家所想象不到的。汉字能输入电子计算机,对于检索、统计、排版、翻译等各个方面都极大地提高了效率,这确实是了不起的事情。现在全世界都承认汉语是国际间交往的一种重要语言,各国学习汉语的人愈来愈多。在世界的语言中,汉语是最精练、最简短的语言,不同的外国语言我们都能翻译过来,而且恰到好处。随着汉语的广泛学习,汉字对传播我国的物质文明和精神文明将发挥极大的作用。我们应当有这样的眼光,不能糊里糊涂地认为汉字不如拼音式的文字,不能忽视汉字体系之构成和在记录语言上所表现出来的先民的卓越的智慧和它在我国的历史上的方言分歧中人们互相交流思想的适应性。我们不是说在世界上各种不同的文字中惟有汉字好,我们只是说汉字并不比别国的拼音文字差。我们要深入研究有关汉字的问题,在发展我国的文化教育事业之外,还要使汉字与汉语在国际交往中,在传播我国的优秀文化中,发挥更大的作用。

要研究文字,《说文》应该是一部最基本、最重要的著作,《说文》既是认识商周古文字的阶梯，又是研究隶书发展途径的主要参考资料。前人对《说文》已经做了很多的工作，前面已经说过，单以清人而论，有关《说文》的重要著作总在100部以上。那么我们又怎样进行研究呢？是否要开创一种新的道路呢？这是要共同来讨论的问题。我认为文字是记录语言的，要研究文字必须结合语言来进行，我们一方面要发掘《说文》在字形上、在训解中给我们的关于语词音义的信息，另一方面我们要注意每一个字在古代汉语中是怎样使用的，通常所含有的意义是什么，作为构词的语素时又有哪些意义上的转变和发展。许慎所作的解释，不都是字的本义。我们要提倡用一种新的历史语言学的观点和方法来研究《说文》。同时，我们还可以从语词的理解中认识汉代社会的生活和汉代人已掌握的自然科学各方面的知识，增加我们对于古代文化的理解。许慎研究会的成立会带动大家从事语言文字研究的兴趣，为宣扬祖国的传统的优秀文化遗产，为提高人民文化的素质，促进我国语文教育的发展而贡献自己的力量。成绩一定是巨大的。我就说这么些，请大家指教，谢谢。

许慎的《说文解字》*

一、《说文解字》是怎样一部书

《说文解字》是中国时代最早的一部篆文字典,是东汉时期许慎所著。《后汉书》说许慎字叔重,是汝南召陵人。召陵即今之河南郾城县,许慎的故里就在郾城县许庄,其墓在郾城县东三十五里。许慎的生卒年不详,据考,其生年约在东汉光武帝建武末,明帝永平初,当公元 56—59 年之间,其卒年约在桓帝建和初年(147—148)。

许慎曾为郡功曹、太尉南阁祭酒,博通五经,后又从贾逵学古文,通古文经,《书》《诗》《礼》《左传》《论语》《孝经》都是以古文所书写的。当时习以隶书书写的今文经的儒生反对古文经,认为古文都是"向壁虚造不可知之书,变乱常行,以燿于世",他们说秦代的隶书为仓颉时书。解说文字,称"马头人为长""人持十为斗""虫者屈中也",都与古文籀篆不合,因此作《说文解字》14 篇,以保存古代的文字,每字都加解释,用以"理群类,解谬误,晓学者,达神旨"。他说:"文字者,经艺之本,王政之始,前人所以垂后,后人所以识古。"传之后世,成为字书不祧之祖,在中国文化史上有很重要的地位。

其书所以称为《说文解字》,由于"文"指独体字,"字"指合体字。许慎说:"依类象形故谓之文,其后形声相益即谓之字,字者言孳乳而浸多也。"不论是独体字或合体字都分别剖析,加以解说,所以名为《说文解字》,而今多简称《说文》。

二、《说文》的体例

在许慎作《说文解字》以前,为童蒙学习文字,也有好几种字书。秦始皇时李斯提出统一文字,秦罢不与秦文合者,即六国古文,又简化战国时秦国所用的大篆(即籀文)为小篆,并作《仓颉篇》,四字一句,以教童蒙。赵高又作《爰历

---

* 　该文原是北京大学等制作的电视系列片《中华文化讲座》的一部分,北京大学出版社 1998 年出版《中华文化讲座丛书》第三集,收入该文。

篇》,胡毋敬又作《博学篇》。西汉时扬雄作《训纂篇》,司马相如又作《凡将篇》,为七字一句。东汉章帝时史游又作《急就篇》,为杂言。现存者只有史游书。史游把同类事物的名词编在一起,因而文字的偏旁多相同。许慎受史游书的启发,创立了偏旁分析法,把汉字加以整理,分为 540 部首,统摄 9353 字,重文 1163 字。全书以篆文为主,兼收籀文与古文。篆文下都有训解,籀文、古文则列于篆文训解之后。

540 部首的次序是按形体相近来排的,据形系联,少数按音相近来排的。540 部始“一”终“亥”。“一”为万物之始,“亥”者该也,为万物之终。部内之字的顺序有几种情况:

(1)专名在前,后列其他,如山部、水部先列山名、水名,后列与山水有关的字。

(2)意义相近的字比次在一起,如口部“咦、咽、喘、呼、吸、嘘、吹”意义相近,排在一起。

(3)好的善的意义的词在前,意义不好的词在后。

(4)先列实物名,后列其他方面的词,如足部,开头都是足的部位名称,与走有关的词列其后。名词之外的形容词、动词在最后。

《说文》中部内字的顺序可以说是有规律的。由此可见许慎对事物的分类以及对语词词性的分别早已有明确的认识,所以能排出这样一部有系统的书来。

《说文》每字下都有训解,一方面解释字的意义,另一方面解释字的结构,有时兼及读音。解释字义有三种类型:

(1)形训:就形体来加以解释。

右:手口相助也。从又从口。　　羽:鸟长毛也。象形。

雠:双鸟也。从二隹。读若酬。　　片:判木也。从半木。

(2)义训:训释词义。这是最基本的类型。常结合形体来释义,如

夕:暮也。从月半见。　　彤:丹饰也。从丹从彡,彡其画也。

即:即食也。从皂卩声。　　取:捕取也。从又从耳,《周礼》:获者取左耳。

(3)声训:以声音相同或相近字为训。

天:颠也。至高无上。(天、颠,声近韵同)　　马:怒也,武也。(韵同,音近)

神:天神引出万物者也。(神、引,韵同)

祠:春祭曰祠,品物少,多文词也。(同音)

这里形训、义训是主体,声训只是因声以求义,往往出于主观的推测,不足信。

《说文》字下的训释,有杂引前人所说的,有引经以证义的,都列在最后。间有用"一曰"以表示另外一义的,不能解者则注一"阙"字,即《叙》文所说"于所不知,盖阙如也"。

三、《说文》的价值

《说文》在文字、音韵、训诂几方面都有极大的贡献,主要有以下几项:

(一)收录的文字范围很广　包括

(1)秦汉间通行的篆文,即小篆。

(2)古文(六国时的古文,见于壁中书的),如:李,作"杍"。赤,从大从火,炎,古文烾从炎、土。裘,古文省衣,作"求"。比,夶古文。多,夛古文。

(3)籀文,即大篆,如:则,籀文劓。员,籀文䪠。虹,蚰,籀文从申,申,电也。车,籀文毊。

(4)或体,当时书本上流行的不同写法,如"跟"或从止作"䟓","殅"或从木作"杓","囱"或从穴作"窗","玩"或从贝作"贶"。

(5)俗体,不是正规的写法。"褎"俗从由作"袖","居"俗从足作"踞","躳"俗从弓作"躬"。

从这些例子中我们可以获得丰富的古代文字的知识。

(二)首创分析文字结构的理论和方法　一扫西汉、东汉间今文谶纬谬说。这是很大的功绩。

东汉人很早就讲六书,认为六书为造字之本,班固在《汉书·艺文志》里所称的六书名目是象形、象事、象意、象声、转注、假借。象事,许慎称为指事,象意称为会意,象声称为形声。清代以来,讲六书大都根据班固所列的次第,称名则依照许慎。

许慎解释六书说"象形者,画成其物,随体诘诎,日月是也"。"指事者,视而可识(唐人引作'察而见意'),上下是也"。"会意者,比类合谊,以见指扐,武信是也"。"形声者,以事为名,取譬相成,江河是也"。这四类,象形和指事都是独体字,象形是象物之形,指事是从字形上以见意。会意和形声都是合体字,是由两个独体组合在一起的。会意从字的两个独体组合上去体会字意,形声是两者一形一声,一个表事物的类名,一个表示字的声音。象形、指事、会意、形声四者是汉字形体构造的基本模式。至于转注和假借则指多字共本一义和一字具有多义,假借是很容易理解的,许慎说:"假借者,本无其字,依声托事,令长是也。"令"为命令,"长"为久长,发号施令的人和众人之长的长就以"令"以"长"来写。其实这多少在意义上有联系。真正"本无其字"的如"花钱"的"花"用花草的"花","凌空"的"凌"用冰凌的"凌",这就是一般所说的音同假借。关于转注,许慎说:"建类一首,同意相受,考老是也。"从字面来讲,"类"当指事类而言,"首"当指部首而言(后《叙》有"其建首也,立一为耑"的话)。《说文》"老"是部首,部内有"耆耇考孝"等字,这些都与人老有关系,同收在老部,所以说"同意相受",如"考"与"老"可以互称,因此名之曰"转注"。可是清人有种种不同的解释,那都不尽是许慎的原意,可以存而不论。

许慎从汉字的结构进行分析,以六书为理论根据,解释篆书,如:

象下云:象马头髦尾四足之形。　　　川下云:水原也。象水流出成川形。

屮下云:进也。象草木生出土上。　　　音下云:声也。从言含一。

亦下云:人之臂亦也。从大,象两亦之形。

本下云:木下曰本。从木一在其下。

信下云:诚也。从人从言会意。　　　合下云:合口也,从亼从口。

幼下云:少也。从幺从力。

《说文》中字下凡云"从某某"或"从某从某"都是会意字。形声字则云"从某某声"或"从某从某,某亦声",如"政","从攴从正,正亦声",清人或称为会意兼形声。许慎这样根据古籀、篆文分析汉字是以前不多见的,诚属首创。对当时今文经家,不睹字例,但据隶书凭空设想来说解文字,如"马头人为长""人持十为斗""虫者屈中也"之类谬说都一扫而空。

(三)创立偏旁部首编排文字的方法　许慎受前代字书的影响,特别是史游的《急就篇》,把同类名物的字依照偏旁分开,凡偏旁相同的字都排在一起。许慎得到启发,将六艺群书的文字9353字,分析出偏旁,立为540部首,始"一"终"亥","分别部居,不相杂厕",部与部之间则"方以类聚,物以群分""杂而不越,据形系联"。如:一上示三王玉珏人匕七从比北丘众,这些字都是现在仍然使用的字,可是训释都是古训。《说文》不仅记载了大量的词汇,还记载了许多古音,例如"菩",井藻也,读若威。"唉",应也,读若埃。"趚",独行也,读若茕。"饰",㕞也,读若式。"读若某"就是许慎用的一种注音的方式。由此来看,《说文》为研究汉语语言文字的重要典籍,讲词源学、文字学、词义学、古音学都要参考《说文》;要理解古书、古代文学作品也不能不理解《说文》。

四、《说文》的功用

《说文》的功用很多,我们要善于利用它。举其主要的功用如下:

(一)可以利用《说文》的部首和形体分析以了解隶书与楷书的构造　《说文》用篆文分析字的结构、偏旁,隶、楷与小篆不同,有些字不知道为什么这样写,我们可以通过小篆知道,例如"兵"小篆作痕,"采"小篆作采,"衣"小篆作衣,"陷"小篆作陷,"北"小篆作北,"走"小篆作走。这些字从小篆写法上可以得到理解。

(二)可以根据《说文》保存的篆书和古文,认识和研究甲骨文和金文　《说文》是认识古文字的桥梁,我们可以根据小篆与甲骨文、金文对照,来了解小篆和更古的文字之间的关系,如果没有篆书,要认识甲骨文、金文就难多了,例如（男）（女）两个字没有小篆也可以认识,有的就不容易了,如（伐）（腋）（监）（桑）（昕）（执）（得）等都要借重篆书而确定。有的字从篆文字形也不完全理解,与甲骨文两相对照才涣然冰释,如甲骨文（彘 zhì 从彑 jì）从矢从豕,就看得很清楚了。篆文从甲骨文发展而来,如无篆书也不易理解甲骨文字形。

(三)根据《说文》的说解可以分辨从字上反映出的古义和古音　据《说文》的六书说,文字中很多是会意字,而大部分是形声字,例如:

"番"下云:兽足谓之番。从采(bian),田象其掌。

"御"下云:使马也。从彳从卸。

"戒"下云:警也。从廾持戈,以戒不虞。

"侖"(仑)下云:思也。从亼从册。

"宋"下云:居也。从宀从木。

"閭"(闾)下云:里中门也。从门吕声。

"喬"(乔)下云:高而曲也。从夭从高省。

汉字从象形、指事、会意由表意向表音发展,这是文字发展的规律。现在所写的字形有跟篆书不一致的,篆书是形声字,如"在"《说文》从土才声,"成"《说文》从戊丁声,可以从《说文》的篆书理解清楚。

(四)从《说文》可以推寻词义的转变跟用字的假借　因为《说文》给一个字作解释都有来历,六艺群书的解释概括在里面了,如"逆",今义为不顺,不作迎的意思用了。"降"《说文》训"下也",今又有投降义。"禦"《说文》训"祀也",

今假借为抵禦字,又简化为"御"。"隊"《说文》训"从高隊也",今假借为军队之"队"。《说文》所训字义,多从字在应用中取其与字形所表现出来的意义最相近的为训,所以往往是造字的本义,如"習(习)"训"数飞也,从羽从白"。"右"训"手口相助也,从又从口",今别作"佑"。"孚"训"卵孚也,从爪从子"(今字作"孵")。这些都是字的本义。不过书中也有与古文字不合的,可以不论。

(五)从《说文》所收词汇中可见古代社会文化进展的阶段 许书有些事物具有很多不同的专名,后代多以一个共名称之,如祭祀一事,就有种种不同专门名目,如"祜、祂、袷、祼、祈、禅"等等很多称谓。后代不需要了,只用祭祀一普通名称就够了。专名反映最初文化的情况。玉石,反映最早用石作的器物,有许多礼器是玉做的,如"玠、瑒、珩、珌、珽、瑁"等物,而石之似玉者又有多少不同的名称,反映当时人的生活文化。又如牛部,有许多年岁不同、颜色不同,牛的命名,与畜牧时代牧养牛羊有关,如"㸬"为二岁牛,"犙"为三岁牛,"牭"为四岁牛,"犥"为白黑杂毛牛,"犝"为黄牛虎文,"㸈"为白牛,"犉"为黄牛黑唇等等,反映了古人对事物认识的深入程度。

五、《说文》的传本和注本

今日所见的《说文》的传本,主要是宋以后的,唐写本很少。清人莫友芝获得唐本木部残卷,只存 188 个字,仅为全书的 2%。现为日本人所得。日本有口部 12 个字断简一片,另有六个字一片,都不知何人所藏。唐本反切及字次与今宋本不尽相同。宋本为宋太宗时徐铉所校订,反切以孙愐《唐韵》为定。徐铉弟徐锴先有《说文解字系传》为《说文》最早的注本。清人所刻《说文》以孙星衍《平津馆丛书》本最善。同治间广东陈昌治据孙本改刻为一篆一行,最便应用,小有错字,中华书局有影印本,附有检字。

清代《说文》是显学,注释《说文》者极多。其中以段玉裁《说文解字注》最著名,但极繁复,较便读的是王筠的《说文解字句读》。

六、怎样读《说文》

《说文》是一部体大思精的著作,凡 15 卷,有 133441 字。要读《说文》应注意以下几项:

不看前人的注解,先丰富文字形体的知识。从学习《说文》的部首开始,分别篆书和现在楷书的差异,进一步辨别象形、指事、会意、形声几种字的结构和籕文、古文结构的特点。

了解《说文》的编排方法,部首与部首之间的联系,部内字与部首的关系,部内字排列的次序。还要了解每字下解说及训释的文辞条例。

注意《说文》注释字义的方法,如形训、义训、声训,同义互训,联绵词的训解等等。

掌握常用字的训解,这对读古书有很大的帮助。

汉语发展的历史[*]

一、研究语言历史的重要意义

语言的历史跟民族文化的历史关系极为密切，一个民族文化的发展总是要在语言中反映出来的。过去研究历史的人不十分注意语言的发展和人民活动之间的关系，而研究语言历史的人又往往忽略了人民活动的历史，因此有些连带的问题不能得到完满的解决。

研究语言的历史，一方面要探求语言历史发展的规律，用以说明现代语的现象和发展的趋向，并解决语言在使用上的实际问题；同时也丰富了普通语言学、方言学、历史比较语言学、语义学的知识。另一方面是根据不同时期语言发展的情况来从文字语言上去理解社会的发展和人民活动的历史，包括从生产到生活文化的各个方面，把历史语言学和其他社会科学联系起来，特别是经济史、文化史、宗教史、文学艺术史。所以研究语言的历史具有很重要的意义。

汉族有悠久的历史文化，历史上遗留下来的文字资料也极其丰富，这是世界上罕有伦比的。当前研究汉语的历史已经成为研究世界文化史的一部分。研究汉语历史可凭借的材料也最多，在历史上，汉族与国内少数民族的交往，与东西方各国的文化交流，都有许多资料可以参考，可是有关汉语历史的各种文献尚未充分利用。我们必须努力，把汉语历史的研究工作积极向前推进，以取得更好的成果。

语言既然是社会的产物，它跟社会的一切变动都有关系。研究语言的历史必须结合着社会的发展、人民的历史进行研究，这是没有疑问的。同时我们要注意到语言的发展有其内部的自身规律，研究语言的历史更不要忘记应当从语言的整体出发，因为语言是一个系统，文字、语音、词汇（包括语义）、语法之间都有联系，不能孤立地去研究一方面，而脱离其他有关的方面。另外，语言的发展与修辞和逻辑思惟都有密切的关系，修辞手段的多样性和逻辑思惟的精确性都对语言的发展有很大的影响。我们必须把门路放宽，不能局限于一方面而忽

---

[*] 本文为1979年11月应广东语文学会的邀请在华南师范学院所作的讲演内容的一部分，1988年10月重订。

视其他,我们要给语言历史的研究开拓更广阔的前途。汉语历史的全面研究还处于发轫前进的阶段,有的部门已经有了好的成绩,但还有不少的部门刚刚在开始。这里只能粗疏简单地说明两三个问题,以引发大家从事研究的兴趣。

二、汉语发展的历史基础

根据考古所发现的大量材料,证明远在五十万年以前在中国的土地上就有了人类。即以新石器时代而论,考古工作者在中国黄河流域和长江流域各地都先后发现各种遗存,包括石器、陶器、骨器、兽骨、蚌壳等等。石器有石斧、石刀、石铲、网坠。陶器有瓮、罐、瓶、盆、鬲、甑、纺轮等等;其中有红陶、黑陶、灰陶、白陶,而且有不少是彩绘的。骨器有骨镞、骨针、鱼钩、鱼叉等等。另外还发现有谷壳、菜籽,晚期还有炼铜渣。在很多遗址中还有不少半穴式的房屋、烧陶器的窑场和公共墓地。由此可见居民已经聚居,农业、渔猎、纺织已经逐渐发达,而且晚期还有了冶铜术,这正是原始氏族社会的面貌。那时的居民就是中国人民的祖先,我们的祖先很早很早就在中国的土地上生存着,并且创造着自己的文化。

汉族既然有极悠久的历史,汉语的起源一定很早,因为语言是人类互相交际的工具,没有语言,社会就不会存在。汉语应当在远古的时代就已经产生了,不过,现在我们所能看到的最古的当时人所留下的文字记载是商代的甲骨卜辞和铜器铭文。商代相当于公元前 17 世纪至公元前 12 世纪,商代的文字已经是相当发达的文字。现在所看到的有文字的遗物大都是殷王盘庚以后的东西,也就是商代晚期的东西,约距今三千多年。甲骨卜辞和铜器铭文就是考察商代的历史和语言的重要材料,我们要追溯汉语最早的情况只能从商代开始。

历史学家根据商代的文化遗存已经确定商代社会是奴隶社会。从商代遗址的发掘,我们可以知道商代已有了都城;由地下所发现的生产工具和卜辞的记载,还可以知道当时的农业和手工业都很发达,而且农业已经成为主要的生产;冶铜、陶钧的技术和玉石骨器的雕刻艺术都相当高,并且有了历法和掌史册的史官。

商代的文字记载被保存下来而且数量极大的就是甲骨卜辞。卜辞是当时史官为殷王占卜各种事情的记录,卜辞所记载的事情虽然有一定的局限,文辞也很简短,但也可以使我们知道当时语言的大概情况。

甲骨卜辞自从公元 1899 年被发现以后,七八十年之间相继出土的总有十万片。在大量的卜辞里,出现的词语很多,语法也并不简单,足见当时的语言已经相当发达。卜辞中的语法结构基本上与后代相同,例如修饰语在被修饰语的前面,主语之后是动词,动词之后是宾语之类,都跟后代一致。有些复杂的句法在卜辞里也出现了,跟后代的书面语言也是基本相同的。在词汇方面,卜辞中所出现的虽然数量不很多,但是汉语词汇中的基本词已经具备,如"日、月、南、北、天、帝、春、秋、风、雨、来、往、王、立"等等一直是古今通用的词。从文字、词汇和语法各方面来看,后代的语言文字毫无疑问与商代的语言文字是一脉相承的,例如下面的记载:

己巳王卜贞,□岁商受年,王占曰:吉。东土受年、南土受年、西土受年、北土受年。(东南西北的次序与现代语相同)

丁酉卜㲉贞,今春王奴人五千正(征)土方,受㞢(有)又(祐),三月。

乙酉卜大贞,及兹二月有大雨。

癸丑卜贞,今岁受禾。弘吉。在八月,隹(唯)王八祀。

我其已宾(祀宾),乍(作,通"则")帝降若,我勿已宾,乍帝降不若。

戊辰卜宾贞,登人乎(呼)往伐舌方。甲午贞,其令多尹作王寏(寝)。贞日有食。

这些词句跟先秦古书中的文言都很相近。由此可以了解汉语书面语在商代的时候已经奠定了基础。

商代距今只有三四千年,但语言的产生远在有文字之前。据史书所载,商代以前是夏代,夏人和商人活动的地区主要在黄河中下游南北地带,推想汉语的发源地就在黄河流域。商代的语言是从史前的发展而来的,这种母语可以称之为原始的汉语。

商王为周王所灭以后,周代承接了商代的文化,并且有了很大的发展。周人跟商人不是一个部落,这两个部落的语言有哪些方面不同还很难说;不过,周代的铜器文字(金文)跟商代的甲骨文是前后相承的。铜器上的铭文虽然词语古奥,但跟商代卜辞的语法结构没有根本性的差异,周原所出的甲骨卜辞更是如此。由此推想,商周两个部落的语言应当比较接近,都跟原始的汉语有联系。

周人征服了商人以后,又征服了许多东方的部落。华夏诸族的不断融合,也就促进了部族的形成。从西周到春秋时代(公元前 12 世纪至公元前 5 世纪),汉族的文化由黄河流域普被到长江流域。随着文化的发展和社会的前进,汉语也就不断丰富起来。当时虽然有许多诸侯国家方言不同,但经过一定时间的分歧,随着政治、经济、商业、交通各方面的发展,自然日趋接近,并且逐渐融合,以形成区域之间的共同语。

在春秋时代(前 722—前 481)[①],黄河流域的国家统称"诸夏",诸夏的经济、文化已经发展到了相当高的程度。当时是列国争霸的时期,由于战争频繁、生产发达、商业兴盛等原因,各地人民的往来剧增,邻近国家的语言会更接近,至少周、郑、曹、许、陈、宋、鲁、卫、齐这一广袤地区有了区域的共同语。这一区域共同语到了战国时期(前 481—前 221)就发展成为黄河流域以至长江流域的共同语了。这件事实可以从春秋战国时代的古典著作在语法、词汇方面的基本一致性得到证明。这种共同语就是汉代以后发展为全民共同语的基础。

在汉语历史的发展上值得注意的是在春秋战国期间古汉语书面语言的规范逐步形成起来。这种书面语言也就是后代"文言"发展的基础,如《诗经》《左传》《国语》《论语》《孟子》《庄子》《战国策》以及《楚辞》等对后代的语言和文学都产生了极大的影响。这些作品和著作各有不同的修辞风格,但语法没有很大的不同,可见当时书面语言已经有比较一致的语法规范。这种规范不是出于人为的,而是以当时的实际语言为根据的。

战国之后,经过秦代的统一,到了汉代,建立起一个强大的封建帝国。在西汉时期,由于政治的统一和社会经济文化的普遍发展,各地方言在语法方面会更趋于接近,汉族的共同语言应当已开始形成,这在书面上表现得最为清楚。至于各地的口语仍然会保持许多特有的词语,通行在一定的地区之内,语音差异也较大,那只能算是方言了。全民语言自有其一般通用的词汇。汉族全民语言的形成,加强了汉族人民的团结,并促进了汉族文化的发展。汉以后,中国虽然不断受到外族的侵扰,但汉语始终保持着自身的系统,并且按照自己的内部规律向前发展。

三、汉语历史时期的划分

从商代到现在,汉语已经有三四千年的历史,在长期的历史发展过程中,语音、语法、词汇三方面都曾经不断地发生过变化,这种变化与社会的前进和人的思惟的发展以及语言内部矛盾的统一有关系。

语言是社会的产物。社会的政治、经济、文化不断前进,新的事物不断出

---

① 编者注:周先生的分期与前 770—前 476 的分期有不同,我们尊重原作,不作改动。下战国(前 475—前 221)等同此处理。

现,语言也就必须与社会的发展相适应,这件事实在词汇和用语的递有增加上表现得最为突出。人的思惟是受客观的存在而决定的,客观的事物有了发展和变化,人的思惟也就随之而有改进,日趋于复杂,同时语言也必然日趋于精密和完善。语法的构词法和造句法随时代而有新的发展就与人的思惟的发展有直接的关系。还有,语言的语音、词汇、语法各方面内部都会有种种不同的矛盾,为了解决矛盾,不能不有所改变,如语音的同化、异化、腭化,词汇的繁衍所给予词法、句法的影响等等,都是语言内部的改变。所以,语言总是不断地在发展,在改进的。

语言的发展当然是相当缓慢的,不会有突然的变革。旧的不再能适应时代需要的东西逐渐消亡和新的能适应需要而又有活力的东西不断地增加,这是语言发展的规律。汉语也正是如此。不过,汉语在长期历史发展中仍然可以根据历史上流传下来的文献资料划分为几个不同的时期。比较各个时期的一些特点,会有助于理解汉语发展的规律,辨认汉语发展的趋向,解决历史上各时代与语言有关系的问题。汉语的历史还缺乏全面深入的研究,根据目前我们的理解,可以初步划分为以下几个时期:

(一)上古时期(前 771 以前)

这一时期包括商代到西周之末。前面已经说过商人的文化比较高,周人伐商胜利以后,吸取了商人的文化,在部落融合之中,汉语也就由部落语言向部族语言发展。这一时期主要的文献有商代的卜辞、西周的铜器铭文和《尚书》的一部分。这些文字的记载几乎都是出自史官之手。

商代的卜辞,文句简短,而基本词汇和语法结构的基本形式都与后代相同。在句法上,有叙述句、否定句、还有疑问句;既有简单句,又有复合句。文字的形体已经从繁复的图形向简单的结构发展,并且趋向于定型化。使用的文字,在象形和表意文字之外,兼有形声字和假借字。足见殷商时代的语言文字已经很发达。

周人是羌族的一支,原是殷商时代的一个方国,语言未必与商人全同,可是周人灭商以后,受到商人的影响,自然会与商人的语言接近。西周的铜器铭文都比较长,多者达到四五百字,如宣王时的毛公鼎有 497 个字。凡是铭文长的,记载事实的话不多,而以记载言语为主,如盂鼎、毛公鼎、虢叔旅钟、毛伯班簋等几乎全篇记载的都是语言;而且很多铭文有韵语,如大丰簋、宗周钟等器的铭文。由此可见记载语言的文字已经趋于繁复。但文辞比较古奥,虚词出现的也少。今本《尚书》中的《大诰》《康诰》《洛诰》《多方》等篇都是周书,词语与铜器铭文相似。这些记载所根据的语言应当是早期西土周人的语言。东周以后,春秋时代的著作就与此不同了。

（二）上古后期（前 770—219）

这个时期包括周平王东迁后春秋战国时期和秦汉时期。这本来是前后两个阶段:东周春秋战国时期是一个阶段,秦汉时期是一个阶段。不过,这两个阶段是汉语由部族的区域共同语发展为汉族全民语的相连的历史过程,所以归为一个时期。

平王东迁雒邑以后,到春秋时代,铁器的应用已经开始,社会生产发展得很快。列国的封建领主互相争霸,战争频繁,华夏诸族的语言必然逐渐接近,而形成一种各国士族间共同的交际语,即所谓雅言。《论语》中说:"子所雅言,《诗》《书》、执礼皆雅言也。"这种雅言可能就是以黄河中下游几个大国的语言为基础的。当时诸侯各国的行人专使礼聘往来,问对之际,不能不有共同能懂的语言。到了春秋后期,生齿日繁,除戎狄蛮夷之外,虞夏商周旧族都已融合,通称为中国。北方文化被及南方,长江流域汉阳诸姬和吴楚等国的语言跟黄河流域诸国的语言也必然日趋接近。加之文化不断发展,诵习《诗》《书》的人日多,语法的规范也就逐渐趋向于一致。语法规范的一致是共同语形成的重要标志。

到战国时期,诸侯力征,四方之民接触日广,尽管各地语音和词语不尽相同,而古汉语书面语的规范已经完全奠定。

春秋战国之间,语言中的词汇有了很大的发展,双音词之增多最为明显,如《左传·成公十三年》晋侯使吕相绝秦,有"殄灭我费滑,散离我兄弟,挠乱我同盟,倾覆我国家""芟夷我农功,虔刘我边陲"等一些话,用了很多双音词;在《孟子》里双音词更是屡见不鲜,如"道路、仓廪、庖厨、草莱、商贾、寇仇、膏泽、雕琢、繁殖、树艺、周旋、忧患、恻隐、穷乏"之类是汉语中产生双音词的一种主要方式。另外,由于农业、手工业和自然科学包括天文、地理、数学、医学、生物学等的迅速发展,词汇中增加了大量的新词,汉语的词汇也就不断丰富起来,而且大部分的词都为后代所承用。

在语法方面,这期间,语句已由短而长,表示不同的语义和语法意义的虚词也多起来,特别是《论语》《孟子》把语言的虚词记录得最为完备,对后代的书面语言影响极大。在语音方面,各地的声韵不会完全相同,但是从《诗经》、屈宋辞赋以及战国诸子中的韵语来看,作者非一时一地之人,而押韵的部类基本一致,由此也可以证明春秋战国时代汉语已成为中国广大地区的区域共同语了。

这期间,在文字的使用上,音同或音近的假借字比较多,有时一个字可以代替几个字来用,如"侍"字可以通"待",又可以通"恃"。在形体上,东方各国的文字大都趋于简易,而各有不同,秦人则用繁复的籀文,直到秦始皇灭六国,兼并天下以后,才统一文字。

战国之后,经过秦代的统一,到了汉代建立起一个强大的封建帝国,汉族全民语言开始形成。

秦汉这一个阶段里,文字已有了新的发展。秦代统一文字,应用小篆,同时解散篆体的隶书兴起,随之又有草书。文字书写便利,著述也就日多。为了适应记录语言中新起的词汇和适当地减少同音的假借字,又逐渐产生了许多新的文字,如增益偏旁之类。随着全民语言的形成,书面语的规范一直向一致的道路发展。就诗文作品的押韵情形来看,大体同于春秋战国时代,但方音随地域而不同。

语言的变迁跟人民的活动是相联系着的,西汉时期的水灾和新莽时候的农民大起义都使得人民流转播迁。这样,在大河的南北,语言就会更进一步地趋于相近,而且有新的发展。

从文字的材料来看,汉代的口语跟史传载记的书面语言已有不同。西汉的诏令和陆贾的《新语》以及《汉书·赵飞燕传》中一些直录的语句都表现出当时口语的某些特点。汉代的词汇比春秋战国时代更加丰富,因为通使西域和佛教传入了中国,又增加了一些外来的词语,如"师比、珊瑚、骆驼、葡萄、阏氏、浮屠、比丘、沙门、优婆塞"等等。在语法方面,如疑问代词宾语的后置(如"莫我知"变为"莫知我")、"是"字作为系词使用等都是以前比较少见的。

(三)中古时期(220—588)

这一时期包括魏晋南北朝。在这 360 多年当中社会的变动极大,首先是东汉末年农民战争连年不息,豪强争夺,干戈云扰,河洛淮颍之间,人民逃散,千里无人烟。其后三国、西晋,又战乱不绝。从 4 世纪到 6 世纪之末,北方为外族所侵扰,中国成为南北分裂的局面,北方汉人的士族和大批流民不断南迁,有的甚至远徙闽广,现在江西、广东的客家人有些就是从 4 世纪以后由北方迁去的,所以在语音和词汇方面都有其特点。永嘉之乱以后,北方十六国纷争扰攘,人民为战争所胁迫,关洛之民或东去辽东,幽冀之人或西至秦陇,播迁不定。南北朝时,变乱不安,北人或南徙,南人或北移,往来交错,语言不能无变化。这三百多年内正是汉语发展的一个重要的转变时期。

从语音上来看,这个时期与汉以前很不相同,而魏晋期间是一大转折。前一时期入声韵与阴声韵关系至密,至魏晋,则与阳声韵相承,韵部的分合也与前一时期不同。前一时期去声字少,魏晋以后则去声转多。到齐梁以后,音韵变化更大,韵有转移,声有分化,声韵系统与前迥异。隋陆法言的《切韵》恰是齐梁至隋初这一期间语音系统的代表。

这一时期内,双音词增加较多。由于数学、医学等自然科学和农业生产的发展,语言中也产生了很多专门词语;特别是受佛教的影响,外来词语也大量增多,这是前一个时期所没有的。

在语法方面,这一个时期内有了很大的发展,接近口语的文字表现得非常清楚,如代词"渠"的产生、被动句法的出现等等。接近口语的文字的出现,在书面语的发展上代表了一种新的趋向,是值得我们注意的。比较重要的作品和著作有南北朝的乐府歌辞、晋《法显行传》、宋刘义庆的《世说新语》、北魏贾思勰的《齐民要术》和传译的佛经。

(四)近古时期(589—1126)

这一个时期包括隋唐五代和北宋。隋代只有三十年之久,中国由分裂而归于统一。唐代是文化极其昌盛的时期,这时不仅继承和发扬了中国优秀的文化传统,而且跟亚洲其他国家的文化有很多接触。在语言方面,因为历次农民起义和开凿南北漕运,人民播迁加剧,方言进一步融合,向集中方向发展。惟有闽广距离中原较远,方言变化不大。

在唐代中叶以后,接近口语的作品增多,演唱佛经故事的变文代表了当时北方方言的面貌,佛教宗派的禅师语录代表了南方某些方言的面貌。这时语法上出现了一些新的形式和用语,如"把"字句,"这、那、甚么、怎么"之类。从词汇方面来看,大量的双音词出现,双音词在汉语词汇中所占的比例越来越大,而且在唐代出现的双音词大部分至今仍然沿用。在语音方面,唐代的科举取士虽然以《切韵》一系韵书为准则,但实际口语的读音跟韵书已经不完全相同,声母有分化,韵母有合并,声韵的分类逐渐由多变少。

五代几十年又是一个社会动荡的时期。宋朝建立以后,汴梁为全国政治、经济、文化的中心。北宋160多年当中,北方语音变动最大,如浊声母变为清声母,浊音上声字读为去声;韵部减少,入声-k、-t 韵尾趋向于失落,或变为喉部闭塞音[ʔ];在语法方面,动词的形尾"了"与"着"表示时态的格式已经确立,人称代词复数的词尾也在书面上出现,这些都是特点。

(五)近代(1127—1918)

这一个时期包括南宋、金、元、明、清到五四运动之前。北宋末年金人入侵,占领了北方,南宋建都临安(今浙江杭州),与金人对峙一百多年,长江以南的经济文化得到进一步的发展。由于北人流寓到南方的很多,南方语言受北方话的影响,自然会有新的变化,特别是城市中演唱、讲史、说故事的人和话本、小说一类的口语文学作品对语言的发展影响最大。

元明清三代都建都在北京,从金元到明清用北方话写作的文学作品,如杂剧、散曲、戏文、南曲、章回小说等等层出不穷,新的以口语为主的文学语言就有了稳固的基础,这样就促使以北京话为主的北方普通话成为全民共同语的基础。这种普通话从 16 世纪至 19 世纪曾被称为"官话",通行的区域越来越广。惟吴方言、粤方言、闽方言、客家话等跟官话不同,各有特点,这是长期历史发展的结果。

汉语在这一个时期内词汇又有增加。从明代中叶西方历算地理科学知识传入以后,直到晚清末年,自然科学和社会科学的新的词语大量出现,汉语的词汇日益丰富起来,音译的外来语和从日本语来的借词很多。

在语音方面,从很早北方与南方就有不同。这一个时期内北方话声母已不分清浊,平声分为两个调类,大部分地区入声已经消失,派入平上去三声。又"林、深、心、三、南"等字唐以前韵尾收-m 的逐渐转为收-n。在南方,沿长江一带入声字收-p 的开始转为收-k,后来入声韵尾-k 和-t 两类变为喉塞音[ʔ],最终以致消失。阳声韵收-ŋ 的,很多地方读为收-n。

这一时期,在八百年中社会的变动很大:一方面是汉族与入侵的外族的斗争,另一方面是汉族人民与统治者的斗争,最后结束了两千多年的封建社会制度。但由于外国帝国主义和资本主义的侵入,中国的社会又变为一个半殖民地半封建的社会。语言随着社会经济、文化的改变又有了新的发展。

(六)现代(1919 以后)

汉语的发展自五四运动以后转入一个新的时期。五四运动是中国民族民主革命和新文化运动的开始,自五四运动以后,白话文广泛传播,成为新的文体。以北方话写成的文学作品对汉民族全民共同语的确立起了极大的作用。随着外国文学、哲学和科技著作的大量翻译,在语言里不仅吸取了不少外来的词语,而且语法方面也有了很多变化。在构词法上,应用了许多新的构词成分,如"化、性"之类;在句法上,受西文语法的影响,也增加了一些新的表达形式。在词义的发展上,旧日的形容词可以兼用为动词,动词兼用为名词。在书面语言里,修饰语已扩展加多,文句的结构变得精密繁复,修辞的手段结合着语法的规律,形式上更加多样化,这些都是很明显的现象。

新中国成立以后,确定了汉民族共同语就是以北方方言为基础方言,以北京语音为标准音,以典范的白话文为语法规范的普通话。汉语已成为全国各族人民的交际工具,在国际事务中汉语的作用也越来越大。

四、汉语在历史上发展的道路

从以上所述我们可以了解汉语在历史上有其独立发展的道路,概括来说,有以下几个要点:

(1)汉族在历史上不断受到外族的侵扰和压迫,在外族统治之下,汉族人民进行着不懈的斗争。在语言方面,汉语始终保持着自己的词汇和语法结构,并且按照本身的发展规律而发展,外族语言丝毫不能破坏汉语的独立性。在历史上,鲜卑人、氐人、女真人都曾统治过中国的北方,而且都在一百年以上,元代蒙古人也占领过整个中国将近一百年,清代满人入关又统治了中国二百五六十年,但鲜卑语、氐语、女真语、蒙古语和满语都不能打乱汉语固有的传统,汉语自有其独立性和稳固性,它一直是不断地战胜外来的干扰而发展成为世界上极丰富的语言之一。

(2)语言的发展变化跟人民的活动有密切的关系,战争和商业以及交通等对语言改变的影响尤其大。在中国二三千年的历史当中,战争极为频繁。战争兴起,迫使人民迁转流徙,不同地区的人和睦地居住在一起,互相往来,语音和词汇必然要有改变。另外,在不同历史时期中外族人民往往为战争所裹胁,或被迫迁徙而与汉人杂居,甚且互通婚姻,共同使用汉语,语音未必切正;但久而久之,世代更迭,在民族融合中,音韵不能没有变异。北齐时颜之推论南北语音时就曾经说过:"南染吴越,北杂夷虏,皆有深弊,不可具论。"这是势所必然的。惟有地处边鄙、聚族而居、与外界交往较少的,往往累世不变,所以闽、粤、客家多存古语古音。

说到商业和交通,其对语言的影响当更多,如河、洛、淮、济、江、汉诸水以及漕运沟洫相通之处,商贾云集,人民往来,四方辐辏,语言也必然会随着口语的变易而有所改变。

（3）汉语始终是随着社会的政治、经济、文化的变革而不断发展的,但在长期封建社会制度之下,并没有能够完全排除方言的分歧。可是通语的势力不断扩展,方言即使暂时分化,随后又向统一的方向发展,这是汉语发展的一个重要方向。在中国的北方大部地区都是平原,所以从很早的时候北方方言就比较接近,逐渐形成以封建帝都所在的方言为基础的区域共同语。历史上,长安、洛阳、汴梁(开封)、大都(北京)都曾经是都城,这些都城又都在北方,所以北方话的发展对南方方言不断发生影响,南方的特殊方言区域也就不断缩小,最后以北方话为基础的普通话终于形成。黄河流域是汉语全民语言的发祥地,而普通话是经过很长很长的时期而形成的。

（4）中国在长期封建社会中汉族使用的书面语言一直是文言。文言本来也是在口语的基础上发展起来的,但语言是不断发展的,口语有了变化,书面却仍然使用文言,那就与口语有了距离。文言的形式尽管长期仍为文人所使用,但不能阻止口语的词汇和语法形式向文言中渗透。广大人民所需要的更不是文言,而是接近口语的书面语,所以从唐代起民间的作品都倾向于用口语体。宋元以后的话本、戏曲和小说几乎都采用据口语而加工的书面语言,这种新的书面语言也就是后来所称的"白话"。"五四"以后,白话盛行,直到现在,已成为全民一致应用的文体了。由此来看,汉语的书面语言由文言向口语体发展,这是必然的趋势。

（5）语言中新词不断产生,旧词逐渐消亡,这是语言词汇发展的共同现象,汉语也是如此。从构词法来说,由单音词向复音词发展,以致复音词在词汇中占绝对优势,这是汉语词汇发展的总的趋势;而且单音词的词义向多义方向发展之后,为求语义的明确起见,也必须利用产生复音词的方法来解决,例如"开"字本身是一个多义词,具有几个意义,在现代语中产生了"开发、开展、开动、开拓、开设、开张"等等不少的复音词。有了这些复音词,在使用时,要表达的意义就能确定不误。由此来看,词汇的发展跟词义的发展是互相关联着的。

语法的发展是比较缓慢的。汉语语法的基本结构形式在上古时期已经奠定下来,而在表达思想的方式上则一步一步趋于精密。形态的变化比较少,而修饰语或限制语尽量要放在被修饰或被限制的词语之前,词与词之间意义连属的远近就要靠词序的先后来表现;同时,在前后词语有相互制约关系的情况下,或用一定的助词表明其间的关系,如"的、地、得、把、之"等等。这就是语法发展的主要情况。

至于语音,在上古时期,声母比后代要多,既有单辅音,也有复辅音(cluster),韵母的元音可能比较少。后来由于声韵调的互相影响,声韵有分化,有合并,韵尾有改变,有消失。由中古以后总的倾向是向系统的简单化发展。现在普通话以北京语音系统为标准,声韵调三方面都是比较整齐而且简单的。各处的方音虽各有其特点,随着经济和科学文化的发展,人民往来的增多,教育的普及,差异必将逐渐减少。

汉语在历史发展的过程中也吸收了不少外来的词语,但始终以意译为主。最初是音译的,末了还是大都为意译所代替。五四运动以后,汉语语体文的语法也受到西方语言语法的一些影响,但也只能是按照汉语自身的发展规律适当地吸收,并不能改变原来的语法体系。这些都是很清楚的事实。

1979 年 11 月

五代刻本《切韵》及其声母的读音

　　五代刻本韵书出自敦煌石室,法国伯希和掠去,藏于巴黎国家图书馆。他把这种刻本分编为 2014、2015、2016①、4747、5531 几种号码。2014 有六叶和三对正反两面的残叶。每板有 34 行,板数记在每板末尾,板心不空,由此可以看出早期刻本的面貌。这些残叶既然有正面和背面,原书可能是叶子本。

　　这些单叶,雕板字有大小,注文有疏有密。从字体上看,有的笔画遒劲,有的笔势圆转,有的工整,有的兼有行草笔法,体式也不相同。在注释方面,每纽第一字的训释和反切的次第也不一致:有的训释居前,反切和字数居后;有的反切居前,训释居后,最后出字数。前一种体例是陆法言《切韵》的格式;后一种体例是王仁昫《刊谬补缺切韵》的格式。因此,这些残叶是否为同一书,就不易确定。伯希和的编号是毫无准则的。板式相同的,却编入两号,次第非常凌乱,可见并未认真加以整理。不过,经过研究,我们可以看到这些残叶非常重要。虽然所存不多,但既有平声韵和上声韵,又有入声韵,平声又有韵目,由此也可以寻绎出一个系统来。

　　残叶平上入三声所存各韵韵目如下:

平声上　一东、二冬、九鱼、十虞(以上 P.2016、2014)
　　　　　十二齐、十三佳、十四皆、十五灰(以上 P.2015)

平声下　廿九先、卅仙、卅一宣、卅二萧、卅三宵、卅四肴、
　　　　　卅五豪(以上 P.2014)

上　声　七尾、八语、十三骇、十四贿(以上 P.5531)
　　　　　廿三旱、廿四缓、廿五潸、廿六产、廿七铣(以上 P.2014)

入　声　十九薛、廿雪、廿一锡、(?)昔、廿二麦、廿三陌(以上 P.5531)
　　　　　廿五盍、廿六洽、廿七狎、廿八叶、廿九怗(以上 P.2015)
　　　　　卅三职、卅四德、卅五业、卅六乏(以上 P.2014)

---

① 本文所附 P.2016 抄本系周祖谟先生手迹。

　　这里鱼虞一叶背后写有"清泰五年敦煌县令吕状"一行字。清泰是后唐潞王年号，五年是公元 938 年，可是公元 936 年后唐已为后晋所灭，敦煌处于西陲，边远的地方还不知道，所以到公元 938 年尚用清泰纪元。由这一行字我们可以知道这些残叶是清泰五年以后印刷的。

　　在分韵方面，值得注意的是平声下仙韵之后有"宣"韵，入声薛韵之后有"雪"韵。宣韵是仙韵的合口，雪韵是薛韵的合口，平入正好相应。《切韵》和《唐韵》仙韵和薛韵的合口都是不单独分立为部的。惟宋夏竦《古文四声韵》所据唐《切韵》仙韵之后别出宣韵，而且上声狝韵的合口也分立为"选"韵。现在这种刻本韵书既有宣韵，又有雪韵，上声部分或也有选韵。敦煌所出唐《守温韵学残卷》"四等重轻例"内也有宣韵和选韵。这都是中唐、晚唐时期分韵的一个新的系统。本书多出雪韵，比夏竦所据的唐本《切韵》的时代应当更晚一些。

　　就刻本所存入声韵目来看，其数次是二十雪、二十一锡、二十二麦、二十三陌、二十六洽、二十七狎、二十八叶、二十九怗、三十四德、三十五业、三十六乏。案麦韵前有昔韵字，洽韵前有盍韵字，德韵前有职韵字，全部入声共 36 韵。夏竦书所载唐《切韵》入声有 35 韵，于质术两韵之间别出"聿"韵。聿韵包括"聿卒戌恤怵出"等字，术韵包括"术述繘"等字，而薛韵之后没有雪韵，所以是 35 韵，这里既有雪韵，雪韵之前加上聿韵，只能是十九，锡当为二十。这里雪韵既然是二十，前面就应当另有一韵才对。陆法言《切韵》锡、麦两韵之间有昔韵，而本书的韵目数次锡为二十一，麦为二十二，中间昔韵字又不与锡韵相混，纽次与《切韵》相同，似锡韵后当有昔韵韵目。如果昔韵独为一韵，麦当为二十三，陌当为二十四，其后加上合盍狎叶怗缉药铎职德业乏等十三韵，则入声韵数当为 37，而不是 36。为什么如此参差，难以臆测。是不是伯 5531 跟伯 2014、2015 几叶的入声韵不是一种书呢，似乎也不易确定。不过，从入声各叶的体例来看，很像是同一种书。这可以从下面的几点事实加以推断：

　　（1）业乏两韵韵字的后面题"大唐刊谬补缺切韵一部"，王仁昫书入声只有 34 韵，这里为 36 韵，增多两韵，虽非王仁昫原书之旧，但必属于王仁昫《刊谬补缺切韵》一类的书无疑。

　　（2）入声各韵的纽次除雪韵外几乎与王仁昫书完全一样。

　　（3）各韵韵字的注文都比较简略。小纽第一字的注文都是先出反切，后列训解，最后注出一纽的字数，绝无例外。反切、训解、字数这样的排列法正是王仁昫书的办法。陆法言《切韵》则是先出训解,后出反切和字数,与此不同。

(4)入声各韵的反切除了雪韵和德韵两韵与王仁昫书颇有异同外,其他各韵大都同于《王韵》,如锡韵、麦韵、职韵、叶韵与《王韵》几乎全部相同。

根据以上的事实,我认为入声的一部分板刻虽然有不同,仍然是一种书,也就是以王仁昫为底本而又增修的。

至于平声和上声两部分则跟入声一部分体例很有不同。平声和上声的注释比较繁富,而且训解与王仁昫《切韵》不同的很多。每韵小纽第一字下或先出训释,后出反切;或先出反切,后出训释;体例不一。一般反切用字也多与《切韵》和《王韵》不同。字有异体,又往往别出,写为大字,注云"同上"。这种办法也是《王韵》所没有的。这几点都与入声韵一部分不同。尤其特殊的是标记又音的方式和纽次的排列次第都另成一格。这就牵涉到平声韵、上声韵两部分和入声韵一部分是否是同一种书的问题了。

平声韵开头是东冬两韵,在这些残叶中有两叶是属于东冬韵的:一叶是伯2016,是抄补的东韵部分,存天宝十载的序文最后六行,序文后题"切韵平声上弟一,凡廿八韵",并叙列廿八韵的韵目,其下又存有东韵字六整行,三半行(见本文所附图片);另一叶为东冬两韵字,抄八行,印 18 行,又抄 12 行。这两叶前后文字是相连属的。从书名为《切韵》来看,与入声业乏两韵后所题"大唐刊谬补缺切韵"就不一样,而平声韵目的序文跟《广韵》卷首题为"陈州司法孙愐唐韵序"的后一段相合,足见这个抄刻本平声部分还不是王仁昫的书。王仁昫书作于中宗神龙初年,这里的序文题天宝十载,时间已经晚得多了。另外,这段序文也不是孙愐《唐韵》的,因为本书题名《切韵》,自然不是《唐韵》。根据清卞永誉《式古堂书画汇考》所录的孙愐《唐韵序》,自"盖闻文字聿与,音韵乃作"至"战汗交集,愧以上陈天心"为止,而没有《广韵》所录自"又有元青子、吉成子者"以下至"于时岁次辛卯天宝之十载也"一大段,足证这一段文字是孙愐以后的人所续的。天宝十载的序文究竟是何人所作,已无可考。这个抄刻本的《切韵》所以有这篇序文,包含两种可能:一种可能是本书和这篇序文同是一人之作,另一种可能是本书的底本如是,作者根据底本重修,所以照录原书。可是从这篇序文列于本书卷首之末来看,第二种可能性较大。它的前面应当还有其他序文,可惜已亡佚无存,终不能确定是哪一个人的作品。孙愐书在分韵上不同于陆法言《切韵》和王仁昫《切韵》的地方,主要是真谆分为两韵,寒桓分为两韵,歌戈分为两韵。但是这个五代本的《切韵》把仙韵和上声狝韵开合两部分分开，入声韵又称为《刊谬补缺切韵》，不可能与孙愐书是同一种书，确无疑义。这是本文所要讨论的第一点。

下面要着重讨论的是平上两部分在韵书的编制上突出的两件事，就是前面所提到的标记又音的方式和每韵之中纽次的排列次第。我们先看一下天宝十载序文的末一段。根据伯2016所保存的一部分节录于下：

> 其一字数训，则执优而尸之，劣而副之。其有或假，不失元本，以四声寻译，冀览者去疑，宿滞者豁如也。又纽其唇齿喉舌牙，部件而次之；有可纽，不可行之，及古体有依约之，并采以为证，庶无壅而昭其凭。起终五年，精成一部，前后总加四万二千三百八十三言，仍篆隶石经，勒存正体，幸不讥繁。于时岁次辛卯天宝之十载也。（《广韵》同）

这段序文，文义不很明畅，但涉及到标注又音的方式和纽次排列的方法，恰恰跟本书的编制体例是相关的。

本书标记又音的方法有三种：一种是用反切，称"又某某反"；一种是用直音，称"又音某、又某音、又某"；还有一种是用四声表示，凡音同而调不同的又读，则注"又平、又上、又去、又入"（见齐韵倪纽"霓"字下）。三种之中以二、三两种为多。第三种方法既简便，又容易领会，这正是序文所说"以四声寻译，冀览者去疑，宿滞者豁如"之所指。这种只标四声、不用反切的方法，是以前陆、王诸家书中所没有的。

本书在体例上最关重要的一件事就是一韵之内小纽的排列次第有所革新。从陆法言《切韵》起直到孙愐《唐韵》止一韵之内各纽的次序是没有一定的规则的，而本书却有了很大的变动，那就是每韵的纽次都是按照五音的类属来排列的，凡属于五音同类的一些纽都比次在一起。这正是序文所说"又纽其唇齿喉舌牙，部件而次之"的意思。这种编排小纽的方法使韵书的音系进一步条理化了，应用起来，更加方便。直开《集韵》之先河。这跟入声韵一部分完全依照王仁昫书的纽次，漫无准则，随意安排者迥然不同。

现在就平声和上声存字较多的一些韵序列其纽次如下，并根据各纽反切注出拟测的读音，以供讨论。所用音标除晓匣影三母写为 h ẖ-以外，其他都跟一般的写法相同。

1 东韵　东同通笼　空公洪烘翁　㣟蒉叟怂　蒙篷蓬

　　　　t d tʻ l　kʻ k ẖ h-　s dz ts tsʻ　m pʻ b

雄弓穹貅　终充戎融　中忡虫隆　嵩崇懵丰冯风①

ɦ k kʻ ŋ　tɕ tɕʻ n j　ʈ ʈʻ ɖ l　s dʒ m pʻ b p

2 冬韵　冬彤农　宗賨鞚　恭蚣枞夅螽

t d n　ts dz tsʻ　k s tsʻ ɦ l

3 鱼韵　……（疽）胥间（摅）除赭（袽）初 锄 疏

tsʻ s l ʈʻ ɖ ʈ n tʃʻ dʒ ʃ

4 虞韵　虞劬拘区于讦纡……

ŋ g k kʻ ɦ h −

5 齐韵　……啼梯泥　鹥奚醯倪鸡谿　鼙杉　鼚豍枇迷　圭睽携

d tʻ n　− ɦ h ŋ k kʻ　ń z　b p pʻ m　k kʻ h

娃鲑衹　鲵

− ŋ g　ń

6 佳韵　佳崖娃膎鼶　钗崽柴　牌矲　扠　咼娲抧蛙黿

k ŋ − ɦ h　tʃʻ ʃ dʒ　b m　ʈʻ　kʻ k n h − h

7 皆韵　皆谐俙捼　豺差斋　排（颈）埋　怀崴乖汇咴　偕揩

k ɦ h n　dʒ tʃʻ tʃ　b　　m　h − k kʻ h　− kʻ

8 灰韵　灰回恢……

h ɦ kʻ

9 先韵　先千笺前　天田颠年莲　祆贤妍（俓）牵坚烟　眠边蹁　渊

s tsʻ ts dz　tʻ d t n l　h ɦ ŋ　kʻ k −　m p b　−

涓玄

k ɦ

10 仙韵　仙钱……（然）……（ ）（木）涎　连廛邅　甄　篇便鞭绵

s dz　　ń　　　z　l ɖ ʈ　k　pʻ b p m

（ ）嗎孱愆轧

ɦ　h dz kʻ g

11 宣韵　宣全诠镌旋　恮篅掾攌挛　勬卷权翲员娟　缘川船专遄

s dz tsʻ ts z　tʃ ʈʻ ɖ ʈ l　k kʻ g h ɦ −　j tɕʻ dz tɕ z

---

① 这里可能是轻唇音，因材料不足，未定。

埦燀跧辿

ń tɕʻ tʃ ʈʻ

12 肴韵　肴虓（ ）頪　交敲　铙嘲飑　巢謿耰梢　茅包胞庖

ẖ h ŋ － 　 k kʻ 　 n ʈ ʈʻ 　 dʒ tʃʻ tʃ ʃ 　 m p pʻ b

13 豪韵　豪高尻敖　叨……

ẖ k kʻ ŋ 　 tʻ

14 盐韵　盐苦詹探姑髯　黏沾天廉　赚魇觃鹻砭　签尖晋焊纤　炎淹

j ç tɕʐ tʻ ń 　 n ʈ ʐ̩ l 　 － － ʈʻ ŋ p 　 tsʻ ts dz z s 　 h －

15 纸韵　纸是侈尔弛豸　跩迤　逦襹挃椛　此紫徙

tɕ ʐ tɕ ń dʐ ç 　 kʻ j 　 l ʈʻ ʈ n 　 tsʻ ts s

16 语韵　语举去巨许掀　与汝煮杵暑纾墅　吕

ŋ k kʻ g h － 　 j ń tɕ tɕʻ ç dʐ ʐ 　 l

17 骇韵　骇楷骏挨　睬翔馶洒

ẖ kʻ ŋ － 　 dʒ ʈʻ ʈ

18 贿韵　贿麂魁頧猥　磈镦骰脮馁　罪皠

h ẖ kʻ ŋ － 　 l d tʻ t n 　 dz tsʻ

19 旱韵　（散）瓒趱

s 　 dz ts

20 缓韵　缓管暖款腕椀　短斸断馈卵　算鯚纂　粄伴满

ẖ k ẖ kʻ － － 　 t tʻ d n l 　 s z ts 　 p b m

21 潸韵　潸……惘晥绾　醆　阪板矕

ʃ 　 ẖ ẖ － n 　 b p m

22 产韵　产铲嵼馂　简眼狠限　魬板

ʃ tʃʻ dʒ tʃ 　 k ŋ kʻ ẖ 　 m p

23 薛韵　……鳖蟞箅　辙……孑设　婪蠥椴焆敝妜劋劣乿揳挒

p pʻ p ʐ̩ 　 k ç 　 b ts ʃ － ʈʻ h tʃʻ ʈ kʻ tɕʻ j

24 雪韵　雪绝蒾皻悦缺哕爇说拙歠辍劣刷旲呐妜蹶（ ）朎啜

s dz ts ʈʻ j kʻ － ń ç tɕ tɕʻ ʈ l ʃ h n － k 　 tsʻ ʐ

25 锡韵　锡激霹（雳）的（檄）鹝荻逖绩燩怒觅（甓）壁闃郹戚……歡

s k pʻ l t ẖ ŋ d tʻ ts k n m b p kʻ k ts 　 ʈʻ

26麦韵　麦获蝈蟈䌷㱦赜责策(磐)覈硳(隔)摘扼楝擭

m ḵ k p bdʒ tʃ tʃ‘　k‘　ḥ h　k　ȶ － ʃ p‘

根据上面所列,首先可以看出平声和上声两部分不同于入声一部分。入声各韵的纽次是比较乱的,而平声和上声两部分分别五音,依类比次,颇有伦序,更进一步可以证明平声和上声部分与入声部分不是一种书。

平声和上声部分的纽次既然按照五音来排列,我们就可以根据各纽排列的地位来推测当时一些声母的读音。值得注意的有以下几点:

(1)在天宝十载的序文里说"纽其唇齿喉舌牙,部件而次之",书内各韵五音的先后并不确定,但牙音与喉音总是连属在一起的,如东韵"空"以下五纽,虞韵"虞"以下七纽,宣韵"勮"以下六纽等等都是如此。这一点正反映出晓匣与见溪群疑发音部位相同或相近。相同,即读 xɣ,相近即读 hɦ。各处方言可能不完全一致。影母是没有声母的一类,今用-作标记。

(2)五音一类之中各纽并没有一定不易的次第,如端透定泥四母与梵文 t、t‘、d、d‘、n 是相应的,但书中或排列为 t、d、t‘、n,或排列为 t‘、d、t、n,或排列为 d、t‘、t、n;精清从心四母,或排列为 s、dz、ts、ts‘,或排列为 s、ts‘、ts、dz,或排列为 s、dz、ts‘、ts①;次第并不相同。虽然如此,可是从参差不齐中也约略可以看出浊声母像是不送气的。

(3)书中端透定可以同泥来两母为一组,而知彻澄也与泥来两母为一组,如东韵、鱼韵、仙韵、肴韵、盐韵、纸韵都是如此。这表明端透定与知彻澄是互补的关系。由此可以推断知彻澄三母当读为舌部塞音 ȶ、ȶ‘、ȡ,而不是塞擦音②。唐人三十字母无娘母,宋人三十六母的娘母当归泥母。泥母字在二等韵中有列在牙音疑母位置的,如佳韵以 k‘、k、n、h、-、ḥ 为次,皆韵以 k、ḥ、h、n 为次,清韵以 ḥ、-、n 为次。

(4)照穿床审二等与三等在书中分为两组,二等疑读为 tʃ、tʃ‘、dʒ,三等疑读为 tɕ、tɕ‘、dʑ、ɕ。今音知彻与照穿二、三等都读为 tʂ、tʂ‘,则 tʃ、tʃ‘应为演变过程中的过渡阶段,即:

$$ȶ、ȶ‘ → tʃ、tʃ‘ → tʂ、tʂ‘$$

$$tɕ、tɕ‘ → tʃ、tʃ‘ → tʂ、tʂ‘$$

---

① 擦音列前,浊塞音和清塞音列后,见东韵和旱韵。唐守温字母审穿禅照为什么把审母列在最前面,由此可以得到解释。

② 在二等韵疑读 t、d,在三等韵疑读 t、t‘。

五代本《切韵》P.2016抄本

（5）喻母等韵有三、四等之分。本书喻母三等归匣母，如东韵"雄弓穹貅"（ɦ、k、kʻ、ŋ）为一组，虞韵"虞劬拘区于訏"（ŋ、g、k、kʻ、ɦ、h）为一组，是其证。喻母四等，本书都与照穿床审禅三等字为一组，如东韵"终充戎融"（tɕ、tɕʻ、ń、j）为一组，盐韵"盐苫詹探姑髯"（j、ɕ、tɕ、ʑ、tɕʻ、ń）为一组，语韵"与汝煮杵暑纾墅"（j、ń、tɕ、tɕʻ、ɕ、dʑ、ʑ）为一组，由此可知喻母四等当读j。

（6）上面所举的东、盐、语几韵照穿三等字一组与日母的"戎髯汝"等字都排列在一起，这表明日母与照穿三等字为一类，当读ń。唐写本《归三十字母例》以"审穿禅日"叙列在一起，与此正同。《守温韵学残卷》云"知彻澄日为舌上音"，以日母与知彻（ʈ、ʈʻ）为一类，也同样可以证明日母读ń。日母读ń，喻母四等读j，两者既然都与照穿床审禅三等字同列，反过来也正可以证明照穿床审禅三等字当读tɕ、tɕʻ、dʑ、ɕ、ʑ。

总起来看，从这个刻本韵书各韵纽次的排列我们可以了解很多声母的读音，主要是浊声母不送气，知彻澄读为舌部塞音，不读塞擦音，照穿三等字读tɕ、tɕʻ，日母读ń，喻母三等字读ɦ，喻母四等字读j，宋人三十六母的泥娘两母实为一母。因此我们可以把这个五代刻本《切韵》声母的读音系统排列如下：

$$\begin{array}{llll}
p & pʻ & b & m \\
t & tʻ & d & n & l \\
ʈ & ʈʻ & ɖ \\
ts & tsʻ & dz & s & z \\
tʃ & tʃʻ & dʒ & ʃ \\
tɕ & tɕʻ & dʑ & ń & ɕ & ʑ & j \\
k & kʻ & g & ŋ & h & ɦ
\end{array}$$

这里一共是三十五母。如果跟唐写本《归三十字母例》相比较，只多一床母，唐写本《守温韵学残卷》同。

这个刻本《切韵》的体例既然跟天宝十载序文所说正相应，尽管刻于五代，也必然是根据天宝本《切韵》进一步增修的。可惜作者已无可考。我们了解了书中声母读音系统以后，对于我们说明宋以后语音的演变就有很大的帮助，所以这份材料从各个方来看都是十分宝贵的。

1979 年 10 月

魏晋音与齐梁音

引　言

关于汉语上古音的研究,近二三十年来已发表的论著很多,大体说来,对声韵部类的分合已经有了接近一致的意见。关于两汉音的研究,在韵部方面,也略具规模。至于自魏晋以迄陈隋这一段中古时期音韵的演变还缺乏全面的系统研究。现在谨就个人研寻所得举其大端,综合叙述如下:

我们知道从周秦古音发展为两汉音,韵部字类的分合以及字调的变化已有许多改变。到魏晋以后,语音的变化加剧,原因是多方面的:一种原因是由于字音的内部结构声、韵、调三方面的互相影响而逐渐产生变化。另一种原因是由于人民的迁徙,方音的融合使然。人民往来迁徙,又有多种原因,包括政治方面的和经济方面的,特别是在异族的侵扰和战争频繁的情况下,人民大批流徙,使得不同方音区域的人杂居在一起,日久之后,语音互相影响,自然会有变化。从汉末经魏晋下至南北朝这整个的阶段里,社会不曾有长时期的安定,语音变化加剧是势所必然的。

魏和西晋建都在洛阳,仅仅将近 100 年(220—316),而西晋亡。东晋偏安江左,都于建业(南京),百年之间,北方各族纷争扰攘,亘 70 年之久,人民不得不流离转徙。此后南北朝对峙,北魏从公元 471 年开始都于洛阳①,北齐都于邺,北周都于长安。南方宋代晋以后,160 多年之间(420—589),更迭宋齐梁陈四朝,始终以金陵为都城。南方战乱不多。

北魏统治北方的时间最长,北周与北齐东西相对,建国时间相当。南朝宋齐建国的时间则当于北魏。北方的政治、经济、文化的中心在洛阳,南方的政治、经济、文化的中心在金陵。南北语音不同,各有土风,北方大致以洛阳音为主,南方大致以金陵音为主。梁益、秦陇、荆襄当又有异。从三国到陈亡(220—589),370 年之间音韵的变迁可以齐梁作界限,齐梁以前为一阶段,齐梁以后为一阶段。大略来说,3 世纪之初到 5 世纪末是一种情形,5 世纪末到 6 世纪末又是一种情形。如果利用朝代的名称来说,魏晋宋包括北魏为一种格局,齐梁陈

---

① 编者注:或认为魏孝文帝于 494 年迁都洛阳。

隋包括北齐、北周是另外一种格局。不过,在每一时期内,前后也并非完全一致,这只是从大的分野来说的。现在就声母、声调、韵类三方面分别叙述。

一、声母的演变

研究古声母的类别,主要的依据是:谐声音系、古籍的异文、假借字和古代训诂的声训。上古音的声母类别跟中古韵书的声母类别不同。从谐声系统我们知道以下一些情况:

(1)古音只有重唇音,没有轻唇音;

(2)《切韵》知彻澄和照穿床三等字古音都归端透定一类,都是舌音塞音;

(3)《切韵》日母古音与泥母为一类;

(4)《切韵》照穿床审二等字(即庄初崇山四母)古音归精清从心一类;

(5)《切韵》审母三等字和禅母字与舌尖塞音有关系;

(6)喻母三等字古音与匣母为一类,匣母古归群母;

(7)喻母四等字与定母字、邪母字有关系;

(8)古音里有复声母和清音的鼻音声母(如 hm、hn、hng 之类)。

李方桂先生在《上古音研究》里曾经把上古的声母系统列为下表[1]:

	塞音			鼻音		通音	
	清	次清	浊	清	浊	清	浊
唇音	p	ph	b	hm	m		
舌尖音	t	th	d	hn	n	hl	l r
舌尖塞擦音	ts	tsh	dz			s	
舌尖音及	k	kh	g	hng	ng		
喉音	·					h	
圆唇舌根音及	kw	khw	gw	hngw	ngw		
喉音	·w					hw	

这里不包括复声母如 kl、pl、sn、sl 之类。李先生认为:

(1)舌尖塞音 t、th、d(端透定)在 r 介音前卷舌化,变为ṭ、ṭh、ḍ(知彻澄),在 j

---

① 见《上古音研究》21 页,商务印书馆 1980 年。

介音前因腭化作用变为 t́、t́h、d́(照穿床三等),进一步变为 tś、tśh、dź 或 ź(禅母);

（2）舌尖塞擦音 ts、tsh、dz 和擦音 s 在 r 介音前卷舌化,变为 tṣ、tṣh、dẓ、ṣ(庄初崇山);

（3）舌尖鼻音 n 在 j 前变为 ń,后来又变为 ńź;

（4）《切韵》的审母是由 *sth 受 j 的腭化而演变为 ś;

（5）喻母四等字和邪母字与舌音塞音接近,古音为 r,后来喻母字 r 变为 ji,邪母字 r 在 j 前变为 zj;

（6）圆唇舌根音 gw 在 ji 前变为喻母三等字 jw。

（7）唇音 p、ph、b、m 带有圆唇成分,在 j 音前变为轻唇(pw→pf→f),m 音有的不变。

这些都是联系《切韵》声母系统来说的。

我们归纳《切韵》的声母,有以下三十五类

帮 p	滂 ph	並 b	明 m		
端 t	透 th	定 d	泥 n		来 l
知 ṭ	彻 ṭh	澄 ḍ			
精 ts	清 tsh	从 dz		心 s	邪 z
庄 tʃ	初 tʃh	崇 dʒ		山 ʃ	
照 tś	穿 tśh	床 dź	日 ń	审 ś	禅 ź
见 k	溪 kh	群 g	疑 ng	晓 x	匣喻₃ ɣ
影 ·					喻四 j

根据以上的一些认识,我们就可以考察一下魏晋至陈隋间的字书和音义书所反映的声母情况了。

魏晋至陈隋间的字书、韵书和音义书见于著录的很多,但是大都亡佚无存,如魏李登的《声类》、晋吕静的《韵集》虽有辑本,而音不多。字书中,晋代有吕忱(晋任城人)的《字林》,梁代有顾野王的《玉篇》①。《字林》虽亡,清代任大椿有《字林考逸》,所辑字音尚多;《玉篇》原本已不全,幸有日本空海的《篆隶万象名义》可以参证。音义书保存到现在的有陆德明的《经典释文》和隋代曹宪的《博雅音》②。这些都是我们考察中古音的重要资料。现在以这些资料为主,就

---

① 顾野王,吴郡吴人。《玉篇》成于梁武帝大同九年(543)。

② 陆德明,吴郡人。《经典释文》作于陈至德间,后来或有增补。陆德明卒于唐代初年。曹宪,江都人。《博雅音》即《广雅音》。

以下几个问题做一简单的说明。

（一）　唇音 p、ph、b、m 的分化问题

唇音 p、ph、b、m 在魏晋宋时期还看不出有分化的迹象，如《字林》音：皈，方沃反（博沃）[1]；邶，方代反（蒲昧）；瓣，父苋反（蒲苋）；楙，亡到反（莫袍）；孚，匹于反（芳无）；丰，匹忠反（敷空）。郭璞《尔雅音义》：皈，方满反（见《释诂》）；纰，方寐反（见《释言》）；又郭璞《方言注》：襃，房报反（薄报）；幭，亡别反（莫结）。徐邈《周易音》[2]：逋，方吴反（《讼》）；背，甫载反（《艮》）。这些都反映重唇音还没有分化出轻唇音一类。可是到梁代顾野王作《玉篇》时，唇音 p、ph、b 已分为两类：一类是 p、ph、b，另一类属于轻唇音 pf、pth、bv，而鼻音 m 尚未分为两类[3]。

（二）　舌音的分化问题

（1）舌尖音 t、th、d（端透定）跟卷舌化的 ṭ、ṭh、ḍ（知彻澄），《切韵》里分为两类，在汉代声训中分别不显著，如汉末刘熙《释名》训"童，重也""笃，筑也""贞，定也""栋，中也"。晋代《字林》里略有分别，间或有以知彻澄字跟端透定字互切的例子，如"侗"音敕动反（他孔），"褺"音丈箧反（徒协），"巀"音大例反（直例），"怼"音大泪反（直类）。这种情形在郭璞的《尔雅音义》和《方言注》里也有所见，如"滩"，郭音敕丹反（见《尔雅・释天》释文）；"幢"，郭音徒江反；"槌"，郭音度畏反（并见《方言注》）。同时代徐邈所作的书音以及陈隋间人所作的音义书也都不乏其例，如徐邈音"窒"为得悉反（见《周易》讼卦释文），音"太"为敕佐反（见《毛诗・蟋蟀》释文）；隋智骞《楚辞音》音"涕"为耻礼反，音"治"为徒吏反，音"濯"为徒角反之类都是。不过，顾野王《玉篇》里的反切用字却分为两类。根据这种情况可以推想舌尖音 t、th、d 从魏晋以后有些方言已在逐渐分化，由舌尖塞音变为舌尖后塞音。

（2）照组三等字：照穿两母在汉末已经读为塞擦音，而审母则读为擦音，如《释名》训"震，战也""渚，遮也""州，注也"都是以照母字互训；又训"始，息也""手，须也""信，申也"，"始、手、申"为审母，"息、须、信"为心母，同是擦音。由此推断照穿当读为 tś、tśh，审当读为 ś。至于床禅两母古音似为一类，因方音之不同，或由 dj 变为 dź，或更进一步变为 ź[4]。《释名》里，训"塍，承也""食，殖

---

① 　括号内是《广韵》音。下同。

② 　徐邈字仙民，东晋东莞人。徐邈《周易音》见《经典释文》。

③ 　详见拙著《〈万象名义〉中之〈原本玉篇〉音系》。

④ 　李方桂《上古音研究》16 页。

也”,《广韵》“塍、食”二字都是床母字,“承、殖”二字都是禅母字。这里可以有两种解释:一种是床禅是一类,那就得认为以“殖”训“食”是同音字为训;另一种解释是床禅是两类,床读为 dź,禅读作 ź。

在《字林》里照组字的反切类别很清楚,如以“充”切“侈饎舛燀绍”等字都是穿母三等字,以“舒”切“苫”、以“书”切“稣”、以“式”切“贳”都是审母三等字,以“上”切“栘罿麎鱨”等字都是禅母字,都跟《广韵》相同[①]。《广韵》“葚”字音食荏切,属床母三等,而《字林》音时审反,仍归禅母,现存《字林》音中别无床母三等字反切。由此可知《字林》音床禅不分。照穿审三母读 tś、tśh、ś,禅母读 dź,或读 ź。刘昌宗《周官音》音“乘”为常烝反(见《周礼·夏官》释文),也是床禅为一类。

梁陈之间,南方语音大都床禅不分。顾野王原本《玉篇》以禅母字切床母字,陆德明的《经典释文》、隋代曹宪的《博雅音》和释智骞的《楚辞音》都是如此[②]。顾野王、陆德明为吴郡人,曹宪、智骞为江都人,都属于吴音的范围。颜之推在《家训》里讲到当时南北语音差别时也曾经说南人“以石为射”“以是为舐”(见《音辞篇》),“石、是”属禅母,“射、舐”属床母,读“射”为“石”、读“舐”为“是”,禅母字似读为 ź。颜之推说南音如此,则北方有些地区或有床禅之分。《切韵》分床禅可能是根据北方方音而定。

(三) 齿音问题

(1)精组从母和邪母:从母跟邪母在《字林》里分别比较清楚,如以“才”切“蕲蠤訾疵崒磼”等字,以“聚”切“谇”、以“在”切“栫”、以“昨”切“戋”,这些都属从母;另外,以“囚”切“彗”、以“象”切“松”则属邪母。但在梁代以后,如顾野王原本《玉篇》多以邪切从,从邪不分[③],《经典释文》和《博雅音》也是如此。《颜氏家训》说南人“以钱为涎”“以贱为羡”,“钱、贱”是从母字,“涎、羡”是邪母字。南人读“涎”为“钱”,读“羡”为“贱”,是有从无邪,邪母读同从母,从母为塞擦音 dz。

(2)照穿二等字:照组二等庄初崇山四母古音读如精清从心。在晋代,不同的方音不尽一致。在现存的《字林》反切里庄母、山母都不与精组相混,如以

① 《字林》反切未列,参看《字林考逸》。

② 参看《问学集》之《骞公〈楚辞音〉之协韵说与楚音》《论〈文选音〉残卷之作者及其方音》《〈万象名义〉中之〈原本玉篇〉音系》。

③ 参看《问学集》之《〈万象名义〉中之〈原本玉篇〉音系》。

"侧"切"榴瘵"，以"山"切"㸬㞜彡"。惟有崇母"雏"字音匠于反（仕于），"岑"音才心反（锄针），都以从母字为切。在郭璞《方言注》里多以精组字切庄组字[1]，如"鏦"音错江反（楚江）、"甊"音胙江反（士江）、"摲"音素槛反（所斩）、"𡣕"音苏宦反（生患）。由此可知方音有不同。到梁代，顾野王作《玉篇》虽然庄组不与精组同类，但也有精庄互切的例子。这说明精庄两组读音还是比较接近的。庄组字可能还没有卷舌化，不读 tʂ、tʂh、dʐ、ʂ，而读 tʃ、tʃh、dʒ、ʃ。但不排斥有的方言读为卷舌音。

（四）　喻母三等字问题

喻母三等或称于母，在《字林》里有以"于"切匣母字的，也有以"于"切喻母四等字的。前者如"䭵"音于亡反（胡光）、"雪"音于甲反（胡甲）、"缳"音于善反（胡畎）；后者如"驈"音于必反（余律）、"鱊"音于一反（余律）、"骹"音于小反（以沼）、"鹥"音于水反（《诗·匏有苦叶》释文引《说文》音作以水反）。以"于"切匣母字说明匣于为一类。梁陈之间顾野王《玉篇》匣于不分，陆德明《经典释文》里也有匣母字切于类字的例子[2]。下至隋代，曹宪《博雅音》"鮨"音下悔反，又音于鄙反（见《广雅·释器》），智骞《楚辞音》"洧"音胡轨反（荣美）、"违"音胡归反（雨非）等也都是匣于相通的例子。匣母读 ɣ，匣母三等字于母读 ɣj、ɣj 与喻母四等字 j 音近，所以《字林》里有以"于"切喻母四等字的例子[3]。

以上所说是魏晋至陈隋间的字书和音义书所反映的一些声母的大概情况。

从这些情况来看，魏晋时期的声母类别开始逐渐趋向于接近《切韵》。虽然有知组字切端组字和精组字切庄组字的例子，但总的趋势是端知有分、精庄有分。不同的方言区域当然不会一致。由于有这些端知相通、精庄相通的例子，我们恰好可以推测知组的读音为 t、th，庄组的读音为 tʃ、tʃh。至于照组三等，则从《字林》起已读为塞擦音 tɕ、tɕh，与上古音读为 tj、thj 不同。唇音 p、ph、b 分化出轻唇音一类，根据材料来看，那可能是齐梁时代新的发展了。

魏晋至陈隋，南北方音不尽相同。依颜之推所说，北方从邪二母有分，床禅二母有分，而南方都不分。进而言之，即使同属北方，或同属南方，各地语音也

---

① 郭璞是山西闻喜县人，这代表他个人的方音庄组还没有从精组分化出来独立为一类。

② 参看《问学集》之《〈万象名义〉中的〈原本玉篇〉音系》和罗常培《经典释文和原本玉篇反切中的匣于两组》一文。

③ 在这里应当指出"驈、鱊"二字《广韵》虽属喻母四等，而古音当归匣母。《诗·駉》释文"驈"字即音户橘反。

不能尽同。可惜材料不多,无从过细讨论。

二、韵部的演变

韵部的演变是根据不同时期诗文押韵的韵部分合来看的。可以是由一部分为两部,或由两部合为一部;也可以是在一部之内有少数字分出转入另一部。前者是部类上的变化,后者是字类上的变化。

魏晋宋时期是由上古音变为《切韵》音的一个转折时期。这里所说的魏是指三国时代而言。三国期间有一部分作家,如建安七子,是汉末的人,他们都被牢笼在曹氏势力之下,成为一个文学上的集团,因此我们也把他们归在三国时代之内。

魏晋宋二百五六十年之间,韵部的分合前后也不一致。大体说来,魏跟东汉比较接近,宋包括北魏跟齐梁比较接近。东汉时期诗文用韵分为二十七部,阴声韵八部,阳声韵九部,入声韵十部。二十七部所包括的《广韵》韵类简单列举如下:

[**阴声韵**](举平赅上去)

1.之部　包括《广韵》之韵和咍(来)灰(梅)皆(戒)三韵的一部分①。还有"轨、敏"等字。

2.幽部　包括尤幽两韵和豪(陶)肴(包)萧(条)三韵的一部分。还有侯(叟茂)宵(茇椒)两韵的少数字。

3.宵部　包括宵韵和豪(高)肴(郊)萧(尧)三韵的一部分。

4.鱼部　包括模鱼虞侯四韵字(《诗经》分为鱼侯两部,汉代的作家鱼侯两类合用的例子极多,所以归为一部。说不定这也许是一时方音的现象)。

5.歌部　包括歌戈麻三韵字。

6.支部　包括支佳两韵和齐韵的一部分("圭携帝"等字)。

7.脂部　包括脂微两韵和皆(怀乖阶)齐(泥妻米礼计)两韵的一部分。

8.祭部　包括祭泰夬废四韵和皆韵去声怪韵一部分字(介拜)、齐韵去声霁韵一部分字(契慧)。

[**阳声韵**]

1.蒸部　包括蒸登两韵和耕韵的少数字(宏)。

---

① 括号内所举的字是字类的代表字。

2. 东部　包括钟韵字和东(公同工动送)江(邦双巷)两韵一部分。

3. 冬部　包括冬韵字和东韵的一部分(中终雄弓梦宫戎)及江韵少数字。

4. 阳部　包括阳唐两韵字。

5. 耕部　包括庚清青三韵和耕韵大部分字。

6. 真部　包括真谆臻欣文痕魂和先韵大部分字、山韵的一部分(艰鳏)、仙韵的"川穿"二字。

7. 元部　包括寒桓删元仙几韵和山韵的一部分(山间幻)、先韵的少数字(肩燕霰见)。

8. 谈部　包括谈添严盐衔几韵和咸韵的一部分(谗斩监)。

9. 侵部　包括侵覃凡三韵和咸韵一部分(咸陷)、谈韵的"三"字、东韵的"风"字。

[入声韵]

1. 职部　包括职德两韵和屋韵一部分(服牧伏福)、麦韵一部分(麦革馘)。

2. 屋部　包括烛韵和屋韵一部分("屋谷木卜鹿独"一等字)、觉韵一部分(角浊渥岳捉剥)。

3. 沃部(毒部)　包括沃韵和屋韵一部分("六陆复逐育夙穆"三等字)、觉韵一部分(学觉)、锡韵少数字(戚迪寂)。

4. 药部　包括药韵一部分(药籥跃虐削)、铎韵少数字(乐凿鹤)、觉韵一部分(较驳藐濯)、锡韵一部分(翟的溺激)。

5. 铎部　包括陌韵字和铎韵大部分、药韵一部分(著略若却缚戄)、昔韵一部分(石尺席昔亦夕绎)、麦韵的"获"字。

6. 锡部　包括麦韵字和锡韵一部分(历析锡狄击绩)、昔韵一部分(易益辟脊迹积碧)。

7. 质部　包括质栉术物迄没几韵字和黠韵一部分(八黠劼)、屑韵一部分(结血节铁)、职韵"即、抑"二字。

8. 月部　包括曷末鎋月薛几韵字和黠韵一部分(拔札察戛杀)、屑韵一部分(截楔蔑絜)。

9. 盍部　包括盍药叶狎乏几韵字和洽韵一部分(夹插裛箑)、帖韵一部分(协挟褋)。

10. 缉部　包括缉合两韵字和洽韵一部分(洽恰)、帖韵一部分(垫蛰)。

从《诗经》的押韵和文字的谐声来看,上古音的入声韵是跟阴声韵相承的。

两汉的诗文押韵也是阴入相承的。下面我们可以看看魏晋以后韵部的分合。为明晰起见,仍分阴声韵、阳声韵和入声韵三类分别叙述。

阴声韵

由三国时代到齐梁陈隋阴声韵的变动最多。现在分两部分来说明:

(一)

(1)东汉时期的之部在三国时期分为之、咍两部。之部包括之韵字、脂韵的少数字(唇牙喉)和真韵"敏"字:①之韵字;②脂韵"否鄙轨鲔痡备";③真韵"敏"字(《集韵》旨韵母鄙切)。

咍部包括钟韵大部分字,灰韵一部分唇音喉音字和皆韵一部分字:①咍韵"来台能该埃才哉";②灰韵"梅杯倍佩灰悔诲";③皆韵"骇戒怪"。下至晋宋北魏类别相同。

(2)东汉时期的脂部,三国时期基本相同,包括微韵字,脂韵大部分字,皆韵"乖怀阶淮排薤蒯"等字,咍韵"哀皑闿爱慨逮"等少数字,灰韵的一部分"回頽摧限枚嵬对退昧溃"等字和齐韵的一部分"妻泥黎梯体弟计棣"等字,凡六类。

三国时期的脂部到晋代分为脂、皆两部。脂部包括脂微两韵字(脂韵的"否鄙轨"等仍归之部)。皆部包括三国时期脂部的咍灰皆齐四类字。刘宋和北魏时期脂、皆两部与晋代相似,只是皆部内增多齐韵字(即三国时的支部所属的齐韵字转入本部,详下一条)。

(3)东汉时期的支部,魏晋时期相同,包括支韵字、佳韵字和齐韵"鸡蹄畦犀丽帝繫系羿睨"等字。到刘宋北魏时期,齐韵字都转入皆部。

以上是就魏晋宋北魏时代来说的。到齐梁以后发生了新的变化。上面几部在齐梁陈隋之间分为七部:先从脂部谈起,刘宋(包括北魏)时期脂部包括脂微两大类字,齐梁以后,微韵独成一部,脂部转与之部字相押,合成一部。刘宋时期的咍部包括咍(来)灰(梅)皆(戒)三类字,齐梁以后,皆韵字独成一部,咍灰两类又与刘宋时期皆部的咍灰两类字合为一部,其皆部的齐韵字则独立成为一部。又刘宋时期的支部包括支佳两类字,而齐梁以后支佳分立,成为两部。因此成为七部。我们可以用表列出(见下页):

(二)

(1)东汉的鱼(侯)幽宵三部,魏晋宋时期分化为鱼侯宵三部,字类也有变化,即东汉鱼部中的侯韵字与幽部的尤幽两韵字合为侯部,鱼部仅包括鱼虞模

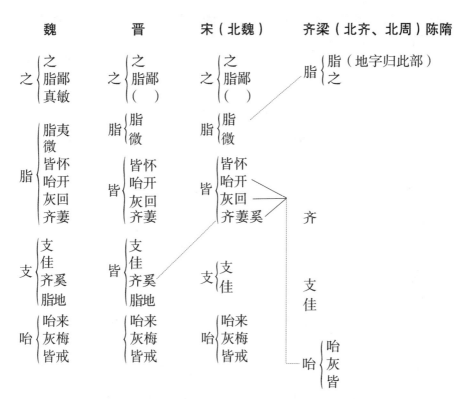

三韵字;而东汉幽部的豪肴萧宵四韵字又与宵部的豪肴萧宵四韵字相押,合为宵部。这样就跟《切韵》分韵的大类相同了。齐梁以后,尤侯幽三韵仍为一部,可称为尤部。鱼虞模三韵又分为鱼、模两部,模部包括模虞两韵,鱼韵独为一部。至于豪肴萧宵四韵又进而分为豪肴萧三部,萧部包括萧宵两韵。

　　(2)东汉时期的歌部,魏晋宋时期没有变化,齐梁以后分为歌麻两部,歌部包括《广韵》歌戈两韵字。

　　(3)东汉时期的祭部包括祭泰夬废四韵字和怪韵的"介界芥"等字及霁韵的"契慧蒂"等字,到魏晋宋时期分为祭、泰两部,祭部包括祭霁怪(届)三类字,泰部包括泰夬废怪(介)四类字。齐梁以后,祭部包括祭霁怪(界戒怪拜)三韵字,泰部包括泰废两韵字。夬韵梁代有独立的趋势。

　　根据上面所说,可以列表如下:

阳声韵

阳声韵的演变分三部分来说明:

魏晋宋北魏	齐梁北齐北周陈隋	魏晋宋北魏	齐梁北齐北周陈隋
鱼〔鱼 模 虞〕	鱼〔鱼〕 模〔模 虞〕	歌〔歌 戈 麻〕	歌〔歌 戈〕 麻
侯〔侯 尤 幽〕	尤〔尤〕 侯〔侯 幽〕	祭〔祭 霁 怪届〕	祭〔祭 霁〕 怪届介
宵〔豪 肴 萧 宵〕	豪 肴 萧〔萧 宵〕	泰〔泰 夬 废 怪介〕	泰〔泰 废〕（夬）

（一）

（1）东汉时期的东部包括钟韵字、东韵一等字和江韵字；冬部包括冬韵字、东韵三等字和江韵"降"字。魏晋时期相同。惟东汉时期侵部的"风"字已转入冬部。刘宋时期东冬钟江四韵通押，合为一部。齐梁以后，东韵字为一部，冬钟两韵字为一部，江韵字为一部。

（2）东汉时的蒸部到魏晋时期蒸登两韵分用，各为一部。登部还包括耕韵的"橙、绫、耺"等字。齐梁以后，蒸登仍分用，惟登部无耕韵字。

（3）东汉时的阳部包括阳唐两韵字，魏晋以后相同。东汉的耕部包括庚耕清青四韵字，魏晋时期没有大的变化，今称为庚部。齐梁以后，作家四韵通押者多，庚清两韵通押更为常见。另外还有青韵、耕韵独立的例子。

（二）

（1）东汉时的真部，三国时期基本相同，这一部包括真臻谆殷文痕魂诸韵字，只有先韵的"先天"、仙韵的"川穿"、山韵的"艰"转入寒部。到晋代这一部分为真魂两部，真部包括真臻谆殷文几韵字，魂部包括痕魂两韵字。到刘宋时代殷文两韵分出，独为一部，真魂文共为三部。由齐梁下至陈隋，真臻谆殷几韵为一部，文韵独立为一部，痕魂元三韵为一部。

（2）东汉时的元部，三国时期基本相同，包括寒桓删山元仙先诸韵，今称寒部。到晋宋时代则分为寒、先两部，寒部包括寒桓删三韵字，先部包括山元仙先四韵字。但由宋齐之际起，元韵字转与痕魂为一部，而寒先两部又分为寒删山先四部。寒部包括寒桓两韵，删、山各为一部，先部包括先仙两韵。为便于理解，把这一部分列表如下：

魏	晋	宋北魏	齐梁北齐北周陈隋
真〔真谆臻殷文痕魂〕	真〔真谆臻殷文痕〕 魂	真〔真谆臻殷文痕〕 文 魂	真 文〔真谆臻殷〕 元〔痕魂元〕
真〔寒桓删山元仙先〕	寒〔寒桓删山元仙〕 先	寒〔寒桓删山〕 先〔元仙先〕	寒〔寒桓〕 删山 先〔先仙〕

（三）

（1）东汉时的侵部，魏晋时期包括侵覃两韵字，还有咸韵的"掺唈咸湛"等字和盐韵的"潜"字。刘宋时期侵覃两韵分别为两部，而侵部不见有咸盐两韵字。齐梁以后侵覃有分，惟覃部还包括有衔韵字，如"衫嵌"二字。

（2）东汉时的谈部，三国时无例可考。在晋代分为谈、盐两部。谈韵"谈甘柑蓝聃览澹"一类字独用，自成一部，盐添凡三韵字另为一部。宋和北魏盐部包括有衔韵"岩鉴"二字和严韵的"严"字。齐梁以后谈韵仍独成一部，盐部则无衔韵字，而有咸韵上声的"脸"字。

入声韵

入声韵可以分三部分来说明：

（一）

（1）东汉时的屋部，魏晋时期相同，包括烛觉两韵字和屋韵一等字及沃韵的"仆"字。东汉时的沃部（毒部），三国时期相同，包括：屋韵三等字；沃韵字（"沃"字在药部）；觉韵的"学觉"；锡韵的"戚寂迪涤觌"等字；烛韵的"勖"字。

晋代变动不大，只有"戚寂"等转入锡部。到刘宋时期，上述的屋沃两部通押，合为一部；齐梁以后又变为屋、烛、觉三部，屋韵、觉韵都独成一部，沃韵和烛韵合为烛部。

（2）东汉时的职部，魏晋时期分为职德两部。三国时期职部除职韵字外，还包括屋韵三等的"服福蝠牧"等唇音字，而晋代这类字则转入沃部（毒部）。魏晋宋时期德部包括德韵字和麦韵的"麦革"二字。刘宋以后直至陈隋职部字和德部字都分用不混。

（3）东汉时的药铎两部到魏晋时期合为一部，包括：①药铎陌三韵字；②昔韵的"石席昔夕尺逆怿斥隻"等字；③觉韵的"驳朔稍濯确瀑"；④锡韵的"激的溺砾"等字；⑤麦韵"获"字；⑥沃韵的"沃"字。

这一部的韵字最杂。可是在晋代如潘岳、陆机、陆云、张载、殷允等人在押韵上仍保持汉代药铎两部的分别，傅玄、束皙、张华等人陌昔两类字也多独用。

刘宋时期，这一部药铎两韵独用，觉韵字转入沃部，与沃部的觉韵字合并，陌麦昔锡四韵字如"白获石激"等转入锡部，与锡部的陌麦昔三韵字合并。这样，自刘宋至陈隋药部只包括药铎两韵字，那就很简单了。这个改变是比较大的。

（4）东汉的锡部，魏晋时期相同，包括麦韵字、锡韵大部分字和昔韵的"辟益迹易适役积赤刺脊"等一部分字。到刘宋时期，合魏晋时药部的陌麦昔锡四韵字与本部的麦昔锡三韵字为一部。齐梁陈隋时陌麦昔锡四韵仍为一部。不过文人作品中昔韵或独用，或与锡合用；但陌昔两韵也往往通押，这跟平声庚部庚清两韵常在一起押韵是一致的。

（二）

（1）东汉时的质部包括的字类较多，三国时期则仅有质栉物没几韵字，屑（洁）薛（列）黠（察）三类字都转入屑部。晋代质术栉迄物为一部，没韵独成一部。刘宋时期质术栉三韵为一部（迄韵字未见），物韵为一部，没韵字与屑部的月韵字另为一部（见下一条），质、物、没分为三部。齐梁陈隋未变。

（2）东汉时的月部字类也比较多，魏晋时期分为曷、屑两部。曷部包括曷末两韵字和鎋韵的"鎋"字，屑部包括屑薛月黠四韵字。刘宋时期曷末仍为一部，屑部的月韵字与晋代的没部字通押，别为一部，不跟屑薛等韵字相押。齐梁以后，这些字类分为曷、黠、屑三部。曷部包括曷末两韵字，屑部包括屑薛两韵字，黠韵独成一部。为便于了解，把这一部分列表如下：

魏	晋	宋北魏	齐梁北齐北周陈隋
质 { 质术栉迄物没 }	质 { 质术栉迄物 }　没	质 { 质术栉（ ）}　物　没 { 月没 }	质 { 质术栉迄 }　物　月 { 月没 }
曷 { 曷末鎋 }	曷 { 曷末鎋 }	曷 { 曷末鎋 }	曷 { 曷末 }
屑 { 黠月薛屑 }	屑 { 黠月薛屑 }	屑 { 黠薛屑 }	黠　屑 { 屑薛 }

（三）

（1）东汉时的盍部的字类很多,魏晋时期分为盍叶两部。盍韵字在三国诗中未见,在晋代只见范坚《蜡灯赋》以"榻蜡阖"为韵,独成一部。叶部包括叶怗洽狎业乏几韵字。刘宋时期同。齐梁以后,盍、洽、狎三韵字未见,叶怗两韵字为一部,业乏两韵字为一部,只有叶怗两部。

（2）东汉时的缉部,魏晋时期分为缉、合两部。缉韵字为一部,合韵字为一部。东汉属缉部的洽怗两韵字,魏晋时转入叶部。由刘宋至陈隋缉合两部未变。

总 说

根据上面所说魏晋至陈隋间诗文押韵的情况,我们可以知道三国时期阳声韵的分类和两汉音还比较接近,而阴声韵和入声韵则相去较远,不仅部类有变动,字类也有变动,所以应当分为两个不同的时期。三国时代,阴声韵分为之咍脂祭泰支歌鱼侯宵十部,阳声韵分为东冬阳庚蒸登真寒侵（谈）十部,入声韵分为屋沃药锡职德质屑曷缉（合）盍叶十三部,共三十三部。

晋代跟三国时代显著的不同是分韵加细,阴阳入三声都有变革。阴声韵分为之咍脂皆祭泰支歌鱼侯宵十一部,阳声韵分为东冬阳庚蒸登真魂先寒侵覃谈盐十四部,入声韵分为屋沃药锡职德质没屑曷缉合盍叶十四部,共三十九部。最大的变动是入声韵跟阳声韵的分类是完全相应的。晋宋之间凡阳声韵有变革,其相对的入声韵也同样有变革,逐渐与《切韵》音接近。这对于推论晋宋时期的韵部读音是非常有益的启示。

南朝宋代的韵部分类跟晋代相比较,有分有合,主要是东冬合为一部,屋沃合为一部,真部分为真文两部,质部分为质物两部。阴声韵为十一部,阳声韵为十四部,入声韵为十四部,共三十九部。虽然在部类数目上跟晋代一样,但是字类内容与晋代颇有不同。这正是上承魏晋、下启齐梁的一个时代。韵部的类别已经跟《切韵》分韵的大类几乎完全相同了,如东冬钟江为一部,鱼虞模三韵为一部,在《切韵》里都分别依类排在一起,而且属于《切韵》中同一韵的字很少有分别属于两个韵部的现象。这是从两汉二十七部经过魏晋时代逐渐接近隋唐韵书分韵系统最明显的表现。

到了齐梁以后,阴阳入三声有进一步的变动。三者之中阴声韵的变动尤其大,跟刘宋以前不同,跟《切韵》的分韵更加接近。《切韵》中的二等重韵,如山删、佳皆之类,诗中固然分用,就是一等重韵,如东冬、咍泰、覃谈、屋沃、合盍之类也都分用;而且阳声韵中两韵通用的,其相承的入声韵亦必通用,这跟《切韵》分别韵类的情况也是相合的。据此可证《切韵》音系是有实际语音的根据的。这一时期诗文的押韵所不同于《切韵》的主要是:

(1)同一摄内的一等韵和三等韵通押,如冬钟、阳唐、元魂、虞模、尤侯、沃烛、药铎、月没之类都是。

(2)同一摄内的三等韵和四等韵通押,如仙先、盐添、祭霁、宵萧、叶怗、薛屑之类都是。

(3)痕魂不分,咍灰不分。

(4)支脂之微四韵齐代诗文一般分用,梁陈时期脂之通用,脂韵"追衰谁绥蕤推"等少数舌音、齿音合口字都归微韵一类。

这几项都是跟《切韵》不同的地方。由这些不同的地方,我们正好可以窥见当时语音的真相,例如韵书中把声音相近的几韵平列在一起,尽管次第有先后,但是究竟其中哪两韵声音最相近呢?仍然不易确定。现在我们就可以根据上面所说的诗文押韵的情况来判断了。因为凡是同归一部在一起押韵的必然声音最相近,如《切韵》东冬钟江是比次在一起的,鱼虞模是比次在一起的,根据押韵的材料我们很容易断定冬钟两韵声音最近,虞模两韵声音最近。又韵文中同摄的三等韵和四等韵通押,那么,它们的主要元音一定也是很相近的。

总起来看,从汉末三国时代以迄齐梁陈隋,音韵系统在不断地演变。经过这一番考查之后,可以知道:由上古音变为《切韵》音,中间经过两汉、魏晋宋、齐梁陈三个大的阶段。韵部由三十一部逐渐地分化和归并,发展为六十部①。两汉以前阴声韵与入声韵相承,关系较密,然而自魏晋时期起,音韵系统变为另外一种格局,由于阴声韵的韵尾消失以后,韵部的元音有所改变,以致阴声韵不再与入声韵相承,而转变为阳声韵与入声韵相承,这是很大的变化。还有,两汉以前韵部的字类可以按谐声的声符来归纳,然而自魏晋以后韵部分化,谐声关系已经错乱,不能再按照谐声系统来确定字类。这又是一种很大的变化。

三、四声字的发展

关于古声调的问题有两个:一个是调类的问题,一个是调值的问题。我们去古已远,在调值方面除估计入声可能是一个较短促的音调以外,其他就很难说了。至于调类,根据《诗经》的押韵来看,上古音已经有四声之分,与中古韵书的四声分类大体相应。不过,不同的韵部的情况也不一样。阴声韵大都有平上去,阳声韵则不尽具备上去。两汉时代阴声韵除祭部为去声字外,其他韵部大都具备平上去,之、鱼、脂三部最为明显。阳声韵各部除元部以外,上去声字都不多,冬、蒸两部只有平声,侵部只有平声和上声。四声字的发展到魏晋以后才显著起来。

清代段玉裁《六书音均表·论古四声》说:"考周秦汉初之文,有平上入而无去。洎乎魏晋,上入声多转而为去声,平声多转为仄声,于是乎四声大备,而与古不侔。有古平而今仄者,有古上入而今去者,细意搜寻,随在可得其条理。"段氏认为上古音无去声未必全对,而说魏晋以后四声大备还是大体符合事实的。考魏晋时期的韵文,阴声韵各部都有上去声字,阳声各部除冬蒸两部无上声字和登部未见上去声字外,其他各部都具有上去声字,不过字有多少之分配。这仅仅是就韵文中押韵字来说的,而在语言中阴声韵和阳声韵可能都有读为上去声的语词,这是无疑的,因为发展到《切韵》时期只有冬、蒸两韵上声字过少,其他各韵的上去声字都增加很多。这说明四声字从魏晋以后有了很大的发展。

四声字的增多一方面跟语词和语义的发展有密切的关系,另一方面也跟语音本身的变化有一定的关系。大体来说,可能有以下几种情况:

---

① 阴声韵十八部、阳声韵和入声韵各二十一部,见《问学集》之《〈切韵〉的性质和它的音系基础》。

（1）上古时代阴声韵与入声韵相承,应该是有韵尾辅音的,有的韵部有 *-g 尾(如之幽鱼侯),有的韵部有 *-d 尾(如脂微祭),后来 *-g 尾失落变为 *-i 或-u, *-d 尾失落变为-i,由闭切音变为开切音,在利用谐声的方法产生新字的时候,声调的变易就自由多了。因此,上去声字逐渐加多。

（2）上古时代阳声韵部除元部外,上去声字都比较少,从谐声系统看几乎都是平声字,随着语言发展,语词不断增多,势必要注意避免同音字而采取变换声调的方法,因而产生大量上去声字。

（3）方音自古就有分歧,陆法言《切韵序》曾论及当时不同方音的声调说: "秦陇则去声为入,梁益则平声似去。"在陆德明《经典释文》里所录晋宋以后诸家所作的书传音义,有不少是一字有两种不同声调的读法的,韵书有时兼收两音,上去声字不免增多。

（4）汉语文字的孳乳以谐声为大宗,从一个声符产生的谐声字在声调上或有不同,当其作第二主谐字时,由此产生的谐声字与原来最初的声符(即第一主谐字)的声调就有了不同。

（5）在语言的运用上,从汉魏之际开始,由于字义的分化,因意义或词性之不同而音有改变,产生一字两读的现象,其中属于声调差异的很多。晋宋以后,用四声变读以区分字义日益增广。有由平声变读为上去声的,有由入声变读为去声的,因此韵书中上去声字加多[①]。

四、余　论

以上几节已经把魏晋至陈隋将近四百年之间声韵系统演变的情况做了一个总的简单的叙述。我们知道语音的演变是渐变的,不同的声母部类或韵母部类的发展或在先或在后,是错综的,我们把魏晋宋做为一个时期,把齐梁陈隋做为一个时期,仅仅是从总的方面来看的。在同一时期内,方音不无差别。同是一个字,不同方言的读音就参差不一;同一韵部的字,作家用韵就有宽有严,通押的现象也很复杂。不过,我们了解到这四百年之间声韵演变的主要情况,可以解释魏晋以迄陈隋不同时期著作中的许多音韵上的问题,还可以联系到唐代语音的演变,说明唐以后诗文用韵的变化,以便于讲明汉语语音发展的全部历史。

[①] 详见《问学集》内《四声别义释例》。

　　语音随时间的推移在逐渐发展。在历史上,社会处于长时期安定的局面下,语音的总的情况就比较稳定,二三百年之间可能改变不大,可是处于延续动荡的战乱时期,语音的变动就比较大,也许一二百年之间新产生很大的差异。因此,魏晋是语音转变较大的时期。在这一时期内不同方音之间的互相影响成为民族语言语音加剧演变的外在因素。如果从语音本身的发展变易来看,声韵部类的演变与字音的内部结构是相关的。一个字的读音都可以因为声母、介音、元音、韵尾辅音甚至于声调的互相影响而产生变化。音的演变是有一定的条件的。

　　从声母方面来看,由上古的声母系统演变成《切韵》的系统,如由 tj→tś、nj→ń 都是声母受介音 j 的影响,唇音 p 后来变为轻唇也是由于介音 j 的腭化作用。从声调方面来看,去声字的读音有的是由入声韵尾-t 或-k 消失以后而变为去声的。

　　讲到韵母的变化,有以下几种情况是比较显著的:

　　(1)韵尾的失落使韵母发生变化:例如汉代之部字包括之、咍(来)、灰(梅)、皆(戒)几类字,因为韵尾 *-g 变为-i,韵母有了变化,咍由 *-ag 变-ai,之由 *-jag 变-i,魏晋时期分化为之、咍两部。

　　(2)由于韵母有了改变,同部字发生分化,有一部分字转入别的一部:例如三国时代支脂两部都有一些属于《切韵》齐韵的字。晋代脂部虽然分化为脂皆两部,但分属于支皆两部的齐韵字仍然以分用者为多。可是到了刘宋时期有了新的变化:支部的齐韵字都转入皆部,跟皆部的齐韵字归在一起了。这说明支部由 *-ieg 变-iei,又变-ie,齐韵一类有-i 尾,而皆部音近,又有-i 尾,所以跟皆部的齐韵字合流了。

　　(3)唇牙喉声母对韵母产生影响:例如侵部是收-m 尾的,侵部的“风”字 *pjiəm 的韵尾-m 因受唇音声母的异化作用而变为-ŋ,韵母也变为-oŋ,在魏晋时期归入冬部。又如刘宋时代的先部包括山、元、先、仙几韵字,可是后来元韵字转与痕魂为一部。《切韵》元韵只有唇音和舌根音声母字。元韵的元音由 a 变为 ə,可能受声母影响。这些声母可能带有圆唇性质。

　　(4)介音对韵母元音的影响:介音 j 可以使后面的较低的元音向上及向前移动,这是一种腭化或同化作用,例如 *-jian→-jiän。

　　(5)声调的影响:声调的升降起落对韵母的元音会产生影响,如晋宋时期歌部麻韵一类的上去声字大部分的作家都是独用的,不与歌戈两韵字合用,可知元音受声调的影响与平声不完全相同。到齐梁时期麻韵一类字就独成一部了。

总起来看,语音的演变是有规律可循的。这里仅仅做一简单的说明,其他有关的细节尚多,如魏晋到《切韵》韵部的读音问题、不同方音的特点问题等等,另有专书进行讨论,在这里就不详细叙述了。

汉代竹书和帛书中的通假字与古音的考订

一

山东临沂银雀山汉墓所出的竹书和长沙马王堆汉墓所出的帛书,都是汉代早期藏于墓葬中的写本。银雀山的竹书有《管子》《孙子兵法》《尉缭子》《晏子春秋》等书,马王堆的帛书有《周易》《老子》《经法》《十六经》和战国时期的《战国纵横家书》以及医书。这些写本的字体,有的是隶书,有的介于篆隶之间,其中有不少古体字和别体字,跟后代古书传本的字不同,例如:

《孙子兵法》:弌(哉) 埶(勢) 恿(勇) 昐(畝) 榑(專) 駇(驅)

《老子》:鬸(禍) 闤(關) 朸(棘) 覝(窺) 哭(吝) 掘(揣) 渢(汎)
癹(噫)

《周易》:翠(祥) 悊(悔) 罪(飛) 屄(尸) 撜(抍) 耵(聖)

《经法》:洫(溢) 救(救) 晉(悟) 挣(争) 佴(恥) 肏(擒)
勄(剥) 曐(旌)

《纵横家书》:侀(刷) 訏(舒) 遬(速) 聰(恥) 飯(盤) 迥(驅)

《尉缭子》:迌(退) 僶(俛) 牫(陳)

这些对于我们研究汉字形音义发展的历史过程很重要。同时,在这些古写本里还出现很多跟古书传本不同的通假字,例如:

《孙子兵法》:輕(經) 適(敵) 視(示) 侍(待) 失(佚) 責(積)
与(舉) 畏(威)

《老子》:泊(薄) 浴(谷) 坐(挫) 靚(静) 冬(終) 寺(恃) 始(似)
賢(堅) 介(契) 畜(孝) 適(謫) 兑(鋭)

《周易》:孚(復) 禮(履) 羅(離) 或(有) 回(違) 肥(配) 兑(奪)

《经法》:巽(選) 備(服) 芒(荒) 代(忒) 立(位) 才(哉) 浧(熱)
枹(孚) 而(能)

《纵横家书》:勺(趙) 雖(惟) 耆(嗜) 呻(吞) 羊(祥) 倍(背)

《尉缭子》:迎(仰) 篡(選) 發(廢) 伸(陳)

各书通假字之多不胜枚举。这种通假字,有些是由于古人字少,以一字代表两个词来用,有些是由于口授笔录,仓猝无其字而写为另一音同或音近的字,当然也不免有笔画写错的字。所谓一字代表两个词的,在古代就是一种通行的写法,无所谓假借;所谓仓猝不得其字的,才算为假借,即本有其字,而以此代彼。现在我们给一个统称,名之曰通假字。

这种通假字在字形上不同于一般古书,主要有四种情况:

(1)有的是原字跟以此为声旁的形声字不同。这在甲骨文和金文中已有不少例子,如"冬"通"终"、"入"通"内"、"立"通"位"、"令"通"命"、"才"通"哉"之类都是。

(2)有的是两个谐声字声旁相同,而形旁不同,如"适"与"敌"、"贤"与"坚"、"侍"与"待"、"代"与"忒"之类都是。

(3)有的是两个谐声字形旁相同,而声旁不同,如"赍"与"资"、"拯"与"撜"、"信"与"伸"、"握"与"朴"之类都是。

(4)还有一种情形是两个字在形体上完全不同,如"畏"通"威"、"礼"通"履"、"畜"通"孝"、"勺"通"赵"之类都是。

这种情况在先秦古书里是常见的。以上所说的古体字、别体字和通假字对我们理解上古音的声韵系统都大有帮助。

通常我们考订上古音所根据的材料,主要有五方面:一是上古时代的韵文,二是甲骨卜辞和铜器铭文,三是形声字的谐声系统,四是先秦古书中的异文,异文包括通假字在内,五是古书中的音训。五者之中,其时代比较容易确定,而且材料相当集中的是韵文,如《诗经》和《楚辞》屈宋之作。谐声字数量大,但必须区分时代的早晚,《说文解字》中的谐声字有不少是汉代才开始出现的。研究古音,对所用的材料的时代要加以区分,同时也要注意到材料的地域性。西周和春秋时代的铜器,制作的时间各有不同,春秋时代方国语音不同,研究时就不能不加以区分。即以《诗经》而论,其中已有不同的方音现象在内,如冬侵两部通押见于《秦风》《豳风》和《大雅》,可能是方音现象。古人说"楚人音楚"。《楚辞》以及《老子》《庄子》也有其方音特点,如真文两部、东阳两部多通押。所以不能不注意材料的地域性。

银雀山的竹书和马王堆的帛书都是汉代初期的写本,这是没有疑问的。如《孙子兵法》不避"邦"字、"盈"字,帛书的《周易》不避"启"字可证。《周易》且无象辞、象辞,六十四卦的排列次第与后世的传本也大不相同,文句出入也多,足见是时代很早的一个传写本。这批材料的时代是接近的,其中的古体字、别体字和通假字包括较广,我们可以从中看到不少有关古音的问题。有些足以印证清人和近人关于古音声韵部类的成说,有些我们可以从中得到启发,再做进一步的探讨。

这一批材料属于文字形音义的问题很多,整理起来非常费事。我们应当感谢许多位专家学者做了很好的考释,便利多多。关于文字的异同,凡是与考订古音关涉不大的,这里都搁置不谈,只就与考订古音有关的例子进行爬梳整理,略抒所见,以供研究古音者商讨。《诗》云:"嘤其鸣矣,求其友声。"希望同道之友,予以指正。

二

本文所应用的材料有七种:

(1)《周易》[①]　　　　(2)《老子》甲本

(3)《老子》乙本　　　　(4)《经法》(包括《十六经》等)

(5)《战国纵横家书》　　(6)《孙子兵法》

(7)《尉缭子》

前五种是帛书,后两种是竹书。帛书中除《经法》四篇和《纵横家书》的一些章节为佚书以外,其他都有现在的传本可以对校。这里采用的通假字大体以有传本可对校的为主。

这七种材料书写的字体或同或不同,书写的时间有早有晚,但各书中所出现的通假字有些是相同的,如"位"作"立"、"况"作"兄"、"导"作"道"、"刑"作"形"、"氏"作"是"之类,有些在字音上是属于同一类现象的,所以合并在一起来看。

韵部不同,情况不一,主要表现出以下几种关系:

(1)阴声韵或阳声韵韵部音近的关系。如《周易》贲卦的"贲"字帛书作"繁"。就现在通常采用的古韵分部的类别来说,"贲"为文部字,"繁"为元部字。又巽卦的"巽"作"筭","巽"为文部字,"筭"为元部字。又同人卦"伏戎"作"服容","戎"为冬部(中部)字,"容"为东部字。又涣卦九二"涣奔其机",作"贲其阶","机"为微部字,"阶"为脂部字。又既济"妇丧其茀","茀"作"发","茀"为物部字,"发"为月部字。

---

① 《周易》是朱德熙、于豪亮两位先生提供的,在此敬表谢意。

《老子·道经》"绳绳兮不可名",帛书《老子》甲本作"寻寻呵不可名也","绳"为蒸部字,"寻"为侵部字。

《经法·道法》中"也"字通作"殹","也"为歌部字,"殹"为祭部字。又《十六经·观》"寺(待)地气之发也,乃梦者梦而兹(孳)","梦"当为"萌"的假借字。"梦"为蒸部字,"萌"为阳部字。

《尉缭子·兵劝》"离其畽邨",今本作"田业"。案"畽"从屯声,属文部,"田"字则属真部。

(2)阴声韵部与相配的入声韵部相通。如《周易》需卦"有孚",帛书作"有复","孚"为幽部字,"复"为觉部字。又渐卦"或直其寇","寇"作"椆","寇"为侯部去声字,"椆"为屋部字。又小过卦"往厉必戒","戒"作"革","戒"为之部去声字,"革"为职部字。

《老子·道经》帛书"三者不可至计","至计"今本作"致诘","计"为脂部去声字,"诘"为质部字。又"六亲不和,案有畜兹","畜兹"今本作"孝慈","孝"为幽部去声字,"畜"为觉部字。又"绣呵缪呵",今本作"寂兮寥兮","寂"是觉部字,"绣"是幽部字[①]。

《尉缭子·兵令》"述亡不从其将吏","述"通"遂","遂"为微部去声字,"述"为物部字。

(3)阴阳入三声对转。如《周易》旅卦"得其资斧",帛书"资"作"潃","资"为脂部字,"潃"为真部字。

《老子·德经》"天无以清将恐裂",帛书乙本作"天毋已清将恐莲","裂"为月部字,"莲"为元部字。

《经法》内《十六经·三禁》"番于下土,施于九州","番"即"播"的借字,"番"为元部字,"播"为歌部字。又《称》"先人之连","连"为"烈"的借字,"连"为元部字,"烈"为月部字。

(4)《广韵》祭泰夬废四韵与入声月部字相通。如《周易》兑卦的"兑"字帛书作"夺",夬卦的"夬夬"作"缺缺"。

《老子·德经》"其邦缺缺"之"缺缺"帛书作"夬夬"。又《道经》"俗人察察"作"鬵(俗)人蔡蔡","夬、蔡"《广韵》收去声。

《尉缭子·兵令》"弱国之所不能发也","发"通"废","发"《广韵》收入声,

---

① 《老子》帛书乙本作"萧呵谬呵"。

"废"收去声。

（5）缉盍两部与阴声去声字的关系。如《周易》"噬嗑"《系辞》作"筮盖"，"嗑"为盍部字，"盖"《广韵》收泰韵，又盍韵。

《老子·道经》帛书"杀人众，以悲依（哀）立之"，"立"通"莅"，"立"为缉部字，"莅"《广韵》收至韵。

《经法》"贵贱有恒立"，"立"通"位"，"立"为缉部字，"位"《广韵》收至韵。又《十六经·雌雄节》"慎戒毋灋，大禄将极"，"灋"通假为"废"。全文中"灋"多读为"废"，"灋"为盍部字，"废"《广韵》收废韵。

《战国纵横家书》"燕累臣以求挚"，"挚"通"质"，"质"为质部字，"挚"《广韵》收祭韵。又"执无齐患"，"执"通"势"，"执"为缉部字，"势"《广韵》收祭韵。

从以上这些通借的情形我们可以看到一些帛书中所透露的古音迹象：

（1）帛书中阴声韵相通或阳声韵相通，其韵母元音必然相近。阴阳入相配对转，元音也必相同。至于阴声韵的脂微两部、阳声韵的真文两部以及东冬两部在这些材料中是否不分，还难以确定。但有些字的归部却可以得到启示，如"医"声字江有诰归脂部，王念孙归祭部。案《老子》帛书甲本"也"作"殹"，"殹"也见于《诅楚文》，"也"作"殹"与歌祭通转的关系相合，"医"当归祭部。又古佚书《称》"行曾（憎）而素爱，父弗得子；行毋（侮）而索敬，君弗得臣"（见《经法》书），"毋"通"侮"，"侮"从每声，当属之部字，以前多归入侯部，不妥，似当改正。

（2）《广韵》祭泰夬废去声字与入声月曷末辖黠薛几韵，王念孙、江有诰根据《诗经》押韵情况都独立为一部，有去入而无平上。以前我曾把去入两声分开，去声称为祭部，入声称为月部。现在从歌部、元部、月部对转的关系着眼，祭部与月部也可以统归一部，可是在声调上仍当有别。这里连带要说明的一个问题就是古声调的分类问题。

周秦时代字有声调之分是没有疑问的，但是有几个调类，学者的意见还不一致。段玉裁曾经说（见《六书音均表》）："古四声不同今韵，犹古本音不同今韵也。考周秦汉初之文，有平上入而无去。洎乎魏晋，上入声多转为去声，平声多转为仄声，于是乎四声大备。"这话不无根据，只是时间上不够确切。案之《诗经》押韵，有的韵部确实去声自成一类。从谐声系统来看，去声字有两个来源：一来自平上，一来自入声。这两类在《诗》中一起押韵，应是自成一个调类。两汉韵文更是如此。

可是,就这批材料的通假字来看,去入的关系的确很接近,如《老子》甲本"露"作"洛"、"恶"作"亚",与上文所举阴入通假的例子都是。不仅如此,在《周易》帛书里甚且平上去之分也不严格,如《周易》卦名中"豫"作"余"、"蛊"作"个"、"坎"作"赣"、"晋"作"溍"、"姤"作"狗"、"震"作"辰"、"艮"作"根"、"小过"作"少过"都是。在金文里也有很多这样的例子,如"卿"通"飨"通"向"、"尚"通"常"、"少"通"小"、"童"通"动"、"商"通"赏"、"遗"通"贵"、"坙"通"经"、"田"通"甸"、"者"通"诸"、"厘"通"赉"等等。如此,是不是古音没有声调的区别呢? 似乎还不能这样说。我想这应当跟文字发展的不同阶段和使用文字在记录语词时,声音有没有变易转移有关系。《周易》的例子还会与方音有关系。总之,还须要进行探讨。

关于这个问题,我认为可以分别不同的历史阶段来认识:

1. 汉语在周秦时代调类有三,或有四,是经过长时期逐渐发展而形成的。更早也许只有长短之分。凡有塞音韵尾的音节(如-p、-t、-k 之类),其音调会比没有塞音韵尾的音节短一些。说不定在远古时代,proto Chinese 可能有复辅音的韵尾,如-ms、-gs、-ks 之类,后来因复辅音韵尾之不同而产生不同的声调。我认为去声可能就是从-s 尾来的。这要等汉藏系语言的研究有了新的成果才能确定。

2. 周秦时代不同韵部的调类多寡不同,也有一个发展的过程。阴声韵如之支鱼等部除平声外,先有上声,进一步发展有去声;阳声韵各部,冬蒸两部没有上去,阳侵真三部则有上而无去。

3. 去声成为一个调类,发展比较晚。去声所以由平上声或入声发展出来的原因应当是多方面的:有一部分可能是由于字义有引申而音有改变,有一部分可能是由于声母有变易或韵尾有变化甚至失落而产生另一种声调,甚至于还有一部分是由于原有的根词在语义上有了新的扩展而产生了新词,声调也出现异同。这些都要从语词在语义方面的发展和文字的孳衍之间的关系去推寻,同时又要联系到语词在整个音节上(包括声母、介音、元音和韵尾)的声音转变和变化来看。

例如"子"有字乳的意思,于是孳衍一个"字"字,表示"子"的引申义。又如"令"为平声,所施之令曰"命",于是有"命"字去声一读。"昭"是光明的意思,光使之明,则为"照"。又"与"与"举"义通,言有所称举则为"誉"。"字、命、照、誉"都是去声字。这是从语义的发展与文字的孳乳等关系来看的。

从音的变易来看,如"路"从"各"声,"各"上古似读 gl-,"路"从各声而读

l-,声调会有改变,而与入声调不同。又如"立"上古可能读 gl-p,后来才变为 l-p。作为所立之位而言,古人也用这个字,而音有变易,后来产生"位"字,声母读 g-ɣ(-ɣj),而不读-l,音调也有了不同。此中消息,还要深入探讨。

4. 在《诗经》时代去声字虽然有它独立的调位,但去声字究竟是少数。就《诗》中有去入通押的例子来推测,去声字的调值跟入声字的调值应当是比较接近的。帛书《老子》中去入相通假的例子可以说是这种情况的反映,其中也会有方音性存在。关于上古音声调的发展,我就谈这么多。

(3)上面所列通假字中缉盍两部或与脂祭两部去声发生关系,这在金文里就已经见到,如"入"通"内"、"立"通"位"、"瀍"通"废"、"逪"通"会"之类。我们知道缉盍两部的韵尾是收-p 的[①],有些学者认为转为脂祭两部的字原来收-b,后来变为收-d,以至消失。我认为帛书中所出现的这几个例子是由前代流传下来的一种假借,未必表现在字音上有什么特别的地方。

以上所谈都是属于韵母和声调两方面的问题。《经法》一些佚书东阳两部通押,与《老子》相似,而在通假字中没有出现相通的例子。下面谈声母方面的问题。

三

竹书和帛书中通假字的声母情况十分复杂。在声母方面与《广韵》比较,属于相同的发音部位而发音方法不同的居多。有些是送气不送气之分,如:

《周易》小畜九二"牵复","牵"k' 作"坚"k[②]。睽卦的"睽"k' 作"乖"k。

《老子》乙本"精"ts 作"请"ts' ,"溪"k' 作"鸡"k。《孙子》"侧"tʂ 作"厕"tʂ' 。

《经法·十六经》"蚩 tɕ' 尤"作"之 tɕ 尤"。
有些是清浊之分,如:

《周易》比卦"有它吉","它"t' 作"沱"d。萃卦的"萃"dz 字作"卒"ts。旅卦"怀其资","资"ts 作"次"dz。小过"从或戕之","戕"dz 作"臧"ts。

《战国纵横家书》"髓"s 通"随"z,"遭"ts 通"曹"dz,"毒"d 通"竺"t[③]。

《孙子》"钝"d 作"顿"t,"彼"p 作"皮"b,"积"ts 作"渍"dz,"骄"k 作

---

① 上古入声字的韵尾不一定是收-p、-t、-k,很可能原来是收-b、-d、-g。

② 所注声母标音都依据《广韵》。下并同。

③ 以下均不举原文文句。

"乔"g。

《尉缭子》治□"不杀夭胎","夭胎"t‘作"夭台"d。又兵令"功伐"bv作"功发"pf。

除此以外,也有与《广韵》读音稍远的,我们可以据此考订竹书和帛书所反映的古声母的类别。其中有不少可以跟谐声系统相印证。

(一)唇音

清人钱大昕证古无轻唇音,早已为学者所承认。上述几种写本也有例可证。下面先列现在传本的字或现在通常应用的字,括号内注出竹简或帛书中的通假字,并注明出处。前面标出声母的差异[①]。

    b:bv　《周易》屯卦"班如"(烦如)。《老子》甲本倍(负)。《经法》备(服)。

    bv:b　《经法》服(备)。

    p‘:bv　《周易》丰、《经法》配(肥)。

    bv:p‘　《战国纵横家书》滏(铺)。

    p:pf‘　《经法》播(番)。

    pf‘:p　《尉缭子》赴(卜)。

    ŋ:m　《周易》无妄(无孟)。《老子》乙本晚(免)、妄(芒)。《老子》甲本、《经法》侮(毋)。

    m:ŋ　《老子》甲本没(沕)。

这些都表现出后代读轻唇音的字古当读如重唇。

(二)舌音

关于舌音,钱大昕在《十驾斋养新录》"舌音类隔之说不可信"一条根据经传异文和古书中的音训已经证明韵书里知彻澄三母字古音读如端透定。这在古文字里已有很好的例证,如甲骨文"鼎"即"贞",金文"奠"即"郑"。在竹简和帛书里同样可以得到证明,例如:

    t:ɖ　《周易》颐卦"眈眈"(沈沈)。

    ȶ:d　《老子》甲本镇(瞋)。

    ɖ:t‘　《老子》甲本兆(佻)。

    ɖ:d　《周易》颐卦"逐逐"(笛笛)。《老子》甲本筹(梼)。

    d:ɖ　《老子》甲本、乙本动(重)。《经法》特(直)。

由此可知端透定跟知彻澄都是舌尖塞音。端透定古读 t、t‘、d,知彻澄读如端透

---

① 标注《广韵》声母的音标采用通常一般的标法。

定,李方桂先生拟为带-r卷舌性的介音 tr、t'r、dr(见《上古音研究》)。tr、t'r、dr
后来变为卷舌音 ʈ、ʈʻ、ɖ。

(三)照组三等字

照穿床审禅三等字在谐声上与端透定和知彻澄关系比较密切,古音当读近
舌头音,钱大昕已有论证。在古文字里,甲骨文"屯"即"萅"(春),金文里"氐"
即"致"、"冬"即"终"、"吊"即"叔",可证照穿审古读如舌头音。竹简和帛书里
也有不少通假的例子:

A 类

tɕ∶t　《周易》需卦、《老子》乙本终(冬)。《经法》战(单)。

ʈ∶tɕ　《老子》甲本、乙本致(至)。

d∶tɕ　《老子》甲本动(踵)。《老子》甲本动(蹱)。

tɕ∶d　《老子》甲本正(定)。

B 类

ɕ∶t　《周易》同人卦、升卦"升"(登)。

ɕ∶t'　《老子》乙本施(他)。

t'∶ɕ　《周易》大蓄卦脱(说)。《战国纵横家书》吞(呻)。

ɕ∶t'　《老子》甲本奢(楮)。

d∶ɕ　《老子》甲本敌(适)。《战国纵横家书》敌(啻)。

ʈ∶ɕ　《老子》甲本谪(适)。

ɕ∶d　《周易》遁(掾)卦"说"(夺)。《老子》甲本始(台)。

ɕ∶ɖ　《老子》乙本胜(朕)。《老子》甲本释(泽)。《战国纵横家书》释(择)。

ɖ∶ɕ　《尉缭子》兵令陈(伸)。

tɕ∶ɕ　《老子》乙本诸(奢)。

s∶ɕ　《周易》小畜卦"小"(少)。

ɕ∶s　《尉缭子》兵令尸(死)。《战国纵横家书》少(小)。

ɕ∶x　《老子》乙本螫(赫)。

C 类

dʐ∶ʐ　《老子》甲本、《战国纵横家书》示(视)。

ʐ∶d　《老子》甲本成之孰之(亭之毒之)。

ɖ∶ʐ　《老子》乙本持(市)。

d∶ʐ　《经法》独(蜀)。《尉缭子》待(侍)。

ʐ∶t'　《老子》乙本谁(推)。

ʐ:tʂ　　《战国纵横家书》常(掌)。

tɕ:ʐ　　《周易》震卦"震"(辰)。《周易》晋卦"炙"(腷)。《老子》甲本志(恃)。

t:ʐ　　《周易》损卦"端"(遄)。

ʐ:g　　《战国纵横家书》嗜(耆)。

这里 A 类是照母跟端知定几母的关系,照母古音当读 ţ。B 类是审母跟端透定知彻澄照心晓几母的关系。我在 1941 年作《审母古音考》曾指出审母三等字大部分读为舌部塞音,还有一部分读为摩擦音。今暂拟前者为 stʻ(-stʻ),后者为 ɕ(如"少")。这里 C 类是禅母跟端透定知澄照床几母的关系。禅母的读音,我在《禅母古音考》里曾指出禅母古音接近定母,床母三等当与禅母为一类[①],今定禅母古读为 ɖ。禅母还有少数字跟群母字发生关系,如"嗜"从"耆"(g-),韵书归禅母(dʐ),可能是后代的变音。

(四)泥娘日

章太炎有《古音娘日二纽归泥说》,认为娘日二母古读为泥。娘母的名称是后起的,可以不论。日母古音接近泥母,从谐声系统和经传异文看得很清楚。现在又有以下的一些例子:

ɳ:n　　《老子》甲本、《战国纵横家书》如(女)。《老子》甲本热(涅)。
　　　　《孙子兵法》汝(女)、扰(犹)。

n:ɳ　　《老子》乙本诺(若)。

tʻ:ɳ　　《老子》甲本退(芮)。

ɳ:s　　《老子》甲本攘(襄)。

s:ɳ　　《周易》需卦"需"作"襦"。

ɳ:j　　《周易》同人卦伏戎(服容)。

从这里可以看出日母读 n,而心母还有 sn- 一类,在帛书里表现比较清楚。

(五)邪母

近人已有文章论到邪母古音接近定母,因为在谐声上邪母与喻母、定母的关系十分密切。我们看到竹简和帛书中有下面的例子:

d:z　　《孙子兵法》途(徐)。《经法》待(寺)。《经法》《战国纵横家书》堕(隋)。

ɖ:z　　《经法》持(寺)。

z:ɖ　　《老子》甲本似(治)。

ʐ:z　　《经法》恃(寺)。

---

① 上面例子的禅母仍写为 ʐ。下同。

dz:z《战国纵横家书》剂（赍）。

z:ç　《老子》甲本兕（矢）、似（始）。

z:j　《老子》甲本徐（余）、俗（鬻）。

从这里可以看出邪与定澄从审喻几母的关系。邪母在谐声上与喻母定母关系最为密切。如：

余 j:徐 z:途 d　　　　　以 j:似 z:台 d

今暂拟邪母为 zd-（←sd），后来变为 z。

（六）喻母

喻母字根据谐声系统来看，有同舌音谐声的，有同齿音谐声的，有同牙音谐声的。在古书的异文里，喻母字跟舌音、齿音、牙音都发生关系，竹简和帛书的通假字也是如此：

A 类

j:t'　《老子》甲本余（粜）。《老子》乙本耀（眺）。

j:d　《孙子兵法》、《老子》乙本锐（兑）。《战国纵横家书》悦（兑）。

d:j　《老子》乙本殆（佁）。《战国纵横家书》诞（延）。

t':j　《战国纵横家书》偷（俞）。

ḓ:j　《战国纵横家书》除（余）。

j:dʐ《经法》孕（绳）。

B 类

z:j　《老子》甲本徐（余）。《老子》甲本、乙本俗（鬻）[1]。《老子》乙本似（佁）。

　　　《经法》祥（羊）。《战国纵横家书》详（羊）。

s:j　《孙子兵法》《战国纵横家书》《尉缭子》《经法》虽（唯）。

　　　《战国纵横家书》肆（肄）。

j:z　《孙子兵法》佯（详）。

j:ts　《战国纵横家书》犹（遒）。

j:dz《老子》甲本亦（夕）。

C 类

k:j　《老子》甲本谷（浴）。《孙子兵法》《经法》举（与）。

j:k　《周易》兑卦"引兑"（景夺）。

----

① 已见前。

j:x　《经法》溢(溢)^①。《孙子兵法》镒(溢)。《经法》育(畜)。

j:ʔ　《经法》也(繄)。

这三类，A类是喻母与舌音的关系，B类是喻母与齿音的关系，C类是喻母与牙喉音的关系。这些关系是错综的，推寻喻母古音原先也许是由sd-和sg-两类复辅音来的。从竹简和帛书通假字的情形来看，A、B两类的读音可能是dʻ，C类的读音可能是gʻ。

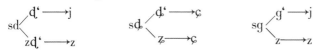

（七）照组二等字

照组二等字即庄初崇山四母。这四母近人已经提出古音读近精清从心。从谐声系统和古书异文可以得到证明。现在竹简和帛书里有下列一些例子：

tʂ:dʐ　《老子》甲本、《战国纵横家书》争(静)。

tʂ:ts　《周易》离卦"日昃之离"(日稷之罹)。《老子》甲本、乙本爪(蚤)。

tʂʻ:ts　《经法》测(则)。

tʂʻ:tsʻ　《老子》甲本察(蔡)。

tʂʻ:dʐ　《孙子兵法》测(贼)。

s:dʑ　《战国纵横家书》选(譔)。

s:tʂʻ　《尉缭子》选(篡)。

tʂʻ:s　《周易》井卦"心恻"(心塞)。

ʂ:s　《周易》讼卦"眚"(省)。《老子》甲本爽(啴)。

　　　　《战国纵横家书》生(星)、沙(莎)。

s:ʂ　《老子》乙本姓(生)。《经法》性(生)。

从这些例子我们可以同样确定庄初崇山四母古音读近精清从心，今拟作tsr、tsʻr、dzr、sr^②，后代变为tʃ、tʃʻ、dʒ、ʃ，发展为tʂ、tʂʻ、dʐ、ʂ。

（八）匣母

匣母古音，高本汉(B. Karlgren)拟为g。在竹简和帛书里属于匣母的例子比较多：

g:ɣ　《老子》甲本奇(何)。

ɣ:g　《战国纵横家书》韩(乾)。

---

① "溢"或为"溢"字别体。

② r为介音。

ɣ:k 《周易》临卦咸林(禁林)、噬嗑卦系辞作噬盖。《老子》甲本、乙本,
《经法》活(栝)。《老子》乙本后(句)。《经法》秋毫(稿)、祸(过)、咸
(减)、怙(古)。《尉缭子》豪(槁)、豪(藁)。

k:ɣ 《周易》屯卦婚媾(闵厚)。《老子》甲本加(贺)、坚(贤)。

ɣ:kʻ 《周易》咸卦作钦卦。《老子》甲本慧(快)。

ɣ:ʔ 《老子》甲本狎(闸)。

ɣj:ɣ 《周易》随卦官有渝(官或谕)。《老子》甲本荣观(环官)。《战国纵横
家书》围(回)。

ɣj:x 《经法》趢(讳)。

另外,我们看到帛书中群母与见母关系密切,如:

《老子》甲本、乙本勤(堇)、奇(畸)、俭(检)。

《经法》蚑(规)。《战国纵横家书》擎(敬)。

见群两母的古音当读 k、g。匣母在谐声上与见母关系较密,今拟为 gʻ,喻母
三等字则为匣母细音。

(九)晓母

晓母在谐声上跟见溪关系较密,还有一部分跟明母发生关系,竹简和帛书
里也都有一些例子:

x:m 《老子》乙本昏(愍)。《经法》荒唐(芒唐)。《经法》徽缠(靡黑)。

x:ŋ 《老子》乙本忽(沕)。《老子》甲本恍(望)。

k:x 《老子》甲本既(愍)。

kʻ:x 《孙子兵法》怯(胁)。

x:k 《老子》甲本货(贿)。

x:z 《孙子兵法》隳(隋)。

x:ş 《周易》震卦虩虩(朔朔)。

今拟晓母古音为 x。晓母跟明母相通的那一部分应读为轻鼻音 xm(m̥)。

(十)来母

来母字属于同声母的异文在帛书里较多,属于不同声母的有以下一些例子:

k:l 《周易》革卦作勒卦。《老子》乙本鉴(蓝)。《老子》甲本棘(枥)。《经
法》拣(练)、樛(翏)。

l:k 《周易》井卦敝漏(敝句)。《老子》乙本廉(兼)。

m:l 《战国纵横家书》命(令)。

l:m 《老子》甲本寥(僇)。

ʈʻ:l 《老子》甲本宠(龙)。《老子》乙本蚃(疠)、宠(弄)。

　　　《尉缭子》治□摅(虑)。

l:ʈʻ 《经法》履(体)。

ɣj:l 《经法》《孙子兵法》位(立)。

从这些例子我们可以想到古代有以 l 为第二成分的一些复辅音,如 kl、ml(金文"麦"即从来声[①])、ʈʻl 之类。

四

关于竹书和帛书中通假字的声母问题,经过整理分析,我们可以大体看出古声类的一个系统:

p	pʻ	b	m		pl	ml(下面都是复声母)
t	tʻ	d	n	dʻ	tʻl	
(tr	tʻr	dr)				
ʈ	ʈʻ	ɖ		ç		
ts	tsʻ	dz		s	zd	sl sn
(tsr	tsʻr	dzr)		sr)		
k	kʻ	g	ng gʻ	x	kl	xm
ʔ						

这个表跟谐声通转和一般通假字的现象基本上是相适合的。如果能跟古韵部的读音联系起来,在辨类上可能更清楚一些。要推寻更古的读音,那还有待于汉藏语系的研究有了新的开展才行。现在虽然已有很值得重视的见解,但是须要连带许多问题通盘来考虑,所以没有引用。另外,从谐声系统来考查,还有些不易确定的问题,只好暂时放下。以 s 为复辅音第一成分的还有 sl-,如"洒"从丽声、"数"从娄声可证。在帛书里《经法》有"数"作"萎"一例,所以表中加上了 sl- 一音。

五

古书的通假字是非常复杂的。其中一定有一字读两音的,也许有的音是后代韵书中所没有记载的,说不定还会有一字在不同文句中的读音随文义而定的

---

① 据于思泊先生说。

情况,所以不好随意推断。从语音的发展来看,音的变化是有先后层序的不同。在某一时代跟某一地域,某些音可能变得快一些,另外某些音可能还保持较早的读法;或者同一类音因为后面介音和元音的不同而发生的变化也不同,绝不能认为只有一个模式。本文仅就这批竹简和帛书中的通假字所反映的声韵情况概括地加以描述,同时着重说明我们怎样认识这批材料和探讨一些问题的方法和途径。

古书中的通假字在声音上除了同音假借以外,就韵来说,有同部字,有异部字。异部字多属于音近一类,有时是阴阳对转。而对转又大都属于双声的范畴,清人多谓之为"一声之转"。这一方面是比较容易理解的。如果就声母来说,有些不同声母的字互相通借,我们会感觉很奇怪,不易理解,但实际上还是有条理可寻。

清人戴震在《转语二十章·序》里曾提出"同位"和"位同"的说法,他说:"凡同位为正转,位同为变转。"以言训诂,则认为"凡同位则同声,同声则可以通乎其义;位同则声变而同,声变而同,则其义亦可以比之而通"。这不能说是凿空之论。所谓同位是指发音部位相同而发音方法不同,如同属牙音(velars),见与群或相通转。所谓位同是指发音方法相同而发音部位不同,如同属清音塞音(surds),或同属擦音(sibilants),可以通转。在竹简和帛书里,我们看到下面的例子:

Ⅰ

(1)《周易》履(礼)卦"素履"帛书作"错履","素"为心母字,"错"为清母字;而离(罗)卦"履错然"帛书作"礼昔然","昔"为心母字;"素"为鱼部字,"错昔"都是铎部字。

(2)《老子·道经》"渊兮似万物之宗","兮"帛书作"呵"(《老子》甲本),"呵"是晓母字,"兮"是匣母字;"呵"为歌部字,"兮"为支部字。

(3)《战国策·楚策》"践乱燕以定身封","践乱"帛书作"浅乱"(《战国纵横家书》),"践"作"浅",这跟越王勾践剑的铭文作"鸠浅"例同①,"践、浅"同为元部字;"践"为从母字,"浅"为清母字。

Ⅱ

(1)"屈伸"古书多作"诎信","伸"为审母三等字(ç),"信"为心母字,心审二母在一定的时期同为摩擦音;"伸"为真部字,"信"按谐声为元部字。"诎信"

---

① 越王勾践剑 1965 年冬湖北江陵望山战国墓出土,铭文作"越王鸠浅自作用鐱"。

一词上一音节韵尾对下一音节的声母不能没有影响。

（2）《纵横家书》赵国的"赵"字，帛书或作"勺"（《战国纵横家书》），"赵"为澄母字（dʳ-），"勺"为禅母字（ʑ），同为浊塞音（sonants）；"赵"为宵部字，"勺"为药部字，宵药对转。

上面的 A 类是"同位"，粗疏一点说，就是五音属于同类；B 类就是"位同"，用等韵家的名词来说，就是发声、送气、收声之属同类。根据这两条原则来考核通假字的声音通转，有些疑惑可以涣然冰释。

总括起来说，银雀山出土的竹书和马王堆出土的帛书代表了战国秦汉之间古书写本的面貌，极为珍贵，对我们研究古代语言文字大有帮助。附带讲一句，《周礼》郑注所说的"故书"与今本的异文和《春秋左传》与《公羊传》《穀梁传》的异文同这些竹简、帛书的古体字、异体字和通假字均有相似之处，都值得我们深入研究，举例来看，如：

（1）《周易》离卦"日中则昃"，孟喜本"昃"作"稷"，帛书作"禝"，当与"稷"同。又《春秋》定公十五年《左传》"日下昃"，《穀梁传》经文"昃"也作"稷"。

（2）《春秋》襄公三十年《左传》"天王杀其弟佞夫"，"佞夫"《公羊传》作"年夫"。案帛书《十六经·成法》"滑（猾）民将生，年辩用知（智）"，"年"即通"佞"。

（3）《春秋》襄公二十五年《左传》"吴子遏伐楚"，《公羊传》《穀梁传》都作"吴子谒"。案竹书《孙子兵法》"围师遗阙，归师勿谒"，"谒"今本作"遏"，"谒"即通"遏"。

（4）《仪礼·聘礼》"问几月之资"，注：古文资作赍。《老子·德经》"厌食而资财有余"，帛书乙本"资"作"赍"；又《经法·国次》"利其齎财"，"齎"即通"资"。《广韵》"资、赍、齎"同音，收脂韵，音即夷切。

（5）《周礼·乡师》"及窆执斧以涖匠师"，注：故书涖作立。案"涖"跟"莅"相通。《老子·德经》"以道莅天下"，帛书乙本"莅"作"立"。

（6）《周礼·弓人》"夫角之中，恒当弓之畏"，注：畏故书作威。案金文"畏"通"威"。

由此可见，竹书和帛书有这么多的通假字，对于我们理解古籍也是深有启发的。

1980 年 9 月

汉字上古音东冬分部的问题*

《诗经》古韵部的类别,自清代顾炎武开始直到近代已经研究得比较精到了,可是有些学者对个别之韵部的分合还有不同的看法,现在又有人提出一些新的见解,须要讨论。

从方法上来看,大家都是凭借着《诗经》、群经、《楚辞》以及先秦诸子的押韵进行研究,并跟汉字的谐声系统相印证。其结论所以不同,原因是多方面的:有的是由于对韵的理解不同,是属于同部字相押,还是异部字相押,意见不一致;有的是由于对是否属于特殊的方音现象的看法不同;还有的是由于对声调的分类有不同的见解,以致分部不能一致。

现在所要谈的是《诗经》音东冬分部的问题。东冬分为两部,这是孔广森的发明,后来得到段玉裁、江有诰的认可。江有诰因东冬今音相同,把冬部称为中部。孔广森在《诗声类》里定东冬为两部,并指出冬部字与侵部最近,与蒸部稍远。江有诰在《音学十书》里指出东冬的分别在于东每与阳通,中(冬)每与蒸侵合。后来张惠言、丁履恒等人也都跟孔广森、江有诰的意见一样。惟有严可均的《说文声类》不同意孔广森的意见,他把冬部字归入侵部,定冬侵为一部,这样就生出歧异来了。近人章太炎在晚年也主张冬部字当归侵部,否定了自孔广森以来分东冬为二,冬独立为一部的说法。这是一方面的问题。

可是,现在又出现了另一方面的问题,就是古文字学家于省吾先生又提出东冬应当是一部,不是两部的说法。他在《甲骨文字释林》里有《释 𠖚 · 吕兼论古韵部东冬的分合》一篇文章,他认为甲骨文的 𠖚 字是"雝"的原始字,"雝(雍)"在《诗经》音中是东部字,这是前人一致的意见,可是,宫殿的"宫"字甲骨文从 𠖚,则"宫"字不当属于冬部,而应归之于东部。其他与 𠖚 有关的字,有"躬(躬)、窮(穷)"二字,也应归属东部。因此,他认为东冬不应该分立,冬部字应归入东部。这样又跟以前顾炎武、江永的分部相同了。

有了这两方面的问题,究竟怎样确定才好,就有讨论的必要。

---

* 本文为 1984 年 5 月 21 日在日本第 29 届国际东方学者会议的讲演稿,载于日本东方学会 1984 年 10 月所出《国际东方学者会议纪要》第 28—29 册第 169—172 页。

我们可以先看冬侵两部的关系。在《诗经》里冬侵两部字通押的有以下数例(加圆圈的是侵部字):

《秦风·小戎》:中骖

《豳风·七月》:冲阴

《大雅·思齐》:宫临

《大雅·凫鹥》:湑宗宗降饮崇

《大雅·公刘》:饮宗

《大雅·荡》:谌终

《大雅·云汉》:甚虫宫宗临躬

《诗经》里冬侵通押的例子只有这么七处。这些诗大体都是公元前6、7世纪以前的诗,地域范围都在关中,也就是古时代的雍州。至于《诗经》中周南、召南、邶、鄘、卫、王、郑、齐、魏、唐、陈、桧、曹诸国诗,押侵韵的有十二处,押冬韵的有七处,就是没有冬侵通押的例子,而诸国都在关中以东,地域包括甚广。由此可见冬侵通押不是普遍现象,而是《诗经》时代部分地区所有的早期的一种方音现象,不能作为《诗经》的一般现象看待。

我认为要为《诗经》分别韵部只能以一般现象为主,以偏概全是不妥当的。如果不守着这条原则,有些韵部的界划就模糊不清了,甚至于要把前人已经分清楚的也合并起来,那就是"大道以多歧亡羊"了。《诗经》中不同韵部在一起押韵的还不算少,其中有的是由于方音本来如此,所以通押;也有的不是出于方音之本然,而是因韵部读音相近,作者一时权宜通押。我们不能不细心分辨。上面所举的《诗经》冬侵相押的例子确实具有地区性,所以我认为那是方音现象。

《诗经》中除了有冬侵通押的例子以外,还有一处冬蒸通押的例子,即《大雅·召旻》,以"中弘宫"为韵,"弘"是蒸部字。另外还有少数蒸部字和侵部字通押的例子,在《大雅》内有三处,在《鲁颂》内有一处(加圆圈的是蒸部字):

《大雅·大明》:林兴心

《大雅·生民》:林林冰　登升歆今

《大雅·闷宫》:乘縢弓綅增膺惩承

由此来看,冬侵蒸三部韵母的读音必然比较接近。现在学者一般都把这三部的主要元音拟为[ə]是有道理的。侵部是收-m的,冬部上古最早也可能是收-m的,因为冬侵有相押的关系。可是至少在东周时代已有广大地区读为收-ŋ的了。推想最早冬部字的韵母原来有合口性质的成分,合口成分与-m拼在一起而发生异化作用,所以-m 就变为-ŋ。不过,在某地区的方言里还有读-m 的遗留,因而出现冬侵通押的现象。

以上是我对第一问题的看法。

说到第二个问题,即东冬是否为一部的问题。对于东冬当分与否,前人的意见颇不一致。主张不分的是以《邶风·旄丘》“戎东同”为韵和《小雅·蓼萧》“浓冲雍同”为韵作为根据。“戎浓冲”三字孔广森是作为冬部字看待的。“戎浓冲”既然与东部的“东同雍”在一起押韵,所以东冬难以分为两部(见丁履恒《形声类编》王念孙信)。主张不分的,又因为《易经》象传、象传中也有东冬两部字相押的例子,所以越发觉得东冬实是一部。

我们认为《诗经》中东冬分用的现象是比较清楚的,《旄丘》《蓼萧》东冬两韵字相押,那只能算是例外。至于《易传》自是《易传》,跟《诗经》这一部诗歌的总集不可同日而语,其间又有时间和地区的问题,不能不分别开来看。《诗经》中东冬两部,如江有诰所说“东每与阳通,冬每与蒸侵合”,界域分明,不可归为一部。

谈到于先生的意见,因为甲骨文的 𦎫 为“雍”字,而认为从 𦎫 得声的“宫”字、“躬”字和从“躬”得声的“穷”字都同归东部,进而说东冬当为一部,这跟《诗经》的押韵不合。如果按照前面所说的“中宫躬”等字上古最早是收-m 的话,那么,“雍”字也可能原来属-m 类,后来分化入东部,犹如“风”字从侵部转入冬部,后来又转入东韵(“风”是唇音字,《切韵》收东韵,“雍”是喉音影母字,《切韵》收钟韵)。那么,“中宫躬”另为一部也是说得通的。

还有,在文字谐声方面,一个字跟本身的声符不在一部的也不乏其例,如“昏”从民声,“民”在真部,而“昏”在文部;又如“斯”从其声,“其”在之部,而“斯”在支部。这样看来,虽然“宫”从 𦎫 声,“宫”与 𦎫 不属于同一部也是可能的。我的看法是:于先生利用古文字去说明古音韵,这种做法不无道理,但还不能证明东冬是一部。冬部除“宫躬穷”以外,还有“中冬农虫宗宋众”等字,于先生都没有提,那些字又有什么证明都同样属于东部,也是问题。在先秦诸子书中的东冬合韵的也很少,东冬到两汉仍然有分;下至魏晋时期,除陆机、陆云、左思以外,东冬的界限仍然秩然不紊,直到刘宋时期才合为一部。

我想,声音的转变,从分而合是有条件的;但是由合而分,分而又合,似乎于音变条例不合,除非有足够可信的证据。所以我主张汉字上古音《诗经》韵部东冬分为两部较妥。经过这一番讨论,概括起来说东冬侵三部有分,不宜有所更易。我们论定《诗经》韵部的分合要能分辨一般与特殊,我们研究语言的历史始终不能不注意时代的先后和方言的差异,同时还要能从音理上推寻其原委才行。这些就是我要说的最主要的意思。

1984 年 1 月

变文的押韵与唐代语音

一

变文出自敦煌佛窟，是起于唐代的一种说唱体的文学作品。这种说唱体的作品之所以产生，由于佛寺之有俗讲。俗讲以演说佛经故事，取悦听众，广招布施为事，在 8 世纪的时候已经非常盛行。后来说唱的内容兼及历史故事和民间传说，有讲有唱，而且还有图画，听者填塞寺舍，大为倾倒。变文就是这种俗讲的话本。

敦煌佛窟所保存下来的变文一类的民间文学作品写本有一百八十多件，1957 年王重民等所编的《敦煌变文集》经过校录，选编了 78 种，其中包括变文和其他语体文学作品。这些写本大都写于五代时期，其中有明确年代记载的约十余种。原作有的可能出于俗讲法师之手，如后唐明帝《长兴四年中兴殿应圣节讲经文》；有的可能出于文人学士之手，如《四兽因缘》《燕子赋》《茶酒论》之类。这些民间文学的语言极接近口语，有的既有讲说，又有演唱。演唱又多作韵语。在 78 种作品当中，有韵语的，计变文有 22 种，讲经文和押座文有 18 种，杂文学有 12 种，共 52 种。为便于称引，列目如下：

1. 伍子胥变文　　　2. 孟姜女变文　　　3. 汉将王陵变文　　　4. 捉季布传文

5. 李陵变文　　　6. 王昭君变文　　　7. 董永变文　　　8. 张义潮变文

9. 张淮深变文　　　10. 舜子变文　　　11. 庐山远公话　　　12. 叶净能诗

13. 燕子赋（一）　14. 又赋（二）　15. 茶酒论　　　16. 下女夫词

17. 太子成道经　18. 太子成道变文　19. 八相变文　　　20. 破魔变文

21. 降魔变文　　22. 难陀出家缘起　23. 长兴四年应圣节讲经文

24. 般若波罗蜜经讲经文　　25. 阿弥陀经讲经文（一）　26. 又（二）

27. 又（三）　28. 又（四）　　29. 妙法莲华经讲经文（一）

30. 又（二）　31. 维摩诘经讲经文（一）　32. 又（二）　33. 又（三）

34. 又（四）　35. 又（五）　　36. 观弥勒上生兜率天讲经文

37. 无常经讲经文　38. 父母恩重经讲经文（一）　39. 又（二）

40. 目连缘起　41. 大目乾连冥间救母变文　　42. 地狱变文

43.功德意供养塔生天因缘变　　44.欢喜国王缘起　　45.丑女缘起

46.秋吟　　　　47.左街僧录大师压座文　　　　48.季布诗咏

49.苏武李陵执别词　50.百鸟名　　51.四兽因缘　　52.䶷䶷书

这些俗讲话本和民间文学作品的写本,每一种所存多寡不同,有的只有一件,有的倒有四五件,多者达八九件,足见这种作品在唐五代时期是普遍流行的。其创作的时代,当有早有晚,甚或迭有增益,但估计最晚的也在五代之末。其流布的地区可能极广,估计都是北方的作品。这些作品既然都是接近口语的文字,我们就可以根据其中有韵的部分探讨其用韵的类别,这对于研究唐以后北方方言语音发展的历史会有不少的帮助。

二

变文的韵语大体都是七言一句。上下两句,间或也采用三、三、七的句法。偈语中有一些是五言的。韵脚或用平韵,或用仄韵,形式多样。押韵也有宽有严。平声与仄声分别较细,平声中杂有上声去声的不多,但阴声韵上声与去声有通用的例子。韵语换韵时第一句末一字往往押韵,这是分韵时一个很好的凭借。

写本中韵字也有文字讹误和上下倒置的例子,须要根据文义和上下韵字加以改正。有些唱词把不同韵摄的字在一起通押,这对于考订读音很有用,当分别讨论。

根据前面所列的 52 种讲唱文字的韵语,辨析其韵类,我们可以看到阴阳入三声韵字都已具备。虽然这些文字不是一个人的作品,但是所表现出来的韵部的类别还是一致的。无疑这些作品是以共同的语音系统为基础,代表了 8、9 世纪语音的实际情况。经过分析整理,阴阳入三声可以归纳为 23 个韵摄。下面借用《四声等子》十六摄的名目按阴阳入三声的次第,将各摄摘要举例叙述如下,不别作谱。

(1)果摄(歌部)

这一摄包括《广韵》歌戈两韵系的开口字和合口字,独成一部,如:

李陵[①]:(饿)破过(86)[②]　　(婆)何他(94)

成道:(多)俆河(294)

难:(婆)河陁多过(403)

---

① 　左边的名目是变文题目的简称。

② 　韵字外加括号的是单句韵字。后面括号内的数字是《敦煌变文集》的页数。下同。

长:多罗窠(424)

般:何罗(426) 跎过何多罗(428) 何他(436)

阿:过我坐挫贺□(458)

妙:多歌罗跎摩(広)(491)

另外,也有少数例子和假摄字相押:

张(附1):(波)花河(119)

八相:(陁)迦罗魔婆(342)

丑:(过)娥和迦婆(798)

(2)假摄(麻部)

这一摄包括《广韵》麻韵一系字和佳韵系的"崖、涯、罢",夬韵的"话",梗韵的"打",如:

伍:谢写者野舍夜(11) 舍夜断*①化(12)

李陵:(崖)赊斜加遮车沙茶霞鸦家华(88)

八相:花家耶车衙(涯)(331)

长:差家夸(423)

阿:(怕)者下驾舍(457)

阿2:(沙)迦花夸家茶瓜暇鸦(474)

妙:(花)牙嵯花家(513) (夜)下化(514)

燕:舍卸谢骂下打跨亚价呀价(252)

茶:些花芽茶家华夸(267)

父:下怕洒罢差(679)

目:瓜家叉吒(709)

大目:(沙)家麻嵯叉吒遮(730)

丑:野舍话差□(794) 嵯差花迦些(796) (迦)差葩嵯花(800)

在变文里麻韵与歌戈两韵分用非常明显,仅后梁末帝贞明六年(920)所写《金刚般若波罗蜜经讲经文》有以下几例与歌戈叶韵:

沙家差花罗(427) 夸罗(431) (花)芽罗(437) 差家沙他(438)

又"钗"字《广韵》收在佳韵,《集韵》兼收麻韵。《燕子赋》以"枒车衙钗沙遮麻枒"为韵(252),《太子成道经》以"(台)开钗摧来"为韵,是"钗"字有两读。

---

① 字上角加*号的疑书写有误。下同。

(3) 蟹摄(咍部)

这一摄包括《广韵》佳、皆、灰、咍几韵系和去声泰、央两韵字,如:

伍:(对)队碎(24)

孟:哀哉回来(33)

王陵:(回)来媒(39)

李陵:(催)来开(86)

八相:(才)来阶哉腮(333)   来哉催(335)

破:催回开排回来(345)   灾来魁腮(353)

降:(会)昧礓碎快(383)

难:来怪来(347)

长:(开)阶乖斋怀(417)

妙:(偕)怀斋哀来(492)

燕:回来差①腮龥骸开哀灾(249)   赖害奈配背腿盖碎罪对(250)

下女:阶崔(276)

大目:雷来回梅牌(738)

丑:(怀)来街徊开财(799)

嗣:在爱菜解解改配(858)   亥在改(860)

(4) 止摄(之部)

这一摄用韵的例子比较多,包括《广韵》支、脂、之、微、齐几韵系和去声祭
韵字。现在摘举一部分例子如下:

伍:(泪)悴累里弃死(7)   意贵弃(22)

孟:(此)里是起试离弃止死(33)

王陵:(儿)迟儿知期移眉儿(43)

李陵:子始祀意止碎②地事□(94)

昭君:(威)妃微绯旗围危辉衣肥归帏西(102)   (涕)悲齐西釐□妻稽泥(106)

破:移知丝斯儿(344)   (梨)知持威眉惟非议持(380)   (比)鬼畏至地(387)

金:弥持提期随(433)

燕:季侍置愧类味理詈(251)

茶:贵醉岁畏气意智类(267)

---

① 《燕子赋》原文"拔拳相差","差"疑通"扠","扠"是以拳相加的意思。

② 原句是"养子承望奉甘碎","碎"字当作"脆","脆"为祭韵字。

无:(世)异避计悴第备(661)

目:迟鼻仪饥儿梨匙饥(706)

嗣:比里觜地起泪意事睡起底起礼底鬼此(858)

在变文里,这一摄的字有少数与蟹摄字相押的例子,例如:

张:枚埃回催飞(125)

韩:哀栖觜龟皈晖(137)

阿:(会)智在罪类(454)

阿2:弥知疑迟灰(463)

大目:哀哉开饥财灾(719)　跪礼坏地水泪气鬼威(739)

　　　地离随饥思为尸捶(761)

秋:时衣盃提(811)

这里的"哀哉开财灾"为哈韵字,"觜灰捶盃"为灰韵字,"在"为海韵字,"罪"为贿韵字,"会"为泰韵字,"坏"为怪韵字。

又本摄还有少数与遇摄字相押的例子,如:

张附一:渠书眉飞时儿虞儿移知衣(117)

张淮深:庐麾诸尸威(125)

功:智意虑跪寺志比(766)

(5)遇摄(鱼部)

这一摄包括《广韵》鱼、虞、模三韵系的字和尤、侯韵系的唇音字。举例如下:

王陵:(羽)虎母怒语去取苦(42)　母苦助(46)

李陵:(母)苦否(95)　(怒)苦去虏母(95)

昭君:隅趋于妞须殊珠孤都(106)

张淮深:谋胡苏(127)

燕:(步)去土五雨缕语府处祖语误惧度怒祖(251)

茶:富慕缶舞肚鼓鼓(268)

破:(护)悟句豫茂(365)

降:度路祖庶诉(374)　(度)树茂(388)

妙:喻布柱作树库(496)

大目:否(母)午土无诛嘘否(721)　虚诛涂否(722)　(部)府处(724)

丑:(语)处女贮妇(791)　(敷)牟铺扶苏(793)

这里"牟谋缶茂妇母否部富"都是尤侯韵系的唇音字。"作"字《广韵》收入声铎韵和去声暮韵,此处当作去声读。

本摄有少数与止摄字押韵的例子,如:

　　韩:楚雨舆雨地聚(138)

　　燕:步去土五雨纸语府处祖语误惧度虎怒祖(251)

(6)流摄(侯部)

这一摄包括《广韵》尤侯幽三韵系字。惟尤侯两韵系的唇音字除"浮"字外都转入遇摄。下面举几个本摄字押韵的例子:

　　伍:忧投游秋州流头(16)

　　张:(侯)楼仇忧收流浮抽休头牛留(115)

　　燕:头州浮头(263)

　　降:奏久谬莠幼口后(376)

　　妙:(缪)游头游休(510)

　　大目:楼浮修由(716)

在变文里,这一摄也有少数跟遇摄字相押的例子:

　　难:除流尤休求(402)

　　燕:(头)疏居诸虚(250)

　　妙:(休)有数否谬(507)

(7)效摄(豪部)

这一摄包括《广韵》萧宵肴豪四韵系的字,例如:

　　孟:(叫)妖*[狡]①道早倒(32)

　　王陵:笑叫老悄号道(41)

　　张:劳刀逃袄*[袍]高(115)

　　妙:(遥)招飘饶消(511)

　　丑:(窕)小小笑脚(789)　(诏)了笑嫂好(792)　笑少巧老少(793)

　　秋吟:悄晓照少了(809)

这里的"脚"字《广韵》收在入声药韵,音居勺切,变文中有几处"脚"字都跟药铎韵字在一起押,只有《丑女缘起》这一处"袜脚"跟"小、笑"等字押韵。按另一本作"袜襬",疑"襬"为"袎"字别体。"袎"见《广韵》效韵,音于教切,注云"袜袎"。

(8)通摄(东部)

这一摄包括《广韵》东冬钟三韵系的字,例如:

---

① 加方括号的字是改正原来的错字。下同。

伍:(通)戎龙空同中(25)

张淮深:(桐)龙戎浓容冲胸红重公(126)

远:宗农同中容虫(192)

燕:从容同冬(265)

降:通空中同恭从龙空春(389)

目:通宫钟恭中(758)

(9)宕摄(阳部)

这一摄包括《广韵》阳唐江三韵系的字。此类韵字极多,简单举例如下:

伍:娘强肠惶亡行(音杭)汤苍王亡乡(8) 光梁莺长妆堂桑当忙(11)

李陵:(降)邦场方降强羊疆王(92)

成道:(江)浤双(288)

降:(仰)样匠像障量(亮)响养飔望长(372)

妙:(养)量样上浪(506)

燕:(香)墙腔王

这里"降邦浤双腔"都是《广韵》江韵字。变文里江韵字独用的很少,只有《太子成道经》一例(288页)独用。

这一摄字有少数跟《广韵》庚、清两韵字押韵的例子:

孟:当尝乡坊平常生争(263)

下女:庭光(275)

妙:清朗量(512)

维:王祥光名王(644)

(10)梗摄(庚部)

这一摄包括《广韵》庚耕清青四韵系的字。变文里四韵相押的例子比较多,这里只举几个例子:

伍:(行)声生情经(6)

王陵:营营惊名横婴坑兵声(38)

昭君:(情)情轻行兵坑声行生倾平名城(105)

张淮深:庭城旌平青程明宁(123)

舜:盲耕明(134)

长:(清)听星宁经(412)

大目:荣行行耕零生卿名经(734)

斵:生争声听羹铛(楚庚切)声(858)

这一摄的字有两个跟《广韵》蒸登韵字相押的例子：

　　妙：听经崩经能(460)

　　大目：迎争坑忘*［承］生崩(741)

这里"承"是蒸韵字，"崩、能"是登韵字。另外还有少数跟臻摄真谆文痕等韵字在一起相押的例子：

　　妙：情精经亭情引经(496)

　　父：人辛轻生情停(676)　　亲顶身辛停生(696)

　　大目：亲云军人神名(724)

(11) 曾摄(蒸部)

这一摄包括《广韵》蒸登两韵系的字，独成一部，如：

　　燕：胜升矜承吪(253)

　　长：(层)澄棱灯升(422)

　　妙：乘憎能(504)　　(僧)称灯澄仍(514)

　　大目：(腾)层凝(737)

(12) 臻摄(真部)

这一摄包括《广韵》真谆臻文欣魂痕诸韵系的字。押韵的例子极多，简单举例如下：

　　王陵：(亲)人嗔真君恩门(45)

　　季：(秦)君昏云尊军吞巡身辰人军臣军人云身尘钧裙坤人村贫真鳞分恩因……尊忻文分臣门……闻门勤臣闻身(51—71)

　　昭君：惽膃□分浑根门屯恩盆论魂(98)　　门奔盆恩罇存闻痕根魂(103)

　　燕：钝顁喯(逊)困问顿寸骹①咽闷(252)　　嚚纭仁群(253)

　　阿：论尽分恨分顺(458)

这一摄的字有少数例子是跟曾摄蒸登韵字相押的：

　　伍：应认近问(9)

　　破：春滨人群僧(352)

　　难：(勤)尊身僧人(403)

　　维：频乘身闻(528)　　巡银腾闻(529)

　　无：文陵云尊根身嗔(656)

　　欢：昏胜尘春人(772)　　身僧昏灯门(776)

---

① 《广韵》《集韵》无此字。

还有两三例是跟山摄先仙元山几韵相押的：

　　燕:(人)嗔亲年婚□驎传连分言身神山嗔(265)　嗔钱文身(265)

　　茶:贤传文旋泉弦(268)

又有两个例子是跟深摄侵韵相押的：

　　季:金群恩勋(熏)门群矗(61)

　　维:(真)孙嫔斟尊(519)

(13)山摄(寒部)

这一摄包括《广韵》寒桓删山先仙元几韵系的字。简单举例如下：

　　伍:叹窜伴汉岸难(4)　(边)连冤天船(12)

　　王陵:(年)前弦翻鞍(37)

　　李陵:蕃前元(缘)垣天年专前愆(41)

　　昭君:蕃山团穿关千连年前泉传穿怜羶烟□边(101)

　　张淮深:年烟蝉泉宣寒兰前旋颜(125)

　　燕:沉端寒竿弹安残漫(谩)(251)　见愿卷辩健便面(252)

　　降:(殿)面扇见免(376)

　　长:(山)闲间攀颜闲攀颜(416)

　　阿:难餐闲山颜(451)

在变文里,这一摄有几个例子跟咸摄盐添两韵系的字押韵：

　　维:选见面叹念(596)　染浅转(596)

　　丑:坛缠缘船潜(787)

这里"潜"为盐韵字,"染"为琰韵字,"念"为桥韵字。

(14)深摄(侵部)

这一摄仅限于《广韵》侵韵系字,不与其他闭口韵字相混,例如：

　　伍:(沈)深襟深心(15)

　　张:心林擒深侵心霖(114)

　　降:心金针音深(370)

　　妙:(寻)侵沈深临(512)

　　茶:心金林沈音钦淫深(268)

(15)咸摄(覃部)

这一摄韵字少,仅见覃谈盐添四韵系的字。押韵例子如下：

　　下女:(纤)潜廉(277)

　　维:三堪谈惭(594)

（16）**通摄入声（屋部）**

通摄入声包括《广韵》屋沃烛三韵字,例如:

燕:狱辱鸲曲嘱束(251)

妙:(福)狱毒肉哭(490)

无:录速烛扑欲足(663)

父:育足禄辱狱(692)

这里"毒"字是沃韵字,其他是屋、烛两韵字。在《燕子赋》里有一处以"秃屋伏赎狱责"为韵(253页),"责"为麦韵字。

（17）**宕摄入声（铎部）**

宕摄入声包括《广韵》药铎觉三韵字。举例如下:

燕:(雀)削弱掠着乐作臛错膊臛脚斫却(249)

降:(灼)愕弱(385)

无:酌恶约(658)

大目:(恶)著脚萼*[腭]错(716)   (恶)错脚鹤*[霍]剥落(723)

季:却幕觉错(845)

上面的"剥"字、"觉"字是觉韵字。

（18）**梗摄入声（陌部）**

梗摄入声包括《广韵》陌麦昔锡四韵字。举例如下:

燕:析宅吓格役白伯戚搹索擘剔击翮夕赤责(249)

下女:额客(276)

大目:(遏)迹历的(729)

在变文里,这一类入声字有一例跟宕摄入声字押韵:

大目:著积夕惜益宅擘(740)

（19）**曾摄入声（职部）**

曾摄入声包括《广韵》职德两韵字。举例如下:

伍:食殛忆棘(23)

孟:剋棘力忆(32)

李陵:(北)逼得国得(96)

晏子:食力得则(244)

这类入声字在变文里有跟梗摄入声字相押的[①],例如:

---

① 在韦庄《秦妇吟》中也有梗曾两摄入声通押,如"白脉色坼"相押,"国黑得力匿觅夕"相押是其例。

父:(力)惜德逆惜德(688)

大目:(息)得忏[*][慽]黑识力(732)

百鸟:趆[趋]吃得赤色翼(852)

还有一例是跟通摄入声字相押的:

伍:(侧)宿色食识(9)

(20)臻摄入声(质部)

臻摄入声包括《广韵》质术栉物迄没几韵字。举例如下:

孟:疾悉(252)

茶:栉室毕溢日唧七(268)

降:(弗)日出失述(378)

金:(术)疾实(435)

妙:术出(490)

大目:(没)毕骨恤佛(714) 逸匹没出(738)

目:(没)毕恤出一(757)

这类入声字有一例跟梗摄入声字押韵:

妙:(室)日积失悉匹出(491)

比较特殊的是《维摩诘经讲经文》以臻摄入声字跟宕摄、梗摄、曾摄入声字通押:

(得)失屈密识一酌逆识变(易)力逸识历出质识尺溺撼识觅益出识[觅]擗识(519)

(21)山摄入声(曷部)

山摄入声包括《广韵》曷末黠辖屑薛月几韵字,变文中在一起押韵,例如:

伍:(绝)绝别歇节(11)

王陵:(说)割血拙末(46)

李陵:咽切血曰(96)

降:(曰)说灭孽劣察(375)(达)割□撒末掇萨(379) (别)发节铁歇洁迭雪折阙(381)

妙:(切)萨彻阙歇(565)

父:(月)说裂节恼[*][恸]割彻节劳[*][劣](681)

秋:(说)咽裂灭切(808)

这里"月曰歇阙发"等字是月韵字,"割萨"是曷韵字,"末撒掇"等字是末韵字,"察"是黠韵字,其他为屑薛两韵字。

屑薛两韵字,在《燕子赋》里有一例曾以"切说雪决"跟"捉"字押韵,"捉"是宕摄入声觉韵字。还有《大目乾连冥间救母变文》有一例以屑薛曷末几韵"说掇沫穴割活"等字跟臻摄入声的"出"字和咸摄入声的"插"字押韵(见726),这是比较特殊的。

(22)深摄入声(缉部)

深摄入声只限《广韵》缉韵一韵字。变文中押韵的例子有:

燕:急入执(252)

妙:汁岌(490)

大目:(入)立挹(720)　(急)涩立湿泣(721)　(集)汁入拾立泣(733)

(23)咸摄入声(合部)①

咸摄入声有《广韵》合叶业三韵字。变文中押韵的例子有:

茶:叶接(267)

下女:(摄)涉业(274)　鸽匣(276)

三

上面根据变文的押韵所分的 23 摄应当就是唐五代北方语音分韵的大类。《敦煌变文集》里所收的材料有书写年代可考的有 14 件,时代最早的是《张义潮变文》,写于唐宣宗大中十年(856),时代最晚的是《捉季布传文》,写于宋太宗太平兴国三年(978)。中间有写于唐懿宗咸通八年(867)的一件,写于后蜀孟昶广政十年(947)的一件,其他都写于后梁、后唐、后晋几个时代。大体来看,所有这些民间文学作品都是产生在中唐 8 世纪以后到五代期间的北方,押韵的部类当即代表北方口语的实际情况。

关于这一点,我们还有不少材料可以作证明,比如敦煌佛窟所出的曲子词,除梗、曾两摄的入声字通押稍多以外,其他与变文押韵的情况基本相同,例如:

1.《浣溪沙》"山后开园种药葵"一首以"葵、池、微、诗、扉"为韵,《广韵》支脂之微四韵合用。

2.《长相思》"侣(旅)客在江西"一首以"西、稀、棋、泥、厄、归"为韵,齐韵字跟支、之、微合用。

---

① 本文属稿及半,得蒙武汉大学周大璞先生惠赠所作《敦煌变文韵谱》(载武汉大学《哲学社会科学论丛》中国语言文学专辑),书中所分韵部凡 23 部,与鄙见不谋而合。本文得为良友著述之辅翼,不胜欣幸。惟宕摄入声所收《广韵》陌麦二韵字,拙作则归在梗摄入声,合韵的取舍也略有不同。谨附注于此。

　　3.《感皇恩》"当今圣受(寿)被南山"一首以"山、连、班、前、颜、旋、年、天"为韵,删山先仙四韵合用。

　　4.《破阵子》"莲脸柳眉休韵"一首以"云、新、人、神、恩、春"为韵,真谆文痕四韵合用。

　　5.《鱼歌子》"春雨微香风少"一首以"少、好、笑、悄、道、貌、早、恼"为韵,豪肴宵三韵系字合用。[①]

这些都跟变文押韵的情况一致。

　　此外,还有韵书和音义书的材料,如现存的唐写本裴务齐正字本《刊谬补缺切韵》的韵次,以阳唐两韵列于江韵之后,以元韵列于先仙之后,以佳韵列于歌麻两韵之间,这说明江与阳唐音近,元与先仙音近,佳与麻相近。这些都反映出唐代的语音有了新的发展。另外唐代的音义一类的书也比较多,如万年人颜师古的《汉书注》,河内人司马贞的《史记索隐》、洛阳人何超的《晋书音义》,泾州人张参的《五经文字》等都是中唐公元 8 世纪以前北方人的作品。在这些书里的反切所反映的韵部情况与当时流行的《切韵》也都有不同[②]。概括来说,有以下几点:

　　1.《切韵》的一等重韵,如东冬、灰咍泰、覃谈之类相混者多。

　　2.《切韵》的二等重韵,如佳皆夬、删山、庚耕、咸衔之类相混者多。

　　3.《切韵》的三等重韵,如支脂之微、鱼虞、真殷、元仙、尤幽、盐严凡之类相混者多。

　　4.《切韵》中属于同摄的三等韵跟四等韵,如祭霁、先仙、萧宵、清青、盐添之类相混者多。

　　5. 入声韵的分合与相承的阳声韵大体相同。

这些都代表了唐代北方口语音的实际情况。在何超的《晋书音义》里还有齐韵开口字以脂、之两韵字作切语的例子,如"齐"音子夷切,"坻"音都里切[③]。

　　在佛经音义书中慧琳的《一切经音义》跟《切韵》的音韵系统很不相同。据景审序文称:"近有元庭坚《韵英》及张戬《考声切韵》,今之所音,取则于此。"可知慧琳音义的反切是根据《韵英》和《考声切韵》而来。慧琳音的韵部类别也跟上边所说的基本一致。我们知道慧琳曾说《韵英》音是秦音。那么,

---

①　以上据王重民《敦煌曲子词集》录。

②　日本学者大岛正二《唐代字音の研究》搜集极为完备,这里不烦举例。

③　见《唐代字音の研究》203 页。

慧琳音的韵部类别就是唐代关中音的代表了。现在《广韵》每卷韵目下所注的"独用、同用"例跟唐代北方的语音是很接近的。

　　唐人应试作诗是要按照礼部所定的韵部押韵的,但是一般非应试的诗就比较随便,往往是按照口里的读音来押韵,在古体诗和其他押韵的文字里表现出来的实际语音的情况就更清楚些。像上面所说的变文的押韵情况,在唐诗里也可以见到。我们可以举一些北方作家的作品来加以说明。

　　1. 东冬钟通用

　　杜甫《雨晴》:风农红空;孟浩然《送奚三还扬州》:风中同逢;崔峒《秋晚送丹徒许明府》:逢重峰丰;刘禹锡《福先寺雪中酬别乐天》:宫东中风侬;李商隐《垂柳》:中东风松空。

　　2. 支脂之微通用

　　杜甫《水槛》:飞垂持攲嘶支为悲,又《秋兴》:棋悲时驰思;王建《原上新居》:饥稀迟篱;杜牧《题木兰庙》:儿眉妃,又《杜秋娘诗》:脂施眉衣滋垂依螭怡差吹飞旗饴悲……;白居易《长安送柳大东归》:离归,又《采诗官》:氏置意字议器媚瑞闶事畏利此刺,又《大水》:至坠翠沸避事气利志地;韦庄《秦妇吟》:地事趾;至醉地次避;子水事耻死。

　　3. 鱼虞模通用

　　杜甫《遣怀》:都俱衢娱无须胪腴芜呼枯胡输夫炉徂呼隅区巫孤;杜牧《张好好诗》:姝余跗虚铺蹰裾襦呼芦衢殊梳湖疏舒徐舻蒲娱如车孤徒垆须无初隅书;李德裕《海鱼骨》:鱼车渠图;李商隐《梓潼望长卿山至巴西》:如垆芜;白居易《买花》:暮度去数素护故悟处谕赋。

　　4. 灰咍泰通用

　　刘长卿《严子濑东送马处直归苏》:退外霭濑会带;王昌龄《宿灞上寄侍御玙弟》:外晦代退最载碍辈会盖内对碎泰淬……;韦庄《秦妇吟》:载碎脍爱。

　　5. 真殷文痕魂通用

　　杜甫《崔氏东山草堂》:新人芹筠;独孤及《答李滁州忆玉潭新居》:人亲勤邻;王建《原上新居》:新邻贫勤身;元稹《和乐天初授户曹》:恩亲巾纷昏困门贫忻尊巡陈人宾身云;白居易《重赋》:民身亲人臣论循春斤巡村纷温辛门屯尊恩尘。

　　6. 寒删山先仙元通用

　　杜牧《长安送友人游湖南》:狷鲜宛远短饭;白居易《伤宅》:边环延烟忏山栏丹官钱间寒年园,又《浔阳宴别》:前山颜还;元稹《和乐天感鹤》:妍天轩传然迁牵缠茎捐；韦庄《秦妇吟》：县甸万饭半。

7. 萧宵肴豪通用

李商隐《梦泽》：茅娇腰，又《茂陵》：梢郊翘娇萧；李洞《怀张乔张霞》：飘涛雕桥焦。

8. 庚耕清青通用

杜甫《羌村》：争荆行清耕征情横，又《新安吏》：兵丁行城傄声横情平营京轻明兄；白居易《长恨歌》：青情声，又《晚秋夜》：静影井永冷，又《两朱阁》：静镜磬。

9. 盐添咸衔严凡通用

刘禹锡《和汴州令狐相公》：岩铃瞻衔盐严钳咸兼帆占蟾函……；白居易《奉和汴州令狐相公》：帆淹添谦廉阎铃襜严……，又《三月三日》：檐衫帘纤；李商隐《楚宫》：蟾帘纤厌嫌。

10. 入声屋烛觉通用

杜甫《佳人》：谷木戮肉烛玉宿哭浊屋掬竹。这里"浊"为觉韵字。

11. 质术物没通用

白居易《红线毯》：拂物没；李商隐《骄儿诗》：匹七栗物一骨质倕溢出实笏吃俅突鹘……。

12. 屑薛月通用

杜甫《喜雨》：血屑热雪灭结绝越，又《遣兴》：发雪灭节；韦庄《秦妇吟》：月雪绝灭歇折咽说。

13. 陌麦昔锡通用

杜甫《发同谷县》：席宅僻役适石滴戚迹翮；白居易《长恨歌》：客魄觅，又《缭绫》：绩帛尺惜。

14. 职德通用

白居易《酬元九对新栽竹有怀》：识直极得色力忆侧北恻。

以上是随手摘录的一些唐诗中押韵的例子。这些作家中王昌龄、杜牧、李洞是关中京兆人，韦庄是杜陵人，独孤及、元稹是洛阳人，李商隐是怀州河内人，王建是颍川人，刘禹锡是中山人，或称彭城人，刘长卿是河间人，崔峒是博陵人，孟浩然是襄阳人，杜甫和白居易都生于河南，又在陕西长安居住多年。这些人都是北方人。从他们押韵的情况来看，唐代北方的语音已逐渐与《切韵》分韵的大类有不同。变文押韵的范畴则是更进一步发展的表现。后代北方普通话的音韵系统应当说就是在这一基础上发展而成的。变文和其他民间文学的写本虽然出自敦煌佛窟,但所表现出来的押韵范畴并非局限于西北一隅。如此,实际代表了中唐以后陕西长安以及河南洛阳等处广泛地区的语音韵部的分类。

1920 年马伯乐(H.Maspero)发表了《唐代长安方音考》,利用《切韵》、日译汉音、汉藏对音等材料考证 7、8、9 世纪唐代长安的声韵部类和读音,给我们提供了许多好的见解,可是没有能利用到唐代的音义书的反切和变文的押韵材料,现在我们可以进一步根据变文和其他民间文学作品的押韵来推测 9、10 世纪唐五代北方的读音了。

四

下面我们就根据变文押韵的部类推测当时的读音情况。符号用国际音标。

(一)阴声韵部

1. 果摄一部歌戈两韵分为开口、合口两类:

    歌 ɑ   戈 uɑ

2. 假摄一部包括麻韵二等开合口字、三等开口字,还有佳韵的开口字"涯、钗、崖、罢",夬韵的"话",梗韵的"打"。"迦"字《广韵》收戈韵,音居伽切,"伽"依梵汉译音应归麻韵。杜甫《玉华宫》以"瓦下泻洒假马把者"为韵,敦煌曲子词《菩萨蛮》"常惭血怨居臣下"一首"下"与"洒"押韵。"洒"字归在本部。

    麻二开佳 ɑ   麻二合夬 uɑ

    麻三开   iɑ

"涯"字在唐人诗中亦读入止摄支韵,如刘长卿《过长沙贾谊宅》以"迟悲时知涯"为韵。"话"字,杜牧《赠宣州元处士》诗以"者下话寡"为韵,已读入麻韵。

3. 蟹摄一部包括的字类较多,有佳、皆两韵开合口字,灰韵合口字,咍韵开口字,泰韵、夬韵开合口字。

    咍泰开   ɑi   灰泰合   uɑi

    佳开皆开夬开 ɑi   佳合皆合夬合 uɑi

在变文里这一部的字有跟止摄一部字押韵的例子,这可能是中唐以后西北河西一带的方音咍灰佳皆等韵的元音偏前,读为 æi、uæi,或 e、ue。

4. 止摄一部包括之韵字和支脂微三韵开合口字,还有齐韵和去声祭韵开合口字。废韵字未见。

支脂之_开 i　　　　　　支脂_合ui

微开　　əi　　　　　　微合　　uəi

齐祭_开　iei　　　　　　齐祭_合iuei

　　齐韵在唐人诗里以独用者居多,间或与皆韵相叶;但在变文里每与支脂之微相押,后代则变为 i、ui 一类的音。

　　5. 遇摄一部包括鱼虞模三韵字和尤侯两韵的唇音字,北方人鱼虞两韵不分,已见《颜氏家训·音辞篇》^①。唐代北方鱼虞当合为一韵。

　　　鱼虞 iu　　模 u

　　　鱼虞_{非组知组庄组照组日母} u

　　　尤侯_{唇音字}　u

　　变文里鱼虞两韵牙喉音字有跟止摄字相押的例子,因为 i、iu 声音相近。《广韵》尤韵"浮"字,在唐人诗中与流摄字在一起押韵的居多,如杜甫《登岳阳楼》"吴楚东南坼,乾坤日月浮","浮"与"楼舟流"三字相押,而在敦煌曲子词里已有跟遇摄字相叶的例子,如《菩萨蛮》"枕前发尽千般愿"一首"浮"与"枯"押韵。

　　6. 流摄一部包括尤侯幽三韵唇音以外的字。

　　　侯　　ou

　　　尤幽　iou

　　7. 效摄一部包括豪肴宵萧四韵字。豪韵为一等字,肴韵为二等字。

　　　豪　αu　　肴 au

　　　宵萧 iau

　　(二) 阳声韵

　　8. 通摄一部包括东冬两韵一等字和东钟两韵三等字。

　　　东_一冬　ong

　　　东_三钟　iong

　　9. 宕摄一部包括阳唐江三韵字。

　　　唐开江阳_{知组照组日母} αng

　　　阳　　　　　　iang

　　　唐合江_{知组庄组阳合}　uαng

　　10. 梗摄一部包括庚耕清青四韵字。

———————————

① 《颜氏家训》说:"北人以庶为戍,以如为儒。"

庚二开耕二开　　　eng

庚三开清开青开　ieng

庚二合耕二合　　　ueng

庚三合清合青合　iueng

11. 曾摄一部包括蒸登两韵字。

登开 əng　　　登合 uəng

蒸　　iəng

12. 臻摄一部包括真谆臻文殷魂痕几韵字。

痕真_{知组照组日母}文_{非组}臻 ən

真殷　　　　　iən

魂谆文　　　　uən

真合　　　　　iuən

在变文里这一部字有少数与梗摄一部字押韵的例子,还有一些与曾摄字押韵的例子。梗曾臻三摄的韵母元音一定比较接近,所以梗摄的韵母元音拟为 e。这三摄的韵尾不同,梗曾两摄字《切韵》收-ng,臻摄字收-n,变文里为什么有通押的现象呢? 这可能有两种解释:一是梗曾两摄的韵尾音变为-n,所以与臻摄字相押;一是梗曾两摄字的韵母元音都是鼻化音,像现在西安方音那样。这后一种解释可能比较恰当一些,因为跟现代方音是一致的[①]。马伯乐在《唐代长安方音考》里认为梗曾两摄的鼻音韵尾-ng 已变为鼻摩擦音 ɣ̃。这也是一种解释[②]。

13. 山摄一部包括寒桓删山先仙元几韵字。

寒　　　ɑn　　　　　桓　　　uɑn

删山开　an　　　　　删山合　uan

先仙元开 ian　　　　先仙元合 iuan

14. 深摄一部包括侵韵字。

侵 iəm

15. 咸摄一部包括覃谈盐添四韵字。咸衔严三韵没有押韵例子。

覃谈　　ɑm

（咸衔）　am

盐添(严) iam

---

① 现代西安音臻山两摄字的韵母元音也是鼻化音,唐代是否如此,不敢定。

② 马伯乐认为通、宕两摄的鼻音韵尾也变为鼻摩擦音,证据不足。

在唐代方言中闭口韵深咸两摄字的韵尾-m有变为-n的,那就跟臻山两摄字合流。在变文中《维摩诘经讲经文》以"选见面叹念、染浅转"押韵(596页),可能是一时权宜的通叶,还不能认为咸摄韵尾-m已变为-n。

(三)入声韵

16. 通摄入声,这一部包括屋沃烛三韵字。

屋一沃　ok

屋三烛　iok

17. 宕摄入声,这一部包括药铎觉三韵字。

铎开觉　ɑk

药开　iɑk

铎合　uɑk

药合　iuɑk

18. 梗摄入声,这一部包括陌麦昔锡四韵字。

陌二开麦开　　　ek

陌三开昔开锡开 iek

陌二合麦合　　　uek

陌三合昔合锡合 iuek

19. 曾摄入声,这一部包括职德两韵字。

德开 ək　　　　　德合 uək

职开 iək　　　　　职合 iuək

20. 臻摄入声,这一部包括质术栉物迄没几韵字。

质知组照组日母物非纽栉 ət

质迄　　　iət

没术　　　uət

质合　　　iuət

21. 山摄入声,这一部包括曷末辖黠屑薛月几韵字。

曷　　　ɑt　　　　　末　　　uɑt

辖黠开　at　　　　　辖黠合　uat

屑薛月开 iat　　　　屑薛月合 iuat

22. 深摄入声,这一部包括缉韵字。

缉　iəp

23. 咸摄入声,这一部包括合(盍)叶(怗)(洽)(狎)业(乏)几韵。盍、怗、洽、狎、乏几韵没有押韵例子。

合（盍）　　　　　　ɑp

（洽）（狎）（乏）　　ap

叶（怗）业　　　　　iap

这里拟的入声韵尾，通宕梗曾几摄的入声收-k，臻山两摄的入声收-t，深咸两摄的入声收-p，但是在《维摩诘经讲经文》第一种里质、术韵字与药职陌昔锡等韵字押韵（518—520），虽然元音相近，而韵尾收-t 与收-k 不同，是否其中收-k 尾的已有变化不可知。也许收-t、收-k 的入声韵尾都变为[ʔ]，所以在一起押韵。

五

经过以上的考察，我们可以明确知道以下几点：

1. 唐代从中唐以后北方的音韵系统已经不同于《切韵》，变文的押韵部类代表北方的实际语音。

2. 变文押韵的部类跟唐代的一些书音和音义书的韵类以及北方诗人押韵的情况可以互相印证。

3. 变文押韵的部类可分为 23 摄。用《四声等子》的十六摄名目来说，除宕、江两摄字并为一部外，其他各摄字都分立，各为一部。梗曾两摄字有一些合韵的例子，但为数不多，似乎还没有合并。

4. 现在大北方的普通话的韵母系统就是在这 23 摄的基础上发展来的。要研究普通话语音发展的历史，不能不以此为起点。

至于前面 23 摄韵部的拟音那只是根据各部的分合，并参照部与部之间通押的关系而定的。一部之中的某一韵可能因声母不同而影响到韵母的读音有改变，例如遇摄鱼韵澄母的"除"字在《难陀出家缘起》里跟"流求休求"在一起押韵（402 页），"除"字的韵母可能不读-iu，而读-u；又虞韵非组字如"夫敷扶符府"等字从变文中一些押韵的例子来看，可以推断已不读-iu，而读-u。这些细节都不再进行详细的讨论。

这 23 摄代表了唐代北方语音系统的一般情况，但不同地区的方言会有各种不同的特点，同一韵的字在不同的地区读音会有不同；不同的作品之间押韵的宽严也可能有稍许差异。以上的拟音只不过是表示 23 摄的一个读音系统而已。罗常培先生根据唐代几种汉藏对音的材料和《开蒙要训》的注音研究唐五代的西北方音，写成《唐五代西北方音》一书，是很重要的一部著作。不过，他所归纳的 23 摄 55 韵跟这里所分的变文押韵的 23 摄还是有同有异。因为不同的材料所反映的语音情况不同，未可勉强牵合，在这里也就不须要做比较说明了。

原载《语言文学学术论文集——庆祝王力先生学术活动五十周年》，知识出版社 1989 年

唐五代的北方语音[*]

中国汉语语音的发展,自上古到现代可以分为几个时期:先秦可以称为上古前期,两汉可以称为上古后期;魏晋宋可以称为中古前期,齐梁陈隋可以称为中古后期;唐宋可以称为近古时期,元明清可以称为近代时期;自清朝灭亡以后到现在可以称为现代。每个时期都各有特点。

陆法言的《切韵》所表现的语音系统是齐梁陈隋时期读音的系统。陆法言辨别古今南北音,重分而不重合。在唐代虽然还作为科举考试作诗作赋押韵的准则,但实际的语言已经有了新的发展,声韵的类别已不完全跟《切韵》相同。因此在考试时也不得不有所变动,封演《闻见记》卷二"声韵"条说:

> 隋朝陆法言与颜、魏诸公定南北音,撰为《切韵》,凡一万二千一百五十八字,以为文楷式;而先仙删山之类分为别韵,属文之士共苦其苛细。国初许敬宗等详议,以其韵窄,奏合而用之,法言所谓"欲广文路,自可清浊皆通"者也。

又孙光宪《北梦琐言》卷九有一条说:

> 广明以前^①,《切韵》多用吴音,而清青之字,不必分用。

根据这样的记载,我们可以知道唐代语音的韵类已有并合,并不都跟《切韵》的分韵相同,礼部取士不得不许其通用。但实际的语音并合的韵类还要多。礼部因为要照顾四方不同的方言,只能并合各地方音相同的一些韵,南北方音差别较多的一些韵就不一定要根据某些地区的读音加以并合了,例如微韵应当是一个独用的韵部,可是我们看到有这样的例子:

> 唐代史学家刘知几字子玄,著有《史通》。他因避唐玄宗李隆基讳,以字行。按"几"是微韵字,"基"是之韵字,当时北方"几、基"两字一定同音。

> 又《封氏闻见记》卷四"瓯使"条说:"天宝中,玄宗以'瓯'字声似'鬼',改'瓯使'为'献纳使'。乾元初(肃宗,758)复其旧名。"按"瓯"为旨韵字,"鬼"为

---

* 本文是作者 1982 年 8 月在第十五届国际汉藏语言学会议上的论文。1984 年 6 月在日本东京大学作过一次演讲。

① 唐僖宗年号,公元 880 年。

尾韵字。据此可知当时脂、微两韵的合口字音同。

这两个例子说明北方微韵跟脂、之两韵不分,而礼部取士并不曾把微韵并入脂、之两韵。由此也可以知道唐代北方的语音确实跟《切韵》不完全相同。

要了解唐代语音的实际情况,我们可以利用的书籍和资料很多。单就研究北方的语音系统来说,我曾借重于以下几种材料:

一、韵书一类

(1)裴务齐正字本《刊谬补缺切韵》[①]　这部韵书有很多特点,韵部的排列次序不同于陆法言《切韵》。如阳唐两韵列于江韵之后,登韵列于文斤两韵之后,删山元三韵列在先仙两韵之后,佳韵次于歌麻两韵之间等等都反映一些实际的语音情况。

(2)武玄之《韵诠》的韵目　《韵诠》已佚。日本安然的《悉昙藏》(收大正新修《大藏经》内)卷二曾引到《韵诠》的五十韵头:

　　罗家支之微鱼虞模佳齐皆栘灰咍萧宵周幽侯肴豪

　　东冬江钟阳唐京争青清蒸登春臻文魂

　　元先仙山寒琴岑覃谈咸岩添盐

其中没有《切韵》的脂(并入之)、殷(并入文)、痕(并入魂)、删(并入山)、衔(并入咸)、凡(并入严)几韵,而多"栘、岑"两韵。武玄之可能是武后时人。从韵目的归并和韵目的排列次第上来看,都反映出一些语音情况。

(3)《守温韵学残卷》　守温是晚唐时代南汉(陕西兴元府)的比丘[②]。书中列字母为三十。后有辨"类隔切"一段,列有"切轻韵重例"和"切重韵轻例",举"方美切鄙"和"疋问切忿"等为例,由此可知唇音已有轻重之分。残卷中又有"辨声韵相似,归处不同"一段,详举"不、芳"两母(即宋代等韵书中的非、敷两母)的字对列,又由此可知"不、芳"两母字已多不能分。

二、字　书

(1)颜元孙《干禄字书》　颜元孙生于唐高宗时,京兆长安人。这书里有些韵是不分的,如脂之、齐祭、灰咍、先仙、萧宵、覃谈、庚清、盐添之类不分,都跟《切韵》不合。可知《切韵》中的同一摄的一等、三等的重韵和一摄的三等与四

---

① 　见拙著《唐五代韵书集存》,中华书局 1983 年。

② 　参看拙著《读〈守温韵学残卷〉后记》,《问学集》上册,中华书局 1981 年。

等大都并合为一部。

（二）张参《五经文字》　张参，泾州人（甘肃泾川）。《五经文字》作于代宗大历十年（775）。书中轻唇与重唇、舌头与舌上在反切上都分别得很清楚。韵部方面，并合的较多，如东冬、支脂之微、佳皆、灰泰、祭霁、真殷、删山、先仙元、覃谈、庚耕、清青等都不分。这跟《干禄字书》的分韵相似；而同一摄的二等重韵都合而为一部，在这本书里表现得很清楚。

（3）《俗务要名林》　这是唐代流行在西北的一种分事类编排的杂字书，出自敦煌石室，有音有义，刘复先生所编的《敦煌掇琐》收有法国巴黎国家图书馆藏本（伯希和编号 2609），但英国伦敦大英博物馆藏有另一本（斯坦因编号 617）存字比巴黎本多[①]。这部书所注的反切很清楚是唐代当时某地区的读音，跟《切韵》《广韵》音不同。我们可以举一些例子来看。

· 支脂之微不分：

箕居机反　机居疑反　缡力之反　梨醨力之反

脂职离反　胝音夷　　鸱处之反　淇勤衣反

《广韵》"缡、醨"是支韵字，"梨、鸱、脂"是脂韵字，"箕、胝、淇"是之韵字，"机"是微韵字。

· 先仙不分：

线私见反　翦资典反　煎则见反　箭谘见反　溅津见反

《广韵》这些字都是仙韵系字，而这些反切的下字"见、典"都是先韵系字。

· 庚耕不分：

鹦焉庚反　莺焉庚反　虻莫耕反

前两个字《广韵》入耕韵，后一个字入庚韵。

· 盐严不分：

钳巨严反　淹于严反

这两个字《广韵》都归盐韵。

· 佳皆不分：

簰薄皆反[②]　稗彭拜反

这两个字《广韵》都是佳韵系字。

· 真韵合口与文韵不分：

---

① 见拙作《俗务要名林校注》（未刊）。

② 簰，《广韵》作"簿"，《集韵》收有"簰"字，两字是异体。

粉不准反

此字《广韵》在吻韵,而"准"是轸韵字。

　·山删不分:

板博限反

此字《广韵》在潸韵,而"限"是产韵字。

　·黠辖不分:

辖行八反

"八"为黠韵字,"辖"为鎋韵字。

　·陌麦不分:

垎胡革反　珀普革反　白彭革反　格胡革反　虴睹革反　搦奴麦反

"革、麦"在《广韵》入麦韵,而这些被切字都是陌韵字。

　·侯韵上声厚韵唇音字归入模韵上声:

亩莫补反

　·佳韵去声合口字"话"字归入麻韵去声,音胡霸反。

　·喻母三等字读近匣母:

纬玄贵反　搰王忽反

这两个字都是合口字。《广韵》纬,于贵反;搰,户骨反。

三、音义书

　慧琳《一切经音义》　此书成于唐宪宗元和初年。前面有南阳人景审序。序文称:"古来音反,多以傍纽而为双声,始自服虔,元无定旨,吴音与秦音莫辨,清韵与浊韵难明。至如'武'与'绵'为双声,'企'以'智'为叠韵,若斯之类,盖所不取。近有元庭坚《韵英》及张戩《考声切韵》,今之所音,取则于此。"

　按书中所载,《韵英》的音是秦音,而称陆法言《切韵》为吴音,如卷一《大唐三藏圣教序》"覆载"条下云:"上敷务反,见《韵英》,秦音也;诸字书音为敷救反,吴楚之音也。"又卷四《大般若波罗蜜多经》"浮泡"条下云:"上辅无反……吴音薄谋反,今不取。"同卷"茂盛"条下云:"上莫候反,吴楚之音也;《韵英》音为摸布反。"由此可知慧琳音所采用的是天宝末年元庭坚《韵英》的读音。《韵英》音所代表的当是唐代的关中音。关中音跟《切韵》音很不相同。除以上所举者外,我们还看到有下列一些现象:

　风音封(卷二"风狂"条)。锋音芳空反(卷四"锋利"条)。

这表现东钟不分,而且轻唇音后失去 i 介音。

熙音虚饥反(卷一"熙怡"条),又音希(卷十"熙怡"条)。颐音以伊反(卷一
"颐颔"条)。绮音欺纪反(卷一"绮饰"条)。鸥音齿之反(卷二"鸥鹃"条)。翅
音施至反(卷三"有翅"条)。医音于饥反(卷四"医药"条)。

支脂之微四韵开口字相混。

负音扶武反(卷六"负债"条)。阜音扶务反(卷八"陁阜"条)。

《切韵》尤韵唇音字已转入虞韵。

街音皆(卷四"街巷"条)。崖音牙皆反(卷六"山崖"条)。

佳皆两韵不分。佳韵去声合口字或转入麻韵去声,如"画"音获骂反(卷六"绮
画"条)。

咸音陷岩反(卷四"咸味"条)。岩音雅咸反(卷八"岩穴"条)。泛音芳陷反
(卷七"游泛"条),又音芳梵反(卷十"泛涨"条)。

咸衔凡不分,"泛"读轻唇音,没有 i 介音。

这些例子都给我们很多启示,表明北方关中音与《切韵》不全相合。

唐代的书音,如颜师古《汉书注》、张守节《史记正义》、何超《晋书音义》等,
反切注音极多,都在不同方面表现出唐代北方音的特点,与以上所举慧琳的材
料相应。这些书的反切注音在日本大岛正二先生所著的《唐代字音の研究》一
书已搜罗极为完备,这里就不援引例证。

四、北方文人所作的诗歌

唐代的杜甫、元稹、白居易、元结、李商隐、杜牧等人诗歌押韵的类别代表陕
西、河南地区的语音,可以跟以上说的几种材料相印证。

五、敦煌石室所出的变文和其他民间文学作品

(1)《敦煌变文集》　这本书里收了 78 种作品,大体是中唐以后到五代期
间北方的作品,其中有韵的有 52 种。根据这些材料分析其韵部,可以归纳为 23
韵部[①],其中阴声韵部七部,阳声韵部八部,入声韵部八部:

阴声韵　　歌麻咍之鱼尤萧

阳声韵　　东阳庚蒸真寒侵覃

入声韵　　屋药陌职质曷缉合

(2)《敦煌曲子词集》　这本书收词 161 首,分韵与变文基本相同。

---

① 详见拙作《敦煌变文与唐代语音》。

六、唐代的汉藏对音材料

法国马伯乐有《唐代长安方音考》，罗常培先生有《唐五代西北方音》，都是极重要的著作。罗先生说："就大体上讲，唐五代西北方音的声母应当有六组二十九类。"按其中知照庄三类不分，禅邪匣变入清母审心晓，床母大部分由禅变审。轻唇音非敷奉已然露了分化的痕迹。至于韵母，则分为23摄55韵。

以上所举的这些包括了唐五代7世纪中叶到10世纪中叶三百年间的一些可以用来考察语音发展的主要材料。根据这些材料大体可以了解唐五代北方语言的基本情况。现在把近人所论定和我所考察的结果分声母、韵母、声调三方面简单概述如下：

(一)声母 《切韵》的声母有35母：

p	p'	b	m		
t	t'	d	n	l	
ṭ	ṭ'	ḍ			
ts	ts'	dz		s	z
ṭṣ	ṭṣ'	ḍẓ		ṣ	ẓ
tś	tś'	dź	ń	ś	ź
k	k'	g	ng	x	ɣ
					j

在唐代，等韵学家定字母为30：

不	芳	並	明	
端	透	定	泥	来
知	彻	澄	日	
精	清	从	心	邪
照	穿	禅	审	
见	溪	群	疑	
影		晓	匣	喻

现在我们可以推知的有以下几点：

1. 重唇音在北方有的方言如秦音已开始分化为重唇、轻唇两类，由pf、pf'、bv进而读为f、f'、v，鼻音m没有变。在《汉书注》《史记正义》《五经文字》《慧琳音义》中的反切，轻重唇分别得很清楚。

2. 轻唇音宋人称为非敷的两母在语音中逐渐混同,不易分辨。《守温韵学残卷》"辨声音相似,归处不同"分举不、芳两母的轻唇音字相比已露出迹象。

3. 从书音中可知舌上音与正齿音一般不混。罗先生考定西北方音读同一类,应是方音中的特殊现象。

4. 从唐人《归三十字母例》与五代刻本《切韵》以知彻澄来为一组和书音中还有端、知两组互切的例子来看[1],知、彻、澄似读为破裂音 t́、t̀‘、d̀,后来才变为破裂摩擦音。

5. 正齿音在《切韵》里二、三等字有分别,在唐代北方有的方言相混,读同一类,即读为 tʂ、tʂ‘、dʐ、ʂ;有的方言不混,二等读 tʂ、tʂ、dʐ、s,三等读 t́ś、t́ś、d́ź、ś。另外,床母三等与禅母,根据守温书"两字同一韵凭切定端的"一条来看,当时已趋向于相同,慧琳音是不分的。

6. 日母在五代刻本《切韵》中与照穿三等为一组,《归三十字母例》中审穿禅日也排在一起[2],可证日母当读为 ń,或 rź。

7. 守温字母没有娘母,而娘母在西北方言里可能开始出现[3]。

8. 喻母四等字根据梵汉对音和五代刻本《切韵》与照穿三等作为一组排列来看,可以确定读 j。喻母三等字(于母),五代刻本《切韵》与牙音 k、k‘ 和晓母、影母列在一起,不与喻母字同列,当读为 ɣ,与匣母相同。但《慧琳音义》匣、于两类字的反切是不混的,于类可能由 ɣ 变 h,又变为零声母。

9. 从书音中有以全浊仄声切全清和以全清切全浊仄声的例子来推测,北方音的全浊声母已开始有清音化的倾向。这是研究近代语音发展史应当留意的一种情况。唐人李肇《唐国史补》卷下有一条说:"今荆襄人呼提为堤……关中人呼稻为讨,呼釜为付。"这也就是浊声母变为清声母的例子。

10. 从书音中有以次清切全浊平声和以全浊平声切次清的例子来推测,全浊平声字有读为次清音的迹象,也很值得注意,例如[4]:

    a 悖《广韵》队韵蒲昧切,《汉书注》《史记正义》布内反。

         极《广韵》职韵渠力切,《汉书注》居力反。

         惧《广韵》遇韵其遇切,《史记正义》俱遇反。

---

① 参看拙作《五代刻本〈切韵〉及其声母的读音》一文。
② 参见拙著《唐五代韵书集存》,中华书局 1983 年。
③ 参看罗常培《唐五代西北方音》,史语所 1933 年。
④ 以下诸例都见于大岛正二《唐代字音の研究》。

扁《广韵》铣韵方典切,《汉书注》步典反。

谪《广韵》麦韵陟革切,《史记正义》直革反。

b 飘《广韵》宵韵符宵切,《史记索隐》匹遥反。

鰌《广韵》尤韵自秋切,《文选》李善注且由反。

磅《广韵》唐韵普郎切,《史记正义》蒲黄反。

洮《广韵》豪韵土刀切,《汉书注》徒高反。

愀《广韵》小韵亲小切,《汉书注》材小反。

11. 据汉藏对音,唐五代西北方音摩擦音心邪两母不分,晓匣两母不分[①]。

(二)韵母 《切韵》分韵比较细,当时北方的语音并不与《切韵》一致。颜之推曾指出北方鱼虞不分,治狎不分[②],又北齐李概《音谱》佳皆不分,先仙不分,萧宵不分,庚耕不分,尤侯不分,咸衔不分,都与《切韵》不同[③]。在唐代的书音里所反映出来的情况是《切韵》中的一等重韵、二等重韵、三等重韵以及同摄中的三等韵和四等韵都一律相混,这都说明唐代的语音逐渐有了新的变化和发展。

根据北方一些诗人作品的押韵和变文及其他民间文学作品的押韵进行归纳,可以分为 23 个韵部[④]。这 23 部就是唐五代 8、9 世纪实际语音韵部的分类。下面把 23 部分别列出,并注出《广韵》的韵目:

阴声韵部

1. 歌部 包括歌戈两韵字(举平以赅上去)。ɑ、uɑ。

2. 麻部 包括麻韵字,佳韵"涯、钗、崖、洒、罢、画"等字,夬韵的"话"字,梗韵的"打"字。a、ia、ua。

歌麻两部有的方言(如西北)不分[⑤]。

3. 咍部 包括佳皆灰咍泰夬儿韵。ai、uai。

变文这一部有跟之部押韵的例子,元音可能偏前,读 æi、ɛi 之类。

4. 之部 包括支脂之微齐祭废儿韵。i、ui、iei、iuei。

齐韵在唐代诗歌里多独用,间或与皆韵相押。

5. 鱼部 包括鱼虞模三韵和尤侯韵的唇音字。iu、u。

---

① ⑤ 参见《唐五代西北方音》。

② 见《颜氏家训·音辞篇》。

③ 详见唐写本王仁昫《刊谬补缺切韵》韵目下小注。

④ 在这里没有举例证,详见拙作《敦煌变文与唐代语音》。

鱼虞音近 iu，变文中有与之部押韵的例子。模韵音 u，鱼虞非组、知组、照组字和尤侯韵唇音可能读 u。

6. 尤部　　包括尤侯幽三韵唇音以外的字。ou、iou。

这一部的元音拟为 o 不作 ə。变文中有少数与鱼部押韵的例子。

7. 萧部　　包括豪肴宵萧四韵字。au、iau。

阳声韵部

8. 东部　　包括东冬钟三韵字。ong、iong。

东韵三等字与钟韵读 iong，元音不作 u。

9. 阳部　　包括江阳唐三韵字。ang、uang、iang。

唐韵、江韵和阳韵的知组字、照组字读 ang

10. 庚部　　包括庚耕清青四韵。eng、ieng、ueng、iueng。

11. 蒸部　　包括蒸登两韵。əng、iəng、uəng。

12. 真部　　包括真谆臻文殷魂痕几韵。ən、iən、uən、iuən。

变文里这一部有少数跟庚蒸两韵押韵的例子。

13. 寒部　　包括寒桓删山先仙元几韵。an、uan、ian、iuan。

在诗歌的作品中元韵与魂痕相押，但也有与先仙两韵相押的，代表语音新的变化趋向。

14. 侵部　　包括侵韵一韵。iəm。

武玄之《韵诠》别出"岑"韵，可能照组字读 əm。

15. 覃部　　包括覃谈盐添咸衔严凡八韵。am、iam。

入声韵部

16. 屋部　　包括屋沃烛三韵。ok、iok。

17. 药部　　包括药铎觉三韵。ak、uak、iak。

18. 陌部　　包括陌麦昔锡四韵。ek、iek、uek、iuek。

19. 职部　　包括职德两韵。ək、uək、iək、iuək。

20. 质部　　包括质术栉物迄没几韵。ət、iət、uət、iuət。

21. 曷部　　包括曷末辖黠屑薛月几韵。at、uat、iat、iuat。

22. 缉部　　包括缉韵一韵。iəp。

23. 合部　　包括合盍叶怗洽狎业乏几韵。ap、iəp。

这里须要说明几点：

1. 这 23 部代表唐五代北方语音韵类的基本情况。在一部之内各韵的读音各处方言不尽相同,这里的拟音采用的是宽式的写法,只代表大致的音类而已。

2. 这 23 部跟《四声等子》所立的十六摄比较,除宕江两摄这里合为一部外,其余都相同。

3. 同部之内一、二等韵的元音,在方音中可能有分别,如 ɑ 与 a 之分,上面的拟音中未做细致的区别。

4. 阳声韵收-ng、收-n 的字在关中和西北有通押的现象,如庚部、蒸部、真部偶尔通押。真寒两部也偶有通押的例子。

5. 入声韵跟阳声韵是相承的,《切韵》音分-p、-t、-k 三种韵尾。在唐五代北方方言中可能有部分地区-k、-t 韵尾相混,如变文中《维摩诘经讲经文》有一处质、叶、陌、职几韵字通押(见《敦煌变文集》)。但也会有另一种情况,就是-k、-t 韵尾变为喉塞音[ʔ]。杜甫在《赴奉先县咏怀》和《北征》两篇长诗里质部字和曷部字在一起押韵,因为韵尾都是-t;但韩愈《进学解》既以"拙杰适"为韵,又以"粟织食窃斥"为韵,"拙杰窃"三个字的韵尾是收-t 的,"粟适织食斥"五个字的韵尾是收-k 的,韩愈把两类字在一起押,可能都收喉塞音[ʔ]。

(三) **声调** 《切韵》按照四声分韵,下至《广韵》,因袭旧章,字音声调没有改变。但是在唐五代语音里,字的声调已经有了新的变化。最重要的是上声的浊声母字变入去声。唐僖宗乾符间李涪作《刊误》,根据洛阳音改正《切韵》的上声浊声母字统归去声,这是大家熟知的一件事。

其次是唐代的北方音浊声母有清音化的倾向,平声有两个声调,浊音字开始有读为送气清音的迹象(例见前),声调的分化,也就与声母的清浊发生关系。有些方言四声各有轻重两种声调,跟现代有些方言四声各分阴阳相似[①]。

还有一点可以附带一谈的就是在变文中上、去声通押的情况比较多,推测上去二声的声调略有高下低昂之分,比较接近,而与平声和入声不同,所以经常通押。

从上面的概述,我们可以看出唐代北方的语音已经跟《切韵》一系的韵书很不相同了。这样对于我们划分汉语语音发展的历史阶段就颇有启发:一方面由此可以理解到宋代以后语音的演变跟唐代的关系[②],另一方面由此可以理解到现代汉语普通话的形成是经过很长一段历史的。现代普通话的语音不同于

---

① 　参看拙著《关于唐代方言中四声读法的一些资料》,《问学集》上册。

② 　参看拙著《宋代汴洛语音考》,《问学集》下册。

《切韵》，其演变远自唐代就已经开始。从两汉以至元明的历史来看，在不同时期都有战乱，人民流转迁徙不定，方言互相影响，语音也就不断有改变。由唐至宋，由宋至元明，语音系统越变越趋于简单，固然由于语言本身发展的规律使然，同时也跟社会的变动有关。这一点也是值得我们留意的史实。

1982 年 5 月

汉语音韵学研究的重要意义和途径

——在中国音韵学研究会成立大会上的讲话

中国音韵学研究会成立大会在中共湖北省委宣传部、湖北省文教局、湖北省语言学会和中南民族学院及其他院校的大力支持和热情协助下，经过筹备组的积极准备，今天在此胜利召开，这是值得庆贺的。我受筹备组的委托，谨向上面所说的机关、单位致以衷心的感谢！

出席这次会议的，有来自全国各省市的同志，还有港澳的学者。著名的语言学家、我们的老前辈王了一先生，能亲临指导，尤为难得。我能参加这次会议，得有机会向各位奉手求教，心里非常高兴。我们都会体会到，学术研究，是在互相交流、互相影响的情况下不断向前发展的。独学无友，则孤陋而寡闻。现在，我们大家能在一起，济济一堂，共同讨论本学科的有关问题，进而开展学术研究活动，我想同志们、朋友们一定十分赞成，非常高兴。从参加会议人数之多和论文之丰富多彩，也足以看出大家兴奋的心情。

我们的汉语音韵研究，是很有成就的。许多前辈先生继承了传统的古音学、等韵学而又有许多新的建树；还有不少学者，吸收了 19 世纪以来外国的语言学和语音学的知识，联系我们可以利用的古今的语言材料，探讨汉语语音发展的历史，在审音辨类上既精于古人，而又能构拟不同时代的语音系统，阐明声韵演变的规律。这些成就使汉语音韵学得以向前发展。汉语音韵学已成为中国语言科学中一个重要部门。随着学术的发展和实际工作的需要，它的重要性也益加显著。研究古典文学的人，研究历史以及其他社会科学的人也应当懂得音韵学。

就语言学界来说，当前有许多实际工作要做。为适应"四化"需要，推广普通话，进行拼音文字的研究，就是很重要的工作。要推广普通话，不能不广泛而细致地调查方音。要调查方音，没有语音学和历史音韵学的知识不行。还有，我们要编纂汉语历史的大字典、词典，编写语音学的教材，讲述汉语词汇和语法的发展，没有音韵的知识也不行。这都是实际工作的需要。

语言和文字是联系在一起的。文字所记录的是语言，而语言离不开声音。

不了解古代的语音系统，就不易了解古代的文字记载，也不能说明古今语言的关系。文字的形、音、义三者是不可分离的。古书之所以难读，主要在于字有通假，义有多歧。不通声音，就不能通其形、义。古书中还有不少语言上的问题，有待我们通过声音去探讨。现在，古文字的材料随着古文物的发现而日益增多。研究古文字要通晓文辞，由通晓文辞以了解古代的社会、经济和文化。但古字难认，要识别古字，自然要形、音、义三者相证；不明古音，往往会滞碍难通。至于研究汉语古今之间语词的繁衍嬗变，研究古书的训诂，就更须要了解音韵了。清代的段玉裁、王念孙深明古韵，而对声纽的理解就远不及钱大昕和戴震。他们的著作里谈到双声，谈到一声之转，并不全对。我们要对汉语作全面的研究，了解音是最重要的。因此，我们说汉语音韵学是中国语言科学中一个重要的部门。

学术是不断向前发展的。发展的方向，我想，一方面要打通文字、音韵、训诂三者的界限，融会贯通；另一方面要扩大研究的范围，从多方面的材料入手。以语音发展的历史而论，还有不少空缺。宋元以来，语音的研究已有人重视，这是值得称赞的。另外，古代的对音材料并不少，如梵汉、藏汉对音以及其他译音的材料是很宝贵的，我们应当分时代、分语种做专门的研究。在这方面，虽然有人做过开创的工作，但还不够充分，应当继续去做。再有，现在国外很多学者注重汉藏语族的历史比较研究，用来推证汉语的古代读音，我们更有条件在这方面努力。壮语、苗语、藏语、嘉戎语、羌语都有人研究过，如果能应用语言历史比较法与汉语对比，找出历史上的关系，探寻汉语语音在历史发展上从文字本身难以发觉的踪迹，那确是一大贡献。这是一个新的发展方向。

为了发展这门学科，还有很多事情要做。有必要互相促进，提高学术水平，成立一个汉语音韵学研究会。我们可以讨论一些理论和方法的问题，也可以互通声气，交流成果。在探讨某方面的问题时，也可以协力合作。为发展学术，还应当培养语言科学研究工作者。这也须要交流经验。总之，我们要以本学科为起点，建立科学的全面的汉语学。

研究会自然是一个学术性的组织，参加的人有教师，也有对这方面有兴趣、有工作成绩的语言工作者，不限一格。意见或有不同，理应互相尊重。老一辈的学者在音韵学方面所作的贡献，是令人钦佩的。他们的学识、造诣之深，难以企及，无容厚非。我们的态度是：对于传统的学术，我们有责任去发扬光大；对于新的理论和方法也要不断地吸取，取精用宏。我们要不要祛妄、祛偏呢？我看是要的。年轻的一代,有的见地不高,间或骄矜自喜看不起别人,我们应当善意加以引导,培养好的学风,使他们知道团结的重要意义,并成为热诚为我们的共同事业而努力的人。满招损,谦受益。我个人读书很少,识见浅薄,说话有不妥当的地方,希望前辈和朋友们指教,谢谢!

1980 年 10 月

关于研究音韵学的几点希望

——在中国音韵学研究会第二届年会闭幕式上的讲话

先生们,同志们:

今天,中国音韵学第二届学术讨论会就要圆满结束了。我们的会开得很好。陕西省委、西安市委对我们特别关注,陕西社联给我们大力支持,西北大学、师范大学等校的同志为会议费神筹划,我们非常感谢!

西安是中国历史上最著名的古都,历史古迹很多。我们开会的地点就接近汉代长安的昆明池。杜甫有"昆明池水汉时功,武帝旌旗在眼中"的诗句,而隋朝陆法言与萧该、颜之推等人论古今音韵、南北是非正是在长安。我们今天在1400多年之后得于西安相会,讨论音韵,揽古抚今,自然别有一番情味。想到陆法言等论韵不过数人,而我们今天在座的将近100人,而且有好几位外国的语言学家参加讨论,提出的论文有60多篇之多,如果颜之推老先生还在的话,看到我们有此盛会,必然要瞠目结舌,退避三舍,赞叹不已了。

自音韵学研究会成立以后,两年之间,大家研究的范围逐渐扩大,由上古到中古进展到近古以至现代,各时代的问题都有人去研究,对传统的等韵学又有了进一步的分析研究,比如对唐宋语音的研究,对《中原音韵》的研究,对内外转的研究,对现代方言如山西方言、福建方言等声韵系统的研究,都是这次讨论会所关心的问题。在研究的方法上也在推陈出新,或以今证古,或参照别族的语言互相印证,并且由材料的整理提升到探讨理论。所有这些,都说明两年来我们的研究工作是很有成绩的。就思想认识方面来说,我们对音韵学在社会科学中的地位和我们从事语言教育、从事古籍整理工作、从事推广普通话工作的重要性认识得更加明确。我们还要用我们研究的成果去丰富普通语言学的理论,在世界语言学的领域中占有一定的地位。

在阅读论文和讨论过程中,我们每个人都有不少收获。会上发言踊跃,互相启发,既谈论材料,也谈论观点方法,有发问,有答辩,老中青济济一堂,各抒己见,气氛融洽,然而还不能说人人皆满意而去,大有言犹未尽、欲罢不能之感。现在为时间所限,大家不得不分手,东出函关,南出武关,西出散关,北出萧关,打马就道,拱手告别,来年相会。

对于汉语音韵学的研究,范围既广,方术多门。从这次的讨论会中我体会到有几点值得我们共勉的:

(1)历史音韵的研究要与现代方言相互证发。古人说,知今不知古,谓之盲瞽;知古不知今,谓之陆沈。前人重视古音的研究,而对现代方音重视不足。古人去我已远,只能就文字材料来论列。而今日的方言就在耳边,我们知道的还很少。不大力从事方言的研究,就不能说明古今的音转和音变。许多语言的演变规律,就蕴藏在方言之中。此其一。

(2)研究汉语音韵不能不借助现代的普通语言学。一个是语音学(phonetics),一个是历史比较语言学(historical comparative linguistics)。古人说,他山之石,可以攻错。我们的传统音韵学在历史上都借助于外来的语音知识而获得发展。反切的兴起,等韵字母的建立,都与梵文悉昙东渐有关。前秦鸠摩罗什、唐代智广、宋代惟净都有关于悉昙方面的著作。19世纪的语音学对我们研究音韵影响更大。现代外国关于语言的研究日新月异,这些都值得我们注意。汉藏语的比较研究在国外已成为一门显学,我们多多注意国内少数民族语言的研究,作为研究汉语历史音韵的借鉴。有借鉴跟没有借鉴,成就迥乎不同。此其二

(3)语言的研究与历史的研究是相辅相成的。研究语言的人不能不重视语言与历史的关系。许多语言的事实往往与当时的历史有连带的关系。抛开历史而不顾,有些结论就不可靠,有些问题也说不清,例如方言的融合就同社会政治、经济的发展和人民的生活与活动有关。不把那些情况弄清楚,就难以讲得透彻。此其三。

(4)研究音韵应与文字的研究、语词的研究相联系。文字、音韵、训诂前人都属于小学之内。文字的材料,训诂的材料,还有有关语音方音的记载,如笔记、小说、方言志书等我们都应当顾及到。研究古音韵的人不能不懂古文字。前代的字书、训诂书、古书的注释都不容忽视。此其四。

当然,要注意的方面还有,无庸多谈。以上只是就从讨论会中体会到值得综合一下提出来说的。我自己知道的很有限,我没有能多听各位的发言,可是我读了各位的论文,获益很多。回去以后,还要好好地读,有机会还要向大家请教。对于年轻的朋友勇于提出问题,用心钻研,并写成论文在此宣读,深表敬意。

　　最后,敬祝各位先生、各位同志在科学研究工作中有更多更大的成就,旅途顺适,精神愉快,身体健康!

1982 年 8 月

研究古代语音系统的凭借

探讨古代的语音是要在了解现代语音的基础上来进行的。我们有了关于现代语音的知识以后,才可以根据前代各种有关的材料分别研究以前不同时代的语音系统和历史上语音发展的情况。

前代有关语音的材料是很多的,直接注明字音或分析语音系统的材料是字书、音义书、韵书和辨析声韵的等韵书。这是我们探讨古音的主要凭借,所以首先要了解这四方面的材料。

最早的有完整系统的字书是东汉和帝时许慎所著的《说文解字》(一般简称《说文》)。这部书以小篆为主,分析字形,按形体的偏旁来编排。全书分为540部,共收9353字。这是最早按部首编排的字书,后代许多字书大都根据这种办法来编纂。《说文》书中字下并没有多少注音,只是有些"读若某"的说明。"读若某"就是音与某字相同或相近。这对考查东汉时期的一些字音是有用的。《说文》以后,晋代有吕忱的《字林》,梁代有顾野王的《玉篇》,都是按部首编排的字书。《字林》已亡,清人任大椿有《字林考逸》,搜罗了不少逸文。《字林》的时代已经有了用反切注音的方法。反切是用两个汉字来拼成一个汉字的读音,例如"公"音"古红反","古"与"公"字声母相同,"红"字与"公"字韵母相同,"古、红"两字相拼,就是"公"字的声音。因为古人没有创制拼音的字母,所以不得不用汉字来注音。顾野王《玉篇》收字的数量比《说文》多数千字,字下都注有反切。现在所存顾氏原书还约有五分之一,宋本《玉篇》是完整的,但是曾经唐人改订过。根据《字林》和《玉篇》,我们可以考查晋代以迄梁代的语音情况。在《玉篇》以后,还有不少的字书,如唐代有颜元孙的《干禄字书》和张参的《五经文字》。前者按四声韵部排列,后者按部首排列。在注音方面大部因袭韵书,可以表现当时实际语音情况的地方不多。

音义书是从魏晋时期兴起的。在汉代,经学家为经传和子书作注,只偶尔说明个别字的读音,到魏晋时代就有专门为某一些书随文注音的书,例如魏孙炎有《尔雅音义》,王弼有《易音》,晋徐邈有《毛诗音》。这种书从魏晋到齐梁时很多。原来著书的目的是为了学者可以根据注音来学习原书,有些字也加注训释,所以称为音义。到陈代,陆德明又汇集前代所有的《周易》《尚书》《毛诗》《仪礼》《周礼》《礼记》《春秋左氏传》《春秋公羊传》《春秋穀梁传》《论语》《孝经》《庄子》《尔雅》等书的音义,审订是非,分别同异,编纂成一部书,名为《经典释文》。这对于我们探讨中古时期的语音很有帮助。在此以后,也还有一些书音,如隋曹宪的《博雅音》、唐玄应的《一切经音义》、慧琳的《一切经音义》等都是比较重要的。

韵书是在反切兴起以后才有的。它的性质跟字书不同。字书是按照字的形体偏旁来编排的,韵书是根据字音来编排的。韵书以韵为纲领,凡同韵的字都归在一起。一韵之内又分别声母的异同。凡是声韵完全相同的字,也就是同音的字,都列在一起。这样不仅便于检查,而且也便于了解字的读音。所以从魏晋到南北朝时期韵书比较多。大抵北方以洛阳音为主,南方以金陵音为主。到隋代,陆法言根据前代的韵书斟酌南北,辨析声韵的异同,著成《切韵》。全书以四声分卷,平声两卷,上去入各一卷,共分 193 韵。到唐代,《切韵》盛行于世,《切韵》以前的韵书也就逐渐失传了。因此,《切韵》这部书就是我们研究 6世纪语音系统的最重要的凭借。唐代也有不少家增修《切韵》,但大抵着重于增字补注,少数韵部又稍有增改。到北宋,陈彭年、丘雍等又就所见唐代各家《切韵》纂为《广韵》,分为 206 韵,体例跟《切韵》相同。虽因承旧本,而注解加详,对研究音韵和词汇都有很大用处。清人没有看到陆法言的《切韵》,研究音韵,都以《广韵》为根据,进而借此以考校上古音与后代语音的异同。宋代的韵书除《广韵》以外,还有《集韵》。《集韵》是北宋英宗时丁度等所纂修,分韵与《广韵》相同,而特详于字形和字音。凡字书中一字有几种不同的读音的都搜罗列入,一字异形和一字异音异义的也比《广韵》详备。多方面是完全重新编纂的,所以内容与《广韵》很不相同。书中的反切用字也不同于《广韵》,字音也有些变化,少数字的归韵也有不同,对考查宋代的语音不无帮助。不过,从《切韵》发展为《广韵》以至《集韵》,语音系统并没有大的改变。大体来说,《广韵》和《集韵》仍然是《切韵》一系的韵书。

宋人考试,作诗作赋,在押韵方面所根据的书是《礼部韵略》。《礼部韵略》分韵和《集韵》相同,只是有些邻近的韵可以同用,如冬钟同用、虞模同用等等。凡是同用的韵在宋代的语音中大都可以归为一部。后来金人韩道昭作《五音集韵》就根据《礼部韵略》的同用例分为 107 韵,这说明当时北方的语音已经不同于《广韵》和《集韵》。到元代,周德清又进一步根据当时的北方音和曲韵作《中原音韵》,分韵为 19 部,完全不受《广韵》的拘束,因此成为今日探讨元代北方音的最重要的资料。

在韵书之外,从宋代以后还有不少分析语音系统的等韵书。等韵是把读音相近的韵部区分为四等,而且分别韵母的读音是开口还是合口,韵母有 u 的为合口,没有 u 的是开口,例如寒、山、仙、先韵书分为四韵,这四韵读音非常相近,韵书既然分为四韵,元音必然不一样。宋人等韵书里把这四韵分别为四等,寒为一等,山为二等,仙为三等,先为四等。等即等第的意思。由于四韵元音的口腔的开张度不一样,所以区分为四类,这是很清楚的。今音就只能分为两类,寒、山韵母相同,仙、先韵母相同,跟韵书不同。等韵书是旧日中国的汉语语音学,从辨析字音出发,进而分析韵书的声韵系统,列为图表,执简驭繁,使用的人可以从图表上字的排列地位很快了解到字的读法,这对于我们了解韵书的音系大有帮助。宋代早期的等韵图,如《七音略》《韵镜》等都是与《广韵》相应的。晚期的《切韵指掌图》就有了变革,到元代的《切韵指南》又与《指掌图》不同,这两部书之中又透露出不少当时的语音情况,对考索宋以后语音的演变就更有用处。明清两代也有不少讲等韵的著作,其中也提供很多语音发展的现象,可以与现代音相比较。

以上所说的四种材料都是研究古代语音的重要凭借。但是仅仅依靠这些还不够,还必须广泛利用其他有关的材料,例如要考订上古的声母,就要利用文字的谐声系统和古代经籍的异文,从文字谐声上声符与被谐字之间声母的关系或经籍异文中两字声母的异同来确定古声母的系统。要考订历代韵部的演变,那就必须利用有韵的文学作品,从同一时代的作品或同一地区的作品中把同在一起押韵的字类聚起来,区别它的韵部。

另外,还有梵汉对音、藏汉对音、元人蒙古八思巴文译音以及日本语、朝鲜语、越南语中汉字的借音等,这些对于我们考证中古和近古时代的语音也有很大的用处,因为从中可以看出不少汉字的古代的实际读法,比韵书用汉字标音的反切或直音还要表现得清楚一些。所以我们也要适当地利用到这些资料。

1964 年 5 月

音韵学的内容及其功用

音韵学也称为声韵学,研究的内容包括审辨字音和历史音韵的变迁两方面。

审辨字音,旧日有等韵字母之学。等韵字母之学创始于唐代,实际就是中国自己创建的一门语音学。最初在汉末因为受梵文悉昙章的影响,逐渐体悟到汉字的读音也可以按照梵文分别声(体言)音(摩多)的方法辨别出声母和韵母来。晋宋以后在声母方面已有喉舌牙齿唇的分类,齐梁时期又有双声叠韵的名称。到了唐代开始创制了三十字母,宋代又增之为三十六。即:帮滂並明、非敷奉微、端透定泥、知彻澄娘、见溪群疑、照穿床审禅、精清从心邪、影晓匣喻、来日。在韵的方面,唐人又根据隋代陆法言《切韵》的分韵类别分辨韵母读音的洪细划为四等,如豪韵为一等韵,肴韵为二等韵,宵韵为三等韵,萧韵为四等韵。四等之分是看韵母有无 i 介音和韵母元音的口腔开张度的大小而定(今音一、二等已不分,三、四等已不分,与隋唐时的读音有不同)。到宋代就有了韵图,把本于唐五代间的《切韵》而修订的《广韵》中的韵类和声类编排为一种拼音表,以便于了解各韵中声韵相拼而得到的字音。下面简略举例,以见一斑:

声　母		帮滂並明	见溪群疑
一等韵	豪韵	褒囊袍毛	高尻○敖
二等韵	肴韵	包胞庖茅	交敲○聱
三等韵	仙韵	鞭篇便绵	甄愆乾○
四等韵	先韵	边○蹁眠	坚牵○妍

这种图表用声母拼韵母以得出字音,就把整个汉字的音节都表现出来了。要理解韵书的读音就不能不留意等韵字母之学。等韵字母之学就是审音之学。

研究音韵学必须从审音入手。能审音就是能够辨别字音的声韵类属。然后对古今音的异同、古书中反切的读音、汉语词汇中复音词声韵之间的关系,以及古典文学作品中字音平仄音调的转换,还有现在普通话的读音与方音对应的规律等都不难索解。

研究音韵学的另一方面的内容是历史音韵的变迁,这一方面可以称之为历史音韵学。语言是用文字来记载的。在历史上语音随着时代而逐渐有变,文字的读音也因之而变。语音的改变不是全盘的,而是在某些方面有变,其他方面就因承不变。变是有规律的,不是这样一个,那样一个没有规律地变。因为语言的声音是成系统的,有多少声母,有多少元音和韵母,有几个声调,把声母跟韵母拼在一起成为多少音节是有定的。这就是经常所说的语音音系。假如某一个声母或某一个韵母有了改变,那么,属于同声母的或同韵母的在同一种条件下就都按照一定的音变规则而变。当然,也不无例外,因为同一种变化可能时代有早晚,有的先变了,有的后来才变,也可能书音不变,而口语某一个字有改变,也可能因方音的影响而产生分歧和例外,所以不能把某一项音变认为就一定没有例外。但是例外是少数,合乎同一规律的是多数。我们要了解古今音的异同,要了解古代某个时期的语音系统,不能不从事历史音韵的研究。这应当说是音韵学科中重要的内容。

历史音韵的变迁,根据已经研究过的认识,可以分划为上古音、中古音、近古音、近代音。上古指周秦两汉,中古指魏晋南北朝,近古指唐宋,近代指元明清。这是我个人关于历史音韵演变分期的主张。这四个时期只是四个大的段落,如两汉跟周秦并非完全相同,不过从总体来看,大体是接近的。其他,如南北朝跟魏晋,宋跟唐,明清跟元,都不是全面相同的,定为一期,也是就其相近者多而确定的。

研究历史音韵的演变,可根据的材料非常广泛,且因时代而有不同。最主要的材料是各时期有韵的诗歌和韵文以及前代不同时期的字书和韵书的注音。以诗歌而论,上古有《诗经》和《楚辞》,汉魏以迄近代有古诗、歌行和近体律诗,宋代有词,元代有曲,可以根据这些材料考查各时期的韵类。至于字书和韵书种类繁多,可以根据注音考证声韵的部类,以见历代字音的演变。可是,先秦时代没有字书和韵书,要考查这一阶段的声母类别,就要依靠谐声字和古书中经传的异文了。

了解历代声韵的沿革,可以有助于解决古书中文字的假借和古书在传抄中产生的讹误。古书中经常出现声音相近而意义不同的假借字。假借字是对正字而言的。正字是按文义应当写的字。书传中不写正字而写假借字有两种原因:一种原因是古书多出于口耳相传,传写者一时不得其字,而写一个音近的字;另外一种原因是在某一个时期某些词语常常采用某字,而不用正字,以此代彼已为习惯,例如《毛诗》是古文经,就有不少假借字,长沙马王堆汉墓出土的帛书和山东临沂县银雀山汉墓出土的竹简,时代比较接近而有许多习惯上应用的假借字。清代的学者研究古书,往往超越前人,很多地方是由于了解古音而知字有假借,从假借字声音上推求它的正字,原来难以解释的文句每每迎刃而解。所以读古人的著作不能不知道古音。

古书的时代有早有晚。先秦两汉的书固然难读,就是六朝隋唐的作品也不尽好读。一则由于其中多古字古义,再则由于书经传写,时有讹误。讹误之由出于笔画字形相近而写误者半,出于音同音近而误为某字者半。音近而误的有因声近而误的,有因韵近而误的。如果我们知道了历史上不同时代的声韵类别,我们就可以利用音韵的知识校勘古书,改正传写或雕板过程中所产生的错误。历史音韵学也就成为校订古籍必备的知识了。

了解历史音韵不仅可以借此以考求文字的假借和用来刊正古书中的讹误,而且还可以由声音以说明经传的异文,如"升降"或作"登降",或作"陟降","文莫"(见《论语·述而》)也就是"黾勉"。进一步来说,还可以从声音上来寻绎词义,如《左传·哀公十二年》"乃舍卫侯","舍"就是"释"(见《经典释文》)。《礼记·曾子问》"不知其已之迟数","数"就是"速"(见郑玄注)。

在了解了历史音韵的情况以后,我们对汉语发展的历史才有可能稍具明晰的理解。特别是普通话语音发展的历史可以说得上来了。如果研究汉语的词汇的发展,则更需要古音的知识。由此可见音韵学的功用很多,而且是一门注重实际应用的学科。要与兄弟民族语言做比较研究,要追溯古代汉语与藏语的关系,都离不了音韵学。

不过,有不少人认为音韵学很难学,学也很难全通。其实这与学习的方法得当与否有关系。音韵学本是一门口耳之学,要辨别声音,不能不用口发音,不能不用耳听音。用口发音,应辨别发音方法与发音部位。汉代刘熙《释名·释天》有"横口、踧口、合唇、开唇"的说法。梁代刘勰《文心雕龙·声律篇》谈发音有"抗喉、矫舌、攒唇、激齿"的名目。因此学习音韵学一定要肯于动口,练习发音。所谓用耳听音,就是能用耳辨别声音。要能辨别声音,又必须在练习发音时对不同的音有所体认之后才能成功。如是来说,练音就是第一要义。要练习发音,应当以语音学的知识为引导去理解传统的音韵学中的名称术语,进而研究古代韵书的音系。这是求得贯通的重要方法。

其次,研究音韵的演变,历来是以宋代的《广韵》为基础。《广韵》是根据隋唐时期《切韵》一系的韵书纂录而成的。《切韵》所代表的是中古时代的读书音。由《切韵》可以上溯古音,下考今音,所以要熟悉《广韵》的声韵系统。

　　要熟悉《广韵》的声韵系统似乎不是一件容易的事。不过除了理解反切和与宋代的韵图相对照以外，最重要的方法是要借重自己口里的读音跟《广韵》的声韵相比较，注意相同的是什么，不同的是什么。不同的就要稍加记忆。但是还要勤勤翻阅，熟悉韵字和韵目，从中探求有无规律可寻，久之，自然贯通。然又必时时多作练习，求其实用。可以举一些唐人诗句注出每字的声韵部类，例如：

　　　　1. 画图省识春风面，环佩空归夜月魂。
　　　　2. 云移雉尾开官扇，日绕龙鳞识圣颜。
　　　　3. 牧羊驱马虽戎服，白发丹心尽汉臣。
　　　　4. 细水流花归别浦，断云含雨入孤村。

从中可以辨别哪些字是双声，哪些字是叠韵，哪些字是旁纽，哪些字是入声字，今音有无浊上变去的字等等。这样认真去试验，久之，不仅熟练，而且饶有兴趣，学习会逐步提高。

　　　　　　　　　　　　　　　　　　　　　　　　　　　1964 年 5 月

汉语骈列的词语和四声[*]

一

刘义庆《世说新语·排调》篇记载一段故事说：

> 诸葛令（诸葛恢）、王丞相（王导）共争姓族先后。王曰："何不言'葛王'，而云'王葛'？"令曰："譬言'驴马'，不言'马驴'，驴宁胜马耶？"

按诸葛恢为琅邪阳都人，父祖辈都是三国时代有名的人。祖父是魏司空诸葛诞，父亲是吴大司马诸葛靓，族祖有诸葛瑾、诸葛亮。王导是琅邪临沂人，祖父王览在晋初为太中大夫，伯祖王祥在魏为司空，在晋为太保，父亲王裁，在晋为抚军长史。这两家都是名门望族。

诸葛氏原为葛氏，后称诸葛。晋元帝司马睿为安东将军时以王导为丞相军谘祭酒，以诸葛恢为江宁令。二人在一起戏谑，争论姓族称名的先后，以见门第的高下。诸葛恢以"驴马"为喻，可以说极尽诙谐之能事。结果，王导不仅没有占上风，反而语塞，无以答对。

这则故事很有趣。可是为什么当时人都说"王葛"，而不说"葛王"呢？是否王姓的声望高于诸葛？还是有别的缘故？再则，人人都说"驴马"，而不说"马驴"，这又是什么缘故呢？单纯是一种习惯吗？还是意在分别大小，而以小大为次？我看，其中当别有道理。

"王葛"跟"驴马"都是两个字（词）并举的，我们可以称之为"骈词"。汉语是有声调的语言。汉字每个字都有一定的声调。两个字，也就是有确定含义的两个词，在一起并举合称的时候，哪一个在前，哪一个在后，大都是依照说话的时候怎样顺口来叙次的。这里面就与字音声调的起伏升降长短有关系。

从声调来看，上面所举的"王葛"，"王"是平声，"葛"是仄声（入声）[①]，平声在前，仄声在后。前代合称两个人的时候，这样的例子很多，如：

苏李1（苏武、李陵）　　　　　班马（班固、司马迁）

---

* 本文内容曾于 1984 年 7 月在日本京都大学文学部作过讲演。

① 北京音没有入声，这是按照《广韵》一类的韵书来说的。

嵇阮(嵇康、阮籍)	王谢(王导、谢安)
邢魏(邢劭、魏收)	燕许(张说、苏颋)
苏李2(苏味道、李峤)	萧李(萧颖士、李华)
王孟(王维、孟浩然)	韦柳(韦应物、柳宗元)
元白(元稹、白居易)	牛李(牛僧孺、李德裕)
温李(温庭筠、李商隐)	何李(何景明、李梦阳)

这些都是平声在前，仄声在后。"班马"就时代来说，"马"当先说，"班"当后说。然而要合于平声在前的规律，所以宋娄机作《班马字类》，称"班马"，不称"马班"。

进一步来看，如果两名都是仄声的话，那又是上、去、入的次序为先后，如：

管乐(管仲、乐毅)　　沈宋(沈佺期、宋之问)　　李杜(李白、杜甫)

这里"管、沈、李"都是上声字，"乐"是入声字(今读去声)，"宋、杜"是去声字。两名并举，上声在前，去入声在后。如果不是这样的时候，有些与时间先后有关系，如屈原和宋玉并称为"屈宋"，屈原在前；段玉裁和王念孙并称为"段王"，段的年龄长于王，所以段玉裁在前。"屈"是入声字，"段"是去声字。

这种声调上的安排在汉语的骈词中表现得很普遍。我们可以举出很多不同方面的例子(字下加圆圈的为入声字)：

・古代国名：

秦晋　齐楚　燕赵　吴越

・天象和气象：

霄汉　河汉　牛斗　星月　风雨　霜露　冰雪　云雾　霜雪

・地理名称：

山水　河洛　江汉　湖海　陵谷　丘壑　秦陇

康藏　闽粤　江浙　湖广　川陕　云贵

・动植物：

龙虎　牛马　猫狗　狐兔　猪狗　禽兽　鸟兽　虎豹

花木　梅柳　花鸟　草木　桃李　黍稷　松柏

・人体：

肢体　手脚　须发　肠胃　脾胃

・饮食：

鱼肉　酒饭　烟酒　荤素　米面　梨枣　瓜果　葱蒜　羹饭　油醋

・衣着器物：

冠带　衣帽　衾枕　床帐　帷幕　锦绣　绸缎　几案　纸墨

琴瑟　钟磬　钟鼓　脂粉　耒耜　弓箭　弓弩　牌匾　砖瓦

·词义对衬：

高下　深浅　浓淡　远近　顺逆　哀乐　生死　成败　升降

繁简　难易　优劣　好坏　文武　先后　良莠　荣辱　南北

　　这些骈词的声调都跟前面所举的例子相同。由此我们可以总结出一条规律，那就是：在汉语里两个词并举合称的时候，两个词的先后顺序，除了同是一个声调以外，一般是按照平仄四声为序，平声字在前，仄声字在后。如果同是仄声，则以上去入为序。先上，后去、入；或先去，后入。

　　当然，我们也看到有些骈词未必要管声调的平仄，如以时间先后为序的：

周孔（周公、孔子）　　　孔孟（孔子、孟子）

秦汉（秦朝、汉朝）　　唐宋（唐朝，宋朝）　史汉（《史记》《汉书》）

这些不期然而然地与上面的一条规律相合。可是，也不无例外，如"夏商"（夏朝和商朝）、"宋元"（宋朝和元朝），仄声字在前，平声字在后。其他如"是非、管弦、肺腑、犬羊"（曹丕《与吴质书》"以犬羊之质，服虎豹之文"）之类也都不与一般规律符合。不过，这类例子究竟是少数，甚至于可以说是极少数。

　　另外，有些由文语来的骈词包括入声字，如果依照普通话语音系统来读，似乎不与上边所说的规律相符，如"祸福、手足"之类，可是依照旧日的韵书音系来看，还是相合的。

　　这一条规律，在近代，最初指出的是余嘉锡先生。他在1938年撰写《世说新语笺疏》，在解释前面所举的《排调》篇那一节的时候，曾说：

　　凡以二名同言者，如其字平仄不同……则必以平声居先，仄声居后，此乃顺乎声音之自然，在未有四声之前固已如此。

他所说"未有四声之前"，当指平上去入四声说未有之前。他的话很简单，但已经把汉语的声调古已有之的事实和二名同言时以字音的平仄来分先后的事实都指出来了。不过，如果二名同是仄声的时候又是如何，他并没有阐发，不能不加以补充说明。

二

　　上古汉语是以单音节词为主，后来双音词逐渐加多，有很多词就是用骈偶的单音词作义素（词素）而合成的，如"阶梯、皮肤、齐全、篇章、栽培"等等。构词的两个义素可能是意义相近的,或是属于同类事物的,也可能是意义相反的。最有意思的是前后两个义素(也就是两个字)的顺序在声调上仍然跟上面所说的规律一致。下面把不同声调的字所组成的词依次列举一些来看。

·平平:

桥梁　图书　提携　钱财　钻研　声音
稀疏　辛酸　高深　贫穷　谦恭　攀援

·平上:

光景　柔软　牙齿　唇吻　躯体　包裹　基础　头脑　标本
宽敞　珍宝　寒冷　温暖　奔跑　评选　奔走　抚养　星斗
迁徙　朋友　描写　幽雅　遥远

·平去:

a.空旷　昏暗　蒙昧　依靠　迷恋　思念　恭敬　宏大　飘荡　穷困
　煤炭　行动　容貌　嘲笑　浅陋　仓库　门户　宫殿　愉快　灾害
　饥饿　囚禁　征兆　清静　消耗　坟墓　疲倦　尊敬　思念　评论
　奇怪　镶嵌　材料
b.墙壁　储蓄　踪迹　痕迹　侵略　消灭　区域　铺设　疑惑　人物

·上上:

引导　岛屿　奖赏　主宰　允许

·上去:

a.检验　缓慢　简慢　土地　领袖　巧妙　醒悟　简陋
　恐惧　恼怒　辅助　诽谤　妥善　懒惰　警戒　勉励
b.闪烁　整饬　堵塞　缴获　养育

·去去:

a.次序　怠慢　眺望　赋税　旺盛　构造　怨恨
b.跳跃　践踏　盗窃　吝啬　教育

上面加圆圈的都是古入声字,现在普通话已经读为去声。

从以上所举的例子来看,现在通常应用的双音词(复合字)基本上也是守着前面所说的声调次序来组成的。平上、平去、上去的词都不少。这是在两个义素(词素)之间的一项很有意思的语音现象。

根据上述所举的骈词和复合词两方面的材料,我们可以深刻地理解到汉语的声调在词与词合称或在有联合关系的词素组合中所起的制约作用。

《世说新语·排调》篇记述的那一段故事,王导在当时的名位也许比诸葛恢高一些,把二人合称"王葛",不无原由,同时也比说"葛王"合于声音规律。说"驴马"而不说"马驴"也正是这个道理。但驴不如马大,马贵而驴贱。"驴马"这个骈词恰恰被聪敏的诸葛恢抓住了,弄得王导啼笑皆非,无言可对。

三

在汉语里还有很多由两部分并列组成的四字成语,以第二字是平声字、第四字是仄声字的居多。先平后仄跟骈词和双音词极相似。这在成语中的数量也比较多。因为是约定俗成的,又是符合词语组合的规律的,所以一般都不能改变先后的次序而倒过来说,例如:

·平平仄仄:

山清水秀	平心静气	深谋远虑	龙腾虎跃	倾家荡产
精耕细作	娇生惯养	焦头烂额	瞻前顾后	雄才大略
街谈巷议	轻描淡写	排山倒海	山珍海味	呕心沥血
同仇敌忾	通情达理	摇唇鼓舌	眉开眼笑	盘根错节

·仄平仄仄

巧言令色	正言厉色	曲高和寡	眼明手快	冷言热讽	自高自大
见多识广	痛心疾首	日新月异	镜花水月	酒囊饭袋	驾轻就熟
倒行逆施	大言不惭	审时度势	水深火热		

这里所列的成语都跟规律相合。我们知道了这个规律是有普遍意义的,那么,"惊心动魄"就不要写为"动魄惊心","排山倒海"也就不要写为"倒海排山"了。既合于习惯,也符合语言规律。这样,在创造新的词语时,也就知道有所遵循了。

根据以上所讨论的事实,我们还可以得到两点启示:

(1)齐梁时代的文学之士所说的"宫羽相变,低昂舛节,前有浮声,则后须切响"以及"一简之内,音韵尽殊,两句之中,轻重悉异,妙达此旨,始可言文",其实际意义就是把平仄分为两类,上句末尾是平声,下句末尾就以仄声与之相应。平为平声,仄即上、去、入。平为"轻",仄为"重"。

(2)四声分为平仄(侧),而又有平上去入的名称,平声的音调必然相对的比较平。前人传诵的四声口诀说:"平声平道莫低昂,上声高呼猛烈强,去声分明哀远道,入声短促急收藏。"这对于粗疏理解古代四声的性质不无实际意义。

　　我们可以把这些知识联系起来看,对于汉语的内部规律和由这个规律发展而成的文学上的音律形式会有更深刻的理解和认识。

1983 年 12 月

关于唐代方言中的四声读法

　　《切韵》一系的韵书都是按照平上去入四声来编排的。汉字的读音有平上去入四声的分别是从很古就有的,四声的名称和四声类别的确定则从宋齐时代开始。从文献上我们知道宋洛阳人王斌曾著有《五格四声论》,到梁代吴兴沈约又著有《四声谱》,后来编纂韵书的人就以四声来分韵了[①],如梁夏侯该《四声韵略》、北齐阳休之《韵略》都是如此。到了隋初陆法言编纂《切韵》也就采用了这种办法。

　　《切韵》在字的声调的分别上跟晋宋以迄隋初许多韵文的押韵上是相合的,足见《切韵》在这一点上是有根据的。但是古四声究竟是怎样读的始终是难以确定的一个问题。

　　从现代汉语的方言来看,各处方言的调类跟《切韵》一系韵书中四声的分合有很大的不同。现代的方言平声都分为两类:一类是阴平,一类是阳平,阴平都是古清声母字,阳平都是古浊声母字。上去两声有些方言也随着声母的清浊各分为两类,即阴上、阳上、阴去、阳去。但大多数的方言上声全浊声母字都读为去声(次浊声母字不如此)。入声有些方言保留,有些方言读为平声或去声;保留入声的又有的跟平声一样分为阴入、阳入两类,有的则不分。因为调类的分合不同,各处方言调类的数目也就不同了。少的有四个调、五个调,多的有六个调、七个调,更多的有八个调、九个调,例如北方话系统内很多方言只有四个调,南京话有五个调,客家话有六个调,福州话、厦门话有七个调,吴语系统的方言一般都有八个调,广州话有九个调。古今调类的分合如此不同,要考研古四声的读法就更加困难了。

　　但是从现代方言的调类分别和古四声的类别比较来看,同属于古四声的一类而现代方言分为两类都与声母的清浊有关,这是一件很明显的事实。就平声来看就很清楚。那么,古四声在陆法言的时候是否同一类之中已经就有了这种区别了呢?我们还没有材料能够说明这一点。但因声母清浊不同而声调的读

------

① 　详见日本空海《文镜秘府论》所引刘善经《四声论》。

音有异,从唐代的一些文献里已经可以看出一些端绪来。

首先我们看到唐代有些方言的上声全浊声母字已经不读上声而读去声。

白居易《琵琶行》:"自言本是京城女,家在蛤蟆陵下住。十三学得琵琶成,名属教坊第一部。曲罢曾教善才伏,妆成每被秋娘妒。五陵年少争缠头,一曲红绡不知数。钿头银篦击节碎,血色罗裙翻酒污。今年欢笑复明年,秋月春风等闲度。弟走从军阿姨死,暮去朝来颜色故。门前冷落鞍马稀,老大嫁作商人妇。"这里面"部、妇"两个字都是上声全浊声母字,其他的几个韵脚如"住、妒、数、污、度、故"等都是去声字,足见在白居易的口里"部、妇"两个字已经读同去声①。白居易生长于河南,后迁居陕西渭南县。这首《琵琶行》是在唐宪宗元和十一年(816)作的。

昭宗时李涪《刊误》中曾经批评《切韵》说:"吴音乖舛,不亦甚乎?上声为去,去声为上……恨怨之恨则在去声,很戾之很则在上声。又言辩之辩则在上声,冠弁之弁则在去声。又舅甥之舅则在上声,故旧之旧则在去声。又皓白之皓则在上声,号令之号则在去声。又以恐字恨字俱去声。今士君子于上声呼恨,去声呼恐,得不为有识之所笑乎?"这里所举的"很、辩、舅、皓"等字都是上声全浊声母字,"恨、弁、旧、号"等字都是去声全浊声母字。李氏又说:"凡中华音切莫过东都,盖居天下之中,禀气特正。予尝以其音证之,必大哂而异焉。"李氏既然不同意《切韵》的分法,可知当时洛阳音上声全浊与去声全浊已经读得一样了。

这些事实可以初步说明声调的分化从唐代已经开始,而且声调的分化与声母的清浊有关系。

至于四声一类之中而分别为两个不同的声调,我们也看到了一些资料。日本大正新修《大藏经》内沙门安然的《悉昙藏》卷五中定异音条有这样一段话②:

> 诸翻音中所注平上去入,据检古今,难可以为轨模。何者?如陆法言《切韵序》云:古今声调既自有别,诸家取舍亦复不同。吴楚则时伤轻浅,燕赵则多涉重浊,秦陇则平声为入,梁益则平声似去。若尔风音难定,孰为楷式?我日本国元传二音:表则平声直低,有轻有重;上声直昂,有轻无重;去声稍引,无轻无重;入声径止,无内无外。平中怒声与重无别③,上中重音与去不分。金

---

① 在《广韵》里"部"是厚韵字,"妇"是有韵字,从《琵琶行》的押韵来看,"部、妇"的韵母也有了改变。
② 见大正新修《大藏经》卷八四,414 页。
③ "怒声"即指浊声母。

则声势低昂与表不殊,但以上声之重稍以相合,平声轻重,始重终轻,呼之为异。唇舌之间亦有差异。

承和之末,正法师来,初习洛阳,中听太原,终学长安,声势大奇。四声之中,各有轻重。平有轻重,轻亦轻重,轻之重者,金怒声也。上有轻重,轻似相合金声平轻,上轻始平终上呼之,重似金声上重,不突呼之。去有轻重,重长轻短。入有轻重,重低轻昂。元庆之初,聪法师来,久住长安,委搜进士,亦游南北,熟知风音。四声皆有轻重。著力平入轻重同正和上。上声之轻似正和上上声之重,上声之重似正和上平轻之重。平轻之重,金怒声也,但呼著力为今别也。去之轻重,似自上重,但以角引为去声也。音响之终,妙有轻重,直止为轻,稍昂为重。此中著力,亦怒声也。

这一段话里内容很丰富。虽然有些话我们还不能完全理解,但对于我们了解古四声的读法有很大的帮助。

安然《悉昙藏》作于日本元庆四年(880 年),相当唐代僖宗广明元年。承和之末就是唐宣宗大中元年(847,白居易就是这一年死的)。安然这一段话里所说的事实都是 9 世纪以前的事情。

文中所说的表、金两家,指的是表信公和金礼信。日本净严《悉昙三密抄》卷上说:"我日本国元传吴汉二音。初金礼信来留对马国,传于吴音,举国举之,因名曰对马音。次表信公来筑博多,传于汉音,是曰唐音。"[①]表信公传到日本的汉字读音是"汉音",金礼信所传的是"吴音"。依安然所说,表、金两家所传汉字读音的声调略有不同。

安然说:"表则平声直低,有轻有重;上声直昂,有轻无重;去声稍引,无轻无重;入声径止,无内无外。"又说:"平中怒声与重无别,上中重音与去不分。"所谓轻重,就是两种不同的声调。根据其他的材料,我们可以知道轻重的分别跟声母的清浊是有联系的,例如日本空海的《文镜秘府论》里以"庄"字为全轻、以"床"字为全重就是一个例子[②]。"庄"是照母字,清浊不同,所以说"庄"为轻,"床"为重。又如日本古写本《汉书·扬雄传》残卷"夔"字旁引《切韵》"葵癸反"下称"上声重"。"夔"是群母字,也是浊声母,所以称为重。由此来看,平声有轻有重,就是平声清声母字和浊声母字声调不同。这跟后

---

① 《悉昙三密抄》作于日本贞享年间(1684—1687),当清康熙间。此段引文见《大藏经》卷八四,731 页。"表信公"本居宣长以为"表"是"袁"字之误。见《汉字三音考》(1784 年)。

② 见《文镜秘府论》卷一调声下。

世四声同一类中又分为阴阳两类是一样的。

依安然所说，表信公所传汉字的读音，平声分为两种声调，上去入三声都是一种声调，而上声全浊读入去声，所谓"平声直低""上声直昂""去声稍引""入声径止"就是文中所说的声势低昂。这种四声高低的情况跟唐代的《元和韵谱》所说"平声者哀而安，上声者厉而举，去声者清而远，入声者直而促"非常相近[1]。至于平声之中又分轻重，轻重的高低如何，安然没有说。

安然还提到承和末（847）正法师和元庆初（877）聪法师传到日本的汉字读音。这两家跟表、金两家不同，四声各有轻重。这是值得注意的。

四声各有轻重，那就成为八个声调了。这跟现代吴语系统一些方言中四声各有阴阳两类很相似。这两家所传都是9世纪唐代北方的读音，可是四声轻重的读法并不一致。安然所说有些我们还不能完全理解。安然讲到正法师的读音，四声各有轻重，平声上声的轻重是怎样的分别，安然说的还不够明显。至于去声入声，安然说："去有轻重，重长轻短。入有轻重，重低轻昂。"这就比较容易懂了。

关于四声轻重的读法，在日本沙门了尊的《悉昙轮略图抄》里有一段记载，他说："私颂云：平声重初后俱低，平声轻初昂后低；上声重初低后昂，上声轻初后俱昂；去声重初低后偃，去声轻初昂后偃；入声重初后俱低，入声轻初后俱昂。"[2]了尊的《悉昙轮略图抄》作于日本弘安十年（1287），当元世祖至元二十四年。从他记载的一段话来看，所谓轻重就是低昂的分别，重低轻昂。了尊的时代要比安然晚得多了，他对于四声轻重的解释跟安然所说9世纪正法师所传的汉字读音未必完全相合，但一定也是一种相传的旧说。

姑不论了尊所记跟安然的话是否相合，根据安然的一些话我们可以知道至少在唐代的时候方言中的四声读音已经有了因声母清浊之不同而读法也不相同的现象。他所说的轻重跟元代周德清的《中原音韵》所说的阴阳应当是相近的。

从以上所举的材料来看，尽管我们对于陆法言时代的四声读法还不够了解，可是对于唐代方言中的读法可以知道一些。概括来说，有以下几点：

（1）平上去入四声在唐代已经因为声母清浊之不同而有了不同的读法，调类的数目也有增加。

（2）唐代大多数的方言中平声已经分为两个调类。安然说表、金两家和正

---

① 见元刻本《玉篇》前神珙《四声五音九弄反纽图序》引。

② 见大正新修《大藏经》卷八四，657页八声事一条。这一段话在罗常培先生《汉语音韵学导论》80页也引到。

法师、聪法师两家平声都分别轻重就是一个证明。

（3）唐代有些方言中的声调因声母清浊之不同而有了分化。可能比较普通的是上声全浊字与去声全浊字读成一调。白居易和李涪的音就是如此。

（4）唐代有些方言四声各有轻重，跟现代吴方言、粤方言四声各分阴阳相似。

1958 年

汉代的方言[*]

一、扬雄《方言》和汉代方言的地理区域

从周秦到两汉间汉语发展的情况看来,我们不难看到有两种事实:一种是从春秋战国时代起在黄河流域一带已经有了区域较广的共同语,到汉代这种共同语逐渐发展为全民的语言;一种是在语言逐渐趋于一致的过程中方言的分歧仍然存在。

春秋战国时代是列国争霸的局面,由于政治、经济、文化各方面的影响和战争的频仍不断,黄河流域一带华夏诸族的语言已经日益接近,而且形成一种区域性的共同语^①。我们可以从一些历史事实来看:孔子可以周游列国,晋重耳可以糊口四方,墨子可以止楚攻宋,苏秦、张仪可以游说各国,这些事实都表明当时地域比较接近的各国在语言上一定已经有很大的一致性,尤其是书面语言更是如此。这是一种事实。但是这不等于说各国就没有自己的方言。从《孟子》"有楚人欲其子之齐语也"一章和《战国策·秦策》所说"郑人谓玉未理者曰璞,周人谓鼠未腊者曰朴"的一些话可以知道四方的语言至少在词汇和语音上是有很大的差别的,所以《礼记·曲礼下》说:"五方之民,言语异声。"这又是一种事实。

战国之后,经过秦的统一,到了汉代,中国成为一个中央集权的封建大国,汉语的统一性加强了,并且形成为全社会性的部族语言。但是根据许多文献材料来看,不同的方言仍然存在,不过方言的数目可能比春秋战国时代稍稍减少,方言之间的分歧点可能有不同程度的改变罢了。我们研究汉语史的中心任务是要说明汉语由上古以迄现代是怎样发展、怎样丰富起来的,可是在语言发展的历史上方言与共同语、方言与方言的交互影响的关系很大,因此方言的研究是研究汉语史重要题目之一。

就现代汉语而论,以北方话为基础的民族共同语(普通话)已经形成了,可

---

* 士琦按:本文约写于 1993 年之前。

① 《论语·述而篇》说:"子所雅言,《诗》《书》、执礼皆雅言也。""雅言"就是正言的意思。清人认为"雅言"就是当时流行的"官话"。参看周祖谟《从文学语言的概念论汉语的雅言、文言、古文等问题》。

是方言依旧存在,方言与方言之间最大的分歧就在于语音。我们可以设想到在两汉时期方言在语音上的差异性可能更大。我们从许多材料综合出两汉音的一个总的部类是非常必要的,有了这样一个概括性比较大的部类才能说明两汉音在大的方面跟周秦音怎么不同,跟魏晋以下的音又怎么不同,所以说很必要。但同时也不宜忽略方音,不同的方音在整个语言的发展上都会有一定的作用。

我们要研究两汉的方言和不同方言中特殊的语音现象所能依据的材料有下列几种:

(1)汉代的著作中关于方言方音的记载,例如扬雄的《方言》和汉代经籍学家所作的经书及子书的注解。

(2)富有方言性的著作,例如《淮南子》里有很多押韵的文句,史游的《急就篇》、崔篆的《易林》全部都是韵语,可以考查出一些方音现象。

(3)不同地区的作家的作品。同一时代内有些作家的作品流传较多,可以根据作家的里贯来看他们在作品里所反映出来的方音现象。

(4)字书和训诂资料书,例如许慎的《说文解字》中的读若、刘熙《释名》中的声训等都是很有用的资料。

这些资料讲分量不为不多,但是有些材料很零散,有些材料经过爬梳分析之后能够充分反映出方音现象的地方还不够多,另外也有些材料比较庞杂,不易下结论。现在写下来的只是一些初步考查的结果。

研究汉代方言,首先要知道汉代方言在地理上分布的情况。可惜在这一方面古人并没有给我们遗留下来详细明确的记载。要考查这一个问题唯一可以凭借的资料就是《輶轩使者绝代语释别国方言》。这一部著作,一般简称为《方言》,相传是西汉末年扬雄(前53—18)所作。其中所载都是汉代不同方域的词汇,包括个别的方言、通行区域较广的方言和一般流行的普通话。凡说“某地语”或“某地某地之间语”的,都是方言,凡说“通语、凡语、凡通语、通名”或“四方之通语”的都是普通话。方域的称谓或用秦以前的国名、地名,或用汉代通用的地名。东起东齐海岱,西至秦陇凉州,北起燕赵,南至沅湘九嶷;东北至北燕朝鲜洌水之间,西北至秦晋北鄙,东南至吴越东瓯,西南至梁益蜀汉。地域包括极广,几乎囊括汉代的全部版图。

从其中所举的方域来看,有的一个地方单举,有的几个地方并举。依理推之,凡是常常单举的应当是一个单独的方言区域,凡是常常在一起并举的应当是一个语言比较接近的区域。根据这样的情况,我们可以粗疏地知道汉代方言在词汇方面比较接近的有以下几个大的地区：

1. 秦晋、陇冀、梁益①；

2. 周郑韩、赵魏②、宋卫；

3. 齐鲁、东齐、青徐；

4. 燕代、晋之北鄙、燕之北鄙；

5. 陈楚江淮之间；

6. 南楚；

7. 吴越。

这些地区的分划当然非常笼统，但从这个粗疏的分类中也可以看出在西汉时代"关西"跟"关东"不同，"陈楚江淮之间"与"周郑、齐鲁"不同，而"燕之北鄙"以及"南楚、吴越"等又都是比较特殊的方言。这对于我们了解汉代的方音无疑问是很有帮助的。假如我们再看一看东汉人的著作，也同样可以印证这样一个分划是比较可信的。

例如何休的《公羊传注》里曾经提到"齐、鲁、关东、关西、宋鲁之间、齐鲁以北、冀州"等地方言；郑玄《周礼注》曾经提到"齐、蜀、楚、燕、河间以北、关东、东莱、沛国、南阳、秦、齐鲁之间"；《仪礼注》还提到"江淮之间、莱易之间"；《礼记注》还提到"越、冀部、南方"等地的方言；高诱的《淮南子注》曾经提到"楚、河东、燕、江淮间、青州、幽州、兖州、秦、三辅、雒下"等地的方言；刘熙的《释名》里曾经提到"青徐、兖冀、齐鲁、关东、关西、宋鲁、并冀、南方、江南、汝颍、幽州"等地的方言。这些都可以证明上面所列的一些区域方言是有差别的③。

《方言》这一部书是记载汉代方言词汇的书，对于我们研究汉语词汇发展的历史启发很大，至少我们可以看到全民的语言是怎样吸收不同的方言词汇而丰富起来的，但是在方言的异同上并没有给我们很多的提示。我们要了解汉代不同方言的语音情况须要从其他方面的材料去找。

二、汉代古书注解中所指出的方音现象

最重要的材料是东汉时期许多古典文献学家在古书的注解和训诂书当中

---

① "梁益"在西南，但书中"秦晋"与"梁益"常常并举。

② "赵魏"在书中常常并举，但"宋魏"也常常合称，所以与"宋卫"列在一起。

③ 这里没有举许慎的《说文解字》，因为《说文》里面讲到方言的材料大部分都跟扬雄《方言》相同。只有"河朔、益州部、三辅、淮南、淮阳、南阳、九江、弘农、荆巴间、南昌"等名不见《方言》。

所指出的一些方音现象,例如:

《春秋公羊传·隐公五年》何休注云:"登来读言得来,得来之者,齐人语也。"又《庄公二十八年》何休注:"伐人者为客,读伐长言之,齐人语也;见伐者为主,读伐短言之,齐人语也。"

《礼记·檀弓》"何居",郑玄注:"居读为姬姓之姬,齐鲁之间语助也。"又《檀弓》"咏斯犹",郑玄注:"犹当为摇,声之误也……秦人犹、摇声相近。"《礼记·中庸》"壹戎衣",郑玄注:"衣读如殷,声之误也。齐人言殷声如衣……今姓有衣者,殷之胄与。"《礼记·郊特牲》"汁献涗于酉酒",郑玄注:"献读当为莎,齐语声之误也。"

《诗经·匏叶》"有兔斯首",郑玄笺:"今俗语斯白之字作鲜,齐鲁之间声近斯。"

《吕氏春秋·慎大篇》"亲郼如夏"[①],高诱注:"郼读如衣,今兖州人谓殷氏皆曰衣。"

《淮南子·本经篇》"牢笼天地",高诱注:"牢读屋霤,楚人谓牢为霤。"

《释名·释天》:"天,豫司兖冀以舌腹言之,天显也,在上高显也。青徐以舌头言之,天坦也,坦然高而远也。"又:"风,兖豫司横口合唇言之,风,氾也,其气博氾而动物也。青徐言风,踧口开唇推气言之,风,放也,气放散也。"

《释名·释亲属》:"兄,荒也。荒,大也。故青徐人谓兄为荒也。"

《释名·释言语》:"敏,闵也,进叙无否滞之言也,故汝颍言敏曰闵也。"又:"厚,后也,有终后也,故青徐人言厚曰后也。"又:"贵,归也,物所归仰也。汝颍言贵声如归往之归也。"

《释名·释饮食》:"豉,嗜也,五味调和,须之而成,乃可甘嗜也,故齐人谓豉声如嗜也。"

《释名·释乐器》:"人声曰歌。歌,柯也,所歌之言是其质也,以声吟咏有上下,如草木之有柯叶也,故兖冀言歌声如柯也。"

《释名·释疾病》:"癣,徙也,浸淫移徙处日广也,故青徐谓癣为徙也。"

《汉书·尹赏传》"寺门桓东",如淳注:"陈宋之俗言桓声如和,今犹谓之和表。"[②]

这些材料都是很真实的记载。从这些例子里可以看出几种值得我们注意

---

① 编者注:殷,今本作"郼"。
② 如淳,魏冯翊人,此所云"陈宋之俗言桓声如和"当有所本。

的现象①：

（1）阳声元部真部（文部）有些字齐鲁青徐之间没有韵尾辅音-n②，例如"癣"读为"徙"，"鲜"声近"斯"，"殷"读如"衣"。

（2）幽宵两部秦地声音相近。

（3）"风"上古声的声母是 b，韵尾是-m，在东汉时期兖豫司没有变，所以《释名》说横口合唇言之；青徐则变为[Φ]，所以《释名》说踧口开唇推气言之。

（4）寒部字"桓"有韵尾-n，可是陈宋之间读为"和"，则没有-n 尾。

（5）东汉时期青徐人读"兄"为阳部声音，没有转入耕部，与《诗经》音相同。

（6）"敏"从每声，在之部，汝颍言"敏"如"闵"，"闵"真部字，此为《切韵》"敏"归入轸韵的最早的方音。

（7）齐人读"豉"为"嗜"，"豉、嗜"都是禅母字，但"豉"为支部字，"嗜"为脂部字，是支脂两部音近。

根据这几种汉代的方音现象来看，汉代的方音有很多跟《诗经·国风》中所反映出来的方音现象是一致的，例如：

《陈风·东门之枌》二章："谷旦于差，南方之原。不绩其麻，市也婆娑。""原"为元部字，"差麻娑"是歌部字，"原"与"差麻娑"相谐，"原"可能没有-n 尾，与如淳所说陈宋之间桓读为和的话相合。

《豳风·七月》四章："四月秀葽，五月鸣蜩。""葽"为宵部字，"蜩"为幽部字，"葽、蜩"押韵，也与汉人所说秦人"犹、摇"声近的话相合。

由此可以推知《诗经》中清人所指出的一些合韵的例子，其中可能有很多依当地的方音读起来是相谐的。即如《邶风·新台》一章"泚瀰鲜"三字押韵，"鲜"与支部字"泚"、脂部字"瀰"押韵，是"鲜"无韵尾辅音-n；《鄘风·蝃蝀》二章"雨母"二字押韵，是之鱼两部音近；《秦风·小戎》二章"中骖"押韵，三章"膺弓滕兴音"押韵，《豳风·七月》八章"冲阴"押韵，是侵部字韵尾-m 读为-ŋ。诸如此类都很值得我们注意。

这是汉代古典文献学家在古书注解中给我们的一些启示。不过要了解汉代方音的情况还须要做进一步的考查。

---

① 这里暂不讨论关于声母和声调的问题。

② 许慎《说文解字》中"肵读若携手、瞢读若威、昕读若希、膈读若捶击之捶"也都是同类的例子。

四声别义创始之时代

古人一字每有数音,或声韵有别,或音调有殊,莫不与意义有关。盖声与韵有别者,由于一字所代表之语词有不同,故音读随之而异,如"敦",厚也,音都昆切。《诗》"敦彼独宿","敦"训独貌,音堆。"贲",饰也,音彼义切,"贲勇"则音奔。其例至广,无烦覙缕。至若音调有殊者,则多为一义之转变引申,因语词之虚实动静及含义广狭之有不同,而分作两读。或平或去,以免混淆。即如物体自有精粗美恶,人心亦有爱憎去取。物之精者美者,谓之"好",音呼皓切;粗者劣者,谓之"恶",音乌各切。而心之所喜所爱,则谓之"好",音呼皓切;所憎所恶,则谓之"恶",音乌故切。夫物之美恶与人之好恶义虽相关,但以其词类不同,用于文句之地位亦不同,故古人区分为两词两音,一读上,一读去,斯即以四声别义之例也。

考四声别义之所始,清人多谓肇自六朝经师。盖北齐颜之推《家训·音辞篇》尝谓"好"有呼号一音,"恶"有乌故一音,见于葛洪《要用字苑》、徐邈《毛诗左传音》。二人皆晋人也。而陆德明《经典释文》所录晋宋以下经师以四声别义之例尤多。故顾炎武、钱大昕、卢文弨、段玉裁皆谓此乃始自六朝经师,不合于古。如顾氏《音论》卷下"先儒两声各义之说不尽然"条云:

> 凡上去入之字,各有二声,或三声,四声,可递转而上同以至于平,古人谓之转注(此语非是)。其临文之用,或浮或切,在所不拘。而先儒谓一字两声各有意义,如"恶"字变为爱恶之恶,则去声,为美恶之恶,则入声,《颜氏家训》言此音始于葛洪、徐邈,乃自晋宋以下同然一辞,莫有非之者。余考"恶"字,如《楚辞·离骚》有曰:"理弱而媒拙兮,恐导言之不固。世溷浊而嫉贤兮,好蔽美而称恶。"此美恶之恶,而读去声。汉刘歆《遂初赋》:"何叔子之好直兮,为群邪之所恶。赖祁子之一言兮,几不免乎俎落。"此爱恶之恶,而读入声。乃知去入之别,不过发言轻重之间,而非有此疆尔界之分也。凡书中两声之字,此类实多,难以枚举。自训诂出而经学衰,韵书行而古诗废,小辩愈滋,大道日隐。噫,先圣之微言,汩于蒙师之口耳者多矣!

自此说出,学者多承其绪论。钱氏《十驾斋养新录·论易卦之观字》云(一卷):

> 古人训诂,寓于声音,字各有义,初无虚实动静之分。好恶异义,起于葛洪《字苑》,汉以前无此分别也。"观"有平去两音,亦是后人强分。《易》观卦之"观",相传读去声,象传"大观在上,中正以观天下",象传"风行地上,观",并同此音,其余皆如字,其说本于陆氏《释文》。然陆于"观国之光",兼收平去两音,于"中正以观天下"云徐惟此一字作官音,是童观、窥观、观我生、观其生、观国之光,徐仙民并读去声矣。六爻皆以卦名取义,平则皆平,去则皆去,岂有两读之理?而学者因循不悟,所谓是末师而非往古者也。

又《论长深高广字音》云(见卷四,又卷五"一字两读"条意亦相若):

> 长深高广俱有去音,陆德明云(见《周礼释文》):"凡度长短曰长,直亮反。度深浅曰深,尸鸠反。度广狭曰广,光旷反。度高下曰高,古到反。相承用此音,或皆依字读。"又《周礼》前期之前,徐音昨见反,是前亦有去声也。此类皆出乎六朝经师,强生分别,不合于古音。

此与顾氏之说,同出一辙。余如卢文弨《钟山札记》卷一,谓字义不随音区别,段玉裁《六书音均表》卷一"古音义说",谓平转为仄,上入转为去,今韵多为分别,皆拘牵琐碎(其说又散见《说文解字注》)。立论虽各有所据,然不察其所由起,概视为末儒妄作,则非也。

以余考之,一字两读,决非起于葛洪、徐邈,推其本源,盖远自后汉始。魏晋诸儒,第衍其绪余,推而广之耳,非自创也。惟反切未兴之前,汉人言音只有读若譬况之说,不若后世反语之明切,故不为学者所省察。清儒虽精究汉学,于此则漫未加意。闲尝寻绎汉人音训之条例,如郑玄《三礼注》,高诱《吕览注》《淮南子注》,与夫服虔、应劭之《汉书音义》,其中一字两音者至多,触类而求,端在达者。今就诸儒之说,诠次于后,申其旨趣,而以魏世苏林、如淳、孟康、韦昭之说附焉。

　　渔　《说文》"捕鱼也",《广韵》语居切,在鱼韵。

　　按《吕览·季夏纪》"今渔师伐蛟,取鼍",高注云:"渔师,掌鱼官也。渔读若相语之语。"《淮南子·时则篇》"乃命渔人伐蛟取鼍"注同。《季冬纪》"命渔师始渔",注云:"渔读如《论语》之语。"此指渔师之渔而言。《淮南子·时则篇》"命渔师始渔"、《说林篇》"渔者走渊"注同。《淮南子·原道篇》"朞年而渔者争处湍濑",注云:"渔读告语。"此相语、告语、《论语》之语,并读去声(《广韵》牛倨切),与言语之语,读上声音鱼巨切者不同。今韵书"渔"字有平声,无去声,高诱音去声者,以渔师、渔人、渔者之渔,与《易》"以佃以渔"之渔,为用不同,前者为由动词所构成之名词,后者为动词,故《吕览·决胜篇》"譬之若渔深渊"、《异宝篇》"方将渔"、《慎人篇》"舜之耕渔"、《具备篇》"见夜渔者""渔为得也",诸渔字并如本字读,而不别加音释。是"渔"字汉人有平、去二音也。斯即以四声别义之一例。

语　《广韵》鱼巨切,在语韵,"论也"。又牛倨切,"告也"。

按二者意义略有不同,如《易·系辞》"或默或语",《礼记·文王世子》"既歌而语",皆读如本字。而《论语·阳货篇》"居,吾语女",《礼记·杂记》"言而不语",《释文》皆读去声。此固晋宋以后经师所口相传述,然自上例观之,高注称渔读相语之语,又曰渔读告语之语,是告语、相语之语,与言语之语有别,自汉末已然矣。

为　《广韵》薳支切,在支韵,《尔雅》作"造,为也"。又于伪切,在寘韵,"助也"。

按作为与助为义虽相因,而有广狭之异,故相传分作两读,如《吕览·审为篇》"杀所饰要所以饰,则不知所为矣",高注云:"为读相为之为。"相为之为,即音于伪切。又《汉书·高纪上》"明其为贼",集注云:"应劭曰:为音无为之为,郑氏曰:为音人相为之为。"应、郑皆汉末人,其言已如此。

遗　《广韵》以追切,在支韵,"失也,亡也"。又以醉切,在至韵,"赠也"。

按遗失、遗留,与遗赠、遗送之音有别,自古已然,如《周礼·地官》序官"遗人",郑注云:"郑司农云:遗读如《诗》曰弃予如遗之遗[1]。玄谓以物有所馈遗。"《淮南子·览冥篇》"猨狄颠蹶而失木枝",高注云:"狄读中山人相遗物之遗。"皆其证也。

难　《广韵》那干切,在寒韵,"艰也,不易称也"。又奴案切,在翰韵,"患也"。

按经典相承,难易之难,与问难、难却、患难之难,音有不同。难易之难为形容词,读平声;问难、难却之难为动词,读去声。患难之难为名词,亦读去声。此本为一义之引申,因其用法各异,遂区分为二,如《周礼·占梦》"遂令始难驱疫",郑注云:"难谓执兵以有难却也。故书难或为傩,杜子春傩读为难问之

---

[1]　《释文》云"郑众音维"。

难。"又《淮南子·时则篇》"仲秋之月,天子乃傩,以御秋气",高注云:"傩犹除也,傩读躁难之难。"躁难、难问,皆读去声也。杜子春者,河南缑氏人,尝问业于刘歆(见贾公彦《周礼注疏·论周礼废兴》所引马融《周官传序》),而郑众、贾逵又皆从其受学,自其读傩为难问之难,可知"难"字分作两读,远始于东汉之初。

劳 《广韵》鲁刀切,在豪韵,"倦也,勤也,病也"。又郎到切,在号韵,"劳慰"也。

按劳慰云者,即《孟子》"劳之来之"之劳,其与勤劳之劳,义实相承,而古人已分作两读,如《淮南子·氾论篇》"以劳天下之民",注云:"劳犹忧也,劳读劳勑之劳。"此即作去声读。《汉书·平当传》"劳倈有意者",注:"劳者恤其勤劳也。"

任 《广韵》如林切,在侵韵,"堪也,保也",又音汝鸩切,在沁韵,胜也。

按堪任、保任、任使之任,盖皆读平声。胜任、信任、任用之任,皆读去声。如《淮南子·精神篇》"养性之具不加厚,而增之以任重之忧",注云:"任读任侠之任。"任侠一词,古之通语也。《史记·季布栾布传》"为气任侠",《集解》引孟康云:"相与信为任。"《汉书》颜注:"任音人禁反。"是任侠之任读去声。又《说林篇》"短绠不可以汲深,器小不可以盛大,非其任也",注云:"任读堪任之任。"此即读为平声矣。是"任"之分作两音,由来已远,非近世所兴也。

量 《广韵》吕张、力让二切。

按豆区斗斛之属,谓之量,读去声。以之度物之多少,亦谓之量,读平声。去声为名词,平声为动词。《周礼·考工记》栗氏"准之然后量之",郑注云:"量读如量人之量。"即读平声也。

阴 《广韵》於金切,在侵韵。

按经典相承又有去声一音,前者为名词,后者为动词,谓覆蔽之也,如《礼记·祭义》"阴为野土",郑注云:"阴读为依荫之荫。"是其证。阴覆之阴又通作荫。

与 《广韵》余吕、羊洳二切。

按凡党与、相与、许与之与,皆读余吕切,而参与、干与之与,皆读羊洳切。盖由相与、亲与之义引申之,以我临物亦谓之与也,如《易·杂卦》传"或与或求",王弼注"与"读去声,是余吕为本音,羊洳则转音也。然两声各自为义,自汉已然,如《仪礼·特牲馈食礼》"祝曰酳,有与也",郑注云:"与读如诸侯以礼相与之与。""诸侯以礼相与"《礼记·礼运》文。与即读为上声,如《礼记·中庸》"可以与知焉",郑注云:"与读为赞者皆与之与。""赞者皆与"《仪礼·士冠礼》文。《汉书·高纪下》"万民与苦甚",集注云:"如淳曰:'与音相干与之与。'师古曰:'音弋庶反。'与皆读去声,是其例也。"

子　《广韵》即里切,在止韵。

按经师相承又有将吏切一音,盖子者本为对父之名,爱人如其子,则读去声。《礼记·乐记》云:"致乐以治心,则易直子谅之心油然生矣。"郑注曰:"子读如不子之子。"《祭义》亦有此语,注同。《释文》云:"子如字,徐将吏反。"考《尚书·益稷》云:"启呱呱而泣,予弗子,惟荒度土功。""弗"《史记·夏本纪》作"不",不子者,不能爱念之如子也。此云易直子谅之心者,亦为子爱之义,故郑云读如不子之子。陆德明《尚书释文》云:"子如字,郑将吏反。"是不子之子郑殆读去声无疑。孙星衍《尚书今古文疏证》谓郑盖读如字,恐非。《乐记》注所云,匪特明其义训,抑且通其音读,故称读如,或者不察,反以为疏通故训则拘矣。又子爱之子亦通作字,《广韵》疾置切,去声。《列子·杨朱篇》云:"惟荒度土功,子产不字,过门不入。"不字,即不子也。《左传·成公四年》"其肯字我乎",《周礼·大司徒》注"小国贡轻,字之也","字"并训爱。

比　《广韵》卑履切,在旨韵,"校也"。又毗至切,在至韵,"近也"。

按比较、比拟、比例、比方之比,前人多读上声,比近、比次、党比、频比之比,多读去声。前者为本音,后者为转音。《汉书·任敖传》"吹律调乐入之音声,及以比定律令",集注云:"如淳曰:'比音比次之比,谓五音清浊各有所比,不相错入,以定十二律之法令,于乐官使长行之。或曰谓比方之比,音必履反。'师古曰:'依如氏之说,比音频二反。'"由此观之,比有两读,魏世已然。

下　《广韵》胡雅切,在马韵,"贱也,后也,底也"。又胡驾切,在祃韵,"行下"。

按前者为形容词,后者为动词,故分为二音。《汉书·高纪下》云:"葬长陵已下。"集注云:"苏林曰下音下书之下。"下为动词,故师古曰下音胡亚反,足证"下"有两读,由来已久。

假　《广韵》古疋、古讶二切,皆训"借也",而有上去之异。

借　子夜、资赐二切,皆训"假借",而有去入之分。《左氏·庄公十八年传》孔疏云:"假借同义。取者,假为上声,借为入声。与者,假借皆为去声。"

按古人已有此分别,如《汉书·文帝纪·赞》"常假借纳用焉",集注云:"苏林曰'假音休假,借音以物借人之借'。"《薛宣朱博传·赞》"假借用权"

集注引邓展音同。又《晁错传》"里有假士",集注云:"服虔曰'假音假借之假'。"是也。

被 《广韵》皮彼切,在纸韵,"寝衣也"。又平义切,在寘韵,"覆也"。

按《书·尧典》"光被四表",郑注云:"言尧德光耀及四海之外。"见《诗·噫嘻》疏。《释文》"被"音皮寄反,作去声读。考《淮南子·俶真篇》"被施颇烈",高注云:"被读光被四表之被也。"《汉书·韩王信传》"国被边",集注云:"李奇曰'被音被马之被'。"《史记·南越尉佗传》"即被佗书",集解引韦昭云:"被音光被之被。"由是可知覆被之被(动词),与寝被之被(名词),音读不同,有自来矣。

走 《广韵》子苟、则候二切,在厚、候韵,并训"(疾)趋也"。

按走之字义,有趋走、走向之分。古者趋走之走,读上声;走向之走,读去声,如《孟子》"弃甲曳兵而走",走,退走也,读上声。《淮南子·说林篇》"渔者走渊,木者走山",高诱云:"走读奏记之奏。"则读去声矣。又《汉书·高纪上》"步从间道走军",集注云:"服虔曰:'走音奏。'师古曰:'走谓趣向也。'"《张释之传》"此走邯郸道也",集注云:"如淳曰:'走音奏,趣也。'"凡此之类,并读去声。夫趋走与走向义近,而古人分为二音者正以其为用不同耳。

过 《广韵》古禾切,在戈韵,"经也"。又古卧切,在过韵,"误也,越也,责也"。

按经过之过读平声,过越之过读去声,汉人即已如是。《淮南子·览冥篇》"过归雁于碣石,轶鶤鸡于姑余",高诱曰:"过,去也。过读责过之过。"云责过之过,即以别于经过之过也。

数 《广韵》所矩、色句二切,在麌、遇韵。凡计数之数读上声,数目之数读去声,而频数之数则又音所角切,是一字有上去入三音也。

然考之汉代,固已若是,犁然不紊,如《汉书·东方朔传》"朔曰'是窭数也'",集注云:"苏林曰:'数音数钱之数。'"案此即读为上声一音。《史记·李广传》"以为李广老,数奇",《索隐》引服虔说云:"作事数不偶也,音朔。"此则读为入声矣。

告 《广韵》古到切,在号韵,"报也"。又古沃切,在沃韵,"告上曰告"。盖上告下音古沃切,下告上音古到切。一读去声,一读入声。

按汉人此字已有两读,《诗》"日月告凶",《汉书·刘向传》作"日月鞠凶";《礼记·文王世子》"则告于甸人",注云:"告读为鞠。""鞠、告"双声,"鞠"入声字也。《释名》云:"上敕下曰告,告觉也,使觉悟知己意也。""觉"亦入声字。又

《史记·高祖本纪》云："高祖为亭长时,常告归之田。"《集解》云:"服虔曰:'告音如嗥呼之嗥。'李斐曰:'休谒之名也。'孟康曰:'古者名吏休假曰告。告又音嘒。'"《索隐》曰:"韦昭云'告请归乞假也,音告语之告,刘伯庄、颜师古并音古笃反,服音如嗥呼之嗥'。按《东观汉记·田邑传》云:'邑年三十,历卿大夫,号归罢厌事,少所嗜欲。'寻号与嗥同,古者当有此语。今服虔虽据田邑号归,亦恐未为得。然此告字,当音诰。诰、号声相近,故后告归号归遂变也。"据是可知告归之告,古有数读,服虔音号,孟康音嘒,颜师古、刘伯庄音梏,"梏、嘒"并入声,沃韵字也。《淮南子·氾论篇》"乾鹄知来,而不知往",高诱云:"鹄读告退之告。""鹄"亦沃韵字,而高诱音"告退之告",可证高诱读告亦有入声一音,韦昭音告语之告亦然。今人读告归之告多读为梏,殆即本乎高诱、韦昭矣。

由上所述,可知以四声别义远自汉始,确乎信而有征。清人谓此乃六朝经师之所为,殆未深考。即诸儒之音观之,以杜子春之音《周礼》"傩读难问之难"为最早,尔后郑玄、高诱分别更广。郑玄与卢植同为马融之门人,而高诱又为卢植之弟子,二人师友之渊源既深,故解字说音,旨趣亦同。后儒继作,遂成风尚。迨夫晋世,葛洪、徐邈,更趋精密矣。论其所始,不得不谓昉自汉世也。

汉语音韵学讲义[*]

一、古代汉语的字音

（一）字音的构成

汉字是一个个的方块字，每个字的读音都自成一个音节。一个字的读音可以从声母、韵母、声调三方面进行分析。声母是指字的开头的辅音部分（如 b、d、g、z、c、s 等——汉语拼音，下同）。韵母是指声母以外具有元音的部分。韵母，有的是单元音（如 i、u、ü），有的是二合元音或三合元音（统称为复合元音，如 ai、ao、iao、uai），有的是元音之后带有韵尾辅音（如 an、ang、ing）。-n、-ng 在元音之后，所以称为韵尾辅音。至于声调，指的是字音音调的高低升降。高低是相对的。升是由低升高，降是由高降低。音调的不同主要表现在韵母的主要元音上。发元音的时候，声带是颤动的，在物理学上称为"乐音"，所以能有音调上的不同。声、韵、调三者是构成汉字字音的要素。

汉字成千累万。汉字的读音，大多数都有声母，只有一部分的字，如"衣、屋、安、因、英、拥"之类是没有声母的，有人称之为零声母字。零声母的字在《汉语拼音方案》中，拼写的时候 i 作 yi，u 作 wu，ia、ie 之类作 ya、ye、ua、uei 之类作 wa、wei。

（二）字音的声韵系统

现代汉语普通话是以北京语音系统为标准音的，汉字的读音自然要按照北京音的声、韵、调系统来读。北京音的声、韵、调系统是从唐宋元明以来长期逐渐发展而成的。声母有 21 个，韵母有 38 个，声调有 4 个。声母与韵母所构成的有音有字的音节约有 698 个（声调不同的不在内）。

1. 21 个声母，依照《汉语拼音方案》排列如下：

双唇音：b、p、m　　　　唇齿音：f

舌尖音：d、t、n、l

舌根音：g、k、h

---

* 作为一篇文章，该文载于《周祖谟文字音韵训诂讲义》（天津古籍出版社 2004 年），共包括两部分：《古代汉语的字音》写于 1987 年左右；《汉语历史音韵学》乃作者为北京大学中文系本科生开设课程之讲义。

舌面前音:j、q、x

舌尖后音:zh、ch、sh、r

舌尖前音:z、c、s

2.38 个韵母,按照主要元音之前有没有介音和介音的类别区分为开口呼、齐齿呼、合口呼、撮口呼四类:

(1)开口呼韵母

-i(z 后)-i(zh 后)、a、o、e、ai、ei、ao、ou、an、en、ang、eng、ong

(2)齐齿呼韵母

i、ia、ie、iao、iou、ian、in、iang、ing、iong

(3)合口呼韵母

u、ua、uo、uai、uei、uan、uen、uang、ueng

(4)撮口呼韵母

ü、üe、üan、ün

这里所列的韵母,开口呼是没有介音的,齐齿呼是元音 i 和带有 i 介音的,合口呼是元音 u 和带有 u 介音的,撮口呼是元音 ü 和带有 ü 介音的。

3.4 个声调即阴平、阳平、上声、去声。"阴"和"阳"在这里本身没有什么意义,只是两个对称的名词,代表平声有两类而已。古人所说的四声是平、上、去、入。北京音没有入声。这是历史发展的结果。北京音的阴平声是高平调,阳平声是由低升高调,上声是低降而转升调,去声是由高下降调。

(三)字音和字形

汉字不是拼音文字,但是形声字占 80% 以上,形声字的声旁也能显示出一点读法来,例如从申旁的字"伸、呻、绅、神",从青旁的字"清、蜻、情、晴、请"之类,声韵与声旁是相同的(音同而调不同的不算在内)。可是就现在的读音来说,有很多形声字的声旁跟字音并不相谐合。不相谐的情况主要有三种:

1. 声同而韵不同,如:皮—坡、师—筛、思—腮、列—例、发—废、瓜—孤。

2. 韵同而声不同,如:告—浩、工—空、长—张、屯—纯、羊—祥、青—精。

3. 声韵都不相同,如:妥—馁、带—滞、多—移、屈—掘、寿—铸、也—施。

在以上三种情况中,数量比较多的是第三种。有时同从一个声旁的几个形声字读音也不尽同,如从少的字有"抄、妙、抄、炒",从者的字有"都、诸、赭、奢、屠、褚、绪、暑",从且的字有"祖、粗、锄、助、姐",读音都不同。

形声字的声旁跟字的读音所以不一致,主要有两种原因:

一种原因是由于文字在历史发展中为群众所创造,既非产于一时,也非出自同一地人之手,其中也有方音的影响。大体来说,古人所注意的是声旁与字音是否同韵或韵近,其次是声母是否发音部位(即唇舌牙齿喉五音)相同。另外一种原因是由于语音在历史上有很多变化,最初是相谐的,后代的语音与古音有了不同,自然产生字音与声旁不一致,甚至有相差甚远的现象。由于有上述的原因,汉字形声字当中有不少字的声旁已经不能很好地起到表音的作用,所以在读字的时候往往单凭声旁来读是不行的,如"宓"音 fú 又音 mì、"鄞"音 yín、"砾"音 lì、"跶"音 tā 等就不是一看就能念准的。

但是,事物不能孤立来看待。假如单独就字的谐声声旁与字音不尽相谐而说形声字的声旁一无用处也是不恰当的。如果我们把同从一个声旁的字比在一起来看,对字音韵母的理解还是有帮助的。有些声旁虽然所谐的字在韵母上读音不相同,但是仍有规律可寻。举例如:

者:a. 奢,赭;b. 都,睹。　　台:a. 胎,殆;b. 治;始;怡,饴。
皮:a. 披,疲;b. 波,颇。　　非:a. 扉,绯;b. 排,徘。

从这几个简单的例子,我们从字形跟字音的关系上会进一步理解到,在汉字读音教学上形声字的声旁还可以利用。

(四)直音、读若和反切

现在我们给字注音用的是汉语拼音字母;但在以往的古书的注解、字书、韵书里给字注音用的还是汉字。在过去,利用汉字注音有三种方法:一是直音,二是读若,三是反切。

直音是用一个通常应用而又普通认识的同音字注不常用或跟一般读法不同的字,例如"耘音似、蹂音柔、厩音救、菲音非",都用的是同音字。因为用同音字注音是很直接的,只要按照字下所注的同音字来读就行,所以旧称之曰直音。

读若也说"读如",是一种譬喻的方法,即用一个易认的同音字或音近字来说明被注字的读法。有时也用某一词中或古书某句中的某字来注音。这种方法是一种比况的方法,汉代人称为"读若"或"读如"。东汉许慎所作《说文解字》里应用最多,例如:

趁,趨(zhān)也。读若尘(今音 chèn)。　　宛,深肆极也。读若挑。
唉,应也。读若埃。　　　　　　　　　　褫,夺衣也。读若池(今音 chǐ)。
绺,纠十缕为绺。读若柳。　　哽,语为舌所介也。读若井汲绠。
眱,直视也。读若《诗》云"眱彼泉水"(今音 bī)。

直音和读若两种注音方法都不是很好的方法。就直音这种方法来说,如果遇到难字而没有同音字或有同音字而又不容易认,那就注犹不注。至如读若的注音方法跟直音相似,其中有的是同音,有的只是音近,甚至于有些是作者个人的方音读法,随手拈来,未必通行。所以后来就废弃不用了,惟有直音的方法还相沿使用。

下面来谈反切。

反切是一种拼音的方法,是用两个汉字相拼而成一音,例如"东"(dong)音"德红切","德、红"相拼,就成为 dong。用汉字为符号来拼音,始于公元 3 世纪汉末魏初。因为印度佛教东来,受梵文(Sanskrit)用字母拼音方法的影响,所以创出用上一个字和下一个字相拼以反成一音的注音方法,在魏晋时代大为流行,随之也就在字书之外产生了韵书。字书如《说文解字》是根据字形,按部首来编排文字的;韵书是根据字音,按韵分部来编排文字的。韵书就用反切来注音。"切"(qiè)是拼切的意思。俗言有"咬牙切齿"的话,"反切"的"切"就是上下两音向一起拼切的意思。反切也称"切语",自魏晋至唐代称"某某反",宋以后称"某某切",意思是一样的,因而统称之为"反切"。

反切的用字是上一字要与被切字声母相同,即所谓双声,下一字要与被切字的韵母相同,即所谓叠韵,而且声调要一致,平是平,上是上,不能相乱。在两字相拼的时候,上字只取其声母,下字只取其韵母,上字的声、下字的韵,二者相拼而成一音节,就是被切字的读音,例如:

工(gōng)音古红切。古 g-,红-ong,g→ong→gōng。

官(guān)音古丸切。古 g-,丸-uan,g→uan→guān。

留(liú)音力求切。力 l-,求-iu,l→iu→liú。

海(hǎi)音呼改切。海 h-,改-ai,h→ ai→hǎi。

振(zhèn)音章刃切。章 zh-,刃-en,zh→en→zhèn。

应用这种方法,即使是难字也可以注出它的读音来。这比用直音、读若的注音方式前进多了。

(五)韵书的字音规范

我们在前面说过魏晋时代开始有了韵书,下至南北朝时,作者增多,按四声分别韵部编排文字,每一韵部又分别声母异同,同声母的字连写在一起,注出反切,称为一小韵。每字之下加注字义。这样韵书既便于检字,又兼有字书之用,所以到隋唐时代韵书大为盛行。最著名的韵书是隋代陆法言的《切韵》。"切"

是声的意思,《切韵》就是声韵的意思。《切韵》有五卷,按四声分卷。平声字多,分为两卷,上、去、入三声各为一卷。按字音有声调的分别,这是汉语的特点。平、上、去三声,音调较长,入声音调短,而且有韵尾上的不同。根据韵的韵尾在音韵学上分为阴声韵、阳声韵、入声韵三类。"阴、阳"是对称词,没有什么意义。

1. 阴声韵的韵尾是元音;

2. 阳声韵的韵尾有-m、-n、-ng 三类;

3. 入声韵的韵尾有-p、-t、-k 三类。

四声的分别是从古代相沿下来的。字音的读法是以书音为本,而又参照南北流行的韵书,斟酌古今,侧重分析,四声韵部就有 193 韵,例如"东冬钟"就分为三韵,"支脂之微"就分为四韵,这跟后代的语音很有不同。

至于声母,根据《切韵》的反切上字进行归纳,可以分出 35 母,用汉字标出兼注出国际音标如下:

双 唇 音:帮[p]　　滂[pʻ]　　並[b]　　明[m]

舌 尖 音:端[t]　　透[tʻ]　　定[d]　　泥[n]　　来[l]

舌尖前音:精[ts]　　清[tsʻ]　从[dz]　　心[s]　　邪[z]

舌尖后音:知[ṭ]　　彻[ṭʻ]　　澄[ḍ]

　　　　　庄[ṭʂ]　　初[ṭʂʻ]　床[ḍʐ]　山[ʂ]

舌面前音:照[tɕ]　穿[tɕʻ]　神[dʑ]　审[ɕ]　　禅[ʑ]　　日[ń]

舌面中音:喻[j]

舌 根 音:见[k]　　溪[kʻ]　　群[g]　　疑[ŋ]

　　　　　晓[x]　　　　　　匣[ɣ]

喉　　音:影[ø]

在这 35 个声母之中,並、定、从、邪、澄、床、神、禅、群、匣和明、泥、来、日在音韵学中都称为浊音。读浊音,声带是颤动的。其他则称为清音,读清音,声带是不颤动的。

中国地域广阔,各地方音并不一致。陆法言编定《切韵》就有正音的作用。所以唐代科举考试就以《切韵》音为标准,诗赋押韵要按《切韵》的韵部来押。到了宋代编订《广韵》,仍以《切韵》为准则。不过,南方和北方字的读音都有改变,除了考试和应制时要按规定的情形押韵外,平时一般作品就不那样严格了。读书音也有改变,例如唐代宗大历时(8 世纪)张参所作《五经文字》的读音就跟

《切韵》不完全一致了。主要是声韵的部类有了改变,总的趋势是由繁趋简。《切韵》的字音规范也就慢慢地打破了。

(六)古音和今音

汉语有极悠久的历史。讲到古音,也有时代的不同。不同的时代,语音的声韵系统就不完全相同。从古代诗文中所反映的情况来看,粗略地说,先秦两汉以前和后代的语音差别最大,魏晋南北朝、隋唐宋跟元明清以至现代的普通话也有很大的差异。这在我们读古代的诗歌韵文的时候从押韵上最能体会得到。

例如在《诗经》里把"哉来"一类字和"时期"之类的字在一起押韵,把"华家"一类字和"居虚"之类的字在一起押韵,把"河歌"一类字和"皮宜"之类的字在一起押韵,这些都跟后代的语音大不相同。凡能相押的,其元音必然相同或相近。又如在唐人的诗歌里,"回杯"一类字和"开来"之类的字相押,"园翻"一类字和"门昏"之类的字相押,"车蛇"一类字和"家麻"之类的字相押,这些跟元明清以至现代的语音也很不相同。由此可见,语音随时代而有发展和变化,历史上不同的时代的语音声韵系统是有变化的。汉字的读音受语音演变的影响也就有古今音的不同。

我们要了解先秦两汉的字音的声韵系统,所能依据的主要资料是形声字和诗歌辞赋的押韵。根据形声字的谐声规则,被谐字和主谐字(即声旁)在声韵上或相同,或相近,由此可以考察一个字或一组字的声类和韵类,例如"波"从皮声、"江"从工声,我们根据"波"与"皮"、"江"与"工"的谐声关系,再参照《诗经》的押韵情况就可以把许多相关联的字归属在一起成为一个部类。应用这种方法,推而广之,可以把先秦两汉的声韵大类区分出来。这样,对于理解汉字的谐声和上古诗歌韵文的押韵有很大的帮助。

至于魏晋南北朝以后的字音的声韵系统,可以作为考察根据的材料就比较多了。除诗歌韵文的押韵材料以外,还有韵书是一种重要的依据。另外还有一些通俗的字书也可以参考。

现在由古代存留下来的最早的比较完整的韵书就是陆法言的《切韵》,可以说是中古读书音的代表。后代承袭《切韵》而作的韵书,韵部又分别加细,宋代的《广韵》多至206韵。但是各地的实际语音已经变化很大,礼部考试不得不有所变通,因而有的韵独用,有的韵可跟邻近的韵同用。金元人所刻的《礼部韵略》归并同用的韵,合为106韵。韵部的归并正代表语音已有很大的变化。因为书刻于山西平水(今新绛县境),所以有"平水韵"之称。后来到元泰定帝时周德清有《中原音韵》一书,开始脱离了《广韵》的窠臼,根据当时北方中原音来编制,分韵为 19 部,声母为 20 类,入声字派入平上去三声。这已由中古音演变为近代音。到明清时代就发展成官话了。官话是以北京音的声韵系统为标准音的。官话势力不断扩大,就成为今天所说的普通话。普通话的声韵跟古代的韵书反切的读音已经相差很多。我们读古代作品的时候常常会遇到古今音的问题,我们可以把唐宋韵书所反映的字音的声韵系统跟现代普通话做一比较。

(七)古今音的差异

古今音的差异不外表现在声、韵、调三方面。下面分别以《广韵》为例加以说明。

1.声母　声母方面的不同主要有两种现象:一种是失落声母,一种是读音有变化,例如"宜、吾、言、银"等字,古音有声母 ng,现在普通话的读音已经没有声母。《广韵》"宜"音鱼羁切,"吾"音五乎切,"言"音语轩切,"银"音语巾切。这些反切上字都失落了声母。

声母读音有变化的,例如古音中有清声母和浊声母两类,在现代普通话里浊声母已变为清声母。举例来说:

　　a.供、靳、眷、对、顿、布、配、壮、苟
　　b.共、近、倦、队、钝、步、佩、状、旬

a 类"供、靳"等字是清声母字,b 类"共、近"等字古音则是浊声母字(今江浙话里还保留这种分别),现在普通话都读为清声母,虽然发音部位没有变(如舌尖音还是舌尖音,舌根音还是舌根音),但发音方法都改变了。浊音变为清音声带不颤动。同时声调也有不同,平声清声母字读阴平声,浊声母字读阳平声,如"君"是清音,读阴平;"群"是浊音,读阳平。上声浊声母字则读为去声,如"巨"(其吕切)、"在"(昨宰切)韵书都属于上声韵,可是声母是浊音,今音都读为去声。

声母读音有变化比较普通的还有:

　　c.江、间、居、机、交、经、金
　　d.煎、焦、将、精、尖、嗟、津

这里 c 类"江、间"等字的声母古读舌根音 g,d 类"煎、焦"等字的声母古读舌尖音 z,现在有些方言还如此,但在北京音里这两类字的韵母或有-i,或有-ü,都读成舌面音的 j,发音部位有了很大的改变,跟古音完全不同了。

2.韵母　在韵母方面,古今音的变化就更大了。现代普通话比《广韵》的

韵类少得多,例如:

蓬朋 梨犁 阶街 言妍 双霜 惊经

每对字今音都相同,但在韵书里不属于一韵。韵母之不同主要表现在韵母的主要元音上,如"蓬"字的韵母主要元音是o,而"朋"字的韵母主要元音是e。到了后来,音有变化,韵母的主要元音变得相同,"蓬、朋"的读音就没有分别了。可是,韵书中同韵的字在今音里也有分化成不同韵母的,如"家、斜"二字,"家"音jiā,"斜"音xié,韵母变得不同。

韵母读音的另外一种变化是韵尾辅音,例如"今、林、心、谈、廉"一类字在古音中的韵尾是-m,而不是-n,可是现代普通话的读音已经和"巾、邻、新、坛、连"没有分别。又如古音入声字的"屋、各"等字有韵尾-g,"一、七"等字有韵尾-d,"夹、匣"等字有韵尾-b,现在广东话还保留这种分别,但在普通话里已没有入声,这些字的韵尾一律失落。声调也变了。

3.声调 在声调方面,古人分为平、上、去、入。在诗律中,称平声为平,上去入为仄。平上去入因声母的清浊而各有不同的两类,清声母为一类,一般称为阴调;浊声母一类,一般称为阳调,两者音调的高下有不同。现在方言中还有近于古人分类的,不过普通话没有入声,平声虽分阴阳,而上去都不分,所以只有阴平、阳平、上声、去声四个调类。还有,古上声浊声母字(即阳上),如"动、似、巨、倍、在、尽、近、但、践、善、荡、静"之类都变为去声,上声清声母字(即阴上)则不变。古入声字,则分别派入平上去三声,而且失去韵尾辅音,其主要元音有些也发生了变化,例如李白《宣州谢朓楼饯别校书叔云》诗:

蓬莱文章建安骨,中间小谢又清发。

俱怀逸兴壮思飞,欲上青天揽明月。

这里押韵的"骨、发、月"三个字都是韵书上的入声字。在现代普通话里,这三个字的韵母和声调全都不同,"骨"(-ǔ)读上声,"发"(-ā)读阴平,"月"(yuè)读去声。入声派入平上去三声随声母而异,是有规律的。派入平声和去声的最多,派入上声者最少。粗略地说:

(1)b、d、g、z、zh、h 和相对的浊声母读阳平;

(2)p、t、k、c、ch、s、sh、x、l 和鼻音 n、m 读去声。

古今语音演变的情况很复杂,以上所说的只是一些主要的情况。知道这些,遇到古书中的注音或古代的韵文与今音不同的地方,就知道怎样去辨别其中的问题了。

（八）读古籍时会遇到的字音问题

1.反切的读音　　反切注音的方法在历史上虽然应用了一千七百多年，但是随着时代的变迁，声韵系统有了改变，韵书里和古书里的反切有些就拼切不准，有些就拼切不出来。这里有两方面的原因：一方面的原因是反切用字不贴切，如以合口字切开口字，或以开口字切合口字，就不合乎反切的原则；另一方面的原因是由于时代不同，声韵系统有变，反切用字古今读音不同，也就难以拼切准确。举例来说，如《广韵》"建"字音居万切，"建"是开口字，"万"却是合口字。又"卦"字音古卖切，"卦"为合口字，而"卖"是开口字。韵母都有不合。还有以"於"字作反切上字的，如"依"音於希切，"殷"音於巾切，"焉"音於乾切，"幽"音於纠切，"医"音於其切等，"於"字等于虚设，只取下字的韵母就是被切字的读音。可是有的就不然，例如"威"音於非切，"娃"音於佳切，"於"就音 w 才拼得对，这就不好办了。这是反切用字不贴切的例子。

至于声韵系统有了变化，旧日的反切拼音的问题就更多了。首先要说明的是类隔切。公元 4 世纪以前，如"方、府、甫、分，芳、敷、抚、孚，符、房、扶、附"等字的声母都读双唇音，不读唇齿音[f]；"武、亡、无、文"等字的声母也读双唇音[m]，不读唇齿音[v]，因此遇到被切字是[p][p'][m]一类的字而以这些字作反切的时候，就切不准了，例如"篇"音芳连切，"彬"音府巾切，这类只能改读为双唇音。这类的反切，音韵学上称为类隔切。意思是同类而又有隔碍的意思。因为都是唇音一类，双唇音称为重唇，唇齿音称为轻唇。还有公元 4 世纪以前，如"竹、陟、知、张、猪"等字跟"都、当、多、丁"音近，"丑、敕、耻、褚"等字跟"他、托、土、汤"音近，音韵学上"竹、陟、丑、敕"等为舌上音，"都、当、他、托"等为舌头音，同归舌音一类。前代反切有以舌头音切舌上音的，如"桩"音都江切，"罩"音都教切，那又是类隔切。如果"桩"音陟江切，"罩"音竹教切，那就可以与今音相合了。这又是因为古今音有异而引起的麻烦。

要能掌握由反切拼出今音来，还不能不注意声调的改变。前面已经说过入派三声的规律。另外还有上声浊声母变为去声，也不能忽略，例如《广韵》"杜"音徒古切，"弟"音徒礼切，"杜、弟"都是上声字，但是今音都读为去声。这里只能粗略地选择主要的说一说，有些还须要有音韵学的知识才能得其门径。现在我们通常使用的字典辞书都注的是汉语拼音，但是我们读古籍的时候总会碰到一些反切注音，意在辨别多音多义，那就不能不理解反切是怎么回事了。

2. 辨平仄　汉语从古就有声调的区别,宋齐以后开始有"四声、平上去入"的名称。"平仄"的名称稍晚。前面已经说过,平指平声,仄指上去入,仄声唐人也称为"侧声"。韵书"侧、仄"同音。"仄"就是倾斜不平的意思。在诗歌里平仄分用,自古已然。骈体文也要讲平仄,例如梁丘迟《与陈伯之书》"暮春三月,江南草长。杂花生树,群莺乱飞。见故国之旗鼓,感平生于畴日"等句,二、四、六几句的末尾一字是平仄间开的。在唐以后的近体律诗里,有严整的格律,平仄更不能相混。以七言律诗而论,一、三、五不论,二、四、六分明。但是使人难辨平仄的地方主要是入声字。唐人作诗遵《切韵》音,宋人作诗遵《礼部韵略》,明清人作诗遵平水韵。《切韵》《礼部韵略》跟平水韵的入声是一致的。北方人读古诗就必须能辨别哪些字是入声字。注意的要点是要多在阳平声中留心,比如:bá 拔、bó 伯勃、bié 别、fá 乏罚、fú 伏福、dí 敌迪、dé 得德、gé 革格、guó 国、hé 合曷、huá 滑、huó 活、xié 协挟、jí 吉及、jié 结杰、jú 局菊、xí 习席、zhú 竹烛、zhuó 浊茁、shí 石食、shú 孰淑、zé 则责、zuó 昨,等,都是入声字读为阳平声的。我们了解了入声,在读古代诗歌作品的时候,遇到对句的平仄格律才不致茫无所知。

3. 入声字的读音　这是一项不容易处理的问题。一般来说,读古籍只有按今音来读。但在读古代诗词的时候,往往还要分别平仄。北方没有入声的区域,旧日都读短促的降调,有如去声,如杜甫诗句"两个黄鹂鸣翠柳,一行白鹭上青天"(《绝句》)。"白"是入声字,与"黄"平仄相对,旧日读为短促的"擘"。在"丞相祠堂何处寻,锦官城外柏森森"(《蜀相》)两句诗里,"柏"也读为短促的"擘",因为"柏"与"何"平仄相对。又如白居易的《琵琶行》中:"曲终收拨当心画(音获),四弦一声如裂帛。东船西舫悄无言,惟见江心秋月白。""画、帛、白"都是入声字。又如杜甫的《北征》和《自京赴奉先县咏怀五百字》两首诗都用的是入声韵,《咏怀》中的几句:"彤庭所分帛,本自寒女出。鞭挞其夫家,聚敛贡城阙。圣人筐篚恩,实欲邦国活。臣如忽至理,君岂弃此物?""出、阙、活、物"四字是押韵字,都以读为短促的去声调为宜。

4. 平去两读的字　古代有一小部分的字有平去两读,例如两汉以前"庆"字、"宪"字只读平声,后来才演变为去声,而不再读为平声。现在我们在一般文字中读为去声的字,有的在古人的诗里作平声,例如古诗《为焦仲卿妻作》"中有双飞鸟,自名为鸳鸯。仰头相向鸣,夜夜达五更。行人驻足听,寡妇起仿徨。多谢后世人,戒之慎忽忘"。"忘"字作平声读。李白《蜀道难》"青泥何盘盘,百步九折萦岩峦。扪参历井仰胁息,以手抚膺坐长叹"。"叹"字也作平声读。又如"看"字,今作去声,可是古人作平声读,如杜甫《月夜》"今夜鄜州月,闺中只独看。遥怜小儿女,未解忆长安"。"看、安"押韵。又如"论"字,今作去声,古人也读为平声,如杜甫《咏怀古迹》"群山万壑赴荆门,生长明妃尚有村。一去紫台连朔漠,独留青冢向黄昏。画图省识春风面,环佩空归月夜魂。千载琵琶作胡语,分明怨恨曲中论"。"论"字作平声。由此可见这些押韵字都要按照原作去念,不能按照今音来读。

5. 读破字例 古人读字,把一些意义有改变的字和一些词性有变易的字改变了读法,现在普通称为读破,例如"度"是尺度,音 dù,"度"作忖度的意思来用,就音 duó;"见"是眼睛看见,音 jiàn,如果是显露出来,或使人见,就音 xiàn;"处"是处所,位置,音 chù,对事物加以处置,就音 chǔ;"分"是分开,音 fēn,如果说名分、职分、分际,就音 fèn;"奔"是奔跑,音 bēn,如果是奔向某处,就音 bèn。这些或改变读音,或改变声调,一直为大家所沿用。但是有些字古人有两读,今人就不必照旧采用,例如"妻"字为名词,音 qī,平声,以女嫁人则音 qì,去声,为动词;"使"字为动词,使令的意思,音 shǐ,上声,被使的人,即使者,为名词,则音 shì,去声;"断"字是截断的意思,音 duǎn,上声,是使动词,如果是自断的意思,音 duàn,去声。这些现在很少有人一定要分别了。不过,像"解衣衣我""以王王之""以食食之""食我以其食",作为动词的"衣、王、食"旧读 yì、wàng、sì。这些为避免意义混淆起见,字典里还是分为两个读音的居多。

二、汉语历史音韵学

(一) 绪言

1. 语音学和音韵学 语言是用语音来表达的,任何民族的语言都有一定的语音系统。在一种语言中应用哪些元音和哪些辅音构成有意义的词是有一定的范畴的。研究语言的语音系统,包括音素的类别、发音的部位和方法、音素之间构成音节的规则以及读音的规律、语调的变化等都是语音学的内容。语音学是审辨语言声音的学问,是语言学中一个重要的部门。研究的对象是现代语言的语音。

至于音韵学,也称声韵学,它与现代的语音学有些相似,但不相同。它是中国历史上传统的一门审音学,注重的是字音的分析、声韵的类别、声韵的系统和古今音读的异同。研究的范围和内容都属于历史性质的,跟专门研究现代语音的语音学并不相同。

在汉语里每个汉字的读音都是一个音节,一般包括声和韵两部分,例如"工"字读 gōng,g 是声,ong 是韵,所以音韵学也称为声韵学。汉语是有声调分别的语言,字的读音除了声和韵结合在一起以外,还有调的分别。所以音韵学所要研究的就是字音的声、韵、调三方面的读音系统和字音在历史上的发展和变迁。

2. 音韵学的发展　　根据古代的文献资料,我们知道学者注意到分辨汉字的读音远在东汉时期(1 世纪)即已开始,如许慎著《说文解字》,郑玄注《仪礼》《周礼》《礼记》,都曾为很多汉字注音。到了汉末,开始有了采用两个字拼成一字之音的注音方法,如用"德、红"二字相拼读为"东"dong,上字表声,下字表韵。"东"音"德红反",就是一般所说的反切注音。这种方法,到魏晋以后大为盛行,学者对于汉字的声韵系统有了进一步的理解和分析,因而也就出现了按音来编排汉字的韵书。韵书是按音来检字的,比按形体偏旁编排的字书如《说文》之类在使用上更方便些,所以在南北朝时期就有了许多种韵书。韵书的兴起正标志着中国音韵学已经具备了一定的基础。

到了唐宋时期,研究音韵的人受了印度声明学的影响,对于韵书的声韵部类进行细微的辨别,创立了代表声母的名称,即所谓字母,又把韵分为四个等第,并且特别注意到声韵配合的系统性,制成韵图,这样就发展成为一种专门的比较有系统的审音之学。

及至明清两代,学者一方面根据传统的审音之学结合实际语音对汉语的声韵系统做进一步的研究,发展了前代的审音学;另一方面在盛行读古书的风气下注意到周秦古音的研究,探讨上古的声韵部类与后代声韵的异同,成为一门考证古音的学问,通称之为古韵学或古音学。

清人把研究汉语音韵的学问分为古韵、今韵、等韵三科。所谓古韵指的是研究周秦古音;所谓今韵指的是研究前代的一些韵书的声韵系统;所谓等韵就是上面所说的专门分析声韵的审音之学。这三方面是互相关联的,实质都是属于有关历史语音的知识,所以我们合在一起称之为历史音韵学。

汉语音韵的研究,从开始辨析字音发展到有系统地研究历史音韵的系统,已经有一千六百多年了,可是由于过去没有全面科学的综合论述,又由于古代创立的一些论音的名词术语缺乏明白的解释,不易为一般人所理解,因而长期是一种口耳相传之学。直到近代,学者受到西方语言学和语音学的影响,对这门具有悠久历史的传统的学识才加以科学的阐述,使之成为普遍容易理解的一门研究古汉语的基础学科,同时还进行了许多关于汉语历史音韵方面的研究工作,因而汉语音韵学又有了新的发展。

3. 学习汉语历史音韵学的意义　　语音是构成语言的基本材料,它跟语言的词汇、语义各个方面是紧密相连的。我们学习汉语历史音韵学的目的即在于了解古代字音和声韵系统的类别,从历史的语音演变中通晓古今音的异同,以便于解决在研究汉语语音、文字、词汇、语义和在阅读古书和文学作品时所涉及到的声韵问题。下面我们可以举一些问题来看:

1)汉语里有一些从象声而来的语词,如"鹅"今音 é,并不像鹅叫的声音;"呜呼"是文言文中常见的一个叹词,今读 wūhū,也不像慨叹的声音。这怎样去解释呢?

2)现在使用的汉字中形声字占 80% 以上,有些字的读音跟声旁相近,如"增",如"情";可是有很多的字,如"谈、波、窗、废"等字音跟字的声旁却差别较远,原因何在? 怎样去理解呢?

3)今人说"拈阄"或"抓阄","阄"音 jiū,在唐代就已经有这个字了(李商隐诗"楚妃交荐枕,汉后共藏阄")。更古的时候说"藏钩"或"藏彄","钩"今音 gōu,"彄"音 hōu。"钩"跟"阄"在音义上有什么关联没有?

4)白居易《琵琶行》有"自言本是京城女,家在虾蟆陵下住"两句,"虾蟆陵"本名"下马陵",后戏呼为"虾蟆陵"。"虾蟆"今写为"蛤蟆"(hámá),"虾、蛤"两字在读音上又是怎样的关系[①]?

5)"萝卜"古书称为"莱菔","狂风"古书中每每称为"飙风"或者"扶摇",像这种情形,怎样从声音上说明是相同的语词呢?

6)先秦古书中经常出现一些假借字,例如"屈伸"写作"诎信","疲敝"写为"罢敝",怎样从音韵的历史演变上来解释呢?

7)我国的古代文学作品极为丰富,如诗歌、辞赋以及词曲等都是韵文。既然如此,作者当时读起来必然是和谐的,例如:

《诗经·旄丘》:"何其处也,必有与也;何其久也,必有以也。"

宋玉《九辩》:"湛湛江水兮上有枫,目极千里兮伤春心。"

这里加圈加点的字都是上下相叶的字,但按今音读起来并不谐和。无疑问,这

---

① 　现在南方有些方言"虾"音 ha。

是古今音有不同。那么古今音的转变有没有规律呢？如果有规律,那么怎样确定古音的读法呢？

8)现代汉语里有些方言跟普通话的语音不一样,同一个语词,在声韵调方面可能相差较远,如"大"（dà）南昌音［tai］[①],"听"（tīng）长沙音［t'in］,"葱"（cōng）厦门音［tsaŋ］,"风"（fēng）福州音［xuŋ］。不同的方言又各有其语音系统。我们能不能把它们跟普通话音系之间的异同做规律性的说明呢？

要解决以上的一些问题,我们就须要有历史音韵学的知识。所以这门传统的学科已经成为研究古汉语、古文字和历史文献以及现代方音的一门应用科学。如果专门从事汉语历史发展的研究,这方面的知识更是不可缺少的了。

还有,古人对于书籍文字的读音非常重视,从汉魏以后历代都有不少的字书、韵书、音义书,这些书籍对促进汉语的统一和汉民族历史文化的发展都起着一定的作用。我们要利用这些书,就必须具备历史音韵学的基础知识。否则,古人所加的注音对我们来说就等于虚设了。

4.怎样掌握这门学科的知识　历史音韵学是在审音学的基础上进行考察和分析古今音的异同的。学习历史音韵学并不很难,最重要的一件事是要肯于利用自己的口吻喉舌去模仿声音和善于辨别声音,既用口,又用耳,两者交相为用。如果仅凭目治去分别记忆字类,那是不行的。

其次,应当注意两点:一点是要知道古代的语音系统,首先要了解现代的语音。古人说"行远自迩",不了解现代就缺乏一个可依据的基础。现代尚不理解,遑论古代？有现代语音的一般理解才能进而了解古代。语音方面,古与今有同有异。同的,正可以说明语言有继承性,今语即承继古语而来。不同的,可以说明语音自古至今不断地有了发展变化。据今音以理解古音,这是一个起点。第二点是要注意比较。要知道事物的异同首先要去观察比较。古今音的异同固然要比较,就是属于同一时代的资料也要比较,从比较中找出条理,才能算真正理解。我认为这两点都是不可忽略的。

前代论音的书很多,但由于作者为时代所限,没有达到现代语音学的科学程度,许多名词术语缺乏明确的解释,只是以例字表示所指,使人难于全面理解;加之缺乏表音的符号,仅能用整个的汉字字音来表示所代表的音素的

---

① 圆括号内的注音是现代汉语普通话的读音。方括号内采用的是国际音标。声调接近普通话的,就不加标记了。声调跟普通话不同的,另标调号。下同。

组合;不免令人迷惘。因此要掌握这门学科的知识,我们必须应用现代的语言学、语音学的知识来进行分析研究,同时要掌握国际音标,这样才能化难为易。

最后,我认为学习一门知识是要讲求实际应用的。这里所要讲的都是一些基础知识,由简单到复杂,并且有目的、有重点地联系实际问题加以说明。先从反切谈起,再根据韵书发展说明不同时期的声韵系统,最后讲上古音的知识和古今音的演变,这样安排可以使学者便于理解。同时有意识地尽量引导学者注意知识的具体运用,所以在每一大节末,都适当地安排了一些练习,以供学习者思考。

(二)汉语字音的分析

1. 声韵调的概念　汉字的读音比较简单,每一个字只有一个音节,包括声母和韵母两部分。每个字音都具有一定的声调,例如“东”读 dōng,d 是声母,ong 是韵母,读平声;“表”读 biǎo,b 是声母,iao 是韵母,读上声;“换”读 huàn,h 是声母,uan 是韵母,读去声。我们分析一个汉字的字音就是要从声、韵、调三方面来看。

所谓声母,指的就是字音开头的辅音,如 d、b、h 都是辅音。辅音因发音部位和发音方法不同而有差异。所谓韵母,指的就是声母以外具有元音的一部分,如 o、a 都是元音,ong、iao、uan 都是以元音为主构成的韵母。但在 iao 这个韵母里,i、a、o 都是元音,而 a 却是主要的元音,因为它的响点最大,它是这个复合音的主体。在这个复合音中,我们称 i 为韵头,也称介音①,我们称 o 为韵尾。主要元音 a 则为韵腹。在 uan 这个韵母里,u 和 a 都是元音,但 a 是主要元音,u 则是韵头,n 就是韵尾。

汉语字音的韵母部分所包含的音素具有四种情况:

1)只有一个元音,如“其”qí;

2)主要元音前有介音,如“家”jiā、“华”huá、“雪”xuě;

3)主要元音后有韵尾,或为辅音,或为元音,如“单”dān、“央”yāng、“头”tóu、“有”yǒu;

4)主要元音前有介音,主要元音后又有辅音韵尾,如“光”guāng。

现在把汉字字音声与韵的结构形式列表如下:

---

① “介音”是就前面有声母(辅音)来说的,由于它介于声母与主要元音之间,所以称为介音。

例字		声母	韵母		
			介音	主要元音	韵尾
衣	yī[i]			i	
屋	wū[u]			u	
鱼	yú[y]			ü[y]	
牙	yá[ia]		i	a	
蛙	wā[ua]		u	a	
威	wēi[uei]		u	e	i
由	yóu[iou]		y[i]	o	u
羊	yáng[iaŋ]		y[i]	a	ng
大	dà[ta]	d		a	
早	zǎo[tsau]	z		a	o
侯	hóu[xou]	h		o	u
开	kāi[k'ai]	k		a	i
借	jiè[tɕiɛ]	j	i	e	
工	gōng[kuŋ]	g		o	ng
关	guān[kuan]	g	u	a	n
窗	chuāng[tʂ'uaŋ]	ch	u	a	ng
琼	qióng[tɕ'yŋ]	q	i	o	ng
选	xuǎn[ɕyɛn]	x	u	a	n

这里"衣、屋、鱼"三个字只有元音,没有声母,一般称为零声母。《汉语拼音方案》所以规定要加一个 y 或 w,是为了避免语词在连写时前后音节不致相混,例如"大衣"拼写为 dàyī,"房屋"拼写为 fángwū,"鲤鱼"拼写为 lǐyú,前后两个音节可以分别得很清楚。"牙"(iá)的介音 i 写作 y,"蛙"(ua)的介音 u 写作 w,也是同样的目的①。

从上表我们可以清楚地知道,现代汉语的字音或有声母或没有声母,而一定具有韵母②。韵母的结构形式就是前面所说的四种。韵母的介音有 i、u、ü[y]三个。韵尾又有辅音韵尾和元音韵尾之分。辅音韵尾有-n 和-ng,n 是舌尖抵齿龈发出来的音,ng 是舌根抵软腭发出来的音。发 n 和 ng 时气流都从鼻腔而出,因此称之为鼻音。至于元音韵尾,只有-i 和-u。"早"字(zǎo)的韵尾拼写

---

① ya、wa 的 y、w 是辅音性的,一般称为半元音。
② 南方方言有鼻音韵母,如苏州说"五"音[ŋ],自成音节。

作 o,那是一种宽式的写法,实际的读音是稍开的 u[u]。

汉字的读音,除包含声韵两部分外,每字都有声调。现代普通话的字音有四种不同的声调。所谓声调,指的是字音音调的高低。声调的不同也就是音高(pitch)的不同。在汉语中声调有辨义的作用,例如:guān(观)跟 guǎn(管)意义不同;shān(山)跟 shǎn(闪)意义不同。普通话的四个声调,就是阴平、阳平、上声、去声。阴平是高平调,如"该、开、栽";阳平是升调,如"来、孩、台";上声是降升调,如"海、楷、改";去声是降调,如"盖、赖、害"。"阴、阳、上、去"是传统应用的名称。阴阳没有什么具体的意义,只是用来代替相对的甲乙两类而已。"上声"的"上"音"赏"(shǎng),不读"尚"(shàng)。

2. 普通话声韵的系统性　汉字字音的声韵调所指的实际意义,我们已经明白了,现在可以进一步来看一下普通话的声韵系统。

普通话是以北京音系为标准音的。北京音系的声韵部类比南方的江浙话(吴方言)、福建话(闽方言)、广东话(粤方言)、江西话(赣方言)、客家话(广东东部梅县一带)等都简单得多。北京音系是在古代北方方言的基础上经过长期的历史发展,于元明时代逐渐形成的。

北京字音,除不带声母的以外,有 21 个声母,我们可以根据发音部位和发音方法列为下表:

	塞音		塞擦音		鼻音	边音	擦音	
双唇音	b[p]	p[pʻ]			m			
唇齿音							f	
舌尖前音			z[ts]	c[tsʻ]			s	
舌尖中音	d[t]	t[tʻ]			n	l		
舌尖后音			zh[tʂ]	ch[tʂʻ]			sh[ʂ]	r[ʐ]
舌面前音			j[tɕ]	q[tɕʻ]			x[ɕ]	
舌根音	g[k]	k[kʻ]					h[x]	
	1	2	3	4	5	6	7	8

从这张表里我们可以看到声母因发音部位和发音方法的不同可以分为不同的类别。左边指出发音部位,上边指出发音方法。1、2、3、4、7 几栏的声母,

发音时声带都是不颤动的,在音韵学上叫清音;5、6、8几栏的声母,发音时声带是颤动的,在音韵学上叫浊音。1、2两栏里左右两个音是相对的,左边的是不送气的,右边的音是送气的。在音韵学上,不送气的称为全清,送气的称为次清。

这里还有几个名词须要解释一下:

"塞音"是气流受到发音器官的阻碍然后再放开所发的音。"塞擦音"是先有阻塞,随后又放开狭窄的通道使气流摩擦而出的音。发音时,气流从鼻腔流出的就是"鼻音",气流从舌的两边流出的就是"边音",气流摩擦而出的就是"擦音"。这些都是就发音方法来说的。

从发音部位来说,发音时上下唇相抵为双唇音;以上齿抵下唇为唇齿音;以舌尖抵齿背为舌尖前音;以舌尖中部抵上齿龈为舌尖中音;卷起舌来,以舌尖抵软腭前部为舌尖后音;以舌面前部抵软腭为舌面前音;舌根隆起,抵软腭后部为舌根音。

下面我们来分析一下北京字音的韵母:

	i[i][ʅ][ɿ]	u	ü [y]
ɑ	iɑ	uɑ	
o		uo	
e[ɛ][ə][ɤ]	ie [iɛ]		üe [yɛ]
ɑi		uɑi	
ei		uei	
ɑo[au]	iɑo[iau]		
ou	iou		
ɑn	iɑn	uɑn	üɑn [yan]
en[ən]	in	uen[uən]	ün[yn]
ɑng [aŋ]	iɑng [iaŋ]	uɑng [uaŋ]	
eng[əŋ]	ing [iŋ]	ueng[uəŋ]	
ong [uŋ]	iong [yŋ]		
er[ɟ]			
1	2	3	4

上面是根据《汉语拼音方案》写下来的,其中的 i 代表了三个韵母,"基、欺、希"的韵母是[i],"资、疵、私"的韵母是[ɿ],"知、持、诗"的韵母是[ʅ]①。又 e 在"耶、曰"里读为[ɛ],在"德、特、讷、勒"里读[ə],在"歌、克、喝"里读[ɤ],在"儿、耳、二"里读为卷舌音[ɚ]②。

韵表里第 1 栏的复合元音 ai、ei、au、ou 是前响合音,i 和 u 是韵尾,比较含混。第 2、3、4 的 ia、ie、ua、uo、üe 是后响合音,i、u、ü 是介音(韵头),都比较短。

还有,在表里第 1 栏都是没有介音的。2、3、4 三栏,或以 i 为介音,或以 u 为介音,或以 ü 为介音。在音韵学上通常称没有 i、u、ü 介音的叫开口呼;称以 i 为介音或主要元音的叫齐齿呼;称以 u 为介音或主要元音的叫合口呼;称以 ü 为介音或主要元音的叫撮口呼。统称曰四呼,如韵母 an 按四呼调就是 an、ian、uan、üan,开齐合撮四呼俱备。

从上面所说的声韵类别上,我们可以看出语音的系统性,而且在声母与韵母的结合上也可以看到一些规律性,例如:凡声母属于塞音 b、d、g 的字都没有撮口音,而舌根音 g、k、x 又没有齐齿音;凡声母属于 z、c、s 和 zh、ch、sh 的字只有开口和合口,而没有齐齿和撮口。z、c、s 与 i 拼读为[ɿ],zh、ch、sh 与 i 拼的读为[ʅ];凡声母属于 j、q、x 的字又只有齐齿和撮口,而没有开口和合口。这些都值得我们注意③。

3.方音声韵的异同　　上一节关于汉字字音声韵的分析是就普通话的标准音北京语音系统来说的,可是现代汉语还有许多不同的方言。方言是同一种语言的地方变体,而又各有其发展的历史。方言之间在语音方面的差别可能很大。普通话是以北方方言为基础的,而北方方言的区域很广,包括长江以北和湖北、四川、云南、贵州等地。在北方方言区域之外,还有六个大的方言区,即吴方言、湘方言、赣方言、客家方言、粤方言、闽方言等④。这几个大方言区的语音在声韵调三方面各有特征,而同属于一个方言区之内的地方,语词和语法相同,语音也并非完全一致。我们要研究历史音韵系统,对汉语的方音与普通话的异同就应当有所了解。因为在不同的方音中都会保存着一些古音的现象,由这种现象往往可以说明古今音的异同。

---

① i 受声母 z、c、s 的影响变为[ɿ],受声母 zh、ch、sh 的影响变为[ʅ]。[ɿ][ʅ]都是声化韵母。

② [ə]受 r 的影响读为[ɚ],这是声化韵母。

③ 不过,在其他北方方言里并非全如此。

④ 安徽东南部的方言也有特殊性。

从声母方面来看,在方言中,少者只有 14 个声母(如福州),多者有 28 个声母(如浙江温州)。韵母方面,北京音有 38 个韵母,而多者有 57 个(如厦门)。至于声调方面,北方方言一般分为四个声调,而南方方言多者有九个(如广州)或十个(如广西陆川),而且音调的高低升降差异也比较大。

下面举一些字例,说明方音中声韵的异同:

（Ⅰ）[1]	家	街	地	电	步	争	精	西	新	眼
北京	tɕia	tɕiɛ	ti	tiɛn	pu	tʂəŋ	tɕiŋ	ɕi	ɕin	iɛn
汉口	tɕia	kəi	ti	tian	pu	tsən	tɕin	ɕi	ɕin	ian
苏州	kʌ	tɕiʌ	di	di	bu	tsən	tsin	si	sin	ŋE
广州	ka	kəːi	tei	tin	pou	tsaːŋ	tʃiŋ	ʃai	sən	ŋaːn
厦门	ka	ke	te	tian	pɔ	tsiŋ	tsiŋ	se	sin	gan
福州	kə	kɛ	tei	tieŋ	puɔ	tsen	tsiaŋ	sɛ	siŋ	ŋaŋ

（Ⅱ）	工	边	心	金	支	匀	快	桃	目	八	立
北京	kuŋ	piɛn	ɕin	tɕin	tʂʅ	yn	kʻuai	tʻau	mu	pa	li
汉口	koŋ	piən	ɕin	tɕin	tsʅ	yn	kʻuai	tʻau	moŋ	pa	ni
成都	koŋ	piən	ɕin	tɕin	tsʅ	yn	kʻuai	tʻau	mu	pa	ni
苏州	koŋ	pi	sin	tɕin	tsi	yən	kʻuE	dæ	moʔ	pɔʔ	lirʔ
广州	kuŋ	pin	ʃam	kam	tsi	wan	faːi	tʻou	muk	paːt	laip
厦门	kuŋ	pin	səm	kəm	tʃi	wən	kuai	tʻow	bɔk	pait	ip
福州	kuŋ	pieŋ	siŋ	kiŋ	tsie	yŋ	kuai	tʻəu	muʔ	paiʔ	liʔ

从表Ⅰ我们来看,在声母方面北京音属于舌面前音 i、q、x 的有一类字(如"家、街")在方言里读舌根音 k、kʻ,有一类字(如"精、西、新)在方言里读舌尖前音 ts、tsʻ;北京音读舌尖后音 tʂ、tʂʻ 的(如"争"),方言或读为舌尖前音;北京音属于清塞音声母的一部分字(如"地、电、步")在吴方言里读为浊塞音;北京音属于没有声母的一部分字(如"眼"),有些方言是具有声母的。

其次,从表Ⅱ我们来看,在韵母方面,不同的方言在开齐合撮四呼上大体是一致的。而在主要元音上,吴、粤、闽三种方言跟普通话就不尽相同,例如"支"的韵母是[i]或[ie],而不是[ʅ]。还有"心、金"一类字广州音和厦门音都收-m

---

① Ⅰ、Ⅱ 两个表的注音所用的符号都是国际音标。一律未标调值。

尾。"目、八、立"三字属于古代韵书中入声字一类,吴、粤、闽三种方言都读为短促调,而且都有韵尾辅音。苏州、福州收喉塞音[ʔ]①。广州、厦门则三个字各有不同的尾音,"目"收[-k],"八"收[-t],"立"收[-p],代表不同的三类字②,

以上所说方音中声母、韵母的一些特点都代表一部分的古音现象,值得我们注意。

练习(一)

1. 辅音中的清音和浊音有什么分别?

2. 开口、齐齿、合口、撮口四呼是依据什么命名的?

3. 普通话音系中的韵母有哪几种韵尾? 分别写出一些汉字来。

4. 在你的方言中下列一些字跟普通话的读音是否相同?

　　绿　　笔　　热　　交　　解　　清　　耕　　吃　　直　　日

5. 根据下面所注的方音字音,比较其声韵的异同。

　　羊[iaŋ]　　　长沙[ian]　　　南昌[iəŋ]

　　听[t'iŋ]　　　成都[t'in]　　　梅县[t'aŋ]

　　解[tɕiɛ]　　　汉口[kai]　　　广州[kaːi]

　　大[ta]　　　　苏州[dəu]　　　南昌[t'ai]

　　疾[tɕi]　　　　厦门[tsit]　　　梅县[ts'it]

6. 练习发音[国际音标]:

　　i　　e　　ɛ　　æ　　a　　ə　　ɤ　　o　　ʌ　　ɔ　　u　　y

　　p　　b　　t　　d　　k　　g　　m　　n　　ȵ　　ŋ

　　ts　　ts'　　tʂ'　　tɕ　　tɕ'　　f　　v　　s

　　z　　ʂ　　ʐ　　ɕ　　j　　x　　ɣ　　ʔ　　h　　ɦ

(三)反切的注音方法

1. 反切产生以前注音的方法　　汉字尽管谐声字占大多数,但还不是纯粹的表音文字,谐声字的声符跟被谐字的读音往往不完全一致,所以要知道一个字怎么读,须要有注音。远在东汉时期,一些文字学家和注释古书的古典文献学家如贾逵、许慎、郑玄、高诱、刘熙等人在他们的著作里都注意到为适应读者的需要而给不经常用的字加注读音。他们注音的方法主要有两种:

　　一种是直接用一个常用的同音字作注,注云"某音某、某读某、某读与某同、

---

① [ʔ]是声带闭塞然后发出气流的一个塞音。作为韵尾只有闭塞,而无爆发。

② 这三类字的韵尾[k][t][p]只作闭塞而不发声。

某与某声同",如

《周礼·天官冢宰》"贾八人",郑玄贾音古;

《周礼·地官司徒》"遗人",郑众遗音维(今音去声);

《吕氏春秋》高诱注簦音登(簦为长柄笠,即雨伞);

《淮南子》高诱注簧读功绩之绩;

《说文》:啗读与含同,匋读与缶同;

《礼记·大传》郑玄注:軓与范声同。

这种方法一般称为直音。

另外一种方法是采用比拟的说法①,这种说法在许慎《说文解字》和其他古书的汉人注解中应用较多。《说文》里注音每每说"某读若某","若"就是"如"的意思。有时"读若"也说"读若某某之某",例如:

璁:石之似玉者。读若葱。

菩:井藻也。读若威。

牣:牛徐行也。读若滔。

珅:朽玉也。读若畜牧之畜。

楎:六叉犁。读若浑天之浑。

这种称"某读若某"的例子极多,其中大部分跟直音相同②。然而在古书的汉人注解中还可以遇到"某字音近某"或"某字读近某"的说法,那只是说读音相近而已,未必就是同音,例如:

《史记·外戚世家》索隐称服虔云:"妵音近硐。"③

《周礼·内司服》注引郑司农云:"屈者音声与阙相似。"④

《吕氏春秋·大乐》高诱注:"沌读近屯。"⑤

这些很明显地是一种比喻了。另外还有从发音的部位和发音的方法来说明字音的,也有举方音来拟声的,如高诱、刘熙,不过这种情形并不很多。

以上所说的注音方法,自然以直音最为简捷易懂,所以后世仍然采用。但是遇到没有同音字,就不能注出读音;如果同音字少,所采用的同音字又冷僻难

---

① 比拟,古人称为"譬况",唐陆德明《经典释文·序录·条例》说:"古人音书,止为譬况之说。"

② 《说文》中所注某读若某,有一部分不仅仅是注音,还兼明通用或假借,如"赶,半步也,读若跬同""凭,依几也,读若冯"。

③ 服虔,汉末河南荥阳人,字子慎。硐,或作"妍"。

④ 郑司农即郑众,东汉人。汉章帝时曾官大司农。

⑤ 高诱,东汉末涿郡人。

认,那也就失去了注音的作用。对于识字比较少的人,即使有适当的同音字可取,有时也未必认得。这些都是缺点。至于比拟的方式,既繁琐又未必易懂,所以后来也就很少用了。

2.反切兴起的时代 反切注音法是用两个字拼成一个字的读音,例如"冬"(dōng)音"都宗反","都宗反"就是"冬"的反切。反切的上字只取声母,下字只取韵母,以声母拼韵母而成"冬"字之音。即"都"代表 d-,"宗"代表 -ong,d-与-ong 相拼就是 dōng。这种方法使用起来就比直音或比拟的注音方法便利多了。因为汉字尽管成千累万,而声韵相拼所构成的音节终属有限[①],只选用几百个字作反切用字就够了,用不着为每一个汉字都要用心去选择同音字来注音。直音难办的都可以用反切得到解决。

根据历史的资料,我们知道以反切注音起于东汉之末。一说始自孙炎[②],一说始自服虔。孙炎字叔然,乐安人,北齐颜之推《颜氏家训·音辞篇》说:"孙叔然创《尔雅音义》,是汉末人独知反语。至于魏世,此事大行。"服虔字子慎,河南荥阳人[③]。唐代武玄之《韵诠·反音例》说:"服虔始作反音。"[④]案颜师古注《汉书》曾引到服虔音和应劭音,服、应二人都是汉灵帝、献帝间人,他们既然已经应用反切注音,可知反切之法实起于东汉之末,孙炎与服、应时代相近,所著《尔雅音义》应用反切较多,所以后代很多人认为孙炎是创始人。但是反切这种拼音方式绝非一人所独创,开始一定已经在民间流行,到后来才为学者所采用。

反切所以起于东汉末年,这与翻译佛经和传习印度的梵文有关系。佛教在西汉之末传入中国以后,到了东汉桓帝、灵帝的时候外国僧徒在洛阳开始翻译佛经,梵文也就随之得以传布。梵文是拼音文字,以"体文"(vyanjama)与"摩多"(matra)相拼而成一音节,"体文"即声,"摩多"即韵,反切的拼音方法,从上字表声,下字表韵,正是受了梵文拼音方式的影响。所以汉末人得以创通此法,而且一经学者采用,就大为盛行[⑤]。魏晋以后韵书兴起,反切就一直成为注音的主要方式了。

---

① 例如现在北京音系,如果不算声调的差异,只有 424 个音节。

② 孙炎受学于郑玄门人,曾在魏为秘书,见《三国志·王肃传》。陆德明《经典释文·序录》也说孙炎始为反语。

③ 见《世说新语·文学篇》刘孝标注。服虔有《汉书音》,又著有《通俗文》。

④ 见唐末日本沙门安然《悉昙藏》引,大正新修《大藏经》2702,382 页。《韵诠》十五卷,今佚。

⑤ 清潘耒作《类音》卷一《反切音论》一节说:"反切以二字而出一字之音,古未有也。自梵典入中国,翻译之学兴,而此秘始启。"这话说得很对。

3."反切"二字的含义　"反切"在魏晋南北朝时期通称为"反语"[1],在唐代也称为"反音"[2]。"反"是反转以成一音的意思,魏晋南北朝人作反语,有正反和倒反,见《玉篇》唐末沙门神珙《四声五音九弄反纽图》。正反指以反语上字拼下字,倒反指以下字拼上字[3],例如晋孝武帝司马昌明作清暑殿,有识者以"清暑"反为"楚声",因为"清暑"反为"楚","暑清"反为"声","楚声"意为哀楚之声,所以识者以为不祥。又梁武帝创同泰寺,开大通门,对寺之南门,取反语以协"同泰","同泰"为"大","泰同"为"通"。这就说明反语可以有正反与倒反。因此清潘耒《类音》说:"两字交互相切谓之反,取反覆之义。"[4]但"反"字原来命名的意思是转成一音的意思。自魏晋以迄南北朝所有书音中的注音,凡言"某某反"的都是正反。"反"字后来或写为"翻"。

至于"切"字,则是切合的意思。把两个字拼合成一音,所以称之为"切"。《颜氏家训·音辞篇》说:"前世反语,又多不切。徐仙民《毛诗音》反'骤'为'仕遘',《左传音》切'椽'为'徒缘',不可依信,亦为众矣。"又说:"河北切'攻'字为'古琮',与'工、公、功'三字不同,殊为僻也。"[5]这说明"切"就是拼切的意思,与"反"意义相当[6]。唐以前注音称"某某反",宋以后改称"某某切",意思是一样的[7]。古书中凡有注音称"某某反"的大都是唐代或唐以前所有,凡称"某某切"的可以说都出自宋代以后[8]。了解这一点,对整理古籍很重要。既然古书注音有某某反,又说某某切,所以后来就把两字切一字的注音称之为"反切"。

4.反切与读音　反切注音的方法虽然可以济直音之穷,但是要使人能准确地拼出本字的读音还要有一定的准则。

反切的原则是:上字要跟被切字的声母相同,下字要跟被切字的韵母部分相同。韵母部分包括介音、元音、韵尾和声调。符合这个原则的叫做音和切,例如:

---

① 《颜氏家训·音辞篇》说:"高贵乡公(曹髦)不解反语,以为怪异。"
② 唐张守节《史记正义·论例》说:"先儒音字,比方为音。至魏秘书孙炎始作反音,又未甚切。"
③ 清顾炎武称之为"双反",见所著《音学五书》之一《音论》"南北朝反语"条。
④ 见《类音》卷一"反切音论"。
⑤ "河北"指黄河以北。颜之推读攻为工,与琮字不同韵,所以说"殊为僻也"。
⑥ "切"又指声母而言,见后。
⑦ 改"反"称"切"或由于有所忌讳。
⑧ 当然也有原作"某某反",宋人改作"某某切"的。

都当孤反　　　诡过委反　　　春昌唇反　　　酸素官反　　　雕都聊反

丘去鸠反　　　冰笔陵反　　　海呼改反　　　报博耗反

这些反切以今音来读都跟本字的读音完全相合。

但是我们还要看到有很多反切并不如是。这里面有两种原因：

一种原因是前人注音时所出现的问题，例如：

宏户萌反　　　滑户八反　　　卦古卖反　　　王雨方反　　　帏雨非反

这些字的韵母都是有-u介音的，可是反切下字的韵母今音都不带-u介音，-u是由反切上字来表现的，这是一种变例。

另一种原因是反切用字的读音古今有不同，今音不同于古音，读起来就不能切合，或属于声，或属于韵，甚至声韵都不相应，例如：

a. 贫符巾反　　萧苏雕反　　陈直珍反　　眉武悲反　　桩都江反

b. 烟乌前反　　乌哀都反　　医於其反　　演以浅反　　尤羽尤反　　疑语其反

c. 拘举朱反　　展知演反　　首书九反　　六力竹反　　湿失入反　　舌食列反

d. 砂所加反　　争侧茎反　　排步皆反　　蟹胡买反　　产所简反

这里对北京音来说，a类声母不同，b类代表声母的反切上字等于虚设，c类韵母不同，d类声韵都不同。由此来看，反切虽然是一种比较便用的注音方法，但是声韵随时代不同而有变迁，即使是同一时代，各地方音也不完全一致，所以反切本身仍然有欠缺。我们要了解这些字的古代读音，就必须具有历史音韵的知识才行。

练习（二）

1. 把下列的反切拼出现代读音：

九鱼切　　　他盖切　　　古丸切　　　得案切　　　他年切

乌瓜切　　　乃定切　　　鲁当切　　　举久切　　　居匀切

苦哀切　　　荒乌切　　　式朱切　　　香衣切

2. 古代语词有二音合为一字的，如"不可"为"叵"、"何不"为"盍"、"如果"为"尔"、"而已"为"耳"、"之乎"为"诸"之类都是，但还不是反切。看看哪几个与今音相合，哪几个与今音不合。

3. 北宋宋祁说（见《宋景文笔记》卷上）："孙炎作反切语，本出于俚俗，常言尚数百种。故谓就为鲫溜，凡人不慧者，即曰不鲫溜。谓团曰突栾，谓精曰鲫令，谓孔曰窟笼，不可胜举。而唐卢仝诗云'不鲫溜钝汉'，国朝林逋（bū）诗云'团栾空绕百千回'，是不晓俚人反语。逋虽变突为团，亦其谬也。"这跟上面一题2所说是不是一回事？这里所举出的几个"切脚语"的第二音有什么共同点？

（四）双声叠韵与四声

1. 双声与叠韵　汉语在上古就有不少双声词和叠韵词。凡两字相连，声母相同的，我们称之为双声。凡两字相连，韵母的元音和韵尾相同，而且声调也相同的，我们称之为叠韵，介音有无，则不论[1]。前者如"参差"（cēncī），两字声同；后者如"辗转"（zhǎnzhuǎn），两字韵同。后代双声词和叠韵词更多，不胜枚举。

古人对韵的理解胜于对声的理解，因为韵的音响和音调都比较容易体察，而声则不然，不与元音结合就不能构成音节，所以不易辨别。自从汉末佛教传入中国以后，许多人受到梵文的启发，才对声韵有了清晰的认识。

双声、叠韵的名称起于晋宋之际。姚秦时鸠摩罗什所译《涅槃经》"悉昙章"（siddhirastu）就有了"双声、叠韵"的名称[2]。到宋齐以后，文人学士对双声叠韵已经矢口可辨。《南史·谢庄传》说：

> 王玄谟问庄何者为双声，何者为叠韵。答曰："玄护为双声，碻磝为叠韵。"

王玄谟曾与垣护之一同征魏（450），败于碻磝，所以谢庄取"玄、护"二字和"碻磝"地名以为讥笑[3]。随口应对，毫无拘碍，足见他辨析声韵非常娴熟。

当时还有很多文人善于说双声语，如梁元帝萧绎《金楼子》"捷对篇"说[4]：

> 羊戎好为双声。江夏王（刘义恭）设斋，使戎铺坐。戎曰："官家前床，可开八尺。"王曰："开床小狭。"戎复曰："官家恨狭，更广八分。"又对文帝（刘义隆）曰："金沟清泚，铜池摇漾。极佳光景，当得剧棋。"

又北魏杨衒之《洛阳伽蓝记》说（卷五）：

> 陇西李元谦能双声语。尝经郭文远宅，问曰："是谁宅第？"婢春风曰："郭冠军家。"元谦曰："凡婢双声。"春风曰："儜奴谩骂！"

---

[1]　反切上字与被切字是双声，反切下字与被切字是叠韵。通常所说的叠韵比反切的要求宽。反切必须与被切字的韵母全同，而叠韵就不要求如此，如"光芒、峥嵘、照耀、潺湲"都是叠韵词。-an、-ian、-uan、-üan都属于叠韵。

[2]　"悉昙"是讲梵文字母发音的。鸠摩罗什是龟兹人，所译之《涅槃经》"悉昙章"见《吉石庵丛书》内。罗什三藏在姚兴时（405）为国师，《吉石庵丛书》所收"悉昙章"为日僧于唐懿宗咸通三年（862）从明州（今宁波）开元寺写得。按此本与北凉昙无谶所译《涅槃经》最相近。

[3]　"玄、护"古音声母相同；"碻"音口交切，"磝"音五交切，所以是叠韵。

[4]　个别字句与通行本有出入。

由此可以看出分辨字音声母的知识已经传布很广。有的文人还取双声字作诗，独成一格。

双声语又称"体语"。梵文"悉昙章"称声母（即辅音）为"体文"，"体语"的名称即由"体文"而来，如《北史·徐之才传》说之才"尤好体语。公私言聚，多相嘲戏"。唐封演《封氏闻见记》说梁周颙"好为体语。因此切字皆有纽，纽有平上去人之异"。所谓纽即同一声母，"纽有平上去人"就是同纽的四声字，如"真轸震质、章掌障灼"，四声不同，而声母相同，因此后代也称声母为"声纽"①。把声母相同的字组成一句话，就是"体语"。

双声和叠韵的道理很简单。宋齐以后文贵骈俪，辞尚华靡，在声音上也特别注意属对。上句用双声字，下一句往往用叠韵字相对，诗歌中最为突出。到了唐代，近体律诗形成，一联之内，双声对叠韵，几乎成为格律，有时也以双声对双声，叠韵对叠韵。调高律谐，务求精细。我们可以举杜甫诗为例：

西蜀樱桃也自红，野人相赠满筠笼。
数回细写愁仍破，万颗匀圆讶许同。
忆昨赐沾门下省，退朝擎出大明宫。
金盘玉箸无消息，此日尝新任转蓬。　　《野人送朱樱》

蜀主窥吴幸三峡，崩年亦在永安宫。
翠华想像空山里，玉殿虚无野寺中。
古庙杉松巢水鹤，岁时伏腊走村翁。
武侯祠屋长邻近，一体君臣祭祀同。　　《咏怀古迹之四》

双峰寂寂对春台，万竹青青送客杯。
细草留连侵坐软，残花怅望近人开。
同舟昨日何由得，并马今朝未拟回。
直到绵州始分手，江边树里共谁来。　　《惠义寺园送辛员外》

摇落深知宋玉悲，风流儒雅亦吾师。
怅望千秋一洒泪，萧条异代不同时。
江山故宅空文藻，云雨荒台岂梦思。
最是楚宫俱泯灭，舟人指点到今疑。　　《咏怀古迹之二》

这里加·的是双声，加▲的是叠韵。双声叠韵可以相对，这是汉语语文的一种

---

① "纽"是枢纽的意思，详见下一节。

特色,我们了解这一点不仅可以对古代诗歌多一番理解,而且可以根据双声叠韵的声音关系去考察汉语语词的发展和古今音韵的异同。像上面所举的《金楼子》和《洛阳伽蓝记》两段故事就是了解古音的很好的例证。如果上求之于《诗经》《楚辞》《尔雅》《说文》,我们对汉语文字音韵训诂将会有多方面的理解。

练习(三)

1. 下列一些词哪些是双声,哪些是叠韵?

宛转　艰难　从容　洋溢　缤纷　磊落　徘徊

摇曳　蹉跎　荏苒　流连　踟蹰　逍遥　依稀

2. 从下面的诗句里择出双声叠韵字,并注意古今音的异同:

(1)野云低渡水,檐雨细随风。(杜甫)

(2)庾信平生最萧瑟,暮年诗赋动江关。(杜甫)

(3)间关莺语花底滑,幽咽泉流水下滩。(白居易)

(4)悠扬归梦惟灯见,濩落生涯独酒知。(李商隐)

(5)舞榭欹倾基尚在,文窗窈窕纱犹绿。(元稹)

(6)水光潋滟晴方好,山色空濛雨亦奇。(苏轼)

3. 写出现在常用的 15 个双声词和叠韵词。

4. 下列各组字在你的方言里跟普通话的读音在声母上有哪些不同? 根据你的方言,把相同的归并在一起,看看有哪些声母。

古居　空去　求巨　鱼五　都他　汤同　奴女　知抽　耻除　布普

匹蒲　分芳　兵披　孚房　明无　祖将　苍前　苏辛　似徐　止庄

昌床　食书　失山　施时　于馀　与云　呼何　火许　来拿　扰耳

2. 四声与平仄,音韵知识在文学上的应用　汉语字音从很古就有声调的分别,我们从《诗经》的押韵可以看得很清楚。根据古代的辞赋诗歌等韵文材料来看,从先秦两汉以后声调一直区分为四类,但是古人对声调的性质并不理解,对声调的高低也缺乏明确的解说,但与乐律的宫商角徵(zhǐ)羽相比附,例如南朝宋范晔《狱中与诸甥侄书》说:

> 性别宫商,识清浊,斯自然也。观古今文人,多不全了此处。纵有会此者,不必从根本中来。言之者皆有实证,非为空谈。年少中,谢庄最有其分,手笔差易,文不拘韵故也。

这里所说的宫商和清浊实际上就指的是声调高低的差别。可是乐律的高下疾徐究竟与语音声调的高低升降不是一回事,而且五音与四声两者的数目并不相当,如何相配也是一个问题①。

"四声"的名称是宋末人开始提出来的。洛阳人王斌有《五格四声论》②,到齐武帝(萧赜)永明年间(5 世纪末)才又有平上去入四声的名目。《南史·陆厥传》说永明末:

> 时盛为文章,吴兴沈约、陈郡谢朓、琅邪王融以气类相推毂。汝南周颙善识声韵。约等文皆用宫商,以平上去入为四声。以此制韵,有平头、上尾、蜂腰、鹤膝。五字之中,音韵悉异,两句之内,角徵不同,不可增减,世呼为"永明体"。

当时沈约又著有《四声谱》一卷,原书已佚。日本空海所著《文镜秘府论》有《调四声谱》一段,可能就本之于沈约③。《调四声谱》以平上去入四声配东南西北四方,并列出四声例字和双声叠韵例字:

　　　　东方平声　　平伻病别
　　　　南方上声　　常上尚杓
　　　　西方去声　　袪麸去刻
　　　　北方入声　　壬衽任入
　　凡四字一纽,或六字总归一入:
　　　　皇晃璜　　镬　　禾祸和
　　　　傍榜徬　　薄　　婆泼被(破)④
　　　　光广珖　　郭　　戈果过
　　　　荒恍㤭　　霍　　和火货
　　上三字,下三字,纽属中央,是故名为总归一入。
　　四声纽字配为双声叠韵如后:
　　　　郎朗浪落　　黎礼丽捩
　　　　刚冈钢各　　笄䜲计结
　　　　羊养恙药　　夷以异逸

---

① 北齐李季节(概)《音韵决疑》认为"商不合律,盖与宫同声"。以宫商为平,徵为上,羽为去,角为入。见空海《文镜秘府论》所引隋刘善经《四声论》。

② 王斌曾为道士,见《广弘明集》,《五格四声论》见刘善经《四声论》引。今已亡佚。

③ 空海,即遍照金刚大师,于唐德宗时曾来长安游学,善书法,能为骈文,著述甚富。

④ 日僧安然《悉昙藏》也引到《调四声谱》,文字小异。"破"字即安然所引。见大正新修《大藏经》2702,381 页。

　　乡 响 向 谑　　　奚 篆 盼 缬

　　良 两 亮 略　　　离 逦 詈 栗

　　张 长 帐 著　　　知 伽 智 窒

凡四声竖读为纽,横读为韵①。亦当行下四字配上四字即为双声。

　　这个四声谱虽然很简单,可是由此我们可以理解《封氏闻见记》所说"切字皆有纽,纽有平上去入之异"的意思。"纽"是指同声母的平上去入四声字②。沈约、周颙等人能分析字音,确立四声名目,在韵学上是一大进步。四声本来是语言中所固有,自有四声的名目以后,韵书随之蜂起,即从四声为纲,编排韵字,在字书之外,别为一大宗,对保持汉语字音的统一性具有极大的作用。

　　齐梁之际,诗文作家对四声有了明确的认识以后,一时风气所被,在作品里就特别注重声律。沈约《宋书·谢灵运传·论》说:

　　夫五色相宣,八音协畅,由乎玄黄律吕,各适物宜。欲使宫羽相变、低昂互节,若前有浮声,则后须切响。一简之内,音韵尽殊;两句之中,轻重悉异。妙达此旨,始可言文。

这些话的主旨就是为文要讲究四声平仄。"前有浮声"指平,"后须切响"指仄,"平仄"的名称起于唐代,"仄"即不平的意思,仄也作"侧"。平声为平,上去入声为侧。诗文中平仄前后交替,声有抑扬高下,读起来自然悦耳动听。因此齐梁时期的文章特别注意声调,例如:

　　山川之美,古来共谈。高峰入云,清流见底。两岸石壁,五色交辉。
（陶弘景《答谢中书书》)

　　暮春三月,江南草长。杂花生树,群莺乱飞。见故国之旗鼓,感平生于畴日。抚弦登陴,岂不怆悢!（丘迟《与陈伯之书》)

这些加·的字都是平仄相间的,所以读起来很好听。齐梁的诗歌以五言为多,沈约说"一简之内,音韵尽殊;两句之中,轻重悉异",即是五字一句,平仄要有变换,两句相对。平仄要互有不同,这样就逐渐向近体律诗发展。到了唐初沈佺期、宋之问,律体诗的格律就基本完成了。五言律诗、七言律诗唐以后成为一种新的诗体,对后来的词、曲都有很大的影响。我们研究音韵,对这样的历史事

---

① 原文为竖行,这里改写为横行。竖读为郎、朗、浪、落,横读为郎、刚、羊、乡、良、张。

② 后代称声母为"声纽",纽的名称即由此而来。

实不能不注意。

以上所说是四声的定类和命名对韵书的制作和文学的发展所起的影响。

四声的定类是跟南北朝的诗文押韵完全相合的,换句话来说,分为四类是符合语言的实际情况的。但是这四类的调值如何,已无可考。不过,以现代汉语方言读音的声调情况来推,四声中每一声可能还有细微的差别。这种音调的差别是与声母的类别相联系的。

现代普通话的四声跟古代韵书的归类有很大的不同。

在平仄上引起混乱的是古入声字,因为古入声字在普通话里已分别归入阴平、阳平、上声、去声。举例如下[①]:

阴平	阳平	上声	去声
1 [-k]屋足觉	独竹族		木目速玉
2 [-t]七疾失一出屈	实卒	匹	必质日物
3 [-t]忽八	达活拔滑节哲别	骨	月伐越末阔血穴列热设
4 [-k]削约昔息	昨博格白隔席石极直则国德	尺北	药略各郭作落客麦壁色力特或
5 [-p]接夹	急集十习合	甲法	及泣入立涉业

上面这些入声字,古人读为短促调,而且有不同的韵尾辅音,或收[-k],或收[-t],或收[-p][②],现在广东话还保存得很好。可是现在普通话已经没有韵尾辅音,声调分配到平上去三声里,其中以分配到阳平和去声的居多[③]。要读古代的诗文,对古入声字就应当有所了解。如果单从平仄着眼,对读入阴平和阳平的入声字必须熟悉,否则就会把仄声字当为平声字去理解了。

练习(四)

1. 下列三组字在你的方言里声调怎样区分?试归纳出类别来。

(a)衣 移 椅 以 意 异 一 逸

(b)诗 时 使 是 试 事 识 石

(c)梯 题 体 弟 替 第 滴 笛

2. 古人文章在散句中特别着意加入排比的对句是从汉末建安以后开始盛行起来的,当时无意于讲求四声平仄之间迭,而往往自然谐和悦耳。如曹丕与

---

① 编者注:周先生举例之部分字与今读有异。后同。

② 这种韵尾都是塞音,只有成阻,没有除阻。粗疏的说法,就是不读出音来。

③ 这种演变是有规则可寻的,以后还要谈到。

吴质的两封书信就最为明显①。到齐梁时期,雅重声律,骈文尤甚。文辞虽美,反多拘碍,试读庾信《哀江南赋序》看看他在句法上是怎样运用平仄的。下面摘录几句:

> 昔桓君山之志事,杜元凯之平生,并有著书,咸能自序。潘岳之文采,始述家风;陆机之辞赋,先陈世德。信年始二毛,即逢丧乱,藐是流离,至于暮齿。燕歌远别,悲不自胜;楚老相逢,泣将何及。

3. 读下列两首律诗,注出每字的平仄:

> 杜甫《春夜喜雨》:好雨知时节,当春乃发生。随风潜入夜,润物细无声。野径云俱黑,江船火独明。晓看红湿处,花重锦官城。

> 刘禹锡《酬乐天扬州初逢席上见赠》:巴山楚水凄凉地,二十三年弃置身。怀旧空吟闻笛赋,到乡翻似烂柯人。沉舟侧畔千帆过,病树前头万木春。今日听君歌一曲,暂凭杯酒长精神。

4. 阅读下面所列《入声常用字今音表》,要特别注意今音读为阴平、阳平两类的入声字。

入声常用字今音表

韵母	阴　　平	阳　　平	上　　声	去　　声
a	b 八 f 发伐 d 答(一应) t 塌 ch 插 sh 杀	b 拔跋 f 法阀乏罚 d 答(对一)达怛 zh 札 ch 察 z 杂	f 法发 t 塌 s 飒	t 沓踏榻挞闼遝獭 n 纳衲 l 剌蜡腊 ch 刹 ch 刹 sh 霎
e	g 割	d 得德 g 格阁革隔 h 合曷褐盍核貉涸 zh 折慑摘 sh 舌	g 葛 k 渴	t 特忒慝 l 勒埒垃 g 各 k 克客恪溘刻 h 赫鹤豁壑

---

① 如"每念昔日南皮之游,诚不可忘。既妙思六经,逍遥百氏。弹棋闲设,终以博弈。高谈娱心,哀筝顺耳。驰骛北场,旅食南馆。浮甘瓜于清泉,沉朱李于寒水。嗷日既匿,继以朗月。同乘并载,以游后园。舆轮徐动,宾从无声。清风夜起,悲笳微吟。乐往哀来,凄然伤怀"。又如"以犬羊之质,服虎豹之文;无众星之明,假日月之光,动见瞻观,何时易乎? 恐永不复得为昔日游也。少壮真当努力,年一过往,何可攀援!"

续表

韵母	阴　平	阳　平	上　声	去　声
e		z 则择责赜帻(贼)(窄)① 0 额		zh 哲谪宅辄 ch 彻辙坼 sh 设摄涉 r 热 z 泽仄昃 c 侧测策册 s 瑟塞啬穑色 0 恶愕鄂谔厄扼阨遏阏
o	b 拨剥 p 泼	b 伯勃博薄驳踣 　帛泊(白) 	b (柏百北)	b 亳 p 迫魄 m 末沫莫寞漠默墨没 　陌(麦)(脉)
ï (ʅ)	zh 只汁织 ch 吃 sh 湿失	zh 直植值职 sh 十什拾石食实	ch 尺	zh 质掷秩陟炙 ch 斥敕赤鶒 sh 式室释适饰识 r 日
i	b 逼 p 霹 d 滴 t 剔 j 激疾击绩 q 七漆 x 吸蟋膝昔惜 0 壹一揖	d 笛迪狄敌涤 j 级极吉汲岌急集 x 习袭席	b 笔 j 给脊 q 乞 0 乙	b 必辟壁璧毕弼碧觱 p 辟僻闢 m 泌秘密蜜泪 d 的 t 惕逖倜趯 n 匿昵溺逆 l 力立料栗历栎鬲 j 屦及籍辑棘寂稷 q 戚迄泣缉葺 x 悉析晰翕隙 0 益弋亦弈易场邑浥悒佚 　役亿忆绎驿溢翼逸抑
ia	j 夹 0 鸭压	j 浃 x 侠狭峡匣狎辖洽	j 甲胛	q 恰 0 轧揠
ie	t 帖 j 结接 x 歇	b 别 d 蝶喋牒跌迭叠 j 洁结诘杰揭竭节捷睫	t 铁	m 灭蔑 t 帖 n 聂蹑臬涅孽啮 l 冽烈裂猎劣

---

① 字外加( )号的代表文语读书音。

韵母	阴　平	阳　平	上　声	去　声
ie		x 协勰叶挟撷		q 悭箧切妾 x 绁渫燮 0 业叶页邺晔烨靥咽
u	d 督 t 秃 k 窟哭 h 忽惚 ch 出 sh 叔	p 仆璞朴瀑 f 佛拂伏服黻缚 d 独读毒 t 突縠 zh 竹竺烛舳 sh 熟叔淑 z 足卒族 s 俗	b 卜 f 福幅蝠 d 笃 g 骨縠榖谷 zh 瞩 sh 蜀属 r 辱	b 不 m 木牧幕睦穆 f 复覆 l 鹿漉麓（绿）禄戮陆 g 梏 k 酷 h 笏 zh 逐祝 ch 畜触怵黜矗 sh 述术束 r 褥入 c 促蹙 s 肃速宿凤粟 0 勿物
ua	g 刮	h 滑		h 划 0 袜
uo	g 郭 zh 桌捉涿 sh 说	d 夺铎掇 t 橐 g 国虢馘 h 活 zh 酌浊琢濯擢卓 z 昨	g 椁	p 魄 d 度咄 t 拓箨 n 诺搦 l 落洛荦络 k 括适阔扩 h 或惑获霍 ch 绰辍啜惙 sh 朔烁 r 弱若 z 作凿酢 0 握幄沃
ü	j 掬鞠 q 曲屈诎 x 戌	j 局侷菊橘	q 曲	n 恧衄 l 律 j 剧 q 阒 x 恤洫畜蓄勖续旭 0 玉域浴欲或欲峪毓育聿燠狱

续表

韵母	阴　平	阳　平	上　声	去　声
üe	q 缺阙 x 薛 0 日约哕	j 决诀缺倔(角)厥 蕨蹶噱谲觉爵绝矍 x 学	j 脚 x 雪	n 虐谑 l 略掠 q 怯确壳阙阒雀鹊 x 穴血 0 月悦阅越乐(药)跃曜龠 粤岳
ai		b 白	b 柏百 zh 窄	m 麦脉
ei	h 黑	z 贼	b 北	
ao		z 凿		
ou		zh 轴妯 sh 熟		r 肉
iao			j 脚角	0 药疟
iou				l 六

（五）　早期的韵书和《切韵》

1. 韵书的起源　韵书源起于魏晋时期。魏晋以前只有字书和训诂书。字书包括两类：一类是《仓颉篇》《急就篇》之类编为韵语的杂字书；一类是按字的形体偏旁分部编排的字书，那就是许慎的《说文解字》。训诂书是解释字义、词义的，如《尔雅》《方言》《释名》《仓颉解诂》之类，主要以义类、事类编排字词。至于韵书，则是按照字音，依韵来编排的。

根据古书的记载，最早编制韵书的是魏李登。唐代封演《闻见记》(通称《封氏闻见记》)"声韵"条说：

> 魏时有李登者，撰《声类》十卷，凡一万一千五百二十字，以五声命字，不立诸部。

《声类》一书，唐人书中尚多引及，今已亡佚不存。从清人辑录的逸文来看，有反切，有训释，没有分韵的部类。按照封演所说，"以五声命字"就是以宫商角徵羽五音分别字音。所谓"不立诸部"就是没有分别韵部，也没有韵部的名称。李登之后，晋安复(今江西安福)令吕静又撰有《韵集》。《魏书·江式传》载江式《上〈古今文字〉表》说：

> 晋世义阳王典祠令任城吕忱表上《字林》六卷……忱弟静别放故左校

> 令李登《声类》之法,作《韵集》五卷,宫商角徵羽各为一篇。

《韵集》也亡佚已久。按宫商等五音本为乐律的名称,以五音论字音始于汉代阴阳五行家。李登与吕静论定字音分为宫商角徵羽五音,其实质如何已不得而知。就封演所说"不立诸部"推想,他们很可能是从韵母读音之不同来分的。

韵书之所以兴于魏晋时期,一方面由于反切的应用提高了审音的知识,另一方面是出于社会上的实际需要。因为查字按音检字要比按形体偏旁检字容易得多。不知读音,可以根据字形去检查字书;知道字音就可以根据字音检查韵书。字书和韵书两者相辅为用,这是最方便不过的了。后来为了作诗赋便于检韵起见,到南北朝时期韵书也就相继增多。

2. 南北朝时期的韵书　韵书既然便于作诗检韵,自宋齐之际开始辨别平上去入四声以后,韵书随之增多。前代书籍所提到的有梁夏侯该《四声韵略》、北齐阳休之《韵略》、周思言《音韵》、李概(季节)《音谱》、隋杜台卿《韵略》等。这些人都是知名的博学之士,他们的书都以四声分韵,而分韵定音互有不同。北齐颜之推《颜氏家训·音辞》篇说:

> 孙叔然(炎)创《尔雅音义》,是汉末人独知反语。至于魏世,此事大行。高贵乡公(曹髦)不解反语,以为怪异。自兹厥后,音韵锋出,各有土风,递相非笑,指马之喻,未知孰是。共以帝王都邑,参校方俗,考核古今,为之折衷。権而量之,独金陵与洛下耳。

从这一段话我们可以知道诸家韵书南北不同,南方以金陵音为主,北方以洛阳音为主,各从所习,未能一致。大抵南人分韵较细,北人分韵较宽。颜之推生于南方,对北人韵书多不惬意,因此他在《音辞》篇说:"李季节著《音韵决疑》,时有错失;阳休之造《切韵》,殊为疏野。"这又与审音分韵的标准不同有关。后来隋初陆法言根据以上各家书,考校古今通塞,南北是非,作《切韵》五卷,审音分韵,力求精细,大为时人所重。到唐代陆书盛行,以前诸家韵书也就逐渐亡佚无存了。各书分韵的大致情况仅在唐人所编《刊谬补缺切韵》的韵目下略有记载。

3. 陆法言的《切韵》和它所代表的语音系统　隋陆法言《切韵》作于隋文帝仁寿元年(601),是中国音韵学史上一部极其重要的著作。陆法言是魏郡临漳(即河南邺城)人,先世是代北鲜卑族人。父爽,为隋中书舍人。《切韵》是现存古代韵书中最早的一部书①。《切韵》一书的音系代表6世纪汉语书面语的声音系统,对考证汉语的历史音韵帮助极大。这部书是集合八个著名的学者的意见而编成的。《切韵》的命名就是"声韵"的意思,"切"指声。

陆法言在自序里对作书的缘由、旨趣和著书的精神都有所说明,他的自序说:

> 昔开皇初,有刘仪同臻、颜外史之推、卢武阳思道、魏著作彦渊、李常侍若、萧国子该、辛谘议德原、薛吏部道衡等八人同诣法言门宿。夜永酒阑,论及音韵。以古今声调,既自有别,诸家取舍,亦复不同。吴楚则时伤轻浅,燕赵则多涉重浊,秦陇则去声为入,梁益则平声似去。又支脂鱼虞,共为一韵;先仙尤侯,俱论是切。欲广文路,自可清浊皆通;若赏知音,即须轻重有异。吕静《韵集》、夏侯该《韵略》、阳休之《韵略》、周思言《音韵》、李季节《音谱》、杜台卿《韵略》等各有乖互。江东取韵,与河北复殊。因论南北是非,古今通塞。欲更捃选精切,除削疏缓,颜外史、萧国子多所决定。魏著作谓法言曰:向来论难,疑处悉尽,何为不随口记之? 我辈数人,定则定矣。法言即烛下握笔,略记纲纪。后博问英辩,殆得精华。于是更涉余学,兼从薄宦,十数年间,不遑修集。今返初服,私训诸弟子,凡有文藻,即须明声韵……遂取诸家音韵、古今字书,以前所记者,定之为《切韵》五卷。剖析毫厘,分别黍累……非是小子专辄,乃述群贤遗意……于时岁次辛酉大隋仁寿元年也。

从这篇序文我们可以了解以下几点:

1)《切韵》以前诸家韵书各有不同,江南与河北(指河洛)语音差异较大。陆法言与刘臻、颜之推等八人共论声韵,分辨古今异同、南北是非,目的在于正音,以为论音取韵的准绳。

2)当时诸人讨论,往复论难,最后陆法言把他们所决定的要点撮记下来,这就是陆法言在仁寿元年撰集《切韵》时所根据的准则。其精神在于审音定韵务求精密,重分而不重合,所谓"欲广文路,自可清浊皆通;若赏知音,即须轻重有异"就是这个意思。

3)陆法言本人是北方人,而分析声韵,则主要是根据萧该和颜之推的意见。萧该和颜之推都世居金陵(颜后来居于江陵),又都仕于梁,他们后来由南到北,

---

① 《切韵》亡佚已久。敦煌千佛洞石室保存了一些唐五代时期的写本残卷,为英国斯坦因(A. Stein)劫去,现藏于伦敦大英博物院。

在北方为官,对南北语音的异同了解得最为清楚。他们既然论列“南北是非,古今通塞。欲更捃选精切,除削疏缓”,自然就不会专主南,或专主北。《切韵》应是一部折衷南北、参校古今音读的书,并不是专门采用当时某一地行用的方音。

4)《切韵》既然不是根据一地的方音而作,但又要能通行南北,那就势必要根据南北语音的实际情况参酌以前诸家音韵和古今字书以论定声韵的系统。如果脱离实际语音,而与南北方言都不相合,那就不能为人所接受。所以《切韵》是以南北方言的读音作为定音的基础,而又参照了传统的书音。《切韵》音系所代表的就是 6 世纪的读书音的声韵系统。尽管它不能与当时某一地点的方音完全相合,但大类相去必不远,因此我们可以用《切韵》作为讨论中古时期语音的根据。

(六)　《切韵》的声韵系统

1.《切韵》编制的体例　《切韵》共五卷,全书以四声为纲,按四声分别排列韵字。平声字多,所以分为两卷,上声、去声、入声则各为一卷。每一声内各分为若干韵,凡同韵的字都类聚在一起。平声上有 26 韵,平声下有 28 韵,上声有 51 韵,去声有 56 韵,入声有 32 韵,全书共分 193 韵。每卷各韵以读音相近者比次在一起,例如平声东冬钟江为一大类,支脂之微为一大类,有条不紊。

在一韵之内,因字音的声母有同有异,凡声母相同而且韵母也相同的同音字都类聚在一起,通称为一纽,“纽”即声纽的意思。纽在唐代韵书中称为“小韵”,“小韵”对“大韵”(即韵部)而言。书中不同的声纽没有一定的排列次第,纽与纽之间则用圆点隔开。同一纽的字在第一字下注出训释、反切和本纽同音字的字数,例如平声东韵:

　东德红反二凍水名〇中陟隆反又陟仲反三衷忠〇虫直隆反四冲和种稚亦人姓盅〇弓居隆反四躳宫室也湰县名在酒泉〇懜目不开莫中反三梦又武仲反鄤邑名在曹〇风方隆反二枫木名〇公古红反七功工疘下病蚣蝑蚣虫玒玉釭车釭又古双反①

从这些可以看到每纽第一字大都为常用字,读者根据开头一个字的反切可以确定同纽下面各字的读音,如果一个字有两种读音,则兼注“又某某反”,这一类通常称之为“又音”。《切韵》中凡常用的字一般不加训释,这跟后代的韵书不同。关于字体的写法,陆法言在注文中有时也略为指出,如上声轸韵“准”字下

---

① 以上例字录自斯坦因劫去的敦煌古书 S.2055。只取陆书原文,长孙讷言注不录。

注云"古作準",上声旱韵"暖"字下注云"或作煗",是其例[1]。据唐代封演《闻见记》"声韵"条说《切韵》共收 12158 字。

2.《切韵》四声韵目 《切韵》四声共分 193 韵,平声分上下两卷,上卷自东至山,下卷自先至凡,共 54 韵,韵目的数次是相连的。上声分 51 韵,去声分 56 韵,入声分 32 韵。现在根据唐代《切韵》的一些写本,叙列韵目如下[2]:

平	上	去	入	平	上	去	入
1 东₂	董	送₂	1 屋₂	19 文	吻	问	6 物
2 冬		宋	2 沃	20 殷	隐	焮	8 迄
3 钟	肿	用	3 烛	21 元₂	阮₂	愿₂	9 月₂
4 江	讲	绛	4 觉	22 魂	混	慁	10 没₂
5 支₄	纸	寘₄		23 痕	很	恨	
6 脂	旨	至		24 寒₂	旱₂	翰₂	11 末₂
7 之	止	志		25 删₂	潸₂	谏₂	12 黠₂
8 微₂	尾₂	未₂		26 山₂	产₂	裥₂	13 鎋₂
9 鱼	语	御		27 先₂	铣₂	霰₂	14 屑₂
10 虞	麌	遇		28 仙₄	狝₄	线₄	15 薛₄
11 模	姥	暮		29 萧	筱	啸	
		泰₂		30 宵₂	小₂	笑₂	
12 齐	荠	霁₂		31 肴	巧	效	
		祭₄		32 豪	晧	号	
13 佳₂	蟹	卦₂		33 歌₄	哿₂	个₂	
14 皆₂	骇	怪₂		34 麻₃	马₃	祃₃	
		夬₂		35 覃	感	勘	
15 灰	贿	队		36 谈	敢	阚	
16 咍	海	代		37 阳₂	养₂	漾₂	
		废₂		38 唐₂	荡₂	宕₂	
17 真₄	轸₄	震₄	5 质₄	39 庚₄	梗₄	敬₄	
18 臻			7 栉	40 耕₂	耿	诤₂	

---

① 以上两例见 S.2683《切韵》残卷。
② 韵目下方所注 2、3、4 数字表示韵部内的韵母共有几类。

平	上	去	入		平	上	去	入
41 清₂	静₂	劲2			46 侵₂	寝₂	沁₂	
42 青₂	迥₂	径₂	16 锡₂		47 盐₂	琰₂	艳₂	24 叶₂
			17 昔₂		48 添	忝	㮇	25 怗
			18 麦₂					26 缉₂
			19 陌₄					27 药₂
			20 合					28 铎₂
			21 盍		49 蒸	拯	证	29 职₂
			22 洽		50 登₂	等	嶝	30 德₂
			23 狎		51 咸	豏	陷	
43 尤	有	宥			52 衔	槛	鉴	
44 侯	厚	候			53 严			31 业
45 幽	黝	幼			54 凡	范	梵	32 乏

从上列四声韵目排列的情形我们看到：

（1）四声韵部以韵母读音相近者排列在一起,如平声 54 韵就可分为 16 类,即

1 东冬钟江	2 支脂之微	3 鱼虞模	4 齐佳皆灰咍
5 真臻文殷	6 元魂痕	7 寒删山先仙	8 萧宵肴豪
9 歌麻	10 覃谈	11 阳唐	12 庚耕清青
13 尤侯幽	14 侵盐添	15 蒸登	16 咸衔严凡

这 16 类韵,1、11、12、15 以 -ng 收尾;5、6、7 以 -n 收尾;10、14、16 以 -m 收尾;其他各类都以元音收尾,以 -ng、-n、-m 收尾的音韵学上称为阳声韵,以元音收尾的称为阴声韵。以上 16 类韵,阳声韵与阴声韵错综排列,这可能与因袭前代诸家韵书有关。

（2）在四声韵目的排列上和韵目的名称上我们可以看到,上去二声的韵目的次节和读音都是与平声韵目相应的,只有几韵由于当韵没有适当的同声纽字可以选用以致所取的韵目在读音上与平声不一致,例如:东董送、咍海代,"送"字和"代"字就与平声和上声的韵目声母不同;佳蟹卦、皆骇怪的"蟹"字和"骇"字就与平声和去声的韵目声母不同,而江讲绛、脂旨至、之止志、真轸震、唐荡宕之类平上去三声都是相应的。

（3）《切韵》的入声韵，承阳声韵-ng 的收-k（如"屋"）；承-n 的收-t（如"质"）；承-m 的收-p（如"合"）。这三类也是错综排列的。惟排列的先后次第只有一部分与平上去三声韵目相应，另有一部分虽然以音近的排列在一起，而与应当相承的平上去三声的韵次不合，如入声的 6 物为平声 19 文的入声，应列于 7 栉（臻之入）之后，即是一例。其自 16 锡以迄 32 乏 17 韵的次第按照四声相承之例应当顺列为以下的次第才对：

　　20 21 27 28 19 18 17 16 26 24 25 29 30 22 23 31 32

　　合 盍 药 铎 陌 麦 昔 锡 缉 叶 怗 职 德 洽 狎 业 乏

　　覃 谈 阳 唐 庚 耕 清 青 侵 盐 添 蒸 登 咸 衔 严 凡

按照这样的顺序才能与平声诸韵相应。但是陆法言编定《切韵》的时候为什么没能照顾到呢？这也可能是从前代的韵书沿袭而来的，不过现在还没有什么资料可以用来证明。

我们学习文字学要了解《说文解字》，学习音韵学就要了解《切韵》。陆法言之编定《切韵》，正是在隋朝统一南北之后用以适应文化发展的需要的，同时也是汉语音韵学发展到当时这一个阶段的产物。《切韵》的分韵很明显跟现代普通话的语音系统差别很大，许多不同的韵在今音里已无分别。要了解古今音的异同就要以了解《切韵》的音系为起点。

3. 考定《切韵》声韵部类的方法　　要考察《切韵》的声韵部类，主要是凭借《切韵》的反切。从书中所用的反切上字，我们可以归纳它的声纽类别；从书中每韵所用的反切下字，我们可以分别一韵之中所包含的韵类。

利用反切辨别声韵的部类，清人陈澧作《切韵考》首创一种反切系联法，利用反切同用、互用、递用的关系来断定声韵的类别，他说（《切韵考》卷一）：

　　　切语上字与所切之字为双声，则切语上字同用者、互用者、递用者，声必同类也……切语下字与所切之字为叠韵，则切语下字同用者、互用者、递用者，韵必同类也。

所谓同用，即同用一字来切不同的字，如"冬"音都宗反，"当"音都郎反。所谓互用，即以此字切彼字，以彼字切此字，如"当"音都郎反，"都"音当孤反。所谓递用，即甲用乙切，乙用丙切，如"冬"音都宗反，"都"音当孤反，"冬"字用"都"字，"都"字又用"当"字。根据这种同用、互用、递用的情形，我们就可以把"冬、都、当"三字系联为同一声类。这就是反切系联法。

　　应用这种方法可以基本考察出《切韵》声韵的类别。不过也有实属同类而两两互切,不能系联在一起的,这就要用别的方法加以断定。反切上字可以用一字两音的互注切语(即又音)相比证。因为同属一音的两个切语,声母必属同类。至于反切下字,就可以参照平上去入四声相承的类别来确定它归属该韵的某一类。这都是一些辅助的方法。

　　以上所说辨别《切韵》声韵部类的方法都是一些基本的方法,但是古人所记的反切也颇为复杂,有些属于声类的问题要从声母与全书各韵相拼合的情况来定。属于韵类的问题要结合反切上下字和同声符的一些谐声字的读音来定。有时还须要参考其他书音,如陆德明《经典释文》和曹宪《广雅音》之类。这就要求考证与审音并重,个别与一般、总体与个体互相参较,从整个音系来考虑才行。

　　4.《切韵》的声类　关于《切韵》有多少声母,虽然现在还没有完全一致的结论,但是根据唐代陆法言系统的《切韵》写本,利用反切系联的方法,参照音系中声韵配合的情形,我们可以把反切上字归纳为若干组而定出比较可靠的声母类别来。下面依照发音部位排列,并举出反切中常用的代表字:

　　双　唇　音:p(博方)　p‘(普芳)　b(蒲符)　m(莫武)

　　舌　尖　音:t(都)　　　t‘(他)　　d(徒)　　n(奴女)　　l(力)

　　舌尖前音:ts(子)　　ts‘(七)　　dz(昨)　　s(苏)　　z(似)

　　舌尖后音:ṭ(陟)　　　ṭ‘(丑)　　ḍ(直);　 tṣ(侧)　　tṣ‘(初)　　dẓ(士)　　ṣ(所)

　　舌面前音:tś(之)　　tś‘(尺)　　dź(食)　　ś(式)　　ź(市)　　ń(而)

　　舌面中音:j(以)

　　舌　根　音:k(古居)　k‘(苦去)　g(渠)　　ng(五鱼)　　x(呼许)　　ɣ(胡于)

　　喉　　　音:○(於)

这里所列共35母[①]。这35母不是单纯依据反切系联来定的,而是从音位系统来定的。其中有好几母注了两个代表字,意思是在反切上有两套字,随被切字韵母的读音不同而应用的反切上字也有不同。如果一律分开,那就有45类。但是从整个音韵系统来看,不同的两套字仍属于同一个音位,也就是代表同一个声纽,所以定为35母。这35母的读音用国际音标写出,以便掌握。这些读音是近代学者所拟测而为一般人所承认的。

───────────────

① 有的学者把舌尖音的n(奴女)分为两母,奴类读n,女类读ṇ,成为36母。有的学者不分奴、女,而舌尖后音多一俟母,读ẓ,这样也是36母。今不另分立。

《切韵》这些声母跟魏晋以前的古音不同,也跟唐宋以后的语音不同。如果跟现代普通话 22 个声母(包括零声母在内)相比较,差别更多,例如普通话没有 b、d、dz、z、ḍ、dẓ、g 等浊音声母;ṭ、ṭ' 与 tś、tś' 等都读为 tṣ、tṣ';而 ts、ts' 与 k、k' 两类音在 i、y 的前面都变成 tɕ、tɕ'。有了《切韵》的声母类别,我们就可以根据《切韵》来上推古音,同时也可以与现代各地方音作比较,寻求《切韵》音演变为今音的规律。我们要研究古今音的变迁不能不以《切韵》为阶梯。

5.《切韵》的韵类　《切韵》四声共有 193 韵,每一韵因声纽的不同而又分为若干小韵。小韵的韵母,有的只是一类,有的是两类或多于两类。现在举平声东韵为例:

k k' g t t' d ṭ t' ḍ p p' b m l x ɣ

(1)公 空　　东 通 同　　　　　　蓬 蒙 笼 烘 洪

古红 苦红　　德红 他红 徒红　　　　　　薄红 莫红 卢红 呼同 胡笼

(2)弓 穹 穷　　　中 忡 虫 风 丰　　冯 懜 隆

居隆 去隆 渠隆　　陟隆 敕中 直隆 方隆 敷隆　　扶隆 莫中 力中

这里举了 21 个小韵的第一个字(即一纽的头一个字)和各字的反切。从反切的下字来看,第(1)行"红、同、笼"系联为一类,第(2)行"隆、中"系联为一类,分别得很清楚。再看韵字当中"公"与"弓"、"空"与"穹"、"蒙"与"懜"、"笼"与"隆"都是同纽字,而都分为两个小韵,由此可知第(1)行"公、空、东、通、同"等字与第(2)行"弓、穹、穷、中、忡"等字韵类不同。现在很多方言这两类字的韵母都已不分,惟闽方言有的地方还分为两类,如厦门话"东、通、同、公、空、笼"一类字读-ong,而"弓、穹、中、冲、虫、隆"一类字读-iong。前一类没有介音,后一类有-i 介音。据此可知《切韵》东韵虽是一韵而实际包括两类韵母。

又如《切韵》平声寒韵,也有两类:

t t' d ts ts' dz s ɣ l k k' ○

(1)单 啴 坛　餐 残 册 寒 兰 干 看 安

都寒 他单 徒干　仓干 昨干 苏干 胡安 落干 古寒 苦寒 乌寒

(2)端 湍 团 钻　攒 酸 桓 銮 官 宽 剜

多官 他端 度官 借官　在丸 素官 胡官 落官 古丸 苦官 一丸

上面的寒韵字第一行以"寒、干、安"为切,第二行以"官、端、丸(音同桓)"为切,很明显是两类字。前一类"单、啴"等字没有介音,后一类"端、湍"等字有-u 介音,韵母不同。所以寒韵一韵实际有两类。

由以上所举东、寒两韵的例子,我们可以知道《切韵》一个韵部有的仅仅是一类,有的是两类,甚至还多于两类。有两类的,主要是包括有-i介音的和无-i介音的两类,或包括有-u介音的和无-u介音的两类。如果韵母的元音是a,同韵又有ia和ua。那就是三类了。不过,不管《切韵》每一个韵部的类别有多少,从陆法言编定的体例上来说,一韵中不同类的韵母的元音和韵尾应当是相同的。

在音韵学上把没有-i介音的韵母称为洪音,把有-i介音的韵母称为细音;把没有-u介音的韵母称为开口,把有-u介音的称为合口。根据《切韵》各韵的反切和四声韵字相对照的关系辨别洪细和开合,我们就可以把《切韵》各韵的类别确定下来。

我们了解了《切韵》所分的韵部和每一韵部所包含的韵类,对古今音的关系就会比较容易理解,例如《切韵》的歌韵和麻韵根据反切和字音可以确定共有七类:

歌韵:一类　α　1 歌何　　　　2 波颇摩　3 多驼醝娑

　　　二类　uα　4 过科　　　　5 陕犨

　　　三类　iα　6 伽

　　　四类　iuα　7 靴

麻韵:一类　a　8 巴爬麻砂　9 嘉遐鸦

　　　二类　ia　10 嗟哀邪　　11 遮车奢

　　　三类　ua　12 瓜花洿窊

这七类字的韵母在古音里是比较接近的,可是在现在普通话里的读音就很不一样,歌韵一类读-ɤ、-o、-uo;二类读-ɤ、uo;三类读-ie;四类读-ye。麻韵一类读-a、-ia;二类读-ie、-ɤ;三类读-uα。从这里可以看到α→o,ia→ie,同时还可以看到韵母由于受不同声母的影响而元音的演变也有不同,如舌根音的"歌、何"(1)由α→o→ɤ;"嘉、遐、鸦"(9)由a→ia;舌尖音的"多、驼"(3)和舌尖前音的"醝、娑"(3)由α→o→uo。这些音韵的变迁比较复杂,似乎不易理解,但从韵部的类别上看仍然是有条理可寻的。

《切韵》各韵韵母的类别在前面《切韵》四声韵目中已分别注明,至于各韵的读音将在第九小节讨论。

练习(五)

1. 什么叫做阳声韵、阴声韵、入声韵? 各举一些《切韵》的韵目,并说明入声韵和阳声韵的关系。

2. 用反切系联法,根据下列诸字的反切区分其韵类:

a. 清七精　精子清　情疾盈　成是征　倾去营　盈以成　营余倾　贞陟盈

b. 天他前　田徒贤　千仓先　先苏前　贤胡千　玄胡涓　涓古玄　渊乌玄

3. 上文谈到麻韵有三类韵母,即 a、ia、ua,读下面所录李白《扶风豪士歌》的一段,看看其中的韵脚应当怎样读:

> 洛阳三月飞胡沙,洛阳城中人怨嗟。
>
> 天津(桥名)流水波赤血,白骨相撑如乱麻。
>
> 我亦东奔向吴国,浮云四塞道路赊。
>
> 东方日出啼早鸦,城门人开扫落花。
>
> 梧桐杨柳拂金井,来醉扶风豪士家。

(七)　唐代韵书的发展

1. **唐代的增修本《切韵》**　唐代文人用力于诗赋,韵书的用处增多;同时科举以诗赋取士,也须要有一部韵书作为一般押韵的准则,所以陆法言《切韵》大为盛行。可是陆法言书所着重的是分辨声韵,所收的文字和义训并不详备,要作为依音检字的字书尚有不足,所以在唐代又有不少种增修本《切韵》。增修本《切韵》有增注加字的,有订补或增改韵部的,著者甚众。《日本见在书目》所载名为"切韵"的就有十七八种。可是现在能看到的种类不多,而且完整无缺的很少,有些只是零篇断简,作者也无可考,我们只能从体例上、韵目排列上和反切注释上来区别异同。

单就增注加字本来说,现在我们所看到的,成书较早的有长孙讷言的笺注本和王仁昫的《刊谬补缺切韵》。

长孙讷言笺注本,出自敦煌千佛洞石室,有三种相近的传本,两种为英国斯坦因(A. Stein)劫去,藏于伦敦大英博物院;另外一种为法国伯希和(P. Pelliot)劫去三段,藏于巴黎国家图书馆,斯坦因劫去一段,藏于伦敦博物院。前两种,斯坦因编号为 S.2071 和 S.2055;后一种伯希和编号为 P.3693、3694、3696,斯坦因编号为 S.6176。这三种传本并非完全一致,时间也略有先后,但同为长孙笺注传本无疑。

长孙讷言为北周仆射长孙俭之后,唐黄门侍郎长孙师之子[1],曾为德州司

---

① 见《元和姓纂》卷七,司户参军是州长史下掌户籍计账等事的人。

户参军。长孙笺注的第二种传写本（S.2055）只存卷一的一部分，共九韵，卷首有陆法言《切韵序》和长孙讷言序，长孙序作于唐高宗仪凤二年（677）；其他两种则所存较多，但并非完帙①。从三种传本来看，可知长孙书分韵仍与陆法言书相同，惟根据《说文》增加注释和解说形体，并增益六百字。书中反切与陆法言书差别很少。

　　稍后又有另外一种增修本《切韵》，即王仁昫所作《刊谬补缺切韵》。现在流传下来的有两种本子：一种是故宫博物院所藏，全书五卷，完整无缺；一种是出自敦煌石室，现藏巴黎国家图书馆（P.2011），书中缺损较多。王书卷首前面是王仁昫序，后面是陆法言序，而于书名下注云："刊谬者，谓刊正误谬。补缺者，谓加字及训。"这就是王仁昫著书的主旨。据卷首题名，王仁昫字德温，为朝议郎行衢州信安县尉。书作于唐中宗神龙二年（706），他要从正形体、增字加训各方面使韵书更加完善以符合实用，因此在内容上比陆法言书增加很多。全书字数约一万七千六百多字，比法言原书要多到三分之一以上，这是一个大的变动。在分韵方面，次第虽然与陆韵相同，但陆韵严韵不立上、去二声韵目，《王韵》则增出上声广韵和去声严韵，比陆书多两韵，全书共 195 韵。这是《王韵》的特点。至于反切，则改变甚少。

　　在长孙讷言笺注本《切韵》和王仁昫《刊谬补缺切韵》行世之后，还有参酌两书而编定的一种《刊谬补缺切韵》。全书共五卷，旧藏故宫博物院，平声、上声缺佚颇多，去、入二声都完整无缺。卷首题"朝议郎行衢州信安县尉王仁昫撰"，次行题"前德州司户参军长孙讷言注，承奉郎行江夏县主簿裴务齐正字"。后有王仁昫序和长孙讷言序。序文后又有字样（即偏旁字形辨异）一段。这本韵书疑为裴务齐所修的一个传写本。书中平声、去声、入声都有长孙注本和《王韵》的东西在内，而又增加很多训解。惟独上声一部分收字与《王韵》几乎都相合，反切也与《王韵》比较相近，很像是根据《王韵》而加以编定的。全书大韵总有 195 韵，与《王韵》相同。卷首有小韵总数为 3671，多加小韵 265，足见此书又是在《王韵》之后所出现的一种增字详注本《切韵》。但本书最大的特点是在韵次的安排和韵目的改变。现在根据原书所出的韵目叙列如下：

---

① 　见周祖谟《唐五代韵书集存》。

（平）	（上）	（去）	（入）	（平）	（上）	（去）	（入）
1 东	1 董	1 冻	1 屋	24 魂	22 混	27 恩	14 纥
2 冬		2 宋	2 沃	25 痕	23 佷	28 恨	
3 钟	2 肿	3 种	3 烛	26(先)	24 铣	29 霰	15 屑
4 江	3 讲	4 绛	4 觉	27(仙)	25 狝	30 线	16 薛
5 阳*	4 养	5 样	5 药	28(删)*	26 潸	31 讪	〔13 黠〕
6 唐*	5 荡	6 宕	6 铎	29(山)*	27 产	32 裥	17 鎋
7 支	6 纸	7 寘		30(元)*	28 阮	33 愿	18 月
8 脂	7 旨	8 至		31(萧)	29 筱	34 啸	
9 之	8 止	9 志		32(宵)	30 小	35 笑	
10 微	9 尾	10 未		33(交)	31 绞	36 教	
11 鱼	10 语	11 御		34 豪	32 晧	37 号	
12 虞	11 麌	12 遇		35 庚*	33 梗	38 更	〔29 格〕
13 模	12 姥	13 暮		36 耕*	34 耿	39 诤	19 隔
14 齐	13 荠	14 霁		37 清*	35 请	40 清	〔30 昔〕
		15 祭		38 冥	36 茗	40 瞑	20 觅
		16 泰		39 歌*	37 弨	42 个	
15 皆	14 骇	17 界		40 佳*	8 解	43 懈	
		18 夬		41 麻*	39 马	44 祃	
		19 废		42 侵*	40 寝	45 沁	21 缉
16 灰	15 贿	20 海		43 蒸*	41 拯	46 证	22 职
17 台	16 待	21 代		44 尤	42 有	47 宥	
18 真	17 轸	22 震	7 质	45 侯	43 厚	48 候	
19 臻			8 栉	46 幽	44 黝	49 幼	
20 文	18 吻	23 问	9 物	47 盐	45 琰	50 艳	23 叶
21 斤	19 谨	24 靳	10 讫	48 添	46 忝	51 桥	24 帖
22 登*	20 等	25 磴	11 德	49 覃*	47 禫	52 醰	25 沓
23 寒*	21 旱	26 翰	12 褐	50 谈*	48 淡	53 阚	26 踂
			13 黠	51 咸	49 减	54 陷	27 洽
52 衔	50 槛	55 鉴	28 狎	53 严	51 广	56 严	31 业
			29 格	54 凡	52 范	57 梵	32 乏
			30 昔				

附注：

（1）韵目名称加括号是原书所缺的,据王仁昫《切韵》补。

（2）入声韵目名称加方括号的是依四声相承的关系应当排列的地位,但原书安排的次第不妥。

（3）韵目名称右上角加＊号的,表示这一韵或这一韵包括上去的韵目,都与陆法言和王仁昫《切韵》所排列的次第不同。

这个韵目表是极为有意思的。以分韵的多寡而论,全书共195韵,跟《王韵》相同。在四声韵目的名称上则颇有改动,尽量采取同纽的双声字,如陆韵"东董送屋"改为"东董冻屋"（屋韵有"毅"字,音丁木反,与"东"字为双声,因非常用字,所以仍用"屋"字因袭未改）。"咍海代"改为"台待代","殷隐焮迄"改为"斤谨靳讫","魂混恩没"改为"魂混恩纥","佳蟹卦"改为"佳解懈","覃感勘合"改为"覃禫醰沓"。

另外有一个最重要的变动就是韵次的改变,如阳唐两韵列于江韵之后,佳韵次于歌麻之间,登韵置于斤韵（殷韵）之后,寒韵列于魂痕之前等等,这些都与陆法言《切韵》不同,在唐代韵书中别具一格。这种改动反映了编定者的实际语音,值得我们注意。这将在后面进行讨论。

2.孙愐《唐韵》和韵书新的发展　　清人卞永誉《式古堂书画汇考》卷八曾著录一种韵书,名为《唐韵》,是朝议郎行陈州司法参军事孙愐所作。旧题为《唐女仙吴彩鸾楷书四声韵帖》。孙愐《唐韵》,宋元人都曾见到过许多写本[1],可见《唐韵》在唐代是很流行的一种韵书。此本写于宪宗元和九年（814）正月,卷首只有孙愐序文[2]。从序文我们可以知道作者所注重的是：

（1）增补陆法言《切韵》的文字和训释。新加3500字,共收字15000。

（2）字体偏旁有容易相混的在注中指出,以免讹误。

（3）根据字书、史书、本草、姓苑、文集、地志等书增加训解。详于姓氏原由、土地物产、异闻传说、草木虫鱼之类,略载其间,皆引凭据。

（4）州县名号,改为当时名称;从唐初到开元二十年（732）的建置并载于注中。书名依照《周礼》的命名改《切韵》为《唐韵》。

从这几点可以了解孙愐的书是一方面增补《切韵》,收字加多;一方面是大

---

① 如欧阳修、黄庭坚、虞集。

② 宋代的《广韵》前也有孙愐《唐韵序》,但文字已有改动。

量引书增加训释,使韵书兼有字书和解释名物、姓氏、地理等书之用,这是韵书注文的一种新的发展。依序文所说,孙愐书当作于开元二十一二年(733—734)。全书五卷,据卞永誉所记,平声54韵,上声52韵,去声57韵,入声32韵,共195韵,与王仁昫书分韵相同。惟收字不及《王韵》多。可惜现在这个写本已经失传,不能详细考校。

我们现在经常提到的《唐韵》是清末蒋斧所藏的一个残本,存去声一部分和入声一卷。入声卷首题"唐韵卷第五",并有34韵韵目。根据书中韵目和各韵韵目上所记数次,可知去声分为59韵,比《切韵》多稕、换、过三韵;入声34韵,比《切韵》多术、曷两韵。《切韵》真、寒、歌三部的四声韵目是:

真轸震质　寒旱翰末　歌哿个

宋人所修《广韵》真韵后有谆韵,寒韵后有桓韵,歌韵后有戈韵,谆、桓、戈三韵部都是合口字,其四声韵目是:

谆准稕术　桓缓换末　戈果过

据此推知上面所说的这一种《唐韵》传本的韵目一定是:

真轸震质　寒旱翰曷　歌哿个

谆准稕术　桓缓换末　戈果过

把真、寒、歌的合口字分出,这是《切韵》流行以后唐本韵书在分韵方面的一大改变。这个传本虽题名《唐韵》,但跟卞永誉所录的分为195韵的孙愐《唐韵》不同。此本分韵加多,全书有205韵,而严韵反不出去声一韵。所以这个传本已不是孙愐原书,应当是一种就孙书而又增修改订的本子。从书中的反切注音来看,用字跟《切韵》王韵颇有不同,音读也有增加,字的又音趋向于采用直音,而不用反切,这些都是特点。

前面已经说过《唐韵》的传本比较多。巴黎图书馆所藏敦煌遗书中尚有一残卷(P.2018)存平声东、冬、钟三韵字,共十四行,体例与蒋斧本《唐韵》是一类书。其中注文引书既多,而一字数训的也极多,如"容"字训"盛也,仪也,受也","庸"字训"常也,用也,功也,和也,次也,易也","封"字训"大也,国也,厚也,爵也"。这是从裴务齐正字本《刊谬补缺切韵》以后训释更日趋繁富的一类书。

训释日趋繁富,韵书兼有字书、训诂书和类书之用,更加符合社会的需要,这是唐代韵书发展的一个总的趋势;而分韵精密,也是一个总的趋势。南宋时魏了翁看到一种《唐韵》①，从齐韵中分出二字，别为"栘"韵，注云："陆与齐同，今别。"巴黎图书馆所藏敦煌遗书中有五代刻本《切韵》(P.2014、2015)，因承蒋斧本《唐韵》韵部系统，而又把平声仙韵合口字分出，别为"宣"韵，入声薛韵合口字分出，别为"雪"韵。北宋时夏竦《古文四声韵》所据唐《切韵》②，平声分 59 韵，齐韵后有"栘"韵，仙韵后有"宣"韵；上声分 56 韵，仙韵上声狝韵后别出"选"韵；去声为 60 韵；入声分为 35 韵，质韵后有"聿"韵，又有术韵③，共 210 韵。这是唐本韵书中分韵最多的了。韵书分韵加细，这说明审音之学有了新的进展。

3. 李舟《切韵》对韵目的改定 《新唐书·艺文志》有李舟《切韵》十卷，《宋史·艺文志》作五卷。今书已亡佚，不过我们从宋徐铉改定的《说文解字篆韵谱》还可以知道李舟书韵部的情况。徐铉在《韵谱》后序里说④：

> 初《韵谱》既成，广求余本，孜孜雠校，颇有刊正。今复承诏校定《说文》，更与诸儒精加研核，又得李舟所著《切韵》，殊有补益。其间有《说文》不载而见于序例注义者，必知脱漏，并从编录。疑者则以李氏《切韵》为正，殆无遗矣。

徐铉《后序》作于宋太宗雍熙四年(987)正月，所用韵目当即本于李舟。李舟，字公受，陇西成纪人，李岑子(见清劳格《郎官石柱题名考》)，16 岁登第，18 岁典校弘文馆书。德宗建中元年(780)为金部员外郎，选吏部，又除检校吏部郎中，兼侍御史，居于洛阳。后为虔州刺史，朝议大夫，终于鄱阳，年四十有八。见《文苑英华》卷九五一梁肃《虔州刺史李公墓志铭》。以梁肃卒于德宗贞元九年(793)来推，李舟卒年当在此以前。

李舟的韵目，平声 57 韵，上声 55 韵，去声 60 韵，入声 34 韵，共 206 韵；而在韵次的排列上却不同于《切韵》和《唐韵》。现在简单列出如下(上去二声不备举)：

---

① 见《鹤山先生大全文集》卷五十六《吴彩鸾唐韵后序》。
② 《古文四声韵》撰于宋仁宗庆历四年(1044)。
③ 聿、术分为两韵不妥。
④ 据清李调元所刻《函海》本。

平	入	平	去	入	平	去	入	平	入
东	屋	鱼					夬	殷	迄
冬	沃	虞			灰	队		元	月
钟	烛	模			开	代		魂(痕附)	没
江	觉	齐	霁			废		很恨	
支			祭		真		质	寒	曷
脂			泰		谆		术	桓	末
之		佳	卦		臻		栉	删	黠
微		皆	怪		文		物	山	辖
先	屑	戈			蒸		职	盐	叶
仙	薛	麻			登		德	沾	帖
宣		阳		药	尤			咸	洽
萧		唐		铎	侯			衔	狎
宵		庚		陌	幽			严	业
肴		耕		麦	侵		缉	范梵	法
豪		清		昔	覃		合		
歌		青		锡	谈		盍		

　　这个韵目的次第跟上述各种韵书都不相同。《切韵》《唐韵》的韵目,阳声和入声排列得不够整齐,李舟根据韵母的读音和韵尾辅音的属类重新作了调整,他把收-ng、收-k 和收-m、收-p 的各韵都按声音的同异远近依类排列;去声泰韵和入声栉韵(臻韵入声)也作了改动。这样做,一方面使韵类读音切近的都比附在一起,另一方面使平上去入四声条贯统序,平入相应,比前此诸家韵书在韵目的排列上都最有条理。可惜原书久已亡佚。宋代的《广韵》的韵目次第即因承李舟《切韵》而来,但韵部中无"宣"韵,而别出痕韵和凡韵,共206 韵。

　　唐代的韵书种类很多,以上所举都是以陆法言《切韵》为基础的,有些在《切韵》系统以外的书,如武玄之《韵诠》、元庭坚《韵英》之类的书,都没有传本,在这里只可缺而不论。就以上所说的几种韵书前后发展的情况来看,分韵的部类由 193 增为 195,由 195 增为 204、206,多至 211,在使用上固便于检查,在论音上也有审音加细和顺应实际语音的缘由在内。同时我们还看到:韵书中的反切,前后也颇有改易。改变的地方,除属于用字的不同无关音韵的以外,主要是声母上的不同。这类情况大都是唇音字(p、p‘)和舌音字(t、t‘)。由韵部之增加、反切之改变,我们可以考察唐代的语音。这些不同的韵书都是很宝贵的材料。

4. 韵书文字举例

(1)陆韵:·引余轸反二蚓蚯蚓·忍而轸反三荵隐荵草名涊水名在上党·矧况式忍反二哂笑(上声轸韵)

长孙注:·引余轸反三·蚓蚯蚓釾锡·忍而轸反三(以下同上)

王韵:·引余轸反延八蚓蚯蚓亦作螾嗔大笑㢟布廴长行戭长枪亦作戭縯齐武王名演引一曰水门·忍而轸反耐事三荵隐荵草名涊水名在上党·矧式忍反况亦作訠又作弞三哂笑亦作欥唞頣举眉视人

裴韵:·引余轸反延引九嗔大笑㢟布縯齐武王名演引一曰水门廴长行戭长枪亦戭蚓蚰蚓亦蚯蚓釾锡·忍而引反亦耐事三荵隐荵草名涊水名在上党·矧式忍反况也亦訠弞三頣举眉视人哂笑亦欥嗶唞

(2)陆韵:养余两反三痒皮痒瀁滉瀁·像详两反四象蟓桑上茧橡木实·奖即两反三篣剖竹木去节又秦丈反桨楫属·两良奖反五魎魍魎𦝫膙𦝫㭨松脂𬩽𬩽𬩽(上声养韵)

裴韵:养余两反畜又作敖四痒皮痒瀁滉瀁勨摇动·象详两反兽六像大兽三岁一乳亦作象蟓桑上茧橡木实䝯饰勨免·奖即两反劝四蒋人姓桨楫属亦檣篣剖竹木去节又秦丈反·两良奖反再也古网八𦝫膙𦝫㭨枝㭨緉履两头又力尚反𬩽𬩽强魎魍魎蜽山之精物裲裆

(3)长孙:质之日反七晊大郅郁郅县在北地桎桎梏櫍砧行刑用斧櫍蛭水虫骘骘马后汉有邓骘·日人质反二驲驿·实神质反一·秩直质反三紩缝帙或作袠·悉又作悉思七反二膝按〔说〕文作厀(入声质韵)

王韵:质之日反十晊大郅郁郅县在北地桎桎梏櫍砧行刑用斧櫍蛭水蛭又都结反骘骘马后汉书有邓骘嚌嚌野人言懫塞礩柱下石·日人质反明精三驲驿亦作□衵到又而职反晋字从此·实神质反满一·秩直质反禄或作䄟五紩缝帙书衣或作袠亦作袟柣门限鉃帆索

裴韵:质之日反成也九晊大也明也郅郁郅县在北地桎桎梏櫍砧行刑用斧櫍蛭水虫侄牢也一曰故也骘骘马又后汉有邓骘嚌野人之言·日人质反太阳之精四驲驿传衵枕巾衵到·实神质反满也又草木子一秩直质反禄也常也智也七鴩门也又大结反姝今赵魏间呼兄弟子也鉃帆索紩缝帙书帙亦袟袠䄟爵之次第

唐韵:质朴也主也信也问也汉书货殖列传注云修刀剑之日反十二晊大郅郁郅县名

又姓汉有郳都桎桎梏在足曰桎桎椹行刑斧椹蛭水蛭骘駊马也书传云定也后汉有邓骘劗劗剂券也长曰劗短曰剂出周礼加嗊野人之言出说文加懫止出坤苍加侄坚出广雅也加·日人质反二驲驿传·实神质反一·秩积也次也直质反七加四紩缝帙书帙又姓出篆文说文亦作裻袟门限也出迻雅加猴猴猴飞貌出庄子加姪兄弟之子加觌说文云次第加

由上列三组文字可以看出各本韵书前后因承和增益的情况。陆法言书收字少，注文简单；长孙注主要是引据《说文》，略增注释；《王韵》增字增训，尤重字形；裴韵增字稍多，而且训释加繁。至于蒋斧本《唐韵》既增字增训，而又援引凭据，并详于姓氏，这是它的特点，晚唐的韵书大都是这一类。

练习（六）

1. 注意比较一下陆法言《切韵》和裴务齐正字本《刊谬补缺切韵》韵目和韵次的异同。

2. 李舟改定《切韵》《唐韵》韵目次第的意义何在？

3.《切韵》"江庞窗邦降（降伏）双桩厖腔"诸字同属江韵，韵类相同，而今音韵母不同，从声母上看有什么规则可寻没有？

4. 分别下面一些字哪些是开口，哪些是合口：

春仁因匀民屯单桓难端何颇火坐皆怀海淮

5. 下列几组字在《切韵》里不同一韵，但今音很多是相通的，看看这几组字可以归纳为几个韵母？

（1）宜危移儿为支吹斯知驰奇皮雌　（支韵）

（2）饥悲眉遾咨脂伊谁追私尼　（脂韵）

（3）其治疑时思而之期词医厘　（之韵）

（4）机依肥希威飞稀归衣　（微韵）

（5）泥西嘶奎携齐圭啼倪　（齐韵）

（6）杯摧枚雷回灰颓培梅　（灰韵）

（八）唐代的字母等韵之学

1. 唐人《归三十字母例》　前面我们已经讲过《切韵》的声类有 35 类，那是应用反切系联法归纳出来的，《切韵》书中并没有声母的名称，直到唐代才有字母的标目。

敦煌千佛洞（莫高窟）所出古籍中有晚唐人所写《归三十字母例》[1]，列字母

---

[1] 现藏英国伦敦大不列颠博物院。

为三十,每母下并举出例字来。三十字母的排列次第如下:

端	透	定	泥	审	穿	禅	日	心	邪	照	精	清	从	喻
丁	汀	亭	宁	升	称	乘	仍	修	囚	周	煎	千	前	延
当	汤	唐	囊	伤	昌	常	穰	相	祥	章	将	枪	墙	羊
颠	天	田	年	申	瞋	神	仁	星	饧	征	尖	金	晋	盐
掂	添	甜	拈	深	觇	谌	任	宣	旋	专	津	亲	秦	寅

见	溪	群	疑	晓	匣	影	知	彻	澄	来	不	芳	並	明
今	钦	琴	吟	磬	形	缨	张	伥	长	良	边	偏	便	绵
京	卿	擎	迎	呼	胡	乌	衷	忡	虫	隆	通	铺	蒲	模
犍	搴	□	言	欢	桓	剜	贞	柽	呈	冷	宾	缤	频	民
居	祛	渠	敏	祆	贤	烟	珍	缜	陈	邻	夫	敷	符	无

这里自端透定泥至不芳並明共三十字母,例字是按声经韵纬来排列的。横读"丁汀亭宁"就是端透定泥,竖读"丁当颠掂"就同是端母字。这就是一个简单的调习三十字母的练音表。

"字母"的名称,最早应见于晋宋间佛经翻译中,今日尚见于唐德宗贞元间智广所作的《悉昙字记》①。唐人创制字母即受梵文悉昙(Siddham)的影响。

梵文有 34 字母(声母),16 转声(韵母)。下面用通行的译音符号②:

体文(字母)

舌 根 音	k	kh	g	gh	ñ
舌 面 音	c	ch	j	jh	ñ
舌尖中音	ṭ	th	ḍ	ḍh	ṇ
舌 尖 音	t	th	d	dn	n
唇 音	p	ph	b	bh	m
和 会 音	y	r	i	v	ś	ṣ	s	h	kṣ

摩多(转声)

a ā i ī u ū ṛ r̄ ḷ l̄ (此四音一般不用)

e āi o āu aṃ aḥ

梵文字母(体文)分五类,统称五音,每一类包括清音、清音送气、浊音、浊音送气和鼻音五母。唐人所定字母每一类先清音和清音送气,后浊音,再后是

---

① 见罗振玉所印《悉昙三书》内。

② 为便于了解,不写天成体梵文。

鼻音,次第与梵文字母相同。古代汉语浊音声母(塞音)只有一类,或送气,或不送气,各处方音不同,所以每类只有四母。如端透定泥、见溪群疑、不芳並明,都是很整齐的四个字。这跟藏文字母很相近。

藏文字母据说是 7 世纪创造的,母音(即元音)有 i、u、e、o 四个,父音(即声母)有七部半,共 30 母:

k	kh	g	ṅ
c	ch	j	ñ
t	th	d	n
p	ph	b	m
ts	tsh	dz	w
ẑ	z	ẖ	y
y	i	ś	s
h	a[ʔ]		

唐人所定三十字母,除参照了梵文字母以外,很可能还参考了藏文字母。梵文没有 ts、tsh,而藏文里有,所以三十字母里精清从(ts、ts'、dz)跟藏文字母一样排在一起。藏文以 w 与 ts、tsh、dz 相属,而《归三十字母例》同样以喻母与精清从并列,由此可见其相因之迹。

2.《守温韵学残卷》三十字母 在上面所说的《归三十字母例》之外,敦煌古籍中还有一种关于字母的材料,那就是守温所作的属于论音的书。原书失去书名,篇首题"南梁汉比丘守温述"。原件现藏于法国巴黎国家图书馆,共残存三截,我们通称之为《守温韵学残卷》。

宋郑樵《通志·艺文略》和王应麟《玉海》都载有《守温三十六字母图》一类,今已亡佚无存。这个残卷恰恰就是守温的书,非常可贵。守温事迹无可考。"南梁"为地名,指陕西汉中兴元[①],"汉比丘"则对外国沙门而言。残卷为唐末人所书,首截依五音叙列字母:

唇音 不芳並明

舌音 端透定泥(舌头音)

　　　知彻澄日(舌上音)

牙音 见溪群来疑等字是也

---

① 参看周祖谟《问学集》。

　　齿音　精清从(齿头音)

　　　　　审穿禅照(正齿音)

喉音　心邪晓(喉中音清)

　　　　　匣喻影亦(喉中音浊)

　　守温所列字母也是三十母,字母的名称与《归三十字母例》完全相同,但已分别为唇舌牙齿喉五音,而且舌音有舌头、舌上之分,齿音有齿头、正齿之分,喉音则又分别清浊,比《归三十字母例》已加精细,其时代可能比《归三十字母例》要晚一些。

　　有了以上两种材料,我们可以知道从晋宋以后因受梵文的影响,音韵学不断发展,到唐代对字音的声母的发音部位和发音方法已经理解得很清楚了,所以创制了字母。汉字字音的声母有了标目,这是一大进步。字母的创造,不是单纯根据韵书,而是根据当时的语音而制定的。

　　3.三十字母的读音　　根据《归三十字母例》,大体可以知道当时读音的情况:

　　端透定泥代表 t、t'、d、n;见溪群疑代表 k、k'、g、ng;精清从心邪代表 ts、ts'、dz、s、z;不芳并明代表 p、p'、b、m;晓匣影当代表 x、ɣ、○;来当代表 l。

　　其中审穿禅日照五母排列的次第与音理不相合。这五母发音部位应是舌面音,照穿禅当是 tɕ、tɕ'、dʑ,审与日应是 ɕ 和 ȵ。至于知彻澄几母,从佛经译音来看,当读 t、t'、d,可是守温称之为舌上音,可能已读为 ʈ、ʈ'、ɖ,喻母在佛经译音中读 j,守温时代当亦如是。

　　守温所列三十字母,以来属牙音,以心、邪属喉音,与发音部位不合,或为抄写之误。至于影母属喉中音浊,可能因为影母代表喉内声门的闭塞音,难以定其清浊,故与匣、喻同列。

　　4.三十六字母　　自唐代有了三十字母以后,到宋代已增益为三十六字母。《通志·艺文略》著录的《守温三十六字母图》一卷,仍托始于守温。三十六母中把唐人字母的名称大体都承袭下来,区分五音为七音,排列如下:

　　唇　音　帮滂并明(重唇音)

　　　　　　非敷奉微(轻唇音)

　　舌　音　端透定泥(舌头音)

　　　　　　知彻澄娘(舌上音)

　　牙　音　见溪群疑

　　齿　音　精清从心邪(齿头音)

　　　　照穿床审禅（正齿音）

喉　音　影晓匣喻

半舌音　来

半齿音　日

这里比唐人字母增加了非敷奉微床娘六母①。这六母宋代有人说是胡僧了义所增②。

　　唇音分化为两类，自晚唐已然。重唇为双唇音 p、p'、b、m；轻唇当为唇齿音pf、pf'、bv、ɱ。唐人字母有禅母，无床母。宋人把禅母与审母相配，一清一浊，而另立床母为照母的浊音，与韵书相合。宋人增益娘母与泥母相对，泥为舌头音 n，则娘可能读 ȵ。表中来、日二母，来读 l，日可能读 ȵʑ。

　　5. 韵分四等　唐代沙门因诵习佛经而通晓印度声明之学，所以精于审音。他们按照韵母的读音分为不同的等第，即所谓等韵。《守温韵学残卷》里有"四等重轻例"一段，分列四声韵字，把韵母读音相近的区分为四等。举平声、上声两部分为例：

平声	高古豪反	交肴	娇宵	浇萧
	观古桓反	关删	勬宣	涓先
	楼落侯反	○	流尤	缪幽
	裒簿侯反	○	浮尤	淲幽
	担都甘反	鹐咸	霑盐	拈添
	丹多寒反	谭山	遄仙	颠先
	嗨亡侯反	○	谋无	缪幽
	驹呼侯反	○	休无	烋幽
上声	�歌旱反	简产	搴狝	蠒铣
	埯乌敢反	黤槛	掩琰	庵琰
	满莫伴反	矕潸	免选	缅狝
	杲古老反	姣巧	矫小	皎筱

　　这里所举的韵目中，平声有"宣"韵，上声有"选"韵，与宋夏竦《古文四声韵》所根据的唐《切韵》相同；韵书中平声仙韵合口字独立为宣韵，上声狝韵合口字分出为选韵，当在孙愐《唐韵》以后。

---

① 明代释真空《篇韵贯珠集》已经明确知道这六母是增加出来的。

② 见宋邵雍《皇极经世声音唱和图》上官万里注。

从上面所列的四等韵字来看,四等的划分跟宋代流传的等韵图如《韵镜》《七音略》是完全吻合的。至于分韵为四等的含义,前代论音的书有种种解说,但都不够明确。且看以下几个例子,我们可以从中窥探分等的意义:

观	关	勬	涓	（桓	删	宣	先）
满	矕	免	缅	（缓	潸	选	狝）
半	扮	变	遍	（换	裥	线	霰）
墨	麦	窴	觅	（德	麦	职	锡）

今音一、二等字音同,三、四等字音同;一、二等没有介音,三、四等有 i 介音或 y 介音;这是一个分界。但是一等与二等,三等与四等的区别何在呢? 清代江永在《音学辨微》里说("辨等别"):"音韵有四等,一等洪大,二等次大,三、四皆细,而四尤细。学者未易辨也。"那么,等第之分与声音的洪细有关。洪细之分与发元音时口腔开张度大小有关。前元音、高元音口腔开张度较小,为细音;后元音、低元音口腔开张度较大,为洪音。守温所谓重、轻当即指音之洪细而言。洪音谓之重,细音谓之轻。

由"四等重轻例"所举韵字可知四等之分是就音近的几韵依照元音的洪细和介音的有无来分等第,如寒删仙先是音近的几韵,寒为一等,删为二等,仙为三等,先为四等。寒删仙先四韵的读音,近人拟测为 ân、an、jän、ien(或 en)[①],元音有洪细之分,一、二等无介音,三、四等有介音,与分等的意义是相符的。后代一、二等读同一类,三、四等读同一类,只能辨别出两类来,所以明人有上下二等之说[②]。

根据守温的"四等重轻例",我们对韵书所以分韵较细的道理就有所了解,同时对唐代的语音也可以略窥涯略。守温的书虽然残缺不全但给我们的启示很多。

练习(七)

(1)细心审查一下《归三十字母例》是怎样排列的。

(2)《归三十字母例》以知彻澄来为一组,守温以知彻澄日为一组,宋代的三十六字母增加了娘母,则以知彻澄娘为一组,从中能否看出一点有关读音的问题来?

(3)守温分舌音为舌头音和舌上音,在命名上有无道理?

---

① 　â = ɑ,ä = æ。

② 　见明袁子让《字学元元》。

（4）熟记三十六字母的名称。

（九）《广韵》和《广韵》的声韵系统

1.《广韵》四声韵部　《广韵》是宋真宗时陈彭年、丘雍等根据唐本《切韵》所增修的。卷首题"陆法言撰本，长孙讷言笺注"，又列举增字诸家姓名，有郭知玄、关亮、薛峋、王仁煦、祝尚丘、孙愐、严宝文、裴务齐、陈道固等人。后有陆法言《切韵序》和孙愐《唐韵序》。这些序文都是因承唐本之旧[①]。

真宗景德年间曾令丘雍等刊修《切韵》，诏崇文院雕板印行，大中祥符元年（1008）改名为《大宋重修广韵》。这是萃集唐代诸家韵书而成的一部重要的著作，对于研究音义和古今音韵的演变用处极大，所以一向为人所重视。

全书五卷，分为 206 韵，共收 26194 字，四声韵部排列的次序与徐铉改定《说文解字篆韵谱》所据的唐李舟《切韵》的韵次相合[②]。惟《说文解字篆韵谱》平声仙韵后有宣韵，宣韵为仙韵的合口，《广韵》则仙、宣为一韵。《广韵》所根据的唐本《切韵》，注文最为繁富，反切多同于孙愐《唐韵》。惟韵目下的反切与书中不同，而同于夏竦《古文四声韵》所根据的唐《切韵》。这可能是抄纂时的忽略。由此推想《广韵》所根据的直接底本应是因承《切韵》而来的《唐韵》一系的韵书，也就是在孙愐《唐韵》以后的一种《切韵》。

《广韵》的四声韵部是相承的，如东董送屋、钟肿用烛之类，惟有咸衔严凡四韵的上去二声失次。清人戴震著《声韵考》认为是出于后人据景祐《礼部韵略》所改。

又《广韵》韵目下有"同用"或"独用"的注文，这是为礼部考试而设，所谓同用，即作诗时可以通押；所谓独用，即只限于一韵单用，不与别的韵相通。唐封演《闻见记》"声韵"条说：

> 隋朝陆法言与颜、魏诸公定南北音，撰为《切韵》……以为文楷式；而先仙删山之类分为别韵，属文之士共苦其苛细。国初许敬宗等详议，以其韵窄，奏合而用之，法言所谓"欲广文路，自可清浊皆通"者也。

今《广韵》韵目下所记未必是许敬宗所奏，可能是出于宋代礼部所议定。为便于理解，将《广韵》四声韵目叙列如下：

---

① 见刘复《敦煌掇琐》下辑。
② 参看王国维《观堂集林》卷八《李舟切韵考》。

考定《广韵》独用同用四声表（据戴震《声韵考》）

平　声	上　声	去　声	入　声
东一三 独用	董 独用	送 独用	屋 独用
冬一 钟同用		宋 用同用	沃 烛同用
钟三	肿 独用	用	烛
江二 独用	讲 独用	绛 独用	觉 独用
支三 脂之同用	纸 旨止同用	寘 至志同用（置）	
脂三	旨	至	
之三	止	志	
微三 独用	尾 独用	未 独用	
鱼三 独用	语 独用	御 独用	
虞三 模同用	麌 姥同用（牝麀）	遇 暮同用	
模一	姥	暮	
齐四 独用	荠 独用	霁 祭同用	
		祭三	
		泰一 独用	
佳二 皆同用	蟹 骇同用	卦 二怪夬同用	
皆二	骇	怪	
		夬二《周易》（卦名）	
灰一 哈同用	贿 海同用	队 代同用	
哈一	海	代	
		废三 独用	
真三 谆臻同用	轸（车后横木）	震	质
谆三	准	稕（束杆）	术
臻二			栉
文三 独用	吻	问	物
欣三 独用	隐	焮（火气）	迄
元三 魂痕同用	阮	愿	月
魂一	混	恩（忧困）	没
痕一	很（很戾）	恨	
寒一 桓同用	旱	翰	曷
桓一	缓	换	末
删二 山同用	潸 产同用（泪下貌）	谏 裥同用	黠 鎋同用（坚黑）
山二	产	裥（裙）	鎋（车轴头铁）
先四 仙同用	铣 狝同用（钟两角）	霰 线同用	屑 薛同用

续表

平　声	上　声	去　声	入　声
仙三	狝(秋猎)	线	薛
萧四宵同用	筱小同用(细竹)	啸笑同用	
宵三	小	笑	
肴二独用	巧独用	效独用	
豪一独用	皓一	号	
哥一戈同用	哿果同用(嘉)	个过同用	
戈一二三	果	过	
麻二三独用	马独用	祃独用(祭名)	
阳三唐同用	养荡同用	漾宕同用	药铎同用
唐一	荡	宕(洞室)	铎
庚二三耕清同用	梗耿静同用	映净劲同用	陌麦昔同用
耕二	耿	净	麦
清三	静	劲	昔
青四独用	迥独用	径独用	锡独用
蒸三登同用	拯等同用	证嶝同用	职德同用
登一	等	嶝(小坂)	德
尤三侯幽同用	有厚黝同用	宥候幼同用	
侯一	厚	候	
幽三	黝	幼	
侵三独用	寝独用	沁独用(水名)	缉独用
覃一谈同用	感敢同用	勘阚同用	合盍同用
谈一	敢	阚(姓)	盍
盐三添同用	琰忝同用(玉名)	艳㮇同用	叶怗同用
添四	忝(辱)	㮇(火杖)	怗(安)
咸二衔同用	豏槛同用(豆半生)	陷鉴同用	洽狎同用
衔二	槛	鉴	狎
严三凡同用	俨范同用	酽梵同用(味厚)	业乏同用
凡三	范	梵	乏

附注：

（1）《广韵》原书盐添咸衔严五韵的上声、去声韵目次第与平入二声不相应，这里据戴震《声韵考》改定。

（2）韵目后所注一、二、三、四指宋代等韵图中所列的等第。

（3）韵目后所注"独用"或"同用"是指宋代科举考试规定诗赋押韵的范围，有的韵只能独用，有的韵可以同邻近的韵通押。

由这个韵目表可以看到《广韵》分韵已经与陆法言《切韵》不同。从分韵的多寡来说,平声比《切韵》多谆、桓、戈3韵,上声多准、缓、果、俨4韵,去声多稕、换、过、酽4韵,入声多曷、术2韵,共多13韵。就韵目的次第来说也跟《切韵》不完全相同,主要有两方面:(1)平声蒸登两韵和闭口韵覃谈两韵的地位跟《切韵》不同;(2)《切韵》里入声韵跟阳声韵的次第不完全相应,《广韵》则两类对照得很整齐。这些都是很大的改变。韵目的名称,欣韵,《切韵》原作殷韵,映韵原作敬韵,《广韵》因避宋讳而改。

2.《广韵》的声类　宋人的三十六字母是承袭唐人的三十字母而又参酌北方的实际读音而定的,跟《广韵》一书的声母类别还不完全一致。清代陈澧《切韵考》根据《广韵》反切,应用系联法发现正齿音照穿床审四母和喉音喻母各有两类。陈澧又合明微两母为一类,于是定《广韵》声类为40类。按照实际情况,明微应是两母,总数应为41类。今用三十六字母名称叙列如下:

帮滂並明　　　非敷奉微

端透定泥　　　知彻澄娘　　　来日

见溪群疑

精清从心邪

照(庄)穿(初)床(崇)审(山)照(章)穿(昌)床(船)审(书)禅

影晓匣喻(于)喻(以)

在这41类当中,见溪疑晓影来几母的反切用字有两套,一套字切一、二、四等韵,一套字切三等韵,瑞典语言学家高本汉(B. Karlgren)著《中国音韵学研究》很敏锐地看到这种事实,所以定《广韵》的声类为47类。不过精清从心四母的反切用字似乎也同样有分为两套字的情况,如果精清从心各分为两类,那就总共有51类了。但是从音位上来讲,定为41类还是符合《广韵》实际的。

3.《广韵》的韵类　《广韵》一韵之内,有的只有一类,有的多于一类,例如平声东韵见纽有"公"字,又有"弓"字,"公"音古红切,"弓"音居戎切;溪纽有"空"字,又有"穹"字,"空"音苦红切,"穹"音去宫切。则"公、空"为一类,"弓、穹"为一类。东韵应当有两类。

分析《广韵》的韵类主要是根据《广韵》的反切进行系联,辨别同异。但是《广韵》字下的反切有因同韵之中没有同类的字可用而借用另一类字的,如去声废韵"刈"字音鱼肺切,"刈"为开口字,"肺"为合口字,"刈"字因无同类字可以作反切,故借用"肺"字为切。还有,《广韵》中有一些牙喉音合口字是用开口字作切语的,如入声职韵"域"字音雨逼切,"逼"为开口字,而"域"为合口字,二者韵不同类。因此,单凭反切下字定类,有时会开合不分,混为一类。这样,在应用反切系联法之外,还必须参考宋代的等韵书和现代的读音来确定。

清代陈澧作《切韵考》,考察《广韵》的韵类共有 311 类,但实际不止此数。以往曾经做过一番统计,应当是 324 类[①]。

在《广韵》中有因同韵字少,不立韵部,而列入邻近韵部之内的,应当分出另为一类,如钟韵上声肿韵的"湩鸗"本为冬韵上声字;欣韵上声隐韵的"辚"字当为臻韵上声字;"龀"字当为臻韵去声字;魂韵入声没韵的"麧"字当为痕韵入声字。

又《广韵》支脂真仙宵侵七系(包括上去入)和祭韵内唇牙喉声母都具有两类字,一类字的反切下字与舌齿音同,一类字的反切下字不与舌齿音相同。换一句话来说,就是后一类字是重出的唇牙喉声字,这一种情况通称为"重纽"。重纽字在前代书音当中如《玉篇》《经典释文》《博雅音》等都截然不混[②],其差异在韵母,而不在声母。因此,在辨别《广韵》的韵类时,这些重纽字当作为两类计算。至于两类字的读音,在韵母上究竟有什么区别,尚无一致的意见,还须要进一步确定。这些字在周秦古韵里是有分别的。

4. 关于《广韵》声韵部类读音的构拟 关于《广韵》声韵部类的读音,近人已经有许多拟测。尽管拟测出来的读法未必与古人所读的音完全相合,但比朦然不晓要好得多。

拟测古音的根据,可以概括为以下几方面:

(1)韵书的声韵系统和反切的分类;

(2)时代相同或相近的关于音韵的材料;

(3)早期的等韵图,如《韵镜》和《七音略》;

(4)古代的梵汉对音和汉藏对音的材料;

(5)域外的借音,如朝鲜、日本、越南古代的借音字;

(6)现代汉语方言的读音。

在构拟古代的声韵读音时,不能不注意两件事:一是系统上要有一致性,二是要注意古今流变,能说明原委。一纵一横,都要顾及到。高本汉的《中国音韵学研究》在这两方面都是很用心的。

---

① ② 见周祖谟《问学集》之《陈澧〈切韵考〉辨误》。

5.《广韵》声类的读音　关于声母的读音,在前面论《切韵》声类的时候曾记出《切韵》三十五母的读法,《广韵》因承唐代《切韵》一系的韵书编纂而成,声母的部类与《切韵》相去不远,只是多分出非敷奉微娘喻(于)六母。

非敷奉微四母只见于三等韵,是由双唇音(重唇音)分化出来的。高本汉指出三等韵总都是有ĭ介音的,而由双唇音变为唇齿音,一般都限于三等合口一类,那就是主要元音前有u或主要元音为唇元音才会变①,即p+ĭu-或p+ĭu之类>pf>f。这里我们还要补充修改一下,那就是古代唇音声母可能有圆唇的声势,pω+ĭu-→pf→f,在读音上才更为合理;还有,凡是双唇音变为唇齿音,它的韵母的主要元音几乎都是央元音或后元音,在这样的条件下双唇音才变为唇齿音。

《广韵》音系中的非敷奉微四母我们可以拟为pf、pf'、bv、ɱ。

说到娘母的读音,这在前面已经讲过读为ɳ。

至于喻母,《广韵》分为喻(以)、喻(于)两类,喻(于)一类本归匣母[ɣ],喻(以)一类本读[j],《广韵》中的反切喻(于)跟匣母判为两类,则喻(于)已读为[j],喻(以)当已变为[0、w],[0]为零声母,开口是[0],合口是[w]。唐人《归三十字母例》以精清从喻为一组,与藏文字母ts、tsh、dz、w相应,喻(以)一类很像是已不读[j]而读为[0、w]。

《广韵》41类声母的读音,今拟测为:

帮组	p	p'	b	m	
非组	pf	pf'	bv	ɱ	
端组	t	t'	d	n	l
知组	ʈ	ʈ'	ɖ	ɳ	
精组	ts	ts'	dz	s	z
庄组	tʃ	tʃ'	dʒ	ʃ	
照组	tɕ	tɕ'	dʑ	ɕ	ʑ、ɲʑ
见组	k	k'	g	ŋ	x、ɣ
影组	ʔ	0	j		

这里的庄组tʃ、tʃ'、dʒ、ʃ高本汉拟为tʂ、tʂ'、dʐ、ʂ,这两类音本来是相近的,tʂ、tʂ'是舌尖后音,tʃ、tʃ'是舌尖与舌面的混合舌叶音,庄组字跟知照两组后来都变

---

① 参看高本汉《中国音韵学研究》中文译本(赵元任、罗常培、李方桂合译)第417页。

为 tʂ、tʂ' 一类的声音。

　　浊音 b、d、g、dz 等音,高本汉都拟为送气的浊音 b'、d'、g'、dz' 。现在很多人都定为不送气。我认为全浊声母的读法在古代方言中可能不是一致的,有的地方读为不送气音,有的地方可能读为送气音。音位还是一个。

　5.《广韵》反切上字表

见　古公佳过诡各格姑兼工沽革
　　居举九吉纪俱规几

溪　苦康口空客枯牵谦揩恪肯阔
　　去丘岂区祛墟窥驱羌钦倾起绮诘曲卿弃

群　巨具臼暨渠其求彊衢奇共强钤

疑　俄研五吾午
　　牛拟宜疑危鱼语愚玉遇虞仪麑

晓　呼荒呵火虎馨海
　　许虚朽香况兴羲休喜儇

匣　胡户侯乎黄下何候河瑚

影　於乌哀一伊委安烟鷖爱挹央忆依衣忧
　　乙谒纡屋英

喻　于玉羽雨云永有洧禹韦荣为筠远
　　迁薳

喻　以羊与余馀弋营夷悦移予翼杨允

端　都当多丁冬得德

透　他托土吐汤天通台它

定　度杜地徒同唐田陀特堂大动待

泥　奴乃那诺内妳

来　卢郎鲁落洛来赖勒练灵
　　力吕良里离林龙连

知　竹陟知张中猪徵追卓

彻　丑敕耻痴楮褚抽

澄　直丈宅治柱场持迟除池仁驰长

娘　女尼拏

照(庄)　庄争侧阻邹簪仄

穿（初）　初楚创疮叉刍测厕

床（崇）　助鉏锄床雏豺崇查剚士仕俟

审（山）　疏山数沙砂生史所色

照（章）　之职章诸止旨脂征正支煮占

穿（昌）　昌尺齿赤处叱充春袾

床（船）　乘食神实

审（书）　式失书舒识赏商施始伤诗矢试释

禅　　市是时署氏殊寔视蜀常承臣植殖尝成上丞

日　　如人汝仍而儿耳儒尔

精　　则子作兹资姊醉遵祖臧借即将咨祚佐

清　　仓粗苍采雌醋此千七亲迁取青浅

从　　昨在酢自藏才慈疾匠渐秦情前胙

心　　苏桑素思私斯司速虽息先相悉辛写须
　　　胥损锡

邪　　似随寺徐祥详辞旬夕辞

帮　　博补北布伯边巴百脯

滂　　普滂匹譬

並　　薄步傍部白蒲裴旁捕

明　　莫慕母模谟

非　　必卑兵笔彼陂并界方府甫分封

敷　　丕披敷芳抚妃孚峰拂偏

奉　　婢便弼毗皮平符房扶防附缚苻父冯浮

微　　弥眉靡美明绵武亡无文巫望密

6.《广韵》韵部读音的拟测　《广韵》分韵很细，要拟定某一韵的读法不是一件容易的事情，我们必须找到一些条理才好进行。

《广韵》中有很多邻近的韵与今音读得一样，不易分辨。前人把《广韵》的韵部归为十六摄。用摄的名称代表某一韵或相邻的某几韵，以便于称述："摄"是总摄的意思，例如东、冬、钟三韵称为通摄，说到通摄就知道指的是东冬钟三韵。要构拟韵部的读音就要把一摄中几韵的分别指出来。

下面是元刘鉴《切韵指南》所定的十六摄的名称（举平赅上去入）：

通摄　东冬钟　　　　　　　｜　　　江摄　江

止摄	支脂之微		假摄	麻
遇摄	鱼虞模		宕摄	阳唐
蟹摄	齐佳皆灰咍祭泰夬废		梗摄	庚耕清青
臻摄	真谆臻文殷魂痕		曾摄	蒸登
山摄	寒桓删山元先仙		流摄	尤侯幽
效摄	萧宵肴豪		深摄	侵
果摄	歌戈		咸摄	覃谈盐添咸衔严凡

这十六摄里除江、假、深三摄代表一个韵部以外,其余所代表的都是音近的几个韵部。元韵在《切韵》和《广韵》里是与魂、痕两韵为一组的,《切韵指南》归在山摄里是根据宋元时代的语音来定的,我们应当归入臻摄去拟音。

要拟测这十六摄每一韵部的读音,必须理清下列几个问题:

(1)韵母主要元音的洪细问题 我们知道同一摄内的韵母主要元音有洪细之分,例如山摄寒删山与先仙不同,前者今韵读-ɑn,后者今音读-iɛn;效摄豪肴与萧宵不同,前者读-ɑu,后者读-iɛu;流摄侯与尤幽不同,前者读-ou,后者读-iu。由今音的读法做起点,我们可以知道同摄之内有的没有 i 介音,有的有 i 介音,在宋代等韵图里没有 i 介音的都属于一、二等韵,有 i 介音的都属于三、四等韵。这样说,一、二等韵的读音跟三、四等韵有洪细之分。

至于哪些韵是一等和二等,哪些韵是三等和四等,那就要看等韵图了。我们可以用表列出(举平兼括上去入):

	一 等	二 等	三 等	四 等
通摄	东冬		东₂钟	
江摄		江		
止摄		支脂之微		
遇摄	模		鱼虞	
蟹摄	灰咍泰	佳皆夬	祭废	齐
臻摄	魂痕	臻	真谆文欣	
山摄	寒桓	删山	仙元	先
效摄	豪	肴	宵	萧
果摄	歌戈			

续表

	一　等	二　等	三　等	四　等
假摄		麻₁	麻₂	
宕摄	唐		阳	
梗摄		庚₁耕	清庚₂	青
曾摄	登		蒸	
流摄	侯		尤	幽
深摄		侵		
咸摄	覃谈	咸衔	盐严凡	添

从这里我们可以看到:等第的区别是就一摄之内来分的,不同的摄都有等第的区别;一摄之内,可以四等都具备,也可以不具备。有些摄,韵的分等情况很相似,在拟测各摄的读音时可以互相比照参考。因此,应用今音和韵图以及其他方面的材料,可以同摄的韵互比,也可以各摄分等的情形相比,这样就容易理出一个头绪来。

我们先从山摄和效摄来看。上面说过今音寒删与仙先、豪肴与宵萧有洪细之分,按照等韵图的分等是:

一等	二等		三等	四等
寒	删		仙	先
豪	肴		宵	萧

这里一、二等相对,三、四等相对。一等的寒韵和豪韵,今音读 ɑn、ɑu,韵母的元音都是 ɑ。删韵和肴韵北方音分为两类。

A		B
删讪		奸菅颜
包胞庖茅巢梢		交敲肴

A 类是 an、au,B 类是 iɛn、iɐu;A 类没有 i 介音,而 B 类有 i 介音,这个 i 介音应当是后来牙喉音声母(k、k'、ɣ 之类)与韵母元音结合来读时所产生的。高本汉拟删、肴两韵的元音为前元音 a,是有道理的。

推而广之,以 ɑ 一类为主要元音的一、二等相对待的韵如泰、夬两韵,唐、庚两韵,谈、衔两韵的元音也一样是 ɑ、a 的分别。前者是 ɑ,后者是 a。

说到相对的三、四等,仙、先两韵今音北方都读 iɛn,宵、萧两韵,都读 iɛu,三、四等的区别又是怎样呢? 我们会比较容易地想到元音的洪细问题:三等的元音可能是 ɛ 或 æ,四等的元音可能是 e 或 ɛ。那就是

三等 ɛ 或 æ

四等 e 或 ɛ

总之,三等是一个相对低一点的元音,四等是一个相对高一点的元音。有人认为是 ɛ、e 的分别,有人就认为是 æ、ɛ 的分别,高本汉则把三等写为 æ,四等写为 e,意义是一样的。我们可以采用第一种拟法,即仙、宵两韵的元音是 ɛ,先、萧两韵的元音是 e。仙、先两韵音相近,宵、萧两韵音相近,在 5 世纪齐梁陈时代,韵文中大都是同押的。推而广之,同是三、四等关系的清青两韵、盐添两韵、霁祭两韵的元音也应当是 ɛ、e 的分别。

应用这样一种比较方法,我们就可以解决一部分韵母的元音问题。

(2)i 介音的问题　上面谈了相对的三、四等的元音问题,可是 i 介音还须要讨论一下。

今音相对的三、四等韵在方言里都同样有 i 介音,不过反切上字并不相同。《广韵》中切三等字的反切上字大都不同于切一、二、四等的反切上字[①],例如见、溪、疑、晓就有两套字。

	A	B
见	古工佳各姑	居举九吉
溪	苦康口枯空	去丘岂墟
疑	五研俄	牛宜拟
晓	呼火荒	许虚况

A 类是洪音字,没有 i 介音,B 类是细音字,有 i 介音,A 类切一、二、四等字,B 类切三等字。四等字的反切上字是属于没有 i 介音的一类,那么,四等字的韵母有没有 i 介音就成为问题了。在 4、5 世纪梵汉译音里,梵文 ne、te 等音多用"泥、帝"等字来译,"泥、帝"为齐韵字,属四等。梵文字母 e,也同样以四等字对译。所以许多学者认为四等字没有 i 介音。这是有道理的。但在齐梁以后大约已读与三等相似,那是声母与前高元音相拼时增出了 i 介音的缘故。高本汉把三等 i 介音写为 ɪ,四等的 i 介音写为 i。ɪ 是辅音性的 i,拼写时也可

---

① 这只是就一般的情形来说的,书中也有参差不齐的地方。

以写为 j。

（3）韵母开口合口的问题　《广韵》中有一韵兼有开合两类的,有一韵仅有合口,而没有开口的。一韵之内兼有开合两类的,如:

	微	删	元	仙	先	麻	唐	登	泰
开	衣	奸	言	乾	坚	遐	航	恒	艾
合	威	关	元	权	涓	华	黄	弘	外

这些合口字,今音或有介音 u,或有介音 y。u、y 都是圆唇音,y 是由 iu 变来的。我们推测这些合口字在中古音里都有合口介音 u。

至于一韵之内仅有合口而没有开口的,有灰、谆、文、魂、桓、戈几韵。这几韵又有与其相对的开口韵,即:

合口一　灰　文　魂　谆　桓　戈

开口一　咍　欣　痕　真　寒　歌

其中灰、文、魂三韵在《切韵》里就作为独立的合口韵与咍、欣（殷）、痕对立的,而谆、桓、戈三韵,《切韵》并没有从真、寒、歌三韵分出,从《唐韵》以后才分划出来,独立为韵部。这类独立为部的,合口性质一定是比较强的。《切韵》既然分立灰、文、魂三韵,韵母里的 u 很可能是一个主要的音素。《唐韵》又从真、寒、歌三韵中分出谆、桓、戈三韵来,情形应当是一样的。高本汉把独立的合口韵拟作 u-,而把开合同韵的合口韵拟作 w-。

（4）重韵和重纽的问题　在《广韵》中属于同一摄的韵部,有同时具有两个一等韵或二等韵的,通称为重韵,如

	一　等	二　等		
A	咍 覃	皆	山	咸
B	泰 谈	佳	删	衔

根据历史音韵演变的研究,这里 A、B 两类韵的来源不同,A 类是从接近 ə 一类的音变来的,B 类是由 ɑ 一类的音变来的,所以在《切韵》的时代还有一定的区别。因此在构拟的时候,应当参照南北朝时期诗文押韵的情况加以区分。这样,一、二等的重韵就可以拟为

咍 ɒi　覃 ɒm　　　　皆 ɐi　山 ɐn　咸 ɐm

泰 ɑi　谈 ɑm　　　　佳 ai　删 an　衔 am

关于《广韵》中重纽的问题,在前面已经提出过,重纽读音应当是韵母上有

不同,但是究竟怎样的不同,学者还没有一致的意见。简单来说,不外有两种解释:一种是介音有不同,一种是主要元音有不同。如果说是主要元音不同,又为什么不分为两个韵部呢? 这个问题是比较难以处理的。

首先,我们知道这不同的两类字的历史来源是不相同的,可是从《切韵》直至《广韵》都归属在一韵之内,如果认为元音全然两样,似乎不好那样说。因此有的学者主张韵母的主要元音有长短之分,如"奇"是-je,"只"是-jě[1]。不过也有的学者以为主要元音舌位略有高低的不同,如 i 与 ɪ、æ 与 a 之类[2]。李方桂先生是采取下面的办法来区分的[3]:

	A	B
支	jě	jiě
祭	jäi	jiäi
宵	jäu	jiäu
仙	jän	jiän

那就是 A 类韵母只有辅音性的介音 j,B 类韵母则有 j 和 ɪ(ji),两者的主要元音还是相同的。

(5)韵母的元音与后代轻重唇的关系　前面讲到《广韵》的声母,唇音有两类:

p　　p'　　b　　m　　（帮滂並明）

pf　　pf'　　bv　　ɱ　　（非敷奉微）

非、敷一类音见于东(三等)、钟、微、虞、废、文、元、阳、尤、凡十韵。这类音后代又变为 f、w。p→pf→f 几乎都是三等合口字,其主要元音总是圆唇元音或央元音。不符合这个条件的,仍读为重唇音,不变为轻唇音,例如:

频	符真切	p'in←bjěn	免	亡辨切	miɛn←mjɐn
汾	符分切	fən←bjuən	晚	无远切	uɑn←mjuɐn
民	弥邻切	min←mjěn	便	婢面切	piɛn←pjɛn
文	无分切	uən←mjuən	饭	符万切	fan←bjuɐn

我们根据这样一种情况,在拟定三等合口字的韵母时就有了比较可靠的办法。

以上讲了五个问题。现在参酌近人的著述,拟定各韵部的读音,列为下表。

---

① 董同龢说。见《广韵重纽试释》。

② 见周法高《上古音与切韵音》。

③ 见《上古音研究》。

这只能看作是分别韵部读音的一种大致的情况。我们上考古音，下考今音，就可以以此为凭借。

7. 《广韵》韵部音读表

摄	呼	等	韵部读音	平	上	去	入
通	合	一	uŋ	东红	董	送贡	屋谷
		一	uoŋ	冬	（肿)湩	宋	沃
		三	ĭoŋ	东融		送仲	屋六
		三	ĭuoŋ	钟	肿勇	用	烛
江	开	二	ɔŋ	江	讲	降	觉
止	开	三	ĭe	支移	纸氏	寘义	
		三	ĭei	脂夷	旨履	至利	
		三	i	之	止	志	
		三	ĭəi	微衣	尾岂	未既	
	合	三	ĭwe	支为	纸委	寘伪	
		三	ĭwei	脂追	旨轨	至位	
		三	ĭwəi	微归	尾鬼	未贵	
遇	合	一	u	模	姥	暮	
		三	ĭo	鱼	语	御	
		三	ĭu	虞	麌	遇	
蟹	开	一	ɒi	咍	海	代	
		一	ɑi			泰盖	
		二	ɐi	皆谐	骇	怪介	
		二	aï	佳街	蟹解	卦懈	
		二	æi			夬寨	
		三	ĭɛi			祭例	
		三	ĭɐi			废刈	
		四	iei	齐鸡	荠	霁计	

摄	呼	等	韵部读音	平	上	去	入
蟹	合	一	uɒi	灰	贿	队	
		一	ɒɑi			泰外	
		二	ɒiɐ	皆		怪	
		二	ɒaï	佳蛙	蟹拐	卦挂	
		二	ɒæ			夬快	
		三	ĭɜⱳi			祭岁	
		三	ĭɐⱳi			废积	
		四	ĭəⱳi	齐圭		霁桂	
臻	开	一	ən	痕	很	恨	
		三	ĭěn	真	轸	震	质
		二	en	臻			栉
		三	ĭən	欣	隐	焮	迄
	合	一	uən	魂	混	恩	没
		三	ĭuěn	谆	准	稕	术
		三	ĭuən	文	吻	问	物
山	开	一	ɑn	寒	旱	翰	曷
		二	an	删颜	潸赧	谏晏	黠札
		二	ɐn	山艰	产简	裥苋	鎋瞎
		三	ĭɛn	仙延	狝演	线彦	薛
		三	ĭɐn	元言	阮偃	愿建	月歇
		四	ien	先	铣	霰	屑
	合	一	uɑn	桓	缓	换	末
		二	uan	删关	潸䏮	谏患	黠滑
		二	ɒɐn	山鳏	产㣆	裥幻	鎋刮
		三	ĭuɛn	仙缘	狝兖	线绢	薛悦
		三	ĭuɐn	元原	阮远	愿怨	月越
		四	iuen	先玄	铣犬	霰眩	屑决

摄	呼	等	韵部读音	平	上	去	入
效	开	一	ɑu	豪	晧	号	
		二	au	肴	巧	效	
		三	ǐɛu	宵	小	笑	
		四	ieu	萧	筱	啸	
果	开	一	ɑ	歌	哿	个	
	合	一	uɑ	戈锅	果	过	
		三	ǐuɑ	戈靴			
假	开	二	a	麻加	马贾	祃驾	
		三	ǐa	麻瓜	马野	祃夜	
	合	二	wa	麻瓜	马寡	祃化	
宕	开	一	ɑŋ	唐冈	荡朗	宕浪	铎落
		三	ǐɑŋ	阳良	养两	漾亮	药略
	合	一	wɑŋ	唐光	荡广	宕旷	铎郭
		三	ǐwɑŋ	阳方	养往	漾放	药缚
梗	开	二	aŋ	庚羹	梗哽	映更	陌格
		二	ɐŋ	耕争	耿	诤硬	麦革
		三	ǐɛŋ	清征	静整	劲	昔
		三	ǐaŋ	庚京	梗景	映敬	陌戟
		四	ieŋ	青经	迥到	径	锡历
	合	二	waŋ	庚工	梗矿	映横	陌虢
		二	wɐŋ	耕宏		诤迸	麦获
		三	ǐwɛŋ	清倾	静顷		
		三	ǐwaŋ	庚荣	梗永	映病	
		四	iweŋ	青萤	迥颍		锡阒
曾	开	一	əŋ	登灯	等	嶝	德得
		三	ǐəŋ	蒸	拯	证	职织
	合	一	wəŋ	登肱			德国
		三	ǐwəŋ				职洫

续表

摄	呼	等	韵部读音	平	上	去	入
流	开	一	ou	侯	厚	候	
		三	ɪou	尤	有	宥	
		四	iěu	幽	黝	幼	
深	开	三	ɪěm	侵	寝	沁	缉
咸	开	一	ɒm	覃	感	勘	合
		一	ɑm	谈	敢	阚	盍
		二	ɐm	咸	豏	陷	洽
		二	am	衔	槛	鉴	狎
		三	ɪɐm	盐	琰	艳	叶
		三	ɪɐm	严	俨	酽	业
		四	iem	添	忝	㮇	怗
	合	三	ɪʷɐm	凡	范	梵	乏

注:三等介音ɪ可以写为 j。

韵书与声韵史

韵书之作,起于反切之后,魏晋以下,代有制作,其于中国声韵史上关系至巨。后人得以知前世声韵音值及其演变之迹,多赖是也。

韵书系统不一,揆其所异,盖由于时地之不同也。韵书以韵为纲,系以四声,音系相从,排比韵次,因韵检字。今人考求前代声韵,可因其音类之分合而推定声韵之演变,如《广韵》东冬钟江一类也,而今音江与阳唐为一类,如此可就一书音类之分合上而知《切韵》时代江韵必读同东冬。再者韵书非一,可就二书比较其音类分合之异同,以考定一时音读之同异及其演变,如《切韵》东冬钟江为一音类,而王仁昫《刊谬补缺切韵》则以阳唐次于东冬钟江之后,如是可知当时江已读近阳唐一类矣。且有唐一代韵书甚多,或以阳唐蒸登严凡并列,或以阳唐覃谈并列,或以严凡蒸登并列,其系非一,就其目次可以推定唐代之读音。此就韵书音类之分合而推定者,一也。

再则就每韵收字反切之穿错[1],可以考定韵类分合演变及其音值,例如陆氏《切韵》以"恭蜙纵"等字收入冬韵,而《广韵》则入于钟韵(《广韵》钟韵"恭"下云:陆以恭蜙纵等入冬韵非)。此就反切穿错而考定韵读者,二也。

次则就谐声系统于韵书内分布之状况,可考定文字音读之演变,例如段茂堂《六书音均表》就《说文》谐声状况因《广韵》而勘定二百六韵合为古韵十七部即其代表。如从失之字:芺、迭、佚、駃,《广韵》在屑韵,而"佚、帙"等则在质韵,如是可定古音质屑同部也。此就谐声字分布之状况而定古今音读之变,三也。

再则可以系统不同而时代先后可定之韵书分别统计其增删文字或音读之状况,以求语音或语言演变之迹,例如五代刻本之韵书,文字音读反多于《广韵》,二者系统不一而五代韵书早于《广韵》,其音读之增加,大有考定之必要。此因文字音读之异,可考求其音韵之变迁者,四也。

又可就韵书先后所增文字之音读而知其演变之迹者,盖同系之韵书早期者字少音少,后来乃逐渐增多,如《唐韵》"茄靴"之音尚无反切,至《广韵》则文字

---

① 编者注:穿错,原文如此,我们尊重原作,不擅改。下同。

音读增加,此可就文字音读增加而求其变迁之迹者,五也。

此不过举其大端而已。总而言之,就韵书可以推定古今声韵之转变(如《广韵》为考定古今音之枢纽也);历代声韵之音值(可就反切上下字,离析而定之);故韵书实即代表中国之语言的历史,后人欲研究中国声韵史者,舍此莫由也。

原载北平《世界日报》国语周刊 196 期,1935 年 6 月 29 日

研究汉代诗文韵读之方法

清代古韵之学莫盛于乾嘉之世,盖读经者必以通古训为先务,而欲通古训,又必自明古音始,故经学盛而古韵学亦盛。

古韵之研究,自顾炎武《音学五书》肇其端,江永《古韵标准》振其绪,至段玉裁之《六书音均表》规模始备。尔后戴震、孔广森、王念孙、江有诰等,复相继有作,浸浸加详。于是,周秦古韵之部类分合,遂昭然若揭矣。

若乃两汉之韵文,去经已远,且丛杂广泛,故论者盖鲜。始而顾氏之为《唐韵正》,于古音之与《广韵》不合者,皆举字诠发,列经子屈赋为证,间或引及两汉之文,则聊示一二音之转变,而未遑综述韵类之分合。及至江永、段玉裁、孔广森之书出,皆以群经屈赋为主,亦未能肆其余力以治两汉之音,故曰论者盖鲜。然其有之,则推王念孙之《西汉韵谱》,江有诰之《汉魏韵读》,张成孙之《说文谐声谱·韵附》,凡三家。而三家之中,江书未刊,今已失传,其体例盖与《先秦韵读》相类。至于王书,则尝见稿本,乃取西汉之辞赋及楚骚史传之文,发其韵读,定其分合,而依东蒸二十一部之次第列谱,其用力精且勤矣。张氏全书为五十卷,近有武林叶氏刊本,其《韵附》一卷,杂采两汉之文,依篇纪韵,而据中僅二十一部之说,标识相协诸字韵部之同异,别无发明。然两家之书,又同为未竟之业,故漏略尚多。是以清代古韵之学虽盛而研究之范围亦仅限于周秦间群经诸子屈赋之音为止,至于两汉之音,则才发其端,随即中辍,故成就之微如此。然即此而论,其研究之方法及其观点,尤有待于商榷也。

盖自段氏以迄张氏,诸家之论,约分二派:随说举发,略示汉代一二类用韵之趋势者,一也;以周秦古音部属两汉之韵读,二也。段玉裁、孔广森为前派,王念孙、张成孙为后派。而二派又各有所失,前者失之于泛,后者失之于拘。拘则扞格而难通,泛则丛脞而无绪。尝试论之。

段氏《六书音均表》本分古韵为十七部,至于汉代,则云:"用韵甚宽,离为十七者,几不可别识。"是深知两汉之音不同于周秦也。篇中论汉音之处尚多,如表一云:"第二(萧)、第三(尤)、第四(侯)、第五(鱼),汉以后多四部合用,不甚区分。""第七(侵)、第八(谈),汉以后乃多合用。""第十二(真)、十三(文)、十四(元)三部,《三百篇》及群经屈赋分用画然,汉以后用韵过宽,三部合用。"是也。

孔氏之《诗声类》亦尝论汉魏之音云:"阳之与东,若鱼之与侯,自汉魏之间鱼侯混合为一,东阳遂亦混合为一,似《吴越春秋》《龟策传》往往有之。"然此两家喜作皮傅之说,不免有似是而非之论。盖其意本在辨证周秦古音部分之严整,而尚论汉以后之音转,以明考古者未可执汉音以疑周秦之古音。是故汉人韵部之多寡,不及辨;所谓合用甚宽者,其间有无分野,亦不明,且几若诸韵茫无界畔,而均可混通者;是则以己之昏昏,欲示人以昭昭,何足为典据乎?即段氏所云第二、第三、第四、第五汉以后四部合用及孔氏所谓东阳汉魏之间混合为一之说,考按两汉之文,皆不相符。盖彼等仅见其合,未见其分耳。

至于王念孙、张成孙之书,则不尚空言,而实事求是。张氏取汉代贾谊、司马相如、东方朔以迄班固、崔骃、张衡十家有韵之文,抉择韵读,标记分合。王氏则取西汉有韵之文,依韵列谱,本韵合韵,分别画然。若权而论之,二家者,以周秦古韵之部分犁别汉韵,复有强古人以从我之病矣。夫两汉之音不必同于周秦,东汉之音又不必同于西汉。原于语音因时而变,周秦自有周秦之音,两汉自有两汉之音,以彼例此,则方圆难周,将如棼丝之不可复理。必也因其自然,擘析其条理支脉,而后厘画部分,审其远近通合之迹以定之,则汉韵为宽也,为窄也,自可显而易见,又何必乞灵于周秦之韵部乎?意者以二氏之贤,非不及知,盖有待也。

居尝寻绎两汉之音,得其梗概,即《诗》歌支鱼侯四部而论,西汉歌支一部也,鱼侯一部也。至东汉则歌支分立,而鱼部之麻韵字复转入于歌。此非综错比类,寻按全体,不得其详,例如枚乘《七发》以"枝、离、溪"为韵,司马相如《子虚赋》以"堤、蘥、施、鹅、加、池"为韵,又"崖、陂、波"为韵,"鸡、蘥"为韵。中山王胜《文木赋》以"崖、枝、雌、啼、仪、知、斯"为韵,东方朔《七谏·哀命》以"知、离"为韵,扬雄《蜀都赋》以"嵬、倚、崎、施、倚、岢、巀"为韵,又"虵、鱲"为韵,"多、榹、蓠、斯"为韵,此西汉韵文中歌支两类为一部之例证也。

又如枚乘《七发》以"腴、蒲、肤"为韵,司马相如《美人赋》以"徒、车、隅、居、娱"为韵,中山王胜《文木赋》"盂、蛛、且"为韵,扬雄《解嘲》"搜、涂、候、铁、书、庐"为韵,此鱼侯为一部之例证也。又如傅毅《洛都赋》"华、波、罗"为韵,班固《答宾戏》"波、华"为韵,张衡《西京赋》"家、过、加"为韵,又"家、华、何"为韵,蔡邕《祖德颂》"加、荷、华"为韵,此又为东汉韵文中鱼部之麻韵字转入于歌部之例证也。如此之类,张氏书中均定为合韵,诚可谓拘挛而不通。是以此派虽若胜于前派之空言泛论,犹且缺乏时代观念,未能止于至善。然则求汉韵当如何? 曰勿以己见自蔽,勿以少论多耳。

夫清人研究周秦之古韵,皆以《诗》三百篇为主,《三百篇》之音整齐严明,考校较易。至于西汉之文,则用韵庞杂,已不同于周秦,故段氏有不可别识之论。揆其困难所在,由于西汉之材料少,韵部之分合卒不易辨,是论断为难;东汉之材料虽多,而演变方厉,通用较广,且一人之用韵往往两歧,是决择为难。若平心寻索,亦有不易之方在焉。盖欲求古人用韵之部类分合,必先通其韵例。江慎修云:"古有韵之文亦未易读,稍不精细,或韵在上而求诸下,韵在下而求诸上,韵在彼而误叶此,或本分而合之,本合而分之,或闲句散文而以为韵,或是韵而反不韵,其则读破句,据误本,杂乡音,其误不在古人而在我。"诚有先见之明。《诗》三百篇韵读之分析,孔氏《诗声分例》所列綦详。考查两汉之韵,亦当以此为准则。要言之,不外句中韵与句末韵而已。句中韵,两汉诗文中尚不多见,如司马相如《上林赋》"欃檀木兰,豫章女贞","檀"与"兰"韵,"章"与"贞"合韵。又"㟷池茈虒,旋还乎后宫,杂袭累辑,被山缘谷,循陂下隰,视之无端,究之无穷","池"与"虒"韵,"袭"与"辑隰"韵。又扬雄《蜀都赋》"周流往来,方辕齐毂,隐轸幽輵,埃勃尘拂","勃"与"拂"韵。此句中韵之例也。句末韵例,孔氏所述甚多。最要者有三:一偶句相协或偶句与奇句相协例,二前后隔韵例,三中有间韵例。第一类为正则之用韵,二、三两类亦屡见不鲜,如

扬雄《博士箴》:"洋洋三代,典礼是修,画为辟雍,国有学校,侯有泮宫,各有攸教,德用不陵。""雍、宫、陵"合韵,"校、教"隔韵。

班固《典引》:"君臣动色,左右相趋,济济翼翼,峨峨如也。""色、翼"隔韵,"趋、如"隔韵。

此前后隔韵之例也。如:

枚乘《七发》:"侯波奋振,合战于藉藉之口。鸟不及飞,鱼不及回,兽不及走。""口、走"正韵,"飞、回"间韵。

班固《弈旨》:"四象既陈,行之在人,盖王政也;成败臧否,为仁由己,道之正也。""陈、人"为韵,"政、正"为韵,"否、己"间韵。

此间韵之例也。凡此皆可由孔氏之书推衍而得,夫人尽知之矣。惟论两汉之韵,犹有一确切不易之例,则学者罕知之,斯即平上去三声分用之例也。按自顾亭林初倡古人平仄通押之说,至段若膺乃考定古四声之不同今韵,谓周秦汉

初之文，有平上入而无去，古平上为一类，去入为一类，上与平一也，去与入一也，上声备于《三百篇》，去声备于魏晋。其说以言《诗》三百篇固近是，以言汉初之文则未也。即如贾谊《吊屈原赋》：

> 般纷纷其离此尤兮，亦夫子之辜也。瞝九州而相其君兮，何必怀此都也？凤凰翔于千仞之上兮，览德辉而下之。见细德之险征兮，遥增击而去之。彼寻常之污渎兮，岂能容夫吞舟之巨鱼？横江湖之鳣鲟兮，固将制于蝼蚁。

依贾氏二句换韵之例求之，此"辜都"与"下去"非一韵，"鱼蚁"又与"下去"有别，可知汉初平上分用之例矣。又枚乘《七发》"海涘止"与"来怠持"分用，司马相如《上林赋》"扈野"与"樆栌邪闾"分用，亦然。又如贾谊《鵩鸟赋》"夏舍暇"与"故度去"上去分用，司马相如《上林赋》"去兽兔耀宙"与"羽虞"及"处仆"上去分用，王褒《僮约》"脯芋"与"具窦斗"及"酒口斗偶"平上去分用，扬雄《甘泉赋》乱曰，二句换韵，"卉对"与"依迡"平去分用，如此之类，无烦枧缕，已足祛段氏谓汉人无去声之虚妄矣。若乃张氏成孙不明此例，祖袭段说，而误以《鵩鸟赋》之"夏舍暇"与"故度去"为一类，《上林赋》之"扈野"与"樆栌邪闾"为一类，抑亦可以不论矣（王氏晚年知古有四声，夏燮《述韵》更恢弘其说）。有此数例，循之以求两汉之文，何者为韵，何者非韵，自可了然。或有当韵而不韵者，则古人行文之便耳，未可胶柱以求之。然亦有韵字传写讹误、颠倒错置者，则有待于校勘也，如扬雄《太常箴》："故圣人在位，无云我贵。慢行繁祭，毋曰我材，轻身恃巫。"巫，当作"筮"，"位、贵"为韵，"祭、筮"为韵也。傅毅《七激》："玄通子曰，骥骆之乘，龙骧超摅，腾虚鸟踊，莫能执御。于是乃使王良理辔，操以术教，践路促节，机登飙驱。""术教"疑为"术数"之误，"摅御数驱"为韵也。王褒《洞箫赋》："垂喙蜒转，瞪瞢忘食，况感阴阳之和而化风俗之伦哉。"食，王念孙《读书杂志》改作"飧"，与"转伦"二字为韵。此讹字之当刊正者也。又扬雄《蜀都赋》："万物更凑，四时迭代。彼不折货，我罔乏械。财用饶赡，蓄积备具。""备具"当作"具备"，"备"与"代械"为韵也。杜笃《大司马吴汉诔》："朝失鲠臣，国丧牙爪。天子愍悼，中宫咨嗟。""牙爪"当作"爪牙"，"牙"与"嗟"为韵也。蔡邕《协和婚赋》："惟性情之至好，欢莫伟乎夫妇。受精灵之造化，固神明之所使。事深微以玄妙，实人伦之端始。考遂初之原本，览阴阳之纲纪。乾坤和其刚柔，艮兑感其腓腓。葛覃恐其失时，摽梅求其庶士。惟休和之盛代，男女得乎年齿。婚姻协而莫违，播欣欣之繁祉。"吾友丁君梧梓曰："腓字与上下用韵皆不合,疑腜腓本作腓腜。《易》咸卦,艮下兑上,六二咸其腓,在艮体;九五咸其腜,在兑体。故此赋云艮兑咸其腓腜。艮与腓应,兑与腜应,若如作腜腓,既失其韵,又失其行文之辞例矣。"其说至精且确。此韵字倒置者之当更正也。韵字之讹误倒置者既订正之矣,则自无误叶之患,如贾谊《旱云赋》:"憭兮慄兮,以郁怫兮。念思白云,肠如结兮。""慄、怫、结"为韵。张氏误"慄"为"慓",乃以"憭慓"二字与上文"暴躁悼"协韵。斯则不事校雠之过,足为先戒。

明韵例校讹字之事既备,则可以类聚韵字,考证韵部之分合。考证之法,段氏尝云:"不以本音蔑合韵,不以合韵惑本音。"最为有见。盖知其分,而后知其合;知其合,而后愈知其分也。然而欲求考证之精,又必知其分合关通之理,审音宜与考据并重。苟不知此,则有强不韵以为韵者矣,如司马相如《封禅书》:"故圣王弗替,而修理地祇,谒款天神。勒功中岳,以彰至尊。舒盛德,发号荣,受厚福,以浸黎民。"此"替"与"神尊荣民"合韵。张氏之书分"替祇"为一韵,非是。按"替"字古有平入二音:《诗·大雅·召旻》"彼疏斯粺,胡不自替,职兄斯引","替、引"为韵。屈原《离骚》"长太息以掩涕兮,哀民生之多艰。余虽好修姱以鞿羁兮,謇朝谇而夕替","艰、替"为韵。此"替"字之读真部平声者。屈原《九章·怀沙》"抚情效志兮,俛诎以自抑。刓方以为圜兮,常度未替","抑、替"为韵。《庄子·则阳篇》"与世偕行而不替,所行之备而不洫","替、洫"为韵。张衡《东京赋》"洪恩素蓄,民以固结。执谊顾主,夫怀贞节。忿奸慝之干命,怨皇统之见替。玄谋设而阴行,合二九而成谲。登圣皇于天阶,章汉祚之有秩","结、节、替、谲、秩"为韵。此"替"字之读质部入声者。是替字绝不与支部相通。今司马相如之文,"替"字正作真部平声读,张氏不察,误以"替、祇"为韵,此江慎修所以叹精审之难也。吾以谓考古与审音之功不可偏废者,亦以此。

间尝夷考西汉之音韵,其与《诗》三百篇之不同者,要有四端:一歌支两部为一部,鱼侯两部为一部,真谆两部为一部,质术两部为一部,是也。而阴声、阳声两类韵部之上去声,亦均已大备。至东汉则歌支部已分之为二,鱼侯部"家华"一类字转入于歌,阳部"京明"一类字复转入于耕。足证语音因时而变,两汉之音不同于周秦,东汉之音又不同于西汉也。今既粗得纲纪,故乐与士君子道之,以为考古之助。此固非不易之论,然较诸前人之泛言不考其实者,或以《诗》音范围两汉之音者,亦稍有进益也与。

1940 年 2 月 15 日

魏晋時期的方音

汉语的语音系统在不同的历史时期都各有特点,在同一时期内各地的方音也互有异同,不过书缺有间,我们知道的很少。西汉末扬雄作《方言》透露了当时方言区划的一个粗疏的轮廓,东汉时的经师和小学家解经说字偶尔说到一些方言的读法,可是为量很少。因此,我们要对不同时期的方音有所理解,只能利用不同地区的作家的诗文押韵的资料来考查。

魏晋时期诗文作家很多,不仅用韵复杂,而且东晋以后出生的作家还有一个侨郡的问题。史书所载大都是原来的郡望,不是本人出生的里贯,应归属于所居的侨郡。这样,要论其方音如何如何就多有一层困难,必须加以分辨。晋代也有不少为经书作音的人,陆德明《经典释文》所载的反切极为繁富,不过,问题也多,那只能另作研究。这里仅就诗文用韵的材料所反映的一些方音现象试着分区域举例说明(文中所引诗文据严可均编《全上古三代秦汉三国六朝文》,中华书局 1958;丁福保编《全汉三国晋南北朝诗》,医学书局)。

一、豫州沛国　青州齐国

三国时代曹操、曹丕、曹植和嵇康都是沛国谯人(今安徽亳县),他们在诗文押韵中之、脂、支三部是有分的,不过脂与支有时合用,而脂与之两韵合用的极少,可见脂、支音近,与之不同。

曹氏父子诗文中脂部的去声字有时与入声质部字相押,祭部字有时与入声屑部字相押,泰部字有时与入声曷部字相押,例如:

脂质　曹丕《曹苍舒诔》卒遂气("卒"为质部字。三国文 7/11 上)

　　　曹植《七启》类日("日"为质部字,文 16/10)

祭屑　曹植《迁都赋》世别蔽("别"为屑部字,文 13/4)

　　　《九咏》厉穴("穴"为屑部字,文 14/8 上)

　　　《王仲宣诔》厉毙制越逝("越"为屑部字,文 19/3)

　　　《责躬诗》庆越(三国诗 2/16)

泰曷　曹植《王仲宣诔》乂阔带盖蔼("阔"为曷部字,文 19/3)

《应诏诗》沫盖（"沫"为曷部字，诗 2/16）

　　这种情形同样见于晋代左思的赋里。左思为青州齐国人（今山东临淄）。他在《魏都赋》里有下面合用的例子：

　　　　祭屑　　列翳悦世（"列、悦"为屑部字，晋文 74/13 下）

　　　　泰曷　　达带会大（"达"为曷部字，文 74/14 上）

这样的例子会使人推想到阴声韵的脂部字和祭部字很可能有辅音韵尾，以前有的学者曾提到脂部有-r，祭部有-d，在这里也透露了一点迹象。

　　脂质通押的例子还见于三国时期应场和邯郸淳的文章里。应场为豫州汝南人，他在《弈势》中以"对退突溃悖"为韵（"突、悖"为质部字，后汉文 42/6上）。邯郸淳为豫州颍川人，他在《受命述》中以"绂类棣苢"为韵（"绂"为质部字，三国文 26/2）。由此可知今之河南东部与安徽北部方音是接近的。

二、幽州　冀州

　　晋张华为幽州范阳人（今河北涿县），张载和张协为冀州安平人（今河北武邑），欧阳建为冀州渤海人（今河北南皮），木华为冀州广川人（今河北枣强县），他们的诗文中支脂之三部分不混用极为明显，例如：

　　　　欧阳建《答石崇赠》离移仪规垂（支部，晋诗 4/26 下）

　　　　　　　又，违邳威绥晖（脂部）

　　　张　华《劳还师歌》畿威私机晖尸夷霏薇归（脂部，诗 1/16 下）

　　　　　　《正旦大会行礼诗》期时熙基（之部，诗 1/10 上）

　　　张　载《瓜赋》枝奇斯（支部，全晋文 85/3 下）

　　　　　　《述怀诗》辞丝而（之部，诗 4/15 上）

　　　张　协《杂诗》期丝滋思綦基时（之部，诗 4/16 上）

　　　　　　又，祇离澌池垂移（支部，诗 4/17 上）

　　　　　　《逸民吟》遗追衣薇睎飞归谁（脂部，诗 4/9 上）

这些例子绝不属于用韵有意严谨的问题，而是语音上有不同。其他阴声韵部如鱼宵侯歌几部都分别较严，只有张载、张协鱼部字与侯部字相押一二见而已。

三、雍州

　　晋代雍州作家有傅玄、傅咸、皇甫谧、辛旷、挚虞、苏若兰等人。傅玄、傅咸为北地郡泥阳人（今陕西耀县），皇甫谧为安定郡朝那人（今甘肃平凉县西北），辛旷为安定郡人(今甘肃泾川县北),挚虞为京兆郡长安人(今陕西长安县),苏若兰为始平郡武功人(今陕西武功县)。

这些作家的作品里比较突出的现象是侵韵字与真韵字押韵的例子比较多,如:

挚　虞《尚书令箴》任纶身("纶、身"为真部字,全晋文 77/6 上)

傅　咸《喜雨赋》垠今民("垠、民"为真部字,文 51/1 下)

　　《镜赋》箴深心绅淫("绅"为真部字,文 51/6 下)

皇甫谧《释劝论》箴心鳞岑辰尘人臣伦臣瞵勤("箴、岑"为侵部字,其他都是真部字,文 71/6 上)　又,沉真臣人邻贫衾岑滨人("沉、衾、岑"为侵部字,其他为真部字,文 71/7 下)　又,人宾真尘身人沉深("沉、深"为侵部字,其他为真部字,文 71/8 上)

辛　旷《赠皇甫谧》心临深民鳞音钦("民、鳞"为真部字,诗 4/28 下)

苏若兰《回文诗》心音秦琴("秦"为真部字,7/19 下)

　　又,仁真钦心("仁、真"为真部字,诗 7/20 上)

由这些例子推想陕西长安以西至甘肃东部一带侵韵的元音与真韵接近,韵尾-m 也可能有变为-n 的趋势。

在这一区域范围里除侵真通押外,傅玄、傅咸以寒先两部字押韵的例子很多。寒部包括《广韵》寒桓删三韵字,先部包括先仙山元四韵字,元韵字到刘宋以后逐渐与魂痕两韵相押,而傅玄诗中元韵字仍与三国时期相同,没有转与魂痕押韵。还有"海"字,汉代诗文中归之部,三国时期曹操父子仍与之部字相押,惟阮籍、嵇康转与咍韵字"在、宰、骇"等字相押。晋代以后很多作家在诗文里都与咍部字押韵,傅玄则仍与之部字同用,那不是模拟古人,而是方音如此,如傅玄《大寒赋》以"否起里海汜"为韵(全晋文 45/1 上),《天郊飨神歌》以"海纪"为韵(诗 1/2 上),《惟圣皇篇》以"海里士始起纪"为韵(诗 1/18 上)。由此可知"海"字的韵母还没有变为-ai。

四、扬州吴郡

三国时扬州吴郡人有杨泉、韦昭,晋代吴郡人有陆机、陆云、郑丰、孙拯等人。二陆的作品最多。

在吴郡各家的诗文中《切韵》的鱼虞两韵字分用不混,这是吴音的一大特点,吾师罗莘田先生在《〈切韵〉鱼虞之音值及其所据方音考》一文中早已阐述

无遗。这里要提出的是虞韵与侯部尤韵字相押的例子,如:

　　　陆机《皇太子宣猷堂令赋诗》秀数裕("秀"为宥韵字,晋诗 3/9 下)

　　　陆云《赠顾彦先》榆须驱浮嵎("浮"为尤韵字,晋诗 3/22 下)

　　　　《答兄平原》猷扶("猷"为尤韵字,诗 3/24 下)

　　　　又,嵎榆忧休("忧、休"为尤韵字,诗 3/24 下)

　　　郑丰《答陆士龙》游流浮忧舟蹰("蹰"为虞韵字,其他为尤韵字,诗 3/30 上)

　　　　又,秀茂授富袖附("附"为虞韵字,诗 3/30 上)

　　　　又,周浮渝殊踰蹰("周、浮"为尤韵字,诗 3/31 下)

　　　孙拯《赠陆士龙》胄裕茂富("裕"为遇韵字,诗 3/31 下)

由此可知虞韵跟尤韵韵母读音相近。

　　另外二陆作品中东冬两韵字经常在一起押韵,吴声歌曲也是如此,例如:

　　　《子夜歌》窗风(晋诗 8/2 上)　　《子夜四时歌》风容(诗 8/3 上)

东冬相对的入声屋沃两部字,二陆也同样在一起相押,这代表晋代吴音东冬已趋于合为一部。

五、益州犍为

　　三国时杨戏为益州犍为郡武阳人,他的作品虽然不很多,但从中也可以看出少许现象。首先是侵部字的韵尾 -m 有变为 -n 的倾向,如:

　　　《季汉辅臣诸葛丞相赞》滨真文风身("风"为侵部字,其他为真部字,三国文 62/7 下)

　　　《王元泰等赞》真文林("林"为侵部字,"真、文"为真部字,文 62/8)

　　　《杨威公赞》人侵云("侵"为侵部字,"人云"为真部字,文 62/9)

这跟雍州陕甘一带的情形相似。

　　其次要说的是入声韵尾的问题。举《季汉辅臣赞》里的几处例子:

　　　《庞士元赞》晔臆德(德积叶三部字通押,"晔"为叶部字,三国文 62/8)

　　　《邓孔山赞》烈惑业(德叶屑通押,"烈"为屑部字,"业"为叶部字,文 62/8)

　　　《关云长张益德赞》世烈发业德愍国("世、为"祭部字,"烈发"为屑部字,"业"为叶部字,文 62/8)

这里有不同的 -k、-t、-p 韵尾的字在一起押韵,推想入声韵尾已发生变化。一种可能是 -p→-k,因为杨戏《昭烈帝赞》以"音"与"兴"押韵,"音"为侵部字,"兴"为蒸部字,侵蒸两部的元音当相近,其入声为 -p 与 -k 韵尾,未必没有趋于相同的可能。另一种可能那就是-k、-t、-p 都变为-ʔ,所以三种韵尾字通押。这是值得注意的现象。

以上举出魏晋时期几处不同方音的现象,都是比较明显的。魏和西晋的疆域不同,所分州郡多寡也不同,魏分十二州,晋分二十一州。但本文所举的地理上的州名都是魏晋一致的,所以无碍。不过还有很多区域没有能涉及到,原因是要恰当地辨别出诗文作者在用韵上的要求是否严格非常不容易,不敢妄加论断。还有本文内只谈韵部类,没有拟定音值,因为那要从历史的发展才能说明问题,不得已只得从略。

《诗经》古韵部谐声声旁表

此表为便于理解《诗经》韵部而作。每部列出其谐声声旁,凡同从一谐声声旁的字都同归本部。韵部排列的次序如下:

阴声韵	入声韵	阳声韵
1 之部	2 职部	22 谈部
3 幽部	4 觉部	23 侵部
5 宵部	6 药部	24 蒸部
7 侯部	8 屋部	25 冬部
9 鱼部	10 铎部	26 东部
11 歌部		27 阳部
12 支部	13 锡部	28 耕部
14 脂部	15 质部	29 真部
16 微部	17 物部	30 文部
18 祭部	19 月部	31 元部
	20 缉部	
	21 盍部	

阴声韵和阳声韵以各部间声音远近为序,入声韵分别与有关的阴声韵相承。缉盍两部入声没有阴声可承,而与质物月三部相关(段玉裁《答江晋三论韵》已指出,见《经韵楼集》),所以列于月部之后。

谐声字的归部是参酌谐声的系统和《诗经》的押韵来定的。前人所作的谐声表以及《说文谐声谱》中有些字的归部并不一致。表内各部所列的谐声声旁参考段玉裁《六书音均表》、王念孙《说文谐声谱》、江有诰《谐声表》、张惠言《说文谐声谱》、丁履恒《形声类编》等书而定。诸家异同,不烦一一列举。遇有必要,略加附注说明。

谐声声韵中有些是古字,为便于认识,都参考《广韵》注出现代读音。

(一) 之部声符

来　　　臺　　　里(貍)　　　才(在 㞢 zāi)　　　宰　　　采

其(欺)　　巛 zāi(甾 zī)　　梓　　　　丝　　　臣

目以 yǐ(矣台枲能)　　　　　　犂 lí　　　而　　　市

之(寺時待)　　茲　　　　辞　　　　己(忌)　司

友　　疑　　已　　　　止(齒)　　史(吏)　丘

士　　耳　　喜　　　　子　　　　舊　　　某

负　　母(每)　妇　　　　裘　　　　龟　　　久

郵　　牛　　畐 bǐ　　　　意　　　　異　　　佩

又(右有尤)　再　　　　亥　　　　乃　　　不(丕否)

音 pǒu　戒　　灰　　　　菩 bèi(備)

附注:(1)裘、舊,从段玉裁《六书音均表》列入本部。王念孙《说文谐声谱》入幽部。

　　　(2)乃,兼入蒸部。

　　　(3)音,《集韵》厚韵音普后切。"倍"字从此。音声兼入侯部。

(二)　职部声符

息　　　　弋(式)　　亟　　　力(勒防)　　戠 zhì　　食

飤 sì　　畐　　　　直　　　惪 dé　　　　棘　　　匿

北　　　　则(贼)　　仄　　　革　　　　嗇　　　色

或(彧國)　黑　　　　克　　　麦　　　　畟 cè　　塞

敕　　　　伏　　　　服　　　茍 jí　　　牧　　　得

陟　　　　翼　　　　皕 bì　　圣 kù　　　夏

附注:(1)圣,《说文》读若兔鹿窟,《广韵》入没韵,音苦骨切。从段玉裁、江有诰列于本部。

　　　(2)夏,兼收质部。

(三)　幽部声符

州　　　　求　　　　流　　　休　　　　汓 qiú(游)　舟

九(尻)　　憂　　　　秋　　　攸(條修)　周　　　　幽

刘　　　　丩(收)　　酋(猶)　囚　　　　由　　　　孚

牟　　　　雔 chóu　矛(柔柔)　蒐　　　　曹　　　　皋

勹 bāo(包匋)　　　　牢　　　卯(貿)　　酉　　　　缶

髟 biāo　　手　　　　守　　　首(道)　　肘　　　　嘼 chóu(壽)

丑(狃)　　帚　　　　阜　　　牡　　　　翏 liù(膠)　受

叟(嫂)　　韭　　　　早　　　舀 yǎo　　草　　　　老

丂 kǎo　　好　　　　丣 yǒu(留摺)　爪　　　　早 bǎo　保

棗　　　　叉 zhǎo(蚤)　　　讨　　　　鸟　　　　簋

冒	咎(晷)	牖	臭 xiù	秀	噣 xiù
褎 xiù	就	幼	臼	戊	殷 jiù
孝	奥	报	昊	告(造)	彪
埽	馗	逵	麀 yōu	肃	

附注:奥告肃等声兼收入声觉部。“肃”字韵书只有入声一读。

(四) 觉部声符

六	坴 lù	肃	畜	尗(叔戚)	祝
竹(筑)	复(復)	肉	匊 jú(鞠)	育	夙
逐	目	佰 sù(宿)	孰	奥	臼 jú
学	𣎵 mù	觉	粥	昱 yù	毒
告					

(五) 宵部声符

毛	高(蒿)	劳	敖	刀(召昭到)	交(效)
麃 biāo	苗	巢	爻(肴教)	尧	枭
幺	票	尞 liào(潦)	夭(芺)	乔	䍃
要	䍃 yáo(繇)	嚣	焦	朝	鼂
猋 biào	料	叟 tāo	了	兆	小(肖削稍捎)
肇	杳	少	表	𠬪 piǎo	窅 yǎo
皛 yǎo	㞢	皃	淼 miǎo	暴	闹
弔	盗	喿 sào(澡)	号 hào	羔	颢
钊	杲 gǎo				

(六) 药部声符

乐	卓	爵	雀	龠(籥)	虐
弱	勺(约)	隺 hè	敫 yuè	翟	丵 zhuó

(七) 侯部声符

侯	娄	句	朱	殳 shū	禺 yú
区	需	须	壴 zhù(尌 shù)	俞	刍
臾	兜	毋 wú	后	後	侮
口	取(聚)	厚	走	奏	斗
付(府)	主	乳	豆	冓 gòu	㓱 dòu(斲)
寇	屚 lòu	晝	鬥	㔷 lòu	具

戌　　孜 wù　　瓜 yǔ　　音 pǒu（部）

附注:(1)音声兼收之部。

　　(2)孜声段玉裁归幽部,此从江有诰列于本部。王念孙《六书音均表书后》与江意见相同。

（八）　屋部声符

谷	角	屋	族	束（欶 sòu）	狱
哭	足	辱	賣 yù	曲	玉
殼 què	豕 chù	蜀（屬）	珏 jué	录 lù	粟
卜	木（沐）	局	鹿	秃	岳
菐 pú（僕）	斸 zhù				

（九）　鱼部声符

居	於	余（除）	夫	鱼（穌鲁）	與
车	巫	吴（虞）	于（污夸雩）	卢	壶
麤	乌	疋（胥疏）	图	乎（虖）	初
無（舞）	虍 hū（虚虑）	巫		予	女
吕	舁 yú（與）	旅	豦 jù	武	五（吾）
者（奢诸豬屠）	午	奴		鼓	卤
父（布甫浦尃）	土	巨（渠）		去	如（挐）
古（固苦胡辜）	圉	处		鼠	羽
且（沮祖租盧助）	雨	禹		互	庶（度）
盱 jù（瞿）	步	兔		蛊	库	户（雇所）
素	普	股	加	瓜（孤）	巴
马	下	叚	牙（邪）	亚	家
寡	夏	襾 xià（贾）	罜	社	射
舍	卸（御）	乍	莫	莽	

附注:豦乍莫射等声兼收入声铎部。

（十）　铎部声符

席	乍	莫	夕	各（洛路）	亦
石	隻	若	舄 xì	蒦 wò	矍 jué
郭	戟	豦 jù（遽）	昔	霍	白
炙	屰 nì（逆席朔朔）	尺	赤	赫	
壑	睪 yì（擇）	臬 xì	霸 pò	索	乇 jǐ

谷 jué（卻）　　虢　　　　　射　　　　乇 zhé（托）

（十一）　歌部声符

它	为	皮	离（離）	冎 guǎ（咼過）
也（施）	我（義羲）	加（枷）	差	叵 hē（可何阿苛哥奇旖）
麻（麾）	羅	罨	罷	多（移侈宜）
七（化）	吹（炊）	𠂇（左佐）	沙	丞 chuí（垂騒）
瓦	坐	禾	果	陸 duò（隋）
朵	貟	惢 suò	臥	羸 luǒ（贏）
戈	虧	叵	蒝	罕 kuǎ（羴）
科	那	厄 è	危	丽 lì（麗）

附注：（1）皮，《说文》从为省声，今不从。

　　　（2）哥、奇，《说文》非谐声字，今归入可声。

　　　（3）陸，同"堕"。

　　　（4）虧，《说文》从亏虘声，虘声段氏入鱼部。此从王念孙、江有诰、张惠言诸家列于
　　　　　本部。

　　　（5）丽，古文麗。麗声从江有诰列于本部，段、张诸家皆列支部。

　　　（6）那，从江有诰列于本部。

　　　（7）"厄"音 è，"婀"字从此声，王念孙、丁履恒均收此字。

　　　（8）危声，段、王皆归支部，江有诰归脂部，今从张惠言列于本部。

（十二）　支部声符

支	知	卑	斯	圭（窐恚）	兮
奚	兒	卮	此（柴）	规	巂 xì
只	是	启（啟）	徙	氏	虒
解	屮 guǎi	叉	買	醮	瑞
蠡 lǐ	系	辰	帝		

附注：此声段玉裁入脂部，今从王念孙、江有诰列于本部。

（十三）　锡部声符

益	易（剔）	析	束（責）	昊 jú（鶪）	辟
卨	脊	厄	秝 lì（麻歷）	狄	迹
役	册	殷 jí（繫）	脈	画	阅
冖 mì	啻 chì（適）		覡 xí		

（十四）　脂部声符

夷	伊	师	私	旨（耆）	眉
几	美	履	比（毗坒）	兕	死
癸	示	次（咨资恣）	至（致）	二（贰）	自
四	利（秎黎）	弃	季	尸	犀 xī
匕（尼泥）犀	皆	齐	妻	矢（雉彘）	
西	稽	弟	豊 lǐ	氐（泜）	戾
细	计	惠	米（糜）	冀	尔（弥）
蒂 zhǐ	豸 zhì	隶 dài（肆）	帀 zǐ	执（挚）	肆
器	医 yì（殹）	继	屈	嚳	夔 bèi
畀 bì（鼻）豕					

附注：（1）至戾隶等声兼收入声质部。

　　　　（2）执声兼入缉部。江有诰“挚”字入祭部。

　　　　（3）医声王念孙入祭部。

（十五）　质部声符

至	戾	隶	质	疐 zhì	一
壹	七	日	吉（颉）	疾	悉
栗	桼 qī	肎 yì（屑）	毕	乙	失
穴	必（宓瑟谧密）		逸	实	匹
血	卪（即节）	弼	阕 què	戜 dié	呈
頁	替	闭	抑	戞	

　　　附注：戞，《说文》读若棘，王念孙、张惠言收入之部入声。案《汉书·古今人表》颉羔侯，应劭音“颉”为戞击之戞，“戞、颉”音同，“戞”亦可收入本部。

（十六）　微部声符

衣（依）	希	幾	斤	非（匪）	飞
肥	妃	威	散 wēi（微）	畏	岂
尾	未（味）	自 duī（追歸）		胃	尉
卉	鬼（嵬）	□wéi（韦圍）	气（氣）	豙 yì	
绥	衰	旡 jì（既爱）水	贵	夒	
位	隹（唯维淮崔推）	毁	火	虫 huǐ	
回	豙 suì（隊遂）	雷	類	耒	
对	褱 huái	内	罪	枚	磊

| 畾 léi（畾纍） | 崈 | 委 | 開 | 乖 |
| 烾 ruí | 費 | 退 | 配 | 卒 | 叔 kuài |

附注:(1)斤声兼入文部。

　　　(2)胃尉崈卒,兼入物部。

　　　(3)内声兼入缉部。

（十七）　物部声符

胃	尉	崈	卒	出（屈）	聿
乞	率	孛 bó	勿（忽）	曰	鬱
兀 wù	矞 yù	朮 zhú（述）	叐 mò	突	骨
帥	弗（費）	市 fú

附注:市,即韍字,江有诰入祭部入声,今从王念孙列于本部。

（十八）　祭部声符

祭	世（貰）	制	曳	尚 bì（敝）	埶 yì
筮	歲（薉）	衛	毳	彗 huì	砅 lì
曺 wèi	大（夳達）	具	帶	盖	兌
厥 ruì（劂）	外	最	会	竄 cuàn	夬 guài（抉）
介	拜	叕 zhuì	吠	蠆 chài（厲）	喙
贅	叡 gài	泰	丰 jiè（切契害慧）	祋 duì
脆	裔	芮	乂 yì（艾）

附注:(1)本部与入声月部谐声多相通,《诗经》押韵去声单独相押之例颇多,故与入声分列,
　　　　学者当留意两者相通之关系。

　　　(2)竄,《集韵》有取外切一音。

（十九）　月部声符

月	粵	宋 bó	罰	欮 jué（厥）	發
戉	伐	犮 bó	孚 jué（昏）	末	夺
离 xiè	轚 xiá	刺（赖）	桀 jié	舌	列
折	匄 gé（曷葛渴）	戌 xuè	孑 jié	叏 jué
绝	肖 niè（辥）	刷	劣	截
殺	叕 chuò	劍 jié	臬	櫱 niè	彻
蕒 mò（蔑）	设	八	别	軋 yà

附注:(1)彻、设、别、八,王念孙归入至部入声（即本表质部）,今从江有诰列"彻、设、别"于
本部。八,江有诰归入脂部入声,与王念孙同。案"别"字古文作"穴",从八,"别"字既入本部,

则"八"字亦当列此。《说文》"旮、穴"皆作八声，不可从。王、江"旮、穴"均归质部，故"八"与"旮、穴"同部。

（2）乾，从燕乞之乞，从江有诰列于本部。

（二十）　缉部声符

立	邑	集	及（急）	昅 qì（戢）	習
蹋	廿	入（内）	夲 niè（执）	袭	沓
眔 tà	十（叶）	縶 è（隰）	合（荅翕）		

附注：（1）夲（执）声兼收质部。

　　　　（2）入（内）声兼收微部。

（二十一）　盍部声符

涉	妾	聶	枼 yè	聿 jié	劦
燮	畢	巤 liè	耴 zhé	夾	币
盍	籋 niè	舀 chā	甲	劫	乏
帀 sà	曷 tà	法	業		

（二十二）　谈部声符

甘	詹	占	僉（僉）	兼（廉）	昍
函	芟	炎（剡）	毚 jiān（鐵）	冉	广 yǎn
弇 yǎn	毚 chán	猒 yàn（厭）	奄	染	夾 shǎn
敢（厰嚴）	臽 xiàn（阎）	欠	忝	闪	
凵 qiǎn	斩（渐）	监	衔	氾	贛 kàn

附注：此部与侵部，段、王与其他各家归字颇不一致，今依江有诰。

（二十三）　侵部声符

心	音	冘 yín	林（禁）	旻 qīn（侵浸）	曆
琴	寻	坓（淫）	壬（任）	森	參
審	品（臨）	今（岑㑒钦含舍念贪）	甚		覃
南	靣 lǐn（禀）	突 shēn（深）	三	男	彡 shān
咸（箴）	凡（风）	闯 chèn			

（二十四）　蒸部声符

兴	升	徵	夌（凌）	丞（承蒸）	兢
黾	登	亘（恆）	仌 bīng（冰冯）	曾	乘
禹	雁 yìng	朋（崩）	凭	肯	熊
厷 gōng	夵 yìng（朕腾）	弓	瞢（夢）	轰	

乃(仍孕)

附注:(1)黾声兼收耕部。

　　　(2)㦰,当与"侉"字同音,侉,《广韵》证韵音以证切。

　　　(3)乃声兼收之部。

(二十五)　冬部声符

中	宫	躬	冬	宗(崇)	农
蟲	戎	宋	夆 xiáng(降隆)		众

(二十六)　东部声符

东	重	同	童	公(翁松)	封
茸	充	囪(悤)	工(巩空邛项江)		豐
舂	叢	从(從)	丰 fēng(奉夆逢)		容
嵩	双	邕(雝)	冡 méng(蒙)		孔
㶧	冢	尨 máng	凶(匈兇夑)	共	送
弄	宂 rǒng	用(甬庸)	巷		

(二十七)　阳部声符

王	亢	央	光	羊(养姜羌)	皇
昌	香	方(旁)	易 yáng(湯錫傷)		良
长	量	亡(忘亢)	黄(廣横)	相	强
仓	桑	坣 huáng(往狂匡)		章	商
印	庚(唐康)	畕 jiāng(畺彊)		行	衡
兵	京(景)	㬥 néng(襄)	明	兄	彭
亯	皀 xiāng(鄉)		庆	羹	永
网(罔)	爿 qiáng(壯戕将墙)		爽	囧	两
象	丬 chuāng(梁)		並	秉	丈
丙(更)	皿(孟盎)	上	杏	畕	竟
向(尚堂黛嘗)	競	望	葬		匠

(二十八)　耕部声符

名	平	盈	生(星)	丁(成亭)	争
青	鸣	正(定)	熒(榮管)	寧	贞
顷	殸 qìng	賏 yīng(嬰)	晶	嬴	鼎
并(屏)	壬 tǐng(呈廷壬聖輕)		耿	省	幸

霝 líng	井(刑)	敬	甹 pīng	夐 xiòng	黽 mìng
冂 jiōng(同冥)	令				

附注:(1)黽声兼收蒸部。

　　　(2)令声兼收真部。

(二十九)　真部声符

秦	人	频	獜 lín	丏 miǎn(宾)	寅
阠	身	旬(筍)	辛(亲親新)	信	令
命	因	申(伸)	陈	仁	真
匀(均)	妻 jìn(盡)	臣	民	津	千(年)
羍 shēn	天	田	引	疢 chèn	閵 lìn
扁	印	晋	臤 qiān(坚)	釁 xùn	佞
玄	进	矜			

附注:(1)令声兼收耕部。

　　　(2)羍声江有诰归耕部,今从王念孙列于此部。

(三十)　文部声符

先	门	殷	辰(晨脣)	囷 jūn	艮
昏	孙	屯(春)	分(霢)	尹	君
员	西(垔甄)	奔(贲)	昆	存	巾
云(雲)	羃 kūn(鰥)	仑	军	熏	䒲 mán
臺 chún(敦)	焚	豚	盾	豩 bīn(豳)	斤(近欣)
文(吝閔)	麇	尊	本	豩 bīn(豳)	斤(近欣)
寸	筋	奮	允(夋)	昷 wen(温缊)	胤
粪	困	飧 sūn	舛 chuǎn(舜)	刃	川
闰	㐱 zhěn	屍 tún(殿)	彬	坤	巽
慇(隱)	圂 hùn	㹤 yìn	睿 sùn(睿)	困	壸 kǔn
蜫 kūn	虋 mén	兖	薦	恩	典

附注:(1)虋声王念孙归入元部,今依江有诰列于此部。

　　　(2)斤声兼收微部。

(三十一)　元部声符

泉	半	官	元(完)	叀 zhuān(專)	卵
爰	反	番(潘燔)	釆 biàn(辨卷)	见	连
单	旦(亶)	厂 hǎn(雁戶彦产)	穿		患

夗	難（欺漢）	辛 qiān（言）肩	弁	閑
聞（简）　孿 luán（孿）	廛	丹	焉	莧（宽）
珽 zhǎn（襄展）	然	縣	山	馨 qiān
亘 xuān（宣）	衍	宪	延	〈 quǎn
屮 guàn（艸）	絲	燕	丸	
干（旱岸）　夗 wǎn（宛）	虔	羴	鲜	奴 cán
安（晏晏匽）	爨	姦	面	曼（蔓）
㲃 yǎn（旋䡄翰翰乾）	般	烦	赞	目 yuān
柬（闌蘭湅）	箏	算	班	
耑（段遄）　吅 xuān（藿）	建	原	犬	妣 pān
毌 guàn（贯）	删	片	雋	寒（塞）
㐭 luàn（亂）	輦	导	断	祘 suàn
戔 jiān（栈）	便	冤	绵	甈 ruǎn
椒 sàn（散）	全	繭	扶 bàn	
煎（前煎）　棥 fán（樊）	侃	免	宀 mián	
鴈 yàn（獻）	次 xián（羨）件	善	崔 huán	
彖 tuàn　㕣 yǎn（铅）	扇	宦	奭 ruǎn	
弄 chàn（孱）	帛 mián（邊）萬	愁	舛 chuǎn	
戾 niǎn　㬎 xiǎn（显）	幻	盟	辡 biàn	
曹 qiǎn（遣）	屾 juàn（罠）看	蠲		

附注：（1）免声段玉裁归真部，今从王念孙、江有诰列于此部。

　　　　（2）舛声兼入文部。

问学集续编

下

周祖谟　著

中华书局

目　录

跋丁少山覆刻宋监本《说文解字》

《说文》一书清代的学者极为重视，无人不读，可是早期汲古阁毛氏的刻本屡次剜改，已失去宋本本来的面目，所以乾嘉以后就有人根据宋本重刻，以还旧观。嘉庆甲子（九年，公元1804），孙星衍有平津馆刊本；嘉庆丁卯（十二年，公元1807），鲍惜分有藤花榭刊本，两者皆依宋椠开雕。鲍本，据杨彦和说是本于汪容甫所藏宋本。至于孙本何自，便无明文记载了。两者虽然都出自宋本，然而各有脱误。光绪辛巳（七年，公元1881）丁少山又取汲古阁旧藏的宋监本校刻，近来涵芬楼又影印陆心源皕宋楼所藏的宋本。这样，传刻的宋本《说文》就有四种之多。清代讲《说文》的人不下数十家，能见到几种宋本的不多。现在我们能见到四种覆宋本，可谓厚幸。

前几年读《说文》曾经取平津馆本与皕宋楼本对勘过：二本并非出于一椠，各有其是，不可偏废。最近又读丁少山仿刻宋监本《说文》，前有光绪八年（1882）潘祖荫序，序文说：

> 自笥河朱氏、平津孙氏及藤花榭诸本景宋刻出，颇知虞山所据未为悉真，然未有重刻宋时监本以与毛刻对勘者。丁君少山，山左宿学，著述斐然。昔年许君印林曾校孙氏所仿宋本，摘其差误，少山受业许君，复取毛氏所据之本精写重刊，师弟渊源，皋皮代据，于鼎臣之学可谓尽心者矣。

因此用丁本与汲古阁、平津馆、藤花榭、皕宋楼诸本相比较。丁本的版式与孙本无异，内容相合处亦多。凡孙本误处丁本亦误者，有四十余条，如第一上艸部"蘠"下"从艸墙声"之脱"从"字，第四上鸟部"鷻"下"从鸟虒声"之"声"字误作"也"字，第六下邑部"鄏"下"房戎切"之"戎"字误作"成"字，第九上"匈膺也"之"膺"字误作"声"之类，不胜枚举。然而孙本误丁本不误的地方，约有五十余条。虽然孙本有剞劂者的手误，但是在版面上很显明地可以看出丁氏剜改的痕迹，其中大有增改删减，如标目第四"皕，皮力切"别本作"百，博陌切"，《说文》第二下辵部"迡，前顿也"之"顿"别本作"頡"，第三下攴部"敠，系连也"之"系"别本作"击"，第六下邑部"郫""从邑蔽省声"之"蔽"别本作"敲"，第七下巾部"席，藉也"之"藉"别本作"籍"，第十二下女部"孅，锐细也"之"锐"各本作"兑"，都是丁氏改的。丁本扉页题"据汲古阁旧藏本重校刊"，与毛氏剜改本比较起来相同者很多，有几处反切与各本都不同，如第一上玉部"璪"，子皓切，毛本同，别本"皓"作"浩"。第一下艸部"芙"，乌浩切，毛本同，别本"浩"作"皓"。第十二上户部"扈"，治小切，毛本同，别本"小"作"矫"。由他所根据的监本看起来，它与平津馆本、藤花榭本极为相近。汲古阁毛氏初刻或许也是依照它开雕的，不过仿明赵灵均抄本的样子改大其字而已。赵本的次第跟文字与毛本都有不同，段茂堂说毛氏就根据赵抄本刻的，不足置信。

　　丁少山是清代日照许瀚的弟子，瀚字印林，精金石文字之学，与王菉友、桂未谷交。据潘祖荫说，他曾经校过孙氏仿宋本《说文》，摘其纰缪，然则丁少山之校刊监本《说文》，是有师承的，不是任意妄改的。因此他所校改的地方是不可轻易忽略的，最低的限度，可以代表许氏、丁氏的意见，后人也可以借此窥出他们用心之所在。最可注意的有十几条，如第一上丨部"中，和也"，平津馆本、皕宋楼本作"中，而也"，孙渊如、段茂堂都说"而"乃"内"字之讹，《系传》《玉篇》《广韵》皆训"和"。第一下艸部"荫，草阴也"，各本"也"皆作"地"，王筠说当作"也"。第七上禾部"秅"下《周礼》曰：二百四十斗为秉"。"斗"毛本、孙本等皆作"斤"，桂馥《札朴》以为"斤"字不误。同部"秅"下"稻一秅为粟二十斗，禾黍一秅为粟十六斗大半斗"，各本"斗"皆作"升"，与米部"粲、粝"二字下所说不合；段氏作"斗"。第八上人部"伦"，卢屯切，"卢"各本皆作"田"，《广韵》作力屯切，段氏从之。衣部"裼，但也"，孙本、毛本等皆作"袒也"，案《说文》人部"但，裼也"，是"但、裼"互训，段注作"但"。第八下欠部"歁，馓虚也"，"馓"各本皆作"飢"，唐写本《玉篇》引作"飢也，虚也"。案"歁"古作"康"，襄公二十四年《穀梁传》"四谷不升曰康"，《广雅·释天》"四谷不升曰歁"，《广韵》"谷不升谓之歁"。谷不升就是馓馑的意思。段氏未考，仍作飢饿的"飢"字。第十上马部"駓，马肥也"，"肥"各本皆作"饱"。案"饱"与"肥"形近而讹，《诗·鲁颂·有駓》传曰"駓，马肥强貌"，《玉篇》云"駓，马肥壮貌"可证。而且"駓"字厕于"駓、駓"中间，作"马肥"是无疑的了。第十二下女部"孅，一曰鬻也"，"鬻"各本皆作"臥"，案"臥"乃"鬻"之讹，臥部"鬻"下云"楚谓小儿孅鬻"可证。第十三上糸部"绾，恶色绛也"，"色"各本作"也"，误。唐写本《玉篇》正引作"恶色绛也"。同部"緆,缝线也","缝"各本作"绛",误。《玉篇》"緆,缝线也"。桂馥、王筠皆从之。这一类所改均极精审,是丁氏用心所在,然而同蹈虞山的故辙,不如另附一校勘记为好。书前本有"校勘记嗣出"字样,可惜没有刊出。

1936 年 5 月

《大广益会玉篇》跋

　　此书为宋真宗大中祥符六年(1013)陈彭年、吴锐、丘雍等奉敕重修,天禧四年(1020)雕版印行(见《玉海》)。凡30卷,542部,共收字28989(据日本冈井慎吾氏《玉篇の研究》所计)。唐封演《闻见记》谓顾野王《玉篇》收字16919字,此较顾氏原书增多一万二千余字。以此与日本古抄原本《玉篇》比观,不仅正文次第不相符合,而原本注中所引经文今本亦去其大半,且野王按语亦划刘无遗。殊违古人之用心。夫陈、吴等人奉诏修书,除刊正纰缪外,何为更改旧章、删除按语竟若是耶? 岂别有所据乎? 或有以为陈、吴等人师心自用者,此则不可不辨也。

　　今按古抄本顾氏原书注文繁富,卷帙极重,抄写费事,在唐代即有《玉篇抄》一类之节本。日本藤原佐世《见在书目》即著录有《玉篇抄》十三卷。高宗上元间则又有孙强增字削注本(见杨守敬《玉篇卷子跋》)。至于顾氏原本,在唐代屡经兵燹,或失其传。至宋代通行者殆皆孙强本矣。

　　宋景祐中《崇文总目》有《玉篇》三十卷,云顾野王撰,虽未明言为孙强本,然目录中别无孙书,足滋人疑。考之于两宋之著述,亦但言孙强之增字,而绝无道及原本或原本与孙本之异同者,如南宋初晁公武《郡斋读书志》所著录者即孙强本。绍兴间李焘《说文解字五音韵谱·序》亦云:"唐上元末处士孙强复修顾野王《玉篇》,愈增多其文,今行于俗间者,强所修也。"又楼钥《攻媿集》卷七十八《跋宇文廷臣所藏吴彩鸾玉篇抄》云:

　　　　始余读《文箫传》言吴彩鸾书《唐韵》事,疑其不然。近于汪季路尚书家见之,虽不敢必其一日可办,然亦奇矣。为之赋诗,且辨其为陆法言《切韵》。兹见枢密宇文公所藏《玉篇抄》,则又过之,是尤可宝也。既谓之抄,窃谓如《北堂书钞》之类,盖节文耳,以今《玉篇》验之,果然。不知旧有此抄而书之耶? 抑彩鸾以意取之耶?

以晁、楼二家之淹博皆未见顾氏原本,足证宋时此书散逸已久。今定陈氏所据为孙强之增字本者,由本书大中祥符六年敕牒后所云可知。牒后题曰:

梁大同九年三月二十八日黄门侍郎兼太学博士顾野王撰本,唐上元元年甲戌岁四月十三日南国处士富春孙强增加字。

此必采自孙本。此与《广韵》仍前代韵书之旧,题曰:陆法言撰本,某某人增加字云云相同。卷首又云:

旧一十五万八千六百四十一言,新五万一千一百二十九言,新旧总二十万九千七百七十言。

所谓新者,陈彭年等新加之正文及注文之总数;所谓新旧总者,即陈氏刊定本之字数;所谓旧者,必是孙强等删除注文增加大字自撰注文之数,决非顾书原本字数。盖野王原书注文甚繁,总计正文及注文不止十五万也。

由此二点可知陈、吴等未尝得见顾氏原本,彼等所重加刊定之祖本即孙氏节注增字本无疑。前人未能明辨,或厚诬陈氏,实欠允当。他日如有上元本出,自可与陈书比观,当见其因仍修改之迹焉。

1936 年 8 月记

跋唐写本孙愐《唐韵》残叶

此唐写本韵书残叶存法国巴黎国家图书馆,为伯希和得自敦煌者。伯氏之编号为2018。原帙为卷子本,此则但存其东冬钟三韵十四行而已。以字体论,盖中唐以后之人所书。虽无书名及作者姓氏,然考其反切用字多与陆法言、王仁昫书不合,如冬韵"賨"藏宗反,陆韵长孙笺注本(即王写本《切韵》第二种)及故宫所藏项跋本、宋跋本两《王韵》均作在宗反;"漴"又之戎反,长孙书及《王韵》作又职隆反;"譻力反,长孙书及《王韵》作力宗反;"宗"作冬反,长孙书作作综反,《王韵》作作琮反;"容"以恭反,长孙书及《王韵》作馀封反;皆其不合者也。按其体制实与蒋斧旧藏之《唐韵》相符,故可定为孙愐之书。何以言之?今举五事以为证。

(1)此残本纽首一字之注文,皆训释列前,反切列后,与《唐韵》相合。

(2)此本每纽收字颇多,凡有新增之字纽首既称"几加几",而每一新加之字,皆一一分别注明,体例极为精审,与《唐韵》正合,如"龙"下云:"力钟反,七加三。"其下"驡聋笼"三字则均分别注有"加"字。《唐韵》未韵"歖"下云:"许既反,六加二。"其下"忥忥"二字亦然。《唐韵》中若此者尚多,无烦遍举。即此足证两本体例全同矣。

(3)孙愐《唐韵序》有"其有异闻,奇怪传说,姓氏原由,土地物产,山河草木,鸟兽虫鱼,备载其间,皆引凭据,随韵编记"之语。今此本注文颇繁,广引群书以为凭证,而于姓氏地理尤为详切,更与孙序相符。甚且援引之书亦同于蒋斧本《唐韵》,如残本中"螁"下引《淮南子》;"蝬"下云"出《异物志》";"冬"下云"亦姓,前燕慕容皝左司马冬寿",此即出《前燕录》。又"嬨"下引《字样》,"春"下引《世本》,"松"下引《玄中记》,"賨聾"二字下引《广雅》,"蓬泽仦驡獞"诸字下引《说文》之类,其搜罗之广已可概见。而蒋氏《唐韵》中暮韵"慕"字下引《前燕录》,霰韵"燕"字下引《字样》,栉韵"虱"下、屑韵"颉"下引《淮南子》,合韵《异物志》等,援据之书亦同。二者势必出于一人之手甚明。

(4)《广韵》三钟"恭"字下注云:"陆以恭蚣枞等入冬韵非也。"王静安先生已确定此为《唐韵》之旧文(见《观堂集林》卷八《书吴县蒋氏藏唐写本唐韵后》），则此三纽之移入钟韵盖自孙愐始。今此残本冬韵"农"纽下虽残阙不完，然与长孙书比观，则此下当为"农"纽及"攻"纽字，不复有"恭、蚣、枞"三纽。且此三钟韵之"容"字，音为以恭反，以"恭"字为切语，尤可证"恭、蚣、枞"三纽已归入钟韵，与静安先生之言适合。

（5）此残本"赛"音藏宗，"宗"音作冬，与长孙书及《王韵》不合，而与大徐《说文》及小徐《说文解字篆韵谱》十卷本并合。夫大徐所定之音已明言本诸孙愐，是此残本必与大徐所据之《唐韵》为一种书矣。惟此"容"字音为以恭反，大徐《说文》则作余封反，小有不同耳。

有此五证，是此写本之为孙愐《唐韵》，盖无疑义也。向者静安先生谓《广韵》"恭"下之注语为《唐韵》之旧文，本为推想之辞，今乃不意于此残叶之中竟得其佐证，斯所谓事之难期者往往旦暮遇之也。然则此虽寥寥十数行，亦可珍矣。

1948 年 6 月 12 日

《新华字典》评介[*]

字典是我们学习语文的重要工具。我们已有的字典虽不算少,可是对于语言的材料处理得好,能给读者一些正确的知识,使读者在词义和用法上都有透彻的了解的字典还不够多。最近新华辞书社编的《新华字典》印出来了,其中有很多优点是从前的字典所没有的。这可以说是一本别开生面的新型的实用字典了。

这本书是为小学教师、初中学生和初中文化程度的干部来编的。对于词汇既做了比较适当的选择,而且注释精确,讲解详明,特别注意语词的实际用法,这样就跟旧日字典仅作笼统的注解而不与实际语言相联系的迥然不同。全书共收"字头"6500 多条,正文注解和凡例附录一共有 880 余页。书中并且附有插图 370 余幅,这本小型字典在编辑上是很难得的。我曾经把这本书翻阅了一遍,现在就把我所见到的写在下面:

一

首先我们须要指出:这本字典是从新的语言学的观点出发来编写的。旧日一般的字典都是罗列汉字,解释汉字,对于每个汉字在语言中所代表的价值毫不理会,甚至于把不能分开解释的复音词也拆开作为两个东西来看待,这样就把汉语的实际现象给抹杀掉了。现在这本书跟以前的字典大不相同:编者不是守着死汉字在那里作注解,而是把文字做为记录语言的符号来看待的。读者一眼就可以看到书中所收的"字头"不完全是单个的汉字,其中有很多是复音词和多音词,如"睥睨、别扭、彷徨、膨胀、马虎、朦胧、唐突、潦倒、马达、坦克、浪漫、逻辑、翩翩、熊熊、虎列拉、法西斯、乌兹别克、布尔什维克"等等。这些复音词和多音词都是一个独立的意义单位,所以分别列出,这是字典编写上极大的改革。书中所收的"字头"虽然大部分是单字,可是这些单字在现代汉语里有的是单音词,有的是组成复音词的词根,由这些单音词或词根组成的复音词经过编者的选择都附在单音"字头"的下面,复音词做"字头"出现的虽然数量不多,可是书中收了大量的复音词。从这一点就可以知道这本字典的编写是从语言出发的,而不是从汉字出发的。名为字典,实际是一本词典。表面上仿佛是以汉字为主体的,实际的精神并不如此。

这种处理语言材料的方法使学习祖国语文的人很容易建立"词"的观念,这对于读者是一个不小的帮助。

本书既然着眼在解释汉语的大量的普通词,所以收词的范围相当广。除了现代北方普通话中所有的常用词以外,同时还适当地收录下面几类词:

(1)现代方言的词汇,如"爿、绷、汆(南方方言);鸡母、米粉(西南方言)"之类。

(2)古代文献中的词汇,特别是历史方面的名词和姓氏,如"嫘祖、颛顼、冒顿、回纥、万俟、澹台"。

(3)历史上的外来语,如"佛、梵、菩萨、浮屠"。

(4)兄弟民族语,如"淖尔(蒙古语)、班禅(藏语)"。

(5)近代外来语,如"马达、摩托、图腾、卢比"。

从这几方面可以看出本书取材广,而且实用。更重要的意义在于借此可以表示出来汉语在发展上曾经吸收了许多外来语,使读者对于祖国的语言有更明确的认识。

对词汇的处理上,本书的特点之一是注意语词的构造法。构词法是以前所有的字典都没有重视的。可是这本书里把构词法中某些有规律的成分都用不同的方法表现出来了,像带有"—子、—儿、—头"构成的复合词,在单字的注解前加"—·子、—·儿、—·头"表明;由同义字组成的复合词,用连字来表示;本字叠用的,加(叠)字来表示;这都是很有价值的工作。另外在构词上可以作为词头的字,也在注解中分别注明(如"第、老、有"等字)。虽然这一方面的工作做得还不够充分,可是已经给今后编辑字典的人做了一个好的开端了。

二

其次须要指出的是:这本字典在字典编排的方法上是有进步的。除了上面所说的一点以外,我们还可以看出这本书在处理复音词上有一种很新的方法:复音词除了在意义上不必再加分析的列为字头以外,凡是由单音字头所组成的复音词,都根据这一个词中的单字意义分别归属在单字各条注解之下,用方括弧〔〕表示;遇到复音词中单字的字义不明确时,就把这个复音词用尖括弧〈〉表示,放在本字注解之末。这种处理的办法是旧日字典中所没有的。旧日的字典或辞典(如《辞源》《辞海》)向来不注意复音词中每个单词所有的意义。现在这样做,读者可以由复音词所放的位置来了解复音词中单词的意义了。

再次,我们须要指出:这本书在规范化方面也做了些初步的工作。汉字的形体和读音是极繁琐而又难以处理的问题,本书在这两方面都做了较细致的工作。关于字形,一方面酌收通行的异体,一方面严格分辨形体声音容易混淆的字。凡是异体,都加圆括弧(),附在字头的后面;凡是容易相混的字,都用不等号≒标明。这样可以使读者对于汉字的笔画认识得更清楚一些,对于字义分别得更明确。这是值得称赞的一点。关于读音,是有很多复杂的问题的,像读书音与口语音的分别,义同音异与同音异义的分别,像特殊的变音和儿化音及轻声的读法等,都是很复杂的。要把这些都充分地表现出来是很不容易的。本书在这一方面做得很精细,就是在注解和举例中遇到不常见的字或有几个读音的字也都加上了注音,给读者莫大的便利。形体和读音既然处理得很好,那么,对于语文教育中的发音和正字的教学就有很大的帮助。这本字典在规范化一方面的确做了不少的努力。

值得提出的,是本书对于词义的解释和分析的工作。解释词义的工作是编辑字典中最繁重而又最重要的工作。这本书的编者对于每一个词的解释基本上都能做到正确、简明而且具体、细致,例如:

〔撇嘴〕下唇伸出在上唇之前,小孩要哭的样子。又轻视人的表情。(51页)

〔偏向〕1.不公正,袒护。2.执行政策方针过"左"或过右:纠正了过右偏向。(53页)

有些词用法极灵活,而它的意义最不好分析。关于这一方面,本书都做了深入的研究,用最显明的方法把它表现出来。其中特别把意义的引申、转变、譬喻的用法一一仔细标明,使读者明了主要意义和衍生出来的各种意义的分别,例如:

〔摸〕(1)用手接触或轻轻抚摩。(2)用手探取:引1.得到,遇到:摸着钱就花。2.揣测,试探:摸底……3.暗中行进,认不清道路而行走:摸营,摸到敌人阵地。(61页)

[打击]使敌人受到很大的挫折。⑤1.对旁人的错误加以过分的或恶意的指责:打击人。2.挫折或不适合的处分:受不起打击。(113 页)

量词、语助词这两类词是汉语中特殊的东西,本书的注解也特别精细,例如:

把 (7)量词:1.有柄的:一把刀,一把扇子。2.可以一手抓的:一把米,一把眼泪。3.指抽象的事物:一把年纪,努把力。(3 页)

部 (4)量词:1.指书籍:一部小说,两部字典。2.指车辆或机器……一部机器。(35 页)

这种做法都是一般字典所没有的。其中更突出的是关于用法的说明,例如:

[多(·)少]1.未定的数量:你要多少拿多少。2.问不知道的数量:这本书多少钱? 这里有多少出产? 3.许多(只用在否定词后):没有多少,拿不了多少。(142 页)

来 (4) 做某一动作(代替前面的动词):来一壶酒(代替"取"或"拿")……(5)在动词前,表示动作的开始:你在这里坐着,我来问你……(6)在动词后,表示做过了:昨天开会你跟谁辩论来? ……[来着]……(7)(在动词后)表示动作的趋向……拿来,进来,上来。(198 页)

从上面所举的这些例子来看,这一部字典,不但注意到词义的分析,而且注意到词的用法,这不能不说是字典编写的一个进步。因此,规范化的精神也就表现得格外清楚。这一本字典印出来,在提高祖国语文教育的质量一方面,一定会起巨大的作用。

1954 年 2 月

读王念孙《广雅疏证》简论

　　《广雅》为三国魏时张揖所作。揖字稚让,清河人,在明帝太和中(227—232)为博士(见唐颜师古《汉书注·叙例》)。据《隋书·经籍志》所载,张揖除撰《广雅》外,还著有《三仓解诂》《埤苍》《古今字诂》《杂字》等书,由此可知他是一个博闻多识、精通文字训诂的人。

　　《广雅》的体例和篇目同于《尔雅》,始于《释诂》,终于《释兽》,分为上中下三篇,今本作十卷,所收的词语几乎都是《尔雅》以外的,所以名为《广雅》。"广"是增广的意思。《尔雅》编成于汉代初年,是中国最早的一部解释词义的书,取材以群经训诂名物为主,而先秦古书中的词语并没有广为搜集,一一采录。到汉代,语言有了更大的发展,词汇不断充实和丰富,方言殊语、品物名称不见于《尔雅》的日益增多;同时文字的字形和词语的意义也多有改易和转变,远非《尔雅》所能赅括;因此张揖别作《广雅》一书,补其所阙,凡先秦两汉经传子史、医书、字书所有而不见于《尔雅》的字大都搜罗在内。这是《尔雅》《方言》《说文解字》《释名》以后的一部重要的训诂书,所以一直流传下来,没有散佚。

　　可是这部书在清代以前始终没有注本,只是在隋代的时候曹宪曾著《博雅音》四卷。曹宪为江都人(今江苏),以通《文选》知名当世,在隋为秘书学士(见《隋书·儒林传》),因避隋炀帝讳,所以称《广雅》为《博雅》。曹宪的《博雅音》除依字注音以外,间或说明字体。原本可能是单行的,现在我们所见到的《广雅》都是明刻十卷本(以毕效钦"五雅"本最佳),曹宪音即附于正文之下,颇便参阅。

　　清代乾嘉时期研究文字、音韵、训诂的风气很盛。《尔雅》《方言》《说文》等书都有精善的注本。《广雅》一书囊括汉魏以上的文字训解,所以也大为学者所重视。当时为《广雅》作注而有成书的有两家:一为钱大昭(钱大昕之弟),一为王念孙。两家互不相谋,而同治一书,都很有成就。钱大昭有《广雅疏义》二十卷,王念孙有《广雅疏证》十卷。钱书成于乾隆末叶,王书成于嘉庆元年(1796),时间也很接近。但是《广雅疏义》始终没有刻板,只有传抄本,知道的人不多,前几十年才有影印本;而《广雅疏证》很早就有家刻本,所以流布很广,当时也极为学者所推重。现在看来,钱氏用力之勤并不减于王念孙,旁搜远绍,引据详赡,但重在搜求佐证,而发明较少。王念孙则精于校订,援引该洽,博约简取,而又能疏通诂训,触类旁通,独造自得。所以论成就自然高出钱氏之上。以清人所著《说文》的注释作比喻,钱大昭的《广雅疏义》近似桂馥的《说文解字义证》,王念孙的《广雅疏证》类似段玉裁的《说文解字注》。段玉裁曾经说(见《经韵楼集》):"读《疏证》如入武陵桃源,取径幽深,继则豁然开朗,土地平旷。"这绝非过誉之辞。

《广雅》所收的字和训解的来源很杂,为《广雅》作注要比为《尔雅》作注难多了。与钱大昭、王念孙同时的人桂馥曾经指出(见桂氏《广雅疏义序》):"治《广雅》难于《尔雅》。《尔雅》主释经,多正训,《广雅》博及群书,多异义,一;《尔雅》有孙(炎)、郭(璞)诸旧说,《广雅》惟曹音,二;《尔雅》为训诂家征引,兼有陆氏(德明)《释文》,《广雅》散见者少,无善本可据,三也。此非专且久不易可了。"这些话说得很对。所以为《广雅》作注没有足够的学识和坚韧不拔的毅力是不能成功的。

王念孙注《广雅》是从乾隆五十二年(1787)着手的。经过十年,稿凡三易,始得成书。他所作的工作可以概括为三方面:

(1)校订今本文字的讹误,增补脱略,删去衍文;

(2)援引古籍,探求书中义训的根据,与《尔雅》《方言》《说文》和群书诂训相阐发;

(3)列举音同字异或声近义同之字,比类合谊,以互相发明。

在这三方面,王氏都能殚精极思,竭尽其能,所以创获独多。

校勘之事是王氏擅长的。王氏既以各种明刻本互校,又采用影宋本以正明本之失,并旁考《说文》、《玉篇》、玄应《一切经音义》、《太平御览》、《集韵》等书,正唐宋以后传写之误。所校原书讹误错乱脱夺处竟达一千余条,颇费心力,虽有小失,如曹宪音释中"口音"二字都误改为"又音",然大都精确可信。

在校勘方面,《疏证》中每每引及"影宋本"和"皇甫录本",这两个本子究竟是怎样情形,书中没有明确说明。但两本文字没有什么差异。按"影宋本"原书为黄丕烈所藏,系据明正德乙亥(明武宗正德十年,公元1515)支硎山人手跋的抄本影写,经宋保转借校录的(见黄丕烈《士礼居藏书题记》卷一)。"皇甫录本"就是支硎山人的抄本,经顾千里校录而寄给王念孙的。支硎山人的书曾为钱曾述古堂所藏,见钱曾《读书敏求记》和顾千里《思适斋集》。由于王氏居于京邸(在旃檀寺左),"影宋本"和"皇甫录本"的关系不甚明了,所以把两本并举。

皇甫录,明长洲人,孝宗弘治间进士。支硎山人,钱曾、顾千里都不知其为何人。按明宪宗成化间进士邓庠号"支硎山人",当即其人。庠为湖南宜章人,曾为苏州巡抚。支硎山即在苏州。皇甫录的年辈晚于邓庠,邓庠所有的抄本后来可能转归皇甫录,所以称为"皇甫录本"。不看顾千里《思适斋集》,就很难理解"影宋本"和"皇甫录本"的关系了。王念孙所说"影宋本"和"皇甫录本",实际就是一种本子。这虽然不是一个大问题,但由于王氏托嘱别人经手,未详究竟,所以出现这样一个漏洞。

至于阐发训诂方面,王氏既能贯穿群书,援引精确,而又能疏通古训,独标新解。凡属于一般通诂,大都不再解释。遇有古书旧注不当的,连类所及,则指陈得失。"不取凿空之谈,亦不为株守之见,惟其义之平允而已"(王引之《石臞府君行状》)。凡书中言"解者多失之"的地方都值得我们注意。

书中最大的特点也就在于不泥于前人旧注,旁征博考,参互比证,即音以求字,因文以考义,所以解说精当,往往出人意表。王氏虽在注释《广雅》,而随处都在解释先秦两汉古书的词义,与段玉裁《说文解字注》媲美。但是段注《说文》好言本字本义,不免局碍于形体,而王氏则能以音为纲,"就古音以求古义,引申触类,不限形体"(见王氏自序),凡音义相通的字都比合在一起,那就能执简以驭繁,观其会通。这种方法给研究训诂的人开辟了一条宽阔的途径。他在自序里说:"诂训之旨,本于声音,故有声同字异、声近义同,虽或类聚群分,实亦同条共贯。譬如振裘必提其领,举网必挈其纲……此之不寤,则有字别为音,音别为义。或望文虚造而违古义;或墨守成训而鲜会通。易简之理既失,而大道多歧矣。"这种见解确实深得训诂之要。

总的来看,《广雅疏证》包容甚广,成就极大,是清人研究古代训诂的一部有代表性的著作,从单词意义的研究发展为义类和字族的研究,与段玉裁、程瑶田、阮元诸人声气相求,而蓄积深,范围广,独成一家之学。从理论到方法都给人以许多有益的启示。

但是我们也要看到其中仍有若干不足之处和缺点,须要加以辨别,例如:

(1)同义词中,有的词义本身就是相近的,有的只是在应用上有交错往来,训诂家予以申说,张揖也就根据训诂家所说缀辑在一起(《尔雅》已有此病)。对这种情况王氏仅仅罗列一些佐证,不加辨析,未免不足,如《释诂》"瘉也"一条"为"训为"瘳（愈）"（见《疏证》卷一下），这只是因上下文而赋予的意义，与一般同义词（包括音近义通）不同。王氏举《左传·成公十年》"疾不可为也"为证。按"不可为"就是不好办、不好治的意思，"为"并不就等于"愈"，王氏对此就没有分辨，这还是注经而不破汉人旧注的风习（陈奂《毛诗传疏》表现得最清楚）。

　　（2）古书亡佚者多，《广雅》中有些词的训诂不易理解，只能实事求是，不必勉强牵合，例如《释诂》"臁肵、腤"训"美"（见《疏证》卷一上）。王氏《疏证》说："《玉篇》：臁，初减切，脸臁，羹也。肵，徒兼切，大羹也。腤，子含切，腤腤也。腤，於含切，煮鱼肉也。皆美之义也。"这些字或指羹，或指煮鱼肉，何以说"皆美之义"？《疏证》中还缺乏明确的证据。或者由"旨味美"而来，这样就须要有所说明。依照《玉篇》的解释，是否因为张揖所根据的资料中"羹"字误为"美"字呢？亦未可知。

　　（3）《疏证》中每每说"某与某同义"。所谓同义实际是一个语词所代表的概念的内涵具有相关的两方面的意义，例如"敦"有厚的意思，厚则有所大（见《墨子·经篇》），因而"敦"也包含有大的意思。同样，"庞"有大的意思，也有厚的意思（见《诗·商颂·长发》毛传）。于是王念孙就说（见《疏证》卷一上《释诂》"大也"条）："厚与大同义，故厚谓之敦，亦谓之庞；大谓之庞，亦谓之敦矣。"我认为这里应当说："敦"训为"厚"，又训为"大"，"庞"训为大，又训为"厚"，因为"厚"与"大"的意义是相关连的，所以一词有两义。按照王氏的说法，就不是归纳，而是演绎。设若"厚"谓之"浓"，"大"岂可谓之"浓"？很显然，这样一种说明词义的方法是有毛病的。

　　（4）类似上面一种情形，《疏证》中还经常提到"某与某义相近"，例如《疏证》卷一上在《释诂》"有也"一条下说：

　　　　有与大义相近，故有谓之庞，亦谓之方，亦谓之荒，亦谓之幠，亦谓之虞；大谓之庞，亦谓之方，亦谓之荒，亦谓之幠，亦谓之吴，吴、虞古同声。

　　这里比拟得很巧。但是能不能得出"有与大义相近"的结论呢？看来不无问题。因为"有"或为有无的"有"，或为亲而有之的"有"，与"大"的意义并不相近。语言中同一音如果表示两种意义，这两种意义，可以相近，也可以不相近。上面所举的几个语词，在古人书写的时候，文字上有通假，声音上有转移。如果一个字具有两方面不同的意义，由于字有通假（如"幠"与"忨"通，而"幠"

可训为"有")或音有转移(如"幠"与"荒"对转,而"荒"亦训"有"),就可以产生很多交错往来的关系。这样,我们自然不宜由此就把两方面不同的意义牵合为一。同时,词义有引申,词义相近又有部分和全体之分,以一概全,尤为不可,例如《疏证》卷一下"好也"条下说"凡小与好义相近",能否这样说,那就很值得商榷。自王氏在训诂学上创设这样一种解说的方式以后,郝懿行著《尔雅义疏》,钱绎著《方言笺疏》,都步其后尘,更加泛滥无归。前人很少评骘其失,实际是不足为法的。

　　以上所说只是举例而已。书中还不乏刻意标新过当之处,在此不详论。总之,《广雅》一书包容汉以上大量的词汇和训诂,读王氏的《疏证》,我们可以获得很多有关文字孳乳繁衍、声音通转与语义发展等各方面的知识。阮元曾经说王氏训诂之学远在惠栋、戴震之上。但《疏证》一书并非全无罅漏。学者应当善于分析辨别,从中寻其脉络,挈其纲领,去其凌杂,取其精华,进一步贯串古今,阐发义例,建设汉语的词义学。王氏治学,谨严有法,讲到声音通转和因声求义的地方都具有一定的轨范和尺度。如果不明其要旨,凡言文字词义即滥用通转,随意比附,或误以为音同者义皆相同,那就不免流入歧途了。

1979 年 1 月

《中国现代语言学家》序

中国学者关于语言文字的研究是有优良的传统的。远自公元之初以迄公元18世纪之末，有关文字、音韵、训诂、方言俗语、词典音义以及文言虚词之类的著述在人耳目的多至数百种。可以说代有名家，各成专门之学。前代的著作是极为宝贵的，可供我们研讨和借鉴的东西非常之多。可是从方法和理论方面来看，又各有得失，不无局碍。直到19世纪中叶以后，才有不少语言学家受到外国学术的影响，展开了新的局面。同时由于新的文物资料和参考资料增多了，学者的眼界日益开阔，于是语言科学的不同门类逐渐建立起来，成为有理论、有系统的科学，如语法学、方言学、词典学、古文字学、历史音韵学等，后胜于前，都有崭新的发明和建树。

我们可以说近百年来中国语言科学的发展是划时代的。许多从事语言研究的工作者在旧日学术的基础上开创出许多新路，而且为社会文化教育的发展，为解决语言应用方面的实际问题，做出了不少的贡献。随着研究工作者的增多，研究的范围也日趋宽广。不仅注意汉语的古代语、近代语和现代语的研究，以探讨汉语历史发展的过程和趋向，而且特别注意到国内少数兄弟民族语文的研究，历史的和现代的，进一步应用语言历史比较法推寻各族语言之间的关系，开辟了一个新的领域。这些研究工作在理论上和方法上都有很大的发展，不但丰富了语言学的内容，而且对其他有关的社会科学如历史学、民族学都有一定的影响。关于语言各方面的研究成果，在现代一些语言学家的著作里都表现出来了。

这本书是北京语言学院几位从事语言教学与研究的工作者编写的。他们对现代许多语言学家的工作和著作都分别做了详尽的介绍，并且对著作的内容和成就做了极其细致的评述。读者可以从中理解到每个语言学家从事研究工作的过程和本人在学术上的贡献，而且可以理解到中国现代语言科学发展的概况。这会是读者所欢迎的。

现在，国际上语言学的发展很快，而且在实际应用上的科目也越来越多。我国的语言研究工作者必将会进一步发扬祖国语言学的优良传统而有新的创获,同时也必将会吸取外国新的科学理论和科学方法,开展多方面的研究工作,使我国的语言科学更加发扬光大。我想,这也许是编者在编写之后寄予同道之友的一点希望吧。

1980 年 6 月

《中国现代语言学家》由河北教育出版社 1980 年出版

"伍记"与《新华字典》

我们当代最通行的一本小型字典是《新华字典》。这本小字典的编纂计划和体例的拟定有一段故事的,这就是这里要说的"伍记"。

话要从头说起。在抗日战争胜利以后,1946年之秋,许多先生先后返回北京,会面相聚的机会逐渐多起来了。乱后相逢,心情欢畅,话是说不完的,同时又深深感到八年人事倥偬,匆匆而过,而今可以在文化教育事业方面多做些确实有意义的事了。

一次,在魏建功先生座上,燕谈之余,讲到中小学教育的问题,并涉及到字典的问题。深切感觉字典对开发知识、提高文化具有极大的重要性,须要编一本新型的符合时代要求的字典。当时我们所谓的新型,意思在于破除以往只注重文字,不重视语言与文字关系的弊病。本着这个意思,就想试编一种小型的字典为中小学生应用。我们认为这是一项有益于普及教育的工作,必须要当做一项事业来努力进行。谈话之间,仿佛一个新的试验工作将要开始了,心情十分振奋。如果真能在这方面有所贡献,那是十分愉快的。

要做,首先要多约几位同道讨论一下编纂的体例和有关的问题,于是魏先生就约了金克木、吴晓铃、张建木三位先生和我在魏先生家里交换意见。第一次相聚是星期五,一谈就是一个上午。几个人都认为编一本字典很必要,不妨先编一本小的,以后再扩大编一本中型的。这一天所谈涉及到的范围很广,对收字、注音、释义以及编排的方法等,都提出了一些设想。大家兴趣很浓,就决定每星期五上午在魏先生家把具体问题一项一项地进行讨论。五月间北京的天气已经热起来了,我们四个人都能准时到达,从未间断,这样持续了两个多月。

魏先生的寓所在北京朝阳门内东四牌楼大街,街道很宽。由东四牌楼向东到朝阳门,路边人行道上就是出售鱼肉蔬菜日用杂项的集市,每日上午人声喧阗,熙熙攘攘,行商坐贩,比列成行。其中有为人搬家或运货的,两三个人有一辆排子车放在路边,等候主顾,名为"脚行"。如果姓王,就挂着"王记脚行"的牌子。我们五个人要编一本字典,叫什么名字呢?那时候没有什么"小组"的名称,可能是魏先生想到了门外有"王记脚行"的名字,笑着说:"啊! 我们五个人不就是'伍记'吗? 我们的字典就叫'伍记小字典'好喽!"这当然是一句笑话,可是"伍记"就跟后来的《新华字典》联系起来了。

我们"伍记"这几个人都是研究语言学的,谈话三句不离本行。魏先生是长辈,我们年纪轻的人都喜欢跟魏先生在一起讨论学问。为了编字典,经过几次讨论以后,初步拟出一些条例来。回忆起来,约有以下几项:

(1)以前所出的小字典都是按《康熙字典》214 部首编排的,只有《国音常用字汇》是按注音字母ㄅㄆㄇㄈㄉㄊㄋㄌ的次第来排的。我们要新编一本,一定要采取音序的排列法,另附部首检字。部首也可以稍有改变。

(2)收字数量,根据现在常用的程度来看,可在 5000 到 6000 之间。有些联绵词应当作为一个条目出现。第二个字可以采取"参见"的方式注明。注音就以《国音常用字汇》为准。

(3)释义方面的问题较多。我们确定了几项原则:①解释用语体,意思要明确,尽量不用互训的方法;②一词多义的,可以把通常的意义列在前面,不常用的列在后面;③解释的后面要举例,把常用的词语列在解释的后面。可以是词,也可以是成语或短句。有些须要联系语法作解释;④词语的解释会涉及意义发展的问题。有些词义是由一个较早的意义引申出来的,有的是由于比喻而来的。在释义中可以注明"引申义"或"比喻义"。除此以外,还有一些是由特殊的情况而产生的意义,那就不妨立一个"转义"的名称。这也是清人讲训诂时常用的称谓。

(4)字头要用楷体字,不用老铅字,以便于中小学学生学习字的写法,免得写出那种四不像的什么美术字。

(5)从便于中小学学生理解词义出发,有些名物应当附以插图。

定了这些基本原则以后,魏先生试着编了几个字,作为一个编写的模式。但是后来大家都因为工作的关系,没有着手再进行。所谓"伍记"云者,也就散伙了。

新中国成立以后,人民教育出版社叶圣陶先生敦请魏先生主持编写一本字典,并成立一个专门机构,命名为"新华辞书社"。辞书社只有四五位编纂人员。在魏先生主持下,积极努力,编成《新华字典》初稿,油印若干册,送请有关的先生们征求意见。最后,又经过一次修订,以"新华辞书社"的名称印发了第一版。这一版基本上都是按照"伍记"所拟的原则付诸实施的。

　　1962年《新华字典》又修订过一次。1965年又修订重排过,字体改换了像前代一种活字版体,跟原来用楷体的意思不同了,实际并不好看。学生如果照猫画虎,笔下永远写不好。插图也被取消了,这也跟原意不合。原版的插图不太好,是真的;但应当设法改进,不宜取消。很多人不以为然,这里就不必多谈了。

　　《新华字典》的出版标志着字典的一项革新,对推进语文教育的发展起了一定的作用,这是人所共知的。可是魏先生是这本字典的主编者,同时也是一字一字的审定者。从起始酝酿直到编成,得到出版,经过有十年之久,是他精力所萃,而知道的人并不多。不幸魏先生于去年逝世,是我国教育事业的损失。因为"伍记"是他倡导的,工作是他做的,这段故事和事实不能无记,所以略述梗概,为关心辞书编写情况的人作参考。

1983年3月

记吐鲁番出土《急就篇注》

《急就篇》的流传和注本

汉代学童识字所用的字书有好几种,保存到现在没有散佚的只有汉元帝时河东人史游所编的《急就篇》。《急就篇》所以流传到现在,与便于童蒙识字,可以急速成就有关。书内开头说:"急就奇觚与众异,罗列诸物名姓字,分别部居不杂厕。"这样就便于诵习,易于寻检,所以乡塾幼学传习不废。另外,自草书大兴以后,历代书家,如汉张芝、魏钟繇、吴皇象、晋索靖、卫夫人、王羲之等人又竞相以草法传写,至后魏、隋唐时代又有人为之作音义、注释,所以这部书得以流传后世,免于散佚。

从书家的传本来说,皇象本有明代杨政所刊松江石刻本(见罗振玉《吉石庵丛书》),钟繇本有宋太宗临本(见王应麟《玉海》)。前代为《急就篇》作音、作注的人,据史志及目录书所载有好几家。《日本见在书目》有隋释智骞《急就章音义》一卷,《隋书·经籍志》有后魏崔浩解《急就章》二卷,豆卢氏《急就章》三卷,《北史·刘芳传》有《急就篇续注音义证》三卷。这些书久已亡佚。现在存下来的,有唐颜师古的《急就章注》一卷和宋王应麟的《急就篇补注》四卷。

前代流传的名家写本的字数,也多寡不同,宋叶梦得《石林燕语》说皇象传本有 2023 字;索靖本存 1450 字,阙 759 字。宋罗愿跋《急就篇》说:"此书旧分三十三章,前代能书者多以草书写之。今世有一本相传是吴皇象写,比颜解本无'焦灭胡'以下六十三字,又颇有讹脱。颜本不分章,象所写三十一章而已。国朝至道中,太宗皇帝尝亲书此篇,又于颜本外多'齐国给献'以下百二十八字,凡为章三十有四。此两章盖起于后汉。"现在所见松江石刻本虽相传为皇象本,但只有 1399 字,字数与索靖本相近,疑实出自索靖本。颜注本有"焦灭胡"以下 63 字(见第七章),而没有最后"齐国给献"以下两章,共有 2023 字,与叶梦得所说皇象本字数相同,但文字与现在所见的松江石刻本并不相近,因此,松江石刻本是否为皇象传本就更加可疑。颜注之后,王应麟作《补注》,以宋太宗临本最后两章附于篇末,这就是以前流传下来的文字最多的本子了。

北魏写本《急就篇注》

现在我们看到的北魏写本《急就篇》(60 TAM337)是从吐鲁番出土的。原书为纸本一卷,共残存十一段,有的是书的上一段,有的是书的下一段,每段存八行或九行。行间有界栏。最后题"延昌八年戊子岁□写"。延昌为北魏宣武帝年号。按八年(实为孝明帝神龟二年,公元519年)当为"己亥",此作"戊子"不合。

残本不记章数,与颜师古本相同。惟颜书只有三十二章,此本有"齐国给献"以下两章,共三十四章。所存各章文字与松江本多不同,而与颜注本较近,例如:

第八章　服琐投帗与缯连　投帗,松江本作俞此,颜本作緰帗。案緰音投。

第一一章　跂蹻索　松江本作屐荞絜,颜本作屐屩絜。

第一三章　妻妇娉嫁　娉,颜本同,松江本作聘。

第一四章　橡餝刨　刨,松江本、颜本作刻。

第一八章　油黑仓　颜本作油黑苍,松江本作犹黑仓。汉简作犹黑苍。

第一九章　欀椽槫栌　松江本作欀橪薄卢,颜本作榱椽欂栌。

又干桢板材　松江本作榦桢板栽,颜本同。

又屏厕清溷粪土壤　清溷,颜本同,松江本作溷浑,宋太宗本作圊溷。又颜本此句在下一句之后。

又墼垒廥厩库东箱　垒,颜本同,松江本作絫。箱,松江本同,颜本作厢。

第二一章　雄雌牝牡　雄雌,颜本同,松江本作雌雄。

又糟糠汁滓　滓,颜本同,松江本作莘。

第三〇章　江水泾渭　松江本同,颜本作泾水注渭。

又筹竿熹火烛　松江本作投箅膏火烛,颜本作筹箅膏火烛。

又依溷污染　颜本同,松江本作依慁污扰。

根据以上所举可知这个残本是另外一种传本,别有来源。

另外,最后三十三、三十四两章跟王应麟所录宋太宗本也不相同,即如:

第三三章　乘云驾龙　宋太宗本作乘而嘉宠。

又四表康宁　四表,宋太宗本作四民。

第三四章　山阳昌□□□□□□□河云中定襄与朔方雁门上谷至广川

河南温[涿]郡勃海右北[平]西上平刚张□挹泉及敦煌备胡羌　宋太宗本作山阳
过魏,长沙北地,马饮漳邺及清河,云中定襄与朔方,代郡上谷右北平,辽东滨
西上平冈。酒泉强弩与敦煌,居边守塞备胡羌。远近还集杀胡王,汉土兴隆
中国康。

这里最后一章跟宋太宗本大不相同。此本"昌"下有残阙。宋太宗本"昌"作
"过",可能是错字。"昌魏"是县名,曹魏时文帝所置。晋代因承未改,属荆州
新城郡(见《晋书·地理志》)。云中定襄以下地名都是后汉时所有,"平刚"当
为右北平郡治。

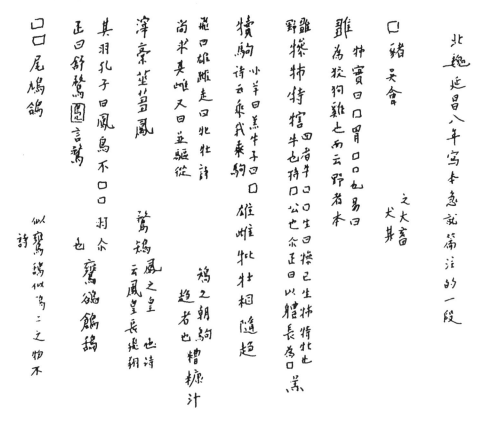

这个残本究竟是哪一家书还很难定。书中注释比较简单,不会是刘芳的
《急就篇续注音义证》。考刘芳曾作《毛诗笺音义证》十卷,文辞比较繁富,推想
其《急就篇续注音义证》一定也是发明较多,不会如此简单,所以非刘芳之作。
那么,本书是否为豆卢氏书? 恐怕也不是。本书具有两个特点:一是多出方语,
或说"青徐"言某,或说"吴会"言某;一是每引《诗经》文句。这两点都不像是北

地人所为。由此,我猜想这可能是北魏时崔浩所作。

按《魏书·崔浩传》说:"浩字伯渊,清河人也……少好文学,博览经史,玄象阴阳,百家之言,无不关综,研经义理,时人莫及。"又说:"太宗(即明元帝)初,拜博士祭酒……迁司徒……浩又上《五寅元历》,表曰:'太宗即位元年(永兴元年,公元409年),敕臣解《急就章》《孝经》《论语》《诗》《尚书》《春秋》《礼记》《周易》,三年成讫。'……浩既工书,人多托写《急就章》,从少至老,初不惮劳,所书盖以百数,必称'冯代强',以示不敢犯国,其谨也如此。"这说明崔浩在写《急就章》姓氏部分时,不敢照录"冯汉强"而改为"冯代强",以"汉强"为讳。现在这个残本最后没有"远近还集杀胡王,汉土兴隆中国康"两句,也许与避"汉"字讳有关。郦道元注《水经》,"广汉郡"写作"广魏郡",例正相同。因此我猜想这个残本可能是崔浩的书。唐代颜师古作《急就章注》的时候还看到崔浩解。可见崔浩的书一直为学童所诵习,唐代初年犹有传本。在北魏之际,甚至流传至西域,由此也可以看出北魏时期文化传播之广了。

1982年4月

《古汉语通假字字典》序

中国的古书,时代越古的越难读,一则由于古字古义多,难以通晓;一则由于通假字多,不易领略。通假字多,这与文字本身的发展和使用文字记录语言的过程中出现的矛盾有关系。不了解通假字,就难免有依字误解的毛病。

汉字产生的时代很古,远在四五千年以前。汉字的创造是由图画发展而为象形字、表意字,进而又以此为基础向表音的方向发展的。文字的形体作为代表一个语词的符号,既用以表示语词的声音,又要尽量从形体上表示出意义,这是汉字特有的性质。最初字少,一个字或兼有两用或三用,如商代甲骨卜辞中的"又",原意是右手,而又用以代表语词中的"有"与"佑";周代的铜器铭文里,"才"作"在"用、"女"作"汝"用、"田"作"佃"用、"井"作"刑"用,都属于音同或音近的假借。可是随着记录语言的需要,为了表达词义更明确起见,自然要求在文字上减少一个字代表几个不同语词的现象,于是就要创造新字以解决形义之间的矛盾。

创造新字的原则是在字形上既能表音,又能表义,于是形声字增多,文字体系日趋纷繁,而大都以原有的字为声符增加形旁以表示不同的特定意思,如"胃"加言旁为"谓"、"齐"加刀旁为"剂"、"中"加人旁为"仲"、"冬"加糸旁为"终"。汉语字音的音节数量是有定的,而文字形体却繁衍无穷,同音和音近的字不断增多。古书的用字和传写就出现不少的通假字。时代越古的书通假字就越多。同一书经过不同人的传述和笔录,往往由于语音的转变和方音的差异而产生假借字。清代王引之《经义述闻》卷三十二"经文假借"条曾列举出不同经传中的假借字252例。至于先秦诸子和两汉以迄六朝史传文集中的音同音近以及音近义通的通假字同样屡见不鲜。

通假字实际是两类:一类是两字音近义通,以近代字音义来看,两者略有不同,而古实通用,如"旋归"和"还归"在《诗经》中并见,"登遐"和"升遐"也同见于史传。"旋"与"还"、"登"与"升"音近义通,所以古书中通用。另一类是两字音同或音近、音转而音义不同,则属于假借。假借之中,有一种是已有正字而所用仍为原有的假借字,如"常"作"尚"、"况"作"兄"之类;又有一种只是音同而字形全不相涉的假借字,如"倍"代"背"、"害"代"曷"、"是"代"氏"、"能"代"而"之类;另外,还有一种两字声旁相同,而形义不同,因音同或音近而假借的,如"骄"代"矫"、"刑"代"形"、"时"代"待"、"侧"代"厕"之类。假借字的规律就是如此,这跟前一类有不同,所以说通假字是两类。不过,通用与假借在前代的书籍中对同一类的字称名也不一致,有的说某字是假借字,有的说某字与某古通用。就文字在应用的发展阶段来看,古今也有所不同,古为通用字,而今则可以称之为假借,如"畏"之与"威"、"卒"之与"猝"、"后"之与"後"、"说"之与"悦"。因此,前人就统称之为通假字。

字的通假,以音为枢纽。凡是通假字都是声韵相同或相近的。如果我们把所见到的古籍中的通假字荟萃在一起,依出现的时代先后排列,以声韵的部类为纲领,编纂成书,我们可以从中参互比较,这对阅读古书、考察声韵与文字之间的发展和变迁、推寻文字形义之间的关系等都极有用。前人在这一方面也做过不少有益的工作,如王引之的《经义述闻》、钱坫的《十经文字通正书》、朱骏声的《说文通训定声》、朱珔的《说文假借义证》等都能融贯群书,多所发明。其他古书的注解当中随文解说的资料也很多。但散在各书里面,体制不一,很需要总为一编,有伦有序,众善并具,以便参考研究。然而兹事体大,不易卒办,所以多年以来没有人从事这项工作。

现在这部《古汉语通假字字典》,二十年前即列入国家书籍编纂出版规划之内。西北大学中文系成立字典组,于1981年开始搜集整理材料,积累卡片,拟订体例,考虑取舍。积渐既久,始克成编。首尾三易其稿。马君天祥主持其事,祁寒盛暑,夜以继日,无时或懈,所有书证都一一检核。编辑之中又得萧家祉、周文麟等数同志协助,抄撮排比。稿成之后,李毅夫先生又为之定夺去取,审核正误,颇费心力。以少数人之力成此巨著,对我国学术的发展贡献极大。

我认为这本字典有以下几个特点:

(1)材料充实,断制比较严格。唐代变文中的讹体别字,非关假借,概不阑入。

(2)本书参考采用前人的著述,但并非抄撮汇纂之作,对前人所举文字都一一审核,加以分辨,而且绝不固守前人本字之说。前人所说,凡有不妥,都摈弃不录。

(3)通假字和正字都注出上古音和中古音的声韵部类,以便读者了解文字的通假在形音义上的关系,这是前所未有的。

（4）书中依据前人的注释或成说而纂入的，随文注明，以供考核。

（5）引文中的难字、僻字都加注意义，以便于理解原文的文意。

这几点都表现出编者对这项工作的认真和审慎的态度，在编者编纂的过程中，祖谟曾参预末议，今喜观其成，故略抒浅见以为序。

1986 年 4 月

《古汉语通假字字典》由陕西人民出版社 1991 年出版

读《居延汉简考释》书后

居延汉简是一批极贵重的史料。自 1930 年西北科学考察团寻获之后,存于北京大学文科研究所,经多人数年整理,编排审定,迟迟未得摄影流传。到 1937 年忽遭事变,北平不守,几乎散失,幸由沈仲章先生辗转运至香港,始告安全。当时沈先生为这一件事情,昼夜擘划,曾经冒过很大的危险,虽受惊多次,终于为国家保存下这批可贵的古物,其聪颖的思考与果毅的精神,殊令人赞佩。后来考察团想印为专书,沈先生又进行整理制版的工作。等到全部摄影之后,将要付印,而太平洋战事起,香港因亦陷落,所以始终未能刊布,这是很可惜的。

劳干(贞一)先生,为治两汉史的专家,事变前既曾参加整理汉简的工作,后来在 1942 年又亲自到居延去考查过,因在 1943 年根据原简照片的副本,写成《居延汉简考释·释文》四卷,后又写成《考证》两卷。自《释文》刊出以后,这万余汉简的内容,方为众人所周知。

《释文》的编集,是按照简牍的种类来分类的。卷一为文书,卷二、卷三为簿录,卷四为信札、经籍及杂简。在这五大类中又按照它们的性质,分别为若干小类。文书又分为书檄、封检、符券、刑颂、爰书四小类。簿录又分为烽燧、戍役、疾病死亡、钱谷、器物、车马、酒食、名籍、资绩、簿检、计簿、杂簿十二小类。经籍又分为历谱、小学、六艺诸子、律令、医方、术数六小类。杂简则分为有年号及无年号两类。这种分类的工作是相当繁难的,而且从汉隶写成今体,再细心分类,都是非常费事的,有时会迟疑难定,或数日不得其解,这也是可能的。著者虽然很谦虚地说"其中的辨认和排比,有许多地方尚未做到完全满意的地步",然而全书条理秩如,足见匠心,除非原物影印本刊出之后,我们是无法寻究它的错误的。

但是汉简中有时一简是两面写的,如果前后两面文义相连,其中一面的文字有看不清的,这时候两面所存的字,彼此地位之对照就很重要了。假若写释文的时候能前后对比起来,或者我们还可以知道其中看不清的究竟是几个字,如此对于了解文义上也许多少有一点帮助。然而这种例子为数甚少,也不能说是释文的一种毛病。在原物未曾影印出来以前或者有此需要,将来原物影印本流布之后,也就无关轻重了。

至于《考证》两卷,是《释文》印出后第二年写成的。全书约十三万言。有了这一部分,汉简在史学上的价值方真实地显赫出来。例如傅介子杀楼兰王,是汉使者以智勇宾服西域诸国的故事。居延简有云:

> 诏夷虏侯章发卒曰:持楼兰王头诣敦煌,留卒廿人,女译二人,留守证。(下阙。见《释文》卷一第二叶)

《考证》云(卷一第八叶):"按事在昭帝元凤四年,《汉书·傅介子传》及《西域传》并载其事……简言夷虏侯章发卒,盖介子已刺楼兰王,敦煌屯戍之卒不足遣,乃调居延之戍卒西行。所言及之夷虏侯章,盖亦在领卒西行之列。其自楼兰发卒留守诸事,亦皆由其人为之。此简据语气考之,应为夷虏侯章奉之于楼兰者。其人奉此诏后,持楼兰王头入玉门,诣敦煌,王头既至长安,其人亦返居延,而残诏亦留于居延塞上,与千载后之人相见矣。"这是一件极有价值的史料,与史书可以互相印证。不但刺杀楼兰王事得以证实,而且奉诏发卒持其首以诣敦煌的人也知道了。

居延简中又有二简云:

> (上阙)几成风,绍休圣绪。传不云乎?"十室之邑,必有忠信"。(《释文》卷一第五叶)。(上阙)子雍于上闻也,二千石长官,纲纪人伦。(《释文》卷一第四叶)

《考证》云:"此武帝诏书也。《汉书·武帝纪》元朔元年冬十一月诏曰:'公卿大夫所使总方略,壹统类,广教化,美风俗也。夫本仁祖义,褒德禄贤,劝善刑暴,五帝三王所由昌也。朕夙兴夜寐,嘉与宇内之士臻于斯路。故旅耆老,复孝敬,选豪俊,讲文学,稽参政事,祈进民心,深诏执事,兴廉举孝,庶几成风,绍休圣绪。夫十室之邑,必有忠信;三人并行,厥有我师。今或至阖郡而不荐一人,是化不下究,而积行之君子雍于上闻也。二千石官长纪纲人伦,将何以佐朕烛幽隐,劝元元,厉蒸庶,崇乡党之训哉?'……此诏所载与简文异者,如'传不云乎'作'夫','纲纪人伦'作'纪纲人伦',盖《汉书》传抄已久,改窜,应以简文为是。"这篇诏书,距今已有二千四百余年,我们竟然见到汉人真实的笔录,寻到过去史官修史的直接材料,在史料学上是最有价值的文献了。

凡此《考证》中均已抉发无遗,而其中最重要的发明,乃有以下几点:

1.河西四郡置郡时期的先后。关于武威、张掖、酒泉、敦煌四郡置郡的时期,《汉书》纪传所说颇不一致。《武帝纪》谓元狩二年:"秋,匈奴昆邪土杀休屠王,并将其众,合四万余人来降,置五复国以处之,以其地为武威酒泉郡。"然《食货志》称:元鼎六年"发三河以西骑击羌……置张掖、酒泉郡"。《西域传》亦称:"骠骑将军击破匈奴右地,降浑邪、休屠王,遂空其地,始筑令居以西,初置酒泉郡,后稍发徙民充实之,分置武威、张掖、敦煌,列四郡据两关焉。"据此则酒泉宜为先置,武威当在其后。然而清人多据《武帝纪》,以为先有酒泉、武威,而后有张掖、敦煌,读史者自然疑莫能决。今劳氏由元凤三年十月一简有"某丞行金城、张掖、酒泉、敦煌郡"一语而发现四郡中有金城而无武威。金城为昭帝始元六年置,《昭帝纪》云:"取天水、陇西、张掖各二县置金城郡。"劳氏称张掖本在武威之西,现在置金城郡取张掖二县而不及武威,足见此时尚无武威郡。此简后于置郡三年,仍无武威;是武威立郡当在酒泉之后无疑(《考证》卷一第二叶至第六叶)。

2. 汉郡国之守相受丞相所下书,为由丞相直下。居延简有云(释文卷一第五叶):"二月丁卯,丞相下车骑将军,将军,中二千石,二千石,郡太守,诸侯相,承书从事下当用者,如诏书。"这是一段诏书后行下之辞,与敦煌简中一简所云"四月庚子,丞吉下中〓二〓千,郡太守,诸侯相,承书从事下当用者"(《流沙坠简》簿书三)文例相同。以往王静安先生以为敦煌简文有脱误,当云"丞相吉下中二千石,中二千石下郡太守诸侯相"。今《考证》以二简相较,认为"中二千石"下,不当有"下"字,因为由简文正可以看出汉代郡太守诸侯相受丞相所下书,乃由丞相直下。所以《考证》说这一点"关于汉代政治机构者甚巨。盖汉代庶政总于丞相,而九卿与后世之六部有殊。九卿所司者,除司农廷尉以外,类皆中央之事,而无与于郡国者也……除国家大计由中二千石二千石博士议郎廷会以外,寻常庶事即由丞相府决之。是以丞相能总天下之大成,无滞机,无废事也"(卷一第十六至第十七叶)。

3. 边塞职官中候长与隧长的地位不同。汉之边塞职官,经王静安先生所考定的,有都尉与候官,候官乃都尉的属隶。其守烽燧的,下有候长、隧长主之,隧候之事虽有不同,其地则一(见《流沙坠简考释》)。王氏所说大抵不误,惟候长与燧长是否应相隶从,尚未确定。现在居延简中有元康二年六月朔肩水候长移昭武隧简(《释文》卷一第五叶)及候长遗隧长简(《释文》卷一第四十四叶,四三八),足见隧长是候长的属吏了。劳氏《考证》本王说,又多所修正,将边塞职官中的系统列出,是很重要的发明(见《考证》卷一第二十五叶)。

4. 烽燧的制度。烽燧是边塞上为传播警报而设的。而烽燧的制度如何,古

书所记甚略,现在由居延简中劳氏发现古人烽燧的制度有四种:

一曰表。这是以赤白两色的绘布借桔槔悬于竿头,以便远方一望而知有警急的。

二曰烟。为求更远的地方能够得到警报,举表之外,另于亭燧燔烟,这同是白昼所用的。

三曰苣火。苣火是夜间用的。即以束薪盛于笼中,以桔槔引之使上,举火以传警。

四曰积薪。就是在烽燧之外,堆积薪刍,遇有虏来,燃起以为信号,这是昼夜兼用的(见《考证》卷二第廿六叶)。

5. 坞、隧有不同。在《流沙坠简考释》中王静安先生以为坞就是亭隧。然由居延简的许多材料来看,坞、隧实非同物。燧即烽台,或曰亭,或曰隧。坞则为亭外之小城,或曰坞,或曰壁。《考证》卷一第五十五叶云:“坞有陛级,有内外门户,有烽表,有射具……且可以望远,然与堠又自不同。若堠为烽台,则坞不得为烽台。且坞有内外户,尤与烽台不类。盖坞者,于烽燧之外,筑壁环之,以资据守也。”这是一个很明确的解释。在后汉三国之际,天下大乱的时候,豪姓强宗往往筑坞自保,与防边的坞壁是一样的。

即此数点来看,《考证》一部分能利用新材料解决许多旧的问题,贡献甚大。余如对于关券的解释(卷一第三十二叶)、居延地位的证明(卷一第四十八叶及卷二第六叶),均极确切。为研究汉代边陲历史者所当留意。劳氏书很繁富,不易读,所以撮举其要,以为后记。

读《纳兰词》书后

纳兰性德词，喜欢读的人很多，不过有人以为他的词意绪多相似，不免千篇一律，且未能脱去古人的藩篱。这话也许有一点道理，但是在词史上自有其地位，不容忽略。王国维所作《苕华词》前有序说：

> 纳兰侍卫以天赋之才崛起于方兴之族，其所为词，悲凉顽艳，独有得于意境之深，可谓豪杰之士，奋乎百世之下者矣。同时朱陈，既非劲敌；后世项蒋，尤难鼎足。至乾嘉以降，审乎体格韵律之间者愈微，而意味之溢于字句之表者愈浅；岂非拘泥文字而不求诸意境之失欤？抑观我观物之事自有天在，固难期诸流俗欤？

此序虽题山阴樊志厚所作，据闻即是静安先生的手笔。如《人间词话》说：

> 纳兰容若以自然之眼观物，以自然之舌言情，此由初入中原，未染汉人风气，故能真切如此。北宋以来一人而已。

这段话与前文所说正同。王先生的意见不出两点：一点以为他的词完全是自然的流露，性情最真；一点是称赞他的词有意境，不必以字句格律见长。这都极为正确。前此评论纳兰词的说：读《饮水》《侧帽》词，有如"名葩美锦，郁然而新"，又如"太液波澄，明星皎洁"。这种品藻虽佳，反而浮泛不实，远不如王先生所说之确切了。

我觉得读纳兰词，首先要理解他的个性。赵函在《纳兰词序》里说：

> 国朝诗人而兼擅倚声者，首推竹垞、迦陵，后此则樊榭而已。然读三家之词，终觉才情横溢，般演太多，与黄叔旸质实清空之论，往往不洽。盖其胸中积轴，未尽陶镕，借词发挥，唯恐不极其致，可以为词家大观，其实非词家正轨也。纳兰容若以承平贵胄，与国初诸老角逐词场……卓然冠乎诸公之上，非其学胜也，其天趣胜也。

"天趣胜"最为有见。这正由于个人的性情气质有不同，纳兰容若自有他的个性。但是个性固然与禀赋有关，而同个人的环境际遇也是分不开的。前人言其多愁善怨，与他长年侍卫康熙，出入关塞，从行南北，频年奔走，无间寒暑，不无关系。而年少悼亡，哀感无穷，所为词令，自然易流于凄惋。因此要领略他的作品当从这两方面来看，即如①：

忆王孙

西风一夜剪芭蕉，倦眼经秋耐寂寥。强把心情付浊醪，读《离骚》，愁似湘江日夜潮。

如梦令

木叶纷纷归路，残月晓风何处。消息半浮沉，今夜相思几许？秋雨，秋雨，一半西风吹去。

点绛唇

一种蛾眉，下弦不似初弦好。庾郎未老，何事伤心早？素壁斜晖，竹影横窗扫。空房悄，乌啼欲晓，又下西楼了。

菩萨蛮

新寒中酒敲窗雨，残香细袅秋情绪。端的是怀人，青衫有泪痕。相思不似醉，闷拥孤衾睡，记得别伊时，桃花柳万丝！

即此数章，可以看出一个年青人的心情是如何的侘傺抑郁，有若出自憔悴失职人之口。又如：

摊破浣溪沙

欲语心情梦已阑，镜中依约见春山。方悔从前真草草，等闲看！环佩只应归月下，钿钗何意寄人间，多少滴残红蜡泪，几时干？

虞美人

彩云易向秋空散，燕子怜长叹，几番离合总无因，赢得一回僝僽一回亲。归鸿旧约霜前至，可寄香笺字？不如前事不思量，且枕红蕤欹侧看斜阳。

蝶恋花

辛苦最怜天上月，一昔如环，昔昔长如玦，但似月轮终皎洁，不辞冰雪为卿热。无奈钟情容易绝，燕子依然，软踏帘钩说。唱罢秋坟愁未歇，春丛认取双栖蝶。

---

① 编者注：我们与中华经典古籍库之《纳兰词选》作了核对，文字包括词牌颇有出入，我们尊重原文，不作过多的改动。

又

萧瑟兰成看老去,为怕多情,不作怜花句。阁泪倚花愁不语,暗香飘尽知何处。重别旧时明月路,袖口香寒,心比秋莲苦;休说生生花里住,惜花人去花无主。

这几章婉丽清凄,足以见其禀赋真实笃厚,使读者一往情深。如此看来,他的词未始没有特殊的风格。可以说:情辞清苦是其本色,藻采芬芳是其外貌。陈维崧说他能得南唐二主之遗,王国维说他以冷眼观物,独有得于意境之深,我们都可以从他的气质和境遇来看其所以然。韩菼在所作《纳兰神道碑》中说:"君虽履盛虚丰,抑然不自多于世,无所芬华,若戚戚于富贵,而以贫贱为可安者。身在高门广厦,常有山泽鱼鸟之思。达官贵人,相接如平常;而结分义,输情愫,率单寒羁孤、侘傺困郁、守志不肯悦俗之士。其翕热趋和者,辄谢弗为通。"这正是其性情气质特别真实皎洁不群的表现。

纳兰所作词令凄惋清新,因而也就很少有豪放纵肆的文句。然而其中有许多记边塞的短章,又是词家作品中比较少见的,如

点绛唇(黄花城早望)

五夜光寒,照来积雪平于栈,西风何限,自起披衣看。对此茫茫,不觉成长叹。何时旦,晓星欲散,飞起平沙雁。

浣溪沙(古北口)

身向雪山那畔行,北风吹断马嘶声,深秋远塞若为情。一抹晚烟荒戍垒,半竿斜日旧关城,古今幽恨几时平?

菩萨蛮

惊飙掠地冬将半,解鞍正值昏鸦乱。冰合大河流,茫茫一片愁。烧痕空极望,鼓角高城上,明日近长安,客心愁未阑。

忆秦娥(龙潭口)

山重叠,悬崖一线天疑裂。天疑裂,断碑题字,古苔横啮。风声雷动鸣金铁,阴森潭底蛟龙窟。蛟龙窟,兴亡满眼,旧时明月。

蝶恋花(出塞)

今古河山无定数,画角声中,牧马频来去。满目荒凉谁可语,西风吹老丹枫树。幽怨从前何处诉,铁马金戈,青冢黄昏路。一往情深深几许?深山夕照深秋雨。

这几篇又别具一格。这一点是前人所未曾注意的。就以上所举的一些作品来看,莫不情景交融,空灵有致,出言雅畅,意境幽深,无怪王先生赞不绝口了。

1946 年 10 月

《汉魏六朝专家文研究》读后记

　　此书为恬庵罗常培先生所著,1945 年 11 月独立出版社印行,乃集录昔年刘申叔先生于北大讲学时论文之口义也。全书之内容如下:一、绪论;二、各家总论;三、学文四忌;四、论谋篇之术;五、论文章之转折与贯串;六、论文章之音节;七、论文章有生死之别;八、《史》《汉》之句读;九、蔡邕精雅与陆机清新;十、论各家文章与经子之关系;十一、论文章有主观客观之别;十二、神似与形似;十三、文质与显晦;十四、文章变化与文体迁讹;十五、汉魏六朝之写实文学;十六、论研究文学不可为地理及时代之见所囿;十七、论各家文章之得失应以当时人之批评为准;十八、整与洁;十九、论论事文之夹叙夹议及传赞碑铭之繁简有当;二十、轻滑与蹇涩;二十一、论文章宜调称;凡二十一节。

　　按刘氏平生论文,最服膺两汉六朝之作,凡所持论,略见《文说》《论文杂记》《中古文学史》等书。此编专论汉魏六朝诸家之文,皆精湛自得之语;且独成体制,与《论文杂记》之随笔而录,不分类例,及《中古文学史》之泛论一代作家,不陈优劣者殊科。夫自汉魏以迄梁陈,作者如林,其最推重者,马、班之外,则为蔡邕、曹植、嵇康、陆机、范晔、沈约、任昉诸人。《史记》、两《汉书》为叙事文之上选,已为家弦户诵之书;三者之文,风格虽有不同,而各臻其妙。至于中郎则气习渊厚,娴于箴铭;叔夜则才思清峻,精于论议;子建、士衡兼善各体;修文、彦升独多隐秀;故篇中于此数家论述綦详。一则掎摭利病,明其优劣;一则寻讨源流,溯其根叶。其尤可贵者,在指陈研习之法,深入浅出,表里俱彻。学者循此而求,于诸家之精能极诣者,不难理解神会矣。

　　此固为治两汉六朝之文者而言,然是书之重要尚不止此。其三、四、五、六、七、十三、十八、二十、二十一数节,几直为一般学文者说法。按文章之通病有四:曰奇僻,曰驳杂,曰浮泛,曰繁冗。奇僻则晦涩不明,驳杂则纷乱无章,浮泛则华而不实,繁冗则芜音累气。故首陈四忌,设为厉禁,使学者知所去取;然后习文,乃从全篇格局入手,求其谋篇之术;观其转折提空之迹,得其贯串之方。次则审其音节之调利,察其句法之警策;以此为法,则声韵流靡,风骨自高。至于为文之要,首贵整洁。造句雅练,则光采焕发,段落分明,则条达晓畅,斯自然之理也。若夫摹拟古人，则不在体裁句法之毕肖，而在得其神理风韵之逼真。凡此数义，推陈敷叙，莫不入微，皆摛翰载文者所当留意也。

至于刘氏之所自为，亦渊懿雅润，风骨挺秀，无靡曼之音，无艰涩之态。盖承清代汪（中）、阮（元）之遗风，讲贯有素，故其自得者亦富。今恬庵先生之录其所说，条理缜密，文笔谨严，虽为笔录，而若出说者之手，斯为可贵。至于词句隽妙，秀趣横生，犹其余事也。昔宁武南氏辑刻《刘申叔遗书》，本拟以此入录，惟因整齐有待，未得付印。今竟踵继遗书，诠次成帙，公诸同好，使先师之口义得以不至湮灭无闻，其风义又与南氏之刻其遗编同也。

　　　　　　　　　　　　　　　　　　　　　　　1946 年 8 月

《清史稿·艺文志》小学类纠缪

《清史稿》记事之疏漏，久已为人所訾议，而《艺文志》一篇，纰漏迭出，芜乱特甚，尤为前史所未有。考篇中所著录之书，皆清朝一代之制作，四部之分类，胥以《四库全书总目》为准则，凡乾隆四十六年以前之书载于《总目》者，皆捃采靡遗，而存目所举之书，则或录或否，立意虽在辨其美恶妍媸，然与著目之趣旨不合，此其一。又嘉道以后之书，非总目、存目所及载者，篇中固有续补，而有清一代，人文炳蔚，著作如林，其未经裒采者又不知凡几，阙略不备，则非完书，此其二。若夫分类之有淆乱，书名撰人与卷数之有纷缪，触目皆是，非修史者于原书未尝寓目，即随笔抄纳，未及细检，否则不致如是乖戾也，此其三。除此，尚有一人之丛著，原有总名，弃而不用，分别录其单书者。亦有既录其总名矣，而又以单书分著于各部者。时而一名叠出，前后重举，体例踳驳，漫无友纪，是皆著述之大病，有不足道者。即以经部小学一类而论，疏舛累累，足以贻误将来，今随笔摘发一二，以证吾说。

（一）分类有淆乱

夫小学一类自《汉书·艺文志》即附于经部之末，其后目录之书皆因仍不改。《四库全书总目》则又于小学一类分训诂、字书、韵书三目。其有兼备两家者，则各以所重为主。辨析既密，体例亦精。今《清史稿·艺文志》一以《总目》为法，小学一类分训诂、字书、韵书三类，而又分清文之属别为一类，凡四目。纲领既张，则条理自顺，然志中于属类之辨，颇有缪失。即如字书中所收段玉裁《六书音均表》、戚学标《古音论》等书皆讨论古韵之作，非字书之属，以其所重在彼而不在此，则当归属韵书一类。又朱骏声之《说雅》，乃以《说文》字训循《尔雅》之条理而重编者，既贯串许书之说解，列为《释诂》《释言》等十九篇，则例与《尔雅》之属同科，当列为训诂一类，不得列为字书也。又韵书中所收王祖源之《尔雅直音》、陆心源之《群经音辨校误》，并当入训诂之属，不得谓之韵书。盖《尔雅直音》者本与《尔雅释文》趣无二致，钱大昭之《尔雅释文补》既列入训诂，则此书当依类并列矣。至于《群经音辨》一书，乃宋贾昌朝所撰，凡群经之中，一字异训，音从而异者，皆条举而明辨之，全书依许氏《说文》部目为次，其书实介于训诂与字书之间,《四库全书总目》列于训诂一类,与唐颜师古《匡谬正俗》并举,则以其皆为综论诸经训诂音释者也。今《艺文志》之撰集既一以《总目》为准,则陆氏之《校误》,自当列入训诂之属,今乃归为韵书一类,则谬矣。且前代诸史之《艺文志》,凡所列之书,皆依类相从,不相杂厕。而此志考校甚疏,往往混淆不清,如韵书之属古韵、今韵、等韵三类,当分画犁然,今则参差错举,亦是一弊。

(二)书名有误

志中训诂之属有《释名疏证》八卷,《补遗》一卷,《续释名》一卷。按此为毕沅所撰,毕氏既为《释名疏证》,又为《释名补遗》一卷,盖以唐宋类书、韵书校订今本,凡今本缺佚者皆别为一篇,名曰《释名补遗》。今仅题为《补遗》一卷,似为《疏证》之补遗矣,名固不可不正也。又字书一类有《说文统释序注》一卷,钱大昭撰。按大昭尝撰《说文统释》六十卷,未刻,至同治间郭传璞得其书之自序并注三万余言,刻入《金峨山馆丛书》,始为世人所知。志目当题为《说文统释序并注》一卷,或《说文统释序》一卷钱大昭撰并注,始合。史书之作,所以信今而传后也,安得粗疏若是乎? 又张宗泰之《尔雅注疏正误》,误为《注疏本证误》。毕沅《音同义异辨》,误为《音同字异辨》。沈涛《说文古本考》,误为《古字考》。邹汉勋《五韵论》,误为《五音论》。陈澧《切韵考》,误为《切韵表》。此皆失校者也。

(三)撰人名氏有误

志中训诂之属有《尔雅正义》二十卷,《音义》三卷,题邵晋涵撰。按《正义》二十卷为邵氏所撰,而《音义》三卷者,即陆德明之书。邵氏略加校勘,附于其书之末,以为学者诵习之助(郝懿行为《尔雅义疏》不附陆氏《释文》,殊为不便,盖欲免效颦之讥耳)。今亦题为邵氏所著,诚为大谬。又志中《释名疏证》八卷,《释名补遗》一卷,《续释名》一卷,题江声撰。按此皆毕沅所作,书成,江氏复以篆书写付剞劂,非其所撰。修志者不察,诡错如是,殊为鄙陋。

(四)卷数有误

按志中翟灏《尔雅补郭》之原刻本,《续经解》本,益雅堂、咫进斋、木犀轩诸丛书本皆为一卷,今误作二卷。席世昌《读说文记》,见《借月山房丛书》,凡十四卷,今误作十五卷。钮树玉《说文解字校录》,江苏书局所刊,凡十五卷,今误作三十卷。如此之类,难更仆数。而程际盛《说文古语考》,原书本为一卷,至傅云龙为《补正》,始厘为二卷。今志不载傅书,而程书题为二卷,亦失之甚者。

此皆就其纰谬之大者而言。若夫本为小学之书而收入其他类目者，亦颇有可议之处，如经部经总义中毕沅之《经典文字辨正》五卷，钱坫之《十经文字通正书》十四卷，皆辨正文字之作，虽以经典命名，而皆小学论文字之属，似可归入经部小学类，与《字学辨正集成》等并列也。至如阙载之书，为数至多，学者又不可不知，如《四库全书存目》所举，并当入录是也。存目中如闵齐伋之《六书通》、樊腾凤之《五方元音》，亦不可以其鄙俗而废之。又清儒之著述不见于存目而见于谢启昆《小学考》者，亦宜补入。志中训诂一类有毛奇龄之《越语肯綮录》，而无胡文英之《吴下方言考》；有任大椿之《释缯》，宋翔凤之《释服》，而无程瑶田之《释宫小记》《释草小记》《释虫小记》；皆为阙失。然而修志者似于《小学考》亦未详读者，宜乎疏舛若是也。

1936 年 4 月

《世说新语笺疏》序

　　《世说新语》虽是古代的一部小说，但一直为研究汉末魏晋间的历史、语言和文学的人所重视。作者南朝宋临川王刘义庆，史称"爱好文义，文辞虽不多，然足为宗室之表"。此书采集前代遗闻轶事，错综比类，分德行、言语等三十六门，所涉及到的重要人物不下五六百人，上自帝王卿相，下至士庶僧徒，都有所记载。从中我们可以观察到当时人物的风貌、思想、言行和社会的风俗、习尚，这确实是很好的历史资料。至于文辞之美，简朴隽永，尤为人所称道。其书又得梁刘孝标为之注，于人物事迹，记述更加详备。

　　孝标博综群书，随文施注，所引经史杂著四百余种，诗赋杂文七十余种，可谓弘富；而又有敬胤注，见日本影印的宋本《世说》附汪藻所撰的《叙录·考异》。汪藻在《考异》中所录敬胤书共 51 条，其中 13 条无注。案敬胤事迹无考，据"王丞相云刁玄亮之察察"一条注文，知与卞彬同时，当为南齐人。敬胤注与刘孝标注全不相同，虽采录史书较详，而缺乏剪裁，除杂引史书外，间或对临川原作有所驳正。今本《世说·尤悔》篇"刘琨善能招延"一条的注文中尚有敬胤注按语，不曾被宋人删去，惟文句小有裁截。敬胤原书早已亡佚，而刘孝标注独传至今，这或与孝标书晚出，且引据该洽，注释详密，剪裁得当有关。孝标的名声又高于敬胤，自不待言。今本孝标注几经传写，宋刻本已与唐写本不尽相同，疑其中也不免有敬胤按语夹杂在内。惟孝标所注，虽说精密，仍有疏漏纰缪，直至近代始有人钩深索隐，为之补正。

　　本书名为笺疏，是外舅余嘉锡（季豫）先生所著。作者为史学名家，以精于考证古代文献著称，历任北京各大学教授，讲授目录学、经学通论、骈体文等课程。平生以著述为事，博览群书，对子史杂著尤为娴熟，著有《四库提要辨证》《目录学发微》《余嘉锡论学杂著》等书。本书经始于 1937 年，曾分用五色笔以唐、宋类书和唐写《世说》残卷校勘今本，1938 年 5 月又用日本影印宋本与明、清刻本对校。于时国难日深，民族存亡，危如累卵，令人愤闷难平。7 月 7 日卢沟桥事变作，北平沦陷，作者不得南旋，书后有题记称"读之一过，深有感于永嘉之事，后之视今，亦犹今之视昔。他日重读，回思在莒，不知其欣戚为何如也"。自此以后,作者一面笔录李慈铭的批校、程炎震的笺证、李详(审言)的笺释(载 1939 年《制言》杂志第 52 期)以及近人谈到的有关《世说》的解释;一面泛览史传群书,随文疏解,详加考校,分别用朱墨等色笔书写在三部刻本中。每条疏记,动辄长达二三百字,楷法精细不苟。字大者如一豆,小者如粟,甚且错落于刻本字里行间,稠密无间。用心之专,殆非常人所能及。平时夙兴夜寐,直至逝世前二年即 1953 年,十余年间,几乎有一半时日用在这部笺疏上了。惟平生写作,向无片楮笔记,临纸检书,全凭记忆,随笔而下。自谓:"一生所著甚多,于此最为劳瘁。"可惜晚年右臂麻痹,精力就衰,未能亲自誊录,编次成书。因而书中也有征引别家之说以后,而没有能再加按语的。今承乏整理,前后披寻,屡经抄录,才转成清本。

笺疏内容极为广泛,但重点不在训解文字,而主要注意考案史实。对《世说》原作和刘孝标注所说的人物事迹,一一寻检史籍,考核异同;对原书不备的,略为增补,以广异闻;对事乖情理的,则有所评论,以明是非。同时,对唐修《晋书》也多有驳正。这种作法跟刘孝标原注和裴松之《三国志注》的作法如出一辙,裴松之《上〈三国志注〉表》说:"按三国虽历年不远,而事关汉晋,首尾所涉,出入百载,注记纷错,每多舛互。其寿(陈寿)所不载,事宜存录者,则罔不毕取,以补其阙。或同说一事,而辞有乖杂,或出事本异,疑不能判,并皆抄内,以备异闻。若乃纰缪显然,言不附理,则随违矫正,以惩其妄。"这些话也恰恰可借以说明本书作者意旨之所向。古人说"君子多识前言往行以畜其德",所以研究前代历史,自当明鉴戒,励节概。作者注此书时,正当国家多难,剥久未复之际,既"有感于永嘉之事",则于魏晋风习之浇薄,赏誉之不当,不能不有所议论,其意在于砥砺士节,明辨是非,这又与史评相类。

这部书的原稿既然分写在三部书中,要条分缕析,整理成书是极为困难的。首先要综合各本,移录成编,然后依照原书每条正文和注文的先后序列笺疏,使与原文相对应,因此移录费时。幸得友人相助,始录成清稿二十六册。于 50 年代中曾远寄沪滨,由中华书局上海编辑所请徐震谔先生覆检所抄有无缺误,以便定稿付印。然稽留三载,一再催索,始终未能检校,但别纸加己按若干条于笺疏之后,而与原来邀请覆查之旨不符,殊为失望。因索回与妻余淑宜和长子士琦就清稿检核,并加标点。淑宜着力最多,理当同署。对于徐氏按语,一律不用,以免掠美之嫌。

本书自开始整理迄今,中间一再拖延,屡承海内外学者垂问,现在总算有了定稿,可以跟读者见而了。笺疏既然是遗书,未便妄加删节。标点容有疏失,希望读者指正。又本书付印时,承中华书局张忱石先生细心审校,在此谨致谢意。

1980 年 12 月 1 日于北京大学

影印《古韵标准》前言

《古韵标准》四卷,清江永撰,戴震参定。江永字慎修,江西婺源江湾人,生于康熙二十年(1681),卒于乾隆二十七年(1762),一生居于乡里授徒。读书能深思,长于比勘,精于三礼、钟律和声韵,著述极富。关于声韵的书,有《音学辨微》《四声切韵表》《古韵标准》。前两种是讲解等韵和分析《广韵》之声韵部类的,后一种是考证古韵分部的。

在江永以前研究古音的人多不区分时代,把《诗经》《楚辞》跟汉魏六朝唐宋等不同时代的韵文相提并论,混为一谈,所以江永要确定标准,以《诗经》用韵为研究古韵的主要根据,以经传骚子为佐证。标准确定以后,才好跟后代的声韵相比,有原有委,可以参校异同,明其流变。这就是本书命名的原由。

古韵分部始于顾炎武《音学五书》。《音学五书》的《古音表》分古韵为十部,失于疏漏,江氏考核《诗经》押韵,进一步分古韵为十三部。不同于顾氏的是:①分真文魂与元寒仙为两部,先韵则两分;②分萧宵肴豪与尤侯幽为两部;③分侵覃等九韵为两部,侵为一部,添咸衔严凡为一部,覃谈盐三韵则分属两部。这些都比顾氏细密。

江永在本书例言中说:"凡著述有三难:淹博难,识断难,精审难。"这话极对。淹博在于有多方面的知识,有丰富的材料,识断关乎有无正确的理解,精审则贵于有精确的方法,善于分析辨别。研究古韵,一是要能辨韵,二是要能理清韵部。读古代韵文,首先要避免强叶和误读。如韵在彼而误叶此,或非韵而以为韵,或是韵而不以为韵,或本分而合之,或本合而分之,都会造成错乱,所以《古韵标准》卷首特别有《诗韵举例》一篇,以为分韵的准绳。至于区分韵部,又贵在细心审辨,不宜含混。假如有数字相通,未必一韵都通;两韵某诗通用,他诗未必通用。江氏在例言中说:"古韵自有疆界,当通其所可通,毋强通其所不可通。"这是十分正确的。江氏,论淹博或不及顾氏,而识见则胜于顾,所以在《古韵标准》里驳正顾说的地方很多,大都切中其病。

江永这部书既能采择前人的长处,又有个人独到的见解,而成一家之言,因此大为研究古韵者所重视。他研究古韵,以《广韵》为阶梯,特别注意审音。他批评陈第说："陈氏但长于言古音：若今韵之所以分，喉牙齿舌唇之所以异，字母清浊之所以辨，概乎未究心焉，故其书皆用直音。直音之谬，不可胜数。以此知音学须览其全，一处有阙，则全体有病。"所以他在《古韵标准》中为字注音，不取直音，而用《广韵》反切。如果古音归类不同于《广韵》，就参酌《广韵》音的韵等和声类另拟一反切。这比前人以己意推测古读，而不顾字母清浊和韵类洪细的高明多了。

《广韵》内为一韵的字在古音中有分属两部的，可以借重于谐声的声旁来加以辨别，顾氏已发其端，江永极为称赞，认为"以字偏旁别声音，尤得要领"（见平声第二部总论）。他进而利用这种执简驭繁的办法分虞韵一支通鱼模，一支通尤侯；分先韵一支通真文魂，一支通元寒仙；分萧肴豪一支通宵，一支通尤侯。分其所当分，合其所当合，足与《诗经》押韵相发明。由此可见江氏之善于博综约取，深得体要。

江氏既知利用文字谐声以考古音，又自谐声而知有通转。他在本书平声第四部（元部）补考内"畕"字下说："此部之字往往转入第七部（歌部），如难傩音那，翻番音婆，若干之干通于个，涴音乌卧切，宛亦乌卧切；而入声则怛笪妲皆从旦，颊从安，斡从倝，鬝从间，捾从昆，齾从献，皆谐声之旁纽；而箭筎之筎从可，乃音古旱切，则亦互相转。"这里已窥探出阴阳入对转的规律。后来戴震作《声类表》，孔广森作《诗声类》，又恢弘其说，所以章太炎以为江氏造微之功，度越前修者在此（见《重镌古韵标准序》）。

《古韵标准》在清代古韵学的著作中占有一定的位置。其可贵处在于能排除异说，在顾氏《音学五书》的基础上确定以《诗经》用韵为主，指明辨韵分部的方法，把古韵的研究引向科学的道路；无怪乎后来研究古韵的人都取则于是，而又有所发现。我认为要探求清代古韵学发展的原委，不能不从顾氏、江氏两家的书读起。我们也不能因为后来有了戴震、段玉裁等诸家著作就废置顾、江两家书而不读。前人著书往往有不少精辟的见解蕴蓄于注解当中，如江氏说（见平声第三部总论）："声音之理，异中有同，同中有异；不变中有变，变中有不变。"又说（见平声第四部总论）："音有异时而渐变，亦有同时而已殊。"又说（见平声第八部总论）："凡一韵之音变，则同类之音皆随之变。虽变，而古音未尝不存，各处方音往往有古音存焉。"诸如此类，对我们理解语音的演变很重要。不读，就不知道。

江氏这部书按《广韵》四声排列韵部。每部之前先列《广韵》韵目，次列韵字。一韵歧分两部的，称"分某韵"；韵本不通，有个别字当收的，称"别收某韵"；四声不同的，称"别收某声某韵"。《诗经》中不曾入韵的字，另列为补考：每部之末，又有总论。体例分明，秩然不紊。惟江氏因承《广韵》以推求古音，又为四声通押之说所困扰，以致分析韵部尚未尽善；同时论声母只株守三十六字母，而不悟古音与今音有异，雾里看花，终隔一层。读者如能明其条理，知其利病，则所得必多。

本书旧有多种刻本，都见于丛书中。最早刻本为乾隆辛卯三十六年李文藻于潮阳所刻《贷园丛书》本，然颇有讹字。现在中华书局据清咸丰辛亥元年沔阳陆建瀛覆刻本影印。《贷园丛书》中的讹误，陆本多已改正。今略以所见书出，以供读者参酌。

1982 年 3 月

《古韵标准》由中华书局 1982 年影印出版

影印《六书音均表》前言

清代研究古韵的人在顾炎武、江永之后别有发明的是段玉裁。段玉裁字若膺,号茂堂,江苏金坛人,受学于戴震,著述甚多,而以《说文解字注》最知名。《六书音均表》为研究古韵之作,成于乾隆四十年(1775),凡五卷,包括《今韵古分十七部表》《古十七部谐声表》《古十七部合用类分表》《〈诗经〉韵分十七部表》《群经韵分十七部表》。表一是全书的总纲,表二分列十七部字的谐声偏旁,表三辨别古韵诸部分合的远近,表四是《诗经》韵谱,表五是群经、《国语》《楚辞》韵谱。六书文字按音分部,所以名为《六书音均表》。段氏著书的旨趣在卷首吴省钦的序中已经说得很清楚。其实那篇序文就是出自他的手笔,不过假托吴省钦的名字而已。

段氏研究古韵的最大贡献在于除利用《诗经》和群经的押韵材料以外,更充分利用文字的谐声以定古韵的部类。段氏发现同从一声的字总在一起押韵,由此可以借谐声声旁统摄同一部的字。他说(见表二):"考周秦有韵之文,某声必在某部,至赜而不可乱。故视其偏旁以何字为声而知其音在某部。易简而天下之理得也。"古同谐一声者必同部,这是段氏的一大发明,为研究古韵开拓了一条新的途径。

段氏根据《诗经》押韵,分古韵为十七部,所不同于江永的是分江氏第二部为支、脂、之三部,分江氏第四部为真、文两部,分江氏第六部为幽、宵两部。入声的分配也有改变。这些都比江永为胜。段氏分韵所以胜于前人,在于能从押韵的错综情况中善于辨别"古本音"和"古合韵"。所谓古本音,是指古音如此,不同于后代《广韵》;所谓古合韵,是指古音不同部,而古人由于音近通押。通押由于音近,这是段氏的独见。江永则认为这是作《诗》者假借方音使然(见《古韵标准》卷一第一部总论)。段氏转以"合韵"为说,他认为不知有合韵,则或以为无韵,或指为方音,或以为学古之误,或改字以就韵,或改本音以就韵,其失也诬(见表三"古合韵说")。段氏不同意《诗》中有方音是不确切的,但他寻绎《诗》韵,知其分,又知其合,审辨声音的远近,"不以本音蔑合韵,不以合韵惑本音"(见表四),所以能不囿于前人成说,而别有发明。所列十七部韵表,由之部到歌部，就是按《诗》中合韵和平入的关系，依照声音的远近排列次第，跟江永但以《广韵》韵目的先后为次序排列韵部迥乎不同。这是一大进步。段氏分韵既比江氏加细，又在体例上有所变革。江书每部只举《诗》中所见韵字，分别加注说明，而段氏则把《诗》韵和群经、《国语》《楚辞》中所见韵例分部列为韵谱，哪些字在一起押韵，哪些是本音，哪些是合韵，一览便知，这远比江氏单列韵字为优。

段氏书中又特别提出古无去声和古假借必同部说。前者以言《诗》韵各部未必尽然，后者对读古书，探求字义，则大有关系。因为古书中经常有假借字，不明假借，不能通晓古书。我们知道了假借多取之于同部字，就可以由音以求字，由字以求义，古书中不易懂的文句往往可以迎刃而解。段氏指出古假借必同部是很重要的一项见解，研究古书训诂的人不可不知。

段氏分韵已经很细，但是还有不妥当的地方，如《广韵》去声祭泰夬废四韵和入声月曷末黠鎋薛等韵的字当独立成部，而段氏一律归属脂部不妥。又古韵入声字本与阴声韵相承，而段氏误以质术屑诸韵字归属于阳声韵真部之下，于例不合。又阴声韵侯部本有相承的入声字，而段氏却把"谷屋木族曲玉蜀鹿"之类侯部入声字归于幽部，也是错误的。后来王念孙、江有诰等人都别有论述，正其缺失。这正是戴震所说"援古以证其合易明也，援古以证其分不易明也"（见《与段若膺论韵书》）。

段氏此书虽有罅漏，但是就其研究古韵的观点和方法而言，可以说是一部承前启后的著作。自从此书刊布以后，研究古韵的人，与段氏不论识与不识，没有不受他的影响的。段氏平生治学虽然勇于自信，可是在他晚年的时候，他对孔广森《诗声类》分东冬为二，屋沃为二，对江有诰《诗经韵读》分术物与月末为二，也深表赞同，只是书既刻板，流传已久，无法追改，不免怅然。我们读段氏书，贵于知其精要之处所在，如能与其他一些学者的著作比观，所得当更多。

段氏积数十年精力注解《说文》，成书在《六书音均表》之后，《说文解字注》中字下所注古韵韵部与《六书音均表》又略有不同。《六书音均表》于乾隆四十一年（1776）刻成于蜀，后来又附刻在《说文解字注》后。现在中华书局据《经韵楼丛书》本重印，因略订正原书误字，以便阅读。

1982 年 10 月

《六书音均表》由中华书局 1983 年出版

影印《音学五书》前言

　　《音学五书》为清初顾炎武(1613—1682)所作,包括《音论》三卷、《诗本音》十卷、《易音》三卷、《唐韵正》二十卷、《古音表》二卷,是清代研究《诗经》古音的一部重要的有开创性的著作。《音论》是综述韵学源流的,其他四种是专论古韵的。

　　关于古韵的研究,宋代已肇其端,如南宋时吴棫有《韵补》,郑庠有《古音辨》(见元熊朋来《经说》卷二"《易》《诗》《书》古韵"条)。但是他们只看到古代韵宽,不同于唐宋时期的韵书,而不知道古韵自有一定的部类和读法,因而就诗定音,随韵取叶,漫无准则。下至明代中叶,陈第作《毛诗古音考》才清楚地认识到"时有古今,地有南北,字有更革,音有转移",古人有古人之音,今人有今人之音,古人作诗押韵自有条理,而且有一致的读法。因举出《诗经》四百四十余韵字,列本证、旁证,注出拟定的读音,为古韵的研究辟出一条途径。不过,他仅仅单独辨每字古读某,而不曾比类综合,探本寻源,归纳出古韵的部类分合,仍然是散漫而无系统的知识。直到明末,顾炎武一扫前人叶韵之说,继踵陈氏,审核《诗经》全书一千九百余韵字,与《广韵》韵部比勘,分别同异,综合贯串,定古韵为十部,开清人锐意研究《诗经》古韵之先河。

　　顾氏所定古韵十部是:

　　　　(1)东冬钟江

　　　　(2)脂之微齐佳皆灰咍,支之半,尤之半(有入声)

　　　　(3)鱼虞模侯,麻之半(有入声)

　　　　(4)真谆臻文殷元魂痕寒桓删山先仙

　　　　(5)萧宵肴豪幽,尤之半(有入声)

　　　　(6)歌戈,支之半,麻之半

　　　　(7)阳唐,庚之半

　　　　(8)耕清青,庚之半

　　　　(9)蒸登

　　　　(10)侵覃谈盐添咸衔严凡(有入声)

顾氏研究古音,取材甚广。在《音学五书》中,《唐韵正》卷帙最多,也是比较重要的一种。顾氏明白指出学者读其书"必先《唐韵正》,而次及《诗》《易》二书"。顾氏认为《广韵》二百六韵的分部即本于《唐韵》,此书为订正《广韵》读音而作,所以名为《唐韵正》。书中罗聚材料之丰富,诚令人惊叹,除《诗经》《楚辞》和先秦经传诸子之外,推而广之,下及两汉以迄南北朝的诗赋和史传群书以及碑刻中的韵语以为参证,甚且引及唐代诗家的用韵来说明字的读音;同时又能在必要处指出汉以后声音的流变和用字的假借讹替,这对清代的文字音韵之学影响极大。

顾氏研究古音的方法,不单纯凭借韵文的押韵,还进一步从文字的谐声上观察字的归类,例如"我"字古音属歌戈部,而《广韵》寘韵之"义"、支韵之"仪"也同属于歌戈部。又如"皮"字《广韵》收在支韵,而从皮谐声的"波颇坡"等都属于歌戈部,则"皮"也属于同一部。因此,顾氏分部归字虽然借《广韵》韵部名称以为统摄,但并不为《广韵》韵部所囿,而能离析《广韵》,把不同韵的字分隶于古韵两部,如支韵字一半入脂之,一半入歌戈;尤韵字一半入脂之,一半入萧宵;麻韵字一半入鱼虞,一半入歌戈;庚韵字一半入阳唐,一半入耕清。足见用心之细。后来江永、段玉裁步其踵武,擘析更精,成就更大。由此可知:顾氏启牖之功诚不可没。

顾氏的贡献比较突出的一点是入声的分配。《广韵》里入声韵都与阳声韵相承,如屋与东相承,质与真相承,而阴声韵一律无入声。至于古韵,顾炎武则根据《诗经》押韵和《说文》谐声,并参照古书中的文字假借和韵书中一字或有去入两读的现象确定:属于《广韵》的阳声韵,只有侵覃以下九韵有入声,其他各韵都没有入声;属于《广韵》的阴声韵,除歌戈麻三韵旧无入声外,其他各部都有相承的入声(见《音论》"近代入声之误"条及《古音表》)。论据确凿,为前人所未道,这是一大发明。后来研究古韵的人都以此为准。

不过,顾氏定古韵为十部,终不免有疏失:一则分部不够精密,一则字的归类不尽妥当。尔后江永、段玉裁、王念孙、戴震、孔广森、江有诰诸家继有论述,中间经过一百八九十年始趋精当。事之创始固难,补苴又何尝容易?按顾氏分部所以不够完美,跟他误认为古人四声一贯,同一章诗可以四声并用有关。《诗经》中一章一韵的固多,而中间换韵的,或上去分用的,也屡见不鲜。但顾氏过信陆德明在《毛诗音义》中所谓"古人韵缓,不烦改字"之说,乃至疏于审音,不加详辨。在《诗本音》和《易音》中有非韵而注为韵的,有换韵而指为一韵的,有本是韵而不注韵的(见戴震《声韵考》卷三),因此分部不能允当。江永称顾氏"考古之功多,审音之功浅"(见《古韵标准》例言),正中其病。

另外,顾氏明古今音有异,又知古今各有方音,而书叙中却说"天之未丧斯文,必有圣人复起,举今日之音而还之淳古者"。这种信古、泥古的说法,与历史发展规律相违背,无疑问是错误的。

我们读前代的著作,应当深知其利病,以便从中汲取精华,转为己用。顾书虽不无缺失,但仍有其独到处。他曾经说:"予纂辑此书几三十年,所过山川亭障无日不以自随。凡五易稿,而手书者三。"足见此书确是一部殚精竭虑的著作,自有其价值在。今日看来,可资考音论史之助的地方还很多。现在中华书局据观稼楼仿刻本重印,其意义也就在此。因略抒所见,以供读者参酌。

1981 年 3 月

《音学五书》由中华书局 1982 年出版

影印《诗声类》前言

　　《诗声类》十二卷,附《诗声分例》一卷,为清乾隆间曲阜孔广森所著。孔广森字㧑约,号㧑轩,生于乾隆十七年(1752),卒于乾隆五十一年(1786),得年仅三十四岁,而著述甚多,长于《春秋》公羊学、《礼》学。《诗声类》和其他所著书都收在《㧑轩孔氏所著书》内。

　　《诗声类》是就《诗经》押韵用字分别类聚,分古韵为十八部。阳声分元、耕、真、阳、东、冬、侵、蒸、谈九部,阴声分歌、支、脂、鱼、侯、幽、宵、之、合九部,阴声与阳声两两相配,如元与歌相配、耕与支相配以迄谈与合相配,而阴阳可以对转。书中各部分别罗列《诗经》所见之字,又辨析其谐声偏旁,列于一部之首,读者由此可以执简以驭繁,全部之字了如指掌。

　　在孔氏以前,顾、江两家有书,段氏有书。孔氏分部与段氏《六书音均表》相近,惟《广韵》真臻先与谆文欣魂痕诸韵字段氏分为真、谆两部,而孔书合为一部,反与江永《古韵标准》相同,未免失于详考。至于以侵与宵对转,以合为阴声,与谈对转,都不足取。段氏《答江晋三论韵》曾批评孔氏说:"孔氏以侵为阳类,配宵肴豪阴类;以谈平为阳类,配缉合以下入韵为一部,为阴类;平阳入阴,与其全书谓阳阴各有平入者不合,又失侵之入并于谈,此亦好奇自信之过,不足以述古,而适足以歧惑后学。"这些话都正中其病。

　　孔氏对研究古音最重要的贡献有两点:一是东冬分立为两部,一是推阐阴阳对转之说。东冬之分,深为段玉裁所推许,后来学者也大都承认东冬当分为两部。因为《诗经》押韵分划较清,未可因有一二通用之例而并合之为一类。且在秦汉以前有韵的文字当中,东每与阳通,冬每与蒸侵通,界限较严,下至魏晋时代,东冬两类依然有别,所以不得合为一部。至于严可均作《说文声类》把冬与侵并为一部,近人如章太炎先生也力主此说,那又是冬类能不能独立为部的问题了,而东冬有分确是孔氏的发明。

　　说到阴阳对转的说法,实始于戴震和段玉裁。段氏在《六书音均表》里已有"异平同入"之说,而他的先生戴震讲的更加明晰。戴氏于乾隆三十四年(己丑,1769)作《声韵考》已经指出阴阳两类"共入声互转",如真文魂先与脂微灰齐,咍与登,侯与东,支与清等都是。孔广森根据戴、段两家所见,又精研极思,创通阴阳各类互转的规律,条理秩然,而且在注文中举出很多例证,这对于研究古韵部的读音和古书中文字的通假以及书传的训释都极为重要。《诗声类》这部书所以特别为人所重视,原因正在此。

然而《诗声类》也有一个很大的缺点,就是误认为古代没有入声,以为韵书的入声字古都读去声。他在卷一说:"盖入声创自江左,非中原旧读。"他在卷八支部后又说:"按周京之初,陈风制雅,吴越方言未入于中国,其人皆江北人唇吻,略与中原音韵相似;故《诗》有三声,而无入声,今之入声于古皆去声也。"孔氏宥于方音,这种说法都是不能成立的。

孔氏原书所附的《诗声分例》是继江永的《诗韵举例》而作的。江永列常例四,变例十四,仅仅粗具纲目而已。孔氏则分别极细,列通例十门,别例十三门,杂例四门,所举句式有一百三十之多,可谓详密无间。这不仅可以与《诗声类》所论相发明,而且对学者研究《诗经》,推寻其韵读,了解古代诗歌音律之丰富也大有帮助。现在中华书局据原刻本重印是很有意义的。

1982 年 12 月

《诗声类》由中华书局 1983 年出版

《余嘉锡论学杂著》后叙

外舅余嘉锡教授,湖南常德人,生于河南商丘县,故字季豫。又自号狷翁。生于清光绪十年(1884),卒于1955年。曾任北京各大学教授、北平辅仁大学国文系主任、中央研究院院士。新中国成立后,曾任中国科学院语言研究所专门委员。为近代古典文献学家,精于古籍目录学,又为历史学家,博览群书,自称唐宋以前经史子集四部书未曾通读者甚少,而明清以及近代之书又未尝不措意也。先生于授课之余,惟以读书著述自适。既博学多识,尤强于记诵。平生著述宏富,长于考辨。对古代学术源流,事实真伪,皆一一注意。所著《四库提要辨证》一书,博大精深,最为人所称道。其中考辨各书篇卷内容,学术原委,史实经过,以及传说真伪,莫不精辟入微,出人意表,对整理古籍贡献甚大。

本编题为"论学杂著",包容论文、书序、题跋等30篇,读书随笔30条,多为著者于1927年至1945年之间所作。其中有曾刊布于学术杂志及报刊者,亦有未曾刊布者,今皆汇为一编,以便读者参阅。

书中考史各篇,如论《太史公书》之亡缺,牟子《理惑论》撰人之时代,晋辟雍之兴废,魏晋人之服寒食散,卫元嵩与周武帝之废佛法,皆淹贯群书,详为论证,无间毫发。凡有称引他人之说时,必一一注明,决不掠人之美,掩他人之说以为已说,严以待己,宽以待人。常言学问之事关涉无穷,而一人之精神有限,有所通则有所蔽,详于此或忽于彼,稍形率尔,疏漏随之。因此每有论述,必详稽博考,实事求是,以己所见,待他人之审定。

书中涉及方面甚广,如论"伧、楚"名实之号因时代地区而有异,论古代书籍传写装制之制度,考订古代文人之生卒年月,以及评论书本板刻之优劣等,无空谈不实之说,足以信今传后。至于前人所著为人所熟悉之《忠义水浒传》《杨家将演义》等书亦参考史传杂书,旁及元人杂剧,以明稗官小说街谈巷论之所由来,并推陈前人所以著述之意,以及历时虽久而始终传播于人民之口且搬演为戏剧之所以然。是又前人所未尝深究者也。至如所论古籍目录之源流,考订古史之方法,皆足以启迪后学,发扬学术。祖谟编录既竟,因略书旨趣,以当后叙。时为1962年1月。

读《汉语语法常识》

　　这是一本讲解汉语语法基本知识的书。全书共分六部分:词和句;单句的基本结构;几类实词的用法;句子成分的扩充;句子成分的变化;疑问句、祈使句、感叹句。这六部分编排的次序是:从简单到复杂,从一般到特殊。汉语语法的基本知识大部分都包括在内了。

　　这六部分虽然曾经在《语文学习》上分段发表过,可是现在印出的单行本有了很多的修改和补充,跟在杂志上发表的很不同。内容比以前充实了,组织也比以前更加周密了,在目前可以说是一本体例清楚、比较切合实用的语法书。不但初学语法的人可以以此为阶梯,逐步提高,就是有些基础的人也可以参考本书的讲解做进一步的研究。因为本书很明显的是参考了已经出版的一些语法书来写成的。作者在序文里虽然说"只据现有比较一般的说法来谈,尽可能的少提个人的看法",实际上对于一些不同的说法,他已经有所抉择了。这本书的意图显然是指导读者——尤其是初学语法的读者——在目前众说纷纭的情况下拣一个折衷的、比较平坦的道路来走,不使读者由于学习摸不着门径而对语法产生厌倦甚至畏惧的心理,作者在这一方面的努力是值得称道的。

　　本书称为"常识",自然以初学者为对象。从编写的精神和内容来看,有以下几个特点:

　　(1)讲解浅显,举例详明,着重说明现象和规律,而不侈谈理论,这对一般读者是非常合适的。书中所举的例句都采自大家所熟悉的一些有名的文学作品,这更可以使读者不会感觉枯燥。

　　(2)全书虽然以讲解造句法为重点,但是构词法和词的用法都占有相当的地位。第一部分专有一节讲词的构成,第二部分有两章分别讲"是"跟"有"的习惯用法,第三部分分别讲解方位词、处所词、时间词、数量词、指代词和助动词几类实词的用法,第四部分从虚词结构一章讲到副词的用法,都很扼要简明。

　　(3)讲汉语的造句法必须注意虚词在句法结构中的作用。本书有两段专讲虚词的,一章讲虚词组合(32—37页),一章讲虚词结构(228—235页),这是比较突出的。作者还提到"学习虚词的用法,应该跟学习造句法结合起来进行"(见 231 页),这更是很重要的一点提示。

(4)本书凡是讲到一种句法,无论是判断句、描写句、叙述句、变式句或复句,都一定谈到标点,把标点与句法联系起来加以说明,这是很好的办法。这样就无形中把句读法贯串在里边了。

以上几点足以说明本书照顾的方面很广,深入浅出,很符合一般读者的需要。

其次,我们可以看一看本书关于词法和句法的解说跟别的一些语法书有什么异同。作者已经指出:不谈理论,只根据比较一般的说法来谈。不过这所谓"比较一般的说法",并非专主一家,而是折衷群言,有所取舍的,例如黎锦熙、吕叔湘、王力、高名凯几位先生的著作和中国科学院语言研究所语法小组的《语法讲话》,本书都有所取裁。现在略就词的分类和句子的结构两方面抽绎一些要点来谈。

关于词的分类,本书有一种新的分法。作者分词为实词和虚词两大类。实词包括名词、动词、形容词、数量词、指代词五类,虚词包括系词、副词、介词、连词、助词、叹词六类,一共十一类。这十一类跟《语法学习》《语法讲话》都有不同。这里面值得注意的有以下几点:

(1)本书动词中区分出助动词一小类,包括"能、会、敢、应该、必须"一类词和加在动词前或动词后以表示动作趋向的"来、去、起来、下去、进来、出去"一类辅助性动词。动词区分出助动词一类始于《马氏文通》,马氏所举助动词仅限于前一类,《语法讲话》也是如此。《语法学习》不把它单独成为一类。现在助动词包括这样两类词,与黎氏《新著国语文法》相同①。

(2)系词"是",《语法学习》和《语法讲话》都列为动词。本书把它分出,自成一类,跟王力先生《中国现代语法》相同。但现在王力先生已经不采用这种说法了②。

(3)介词,《马氏文通》称为"介字",马氏说:"凡虚字以联实字相关之义者,曰介字。"本书介词包括"在、当、从、把、被、除了、对于"一类词,与黎氏《新著国语文法》相同。《语法学习》和《语法讲话》称为"副助词",附于动词,做一小类。

(4)助词一般都是指语气词而言。本书助词包括两类:一类是一般所说的动词词尾和表示修饰补充关系的虚字,如"了、着、过""的、得"之类;一类是一

---

① 参《新著国语文法》第 134—146 页。

② 参看《汉语的词类》注二,《语文学习》1952 年 4 月号第 36 页。

般所说的语气词"了、吗、呢、吧"之类。这种办法可能是据吕叔湘先生在《语法三问》中所提的意见①。

这几点是比较重要的,所以特别提出来说一说。关于词的分类,在名称上虽然都是承用别人的,可是在总的类别上跟哪一家也不一样,事实上就是作者自己的看法。

至于谈到句子的结构,本书对于各家的说法也颇有取舍。现在举出几项比较重要的说法来看:

(1)本书按照句中主语和谓语的关系,分句子为判断句、描写句、叙述句三类,跟《语法学习》《中国现代语法》是相同的,可是把句中以"当、作、叫、算、变、成"等词作谓语主要成分的句子又称为"准判断句",则又是参照吕先生的《中国文法要略》来定的。此种说法后来吕先生没有再提了。

(2)叙述句的结构,本书基本上是按照《语法讲话》来讲的。不过又把叙述句分为三种:第一种是叙述人或物跟行为动作的关系的,第二种是叙述人物的存在、出现或消失的,第三种是从数量方面来说明事物的效用、使用方式、价值及增减的。同时又把这三种句子的宾语起了三个名字,即"行动宾语、存现宾语、数量宾语"。

(3)像"桌子上有一本书""院子里长满了青草"这样的句子,一般认为是主语后出现的句子,像"他什么都不懂""这件事情我不知道"一般认为是宾语提前的句子,本书都不这样讲。作者认为前者是处所词做主语,后者则为变式句。"他"和"这件事情"是主语,"什么都不懂"和"我不知道"是主谓仂语做谓语。这样分析是跟《语法讲话》相合的。

(4)加在词的后面的说明补充成分,本书称为"补足语",跟《语法讲话》里的"补语"相当。不过《语法讲话》里的"补语"专指加在动词或形容词后面的词语,本书则把吕先生书中的"同位语"也称为"补足语"。

(5)像"他在这里住了三年""你告诉他一声""你去一趟"几个句子里的"三年、一声、一趟"在《语法讲话》里称为宾语,本书则称为补足语②。

(6)像"他从广州来""我们向前看"的谓语在《语法讲话》里称为"连动式",本书则把"从广州、向前"做修饰语看待,不算"连动式"。

从这几项来看,可以说明本书不是一本单纯的"述而不作"的书,作者是有

---

① 参《语文学习》1953 年 8 月号第 7 页。

② 参见《语法讲话》第 143、149 页。

自己的见解的。他在序文里说："个人总不免有些看法，有些看法就不免要流露出来。这是实际的事情。"我们应当用心去体会他的一些新的看法，其中对于某一家说法的修订和补充，则尤其值得注意。

以上只是些简单介绍。在此还想提出几点意见向作者和读者请教：

从体例上来讲，本书是着重讲解单句的基本结构的，但是把复句放在"句子成分的变化"一部分内来讲是不够的。全书有 281 页，复句一章仅占 11 页，未免太少。关于虚词的用法有的谈的比较多，有的谈的比较少，谈的少的似乎须要补充，例如连接词即是一类。

如果从内容的解说来看，我觉得有些地方还须要斟酌，例如（1）本书不用"句子形式"的名称，把"句子形式"称为"主谓仂语"，那么"仂语"的定义就很难下。单说"产生了一定关系而不成为复词的一组词，叫做仂语"（第 30 页），意思是不够清楚的，读者很难理解。（2）第 138 节"近于主谓仂语作宾语的递系式"跟前一节所讲的"主谓仂语作宾语"可以合为一类，这样分为两类，初学者很难掌握。（3）复句中分句的主语因相同而有省略的句子跟带有连动式谓语的简单句应当有一定的划分标准，像第 262 页两可的说法是不相宜的。（4）本书第六部分内谈到语调的地方比较多。讲语法要谈到语调，不过有些说法，如"比较沉重"（第 272 页）、"有时沉重压低"（第 273 页）、"略为急促沉重"（第 278 页），是不大妥当的。假如读者问"什么叫沉重"，就很不好回答。

最后，就理论上来看，本书根据比较一般的说法来讲是有好处的，至少不会"多给读者添麻烦"；但是从整个体系来讲，兼采众说，"下决心少按个人的看法来谈"，就难免有"东补西添"的毛病。就以词的分类来说，系词"是"要不要做为词类之一，而与副词、介词、连词等列为虚词，动词、形容词后面所加的"起来、下去"能否称为助动词，动词词尾"了、着"与修饰语后加成分"的"是否宜于跟语气词合为一类，都值得商榷。这不过是举例而已。语法上有许多问题还需要大家共同来解决。要解决就须要有深入的研究。说到研究，就有两方面必须注意：一方面要注意现代标准语跟不同方言的比较研究；一方面还必须注意到历史上汉语语法构造发展的研究。这样做了以后，一定可以得到很多解决的办法。

原载《语文学习》1954 年第 8 期

张志公《汉语语法常识》由中国青年出版社 1953 年出版

《中原音韵新论》序

《中原音韵》是古代韵书发展史上的一部划时代的著作。作者周德清生于元代(1277—1365),为江西高安暇堂人。他工于乐府,精于音律,对北曲的用字行腔和声韵调类都很有研究,他是一位曲韵学家,也是一位作家。《中原音韵》就是依据当时中原之音跟曲韵为作曲而设的一部韵书,与前代的《切韵》《广韵》墨守旧日书音者大不相同,所以说是一部划时代的著作。

《中原音韵》作于元泰定帝泰定元年(1324)。周德清在自序里说:

> 青原萧存存,博学,工于文词,每病今之乐府有遵音调作者,有增衬字作者……泰定甲子,存存托友张汉英,以其说问作词之法于予。予曰:言语一科,欲作乐府,必正言语;欲正言语,必宗中原之音。

他所说的“中原之音”的特点是韵分为十九部,平分阴阳,入派平上去三声。这代表了金元时期在曲韵中所反映出来的北音系统,对研究汉语语音演变史极有价值,久为人所重视,而且有不少学者对于书中的声韵调进行研究,写成论文或专著,取得了很好的成绩。不过各家对原书的理解颇有不同,还有不少问题须要作进一步的讨论。

概括来说,其中最主要的问题是:

(1)《中原音韵》是怎样的一部书,即其性质如何? 周德清作这部书的目的何在?

(2)《中原音韵》的音系基础是什么? 有人说周德清根据的是中州音,有人说是大都音,究竟如何论定?

(3)周德清既以入声派入三声,但又说(见自序):“派入三声者,广其韵耳,有才者本韵自足矣。”他在《正语作词起例》中又说:“入声派入平上去三声者,以广其押韵,为作词而设耳,然呼吸言语之间,还有入声之别。”那么,当时北方中原究竟有无入声? 字音有几个声调?

(4)《中原音韵》反映的北音有多少声母? 知彻澄二、三等和照穿等母二、三等应是几母?

（5）如何构拟《中原音韵》的声母和韵母的读音？声母与韵母的结构如何？

（6）《中原音韵》跟明清的官话以及现代的普通话的关系如何？

如果能从这些方面进行讨论，会使不同的意见趋于一致，会使我们对周德清在戏曲音律方面的贡献有更加深入的理解。在讨论过程当中也必然会牵涉到研究《中原音韵》的方法问题，这将有更多的收获。

1987 年是周德清诞辰七百一十周年，中国音韵学会与江西语言学会倡导在高安县召开纪念会和学术讨论会，得到高安县人民政府的热诚赞助和江西师大、江西大学、宜春地区社会科学学会联合会等方面的大力支持，诚为荣幸。在这次学术讨论会中，专家学者聚集一堂，各抒己见，互相交流心得，对上述的一些问题也都曾涉及到，这对《中原音韵》的研究又前进了一大步。这本论文集充分表现了这次讨论会所取得的成果。今后还应当注意北曲音律的研究与《中原音韵》的研究联系起来，多所发现，同时还须要开扩我们的视野，联系唐宋时期北方语音发展的情况和《中原音韵》以后在明清时期发展的情况来考察北京话语音系统完成的历程，必将有更多的建树。论文集即将付印，谨为之序。

1989 年 12 月 1 日于北京大学

《中原音韵新论》由北京大学出版社 1991 年出版

扬雄《方言》与郭璞《方言注》

　　《方言》是中国很早记载古代语言的书，汉末晋初的人都说是扬雄所作，如应劭的《风俗通义》和常璩的《华阳国志》都是如此①。但是《汉书·艺文志》和《扬雄传》根本没有说到扬雄作《方言》②，所以宋朝的人便怀疑起来，以为属之扬雄，可能出于依托。关于这一个问题，《四库全书总目提要》分辨得很清楚③，结论是："反复推求，其真伪皆无显据。"但是我们知道这部书题名叫做《方言》，并且普遍地流传起来，应当是东汉和帝以后的事。

　　首先我们看王充《论衡》里面称赞扬雄的文章和他的《太玄》《法言》两部书的地方很多④，可是始终没有提到《方言》，例如《齐世篇》说⑤："扬子云作《太玄》，造《法言》，张伯松不肯一观；与之并肩，故贱其言。使子云在伯松前，伯松以为《金匮》矣。"这一段话和《方言》后面扬雄《答刘歆书》中所说："张伯松尝为雄道，言其父及其先君喜典训，属雄以此篇目颇示其成者。伯松曰：'是悬诸日月不刊之书也。'又言恐雄为《太玄经》，由鼠坻之与牛场也……"很相符合。但是王充没有一字说到《方言》。王充是在和帝永元年间（89—104）死的。其次我们看许慎的《说文解字》里用方言解释字义的和今本《方言》词句相同的很多，他既没有说到扬雄作《方言》，也没有说到《方言》的书名。许慎的书是和帝永元十二年（100）开始作的，建光元年（121）才完成。从这两点来看，和帝的时候还没有叫做《方言》的一部完整的书是很清楚的事情。直到灵帝、献帝的时候，应劭在《汉书集解》里才开始明白引用《方言》⑥，而且称为《扬雄方言》。他

----

① 应劭《风俗通义序》页3（巴黎大学北京汉学研究所《通检丛刊》本，下同）；常璩《华阳国志》卷十上，页2b—3b"先贤士女总赞"（《四部丛刊》初编本）。

② 《汉书》卷三十志十，页1a—36b（百衲本《二十四史》本，下同）；卷八十七上《列传》五十七上，页1a—24a；卷八十七下《列传》五十七下，页1a—17b。

③ 《四库全书总目提要》卷四十经部小学类"方言"条，页2a—3a（大东书局石印本）。

④ 《论衡》卷十三《超奇》第三十九，页14b—20b；卷十八《齐世》第五十六，页16a—22a；卷二十《佚文》第六十一，页6a—11a；卷二十八《书解》第八十二，页9b—15a，卷二十九《案书》第八十三，页1a—6a；卷二十九《对作》第八十四，页6a—11a（《四部丛刊》初编本）。

⑤ 《论衡》卷十八《齐世》第五十六，页20b。

⑥ 见《戴氏遗书》卷五《方言疏证序》，页17a（微波榭刊本）。

又在《风俗通义序》里更详细地引用扬雄《答刘歆书》的话①，而且说《方言》"凡九千字"。由此推测，《方言》在汉末应当已经普遍流传起来了。魏孙炎注《尔雅》是引用《方言》的，张揖作《广雅》也把《方言》的语词大量搜罗在内，这都是很好的证明。

那么，《方言》会不会是汉末人作的呢？这又不然。因为许慎《说文》里既然有很多跟今本《方言》相合的词句，必然在和帝永元以前就有了跟今本《方言》相类似的记载了。从永元十二年（100）推到扬雄的卒年，就是天凤五年（18），中间是八十二年。如果《方言》不是扬雄所作，在这八十年里也就有了最初的底本。从许慎完成《说文》的时候，就是建光元年（121），到应劭作《风俗通义》的时候，约在献帝兴平初（194），中间是七十三年。这七十三年中应当是有了《方言》的名称，而且已逐渐流布的时期。这么说，《方言》是不是扬雄所作，很不容易断定。不过，这部书包括了西汉、东汉之间许多方言的材料倒是很值得宝贵的。

这部书记载的都是古代不同方域的语汇，地域包括的很广。称名虽然很杂，而都是汉代习用的名称。有的是秦以前的国名和地名，有的是汉代实际的地名。东起东齐、海岱，西至秦、陇、凉州，北起燕、赵，南至沅、湘、九嶷。东北至北燕、朝鲜，西北至秦、晋北鄙，东南至吴、越、东瓯，西南至梁、益、蜀汉。作者能够搜集这么多的方言，必然是在汉代武功极盛之后，版图已经开拓得很广的时候做成的，否则不能如此②。但是要记载这样广大地域的语言，采用小的地理的名称是很困难的，所以只得采用古代的国名和较大的地名。

作者记载方言的形式，是先举出一些语词来，然后说明"某地谓之某"，或"某地某地之间谓之某"。这些方言的语词都是作者问到以后记下来的。魏建功先生曾经给它一个名字，叫做"标题罗马法"③。其中所记的语言，包括古方言、今方言和一般流行的普通语。凡说"某地某地之间通语"的，是通行区域较广的方言。说"通语、凡语、凡通语、通名"或"四方之通语"的，都是普通语。凡说"古今语"或"古雅之别语"的，都是古代不同的方言。若从所记的方域来看，凡是一个地方单举的，它必然是一个单独的方言区域；某地和某地常常在一起

① 见《风俗通义序》页 3—4。

② 例如书中所称凉益三州就是汉武帝元封以后才有的名称，凉州旧称雍州，益州旧称梁州，见《汉书》卷二十八《志》八上，页 10b。

③ 见魏建功《方音研究》讲义页 21（北京大学排印本）。

并举的,它们应当是一个笼统的区域。这样也可以极粗疏地看出来汉代方言区域分布的大概情形①。

单就这种实际的语言记载我们还可以知道:

(1)一部分汉代社会文化的情形。例如由卷三"臧、甬、侮、获,奴婢贱称也"一条,知道畜养奴隶在汉代是很普遍的事情;由卷四所记衣履一类的语汇,可以知道汉人衣著的形制;由卷五所记蚕薄用具在不同方言中的名称,可以知道养蚕在南北是很普遍的事。

(2)《尔雅》所记的许多同义词和《方言》对照来看,往往都是古代不同的方言,到了汉代有些还在某一地方保存着,有些已经变成了普通语。甚至于有些已经消失,仅仅是书写上的语词了。

(3)《方言》所记汉代的语言有普通语和特殊语。我们知道:不同的方言相互交融,可以成为普通语;政治文化上有力量的语言,也可以成为普通语。汉代的普通语应当是由这两方面形成的。我们想春秋以前民族是多的,语言是分歧的,可是经过列国的争霸,七雄的角逐,秦代的统一,各地的语言彼此吸收,其间不知有了多少次的糅合。后来到了汉代,原来不是通语的,也就变为通语了。再看《方言》所记的语词,其中以秦晋语为最多,而且在语义的说明上也最细。有些甚至于用秦晋语作中心来讲四方的方语,由此可以反映出来秦晋语在汉代的政治文化上所有的地位了。进一步来说,汉代的普通语恐怕是以秦晋语为主的。因为一个新兴的统治者对于过去在政治文化上有力量的语言是往往承接过来的。春秋时代的"雅言"就是统治阶级一般所说的官话,这种官话就是"夏言"②,"夏言"应当是以晋语为主的。因为晋国立国在夏的旧邑,而且是一时的霸主;晋语在政治和文化上自然是占优势的。等到后来秦人强大起来,统一中夏以后,秦语和晋语又相互交融,到了西汉建都长安的时候,所承接下来的官话应当就是秦晋之间的语言了。

(4)《方言》里所记的特殊方语是循地理分布而表示差别的,有的通行的区域狭,有的通行的区域广。在语言上有的是声音相近的"转语",有的是声音不同的"同义词"。从声音不同的同义词可以看出不同的人造词的心理过程,从声音相近的转语可以看出声音在方言中转变的条理。

(5)《方言》距今已经有一千九百多年了,其中所举的方语在现代方言里依

① 见林语堂《语言学论丛》页16—44《前汉方言区域考》(开明书店排印本)。
② 见《刘端临先生遗书》卷一《论语骈枝》,页9a—b(仪征阮氏刊本)。

然保留着很多。这种语汇大半都是口头语，而且是文人不大写在文章上的，例如"慧谓之鬼""忧谓之惄""敛物而细谓之擥""人肥盛曰朦""器破谓之披""器破而未离谓之璺""贪饮食者谓之茹""庸谓之俗""子曰崽""物生而不长大曰鯫""凡相推搏或曰搅""小瓮谓之瓽""饭瓮谓之宵"等，都是大众口里流行的话。如果没有《方言》记载下来，我们就无从知道这些语言远在汉代就有了。还有《方言》书里的古语有些在现代方言里仍旧保存着，可是语音和现代方言中文字的读音不一定完全相同，例如"知谓之党"，就是现在北方说的"懂"；"物大谓之奘"，现在北方说 zhuǎng；"耦曰媲"，匹万反，现在北方称"双生"也叫"双 bànr"；"眊曰睔"，音略，现在北方说"睒"lōu；"鸡伏卵而未孚，始化曰涅"，现在普通说"寡"guǎ；"锤，重也"，现在说秤锤叫"秤 tuó"；"絓，持也"，现在普通说布上的丝结叫"絓丝"，音 guà；"久熟曰酋"，现在普通说 qiǔ。诸如此类，也都是"古语之遗"。

(6)前人说《方言》多奇字，是就文字的写法来讲的，如果从语言的观点来看，这些字只是语音的代表，其中尽管和古书上应用的文字不同，实际上仍是一个语词，例如"咺"同"喧"，"唏"同"歆"，"愁"同"惘"，"夰"同"介"，"脅阋"同"脅嚇"，"蹃"同"踢"，"佫"同"格"，"獥"同"恝"，"蒊"同"烬"，"盉"同"棬"，"贺"同"荷"，都是很明显的例子。更有很多古今相同的语言，《方言》写的字和现在一般所写的不同，例如"少儿泣而不止谓之唴"，现在写"呛"；"好曰鈔"，现在写"俏"；"遑曰茫"，现在写"忙"；"狯曰姞"，现在写"猾"；"缝纳弊故谓之緻"，现在写"絾"；"罂谓之瓶"，现在写"缸"；"臿谓之臬"，现在写"锹"；"金谓之棓"，现在写"棒"；"火干曰爇"，现在写"炒"；"裁木曰鈹"，现在写"劈"，这些都是音义一样的。所以我们不能墨守文字，而忽略了语言。

从这几点来看，《方言》在汉语语言史上的价值既然很高，同时也就关涉到整个的中国文化史。尤其重要的是它启示了我们怎样去明了语言，如方言和普通语的关系、古语和现代普通话的关系等，都是值得重视的。

今本《方言》是晋郭璞的注本，凡十三卷。《隋书·经籍志》和《新唐书·艺文志》著录的也是一样[1]。但是刘歆和扬雄往来的信里说是十五卷，郭璞的《方言注序》里也说是"三五之篇"，卷数和今本不同。这应当是六朝时期的变动。至于字数，在应劭的《风俗通义序》里说是九千字，但据戴震的统计[2]，现在郭注

---

[1] 《隋书》卷三十二《志》二十七，页 27b—28a；《新唐书》卷五十七《志》四十七，页 9b。
[2] 见戴震《方言疏证序》。

本有一万一千九百多字,比应劭所见的本子多出将近三千字。这些字是在什么时候增添出来的,已经无从考订。我想一定是郭璞以前的事情。因为大凡一种古书有了好的注本以后,就不易有什么改动了。以郭注《方言》而论,我们能考查出来的佚文,为数很少,就是很好的证明。

郭璞(275—323)是精通音义训诂的人[1],他的《方言注》和《尔雅注》解说字义都有一贯的精神,那就是用今语来说明古语。《尔雅注》里固然是常常引用扬雄《方言》和晋代的方言来解释古语,在《方言注》里更是常常举出晋代的方言来和扬雄所记的汉代方言相比较。在意义上,或者证明古今语义相近,或者说明语同而义不同和义同而语不同。在地域上,或者指明某些古语依然在某地保存,或者指出某些古语不在当地保存,而转在别处有这样的说法;甚至于更进一步的变成了一般的普通话。这就是他在序文里所说"触事广之,演其未及"的意思。王国维《书郭注方言后二》已经把这种精神指出来了[2]。但是在郭璞解释《方言》语词的时候,还有一些条例,是我们应当知道的。

(1)原来"释词"不明晰的,给一个明确的解释。例如"虔、儇,慧也",注:"谓慧了。""烈、枿,余也",注:"谓残余也。""斟、协,汁也",注:"谓和协也。""谪,怒也",注:"谓相责怒也。""爱、嗳,恚也",注:"谓悲恚也。"凡注中说"谓某某"的大都属于这一类。说"谓某某",犹如说"这是指什么意思来说的",这是一种限制的说明。

(2)说明《方言》中一个语词所以这样说的意义。例如"慧,秦谓之谩",注:"言谩詑也。""好,秦曰娥",注:"言娥娥也。""眉,老也。东齐曰眉",注:"言秀眉也。""嫽,美也,南楚之外曰嫽",注:"言婋嫽也。""楚东海之间卒谓之弩父,或谓之褚",注:"言衣褚也。""生而聋,陈楚江淮之间谓之聋",注:"言无所闻常聋耳也。"凡注中说"言某某"的大都属于这一类。说"言某某",犹如说"意思是说什么,所以有这样的说法"。

(3)用普通语词来解释特殊语词或特殊的文字。例如"台,养也",注:"台犹颐也。""郁悠,思也,晋宋卫鲁之间谓之郁悠",注:"郁悠犹郁陶也。""泷涿谓之沾渍",注:"泷涿犹濑滞也。""愲,江湘之间谓之顿愍",注:"顿愍犹顿闷也。""南楚愁恚愦愦毒而不发谓之氐惆",注:"氐惆犹懊憹也。""麋,老也",注:"麋犹眉了。"凡注中说"犹某某"的大都属于这一类。

---

①　见《晋书》卷七十二《列传》四十二,页1a—7b。

②　见《海宁王静安先生遗书·观堂集林》卷五,《艺林》五,页11b—14a(商务印书馆石印本)。

（4）用语言里的复音词来解释原书的单音词。例如"浑，盛也"，注："们浑肥满也。""愱，愧也，梁宋曰愱"，注："敕愱亦惭貌也。""偍，行也"，注："偍偕行貌。""蹠，力也，东齐曰蹠"，注："律蹠多力貌。""杜、蹻，涩也，赵曰杜，山之东西或曰蹻"，注："却蹻燥涩貌。"

（5）说明"语转"。例如"苏、讶、譁，化也"，注："皆化声之转也。""苏，草也"，注："苏犹蘆，语转也。""甀，燕之东北朝鲜洌水间谓之斟"，注："汤料反。此亦甀声转也。""杷，宋魏之间谓之渠挐，或谓之渠疏"，注："语转也。"这些都是说明因声音的改变而生的"转语"。还有说明语音不正而生的转语的，例如"薄，宋魏陈楚江淮之间谓之苗，或谓之曲"，注："此直语楚声转也。""吴越饰貌为妁，或谓之巧"，注："语楚声转耳。"说"楚"，犹如说"伧"。

从以上五点我们可以看出郭璞注这一部书照顾的方面非常之广。《方言》是一部好书，幸而又有郭璞的精善注本，真是相得益彰了。

《古汉语知识详解辞典》序

古代汉语是现代汉语的源泉。以往古人写在书面上的文语虽然历代也有所不同,或表现在词汇上,或表现在语法上,但从总的方面来看,基本的语词和基本的语法结构形式还是一致的,所以统称古代的文语为古代汉语。现代汉语是从古代的语言发展来的,它跟古代书面上的文语有古今相承的关系。我们天天说的写的都是现代语,实际上有很多的语词、成语和语法形式是从古代沿袭下来的,并非与古代汉语截然无关。我们为了加深对现代语的理解,不能忽视古代汉语的学习。

中国历代流传下来的古籍之多浩如烟海,其中蕴藏着无尽的历史文化知识需要我们进行探讨,用来发扬我国的学术;其中也有无数的古代优秀的文学作品值得我们借鉴,以扩大自身的语汇,提高自己表达思想的能力。因此,凡是有条件学习的人都应当学习一些古代汉语的知识,从读浅近的文言文入手,逐渐理解古汉语的语法规律,并用心注意古今语汇的异同和两者之间的关系,以达到阅读一般古代作品的能力。这对于汲取有用的知识和提高个人的文化修养都是必要的。也许有人认为能读会写现代的语体文就行了,毋庸再学习阅读古代的文言文了,这是忽略了汉语古今语特有的关系而产生的一种偏见。无源之水,无根之木,终不免贫匮枯槁的。从"五四"新文化运动以来,没有哪一位大作家不曾读过古书的。

现在中学语文课有古代文言文的学习,大学里也设有古代汉语一门课程,这对于提高学生的文化素质和增强对我国古代优秀文学传统的热爱都有很大的作用。本辞典的编者特别精心编纂了这本辞典,以便从事古代汉语教学的先生们和有志于深入学习古代汉语的广大读者参考,是一本非常有用的书。内容分为总论、文字、音韵、训诂、古方言、语法、修辞、目录版本校勘、典籍注本等十类,每类所收词条力求详备,除名词术语外,兼收相关的著作名目,有似书录解题,对读者不仅提供了必要的学识,而且可以作为读书的指南。推而广之,读者还可以从中略窥我国语言文字学发展的历史和近代以来专门学科的研究成果。编者都是多年从事古汉语教学和研究工作的学者,属稿仅两年,即成此巨著,足

见平日修养有素,临事致力之勤。承见示全书词目,并嘱为序,因略陈浅见,以
当引言。

1990 年 3 月 20 日于北京大学

马文熙、张归璧等编著《古汉语知识详解辞典》由中华书局 1996 年出版,周
祖谟先生任该书的学术顾问

《实用释义组词词典》序

汉语的语词是用单个的汉字来记录的。一个汉字有的是一个单词,有的只是构成合成词的语素。语素或称词素。不论是词,还是语素,都具有一定的语义。汉字本身就是语义的载体。

不过,一个汉字不一定只有一个意义,一般的情况是有几个意义,这是汉语与汉字在长期历史发展的过程中形成的。在字义上有所谓本义、引申义、假借义之分。当它作为构成一些合成词的语素时,或取此义,或取彼义。在某一组合成词中,取其某一个意义,在另一组合成词中则取另外一个意义。纷繁之中,自有条理可寻。对某一个合成词来说,我们要了解其确切的含义,就不能不把其中每个语素的意义先理解清楚。

例如"立"字,在甲骨文中像一个人站在地上,它的最初的意义应当是站立的意思。引申而有直立、建立以及自立存在的意义,如"起立、中立、立场"的"立"是站立的意思,"挺立、屹立、壁立"的"立"是直立的意思,"树立、创立、成立"的"立"是建立的意思,"独立、孤立、自立"的"立"则是生存的意思。至于"立刻、立即"的"立"是马上的意思。这不是站立义的引申,而是属于字的假借,与本义无关。

从上面所举的例子可知要理解一个合成词的词义,首先要了解其字义,由是来理解词的整体意义。可是现在出版的词典一直沿袭以前字典的体例,仅在单字下列举不同的字义,在合成词下只解释整个词的意义,没有对语素义有所说明,这样就不易使人对该词的意义有透彻的理解。

例如"烈"字从字形上看,原义当是烈火的意思。《说文解字》训为"火猛也"。"烈"用在"热烈、激烈"里为猛烈的意思,用在"壮烈、忠烈"里则为刚直的意思,词典中应当对其中的"烈"字加以解释,以使词义明确。在一部词典中只讲单字义,而不讲合成词中的语素义,是很大的缺点,有必要进行革新,创立新的模式。

这本词典是一部以解释汉语的单字义和单字作为语素时的意义为主的新型词典。其特色即在于把同一个语素组成的词依照语素义的不同分别叙列,例如"领"字在语词中有种种不同的意义,当衣领讲的,如"领带、圆领、尖领";当要点讲的,如"纲领、要领";当带领讲的,如"领队、领航、统领、率领";当据有讲的,如"领土、领域、领海、领属";当接受讲的,如"领教、领情、拜领";当了解讲的,如"领会、领略";当收取讲的,如"领赏、冒领、认领";当领袖讲的,如"首领、将领"。本书编者经过细致的分析研究,确定出不同合成词中的语素义,以语素义为纲统领相关的语词,分别列举,读者很快可以掌握不同合成词的词义。

其次,这本词典照顾到学习上的方便,编排了七千个常用汉字和每个常用汉字所组成的常用的词语和成语,解释了约四万个词语中的每个词素在词语中的含义,并且把常用词语和成语按照其首尾汉字重出,如果不知道某一字怎样写,可以从首尾两字下一检即得,最为方便。这种新的编纂方法把无比纷繁的语汇全面地加以系统化,无疑对学生学习语文,对教师进行语文教学都有莫大的帮助,对一般从事语文工作的人也是一本极为有用的便查的参考书。在词典的编纂法上创立了一个新的模式,也许更有重要的意义。对词义学来说,也是一种新的贡献。

1991 年 4 月 15 日

周士琦编著《实用释义组词词典》由华文出版社 2000 年出版

《目录学发微》前言

目录学是研究中国古代的书籍文献目录、考镜源流、辨章举术的一门传统的学问。

中国的古书浩瀚如烟海，历代见于著录的各门各类的著作极为详备，如经学、小学、史学、地理、金石、诸子、小说、医方、天文历算、艺术图谱、道书、佛经、类书、丛书等，门类众多，不烦多举。要想知道这些书籍产生的时代、书籍的性质和内容以及历代书籍的存佚、各种学术的源流等，除查阅历代史书中的"艺文志"或"经籍志"以外，还有历代私人所著和公家所修的目录书可资寻检。目录书可以引导学者知道治学的门径，还可以丰富学者关于各方面书籍的知识，为用极广。

不过，自汉代刘向著《别录》、刘歆著《七略》以后，魏晋以下历代的目录书很多，各书的编制、分类和内容都不尽相同，要利用这一类书，不能不先了解这类书的性质、体制、作用及其沿革。这就是传统的目录学所要阐述的主要内容。在阐述这些内容的同时，必然要评论各书的得失和用途，为初学者引路。因此，要利用目录书，必须要先通目录学。清代王鸣盛在《十七史商榷》里曾经说："目录之学，学中第一紧要事，必从此问途，方能得其门而入。"就是这个意思。

回顾以往专门讲述目录学的书籍并不多。虽然有关历代不同目录书的特点，及其在学术史上的价值也不乏有人评论，但是能贯串古今、洞察原委、明其义蕴者只寥寥数家，而且没有综核群言、通论是非、启导学者的专书，这是很大的缺欠。余嘉锡先生是一位著名的史学家，又是深明学术源流的古代文献学家、目录学家，所著有《四库提要辨证》《古书通例》《论学杂著》《世说新语笺疏》等书。这本《目录学发微》是近代目录学书籍中创作较早而又极有系统、颇有创见的一本书，其中对目录书籍发展的源流，各书体制的得失利病都有详细的论述。学者由此可以开拓眼界，知所去取。作者于1930年至1948年间在北京各大学讲授目录学时，即以此印为讲义教授诸生。惟各校所印，多寡小有不同。但始终未能正式出版。同道的学者频频节录引用，甚或直接翻印，足见此书早为学者所重视。

1962 年春曾根据作者晚年增改本校点为一编,承中华书局为之排印,1963年2月出版。但当时仅印 2700 册,流行不广,而觅求的人很多。今绝版已久,为应读者需要,更取作者手校批注本与 1963 年印本对勘,印本中有脱字处和注解不完备处都得据手校批注本加以刊正增补。承巴蜀书社欣然接受,为之印行,以供研究目录书籍和目录学史者参考,谨略述原委,并敬致谢意。

1989 年 7 月 20 日

《语言研究》创刊献词

当前我国的语言科学应当有一个新的发展。我想,一方面,对于传统的语言学,我们必须进一步使之发扬光大,打通文字、音韵、训诂三者的界限,贯串古今,做语言的全面研究。观察历史,观察现代,重事实,重分析,既不囿于前人的成见,也不自蔽于己见。另一方面,要开扩眼界,扩大研究范围,利用多方面的材料,比证异同,创通新解,开拓新的学科部门。对于国外的新理论、新方法尤应注意,他山之石,可以攻错。如能取精用弘,一定可以提高我们的研究水平,取得新的成就。

科学的发展,总是在相互启发的情势下不断前进的。《语言研究》的创刊恰恰给我们提供了交流研究成果的园地,这对推进我国语言科学的发展应该说是极有意义的。况且看来编者大有"既滋兰之九畹,又树蕙之百亩"的气概,不同学派、不同意见的文章都会发表,我想,一个百卉争荣的局面必将展现在我们的面前。

1981 年

《简明汉语反义词词典》序

在语言的词汇里有不少的词是意义相反或相对待的,这类词一般称为反义词。词义相反或相对待主要是一些形容词和动词,如"高"与"低"、"来"与"去"、"喜悦"与"悲伤"、"延长"与"缩短"之类。

我们在说话或写作的时候,经常会对一些事物相反的性质、形貌以及人的活动等等不同的情况作鲜明的对比,这样就须要善于选用反义词。要恰当地选用一个词的反义词,最好是从词义和词的结构两方面来推求。

现代汉语里以用两个语素构成的词居多。语素与语素之间的构词关系,有的是意义相近的,有的是一主一次。次者对主体有所限制,有所补充。前者一般称为并列式,后者称为主从式。意义相近的,如"喜悦、巧妙、懦弱、粗疏";一主一次的,如"减少、降低、好看、重视"。这些词的反义词也是意思与之相对照的语素构成的,例如"喜悦"与"悲伤"、"巧妙"与"拙劣"、"懦弱"与"坚强"、"粗疏"与"细密"、"减少"与"增多"、"降低"与"升高"、"好看"与"难看"、"重视"与"蔑视"。了解这一点,我们在选定一个词的反义词时就有了准则。

但是,我们也应当注意到一个词在使用上有时具有多方面的细致的含义,在不同的语言环境里,它的反义词就不只一个了,例如"庸俗"的反义词可以是"文雅",也可以是"高尚";"得意"的反义词可以是"失意",也可以是"沮丧";"新鲜"的反义词可以是"陈旧",也可以是"陈腐";"喜欢"的反义词可以是"厌恶",也可以是"讨厌";"高深"的反义词可以是"肤浅",也可以是"浅薄";随文意、文体和修辞上的需要而在使用上有不同。

分辨反义词和分辨同义词,在语言教学上具有同等重要的地位。北京语言学院张朋朋、陈通生、刘松江、黄祥年、岳维善和胡志英等几位教师,他们一直教外国留学生学习汉语,积累了多年的教学经验,选择出普通常用的反义词和反义的成语,编成这本书,并注出相应的英语语义。我从头到尾看了一遍,我认为这确实是一本很有用的教材,读者会从中获得很多的知识。我很喜欢这本书。他们希望我在书的前面写几句话,多谢他们的热忱。为了沟通

中外文化,有益于交流思想,正确地使用汉语,我非常高兴地向读者推荐这本
精致的小书。

1982 年 10 月于北京大学

《简明汉语反义词词典》由外语教学与研究出版社 1982 年出版

《水浒语词词典》序言

关于汉语历史的研究，近些年来有了很大的进展。在词汇方面，有关唐以后近代语的论著日渐多起来了。所谓近代，一般指元明清时代而言，但是从语言发展的实际情况而论，元明清时代的口语词语有很大一部分跟唐宋时代所用的词语是相关连的，未可截然分开，不过有些见于书面，有些就难于稽考而已。

研究唐以后近代语的词语是一项很重要的工作。最早提倡研究近代语的是黎锦熙先生，在他主持中国大辞典编纂处期间，辞典编辑组就曾经搜罗了大量的出于宋人语录、元曲和明清小说中的通俗词语，并试加解释。可以说是已经"导夫先路"。

近些年来已出版的有关唐以后近代语的研究著作，最著称的有两部：一部是张相先生的遗著《诗词曲语辞汇释》，他把唐宋元明时代诗词曲里常用的通俗词语搜集在一起，参互比证，寻求解释，方法缜密，创获极多，是前所未有的好书。另一部是蒋礼鸿先生所作的《敦煌变文字义通释》，这部书以唐代敦煌变文一批资料为研究对象，训释其中不易理解的字词，并旁采唐宋书籍和唐以前的史传文字，互相征验，推本溯源，为从事专门考释一代语词开拓了一个新的门径。这两部书，功力深湛，大有助于汉语词汇史的研究。

现在李法白、刘镜芙同志著《水浒语词词典》，专就一部书中所出现的词语加以考释，又别具一格。虽然考释词语意义的方法不出前人的轨辙，但诠解详明，也是不可多得的著作，跟上面所说的两部书也互有联系。如果从语言历史前后因承的关系来说，唐宋以迄元明，许多词语可以远绍到汉魏晋南北朝，但因文献阙佚，不能一一考订清楚，惟独由唐代迄今，可考者居多。《水浒传》或言元施耐庵所作，或言明罗贯中所作，然而在南宋时期必然早有讲史话本之类演说梁山泊故事的，有些节目也见于元人杂剧。《水浒传》当出于元人之手，在元明之间又不无增饰附会，而成为一部盛传于民间的文学作品，其中的通俗词语就是宋元间人的常言，人人都能听得懂的。不过有些由于时代的变迁，意义已不甚明了。甚至于其中也有一部分是一个地区的方言，意思未必稀奇，只是语音有变，文字写法特殊，到今天反而不易捉摸，所以很须要有专著来解释。这种专著不同于清人的《恒言录》《通俗编》《迩言》那样粗疏浅薄,而是在本书的材料之外又能联系到其他有关的材料而做出具体详明的解释,钩深致远,融会贯通。这不仅对读一部著名的文学作品有用,而且对研究语词意义的发展,以及与现代方言作比较,都有很大的用处。希望能有更多的这类专著出现,使我国历史词汇学有进一步的发展。

本书作者对《水浒传》词语的研究积有年载,今已成编,将问世出版,镜芙同志来书请为之序,因略抒浅见,以当引言。

1987 年 4 月 1 日于北京大学

《水浒语词词典》由上海辞书出版社 1989 年出版

《汉语谚语词典》序

　　谚语是人民口头经常说的通俗的现成话。《说文》训释"谚"为"传言也"，"传言"就是口头传说的意思。人民在平日生活当中从所接触的事物中不断积累了许多知识和经验，由此而用简短的语言概括地表达出来，十口相传，为人所共喻，久而大家常常这样说，在书面上也经常被人引用，这就是所谓的谚语，如"没有规矩，不成方圆""种瓜得瓜，种豆得豆""上山容易下山难""吃一堑，长一智""知足者长乐""一亩园抵三亩田""处暑收黍""六月六，见谷秀""栽蒜不出九""七九河开，八九雁来"等等，有的是农谚，有的是事理谚，有的是属于生活上各方面的常识谚，种类纷繁，内容极为广泛，成为语言词汇总体中的一部分。

　　汉语历史悠久，从古至今积累的谚语之多，不可胜数。有些很早就见于古书，或称"谚云"，或称"鄙谚"，或称"鄙语"，如"唇亡齿寒"见于《左传·僖公五年》，"畏首畏尾"见于《左传·文公十七年》，"亡羊补牢"见于《战国策·楚策》，"利令智昏"见于《史记·平原君列传·赞》。这些谚语，至今仍然沿用。除见于古书者外，在不同的历史时期都有许多谚语出现，甚且在不同地区也有行之于一方的谚语，而近世所出现的谚语尤其多。在语言的运用中，可以随宜而施，以增加语言的鲜明性和生动性。我们还可以从大量的谚语中认识到人民的聪明智慧，社会文化发展的情况；我们还可以领会到汉语的精练和汉语所具有的生动的表现力。

　　以前学者对谚语也曾有过集录，如明代杨慎著有《古今谚》，清代杜文澜著有《古谣谚》，不过，他们多侧重于书本所有，而略于当代流行的口头谚语。现在孟守介、邱万紫、鲁启华、俞信宝、赖云青五位同志在教学工作之余编纂了这一部综合性的谚语词典，古今并重，广事搜罗，编排科学，解释明确，又得北京大学出版社有关同志推敲改正，精益求精。此书对广大语文工作者、文学作者以及研究文化历史者都会有极大的参考价值，故乐而为之序。

《汉语谚语词典》由北京大学出版社 1990 年出版

《释名广义》释例

中国的语言学发达得很早。训释词义,至少可以说从春秋早期已肇其端,战国时期振其绪,到了两汉时期发扬而光大之,成为一门训诂之学。对于词义的解释,概括来说有两种:一种是从实际在语句中使用的意义出发,解说其意义,多为通常的训释;一种是从字形上或字音上推求其本来的意义或指出事物如此称谓的缘由。沈兼士先生称前者为实用训诂,后者为理论训诂。实用训诂是出于解释古文献的需要,因而就原句中所具有的词语的意义加以注释,通称之为"义训",如《毛诗诂训传》、《尔雅》的《释诂》《释言》《释训》之类。理论训诂是从分析字形或根据字音来推寻字义,始于战国时期,到西汉时大为今文经家和谶纬学家所用,如唐宋类书中所引的纬书、董仲舒的《春秋繁露》以及后汉班固的《白虎通》所载。其从字形作解说的通称之为"形训",其从字音作解说的通称之为"声训"或"音训"。

刘熙《释名》作于汉末,专门从字音方面推求字义。他在序文中说:"夫名之于实,各有义类,百姓日称而不知其所以之意,故撰天地、阴阳、四时、邦国、都鄙、车服、丧纪;下及民庶应用之器,论叙指归,谓之释名。"这说明他有意识地探讨事物得名的由来,所以完全从声音上去推求语义,初步具有探讨语源的意味。不过,他所作的解释有很大一部分是从个人心理上的感受和从个人对事物的某一观察着眼点来加以解释,并没有达到令人信服的程度。我们现在如果要探求语义之源,不能不建立一些新的方法。要言之,有的可以从甲骨文、金文一类古文字在形体上所表现的意思去观察其含义,有的可以从同一谐声偏旁的字求其共同有的意义去解释,有的可以从声音通转上求其本字和语源,有的可以从古书不同的说解中去衡量定其得失。这几种方法也是交相为用的。

清人研究《释名》的书有毕沅的《释名疏证》,后来王先谦又撰集同时的学者所说,为《释名疏证补》一书,但是对刘熙从声音上去寻求义类的意旨领会不深,以解释《尔雅》《方言》的方法来解释《释名》,以致发明不多。1944 年我在北平辅仁大学国文系讲授《释名》,因作《释名广义》以补前人之不逮。然而未及原书五分之一。到 1945 年因转授其他课程,也就没有作下去。距今已有四十四年。幸旧稿尚存,今摘采若干条,书写于后,以当释例,实不足以言著述,聊以为论学之资而已。

1988 年 4 月 5 日

释 天

> 天,豫司兖冀以舌腹言之。天,显也,在上高显也。青徐以舌头言之。天,坦也,坦然高而远也。

按豫司兖冀包括今陕西,河南,河北,山东西部东平、兖州等地。青州包括山东东部、济南以东至莱阳等地。徐州包括江苏北部徐州、下邳、东海以至扬州等地。

天以舌腹言之者,疑读为[ȶ‘]。“天”与“显”声母不同,“天”是透母字(《广韵》他前切),“显”是晓母字(呼典切)。“天”为真部字,“显”为元部字,韵相近。“显”为摩擦音,与“以舌腹言之”相合。《广韵》“祆,胡神”,音呼烟切。“祆”即祆教字,字即从天。至于天以舌头言之,则当读[t‘]。“天、坦”双声,“坦”亦为透母字(他但切),韵属元部。

《说文》云:“天,颠也。至高无上,从一、大。”按古文字“天”作𡗕、𡗶,意指人的头顶。天在人颠顶之上,所以就以天呼之。“颠”为端母字(都年切)。“天、颠”叠韵,同属真部。《白虎通·天地》云:“天之为言镇也。居高理下为人镇也。”“镇”为知母字(陟刃切),古读端母。“天、镇”韵同,以“镇”训“天”,是今文经家说。

> 春曰苍天,阳气始发,色苍苍也。夏曰昊天,其气布散皓皓也。秋曰旻天,旻,闵也,物就枯落可闵伤也。冬曰上天,其气上腾与地绝也。故《月令》曰:天气上腾,地气下降。

按此据气候说四时名称的不同。“春”为穿母字(昌唇切),“苍”为清母字(七冈切),声母音近。其他,“昊皓、旻闵”为双声。“冬”为端母字(都宗切),“上”为禅母字(时掌切),禅母古音读[ȡ],声母与“冬”音近。又《诗经·雨无正》正义引《尔雅》李巡注云:“春万物始生,其色苍苍然,故曰苍天。夏万物盛壮,其气昊大,故曰昊天。秋万物成熟,皆有文章,故曰旻天。冬阴盛在上,故曰上天。”李释就物之生长而言,与《释名》不同。

《易》谓之乾。乾,健也,健行不息也。又谓之玄。玄,悬也,如悬物在上也。

按"乾、健"双声,均为群母字。"玄、悬"音同。刘熙释"玄"为"悬"非。《释名疏证补》引王先慎说释"玄"为幽远意较妥。

日,实也。光明盛实也。

按"日、实"叠韵。"日"为日母字(人质切),"实"为床母字(神质切)。《白虎通·日月》云:"日之为言实也,常满有节。"有节意谓光精不亏。日实与月阙是相对而言的。从日谐声的字有近义,如"衵"(人质切),《左传·宣公九年》注云:"衵服,近身衣。"《释文》引《字林》:"衵,妇人近身内衣也。仁一反。""日"与"内"声韵相通。《说文》"复"从日,亦从"内"作"衲"。古诗《为焦仲卿妻作》"内"与"日"协韵。"衵"从日得声,而得义于"内",殆取义于彼而见形于此之类。

月,阙也,满则阙也。

按"月、阙"叠韵。"月"为疑母字(鱼厥切),"阙"为溪母字(溪月切)。从月谐声的字有断缺的意思,《说文》"跀",断足也;"刖",绝也;"刵",折也。三字都音鱼厥切。

光,晃也,晃晃然也。亦言广也,所照广远也。

按"光"甲骨文作 ⚡︎ ,金文作 ⚡︎ 。《说文》:"光,明也,从火在人上,光明意也。""晃,明也。""光、晃"叠韵。"光"为见母字(古黄切),"晃"为匣母字(胡广切)。又"光"有大义,《诗·皇矣》"载锡之光",传训"光,大也"。《左传·昭公二十八年》"光有天下",注同。"光"与"广"为双声,《诗·敬之》"学有缉熙于光明",传训"光,广也"。又《国语·周语》"叔父若能光裕大德",注云:"光,广也。"《水经注·济水》云:"光里,齐人言广音与光同,即《春秋》所谓守之广里者也。"

景,境也,明所照处有境限也。

按"景、境"同音。此指日月之光景。《说文》:"景,光也。"《诗·车辖》"景行行止",传:"景,明也。""景、光"双声,"景、明"叠韵(后汉),古书中阴影字只作"景",《吕览·功名》"犹表之与景",注云:"景,晷也。"《淮南子·道应篇》

"网两问于景"，注云："景，日月之光暑也。"《颜氏家训·书证篇》云："《尚书》曰：惟景响（《大禹谟》），《周礼》云：土圭测景，景朝景夕（《地官·大司徒》），《孟子》曰：图景失形（《孟子外书·孝经第三》），《庄子》云：罔两问景（《齐物论》），如此等字皆当为光景之'景'。凡阴景者因光而生，故即谓为景。《淮南子》呼为景柱（《俶真篇》），《广雅》云：暑柱挂景（《释天》：暑、柱，景也），并是也。至晋葛洪《字苑》傍始加彡，音于景反，而世间辄改治《尚书》《周礼》《庄》《孟》从葛洪字，甚为失矣。"

又按"景"从京声有大义。《诗·楚茨》"以介景福"，传云："景，大也。"《诗·定之方中》"景山与京"，传云："景山，大山。"

星，散也，列位布散也。

按"星、散"为双声，都是心母字。本书《释天》云："霰，星也，冰雪相搏如星而散也。""星、散"亦为一词。《蜀志·王平传》"众尽星散"，刘琨《遗石勒书》："翕尔云合，忽复星散。"然考星之名实得义于小，凡读心母之字大都有析散琐小之义。"星"从生声，从生之字多有细小义，如"笙"，竽之小者也。《方言》卷二："笙，细也。凡细貌谓之笙。"《广韵》麘，所庚切（古读心母）："兽名，大如兔也。"其大如兔，是亦小兽矣。星亦精光之小者也。重言曰星星，谢灵运《游南亭》诗云："戚戚感物叹，星星白发垂。""零星"也是今之常言，《艺文类聚》引《春秋说题辞》云："星之为言精也，阳之荣也。阳精为日，日分为星，故其字日生为星。"此汉代今文经家解字因形附会之例也。

宿，宿也，星各止宿其处也。

按此以本字释本字，而二者声调有异。星宿音息救切（宥韵），宿止音息逐切（屋韵）。《说文》："宿，止也。"此字甲骨文作 𡨄，象人宿止于屋内。星宿即依止宿得名。《说苑·辨物篇》所谓宿者日月五星之所宿也。因是或谓字宜音肃。说详《容斋随笔》《嬾真子》《笔乘》《订讹杂录》《陔余丛考》。

风，兖豫司冀横口合唇言之。风，氾也，其气博氾而动物也。青徐言风，踧口开唇推气言之。风，放也，气放散也。

按此以兖豫司冀与青徐语音不同，所以分别说明，与"天"字一条相同。《广韵》"风"音方戎切（非母东韵），"氾"音孚梵切（敷母梵韵），但古韵"风"与"氾"同为侵部字。"氾"与"汎"通用。风，甲骨文借"凤"字，又字作从凤凡声。

《周礼·大宗伯》"风师"作"飌师"。今"风(風)"字,从虫凡声。按从凡声之字有轻浮普泛之义,如"汎",《说文》云:"浮貌。"仈,《方言》卷十三云:"仈,轻也。楚凡相轻薄谓之相仈。"帆,本书《释船》云:"随风张帐曰帆。帆,汎也,使舟疾汎汎然也。"风者其气博汜浮动,故字从凡声。此言兖豫司冀横口合唇言之者,即读为重唇滂母而兼闭口韵尾[m]。此言青徐言风蹴口开唇推气言之者,"蹴"者撮聚之义,其声母盖读为双唇摩擦音[ɸ],既言开唇,又言风放,是韵尾盖收鼻音[ŋ]。

　　　　阴(陰),荫也,气在内奥荫也。

　　按"阴、荫"同为影母侵韵字。"阴"为平声字,"荫"为去声字。《春秋繁露·人副天篇》:"阴,地气也。"《太玄·玄摛》:"幽无形,深不测之谓阴也。"《说文》:"阴,暗也。"按从今声之字多有幽深隐覆之义,故曰"气在内奥荫也"。

　　　　阳(陽),扬也,气在外发扬也。

　　按"阳、扬"同音,为喻母阳韵字。《穀梁传·僖公二十八年》注:"日之所照曰阳。"《说文》:"阳,高明也。从𨸏易声。"甲骨文"易"作 𩅦 ,金文作 𩇔 。"易"有光大发扬之义,故光明盛实之日曰阳,气之清明者亦曰阳,向日之处曰阳,发扬在外者亦曰阳。又"阳"为喻母字,喻母古读近定母,如"煬、暘、湯",并有温暖之义。

　　　　寒,捍也。捍格也。

　　按"寒、捍"为双声,匣母字,"捍"为去声(侯旰切)。《说文》:"寒,冻也。""扞,御也。"捍格者,《礼记·学记》云:"发然后禁,则扞格而不胜。"注云:"扞格坚不可入之貌。"又从寒声之字有屯难之义,如"蹇",《易·蹇》:"象曰蹇,难也。"《广雅·释训》:"蹇产,诘诎也。"《离骚》"謇吾法夫前修兮,非世俗之所服",注:"謇,难也。"《方言》卷十:"謇,吃也(即口吃之吃)。"又卷六:"謇,难也,齐晋曰謇。"

　　　　暑,煮也,热如煮物也。

　　按"暑"为审母字(舒吕切),"煮"为照母字(章与切),"暑、煮"叠韵,刘熙以"煮"释"暑"不妥。按"暑"从者声,从者声之字多有积聚之义,如"诸",《一切经音义》卷二十四引《苍颉篇》:非一也,《声类》:词之总也。猪,《说文》:"豕而三五丛居者。”储，《汉书·平帝纪》注：“积也。”《尚书·禹贡》“大野既猪”，传：“水所停曰猪。”字亦作“潴”，或作“都”。都，本书《释州国》：“国城曰都，都者国君所居，人所都会也。”阇，《尔雅·释宫》：“阇谓之台。”孙炎注：“积土如水渚可以望气祥也。”渚，本书《释水》：“小洲曰渚，渚，遮也，体高能遮水，使从旁回也。”字亦作“陼”。褚，《左传·襄公三十年》：“取我衣冠而褚之。”注：“褚，畜也。”《汉书·南粤王传》颜师古注：“以锦装衣曰褚。”由此可证从者的字都有积聚之义。夏日积温盛热，气聚而不散，故曰暑。

春，蠢也，动而生也。

按“春、蠢”双声。春，昌唇切（穿谆）。蠢，尺尹切（穿准）。穿母古读如透母。《说文》：“春，推也。”“推”为透母字，“春、推”也是双声字。《御览》时序部三引《书大传》云：“春，出也，物之出也。”出，赤律切（穿术），即“春”的入声字。春，甲骨文作𣚠、𡌥，金文作𣠶，并从屯。屯象植物之萌生。《白虎通·五行》云：“春之为言偆，偆，动也。”“偆、蠢”字通。

夏，假也，宽假万物使生长也。

按“夏”胡雅切（匣马）。“假”古雅切（见马）。“夏、假”叠韵。“夏、假”均有大义，《白虎通·五行》：“夏之言大也。”《御览》引崔灵恩《三礼义宗》云：“夏，大也，至此之时物已长大，故以为名。”《方言》卷一：“自关而出秦晋之间凡物之壮大者而爱伟之谓之夏，周郑之间谓之煆（音贾）。”“煆、假”字通，《礼记·乡饮酒义》：“夏之为言假也。”郑注：“假，大也。”刘熙以“宽假”释“假”不妥。

秋，緧也，緧迫品物使时成也。

按“秋、緧”音同。“緧”为车緧，緧迫字当作“遒”，《广雅·释诂三》：“遒，迫也。”又按凡从秋、酋、殷、九、丩等得声之字皆有收敛义。秋主收敛，故曰秋。《御览》引崔灵恩《三礼义宗》云：“秋之言揫缩之意。阴气出地，始杀万物。”《文选·秋兴赋》注引《释名》作“秋，就也，言万物就成也”。“秋、就”（疾僦切）古韵同部。秋为万物成熟之时，故以成就为训。

冬，终也，物终成也。

按“冬”都宗切（端冬），“终”职戎切（照东）。照母古音读如端母。“冬、终”古为一字，甲骨文作𰀀，金文作𰀁，象丝之两尽端。“冬、终”古韵同。《白虎通·五行》亦云:"冬之为言终也。"《说文》云:"冬,四时尽也。"因冬为四时几尽,故曰冬。《礼记·乡饮酒义》云:"冬之为言中也(陟弓切),中者藏也。""冬、中"双声为训,然不若以"终"训"冬"为是。

年,进也,进而前也。

按"年"奴颠切(泥先)。"进"即刃切(精震)。"年、进"古韵同属真部。《说文》云:"秊,谷熟也,从禾千声,《春秋传》曰大有年。"考"年"甲骨文作𥝢,金文作𥝢,皆不从千。《尔雅·释天》:"夏曰岁,商曰祀,周曰年。"邢昺疏:"年者禾熟之名,故以为岁名。"刘熙以"进"释"年",尚未得语之本义。

雲犹云云,众盛意也。又言运也,运行也。

按"雲、云"并王分切(于文)。"运"王问切(于问)。"雲、云"同音,"雲"有盛义,《诗·出其东门》"出其东门,有女如雲",如雲者,言其众多。又《汉书·窦宪传》注:"雲辎,辎车也,称雲言多也。"此称"犹云云",即众多之意。《汉书·金安上传》"教当云云",注:"云云者,多言也。"《抱朴子·论仙》:"万物云云,何所不有。""云云"亦作"芸芸",《老子》"夫物芸芸,各归其根",注:"芸芸者,华叶盛。"《诗·裳裳者华》"芸其黄矣",传:"芸,黄盛也。"按:"芸芸"亦作"魂魂"(于母古归匣母)。《太玄·玄告》"魂魂万物",注:"魂魂,众多之貌。"《释名》"又言运也"者,周旋运布之意。

暈,卷也,气在外卷结之也,日月俱然。

按"暈"王问切(于问)。"卷"居转切(见狝)。"暈"为谆部字,"卷"为元部字,二字声韵相近。《吕览·明理篇》"有暈珥",注:"暈读为君国子民之君。气围绕日周帀,有似军营相围守,故曰暈也。"又《淮南子·览冥篇》"画随灰而月运阙",字作"运",注:"运读连围之围也。运者军也,将有军事相围守则月运出也。"《周礼·保章氏》注:"日有薄食运珥。""运"亦即"围"(雨非切),"暈、运、围"皆双声字,"运"与"围"为脂谆对转。盖日月气围绕周运故曰暈也。甲骨文"暈"作𦝐,正象日周有暈之形。

释　地

地者底也,其体底下,载万物也。亦言谛也,五土所生,莫不信谛也。《易》谓之坤。坤,顺也,上顺乾也。

按"地"字古作"墬","地"为后起字。地,《广韵》音徒四切(定至),"底"音都礼切(端荠),"谛"音都计切(端霁)。汉代"地、谛"为支部字,"底"为脂部字。"地、底"为旁纽双声。《尔雅·释地》释文引杨泉《物理论》:"地,底也,著也,阴体不著。"又引《礼统》(纬书)云:"地,施也,谛也,应变施化,审谛不误。"又《白虎通·天地》云:"地者易也,言养万物怀任交易变化也。""易"字汉代韵部属支部。以上声训各异,说者都出自主观意念,《释名》义为长。

土,吐也,吐生万物也。已耕者曰田。田,填也,五稼填满其中也。

按"土、吐"同音,并他鲁切(透姥)。《说文》:"土,地之吐生万物者也。二象地之下、地之中物出形也。""土"甲骨文作 ᅌ,金文作 ᅩ,象地上有所出。"田"音徒年切(定先),"填"音同。《说文》:"田,陈也,树谷曰田。"《尔雅·释地》释文引李巡注:"田,陈也,谓陈列种谷之处。""田、陈"古同属定母。"田"甲骨文作 田、畕,象田地形。

壤,瀼也,肥濡意也。

按"壤"如两切(日养)。"瀼"汝阳切(日阳)。《诗·野有蔓草》"零露瀼瀼",传:"盛貌。"按从襄的字如"穰"确有盛意,但与土壤之壤不切。毕沅《释名疏证》改为"壤,膜也,肥膜意也"。考《说文》:"壤,柔土也。"《书·禹贡》"厥土为白壤",传:"无块曰壤。"《汉书·马援传》"其田土肥壤"注同。据此可知"壤"为肥土。《周礼·大司徒》"辨十有二壤之物",注:"壤亦土也,变言耳。以万物自生焉则言土,土犹吐也;以人所耕而树艺焉,则言壤。壤,和缓之貌。"

广平曰原。原,元也,如元气广大也。

按"原"本为泉源之本字。以"原"为平原之原为借字。《说文》字作"邍",云:"高平之野,人所登。"《诗·皇华》"于彼原隰",传云:"高平曰原。"《诗·载芟》疏云:"原隰者,地形高下之别名。"

高平曰陆。陆,漉也,水流漉而下(一作"去")也。

按"陆"力竹切(来屋三等)。"漉"卢谷切(来屋一等)。"陆、漉"双声。《易·渐》"鸿渐于陆",马融注:"山上高平曰陆。"《楚辞·忧苦》"巡陆夷之曲衍兮",注:"大阜曰陆。"是陆者为山上高平之地,与"原"有异。刘熙释"原"为广平,释"陆"为高平不误。至于说原元也、陆漉也,乃强为之说,不足据。

下平曰衍,言漫衍也。

按"衍"以浅切(喻狝)。"漫"莫半切(明换)。"漫、衍"古韵同部。"衍"金文作 ,象水于沟渠内流衍。因水之流衍就下,故下平之地曰衍,其美者曰衍沃,《左传·襄公二十五年》疏谓衍地高于原,盖误。

下湿曰隰。隰,蛰也,蛰湿意也。

按"隰"似入切(邪缉)。"蛰"王先慎校改作"垫"(都念切,㮇韵)是也。"下湿曰隰",《尔雅·释地》同。李巡注:"下湿谓土地窊下常沮洳,名为隰也。"《公羊传·昭公元年》:"上平曰原,下平曰隰。"垫,《说文》:"下也。""垫"又音徒协切(定怗),邪母古音近定母,故刘熙以"垫"训"隰"。

土青曰黎,似黎草色也。

按下"黎"字毕沅校作"藜",是也。从称声字有黄黑之义,如《荀子·尧问》"颜色黎黑而不失其所",字亦作"黧",《字林》(见任大椿《字林考逸》):"黧,黄黑也。"又《说文》:"雡,離黄也。一曰楚雀,其色黎黑而黄。"字亦作"鹂"。从丽声字亦有黑义,《诗·駉》有骊有黄",传:"纯黑曰骊。"又"鲡",亦鱼之黑者。音通往往义通。

土白曰漂,漂轻飞散也。

按从票声之字有两种义:一为轻飘义,如:熛,火飞也。嘌,疾也。趨,轻行也。旚,旌旗旚繇也。剽,轻也。嫖,轻也。僄,疾也。漂,浮也。飘,回风也。此为第一义。二为白色义,如:瞟,今俗以白眼斜视曰瞟。骠,黄马发白色。缥,帛青白色,酒绿而微白曰缥酒。此第二义也。又从麃之字亦有白义,如:犥,牛黄白色,是也。

土黑曰卢(盧),卢然解散也。

按从卢之字有黑义,如《尚书·文侯之命》"卢弓",传:"卢,黑也。"《诗·卢令》谓黑色之犬。《上林赋》"卢橘夏熟",注:"卢,黑也。"鸬,《字林》:"似鹢而黑,水鸟也。"驴(驢),似马而黑。黸,齐谓黑为黸(见《说文》)。垆,黑刚土也。"铲"亦以其为烟熏色黑也。

释　山

山,产也,产生物也。土山曰阜。阜,厚也,言高厚也。大阜曰陵。

陵，隆也，体高隆也。

按"山"所间切（山山）。"产"所简切（山产）。古韵同属元部。山，甲骨文作 ᨆ，象形。《说文》："山，宣也，宣气散生万物。"刘熙说较长。"阜"音房久切（奉有），为幽部字；"厚"音胡口切（匣厚），为侯部字，韵近。《尔雅·释地》"大陆曰阜"，李巡注："土地独高大名阜。"《广雅·释丘》："无石曰阜。"是阜者乃土山之高大者也。"阜"古文字作 ᨔ。引申之，"阜"有大义、盛义、厚义，如《诗·驷驖》"驷驖孔阜"，传云："阜，大也。"《大叔于田》"火烈具阜"，传云："阜，盛也。"《国语·周语》"所以阜财用衣食者也"，注："阜，厚也。"

"陵"音力膺切（来蒸），"隆"音力中切（来东）。"陵、隆"双声，"陵"为蒸部字，"隆"为冬部字。大阜曰陵为通训。按凡蒸登韵字皆有踜蹭升高之义。"陵"之本义为升，"陵"甲骨文作 ᨇ，象人升山阜，一足在地，一足已登阶而升。金文作 ᨈ。《文选·西京赋》"陵重巘"，薛综注："陵犹升也。"刘熙就陵之形势而言，所以说"陵，隆也，体高隆也"。

山顶曰冢。冢，肿也，言肿起也。

按"冢"音知陇切（知肿），"肿"音之陇切（照肿）。"冢、肿"同韵声近。山顶曰冢乃经传通训。山顶曰冢者，言封土高起也，即肿起之义。引申之而有大义，《尔雅·释诂》："冢，大也。"如"冢君、冢子、冢宰"，"冢"皆言大。

山旁曰陂，言陂陁也。

按"陂"滂禾切（滂戈）。"陁"徒何切（定歌）。"陂、陁"为叠韵字。"陂"字有倾斜义。从皮声字有倾颇义。诐，《孟子》："诐辞知其所蔽。"《楚辞》"不从俗而诐行兮"，注："倾也。"颇，《说文》："头偏也。"《广雅·释诂二》："衺也。"跛，《说文》："行不正也。""陂陁"为旁颇貌，字亦作"陂池、陂陁"。

山多小石曰磝。磝，尧也，每石尧尧独处而出见也。

按原本《玉篇》"磝"音午交反，云："《字书》亦嶤字也。"《广韵》嶅，五劳切。尧，《说文》："高也。""出见（音现）"即表露在外之意。

山多大石曰礐。礐，学也，大石之形学学然也。

按原本《玉篇》礐，口交反。又嚳，苦学、胡角二反。"礐、嚳"当是一字。山多小石曰磝，山多大石曰礐，此分析而言也。实则"磝、礐"当是一语，盖与"硗确(苦交、胡角二音)、墝埆"义同。原本《玉篇》:"硗,坚也。"《淮南子·原道》:"田者争处硗确,而以封畛肥饶相让。"硗确乃多石之地。《通俗文》:"物坚硬谓之硗确。"《墨子·亲士》:"墝埆者其地不育。"字亦从土。

> 山有草木曰岵。岵,怙也,人所怙取以为事用也。山无草木曰屺。屺,
> 圮也,无所出生也。

按"岵、怙"并侯古切(匣姥)。"屺"墟里切(溪止),古韵属之部。"圮"符鄙切(音痞,奉旨),古韵属脂部。《尔雅·释山》:"多草木岵,无草木峐。"峐,原本《玉篇》:"《声类》亦屺字也。"《诗·陟岵》传:"山无草木曰岵,山有草木曰屺。"与此所训相反。按《诗》传是也。《说文》与《尔雅》《释名》训同。段玉裁《说文注》:"窃谓《毛诗》所据为长。岵之言瓠落也。屺之言荄滋也。许宗毛者也,疑'有、无'字本同毛,后人易之。"其说是也。盖从古声者有枯槁、苦窳、苦薄诸义。从亥者有荄滋生长之义也。毛传所说不误。按推考语义之源不能不音与义相雠,音与义相合而又有具体例证方能令人信服。

日本的一种古字书《新撰字镜》

《新撰字镜》是日本的一种古字书，为醍醐天皇昌泰年间（898—900，当唐昭宗时）释昌住所撰。旧有天治元年（1124）古写本，今日所见为安政六年（1859）木村正辞的摹写本。全书凡十二卷。编排的体制跟中国旧日的字书颇有不同，既按偏旁部首排列文字，而又取同类事物的名称编在一起，别为一部，和偏旁部首并列。重言叠字以及联绵词又分别编录，共为160部。卷首所列十二卷的目录如下：

第一卷　　天部　日部　月部　肉部　雨部　气部　风部　火部　连火部人部　亻部

第二卷　　父部　亲族部　身部　页部　面部　目部　口部　舌部　耳部鼻部　齿部　心部　手部　足部　皮部

第三卷　　毛部　色部　广部　言部　骨部　尸部　女部　彡并长部支部　力部

第四卷　　糸部　衣部　食部　米部　冈部　巾部　酉部　门部

第五卷　　马部　牛部　角部　革部　丹部　舟部　车部　瓦部　缶部斗部　见部　鼓部　勹部　土部　石部

第六卷　　山部　谷部　王部　玉部　田部　三水部　二水部　金部

第七卷　　木部　草木异名　草部　本草草异名

第八卷　　禾部　末部　竹部　鸟部　羽部　犭部　鹿部　豕部　豸部羊部　鼠部　虫部

第九卷　　龟部　黾部　鱼部　走部　斤部　而部　口部　二点部　阝部阜部　矢部　鬼部　韦部　之部　彳部

第十卷　　忄部　才部　贝部　广部　厂部　文尻八点　尢部　大部　犬部隹部　四部　方部　弓部　片部　戈部　弋部　刀部　矛部　灬部　文尻廿部十部

第十一卷　　夂部　示部　歹部　立部　户部　宀部　穴部　冖部刂部　欠部　虍部　黑部　白部　寸部　皿部　文下一点　卜部　斗部

黄部　　鬲部　　关夫部　　文下木点　　首角部　　殳部　　品字样　　几部

九部　　卵卵部　　叉又部　　豆部　　嬴部　　瓜部　　辡部　　匕部

麦部　　自部　　数字

　　第十二卷　杂字　重点　连字　临时杂要字　载九章

　　从上面排列的部目来看,这部书有许多特点:

　　(1)分部与《说文》《玉篇》等书显然不同。《说文》分540部,《玉篇》分542部,这部书就字的偏旁说只有153部,比《说文》《玉篇》少三百八十多部。这是作者有意识地进行减省而成。不立部首的字大都归入第十二卷杂字部内,如"中、半、元、兒、允、友、老、用、函、之、比、母、公、夕、甲、子、臼、赤、左、血、文、外、爱、史、吏、孔、鼎、出、形、乃、甚、臣、肃、巧"等字有许多在《说文》《玉篇》里是立为部首或有部首可归的。本书杂字部里所收有653字,这样就减去了许多部首。

　　(2)在153部内有前代字书没有立为部首的,如卷一的天部,卷十一的类部、首角部(丷)、品字样部、嬴部。另外又根据隶书字形,分出连火部(字下有四点的)、亻部(人旁)、忄部(立心)、犭部(犬旁)、刂部(刀旁)、文下一点部(字下有一横画)、文下木点部(木旁在下)。这些都是便于检索的创新的办法。这一部分如"灬、亻、忄、犭、刂"等,在现在中国的字典里,如《新华字典》的检字部首里也是这样做的,但是远在一千多年以前日本释昌住早已这样做了。

　　(3)全书的部目以按事类相近来排列的居多,如卷一以天、日、月、雨、气、风、火相次;卷二、卷三以身、页、面、目、口、舌、耳、鼻、齿、心、手、足、皮、毛相次;卷四以糸、衣、食、米、冈、巾、酉相次;卷七、卷八以木、草、禾、耒、竹相次;卷八、卷九以鸟、羽、犭、鹿、豕、豸、羊、鼠、虫、龟、黾、鱼相次;卷十以戈、弋、刀、矛、灬相次。但是也有取其形体相近而比次在一起的,如肉部次于月部之后,丹部与舟部相连,广部与厂部相次。

　　(4)本书立为偏旁部目的,有的不尽是形旁而是声旁,如卷一天部下有"吞忝","气"部有"忾饩",卷二父部有"釜",卷三"支"部有"庋翅",卷十一九部有"勾鸠旮",可是有些又兼收别部,如"饩"又入食部,"釜"又入金部,"翅"又入羽部,"庋"又入广部,"鸠"又入鸟部。

　　(5)本书把同类事物的名称编在一起的有卷二亲族部,卷七草木异名部、本草草异名部和卷十一数字部(文字缺录)。而卷一天部又录有天名、岁名、月名、十二月律名、五行名、十二时名;卷八鸟部又别出本草鸟名。这些都厕杂在各部单字之间别成一格。

（6）本书卷十二分为杂字、重点、连字和临时杂要字几部，这些都作了许多繁复的工作。"杂字"的名字在中国书籍里是有的，如《隋书·经籍志》有邹里《要用杂字》三卷、李少通《杂字录》三卷，《新唐书·艺文志》有释正度《杂字书》八卷。本书的杂字部把许多字可以分立一部而没有立为一部的和不好立部的都包容在内。重点就是重言叠字，如"忡忡、灼灼、穆穆、濯濯、涓涓"之类多出于诗赋。连字就是双字、骈字，如"苗裔、从容、慷慨、怳忽、沛然、泰然、寂然"，此类收录极多。临时杂要字则分别记载事类名目，是日常生活中经常应用的字。这里分载九章，包括舍宅章、农业调度章、男女装束资具章、马调度、木工调度、锻冶调度字、田畠作、诸食物、机调度及织物、海菜（此据卷十二录）等。

以上所说的几种特点，都足以说明作者对汉字、汉语有高度的理解，并且在安排部首和字的结构关系上做了很大的调整。虽然也有不尽如人意的地方，但化繁琐为简易，祛淆混而趋于明晰，是很值得称赞的。

《新撰字镜》据作者自序称收字有二万九百四十余字，除见于玄应《一切经音义》者外，兼及其他文书和《玉篇》《切韵》以及《小学篇》之字、本草之文。"连字、重点"则不在数内。《小学篇》有四百余字。按《小学篇》，《隋书·经籍志》云："一卷，晋下邳内史王义撰。"本书所录的都是一些罕见的怪字，实无足取。书中参酌《切韵》《玉篇》所记的异体字极多，其中尤不乏古文。按《隋书·经籍志》有卫宏《古文官书》一卷（《一切经音义》时亦引及）、郭显卿《古文奇字》一卷，《七录》有曹彦《古今字苑》一卷，《日本见在书目》有《古今字》一卷，这类书可能就是《新撰字镜》作者的根据资料。

作者在自序中说："凡《孝经》云文字多误，博士颇以教授者，亦云诸儒各任意，或以正之字论俗作，或以通之字论正作。加以字有三体之作，至读有四音及巨多训。或字有异形同字：崧嵩、流沄、川坤、憐怜、叁三、予余、姦奸、呞唉、飜翻（原注：如是巨多，见《正名要录》），是等字虽异形而至读作及读皆同也。或字有形似，音训各别也。専專、傅傅、崇崇、盂孟、轻轻（原注：如是巨多，见《正名要录》，如是等字，形相似而音训各别也……"据此可知作者对异体字、形似字都非常注意，异体字力求完备，形似字都随字区分，不使混淆。

序文里所说的《正名要录》不见于《旧唐书·经籍志》和《新唐书·艺文志》，久已失传。斯坦因从敦煌石室掠夺去的文书中有《正名要录》一书（斯

388)题"霍王友兼徐州司马郎知本撰"。霍王为唐高祖第十四子,名元轨,太宗贞观十年封为霍王,授绛州刺史,寻转徐州刺史(见《旧唐书》本传)。郎知本为霍王徐州司马,则《正名要录》当作于贞观十年之后。这部书是一本刊定文字的书,仿颜师古《字样》而作。书中对于异形同字和形似而音训各异的字辨别极多,释昌住所说的《正名要录》当即此书。

《新撰字镜》这部书在部目的排列固有改革,就是一部之内的字也有不少兼按平上去入四声分别排列的,如卷三女部、卷六金部、卷七木部和草部都是如此。这是承袭《切韵》而来。肉部字和言部字的平声覃、谈两韵的字列于麻韵、阳韵之间,肉部平声蒸、登韵的字列于盐系咸、衔之间,都跟《切韵》韵目次第完全相同,很明显是按照《切韵》来排的。文字按四声排列也正是一个特点,这在中国辽僧行均的《龙龛手镜》里也是这样做的,不过比《新撰字镜》晚了将近一百年。释昌住心思之细于此可见。这在没有应用按笔画多少来排列字次的方法以前,无疑问是便于检索的。僧行均和释昌住都是聪颖之士,而二人又都是缁流,崇奉佛教。他们所创造的方法竟然相同,如此巧合,也太有意思了。

《新撰字镜》收字既广,所注训释也比较详细。字下首先注出反切读音。在没有分四声排列的字下兼注明四声声调。所注音切和训释跟顾野王原本《玉篇》、陆法言《切韵》以及玄应《一切经音义》都不完全相同,不知根据何种韵书。惟有其中注明是出自《切韵》的字,其反切都跟《切韵》相同。在注音方面除注出汉音以外,还兼注古日语的读音,这对研究古日语也是颇为有用的资料。凡是这类字在训释方面比较详细,可能出自唐代增注本《切韵》或其他在9世纪以前传到日本的字书。所以这部书是一部很可珍贵的书。在中国现在我们能够看到唐代的完整的大部头字书和韵书已经不多,那么这部书对我们研究中国古汉语会有更多的用途。这部书也充分表现出中日文化交流源远流长,汉字在中日历史文化中所占的地位和所起的作用都是极其重要的。

原载《文献》1990 年第 2 期

《现代汉语语法术语词典》序

语法学是研究语言结构规律的科学。中国古代对汉语中虚词的应用和意义以及动静字的分别理解较多,而对构词造句的法则就很少陈述。直到清末马建忠作《马氏文通》才以汉语文言文法参照西方的拉丁文法写成一部有系统的汉语语法书,为近代现代研究汉语语法的先驱。

马氏以后有继续研究文言文法的,又有研究语体文语法的,还有作两者互相比较研究的,也还有侧重阐述汉语语法理论的。可以说"人人握隋侯之珠,家家抱荆山之玉",研究的内容和范围不同,而各有成就。特别是自50年代以来,专家学者从事现代语语法研究者日众,大都有书出版,且多施用于教学,影响很广泛。

不过,诸家的著作成书的时间有先后,50年代以前是一种情况,体制不同,各树一帜;50年代以后,由于语法研究有了新的发展,趋于深入分析,又是一种情况。以致先后诸家所定的语法体系互有不同,所立名词术语也不尽一致,即使是同一名称,其含义的广狭,所指的内容实质,也多有差异,学者不知所以,难以取舍。有些是早期书中的名词已不大应用,但有时在理论讨论中又会被提起。因此有必要汇总各家之说,探寻原委,加以比较,借以获得全面的理解。这样做,对于推进汉语语法用语的统一和汉语语法教学工作的顺利开展以及比较古今语言的异同都是大有好处的。

本书的作者北京语言学院朱一之同志有鉴及此,乃分别采录自《马氏文通》以来主要的十几家著作中语法术语的解释,按词法和句法两方面以新的观点安排,依时间先后列出,以供从事语法教学和其他方面的语文工作者参考。我想这本书一定会为读者所欢迎,因谨志数语以为序。

1987年11月25日

《现代汉语语法术语词典》由华语教学出版社1990年出版

《古汉语教学词典》序

古代汉语是对现代汉语而言的，是指古人所写见之于书面，不同于现代的语法结构和修辞风格的文语而言。汉语自有文字记载以来，已经有好几千年了，流传到现在的有数不尽的散文、韵文和诗歌，我们可以从这些浩瀚的民族文化的菁华中探索历史文化的各个方面，从中吸取必要的知识，增强我们对祖国、对民族的崇敬和热爱。因此，我们必须研究古代汉语，了解古代汉语的特点，并培养我们的阅读能力。

古代汉语是现代汉语的源头，现代汉语是从古代汉语发展来的。我们不能不注意其间的继承性。古今语的差异主要表现在两方面：一方面表现在语词上；一方面表现在语法上。

古人用在书面上的语词以单音词为主。一词多义是普遍的现象。随着语言的发展，复音词即在原有的单音词的基础上不断创造发展，而且日益增多。现代汉语的语词已经变得以复音词为主了。古今的语词有同有异，而最要注意的是古今词义的不同。

古今语的差异另一方面表现在语法上。文语的句法结构是根据口语经过逻辑的思维而形成的固定的表达形式。早期的文辞句法比较简单，在表达实践中逐渐趋于繁复。词与词之间的隶属关系也日趋严密。古代文语中特有的形式现在已经不用了，自然又出现了许多新的表达方式。虽则如此，古今的句法结构还是基本一致的，例如主语、述语、宾语的次第，修饰语与被修饰语的次第，始终没有变，这就是语言的继承性。我们天天说的写的都是现代语，实际上很多的语词和语法形式都是从古代沿袭下来的，并非与古代截然无关。

学习古代汉语，从语言的应用上来讲，我们可以吸取无数鲜明生动的语词和成语，扩大自己的词库。另一方面，还可以从古代优秀的作品中体验各种不同的表达方式和修辞手段，以提高自己表达思想的能力。有人认为只须读些现代文就可以了，无须再阅读文言文了，这种主张是割断了语言的历史，忽略了古语与今语之间的融会，有如把汩汩的源头活水壅遏而不用，不免陷于穷匮，实是可惜。其实现代有名的大作家没有不曾读过古代书籍的。我们认为第一要义是充分掌握现代汉语的语法结构,特别是严密的多重复句和义近词的词义和用法的区别。在此之外,还应当学习古代汉语,由浅入深,从古今的比较入手,认识古今之间的关系和汉语遣词造句的规律,不断培养阅读古代作品的能力。为研究古代科学文化奠定基础。

现在中学校里的语文课都把学习古代的文言文列在课程之内,在大学里也都设有古代汉语一门课程,这对于提高学生的文化素质会有很大的作用。本词典的编者有鉴于此,特别精心编纂了这部词典,以便从事古汉语教学的先生们参考。内容分为"总论、文字学、训诂学、方言学、音韵学、语法、修辞、文献、注本"等数类,每类所收的词目力求详备,除名词术语以外兼收相关的著作名目,等于书录解题,对读者不仅提供了必要的学识,而且也可以作为读书的指南。推而广之,读者也可以从中略微窥见我国语言学发展的历史和近代以来的各门学科研究的成果。这部书等于是一部中国语言文字学词典。至于搜罗之广,解说、释义之详明,那就无庸多谈了。编者都是从事古汉语研究工作的专门学者,属稿仅两年,即成此巨著,足见平日修养有素,临事致力之勤。承嘱为序,故略陈浅见,以当引言。

1990 年 3 月于北京大学

原载《古汉语研究》1991 年第 1 期

《吕氏春秋词典》序

汉语从商代有文字记载以来,迄今已有三四千年之久,随着社会的发展,汉语也在不断发展。历代书籍流传至今,其卷帙之多可以说盈千累万,这都是研究汉语历史的珍贵材料。前人利用古籍研究汉语历史还很不够。自宋代以至清代学者所重视的大都在于古声韵的探讨,对于词汇和语法的研究则很少建树,直到近些年来语法的研究颇有进展,而词汇方面尚较迟缓。其所以如此,原因甚多:一方面由于词汇本身非常繁富,历代所积累下来的语词之多简直无法统计;一方面由于语词的产生和繁衍的时代或早或晚难以确定。如单就某一词、某一时代而论,则言其有易,言其无难。加之文字假借,语义之繁衍,变化多端,纷然杂陈,难以得其统序,此所谓大道以多歧亡羊。没有切当的研究方法,就不能得其要领。

词汇是构成语言的材料,要研究词汇的发展,避免纷乱,宜从断代开始,而又要以研究专书做为出发点。犹如清人研究古韵那样,先以《诗经》一书为起点,得其部类,然后旁及《楚辞》以相佐证,以确定韵部的分合,而后之人又从而逐渐加详加密,以臻完善。以前杨伯峻先生既注释《论语》和《孟子》,同时又分别列出书中的语词,以为研究古汉语词汇的基础,也就是这个意思。

本书的作者曾著《吕氏春秋译注》一书,参酌前人的著述而又更加详审易解;并作《吕氏春秋索引》以便于研究《吕览》者参阅。作者又承王了一先生之教,写成这部词典,收录了《吕览》书中的全部词汇和固定词组,以供研究先秦词汇语法之用。全书依据上古的声韵系统排列,每个词条之下又分别注出所属词类,辨析词义,举出原书用例,并区分其在语法上的结构功能,把词义和语法联贯在一起,给读者一个全面的知识。这是前所未有的一部著作,为研究古汉语词汇的发展建立了一种新的方式。作者用力之勤,考索之细,诚为难能可贵,因略陈浅见以为序。1988年4月25日周祖谟谨书。时年七十有四。

张双棣、殷国光、陈涛编著《吕氏春秋词典》由山东教育出版社1992年出版

《当代对联艺术家辞典》序

　　对联是中国传统文化中一种特殊的文学形式,用律诗的格律写出一副上下相对而且意思相连属的文辞,以表达作者的思想和情致,通称为对联。远自宋代即不乏作者,到明清两代已臻极盛。开始可能是写好了悬挂在书屋或客厅,以格言诗句为多;后来也就施之于寺宇楼台名胜建筑的两楹,所以也称为楹联,或称楹帖。

　　对联的上下两联对仗要工整,意思要相应,音调的平仄和词性的虚实也要相对,类似律诗的颔联、颈联,对句之中,一三五声调可以不论,二四六不容忽略。律诗的对句,或为五言,或为七言。至于对联,则上下两联的字数不拘,少则四字、五字,多至七字或数十字,通常以七字句居多。至于句法,可以是一句成文,也可以是数句成文,而上联末一字必当是仄声,下联末一字必当是平声。如有不同,只能视为变格。

　　从文学的角度来看,好的对联蕴含着各种不同的意趣。或言哲理,或写风景,或表赞颂,或明心志,篇章虽短,而上下浑然一体,首尾圆合,有类律诗的绝句。以言景物者而论,前人书中所载,佳作极多,美不胜收,如"四野绿阴迎夏至,一庭红雨送春归"(见梁恭辰《巧对续录》),写时节之更换;如"江月不随流水去,天风直送海涛来"(见焦山水晶庵),写面前景象之雄伟壮阔;如"三面湖光,四围山色;一帘松翠,十里荷香"(见杭州西湖三潭印月),写出一派绮丽风光,令人陶醉。又如江西南昌滕王阁有一联云(清人毕沅作)"依然极浦遥山,想见阁中帝子;安得长风巨浪,送来江上才人",写出作者登高望远,骋怀千载之上,思念王勃的心情,可称佳作。

　　对联也是一种应用文学,雅俗共赏,与我国的文化风俗都有密切的关系。在旧日官场中已成为官吏彼此应酬的一种文学体式,祝寿有寿联,吊祭有挽联。文人学士也常以对联相酬赠,借申友情。有的文人喜欢把前人的诗句集成对联,表现本人的才智,如"白雪任教春事晚,贞松惟有岁寒知",集元好问句;如"林花经雨香犹在,芳草留人意自闲",上句为寇准句,下句为欧阳修句。属对工整,韵味无尽。足见对联这种形式,语言韵调美和文学意趣美所在都引人爱好。所以明清两代上自帝王,下至士庶,皆乐此不疲。至于"一元复始,万象更新",每当岁首,则用红纸书写迎春之词,把上下二联贴在门的两旁,那更是明朝以来举国各地共同有的习俗了。

现在,喜欢作对联的人多起来了,可以说"作者如林"。这本《当代对联艺术家辞典》是北京师范学院中文系李宁等几位先生所编,专门介绍当代的楹联作家,既有作者的自我介绍,又有其代表作,内容翔实,文辞炳焕,既资鉴赏,又有益于观摩,当为读者所欢迎。因不辞简陋,略识数语,以当序引。

1990 年 12 月 5 日于晚翠轩

《当代对联艺术家辞典》由中国广播电视出版社 1992 年出版

略论近三十年来中国语文词典编纂法的发展

词典和字典是学习和工作必备的工具书。随着社会学术文化的日益发展，人们对词典和字典的需要也愈加迫切。不同的学科固然要有不同的专科词典，而一般应用的语文词典和字典尤为需要。

语文词典和字典的编纂不应当是陈陈相因的。在对于语言的研究，特别是在词汇学（lexicology）和语义学（semantics）有了新的进展的情况下，语文词典和字典的编纂必然会有新的面貌出现。近 30 年来中国的语言科学各个部门的研究工作都取得了一定的成绩，如汉语历史的研究、现代汉语方言的研究、现代汉语书面语的词汇和语法的研究，以及少数民族语言的研究等等都有许多重要的专著出现。社会科学各方面学识的增长使词典和字典的编纂日趋完备。在研讨编纂符合实际需要的词典和字典的过程中，科学的词典学（lexicography）也就逐渐建立起来。

为了说明近 30 年来中国辞典编纂的发展，须要回顾一下以前辞典的情况。

过去我们经常应用的两部辞典，一部是商务印书馆出版的《辞源》，一部是中华书局出版的《辞海》。《辞源》是 1915 年印出第一版的。这在当时是一部首创的新型辞书，对发展我国文化起了极大的作用。编者深感以往只有字书而无辞书不能适应社会的需要，所以以单字为纲，单字下叙列复词，兼收古今词语和各种学科名词术语，具有百科辞典的性质，这样就把字书和辞书合为一体，在辞书史上别开生面。在解释方面，编者特别注意求其实用，不仅收录旧日书籍中的训释，还举出一般通行的意义，如"俗"字下的解释有："一风俗也，二不雅曰俗。"另外也兼顾一部分词性的改变与词义引申发展的关系，如"俘虏"一词解释为"获也，谓为敌军所得也。今亦作名词用，所获之敌人皆谓之俘虏"。这是以前辞书里所没有的。

《辞源》强调各方面的实用性正是一大特点。其缺点主要是单字的音义与单字下所列的复词中的单字音义不能呼应，而且所引书证未能详注出处，甚至有错误，还不够完善。

后来，1936 年中华书局出版了《辞海》，虽然也是百科性的辞典，但收词范围扩大,而又注意选择,于50万条目之中采录10万余条,凡是极易懂的词语一概不收。引书都详注书名篇名。一词多义,在分别义项时,侧重综合,避免繁琐。关于名物,前人所说不同,则一一详加考证,并附加按语。这些又比《辞源》提高了一步。

40年代还有人编纂过专门汇集联绵字和异体词的书,如《联绵字典》《辞通》之类,虽然不无缺点,但内容丰富,对研究古书中的词语也有一定的用处。另外,也还有一些不同的小字典、小词典以及成语词典等等。

近30年来,由于广大的语文工作者对语言的研究取得了新的进展,为了适应社会的需要,词典、字典的编纂有了很大的发展,种类日益增多。现在,小型的字典已有好几种,如《新华字典》《同音字典》《学文化字典》等,中型的汉语词典已出版的也有好几种,如《汉语词典》《现代汉语词典》《新华词典》。此外还有《汉语成语词典》《古汉语常用字字典》。为了适应小学的语文教育,还有已出版和正在编纂的小学生字典。除一般的词典、字典以外,还有同义词词典、方言词典、外来语词典之类都将相继出版。少数民族语言的词典也已编出多种并在持续编纂出版之中。词典、字典种类的增多,标志着我国文化在蓬勃不断地发展。

现在《辞源》《辞海》又进行了修订,《辞源》以解释古书的词语为主,《辞海》是部综合性辞书,以解释社会科学、自然科学的词语和较常见的语词词语为主。这种修订实际等于重编,词条既不相同,体例也有改变,跟旧版已大不一样了。目前正在进行编纂《汉语大字典》和《汉语大词典》,古今兼顾,源流并重,利用已有的语文研究成果,会有更大的成就。

在不同种类的词典和字典的编纂实践中,编者一方面继承了以往辞书编纂法的优良传统,另一方面也积累了许多新的经验,对词典的目的要求以及编纂的方法和应当努力的方向都有了不少新的理解和认识,从实际工作中逐渐形成为科学的理论。中国的词典学必将建立起来成为一门有理论、有系统的专门学科。

从已出版和即将出版的一些字典和词典来看,普及的与提高的两种都同样被重视,而且既要有关于现代语的,也还要有关于古代语的;既要有普通一般性的,也还要有专属某一方面的(如方言的、外来语的)。这是总的方向。就词典中收词方面来说,要根据服务的对象,注意知识性、实用性、规范性;而在解释方面特别注意逻辑性、科学性、准确性——这些已经成为通常的准则。最大的改变,一是采用汉语拼音方案注音,一是解释的文句尽量用语体。中小型的词典、字典,大多按音序排列,另附部首检字。

从编纂的体例和方法来看,现在出版的辞书跟以往的辞书大有不同。主要表现在以下六个方面:

(1)分别同字异语。文字在使用中有同一个字代表两个或两个以上同音词的现象,如"花"字、"打"字,这种现象可以称之为"同字异语"。近些年来所出的词典,如《现代汉语词典》对这种同一个字而代表几个不同语词的,大都分别为不同的词条处理,这在语言教学上有很大的作用。

(2)分清单字在复词中的读音。以往的辞书只在单字下注音,复词下概不注音;如果一个单字有几个读音,单字后面所领的复词应当采取哪一个读音,并未注出,如"蔓"有 màn、mán、wàn 三个音,"蔓草"音 màn,"蔓菁"音 mán,"瓜蔓"音 wàn,旧版《辞源》《辞海》"蔓菁"下就没注音。旧的《辞海》在这方面也没有注意。可是现在新版的《辞源》和《辞海》这两部书在音义方面都有了很好的安排。《辞源》在单字下分列一字的音义,标出 1、2,在复词中读第 2 个音的就在字的右下方标出 2 字。新的《辞海》索性就把读第 2 个读音的注出来。如"兴"有 xīng、xìng 两个音,"兴味、兴致"都注出读 xìng。《辞海》还有一个特点,就是所收的复词或成语中凡有异读的字,都一一加注汉语拼音,例如"无宁"的"宁"注出 nìng 的音,"款识"的"识"注出 zhì 的音。所有这些都是很大的改进[①]。我们知道音与义是相关的,把音读错,别人听了就会产生误解,如"发行"有两音,fāxíng 与 fāháng,意义不同,不能相混。

(3)词义的分析趋于细致。汉语里一个词在使用上可能有多种意义,有的因词性不同而意义有差别。在词典里应当分为不同的义项,并注明词性。这件事已经有人注意到。另外,以前的词典注释词义,多取自旧日的字书、韵书和训诂书,不免陈陈相因,失之于笼统。现在已趋向于细致。对于虚词,吸取前人研究的成果,辨析尤为详尽,例如"以"字作为介词,《辞源》旧版解释极少,而新的修订本就列举了七种意义:

①把,拿。《左传·僖公二十三年》:"子犯以璧授公子。"

②在,于。《左传·桓公二年》:"初,晋穆侯之夫人姜氏,以条之役生太子。"

---

① 《辞源》也应当这样做。

　　③从。《汉书·西南夷传》："今以长沙豫章往，水道多绝，难行。"

　　④向。《仪礼·乡射礼》："主人以宾揖先人。"

　　⑤因为。《论语·卫灵公》："君子不以言举人，不以人废言。"

　　⑥跟，同。《诗·邶风·击鼓》："不我以归。"

　　⑦按，依照。《书·洪范》："时五者来备，各以其序。"

　　这样的分别异同，给予解释，对读者理解古书中"以"字的意义和用法便利多了，我们不能不感谢编者用意之善。

　　一个词有多少意义，要看是否掌握了足够的语言资料。有足够的资料才便于分析综合。现在大家已经认识到广泛搜集资料的重要性，而且认识到要确定词义，应以语词在实际使用时的意义为准，一些古语词要根据语词出处的上下文以断定其含义，这是极大的进步。

　　(4)解释词义侧重应用明确的解说方式。解释词义要做到准确不是一件容易的事，古人多用互训和解为"某也、某貌"的方式。现在一般都避免互训，而采用意义极相近的词语来加以解释，例如"淳朴"解释为"诚实朴素"，"凌乱"解释为"不整齐；没有秩序"。最值得重视的是用科学的解释方式来说明词义，例如"夹"这样一个词，《现代汉语词典》的解释是："从两个相对的方面加压力，使物体固定不动。"又如"感动"一个词的解释是："思想感情受外界事物的影响而激动，引起同情或向慕。"有时还指出词义所应用的场合或语词使用的范围，例如：

　　〔进修〕为了提高政治和业务水平而进一步学习（多指暂时离开职位，参加一定的学习组织）。

　　〔浓厚〕(色彩、意识、气氛)重。

　　〔即使〕连词，表示假设的让步。注意：即使所表示的条件，可以是尚未实现的事情，也可以是与既成事实相反的事情。

　　〔乖戾〕(性情、言语、行为)别扭，不合情理。

　　〔不但〕连词，用在表示递进的复句的上半句里，下半句里通常有连词"而且、并且"或副词"也、还"等相呼应。

　　这些都表现出对解词释义的新的要求。

　　(5)重视词义的发展变化。词在语言使用的过程中语义是有发展变化的。自《新华字典》开始分辨词义的引申、比喻和转化，在教学上起了很大的作用。现在所出的词典，对多义词义项的排列采取两种方式：一种是通常应用的意义列前,不常用的意义列后;另一种是以本义或较早的意义列前,引申义、比喻义、通假义列后。新的《辞源》修订本对古词语的意义演变特别注意,不同义项的安排就采用第二种方式。这不仅可以使读者了解到词义发展的源流,而且给研究语义学的人提供了资料。不过,讲到意义的引申、比喻和通假也还有一个时代早晚的问题,要能安排得好,还是不容易的。

(6)注意例词、例句的选择和释义的书证与参阅资料的选定。词典里在解释词义时经常要举一些例词和例句,以为释义的补充。在现代语的词典和字典里,所举的例词和例句特别注意词语的规范性和词在语句中的实际用法。在解释古语词的词典里所引用的书证就特别注意选用时代最早的出处,而词的解释也是根据实际的例子概括出来的。新的《辞源》修订本有时还在解释词义之后根据需要适当地为读者提出可以参阅的书籍和篇目。有了这种提示,读者可以据此推寻原委,增加知识,求得进一步的理解。这是以前的词典中所少见的。以前编纂辞书的人虽然博览群书,参合比证,然后有所折衷,可是不立"参阅"一项,读者也很难理解其甘苦,甚且不免有"鸳鸯绣出从君看,莫把金针度与人"之感。现在采用了注出"参阅"的方式是值得称赞的。

以上六项都充分表现出近30年来中国在语文词典编纂史上取得了新的成果。任何学科的发展总是要在有广泛的探讨和研究的基础上随时代的需要而前进的。现在上海辞书出版社的定期刊物《辞书研究》,专门讨论编纂辞书的问题,并且介绍国外编纂辞书的经验和成就。中国的辞书事业必将随着语言问题研究的扩大和深入而有新的更大的发展。

1982 年 7 月

突出特色和确保质量[*]

编纂《汉语大词典》这样一部大型语文词典的工作是十分艰巨的。经过编写人、编委、主编和各有关方面同志的共同努力，已取得很大成绩，将要编写完成了。现在，我们是不是要想一想这部词典从总的方面来看要以什么样式出现呢？由选词、释义、注音、编排一直到插图、版式等等，都值得考虑。还有我们要不要站得高一点，考虑一下我们所完成的部分的特色在哪里，不足在哪里，缺点在哪里呢？我觉得自己发掘出来问题是什么，要比别人替你去发掘好得多。犹如写文章，与其别人给我们改，不如自己去改。自己改的过程中认识又提高了一步，写出来的东西质量更高。

从我所看到过的《汉语大词典》的一部分初稿，我觉得这部大词典很有特色，像收词条目多、义项分析细致等。但我想还可以提出几点应有的特色来，这就是：(1)资料都是第一手材料，并经过核对。(2)词条编排有序，安排有革新。(3)释义准确，不强解，义项比次有序。(4)书证详而不杂。我们要特别强调质量：不许有常识性的错误，收词和释义的文句要注意规范性。

因为我想到应有的这几点特色，我就根据我所看到的那些部分提一些肤浅的意见。

1. 部首可以归并，但不可随便增加。部首为便于检查，可以有所归并，有些字形体容易安排在一起。少数字给它们另立一个部首，就破坏了传统，是不了解文字学的表现，像增加的"卓、业"两部就都不妥，因为字数都不多。

2. 多音单字的字头同下面所列的复词（或成语、熟语）应当有一种合理的可行的排列方法，例如"屏"字有 píng、bǐng、bīng、bìng，四个字头依次排列，注上 1、2、3、4。下面所收复词不管读 1、读 2、读 3、读 4 都杂列在一起。我建议这些复词分别列在不同的四个字头之下。这就是"编排有序"，如果做得到是一大革新，也是一大特色。

3. 不同义的词条，不能牵合在一起，列为同一词条，如"【正当】①(—dāng)

---

* 士琦按：周祖谟先生是《汉语大词典》的学术顾问，本文是他于 1983 年 9 月在厦门召开的《汉语大词典》编委会第三次会议上的发言。

合理合法。②(—dàng)正处在"。②与①不同,同时也不是一个词。

4. 收词要注意规范,不能因为见于重要作家的作品就不讲求。也不能把偶有的一种变式说法不加考虑而滥收,如:拙涩、振刷、出惊、懦怯、素朴、目牛无全、建瓴高屋。"片帮"属行业语,也可以不收。

5. 注音条例中《集韵》韵目采用其古字或隶定写法大可不必。书证旧注中有音切的要引音切,不引音切如何可以确定今音? 一字两切的宜参考《经典释文》、贾昌朝《群经音辨》。梵语原文要注意,不要走样。

6. 释义要考虑准确,如:"一"第二个义项"序数的首位(第一位)",首位不大合适,为什么不干脆说"第一位"呢? 还有个解释"某个",它不是某个,而是某一个。不要避免上面字头。还有一个义项"另一、又","又"可以取消。

"中流、社会中流人物",释义"犹中坚"。这个"中流"指中坚,我不大了解,不能由你的意思猜想,中流者,社会上不偏不倚的人。在那个时代他们还没有我们的想法、说法。

"中间"(三)(—xián)闲暇。引《汉书·文帝纪》中唐颜师古注。这里不能训"闲暇",应理解为留出空档。

"正当"③引《水浒传》,释"妥帖停当",不妥。原文应理解为"依理你嫂嫂坐着,我去荡酒才对"。在释义上出现这种现象,首先是没有很好的考虑;其次,随便给古人作解释,这种思想一定要去掉,这是不可以的,例如说"杜甫曾居少陵",这闻所未闻,杜甫向来没住过少陵这地方,先世曾住过那里。

"般若"下释"为表示有别于一般所指的智慧,故用音译",不妥。

"欧3 爵"释"驱赶麻雀"。不一定指麻雀,雀者小鸟也。

7. 引文中人名不易了解的,如引《新唐书·李逢吉传》,其中"度"指裴度。可否在"度"前用括号标出姓?

8. 引书不要贪多,多则芜杂。同一义项之下,甚至同时代的,能说明问题的就不要引很多,有一则可。

9. 引书有人名,还要有书名,后面附人名引书索引,只引简名不妥。至于无人名无朝代名都宜补。如果人名后不写书名,是不是可以在书后做一个人名书目索引,这也是一个补救的办法。

10. 标点的使用须一致。

最后谈谈审稿。审稿是最要紧的一件事。办法我提倡各自审自己的,在审稿中,我提倡这样一种精神:要舍得割爱。我们自己肯割爱,这很重要。不要以为材料来得不易,舍不得割爱,就全弄进来了。要从总体来看,这就是臃肿。不需要,就要去掉。如果有些条目自己不能确定,可请别的单位协助。同类词条,如宗教佛学,可寄宗教研究所,让他们替我们审。还有,审别人的稿的时候,不要信笔雌黄,看得不顺眼就乱改,要尊重原编者用心所在。要很好地考虑,不懂就是不懂,不要装懂。搞不清楚的地方就查书。

中国辞典学发展史[*]

辞典和字典的编纂在中国是具有悠久的历史传统的。早在汉代就有了训诂书和字书。《尔雅》是一部训诂书,分别训释古籍中的词语和草木鸟兽虫鱼的名称,这就是最早的一部词典。东汉许慎的《说文解字》是一部字书,按部首编排文字,说明字的形音义,成为后世字书编排的一贯格式。到魏晋以后,又有韵书出现,依韵列字,指明音义,成为一种按音排列的字书。这三种类型奠定了中国辞典字典的编排体式。

在历史的发展中,这三种不同格式的书又互相影响。训诂书没有注音的,就须要加注字音;字书中一字数音数义的就须要增加音义;韵书也要照顾到字体的正俗和义训的繁衍。因此,无论哪一种类型的书都要形音义三者兼顾,才便于应用,如汉樊光、李巡,晋郭璞都为《尔雅》作音,隋曹宪为《广雅》作音,《说文》以后,《字林》《玉篇》音义加详,《切韵》《广韵》以后,义训不断增多,都是取于便用。形音义三者兼顾,这是辞典、字典发展的必然趋势。

古代的辞典、字典随时增多。这跟语言的不断发展和实际的需要是密切相关的。语言在发展过程中,不但词汇随着社会的政治经济和科学文化的发展日益加多,而且文字的形体也不断有增省变易,词的含义也有改变和引申。因此辞书和字书屡有新编,其内容和解词的方式也各有不同。大体来说,从汉末到隋唐就有以下几种情形:

1. 分事类或义类解释相关的词,如:

汉末服虔《通俗文》:容丽曰媌,形美曰婧,容媚曰婠,南楚以好为娃,肥骨柔弱曰媟娜,颊妍美曰妩媚,容茂曰嬈(《御览》三八一)。不媚曰婧,可恶曰嫱,大丑曰齄,丑称曰娭(《御览》三八二)。合绳曰纠,单展曰纫,织绳曰辫,大绳曰絚(《御览》七六六)。鱼臭曰腥,狠臭曰臊(玄应《一切经音义》一"腥臊"下引)。鸟居曰巢,兽居曰窟(玄应《音义》八"巢窟"下引)。

刘宋何承天《纂文》:梁州以豕为猪,河南谓之彘,吴越谓之豨(《初学记》

---

* 本文承日本京都大学人文科学研究所平田昌司先生约为《均社论丛》创刊十周年纪念而作,载《均社论丛》1984年十五号1—4页。

二九)。牛羊无角谓之牠,牛羊角长谓之䚦(《初学记》二九)。在上曰帐,旁曰帷,四合象宫殿谓之幄也(慧苑《华严音义》上"吉祥幄"下引)。

唐张戬《集训》:有底曰囊,无底曰橐;大曰囊,小曰橐;皆盛物具也(慧琳《一切经音义》六"浮囊"下引)。

2. 采撷诗文中相关的词语类聚在一起,如:

梁元帝《纂要》:春曰青阳,亦曰发生、芳春、青春、阳春、三春、九春。时曰良时、嘉时、芳时(《初学记》三)。

3. 解释事物的异名,如:

唐释远年《兼名苑》:石灰一名垩灰,烧青白石成熟,冷竟浇之碎成灰也(源顺《倭名类聚抄》十卷本三"石灰"下引)。天河一名天汉(《倭名类聚抄》一"天河"下引)。流星一曰奔星(《倭名类聚抄》一"流星"下引)。细雨一名霢霂(《倭名类聚抄》一"霢霂"下引)。盃一名巵(《倭名类聚抄》四"盃盏"下引)。箒一名篲(《倭名类聚抄》四"箕附箒"下引)。

4. 解释语言中的双音词,如:

《通俗文》:言不通利,谓之謇吃(玄应《音义》一"謇吃"下引)。曲脊谓之伛偻(玄应《音义》二"背偻"下引)。渐米谓之洮汰(玄应《音义》七"洮汰"下引)。除物曰摒挡(玄应《音义》一五"摒挡"下引)。金银镂饰器谓之错镂(《御览》七五六)。理乱谓之撩理(玄应《音义》一四"撩理"下引)。

《古今正字》:矆㬱,不明貌也(慧琳《音义》九九"矆朗"下引)。宋寥,音深远,无人声也(慧琳《音义》四一"寂寥"下引)。

5. 说明物之所用,如:

《通俗文》:所以理发谓之刷(《御览》七一四)。张帛避雨谓之伞盖(《御览》七〇二)。

这些都说明古人很早就认识到语言的丰富性,不仅注意到文语词,而且注意到方言和日常的俗语,能从实际便用出发,采取一种综合解说的形式来解释词义。这种比附义近的、反义的、同物异名的、事物相类的词语在一起予以解说,在中国辞典学的发展中树立了一种新的格式,给综合性的类书提供了极好的解词的资料。这是我们研究中国语言学史时不可忽略的。

辞典和字典的注释贵于详实明晰。梁代顾野王的《玉篇》能详列义训,而且兼引书传文字为证,有凭有据,在辞典方面别开生面,给日后的韵书、字典创立了一种新的格式,这是值得称述的。不过,《玉篇》书中的训解主要采自前代书传的旧注,解释还不够明晰;并且对词义的引申和通常使用的意义也有所不备,不免美中不足。可是到隋唐以后,字书和韵书的解释就不同了。一则由简单趋于繁富,一则由笼统而趋向明晰。这是辞书、字典在释义方面进一步发展的新趋势,例如:

挹 《说文》十二上:抒也。

　　《玉篇》:诗曰不可以挹酒浆。挹,斟也。

　　隋诸葛颖《桂苑珠丛》:凡以器斟于水谓挹(慧苑《华严音义》上"挹"下引)。

觐 《说文》八下:诸侯秋朝曰觐劳王事。

　　《玉篇》:见也。

　　《桂苑珠丛》:觐谓就见尊老也(慧苑《华严音义》上"觐谒"下引)。

缮 《说文》十三上:补也。

　　《玉篇》:补也,善也,持也。

　　《桂苑珠丛》:凡治故造新皆谓之缮也(慧苑《华严音义》上"缮"下引)。

冀 《说文》八上:北方州也。

　　《玉篇》:冀州也。北方州故从北。

　　《桂苑珠丛》:冀谓心有所希求也(慧苑《华严音义》上"冀望"下引)。

某 《说文》六上:酸果也。

　　《玉篇》:莫回切,酸果也。又音母,不知名者云某。

　　《桂苑珠丛》:未有的名而虚设之曰某(慧琳《音义》六四"某摽"下引)。

机 《说文》六上:主发谓之机。

　　《玉篇》:弩牙也。

　　《桂苑珠丛》:机谓制动转之关键也(慧琳《音义》三三"机关"下引)。

编 《说文》十三上:次简也。

　　《玉篇》:织也,绳编以次物也,连也。

　　《桂苑珠丛》:取物交织谓之编也(慧苑《华严音义》下"编草"下引)。

片 《说文》七上:判木也。

　　《玉篇》:半也,判也,开拆也。

　　唐释氏(弘演)《切韵》:半也。薄物曰片,不全曰片(穗久迩文库本《五行大义》一背记引)。

二 《说文》十三下:地之数也。

　　《玉篇》:《说文》曰:地之数也。《易》曰:天一地二。

　　释氏《切韵》:一三之间也(《妙法莲华经释文》上引)。

胶　《说文》四下:昵也。作之以皮。

　　《玉篇》:胶者,《考工记》注云:皆谓煮用其皮,或用角。

　　释氏《切韵》:黏物煮皮角为之(《妙法莲华经释文》上引)。

浦　《说文》十一上:濒也。

　　《玉篇》:水源枝注江海边曰浦。

　　无名氏《四声字苑》:大川旁曲渚,船隐风所也(《倭名类聚抄》一"浦"下引)。

厅　《玉篇》:客厨。

　　《四声字苑》:延宾屋。又衙厅也(《倭名类聚抄》三"厅"下引)。

帆　《玉篇》:船上帆。

　　《四声字苑》:风衣也。船上挂樯上取风进船幔也(《倭名类聚抄》三"帆"下引)。

　　由上可知前代解词之书不仅释词的方式多种多样,而且有意识地注重内容的实用性,解释的词语也由笼统而趋向明晰。编排的方法,或按事类,或按部首,或按韵部,不拘一格。但根据习惯和汉字的特点,按照部首排列文字的方法一直相承应用。《说文》分部首为 540 部,《玉篇》分为 542 部。自明梅膺祚的《字汇》、张自烈的《正字通》有所并合,定部首为 214 部以后,到清代编《康熙字典》的时候就因承不改了。

1984 年 6 月

词典学

词典是学习知识的工具书,但编纂词典并不是一件容易的事。要编得正确而且适合需要,便于使用,既要有全面的专业知识,又要有正确的原则和科学的方法。因此词典学就成为一种专门的学问,研究编纂词典的问题。从体例到解释词语,所要研讨的问题很多。

通常应用最广的词典是普通的语文词典,它应当包括语言词汇中的所有通用的单词和常用的成语。汉字的字典和词典以前几乎都是按照部首偏旁来排的,同一个部首偏旁的字又按笔画多少来排,编排和检查都不够方便,所以现在一般都采取按音排列,另附按汉字笔画或部首偏旁的索引。知道读音的,就可以按音检字;不知道字怎样读的,可以利用汉字索引去寻检。

词典是关于语言词汇知识的全部描述。它不仅给人以知识,同时对语言的运用也有示以规范的作用。对字的写法、词的读音、语义、词在语法上的词性以及用法等都应当展现得很清楚。

编纂词典最繁难的部分自然是解释词义和分析词义。解释词义,既要正确,又要简当清楚,避免模棱含混。意义相关和相近的词必须互相照应,使读者能充分理解。在可能范围内应当避免互训。如果一个词具有几个意义,那就要做细致的分析。考察哪个意义是原义,或是比较早的意义,哪些意义是后起的意义,哪些意义是常见的,哪些意义是比较少见的,意义与意义之间究竟有什么联系,怎样才能把一些不同的意义明确而有条理地解说清楚,这些都须要仔细研究。既要善于分析,又要善于综合。既不能把每个意义孤立地看待,也不能把不相关的意义混淆不分。所以必须处理得当。

一般的词典在安排多义词的意义时,通常是把基本的或是常用的意义先列在前面,而把引申的或特殊的意义放在后面。如果是历史性的词典,就要依意义发展的先后来排列了。不过,相关的意义必须相连在一起,这样才不致于散漫而无条理。

词典不仅要用简洁的词句说明一个词的意义,还要用恰当的例子表明词的用法。我们只有理解一个词的用法才能更深刻地理解它的意义。词的用法包括词与词搭配的关系、词的使用范围和词的修辞色彩等等。这些都是词典中必须具备的。所以编纂词典的工作是语言各方面知识的具体应用。编纂词典的人既要具备语言学各方面的科学知识,同时还要有比较高的语文修养,否则就不能达到预期的成果。

编纂词典是一项极繁重的工作。从汇集语词,选择例句,逐条讲解,直到编纂成书,要经过许多工序。编辑词典本身就是一项科学研究工作。经过不断的实践和总结经验,词典学也就逐渐成为一门有系统的科学。

随着社会文化的发展,语言词典除了普通词典以外,还须要有正音词典、同义词词典、成语词典、方言词典、外来语词典、语源词典和语言各科专门术语的词典。不同的词典因内容不同,在体例和编排上又有不同的要求,但是最重要的一条是要求正确,其次是详明,使读者能从中获得必要的知识。

1987 年 6 月

编写《现代汉语》教材的一些问题[*]

今天在这里参加审阅《现代汉语》统编教材的会议,心里非常高兴。在座的很多同志都是多年不见的朋友了,特别是在这暑热的天气里,很多同志由远路专程来到这里,群英硕彦,济济一堂,正好可以乘这个机会向各位请教,所以心里格外地高兴。山东大学的同志为我们选择了这样好的居住环境,使我们得以很好地工作,非常感谢。我相信我们的会议一定会开得很好,胜利地完成教育部交给我们的任务。

前年我在兰州的时候,黄伯荣先生就跟我说正在同兄弟院校的同志一起编写一部现代汉语教材,并且谈到编写方面的一些问题。后来知道很快有了成稿,又经过反复修改,去年就有了印本,拜读之后,非常钦佩。对词汇部分我曾提过几点意见,以供参考。今年又出版了下册。这种为提高高校教学质量而努力工作的精神实在令人感动。

前天各方面的同志都表示希望我先谈谈,我原来是想听听大家的意见的,可是大家叫我先谈谈,我想可能是因为20年前我教过现代汉语语法,也教过现代汉语的全部课程,并且曾经在高教部的领导下主持过制订《现代汉语教学大纲》,1957年的时候又着手编写过高教教材。是不是这个原因呢?我不很清楚。不过由此引发出我有一种感想。为什么这样说呢?因为1956年《现代汉语教学大纲》就是几个学校教现代汉语课的教师的集体创作,内容就是现在这本教材的几部分内容,只是没有修辞。那时我计划早日完成编写教材任务。1957年写成绪论、语音、文字三部分成稿以及语法大部分的初稿。在同志们的帮助下,搜集了大量语法例句,卡片有几千张。加上词汇部分,再有一年多就可以完成。可是1958年“双反”、反白专道路,关于现代汉语这方面的大字报就很多了,可以说是纷至沓来。后来我也不教现代汉语这门课了,转而教汉语规范化问题和其他有关的专题课。这样,我的工作也就没有完成。今天在许多当时一起讨论大纲的同志面前,感到非常惭愧,没有提早完成编写教材的任务,内疚

---

* 1980年7月21日至8月3日在青岛召开了黄伯荣、廖序东主编《现代汉语》(试用本)统编教材审稿会,该文系根据这次会议上的发言稿整理而成,题目为周士琦先生所拟。

很深,而且觉得很可惜。因此,我就想了,如果我们1957年实行这种分工合作的方法,那也许在1958年初也就有成书了。那是多么好啊!不过随后几年同志们也没休息,也都各有述作,开出不少绚烂的花朵。

现在这个教材,基本上是根据1956年的教学大纲编写的。几方面的同志发挥集体的智慧,并且得到其他院校的支持而写成这部教材,我通读了一遍,确实受益不浅。同我过去没有想到或想到而力有不逮的情况相比较,真是大胜于前。同志们利用了各方面有利的条件,相互切磋,反复修订,为发展我国的语文教育精进无已,实在令人欢欣鼓舞。这是我个人的一点感想。我感觉同志们这种积极努力工作的精神,实在是难能可贵。

编写一本教材确实很不容易。吕叔湘先生昨天说到编教材有三难,讲多少,讲什么,怎样讲,都要仔细斟酌。这三点也正是审稿所应注意的。一本好的教材,本身也就是一部科学研究著作,代表一定的科学水平。教材的针对性、科学性、系统性,都要强;同时文字本身要能引导读者喜欢读,具有吸引力,条理清楚,层次分明,论点明确。文句要生动活泼,例句要富有趣味,这都是须要用心考虑的。所以说要编写一本好的教材确实不容易。像吕先生的著作写得那样清新隽永,像王了一先生的著作写得那样清通明畅,两位先生的著作逻辑性都很强,这都是值得我们学习的。我常跟朱德熙先生谈到写作之难,写教材尤难。吕先生说的这个三难正是关键所在。

就现在这两本教材来看,除了上面所说的五部分,又加入了修辞一部分,这是完全必要的。在这本书的绪论部分第三节里曾提到现代汉语课的性质、内容和任务,指出:"现代汉语是高等学校的一门基础课,它必须以马克思主义语言学理论作指导,以党的语言文字政策为基础,贯彻理论联系实际的原则,系统地讲授现代汉语的基础理论和基础知识,加强基本技能的训练,培养和提高学生分析和运用现代汉语的能力,为以后从事语言文字工作、语文教学工作和现代汉语的研究工作打下坚实的基础。"这是书里面提出的任务,根据书里提出的这几项任务来看,这个教材是不是做到了一定的程度呢?估计这本教材在教学上能不能收到一定的效果呢?这也是我们审查这本教材时应当侧重的一面。

就本书的内容来看,是按照1956年的教学大纲来安排的。这在前面已经说过了。再从细节、每一章每一节的安排来看,我认为层次很清楚。许多同志都曾经细心讨论过。比如语音和文字这两部分,章节次序都摆得很明确。在高等学校须要讲的科学知识,我看大体都具备了。根据上面的任务,既要把基础理论、基本知识讲出来,各方面都要照顾到,同时也要注意到知识的实际运用,加强基本技能的训练。本书在这两方面都能照顾到,这是很好的,例如在语音方面,有很多练音表、正音字表,虽然列为附录,我觉得很有用处。对于来自不同方言区的学生来说,要掌握普通话的语音系统,这些材料都很有用,无形中起到了推广普通话的作用。在当前推广普通话也还是一项重要的任务。这一点正符合前面所说的,在教学上要以党的语言文字政策为基础,不同地区的同学,来到学校说不同的方言,应当使大家很好地掌握普通话,这是一项重要的任务。我感觉语音这部分内容相当完备了。语音里面还有一节专门讲朗读,这是我们从前没有注意到的,过去在现代汉语教学大纲里也没有提到。朗读正是应用语言学里的一个具体问题,也是从事语言教学和广播工作的人应有的知识。对师范院校的学生,这项知识尤其需要。他们大部分将来要作中学的老师或大学的老师。在中学里如何把语文教好,这是大家当前特别注意的一个问题。那么,首先教师要能读课文,语音要正;其次要能把原句的音调、节落以及语气等都能读得很正确,很美。这样学生就在无形中有一种感受。学生学语文一般是目治,很少提倡朗读、朗诵。但朗读、朗诵很重要。学生要学好语文,要多读一些文章,在读的时候增加自己运用语言的能力。朗读这一节不管写得如何,只要标举出这样一个题目,在现代汉语中占有一个地位,这就很好。我是赞成的。这是就语音这方面说的。

语法这部分,有一节,即第五节,讲句子结构上常见的错误。这一节可以使学生认识学习语法的重要意义,并且帮助他们学会运用语法知识来修改病句。一般说来,同学们在学习语法的时候感到有些复杂,或者对语法术语了解得不透彻,感觉纷扰难懂。在学习过程中,有时囫囵吞枣,勉强记记背背,没有深刻理解学习语法的重要意义。要想学生真正了解学习语法的重要意义,必须拿许多不合语法的句子给他看,叫他运用学过的语法知识去改正它。这就很重要。如果他改一改,改对了,就有了收获,自然会产生学习兴趣,而且学到的知识会更加巩固一些。他在写作的时候,如果出现一些不妥当的句子,可以让他先念一念,看是否合乎平时说话的习惯。有时他们会感到有些别扭,这时,让他进行分析,找出不合语法的地方在哪里,这样就会有所提高。学了语法能改正自己的文章,这就很好,就达到了提高分析、运用现代汉语能力的目的。我觉得这一节很重要,希望再增加一些例句,加以申说,使学生认识到学习语法确实很重要。

　　全书在适当的章节后面都附了思考与练习,我很感兴趣,看了大部分。思考题目可以使学生把前面已学过的知识加以概括,复习前面的理论;后面的练习题可以引导学生分析问题和解决问题。书中练习的例子还相当丰富。思考与练习,起到了巩固知识和训练运用知识的作用,这说明编写的同志在考虑问题的时候还是比较周到的。

　　书中语法部分分析语法现象颇为详备。就是说,不同的语法结构,有不同的表现形式,在讲不同的句法和分析句子的结构的时候,各方面都能照顾到,没有谈到的不多,这也是一个优点。当然有些地方还谈得过于简略,有时仅举一个小例子就完了,很不够,应当多举几个例子,两个或三个,前面一个简单一些,后面一个可以稍微复杂一些,这样可以使学生理解得更透彻一些。这样说,在举例方面,也不无缺点。可是在练习里所举的例子,倒做到了多样化,课文里举例少,练习里举得多,句子也长一些,给学生一些练习的机会,这又是个优点。不过这方面也要进行分析。课文讲得少或例子比较简短,而练习的例子比较复杂,学生看到这些问题,是不是就能够解答呢? 也许只能解答一部分,不能全部解答。如果后面附上答案,固然便于自学,但是学生也可以偷懒,自己不去用心思考,失去练习的意义。我想是否可以在练习中再调配一下,把不易解答的问题加些提示,或者好一些。书本在复句一节里列了一些表格,很便于学生理解,这是值得称赞的。

　　在修辞这一部分,除了讲述一般的修辞格以外,还讲到词语的锤炼和句式的调整,都是属于实际运用语言的知识,这对提高学生的语文水平会有很大帮助,不过还嫌讲得少了一些。

　　我看了两本书各个章节以后,有一个非常明显的印象,就是编者把多年从事教学所积累的经验大都表现在这里了。这是一个事实,不容否认。

　　这本书由于是集体编写的,所以各部分的分量不一样。当然内容没法平衡,这是很自然的。例如语音这部分特别详备,文字部分就少了一些,我并不是说要等量齐观,要求字数一样,而是考虑在教学上如何安排匀当。从进度、进程多作考虑。在课本前面最好写个使用说明,指出各部分如何调配,时间如何安排。书中有个别章节还薄弱一些,小毛病也是有的,有个别提法还要认真考虑,说得更确切一些,例如文字部分第四节讲汉字改革的方针和当前的任务一段,就须要根据目前文字改革的工作方针有所陈述。其他细节就不多说了。词汇部分,我已提过一些肤浅的意见,听说已有所改动。语法方面有些问题在语法学界中意见尚有分歧，本书可备一说，经过试用，再使其逐步完善。

总之，我的意见是本书可作为统编教材来试用。这是个人一点不成熟的意见，是否确当，还要大家来讨论。

任何一本书要做到很完美，总是要经过不断修改增订的。有些地方还须要仔细审查一下，看看有没有不妥当的地方，内容多寡是否合适，例句是否妥切，讲到例句，要特别注意例句的时间性，不合适的不要选。我还没有发现这种情况，在这里只是提醒一下。另外，我有几点建议：

第一，语音有正音，文字有正字，是否词汇部分加一节，讲讲怎样克服用词不当的毛病。

过去常讨论学习现代汉语与写作有什么关系，多少年没搞清这个问题。同学们觉得学了些知识，写作还没有多少长进。这要从教育学上研究。但其中至少有一个问题，就是学生学了知识而在运用知识上没有自觉的能力。这个问题，我们还要努力去解决。在讲现代汉语课的时候，要尽量培养学生善于运用语言，不断提高写作水平。在这种情况下，词汇和语法是同样重要的，我们可用一章一节专门讲讲如何克服用词不当的毛病，作个总结性的、有条理的、有例证的说明。总的来说，书中词汇一章，在理论方面讲了些东西，还可以就实际运用中的一些现象做一些分析比较，给一些指导。

第二，语法里标点符号可否独立为一章。按道理应该独立为一章。因为标点用法并不完全与语法有关，这一节可以放在修辞后面。语法修辞连贯在一起，标点符号就放在最后，但讲述上不一定放在最后。

第三个建议是有关语法分析的问题。以平时治学的经验来看，我觉得要解决一个问题，应当从多方面入手，不限定要用一个方法去解决。有时一个方法、一个观点还不行。校书就是这样，你光用一个本子是不行的。本着这个认识，联系到语法，完全采用一个方法就可以做得很合适，也许不行。语法是有规律的，但是在一个句子里，意义和结构还是有关联的。有些句子，还得用意义作线索帮助结构的分析。我觉得综合分析也许有些好处。从结构层次入手，学生可能更容易理解。总之，要把理论和实践联系起来看，不断找出好的办法。

第四，这本教材有修辞部分很好。可是语法、修辞与逻辑有什么关系呢？是不是在适当的章节里，根据语法修辞内容的需要，谈谈逻辑问题呢？怎么讲，正是吕先生讲的三难之一。这个问题可以从目的需要出发考虑是不是有必要。吕先生和朱先生编的《语法修辞讲话》就有逻辑一节。

第五，全书在文字上还要加工。有些提法不妥切的要加以修订。文辞方面也要多加考虑。有些地方上下文句不那么接气，例如上册第 15 页讲到文字部分的教学任务时说"使学生正确地使用汉字，做文字改革的促进派"，文意不顺，可否改为"使学生正确地使用汉字，避免写异体字、写错别字"。书里还有个别地方用词不准确，也要注意。其他细节，这里就不一一多举了。以上几点建议，谨供参考。耽误大家很多时间，谢谢！

胡三省生卒行历考[*]

胡三省，宋元史俱无传，钱大昕《疑年录》以为生于宋绍定三年庚寅（1230），卒于元至元二十四年丁亥（1287）。外舅余丈季豫为《疑年录稽疑》云："按宋宝祐四年登科录第五甲，第一百二十一人，胡三省，字景参，年二十七。以此推之，正当生于绍定庚寅。《宋元学案》卷八十五云：'史失其传，不知卒于何时。'钱氏此条所记年寿及卒年，未详见于何书。考袁桷《清容居士集》卷四十三《祭胡梅磵文》，不署年月。其卷三十三《师友渊源录》云：'胡三省，天台人，宝祐进士，释《通鉴》三十年，兵难，稿三失，乙酉岁（至元二十二年也，胡氏《通鉴注序》末题旃蒙作噩即是年）。留袁氏塾，日手抄定注，己丑（1289）寇作，以书藏窖中得免。'全祖望《鲒埼亭集外编》卷十八《胡梅磵藏书窖记》云：'南湖袁学士桥，清容之故居也。其东轩有石窖焉，予过而叹曰：此梅磵藏书之所也。'就二书之言观之，则梅磵方于至元二十六年己丑自藏其书，安得先卒于二十四年耶？钱氏必有所据，姑志所疑，以俟再考。"

今按钱氏定胡氏卒年在元至元二十四年丁亥者，盖据《通鉴释文辨误》自序耳。序作于元至元丁亥春，钱氏殆以是年成书之后，胡氏不久即逝，故率尔以此为其卒年，实则非也。考陈著《本堂集》卷七十九，有《与胡景参书》，文中有"余七十八岁老翁"之语，按陈氏生于宋嘉定七年（1214），此书之作当为元至元二十八年（1291），其时胡氏尚健，是不得谓之卒于二十四年也。此其一。

又同书卷三十六，有《赠甥胡幼文还侍序》一文，为83岁时所作。胡幼文者，即景参第四子，本堂季女之婿，以其偕妇来甬上，将归天台，故为序以赠之。题称还侍，则景参犹在也。而本堂为此文时，当元元贞二年丙申（1296），则景参之卒又当在此以后矣。此其二。

然余颇疑钱氏尝引《本堂集》以考王伯厚之生年，独于景参之卒年失考，何也？今检光绪《宁海县志》卷二十艺文内编墓碑类，据胡氏家乘载其子幼文所作墓碑，述其生卒年月甚详，云："公生于宋宝庆六年（1230）庚寅四月癸亥"，卒

---

* 本文原稿曾呈陈援庵师审正，原题"胡三省"作"胡身之"，先生亲笔改订为"胡三省"。是时同居于北平，先生方著《通鉴胡注表微》，即以本文所考录入。

于"大德壬寅正月戊午也,享年七十有三"。是景参卒于大德六年(1302)也。宝庆六年,即绍定三年,与钱录无异;而卒年乃相差15年之久,微墓碑,则无由得知矣。此碑板有补于史乘者也。

至其出处行历,亦惟墓碑所载为详,碑云:

> 先生讳三省,字身之,旧字景参,世居台之宁海。曾大父讳友闻,妣汪氏;大父讳顼,妣王氏;父讳钥,赠奉议郎,妣周氏,赠安人。公生于宋宝庆六年庚寅四月癸亥。年十六,奉议公卒,居丧尽礼,以孝闻。登宝祐丙辰第,调吉州泰和尉,以亲老不就,改庆元慈溪尉。刚直不阿,忤郡守罢去。外会有以文学行谊荐者遂授扬州江都丞。咸淳三年丁卯(1267)差充寿春府府学教授,佐淮东幕府,考毕及格,改奉议郎,知江陵县。丁母忧,服阕,改知安庆府淮宁县。甲戌(1274)差充主管沿江制置司机宜文字,官至朝奉郎。自是隐居二十余年,屏谢人事,日著书为乐。既老,自号知安老人,扁所居堂为"逸老"。晚营寿域,去舍南数十武,筑室扁曰"读书林",与诸孙徜徉其中。宾至,命酒赋诗,怡怡如也。旧注司马公《通鉴》,中经散逸,购求他本为注解,手自抄录,虽祁寒暑而不废。诸子以年高不宜为言,则曰:"吾成此书,死而无憾。"间一日晨兴,言笑自若,忽曰:"吾其止此乎?"寝至三日,奄然大故。时大德壬寅正月戊午也,享年七十有三。呜呼痛哉!娶同里张氏安人。子男五:长文、仲文、季文、幼文、稚文。长文、仲文先公卒;季文哭公哀毁,亦卒。女一:婉,早夭。孙男十四:世儒、世仕、世俊、世杰、世任、世传、世佐、世俨、世俌、世伲、世偕、世佺、世仁(此仅得十三人,盖修志时抄撮有误)。所居狭小,洞旁多古梅,世称公为梅磵先生云。注《通鉴》二百九十四卷,《通鉴释文辨误》十二卷,《通鉴小学》一卷,《竹素园稿》一百卷。幼文等不孝忍死,于大德癸卯十二月己酉奉柩而窆,从先志也。葬日薄□,未能求铭当世,姑叙岁月纳诸圹。孤子幼文泣血拜谨识。

观此,则梅磵之出处行历皆可知矣。惜乎生于宋季国事日非之际,虽从军江上,而不为贾似道所重。元人既至,兵不能守,未三四年而国亡。虽则避居山野,发愤著书,以期自见于后世,然其悲怆愤悒之情,固有难以言谕者。是以袁桷祭梅磵之文曰:"江上之策,不行于老奸。蒙昧草野,避声却影。年运而往,知吾道之愈难。写心声之悲愤,听涧水之潺湲。阴阳倚伏,何得而非辱?何失而非福?匪历代消长,融会胸臆,其何能若是之苃毂。"又《过扬州忆旧诗》之六

（见《清容居士集》卷十一）云："四城赋拟张衡丽，十鉴书同贾谊哀（原注：公有《四城赋》《江东十鉴》）。腹里春秋纳云梦，案头今古起风雷。青衫不受折腰辱（原注：旧尉慈溪，为郡守厉文翁劾去），白眼岂知徒步回（原注：乙亥间道归里）？舟泊城南更回首，寒风吹泪下天台！"（原注：此诗属胡怀宁三省。）盖记实也。

《江东十鉴》及《四城赋》，当在《竹素园稿》中，今文稿不传，所传者惟《通鉴注》及《通鉴释文辨误》而已。《通鉴注》为其毕生精力之所萃，其自序云："宝祐丙辰出身进士科，始得大肆其力于是书……为《广注》九十七卷，著《论》十篇……咸淳庚午（1270）从淮壖归杭都，延平廖公见而韪之，礼致诸家，俾雠校《通鉴》以授其子弟，为著《雠校通鉴凡例》，廖转荐之贾相国，德祐乙亥（1275）从军江上，言辄不用。既而军溃，间道归乡里。丙子（1276）浙东始骚，避地越之新昌，师从之，以扆免，失其书。乱定反室，复购得他本为之注……迄乙酉冬（至元二十二年，1285）乃克彻编。"是前后阅时十数载，始成定本，前辈著书用力之勤，于此可见。惟当其馆于袁氏，手抄定注之时，王深宁亦居甬上，方作《通鉴答问》及《通鉴地理释》，二子虽未相质正，而所为者正同，岂非皆深尝忧患，愤嫉国亡，犹念念然欲借此以求理乱兴衰之故而适然与？

先生既卒，其子幼文亦隐居不仕，能守其父志。然未七十年而元灭，所谓剥久必复者也。其曾孙胡义冕，明洪武中授承事郎，除河南渑池县尹，后为将仕郎，仕湖广当阳县尹，终于任所。亦见《宁海县志》，宜附及之，以其为贤者之后云。

1943 年 6 月

宋亡后仕元之儒学教授

一、宋亡后元之搜访遗逸

宋自南渡后，中原非无恢复之望，顾以君主柔懦，政纲弛坠，故无由振奋。其忠謇之臣，虽屡谋匡复，然奸佞用事，竟不能各展其才，为国效命。徒见其垂亡而不得救，是可叹也。

于时士大夫不幸生逢其世，日处于忧患之中，进无以拯危纾难，退不得远逝以自疏，劳心忉忉，惟有克己自守，躬行实践，养廉耻，厚士习为务。故自渡江以后，学官月讲，必以《春秋》，以此为复仇之书，不敢废也。推其意，盖使为乱臣贼子者增惧，使用夏变夷者加劝焉耳（见戴表元《剡源文集》卷七《春秋法度编序》）。及至教导深结于人心，然后志士死节，子弟死孝。往日儒者之大用，端在乎是矣。

然自度宗以后，国步愈艰。内无贤相，外无良将。及元人南侵，首失襄樊。于是鄂、饶二州，相继沦没。且长江一水，中流荡然，全无备御，及其捣虚直冲而下，则惟有土崩瓦解，破败无存耳。故至德祐乙亥冬，乃议纳土，赍降表，奉使燕京矣。于时百姓流进，士族歼尽，其间士大夫从容就义、临难死节者尤多。自古国亡，丧灭之惨痛，未有如是者也。

元人既平江南，乃籍宋太庙礼乐器及秘书省、国子监、国史院、太常寺之图书、祭器、乐器等物，同时并诏访逸才。元世祖至元十三年二月诏曰（《元史》卷九《世祖纪》）："前代圣贤之后，高尚儒、医、僧、道、卜筮，通晓天文历数，并山林隐逸名士，仰所在官司，具以名闻。"十八年诏亦如之（见《元史》卷八十一《选举志》）。是时江南儒臣多有出仕新朝者，如留梦炎、王虎臣、谢昌元之徒，均为尚书是也（见《延祐四明志》及袁桷《清容居士集》卷三十三《师友渊源录》）。至元二十一年阿鲁浑萨里复劝世祖以儒术治天下，宜招致山泽道艺之士以备任使。帝纳其言，置集贤馆以待之（《元史》卷一三〇本传）。二十三年复令侍御史行御史台事程文海与行台官至江南博采知名之士（《元史》卷十四《世祖纪》），当时被召之人乃多。《元史》卷一七二程巨夫（文海）传云：

> （至元）二十四年……奉诏求贤于江南……帝素闻赵孟頫、叶李名，巨

夫临当行,帝密谕必致此二人。巨夫又荐赵孟頫、余恁、万一鹗、张伯淳、胡梦魁、曾晞颜、孔洙、曾冲子、凌时中、包铸等二十余人,帝皆擢置台宪及文学之职。

至元二十七年,程世京所撰《程雪楼(巨夫)年谱》亦云:

> 至元二十三年三月,诏公赍汉字诏书乘驲求贤江南,四月诏遣叶李、赵孟藡赴阙,公遂遍历诸郡,广求贤俊。二十四年春率所荐赵孟頫、张伯淳二十余人赴阙复命。

按巨夫奉诏搜求贤才,中书通事舍人帖木儿不花偕行(见赵孟頫《松雪斋集》卷八《故处士王公墓志铭》),被征而起之士,似皆欲以行道自许,实则不肯肥遁自甘者也。《元史》卷一七三《叶李传》云李:

> 杭州人。少有奇质,从学于太学博士义乌施南学,补京学生……宋亡,归隐富春山。江淮行省及宣、宪两司争辟之,署苏、杭、常等郡教授,俱不应。至元十四年,世祖命御史大夫相威行台江南,且求遗逸,以李姓名……闻,世祖大悦,即授奉训大夫、浙西道儒学提举。李闻命,欲遁去,而使者致丞相安童书,有云:"先生在宋,以忠言谠论著称,简在帝心。今授以五品秩,士君子当隐见随时,其尚悉心,以报殊遇。"李乃幡然,北向再拜曰:"仕而得行其言,此臣夙心也。敢不奉诏!"二十三年,侍御史程文海奉命搜贤江南……李既至京师……授李资善大夫、尚书左丞。

夫李为使者甘言所动,乃即翻然北面,利禄害人之深,于此可见。至云仕而得行其言是其夙心者,则文饰之词耳,何可信哉!袁桷有云(《清容居士集》卷二十三《送邓善之应聘序》):"君子之出也,大言以行道者,夸诬之流也。"殆即为李而发叹欤?考当时与李偕行者,除程巨夫传所云,尚有吴澄(见《元史》卷一七一澄传),朝廷皆擢以不次之位。李为尚书左丞;赵孟頫为兵部郎中,入直集贤;澄擢应奉翰林文字;张伯淳则授杭州路儒学教授,迁浙东道按察司知事(并见《元史》本传);曾冲子授福建提刑金事(见清包发鸾修《南丰县志》卷十九)。二十五年再下诏求贤,则胡长孺应荐至京师,待诏集贤;既而召见内殿,拜集贤修撰(见《元史》一九〇本传)。二十八年诏复求隐晦之士,俾有司具以名闻(《元史》卷八十一《选举志》),盖如是不惮其烦也。

至成宗大德二年,邓文原复由杭州路儒学正调崇德州教授,被征入京师(见

《剡源文集》卷十四《送邓善之序》），五年擢应奉翰林文字。袁桷亦于大德初因阎复、程文海、王构荐，为翰林国史院检阅官（并见《元史》卷一七二本传）。大德九年既再诏求山林间有德行文学识治道者（见《选举志》），至仁宗延祐元年复敕各省平章为首者及汉人省臣一员专意访求遗逸，苟得其人，先以名闻，而后致之（见《元史》卷二十五《仁宗纪》二）。直至是年八月复科举，下诏求贤之事乃希。

　　盖自至元十三年迄仁宗延祐元年，38 年之间，无日不搜访遗献，虽若求贤以光治道，实则网罗士流，收拾人心，以塞乱源耳。甚且小人之得志者，欲陷他人于不义，更举其所知以告有司；有司方借此以邀功，则尤可哀矣。《宋史》卷四二五《谢枋得传》云：

　　　　至元二十三年，集贤学士程文海荐宋臣二十二人，以枋得为首，辞不起……二十五年，福建行省参政管如德将旨如江南求人才，尚书留梦炎以枋得荐，枋得遗书梦炎曰："江南无人材，求一瑕吕饴甥、程婴、杵臼厮养卒，不可得也……夫女真之待二帝亦惨矣。而我宋今年遣使祈请，明年遣使问安。王伦一市井无赖狙邪小人，谓梓宫可还，太后可归，终则二事皆符其言。今一王伦且无之，则江南无人材可见也。今吾年六十余矣，所欠一死耳，岂复有它志哉？"终不行……福建行省参政魏天祐见时方以求材为急，欲荐枋得为功，使其友赵孟𫘤来言，枋得骂曰："天祐仕闽，无毫发推广德意，反起银冶病民，顾以我辈饰好邪？"及见天祐，又傲岸不为礼，与之言，坐而不对。天祐怒，强之而北。

　　是知异族之搜访遗逸，固别有用心，而夫己氏复以此阿宠取誉，独何心哉？若留梦炎者，世祖已薄其为人（见《元史》卷一七二《赵孟頫传》），其为虎作伥者，尤可鄙矣。

二、元之儒官及出仕之山长学正

　　元人虽累年搜访逸才，宋之士大夫洁身自好不为名利所动者至多。或杜门谢客，或窜伏草莽，以保西山之节。甚且毁儒服、裂冠冕，逃归释老，以避其锋，如刘辰翁、郭以南（见《剡源文集》卷十四《送郭以南为道士北游序》）者是也。至于起而应征者，盖皆倾慕荣华，苟合于进者流。《剡源文集》卷十四《送子仪上人北游序》云：

　　　　自中州文轨道通，而东南岩氓岛客无不有弹冠濯缨之想。彼诚郁积久而欲肆其扬扬者也,然皆不能无所诱焉。

又同卷《送邓善之序》云:

> 大德戊戌春,巴西邓善之以材名被征,将祗役于京师。于时甘泉近臣,
> 乘缒而致词;瀛洲仙官,扬镳而先途。友朋星罗,从徒蚁奔。扳末光附余声
> 之士,饯善之于郊者,退而无不颂善之于家,曰:"嘻乎伟哉! 善之其果能去
> 此而行其志也乎哉!"

如是可知当时扳名附势者亦大有人在,不仅程雪楼所荐诸人而已。王奕
《玉斗山人集》卷二《拜祖庭归途有感》云:

> 少小从师读鲁书,几回掩卷想风雩。得游邹鲁圣贤地,谁创华夷道德
> 途? 地势虽然有离合,脚跟却莫放模糊! 不知江右明经士,曾识春秋两
> 字无。

又赵文《青山集》卷七《相扑儿》云:

> 一儿攀肩猿上枝,一儿接臂倒立之。立者忽作踞地伏,攀者引头立其
> 足。飞跳倏忽何轻翾,怜尔骨节柔如绵。少年屈折支体软,红锦缠头酒论
> 碗。此儿巧捷未足称,江南何限无骨人!

盖皆有感而发。则当时应新朝之聘,不远数千里走京师以取朱紫者,莫非幸进
之徒也,宜乎为众人所讥讪。然亦有起家为书院山长、县学教谕、州路儒学教
授、儒学学正及行省儒学提举者,是又在为公卿外而掌学务者也。

考州县之立学校官,起源甚早,而宋之州郡立学,则始于仁宗庆历四年,《通
考》卷六十三学校条云:

> 庆历四年,诏诸路州、军、监,各令立学,学者二百人以上,许更置县学,
> 于是州郡不置学者鲜矣。又置教授,以三年为一任,以经术行义训导诸
> 生……委转运司及长吏于幕职、州县官内荐教授,或本处举人举有德艺者
> 充。当时虽置教授,或用兼官,或举士人,委于漕司,而未隶朝廷也。熙宁
> 六年,诏诸路学官并委中书门下选差,至是,教授始命于朝廷矣。

是州县有学,自宋仁宗始,教授命于朝廷,自神宗始也。

至宋南渡以后,北方府学则多废堕。及元世祖中统二年九月始诏立诸路提
举学校官。后王鹗复请于各路选委博学老儒一人提举本路学校,因立十道提举

学校官(见《元史》卷一六〇《王鹗传》)。至元二十八年又命江南诸路学及各县学内设立小学,选老成之士教之。县学内则设有教授、学正、山长、教谕之职。《元史·选举志》云:

> 凡师儒之命于朝廷者曰教授,路府上中州置之。命于礼部及行省及宣慰司者曰学正、山长、学录、教谕,路州县及书院置之。路设教授、学正、学录各一员,散府上中州设教授一员,下州设学正一员,县设教谕一员,书院设山长一员。中原州县,学正、山长、学录、教谕,并受礼部付身。各省所属州县学正、山长、学录、教谕,并受行省及宣慰司劄付……教授之上,各省设提举二员。正提举从五品,副提举从七品,提举凡学校之事。

又卷九十一《百官志》云:

> 儒学提举司,秩从五品,各处行省所署之地皆置一司,统诸路、府、州、县学校、祭祀、教养、钱粮之事,及考校呈进著述文字。
>
> ……
>
> 儒学教授一员,秩九品,诸路各设一员,及学正一员、学录一员。其散府、上中州亦设教授一员,下州设学正一员。

元代学官之制度盖如此矣。而宋之遗民出仕为学官者,就史传考之,不下十数人。其为山长而著名者,得三人焉,曰黄泽、曰曹泾、曰胡炳文。

黄泽(1260—1346),字楚望,资州人。《元史·儒学传》云:"泽生有异质,慨然以明经学道为志。好为苦思,屡以成疾。疾止复思,久之如有所见,作《颜渊仰高钻坚论》。蜀人治经,必先古注疏,泽于名物度数,考核精审,而义理一宗程、朱,作《易春秋二经解》《二礼祭祀述略》。大德中,江西行省相臣闻其名,授江州景星书院山长,使食其禄以施教。又为山长于洪之东湖书院,受学者益众……至正六年卒,年八十七。"

曹泾,字清甫,休宁人。《宋元学案》卷八十九云泾"八岁能通诵五经。咸淳戊辰丙科,授昌化簿。博学知名,马端临尝师事之。入元,为紫阳书院山长。卒年八十有二"。亦见清吴坤修《安徽通志》卷二一九。

胡炳文,字仲虎,婺源人。《宋元学案》卷八十九云:"父孝善先生斗元,从朱子从孙小翁得《书》《易》之传。先生笃志家学,又潜心朱子之学,上溯伊洛,以达洙泗渊源,靡不推究。仁宗延祐中,以荐为信州道一书院山长,调兰溪学正,不赴。至大间,其族子淀为建明经书院,以处四方来学者。儒风之盛甲东南。所居面山,世号云峰先生。"亦见《元史·儒学传》,略有异同,今从《学案》。

其为学正者得一人焉,曰刘应龟。《金华黄先生文集》卷三《山南先生行述》云:"应龟,字元益,世为婺之义乌人……少恢疏,常落落多大志。宋咸淳间游太学,马丞相(廷鸾)高其材,将女焉,先生不可,乃已,由是名称籍甚……于时同舍生掇其绪论,或取高弟,而先生故为博士弟子员……值德祐失国,乃返耕,筑室南山之南,卖药以自晦……居久之,会使者行部,知先生贤,强起以主教乡邑,先生始幡然出山即席,于是至元二十有八年矣。终更,调长月泉。有司以累考合格,上名尚书……铨曹谬以年未及,出其名,复俾正杭学……明年,遂以疾卒于家,寿六十四。大德十一年八月二十日也。"事迹亦见《元诗选》癸之甲。

按山长与学正皆非朝廷命官,虽为有司所推举,然任之者均以训迪后学为务,不足病也。相传郑王应麟入元亦曾为山长,明儒颇有讽议之者,而全谢山《鲒埼亭集外编》卷二十九《宋王尚书画像记》云:"先生应元人山长之请,史传、家传、志乘诸传皆无之,不知其所出。然即令曾应之,则山长非命官,无所屈也。箕子且应武王之访,而况山长乎?"由是观之,仕山长与学正,其职若今之县立小学校长,亦无庸深讥矣。

三、出仕之儒学教授

至于遗民之为教授而著名者,则有十人焉,曰戴表元、牟应龙、赵文、刘壎、仇远、马端临、欧阳龙生、熊朋来、傅定保、张观光。

戴表元(1244—1310),见《元史·儒学传》。生于宋理宗淳祐四年,卒于元武宗正大三年。传云:"戴表元,字帅初,一字曾伯,庆元奉化州人……咸淳中,入太学,以三舍法升内舍生。既而试礼部第十人,登进士乙科,教授建宁府。后迁临安教授,行户部掌故,皆不就。大德八年,表元年已六十余,执政者荐于朝,起家拜信州教授。再调教授婺州,以疾辞。初,表元闵宋季文章气萎薾而辞骫骳,骫弊已甚,慨然以振起斯文为己任……至元、大德间,东南以文章大家名重一时者,唯表元而已……年六十七卒。有《剡源集》行于世。"此本于袁桷《清容居士集》卷二十八《戴先生墓志铭》。

其所撰《自序》称:"生淳祐甲辰……辛未春试南省,中第十名。五月对策,中乙科,赐进士及第……乙亥春,以故归旧庐……会兵变,走避邻郡。及丁丑岁,兵定归鄞,至是三十四岁矣。家素贫,毁劫之余,衣食益绝,乃始专意读书,授徒卖文以活老稚。鄞居度亦不可久,遂买榆林之地而庐焉。如是垂三十年,执政者知而怜之,荐授一儒学官,因起教授信州。噫! 老矣。大德丙午冬归自信州。时体气益衰……即以家事属诸子,使自力业,以治养具……忘怀委分,自号曰刿源先生。"此于平生事迹叙述甚详。

赵文(1239—1315),字仪可,一字惟恭,号青山,庐陵人。生于宋理宗嘉熙三年,卒于元仁宗延祐二年。仪可于宋景定、咸淳间尝冒宋姓三贡于乡。后始复本姓。入太学,为诸生,宋亡入闽,依文天祥。元兵破汀州,与天祥相失,遁归故里。后为东湖书院山长,选授南雄郡文学,而年亦老矣,卒年77。有《青山集》八卷。事迹详《程雪楼集》卷二十二《赵仪可墓志铭》,刘将孙《养吾斋集》卷二十九《赵青山先生墓表》。

刘埙(1240—1319),字起潜,号水村,南丰人,生于宋理宗嘉熙四年,卒于元仁宗延祐六年。起潜少孤,事母揭至孝性,宋咸淳六年举于乡(见清包发鸾修《南丰县志》卷十八)。吴澄《吴文正公全集》卷三十六《故延平路儒学教授南丰刘君墓表》云:"起潜之在宋已卓荦不群……年三十七而宋亡……郡庠缺官,当路交荐,年五十五始署盱郡学正。年七十受朝命为延平郡教授……官满既代,诸生不容其去,复留授业者三年乃归。归四年,延祐己未也,年八十矣。后八月七日……端坐而逝……所著……凡百二十五卷。"今存者有《水云村稿》十五卷、《隐居通义》三十一卷。

熊朋来(1246—1323),字与可,豫章人。《元史·儒学传》云朋来"宋咸淳甲戌(十年),登进士第第四人,授从仕郎、宝庆府金书判官厅公事,未上而宋亡。世祖初得江南,尽求宋之遗士而用之,尤重进士……朝廷以东南儒学之士唯福建、庐陵最盛,特起朋来连为两郡教授……卒,年七十八……有家集三十卷"。按史未言其卒年,考吴澄《吴文正公全集》卷三十六《前进士豫章熊先生墓志表》称至治癸亥五月卒,癸亥为至治三年,则其生当宋理宗淳祐六年也。

牟应龙(1247—1324),字伯成,其先蜀人,后徙居吴兴。《元史·儒学传》云:"祖子才仕宋,赠光禄大夫……父巘,为大理少卿……应龙当以世赏补京官,尽让诸从弟,而擢咸淳进士第……沿海制置司辟为属,以疾辞不仕,而宋亡矣。故相留梦炎事世祖,为吏部尚书,以书招之曰:'苟至,翰林可得也。'应龙不答。已而起家教授溧阳州,晚以上元县主簿致仕……泰定元年卒,年七十八。"

仇远,字仁近,一曰仁父,钱塘人。生于宋理宗淳祐七年丁未(1247),咸淳中以诗名,与白珽并称,人谓之曰仇白。宋亡,落魄江湖间,至大德九年乙巳部使者强以学识起于溧阳州学教授。居数年,罢归,时年已六十余(《四库全书总目提要》"金渊集"称远于至元中尝为溧阳教授,旋罢归,与集中各诗记载年月者不合,盖承方志之误)。晚以杭州知事致仕。自号近村。有《金渊集》六卷、《山村遗集》一卷。其卒年不详(《新元史》远附《吾邱衍传》,事迹甚略。此参照《金渊集》及清乾隆《杭州府志》)。

马端临,字贵与,乐平人。《宋元学案》卷八十九云:"父廷鸾,宋咸淳中官右丞相。时休宁曹泾精诣朱子学,先生从之游,师承有自。以荫补承事郎。宋亡不仕。著《文献通考》,自唐虞至南宋,补杜佑《通典》之阙,二十余年而成。仁宗延祐四年,遣真人王寿衍寻访有道之士,至饶州路,录其书上进。诏官为镂板,以广其传,仍令先生亲赍所著稿本赴路校勘,英宗至治二年,始竣工。先是,留梦炎为吏部尚书,与先生之父在宋为同相,召致先生,欲用之,以亲老辞。及父卒,稍起为慈湖、柯山二书院山长,教授台州路。三月,引年终于家。"

欧阳龙生,字成叔,浏阳人。《宋元学案》卷八十八云:"成叔,忠叟子,从醴陵田氏受《春秋三传》,试国学,以《春秋》中第二。至元丙子,侍其父还浏阳。左丞相崔斌召之,以亲老辞。居山十有七年。浏有文靖书院,祠龟山杨时,沦废已久。部使者至,谋复其旧,授先生为山长……秩满,改本州教授,迁道州路教授……卒年五十有七。"

傅定保,字季谟,号古直,晋江人。《元诗选》癸之甲云:"宋咸淳中,礼部奏赋第四。时相沮抑新进,未令赴廷试……大德初,提举吴涛荐授漳州路学正,改三山书院山长……至治中,以平江路儒学教授致仕。"

张观光,字直夫,号屏岩。吴师道《吴礼部集》卷十四《张屏岩文集序》云:"东阳屏岩先生……当宋季年,以诗义第浙士第一。入太学才二十有六载,英华之气发于文辞,同时辈流固望而敬之矣。未几国亡,随其君北迁,道途之凄凉,羁旅之郁悒,闵时悼已,悲歌长吟,又有不能自已者焉。方中朝例授诸生官,独以亲老丐归,遂得婺学教授。改调时年甫强仕,即陈情辞禄,以遂志养。杜门深居,沉潜经籍,缕析群言,益造精微。"云云。《四库全书总目提要》"屏岩小稿"云:"元张观光撰……集中有……甲子岁旦诗……诗中有'岁换上元新甲子'句,以历家三元之次推之,上元甲子当属泰定。观其除夕即事诗中称明朝年八十,则得寿颇长。"据是,则观光之卒,当在元泰定元年之后也。

考当时遗民之出仕为教授者尚不止此,今就其名较著及事迹可考者述如上。

至于为儒学提举而著名者,则有四人焉,曰王义山、曰白珽、曰郑陶孙、曰艾性夫。

　　王义山，宋元史均无传，《四库全书总目提要》"稼村类稿"云："义山，字元高，丰城人，宋景定中进士，知新喻县，历永州户曹。入元，官提举江西学事。"按义山《稼村类稿》三十卷，其卷二十九自撰墓志铭云："生于宋嘉定甲戌（七年）八月之戊午……自淳祐己酉（九年）至景定辛酉（二年），与弟义端以赋四上春官。"卷七《重修旧居记》云："德祐乙亥（元年），半刺永嘉，台评谓某为杭山（章鉴）客，以议迁幸并劾，亡何，江阃有参议之檄至章贡，未上。至元丙子（十三年）夏，始归先庐居焉……不二年，乡邦士友白之省，省以赘币聘于先庐，俾职教路学，至是又挈家寓于冷舍。明年，掌一道学事，遂退而老于东湖之上。"提要云"历永州户曹"，永州当为永嘉之误。其文集自序作于强圉大渊献（至元二十四年丁亥）正月元日，其卒当在此以后矣。

　　白珽（1248—1328），字廷玉，钱塘人，生于宋理宗淳祐八年，卒于元文宗天历元年。年十三受经太学，以诗名于一时。宋濂《元故湛渊先生白公墓铭》云："元丞相伯颜平江南，闻先生贤，檄为安丰丞，辞不赴，乃客授藏书之家，如是者一十七年。程文献公巨夫、刘中丞伯宣前后交荐之，复以疾辞。中岁尝出游梁郑齐鲁，历览河山之胜，登临吊古，讯人物风土，慨然有尚友千载之义。南北孤远，士久困逆旅，则必昌言甄拔之，自是学益充，文益富，而家益贫。会李文简公衍出将使指，喟然叹曰：'有才如是，坐视其穷可乎？'力挽起之，授太平路儒学正。未几摄行教授事，寻转常州路儒学教授（大德四年）。俄再迁教授庆元，未上，升江浙等处儒学提举司副提举，阶将仕佐郎。秩满，谢事养疴海陵，先生已六十有七。及再迁从事郎婺州路兰溪州判官，则不复有宦情矣。以天历元年九月卒，年八十一。"按廷玉有《湛渊集》一卷。

　　郑陶孙，字景潜，处州人，滁孙弟也。《元史·儒学传》云滁孙"宋景定间，登进士第，知温州乐清县，累历宗正丞、礼部郎官。至元三十年，有以滁孙名荐者，世祖召见，授集贤直学士，寻升侍讲学士……弟陶孙……亦登进士第……征至阙……授翰林国史院编修官……升应奉翰林文字，后出为江西儒学提举……有文集若干卷"。

　　艾性夫，不见史传。《四库全书》载《剩语》二卷，元艾性夫撰。《提要》云："考《江西通志》，称抚州三艾：叔可字无可，宪可字元德，性（夫）字天谓，皆工于诗……吴澄《支言集》有《高夔妻艾氏墓志》，称为咸淳贡生性夫之女，习见其家儒教，屡以勖其夫云云……疑《江西通志》本作性夫字天谓，传刻脱一夫字也。

考集中有谢枋得挽诗一首，则性夫元初尚存。又曹安《谰言长语》，称于成化五年之元江署学，一家多藏书，内一诗集乃江浙道提举艾性夫作，贯酸斋作序云云。宋无江浙道提举，盖其晚年已仕元矣。"今按《剩语》卷下《留城寄旷翁诗》云："吾年七十入城府，君更老吾仍出山。早岁相欺作深隐，至今头白未能闲。"此亦为晚年仕元之证。

凡是所举，皆生于有宋，负科第之名，曾食宋禄者也。至如生当宋季，国变后起而仕元者，皆不预焉（如龚璛、程荣秀，是也）。若夫白珽于宋本为太学生，而亦入录者，正以见危复之清高耳。

四、出仕之原因

夫人之好尚不一，有如饮食嗜欲之不齐。高官厚禄可以荣妻子眩僮仆者，固众之所好，然亦有朱幡在前，掉臂而去，无枉求、无诡谒以荣其身者；是未可强同也。惟当易代之际，主忧臣辱之时，则出处取予授受之间，不可不慎焉。

溯自靖康之变，河北沦于左衽，时凶焰方炽，勇斗嗜杀，敌兵所向，士无噍类。观李致尧《葬枯骨碑》所述汾州一役，生民死亡之惨，可为痛泣。然八十余年之后，复有贞祐之祸。元兵践蹂中原，创痛更甚于前。大河南北，人民遭杀戮者更众。即以贞祐元年保州城陷，居民老幼同遭殄歼一事观之，其残暴可知（见刘因《静修先生文集》卷四《武强尉孙君墓志铭》及《孝子田君墓表》）。其后六十年，元兵南侵，更深入腹地，战无不胜，攻无不克，其间死于锋镝之下者，更不可以数目计矣。

士大夫生当其时，耳之所闻，目之所睹，莫不怵惕惊心，方埋首饮泣之不暇，岂复有荣华轩冕之思？故自南渡以后，河北遗民不得高翔远引者，乃相率避居山野，力耕作，治庐舍，联络表树，以相保守。终不肯婴世故，慕荣利，以亏其节。于时全真、大道、太一三教，如风靡水流，聚徒训众，义不仕金，其高风亮节，可谓蜕于尘埃之外，皭然不滓者矣（见陈援庵师《南宋初河北新道教考》）。暨乎元人灭金，统驭中原，履其土，荐其毛，犹有不仕之臣焉（如萧剌、刘因即其人也）。况当祥兴之后，神州陆沉，宋之遗民岂可靦颜事仇以求荣禄乎？是以文宋瑞、谢叠山至死不屈，大节凛然，足为万世师表。虽嶔崎磊落可为涕泣，然天地得不压不坠，人类得不尽死灭，尚赖有此。故《宋季三朝政要》云：

　　疾风知劲草，板荡识纯臣……死者，人之所难，而得其死者尤难也。主忧臣辱，义在必死。则食君之禄，死君之难，不以生死易其节，此诚烈丈夫也！

然而窃疑若戴表元诸人者，平居于《春秋》大义讲之审矣，何为应此教授一职？且《元史·选举志》云"府州教授准从八品，再历路教授准正八品"，则教授之秩俸年得三四十两银而已（见《元史》卷九十六《食货志》），其数既微，将何所取？今推其故，殆有数因：

一曰年老家贫，无以为活。夫人幸而得至于老，又不幸老而穷，此人情之所矜悯者也。然人老而穷，则又往往气昏志沮，不得不役于衣食。若戴表元者，儒贫而老，则舍授徒卖文，无以为活。故其自序云："执政者知而怜之，荐授一儒学官。"是其出仕于元者，乃年老家贫有以致之耳。若《送陈养晦赴松阳校官》诗云（《文集》卷二十七）：

> 书生不用世，什九隐儒官。抱璞岂不佳，居贫良独难。

是自道之语也。其《送杜子问（裕）赴学官序》云（《文集》卷十三）：

> 邑中故家，虽衣冠强盛如李、杨、黄者，亦皆逋播离（一作"荡"）析，子问不得已携其耿耿者，去而之西。会尊官贵客，适知其名，左馆右谷，既而为之荐进于当途，假之文学掾之阶而强之仕，于是子问老矣。曰："我无愿于仕也，而不能无愿于禄。"俯首束衽，忘数千里江楚之劳而赴焉。

则知家贫年老，偃蹇无所依，而不得不食一命之禄者非一人也。仇远《金渊集》卷一《予久客思归以秋光都似宦情薄山色不如归意浓为韵言志》云：

> 未仕每愿仕，既仕复思归。了知归来是，宜悟求仕非。干禄本为贫，原非慕轻肥。已昧好为戒，复贻素餐讥。时艰士失业，十家九寒饥。岂无禹稷思，力薄愿乃违。

亦明言其出仕之故。又陆文圭《墙东类稿》卷六《送张菊存（仲实）序》云：

> 吾友张子仲实，与吾交十余年矣。岁在甲申，余适钱塘，君年甚少，新有诗名，风致清远，器宇高朗，翩翩佳公子也，于是始倾盖定交……余时随计上省，君敦谏甚苦，又作诗讽切之。余感其言，拂袖径归，杜门不复出。后数年，客自杭来者，谓仲实经明行修，诸生迎入学，师事之，省台贵人籍籍道仲实名字。余私念君人品甚高，志不轻就，殆家贫亲老，将为禄仕计耳。又数年，余再适钱塘，一见相与道旧，感慨久之。

是又因亲老而违其初衷者。虽则如是,其所得者亦微矣。仇远《学舍自吟》云(《金渊集》卷一):"金渊文学掾,旋食经岁年。石田薄有收,尽足裨俸钱。丝毫了无补,教养愧前贤。"又《送杨刚中赴淮安教授》云(卷三):"西蜀杨君子,才为博士优。儒官清似水,学舍小于舟。吴地仍多潦,淮田薄有收。虽非温饱计,足解友朋忧。"则广文官冷之状可知矣。

二曰免除徭役。徭役之事,何代无之,而元于常赋之外,取之于民者过重。其差科之名有四:曰丝料,曰包银,曰俸钞,曰丁税。太宗时既有丝料、丁税之法,至宪宗而增包银,世祖复增俸钞,各验其户之上下而科焉。所征之数,虽多寡有时而殊,然至世祖至元十七年以后,全科户当出丝一斤六两四钱,包银四两,俸钞一两,丁税粟三石。至于地税,则上田亩三升,其量至轻,而户丁科差之重仍如此(见《元史》卷九十三《食货志》及清《续文献通考》卷十六)。夫民力有几,而可如是横征暴敛乎?

虽然,儒士、军站、僧道诸户则一切蠲免焉。《元史》卷一七七《陆垕传》(附《臧梦解传》)云:"伯颜南下后,上章奏免儒役。"迨至元十三年江南初平,世祖亦敕诸路儒户通文学者三千八百九十并免其徭役。其后,叶李奏请各道立儒学提举司,凡儒户徭役乞一切蠲免(见《元史》李传),并可其奏。至元二十五年十月又诏免儒户杂徭,大德十一年五月(时武宗已即位)复勉励学校,蠲儒户差役。盖终元之世,儒户差役无不蠲除。然则诸人所以俯首为文学掾者,此亦一因也。

三曰避种人之歧视。自古外族入居中国者,其始莫不忌刻汉人,以防叛乱,故元人初入中原,其官佐之制即以国人为之长,色目人次之,而汉人又次之。及江南平,朝廷虽间用南人,而州路吏属仍以国人居其首要,甚且赋税刑法亦南北异制,则种族之歧视,非人之所能堪者。诸人之出仕新朝,亦藏身隐晦之术耳。《剡源文集》卷十四《送谢仲潜序》云:

> 始余以文学掾游金陵,时年才三十尔。性喜攻古文辞,每出经义策诸生,以观其能占对与否,而鼓舞抑扬之。同时执简数百人,有谢仲潜常在鼎甲中……别去二十有五年,余寄食钱塘市舍授徒。于是耳目疲耗,心胆销怯。值稠人广席,谈辩纵横,辄畏缩如不胜,况有所挟乎外者?尤不敢仰首视。乃闻有吴江教官能礼貌旧老……为之喜甚。己亥秋八月,吴江教官考〔秩〕满以谒来见余。余延坐,问之,盖仲潜也,曰:"自契阔来,一日不废学,然益更事诸变故,寒漂暑炊,较前为诸生时意气,亦不复有。其俯仰升

斗之禄,直欲少避啬夫亭长呵辱耳。故邂逅冠服与我相类者,亦稍稍有志扶持之。"

呜呼! 忍辱出仕,以避啬夫亭长之呵诟,事亦可悲矣。而所谓啬夫亭长者,殆指种人而言耳。

以意推之,诸公之为八品儒者,盖不出此三因也。

五、出仕后之自悔

古语云:在山为远志,出山为小草。诸公既俯首包羞以食元禄,终不能无悔恨之词。方赵孟𫖯深衣拜聘,扬镳北首之际,意气固甚轩昂也,然已为贤士所嗟惜,故《剡源文集·书叹》(卷二十七)称子昂有"遭逢不自闷,颇为谈者惜"之语。至其晚年尤多"罪出"之词,其《自警》诗云(《松雪斋集》卷五):"齿豁头童六十三,一生事事总堪惭。唯余笔砚情犹在,留与人间作笑谈。"又《罪出》诗亦有"见事苦不早"之语,足见违志之苦。然而所以见事苦不早者,亦为名利所诱耳。赵文《青山集》卷三《约心堂记》云:

> 君子读书为士,莫不各有一初心。自古圣贤出处,此身可困可厄,而不可以负吾心之约。负约于人,犹曰不信,吾与吾心言矣,能爱富贵而食言乎? 虽然,一行作吏,不得以如其约者多矣。异时入幕,视案牍,引笔据理可否,衔袖进大吏,不可其意,不得不小回互,意终日郁然不乐。遇事欲慷慨论列,顾孺人稚子咿嘤涕泣止。虽守道君子,不以势权私昵动其心,然而不得以如其约者多矣。盖虽崛强如退之,所谓不食高翔,亦何尝尽行其志? 仕宦累人,从古则然,而况吾世?

是知仕宦终非士君子所能胜。况屈身异族,事达官富人以觍颜求活乎? 观仇远《金渊集》卷五《岁穷早睡》云:

> 骥尾流光不可追,山中小草合知非。腊余四日春先到,官满三年客早归。暗雨随风茅屋漏,荒城争米燎盆稀。明朝又赴公筵贺,灯下醒眠懒解衣。

则岁暮风寒,以明朝赴公筵之贺,欲解衣而卧皆不可得,其为累也孰甚? 又《衰年》云:

> 衰年六十喜平头,微禄虚名老可羞。自笑一生同蟪蛄,了知万事等蜉蝣

蝤。寡欢元亮须归去,老病相如已倦游。只忆西湖春涨绿,柳边雪外舣兰舟。

又戴表元《丙午二月十五日以府檄出宿了岩》诗云(《文集》卷二十七):

> 衰年慕栖息,役役殊未休。天明发东郭,日晏泊西州。岂其千金躯,为此一浅谋? 宿麦青已郁,稚桑黄亦稠。欣然一会意,所愧非吾丘。悔日谅不远,誓言良未酬。挥手谢还往,伊嘤自伊嘤。

此又皆自艾之辞也。甚且当其懊怅不已之时,深悔其识字,乃欲为耕渔樵猎而不可得,如《剡源文集》卷二十七《送官归》云:"生世悔识字,祝身如野农。"《金渊集》卷一《言志》云:"老尚著儒冠,却悔识之无。"是也。然其最为沉痛者,莫过王义山之自悔,其《稼村类稿》卷二十九自撰墓志铭云:

> 余……生于宋嘉定甲戌八月之戊午……世居隆兴府丰城县长丰乡之槎溪,今为龙兴路富州……自淳祐己酉至景定辛酉,与弟义端以赋四上春官……乙亥春,江上报至,丞相杭山先生章公鉴,议国事不合……遂去。某以门下客,为监察御史潘希圣所劾……辛巳岁卜居东湖……丙戌夏归省松楸,葺先君敝庐……吾老矣,死已晚矣。苟获体其受而归全,幸也,独不幸而读书,又不幸而窃科第,又不幸而立乎人之朝。向使不读书,不窃科第,不立乎人之朝,岂不陶陶然天地间一民? 既读书,既窃科第矣,既立乎人之朝矣,而谓一民之不如。呜呼! 必有不如者矣!

志题作于丙戌之八月,丙戌为至元二十三年,时义山由儒学提举告归,年已七十有三,追悔平生,其音甚哀。察其所以如是云云者,盖亦感发于中,有不得已于言者也。刘因《静修先生文集》卷四《孝子田君墓表》曾云:

> 呜呼! 天地至大,万物至众,而人与一物于其间,其为形至微也。自天地未生之初,极天地既坏之后,前瞻后察,浩乎其无穷。人与百年于其间,其为时无几也。其形虽微,而有可以参天地者存焉。其时虽无几,而有可以与天地相终始者存焉。故君子当平居无事之时,于其一身之微,百年之顷,必慎守而深惜,惟恐其或伤而失之。实非有以贪夫生也,亦将以全夫此而已矣。及其当大变,处大节,其所参天地者以之而立,其所以与天地相终始者以之而行,而回视夫百年之顷,一身之微,曾何足为轻重于其间哉! 然其所以参天地而与之相终始者,皆天理人心之所不容已,而人之所以生者

也。于此而全焉,一死之余,其生气流行于天地万物之间者,凛千载而自若也。使其舍此,而为区区岁月筋骸之计,而禽视鸟息于天地间,而其心固已死矣。而其所不容已者,或有时发焉,则自视其身,亦有不若死之为愈者。是欲全其生而实未尝生;欲免一死而继以百千万死。呜呼!可胜哀也哉!

观此,则其理甚明。夫死生之际,固人之所难处者,若诸公之为教授也,未必可以遂其生;不为教授也,未必至于死,宜乎赧然于面,戚焉于心矣。然稼村者,尝师事刘后村克庄,又为文义山所知,其人固受朱学者,虽仕于元,而非彼苟求富贵者也。

六、诸公出仕之评论

昔叠山谢氏有言曰(《与李养吾书》):"人可回天地之心,天地不能夺人之心。大丈夫行事,论是非不论利害,论逆顺不论成败,论万世不论一生。"今诸人既出仕教授,晚节不终,则难免为人所非议,故《四库全书总目提要》"赵文《青山集》"云:

> 文与谢翱、王炎午同入文天祥幕府,沧桑以后,独不能深自晦匿,以迟暮余年重餐元禄,出处之际,实不能无愧于诸人。然其文章则时有《哀江南赋》之余音,拟以古人,其庾信之流亚乎?

又"刘壎《水云村稿》"提要云:

> 壎才力雄放,尤长于四六。集中所载诸启札,大抵皆在宋世所作……其他古文,则多入元以后所作。灏瀚流转,颇为有气……惟其年过七旬,复出食元禄,而《晚春郊行》诗云:"路少过军仍鼓吹,地多遗老自衣冠。"《丙子闽山》诗云:"汉祚纵移诸葛在,唐兵虽散子仪侯。"……皆其未出山时所作,是则可以不存耳。

此皆贬损之辞。而"杨公远《野趣有声画》"提要云:

> 宋亡时年四十九,入元未仕,当从周密之例称南渡遗民,然……入元以后,干谒当路、颂扬德政之诗,不一而足。其未出仕,当由梯进无媒,固不能与密之终身隐遁者同日语矣。今系之元人,从其志也。

按叔明本朱仕元,以其攀援当路,乃必系之于元,且谓"从其志也",岂不可悲?

是知人之出处大节不可不慎也。刘静修《辋川图记》云（《文集》卷二）："人之大节一亏，百事涂地，凡可以为百世之甘棠者，而人皆得以刍狗之。"噫！可惧也已。

虽然，平情论之，诸人应公府之高选以为儒官，其去诡称行道而蒙瑕衅玷者远甚。盖其职至卑，仅屏伏闾里，为村塾学究，日与童孺相处，尚与通使上大夫执珪结绶与当代贵人相周游者不同。其意盖在藏锋敛颖，韬潜谨饬，沉浮小官，以守其身而已。若果有意于富贵也，则戴表元何为却张可与之荐乎？诸人既沉晦于下，以教化风俗为事，且初心亦未尽泯，当亦为人所矜悯。《剡源文集》卷十三《送罗寿可归江西序》云：

> 古之所谓士大夫者，少而学成于其身，壮而材闻于其国，及其老而无志于用，则退而以其学师于其乡，是故有以一人而成千万人之俗。

观此则儒者之为儒官，在化民成俗，以保读书种子，亦隐然有其职志存焉。且当举世俶扰之际，无知之氓行且为背礼犯义之行，而诸君施教于下，使民德归厚，不为恶俗所染，则疹疠之气化为祥淑，此皆儒者之大用，有不期然而然者。且自江汉先生赵复传程朱之学于北方之后，其道大行。此后，南北之间凡儒冠儒服者皆互为师友，以相砥砺，其成效虽至微至隐，而于外族蹂践之下犹存一脉生生不息之气者，端赖此耳。

且诸君之为教也，匪但化民成俗而已，并隐然有为天地立心、为生民立极之意；盖知异族之侵扰横暴，必不可久也，故教后学，勿以当前进取为功，而以潜藏待时为用，使深蓄其力以待剥穷必复之机，则于人心亦不无小补，如《青山集》卷三《萧同伯倦归堂记》云：

> 今……出门适莽苍，豺虎塞路，天下虽大，何行而可？虽欲不杜门裹足，自囚空山，盖不可得矣。然则君之倦而归也，天倦之也……虽然，天不倦也。君见夫日乎？日之西而没也，以为无日矣，将旦时，彼轧轧而东者，犹昨日也。由是而观之，则自盘古开天，以至于今，天未始一息倦也。使天而倦，吾其鱼矣……同伯今日之倦归，庸知非造物者补汝歝，息汝勩，而将有所用之？未可知也。

又陆文圭《墙东类稿》卷六《送吴仲鲁序》云：

> 天历间，乌江吴仲鲁来与仆游，讲《易》墙东之下。将归省其亲，丐一言以为别……"仆请以《易》为赠。《易》曰：'君子以言有物，而行有恒。'

又曰:'君子藏器于身,待时而动。'又曰:'君子以俭德避难,不可荣以禄。'是三言者,于己切,于义当,于时宜,子其识之!仆年八十,将槁死林下,不及见子功业之成矣。抑未死以前,皆临深履薄之日月也。子何以处我?"仲鲁不答,太息而去。

按陆文圭,于宋咸淳初以《春秋》中乡选,元延祐设科再中乡举,晚年以授徒为生。是即王应麟所谓"潜龙以不见成德,管宁所以箴邴原也;全身以待时,杜袭所以戒繁钦也"。其用意之深长,可知矣。如是而言,诸人之出,蒙羞遘耻亦颇违其本念。考其所为,尚与走马而赴新朝之聘者有异,则白珪之玷,庶稍湔乎?至于《提要》所云,正《春秋》责备贤者之意,亦以发后人之警惕焉尔。

抑又论之,儒者之为道,立乎忠信,合乎仁义而已。若宋儒之学,固时有迂阔之论,然所以正人心化风俗者,莫不三致意焉。夫自南渡以来,国事已危如累卵,其能赓续一百五十年不即颠覆者,正在儒者迭生其间,以沉潜刚克之气约束人心,以果敢强毅之行攻发奸佞,有以全济耳。及乎德祐丙子之后,乃有忠臣义士至死不易其节,此尤非一手一足之烈所幸致,而皆先民之心力所陶育而成者。是知儒者之为学,在于教人厚风习,明义理耳。读古圣贤之书者,岂可不自知蹈厉乎?若夫教授之为职,虽至微至卑,其事则至难,盖子弟有一悖理而隳业者,皆教之授之者有所不至也。朱熹《漳州教授厅壁记》云:

> 教授之为职,其可谓难矣。惟自任重而不苟者知之。其以为易而无难者,则苟道也。何也?曰:教授者,以天子之命教其邦人,凡邦之士,廪食县官而充弟子员者,多至五六百余,少不下百十数,皆惟教授者是师,其必有以率厉化服之,使躬问学,蹈绳矩,出入不悖所闻,然后为称。此非反之身而何以哉?是可不谓难矣乎?

如是观之,为人师者不可不反身而诚矣。今诸君之仕元而为教授,能凛然以古道自持,知其出仕之非,而能勤其所事之重,则元之立朝不及百年而亡者,又未始非传朱学者之力也。此固非诸人之所及知,而后之人亦鲜有论及之者,是不可无说。惜乎!史家讥其晚节不终,而适中其短也。

1944 年 6 月

善教者使人继其志[*]

——纪念敬爱的罗常培先生

今年(1983年)是罗莘田先生逝世25周年,罗先生离开我们虽然已经25年了,可是他一直是我们崇敬和怀念的人。

罗先生是20世纪世界知名的一位卓越的语言学家,他以毕生的精力从事语言科学研究,对中国语言学的发展起了重大的推动作用;而且为培养青年,为培养语言工作者,付出了几十年的心血。他在语言学方面的研究,蓄积深,成就多。他除了在汉语历史音韵学方面有超卓的贡献以外,在汉语方言和少数民族语言方面也都有精湛的专门著作。总的来说,他在中国语言学发展史上占有继往开来的重要地位。

我记得在1934年刘复先生不幸逝世,是年莘田先生来到北大。那时同学除听了刘复先生讲过的语音学以外,关于其他语言学理论的知识了解的还不多。先生到校执教,除讲授等韵学外,还讲授语言学和域外学者对中国音韵学的研究,相互证发,学者都感觉耳目一新。我在学过文字、声韵、训诂等学科之后,又增添了不少语言学的知识,后来撰写毕业论文时,又亲承教诲,受益就更多了。回想起来,今日所以能稍稍从事于学问,跟先生和其他前辈的殷切指导是分不开的,而先生在各方面给我的影响尤大。在1948年以后,因为工作关系,更得时时向先生请教。接触既久,对于先生的为人和治学的精神就了解得更多一些。

先生为人正直明爽,严于律己,宽以待人,遇事不矜不伐,唯善是从,且从不掠人之美,从不掩人小善。但是对是非曲直必须明辨,不务雷同苟合,而且富有深厚的民主与爱国思想。1937年卢沟桥事变后,北京沦陷,全国抗战开始,先生即翩然只身渡海南去。1948年北京临近解放,先生极为高兴,以满腔热烈兴奋的感情迎接解放。中华人民共和国成立之后,任中国科学院语言

---

* 这是1983年北京市语言学会纪念罗常培先生逝世25周年会上的发言。

研究所所长,在党的领导下,团结各方面的语言学工作者,确立研究的体制,积极开展工作,成效卓著,这是有目共睹的。后来在患病期间,体力不支,仍然事必躬亲,勤劳不已,唯恐有负人民的期望。这种以身作则,夕惕若厉,为新中国的科学事业竭尽心力的崇高精神,予后进以极大的鞭策,而且永远值得青年学习。

先生少年艰困,自励于学,一生孜孜不倦,学识广博。虽然专心致力于语言研究,而对文学和历史都深有根柢。他很爱好范蔚宗的文章,也能写很好的骈俪文。他写文章很讲究结体,常常提到《文心雕龙》的《镕裁》《附会》两篇。这些,我们从他写的《汉语音韵学导论》一书还可以略窥一斑。他一生从事科学研究和教学工作,始终不渝地吸收新的知识,并且不断地自学外语和少数民族语言,往往夜以继日,勤劳不辍。这种酷爱自己的事业、以自己所学贡献给人民的坚韧不拔的精神,对青年的影响很大。

《礼记·学记》说:"善歌者,使人继其声;善教者,使人继其志。"先生的学识,可谓充然有得;更可贵的是善于讲授,又能独标新解,经常指出研究的方向。他常说:"不能以己之昏昏示人以昭昭。"因此,每讲之前,他都有精细的讲稿。在解说问题时,条理明晰,论证详明,听讲者为之心折。由此,我体会到教师的责任是:既要使学者获得必要的知识,又要培植谨严的学风。教学也是一种艺术,要善于体会学者之心,知道他们所需要的是什么,所不易理解的是什么,从而剖析解说,才能有成效。先生擅长于讲授,处处认真负责,给学生留下了极深刻的印象。我们一些经过先生指导的人常常谈及,又都深痛先生逝世过早,以不复聆教为憾。

先生在学术上的成就极大,而从来不自满,对后进要求虽严,而奖掖不遗余力。循循诱导,蔼然可敬。对学生所交的报告或文章,经常一句一字地进行修改,剀切晓喻,所以学生进步较快。已故的讲文学课程的罗膺中(庸)先生也是如此,学生都极为钦敬。当时有"两罗先生"之称。前辈对后学爱护备至,这本来是中国学者千百年来具有的优良传统。十年动乱中,竟然大搞什么批判"师道尊严",违理乱常,可谓荒谬绝伦!记得刘文锦在西北大学从先生受学,成绩斐然,曾著有《咸阳方音》,而不幸早年逝世。为此,先生在谈话中不知叹惋过多少次。可见先生对后学的感情是如何深厚了。先生所以是后学所崇敬的良师,其原因也就在于此。先生一生辛勤,没有丝毫多余的享受,他平生最感觉愉快的事恐怕要算是与青年相处,有论学之乐了。今天我们纪念罗先生,我认为他的精力是没有白费的。先生所培植的优良学风在许多人的身上都已开花结果。先生热心教育青年的功绩永远使人铭刻在心。

1983 年 8 月

陈寅恪先生论对对子

1932年我应清华大学新生入学考试,国文试题除作文一篇外,还有对对子一题,题目是"孙行者"。这个题目很新颖。我想,要做到符合题目的要求,必须是人名对人名,实词对实词,虚词对虚词。当时我想到可以作对子的有两个人:一个是"王引之",一个是"胡适之"。二者自以对"胡适之"为好,因为适者,往也,"往"跟"行"意思相近,"引"又是另外一个意思。所以我就以"胡适之"为对。后来听说这个题目是陈寅恪先生所出。他对于以"胡适之"为对也颇赞赏。白君化文还特意在《燕都》(1989年第1期)为文谈及。不过,胡先生是当时的社会名流,又是驰名中外的学者,我用他的名字对"孙行者",未免对长者有不恭之嫌,所以不曾向人提起。考试一过,也就忘了。可是,我入北京大学中国语言文学系,听胡先生讲课的时候,心中却泛起往事来了,仿佛负疚很深似的,有点儿不好意思。

用对对子来测验考生对于中国语文的理解,以前是没有这样做过的。寅恪先生为什么要出对对子的题目呢? 这是一个问题。欣幸的是陈先生有《与刘叔雅论国文试题》书专论此事,他说:

> 据积年经验所得,以为今后国文试题应求一方法,其形式简单,而涵义丰富,又与华夏民族语言文学有密切关系者,以之测验程度,始能于阅卷定分时有所依据,应试者无甚侥幸或甚冤屈之事。在今日藏缅语系比较研究之学未发展,真正中国语文文法未成立之前,似无过于对对子之一法。此方法去吾辈理想中之完善方法固甚辽远,但尚是诚意不欺,实事求是之一种办法。兹略分四条,说明如下:
>
> (甲)对子可以测验应试者能否分别虚实字及其应用,此理易解,不待多言。
>
> (乙)对子可以测验应试者能否分别平仄声,此节最关重要。声调高下与语言变迁、文法应用之关系,学者早有定论。中国之韵文无论矣,即美术性之散文,亦必有适当之声调。若读者不能分平仄,则不能完全欣赏与了解,竟与不读相去无几,遑论仿作与转译? 又中国古文句读,多依声调而

决定,若读者不通平仄声调,则不知其文句起讫,故读古书,往往误解。

(丙)对子可以测验读书之多少及语藏之贫富。若出一对子,中有专名或成语,而对者能以专名或成语对之,则此人读书之多少及语藏之贫富,可以测知。

(丁)对子可以测验思想条理。凡上等之对子,必具正反合之三阶段。凡能对上等对子者,其人之思路必贯通而有条理,故可借以选拔高才之士。

这封信曾发表于 1932 年 9 月 5 日《大公报》文学副刊(今从周策纵先生《续梁启超"苦痛中的小玩意儿"——兼论对联与集句》一书中摘出,香港求自出版社 1964 年)。刘叔雅先生,名文典,清华大学中国语言文学系教授,著有《淮南鸿烈集解》《三余札记》和《庄子补正》等书。他精通《文选》并在大学讲授骈俪文。据我所知,他同陈先生交谊甚厚,家住城内沙滩蒙福禄馆(闷葫芦罐)一号,所以陈先生寄信给他,同他谈论用对对子的办法考新生。

从信中所说,我们可以领会到陈先生是从汉语和汉字的特有性质出发来看待对对子的功能,认为它是测验考生的学识和才能的较好的办法。汉语是有声调的语言,每一个汉字是一个音节,都有其声调,而且是形音义三者结合的整体。陈先生以对对子考新生,虽然没有说考中国文法,但提出论字的虚实,实际也是在测验考生对于词的语义文法范畴的理解和应用,寓义甚深。

寅恪先生对于应试者能否分别平仄声特别重视,因为声调的抑扬高下是构成汉语书面语的音律美的固有的条件,不能分平仄,就不能欣赏诗歌韵语和美术性的散文。所谓美术性的散文即指骈俪的文章而言。但是为文注意平仄声调的更迭在古书里所在多有,来源甚古,例如《国语·周语》说:

宣王即位,不籍千亩。虢文公谏曰:"不可。夫民之大事在农,上帝之粢盛于是乎出,民之蕃庶于是乎生,事之供给于是乎在,和协辑睦于是乎兴,财用蕃殖于是乎始,敦庬纯固于是乎成。"

这一段文字说周宣王即位之后不重农事,不亲耕劝农,忽略农为国本,所以虢文公指出他的错误,说明农事之重要。文中"农、生、兴、成"都是平声,"出、在、始"都是仄声,平仄互相更迭,音调自然悦耳。如果不了解平仄,那就很难领略作者的用心,其中用词之美妙处也就无从欣赏了。所以陈先生设想用对对子的办法测验考生对汉语具有声调的特性是否理解,能否在对对子上分辨平仄,确是一种好办法。

至于用对对子的办法测验应试者读书的多少,语汇是否丰富以及思想有无条理,这就要用对长对子的方法来考验了。周策纵先生说:"对子可以测验作者的联想力和美感力。"又说:"除了知识测验的作用之外,更可表现文学的天才和造诣,而修辞的程度更可从这里流露出来。"足见对联、楹联的形式虽然简单,却能表露出作者才思、情趣的丰富。

陈先生提出以对对子为一小题测验考生的才能正体现了汉语的文学特性。在 1932 年的时候,有关汉语文法的书籍还不多,所以他有"中国语文文法未成立"的话,准备从对对子上来考验应试者对于文法的理解。现在有关汉语文法的书籍已经很多了,考试已经有了许多新的方法,自然不须要再用对对子的方法了。因为白君化文谈及往事,大家不一定都理解陈先生为什么用对对子的方法来考试学生,而又特别以"孙行者"为题,其中到底是什么缘故,所以举出陈先生自己的话来说明其用意所在,也算是为白君的文章加上一个脚注。

原载《燕都》1990 年第 2 期

怀念丁声树先生

丁声树先生卧病多年,终于逝世,这是使人非常悲痛的事。丁先生是我非常敬重的一位朋友。我们都是北大的毕业生,他是 1932 年毕业,我是 1936 年毕业。我认识他是在 1936 年的秋天,我初到南京中央研究院历史语言所工作的时候。当时他给我的印象是亲切笃实,虽然他很有学问,但毫无骄矜之气。以后熟了,同他在一起论学,他一直很谦虚,从来不轻易表示意见。彼此说笑,他爱对我学北京人常说的话:"谁知道呐?"或者说:"可不是嘛。"这已经是五十三年前的事了,那时我们都不到而立之年,他长我五岁,回忆往事,音犹在耳。

我跟董同龢和他同在蓝家庄宿舍住,一间房分里外间,他住外间,我同董住在里间。他在生活方面非常俭朴,冬天南京很冷,他坚决不要炉火。他每天很早就起床,吃半磅牛奶就到北极阁办公室去了,晚间十点钟才见他回来。星期日照常如此,很少休息。他爱惜时间,已成习性。平时不大与人闲谈,循规蹈矩,勤勤恳恳,所中同事交谈的时候不肯呼其名,常呼"丁梧梓","梧梓"是他的字。有时称为"丁老夫子"。大家对他那谦抑、节俭、好学不倦的精神都十分敬佩。

他发表的文章并不多,可是每篇文章都引证精确,迭出新解,学者无不啧啧称赞。由于他平日蓄积者厚,体悟者深,所以水到渠成,有伦有序,自成佳作。他对方言、音韵、训诂、语法都有很深的造诣,而对训诂尤为精到。

全国解放以后,他到中国科学院语言研究所工作。我在《中国语文》编辑会上还不断同他晤面,他总是那样言语温和,不失为学长的风度。他对工作认真负责,汲汲不息,对后进诚恳指导,不遗余力,有口皆碑。如今他不幸逝世,是中国语言学界的一大损失,很多人失去了良师益友,使人格外怀念。他高尚的道德情操将永远为人所崇敬,永远是人们学习的榜样。

原载《学问人生 大家风范——丁声树先生百年诞辰纪念文集》,商务印书馆 1989 年

怀念尊敬的恩师沈兼士先生

　　沈兼士先生,浙江吴兴人,中国近代杰出的语言学家、史学家,卓越的教育家,还是一位诗人。他同长兄士远、次兄尹默俱有盛名,三人虽已逝世,但对我国的文化教育事业都有很大的贡献,而兼士先生关涉的方面尤其广。先生青年时代曾在日本留学,与马裕藻、钱玄同俱师事章太炎先生,精究小学。同时加入中国革命同盟会,参加革命活动。

　　先生身材既高,风神潇洒。从 1912 年起就在北京各大学授课,他不仅对中国的历史文化和学术有深刻的理解,而且思想开阔,对西方的科学文化的发展也非常重视。在学术上他不是一位抱残守缺的学者,而是博识古今中外的通人。他深受戴东原的影响,他赞佩戴氏所说:"不以人蔽己,不以己自蔽。"对于学术上的问题总是重在从多方面考虑,并且强调必须认识事物之间的关系。1921 年蔡元培先生为北京大学校长,先生受聘为北京大学研究所国学门主任,他作了多方面的学术发展计划,如成立编辑室,成立清内阁大库档案会、考古学研究室以及风俗调查会、歌谣研究会,并且注意到国内各地的方言和少数民族语言的调查工作。至 1925 年起先生又主持故宫博物院文献馆,任馆长,更重视明清档案的整理工作,给历史学开拓了新的研究方向。他所提倡的各方面的学术研究工作对后来学术界的影响极大。后来中央研究院历史语言研究所从事于语言、历史、考古、民俗的研究即发轫于此。在近代学术发展史上兼士先生的功绩是不可忽略的。

　　1932 年,我考入北京大学中国语言文学系,先生任名誉教授,讲授文字学概要和《说文解字》研究。文字学概要所采用的教材是朱宗莱编的《文字学形义篇》,其中讲六书的部分是先生所编(转注以前),但那只是供学生参考而已,每次上课,他抒发己见,对于文字的起源和发展以及前代有关文字学的书籍都提出个人的看法,以启迪学生进行思考,勿为旧说所宥;同时拈出问题,指导学生如何学习,如何进行研究,举一反三,这是最可宝贵的知识。

　　先生对后学期望甚殷,每每谈到大兴朱筠之爱士。在课堂上不断鼓励学生。常称北大从来就具有优良传统,三年准出一人才。前有魏建功,后有丁声树云云。嘱从读张之洞《书目答问》入手，首先要有广博的书籍知识，然后由博以返约。先生讲授《说文解字》应用段氏注，从许氏序谈起，然后讨论书中的体例，对段氏之株守本字本义，殊不以为然。并举出俞曲园考定文字义拘牵许书，实贻误后人，而章太炎之好求本字，言古韵，列《成均图》，似乎音读无不可通转，都不可从。先生识见宏通，对推考字义主形音义三者贯串证发，乃是颠扑不破之论。对解决学术问题，他非常重视科学方法，而且重实证，重有实际的确实材料。随心所欲的推测，他是不赞成的。这种谨严的态度，深入探讨的精神，使我受到极深刻的教育。

先生一生没有离开文化教育界，从来无意入仕途。1933 年我以几种传刻的宋本《说文解字》互校，得知孙星衍《平津馆丛书》本不出于王昶所藏宋本，而与周锡瓒所藏本最相近，因写成《说文解字之传本》一文，往谒先生于寓所请教，先生极为高兴，又恳先生俯赐墨宝，先生蔼然应允。时当盛暑，不数日即以甲骨文书就一联见赐，文曰："高轩谢车马，小学主昆鱼。"意在以此勖勉，也可以说是自明己志。拙作自知浅薄，不意倍蒙嘉许。1934 年秋间又被刊于北大《国学季刊》，这是万万没有想到的。这也是我的文章第一次在大学学报上发表。蒙先生提携奖掖，且如杨敬之之于项斯，每念及此，愧汗交并，不能不自加勉励。今日略知为学门径，皆先生所赐。

英敛之、陈援庵诸先生创办私立辅仁大学，先生一直任文学院院长，积极培养后进，并设立语文学会，每月由教师作讲演，报告研究成果，以互相切磋，引起研究问题的兴趣，研究生也必须参加讨论，学术空气大为活跃。1937 年5 月我从南京历史语言研究所请假回北平省亲，7 月卢沟桥事变起，北平成为沦陷区。1939 年为陈援庵校长聘任开始至辅仁授课。当时先生正在主编《广韵声系》巨著，间或至编辑室向先生问候，并协助校阅清稿。由是拜见先生的时候较多，且每面必谈论学问，先生谦抑为怀，时以所著文稿诗稿见示，受惠益多。

先生不仅是语言学家、史学家，而且是一位诗人，这是不大有人提起的。我记得在大学二年级的时候（1933 年）看见林语堂主办的《论语》杂志上刊登先生和苦茶庵主的打油诗，有这样几句：

> 错被人呼小学家，莫教俗字写袈裟。
> 有山姓氏讹成魏，无虫人称本是蛇。

第三句本于宋张有《复古编》。

后来承先生书诗见赐。有《和樊樊山消夏》诗,有《和堂姐》诗,有 1941 年《九日登高和少陵》诗,有 1942 年长篇《观司铎书院海棠》诗(和苏东坡《定惠院海棠》诗韵)等。先生向不谈诗,而诗笔之工,意深而趣远,格古而境新,令人惊叹。可惜先生手书的诗篇,竟毁于十年动乱;往日熟读成诵的也忘却极多,每一念及,苦楚不堪,既愧且恨。1980 年挚友周一良先生持一《百花诗笺谱》来,称其尊翁叔弢先生嘱为题字,辞不获已,没想到笺谱中居然有兼士先生所题诗两段,笔势清隽有力,仍是昔日典型。前一段末题"录四十年前和樊山消夏诗四首应叔弢先生雅教 丁亥孟春吴兴沈兼士",此四首恰恰是以前曾经写给我的,欢忭无量,亟据原文录出。诗曰:

其一

一桁湘帘隔俗氛,乌声轻啭恰相闻。
扇头小品三王画,麈尾清谭六代文。
蕉纸试书和晓露,松窗破睡看晴云。
缥缃自足芳芸气,曝罢衣衫可当薰。

其二

拨尽人间万事繁,疏狂本自厌簪冠。
藤床石枕随宜设,花谱鱼经引兴看。
卐字炉香消日永,半天竹韵借秋寒。
新词爱读樊川集,满坐清风暑到难。

其三

朴素端应谢绮绫,轻绨衫子着单层。
斛常汲水起居注,屏是司风左右丞。
香馔莲花供作鲊,糖羹枣核琢成冰。
迩来却为萧闲惯,孤负书窗短檠灯。

其四

屋小如牵岸上槎,雕棍面面护轻纱。
荷箚嫩碧斟郫酒,菊腊甘芳点越茶。
西岳好从僧借榻,东湖浸约客浮家。
此身不受缁尘污,剥啄门前剩饷瓜。

按：先生诞生于 1887 年夏历 6 月 11 日，于 1947 年 8 月 2 日不幸因脑溢血逝世。先生之字即为 1947 年 2 月所书。《和樊樊山》诗既作于 40 年前，则年仅 21 岁。樊山（即樊增祥）为李慈铭弟子。李慈铭是重视骈俪华丽的文字的，所以樊樊山的诗也趋向于华靡。先生的和诗才思横溢，文采秀发，属对精妙，出人意表。由此可见先生年少夙慧，早已工诗。这也是先生得意之作，所以一书再书。

另一段也是同年所书。诗前并有序，录出如下：

> 壬午岁杪由贼中违难入蜀，自冬徂夏，家讯渺然。会有客从北平来，将余女君健近画雪景一帧报平安，谓敌卒时至家中诇刺余踪迹，属勿寄书，恐为所持。且言河朔民穷食匮，人怀偕亡之志，慨然有作。

> 尽室羁穷域，孤征念老身。
> 千山劳物役，一纸慰情亲。
> 战地诛求急，胡天雨雪频。
> 转蓬聊忍性，生意待来春。

先生自"七七事变"以后开始蓄须髯，坚决抗敌。1942 年闻将为敌宪侦捕，于当年冬末即间关入蜀，留书命我代授声训课。这首诗就是入蜀后第二年所作，淳厚之气直追少陵。

先生公子沈观不幸早逝，《哭观儿》一诗，以前也曾拜读，历时已久，记忆不全。1986 年 8 月 20 日晨醒苦忆乃得，今移录如下：

> 已悲年少成孤露，老泪何堪洒墓墟。
> 廿载艰辛勤顾复，而今寂寞对楹书！

廖廖数语，蕴蓄无限悲凉，而诗格之高古于此可见。向闻所作诗有百篇，惜无传抄本，今仅就所知以志念。

先生逝世至今已近 41 年，每一念及先生教诲之殷切，辄不禁孺慕之悲。先生少负才华，学识渊博，自辛亥革命以后从事教育，毕生坚贞爱国，不为利禄所动，念念以培育人才、推进学术发展为己任，先生的功绩诚不可没，谨择要写出，以当纪念，且为后人告。

1988 年 4 月 20 日

先生逝世后,葬于京西福田公墓,距今已四十余年。今夏 5 月 16 日祖谟恭谒先生墓拜祭,见墓基墓盖均完好无损,深感宽慰,谨附记于此。

5 月 18 日补记

原载《沈兼士先生诞生一百周年纪念论文集》,紫禁城出版社 1990 年

沈兼士先生与近代学术

辛亥革命以后，在北京各大学里任教的学者，有很多人是曾经在日本留学而归国的。其中又有些人在东京曾从章太炎先生问学，吾师沈兼士先生就是章氏弟子之一。先生为浙江吴兴人，兄弟三人，长兄是沈士远，次兄是沈尹默，先生最幼，所以人多称为沈三先生。棠棣三人，在 20 世纪之初就都名著京师。除士远先生从政外，先生与尹默先生都在北京的大学任教。尹默先生精于诗词，尤善书法，追慕晋唐。先生则精于文字训诂之学，善书甲骨文、金文、石鼓文。作诗，长于五、七言律诗。中年以前尝与堂姊和樊樊山唱和。樊樊山文集中题目有"再同"之名，疑即先生字。可惜没有当面向先生问过，现在朋友中也没有人能道其然否，诚为憾事。

先生写作的诗篇很少发表。1933 年林语堂在上海办了一个杂志，名为《论语》。先生写了一篇打油诗，是和苦茶庵主的（周作人）。事隔 57 年，我还记得头四句：

> 误被人称小学家，窗前终日学画蛇。
> 有山姓氏方为巍，茶苦由来是苦茶。

"有山姓氏方为巍"是北宋徽宗时张有的故事。张有也是吴兴人，字谦中，是个道士，通晓《说文解字》，所作篆书颇有名，著有《复古编》。他曾经给林摅的母亲魏国夫人写墓碑，"魏"字加山字头，写作"巍"。林摅说写错了，而张有说"巍、魏"是一个字。按《说文》没有"魏"字，根据徐铉所说，姓氏应有山字头。"茶苦"见于《诗经》的《邶风·谷风》，诗云："谁谓茶苦，其甘如荠。""茶"者苦菜，古音如茶（ta），但古人无"茶"字。南北朝时开始有人饮茶，名曰"茗饮"。茗即茶，早采者为茶，晚采者为茗。前人说唐代陆羽作《茶经》，才减写一笔，以别于苦菜之"茶"（tú）。先生这首诗充分运用字的形音义，从字的笔画增减上以喻"苦茶"之为"苦茶"。然则"苦茶庵"即"苦菜庵"矣，饶有风趣，一时为人所传诵。

先生年轻时在日本留学，曾加入同盟会，思想先进，富有民主爱国精神，风神俊爽,器宇宽宏。从日本归国后,于 1912 年到北京,在高等师范学校(师范大学前身)和北京大学讲授文字学,深受欢迎。1919 年,北京的大学生掀起"五四运动",先生闻讯奋起,立即与北京大学学生一同列队游行示威,声讨曹汝霖、章宗祥等人办理外交不力,辱国丧权。队伍直趋赵家楼,声势浩大,"莫能御焉",当时传为美谈。先生内奉甚俭,不求名利,为公为国,必黾勉从事。为教育,为学术,为培养人才,从不吝惜精力。与人接,蔼蔼如也,及门弟子,无不钦仰。

我听先生讲课时,是在 1932 年入北京大学中国语言文学系之后。当时本科一、二年级的课程都是由教授讲授,跟现在不一样。先生当时的名义是名誉教授,所教课程为文字学概要和《说文解字》。我在大学那几年,北大的名师甚多,真称得起是国内的最高学府了。我听过讲课的先生,讲课的风格各有不同。举例来说:傅斯年(孟真)先生讲课时接近学生,娓娓而谈,时出问语,似在与学生讨论,笑容可掬,极感亲切。钱穆(宾泗)先生讲课,声音清脆,以史论方式讲史,辞甚雄辩,引人入胜。兼士先生讲课则温文尔雅,快慢有度,要言不繁,不枝不蔓,重在诱导,使学生注意自学,意极恳切。诸位先生言谈各异,听者自然如坐春风,不禁欢喜赞叹。可惜这种乐趣如今已享受不到了。

兼士先生讲课的特点是不为旧说、旧书本所囿,重视科学的理论,重视调查研究,重视实证,例如他讲文字的产生和文字的发展,破除六书旧说,而参验古文字,从文字发展的次序和思想进化的历程来分别,为四个层次:曰文字画、曰象形文字、曰义字(即会意字)、曰表音字。如此之类,时有新鲜。但又反对一味疑古。他不曾大喊废除汉字,引人误入歧途。他主张凡研究一种学问既不可囿于古人的成说,也不可穿凿附会,要"抱定独立之精神,平心静气地来平等观察各家学说,而究其异同变迁之所以然"(见所著《文字形义学》)。这种态度是对的,对近代学术的影响也极大。他在讲课中最可贵处是为学生指出问题之所在、研究的方法以及须要参考的书籍,并且评论其得失利弊,我感觉在这方面受益最大,也最多。因此后来我在教学中也就以师法为法,希望能对学生有所帮助。

先生一生从事教育事业,无时不以奖掖后进、发扬学术、为国家培育人才为己任。先生常常道及清代的朱珪、朱筠二人之能得士,不断劝勉诸生当知有以自立,敦谕有加,如张之洞之在川蜀,后学无不感奋。

中国的学术,在文史部门从 30 年代之初有不少新的学科在先生的倡导鼓舞下有了开端,到现在已经发展成为重要的学科。1921 年蔡元培先生任北京大学校长,聘请先生为北京大学研究所国学门主任。先生精心擘画,除成立编辑室,编辑各种字书、类书的索引,并辑录古籍以利于开展研究工作以外,又成立考古学研究室、内阁大库档案整理会、歌谣研究会、风俗调查会,并刊行《国学季刊》。先生如此安排,我想,其目的即在于脱离旧学的窠臼,走向革新的坦途,使学术有一番新的发展。先生曾经这样讲(见所著《方编清内阁库贮旧档辑刊序》):

> 溯民国二十余年间(指 1911—1935),北京大学之于研究国学,风气凡三变:其始承清季余习,崇尚古文辞;三四年之后,则倡朴学;十年之际,渐渍于科学,骎骎乎进而用实证方法矣。以为向来文士尽信书之弊当有以矫之,故研究所国学门于古代研究,则提倡考古学,注意古器物之采集;于近代研究,则侧重公家档案及民间风俗。持此纵横两界之大宗新资料,以佐证书籍之研究,为学者辟一新途径。

这正说明先生着手推动学术的革新,以矫正时弊,开展资料之收集,充实研究之内容,清代的学术以朴学始,也以朴学终。到了民国时代,由于欧西文化的东渐,产生了新的思想,"独抱遗经究终始"的风气也变了。先生起来倡导学术的革新,自然形成一种新的趋势了。

先生不仅对中国的历史文化和各种学术有深刻的理解,而且对西方的科学文化的发展也极为重视。他不是一位抱残守缺的学者,而是一位博识古今中外的通人。太炎先生的学问之精深是没有人不称赞的。可是他不相信甲骨文,而专崇拜许慎,认为许慎《说文解字》的解释都是字的本义。讲到声音的转变,立《成均图》,有对转、旁转、旁对转之目,学者翕然宗之。兼士先生则雅不以为然。先生提倡古文字学,主张研究卜辞和金文,一方面从中认识古代文字发展的阶段,另一方面要利用古文字的材料研究古代的语言和古代的社会文化。许氏的《说文》只应看作考释古文之起点,不能视之若天经地义而不敢怀疑(见《文字形义学》)。至于字的本义也须要参验甲骨文、金文以及古书中的应用意义来确定。至于语言声音的转变,则可以双声、叠韵两种轨辙概括,而双声是主要的,前人好言"一声之转",含糊不明,未可尽信。这些见解在当时(1920 年)都是很新的,对语言文字之学起了推动的作用。古文字学在先生的关切下,容庚(希白)先生著有《金文编》,商承祚(锡永)先生著有《殷虚文字类编》。此后古文字的研究不断发展,蔚为大观,进而有的学者又利用古文字的资料以研究古代的社会文化,成绩卓著,耳目一新。

先生为学的根本精神可以概括为两方面:其一是不专信书本,而重实证;其二是今古相参验,综合比较。其方术,则纵横兼顾。纵即探本溯源,横即取资现代。因此,他在史学上提倡考古,建立考古学,取古物以考证古史,同时又从事近代档案的整理工作,建立历史档案学,并提倡考察各地风俗,建立民俗学,以补证书籍之不备。在语言学上,他提出要探求语源,做语根的研究,建立语源学;同时又主张调查现代方言,建立方言学。凡此种种,都表现出一种新的观点、新的精神,旧有的学术在原来的基础上也增加了新的活力,开始出现新的进展。

考古学是民国时代以前所没有的。旧时只有金石学和古器物学,而没有真正的考古学。先生所提出的考古学是要集合专门学者从事古代文物遗址的发掘,进行科学的研究和整理,取得新的知识。1922 年至 1923 年之间,先生即提出应当进行安阳殷墟的发掘,应当进行渑池石器时代的古物和新郑周代古文物的考察。首先在北大研究所设立了考古陈列室,购入了一部分研究资料,这在国内是首创之举,影响也大。后来自从董作宾(彦堂)先生发掘安阳小屯以后,科学的考古工作大为发展。燕下都考古、新疆高昌考古,都有许多收获。新中国成立以后,考古事业更蔚为大观。推溯其根源,先生之倡导,北大之成立考古研究室是其先声,在学术上起了推进的作用。

对于档案,先生一直怀有很浓厚的兴趣,因为那是记载历史事实的真实可信的材料。1922 年先生主持北大研究所国学门,即提请教育部将历史博物馆所存的内阁大库档案的一部分委托北大整理,因而设立了内阁大库档案整理会,这是学术机关整理档案之始。内阁大库在清故宫文华殿的后面,即明代文渊阁所在。所存档案内容包括大量的题本、报销册和明代兵部题行稿、明清实录圣训史稿等件,是研究明清历史的极宝贵的史料。在整理这批档案的过程中,许多史学系的学生参加,取得不少经验,也发现了有关某些问题的要件,如明代边事、清代文字狱之类。在此之后,约于 1925 年,先生任故宫博物院文献馆馆长。他所接触的内阁和宫中各处以及军机处、清史馆等处的档案更多,纷然杂陈,逐步分清类别,从中获得科学的整理方法,为历史档案学奠定了基础。向来不为人所珍视的材料经先生呼吁而保存下来,免于散失,并躬自参与整理之役,创通条例,后之辑录明清史料的也有了借鉴之资。先生有功于史学之大不言而喻。

　　语言文字之学前人大多墨守《尔雅》《说文》，如章太炎、刘师培二人，可以说是能精通雅训、深造自得之士，然而也好谈本字本义，不免失之于拘。先生不同意动辄推求本字，也不认为《说文》所说的都是字的本义，但是也颇受章氏《文始》和《新方言》的影响，所以提倡语根的研究，提倡方言的研究。其不同于章氏的是辨明了文字与语言的关系，不株守于文字，而从语言实际的音义出发，以词为本位，这就为语言的研究树立了新的轨范。他为了研究语根，首先从字族研究入手，推考一字族内文字的词义，或为单字，或为复词，或为双声叠韵词，相互比证，以发掘其语根，求其义类的脉络。这是前人没有做过的，而且上升为理论，给语根的研究开创了道路（见《论〈释名〉潏字的义类》和《右文说在训诂学上之沿革及其推阐》），影响很大。

　　在调查方言方面，先生特别提出注意调查语汇，就同一意义的各地方言做比较的研究，统计同一方言的流行区域，研究各地单语的词性变化法。对于国内西南一些民族的语言也应进行调查，以便研究语言与语言之间的关系。如不及早调查，日久就会湮没，无从知晓。这些意见（见1923年所作《今后研究方言之新趋势》）都给现代的方言学指明了趋向，对后来从事方言研究的工作起了指导作用。

　　先生学识广博精深，识见超卓宏通，对文史各方面的学术倡导革新，不为古人为学的方式所囿，一切从实证出发，以科学的精密方法搜集可供研究的确实材料，这种学风，影响深远。先生所提倡的几种学术，后来都为南京中央研究院历史语言研究所承接而又发扬之。史语所有考古组、历史组、语言组，包容甚广，人才济济，成绩显赫。追溯其源，不能不说是先生最早倡导之力。讲中国近代学术发展史，先生之功诚不可没。祖谟往时幸得亲炙问业，获闻绪论。可惜先生逝世过早，缅怀德业，戚焉兴感，因就个人所体会的略为陈说，读者以此为学术史话可也。

原载《燕都》1991年第3期

沈兼士先生的诗

沈兼士先生(1887——1947),浙江吴兴人,中国近代杰出语言学家、史学家、教育家、诗人。1932年我考入北京大学中文系,师从先生学习文字学,受益良多。

先生诗作意深而趣远,格古而境新。1933年林语堂在上海办《论语》杂志。先生于其上发表了一首和苦茶庵主(周作人)的打油诗,头四句为:"误被人称小学家,窗前终日学画蛇。有山姓氏主为魏,茶苦由来是苦茶。""小学"即文字学。"有山"句指宋徽宗时张有之事,张通晓《说文》,曾给林摅母魏国夫人写墓碑,"魏"写作"巍",林说写错了,张说"巍、魏"是一个字(按《说文》无"魏"字,据徐铉说,姓氏当有"山"字头)。"茶苦"出于《诗经·邶风·谷风》:"谁云茶苦,其甘如荠。""荼"为苦菜,但古无"茶"字,南北朝时始饮茶,唐陆羽写《茶经》,才减一笔为"茶",以别于苦荼之"荼"。先生从字的笔画增减上喻"苦荼"之为"苦茶",则"苦荼庵"即"苦茶庵"矣。此诗饶有风趣,一时为人传诵。

后承先生书《和樊樊山消夏》诗等数首诗作见赐,惜均毁于十年动乱。1980年挚友周一良先生持《百花诗笺谱》来,称其尊翁叔弢先生嘱题字,辞不获已,不想此笺谱中竟有先生所书《和樊樊山消夏》诗四首,谨录其中两首:"一桁湘帘隔俗氛,鸟声轻唪恰相闻。扇头小品三王画,麈尾清谭六代文。蕉纸试书和晓露,松窗破睡看晴云。缥缃自足芳芸气,曝罢衣衫可当薰。"另一首为:"拨尽人间万事繁,疏狂本自厌簪冠。藤床石枕随宜设,花谱鱼经引兴看。卝字炉香消日永,半天竹韵借秋寒。新词爱读樊川集,满坐清风暑到难。"先生此诗作于21岁时(1907年),书于1947年。樊山(增祥)为李慈铭弟子,李重视骈俪华丽文字,所以樊诗亦趋于华靡,先生的和诗才思横溢,文采秀发,属对精妙,出人意表。可见先生夙慧,早已工诗。

笺谱上另一首《入蜀杂诗》亦为同时(1947年)所书:"尽室羁穷域,孤征念老身。千山劳物役,一纸慰情亲。战地诛求急,胡天雨雪频。转蓬聊忍性,生意待来春。"先生于"七七事变"以后开始蓄须髯,在北平坚决抗日,1942年闻将为敌宪侦捕,遂于当年冬末间关入蜀,留书命我代授声训课。这首诗就是入蜀后第二年所作,淳厚之气直追少陵。

先生公子沈观不幸早逝,我记得先生曾作《哭观儿》诗云:"已悲年少成孤露,老泪何堪洒墓墟。廿载艰辛勤顾复,而今寂寞对楹书!"寥寥数语,蕴蓄无限悲凉,而诗格之高古于此可见。

向闻先生作诗有百篇之多,惜无传抄本,今仅就所知,略陈数语,以志纪念。

原载《文史杂志》1992 年第 6 期

怀念一代宗师援庵先生

援庵师是一位著名的超卓的史学家和教育家。在上一个世纪里始终从事教育工作,乐育群才,孜孜不倦,承学之士,莫不钦仰,称得起是一代宗师。

先生幼年即读《书目答问》,进而读《四库全书总目提要》,对于历代古籍知道得很详细,所以学有根柢,左右逢源。先生学识之渊博,令人惊叹,而且特精史学,所藏珍本秘籍、名人书札、碑刻拓片极多,对过去历代各种宗教的历史、教派的传授了解得非常透彻,是当时国内惟一研究宗教史的专家。他的著作之多,可以说是"等身"了。

我第一次拜见先生时是在 1939 年 5 月。在此之前,1935 年我曾从罗莘田先生处借到王念孙《广雅疏证》卷一、二、三手稿的移校本,颇有所获,因作《读王氏广雅疏证手稿后记》一文,登载于报刊。手稿原物即为励耘书屋所藏。莘田先生与援庵先生相识极久,情谊甚厚,所以在谈到以往这件事情时,援庵先生十分高兴,立即取出原物交给我详细审读,进一步了解前辈用力之所在。因而又再一次以王氏手稿与刻本对校,把稿中原有而为刻本刊落的和稿中后加的签识都择要录出,获益甚多。先生对晚生后辈的启迪和培植,实在令人感动。这虽然是五十一年前的事了,而今想起当时谈话的情景,犹历历在目。

1939 年已经是卢沟桥事变后的第三年了,妖氛尚炽,既困居北平,就不能无所事事,承先生惠爱,嘱在辅仁大学讲授国文,后又转在国文系讲课,因而得以经常向先生请教。当时国家正处于危难之中,青年学生深感苦闷,心志彷徨,我等从事国文教学工作的同事能在先生主持编选的国文教材中选讲可以抒发爱国思想的文章,如顾炎武的《与友人书》之类,以坚定青年坚决抵御外侮的决心,也深感合宜。

抗战八年之中,日人屡次想插手学校的事务,先生坚持不许。先生为了维持辅仁这所惟一不受敌伪控制的学校,使青年们能在自由空气里安心读书,所费心力之大可想而知。当时许多没有离开北平在敌伪控制的学校里的学者教授们很容易受敌伪的威协,所以也都被聘请到辅仁大学讲课。大家同声相应,同气相求,养士气,励名节,无形中保持了一派不附敌伪的民族正气。在此期间,先生潜心著述,排遣忧烦,对明代临难死节之士(见《明末殉国者陈于阶传》,对南宋初河北遗民义不仕金之所为(见《南宋初河北新道教考》),都称扬备至,用以向人昭示在家国危难的时候,绝对不能不注意操守,寓意十分深刻。先生平日言为士则,行为世范,使我们倍为景仰。

先生平时对青年后进极为关切,总希望大家都能有所成就。我记得他曾经叮嘱过青年学生:立身应以品德为先,其次要注意的是身体,再次是学业,最末是金钱。这些话是关系到一个青年的前程的,对青年有很大的影响。由此更可以了解到先生是处处在关怀青年。凡是与先生接近过的人都感觉十分亲切。先生对待青年充满热情,所以青年们也喜欢跟先生接近。

那时,在教师行列里我算是较年轻的了,得先生青睐,忝列门墙,欢喜的心情诚然难以形容。每次晋见,谈及学问,总是问一得三,委曲详尽。先生怡悦之情,见于颜色。我也毫无拘束之感。有时谈论前人治学的得失,言语之间,最佩服钱大昕。有时也谈论文章,常说凡是一篇文章开头三行没有错,才能往下看。足见为文不能不矜慎。所以我每当写文章的时候总是推了又推,敲了又敲才定稿。有一次,先生讲到文章的命题贵于省目,如能引发人的兴趣更妙。于是谈到先生所作《切韵与鲜卑》一文。这篇文章的主旨在于说明作《切韵》的陆法言和给《切韵》作笺注的长孙讷言两个人都是鲜卑人的后代。陆法言是鲜卑步陆孤氏陆俟的后代,长孙讷言是拓拔氏后人长孙俭的后代。先生说:"《切韵》的作者和注者都是鲜卑的后人,你说奇不奇? 我这样标题,怎么样? 我在文章里并非要谈《切韵》如何如何,而说《切韵》与鲜卑,啊,你们研究音韵的人还不要拿起来看看吗?"说完,莞尔而笑,还抚摸一下颔下的胡须。情趣感人。

先生还写过一篇《云岗石窟寺之译经与刘孝标》。刘孝标就是梁朝注《世说新语》的那个人,《文选》里还收有他写的《广绝交论》。他既然是南朝人,怎么会跟北魏石窟寺译经的事发生了关系呢? 这确是一个谜。先生文章的标题不作"刘孝标事迹考",却跟云岗石窟寺联系在一起,一切有趣的史实就蕴蓄其中了。刘孝标是著名的文人,从文章的题目看,能不引人入胜? 这也可以说是命题的巧妙处。

跟先生接触时间甚久,每次聆教,总是言语冲和,音辞亲切,如坐春风,情怀欢愉。一日侍坐,谈话中我说到先生所作的《顺治皇帝出家》一文,都是闻所未闻的。特别是关于董妃的事情,很有意思。先生笑了,紧接着说:"看戏的时候,戏里有一个旦角是不是人都喜欢看? 董妃就是我那篇文章的旦角。"说罢,笑了起来。如今想到这些情景,对尊敬的老人格外怀念。

我有时写一两篇文章，请先生教正，则必荷审订，用别纸签注意见，从来不在原稿上动笔。先生所写一言一句都使我受益不浅。先生著述宏富，时以印本见赐，反复展读，随在都有精义，而且开导治学门径，晚学后辈，深受启悟。先生的文章使人感触最深的是无一语虚设，每考证一人一事最重年代时间，每举一书必罗致众本，详考各本同异，定夺是非，从中发现问题。所论穷源竟委，如剥笋，如抽茧，无不从根本中来，示人以规范。常说：判断要审慎。如研究讨论一事，如果证据不充足时，决不可妄下断语。还要把"未见"和"未有"分别清楚，不能把"未见"误为"未有"，这话更切中时弊。我进一步体会到论史事："说其有易，说其无难。"有些事情没有真实广博的证据，不考情实，放言高论，往往出问题。例如以前有人喜欢说某书某书都是伪书，现在却发现了汉代初年的木简写本。又有人说某书不是本人所作，而是假手于某人。随声附和者也多，实际并不如此，因为有了坚实的反证。先生治学谨严有法，对今日史学界影响很大。先生年登耄耋，仍然著述不辍，这种乾乾自强不息的精神，也对后学有很深刻的教育意义。

先生从20世纪初年起，开创了许多学术门类，属于史学的有历史年代学、史料学、史讳学、史源学、宗教历史学。其他有校勘学、敦煌学等。对近代学术的发展起到了提高和开阔视野的作用。

抗战期间，我拜见先生的次数比较多。先生的学问渊深浩瀚，不亲炙不知道其博大。即使亲炙，能领略二三，不去用心体会实践也等于无所得。因此退而思，思而行。有不解处还要向先生请教，所以他住处兴化寺街五号是经常去的地方了。先生住的庭院是两进的，外边院子是宽敞的南房。房子外面有两株有几十年的海棠树，春天以鲜艳的繁花，秋天以殷红的累累的果实迎接来访的客人。宽敞的南房就是先生会客的地方。我的同事中也有几位至好的朋友是经常来看望先生的，因此有的人戏谑地称我们为"南书房行走"。书房中陈设许多书画，悬挂着许多名人的字，清人陈澧的字也比较多。就先生来说，陈澧就是乡先贤了。自先生逝世到今年快二十年了，对往事不胜憧憬，再想当"南书房行走"已不可能了。先生的懿行风范是永远使人怀念的。

1990年4月4日

原载《纪念陈垣校长诞生110周年学术论文集》，北京师范大学出版社1990年

余嘉锡先生的治学与育人

余嘉锡先生是现代学术界中著名的目录学家、古文献学家和史学家。他的学术成就是从年轻时就打下基础的。父亲余嵩庆于清光绪二年（1876）进士及第，任河南商丘县令。1884年先生生于商丘，兄弟姐妹共六人，先生行四，所以字季豫。自幼至壮依次通读五经、四史、《楚辞》《文选》等书。性强于记忆，过目不忘。读书既多，就有志于著述，自称曾作《孔子弟子年表》和《吴越春秋注》。后以其为少作，弃去不录。十八岁时（1901）应科举考试，中乡试举人，主考者为翰林院编修侍读山东胶州柯劭忞先生（字凤孙，号蓼园），后被选为吏部文选司主事。辛亥革命后，受聘在常德师范学堂授课，自此以讲学育人为己任。

常德旧称武陵，围城十里，南邻沅水，东接洞庭，地方虽小，却是一个通往湖北、江西、四川、贵州的水路商埠。如大米、桐油、莲子、布匹、雨伞等土特产都从此运出，所以地方上多富商大贾。而余氏独为仕宦之族，闻名乡里。一姊一妹皆嫁于豪富之家，夫人陈氏的叔辈则皆进士出身，为达官显贵，而先生于商恶其贪，于官疾其鄙，虽家道寒微，不曾借助于戚党的金钱与权势，惟淡泊自处，读书不辍。天性耿直方正，一秉大公，为乡人所崇敬。乡中有事都请先生评断，莫不信服。先生性既耿介，不同流俗，所以不求仕进，因自号狷庵，又号狷翁。孔子所谓"狷者有所不为也"（见《论语·子路》）。

当20年代之时，军阀混战，此来彼往，有如穿梭。子弹呼啸，掠过头顶，妇孺恐惧，头顶棉被以避祸，市镇扰攘，居无宁日。先生不得不只身避地长沙。后来得柯蓼园老的介绍到京师，馆于《清史稿》主编赵尔巽家，一方面教授赵氏子弟，一方面辅佐审阅《清史稿》初稿。后以事回乡里，仍以讲学为事。不幸1927年秋陈夫人病逝，先生哀痛之余，携子余逊于1928年离家到北平，先后以目录学执教于北平各大学。目录学由此便成为上庠国文系的一门课程，而先生也就负有目录学专家的称号了。此后自1931年起直至革命胜利止，始终任私立辅仁大学国文系主任职，累年开设的课程有目录学、古书校读法、《世说新语》研究、《汉书·艺文志》理董、经学通论、秦汉史、骈体文讲读、《楚辞》等，包括了经学、史学、文学的各个方面。他曾说："四部书，熟悉千余种，皆知其高下浅深。"

足见其学问之博之精了。

中国的古籍自周秦至明清流传下来的至少有五六万种，这么多的书籍不能不有分类，并按照分类编为目录。自西汉时刘向作《别录》开始，把每一种书都注明时代和作者，以及篇数或卷数，兼论其内容和学术的源流及其得失利弊。在后，其子刘歆总群书而作《七略》，到东汉时班固作《汉书》，才删《七略》而成《艺文志》。自此以后正史内都有《艺文志》或《经籍志》了。私人所著的和公家所修的目录书也多起来了。这些目录书可以丰富我们关于书籍的知识，了解书籍的时代、作者和书的性质及内容，还可以了解学术的源流和学术发展的历史。如果我们要利用目录书，就应当对这类书的性质、体制、作用和源流有所了解。但是目录学和目录书是自来就有的，而没有专讲目录学的书。先生为学生讲解目录学实是一种创举。他所著的《目录学发微》一书影响极大，因而重印者有之，剽窃其说者有之。然而真正能把握这门学科全面知识的却不多，今姑不论，而目录学经先生的提倡已成为一门文科学生必修的课程了。

说到目录书，自然以有小序和解题的为最有用。可惜有些著作久已亡佚。现存具有小序和解题的书只有宋晁公武的《郡斋读书志》、陈振孙的《直斋书录解题》、元马端临的《文献通考·经籍考》和清官修的《四库全书总目提要》四种。此四种以清修《四库全书总目提要》最为美备。先生认为自《别录》以来，才有此书。他说："《四库提要》叙作者之爵里，详典籍之源流，别白是非，旁通曲证，使瑕瑜不掩，淄渑以别，持比向、歆，殆无多让。至于剖析条流，斟酌今古，辨章学术，高揭群言，尤非王尧臣（宋王尧臣有《崇文总目》）、晁公武等所能望其项背。"可是无庸讳言，《提要》中疏失漏略处极多，如果学者不加深考，论学著书引以为据，就会陷于错误。先生从弱冠起阅读此书，得以略知学问门径，而又深知其利病所在，因而积五十余年的功力写成《四库提要辨证》一书，凡二十四卷，四百九十篇，囊括经史子集四部书，计八十余万字。对《提要》误者正之，疏略不备者补之，淹贯群书，出入百家，是前所未有的名著，对研究中国古代文学、史学、哲学以及校勘古书，都有极大的贡献。

《四库全书》收书3460种，《总目提要》则有二百卷之多。《辨证》之作，随文摘发，指陈得失。自称经史子集四部中史子两部宋以前的书没有读过的很少，每一部书都读了又读。他说："颜之推曰（《家训·勉学篇》）：'观天下书未遍，不得妄下雌黄。'此虽名言，其实难副。然董遇谓'读书百遍，而义自见'（《魏志·王朗传》注），固是不易之论。百遍纵或未能，三复必不可少。"由此可知先生读书用力之勤,虽反复不厌,熟而又熟。因是要想考证一人一事,随手可办。加之强于记忆,脱口而出。平生著书从来不用单篇笔札和检索卡片。如有所见,就写于书上。朱墨琳琅,密行细字,一笔不苟。写满一书,就另换一本。日久将各本的文字集录在一起,以成文章。《辨证》就是在这样的过程中随录随修而成的。作者用了毕生精力从事于此,祁寒威暑不辍。《提要》最后经纪昀一手删定,未必与库本原书相合。遇有疑惑,又往往要到北京图书馆去检阅文津阁本,以觇究竟,且不以此为劳。晚年右臂麻痹,手颤已不好写字,仍然奋力撰述。这种坚韧不拔的意志,实在令人钦敬赞佩。从而联想到陈寅恪先生晚年患视网膜脱落症,也勤勤著述不倦,同样不顾疲劳,尽量把自己的精湛学识写出来,以嘉惠后学。其懿德盛美是我们永远感念不尽的。进一步来想,前辈学者平时读书蓄养者厚,积渐者深,所以当笔之于书的时候,则左右逢源,胜义迭出。他如王静安先生、陈援庵先生莫不如是,不愧为人师表。

《提要辨证》这部书称得起是博大精深,我们应当从中理解作者著书的科学态度和科学的治学方法。他说(见《疑年录稽疑序》):"读前人之书,不可惟其说之从。虽眼前经史,亦必覆检原书,审其是否。又当知其所引据之处尚有他书,如折狱然,必具两造,所谓实事求是也。"又说(见《目录学发微》四):"欲论古人之得失,则必穷究其治学之方,而又虚其心以察之,平其情以出之。好而知恶,恶而知美,不持己见而有以深入乎其中,庶几其所论断皆协是非之公。"由此可知先生治学毫无门户之见,论人、论事、论书,都必探求原委,沉思博考,用举例、归纳、比较、互证等科学方法求得正确的结论。同时特别注重历史史实,以宏观论古今,以微观论当世,原原本本,多发前人所未发。时而刊正他人的谬误,又必以实证为据,自己始终谦虚为怀,不自满假。曾说(见《疑年录稽疑序》):"学问之关涉无穷,而一人之精神有限,有所通,则有所蔽;详于此,或忽于彼。稍形率尔,疏漏随之。"其识见之宏通,于此可见。学者若以一己所见鄙薄他人,仿佛天下只有他才是专家,高视阔步,矜伐不能自已,徒为识者所笑而已。

综观《辨证》,淹贯群书,取材至广。大体来说,论人的名号爵里以及生平仕履事迹,必参稽正史、别传及文集;论事,则详考事实的始末,详参史传记叙的异同和当时的政治民情以及与同时代人往来的关系,从多方面加以论证;论书,则首先要明其义例,然后稽考前代官修和私人藏书的目录与《通志·艺文略》《文献通考·经籍考》、朱彝尊《经义考》等书,阐明其旨趣。而清人关于书籍的题跋和藏书志等尤为参考所资。由全书所论，我们可以看出作者的史学、史识已达到精深的程度。书中有考证，也有议论。他在《目录学发微》里说："夫考证之学贵在征实，议论之言易于蹈空。征实则虽或谬误，而有书可质，不难加以纠正；蹈空则虚骄恃气，惟逞词锋。"所以他的书中多考证而少议论。凡于事实有疑误处，则博引群书，详加订正。至于书中要旨，则提要钩玄，引而不发，由读者去领悟。所谓议论处，多为陈述学术源流，有时评骘人品之美恶和士风之高下，以端正学者的趋向。《提要》经纪昀一手删定，崇汉学而贬宋学，似乎宋学一无足取。实际上，宋儒重士习，厚德行，有关家国之兴亡，不为不重要。书中于此三致意焉，用意极为深刻。善读书的人必然能体会得到。《辨证》给人们的尚不止如此，其中有关版本学、校勘学的内容对整理古籍也大有帮助。

先生的著述甚富，在《目录学发微》和《辨证》之外，已印行的还有《论学杂著》《古书通例》《世说新语笺疏》等书，莫不表现出作者能为深湛之思，长于考证，精于辨析。尚论事实然否与是非曲直，近百年来，很少有人能与先生相比。

《古书通例》为上海古籍出版社出版，其他都由中华书局印行。中国的古书流传至今的，时代愈远的问题也愈多，如书籍的真伪问题、作者属谁的问题、作者时代的问题、书的篇目卷帙的多寡和存佚的问题、书中有无后人增益或删削的问题等等。要解决这类的问题首先应当明白古代著作的体例。本书虽然篇章不多，而探微索隐，足以解疑释惑，颇为学者所称道。

《杂著》一书包容宏富，书中收有论文、书序、题跋 30 篇，读书随笔 30 则。读者可以体会到作者继清人之后已把考证之学发挥到充类至尽的地步了。单就论文而言，如论《太史公书》之亡缺、牟子《理惑论》撰人之时代、晋辟雍之兴废、魏晋人之服寒食散、卫元嵩与周武帝之废佛法，这些专题前人都不曾深入探讨。今作者援据群书，详为论证，无间毫发，使人耳目一新。又如书中《宋江三十六人考实》和《杨家将故事考信录》两篇论著以史治小说，更是别开生面之举。《水浒传》和《杨家府世代忠勇深义志传》两书，其中故事情节虚构者多，可是不能没有几分事实在内。作者根据史传、地志、文集、笔记等书，旁搜远绍，考校人物的确切事迹和他们在历史中有过什么可称述的业绩，并推论这些人物何以在历史上长期传播于人口，元明时期不仅写为小说，而且又搬演为戏剧，成为民族文化的一部分。对于这样的一些问题，前代很少有人触及；即使有所考证，终不能得其根据。今之所论，取证广泛，何者为事实，何者为虚构，原原本本，令人折服。先生平日喜看小说，也听京剧。京剧中搬演杨家将故事的很多，《四郎探母》《辕门斩子》《李陵碑》《洪洋洞》诸剧,更为谭派须生所常演,尤为盛行一时。老令公、佘太君、杨六郎的名字,妇孺皆知。他在《杨家将故事考信录》里说:

> 杨业父子之名,在北宋本不甚著,今流俗之所传说,必起于南渡之后。时经丧败,民不聊生,恨金人之侵扰,痛国耻之不复。追惟靖康之祸,始于徽宗之约金攻辽,开门揖盗。因念当太宗之时,国家强盛,倘能重用杨无敌以取燕云,则女真蕞尔小夷,远隔塞外,何敢侵陵上国。由是讴歌思慕,播在人口,而令公、六郎父子之名,遂盛传于民间。

这正是关于小说与戏剧来自民间而必有其真实的背景和意义的正确解释。

清代钱大昕学问极博,尤精史学,但对小说甚为厌恶,以为专导人以恶,宜焚而弃之。这未免不达于理。焚与不焚,系于书的好坏,而读者又当善于抉择。其有益于人,可以考史,可以改善风习,发人深省的,未可全然毁弃。先生读《杨家将演义》时正当全民抗日时期,因写《考信录》称扬杨业祖孙三世抗敌的功业,借以鼓舞人心,同仇敌忾。对从敌伪以邀荣的则极为愤疾,大施鞭挞。朱泽吉的文章曾说:老师久居北平,对京剧也很熟悉。有一次偶然谈起孟小冬在余叔岩的传授下演出了《洪洋洞》,老师说:

> 这出戏虽以六郎为主,更引人的却是焦、孟故事。京剧是从元杂剧《昊天塔》演化来的,情节自然出于附会。但是"孟良盗骨"的故事不止表现了人们对老令公的怀念,也寄托了宋代遗民一直哀叹徽、钦遗骸不得南还的悲痛。这种情绪的可贵,不在于"忠君",而在于"知耻"。如果大家听这种戏都能有所感发就太好了。

这跟他作《杨家将故事考信录》正人心、端士习的旨趣是完全应合的。《考信录》自序后题为"书于北平不知魏晋堂",寥寥数字,表现出一个伟大的爱国学者的浩然正气。

在抗日战争时期,先生别有一巨著,即《世说新语笺疏》。《世说新语》记载汉末魏晋时期的名人轶事,既是小说,又是一部研究魏晋历史极有价值的参考资料。旧有梁朝刘孝标注。《笺疏》的工作除作版本的校勘以外,对刘义庆原书和刘孝标的注文都加以补正。原书和注文不备处极多,读者深以为憾。作者稽考史志,一一补充;其中虚妄谬误处,则为之驳正。详征博引,体例有如裴松之注《三国志》。而牵连所及,考校风俗地理,解释事物称谓,以至字义训释,莫不精审。时亦品评人物,意在彰善瘅恶,借古以谕今。如山涛之劝嵇绍出仕,陷人于不义,为邪说之魁首,曾引顾炎武的《日知录》(见《笺疏》172页)以明之。先生的按语说:"顾氏之言,可谓痛切。使在今日有风教之责者,得其说而讲明之,尤救时之良药也。"其对王衍之徒,祖尚老庄,空谈终日,转相仿效,误国殃民之斥责,皆可以发人深省。《笺疏》中对李慈铭和程炎震所说不当的,也加以驳难。他所引证的书籍之博,实在惊人。有些杂书笔记极易被人忽略的,他都从来不放过。充分表现出他那勤奋不已的精神,与徒腾口说、不考情实的作风大相径庭。

先生一生勤勤恳恳从事著述,以实事求是为宗旨,不尚空谈,实受清代朴学的影响。至于立身处世则深受宋代儒学的影响。他秉性刚直,尤严于义利之辨。平时常说:"读书人第一是讲究做人,第二才是讲究做学问。否则有学无行,读了书有什么用。"在抗战时期,国家危如累卵之际,先生极为愤懑,在讲课时每引顾炎武《与友人论学书》所云:"博学于文,行己有耻,自一身以至于天下国家,皆学之事也。自子臣弟友,以至出入、往来、辞受、取与之间,皆有耻之事也。"用此谆谆告诫诸生。又说:"凡事当明辨是非,不可从风而靡,不可见利而忘义。当有所为,有所不为。"这些话都为的是引发学生的爱国思想。凡此都来自于宋学。

先生虽然浸渍于古学,但是本身的学术思想是革新的,并非墨守成规,一味守旧,更非不顾现实,是古而非今。深知去旧更新,乃事理之常。比如他认为四库的分类不是一成不变的,他说:

> 今之学术,日新月异而岁不同,决非昔之类例所能赅括。必谓四部之法不可变,甚至欲返之于《七略》,无源而强祖之以为源,非流而强纳之以为流,甚非所以辨章学术、考镜源流也。

他既有此革新思想,为学绝不为前人成说所牢笼,而要自己去探寻,去考证,因是常有创见,非前人所料及。他之所以有这种革新思想,我以为与清季康、梁提倡变法维新的风气不无关系。

先生持身甚为谨严,为学生讲课,从来不迟到一分钟。铃声一响,先生即脱帽步入课堂。第一天即在黑板上写出自己的名字,以当介绍。讲课开始,滔滔不绝,条理明晰,如数家珍,见解独到,无一句不是学问。每周要上八到十节课,系务校务又占去了大部分时间,然而从来未见懈怠,总是勤于所事,乐之不疲。先生对教学工作既极认真,对奖掖后学,尤其殷切,不遗余力。遇有成绩突出、勤恳向学的高材生,更欣然寄以莫大希望,每每称道不止。为留一助教,与校长意见不合,可以争得面红耳赤,先生之爱护后辈可以说至矣、尽矣,蔑以加矣。从以上所说,先生不单是一位学识精深的著名学者,也是一位德行醇正的当代人师。在教育史和学术史上都占有一定的地位,为人所景仰。

原载《文史知识》1991 年第 9 期

余嘉锡先生学行忆往

　　余嘉锡先生，湖南常德人，生于清光绪十年（1884）甲申正月十三日。是现代著名古文献学家、目录学家和史学家。他幼承家教，他的学术成就得益于年轻时打下的良好基础。父亲嵩庆公，字子澄，清光绪二年丙子（1876）进士及第，深通经史，官于河南商丘，为七品县令。先生生于任所，兄弟姐妹共六人，先生行四，所以字季豫。启蒙授课，嵩庆公亲自教诲，口授章句。从幼年起通读了五经、四史、《楚辞》《文选》《通鉴》等文史书籍。性强于记忆，过目成诵。既受严教，又博通经典，青年时即立志于著述，自称曾作《孔子弟子年表》和《吴越春秋注》。后以其为少作，弃而不录。先生于光绪二十七年（1901）辛丑中乡试举人，时年十八岁，主考者为翰林院编修侍读山东胶州柯劭忞先生（字凤孙，号蓼园）。先生后来到北京被选为吏部文选司主事，丁父丧回籍。辛亥革命后，受聘在常德师范学堂授课。他遍读"已见"之书，终生勤奋不辍，自号书斋为"读已见书斋"。他说："史子两部，宋以前书未见者少；元明以后，亦颇涉猎。"足见先生学识之渊博，功底之深厚，故左右逢源；蓄积者厚，则成就自大。著述宏富，声誉日隆，成为我国一代著名学者，其道德文章为学术界所宗仰，然而毫无夸张矜伐之气。他自认为"无用世材，惟以著书、教学为事"。培养后学，勤奋不息。所开课程极多，以教授终其生，在教育事业上的贡献是极大的。

　　常德旧称武陵，所以先生北平住宅门首的牌子自书为"武陵余宅"。武陵即晋陶渊明《桃花源记》所描绘的世外仙境，文章的首句"武陵人捕鱼为业"，遂使武陵名扬千古，实际上桃花源是在武陵远郊区的桃源县。常德的面积不大，围城不过十里，而地理环境则占据了优势。南邻沅水，东接洞庭，是通往湖北、江西、四川、贵州的水路商埠。如大米、桐油、莲子、布匹、雨伞、银鱼等土特产都从此地运出，所以地方上多富商大贾，而余氏独为仕宦之族，名重乡里。一姊一妹皆嫁于豪富之家，夫人陈福彩，是临川陈达煐之女，出身名门，持家俭约，叔父陈炽、陈田、陈馨等三人皆进士及第，为达官显宦。而先生于商恶其贪，于官疾其鄙，虽家道寒微，不借助于戚党的金钱与权势，惟淡泊自处，终日读书不辍，虽餐桌、厕上皆一书在手，一生如此。天性耿直方正，大公无私，地方上的大事莫不裁决于先生。洁身自爱,不同于流俗,所以不求仕进,因自号狷庵,又称狷翁。孔子所谓"狷者有所不为也"(见《论语·子路》)。

本世纪20年代,各地军阀混战,常德地处水路要塞,各个部队往来如穿梭,子弹呼啸,掠头而过,妇孺惊惧,头顶棉被以避流弹。拉民伕,派捐款,市镇扰攘,居无宁日,先生只身避地长沙。后来得柯劭忞师的介绍到京师,馆于《清史稿》主编赵尔巽家,一面教授赵氏子弟,一面辅佐审阅《清史稿》初稿。这时遂有携眷北上定居之意,因陈夫人顾念陈太夫人年老而未能成行,不料夫人竟于丁卯之秋(1927)先于太夫人去世,卒年三十九岁。夫人早逝,家庭瓦解,先生悲凉凄怆,惶惶不可终日,亲自作铭文并书写,立碑于墓前。称夫人"清闲贞静,出于天生。恕以接人,仁能及物。鞠躬尽瘁,十有九年,存孤继绝,功在宗祀。生叹薄祜,殁有遗恨"(见《亡室陈恭人墓表》)。情辞缠绵悱恻,衷怀眷念,誓不再娶,时年四十有四,鳏居近三十年,教养子女,父代母职。1928年将二幼女淑宜、淑斑分别寄居于弟、妹处,携子余逊到北平,住在前门高庙的常德会馆。来自偏远之乡的一介儒生,以其渊博的学识、出色的文章,名扬于京师的学术界,在北京大学及其他大学为讲师,主讲目录学。目录学由此成为大学国文系的一门课程,而先生则由此享有了"目录学专家"的称号。

1931年任私立辅仁大学教授,兼国文系主任,陈垣为校长。其间北京大学文学院院长胡适曾与辅仁大学协商,想调先生任北京大学历史系系主任而未成。不久,"九·一八"事变爆发,先生全家南下,邮寄回乡的书籍、手稿,竟被当时北平《小实报》的头目所扣压,并且洗劫一空。在家乡索居寂聊,无书可读,无人论学,国事日艰,忧心无已。这时辅仁大学又多次电催返校主事,才又再回到辅仁大学任教。1937年7月,芦沟桥事变,日军侵占了北平,举国愤慨,各国立大学相继南迁。辅仁大学因为是罗马教廷天主教会所创办,当时由德国神甫主持校务,所以敌伪有所顾忌,没有受到大的干扰,遂使辅仁大学成为沦陷区的一所不受敌伪支配的独特的学府。又于1938年考虑到女学生无处读书而设立了女校,校址在恭王府。当时的学费是三袋洋面,对于一般的市民是沉重的负担,但是爱国的青年多不就读于不收学费的伪北大、伪师大,而纷纷就读于辅仁大学,他们以赤子之心,民族之爱,置经济困难于不顾,使辅仁大学为祖国培养了大批的爱国青年学子、专家学者。

一时没有南下的著名学者都集中到辅仁大学授课,如果名学者接受伪校的聘任,出任伪职,则为学术界同仁所不耻,有极大的社会压力,无形中泾渭分明,互不交往,如投靠敌伪的周作人即明显的例子。辅仁大学的教师以民族气节为重,道德为上,过着吃混合面的艰苦生活,窃听中央广播,打探前方消息,相互转告,盼望王师北定中原,决不为利所动,他们维系着民族气节,坚信胜利永远属于正义者,中国决不会亡于强敌。当时在国文系讲授语言文学课程的先生俱一时之选,如沈兼士教文字学,高步瀛教唐宋文,孙人和教词选,顾随教元曲,孙楷第教小说史,刘盼遂教《汉书》,赵万里教校勘学,陆宗达教《说文》,戴君仁教《文选》,储皖峰教文学史,陈君哲教《马氏文通》,周祖谟教等韵学,他们都是专家,因材施教,学生中人才辈出。余嘉锡先生为系主任,凡系中的人员调动,课程安排,一由主任裁决,先生自授目录学等课程。自1931年起直至1949年,先生始终任辅仁大学国文系系主任,1942年冬又兼任辅仁大学文学院院长,1947年以《四库提要辨证》一书当选为中央研究院院士。新中国成立后被聘为中国科学院语言研究所专门委员。任教十八年,所开设的课程有目录学、秦汉史、古书校读法、《世说新语》研究、《汉书·艺文志》理董、经学通论、骈体文讲读、《楚辞》等,包括了经学、史学、文学的各个方面。他曾说:"四部书,熟悉千余种,皆知其高下浅深。"足见其学问之博且精。

先生藏书极多,但只有明清刻本,而没有宋元珍本。因为他是为读书而买书,平时有书店的店员送书到家,留下所要的,或告诉他要买某书,每逢春节必到厂甸去买书、字画、朱墨、石章等。所藏的书凡是四部有用的书和丛书大都具备,与藏书家收藏古本不同。先生"读已见书斋"的匾,是罗振玉早年以篆书所写。起这个名称的意思是区别于那些以读"未见书"为高雅的藏书家们。他说:"书尚未见,何以读之!"他是目录学家,善于辨别版本的优劣,所藏的书,虽然普通,却是精选的刻本。每买得一书,必在书根上写上书名和册数,一目了然,便于使用,楷法工整,一笔不苟,年年买书,本本如此,有此功力者世所罕见,他的藏书是他一生心血所积。先生终日手不释卷,一部书要读好多遍,又强于记忆,意有所见,就分别用五色笔书写在书眉和行间,密行细字,蝇头小楷,不别作札记。某一部书写满,意犹未尽,则再取该书一部续写,再写满后则再取一部续写。他所撰写的书籍,大都是用这种方法写的,然后抄撮成书。由此可见他著书的精勤和坚韧不拔的毅力,只是太耗费时间和精力,如果改为卡片,或者有钱请抄手,那么将会有更多的精辟论著问世,这是一件令人遗憾的事。

先生禀性正直,狷洁自好,不阿谀媚上,不苟合求同。对人对事,一秉大公,不存偏见,是非曲直,自有权衡,不曲附他人,对洋人、对领导莫不如此,1949年新旧交替之际,终因此而祸及于身。时先生已年近古稀,终身从事教育事业之志未遂,被谗言所毁,对他的道德文章,统加之以"封建"的罪名,有人为了表现自己革命,必曰他人不革命,以"莫须有"之罪名,明令夺去先生终身所从事的教育事业的职务,发工资的百分之六十,真不知所犯何罪,罪属哪条?从此退居于家,心情抑郁,于是奋力继续撰写《四库提要辨证》,几乎是以生命相搏,夙兴夜寐,不顾劳瘁。1952年秋撰就《元和姓纂提要辨证》稿,摔伤了右股,因脑溢血而瘫痪,从此再不能提笔著述,美志未遂,仰屋兴叹,左右侍奉乏人,苦不堪言。居于斗室之中,如处囚牢,只有送饭、取碗时才能见到人,离活着的人有五重门之隔,数十米之遥,于乙未年(1955)除夕之夜,吃饭时被馒头所噎,当时挣扎之惨状,无一人目击,直到取碗时才发现,人早已气息全无了,为其子女者,能不痛心疾首!一代名家,就这样含恨而终离开了人世,时年七十二岁。葬在北京阜城门外西黄村之福田公墓。经过十年浩劫,碑石已毁。1985年从福田公墓的墓地图上找到了墓位,女余淑宜重立石碑,婿周祖谟书丹。

二

先生学贯古今,著作等身,文笔灵活,跌宕有致,无呆板冗蔓之病,风格与清李慈铭相似。他既是文献目录学家,又是史学家,曾经有"宋人史学胜清儒"之说。所著书已刊行的有《四库提要辨证》《余嘉锡论学杂著》《目录学发微》《世说新语笺疏》《古书通例》等。未刊行的有《汉书索隐·艺文志》及《元和姓纂校补》八卷手稿本,存否至今不明。在此书的《辨证》中作者曾写道:"余所为《元和姓纂校补》八卷,自谓用力颇勤,蝇头细字,行间几满,既无力雇抄胥别缮清本,又不能觅刻工付之枣木,将来不知何人以之覆酱瓿,抑或以蜡以蔽车顶,则数年心血付诸流水矣。"现在虽然已经辗转寻觅到过录本,但是材料不多,和《辨证》所言的情况不相符,估计是出自早期的稿本而非定本,那么"覆酱瓿、蔽车顶"之语则不幸而言中矣;以上几种已刊行的著作问世之后,学术界极为重视,尤其是一部八十万字的《四库提要辨证》誉满国内外,被赞为"是一部从微观角度研究我国古籍的巨著"。

中国的古籍自周秦至明清流传下来的至少有五六万种,这么多的书籍不能不进行分类,并按照分类编为目录。自西汉时刘向作《别录》开始,把每一种书都注明时代和作者,以及篇数或卷数,兼论其内容和学术的源流及其得失利弊。此后,其子刘歆总群书而作《七略》,到东汉时班固作《汉书》,才删《七略》而成

《艺文志》。自此以后正史内大多有《艺文志》或《经籍志》了，私人所著的和公家所修的目录书也多起来了。这些目录书可以丰富我们关于书籍的知识，了解书籍的时代、作者和书的性质、内容，还可以了解学术的源流和学术发展的历史。如果我们要利用目录书，就应当对这些类书的性质、体制、作用和源流有所了解。虽然目录学和目录书是自来就有的，但是却没有专讲目录学的书。先生为学生设目录学课程实是一种创举，已成为文科学生的必修课了。

《四库全书总目提要》是很重要的一部目录学书。目录书以有小序和解题的最为有用，可惜有些著作久已亡佚。现存具有小序和解题的书，只有宋晁公武的《郡斋读书志》、陈振孙的《直斋书录解题》、元马端临的《文献通考·经籍考》，再有就是清官修的《四库全书总目提要》了，此四种书以清修《四库全书总目提要》最为美备。《辨证》作者认为这是刘向《别录》、刘歆《七略》以后所不曾有的著作，他说（见《辨证》序）："汉唐目录书尽亡，《提要》之作，前所未有，足为读书之门径，学者舍此，莫由问津。"又："《四库提要》叙作者之爵里，详典籍之源流，旁通曲证，使瑕瑜不掩，淄渑以别，持比向、歆，殆无多让。至于剖析条流，斟酌今古，辨章学术，高揖群言，尤非王尧臣（宋王尧臣有《崇文总目》）、晁公武等所能望其项背。故曰自《别录》以来，才有此书，非过论也。"这就是《提要》的重要学术价值。但是该书成于众手，又受资料的制约，因陋就简，加以编纂者为学识所限，又迫于时日，仓卒成篇，其中疏失漏略处极多，谬误难免。如果学者不加深考，论学著书引以为据的话，难免有以讹传讹的错误。

先生从弱冠起阅读《四库全书总目提要》，得以略知学问门径，并深知其利病之所在，因而积五十余年之功力写成《四库提要辨证》一书，凡二十四卷，四百九十篇，囊括经史子集四部书，计八十余万言。对《提要》误者正之，疏略不备者补之，指陈得失，淹贯群书，出入百家，详征博引，并加以正确的判断，它对研究我国古代的文学、史学、哲学、考古学以及版本目录学都有极大贡献，是前所未有的煌煌巨著。《四库全书》收书3460种，《总目提要》则有二百卷之多。《辨证》之作，随文摘发，指陈得失，是作者毕生精力所萃，自1900年初读《四库全书总目提要》起，即从事钩沉索隐，辨证疑难。授课之余，陆续著述，积稿二十余册。到1931年铨次先后，已得七十余篇，后又删除重复，别加刊定，排印数百册，以当副录。1937年至1952年间治之最勤，先后写定经部稿六十余篇，集部稿百余篇，史、子两部稿百余篇，合前此所刊印的，一共四百九十篇，汇为一书，于1954年付印，以为研究古籍者的参考，前后经过五十余年。

他说:"余之略知学问门径,实受《提要》之赐,逮至用力之久,遂掎摭利病而为书。"他又说(见《提要辨证》序):"余治此书有年,每读一书,未尝不小心以玩其辞意,平情以察其是非,至于搜集证据……必权衡审慎,而后笔之于书。一得之愚,或有足为纪氏诤友者。"自称经史子集四部中,史子两部宋以前的书没有读过的很少,而且是读之又读。他说:"颜之推曰(见《颜氏家训·勉学》):'观天下书未遍,不得妄下雌黄。'此虽名言,其实难副。然董遇谓'读书百遍,而义自见'(见《魏志·王朗传》注),固是不易之论。百遍纵或未能,三复必不可少。"虽反复读之而不厌,足见读书用力之勤,由于他博览群书和专心致志,故考证一人一事之时,左右逢源,著手成文,又强于记忆,某书某文于某卷能脱口而出。不但指出了《提要》的错误,并且说明《提要》作者所以产生此种错误的原因。前人评论有歧义的,又必详加考辨,无不持之有据,言之成理,绝无空言臆断之病。他用毕生的精力撰写《辨证》一书,祁寒酷暑不辍。《提要》最后经纪氏一手删定,未必与库本原书相合。先生遇有疑惑,又要到北京图书馆去检阅文津阁本,以明究竟,且不以此为劳。先生晚年右臂麻痹,手颤书写不便,仍然奋力撰述,以嘉惠后学。由于平时读书蓄养者厚,积渐者深,所以当笔之于书的时候,则斐然成章,胜义迭出。

《提要辨证》一书,博大精深,从中得见作者读书的科学态度和治学的科学方法。他说(见《疑年录稽疑序》):"读前人之书,不可惟其说之从。虽眼前经史,亦必覆检原书,审其是否。又当知其所引据之处尚有他书,如折狱然,必具两造,所谓实事求是也。"又说(见《目录学发微》四):"欲论古人之得失,则必穷究其治学之方,而又虚其心以察之,平其情以出之。好而知恶,恶而知美,不持己见而有以深入乎其中,庶几其所论断皆协是非之公。"由此可见其治学之道。论人、论事、论书,都必探求原委,沉思博考,用举例、归纳、比较、互证等科学方法求得正确的结论。同时特别注重历史史实,以宏观论古今,以微观论当世,原本始末,多发前人所未发。或刊正他人的谬误,必以实证为据,不师心自用,以谦虚为怀。他曾说(见《疑年录稽疑序》):"学问之关涉无穷,而一人之精神有限,有所通,则有所蔽;详于此,或忽于彼。稍形率尔,疏漏随之。"其识见之宏通如此。

《辨证》一书,淹贯群书,取材至广。其论人,名号爵里以及生卒仕履事迹,必参稽正史、别传及文集;论事,则详考事实的始末,详参史传记叙的异同和当时的政治民情以及与同时代人往来的关系,从多方面加以论证;论书,则首先要明其义例,然后稽考前代官修和私人藏书的目录与《通志·艺文略》《文献通考·经籍考》、朱彝尊《经义考》等书,阐明其旨趣,而清人的书籍题跋和藏书志等尤为参考所资。由《辨证》全书所论,可见作者的史学、史识已达到精深的程度。有考证,也有议论。他说(见《目录学发微》):"夫考证之学贵在征实,议论之言易于蹈空。征实则虽或谬误,而有书可质,不难加以纠正;蹈空则虚骄恃气,惟逞词锋。"故《辨证》中多考证而少议论。凡于事实有疑误处,则博引群书,详加订正。至于书中要旨,则提要钩玄,引而不发,由读者自去领悟。所谓议论处,多为陈述学术源流,评骘人品之美恶和士风之高下,以端正学者的趋向。《提要》经纪昀一手删定,崇汉学而贬宋学,似乎宋学一无足取。实际上,宋儒重士习,厚德行,有关家国之兴亡,不为不重要,书中于此三致意焉,用意极为深刻。《辨证》给人们的尚不止此,其中有关版本学、校勘学的内容对整理古籍也大有益处。凡此莫不表现出作者能为深湛之思,长于考证,精于辨析,尚论事实然否与是非曲直,近百年来,很少有人能与之相比。

其《目录学发微》则是在撰写《四库提要辨证》的基础上升华了的有独特风格的目录学理论专著。他对中国目录学的巨大贡献在于继承并总结了一千六百多年来自汉刘向父子一直到清代纪昀的目录之学,建立了自己的目录学理论体系,以辨章学术为核心。认为"目录一家,派别斯繁,不能尽限以一例,而要以能叙述学术源流者为正宗,昔人论之甚详,此即从来目录学之意义也"(见《目录学发微》1页)。他对目录学作了多方面的研究,并综合各家之长,举出目录学的体制有四种类型:一篇目,考一书之源流;二叙录,考一人之源流;三小序,考一家之源流;四版本序跋,考一书之源流。起到辨章学术、考镜源流的作用,乃目录学意义之所在。

《古书通例》为一部论述古书体例的专著,中国古书流传至今的,时代愈远则问题愈多,如书籍的真伪问题、作者归属问题、作者时代问题、书的篇目卷帙的多寡和存佚的问题、书中有无后人增益或删削的问题等等,要解决这类问题首先应当明白古代著作的体例。本书则是一部从宏观角度研究我国古籍的专著。对于汉魏以前的古书,经过探微索隐,详加考证,以解疑释惑、分析归纳来阐明古书的体例。本书分四卷:一为按著录,二为明体例,三为论编次,四为辨附益。从古书的真伪、命名、编定、附益以至书分内外篇和诸子书中用故事说明观点等问题,无不博引群书,旁搜证据,详加解释,可为研究、阅读古书者之一助。

例如关于古书的真伪，即是一个看法颇有分歧的问题。《古书通例》举例引证前人不同的说法，作出明确的论断。书中卷四《论附益》说（见《古书通例》122—123页）："编书之人记其平生行事附入本书，如后人文集附列传、行状、碑志之类也……如《管子·大匡、中匡、小匡篇》叙管仲傅公子纠及相齐之事，是即管子之传也……而宋叶适乃曰：'《管子》非一人之笔，亦非一时之书，莫知其谁所为。'……姚际恒作《古今伪书考》因之，遂列入'真书而杂以伪'之内，不知此自古书之通例，非伪也。俞樾曰：'《国语·齐语》是齐国史记，《小匡》一篇多与《齐语》同，盖管氏之徒刺取国史以为家乘。'此真明于古人著作之体矣。凡古书叙其身后之事者多，不遑悉举，皆当以此例之。"他又说（见《辨证》610页）："《提要》之于周秦诸子，往往好以后世之见议论古人，其言似是而实非。"明确指出，古书不必自著，不能因为不是自著而目之为伪书。这对于研究诸子之学者是有帮助的。《古书通例》只是在大学执教时的讲义，但对于学术的贡献是极为巨大的，惜为未完稿。

在北平沦陷期间，他写了《世说新语笺疏》一书，同时开设了《世说新语》研究课程。《世说新语》记载汉末魏晋时期的名人轶事，既是小说，又是一部研究魏晋历史极有价值的参考资料。旧有梁朝刘孝标注。《笺疏》的工作除作版本的校勘以外，重在推勘史实，对刘义庆原书和刘孝标注文都加以补正，博采晋宋以下史传杂著和近代的笔记论著，从多方面考核人物的事迹，探寻史实的原委，以订正《世说新语》原书和刘孝标注的虚妄谬误或阙略，一一补充，为之驳正，详征博引。一是正误补遗，二是论史评事，体例有如裴松之注《三国志》。作者渊博的学识，反映在《笺疏》之中，连带所及，考校风俗地理，解释事物称谓，以至字义训释，莫不精审。涉及到历史、文学、哲学、语言文字等各个方面，如从文字、训诂、年代等方面考订"石经古文"不是嵇康所写，为经学史的研究提供了资料。时亦品评人物，在"华歆、王朗俱乘船避难"一条，针对魏晋士大夫矫伪干誉之风气说（见《笺疏》14页）："自后汉之末，以至六朝，士人往往饰容止、盛言谈，小廉曲谨，以邀声誉。逮至闻望既高，四方宗仰，虽卖国求荣，犹翕然以名德推之。华歆、王朗、陈群之徒，其作俑者也。"又如山涛之劝嵇绍出仕，陷人于不义，为邪说之魁首，曾引顾炎武的《日知录》（见《笺疏》172页）以明之。作者的按语说："顾氏之言，可谓痛切。使在今日有风教之责者，得其说而讲明之，犹救时之良药也。"其对王衍之徒，祖尚老庄，空谈终日，转相仿效，误国殃民之斥责，皆意在彰善瘅恶，借古以喻今，可以正士风，励志节，不仅是为论史而论史也。又对魏晋士大夫佯狂避世以自保,高唱无为以求安的矛盾心理状态均作了深刻的剖析。《笺疏》中对李慈铭和程炎震所说不当之处,也加以驳难。要之,《笺疏》不仅就《世说新语》一书的语言、文字、历史事实进行考核,还参稽群书的各个方面,所引证的书籍之博,有数百种之多。有些杂书、笔记极易被人所忽略的,皆加以引用,成为研究魏晋时期历史的名著,并且常有独特的创见,可作进一步的研究和发掘,他说:"一生所著甚多,于此最为劳瘁。"充分表现出他勤奋不已的治学精神和深厚的功力。

《余嘉锡论学杂著》(现改名为《余嘉锡文史论集》)一书,包容宏富,收有论文、书序、题跋和杂考三类。可以见到作者继清人之后已将考证之学发挥到充类至尽的地步。仅就论文而言,如论《太史公书》之亡缺、牟子《理惑论》撰人之时代、晋辟雍之兴废、魏晋人之服寒食散、卫元嵩与周武帝之废佛法等专题,援据群书,皆深入探讨,详为论证,无间毫发,都是新的课题,新的研究成果。又其中《宋江三十六人考实》和《杨家将故事考信录》两篇论著则是以史治小说,别开生面,独树一帜之举。《水浒传》和《杨家府世代忠勇深义志传》两书,其中故事情节虚构者多,可是不能没有几分史实在内。作者根据史传、地志、文集、笔记等书,旁搜远绍,考校人物的确切事迹和他们在历史中有过什么可称述的业绩,何者为史实,何者为虚构,并推论这些人物何以在历史上长期传播于人口,元明时期不仅写成小说,而且又搬演为戏剧,成为民族文化的一部分,它可以提高人民的素质,不但爱国,而且知耻,寓教于乐之中,是不可等闲视之的。以史治小说乃前代学人所不屑为或言之不能详备者。其撰写二文之意,"在援引史传以明稗官小说街谈巷议之所由来"。在《宋江三十六人考实》的序言中说:"余自少有历史癖。读《水浒传》,喜其叙事之曲折逼真:凡所描写之人物,皆各具性情,各有面目,胥能与世情契合。"几乎是爱不释手。为了考订北宋末年震烁一时之英雄人物的业绩而撰写《考实》一文,达五万余言,引书百五十种之多,其内容涉及到官制、赋税、历史、地理、校勘、版本、民俗中的纸牌之戏等。由于金圣叹评《水浒传》,伪撰了《水浒传》的续尾,使清之考证家不信宋江曾有攻方腊一事,作者广泛取证,还宋江以历史的真实,认为宋"江降后实曾隶属童贯参与攻方腊之役,特以偏裨隶人麾下,史纪之不详耳"(见《考实》序)。

举凡作者著书,多因时感事而发。《杨家将故事考信录》写于抗战胜利之前夕。序曰:"杨业祖孙三世,皆欲为国取燕、云以除外患,其识乃高过赵普等,使当时能用其言,则金、元无所凭借以起,靖康之辱,祥兴之祸,皆可以不作。"时关东军正是以东三省为凭借而发动全面侵华战争的,历史的重演,何其相似乃尔!因而对开门揖盗者的历史罪责是不容忽视的。这正是作者感时伤事而写《杨家将故事考信录》的原因。他认为《杨家将演义》小说之文虽不及《水浒传》之工,但杨业在当时有"无敌"之称,辽人闻之丧胆,以一身系国家之安危,生死定辽、宋之盛衰,所以《杨家将演义》虽是小说,它歌颂杨家三代的英雄,乃表现人心之所向,长时期流传于民间,于元之亡,明之兴,起到了御外侮而振兴邦家的作用。作者不仅喜看小说,也听京剧。他认为"元曲能表达人的喜怒哀乐之情,诗赋文词所不能言而曲剧能尽宣泄之",给戏剧以极高的评价。在京剧中搬演杨家将故事的戏很多,几乎可以与三国、水浒戏等同,即有《四郎探母》《辕门斩子》《李陵碑》《洪洋洞》等,为谭鑫培所常演,盛行于晚清。老令公、佘太君、杨六郎、杨宗保的名字,妇孺皆知。另有《穆柯寨》《天门阵》《战洪洲》《挡马》等剧,穆桂英、杨八姐则是巾帼英雄。他由小说而戏剧,宣扬了杨家忠烈满门的感人故事。《杨家将故事考信录》里说:"杨业父子之名,在北宋本不甚著,今流俗之所传说,必起于南渡之后。时经丧败,民不聊生,恨金人之侵扰,痛国耻之不复。追惟靖康之祸,始于徽宗之约金攻辽,开门揖盗。因念当太宗之时,国家强盛,倘能重用杨无敌以取燕云,则女真蕞尔小夷,远隔塞外,何敢侵陵上国。由是讴歌思慕,播在人口,而令公、六郎父子之名,遂盛传于民间。"这正是关于小说与戏剧来自民间,必有其真实的时代背景和历史意义的评论。

清代钱大昕学问极博,于书无所不读,尤精史学,但对小说甚为厌恶,以为专导人以恶,宜焚而弃之,不使传播。先生则认为这是以偏盖全,不达于理的。焚之与否,系于书的好坏,读者自当善于抉择。小说虽出于街谈巷议,但有益于人者,可以观风俗,察民情,审是非,明史实,发入深省,岂可尽废。正当全民抗日战争时期,因阅《杨家将演义》而写《考信录》,褒扬杨业祖孙三世抗敌的功业,借以鼓舞当时的人心,同仇敌忾;对从服敌伪以邀荣者极为愤疾,大加鞭挞,尤其是对汉奸及知识分子群。其弟子朱泽吉的文章说:老师久居北平,对京剧也很熟悉。有一次偶然谈起孟小冬在余叔岩的传授下演出了《洪洋洞》,老师说:"这出戏虽以六郎为主,更引人的却是焦、孟故事。京剧是从元杂剧《昊天塔》演化来的,情节自然出于附会。但是'孟良盗骨'的故事不止表现了人们对老令公的怀念,也寄托了宋代遗民一直哀叹徽、钦遗骸不得南还的悲痛。这种情绪的可贵,不在于'忠君',而在于'知耻'。如果大家听这种戏都能有所感发就太好了。"这跟他作《杨家将故事考信录》正人心、端士习的旨趣是完全应合的。文章中说:"中国虽败亡,而人心终不屈服于强敌,无古今一也。"自序后题为"书于北平不知魏晋堂",换言之即"人心思汉"!无不表现出一位伟大爱国学者忧国悯民的浩然正气和中国不亡的坚定信念,正是揽古以喻今,非等闲之作。《杂著》一书,内容包括甚广,其中考证寒食散,以及书册制度的名称、元人杂剧搬演的制度名目,都是前所未有的专题,为研究中国古代文化史者开拓了新的途径。

三

先生一生勤恳治学,以实事求是为宗旨,不尚空谈,实受清代朴学的影响。虽然浸渍于古学,但是他的学术思想是革新的,不墨守成规,不是古非今。深知去旧更新,乃事理之常。例如认为四库的分类不是一成不变的,应该随时代的推移而加以改革。他在《目录学发微》里说:"今之学术,日新月异而岁不同,决非昔之类例所能赅括。必谓四部之法不可变,甚至欲返之于《七略》,无源而强祖之以为源,非流而强纳之以为流,甚非所以辨章学术、考镜源流也。"他既有这种革新思想,所以为学绝不为前人成说所牢笼,他的学问博大精深而不拘泥于古,要自己去探讨、去考证,因此多所发明,常有创见,非常人所能企及,这使他在学术史上占有重要的地位。

他识见宏通,不为构墟之见。不只治史,同样重视小说、戏曲,目之为"天下之至文"。论书籍之板刻,固然愈古者错误少,愈接近于原著,然而也不能一概而论。刻本最古的当推宋、元,清人必以宋刻为贵,这是就大体来说,像麻沙书坊所刻也不见得都好。他说:"宋人刻书,悉据写本。所据不同,则其文互异;校者不同,则所刻又异。加以手民之误,传写之讹,故明刻可以正宋刻,刊本可以校写本,未可尽以时代论也。"这种观点既符合情理,也符合事实。

他治学态度谨严,平心思考,实事求是,不持门户成见。《四库总目提要》标榜汉学而黜斥宋学,不能持平论其得失。后学不察,又往往随声附和,妄加评论,大道遂以多歧亡羊。他在写《四库提要辨证》一书时,对《提要》所说必一一考核。关于作者的姓名、作者的生平事迹、作者所处的时代、书中所涉及的史实必都融贯于胸中。凡有所疑,必审核群书,定其然否。《四库总目提要》所说有时与库本所据并非同一版本,而《提要》的文字曾经纪昀删定又不尽与库本的原文相合,无不须要详加考订,反复参验,所以能得其实,不作空谈泛论而重实证,治学态度是极为谨严的。

至于立身处世则深受宋代儒学的影响,他秉性刚直,尤严于义利之辨。注重知人论世,砥砺名节。平日读书,不仅考究作品的内容妍媸美恶,而且特别重视作者的生平身世和品德。凡作者生平事迹不详的,必然要翻阅各种有关书籍详加考证,例如《藏海居士集》,题宋吴可撰。《提要》说:"可事迹无考,亦不知何许人。"《辨证》既考出吴可字思道,为金陵人,而且知其为蔡京子蔡絛所用,且又出于宦官梁师成之门,人品卑下,前人不察,或称之为高逸之士,为之辩白。《辨证》说(1437页):"(吴)可诗尚未成家,其人亦非元恶大憝,本不足深论,特以政(和)、宣(和)之际,书阙有间,知之者寡。吾之著书,欲诛奸谀于既死,不得不贬纤芥之恶,故借吴可之事以发之,庶使读者知凡人立身一败,万事瓦解,虽有文章传世,犹不足以自赎云尔。"又宋施元之曾注苏东坡诗,《辨证》考其行事,进而评论(1371页):"元之盖倾危之士,虽颇有文采,而用心邪僻,务与君子为仇,其为治以严刻为能,近于酷吏,不能以其能注东坡诗为之末减也。"又如作《云麓漫抄》的赵彦卫,仕于宋宁宗嘉泰、开禧之间,时韩侂胄专权,彦卫阿附侂胄,奏禁私史,以邀富贵,而最后与之俱败。《辨证》痛斥其"不惜以谀言邪说,取媚当时……一时之所得无几,尚不能必其无后患,而笑骂且至于无穷"(935页)。由此足见他对古人之立身言行,极为重视,爱憎分明,无所宽假,且具有强烈的爱国思想。在抗战时期,强敌压境之际,家国危如累卵之时,对卖身求荣之人更是愤恨,如在《杨家将故事考信录》中对赵孟頫、留孟炎之徒,背宋仕元,深加责难。在《四库提要辨证》中对既仕于刘豫,又仕于金,又归于宋的杨尧弼,斥其反复狙诈,导夷狄祸中国以为己利,而又作《归朝录》《伪豫传》以欺世盗名之可耻,奋笔诛伐,使后之学者知其丑恶。对宋代的中兴诸将,栉风沐雨,出死入生,破金人,收失土,拯救人民于水火之中者的宗泽、岳飞等名将大加褒扬。《四库总目提要》认为郑思肖的《心史》记事有误,必是明末好事之徒作此以欺世的伪书,以致全祖望也信而不疑。《辨证》作者对此深致不满,指出记事有失误,"为古今著述所不能免,未可独责一人。若摘其一二失误,遂指此数百年来绝无仅有之书为伪作,使学者弃置不读,或读之而不敢信,沮后人爱国之心,而长勍敌方来之焰,此则吾所期期以为不可者也"(见《辨证》1540页)。他平时常说:"读书人第一是讲究做人,第二才是讲究做学问。否则有学无行,读了书有什么用。"身处沦陷区,怀家国之痛,在授课时每引顾炎武《与友人论学书》所云:"博学于文,行己有耻,自一身以至于天下国家,皆学之事也。自子臣弟友,以至出入、往来、辞受、取与之间,皆有耻之事也。"用此告诫学生,谆谆教导。又说:"凡事当明辨是非,不可从风而靡,不可见利而忘义。当有所为,有所不为。"他立言谨行,殷殷期望于后学者如此,都来自于宋学。

总之,先生虽以目录学名家,而熟于历史事实,往往因书而考史,由考史而推寻事之所由起,进而评论历代治乱兴亡之所以然,不为苟同之论而自有创见,所以他又是一位卓越的史学家,也是一位德行醇正的当代人师。

此文乃与余淑宜合作,原载《中国文化》1996年第1期

王力教授对中国音韵学的贡献

王力先生是当代杰出的著名的语言学家、教育家,不幸因病于今年5月3日逝世,这不仅是我国语言学界的一大损失,也是我国科学文化教育界的一大损失。王力先生从1926年起直至逝世之前始终从事中国语言学的研究,并且一生从事教育工作,孜孜不倦,著书近千万字,为国家培养了大批的语言科学和文化工作者,为我国社会主义文化建设事业做了极大的贡献。鞠躬尽瘁,不遗余力。他的风范业绩永远铭刻在我们心中,永远为人景仰怀念!

语言学包括的门类很广,专攻一门,十年未必有成,而王先生却能贯通中外,博览详观,探其精微。举凡语言学、音韵学、语法学、语义学各个方面都有论著。且不为前人之说所囿,富有创新精神。所著有《中国音韵学》《中国语语法》《中国语法理论》《汉语史论文集》《汉语史稿》《中国语言学史》《同源字典》《诗经韵读》《楚辞韵读》《汉语诗律学》以及其他带有普及语文知识的著作,可以说"著作等身"了!其中大多数都是作者在繁忙的教学任务中进行不断研究的成果。一部书大都三易其稿,毕生不废研究工作,这种勤恳认真的精神,实在令人钦仰赞佩。

单就音韵学方面来说,王先生所做的贡献就很多很多了,我只想谈几点:

(1)以前中国音韵学在大学中国语言文学系里是一门重要的课程,又是一门难讲的课程。因为不懂音韵学,在研究历史文化和阅读古籍时就会遇到很多困难,所以非学不可。但是中国历代关于音韵方面的著述又极多,而汉字又不是拼音文字,要讲得使人人能懂却不很容易。王先生参考了当时有关的著作之后,开始利用19世纪欧洲语音学的理论来讲解中国传统的音韵学,并且应用了标音符号,这样在教学上就取得了良好的效果。进一步讲解中古音、上古音,学者就很容易接受了。高本汉(B.Karlgren)和马伯乐(H.Maspero)的学说也得以介绍。他把一门旧的传统学问引向新的发展途径是有功绩的。

(2)清人研究中国先秦古音是有成绩的,但是对古韵的分部多寡,诸家的说法还不一致。至于古韵部的读音问题,前人所说与高本汉所拟又参错抵牾,没有定论。王先生作《上古韵母系统研究》,根据等呼,参证阴阳对转的准则和古代的音训,考定古韵部主要元音的类别和韵母的开合洪细,并列为图表,以《诗经》所用字为例,井井有条,等于为古韵作了一部韵书。在这篇论著中分别脂、微为两部,足补前人所不逮。由是给后来的学者很大的启发,又出现好几家新的著作。

（3）王先生对上古韵母系统做了深入细致的研究以后,随之对高本汉的上古韵部拟音就提出很多不同的见解。他认为上古阴声韵不能有辅音韵尾,这在国内外学者中引起了不同的反响。但不妨是一家之言,对促进学术的研究讨论还是具有作用的。他的《诗经韵读》和《楚辞韵读》都是研究上古读音的很好的参考材料。

（4）王先生另一项贡献是应用上古音的系统研究同源字。这是古音学在探讨古汉语语源学的具体运用。清人研究训诂虽然已经注重语源的研究,但是并没有全面系统的科学论著。王先生所写的《同源字典》是前所未有的一部书。前人从文字上去研究同源字,没有切实慎重地运用语音上的关系,不是通转过宽,就是或只取双声,或只取叠韵,勉强牵合,错误者多。王先生这部《同源字典》重新审订古韵部为 29 部,有东,无冬,孔广森所定的冬部字归侵部。其次,29 部中入声独成一部,有对转、旁转,而又有旁对转、通转之目。在声母方面,他订为 33 个声母,33 母之中无知彻澄娘、非敷奉微,有正齿二等庄初床山俟五母。在声音上,有双声、准双声,而又有旁纽、邻纽之目。这是王先生对上古音的新见解。他认为战国以后,侵部字的冬韵字才分出独为一部。这些韵部与声纽通转的情况大齐不甚远,都给我们很多启发,值得研究。

以上几点只是简单撷要以说明王先生在中国音韵学方面贡献之大,富有革新精神。在其他方面,如语法、语言史等的贡献更为宏富博大。王先生生前还有很多研究计划,逝世前还在亲笔编纂《古汉语字典》。他以毕生的精力贯注在学术上,数十年从未间断他所热爱的教学工作。奖劝后进,无日斯已,这真是难能可贵的! 他离开了我们,识与不识,无不悲痛哀悼。我们要学习他那勤于所事、认真工作的不懈的精神,要在他的启发引导之下继续他的遗志,把我国的语言学、音韵学推向前进!

原题《沉痛的悼念——王力教授对中国音韵学的贡献》,载《音韵学研究通讯》1986 年第 10 期,后以今题发表于《龙虫并雕　一代宗师》,广西教育出版社1993 年

德业超卓，永远为人所怀念

——悼念严子君教授

挚友严子君（学窘）教授不幸于去冬（1991）12月29日因病逝世，噩耗传来，无不惊悼。子君一生从事教育事业，奋励勤恳，对人恭谨宽厚，他的德业将永远为人所怀念。

子君长我三岁。我认识子君是1934年在北京大学读书的时候，他是江西分宜人，来自武汉，是武汉大学刘博平先生的学生，那一年秋季到北大做为研究生进修。我们同时听罗莘田先生讲课，一见如故，我们常常一起讨论语言方面的问题，课下接触也多，他那温和谦逊好学的态度感人至深。那时他携眷住在北平宣武门外分宜会馆，很喜欢北平的生活，对年节时的厂甸儿尤其有兴趣，深深地为古都的文化所陶醉。我也曾到会馆拜看过他。他夫人是治家的能手，跟前有两个小孩儿，那应是严文和严武，现在他们在事业上都很有成就了。

我毕业以后，考入南京中央研究院历史语言研究所，他留在北平，仍然有书信往还。1937年6月我由南京回家省亲。7月芦沟桥变作，他携眷南下，从此音讯杳然。直到抗日战争胜利之后，我才知道他在广州中山大学执教。解放后，他又致力于少数民族语言调查研究的工作，远至海南、西昌等地，学识日益开阔深邃，已成为一位少数民族语言的专家学者了。他工作勤苦认真，从不畏难，深得从事民族工作的领导所重视，因而委任他为中南民族学院副院长，一切有关学校教学的事项，他一一擘划，不遗余力。

1950年秋，我南下参加土地改革工作，先至武汉，宿于当时的武汉中原学院。这是我第一次到武汉。登蛇山，俯视大江，远眺龟山，纵观武汉形势之胜，而最使人高兴的是在此晚秋的时节我和子君见面了。虽然已隔十多年之久，但他的风神意气仍似当年。在欢欣之余，我们殷殷互勉，要珍惜时光，努力勤于所事，不费所学，自此以后，直到1980年才又晤面。1979年我曾写诗寄子君：

宣南宴饮话襟期，四十余年久别离。江介风多春意老，塞垣霜重月轮低。年华盛事惊虚梦，衰齿颓颜念旧知。海内乾坤如许大，感君高义动心脾。

"风多、霜重"指"文革"时之动乱。动乱夺去了我们的宝贵时间,可是我们并没有因此灰心丧志,反而努力奋勉工作。

1980年子君来到北京,谈到发起成立中国音韵学研究会,目的是团结全国语言学界从事汉语音韵研究的同志,交流经验,讨论问题,共同促进学科发展,这个倡议非常好。在筹备过程中得到华中工学院(即现在的华中理工大学)党委书记朱九思同志的热情支持,把学会设在华中工学院,并成立语言研究所,他作所长,积极推进研究事宜。随后又着手创办《语言研究》。同一年,全国性的中国语言学会成立,在他的努力倡议下,得在武汉市召开。这几件事情都不是一蹴即成的,要完成这几件事情,要费多少精神和力量啊,然而他就能联合几位同志做起来,卒抵于成。从这些事例,我们可以看出他富有坚忍的毅力和坚强的事业心,做一件事就全力以赴,绝不半途而废,他不止一次地两手握拳,有力地展开双臂,笑着向我说他"有用不完的劲",这种轩昂奋励的精神,使我十分感动。

中国音韵学研究会已成立十一周年了,两年一次年会,他都要联系各方面的同志共同筹备,每次会议都取得了很好的成果,赵诚、梁德曼、李新魁、赵襄、尉迟治平诸位先生都全心全力协助,所以学会的成绩得到许多人的赞许。团结一致,这是我们音韵学研究会的根基,而子君又富于组织能力,夙兴夜寐,凡事都事先写在本子上,依次去完成,从不懈怠。他有学识,有眼光,有魄力,有办法。为培养语言方面的人才,还由音韵学会主办多次音韵学研究班,既滋兰九畹,又树蕙百亩,每次都取得良好的效果。去年他在卧病期间还筹划召开汉语言学国际学术研讨会(语音的研究),这充分表现出他是如何热爱工作,热爱我们的事业,凡事无不尽其全力,直到生命最后的一刻,他这种精神实在令人钦佩。

我与子君已经是五十多年的朋友了,我深切感受到他在一生中始终抱着乐观态度对待生活,对待朋友真诚热情,不自矜伐,不菲薄他人,而又富有正义感。在作人方面,这都是十分难得的品质。这也就是我说"高义动心脾"的缘由。子君离我们而去了,是我国语言学界的重大损失,做为一个老朋友的我,悲痛难抑,我们同道的朋友们必将继承子君教授的遗志为我们的事业努力去开拓,取得更多的成就,这也就是我们对子君教授的最真切的怀念。

原载《音韵学研究通讯》总第16期

书天行师遗墨后

溯自汉代篆书演变为隶书,大行于世以后,乃又有草书,解散隶体,以趋简易,惟隶书笔法之波磔依旧。因可施于章奏,故有章草之名。魏晋以后,书体又有变易,隶书去其波磔,又略变其笔画而为真书,后世谓之楷书。草书则走笔流转圆浑,既无波磔,又渐去隶书原形,如晋宋人所书,世称为今草。下至唐代,乃又有大草出现,曲折缭绕,粗具字形而已。至于章草,则书之者日稀。迨至宋元,方为书家所重,宋高宗赵构曾书有《洛神赋》,元邓文原书有《急就篇》,是其著者也。元人喜作章草者亦然。

天行师精于文字声韵之学,所作小字,结体谨严,介于隶楷章草之间,独成一格。其波磔处,类似汉熹平石经。其纤细处,类似邓文原,故为时所重。今观此册,为三十年前所书,作横行,气脉联贯,矫劲有力,实为罕见。吴君永坤欲为之印行,传之于世,诚为盛事。天行师之谢世,距今将近十五年矣,回忆昔日侍坐聆教之时,恍如昨日,不胜孺慕之思,怆然伤怀,因识数语于后云。1994 年 6月 18 日周祖谟谨书。

往事自述

十多年来很多朋友多次希望我写一篇自传。每次我总是"唯,唯",但一直不曾着笔,因为流年似水,想想实在没有什么可以供给读者的东西,因而始终没有写。这不是故作谦抑,我的心情确实是如此的。在人生的道路上,我已然走过了七十多年,所见的名人学者都有足以为人称道的事绩和德业。而我深感平淡无奇。生活在北京,成长在北京,学习在北京,长期从事教学工作也在北京,只是有几次出外讲学而已,没有多少一定要笔之于书的。近来想一想生活的时间长了,也应当追忆一下,有哪些事是足堪回味的,有哪些事于自己的学习和从事教学工作有影响的,自己又是怎样做的。这样想来,倒觉得也可以分别写一写了。

一

我出身于中等的家庭,1914 年 11 月 19 日生。祖父和父亲都是商业方面的店员,赁屋而居,量入为出。据说上辈也有中乡试举人的,远祖有做翰林学士的,籍属杭州。父祖也都读过一些书,至少是《四书》《千家诗》《算法统宗》等都念过一些,所以我幼年在京城未入小学以前,母亲督促我描红练字,而《千字文》《百家姓》《大学》《论语》等都是父亲亲自教着念的,一方面为认识一些字,另一方面讲一些为人的道德准则。现在回想起来,老人在"正心、修身、入则孝、出则悌"都三致意焉,至今还留有印象。1981 年日本汉学家、老朋友小川环树先生来华,宴席间谈到他在幼年祖父首先教他的也是"大学之道,在明明德,在亲民,在止于至善",我们不禁都笑了。这都是共同经历的一段旧式的儒家教育。

不过,我在六岁入小学以后,随着光阴的流逝,对那些读过的东西,大部分都背诵不下来了。惟有《论语》中"孟武伯问孝。子曰'父母唯其疾之忧'"一节,至今没有忘。因为从中体会到父母对子女的慈爱,子女就不应当使父母担忧。因此我在行动和言语上都养成一种谨敕的性格,既避免与人冲突,更不敢惹事生非。久而久之,变得柔弱,好安静,不喜喧哗。平时勤俭自治有余,而与人交接较少,在学习上很少跟别人讨论,不免孤陋寡闻。兴趣虽然较多,喜欢音乐,也喜欢绘画,终为天资和时间所限,只好搁置一边了。

由于幼年受了家庭教育的影响,年纪又小,体质又弱,只能走按部就班的由小学而入中学、由中学而入大学的学习道路。

二

在小学是怎样度过的,已经回忆不很清了。在国语、算术之外,还有手工、图画、历史、地理。我极喜欢地理,而且学着画地图。说也奇怪,在语文课堂上还念了一些古代文言文,如韩愈《送李愿归盘谷序》、范仲淹《岳阳楼记》、欧阳修《醉翁亭记》之类。可见在教学上那时候是没有一定的规范的。在1923年至1924年间,我在课外读过不少中华书局出版的小小说,如《草船借箭》《火烧草料场》《陆压道人》之类。那是一种丛刊的性质,从中我获得不少历史和文学方面的知识。当时,《三国志演义》也是我喜欢读的,尽管有些我并不完全懂。除了这些,对叶圣陶先生的《稻草人》和谢冰心先生的《寄小读者》都觉得文字清新有趣,可惜对新的文学作品理解的很少。那时经常听的乐曲是萧友梅的《梅花三弄》,所唱的歌大都是赵元任先生所谱的曲子,如"昔人已乘黄鹤去,此地空余黄鹤楼"(唐人崔颢诗),和"白日登山望烽火,黄昏饮马傍交河"(唐人李颀诗),这些到现在还能唱,我的嗓音是很好的。真没想到1936年我在北京大学毕业后考入中央研究院历史语言研究所时,到南京,居然见到了赵先生,并亲聆他的教诲。

我入的小学校是北京高等师范学校附设的平民小学。高师的校长是范源濂(静生)先生,后来改称师范大学。我曾经在高师的风雨操场(那时没有礼堂)见到过梁启超和章炳麟两位先生在讲演。梁先生讲的是政治,听的人很多;章先生讲的是清代的学术,听的人很少。我侧立在入门处一旁,看见章先生头发已经斑白,带着一副白眼镜,坐在一条板凳上,面前一个课桌,讲的是一口南方话,我简直听不懂。在他身后有两位先生代写黑板,什么戴震啦、孔广森啦,我哪知道那些,当然不懂。直到我上大学的时候,才回想起来当时写黑板的都是谁了:矮而胖的是钱玄同先生,高而稍瘦的是马裕藻先生,他们都是我在大学时的先生,那时他们都很年轻。我认为在那时我能见到章先生是一件很有纪念意义的事情。章先生的学问是邈不可攀的,从此以后再不曾见过面,终觉歉然。

小学的老师都是高师三、四年级的学生,二三十岁,有的还有小胡子,非常和善可亲。不过有一次我被斥罚站,因为国语课文中有"衣宜常洗,几宜常拭"的一个"拭"字,老师叫我念,我念为"式"。老师立即斥责说:"你只知道念半边字!那个字应当念'抹'（ma）。"这就错了,他准是外省人,没念过蒙学书。但是我们对老师都是极其尊敬的。尊敬老师的修养,蕴蓄很深,至今不变。虽然老师也会一时有误,但并不足奇,这正说明为师不易而已。这位老师见我写的小字好,常被放在玻璃窗里展览,满纸红圈,所以也有时叫我替他抄点文稿。既得到老师的青睐,我自然也很高兴。

在小学不懂得什么政治,但在老师的教导下,知道了"爱国爱民"的含义。1922年至1924年直奉军队两次交战,民生凋敝,外患也正方兴未艾,国事日蹙,志士仁人都在奋起救国。孙中山先生在1924年由南方到北京主张召开国民会议,不幸于1925年3月12日在北京逝世。那一天,狂风骤作,满天飞降黄沙,铺天盖地,日色昏黄。中山先生的灵柩被放在中央公园大殿内（即今之中山公园中山堂）供人凭吊。全校同学也列队前往公祭,并得身临水晶棺前,瞻仰遗容默哀。中山先生那安详的容颜,至今印象犹深。这也是我一生难忘的一件事情。

三

小学我只读了四年,接连跳了两级,所以十一岁的时候就步入中学了。开始入的是北京师范学校,后转入志成中学。初中的前两年,浑浑噩噩,没有值得说的,数学、英语都不行。直到后两年才开始立志发奋,稍知学习门路,渐有成效。但是起步已晚。初中毕业后,贸贸然报考师范大学。英文是一篇作文,考试题目是 the summer vacation,我写了一些如何过暑假、游公园一类的事,什么 willow 啦、lotus blooms 啦都用上了。国文记得是翻译《世说新语》张季鹰辟为太尉掾,见秋风起,因思莼羹鲈脍那一段,还有分析《礼记·檀弓》"南宫绦之妻之姑之丧"和其他句子的文法结构。数学答卷最差,结果自然落第了。这次的失败是我在学习知识的路程上的一次重要的转折点,由此我理解到应当自己怎样去寻找参考读物和怎样自学了。我停学了一年,自己买题解一类的参考书,学习几何、三角、大代数,同时用力学习英语。第二年,1930年我考入师范大学附属中学高中男部,开始了新的学习生活。

师大附中是师资最好的一个中学。当时的校长是林砺儒先生,代理校长是教务主任张鸿来先生。所有的教师都是师大培养出来的第一流的教师。课程的设置也比别的学校多。高中分文理科两班。理科就有微积分、高等物理学；文科就有文字学、欧美名家小说选（英语）。两班在正课外都有两三门选科，学生可以自由选习。数学的课本是英文的，也比较特殊。在教材方面，比一般学校都提高得很多。所有的先生都各有专门，善于讲授。我选的是文科班，那时国文课除学习先秦诸子散文以外，还兼授文学史，如董璠先生（鲁安）讲《楚辞》，夏宇众先生讲《中国诗史》（陆侃如、冯沅君编，上海大江书店出版）。选课中孙云生先生讲社会学，吴三立先生（辛旨）讲文字学，刘祝三先生讲欧美名家小说选，高博彦先生讲中国近代史。在外文方面，除英语外，还设有德文和日文作为第二外语，这真是一个从各方面热诚为造就人才而设的第一流中学。既要求学生有必要的文科基本知识，又要具备广泛的文化常识。属于理科方面的课程如数学、物理、化学，文科班也跟理科是一样的。在这样环境里确实获得很丰富的学识，给进一步的学习和研究打下了良好的基础。各位先生学识的渊博，教课态度的认真负责，感人至深。他们的声音形象，至今仍记忆犹新。

因此，讲到学校的教育，我认为中学教育是非常重要的，而中学教育有没有好的师资最关重要。有好的合格的老师，教育才有好效果。从 30 年代起，北京的第四中学也一直是很有名的学校。第四中学是以理科出名的。中学教育在高级阶段时分为文理两班我认为也未可厚非。我之所以学习文科课程，主要是因为数学基础稍差，理解力不强，终究不如顺乎个性，学文为好。

四

北京是中国的一个文化古都，以往随处可见，而在南城和平门外琉璃厂一带表现的最为突出，有字画店、古玩铺、古书店、碑帖店、新书店、笔墨庄、裱画店。由琉璃厂的东门直到西门的一条长街上，店铺林立，莫不与文化有关。其间出售文物的有博古斋、聚珍斋，出售笔墨的有贺莲青、青莲阁、戴月轩，出售碑帖旧砚的有墨宝斋、会文堂，出售字画的如荣宝斋的铺子就有三四家。至于卖古旧书的铺子就更多了，小的店家不论，大的如富晋书社、邃雅斋、来薰阁、文奎堂、通古斋都是很有名的。卖新书的则有商务印书馆、中华书局、北新书局。这里真是文化荟萃之所。在琉璃厂中间的海王村公园里，出卖文玩字画石章端砚的铺子，围绕东西两厢就更数不过来了。

我家住的地址离琉璃厂不很远。上小学时每天都要沿着这条古老的充溢着文化气息的街道走。南北都有店铺，去时看右边，回时看左边，有时会在窗外定睛多看一眼，无形中受到许多熏陶。

青莲阁是我经常去买毛笔的铺子，那位店主人对我很好。他是一位年近六十的湖州人，身着一件淡雅的湖绿色丝织的长衫，外加一件丝绸的团花的青马褂，头上戴着的是红绒绒的瓜皮帽，面色红润，和蔼可亲。由于那时我的身材刚刚够得上很高的柜台，他总笑眯眯的，俯身问我要买什么笔。他拿出一盒子来，任凭我挑，而且允许我把笔头用水浸开，教给我怎样看才是好用的。选妥以后，他还会为我再加加工。店伙们也斜着眼看着店主那般殷勤的劲儿，不知心里在想什么。店主人有时还问问我："你喜欢临摹什么字帖呀？"我也许怕说出来他不知道，就答道："跟你们那个门匾的字差不多。"他笑嘻嘻地说，"喔，那是很好咯。"可是其他的笔店就没有这样和气了。

谈到琉璃厂，最不能忘怀的是每年春节时候的"厂甸儿"。每年从夏历正月初一到十五，由和平门向南围绕海王村公园左右有如庙会似的，卖鞭炮的、卖风筝的、卖小吃的都来这里设摊，招揽顾客，极其热闹，而卖古旧书的最多。在和平门外街道两旁都是书摊，这是一个特殊的出售古书的书市。这个风习从清代就已如此，通称"厂肆"。在这样的书摊上，经史子集各类书无所不有，琳琅满目，任人挑选。我从小学到中学每年这个期间，除了下雪天以外，几乎每天都要到书市上去看看。可尊敬的终身在传播文化的书商是竭诚欢迎人来自由翻阅的。从十六七岁起我就慢慢买起喜爱的古书来了，如《楚辞》《文选》《古文辞类纂》《史通通释》《书目答问》《杜诗详注》之类。遇到有朱墨批点的诗文集等书，即使不全，残缺一二，有时也一并买下，观摩前人是在什么地方着眼的，借此也可以提高自己鉴赏的能力。父亲看了，也很喜欢。在买书看书的过程中跟许多位年长的书商交往熟了，从他们的口里又学得许多有关书籍的纸张和版刻的知识，如对连史纸、皮纸、官堆纸、开花纸以及不同产地的竹纸和各省雕版字形的特点等都有所了解。这对我后来注意版本目录的学识大有裨益。

除书籍外，厂甸儿还有许多画棚，专卖旧字画，任人参观。其中真赝夹杂，但又是了解民族文化艺术的另一场面。琉璃厂东门路北，旧有火神庙，在春节期间是专卖古玩、玉器、玛瑙、翡翠、珍宝、瓷器的所在。北京所有的古董商家都在此陈设商品出售。珠光宝气，耀人眼目。这时，外国人接踵而至，购买自己喜爱的东西，本国人也可以仔细观赏，比到故宫博物院珍宝馆隔着厚玻璃去看那些陈列品痛快多了。

文化的教养对一国的人民是非常重要的。上面所说不过是一些春明旧事，烟尘悠邈;然在旧日社会里对于人们了解中国的历史文化确实起了不小的作用,开阔人的眼界。我记得钱玄同先生、张鸿来先生都是厂甸儿书市上来往很勤的人。厂甸儿的书籍、字画、文玩、古物都给我增添了不少的知识,我认为比上课还重要,恰恰是社会文化教育的一种。同时我也买过王翚(石谷)、恽寿平(南田)的册页,齐璜(白石)的虾米和大公鸡,即使是假的,也假得不错,增添了不少乐趣。旧时春节的厂甸儿是难以忘却的。

五

1932 年我投考清华大学英语系,同时兼报北京大学中国语言文学系。清华的国文试题是作文一篇,题目是"梦游清华园记",另外还有对对子,题目是"孙行者"。"孙行者"据说是陈寅恪先生所出。清华园我曾参观过,所以有话可说,孙行者就对以"胡适之"。北京大学的国文试题之一是翻译杜甫《八月茅屋为秋风所破歌》,这篇诗我在小学时就背熟了,自然不难。国文考了 90 分。发榜时,两校都蒙录取。这一年是十八岁。本意想入清华英语系,因为用费多,只得入北大中国语言文学系了。

那时北大的校长是蒋梦麟,文学院院长是胡适。中文系一年级有一定的基础课,有中国通史、中国文学史、中国音韵学概要、文字学概要、历代文选等课程,还有一门英语必修课。中国通史是分别由许多文学院的历史系教授分担的,每人讲一个专题,所以我们称之为百衲本的历史课。中国文学史由罗庸(膺中)先生担任,由先秦讲到清末,一年讲完。中国音韵学概要由马裕藻(幼渔)先生担任。文字学概要由沈兼士先生担任,历代文学作品选由郑奠(石君)先生担任。

到二年级,课程分为三组:一组是语言文字组,二组是文学组,三组是古籍校订组。每组都各有一些专门课程,学生可以按照自己的志愿确定学习哪一组课程。不过,也可以在主修课(必修课)之外选修别组的课程,甚至于可以选修其他系的如历史系、外语系的课程。选课是有指导的,由系主任或助教签字认可才行。这样做既能使学生有一定的主修专业方向,同时又具有灵活而不拘泥的优点,给学生以自由发展的机会。由二年级到四年级都是如此。每门课程有一定的学分,修够四年的总学分数才准予毕业。第四年要由导师指导作毕业论文,论文必须及格。

各系的主要课程都由教授担任。一年级课程必须是如此。教授为专职,必须教三门课程。不足三门的,可以被聘为名誉教授,或聘为讲师。讲师也是专家学者,大都只教一门,属于兼课性质,他在别的大学可能是专任教授。以中国语言文学系而论,如沈兼士、钱玄同、俞平伯、闻一多、余嘉锡、吴承仕、唐兰、赵万里、刘文典诸位先生都到北大兼过课。一时名师硕彦都惠然莅止,可谓极一时之盛。北大从蔡元培先生做校长起对不同学术的流派一直采取兼容并包的办法,所以门类也特别多。学生可以自由选听,不选课的人也可以到教室旁听,这种自由的学风,对于学生知识面的扩充和学生研究兴趣的提高都是必要的。

二年级既然要分组,我选定哪一组呢? 很费斟酌。经过考虑,我认为文学和文学史自学起来总容易些,而语言文字的课程不能无师自通,非听讲不可,因此就决定入语言文字组。何况在中学时屡次听到吴三立先生讲述沈兼士先生在文字学方面的卓越见解,于今竟能亲承讲贯,岂可不知感奋? 二年级时沈先生讲授《说文解字》,循循善诱,启发后进,不遗余力。由是得知为学门径。这一年刘复(半农)先生讲授语音学。刘先生创设了语音乐律实验室,通过实验,我们对语音的分析多了一番理解,同时学习辨音、记音。这时,钱玄同先生讲中国音韵沿革,魏建功先生讲韵书研究、方言研究。课程门类增多,我对语言文字学产生了更大的兴趣,而且对如何治学也略有体会。

开始是写札记,把在读书当中有的一些疑问和解释写下来,遇到难点就去找书,《书目答问》就成为找书的指南。在找书的过程中又增加了不少知识。读到段玉裁的《汲古阁说文订》,知道古书在传刻中往往有讹误,于是试取清代传刻的几种宋本《说文解字》进行校勘,写成《说文解字之传本》一文,指出各本的异同,并定其正误,同时证明孙星衍所刻的《平津馆丛书》本与段氏所说的周锡瓒(漪塘)本为同一传本,比其他各本为优,以此呈兼士先生教正,颇蒙赞许,并被登载于《国学季刊》。这是我从事学术研究之始。这一年除听语言文字课程外,还兼选听其他两组课程,如唐诗、宋词、目录学等,有时还听一些历史系的课程,如钱穆先生的先秦史。

1934 年刘复先生不幸患回归热病逝世。秋季罗常培(莘田)先生来校,讲授语言学、方言调查、等韵学以及域外学者中国音韵研究。先生当时年仅 35 岁,风标卓越,语音清亮,讲解明晰,层次井然。深受欢迎。这一年唐兰(立庵)先生来校,主讲甲骨文和钟鼎文,在罗振玉、王国维两家著作的基础上注重文字演变的条例和认识古文字的方法,因而获得很多新的知识。同时在课余又进一步探讨雅学,继清人胡元玉《雅学考》作《续雅学考书目》,将清代有关雅学的书分类立目,撮举其要。这时,清华大学刘文典(叔雅)先生来校教《昭明文选》（讲木华《海赋》）,兼教校勘学,我前往旁听,得窥校勘门径,而得先生指点处独多。那时他正作《庄子补正》一书,所以很早看到他的稿本。

到了四年级,除听课外,开始作毕业论文,题目定为"篆隶万象名义中之原本玉篇音系",导师即为莘田先生。《篆隶万象名义》为唐德宗时日本入唐求法高僧空海大师据顾野王原本《玉篇》而撰。由其中所注反切可以推求《玉篇》所代表的齐梁时代的语音系统。我抄录了两万多张卡片,离析其声韵部类,用陈澧的反切系联法进行研究,所得结果与陆德明《经典释文》音可以互相印证,使我们对中古音有了一些新的认识。

当时中国语言文学系有两位罗先生:一为罗庸(膺中)先生,主讲文学史、唐诗、宋词;一为莘田先生。前者人称小罗先生,后者人称大罗先生。他们都方当盛年,不过三十余岁,然而学问之精湛,实在令人钦佩。膺中先生学问尤为渊博,经学、小学、金石学都能辨章源流,示人以门径,遗憾的是享年不永,全国解放之初就逝世,葬于重庆北碚。

我在北大读书四年,得从一代学术名师受业,并蒙一再奖掖,不仅获得学识,而且获得研究学术的门径和方法,这是最重要的一点。各位教师并不以博学为能,而却能超轶前人,出其心得,使听者有所开悟,知所取裁,教师之可贵处也就在这里。而今我当年所有承教问业的先生们都于近三四十年间先后逝世,思之不禁黯然凄怆。

六

在北大临毕业的时候,中央研究院历史语言研究所委托校勘宋本《广韵》,于是就当时所能运用的材料,如唐本的韵书、《玉篇》、《集韵》、各种刻本的《广韵》以及有关的古籍相互比勘,以张士俊所刻泽存堂本《广韵》为底本,改正其讹误,作为定本,并写成《广韵校勘记》五卷,这是我第一次写出的一本著作。后来到1938年,商务印书馆出版。

我毕业那一年,1936年,22岁,考入历史语言所语言组,任助理员。秋季8月到南京北极阁任职,得谒见主任赵元任先生,承蒙恳切指导,这是多年向往的事。同年入所的还有董同龢先生,他是清华大学毕业的,我们两个人同居一室,朝夕相处,研讨音韵,大有论学之乐。在历史语言所认识了许多朋友,都是学有专长的,如周一良、胡厚宣、丁声树、张政烺。同在一个办公室的则是吴宗济先生。我在誊录《广韵校勘记》准备付印，吴先生则在帮助李方桂先生编定《龙州土语》。

1937年6月因母病归北平省亲，不料7月卢沟桥变作，交通阻绝，不得南下，只得键户读书。延至1939年，应辅仁大学校长陈垣（援庵）先生聘，到辅仁大学讲授国文课。1940年开始在国文系讲课，连续八年之久，都由校长聘任。开始由教员提升为讲师，后又由讲师提升为副教授。先后所教课程有语音学、等韵学、高本汉音韵学、比较训诂学、《说文》研究、《尔雅》研究、《方言》研究、《释名》研究、《楚辞》研究、甲骨文研究、金文研究、《洛阳伽蓝记》等课程，包括二、三、四年级课程，每周多至七八小时。八年之内，月入甚微，杯水车薪，生活困窘至极，然而在与青年同学共忧乐，且以砥砺名节相劝勉，并以自己所学所知传授给同学，使知为学的门径，颇有薪尽火传的意思在内，所以虽篝灯夜半，批改作业，撰写讲稿，出其所见，不以为苦，反以为乐。一息苟存，不敢荒怠。在教课之余，还写成《洛阳伽蓝记校释》五卷、《尔雅校笺》三卷、《方言校笺》十三卷。在抗战八年岁月中所读史部书和宋元人文集也较多。常谒援庵先生请教，论列史籍，得闻绪论，受益不浅。凡所写有关韵学和考史的文章发表在《辅仁学志》的都曾送请先生审阅，先生在嘉勉之余，也时有批示，感念不尽。

辅仁大学中文系有"语文学会"，由兼士先生主持，每月举行一次讲演会，由教师讲述所研究过的某一问题，互相讨论，以促进学科的发展。研究生一律参加。事后并印成讲演集。这种做法，在国外有些研究机关也是有的。教师间学术的彼此交流在整个教学工作中也是很必要的，不容忽视。

我在这八年的教学生活中经受了不少磨难，在举国抵御外侮之时，身处于沦陷区，而能以知识传授给学生，希冀其异日能为国为民尽力，不惜自己日夜劳作，没有虚度光阴，足以自慰，而且自己所教课程的讲授内容都是经过研究的，熔铸以出，自有其明确的系统性和个人独到的见解，不是照本宣科，因而在备课中自己的学识也不断地有所增长和加深加广，古人所说"教学相长"信哉不虚。惟其要教课，自然要从事深入的研究，因此，自25岁至33岁都沉浸在教学备课、撰写讲稿和学术论文当中了。

七

1945年8月15日日本投降了，中国人民开始获得苏醒，举国欢庆。南迁的清华、北大、南开几所大学相继复校。北京大学于1946年回到北平，校长为胡适,代理校长为傅斯年。凡聘教员都经教授评议会通过,我受聘为副教授,兼图书馆专门委员和文科研究所秘书,并受聘为《国学季刊》编辑委员,同时在中国语言文学系讲中国音韵学。文科研究所原是培养研究生的,在抗战时期从北平迁至昆明,现在有不少教授学者是抗战时期在研究所毕业的。复原后,研究所所长为汤用彤先生,所内依旧分别设立语音乐律实验室、考古研究室、金石碑刻研究室和明清档案研究室,各有专门研究人员进行研究工作。《国学季刊》编辑委员会则设于文科研究所。解放以后,文科研究所不复存在。我回中文系从事教学工作。所教课程有工具书使用法、应用文和中国现代语。这些课程都是首次开设的,以前的课程表中没有。

八

新中国成立以后,在人民政府教育部、文化部、出版总署的领导下,文化教育事业有了蓬勃的发展。大学招生的人数大为扩充,课程也不断改革和调整,以适应实际的需要。

1951年院系调整,我任北京大学教授,学校由城内沙滩迁至郊区海淀燕京大学旧址。经过教育改革之后,中文系的课程改动很大。杨晦(慧修)先生主持系务。我开始曾被借调教少数民族医科预备班和外国留学生班的汉语课,1953年回系担任现代汉语课程,开始时专讲语法,再后始兼讲语音文字部分。同时兼任中国科学院普通话审音委员会委员,《中国语文》和《语言研究》两杂志编辑委员。1955年受高教部委托起草《现代汉语教学大纲》,供高校教师讨论实施。

1958年以后所讲课程有语言文学要籍解题、《说文解字》研究、中国音韵学等课,并为外国留学生讲授汉语史。同时担任现代汉语研究生和进修教师的导师。在这一年内写成《汉语词汇讲话》在《语文学习》杂志上分期发表,后又修订成书,由人民教育出版社出版,曾先后印行十九万册,这是我为语文教学所写的一本参考读物。

解放以后除了《广韵校本》重印外,又印行了《方言校笺》《洛阳伽蓝记校释》、《汉魏晋南北朝韵部演变研究》第一分册(与罗先生合著)、《问学集》《广韵四声韵字今音表》《唐五代韵书集存》《尔雅校笺》等书。已交印的还有《语言文史论集》和《周祖谟语文论集》两本书。

《问学集》包括论文44篇,是从1934年至1962年所写有关汉语语言文字音韵训诂的文章,可以说代表我治学的几个不同方面。其中有的是类似的题目,但写的方式不同,用意在于练习,如《禅母古音考》和《审母古音考》即是如此。有些考证文字,如《〈切韵〉的性质和它的音系基础》和《王仁昫〈切韵〉著作年代释疑》旁搜远绍,用力较多,也不过是谨陈所见,供读者裁定。

《唐五代韵书集存附考释》自1945年着手搜集材料,经过二十多年,到1965年才写定成书。由陆法言《切韵》的最早写本以至五代刻本韵书都汇集在一起,一一加以考释,定其时代的早晚和内容的特点,叙次先后。惟有几种资料受了条件的限制未能辑入,尚待补苴。这些材料不仅对研究韵书源流和语音系统有用,可以得其条贯,而且对研究汉语词汇与词义的发展都大有用处。1986年5月北京大学举行首届科学研究成果奖,获荣誉奖,并颁予荣誉证书。

1966年至1976年全国鼎沸,动乱不宁。十载岁月,白白在扰攘中度过,实为可惜。到1978年在拨乱反正之后,学校教学才恢复正常,我由汉语专业转到古典文献专业工作。1979年4月10日学校聘为北京大学学术委员会委员。1981年11月3日国务院学位委员会评定为第一批博士研究生导师。12月10日国务院聘为古籍整理出版规划小组组员。1982年6月17日学校任命为古典文献专业教研室主任兼研究室主任(1984年研究室改为研究所,一度任所长)。1983年11月11日教育部聘任为全国高等院校古籍整理研究工作委员会委员。自1980年以后学术活动增多起来,中国语言学会成立,被推选为常务理事兼学术委员会委员;北京市语言学会成立,被推选为副会长;中国音韵学研究会成立,被推选为名誉会长;中国训诂学研究会成立,被聘为学术顾问;中国敦煌吐鲁番学会成立,被推选为顾问,并被聘为学术委员会委员。这些学会都是民间的学术团体,但为发扬学术,中国社会科学院和一些省的教育厅和大学都给以支持,使得各学会能在一年或隔一年内开一次学术讨论会,会员们可以交流信息,提出论文,互相讨论,大大促进了学术的发展。

任何学术都要互相研讨,互相切磋,国内国外的学术界也应当互访,交流研究经验和科学研究成果。香港中文大学中国文化研究所创办多年,很有声誉。1981年我应中文大学文化研究所和中国语言文学系邀请前往讲学,并访问香港大学,得与许多学者相识。1984年5月承日本京都大学文学部长服部正明教授和清水茂教授邀请访日讲学,又应小川环树教授邀请参加日本第二十九届国际东方学者会议,并作专题学术讲演。6月间访问东京大学作公开学术讲演,并参加东京外国语大学亚非学术文化研究所召开的学术讨论会,又访问了东方文化研究所和早稻田大学。7月返回京都，8月间又到静冈大学和大阪外国语大学讲学，9月中回国。在访问期间结识了许多日本著名学者，并参观了很多有名的文库和图书馆，深感文化交流之必要。日本学者对教育事业的热诚，工作的勤恳，掌握材料的丰富，图书出版事业的发达，图书资料的便于检索和使用，都给我留下极深刻的印象。我在与许多先生的交谈中也受益很多。

九

今年是1987年，现在又届岁暮，所怀万端，难以尽述，简单写来，终不免平淡无奇，聊当回忆录而已。

我从小学而入中学，又入大学，以至于从1939年起到现在在大学从事教学工作，我不能不感谢我的先生对我的教导与栽培。我深刻体会到师长们对莘莘学子的爱护和奖掖，其恳挚和亲切之情是如何的珍贵，没有师长的谆谆教诲和不断的鼓舞是不易有所成就的。先生和蔼的仪容和温良的风范，不期而然地会使人闻风兴起。所以人才的培养与教师的态度、言论和学识的多少都有密切的关系。可是学生是否成材，又与学生肯否用心，肯否尊师，能否真心诚意地从师问业大有关系。

我在大学读书时既深受先生的鼓励，而更得图书馆之助，我在学识的增长上受惠最多的也是图书馆。北大的图书馆、北京图书馆、辅仁大学图书馆、《华裔学志》的图书馆，都给了我极大的方便。北大图书馆旧日的馆员先生工资低，而图书的知识极丰富，他可以指点给我一部书有哪些版本，他可以把全部的明正统《道藏》的影印本调出书库给我看。北京图书馆的丁主任能不辞辛苦为我找到需用的某一类的图书。《华裔学志》图书馆的负责人允许我把大正《大藏经》的一本带回家去抄录。对过去这种难得的机遇是难以忘掉的。当然，现在是不能有的，时间和情势都跟过去不一样了。古人说"积学以储宝"，我有不少知识是从自由听课和自己在图书馆找书、看书、抄书得来的。因此我进一步想到有好的环境和好的条件对人才的培养是非常必要的。

因为我不是富家子弟，不能不自知奋励。王国维《浣溪沙》的两句"万事不如身手好，一生当惜少年时"曾经给我很大的动力。曹丕的《与吴质书》曾说"年一过往，何可攀援"，使人警悚，更不敢荒怠。所以我在语言文字书籍之外，尽量抽出时间阅读文史两方面的书和前人的笔记，吸取多方面的知识，以提高自己的学术素养。惟独无暇去看小说，虽然我也听过小说史的课程，但那是两回事。有些诗词散文之类,我大都是用零散的时间来读的,所读都是自己喜爱的作品。读之又读,久而成诵。我不大下死记硬背的功夫,也不劝我的学生死背书。我也看选本,如沈德潜的《唐诗别裁集》、张惠言的《词选》、李兆洛的《骈体文抄》,但我更偏爱读一个人的专集,我认为从作家一个人的著作中去了解他的身世和当时的历史来看他的作品的特点更有意义。

曾经有不少青年问到我是怎样治学的,说来话长,也说不好。不过,我可以举出两个字,一个是"勤",一个是"思"。勤和思是人所共喻的,可是怎么勤、怎么思或有不同,而且也因事因类而异。简单来说,我勤在摘记,重在举要,求其统序;思在反复研习,由此及彼,穷其源委,重在比较,由比较而获得新知,如此而已。

十

教学工作是一种辛勤的脑力劳动。我在大学教课将近五十年了,深感为师之不易。学识要博,固然不用说,而难在怎样设计达到预期的效果,使学生确有所得,这是颇费匠心的。我体会到教师就是一个工程设计师,教学本身是一种创造,我称之为一门艺术。它不能被单纯看做是一个设计的程序问题,教师在教学进程中,就是一个演员,就是一个艺术师,怎样教,就带有不同的艺术性。简单地只说启发式还不够,因为有时教师要描述什么,指明什么,强调什么,辨别什么,都是要根据学生对象,根据学生的一般基础而随时设施的,不能用一个模式来范围一切的。所以我体会到教师是一个工程师,教学也是一门艺术。我在教学中注意的是知识的实用性,使学者知道怎样运用知识,能解决什么样的问题,有哪些问题要怎样进行研究。另外,要说明某一学科发展到什么程度,现在还有哪些方面有待于进一步研究等等。教课也就是学习的一种实践。心知而不能宣之于口;或能宣之于口,而不能使不知者为知;那还是自己有所不知,有所不明。以己之昏昏就不能示人以昭昭。所以从开始教课那一天起就"夕惕若厉",兢兢业业,不敢懈怠。所愧能力有限,几十年致力于文字、音韵、训诂几方面的研究,兼顾古今,略有所获,而对方言、语法所知就极为粗浅。现在想多学一点,可惜已力不从心,只能整理一些旧稿。如果还有余力,创写一两部新编,那就再好不过了。

1987 年 12 月 15 日

自　传

一

周祖谟,字燕孙,北京人,生于 1914 年 11 月 19 日。远祖籍属杭县。父亲以鬻字维持生理。祖谟有姊妹各一人,妹早卒。幼年受父教,读《大学》《论语》《孟子》《诗经》等书。7 岁入小学,跳级毕业。11 岁入中学,1932 年毕业于国立北京师范大学附属中学高中部。当年考入国立北京大学中国语言文学系。1936 年毕业后,考入中央研究院历史语言研究所语言组任助理员,得从赵元任先生问业。

1937 年返北平省亲,不久日军发动卢沟桥事变,交通阻绝,滞留北平,键户读书。1939 年受私立辅仁大学校长陈垣先生聘为国文教员,继聘为国文系讲师、副教授,直至 1946 年一直在辅仁大学授课。1945 年 8 月日军投降后,北京大学、清华大学相继复校。1947 年由北京大学校长聘任为文学院中国语言文学系副教授,除授课外,兼任文科研究所秘书、北大《国学季刊》编辑委员会委员。

1949 年新中国成立。1950 年起任为教授至今。先后主讲现代汉语、汉语史、音韵学、《说文解字》研究、语言文学要籍解题等课,并指导研究生和进修教师。1957 年曾代理汉语教研室主任。1979 年校长聘为北京大学学术委员会委员。1982 年至 1984 年被任为中国语言文学系古典文献专业教研室主任兼研究室主任,制定古典文献专业教学计划。1984 年研究室改为研究所,任所长职。1985 年卸任。

1981 年 11 月国务院学位委员会第一批批准为北京大学博士研究生导师。同年 12 月国务院聘任为古籍整理出版规划小组组员。1985 年高教部成立全国高等学校古籍整理工作委员会,被选任为委员。

二

1932 年入北大中国语言文学系,主要攻读中国语言学和文字学方面的课程。当时著名的语言学家如沈兼士、马裕藻、钱玄同、刘复、罗常培、魏建功、唐兰等都分别讲授文字学、声韵学、语音学、语言学等课程,他们学识渊博,各有专能,久为后学所景仰。在这些先生的指引教导之下,从不知到知,并得窥为学门径,由是而奋励自学。在课程当中较难理解的是声韵学,于是首先购置《广韵》和陈澧所著的《切韵考外篇》,反复研习琢磨,并与口音相证,颇有领悟,由是兴趣也逐渐浓厚起来。有了这样一个基础,学习等韵和古韵也就不难了。

韵学之外,我用心较多的是《说文解字》《尔雅》《方言》《释名》《诗经》《楚辞》几部书。《说文解字》注家最多,除详读段注外,并取540部首各家的说解评量是非,参照甲骨文、金文写成《〈说文〉部首解》一卷。《尔雅》《方言》旧有晋郭璞注,清人也都有新疏,新疏则不止一家,各有长短,不能不比着看。《释名》虽有毕沅和王先谦两家书在,并没有能理解刘熙作书的意旨,偶有所见,写为札记。《诗经》是中国古典文学的源泉,幼年只知有朱熹《诗集传》,听黄节(晦闻)先生讲课以后,大启茅塞。课余读陈奂《毛诗传疏》,见其不肯以笺破传,专重家法,实乃未达一间,所解诂训反不如马瑞辰《毛诗传笺通释》宏通,因此另外参考王先谦《诗三家义集疏》,着手撰写《诗经纂义》,裁夺各家所说,力求简单明确,遗憾的是只写完十五国《国风》,为止。由于家境清贫,无力多购图书,抄书作书只能依靠图书馆。泚笔濡墨,颇费时日。当时国事日蹙,生活日苦,茫尔小生,莫知所措,但以此自励,以求不虚度光阴而已。

北大的传统是学术自由,"五四"运动所提出的科学与民主的学风始终保存不衰,学生可以自由听课,不受约束。有时我在主修课之外旁听一些文学课程和史学课程。听到名师一两句精辟发蓥之论,自可终身受用不尽。古人讲究博闻而约取。约取贵能探骊得珠,得其三昧,这又谈何容易?但博闻多识却不可少。我在大学四年之中除语言学科外还听到许多第一流的学者讲课,如胡适、俞平伯、闻一多、钱穆、朱光潜等人,各有风致。有此机会,极为难得,因此在学术上也就受到了多方面的影响。就专业而言,小学方面承受于沈兼士先生者多,语言学方面承受于罗莘田先生者多。

1936年夏大学毕业之后,有幸考入中央研究院历史语言研究所,本想跟赵元任先生、李方桂先生学习更多的语言学知识,并且从事一些方言调查的工作,以丰富自己对方言词汇语法各方面的理解,进一步探讨汉语发展的历史,没想到"七七事变"以后这个想法竟成泡影。在一年之内只写成《广韵校本附广韵校勘记》一书,大违心愿。

三

1938 年蛰居北平，苦闷异常，独行踽踽，心情极恶[①]。为避免敌宪疑虑侦查，不得不有一工作做遮掩。幸蒙陈垣校长聘请到辅仁大学教课。辅仁为天主教所办，当时为德国神父雷冕所主持，日军因日德为轴心国的关系，不敢骚扰。一时学者都聚集辅仁，稍免冻馁之虞。人生总难免有波折，我没料到从 1939 年起竟然走上了教书的道路。

在辅仁任教六年，到 1947 年又回到母校北京大学授课。弹指至今，将近 50 年。在 50 年的悠悠岁月中应当学与日进，可是其间荒废的时日太多了，现已无可挽回。每念曹子桓"年一过往，何可攀援"之语，不禁慨叹。向时虽然有所述作，主要工力多是在 21 岁到 45 岁之间。业务专长为中国文字学、声韵学、训诂学、汉语史以及古典文献学、目录学、校勘学。在辅仁六年内所教课程较多，先后承乏讲授语音学、等韵学、高本汉《中国音韵学研究》、比较训诂学、甲骨文研究、金文研究、《尔雅》、《方言》、《说文》、《释名》、《楚辞》、《洛阳伽蓝记》等科目。为备课写讲稿，往往篝灯夜半，涉猎的书目多，学识见地也随之有所提高。教课之余，又于寒暑假期间写成文史论文二十余篇和《尔雅校笺》《方言校笺》《洛阳伽蓝记校释》等书。当时处于危城之中，敌伪肆虐，民穷食匮，生活艰苦困顿至极，中间又丁母丧，月终收入，杯水车薪而已。然而面对殷殷向学的青年，不辞劳苦，罄己所知以告，心中也足以自慰，无愧于一己之职责。往日所教的学生，今日成为国内外大学教授的颇不乏人，心血总算没有白费。

1939 年兼士先生主持辅仁大学文学院院长职务，正主编《广韵声系》，我在课余有时帮助复看，并加注高本汉对中古音的拟音。编成既久，到 1944 年学校主持人雷冕才计划付印，而先生为避敌人侦缉早已于 1942 年冬间关入蜀，因代拟《叙例》二十六条，详述全书编排之体例，使读者得知编者用意之深，和此书所以为用之广，并承陈垣先生嘱托代拟序文一篇冠于卷首，后于 1945 年出版。我所拟的《叙例》自谓为精心之作，然终不如先生自拟为好。所以写上"补识"二字，以表责任。

四

1949 年新中国成立，全国解放。1951 年 9 月参加中央南下土改团，过湖南

---

① 见《片羽集诗词抄·晚步太液水滨》。

衡阳至耒阳县,步行至余庆乡龙头村。龙头村为丘陵区,人民聚族而居,同为李姓。但田少人多,耕牛亦少。每日所食,以红薯为主。土地占有贫富不均,雇农佃农极为寒苦。于是按户一一访问,得其实情,然后统计田亩,依据人口应得多寡,加以折衡,反复征求居民意见,公布之后,无不称善。参加此项工作不能不审慎细心。经过此番锻炼,方知如何进行社会工作,对解放以前南方农村社会之必须改革也就体会较深。时至隆冬,阴雨连绵,一月之内难见天日,衣履沾濡,不以为苦。至1952年春始返京。

返京以后,北大与清华大学、燕京大学三校合并,北京大学自城内迁至城外。教学计划不断改革。于是开始从事现代汉语词汇和语法的研究,并进一步贯串古今,研究汉语发展的历史,兼注意到有关语文教育的一些问题。除授课与指导研究生之外,并为审定普通话读音和推广《汉语拼音方案》略尽微薄之力。先后写出《汉语词汇讲话》和《汉语拼音字母学习法》两本书,做为中学语文课教学参考资料。

平生治学重在汲取前人研究的成果,深入研究,从观点和方法上衡量其得失,进一步利用多方面的材料钩深致远,解决前人没有解决或没有涉及的问题。对待不同的学科,重视其科学性和系统性,把有关的学科结合历史的发展联系起来考虑,倡导和推进学术的发展。理论性与实用性并重。鼓励青年学会自学,古与今要兼顾。然而要知古又必须先知今,所以必须研究现代方言。除研究语言之外,还要重视历史文化和历代古典文学作品的研究。认真读书最为重要。

自1938年至1958年底刊印的主要著作有《广韵校本》《方言校笺》《洛阳伽蓝记校释》、《汉魏晋南北朝韵部演变研究》第一分册(与罗常培先生合著)。1962年取1934年以来有关语言文字的论文44篇编为《问学集》上下册。1965年写成《唐五代韵书集存》一书,附考释和辑佚。这本书是从1945年开始着手搜集、摹录,分别考释,编定而成的。1986年5月北京大学评为首届科研成果荣誉奖,并颁发荣誉证书。

1966年大动荡开始了,居无宁日,万民嗟叹。在十年动乱期间,一事难成,精神遏漂,视力减退,两鬓也开始斑白。因而想到往日曾读医书,颇知药味,果能用心,熟读王叔和《脉经》,详参《肘后》《千金》《本草》,以薄技应世济人,未为不可。虽然不能"著手成春",遇有伤风感冒之类,当不致误事。这不过是在困惑中的一种玄想,后来分配我参加修订《新华字典》工作,主编了检字表,随后转到古典文献专业授课,讲授音韵学和《说文解字》研究,也就不想转业了。

五

1978 年秋应兰州大学中文系邀请前往讲学,时宿雨初霁,得见旧友,喜占四句:"细雨微风洗路尘,老来重见旧京人。相看恰喜身俱健,骋望河山处处新。"在兰州看到浩瀚的黄河滚滚东下,千万年来它哺育着华夏的古老的文明,人民有了它而得以繁衍生息,陶冶耕织,创造了辉煌灿烂的文明。想到这些,钦敬之心油然而生。讲课期间曾到敦煌莫高窟参观藏经洞,并一览佛窟壁画和塑像,所见妙法庄严,精美绝伦,大开眼界。

1979 年四川大学、华中师范学院、武汉大学和广州语文学会相继邀请前往讲学。10 月 17 日至成都。讲学之暇,除参观武侯祠、浣花草堂外,并至灌县参观都江堰、二王庙。30 日离成都往重庆,并至北碚西南师范学院讲学。11 月 4 日离北碚,坐江轮,过三峡,6 日抵武汉。20 日离武汉往广州,除讲学外,并参加古文字学会年会。12 月 8 日离穗返京。此行由西南至中南又至华南,得与许多景仰已久的专家学者见面,畅谈学术,一扫向日互不通声气之病,颇慰平生之志。至于纵览江山胜景,观看历史名胜古迹,则其余事。

学术交流对学术的发展有重要意义。自 1980 年开始,有好几个省市成立了语文学会或语言学会,相继又有全国性的语言学会和不同学科的研究会成立。我先后被选为中国语言学会常务理事兼学术委员会委员、北京市语言学会副会长、中国音韵学研究会名誉会长。1982 年中国训诂学研究会成立,被聘为顾问。1984 年中国敦煌吐鲁番学会成立,被推选为顾问,并聘为学术委员会委员。这些学会每年或隔一二年开一次学术讨论会,会员之间可以互相交流研究成果,讨论问题。我除吸取新知、阅读论文以外,特别重视的是如何团结四方的同志共同为发展学术而努力,间或对某一学科的进展方向提供一些意见与会员们共同讨论。

1981 年 12 月香港中文大学中国文化研究所和中国语言文学系聘请前往讲学,并访问香港大学,得以认识许多知名学者。1983 年参加第十五届国际汉藏语言学会议,又得与许多欧美和日本的学者相识,听到许多极有价值、富有启发性的发言。充分说明学术交流和增进交谊的重要性。

1984 年受日本京都大学文学部长服部正明先生和清水茂教授邀请,得日本学术振兴会的资助,前往日本讲学,同时小川环树教授邀请参加日本东方学会主办的第二十九届国际东方学者会议,并在关西部作专题演讲。因于 5 月东渡至京都,在国际东方学者会议演讲之后即先后在京都大学、东京大学、东京外国语大学亚非文化研究所、静冈大学、大阪外国语大学作学术演讲。在京都访问了京都大学人文科学研究所,在东京访问了东方文化研究所和早稻田大学,并参观了内阁文库书陵部和静嘉堂文库。中间又承大阪女子大学横山弘教授邀往参观奈良,又前往天理市访问天理大学图书馆。直至 9 月回国。所到之处皆蒙盛情接待,并结识许多著名的学者。各校在教学与科研方面可资借鉴处甚多,而学者治学之精勤,态度之矜慎,更令人赞佩①。

近十年来,我国辞典编纂事业发展较快,继《辞源》《辞海》增订本出版之后,《汉语大词典》和《汉语大字典》也已经开始分卷出版。《中国大百科全书》也已分别学科出版数卷。1984 年 2 月中国大百科全书出版社着手编纂语言文字卷,本人被聘为编辑委员会副主任,兼文字学、训诂学两分支主编。编纂大百科全书在我国尚属首创,要达到完善无疵也非易事。所幸出版社已拟定编辑条例,有矩矱可遵。经过许多学者共同参加,齐心努力,已告完成,并于去年 2 月出版。

中国语言文字学包容甚广,须要研究的问题很多,我虽然不能多有论述,但在整理积存的旧稿之余,仍将选择一二努力以赴。

1988 年 4 月 15 日

---

① 日本著名学者小川环树、桥本万太郎、兴膳宏、户川芳郎等教授都曾到北京大学作学术演讲。1987 年 9 月京都大学清水茂教授应聘来校讲学,深受欢迎,不仅交流学术,而且增进中日人民的友谊。9 月末 10 月初北京天气最好。曾两度陪清水先生游颐和园。

划分词类的标准

讲汉语语法和学习汉语语法首先碰到的一个难题是分别词类的问题。从《马氏文通》以来,每一本语法书里都谈到词的分类,可是至今还没有确定的说法,何去何从,很难决定,所以就成为问题了。

关于词类,一般学习语法的人常常问到两个问题:(1)汉语的词到底应当分多少类? (2)一个词用在句子里作用不完全相同,它的类别是固定的呢,还是不固定的呢? 要解决这两个问题,势必先问一问:词类是拿什么标准划分的? 这是一个关键的问题。有了标准,上面所说的问题也就容易解决了。为了讨论方便起见,这里先简单地举出几种不同的说法:

1. 黎锦熙先生在《中国语法中的词法研讨》里说,分别词类要按照词义的"性质"(词典上)和它在句子里的"作用"(语法上)来定。普通词典只能看定单个词的词义的性质特征,注明它的主要的词类;它入句子以后所起的作用,可以有种种不同,必须依句辨品。有执行本类本职的,有兼他职的,有由职显类的,都从句法成分上表现出来①。

2. 王力先生在《中国语法理论》里说:"词可分为两大类,凡本身能表示一种概念者,叫做实词;凡本身不能表示一种概念,但为语言结构的工具者,叫做虚词。实词的分类,当以概念的种类为根据;虚词的分类,当以其在句中的职务为根据。"他以欧洲的语言与汉语比较,认为欧洲语言的词有一定的字尾及屈折形式,汉语就没有这种词类标记,所以正好让咱们纯然从概念的范畴上分类,不受形式的拘束。

3. 吕叔湘先生在《语法学习》里说:"为了研究语法的便利,我们要把词分成多少类。西洋语言里的词往往有语形变化,可以拿来做划分词类的标准。中国话里的词没有语形变化,划分词类主要地凭词的意义和词和词之间的关系。"

这三种说法显然是不一样的。综合起来看,三种说法都提到词义。这一点就看怎样来解说了。首先我们可以看出单单从词义的性质或者说概念的范畴

---

① 见《中国语文》1953 年 9 月号。

来分别词类是不够的。例如"幸亏、就、把、因为"等等从词义上就很难定类。其次我们会感觉到从词义上来分类,必然你可以这样分,他可以那样分,没有一定的标准。况且一个词在应用上可以有多方面的意义,单说一个词,从词义上又怎能定类呢? 这样看来,单纯从词义的性质来区分词类,不是一个很好的标准。我们不能因为受了相沿承用的一些名称如"名词、动词、形容词"之类的影响就认为词义是划分词类的标准。

词类是语言自身表现出来的类别,不是你想这样分、他想那样分的一件事儿。我们应当从语言的结构形式上来区分词类。

词的种类,各种语言不尽相同,不同的语言也可以有不同的分法,必须从语言结构自身的特征出发。俄语的词类分十种,英语就分八种。在欧洲的各种语言里词有明显的形态变化,每一类词一般地都有它的共同的形式特征,所以分别词类主要是根据词的形态来决定。汉语没有那一类的词形变化,所以要分别词类就还需要其他的标准。那么,应当根据什么标准呢? 总的一句话,就是按照词的句法作用和词法特点来划分。分析来说,可以有以下三个标准:

1. 按照词在句中的作用来定。我们从词与词配合成为句子的结构的一般情形来看,能够结合成句的词,主语常常都是名词或代词,有时是动词或形容词,谓语则常常是动词或形容词。副词、连接词、语气词配合在一起就不能成为句子[①]。其次我们看到名词或代词放在动词前面可以成为句子,而动词在名词、代词的前面可以成为一个复合词,或者成为一个短语,但是不能成为句子。从这一点,我们就可以看出词类上的不同。假如从词在句中能充当哪一种句子成分来看,哪些词不能做主语、宾语,哪些词不能做谓语的主要成分,自然也就划分出一个类别来。这可以作为分类的一种标准。

2. 按照词与哪一类词(或哪一类附加成分)相粘合或不相粘合的性能来定。这就是说从词与词彼此联系的关系来区分类别。举例来说:名词前可以有数量词,代词就不可以;指示词可以与量词连起来做名词附加语,而人称代词就不能这样做;动词前面可以受副词"不"修饰,助动词虽然也可以,可是它的后面不能有宾语;"的"是一个语法成分,名词、代词加"的",指示词、数词就不能加"的";又如形容词和动词的后面可以有句尾"了",而别的词就不能有。诸如此类,也可以作为一种分类的标准。

---

① 参看张志公先生《汉语语法常识》,《语文学习》1952 年 2 月号。

3. 按照词的形态来定。汉语虽然没有像俄语、德语、英语那一类的屈折形式，可是也有一定的形态，例如名词可以有"子、儿、头"的词尾，像"漏子、亮儿、作法儿"也都是名词；形容词、动词可以重叠，别的词（除"天天、人人"以外）就很少能够重叠。又如人称代词的多数要加词尾"们"；语气词都读轻声；动词加词尾"了"表示完成貌，加"着"表示持续貌。这都是可以从形态上来看词类的分别的。

现在提出这样一个标准来，也就是对黎先生所说要从句子的作用来看词类、吕先生所说要凭词和词之间的关系来划分的一点补充。这三个标准是有不可分性的，分别词类不能专就一个标准来看，有时要从一两个标准合起来看。根据这样的标准来划分词类，似乎比从词义来区分要恰当些。古人虽然没有精密地分析词类，可是从文学作品中，特别是诗歌的对句里，可以看出他们把词类辨别得相当清楚，那就是从语言的结构形式来定的[①]。

根据上面所提的划分词类的标准，我们解决前面所提的"汉语的词到底应当分多少类"的问题就比较容易了。比如说：量词是汉语里的特殊词类，是否要作为基本词类；指示词跟代词、数词跟形容词是否分为两类；助动词是否要分为动词的一小类；副动词中"于、在"一类的词要不要称为"介词"；这些问题，本着上面所说的标准，经过研究，自然能够有所决定。

同样，前面所提的"词类是否固定"的问题也不难索解。根据上面的标准来看，凡是能从词的一般用法上确定它是属于哪一类而不属于别一类的，那就是词有定类。假如一个词用在句子里在句法上或词法上有了两种不同的形式，就要说它具有两种属性，例如"红"是形容词，假如说"花红起来了"，"红"与"起来了"连在一起，跟"站起来了"是一样的，"红"就是动词一类了。可是如果换一种说法，单从一个词在句中的"职务"来定词类，那就有一点麻烦，例如"昨天阴天""昨天的报""他昨天来看你"，同是一个"昨天"，不能因为它可以作主语、作名词和动词的修饰语，我们就说它具有名词、形容词、副词三类属性。如果这样就接近"词无定类"的说法了。总之，"词有定类"和"一词多类"是不相矛盾的。

由此看来，划分词类必须有一定的标准，这个问题不解决，别的问题就很难处理。我认为分类是从掌握规律而来的，我们不去掌握用词造句的规律而空谈

---

① 参看王力先生《汉语的词类》，《语文学习》1952 年 4 月号。

分类,对于分类就是模糊的。所以必须先从语言实践中去认识语言结构的规律,然后从规律来定分类的多寡和类别。这又是本文最后要说的一点儿意思。

原载《语文学习》(上海)1953 年第 12 期

关于主语和宾语的问题

主语和宾语的问题很复杂。对待这样一个复杂的问题,我们必须抓住问题的主要方面才能得到解决。现在大家在讨论中提出很多意见,问题的主要方面是在于分析汉语的句子到底应当从结构出发,还是应当从意义出发。关于这一点,现在尽管存在着不同的看法,但是如果把问题孤立起来看,那是不妥当的。我们知道:形式是内容的表现,是由内容决定的;形式是和内容联系着的。形式和内容是在内容起决定作用的基础上相互制约着的[①]。我认为不同的语法形式就有不同的意义。我们如果单就语法形式看问题,而不去了解不同的形式在语言中所表达的意义是否相同,或单从意义出发而忽略了语法形式的特殊性和一般性,那就把问题简单化了。我们如果不从全面看问题,单从一点出发,也就难免陷于主观,把不同的事实混淆起来。

我们知道语言所表现的不仅是思想,也有感情、愿望和意向。苏联《俄语教学》杂志 1954 年第 1 期,在题为《列宁和马克思主义的语言学》的社论里曾经指出:"言辞中理性事实同感性事实的混同,妨碍对句子的不同类型性的理解,妨碍着表达见解的句子和表现情绪和意向的短语、特殊句子的区别。"[②]这段话很重要。假如我们不顾及语言的修辞色彩,认为汉语的句子只有一个固定的格式,那就未必合乎事实。

汉语是有谨严的规律的,在谨严中又有很多不同的句式,例如"主—动—宾"这是动词谓语句的一般的格式,但仍然有一些在一定范围之内的变动,比如"我不认得这个字",也可以说"这个字我不认得"。假如我们说"我不认得这个字","我"是主语,"这个字"是宾语;而在"这个字我不认得"一句里,我们说"这个字"是主语,"我不认得"是主谓式谓语,就很不容易解释。我们还可以说"这本书我不想看,我想看那本书",假如说前面一部分的主语是"这本书",后面一部分的主语又是"我",一句之中,前后不同,那就很难使人理解。

我们现在不专从施受关系来看主语、宾语和动词的关系是对的,但是一句

---

① 参看阿历山大罗夫《辩证唯物主义》233 页,人民出版社 1954 年。

② 译文见《中国语文》1955 年 1 月号 19 页。

话有没有主语,主语是什么却不能含混。现在有这样一种倾向,以为主语就是说一句话的"起点",于是有人认为"下午我们开会","下午"是主语;如果说"我们下午开会","我们"就是主语,这就陷于形式主义了。前面一句话,"下午"绝对不能称为主语。主语跟谓语的关系是:主语应当是句中被说明的对象,谓语乃是说明主语的,说明主语所代表的事物是什么,它是怎么样,它的状态怎样,它做什么等等。如果说"下午"是主语,"我们开会"是说明"下午"的,显然不是;如果说"这本书我不想看,我想看那本书"一句中的"这本书"是主语,"我不想看"是说明"这本书"怎么样的,也不是。这样的句子一定是用来回答"你想看这本书吗"一类问句的答语,对于"你想看这本书吗",我们分析为"主—动—宾",而对于"这本书我不想看"一句答语反而分析为"主—主·谓",那是不妥当的。

主谓式谓语是汉语句法中谓语的一种结构形式。例如:

1. 中国地大物博。

2. 他的确身体很好。

3. 戈壁滩一带地势太高,空气薄,风又硬。[①]

4. 内地乍来的工人嗓子都发干,鼻塞头昏,睡不好觉,还常常闷得透不过气来。[②]

这种句子都是属于描写句一类。句子的主语跟谓语中的主语一般都是领属关系。上面所说"这个字我不认得","我"是主语,"这个字"跟"认得"是有联系的,应当是宾语,为了承接别人的话来说,或要提出加重来说,所以提前。这样提到句首的宾语所代表的事物一般是有定的,或是具有周遍性的。同类的句子还有:

1. 那个人你认得不认得?

2. 这本书你先留下看吧,我还不用呐。

3. 别的我不知道,我只知道他不是此地人。

4. ("在六月里,你们不是卖十三块么?")"十五块也卖过,不要说十三块。"[③]

5. 这样的傻事谁肯干?[④]

---

① ② 杨朔《石油城》,见初中课本《文学》第二册。
③ ④ 叶圣陶《多收了三五斗》,见初中课本《文学》第一册。

6. 另外一篇短篇小说,他也很喜爱……①

7. 风头他要出,党的荣誉他要享受,一切好的事情他都企图霸占……②

8. 这个拿血换来的经验,全党同志都不要忘记。③

9. 一切主观主义、宗派主义、党八股的货色,我们都要抵制,使它们在市场上销售困难,不要让它们利用党内理论水平低,出卖自己那一套。④

这些句子开头的词语都是宾语成分。有些同志认为这样分析是专从意义出发的,其实并没有忽略形式。第4、9两句都能说明这个问题。假如认为句首的词语是主语,那倒把丰富多彩的语言事实给抹杀了。问题在于我们是否要把事物与事物之间互相制约的关系割断,在于我们怎样看待语言形式和语言内容的问题,也就是形式与内容是有联系的问题。假如这样考虑一下,这种句型应当怎样处理是不难确定的。

宾语提前的例子,还见于"他什么书都看""他什么事情都管""他一个字也不认识"以及"他连这个意思都不懂"一类句子里。这类句子在语法上最大的特征是宾语的后面都有"都、也"或"都不、也不"。宾语一定是具有周遍性的,或是表示一定的事物的。宾语的位置跟一般动词谓语句不同,正是表明意义上有变化。"什么都……"是完全的肯定,"什么都(也)不……"是完全的否定。"连……都不"是表示甚至于或无论其他的意思。这种句子的宾语也可以提到句首,例如:"他什么书都看"也可以说"什么书他都看"。

另外,我们在宋人的小说里还看到"都无……"这一种格式,例如《大唐三藏取经诗话》里有这样的句子:

1. 寺中都无一人,只见……

2. 次入一国,都无一人,只见……

3. 前去都无人烟,不知是何处所。

现在我们就要说"一个人都没有""人烟都没有"。显然也是一种宾语提前的格式。

其次要谈的是"东边来了一个人""墙上挂着一张画儿"这类句子。这类句子如何分析,从正面去比较,不容易找到结论。我们可以从变换说法的方法去

---

① 特洛岩诺夫斯基作,严风译《二十世纪年代记》,见初中课本《语文》第六册。

② 刘少奇《论共产党员的修养》33页,人民出版社。

③ 《〈共产党人〉发刊词》,见《毛泽东选集》601页。

④ 《整顿党的作风》,见《毛泽东选集》829页。

进行分析。

"来了一个人",有人说"一个人"是主语。但是我们应当注意,如果把"一个人"提到动词前面的话,就必须说"有一个人来了"。"有一个人来了","一个人"是"有"的宾语,是"来了"的主语。鲁迅《故乡》里说:"小旦虽然进去了,立刻又出来了一个很老的小生。"如果把"小生"提前,一定要说"立刻又有一个很老的小生出来了",也须要加"有","小生"就成为"有"的宾语。由此可以看出"来了一个人"的"一个人"不是真正的主语。龙果夫教授说这种句子里动词后面的名词是"附属主语",是有见地的。这种句子的特点是在于陈述一件事实,动词后面的名词凡是带有数量词的都是无定的。这样一种句子,我们应当认为是一部分的句子。动词后面的名词就是谓语组成的一部分。

假如这样理解不错的话,我们可以进一步来看"墙上挂着一张画儿"一类句子。要了解这一类的句子,我们也可以变换说法:

　　1. 墙上挂着一张画儿。

　　2. 墙上有一张画儿。

　　3. 有一张画儿在墙上挂着。

　　4. 桥上站着一个人。

　　5. 桥上有一个人。

　　6. 有一个人在桥上站着。

这一类句子要把动词后面的名词移在动词前就必须加"有",那跟"来了一个人"是同样的。所以动词后面的名词也应当是谓语中的一部分。1、4 两句动词前面的地位词(处所词)不移到后面,不能加"在"。

另外我们还可以看几类例子:

　　1. 台上坐着主席团。

　　2. 主席团坐在台上。

　　3. 主席团在台上坐着(呐)。

　　4. 水里长着芦苇。

　　5. 芦苇长在水里。

　　6. 芦苇在水里长着(呐)。①

———————

① 3、6 两句很少用。

这一类句子,"主席团、芦苇"可以放在动词前,成为主语,但是意义就起了变化。变成主语以后,就成为被说明的对象,再不像原句那样是陈述一件事实了。"台上坐着主席团"的"坐着主席团"应当是句子的谓语部分。

再看一类句子:

1. 身上系着围裙。

2. (把)围裙系在身上。

3. 围裙在身上系着(呐)。

4. 腰上挂着钥匙。①

5. (把)钥匙挂在腰上。

6. 钥匙在腰上挂着(呐)。

这一类句子,如果把动词后面的"围裙、钥匙"提在动词前,那就成为被动句,或陈述句。意义变化很大。我们可以看得很清楚,1、4两句的"围裙、钥匙"应当是"宾语"。"系着围裙"和"挂着钥匙"是动宾结构。

我们还可以看一类例子:

1. 嘴里吹着气。②

2. (气吹在嘴里)。×

3. (气在嘴里吹)。×

4. 教室里剩下十个人。

5. (十个人剩下在教室里)。×

6. (十个人在教室里剩下)。×

这一类例子,动词后的名词根本不能像上面几类那样向前移。这可以说明"吹着气、剩下十个人"是动宾结构。

我们总起来看,这几类句子虽然性质不完全相同,可是句子的结构形式一样。"墙上挂着一张画儿"的"一张画儿"、"台上坐着主席团"的"主席团",跟"来了一个人"的"一个人",是称为"附属主语"好呢,还是跟"身上系着围裙"的"围裙"一样同称为"宾语"好呢,就可以抉择了。

要作决定,必然又牵涉到地位词能否作主语的问题。根据事实,地位词在

---

① 《大唐三藏取经诗话》讲到白虎精变成人形说:"有一妇人,身挂白罗衣,腰系白裙,手把牡丹花一朵。""挂、系"下不用"着"。

② 管桦《小英雄雨来》,见初中课本《文学》第一册。

某一些句子里是作主语的,例如:

    1. 我望望车外,四下苍苍茫茫的……①

    2. 对面屋顶上,窗外地上,全都白啦。②

    3. 太阳一晒,沙漠上热得像个大蒸笼……③

    4. 看见车身的外壳上满是斑疤和红锈……④

    5. 碧绿的芦苇上像盖了一层厚厚的白雪。⑤

    6. 上部缺乏各个塞门材料……⑥

从这些例子可以知道:地位词可以作主语是肯定的。回头看上面所说的一些句子中的"墙上、桥上、台上、水里、身上、腰上"等地位词是不是主语呢? 我认为还须要讨论⑦。但是后面的谓语部分可以统一起来称为"动宾结构",当然性质上的不同还是要认识清楚。

原载《语文学习》(上海)1955 年第 12 期

---

① 　杨朔《石油城》,见初中课本《文学》第二册。

②③　艾芜《屋里的春天》,见初中课本《文学》第一册。

④⑥　钱小惠《死车的复活》,见初中课本《语文》第四册。

⑤ 　管桦《小英雄雨来》,见初中课本《文学》第一册。

⑦ 　在古代汉语文学语言里,地位词作主语的句子很多,但一般都是判断句或有无句。

汉语规范化的意义

中国科学院哲学社会科学部召开的现代汉语规范问题学术会议已经在上月底胜利闭幕了。这次会议根据全国文字改革会议所通过的大力推广普通话的决议而进行关于现代汉语规范问题的学术讨论,是非常及时的,而且是必要的。

会议作出的重要决议和提出的为实现汉语规范化的一系列的具体措施,完全是正确的。我们拥护这次会议的决议,并且决心为完成会议所提出的任务而奋斗。

汉语规范化是与推广普通话相关联的。普通话就是汉族的民族共同语。民族共同语的规范问题是全国每一个使用汉语的人都应当关心的问题,而且有责任为实现汉语规范化而努力。

关于汉语规范化的意义,也许有些人不很了解,在这里,简单地谈一下。

所谓语言的规范,就是语言的语音、词汇、语法各方面的、大家所公认的标准的总和。所谓汉语规范化,就是要确定并且用宣传、教育等方式来推行汉语在语音、词汇和语法各方面的明确的一致的标准,使大家共同遵守这个标准。汉语是世界上历史最悠久的、最重要的语言之一。汉语的词汇是丰富的,语法是精炼的。我们不能说汉语没有规范,我们只能说汉语的规范还有不十分明确的地方,须要加以研究,把语音、词汇、语法各方面的标准确定下来。对于语言使用上的一些分歧混乱的现象,还要分别处理,使不一致的趋于一致。这就是规范化。

语言规范化的问题是在语言一定的发展阶段上产生的。民族的统一,共同的经济生活的巩固,国内各地区之间联系的发展,统一的教育,人民文化生活的普遍提高等等,都使语言规范化的问题成为重要的问题。

汉语的民族共同语早已形成起来,汉民族语已经成为社会主义类型的伟大民族的语言。党和政府一直重视汉语的规范问题。1951 年 6 月 6 日《人民日报》的社论就号召全国人民为正确地使用祖国的语言,为祖国语言的纯洁和健康而斗争。全国文字改革会议和现代汉语规范问题学术会议的成就,跟党和政府的领导更是分不开的。在今天，为了团结人民，为了早日完成我们的伟大的社会主义建设事业，为了促进民族共同语的发展，语言规范化的问题更有突出的重要性。

汉语规范化的问题是很复杂的问题。全国人民应用的书面语言虽然是一致的，但是由于方言的差异，口头语言还存在着很大的分歧，没有完成统一。所以语音是汉语规范化中的一个主要问题。其次是词汇、语法的问题。语音、词汇、语法各方面的问题性质不同，必然要分别处理。规范化的目的要求就是要使民族共同语早日完成统一，使其精密和完善。

语言是一种客观的现象，人们自然不能按照任何个人的意志而把它改变。但是这并不意味着我们可以听其自然，任其分歧。人们对于语言有促进统一的力量，这种主观的力量是值得重视的。假如我们认识到了语言的发展的正确方向，确立了一定的标准，大家向同一目标前进，那就能帮助语言尽快地完成它的统一。

规范不是随意来定的，而是根据语言发展的规律来定的。从历史发展的结果来看，以北方方言为基础发展起来的、以北京语音为标准音的普通话一天比一天扩展，会说普通话的人一天比一天多，这是整个汉民族共同语的发展趋势。我们现在要大力推广普通话，把北京语音确定为标准音是完全正确的。

汉语规范化并不意味着马上要消灭方言。任何一种方言都有它的稳固性，有时表现出一种相当大的生命力，所以方言还要保存很多年。不过在民族共同语发展时期，方言之间过去所有的那种明显的界线会逐渐消失，方言的力量必然会削弱，各方言区的居民会越来越多地转用民族共同语，这是可以肯定的。

关于汉语中词汇、语法方面的一些分歧的现象，我们又怎样来处理呢？这就要求我们深入研究，一方面掌握语言的发展规律，依照规律来确定应当共同遵守的规范，一方面还要根据语言中的需要和是否具有普遍性和精密性来决定。词汇和语法形式都不是可以主观地任意地加以弃取的。我们必须把语言中词汇和语法的丰富性和多样性同语言中不应当有的分歧现象区别开来。凡是在不同文体上具有不同修辞色彩而且是需要的东西，一定要保留的。我们不应该认为规范化就是要把一切的语言组成成分都规定得死板板的，而削弱我们伟大的语言固有的优美和丰富。

汉语规范化的工作是当前迫切的工作，为了发展文化，为了提高人民的文化水平,为了早日胜利地完成祖国的社会主义建设事业,这个工作必须迅速地开展。对于汉语规范化的社会意义要广泛宣传,使每一个使用汉语的人对于汉语规范化的重要性都有明确的认识,共同为实现汉语规范化而努力。

1955 年 11 月

谈成语

一、成语的性质

说话写文章常常要用到成语。成语就是人民口里多少年以来用的定型的短语或短句,其中大部分都是从古代文学语言中当做一个意义完整的单位承继下来的。它的意思可以用现代语来解说,但是结构不一定能跟现代语法相同,例如"责无旁贷、义不容辞"。成语的结构是固定的,一般都是四个字,它是相沿已久、约定俗成的具有固定性的东西,所以称为"成语"。

成语不但有固定的结构形式,而且有固定的说法。"去伪存真"不能说"去假存真","南辕北辙"不能说"东辕西辙"。因为是约定俗成的,所以不能随便更换一字。成语中应用的词有时跟现代口语不同。也许某一个词在现代语里不这样说;也许成语中用的是一个单音词,而在现代语里跟它意义相当的是个多音词,例如"别无长物"①,用现代语来解说,就相当于"再没有多余的东西","长"这一个词的这种用法现在不存在了。例如"有备无患","备"用现代语来解说是"准备","患"用现代语来解说是"后患"或"祸患"。这都表明成语是语言中已经定型了的东西,相承沿用,所以在用词方面有许多跟现代语不同。

二、成语的来源

成语的性质已经简单地说过了。底下谈一谈成语的来源。成语的来源可以分为两方面:一方面是从书本上来的,一方面是从口语里传下来的。从书本上来的又有两类:一类是从古代寓言或历史故事里来的成语,一类是古典作品中的成语。

从寓言和故事里来的成语,可以说是一种典故,其中都有一个传说的内容,而且在书中大都可以找到它的出处。典故本来不是人人都知道的,可是这种带有典故性质的成语比较通俗,已经是常说的话,因此大家也都熟悉了,例如"狐假虎威"出于《战国策·楚策》;"负荆请罪"是战国时赵国廉颇的故事,见

---

① "长"在这里音 zhàng,是多的意思。

于《史记·廉颇蔺相如列传》；"草木皆兵"是晋朝苻坚的故事，见于《晋书·苻坚载记》。

至于出于古典作品中的成语，有些是由古书中摘取来的成句，有些是经过节缩而成的，例如"好为人师"见于《孟子》，《孟子·离娄上》说："人之患在好为人师。""削足适履"见于《淮南子》，《淮南子·说林篇》说："夫所以养而害所养，譬犹削足而适履，杀头而便冠。""一鼓作气"见于《左传·庄公十年》，鲁国曹刿对鲁庄公说："夫战，勇气也。一鼓作气，再而衰，三而竭。彼竭我盈，故克之。"这些成语都是从古书上取来的原句，意思跟原来的相同，没有什么改变。从古书上取来的成句也有少数比喻的用法，例如《荀子·劝学篇》说："学不可以已。青，取之于蓝，而青于蓝。"后人称学生胜于先生叫"青出于蓝"，就是一种比喻的用法。又如苏轼《赤壁赋》说："山高月小，水落石出。""水落石出"原文只是写景，后人用来比喻事情的真相终得暴露，这就跟原来的意思不同了。至于摘取古书原句而加以节缩的成语，如《孟子·离娄下》说："资之深，则取之左右逢其源。"现在管为学无往而不自得叫"左右逢源"，"左右逢源"就出于《孟子》。又如《史记·汲黯列传》说："陛下用群臣，如积薪耳，后来者居上。"现在管后辈超越前辈叫"后来居上"，"后来居上"就出于《史记》。像这种节缩前人成句的成语是很多的。

至于人民口头相沿习用的成语，数量也不少。其中有的来源很早，从古代一直流传下来，例如后魏贾思勰《齐民要术》卷三"种苜蓿"条说："此物长生，种者一劳永逸。""一劳永逸"就是当时的成语，现在还活在人民的口里。又如北齐颜之推所作《颜氏家训·勉学篇》说："江南闾里间，士大夫或不学问，羞为鄙朴，道听途说，强事饰辞。""道听途说"也是当时的成语，现在依然沿用。其他如"叠床架屋、雪中送炭、锦上添花、水到渠成、人云亦云、节上生枝"（也说"节外生枝"）等等，都是宋代以来人民口里常说的话。有的在民间文学作品里常常遇见，有的仅在口头流传，不见记载。这种成语非常生动活泼，很值得我们注意。

从前的人对于探求成语的来源，做了很多有价值的工作，不过有些成语很难找到出处。即便找到它的出处，有时未必是第一次出现，可能还有更早的出处，例如"吹毛求疵"，辞典上一般都举《汉书·中山靖王传》"有司吹毛求疵"为出典，可是在《韩非子》里已经有"不吹毛而求小疵，不洗垢而察难知"的话，这应当是更早的出典。由此可见，要追究一个成语的来源是很烦难的事。另外有一种情形是:有些成语很难说它一定就是从书本上来的,例如"满城风雨"是一个成语,一般以为是从宋潘大临的诗句"满城风雨近重阳"来的(潘诗见释惠洪《冷斋夜话》),但事实未必如此。现在把一件事闹得人人皆知叫做"满城风雨",也许别有来源,也许根本不是从书本上来的。因此我们应当有这样的认识:辞典上指出的某一成语的出处,有时只可以作为一个用例来看待,未必就是成语的最初来源。

三、成语的结构

前面已经说过,成语一般都是四个字,但是它的结构形式则有种种不同,例如"名副其实、冷眼旁观、所得无几、各尽所能"都是一个句子的形式,具备主语和谓语。例如"好为人师、莫衷一是、视为畏途、锦上添花、雪中送炭"是谓语形式,本身没有主语。有些是两个句子形式结合在一起的,如"天翻地覆、水落石出、日暮途穷、风流云散"。有些是两个谓语形式结合在一起的,如"提纲挈领、循规蹈矩、闭目塞听、养精蓄锐、说长道短、吹毛求疵、知己知彼"。另外还有其他样式的并列结构,如"欢天喜地、奇形怪状、粗心大意、乌烟瘴气、南辕北辙、百折不挠、层出不穷、畏缩不前"。诸如此类,形式各有不同。还有些成语是不能用现代语法来分析的,特别是节缩而成的成语,如"一叶知秋"之类。

从修辞方面来看,成语中词与词在意义上的联系也有值得注意的地方,比如上面所说的"提纲挈领、养精蓄锐"两个成语,其中一、三两个词是意义相近的词,二、四两个词也是意义相近的词,"提纲"跟"挈领"意义相同,"养精"跟"蓄锐"意义相近,前后一致,形成一种相互对照的关系。又如"说长道短、欢天喜地"两个成语,其中一、三两个词是同义词,二、四两个词则是相反的,虽然是相反的,可是仍然是意思相关的,这又是一种组成的格式。有些成语是用"不……而……"的格式组成的,如"不期而遇、不寒而慄、不劳而获、不谋而合、不约而同、不言而喻、不期然而然"等等,都是对照的说法。还有些成语是表明事物或行为的数量的,例如"一暴十寒、一日千里、九牛一毛、九死一生"都是多少悬殊的对比。又如"三言两语、一知半解"则言其少,"四分五裂、四通八达"则言其多,其中二、四两个词是同义词。至于"七手八脚、七拼八凑"则表示胡乱没有次序,"三翻四覆、颠三倒四",则表示屡次反覆;着重的意思又有不同。在这种成语里,数词的地位都是固定的,不能改换。

以上仅仅是举例的性质,目的在于说明我们要对成语了解得透彻一些,必须注意到它的结构形式和词与词在意义上的联系。有些问题与古代汉语的研究有关,现在只能简单地谈这些。

四、成语的作用

成语是语言中固定的材料,它代表一个完整的意思,所以在句子里多半用作一个成分,有时它的作用就等于一个词。这是就成语在句法上的作用来讲的。

如果从修辞的角度来看,成语的作用就在于能够用简单的词句说明一件事实,或比喻一种形象,而达到言简意赅、生动有力的目的。当然,不用成语也未尝不可以把意思表达清楚,但是有时须要应用成语,就因为可以使人听了更感觉透辟精当,并且得到更深刻的认识。下面举几个例子:

(1)他们两个人原来素不相识,本是萍水相逢,现在已经成为知交了。

(2)西湖的明媚春光,桃红柳绿,清波摇漾,使人陶醉,流连忘返。

(3)这本书大半是引自别人所说的话,并没有什么个人独到的见解,只能说是述而不作。

(4)客观的事物总是不断地在变化,人在一定的环境条件下只能因势利导,使之向人民有利的方向发展。

(5)在新的时代,应当有新的风尚,绝不能故步自封,因循守旧,要有除旧布新的革新精神。

(6)多年来,他那种孤僻高傲的性情始终没有变,真可谓江山易改,禀性难移了。

(7)中国历史博物馆陈列出来的历史文物多不可言,参观者目不暇接,看到好处,不免啧啧称赞。

(8)洛阳王城公园的牡丹品种最多,四五月间,满园春色,牡丹盛开,姹紫嫣红,粉黄争艳,游人熙熙攘攘,络绎不绝。

(9)引用前人的文句应当对原意理解清楚,断乎不可生吞活剥,曲解原意。

(10)学绘画是要经过长时期的反复摹练、揣摩、观察、陶融,没有一二十年的工夫,不能做到得心应手。

以上例句中字下加点的都是成语。由此可以看出成语在语言里应用十分广泛,既有言简意赅的表达作用,又有烘托渲染和形容比喻的修辞作用。成语的丰富,也是汉语的一个特点。

五、怎样学习成语

成语是语言中比较特殊的东西。要掌握成语,必须平时留心,认真学习。可是成语的范围很广,应当学习哪些成语是一个先决问题。我们要学习成语,并非要把一些陈旧的不合乎现实的东西都搬出来死记死用,而是要吸取成语中生动活泼具有生命力的东西加以充分的合理的利用。我们不是要炫耀自己的博闻强记,不是有意雕章琢句。我们应用成语的目的是要用它来把意思表达得更明确更生动,所以一定要选择为人们所熟悉的成语,而且一定要使它能为作品的内容服务。因此古典作品中的一些陈腐的冷僻的成语绝不是我们学习的对象。这一点必须认识清楚。

对象清楚了,我们究竟应该怎样去学习呢? 我以为最好是从阅读中吸收累积。阅读的作品包括古代的和现代的重要著作和文学名著。从阅读作品中随时留意,这样才能切合实际,才能真正了解某个成语的实际意义和具体用法。但是在学习的时候,不是笼统地知道某一个成语的含义就完了,还必须做到以下两点:

(1)了解成语中语词的意义。例如"焕然一新"在学生的写作中常常写成"换然一新"。这样一个例子不能单纯看做是写错字的问题。很可能学生对于"焕然"这个词的意义就没有了解,误以为这个成语的意思是改换一下就完全成为新的了,殊不知"换"字后面绝不能加"然"字。他对于原来成语中"焕"字后面加"然"字的作用可能毫无所知,因此写成"换然一新"。类此的错误还很多,所以学习成语必须注意成语中的词义。像"不寒而慄"的"慄"、"汗流浃背"的"浃"、"莫衷一是"的"衷"、"无稽之谈"的"稽"、"既往不咎"的"咎"、"三令五申"的"申"、"措手不及"的"措",都是现代口语中罕用的词,须要明了音义,认清字形。否则囫囵吞枣,就会把字写错,把意思弄错。因此,充分利用辞典来解决这一方面的问题是必要的。

(2)必须注意成语的用法。学习成语,单单知道成语的解说还不够,必须同时注意它的用法。用法主要指的是某一个成语一般是针对什么事情说的,它所比喻的对象是哪一类的事物。这些千万不要弄错。例如在学生写作中曾经谈到某人对他的关怀"无所不至","无所不至"是很不妥当,在这里应当用"无微不至"。"无所不至"见《礼记·大学》,《大学》说:"小人闲居为不善,无所不至。""无所不至"跟"无微不至"有褒贬之分,不应混淆。还有"水深火热"是指人民在剥削阶级残酷统治之下的极端困苦的生活,"孤注一掷"是指在军事上盲目进行绝无把握的决战,这些都不能随便移用。假如我们在读书的时候不注意成语的用法,到了用的时候就可能用错,甚至闹出笑话来。特别是成语中有很多是一种比喻之辞,如"胶柱鼓瑟、畏首畏尾、捉襟见肘、浮光掠影"之类,如果不知道它是比喻什么事情的,是怎样的用法,用起来就不免张冠李戴,莫名其妙。

1954 年 12 月

表示存在或出现的宾语和表示处所的状语

我们在叙述一种事物的存在或出现的时候,最常用的表达方式是先指出处所,然后说出存在着什么或出现了什么。这种句子也是一种陈述句,但跟一般陈述句的结构不同。为了说明这种句子的特点,选举一些例子来看。

我们先看表示存在的句子:

(甲)桥脚上站着一个人。

　　屋子里坐着十多个人,就有五六个是抽烟的。

　　对面,靠壁坐着特等劳动模范武玉兰。

　　门口围着好多人。

　　主席团的座位上坐着政府的委员们。

　　在斜对门的豆腐店里确乎终日坐着一个杨二嫂。

(乙)万盛米行的河埠头,横七竖八停泊着乡村里出来的敞口船。

　　蓝色的天上飘着一块一块的浮云。

　　河里奔腾着白色的浪花。

　　七岭的右边,耸立着一座魁伟雄壮的大山。

(丙)桌子上放着一本书。

　　墙上挂着一张画。

　　房对侧右手角上斜放着一张办公桌,桌上堆满文件。

　　每个墙报的旁边挂着一块识字牌,上面写着一天当中须要认识的生字。

　　村子里白茫茫的一片,积雪有膝盖深,又吹着刺骨的寒风。

(丁)广宽的平原上种满了麦子。

　　屋里院里挤满了人。

　　地下堆满了各家送来的棉花包。

　　墙上嵌满了镜子。

　　在二楼鲁迅先生的卧室里摆好了晚饭,围着桌子坐满了人。

这四组例子都是叙述事物存在的,虽然所叙述的事物存在的情况有不同,但是句子的结构形式是一样的。

这种句子跟一般陈述句不同。一般陈述句都是由主语、谓语两部分组成的，主语在前，谓语在后；主语是陈述的对象，谓语是对主语的陈述。谓语所说的动作行为必然是属于主语的，例如"他看书"，"他"是主语，"看"是谓语；"书"是"看"的对象，放在动词"看"的后面作宾语。这就是一般陈述句的结构。但是这里所说的表示事物存在的陈述句都是一部分的句子，它只具有谓语部分，而没有主语部分。句子的开头虽然有处所词（表示处所的名词），但是处所词并非陈述的对象，句中的动词所表示的动作行为也并不属于处所词，处所词在这里只是修饰动词的状语，而不是主语。

这种句子的表达作用就在于叙述客观存在着的某种事物，并且指出这种事物是以什么姿态而存在着的。句子的主体是动词和代表事物的名词。在结构上是一种动宾结构的形式。但是这里的宾语是依附动词而存在的，它的性质跟一般表示动作行为的对象（承受者）的宾语不同，它不是动作所要涉及的对象，而是说话者所要指陈的以某种动作方式或受了某种动作方式而存在着的事物①。这里的动词所表示的就是事物存在的方式。这种句子跟一般说明人的动作行为的陈述句有很大的差别。

我们可以看到这种句子有以下几种特点：

（1）句子的开头总是有表示处所的状语，开头就是动词的很少见。处所词一般都带有"上、下、里"一类的方位词。

（2）这种句子里的动词有的表示人体的动作或物体的运动变化，如"坐、站、围、挤、吹、飘、停泊、奔腾、耸立"之类都是；有的则表示人对物品的安置或处理的动作，如"放、挂、堆、种、嵌"之类都是。这些动词的后面大多数带有语法成分"着"，表示事物是以某种姿态存在着，如（甲）（乙）（丙）三组的例子都是如此。有些动词后面带有补语"满"和助词"了"，表示某处尽是某种事物并且表示这种事物存在的情况，如（丁）组的例子就是如此。

（3）这种句子的宾语所代表的人或物件一般都是无定性的，宾语的前面一般都有数量词。除非指的是某种人或某种东西不须要指明数量的时候才可以不用数量词。如果动词后面有"满"，已经具有尽是、都是的意思，宾语的前面也就不加数量词。

---

① 张志公先生称这种宾语为"存现宾语"，见《汉语语法常识》102 页。

（4）这种句子开头的处所词前面不用介词"在"。如果把宾语移到开头的地位，把处所词放在句中，处所词前就必须加"在"。这时候，如果宾语是无定性的，而且带有数量词，那么宾语的前面往往要加"有"，例如：

> 桥上站着一个人。
> 有一个人在桥上站着。
> 有一个人站在桥上。

像上面所说（丁）组的例子，如果宾语移前，处所词放在句中，动词前一般加"都"，例如：

> 地下堆满了棉花包。
> 棉花包在地下都堆满了。

这几点都是表示事物存在的句子的特点。

其次我们再来看一下表示事物出现的句子。这类句子跟表示事物存在的一类句子的结构基本上是相同的，例如：

（甲）东边来了一个人。

> 昨天来了一位客人。
> 小旦虽然进去了，立刻又出来了一个很老的小生。
> 进来一个满头白发的老人。
> 路上过来两个年轻妇女。
> 我到了自家的房外，我的母亲早已迎着出来了，接着便飞出了八岁的侄儿宏儿。

（乙）冒起好大一片红光。

> 院子里又响起脚步声。

（丙）就在这群学生中间，出现了一个新学生。

> 我望见远远出现一片湖水。
> 远处又现出一片房子。

（丁）外面走进一个人来。

> 门缝里露出来一线灯光。
> 水面上露出个小脑袋来。
> 山脚下突然钻出五个人来。

　　　总事务所门前开到一长串汽车,车里走出好些人来。

　　这些句子都是表示出现的。在动词前一般都有处所词或时间词,处所词或时间词一律是状语。这里的动词主要是"来、出、出现"和带有"出、来、起、出来"一些词的动词。这种动词几乎都是自动词。动词后面的名词并非动作的对象,它所表示的是出现的事物。这种结构都是动宾结构,特别是"走出许多人来""钻出五个人来"跟"拿出一本书来"的形式完全是一样的。这类句子也同样是一部分的句子,只有谓语部分,没有主语部分。

　　这类句子的宾语如果代表的是人或物件,一般都是无定性的,如果是无定性的,它的前面也必然有数量词。如果把这种宾语移到动词前面去就须要加"有",例如:

　　　昨天来了一位客人。

　　　昨天有一位客人来了。

　　　外面走进一个人来。

　　　有一个人从外面走进来。

　　　总事务所门前开到一长串汽车。

　　　有一长串汽车开到总事务所门前。

这样代表出现的事物的名词前面加了"有"以后就成为"有"的宾语了。

　　再看这种句子在处所词前面也都不用介词。如果用介词的话,或用"在",或用"从",随着意思来定。"远处又出现一片房子"我们可以说"在远处又出现一片房子","东边来了一个人"我们可以说"从东边来了一个人"。如果宾语移在动词前,处所词移到后面去的时候,处所词前就要加上介词,例如:

　　　车里走出好些人来。

　　　有好些人从车里走出来。

　　　路上过来两个青年妇女。

　　　有两个青年妇女在路上走过来。

这种表示出现的句子跟表示存在的句子在结构上是一致的。

　　另外还有表示消失的句子,例如"在这次战役中仅仅死了两个人""人们来来往往,昨天来了一批,今天又走了一批",句法也完全相同。

　　总起来看,这种表示事物的存在或出现消失的句子是一类,可以统称为"存现句"。这类句子的表达作用不在于叙述人的动作或物的变化,而在于叙述一件客观存在的事实或新发现的一种事物。在结构上,只具备句子的谓语部分,包括:处所词—动词—宾语。处所词是修饰动词的,常常带有后置的辅助成分如"上、下、里"之类的方位词。在动词方面,表示存在的句子的动词不带"着",就带"了";表示出现的句子的动词,或带"了",或带"来、出、出来"一类的辅助成分。至于宾语,它所代表的事物一般都是无定性的,它的前面多半都有数量词。假如移到动词前面去,往往要加"有"字。

从这里我们可以体会到这种存现句跟带有主语的表示行动的动词谓语句不仅在意义上不同,在形式上也不一样,所以不会跟一般表示行动的陈述句相混。假如我们把处所词认为是主语的话,就无以说明动词和后面表示的人或物之间的关系。假如我们认为这种句子是倒装句,句中所表示的人或物是句子的主语,那又不能说明如果把它移在动词的前面,加上"有",还不是主语。所以我们不承认它是倒装句。我们认为它只是单部分的句子,在语法上只具备谓语部分,不具备主语部分。

1956 年 2 月

副词和连词

一、副词和连词的特点

副词是表示动作、行为或性质、状态在程度、范围、时间、情势等等方面的不同状况的虚词。这一类词，如"很、最、更、极、又、再、也、还、就、都、只、也许、已经"之类，既不表示实在的意义，又不能单独用来回答一个问题，所以是虚词。

副词一般总是修饰动词或形容词，例如：

很漂亮　最紧张　极深刻　更完备　太顽皮　非常简单　已经完成
恰巧碰见　必定做到　刚刚出去　正在商量　忽然发生　再三表示
永远记住　终于失败

"漂亮、紧张、深刻、完备、顽皮、简单"是形容词，"完成、碰见、做到、出去"等是动词。

形容词跟副词的界限我们要分别清楚。形容词是实词，副词是虚词，所以形容词能够单说，副词不能①，例如问"好不好"，我们可以回答"好"；问"擦干净了没有"，我们可以回答"干净了"。副词单说就不行。其次，形容词能够修饰名词，副词不能与名词组合。只有"不"用在成语里或特殊的习惯语格式里是例外，如"人不人，鬼不鬼""不胫而走""不伦不类""不声不响""管它什么星期日不星期日，先把工作赶完了再说"。除此之外，副词是不能与名词组合的。

还有形容词可以做谓语，有时也可以做主语，副词都不可以，例如"心情愉快""衣服干净整齐"，"愉快、干净、整齐"都是形容词充当谓语，副词绝对不行。假如我们要检验一个词是形容词还是副词，那很容易：前面可以加"很"，可以重叠，还可以用肯定否定相叠的方式表示疑问的词都是形容词，不是副词②，例如"很单纯、很特别、红红的、清清楚楚地、红不红、清楚不清楚"，副词不能如此③，我们不能说"最最"或"最不最"。

---

① 只有"不"和"没有"在一定语言环境里有时单用。

② 形同音同的词有时不是一类词，我们应当分别开，例如"好坏"的"好"跟"好痛快"的"好"是两个词，"年老"的"老"跟"老说话"的"老"也是两个词。前者是形容词，后者是副词。

③ "渐渐、每每、常常、往往、稍稍"是构词上的一种重叠形式，不能构成否定的重叠形式。

现在我们可以归纳一下副词的特点,副词有以下几种特点:

(1)副词是虚词,不能单独用来回答问题;

(2)副词不能修饰名词;

(3)副词不能作主语、谓语;

(4)副词不能重叠,更不能用肯定否定相叠的方式表示疑问。

副词的主要用途是作状语,少数副词"很、极"可以用在形容词后面作补语,表示性质的程度,如"好得很、漂亮极了"。"很"用作补语,它跟形容词之间必须用"得"相连,"极"就没有这种需要。除了修饰作用和补充作用以外,副词另外有一种很重要的作用,就是关联,后面还要谈到。

副词的特点就是这些,我们再来看看连词的特点是什么。

连词是连接词、词组或句子以表示种种不同关系的虚词,包括"和、跟、与、及、或、或者、不但、而且、如果、要是、因为、所以、虽然、但是"等。这类词本身没有实在的意义,只表示语法关系,所以也属于虚词一类。

例如"工人和农民""勤劳而勇敢""讨论并且研究""受到政府的重视和表扬""不但好看而且结实""去或者不去都行""因为气候很冷,所以常年结冰""虽然年老,可是身体很健壮"。从这几个简单的例子就可以看出连词的功用了。

连词的特点是:

(1)不能单说来回答一个问题;

(2)只能连接词、词组或句子,表示各种意义上的关系,起语法作用。

连词表示的语法关系有两种:一种是联合关系,一种是偏正关系①。联合关系是平等的联合,不分主次,有时前后位置可以互换,而意义不变②。偏正关系是一偏一正,也就是有主次之分。偏正之间可以有种种关系,但是"正"总是正意所在,"偏"是从属于正意的。像上面举的例子,前面六个都是联合关系,后面两个是偏正关系。

表示联合关系的连词有的连接名词、代词或名词词组,如"和、跟、与、及、以及"等;有的连接动词或动词词组,如"并、并且",有时也用"和";有的连接形容词或形容词词组,如"而、而且、不但……而且"等;有的连词连接各类词或各类词组,如"或、或者"。这里面,"而、而且、并且"等也连接分句。表示偏正关系的连词,如"如果、假设、因为、所以、虽然、可是"之类常常连接分句,构成复句。

---

① 联合关系或称"并列关系"。按汉语课本的系统,并列关系只是联合关系的一种。偏正关系或称"主从关系"。

② 有时不能互换,必须看修辞的条件是否合宜。

有时单用,有时要跟另外一个连词或副词配合起来用。

二、副词和连词的类别

副词按照所表示的意义范畴可以分为以下几类:

(1)表示程度的副词　有的副词表示动作或性质的程度,如"很、极、最、顶、太、非常、十分、更、比较、稍、稍稍、稍微"等。

(2)表示范围的副词　有的副词表示动作、性质或事物的范围,如"都、全、总、总共、统统、也、只、光、净、仅仅、只有"等。

(3)表示时间的副词　有的副词表示动作的时间和动作的频率,如"已、已经、曾经、早已、早就、本来、正、正在、才、刚、刚才、将、快要、就、赶紧、立刻、马上、登时、现^①、暂且、终于、始终、忽然、突然、渐渐、老、常、常常、时常、往往、每每、永远、永久、一直、一向、再三、屡次、又、再^②、还、先"等。

(4)表示情势的副词^③　有的副词表示动作、行为的情况和发展、变化的情势,包括必然性和可能性,如"必、必然、决、反正、也许、大约、大概、真、的确、其实、自然、果然、居然、幸亏、依然、照样"等。

(5)表示否定的副词　有的副词表示否定,如"不、没、没有、别、不必、未必"等。

(6)表示语气的副词　有的副词表示不同的语气和感情,如"岂、难道、莫非、何必、到底、究竟、偏、索性、简直、却、倒、可"等。

以上六类是大致的分别。有的副词用法很多,如"也、还、就"等,可以分属好几类,要就表达的意义来定。例如"就"有几种用法:

　　就有两把椅子。("就"是"只"的意思,指范围)

　　我们一会儿就去。("就"指时间,表示不会很晚)

　　他就不听你的。("就"是"偏"的意思,表示坚定的语气)

至于连词,按照前面说的连词的句法作用,可以分为两类:一类是表示联合关系的,一类是表示偏正关系的。

表示联合关系的连词依照不同的用法又可分为以下几种:

---

①　即"现蒸热卖"的"现"。

②　"又、再"都表示动作的反复,"又"表示已然,"再"表示未然,例如"吃了一碗,又吃了一碗,再吃就吃不下了"。

③　或称"性态副词、方式副词"。

（1）表示并列关系的连词　　两个词或词组平等地列在一起,没有轻重的区别,就是并列的关系。连接并列关系的词或词组所用的连词有"和、跟、同、与、及、以及、并、而"等,例如"双方保证以友好合作的精神,并遵照平等、互利、互相尊重国家主权与领土完整及不干涉对方内政的原则,发展和巩固两国之间的经济与文化关系"。"并、与、及、和"都表示并列的关系。

（2）表示选择关系的连词　　表示选择或两可关系的连词有"或、或者、不是……就是、是……还是",如"或多或少""坐汽车或者坐火车","不是你说错了,就是他听错了"。"是……还是"经常用在疑问句里。

（3）表示层进关系的连词　　表示一层进一层的关系的连词有"并且、而且、不但……而且、尚且……何况"等,如"布置工作而且要检查工作""我们看问题,不但要看到部分,而且要看到全体"。

表示偏正关系的连词大半都是连接句子的。依照不同的用法可以分为以下几种:

（1）表示假设或条件关系的连词　　这类连词有"如果、假如、要是、只要、倘若、除非、无论、不管"等,如"假如阵地失守了,一定要夺回来""无论我们做什么,事先都要有充分的准备"。

（2）表示因果或目的关系的连词　　这类连词表示因果关系的有"因为、所以、因此、既然、以至、由于……所以、惟其……所以"等;表示目的关系的有"为的是、省得、以免"等,如"因为我们了解得还不够透彻,所以目前还不能下结论""党创造了坚强的武装部队,因此也就学会了战争的艺术"。

（3）表示转折或让步关系的连词　　这类连词有"虽然、尽管、即使、哪怕、纵然、可是、但是、然而、虽然……可是"等,如"往日同游的朋友,虽然已经云散,然而鱼翅是不可不吃的,即使只有我一个"。

（4）表示比较关系的连词　　这类连词是表示比较得失的意义的,有"与其……不如、宁可",如"与其增加时间,不如精简内容""宁可将可作小说的材料缩成速写,决不将速写材料拉成小说"。

三、副词的修饰作用

副词主要修饰动词、形容词,这在前面已经说过了。但是不同的副词的修饰作用也不相同。

表示程度的一些副词常常修饰形容词,例如"很健康、顶复杂、最精确、极普通、太呆板、比较浅近"。这些副词有时也能用在动词前面,例如"群众非常欢迎""他对这件事情最关心""他很会做菜""你稍微想一想"。

表示时间的副词主要是修饰动词,例如"已经投入生产""刚刚开始""马上进行""忽然发笑""早已成功""再说一遍"。

其他几类副词都能修饰动词,有时也能修饰形容词,如"都好""都来了""也许大一倍""也许走了""的确紧张""的确有那么多"。

副词用在动词、形容词前面是极普通的,但是副词还可以用在能愿动词和介词的前面,例如"他不肯去""工作必定可以取得胜利""我们不应该麻痹大意""他到底能来不能来""不从这一方面着手不行""早就把应该带的东西准备好了""才从城里回来"。还有些副词能加在数量词前面,如"再一次""又一年""才五岁""已经三年多了"。

四、副词和连词的关联作用

有一些副词除作状语以外,还有另外一种主要的作用,那就是关联作用。

副词的关联作用表现在两方面:一方面是副词与副词连用,前后呼应,表示联合的关系;一方面是连词与副词配合,前后呼应,表示种种关系。副词与副词连用有以下几种格式:

(1)又……又(表示并存)

又干净又整齐;又说又笑;又快又多,又好又省;又能写小说,又能写剧本。

(2)也……也(表示并存)

他也不喝酒,也不抽烟;也有南方人,也有北方人;风也停了,雨也住了。

(3)越……越(表示比例的关系)

越想越胡涂;争论得越认真,是非就越明白;越大越好;越说越高兴。

(4)刚……就(表示事情先后紧接)

刚来就走;刚听完就忘了;刚到家就有人找他。

(5)非……不(表示肯定)

非去不可;非他不行;非下苦功不能了解;非失败不可;部队非夜里行军不可。

(6)只……才(表示对比关系)

感觉只解决现象问题,理论才解决本质问题。

这几种格式都是副词与副词呼应,共同表示某些联合关系。

副词与连词配合在一起用,常常在复句中出现,主要有以下几种格式:

(1)不仅……又,不但……还(表示层进的关系)

那位技师不仅会说，又会做。

他不但是一位历史学家，还是一位文学家。

（2）既不……也不（表示两非的关系）

在执行政策的时候，既不能偏左，也不能偏右，必须正确地掌握政策的精神和实质。

（3）既然……就（表示因果关系）

他既然已经走了，就不用叫他了。

既然时间还早，我们就可以等一会儿再去。

（4）如果……就，要……就（表示假设关系）

如果我们不早一点去，可能就没有座位了。

谁要以为我们人民对事业没有信心，那就错了。

（5）只有……才（表示条件关系）

只有认清中国社会的性质，才能认清中国革命的对象。

（6）不管……也，任凭……也（表示无条件）

不管怎样忙，你也要来一趟。

任凭你有多么大的本领，你也阻止不了社会向前发展。

（7）尽管……也，就是……也，哪怕……也，即使……也（表示让步关系）

尽管他不一定来，我们也要通知他一声。

就是有了材料，没有工具也不行。

他就是想走，也走不成。

哪怕他说的不一定全对，你也要注意听取他的意见。

即使他不能出席，他也一定会提出书面意见。

（8）虽然……却（表示转折关系）

虽然积雪还覆盖着祁连山峰，大戈壁上却换了新装。

这些格式都说明了副词和连词的关联作用跟句法有密切的关系。"也、就、才、还、又"几个副词跟连词配合在一起用，形成一对一对的关联词语。我们要掌握虚词的用法，对副词和连词就不能不特别注意。

1956 年 3 月

词汇和词汇学

0 词汇是语言里全部词的总称。词汇是语言的建筑材料,没有词汇,就不成其为语言,所以词汇在语言系统中占有极其重要的地位。

汉语、英语以及其他许许多多的高度发达的语言都有极丰富的词汇。词汇的丰富不能仅从数量来理解,我们说某一种语言的词汇很丰富,是就这种语言中词汇的纷繁性,词所表达的概念的丰富以及词在语义方面和修辞方面的意义、色彩的丰富而言的。我们要掌握语言,充分发挥语言在社会生活中的作用,就必须对语言的词汇有深刻的了解。

词汇学是研究语言词汇的科学,它跟语音学、语法学一样都是语言学的分科。词汇学着重研究的主要内容是语言词汇的各个方面的情况和语言词汇发展的规律。词汇学又有一般的词汇学和个别语言的词汇学的分别,上面所说就是一般的词汇学,个别语言的词汇学如汉语词汇学、英语词汇学等是就某一种语言的词汇进行研究的科学。

词汇本身是非常复杂的,可以从不同的角度去研究,因此词汇学中又分出一些专门的分科,如语义学、词源学、词典学、历史词汇学等都是。语义学主要研究词的意义和词义的发展变化;词源学研究词语的起源和词语最初的形式及意义;词典学研究编纂各种类型的词典的原则和方法;历史词汇学则专门研究某一种语言整个词汇的发展历史。这些可以说都是词汇学的分科。

1.1 语言的词汇是经过许多年代发展而成的。在远古时期,人类最初有了语言的时候,词汇当然是很贫乏的,可是随着社会生产的发展,语言的词汇逐渐增多起来。社会不断往前发展,语言的词汇也日趋丰富。在不同的历史时期会消失掉一些不合用的词,但增添的新词的数量要多得多,所以现代极发达的语言的词汇都是非常丰富的。

语言的词汇既然非常纷繁,非常丰富,是不是杂乱无章毫无系统呢?不是的。语言中的词尽管很多,在构词、词义各方面仍然有一定的联系,并且构成一个统一的词汇体系。

比如汉语中"工"这样一个词是从上古时期就有了的,它也是一个构词的词素,在现代汉语中如"工人、工业、工资、工厂、工程",以及"工整、工致"等等一些词都是用"工"构成的。"工"与这些词,以及这些词彼此之间,都有联系,这些词不仅在构词的成分上有关系,而且在词素的意义方面也有联系,如"工整、工致"中的"工"都是工巧的意思,与上面"工人"等词中的"工"的意义有区别。由此可以看出语言的词汇并不是杂乱无章的。

1.2 还可以从构词方法上来看。世界上各种语言都有与本身的结构特点相应的构词法。构词法尽管各有不同,但每一种语言所有的构词类型是成系统的,那么,整个词汇在构造上也就有了系统,例如汉语的构词法主要的类型是词根复合法和附加法(如"运动、展开、青菜、第一、麦子、工业化、人民性")。俄语的构词法主要的类型有三种:改变语音;在词干上加前缀或后缀;词干的复合。类型既然很清楚,词虽多,也可以分出词群来,所以词汇本身就是一个体系。

词汇的系统性当然还表现在其他方面,例如词义的发展、词与词在意义方面的关系等等都可以看出词汇是一个统一的整体。我们知道了词汇是一个体系,而不是散漫纷杂的堆积,那就可以从各个角度去研究词汇了。

2.1 词汇学研究的对象是语言里的词,究竟什么是词呢? 词是人类语言中具有一定意义的声音单位,它能够在语句中独立运用,作为构成词组或句子的材料,例如"生产"(shēngchǎn)是一组音,包括两个音节,它的意义是:人类改变自然界的东西,制造生活资料或生产资料的活动。这是一个独立的概念。我们可以把这个词运用在各种不同的词组或句子里来表达这个意思,比如"生产的指标、农业生产、生产技术、增加生产、以生产为中心"等等。由此可以看出词就是语言的一个基本单位,没有词就不能构成句子。

"生产"这样一个词是用两个词素("生"和"产")构成的,"生"和"产"在语言里又是另外的两个词,但那两个词跟"生产"这一个词所表达的意思不同,"生产"表达的是一个独立的不可分割的整体概念,所以"生产"是一个词。汉语里一个构词的词素能够另外是一个单词的并不很少,但是我们不能受汉字的影响而把词跟词素混淆起来。还有,"生产"一词是用词根复合法构造成的,跟用两个词构成的词组相像,但不相同。"生、产"结合在一起有不可分性,同时它是作为一个词汇单位在语句中应用的,所以它是词,而不是词组。研究词汇,把词和词素及词组区分开是必要的。

语言是用词组成的。人在听到一句话的时候,能分得开是哪些词,才能了解词与词之间在语法和意义上的联系;不了解词,人就无法进行交际。美国有些语言学派,企图把语言分解为不能再分的要素,在他们的概念中语言是由词素组成的,不是用词组成的,这完全是错误的。

2.2　语言里每一个词都具有声音和意义。这两方面是密切联系着的。声音就是词的物质外壳,意义就是词的内容。词的物质外壳也就是词的外部形式。

人类的语言是有声的语言,离开声音就不能进行交际。一个词的声音是一个整体,少的可以只是一个音素,例如汉语北京话的 e(鹅)、上海话的 ŋ(五),俄语的 c(从)、B(在),都是;多的可以有好几个音节。词的声音是传统所规定下来的,一个词所以那样说是社会所决定了的,跟词的意义没有必然的关系。所以表达同一个意义的词,在不同的语言里声音可以完全不同。

词的意义是使用同一种语言的人——说者和听者——所共同了解的。一个词的意义总是概括的。人们在用语言交际的过程中,大家都用同一个词来表示词义中所反映的人们所共同认识了的现实,所以词义是具有社会性的。人们在社会实践的过程中认识各种事物或现象,概括出它的特征而形成为概念,就以一个词巩固下来,并使各种事物或现象有了通用的名称。词的意义就同客观现实中的一定的事物、现象有联系,社会上对这些事物在生活中的特性和作用的理解,自然就在词的意义中反映出来。说到一个词,人们就都有共同的了解。词的意义也就是传统所巩固起来的由使用同一种语言的集体在生活实践中确定下来的词的内容。国外有一些语言学家认为词的意义是个主观性的东西,没有固定的内容,这种观点是错误的。

词和概念是一个统一体,概念是在人的意识中概括反映现实的思维形式,概念的物质外壳就是词。语言里的词具有称谓作用的(包括事物、现象、行为、特征等等)都是表示概念的,例如"火车、快、劳动、发展",这些词所表示的都是一些独立的概念。语言里有些词如介词、连词之类跟上述那些词不同,但它们在语言中起着特殊的作用,它们所表示的是词与词或句子与句子之间的关系,也就是概念与概念之间的关系,它们的意义就在于是现实现象间关系的概括,例如"把、对于、和、如果、所以"之类。语言里还有语气词、感叹词之类的词,如"呢、吗、嗯"等等,这种词都有它的特殊意义,但它的意义也是概括的。具有称谓作用的那些词一般称为实词,后两种具有特殊意义和作用的词一般称为虚词。但无论哪一类词都是具有一定的涵义的,而且是概括的。概括性就是词的特征。词的概括性正说明人对客观事物的认识能力,表现出人能掌握复杂的客观事物的本质属性的巨大力量。

我们天天在应用语言表达思想,但能否把思想表达得准确、鲜明、生动,与我们掌握的词的多少和运用词的能力有关系。要能够善于运用词就必须对词的意义有足够的了解。不了解词义或对词义理解得不正确,那就不能正确地了解别人的语言,也不能正确地、鲜明地、生动地表达自己的思想,所以研究词义是词汇学的重要任务之一。

3.1　词汇中最复杂的现象是词义。一个词的意义不一定只有一个,有的词有好几个意义,例如:"落"是掉下来的意思,"落在后面"的"落"是遗留的意思,"全国解放以后,政权落在人民的手里"的"落"是归属的意思。"推"是手向前或向外用力使物移动的意思,"把事情推掉"的"推"是推卸的意思。"通"是没有阻碍、通达的意思,"文章不通"的"通"是通顺的意思,"他通俄文"的"通"是懂得很透彻的意思。"运动"在物理学上指物体继续不断地改变位置而言,可是社会上政治、文化方面的有组织有目的的群众性活动也叫"运动"(例如"推广普通话运动、爱国卫生运动"),在体育方面各种锻炼身体的活动也叫"运动"。这都说明一个词不止有一个意义。一个词有复杂的多方面的意义是语言里的词的一般特征,几乎各种语言里都是如此。这种现象叫做多义现象,词的这种性质叫做词的多义性。

3.2　一个词在产生的时候一般是单义的,但在语言的发展过程中词义可能经过多次的变化,从一种事物、现象、行为的名称转为另一种事物、现象、行为的名称,或者由具体的意义发展出抽象的意义,因此一个词就具有多方面的意义。

词的多方面的意义是互相有联系的,例如上面所说的"通"这样一个词,原义是通达的意思,"文章不通"的"通"和"通俄文"的"通",在意义上都跟原来的意义有关联,这些意义就构成了一个系统。原来的意义是基本的意义,其他的意义就是由基本的意义派生出来的意义,一般称为引申义。假如原义跟引申义的联系已经消失,不能为人所了解,在语言中就成为不同的词了。

3.3　词义当中还有一种意义是比喻义。比喻义是由于比喻而产生的,例如"辉煌"本指光彩耀眼的意思,如"金碧辉煌",现在我们说"取得了辉煌的成就","辉煌"是伟大、出色的意思,这就是一个比喻义。又如"架子"是一种放东西的器具,可是我们说"这个人的架子很大",比喻人的骄傲的样子,这也是一个比喻义。

3.4 总起来看,词义是相当复杂的问题。但是我们并不是没有法子去理解它,只要我们根据辩证唯物主义的观点注意事物之间互相联系、互相制约的关系就可以找出系统来。词的多义性是不会妨碍人们的互相了解的。因为不论词的意义多到怎样的程度,在连续的话里或在对话里,它的意义由于有了上下文的限制就变成十分确定的了。

4.1 在语言词汇当中就一个词来看,它可以有许多意义;就许多的词来看,其中又有许多是同义的、同音的和意义相反的。

凡声音不同而意义相同或相近的词,一般称为同义词,例如"克服""克制"、"稳固""稳定"、"激烈""剧烈"、"侵犯""侵略"、"消失""消灭"、"宏大""宏伟"、"保卫""保护"、"发现""发觉"等每组的两个词都是同义词。

严格说起来,语言中除了由于方言和借词所产生的意义完全相同的词以外,一般的同义词的意义都不是绝对相同的,例如"火柴"和"洋火"、"玉米"和"苞谷"所指同是一种东西,这是因方言不同产生的意义完全相同的同义词。"麦克风"和"扩音器"、"盘尼西林"和"青霉素"所指也是同一种东西,这是因音译外来语和自造的词不同而成为意义完全相同的词。这种意义完全相同的词在任何语言中都不是很多的。

除了这种意义完全相同的同义词之外,其他的同义词因为在意义上具有共同性,所以构成同义的关系。但是同义词之间在细微意义上、修辞色彩上和应用的场合上还是有区别的,例如"决定"与"断定"在意义上有相同处,但是"决定办法"就不能说"断定办法";"操纵"与"控制"是同义词,但是意义既不完全相同,感情色彩尤其不同,"控制"是中性词,没有褒贬的不同,"操纵"则多用在贬义;"飞"与"飞翔"是同义词,但是"飞翔"一般用于书面,特别是文学作品里,在口语里就很少用。研究同义词的目的就在于找出同义词间的共同点和准确细致地分析其间的细微的差别。既要看到一般,也要看到个别。

同义词产生的最主要的原因是人类对客观现实的认识不断深化。为了精确地表达意义的细微差别,所以有了许多同义词。同义词的丰富性也就是语言高度发展的证明。我们要充分地掌握语言,以便更精确地表达思想,就须要特别注意同义词间的差别。

4.2 语言中发音相同而意义不同的词称为同音词。同音词可以分为两类:一类是发音相同而写法不同的;一类是发音相同而写法也相同的。前一类如"公式"和"攻势"、"绘画"和"会话"、"著名"和"注明"、"数目"和"树木"都是;后一类如"写一封信"的"信"和"信不信"的"信"、"桑麻"的"麻"和"腿麻了"的"麻"都是。

同音词在各种语言里都会遇到,例如英语的 ear(耳朵,麦穗)。同音词和一词多义是有区别的。多义词的各个意义不论怎样不同,但它们总是环绕在一个意义中心的周围,各个不同的意义都与基本的意义有关联,并且是从基本意义发展而来的。至于同音词则只是声音的相合,在词义方面并没有任何关联,所以是两个不同的词。同音词当中可能有一部分原来是一个多义词,后来这个多义词由于各个涵义之间丧失了意义上的联系而变为两个同音词,但在现代既然无可考查,也就只好作同音词来处理了。

我们知道词汇中有这种同音的现象,就不会把两个全无关涉的词误以为一个多义词。在编纂词典时尤其不能不注意。同音词对于语言的理解不能说没有妨碍,但在一定的上下文中妨碍不大。

4.3 词汇中有不少彼此具有对立意义的词,这种词一般称为反义词,例如"深"和"浅"、"高"和"低"、"建设"和"破坏"、"延长"和"缩短"、"团结"和"分裂"、"坚强"和"脆弱"、"干燥"和"潮湿"、"明显"和"晦暗"、"勇敢"和"怯懦"、"稀疏"和"稠密"等等都是。

反义词跟同义词恰好是语言词汇中的对立面。这两方面都说明语言发展正是矛盾的统一。反义词也同样是一个对立面,反义词不仅是意义上对立的词,而且也是词的意义系统内含有对立意义的词。从这个观点来看,反义词乃是一种独特形式的多义词①。我们研究词汇不能不注意反义词,善于运用反义词会增加语言的准确性、鲜明性和生动性。

5.1 语言的词汇从修辞学的观点来看,还可以区别出感情色彩和语体风格的不同,这些就是一般所说的修辞色彩。

语言的作用不仅要表达人的思想,同时还要表达人的感情。有不少的词除了具有要表达的意义以外,还具有不同的感情色彩,即表示说话的人对客观事物的主观评价。感情色彩是多种多样的,有的表示尊重、严肃,例如"祖国、嘉奖、谴责";有的表示亲切或亲密,例如"小朋友、战友、小伙子";有的表示热情或兴奋,例如"歌唱、欢呼";有的表示有礼貌,例如"您、阁下";有的表示轻视或鄙视,例如"叫嚣、懒汉";有的表示讽刺,例如"老爷、傀儡、嘴脸"等等。这些词

---

① 布达哥夫《语言学概论》中文译本第 51 页,时代出版社 1956 年。

都带有不同的感情色彩。

5.2 在语言里并非所有的词都带有感情色彩。有很多的词只有指称的作用,例如"煤、工业、大、看、发表"等;有些词则只有极抽象的意义,例如语言中的虚词。这些词都说不上有什么感情色彩。

但是在运用语言中,一个没有感情色彩的词也能够获得感情色彩,那就要从上下文来确定,例如"木头"一词是没有感情色彩的,如果说"他是一块木头","木头"在这里就表示人的呆板、不灵活,那就具有不喜爱甚至轻视的意味了。这已经涉及到修辞学的范围,在此不须要多谈。

5.3 词在语体风格上的区别是就词的使用范围、场合的不同来看的。语言中的词汇是非常纷繁的,有些词口头上常用,书面上比较少用;有些词书面上常用,口头上比较少用;还有很大一部分的词口头上和书面上都常用。

口头上常用的词和书面上常用的词,并没有严格的界限,而且二者越来越接近一致了。不过就今天的情况来看,词在语体风格上的区别多少还是存在的,例如"脑袋(头)、个子(身材)、老婆(爱人)、加油(努力)、拉倒(作罢)、麻利(敏捷)、大伙儿(大家)"等词,口语里常用,而括号内的词是口语和书面语共同使用的。书面语里也有些词,例如"乘(车)、观看、欢宴、给予、追溯、屏除、岁月、奔驰、闪烁"等,在口语里还比较少用。口语跟书面语所表现的风格并不完全相同。口语特别是日常谈话的语句总比较随便一些,而书面语就比较郑重庄严一些。随便或者郑重庄严,并不完全决定于用词,不过就一般情形而论,用词有一定的作用。

词的风格跟书面语的体裁也有些关系,例如"飞翔、漫长、澎湃、声响、皎洁、耸立、荡漾"之类的词,常常出现在文学作品里;而公文、法令当中又有些常用的词,在别的体裁的文章中用到的机会就比较少,如"抄件、附件、审核"之类。这些词由于应用在不同的体裁里也就有不同的风格。词的风格不是可以一个个地孤立起来看的,必须从许多词在语言实际应用中的情况来考查。一个词是否应用得合适,要从连续的上下文和文章的体裁去衡量。区别词汇中具有不同语体风格的词可以使我们在运用语词的时候知道有所选择,并且掌握词的正确用法。

6.1 词汇是一个纷繁的体系,每种语言的词汇都是经过长期历史发展而形成的。古今相承一直通用的词固然占多数,但是也吸收了不少书面上相传应用的古语词、方言词、专门行业语和外来词。

古语词包括的范围很广,有些在现代语里很少应用。其中有一类是属于历史上的事物或现象的名称,这类词一般在历史著作和叙述历史事实的作品中出现,例如"天子、诸侯、圭、笏"等一类词都是历史性的词,与现代社会生活毫无联系,所以现在一般文章很少用。另外有一类是属于表示封建关系的一些词,例如"大人、台端"等都是新社会中不用的词。古语词中还有一类是已经不能普遍为人所了解的古代书面上的词,例如"策励、缀辑、诚款、拊掌"等已经不通行,现在常用的是"自勉、编辑、诚恳、拍手"等词。

6.2　古代语和现代语不是可以截然分开的,现代语言里各种词汇当中总有一大部分的词是直接继承古代语而来的。古代书面上应用的词,有些仍然符合现在的需要而且是普遍为人所懂的,这些词还照旧应用,成为现代语词汇的组成部分,例如"沸腾、振奋、扬言、频繁、羞涩、震撼、宏伟"等都是。

有些词也有这种情形,即一个古语词在现代语里很少单用,但在某一些完整的词组(成语)里还存在,假如"目"单用的时候很少,但在"有目共睹、耳濡目染、目中无人、目不转睛、目光如炬、目不识丁、历历在目"一些成语里仍然存在。

在语言中采用古代语当中一些有生命的词,不仅丰富了语言,同时还使言辞具有某种语体色彩或特殊的意味,例如"魁梧、典范、遵循、诞辰"等已经是普通常用的词了。这些词对于我们都是有用的。至于那些陈旧的不符合现代需要的词自然就废弃不用了。

7.1　语言当中有全民应用的词汇,还有方言词汇和专门的行业词语。全民应用的词汇也就是民族共同语的词汇,这是全民族共同使用的。汉民族的共同语就是以北方话为基础方言的普通话。至于方言词汇只是在某一地区内使用,流行的区域比较狭窄,当地的人能听得懂,别的地方的人就不一定听得懂。方言是全民语言的分支,是语言在历史发展过程中形成的,它既有全民语言的共同性,又有本地的一些特点。例如汉语许多大的方言区域的词汇绝大部分都是全民共同使用的,只有一部分是本地区特有的词。本地特有的词主要都是日常生活方面的词,例如喝广州话说"饮",屋子福州话说"厝",太阳有很多地方说"日头",都是常用词,特别是属于亲属关系的一些名词各处往往不同。至于现代有关政治、经济、科学、文化方面的词通常没有什么差别。

方言中有很多生动活泼的词,其中普遍性比较大的而且对丰富语言有积极作用的会不断为全民语言所吸收,即由方言词变为全民应用的词。汉语的发展事实也正是这样,例如"把戏、名堂、垃圾、搞"之类原来都是一些方言词,现在已经成为普通话的词了。但方言也随着社会经济、文化的发展不断在起变化。交通事业和文化教育事业的发达促使民族共同语成为全国各处人民共同交际的工具,方言词应用的范围也就越来越小了。

7.2 专门的行业词语是社会上不同职业的特殊用语,这种特殊用语只在某一部分人当中应用,例如工业生产上应用的"构件、高压釜、打浆机",农业生产上应用的"保墒、活茬、打场",都是专门用语。其他各种行业也都有一些专门性的词语。专门性的词语,意义是确定的、单一的,非本专业的人不一定完全了解,它的使用范围也比较狭窄。但是由于文化教育的普及以及生产事业的发展,人民接触到各方面的生产活动,很多专门性的词慢慢变成为一般人都能了解的词。我国正处在积极建设社会主义逐渐向共产主义迈进的时代,逐步实现技术革命和文化革命,全民办科学,工厂办学校,学校办工厂,各种专门用语在全民大跃进的形势下已经大量地引进到一般词汇中来,专门用语跟一般的词语的界限也就有了巨大变化。

8.1 各种语言的词汇当中除了本民族固有的词以外都曾经吸收一些其他民族语言的词。或者由于民族之间的接触,或者由于文化方面的影响,语言中就会借用一些为本民族语言所需要的词,这种词称为外来词,或者称为借词。汉语里从古代起就吸收了一些外来词,例如"葡萄、菩萨、比丘、袈裟"等都是,而从19世纪末叶以来吸收的外来词尤其多。现在应用的哲学、科学方面的术语和社会政治以及文学艺术方面的词当中有不少的外来词。

外来词被吸收到本民族语言中来,不仅不会损害本民族语言固有的民族特质,反而可以使本民族语言趋于丰富,趋于完善。因为本民族语仍然保持着自己的实质,并且按照自己的内部发展规律继续发展。外来词增加进来,只是丰富了词汇和构词的词素,并不能改变本民族语言的语法构造。有时某一种语言里的词被别种语言吸收之后还会有所改变,失去本来的面貌,例如汉语里"菩萨"一词是由梵文 budhisattva 来的,原文是四个音节,"菩萨"只取第一、三两个音节,改变了原来的面貌,这是古人为了适应汉语一般的词都是双音节的特点而译成这样的形式。又如法语的 la lampe(灯) 被俄语吸收以后成为 лáмпā,原来的阴性冠词 la 去掉了,加上了俄语阴性词尾 a,就与原来的词形不同了。由此来看,借用必要的外来词丝毫不会损害本民族的语言。

8.2 借用的外来词,有从某一种语言直接吸取来的,也有通过另外一种语言的中介间接吸取来的。汉语在鸦片战争以后从日本吸收了不少的新词,这些新词都是日本应用汉字所翻译的西洋的一些词的译名,我们利用了日本的译名而不另外翻译,这一类就属于间接吸取的性质。

借用别的语言的词一般所采取的方式是连音带义一起接受过来,例如俄语的совéт,汉语借为"苏维埃",英语借为 Soviet;英语的 tank,汉语借为"坦克",俄语借为 THHK。这种方式普通称为音译。汉语里这类音译的借词很多,例如"布尔什维克、奥林匹克、咖啡、阿斯匹灵"等都是。这样的词一望而知是外来词。

另外一种方式是不采用原来的声音,而按照原词的构造样式构成一个词。这种词往往有两个以上的构成部分,借过来就按照这些部分进行意译,跟原词是相对照的。这种方式可以称为"拟造",或称为"摹借",例如汉语的"马力"是由英语借来的,英语说 horsepower,horse 是"马",power 是"能力",以"马"对 horse,以"力"对 power,就构成"马力"一词。又如"足球",英语说 football,foot 是"足",ball 是"球",汉语按照英语原词的意义和构造的样式而构造成"足球"一词。这样的词跟音译的外来词不同,首先因为它不是译音的,而且构造也合于汉语某些词的样式,这种情况,已经不能说是外来词了。至于参照别的语言中的词的意义用本民族语的构词的材料和形式构成新词来表达同样的概念,这种词只能说是自己创造的词,不能称为外来词。

汉语中的外来词有一种特殊的形式,即借用外国词还怕意义不明确,后面又加上说明,例如"摩托车","摩托"是译音,"车"是说明事物的类属。其他如"啤酒、卡片、法兰绒、霓虹灯"等都是。

借词在各种语言里都是存在的。借用别的语言的词一定是根据需要来的。有些是国际性的科学技术和社会政治的术语,有些是本民族语言所需用的而原来自己没有的词。本民族语中已有通用的词,就不须要另外去借。借进来的词也必然要适应本民族语言的内部规律,因此也就变为本民族语言词汇的组成部分了。

9.1　语言的词汇当中还有作为一个意义统一体来应用的固定词组,这就是一般所称的成语,例如"别开生面、畅所欲言、吹毛求疵、德高望重、故步自封、见义勇为、日新月异、事半功倍、推陈出新"等都是成语。

成语跟一般的词组不同,区别在于:(1)一般的词组里词与词是比较活动的、自由的,而成语是不可分割的和有机的整体。(2)一般的词组里的词可以用同义词替代,而成语里的词很少能用其他的词来替代。(3)还有,一般的词组里的成分可以有增有减,成语里的成分就不能增加什么,去掉什么,例如"闭门造车"就是一个不可分割的整体,比喻脱离实际,关上门在屋子里造车,跟路上的轨辙就很难相合,"闭门"就不能用"关门"来替代。

各种语言中都有各式各样的成语,表达同样一个意思的成语,各种语言的表现方式也互有不同。成语的意义是决定于整个的词组,并且通常都不能逐字地译成为其他语言,例如英语表示大雨如注的意思,说 to rain cats and dogs,直译就成为"从天上落下猫狗"。法语表示熟睡的意思,说 dormir sur les deux oreilles,直译就成为"枕着两个耳朵睡觉"。所以成语是要作为整体、作为统一的意义来理解的。从词汇学上来看,每个成语犹如词汇当中的一个词。

9.2 汉语里的成语绝大多数是用四个字构成的。从语法方面来看,它的构造形式是多种多样的。"名副其实、所得无几、胸有成竹"都是主谓结构;"水落石出、风流云散"都是两个主谓结构;"好为人师、莫名其妙"都是动宾结构;"知己知彼、提纲挈领"都是两个动宾结构;"粗心大意、深谋远虑"都是两个偏正结构。其他的形式还很多。但总起来看,音节都非常整齐。

9.3 成语是各族人民在历史文化发展中所创造出来的。其中有从口头上流传下来的,有从古代寓言或历史故事来的,有从古典作品的辞句来的,都是经过长期提炼的语言,不仅言简意赅,而且活泼生动,具有很大的表现力,例如"排山倒海"形容声势巨大,"九牛一毛"比喻对比之下非常微小,这都是很鲜明生动的。

9.4 语言当中跟成语类似的是熟语。熟语也是一种比较固定的形式,例如"碰钉子、拉后腿、露马脚、来不及、吃不消"之类,这都是一种常用的词组,所以也称为习用语。但是一般的习用语结构不如成语紧密,有时可以增字,例如"碰钉子"可以说成"碰了一个硬钉子","拉后腿"可以说成"扯后腿"或"拉他的后腿",所以不属于成语之列。

10.1 以上是就语言词汇构成的内容来谈的。另外我们还不能不注意到语言的词汇不是一成不变的,它始终是不断地在发展和变化的。斯大林在《马克思主义与语言学问题》中论到最近30多年中俄语变化的情况时说(第2页):"在最近30年中,在俄国消灭了旧的资本主义基础,建设了新的社会主义基础……在这个时期中,俄罗斯语言发生了一些什么变化呢?俄罗斯语言的词汇有了某种程度上的变化,这就是说,由于发生了新的社会生产,出现了新的国家、新的社会主义文化、新的社会精神、新的道德,以及由于技术和科学的发展,添加了一大批新的词和语;有许多词和语的意思改变了,获得了新的意思;有一些陈旧了的词在词汇中看不见了。"汉语的词汇在近代也正是这样一些情况。

新词的产生是跟社会的经济、文化和科学技术的发展相联系着的。由于"工业和农业的不断发展,商业和运输业的不断发展,技术和科学的不断发展,就要求语言用工作需要的新的词和新的语来充实它的词汇,语言也就直接反映这种需要,用新的词充实自己的词汇。并改进自己的文法构造"①。新词的产生有两方面:一方面是创造新词,一方面是借用外来词。创造新词的材料必然是语言里固有的东西,而且要按照语言中已经确定的构词法来构成,要跟语言的内部发展规律相合,离开自己语言的固有的传统是不能创造新词的。汉语在近几十年来所产生的新词都是多音节词,这是符合语言发展规律的,而且新词的构词方法也都是按照已有的形式的。

至于旧词赋予新义,主要是词义的扩大,例如"业务"原指职业上的事务而言,一般应用在商业上,现在学术性的知识或所从事的专业也叫业务。又如"单位"原义是计算物体的轻重、长短及数量的标准量,现在机关中各个工作部门也叫单位。

语言一面不断地增加新词,一面抛弃掉那些已经陈旧的和不符合新社会的精神面貌的词,这也是完全合乎规律的。旧词的消失与政治经济和人们的思想意识的改变有密切的关系,例如自从中国人民革命胜利以后,帝国主义在中国的特权都一扫而光,"租界、工部局"一类的词都不存在了。又如在旧社会的生产关系和经济情况下的一些词和在旧社会中轻视劳动的一些词随着社会的根本变化也都消失掉了。

11.1 我们在前面已经说过,词汇在语言系统中占有极其重要的地位。我们要掌握语言,充分发挥语言在社会生活中的作用,就必须对语言的词汇有深刻的了解。研究词汇的重要意义首先在于提高运用词语的能力。说话或写文章要做到准确、鲜明、生动,与能否善于用词来表达正确的思想有关。思想正确而且有条理是主要的条件,但词汇贫乏,就不能做到上面的三项要求。我们要能够运用词,就要了解词的读音、词的通用意义和它的特殊意义,以及词的修辞色彩和词的具体用法,同时还应当知道语言词汇的整个面貌,词汇中的同义现象、反义现象和用词的规范等等,因此每个人都应当具备有关词汇的知识。作

---

① 斯大林《马克思主义与语言学问题》第 8 页。

为一门语言科学的词汇学,就是要把人类语言中词汇的各个方面的情况和语言词汇发展的规律指出来以指导实践,使人们具有科学的有系统的知识,普遍提高运用语言的能力,并且进一步提高语言教学的效果,发展词典的编纂工作,以利于语言的规范化。

11.2 就语言科学的成长的时间来说,科学的词汇学的产生是比较晚的。在汉语方面,从前有不少的语言学者从事汉语词汇的研究,但只重古代而不注意当代,只着重在材料的整理和个别一些词的研究而缺乏科学的有系统的全面理解。所以真正的科学的汉语词汇学过去还不曾建立起来。自中华人民共和国成立以来,汉语词汇的研究有了新的发展,主要的成绩表现在两方面:(1)运用马克思主义语言学说从事现代汉语词汇的研究,初步说明汉语词汇的一般情况。(2)结合汉语规范化研究词汇方面的问题。这种情况足以说明一门新的科学正在形成和发展,我们应当做更大的努力使它成长起来,并且以此来丰富普通话语言学的内容。

11.3 词汇学跟语音学、语法学、修辞学是有密切的联系的。我们要了解词的声音与意义的关系,词的构造,词的用法和用词的修辞手段就与上面所说的三种科学有关系,因此要研究词汇又必须具有这些科学的知识。要研究汉语的词汇,当然还须要具备文字学的知识,因为汉语是一直用汉字来记载的,文字跟语言的关系就不能不弄清楚。对于词典编纂工作者来说,还须要有属于语言发展的各方面的历史知识,词源学和词典学的知识更是不可缺少的。

原载《语文学习》(上海)1958 年第 9 期

现代汉语词汇的研究

词汇是语言所有词语的总称。语言里有单词、复词,还有成语、习用语等,我们可以总起来称之为词汇(vocabulary)。在语言学里有一部门是词汇学(lexicology)。词汇学主要研究词汇的组成,词素(morpheme,或称语素)构词的功能,词汇的发展,词义的规范,解释词义的方法和不同词典的编纂法。

关于现代汉语词汇的研究是有成绩的,不过还有很多问题须要进行钻研和讨论,也还有许多工作要做。简单来说,我们的任务有三方面:

(1)有关理论方面的建设。语言本身是一个体系,语音、词汇、语法都有其系统性。现代汉语的词汇极为丰富,而且不断有新词产生,词义也时有发展变化,我们应当把词汇作为一个整体来看待,进行全面系统的深入研究,探求语言在造词、用词方面的规律性,为建立汉语词汇学打下基础。

(2)研究词汇教学方面的实际问题,以加速提高学生运用语言的水平。

(3)研究编纂各种语文词典的方法,适应社会上不同的需要。

任务确定了,在观点和方法上也须要研究。前面说过,语言是一个体系,那么,我们在研究词汇的时候就不能忽略词汇与语言其他各方面的联系;同时我们还应当注意到世界上每一种语言都有它的特点,在表达语义的方式上都有它的内在规律,并且跟使用这种语言的社会环境和社会习俗有关系,因此,我们不能不从汉语的特点和语言的实际情况出发,贯串词汇和语音、语法以及语言环境(context)、表达方式(包括修辞和文辞的风格)等等方面进行综合的考察,分开一个问题一个问题来解决。另外,我们还要把中国传统的对语言词汇的研究方法和现代的语言学的理论结合起来,推陈出新,把词语的语言形式和词素的结合同词语的含义(包括正常的、特殊的和附带的)联系起来观察,从繁富的词语中归纳出有系统的知识,以指导实践。简单来说,就是要避免孤立地、静止地研究语言现象,要注意词语在语言中实际使用的各个方面。

现在须要研究的专题很多,下面不妨简单举几项来说:

(1)不同词素构词的方式在表现词义上的性能。在现代汉语词汇里有的词素单独是一个词,有的词素只是一个构词的词素,不能单独成词。这是历史发展的结果。词素与词素结合在一起有种种不同的形式。我在《汉语词汇讲话》里分为两种基本类型：一类是由同样重要的基本成分构成的，有联合式（土地、生产）、偏正式（铁矿、雪白）、支配式（握手、动员）、补充式（减少、提高）、表述式（地震、心疼）、重叠式（年年、慢慢）几种。另有一类是由基本成分和辅助成分（附加的成分）构成的，有前加、后加的不同（第一、忽然、重要性），这都是就词素与词素之间的结构关系来看的。至于词素与词素的结合在词义和语法方面所表现出来的功能还须要进行分析研究。

例如联合式的双音词的两个词素有的是义类相近的，有的是义类相对的：

a. 疾病　诗歌　器械　语言

b. 首脑　体面　口舌　胃口　手脚

c. 大小　长短　深浅　厚薄

这三组里，a 组每一个词的两个词素本来各有它所指的意义，如"疾病"一词，"疾"指轻微的病，"病"指疾甚，两者合成一个词，成为统称。又"诗歌"两个词素各有所指，合在一起，成为文学的一体的总名。"器"指用具，"械"本指兵器刑具，"器、械"合在一起就成为有专门用途的器物的统称了。"语"与"言"本来各有专义，一个人说话叫"言"，对别人说话叫"语"，"语、言"合在一起，就用来称谓人类表达思想，用为社会交际工具的"语言"了。由此可以看出这一组里两个义类相近的词素结合在一起有把词义所指的事物概括化的作用。

上面 b 组的词都是用两个表示人体方面的名称作为词素构成的，但是都形成了一种新的含义，不是原来两个词素语义的总和。这里"首脑"指为首的人，"体面"指面子好看，"口舌"指由误会而引起的争吵，"胃口"指食欲，引申为所好，"手脚"指举动、动作，引申为诡计。这种词素配合的类型都带有隐喻的意味。

上面所列 c 组的词是用两个意义相反的词素构成的，"大小、长短、深浅、厚薄"都表示一种程度。每个词素本来都是一个单纯的形容词，现在把意义相反的词作为词根构成一个词，就变成抽象意义的名词了。

根据以上所说，我们可以看出不同的词素构词的方式在表现词义上，除了我们一般所了解的形式上的共同性以外还具有个别的性能，值得我们进行综合细致的研究①。

---

① 其他不同的构词方式在词义上的表现，这里不再举例说明。

（2）关于一词多义和词义发展的问题。一词多义是常见的现象[①]，意义与意义之间的关系和词义的发展变化等应从什么角度去阐明，很须要研究。就历史的发展来说，从一个中心意义出发，词义有扩大、缩小和转移，这是一般的讲法。在我们传统的训诂学里有所谓本义和引申义，我们现在又分析出所谓比喻义和转变义的名目。但是怎样就是引申义，引申义的界说是什么，范围有多大，须要有明确的解释。谈到比喻义，究竟是怎样的比法，有哪些比喻的方式，也须要加以分析。至于转变义，在《新华字典》的《凡例》里所下的定义是"由原义、故事、成语等转化而成的意义"，如"简"有书信义，"推敲"指斟酌文章字句。那么，"转化"的含义是什么，跟原义的确切的关系又如何，这不能不从理论上加以说明。有些还要应用社会语言学的观点去进行解释。

我们研究这样一个问题，有利于我们区分多义词和同形同音的异义词。例如同是一个"足"字，作为单纯词来用，有几个不同的意义。"立足"的"足"跟"不足"的"足"意义不同，虽然都写作"足"，但不是一个词，因为两个意义之间没有任何联系，那只能算是同音异义词，而不是一词多义。

（3）解释词义的原则和方法。怎样解释一个词的词义是词汇学上的一个大问题，也是编纂字典或词典所要研究的问题。前代的字书或辞书有就字形说义的，有以同义词互训的，这都是不妥当的，唯有用解说的方法才能说明词义。可是我们要把词义解说得准确、显豁，并不是一件容易的事。在现代的辞书里，有些场合利用反义词来解释，这也只能是一种辅助的方法。要确实能说明一个词的正确含义还不能不采用多种方式。在《现代汉语词典》里已经注意到尽量多应用下定义的方式来说明词义，例如解释"大"字，不用"跟小相反"和"大小的大"的说法，而注为"在体积、面积、数量、力量、强度等方面超过一般或超过所比较的对象（跟'小'相对）"。这就比较细致，科学性也较强。另外，我们还应当注意到词义和用法的内在联系，因为语言中大部分语词的意义是在语言实际运用的例句中显现出来的，所以在解释词义时不能不联系到用法。至于有关词性的问题[②]、感情色彩的问题似乎也不宜忽略。总之，究竟有哪些原则、哪些方法，都要进行研究。

（4）同义词（或者说义近词）的辨析方法。任何语言都有许多同义或义近

---

① 同写一个汉字不一定是一个词。

② 我们提倡在词典里每一个词或词的不同用法应当标注词类。

的词语。在汉语里义近词很多,例如"奥妙、玄妙、微妙"和"精妙、巧妙、神妙"两组都有"妙"字,意思有不同,而每组的三个词的词义也不完全相同。又如"惶恐"与"惊恐","恐惧"与"忧惧、畏惧、惊惧"等词彼此之间在意义上也有差别。在教学上怎样辨析这类的义近词,应当有一套办法。譬如我们可以分别说明其共性和个性,或从程度的深浅、所指陈的对象、使用的范围和上下文的搭配以及语感等等方面加以区别。现代的词典还不免有互训的毛病,值得考虑。

(5)实词中双音词的词素意义的解释问题。语言中的双音词,有很大一部分是容易解释的,可是有一部分词不易解释。虽然在词典里给出了整个词的词义,而没有点到其中有必要解释的词素的意义,如"企图"的"企"、"情绪"的"绪"、"简慢"的"简"、"黎明"的"黎"、"籍贯"的"贯"、"领略"的"略"、"盘费"的"盘"等等。在编者可能认为没有必要,也许觉得那样做会支离破碎,过于繁琐,不符合一般词典的体例。不过,我觉得要真正理解一个词的词义所包含的内容就应当有所说明。当然,有些词的词素意义很不好解释,这就要调查研究,找出典型,创通类例,寻出解释的途径。

(6)方言词语和外来词语的研究。汉语不同的方言都有很多独特的词语,其中有不少鲜明生动的表达词义的能力强的词汇可以丰富普通话的内容。要研究现代汉语的词汇,我们不能抛弃方言而不顾。语言总是在不断地发展的,随着人与人的交接日益繁多,方言中有用的词语也必然会为普通话吸取。另外,汉语从十七八世纪以来吸收了很多外来语。外来语的吸收也是有层序和不同来源的,我们应当对被吸收而且在一直使用着的外来语有全面的理解。现在语言中还产生了很多根据外来语创造的新词术语,是否都妥当,也值得研究。

(7)用词的范围问题。用词是否合乎规范,关联到语言在交际中能否起到交流思想的作用。为了正确表达语言的意思,用词必须合乎规范。这道理,人人都是懂得的,但是我们也经常在书面上发现不合规范的例子。出现这种现象的原因是多方面的。有人可能因为对词义不太理解,或者完全理解错了;有人可能用意很好,想写得更丰满、更有文采,由于一时选词不当,未能纠正。这样,为了提醒人们的注意,语文工作者就应当搜集材料,经过分析研究,选出不同的类型,分别加以解说,给人以有系统的知识。另一方面,我们要求有一部供学习应用的词典,在解释词义之外加一些提示,指出用词的对象和范围[①],词义的褒

[①] 像《现代汉语词典》"采取"一词注作"选择施行(某种方针、政策、措施、手段、形式、态度等)",就是很好的办法。

贬,词与词的搭配,词义所显示的特殊语感以及不应有的误解和错误的用法。这样做,虽然要费事一些,但确实是一种新颖的有用的词典,对汉语规范化会起很大的促进作用。

(8)中小学的词汇教学问题。这个问题虽然放在最后说,但并非不重要,甚至可以说是很重要的。关于词汇教学方面的问题要从教与学两方面来看,研究怎样便于教和便于学而能收到最好的效果。我想有两件事情是当务之急:一是编出常用词汇表,一是编出词汇学习手册。要编出常用词汇表,有必要先做好词汇的频率统计,有了统计的数据就可以分清哪些词是常用的,哪些词是不常用的。有了常用词汇表,在编辑语文课本和进行语文教育时就可以从中选择常用词和基本的构词词素有计划地进行教学了,至于常用词汇表的编排方式如何,可以根据需要而定。另一件事,即编出词汇学习手册,内容可以由浅入深,由简单到复杂,项目可以多一些,要求实际有用。怎样才编得好,要经过一番细致的研究才行。在教学上属于教法的问题,不在本文范围之内就不谈了。

事实上,有关现代汉语词汇研究的专题很多,以上仅仅提出八项来说说。其中也有人做过一些工作,但还须要更进一步研究,以丰富我们对于语言的知识。我们不宜只注意语法问题的研究,而忽略词汇的研究。有时不能不两相结合,把词汇的语义结构和语法结构联系起来去分析问题,也许会有更多的创获。

1982 年 1 月

汉语语词意义的转变和发展[*]

一

这是一个很有意思的题目,但内容又十分复杂,须要细致地探讨,不是一两句话就能说清楚的。

词义是社会所约定形成的。就一个词所具有的意义来看,有原来的或最早的和比较普通的使用意义,也有由原义而衍生和转变出来的意义。要确定一个词的原义,一般可以从三方面观察:一是从字形上看它所表现的意义,例如"雨",甲骨文作𝖒,意思是天下雨;"若",甲骨文作𝕤,象人跪跽理头发之形,所以古书训解为"顺"。二是看古代文献中最初出现的涵义是什么,例如"河",甲骨文作𝖋,指黄河;"朕",见屈原《离骚》"朕皇考曰伯庸","朕"是"我"的意思。三是看古代书籍中通常是怎样用的,它的意思是什么,例如"兵"本义为兵器,《周礼》有"五兵";"册"指典册、简册而言,见于《左传》和《周礼》。这些是就推寻词的原义来说的。

如果要推寻词义的衍生和转变的轨辙,那就复杂得多了。可以说变化多端,类别纷繁,难以全面概括。虽则如此,我们还可以就不同的情况,从不同的角度来进行理解和分析。

二

一般语言学的书籍中讲到语义的变迁有"扩大、缩小、变坏、变好"等一些名目。在汉语里这类的现象是常见的,例如:

"江、河"两个词原来指的是长江、黄河,后来泛指一般的河流,北方称"水",或称"河",南方多称"江"。又"同胞"一词本指同一父母所生的兄弟姊妹,近世又用来称同一个国家的人,其侨居在国外的则称为侨胞。这都是意义的扩大(widening, generalization)。

"宫"原来指的是居住的房屋,《尔雅》有《释宫》篇,"宫"是泛称,后来则专

---

* 本文是 1984 年 7 月 28 日在日本京都大学讲课的讲稿。

指帝王后妃所住的高大的居室。又如"坟"原指高起的堤岸和土堆,《诗经》有"遵彼汝坟"的话,"汝"是汝水,"汝坟"是汝水的河堤,后来"坟"专指坟墓而言了。这都是意义的缩小(narrowing, specialization)。

"赖"古有善的意思,如《孟子》有"富岁子弟多赖"的话。现在有"无赖"一词,还保存古义。但现在转有坏的意思,多就事物的情况而言。"氓"(méng)原是"民"的意思,《南史》《北史》中有"流氓"一词,即是迁徙流转之人,可是现在普通话里"流氓"一词指行为不正当的人,音liúmáng。这是意义变坏(degeneration,贬义 deterioration)。

"幽人"一词本指幽囚之人,后来用以指幽居隐逸之人。苏轼词"时见幽人独往来,缥缈孤鸿影"。又"乖"本是乖背的意思,后用指乖巧,现在普通话说小孩儿温顺安详曰乖,是意义变好(elevation,褒义 arnelioration)。

三

当然,也还有另外常说到的一些现象,如变轻、变重、以偏代全,或变换位置之类。举例来说:

"取"字从又从耳,"又"表示右手,原义当是截耳(即馘 guó),后来夺取别人的城池叫"取",如说"取荆州"。现在说拿什么东西都说"取",如"取货、取书"之类,意义由重变轻,也可以说是由强变弱(hypobole)。"病"古代原称大病,小病曰疾。《论语》说"子疾病,子路使门人为臣","疾、病"连在一起说。后代说"病",意思变轻,小病也叫"病"。

"谕"原来的意思是告诉、譬谕,后来成为皇帝对臣子或上级对下级有所指示的敬辞,意义变重了(litotes)。"毒"原指痛苦,后来转有毒害、狠戾的意思。

"手"是人的肢体,以"手"代人是以偏概全,如古人说"弓箭手"是指持弓箭从事战争的人。又"春"跟"秋"是一年的两季,古人把"春、秋"合为一个词来说,代表一年,后来又称人的年岁为"春秋"多少,这就是以少代多。

"闻"跟"聽(听)"两个字都从耳,"聽"是用耳去接受声音,"闻"是听到,后来把"闻"当作用鼻子去嗅气味,器官的位置改变了。现在北方有的地区把嗅气味又说为"听",如"你来听听",说的是闻,而不是听。那又不同了。

以上所说是从另外一个角度来看语义的转变。不过这些现象在汉语里并不是太多。

四

如果联系到语词的词性的话,语义的改变有时就牵涉到词性的改变。词性的改变在语音上还可能变调。名词可以转为动词,动词也可以转为名词。其他如形容词作名词、动词,量词作名词之类也有。我们可以举一些例子来看:

"关"原义可能是门闩(shuān),《说文》说:"以横木持门户也。"《史记·魏公子列传》侯嬴说自己"乃夷门抱关者也"。"关"还指关口,如"函谷关、雁门关",近代又有"海关、关卡"等名称。"关"由名词转为动词,那就是"关门"的"关"了。"粉"原指米粉,细粉或如粉状的东西也称之为粉,如"铅粉、花粉"。古人常说"粉身碎骨,在所不辞","粉"成为动词,是使之成粉的意思。"臣"(chén)原义为臣仆,是名词。如果说"臣服"一词中的"臣"是称臣的意思,那就是动词的性质了。

"班"字的字形中间从刀,"班"是分的意思。《说文》说:"分瑞玉。"这是动词。近代所说"分班、科班"都是由叙列等第而来的,是名词。"批"原是手击或排开的意思,后来有"批示、批注",都是动词。可是读书人在书上所加的"眉批",帝王在奏折上加的"朱批","批"指所加的言辞,那就由动词变为名词了。

"尖"是尖锐的意思,是形容词。我们说"刀尖儿、笔尖儿",那就是名词了。"黄"是黄色,是形容词。如说"蛋黄儿","黄儿"成为名词,加"儿"有名词化的作用。又"恶"指言语、行为不善,是形容词。如果用以指不善的行为或作恶事的人,那就是名词了,如说"怙恶不悛、元凶首恶",词性已经改变了。

层,《说文》训"重屋也"。凡是可以分出层次的都可以用"层"作量词来用,如"三层楼、两层意思"。现在我们有"地层、表层、矿层"等名称,"层"发展可以作名词来使用了。

"笔"是名词,我们说"一笔钱、一笔买卖","笔"成为量词。"道"也是名词,如果说"九道湾、两道墙","道"就成为量词了。

汉语里形态的变化是不多的,不过,我们也可以看到形容词加"了"(·le)或加"起来"(·qilai)的时候就有变为什么样子的意思,如"头发白了""饭好了""天亮了""孩子一天一天大起来了",这些句子里的谓词都是形容词,那就具有动词的性质,而意义也有了变化。这些都是从语法的角度来看意义的转变的。

五

语词意义的转变和增多,以前讲训诂的人通常都称之为引申,引申出来的意义称之为引申义,其实不可一概而论。有的由原义发展出来的可以说是引申,有的与原义没有关系,看不出是由原义而来,就不好称之为引申。因为一个词义的来源,不是都能弄清楚的。有不少是"取义于彼,寄形于此"的。凡由别的词义而来,因声音相同或相近而写为这个字的,即所谓"取义于彼,寄形于此"。另外,也还会有古人原来就是用一个字表示两种不同的意思,那也无所谓引申。所以谈意义的引申不能不谨慎。例如"亡尤"屡见于商代卜辞,"尤"是过失、祸患的意思,至于后来所用尤甚、怨恨等义的都不能说是引申。又如"简"从竹,是简牒的简,至于简单、简慢等的意义,就不是引申义。

现在,我们可以把引申义所指的范围限制得窄一些。凡由原义孳衍,意思与原义关系比较贴近的,我们才称之为引申义,例如:

"奔"是奔跑,我们说"奔流"就是急流,"奔"取急速的意思。

"蔽"是掩蔽、遮掩的意思,说"一言以蔽之",引申有概括的意思。

"泛"是漂浮,如说"泛舟",引申有浮浅的意思,如说"泛泛之交";又有广泛和一般的意思,如说"泛览、泛称"。

"筹"是计算数目的工具,引申有谋画的意思,如说"筹划、筹备"。

"贫"原是贫穷,《论语》:"不患寡,而患不均;不患贫,而患不安。"引申有缺乏、不丰富的意思,如说"内容贫乏"。

"素"是白色的丝,引申有本来的意思,如说"素质、素性";又有平时、向来的意思,如说"素日、素不相识"。

"符"原指符信,如"兵符",引申有相合的意思,因为符信都是剖分为二,而又可合而为一的,如兵符,如说"符合、相符",即从符信的意思而来。引申又有记号的意思,如说"符号、音符"。

"归"原意是由一方面向另一方面去,古人称女子出嫁曰归,引申有归还、归属、归并等一类的意思。

"抚"指用手抚摩,引申有安慰、慰问以及扶持的意思,如说"安抚、抚慰、抚恤、抚养"。

"浮"指在水面漂浮,引申有在表面上、空虚、多余等一些意思,如说"浮泛不切实际、浮名、浮辞、人浮于事、心浮气躁"等等。

以上所举是意义引申的一类。

六

汉语词义的转变和发展除了上面所说的情况以外,还有很复杂的问题,那就是当一个语词作为一个语素在构词时可以表现出各种不同的意义。

汉语构词的基本方式有三种:一种是联合式,一种是偏正式,还有一种是述宾式。

可是词素在构词上反映的意义是多方面的。现在分别为以下几种:

1.比喻义　比喻是常见的,而且有不同的比喻方式:

(1)明喻

　　盆地　雏形　林立　辐射　狐疑　绵薄

　　肤浅　笔直　橘红　月白　湖绿

(2)明比

　　木耳　耳房　河床　伤口　心房　针鼻儿　扣眼儿

(3)借喻

　　枷锁　机械　规矩　关键　眉目　荆棘

　　脸面　风波　本末　手足　爪牙

2.专指义　意义有特定的,所以称之为专指义,如:

　　垂青(黑眼球)　扫盲(文盲)　排头(站在队伍最前面的人)　对外(外国)

3.借指义　所指非本来的字义,借指别的意思,所以称之为借指义,如:

　　胸襟(指气量)　桑榆(指晚年)　后尘(指踪迹)　先锋(指领头的)

4.借代义　以物代人,或以物代物,是借代义,如:

　　椿萱　冠盖　衣冠　裙衩　泰斗　领袖　丝竹　社稷

5.转化义　去原来字义已远,转变出一种新义,所以称之为转化义,如:

　　白吃　白说　黄色(指小说)　用项(经费)　消息　声望　地道(真正的)

以上是从不同方面作的分别,仅仅是举例的性质,代表在构词上所表现出来的词义的发展。词义的发展有多种的样式,有许多问题还有待于深入研究。

1984 年 7 月 28 日

复句和多重复句

这里要讲的有三个重点：一是复句与单句的区别，二是复句的分类，三是多重复句的含义和怎样分析多重复句。下面分五个题目来讲。

一、复句的特点

一个句子有长有短，有的简单，有的复杂。复杂的句子不一定就是复句，单句也可能很复杂。是复句，还是单句，这要看这个句子的整体结构如何而定。在一个句子里，某一个句子成分，无论是主语，还是宾语，如果是一个句子形式，这样复杂的句子，仍然是一个单句。如果一个句子是由两个或两个以上的意义相关的句子组成的，彼此分立，互不作为句子成分，这样的句子我们称之为复句。组成复句的小句子，我们称之为分句。

一个复句总有整体的结构形式，全句有一个统一的语调。分句与分句之间，有较小的语音停顿。这是为了使听的人知道前边是一个句子，后边又是一个句子。说话时有语音停顿，在书写上就要加上一定的标点符号，比如："谦虚使人进步，骄傲使人落后。"我们说的时候，在"进步"后边就有短暂的语音停顿，表现在书面上就有一个逗号。复句中的分句有时是很复杂的，如果是多于两个的分句，中间就不止有一个逗号，有时要用上分号，有时要用上冒号。

一个分句可以是一个很完整的主谓结构，也可以是一个非主谓结构，比如："要积极发展轻工业，以适应日益增长的需要。"这个复句没有主语。当然，在说出这句话的时候，说者和听者都很了解，这个没有说的主语就是"我们"。后边一个分句的意思在于说明"发展轻工业"的目的。前后两个分句都没有主语。

复句中各分句的主语或相同，或不相同。相同的，有时在前后两个分句里都出现，有时因为前边已然出现了主语，后边就不再出现，这是经常见到的情况。还有的复句，前边分句没有主语，而在后边的分句里出现，这是由于符合修辞上的需要，或是为了表达上的方便使然。如果两个分句的主语不同，当然都要把主语说出来，不能省略。在我们说话或写作时，也经常出现另一种情况：后边分句的主语与前边分句的主语不同，而它的主语隐含在前边分句之内。主语

能不能省略,就看说的人与听的人能不能有一个共同的理解。如果不发生误解,大家都懂得,是可以省略的,如:

> 风从田野掠过,掀起一层一层的麦浪,一望无际。

这个复句前一个分句的主语是"风",后一个分句"掀起一层一层的麦浪"的主语也是"风","一望无际"的主语是"麦浪"。后两分句的主语都省略掉了。

> 树荫深处有一群小鸟,不时发出清脆婉转的叫声,使人感觉格外幽静。

这个复句的第一个分句"有"后边的宾语是"小鸟","发出清脆婉转的叫声"的是"小鸟","小鸟"应为第二分句的主语,但没有出现,隐含在前边分句的最后了。后面"使人感觉格外幽静"的是"叫声",那么,"叫声"又是第三分句的主语。三个分句联贯在一起,虽然有两个主语没说,意思还是清楚的。

另外,复句还有一个特点,就是复句中分句之间在意思上是密切相关的,而在语法结构上有两种情形:一种是顺着说下来,平行顺连的;一种是用关联词语连缀起来的,如用连词"虽然……可是、不但……而且"之类,或用副词"也、就、才"等等。这些关联词语表示分句之间种种不同的意义关系。

从以上的分析看来,复句有如下几个特点:第一,一个句子由两个以上意义相关的句子组成,分句之间不互为句子成分;第二,整个句子有一个统一的语调,中间有短的语音停顿,全句末有较长的语音停顿;第三,复句的分句在意思上是密切相关的,在结构上有的平行顺连,有的用关联词语来连缀。

二、关于区别复句与单句的问题

在研究汉语语法结构方面,对于复句与单句的划分存在一些困难的问题。这就是一个句子以某种形式出现时,是一个单句;同样的意思,前后稍微移动一下,就变为复句了。还有,有的语言学家认为某种形式的句子是单句,另外一些语言学家则认为应该归到复句里去,产生了不同的意见。吕叔湘先生在《汉语语法分析问题》这本书中就讲过(第 87 页):"单句复句的划分是讲汉语语法叫人挠头的问题之一。"不过,要解决这个问题尽管困难,我们还不能不从理论上结合句法的分析,根据语法上的特点来寻求区别单句与复句的标准。为进行教学的实际需要,这里提出几点看法,供同志们参考。

1. 如果一个句子的谓语部分是联合成分,中间没有语音停顿,或小有停顿而语流连接得很紧,只在句尾才有一个大的语音停顿的话,应当属于单句。

例如：

她心直口快。

"心直"与"口快"是连接在一起的联合词组作谓语,应当是单句。

老师不断地教导他,督促他。

这句的主语是"老师"。讲了两方面的问题,一方面"教导他",一方面"督促他",中间没有连词,语流还是很快的,应当是单句。

我们有信心而且有能力完成这项艰巨的任务。

这个句子里,"我们"是主语,谓语是连动式,"有信心、有能力"两个词组用"而且"连接起来,后面是"完成这项艰巨的任务",因此是一个单句。我们不能认为凡是有关联词语的句子都是复句,关联词不仅可以连接分句,也可以连接词组或单词。这里连接的是两个词组。

2.一个主谓结构的句子中某一成分是句子,那不是复句,而是单句。例如:

我没想到你忘了!

这句话的语流很快,中间没有什么停顿,它的结构是很清楚的。"想到"是谓语的中心部分,"你忘了"是个句子,做为宾语。这应属于单句。

内容要正确,表现形式要恰当,都是为了读者。

这句的主语部分是两个句子,"内容要正确,表现形式要恰当",中间没有用连词连接起来。如果没有后边那部分的话,就成复句了。现在这两个主谓结构连在一起作了这个句子的主语,谓语是"是为了读者","都"是副词,作状语。这个句子也是单句。

我们不允许这种现象再发生。

这句与第一句相同。这句的宾语是"这种现象再发生",它是一个主谓结构。这个句子是一个单句。

许多专家都一再表示他们一定竭尽全力为四化做出贡献。

这句的主语是"许多专家","表示"后边是宾语。这很清楚是一个单句,而不是复句。

3.两个句子所陈述的对象是一个,主语或在前一句出现,或在后一句出现,都是复句。例如：

> 他听到这个喜讯，有说不出来的高兴。

这句话中间有语音停顿，后一分句的主语也是"他"，因为在前一个分句出现了，所以后边就省去了。"听到这个喜讯"是前一分句的谓语部分，"有说不出来的高兴"是后一分句的谓语部分，这是一个复句。

> 早晨起来，他洗了洗脸，很快就到工地去了。

这是由三个分句组合在一起的。"早晨起来"的主语是第二个分句里的"他"；"很快就到工地去了"的主语也是"他"，第一和第三两个分句主语都省略了。这个句子是一个复句，不是单句。

4. 有些关联词既可以用于复句，也可以用于单句，不能认为有关联词的句子就是复句，应当从整个句子的结构来辨别。这就是要看它是一个主谓结构，还是两个主谓结构，是分句与分句组合在一起，还是一个句子里某一成分是一个主谓结构，不能只从有没有关联词语来定。例如：

> 那个孩子既聪明又活泼。

"既……又……"是一对关联词语。这句的谓语部分是一个联合成分，用"既……又……"连接在一起，这是单句。

> 只有肯虚心向人求教的人才能有进步。

这句话的意思是指出什么样的人"才能有进步"。前面"肯虚心向人求教的人"是全句的主语。这是单句。

> 然而一切西湖胜迹的名目之中，我知道最早的却是这雷峰塔。

"然而"是个连词，它在这句话中是与上文相联系的，与本句没有直接的主要的关系。句子前边的"一切西湖胜迹的名目之中"是附加成分，不是句子，而是一个词组。"我知道最早的"是主语部分，"的"后省略了"名目"一词。"然而……却……"属于关联词语，不能因为有这样的关联词语，就误认为是复句。

5. 复句中有一种紧缩的形式，句子有两个谓语部分，既不是联合词组，也不是表示使令意的兼语词组，意思的内容是表示一种转折、假设的关系，而又省去可用可不用的关联词语，第二个谓语前省去主语，句子中间也没有语音停顿，这很像单句，但不是单句。一般语法书称之为紧缩复句。例如：

你叫他也不答应。

这个句子,实际是由两个句子组合在一起的,它省略了第二个谓语前边的主语。应当是"你叫他,他也不答应"。把两个"他"压缩在一块,语流很紧凑,中间没有语音停顿。这种句式我们经常会用到。

另外,有一种句子是用关联词语的,大都是副词。例如:

大家越干越起劲。

这里两个"越"字是关联词语,主语是"大家"。句子展开后应该是:"大家越干,大家越起劲。"这类句子也是紧缩复句。再举两个例子看:

他一坐下来就看书。

"一……就……"是关联词语,把前后两个内容联系在一起了。"就看书"的主语("他")没有出现,同前面压缩在一起了。

他端起碗来就一口气喝完。

如果这句话去掉个"就"字,那么它就属于连动式的单句了。"端……喝"是一个连续动作,它和兼语式一样都属于复杂单句。有"就"字就是一个复句了。

对于紧缩复句,各家看法不同,有的著作把它归属于单句。不过,我们还是根据大多数的语法著作,把它归于复句里边。

三、复句的分类

复句是两个或两个以上的分句组合在一起的。分句与分句在意思上的连属有种种关系,也许是分别叙述的,也许是推理的,也许是说明事情的前因后果的,也许是表示一种假设或条件的。从全句的语法结构方面来看,分句与分句的语序有先后,为表达不同的意思,有时还要利用关联词语把分句组织起来。这里有一个问题:我们讲语法,是不是要完全从形式上来看呢?还是要照顾到句子的意思呢?这是一个值得研究的问题。我们认为学语法不是为学语法而学语法,学习的目的是为实际应用;任何一个句子都有它实际的意思,不能抛弃意思,单纯从形式上来讲语法。我认为如果能从语序和关联词语两方面跟意思结合在一起来进行分析,在教学上会有很大的便利。把形式与内容两者结合起来,就容易讲解清楚。

　　根据复句中分句之间的连属关系和所用的关联词语,可以把复句分为两大类:一类是联合复句,一类是主从复句。

　　联合复句的分句之间彼此的地位是平等的,没有主从的分别。随着内容的需要,多说一个分句,少说一个分句,或者由两个分句扩展到几个分句,都不受限制。它是平列的,顺说的,不分主次。主从复句则不然,分句之间就有主要和次要的区别。主要的分句是全句的正意所在。没有主句,单有从句,意思是不完备的。因此,凡是分句连接在一起,属于平行的叙述,或顺说,或分说等一些关系的一般是联合复句;凡是分句连接在一起属于转折、假设、条件、因果等一些关系的都是主从复句。

　　主从复句的分句通常是从句在前,主句在后,这是汉语的一般顺序。有时主句列前,从句列后,这大都带有补充说明的意味,有时是因为修辞上的需要而突出从句的内容。这种情况往往在文艺作品里出现,也有的是从翻译外文而来的,迁就了原文的语序。

　　联合复句不一定都要有关联词语,但主从复句因为意念的不同,大都有关联词语。当然,前后分句可以增加些内容,但前后连属在一起要受关联词语的制约。

　　下面分别列出联合复句和主从复句的各种关系和经常应用的关联词语:

A. 联合复句

1. 并列关系(也、又、既……又、一方面……一方面、一边……一边)

　　黑夜已经过去了,海面上露出了曙光。

　　那块地是一片从来没有开垦的荒原,人烟稀少。

　　篷子里饱孕着海风,海水上卷起一阵阵雪白的浪花,船追逐浪花急驶着。

　　我已经忘记了怎样和他初次见面,也忘记了他怎样到了北京。

2. 选择关系(或者、还是、不是……就是、要么……要么)

　　或者你到我这里来,或者我到你那里去,最好说准。

　　他不是到天津去,就是到上海去,在北京的时候很少。

3. 递进关系(不但……而且、不仅……还、而且、并且、甚至、不但不……反而)

　　这种桥不但形式优美,而且造价便宜。

我们的祖国,不仅土地广阔,而且物产丰富。

别说男人都按时到田里干活,就连妇女也都起早贪晚地忙个不停。

4. 连贯关系(就、便、接着、于是、然后、后来)

他有点儿激动了,站起来,推门出去了。

你刚走,他就来了。

5. 分合关系

历史的战争分为两类:一类是正义的,一类是非正义的。

一种是教条主义,一种是经验主义,两种都是主观主义。

B. 主从复句

1. 转折关系(虽然……可是、但是、然而、却、倒、只是、不过)

事情没有办成,可是走了不少路。

虽然他很年轻,但是很有才能。

别看他身体很弱,精神倒是很好。

2. 假设关系(如果、假如、倘若、要是)

如果敌人敢来进犯,我们就坚决消灭他们。

要是你认为可以这样做,我一定设法去办。

3. 让步关系(即使、纵然、就是、尽管)

即使我们的科学技术有很大的进步,也还要学习人家的长处。

好是好,就是价钱太贵。

尽管他不一定能来,也要通知他一声。

4. 条件关系(只有……才、只要……就、除非……才、不管……都)

只要我们肯用心钻研,就一定能成功。

只有干部与群众在生活上、思想感情上打成一片,工作才能顺利开展。

除非已经有了充分的把握,否则顶好缓办。

不管怎样忙,你也要去一趟。

5. 因果关系(因为……所以、由于……所以、既然……就、因此、因而)

这是对的,因为合乎事实。

既然他做事很认真,我们就应当相信他。

文艺的素材取自生活,因此作家不能不熟悉生活。

6. 目的关系(为、为了、为了……起见、免得、以便、以免、用以)

为了把事情办好,事先要考虑周到,以免临时手忙脚乱。

我们这样做,为的是使四个现代化早日实现。

梅雨季节过去以后,要把柜子里的东西拿出去晒一晒,免得日久发霉。

7. 取舍关系(与其……不如、宁可……也不)

我们与其坐火车,不如坐飞机,可以节省很多时间。

宁可提前到达,也不要迟到。

8. 连锁关系

群众越是信任我们,我们越是要谦虚谨慎,努力为群众服务。

你要多少,有多少。

他说到哪儿,就做到哪儿。

谁先到,谁买票。

四、复句分类的问题

复句的分类,各家的语法著作并不完全一致,有的分得粗疏一些,有的分得细致一些。粗疏的显得概括性强一些,细致的则把用不同关联词语所具有的意念关系表现得清楚一些。这样在归类上也出现一些不同,比如,有的著作把假设归于条件,这样的句子用"如果……就……"作关联词语。如果怎样怎样,可以是一个条件,所以有的书属于条件句。但那是一种虚拟的条件,因此有的书属于假设句。另外,有的书把假设归于让步,比如:"要是你认为这样做好,我就这么做。"这也可以说是一种让步关系,因为如果你认为这样做好,我就让步了。还有的书把让步归在转折一类,也有的书叫让转关系,归类颇不一致。

为什么出现这些不同呢?主要原因在于各家对复句分句间意义关系的着重点不同。有的着重在这一点,有的着重在另一点。举几个例子来看:

即使你不能来,在事先也给我一个信儿。

对这句话有的归于假设,有的归于让步。

　　虽然这里是一座偏僻的小镇,可是在春节的时候我们还过得很热闹。

这句话有的归于转折,有的归于让步。

　　水渠修成了,纵然不下雨,我们也有水灌溉了。

这与第二例一样,有的归于转折,有的归于让步。

　　文章与其长而空,不如短而精。

　　这类句子有的归联合复句的选择关系一类,有的归主从复句取舍关系一类。

　　那么,怎样处理好呢? 如果分得粗一些,把假设和条件归为一类,把让步与转折归为一类,未始不可;不过,为了避免笼统,便于教学,把句子分析清楚,还是分细一点好。当然要有细分的理由。我认为有两点可以提出来说一说:

　　(1)转折与假设语气不同,应当有区别。因为转折关系一类的从句所表示的事实是已经存在的,而假设关系一类的从句所说的是虚拟的,尚未实现的,两者不完全相同(参看人民教育出版社《汉语知识》219 页)。同样,转折关系的从句跟让步关系的从句也有这种分别,即属于转折关系的从句所表示的事实是已有的,属于让步关系的从句大都是虚拟的,最好分为两类(参看胡裕树先生的《现代汉语》增订本 404 页)。

　　(2)取舍关系的句子有比较得失的意思。用"与其……不如"作关联词语的,前者是从句,后者是主句;用"宁可……也不"作关联词语的,前者是主句,后者是从句;两者都同有主次之分。这跟联合复句的选择关系句(或称交替句)还有所不同,应当属于主从复句一类。

五、多重复句

　　多重复句这个名称,很早就在语法著作中出现了。单从名称上看,似乎不易理解,实际就是一种复杂式的复句,就是复句中有多层关系的分句。如果一个复句基本是一个联合复句,其中某一部分又可能是一个主从复句;如果一个复句基本是一个主从复句,其中某一部分又可能是联合复句或主从复句。要了解这种复句的结构,应当首先通读全句,从全句总的意思去看,第一步分清大的段落,然后再分析小的段落。

不论复句怎样复杂，所包含的分句怎样多，总有一个贯穿全句的基本结构关系：或者是一个长的联合复句，或者是一个长的主从复句。这是大的层次，是全句的主干。了解了大的层次以后，再分析构成大层次前后所有的分句之间的关系，这样就可以看出一个复杂式的复句是怎样构成的了。举出《汉语知识》241页的例子来看：

> 只要我们在今后进一步改善对青年的思想教育工作：（并列）把国家的真实情况和达到美好的将来的必由之路清楚地告诉他们，：（并列）在全体青年中间发扬艰苦奋斗的正气，：（并列）反对自私自利的歪风，｜（递进）并且努力纠正我们工作中的官僚主义、宗派主义和主观主义的错误，‖（条件）那么，我们就一定能够帮助广大的青年自觉地克服自己的弱点，：（并列）勇敢地愉快地迎接自己的战斗任务。

这里用的划线办法与《汉语知识》不同，根据一般的习惯，总感到划的线越多越表示重要，用在复句中划的竖线太多反而不合适，所以我采用了把多重复句两层主要关系之间画上双线的办法，首先明确地表明前后两部分的关系，然后再分析前后分句的层次，分别划单线和虚线。

这里的"只要……那么，就"是这个长句的关联词语。很明显，这个长句是一个表示条件关系的复杂的主从复句，"那么"之前是一个大段落，"那么"以后是一个大的段落。

在前一大段，由"并且"划分一个层次，前后两层是递进关系。在表示递进关系"并且"一词之前又是三个并列的复句。在后一大段中的两个分句，又是并列关系。只要我们首先分清了多重复句大的层次，然后再分析每一大段落中分句之间的关系，就很容易理解全句的意思了。

1981 年 6 月

关于汉语实词分类的问题[*]

研究语法必须虚实并举。实践固然重要,但必须以理论作为指导,所以理论的探讨是必要的。王力先生分别转类和分化,我很同意。

关于实词分类的标准,我的基本观点跟王先生一样,但也有一些小问题。首先,王先生认为词汇意义有决定性的作用,未免强调得多一些。名词和非名词的区别可以从意义着眼,动词和形容词的区别就不能单从意义着眼。词类是"词汇、语法范畴",语法应该是主要的。其次,功能论与形态论不能定优劣,尽管也强调形态优于功能,有的地方却并非从形态来看问题。例如"热闹"的两种重叠格式就是形态的不同。第三,要从发展看问题。"热闹"本来是形容词,后来又具备了动词的功用,这是一种分化。王先生认为"丰富起来"的"丰富"是形容词,没有分化为动词;我认为,从形态看,"密切了、丰富了"……已分化为动词。同样,"大起来了"的"大"具有动词词尾的形态,也应该看作动词。这是从发展看问题。这类现象不但今天有,来源很早(所以龙果夫把动词与形容词合称"谓词",而与"体词"相对)。看到语言的发展,就应该承认它们是跨类,如不认为是跨类,就得在形容词中再分出小类。第四,报告里似乎有过分简化、压缩、尽量减少跨类的倾向,从形态和功能来看问题不够,这也不符合实际情况。第五,报告中指出汉语实词的跨类大多数由于西洋语言的影响。我认为西洋语言对汉语肯定有影响,但汉语实词的跨类现象不是现代才有,在古代,跨类的情形更多,如"树"在甲骨文是种植的意思,为动词,到了《说文》已发展为树木的"树",而在汉代的文献里"树"还当动词用的,跟树木的"树"有一定的关系,并非同音词。所以跨类在汉语里是历来就有的现象,不完全是西洋语言的影响,因此,在划分词类时还要考虑到古今的问题,如在这方面多作补充,能对汉语实词的分类作出更好的说明。

---

* 本文为 1959 年 5 月在北京大学五四科学讨论会讨论汉语实词分类问题的发言。

清代的训诂学

一、传统训诂学研究的范围

训诂学是中国旧日"小学"中的一门,跟现代所说的"语义学"(semantics)类似。语义学研究的范围较广,如词与概念的关系、语音与语义的关系、语词的繁衍、词义的发展和变化、语义转变的原因等等。传统的训诂学研究的主要内容是:研究文字的确切的训解;探讨字义的本源;考察词义的引申和改变;归纳语词声音与意义的关系;研究虚词在句法中的作用;编写词典的办法。

二、训诂研究发展的历史

语言里的语词随社会的发展而有变化,语词的意义因时因地或有不同。后人读前代的典籍有不懂的词字,就须要有解释。词义之所以不易理解,主要由于古今言异、方俗语殊,或由于文语与口语不同,而文字在记录语词时又分歧多端,词义也有引申变化,因而在我国战国秦汉之际有不少书在解释一些字义。到汉代就有《尔雅》《方言》《说文》《释名》等字书和训诂书,代表古人对于字义研究的不同方面。《尔雅》或以今语释古语,或以通名释别名;《方言》以通语解方言;《说文》就字形以说义;《释名》就音以推寻事物得名之由。这些书流传下来,一直为后世研究古训的人所重视,成为历代研究词义的基础。

汉代以后,字书、音义书、韵书蜂起,如《广雅》《字林》《玉篇》《经典释文》《切韵》等书都是,而且历代讲解字义的书也很多,如唐代的《匡谬正俗》,宋代王观国的《学林》、孙奕的《履斋示儿编》、项安世的《项氏家说》,明代方以智的《通雅》等等。但大都缺乏系统的研究,特别是缺乏理论的建树。王安石的《字说》诚不足道。直到清代才把研究训诂做为一种专门的学问看待,而且有一定的理论和方法。《四库全书总目提要》把小学分为训诂、字书、韵书三类。

三、清人研究训诂的成就

清人研究训诂,成绩超卓,远迈前代。主要的成就表现在三方面:辨析字义,疏通古训;沟通语言与文字的关系;建立研究字义的理论和方法。

　　清人研究训诂所以能有卓著的成就,最主要的原因在于有古音学为基础,能根据声音以探求词义。陈澧说:"言以表意,字以表音。"那么,以声音为鋗键,则对文字之孳乳、形体之假借、词的内部结构、词与词在意义上的关联,都可以得其条理。所以戴震说:"训诂音声相为表里。"清人尊崇汉学,推崇许郑,对汉人的经传注解都殚精极思,寻其义例。以为要通经学,必通小学。因此,对许慎《说文》特别重视。他们有了音韵文字的丰富知识,对字义的研究就取得了极大的成就,有关雅学的著作也特别多。旁及古今的方言,注意的范围也有所增加。

　　他们所以度越前修,除通古音以外,在认识上不同于前人而值得我们注意的有以下三点:

　　一是明字有假借

　　古书难懂,一则是由于有古字古义,一则是由于文字有假借。清代学者注意到假借字与本字必为音同或音近。王念孙说(王引之《经义述闻序》):"诂训之旨存乎声音,字之声同声近者,经传往往假借。"段玉裁曾说(《说文注》示部"祇"字下):"凡假借必取诸同部(指古韵部而言)。"他们利用古音学的知识,从字的假借关系上推寻本字,解决了很多古书中难懂的字句。

　　二是明词义有转变引申

　　清人不仅认识到音有古今之异,同时也认识到词义有转变引申。这就注意到语义的发展和变通了。在段注《说文》、王氏《广雅疏证》、钱氏《方言笺疏》和郝氏《尔雅义疏》中讲到引申义的很多,以历史发展的眼光来说明一词多义。

　　三是明声义相通之理

　　在语言的发展中有许多语词是声近义通的。清人体会到谐声字中同声符的往往有共同的基本意义。王氏《广雅疏证·序》说:"诂训之旨,本于声音,故有声同字异,声近义同,虽或类聚群分,实亦同条共贯。"段玉裁说(《说文注》示部"禛"下):"声与义同原,故谐声之偏旁多与字义相近。",又说(《说文注》言部"誓"下):"凡同声多同义。"不仅如此,另一方面他们还发现语词中声母相同或韵部相同的字意义多相近,例如阮元《释门》一文指出"凡事物有间可进,进而靡已"的都与"门"声相近。钱大昕《潜研堂答问》又指出"毛传释《诗》,自《尔雅》诂训而外,多用双声取义"。推而广之,物体形似的,其命名也往往相同。程瑶田作《果蠃转语记》说:"声随形命,字依声立,屡变其物而不易其名,屡易其文而弗离其声。"把文字的形体和字的声音、意义都贯串起来了,成为研究训诂的一项重要理论。

四、清人研究字义的方法

清人利用以上这些知识进行训诂的研究，既有理论，又有方法。他们所应用的方法，概括来说，有以下七种：

1. 以经解字，以字解经 这是戴震和段玉裁所标榜的一种方法。所谓以经解字就是根据经传原文以推究字义，所谓以字解经就是根据文字的义训解释经传的文义。这是两者交相为用的意思。

2. 确定字的本义，根据本义说明引申义 字的本义，有些可从字形上来推断，有些只能从最早使用的意义来断定。清人重视推求字的本义，所以着重研究《说文》，以《说文》为因形求义的典范。《说文》所载往往是较早的古义，可据以说明一词多义的引申义。

3. 从声音的通转上解释古训 如钱大昕《潜研堂答问》指出"古字有正音，亦有转音。如求读若奇，难读如傩，敦读如雕……皆声之转"。戴震作《转语》，分同位正转和位同变转，都是为了说明声音文字意义的联系。

4. 以今语解释古语 古代郑玄、郭璞已经应用这种方法来说明古训古义。清人也很注意用现代语解释古语。

5. 因声以求义 清人理解到研究训诂不能脱离声音，凡谐声声符相同，古韵同部，声母相同，或古韵阴阳对转的字义多可通。王念孙父子最善于应用因声求义的方法来探求字义。王念孙作《广雅疏证》，不株守文字，而从声音上把意义相通的字都贯串在一起，他在自序里说："就古音以求古义，引申触类，不限形体。"他在《释大》里更是充类至尽。就唇音而言，"丰、封、旁、方、朴、甫、庞"皆有大义，这就是"不限形体"的最好的例子。

6. 比证不同文句以考察词义 如刘台拱《论语骈枝》释"有酒食先生馔"，释"子所雅言，《诗》《书》、执礼皆雅言也"。如王引之作《经传释词》考校词义，举同文以互证，举两文以比例，用互文、对文等以说明训释。

7. 从事物的名号上考核字义 如王引之《经义述闻》中有《春秋名字解诂》，从古人名与字上考察字的古义。

清人应用这些方法疏通许多不易理解的古训，解释不少向来没有解释清楚的词义，并初步注意到联绵词和虚词的研究，由单字语义的研究转向为有系统的字族的研究。训诂学也发展成为一门专门的学问了。

五、结　语

　　总起来看,清人训诂学的根柢就在于以声音通训诂。应用的方法,一言以蔽之,就是比较法。比较的材料有纵的一面就是古今,有横的一面就是同时代的各类材料。戴震说:"训诂音声相为表里。"又把"语言文字"合称,是符合现代科学语言学的观点的。王念孙所从事的字族义类的研究,有推求语源的意味。

　　清人研究训诂也不无缺点,其主要缺点如下:由段玉裁到俞樾,很多学者株守本字本义,墨守许书,把后起的字视为本字是错误的;声转过于宽泛,不合规律,动辄谓"一声之转",实不尽然;研究的范围局限于汉魏以上,对后代词义的研究很少;虽然重视古代方言,搜集了一些资料,但缺乏分时代、分地域的研究。

　　虽然如此说,但是在雅学和许学两方面都有很多重要的成就,他们所著的书籍对近代的中国语言学界都有很大的影响。章太炎、刘师培、黄季刚、王国维、沈兼士、杨树达诸家都在清人学说的基础上有了新的发展。瑞典人高本汉作《汉语词类》(Words Families),也是根据古音系统来研究语词义类的。前几年王力先生写成《同源字典》。同源字是指音义相近或义近音同、义同音近的字。这部书在前人论著的基础上又前进了一步,是研究汉语语义学的新的成就。近人应用清代学者的方法研究唐宋词曲小说中的词语也颇有成绩。训诂学将有更大的发展。

　　　　　　　　原载《周祖谟语言文史论集》,浙江古籍出版社 1988 年

训诂学的继承和发展[*]

这次能有机会参加我们训诂学研究会第二次年会,非常高兴。看到研究训诂学这方面的同志们越来越多,队伍越来越壮大,对我国语言学的发展将起很大的作用。苏州风景秀丽,现在虽是晚秋的时节,而绿树葱郁,花发似锦,在此景物优美的地方能与多年不见的老朋友、老前辈相会,得有论学之乐,也格外使人高兴。

训诂学是中国传统的特有的一门学问,它跟文字学、音韵学同样重要,甚至可以说还更重要。因为在今天我们建设社会主义文明的进程当中,训诂学跟我们很多工作有联系:一是训诂学跟整理古籍有直接的关系。我们知道要整理古籍,怎样去理解古代的词义,必须了解古人是怎样训释词义的。要能读懂古书和古书的注释,必须懂得传统的训诂学,否则就很难整理古书。二是我们要编字典、词典,总要给字或词加训释,如果没有训诂学的专门知识,不去研究训诂学,就不能编写出划时代的、在发展文化方面起重要作用的字典和词典。就是在教学方面也是一样的。我们给学生解释一个词,应当怎样解释才正确,在文句里怎样解释才恰当,都须要研究。所以我说训诂学直接跟我们当前的工作有联系。

我国是一个有悠久历史文化的国家,对世界文明有很多贡献。今后在语言学这方面也应当有所建树。我们应当研究训诂学,并结合现代语言学的知识,求得发展,以丰富普通语言学的内容。

现在有一个问题,我认为可以讨论一下,就是对传统的训诂学的成就,我们怎样去继承它,又怎样去发展它呢? 还有,继承和发展这两方面,就当前学术界的情况来说,我们又应当重视哪一方面呢? 我感觉这是一个问题。在这里,就一时想到的,谈谈自己的一点看法。

我想,要使训诂学振兴起来,我们工作的重点,首先是要放在继承这方面,所谓继承,就是要把前代训诂学的优良传统和前人研究词义的成果继承下来,

* 本文是在中国训诂学研究会第二次年会(1982 年 11 月)上的讲话。

认真领会,吸取其精华,掌握其方法,使之发扬光大。清代汉学家的吴派、皖派都是在训诂学上有成就的。晚近章太炎先生、黄季刚先生继轨前修,在这方面的贡献都非常之大。

中国训诂学的书籍很多,自汉代有《尔雅》《方言》《说文》《释名》等书以后,历代都有不少训释文字的著作,各有其特点。古代各种典籍,包括经史子集,有注解的也很多,注者怎样根据文义解释词语,不无类例可寻。我们都应当加以研究,整理成为有系统的知识。清代学者对训诂的研究成就最大,他们对解释词义,探讨词义的根源,以至说明词义的发展等都有创新的见解。他们利用丰富的文字知识和古音知识进行训诂的研究,既有理论,又有方法,使训诂学发展成为中国语言学的一门专门的学科。他们研究训诂所应用的方法至少有以下几种:

(1)以经解字,以字解经。这是段玉裁自己讲的,本之于戴震。以经解字,就是根据经传的文句说明字的古义;以字解经,就是根据字的形音义讲通经传的文义,由文字之有假借以疏通诂训。

(2)确定字的本义,根据本义来说明引申义。段玉裁《说文解字注》在这一方面很突出。

(3)从声音的通转上来申明古训。如钱大昕在《潜研堂答问》里指出字有本音(即正音),又有转音,从声音的通转推求字义的关系。

(4)以今语解释古语。这是从郑玄、郭璞以来解释字义经常应用的方法。

(5)因声以求义。一方面从谐声的声符来考察同一声的字所共有的含义,另一方面从声韵相同或声韵相近来说明字义之相近或相通。

(6)用比证文句的方法考证词义。如王念孙、刘台拱在这方面最擅长。比证法是非常重要的一种方法。

(7)由古人名号来考证词义。如王引之《春秋名字解诂》就是如此。

清人有以上这些方法解说字义,我们应当加以概括、总结。另外我们还要做很多的事情,例如训诂学史的研究、古代方言词语的辑录等等。只有对前人已有的研究成果有了比较全面的了解,才能有新的发展。就目前的情况来说,我们对于过去的东西还不是十分清楚,所以我觉得继承(整理和研究)很重要。

谈到发展,我们要在前人研究的基础上结合我们现在对古文字、古音韵、古语词的研究所取得的成果,应用新的观点,开创多方面的研究工作。前人研究古语用力多,研究今语用力少;研究单个词语用力多,研究全面词语用力少。有些问题只粗辟门径，未曾深入钻研。今天，我们就应当注意方言词汇的研究，贯串古今，探讨有关词语的训解和词义各方面的问题。我们还要注意探索规律，进行理论方面的建设，用理论来指导实践，譬如我们编词典，怎样来解说词义，怎样阐明词义的发展，都须要有理论作指导。汉语语词意义的发展也非常复杂，不是用一个引申义或比喻义就够了。从比喻义来说，有些联系到修辞。最初有人在文章里有过一种比喻的用法，后来慢慢地为人所仿效而变为通常应用的意义了。在现代的语言学书籍里也讲到词义的变迁，意义有扩大、缩小和转移几种现象，但不能说明词义变迁的缘由。我们应当根据丰富的历史资料，联系社会文化的发展和语言的发展探其根源，在理论方面有所建树。前人有一些理论都蕴藏在他们的整部著作里，如段玉裁的《说文解字注》、王念孙的《广雅疏证》就是如此。我们可以从中摘取出来，加以整理归纳，成为有系统的知识。

　　总之，我们研究训诂要对前人的成就有全面的理解和评价，在此基础上推陈出新。我们的任务不单是为了读懂古书去研究训诂，还要注意到实际应用，进一步为发展社会主义文化，发展语言科学，在编辑字典、词典以及推进语文教学等方面有所贡献，我们共同来努力，一定会取得新的成就。

为什么要汉语规范化

　　语言是人与人互相交流思想的工具,同时也是社会斗争和社会发展的工具。任何一个民族都须要有统一的民族共同语。不仅书面语言要一致,口头语言也要一致。这样才能充分发挥语言在社会生活中的作用。

　　汉语是汉族人民的全民语言,是世界上最发达最重要的语言之一。论使用人口之多,是没有第二种语言可以相比的。但是由于使用的人口多,分布的地区广,汉语的情况就很复杂,一方面方言非常分歧,一方面在使用语言上还存在着许多分歧混乱的现象。这对于我们整个的民族和我们所进行的伟大的社会主义建设事业都是不利的。

　　汉语方言在语音方面的分歧很大。声调的分歧先不谈,单就语词的读音来看,有些音在某些方言里是有分别的,在其他的方言里就可能是不分的,例如"书"跟"虚"、"人"跟"银"、"油"跟"肉"、"耕"跟"根"、"税"跟"费"、"四十"跟"十四"等等,在北京语音里是不相同的,但有些方言读起来就很相似,使人分别不清。汉语方言间语音上的差别性极大,说不同两种方言的人在一起谈话,往往不能互相了解,这是主要的原因。

　　在词汇和语法方面,各处方言虽然大体一致,可是也有不少的分歧,特别是日常应用的语词有很大的差异,譬如"我"就有"我、俺、咱、我落、阿拉"等等不同的说法,"什么"就有"什么、啥、吗、乜野"几种不同的说法。又如"白薯"有的地方叫"红薯",有的地方叫"芋头",但有的地方又管"山药"叫"白薯";"玉米"有的地方叫"棒子",有的地方叫"苞米",又有的地方叫"苞谷"。诸如此类,非常分歧。至于语法方面,方言的差异性比较小,但也不是各处完全相同,譬如"我先走",广州话说"我行先";"多买几本书"广州话说"买多几本书";"他们早已走了"苏州话说"俚笃老早去个哉"。所以说也不完全相同。

　　方言的分歧,无疑问,对于我们整个民族的团结,对于文化教育以及其他各方面的建设事业的发展都有极大的妨害。因此,我们必须求得口头语言的一致,这样一方面可以促进民族共同语的发展,一方面可以为实行拼音文字准备条件。

要求口语统一,是否做得到呢? 这是完全可以做得到的。因为自从伟大的人民革命胜利之后,由于政治、经济文化的迅速发展,方言已经开始向共同语集中。根据历史发展的结果,我们看得很清楚:汉民族共同语就是以北方话为基础而以北京语音为标准音的普通话。现在全国范围内能说普通话的人越来越多了,如果我们给普通话定出明确的标准,换句话说也就是确定它的"规范",然后通过教育和宣传,使普通话使用的范围逐渐扩大,方言使用的范围逐渐缩小,这是完全可以做得到的。所以大力推广普通话正是进行汉语规范化的必要措施。

汉语规范化的目的就在于加强民族语言的统一性,根据语言发展的内部规律,把语言在其发展过程中所产生的一些分歧现象适当地加以整理,引导它向更加完善的方向发展。

方言的分歧表现在语音、词汇、语法各方面的差异,还只是语言分歧的一方面,另外在使用普通话当中也存在着许多分歧混乱的现象,例如"水泥"也称"洋灰"、"维生素"也称"维他命"、"康拜因机"也称"联合机"、"照像"也称"摄影",这是名称的不一致。又如有人说"心情的欢欣、极度的深刻、热切地希望、成不了功",也有人把"检查身体"简称"查体"、"治疗的效果"简称"疗效"、"科学技术"简称"科技"、"植物保养"简称"植保",类似这种不正确的用法和生造词语都会造成语言的混乱。为了防止混乱,减少语言里的分歧,就迫切须要进行规范化,确定统一的民族共同语的语音、词汇、语法各方面的标准,使我们的语言无论在口头上,或在书面上都能够有一致的规范。

汉语在中华人民共和国内不仅是五亿以上的汉族人民共同的语言,而且是全国范围内各民族间强有力的交际工具。在国际上,汉语的重要性也一天比一天增长,许多国际朋友都热烈地学习汉语,汉语已经成为国际间重要语言之一了。因此汉语规范化问题,不仅为汉族广大人民群众所关心,而且也为各兄弟民族和国际朋友们所关心。

原载《中国青年报》1955 年 12 月 3 日

普通话的正音问题

现在全国各地都在进行推广普通话的工作,在推广普通话工作中首要的工作是要使各处说不同方言的人都能掌握北京语音。要掌握北京语音,这就联系到正音的问题。北京语音是普通话基础方言北方话的代表,北京音的语音系统是能代表北方话的共同趋势的,但是并非把北京音的一切读法都整个搬过来,北京的一些土音当然不能做为标准读音。对于北京语音的一切读法,如何取舍,就是正音上的一个大问题。关于这个问题,我们须要共同来讨论,来研究,使推广普通话的工作进展得更快,使汉语语音规范化得以早日实现。

关于正音问题,不能不先确定一些原则,做为研究具体问题的依据。我们大家共同认为以北京语音为标准音是指北京语音的声音系统来说的。

北京语音的声音系统自有它的内在规律,当然不宜有所增改,因为语音是构成语言的材料,一个词有一定的读音,改变语音系统就会牵涉到语言里的词的意义和语法的构造,就会造成语言的混乱。但是我们为什么又说不能把北京音一切读法都整个搬过来呢?这是说个别一些词的读音,如果普通话的基础方言里大部分都不这样读,在牵涉整个的北京语音系统的条件下,我们可以不采用北京的读法。因为普通话是说出来要人人都能听得懂的,普通话与基础方言是相联系的,不能以个别的某一地点特有的土音机械地搬过来做为普通话的读音。虽然是北京的读音,也须要加以选择。因此在正音问题上我们首先要注意某一些音是否具有极大的普遍性。这是就北京音和基础方言内其他地方的异同来说的。

就北京音而论,我们确定以北京语音为标准音,还应当以一般受过中等教育的北京人的语音为标准。因为语言是交际工具,同时也是发展文化的工具,在民族文化一天比一天提高的时候,全民语言的口语规范必然与文学语言的书面形式日趋接近。我们文学语言的规范必然是以学校教育、讲演、广播以及电影话剧上所应用的语音为准。一般没有受过中等教育的人,在读音上往往带着很重的土音,有些词还可能读错,所以我们须要以受过中等教育的北京人的语音为准。我们要建立起文学语言的发音,就必须肯定这一点。

我们还须要注意,日常会话的音和读书或向群众讲演的音不完全相同。文学语言的发音也必然不采取日常会话的音而采取读书音,因为读书音往往与历史传统的读法和一般方言的读音相合。我们要确定全民的语音规范,应当以读书音领导口语音,而不应当采取在日常会话当中所有的变音。这样才能合乎全民语言发展的规律,才能取得各地人民的承认。例如"把"(bǎ)北京人在日常谈话中有时说 bǎi,"棉花"(mián·huā)有时说 mián·huo,这些就不能作为标准。

另外还有一点值得我们注意,我们讲正音,是针对一个个词的读音来说的,除了一时不能肯定的以外,每个词最好只有一个读法,这样才能使口语逐渐趋于一致。现代汉语里复音词是占绝大的优势的,但是单音词还不少,一个单音词作为单词来用跟用作一个双音词的组成成分有时读音不同,例如"给"单用读 gěi,在"供给"一词里读 gōngjǐ;"剥"单用读 bāo,在"剥削"一词里读 bōxuē。这是就一般的读音来说的。"给"老的书音读 jǐ,"剥"老的书音读 bō,现在一般读"给"为 gěi,读"剥"为 bāo,未始没有区别单音词的同音词的作用。所以我们在正音上也须要注意怎样便于区分同音词的问题,这样对于将来实行拼音化会有很大的帮助。

以上所谈是一些基本原则。根据以上所说的基本原则我们再来看一下在正音上有哪些具体的问题,这些问题怎样处理比较适当。

一、同义两音的问题

一个词有不同的读音,有些意义相同,有些意义不同。意义不同而读音也不同的,当然要保存读音上的区别。意义相同而有两种不同的读法的,就须要加以选择。同义多音的内容很复杂,有的是读书音,有的是口语音,有的是口语里的变音,有的是新起的读音。遇到这种情形,怎样处理是一个大问题,关于这一类要根据具体的情况来定。这里只举一些主要的情况来谈一谈。

1.已经不通行的读音可以不采用,例如:

我 wǒ(旧音 ě)	麦 mài(旧音 mò)
肉 ròu(旧音 rù)	脚 jiǎo(旧音 jué)
窄 zhǎi(旧音 zé)	钥匙 yào·shi(旧音 yuè·shi)
贼 zéi(旧音 zé)	喝彩 hècǎi(旧音 hēcǎi)
缩 suō(旧音 sù)	

2. 适当地照顾语音的系统性,例如"理发"有 lǐfà、lǐfǎ 两读[①],但"白发"读 báifà,为求一致,不采用 báifǎ 音。

3. 取与北方方言和古今音演变条理相合的音,例如"波"有 bō、pō 两音,采用 bō,不用 pō。"含"有 hán、hén 两音,采用 hán,不用 hén。"谁"有 shuí、shéi 两音,采用 shuí,不用 shéi。"耕"有 gēng、jīng 两音,采用 gēng,不用 jīng。"提"有 tí、dí 两音,采用 tí,不用 dí。"混淆"有 hùnxiáo、hǔnyáo 两音,采用 hùnxiáo,不用 hǔnyáo。"气馁"有 qìněi、qìnuǐ 两音,采用 qìněi,不用 qìnuǐ。

4. 适当照顾北京音发展的趋势和新起的读法。凡是具有极大普遍性的,都应当采纳,例如"危险"有 wēixiǎn、wéixiǎn 两音,wēixiǎn 一音已经具有普遍性,应当采纳。"诬赖"有 wūlài、wúlài 两音,wūlài 已经具有普遍性,应当采纳。"暴露"有 bàolù、pùlù 两音,bàolù 一音已经具有普遍性,应当采纳。

二、轻音问题

轻音在北京音里应用得比较广泛。有些词有区别意义的作用,例如"大意"跟"大·意"(疏忽)不同,"冷战"跟"冷·战"(发冷而颤抖)不同,"地道"跟"地·道"(指货物真实,如"东西很地道")不同,后面一个音节都读轻音。有些词有区分词类的作用,例如"报告"是名词,"报·告"是动词;"练习"是名词,"练·习"是动词。另外还有很大一部分词,如复音单纯词(葡·萄、玻·璃、模·糊),并列式的双音词(规·矩、朋·友),带词尾的词(桌·子、石·头)和重叠式的动词(看·看、试·试)等,后面一个音节都读轻音[②]。这些都没有问题,可以照北京音来读。

但是在北京话里有些词后面一个音节可以轻读也可以重读,如果没有区分词义或词类的作用,最好一律采取原来的读音而不读轻音,例如:

记录　介绍　节目　坚固　支持　谨慎　职务

经费　成就　限制　仪器　待遇　修理　敷衍

还有一种情形值得注意:在北京音里,由于一个音节读为轻音,结果又产生一种变音,这种变读只见于日常会话里边,不宜采用,例如"拾掇"(shí·duo)后面一个音节是轻音,有时说成 shí·dou,"笤帚"(tiáo·zhou)后面一个音节是轻音,有时说成 tiáo·shou,"唾沫"(tuò·mo)后面一个音节是轻音,有时说成 tuò·

---

① 《新华字典》1971 年修订重排本已改为统读。

② 参看徐世荣《双音缀词的重音规律》,《中国语文》1956 年 2 月号。

mi，"耳朵"（ěr·duo）后面一个音节是轻音，有时说成 ěr·dou，诸如此类都应当照原来的音来读，不应当采用变音。

三、儿化词问题

儿化词不仅北京有，在基础方言内的其他方言里也有，但是在吴方言、粤方言、闽方言里就没有。北京音里哪些词可以儿化，哪些词不能儿化，不会说北京话的人很难捉摸。在正音上我们可以跟处理轻音的办法一样，除了必须儿化的以外，一律不儿化。

北京话里儿化的作用，主要有以下几种：

（1）表示小的意思，如"小孩儿、小猫儿、小床儿"，等等。

（2）区别不同的意义，如：花：花儿、心：心儿（菜心儿）、肝（人的身体的器官）：肝儿（牛羊的肝）、头：头儿（没头儿）、手：手儿（有一手儿），等。

（3）有"儿"无"儿"词类不同，如：吃：吃儿（没吃儿）、讲：讲儿（这个字没讲儿）、绊：绊儿（使一个绊儿）、盖：盖儿（瓶子盖儿）、卷：卷儿（一卷儿），有动词和名词的分别；又如：亮：亮儿（没亮儿）、尖：尖儿（没尖儿）、远：远儿（绕了远儿）、准：准儿（没有准儿），有形容词和名词的分别。

（4）表示特殊的意义，如"芽儿、玩儿、一会儿、一点儿"。

这些都是与词义有关系的，而且在基础方言内也比较普遍[①]，应当保留，对于南方人学起来也没有什么困难。

不过，北京话里还有很多儿化词，例如"村儿、梗儿、穗儿、绳儿"之类，都没有区别意义的作用，在普通话里是不是须要保留，就值得研究。我们也可以应用"村子、梗子、穗子、绳子"来代替，这样可能跟基础方言以外的方言更接近些，这就牵涉到词汇规范化的问题了。一般说起来，受过学校教育的北京人口里说的儿化词并不很多，例如"手腕儿"说"手段"、"围脖儿"说"围巾"。因此，凡是可以儿化也可以不儿化的词，在正音上都可以采用不儿化的读法；在词汇方面可以不用儿化词的也可以用其他通用更广的词来代替。这样对于推广普遍话将起积极的作用，同时也没有牵动北京音的语音系统。

四、地名和方言词语及外来语问题

地名应该适当地按照当地的读音来读，这样才能使人听得懂，例如河南渑

---

① 各处读音不一定完全相同。

池县,河南人都读 miǎnchí,而字典一向都标 mǐnchí,这是不正确的[①]。又如叶县,当地人说 yèxiàn,而没有说 shèxiàn 的,字典音 shèxiàn 也是不合适的[②]。字典的音大部分都是根据古代的读书音来拼的,往往与当地读音不合。凡是这一类都应当改正,例如山东"莘县"音 shēnxiàn,不读 xīnxiàn;四川"垫江"音 diànjiāng,不读 diéjiāng[③];湖南"茶陵"音 chálíng,不读 túlíng;广东"番禺"音 pānyú,不读 fānyù。这些地名的读法都应当根据当地的音来读。

至于方言词语有些已经吸收在普通话里而且有了一般通行的读音了,当然应当照已经约定俗成的读音来读,例如"垃圾"读 lājī,不必照方音读 lèsè。但是有的还没有完全通行,如果有人应用在文学作品里做为一个方言词来使用,那就应当照方言来读,例如"尴尬"音 gāngà,不宜改作其他念法。

另外就是外来语的问题。外来语中有些是古代或近代输入的,过去已有沿用的一致读法,当然不须要改动。如果有两种不同的读法,例如"月氏"有 yuèzhī、ròuzhī 两读,"卡车"有 kǎchē、qiǎchē 两种读音,"卡片"有 kǎpiàn、qiǎpiàn 两种读音,就应当确定一个读法。现代新吸收的外来词,凡是译音词或一部分译音的词都不必按汉语的声调来读,可以一律按接近的语音来读。这里会涉及很多专名译音的问题,希望各学科部门能够在译名上做一次审定,使各种译音的名词更接近原文的读音,同时要合于北京语音的声音系统。总起来说,普通话的正音问题是当前为推广普通话首先要做的工作。以上所谈的几个实际问题,最主要的是同义两音的一类。轻音和儿化词的问题不仅和语音有关,同时与构词有关,还须要联系词汇规范问题一起讨论。在这里只是指出一般的问题,做为进行推广普通话教学上的参考。

原载《中国语文》1956 年第 5 期,1986 年 12 月作者重订

---

① 《新华字典》1971 年修订重排本已改为 miǎn。
② 《新华字典》1971 年修订重排本已改为 yè。
③ 《新华字典》1971 年修订重排本已改为 diàn。

论普通话的语法规范

从去年召开了全国文字改革会议以来,大家对于汉民族共同语的形成已经有了明确的认识。汉民族共同语就是以北京语音为标准音、以北方话为基础方言、以典范的现代白话文著作为语法规范的普通话。今年 2 月间国务院在《关于推广普通话的指示》里对于这一点说得非常明确。

普通话以北京语音为标准音,这是大家都能理解的。因为北京从明清以来就是全国政治、经济和文化的中心,近百年来随着北方官话的传播①,北京语音早已成为大家公认的标准音了。关于这一点不须要多谈。至于说普通话"以北方话为基础方言",而又说"以典范的现代白话文著作为语法规范",这些道理不易理解清楚。例如,普通话和它的基础方言在语法方面的关系如何,为什么说普通话以典范的现代白话文著作为语法规范,所谓典范的现代白话文著作的特点是什么等等一些问题,都需要我们共同来研究,使我们对于汉民族共同语的规范了解得更明确一些,更透彻一些。这些问题的研究,对于我们推广普通话、进行语文教学和促进汉语规范化的工作都有极密切的关系。

关于这一些问题,我们可以从普通话与基础方言的关系、白话文与普通话的关系两方面去了解。《苏联大百科全书》指出②:

> 通常做民族语基础的是部族语言,这种部族可以因某一种方言的影响而发生更大的变化,但影响部族语的这种方言必定是由于政治或文化条件而提升到第一位的,并能充分反映该语言发展的一般趋向的。这样的方言在词汇和语法方面往往好像是该语言的方言系统中的过渡的、最典型的和最中立的方言。例如,俄罗斯民族语形成时,情形就是这样的,它是在南部大俄罗斯诸土语(尤其是库尔斯克-奥勒尔方言)的影响下形成的;乌克兰民族语形成时,情形也是这样的,作为它的基础的是坡尔塔发-基辅方言;

---

① "官话"的名称是从明代开始的。明万历中张位在《问奇集》的"各地乡音"条说:"大约江以北入声多作平声,常有音无字,不能具载。江南多患齿音不清,然此亦官话中乡音耳。若其各处土语,更未易通也。"这里所说的"官话"就是公共使用的语言,也就是共同的口语。

② 《苏联大百科全书》第二版第二十五卷《标准语》(《文学语言》),译文载《中国语文》1954 年 11 月号。

法兰西民族语形成时，情形仍是这样的，作为它的基础的是法兰西岛省（Ile-de-France）的方言。

从这一段话里我们可以知道，民族共同语通常是在某一方言的基础上发展起来的。基础方言的地区总是在这个民族的文化上和政治上占重要位置的地区[①]。

从历史上来看，汉民族共同语——也就是普通话，是在北方话的基础上发展起来的。北方话是汉语方言的一种，这种方言分布的区域极广，包括大北方、西南各省和长江中部及下游沿江一带，它充分反映了全民语言发展的趋势，而且从宋元以来就产生了许许多多以这种方言口语为基础写成的文学作品，这种书面语言也就是大家所说的"白话"。这些作品流传很广，使非北方话区域的人对于北方话也逐渐熟悉起来，而且受到北方话的影响。明清以来，北京是全国政治和文化中心，以北京话为代表的北方话传播一天比一天广，于是逐渐取得方言区之间的交际工具的地位，汉民族共同语——普通话就在这样的基础上建立起来了。所以我们说普通话是以北方话为基础方言而发展起来的。

但是，事实很明显，基础方言只是基础，并不是说这种方言就是统一的民族语言。普通话无论在词汇或语法方面都比北方话丰富得多。

北方话包括的范围很广。就大的范围来说，有所谓北方官话、西南官话和下江官话之分，而每一种还可以细分为若干小的方言。这许多小方言在口语里不仅语音、词汇有些差别，在语法方面也有一些不同，例如：

（一）陕西[②]

你要不要，说"你要哩吗不要"；你去不去，说"你去哩吗不去"。

我跟你一块儿去，说"我连你一块儿去"；我的年纪和他一样，说"我的年纪连他一样"。

把火柴拿来，说"拿洋火拿来"；把书拿来，说"拿书拿来"。

他起不来，说"他不得起来"；过不去，说"不得过去"。

（二）内蒙古

没有几天，说"不多几天"；没有几个人，说"好不几个人"。

一天比一天好，说"一天好起一天"[③]；一个比一个高，说"一个高起一个"。

---

① 参看罗常培、吕叔湘《现代汉语规范问题》，《中国语文》1955 年 12 月号。

② 汉语方言的调查资料不多。这里所举的行政区域的名称，只是说下面的一些例子见于这个区域之内，并非整个区域内都是如此。

③ 陕西说"一天好出一天"。

你穿着很薄的衣服,这样冷天气不能出门,说"你穿着精薄的衣裳,这样冷天道治不得出门";柴火都是湿的,不能烧了,说"柴火都精湿的,治不得烧"。

(三)河南

我拿得动,他拿不动,说"我拿动了,他拿不动"。

你告诉他,说"你告给他"或"你告他说"。

我到城里去,说"我往城"或"我去城"。

说得很好,说"说哩怪好";重得拿不动,说"重哩拿不动"。

(四)四川

到底你知道不知道,说"到底你晓不晓得"[①]。

我比他小两个月,说"我小他两个月"。

照着这样做就很好,说"照倒这样做就好"[②]。

(五)湖北

有没有,说"有没得"或"有不有"。

拿得动拿不动,说"拿不拿得动"或"拿不拿得起"。

给我一本书,说"把本书我"或"把我一本书",或"把本书达我"。

由此可见,普通话虽然以北方话为基础方言,但是基础方言内部在语法方面也并不完全一致。那么,普通话的语法规范究竟以什么为标准,确是一个值得研究的问题。

从汉语发展的历史来看,作为全民族共同语的普通话的语法规范,是在以北京话为代表的北方话的基础上建立起来的[③],但又更加精练,更加发展。所谓精练,是去掉北方话内部的一些特殊的、共同性较小的成分;所谓发展,是以过去丰富的历史传统为基础,在北方话之外又吸收了古语成分、外来语成分和其他方言中有用的东西,使语言更趋于精密,更能适合全民族的文化生活和社会活动的各个方面。所以在词汇方面普通话比任何方言都丰富,在句法方面也比任何方言都复杂,同时它的语法规范也最巩固。因为它的语法规范已经在书面语言里巩固下来了,那就是现代的白话文。我们不能离开已经在全国流行的"白话"另外去找普通话的规范。

现代白话文的语法规范是在汉语发展历史中经过一段相当长的时期而形

---

① 湖北话也这样说。

② "照着"说"照倒",湖北也是如此。

③ 北京话流行的区域也很广,不限于北京城。

成的。从宋元直到明清,用与口语直接相联系的白话所写的文学作品非常丰富,这些作品就是现在的民族共同语书面形式的主要来源。其中大部分作品都以北方话为基础,但也或多或少地带有地方色彩和与口语不完全相应的文言成分。很早的不用说,就是时代比较近的《红楼梦》的语言也是如此。直到20 世纪初,随着民族民主革命运动的高涨,汉民族共同语——普通话开始加速形成,全民的、与活的口语相结合的书面语言形式才真正建立起来。这种书面语言就是五四运动以来的现代白话文。五四运动以来的现代白话文是根据大多数人都能了解的普通话来写的,它跟普通话的形成和发展是相联系的,普通话的语法规范就明显地表现在典范的现代白话文里,所以我们说普通话的语法规范应当以典范的现代白话文著作为准。所谓现代,主要的是指五四运动以来而言。

白话文也有种种不同的白话文,有的是不文不白的白话文,有的是掺杂许多不必要的方言成分的白话文。不文不白的白话文称不得是现代的白话文,掺杂许多不必要的方言成分的白话文称不得是典范的现代白话文。

所谓典范,包含两方面的意思:一方面是符合全民语言的规范,不用特殊的方言土语;一方面是经过文学的加工,不仅精密、完整、正确,而且善于运用全民语言所有的丰富的表达手段,成为使用语言的模范。典范的现代白话著作,就是能够体现民族共同语语言规范的文学语言。民族的文学语言不仅应用在文学作品,而且应用在文化、科学、教育各个方面,它对于民族文化的发展有极其广大的作用。文学语言必然是全民的共同语经过高度加工的形式,这种形式,主要是书面形式,是许多著名的作家和杰出的政治家以及优秀的文化工作者等所建立起来的。它具有内部一致的明确规范。这种规范,是使用语言的人都必须遵守的。

自从解放以来,书面语已经基本上统一于白话,书面语在口语的基础上随时在提高它的精密和丰富的程度,同时也就对口语的发展起着集中和提高的作用[①]。我们要求我们语言更精密、更发展,并且形成全民口语的统一,就须要以书面语言领导整个语言向更完善的方向发展。因此根据汉语历史发展的事实,在找出普通话的语音标准和它的基础方言之外,同时又指出它的语法规范应当以典范的现代白话文著作为依据是十分必要的。这对于今后的语言教学和语

① 　参看《人民日报》1955 年 10 月 26 日社论《为促进汉字改革、推广普通话、实现汉语规范化而努力》。

言科学研究工作也都有重大的指导意义。

　　总起来说,普通话是全民的共同语言,现代白话文就是全民共同语表现在书面上的加工形式,所以普通话的语法规范就必须以典范的现代白话文著作为标准。目前在使用语言上还存在着很多不合语法的现象,我们应当特别重视典范的白话文著作的学习,提高语文修养的水平,消灭用词和造句方面不应有的混乱现象,以促进汉语规范化的实现和汉语进一步的发展。

　　　　　　　　　　　　　　　　　　　　　　　1956 年 6 月

加强认识我们语言的优点

世界人口的总数约计有二十三亿,中国的人口将近五亿,当全世界人口总数的四分之一弱。单就各国人口的数目来说,中国无疑地要居于第一位了。这样人口众多的国家,在语言上除了说各兄弟民族母语的约有五千万人以外,其余都是说汉语的,总数包括海外华侨一千万人在内要超过四亿三千万。这种语言在世界语言中所处的地位之重要,就可以想见了。

但是近百年来因为中国长期处于半殖民地的地位,很多资本主义国家的学者故意把我们和我们的语言压低,有些语言学者甚至于污蔑我们的语言是野蛮的,是没有语法的。这正可以表明他们对于我们抱着如何的恶意。近三十年以来,固然也有一些修养较深的语言学者认识到我们的语言是进步的,语法是特殊的,不过也只是粗枝大叶地注意到一部分的性质,并没有深刻的了解。

至于咱们自己,天天说这种话的人,是不是完全了解了呢?简单的答语是"没有"。当然,连我也在内。这不是说大家不会说话,指的是我们对于自己的母语认识得还不够,缺乏有系统的知识。但是没有知识不要紧,不能不重视知识,我们热爱祖国、热爱人民,对于祖国人民大众的语言就要有深切的认识和了解。

现在我简单地谈谈我们语言的优点。这仅是个人一点粗浅的认识,提供出来,请大家批评。我认为我们语言的优点有五项:

1. **句法简洁**。我们语言的造句法是非常简洁明爽的。我们说一句话着重在表达一个最主要的概念,对于一种事物,或叙述,或描写,或判断,都是很具体地把意思的核心直接了当地说出来。同时因为说者着重在表达一个整体的意思上,所以凡是听者可以明了,或从上下词句的互相贯注上可以显然知道的都可以不说。随便举几个例子来看,例如:"他这么一说,大家听了都觉得很奇怪。""你去看看,给我买一个茶杯来,要是不好就别买。""没地方避雨,把衣服都淋湿了。""农民翻身了,吃的也好,穿的也好。""我叫他来出去给你买点心吃好不好?""这地方可以浮水。"像这些话的意思都非常清楚,没有人听不懂。如果细分析起来,其中基本句法的主要部分并没有一一具备,可是明快得好!我们说话的习惯就是如此，平时很少用极其繁复冗长的句子。有时思想的内容尽管是多方面的，但是具体地说出来的时候，一定要有步骤有层次地分作几句话来说，不能浑然堆成一句。这是多少千年来陶镕的结果，不容我们忽视。

2. **有特有的准确性**。我们的语言没有像欧洲的语言那样有许多形式的变化，可是什么意思都能正确地表达出来，并且有它特有的准确性。最重要的是，任何一句话的意思必须从语词的次序和上下文来决定，这是汉语最大的特点。例如"他们都不来"和"他们不都来"，"滚不下去"和"不滚下去"，"不"的地位不同，意思就差得很远。"书在哪儿"和"哪儿有书"，"书"的地位不同，所说的书就有有定和无定的分别。有时要表达一些连续的动作，一个简单句可以包容两三个动词，动词的先后就代表动作的先后，例如"我们等一会儿去"和"我们去等一会儿"，"他开门出去"和"他出去开门"，区别就很大。从这些例子足可以看出我们语言的结构在简捷中自然有它一定的思维上的次第，语词是不能随意倒换位置的。这种思维上的次第，就是我们民族特有的语言形式。换句话来说，就是有它一定的规律。还有，我们说一句话因为意思的着重点不同，于是用词的次第也就不同，例如"我在北京住"和"我住在北京"（平常的语调）两句的着重点是不一样的，前者不侧重"住"，后者侧重"住"，意思就有区别。我们不可以轻视我们的语言，以为我们平常说话是随随便便的，实际上我们说话自有它的准确性。推而广之，凡是限制词或条件句我们所以要放在被限制词或被限制句的前面来说，是有意义的：或者我们着重这些东西，所以要先说；或者认为有先说的必要。因为限制词先说，可以提前交代清楚，免得听者疑惑；条件句先说，由于那正是一个必先经过的推理过程。这就是我们表达思想的方式，也就是我们语言中词与词、句与句互相制约的一种关系。这是一种新的看法。惟有这样，我们才能够认识我们语言在表达思想上是科学的、是进步的。资本主义国家的学者骂我们没有科学的头脑，实在不值一笑！从今我们要认识我们表达各种观念的方法，把语言的形式和思想的内容作为一个整个的有机体来看，要特别注意内在的逻辑的关系。

3. **历史悠久，词汇丰富**。斯大林同志说（见《论马克思主义在语言学中的问题》）："语言是属于社会现象之列的，从有社会存在的时候起，就有语言存在。语言是随着社会的产生而产生，随着社会的发展而发展的。"我们的祖国有极悠久的历史和文化，语言的词汇随着社会的发展也就累积得多起来，有些陈旧的词固然有随时消失掉的，但是一个时代一个时代所增加的新词就非常之多。现在我们口里说的语词,除了从远古传下来的基本词汇以外,很多的词都是汉唐两代已经有的。这些历史上语言的丰富遗产,就是我们的宝物。尤其从清末到现代,新的语词,特别是复音词,增加得更多更快,所以无论什么事物,我们都会有正确而且生动的语词来叙述它,我们表达语意的时候是不会感觉到枯窘的。举例来说,语言是由劳动创造出来的,单讲手的动作词,在我们活语言里就有"打、拔、扯、托、抱、揉、捋、扶、折、抓、拉、抹、拿、拍、按、拽、拴、捉、挪、掐、接、端、捧、掏、推、插、捏、摇、夺、捻、扒拉、抖搂、掂掇"等等一百个以上的语词(包括单音词和复音词),或指一个手的动作,或指两个手的动作,各式各样,多得几乎数不清。从这一点上足可以认识我们语言的内容是如何的丰富了。

4. **比喻和形象的描写特别发达**。语言是反映现实的,现实的事物表现在外面最清楚的莫过于它的形象,所以文学家特别注意比喻和描写,借此把具体事物形象化以后,才能给人一种生动而深刻的印象。在这一方面,我们的语言是最擅长的,因为比喻和描写形象的语词自古以来就特别发达。单就现代口语词来说,像"灯泡儿、信瓤儿、鼻梁儿、嘴碎、多心、高明"等一类的复音词,不论它的组合形式如何,都是一种比喻的说法。还有我们说一种东西,名词和数词中间常常加上副名词(亦称助名词),像"一封信、一道河、一眼井、两支笔、一袋烟"等,这种副名词是汉语特有的东西,在语法上固然有它的功用,就在语言的表达方法上也是一种具体形象化的表现方式。至于一般描写形象的语言,那更多得不可胜数了。就像"横三竖四、七手八脚、浮来暂去、蹑手蹑脚、慢条斯理、不干不净、没精打彩、乱七八糟、提心吊胆、东张西望、一五一十、大模大样"之类的形容语,都很生动;尤其生动的是后面加上了重叠词或形容语的那些描写词,例如"黄澄澄、白花花、绿油油、黑糁糁、光溜溜、热腾腾、暖烘烘、冷清清、阴森森、颤巍巍、虚笼笼、笑咪咪、泪汪汪、咸津津、甜丝丝、酸溜溜、香喷喷、硬帮帮、热咕嘟"等一类的词,把形象和感觉表现得非常清楚、非常灵活,这种表现的方法不是别种语言里所有的。

5. **富于声音美**。我们的语言是声音优美的语言。构成声音美的条件很多,像拟声词、重叠词、双声叠韵词,以及语句中节奏的匀称、四声的错综等都是极优良的条件。拟声词在汉语里是特别发达的,有由摹拟物的发声而起的物名,像"鸭子、老鸹、布谷、蛐蛐儿、蝈蝈儿、铃铛"等都是;有摹拟各种物声的词,像"扑通、哗啦、丁当、嘎吱、咕咚、刺啦、咯噔、稀里哗啦、叽里呱啦"等都是。后一种不但在口里说,而且在文学里大量地应用,这是最能表现我们语言的声音美的。重叠词包括的较广,像"慢慢儿的、远远儿的、老老实实、干干净净"一类是加重语意的重叠词;像"高高低低、弯弯曲曲"一类是表示两种形象前后重复的重叠词。这些在声音上都有顿挫的功用,在外国语言里是不多见的。至于双声叠韵的语词更是汉语所特有,如"容易、伶俐、仿佛、高贵、报告、变迁、唠叨、糊涂"之类前后两个音节彼此都有相同的部分,不是双声,就是叠韵,造成了音律的和谐。再从句子上来看,我们用词造句常常有一种要求节奏整齐和节奏匀称的倾向,例如"抗美援朝、保家卫国"就是很好的例子。同时我们说一句话又有四声音调的错综在里面,此起彼伏,抑扬高下,形成声音的错综美。所以富于声音美也是我们语言的特点。

上面所说,都是针对我们自己的语言来说的,不涉及文字问题,也不涉及和其他语言比较的问题,所举的例子都以现代语为限。我们说它是优点,并没有任何的夸张。也许有人会说这些不完全是优点,其中有的是缺点。不过,在没有彻底研究清楚以前,我不愿意说什么。无论如何我以为我们必须要明了这些,要把一向因为不认识祖国的伟大而生的自卑感去掉,要把资本主义国家的学者们专门注意形式的看法去掉,才能有进一步的新的认识。在此我不宜讲得过多,但从上面所举的简单实例,已经可以知道我们语言的优点所在。我们的语言是可爱的,我们要加强认识我们的语言,认真地热烈地学习我们的语言。

原载《语文教学》(天津)1951 年第 4 期

学习《标点符号用法》

我们在写作中应用标点符号,目的就在帮助读的人好懂好念,它跟我们应用文字一样,也是帮助我们正确地表达思想的一种工具。文字之间加上标点符号,不但可以把文句中的逻辑关系和文句的正确含义表达清楚,同时还可以把语言的情调、声音的停顿等都表示出来,所以它的功用很大。

因此,我们写文章的时候,不但词句要清楚正确,就是一个标点符号也要用得正确,这才是肯于对读者负责的态度。如果意思说不明白,固然人家看不懂,说得不恰当,也容易使人误解;同样,应用标点符号也是如此。符号用得不正确,人家会发生误解,无形中丧失了标点符号的作用;甚至于有时会铸成大错,发生不好的影响,那更不能不注意了。例如10月14日《人民日报》所载高子君《为消灭报纸上的错字而斗争》一文里曾经提到:《浙江日报》5月17日三版"杭市华新、纬成等十余厂千余工人开会,悲愤控诉反革命罪行"的报道中,把"说到特务周芳怡,徐福美的仇恨更深"句中的","号,错印成"、"号,结果把控诉者徐福美也错成为特务了。这就是一个很值得注意的例子。同时我们须要更进一步地认识到:标点符号用得不对,就是思想不够明确的表现,例如很多中学生的写作里,一段文章之内常常点的都是逗号,左找右找,找不到一个句号,这就充分表现出作者本人思想的不明确。所以我们必须了解标点符号应用得正确是写作上基本的要求。

但是以往很多人对于这一件事情不很重视,在写作的时候也就信手一点。同一个符号,有人这样用,有人那样用,很不一致。最苦恼的是学生们,他们看到大家应用的方法不同,莫知所措,结果只好随意点"点儿"。至于写文章要加标点符号的意义更无从了解了。还有很多翻译的书籍,对于标点符号有时也不太负责,比照原文,照样一点,常常出错。这种混乱的情形是必须要澄清的。

最近中央人民政府出版总署公布了《标点符号用法》,其意义之重大,无庸赘言。我们有了这一个规定的标准以后,凡是动笔写文章的人都应当切实认真地来学习,在语文教学上尤其应当特别加以重视。

这一份文件里把标点符号分为两大类:一类是表示语言停顿的符号,有句号、逗号、顿号、分号、冒号、问号、感叹号七种;一类是在书面上对某一种情形特别有所标识的符号,有引号、括号、破折号、省略号、着重号、专名号、书名号七种。前者是完全跟语言配合的,后者是进一步在书面上帮助别人了解文意的东西,各有它的正确用法,不能乱用。

我们读了这一份文件,一定会发现其中有很多的特点,如分类精当、解说详明等都是。我感觉其中最主要的在于指出前七种符号在应用上和实际语言的关系。换句话来说,就是指出这些符号不是凭空而设的,是配合着语言中的停顿而来的。我们说话的时候连续发出许多声音来,并非像数数儿那样"一——二——三——四——五"式的均匀地说下去,一般都是依照自然的规律要有一些停顿。这种停顿,固然也有生理上的需要,为了换气而然;但是由于语言本身的需要居多。我们说话的习惯,凡是意思最近的总放在一起来说,意思与意思之间往往有一个停顿。这种停顿的作用就是为了把意思分别清楚,好使听的人容易懂。凡是停顿的地方都与语义、语法、语气有关。有意思未完的停顿,有意思说完了以后的停顿,有分别列举的停顿,有表示提示的停顿,有表示问语口气或感叹口气的停顿等等。停顿的性质各有不同,所以就着这种种的情形而设出上面所说的七种符号来。语言的停顿属于哪种性质,书面上就用哪种符号。凡实际语言中有停顿的地方,咱们写文章的时候就随着声音的停顿加上适当的符号。但是要注意:凡实际语言中没有停顿的地方,咱们就不能勉强加上上面所说的符号。文件中把符号跟语言的停顿联系起来加以透辟的说明,这是最切实不过的。

了解这一点精义以后,应用起来就不会"莫知所措"了。我们养成习惯以后,能够正确地应用它,自然借此也可以检点语法上有没有错误。这是一举两得的。我们必须重视这一份文件,热烈地展开学习,为书写语言的精确化而斗争!

原载《光明日报》1951 年 11 月 10 日 6 版

正确地使用标点符号

中央人民政府出版总署在9月间公布了《标点符号用法》，这是中国人民文化教育使用上一件重大的事情。对于标点符号的用法，我们有了这一个正确的标准以后，不但目前在应用上混乱的现象可以早日澄清，而且所有从事写作的人也可以由此在书写上求得更精确的途径。因此，我们必须了解其意义，并且普遍地展开学习，正确地使用标点符号。

文章里应用标点符号，自"五四"时期就开始了。当时一部分新人物为了在书写上把语意表达得更清楚起见，参照了外国书籍所用和本国沿用的符号应用起来。开始的时候，虽然没有广大的群众基础，又跟旧日读书人只用圈点的习惯不合，但是因为用起来很方便，大家也就乐于效法。可是，从"五四"到现在已经三十多年了，在用法上始终没有一定的标准。有些人是完全模仿外国文中的用法的，但是模仿之中，从违去取之间，又互有不同。还有一些人对于这一件事情素不重视，写文章的时候也就不免"信手"一点，滥用逗号、破折号；有时写出"?!"这样一个符号来，又问又叹，兼容并包，令人不知所措。这样就造成一种混乱的现象。最苦的是一般年青人，他们看了人家写的，简直莫名其妙，于是在自己写作的时候不是逗点到底，就是随笔乱点。真正会用句号、逗号、分号、破折号的百里挑一。这种现象，今日必须加以纠正。

我们可以肯定地说，标点符号应用得正确，是写作的基本要求。因为标点符号是在书面文字中帮助我们明确表达语义和语气的工具，没有它，人家不容易看明白；用错了，人家就发生误解。我们必须养成随写随点的习惯，一方面切实地为读者负责，一方面借此检点自己的思想是否已经表现得清楚，文句是否明确，这都是非常必要的。为了符合这种需要，我们就应当细心地学习每一种符号的用法，多多练习，正确地应用在文章里。

就我所知，一般人不会应用的不是专名号或书名号之类，而是句号、逗号、顿号之类。最严重的现象是很多中学生根本不知道文句中哪里要点，哪里不要点，举例来说，我们常常在一句话的开头"我"字之下点上一个"，"号，岂不令人奇怪？现在可好了，出版总署所公布的文件恰恰解决了这些困难。这一份文件里根据我们民族语言的形式,经过科学的分析,正确地指出语言和应用符号的关系。那就是:符号是跟语言的停顿相配合的,有停顿,就要用符号来表示这个停顿。可是语言中有种种不同性质的停顿,因此也就要用不同的符号来代表它。句号、逗号、顿号、分号、冒号、问号、感叹号之类就是配合着这些停顿而设的。如果会正确应用这些符号,同时也就把语句中的逻辑关系表示清楚了。这是一个重要的发明。过去出版的许多讲标点符号用法的书,还没有联系到语言的声音和意义的内容发挥得这样透辟的。我们应当认清这一点,从这一点入手学习。

除这一点以外,更须要特别指出的是:原件对于标点符号的分类和各种符号用法的指示,是集中过去大家应用的习惯并且结合目前实际的需要而定的。它有广大的群众基础,它符合今日广大人民的要求,跟"五四"时期单由一部分人物所创始的情形大不相同了。现在及时地公布出来,确实值得我们称赞,同时我们要知道语言是社会上调协共同活动的工具,在当前史无前例的统一局面下,我们不但要谋求发展民族共同语,而且在书写上我们还要要求标点符号的统一:这正是为进一步发展我们文化教育事业所必备的条件。我们应当为这一份文件的公布而欢欣,努力学习,把"正确使用标点符号"作为我们在写作上应负的责任,为发展伟大祖国的文化而奋斗!

原载《大公报》1951 年 11 月 28 日

根据马克思主义语言学说论汉语标准语和方言问题

斯大林的天才著作《马克思主义与语言学问题》已经发表四周年了。在辉煌的马克思主义的学说指导之下,中国关于语言学各方面的研究,无论是汉语的研究,或是少数民族语言的研究,都有了正确的方向,而且获得了不少的成绩。斯大林的著作是对于马克思主义科学的卓越贡献,特别是当我们正在研究文字改革问题的时候,他的书对于我们有极其重大的指导意义。

中国文字改革的步骤大体上已经有了,研究汉字简化和拟定字母及拼写方法的工作也都正在有领导、有组织地进行,可是关于确定标准语的规范问题和对于方言与标准语之间的关系的认识问题,还没有充分讨论,大家的意见也很不一致。有人认为应当以首都语作标准语,有人就认为应当以普通话作标准语,这是第一个问题的分歧意见。关于第二个问题,有的人会这样想:汉语的方言很多,读音又不统一,要在全国范围内根据一种标准音来写拼音文字,是不是有困难呢? 另外的人以为既然目的在于改革汉字,何不应用几种方言拼音文字呢? 如果根据一地的语言来写,别处的人不会说这样的话,语音和词汇等都不对头,岂不很麻烦吗? 像这类的意见,常常听到。这两方面的意见如不求得一致,对于文字改革的工作将是一种障碍。我们现在必须先提出来,充分地加以讨论,以求意见合一,然后伟大的文字改革事业才能顺利地逐步完成。

要统一认识,须要有科学的理论做根据。那么科学的理论根据是什么呢? 在这里就是斯大林的语言学著作。我们如果能够认真地在马克思主义的科学理论的基础上去考查实际的具体问题,上面所说的两个问题就很容易获得解决。

现在请先谈确定标准语的规范问题。要谈标准语的问题,我们先要问什么是标准语,怎样来确定标准语的规范? 简单来答:标准语就是全民性的统一的共同语。对于一个民族来说,标准语就是民族共同语。至于标准语是不是人为地创造出来的呢? 那完全不是的,它是在一定的方言的基础上发展成的。斯大林说:"地方('地域')方言,是替人民群众服务,并且有自己的文法构造和基本词工。因此,某些地方方言在民族形成过程中可以成为民族语言底基础并发展为独立的民族语言。例如,对于成为了俄罗斯民族语言基础的俄罗斯语言中的库尔斯克-奥勒尔方言(库尔斯克-奥勒尔'话'),情形就是如此。"①这样说,也许有人要问,标准语既然是在一定的方言的基础上发展成的,那么,在各种不同的方言中到底哪一种方言可以成为标准语的基础呢? 答案是:这是要由历史来决定的,不是由少数人的主观愿望来决定的。斯大林说:"马克思论到统一的民族语言形成道路的问题时说:'方言集中为统一的民族语言是由经济和政治的集中来决定的。'"②由此可见民族语言的形成乃是历史发展过程的结果。如果我们明白了这一点,自然可以解决汉语的标准语问题。

康拉德在《论汉语》里说:"清代的官话在地区上说是广义的北京方言,可是它同时是在封建国家的可能范围内成了全国语言(也是口语)的那种地方方言。由于北京是 13 世纪元代以来全国文化和国家生活的中心,北京方言因此就成为汉民族语的基础。"③这种看法是完全正确的。因此,我们可以确定北京话有资格做为标准语的基础。

但是在这里须要指明一点,就是:标准语是在一定的方言的基础上发展起来的,但不一定到底恰恰跟这种方言完全相等。苏联语言学家阿夫洛林在《苏联北方各部族的标准语与方言》中曾经指出:"标准语的基础应该是许多方言或土语中的一种。然而,标准语虽在主要的和有决定性的规范中紧密依靠着这个基础,可也不能完全就等于这个基础。标准语比任何方言都要丰富,在精炼程度上,在规范性上,都跟方言有区别。"④因此,我们如以北京话为标准语,做为拼音文字的根据,北京话中的个别的复杂语音和特殊的俗语土语自然不能做为标准。简单来说,就是应当以中央人民广播电台所播送的首都语为准。首都语事实上在词汇方面已经吸收了很多原来非北京所有的词汇,并且在语言的文学加工的形式上,在全国范围内已经起着主导的作用,——换句话来说,它已经是全民的文学话言(包括口头的、书面的)的基础。这跟北京的土语应当有所区别。所以我现在提出应当以首都语做为我们的标准语,拼音文字就以此为依据,其语音、基本词汇和语法构造自然跟北京话没有什么两样。

---

① 《马克思主义与语言学问题》第 43—44 页。

② 同上,第 12 页。

③ 康拉德《论汉语》第 23 页,中华书局 1954 年。

④ 根据王辅世、刘涌泉的译文,见《中国语文》1954 年 4 月号第 29 页。

这样说,有人不同意,要提倡用普通话做为标准语。理由是全国能说北京话的人不多,能说普通话的人却很多,道地的北京话和其他方言的共同性,比较普通话少[1],因此应当以普通话做为标准语。

在这里我愿意指出,这样的提法是不正确的。主要有三点值得注意:

(1)通话不指明地域是不对的,这样说很容易被人误会为南腔北调的普通话。严格说起来,南腔北调的普通话没有自己一定的标准的语音系统。如旧日所称的北方官话、南方官话、西南官话,虽然在词汇、语法上有很多共同之点,但是语音没有一致的标准。如果说要以普通话做为标准语,那么,到底以一种什么话的语音做拼写的依据就无法确定,所以必须指出是哪一个地域的普通话才行。我们不可忽略了斯大林所说的"有声语言"的重大意义,我们不可忽略了标准语的规范性。我们说要以首都语做标准语,就是在语音上要以首都语为准则,因为它有一定的规范可以遵守。

(2)普通话包括的地方方言很多,语法上还会有些彼此矛盾的地方,在推行拼音文字上就越发不好办了。在上面所引阿夫洛林的著作中曾经指出:"有意识地把来源不同的成分混合起来,作为建立标准语的基础——不论混合一种语言的不同方言的规范,或是混合一种方言的不同土语的规范,都是一样——这种企图不可避免地最后必定走到反马克思主义的马尔学派的语言通过杂交而发展的公式上去,与斯大林的语言学说毫无相合之处。因此这种企图应当最坚决地放弃。维诺格拉多夫院士在他的一篇报告中完全公正地说:'民族语的民间方言基础的问题有很大的历史的、文化的和政治的意义……在制定全民语规范的时期中,在积聚各种各样的、各有应用的界限的文体的时期中,特别重要的是标准语和严格确定的一种民间方言的基础之间要有牢不可破的联系。'我'自己还要加上一句,就是,这样的与方言基础的牢不可破的联系对于任何标准语都同样是必不可少的。"[2]这话足供我们参考。

(3)另外,我们必须注意到确定首都语为标准语的政治意义。斯大林说:"语言既是交际的工具,同时也就是社会斗争和发展的工具。"[3]我们不应当把文字改革的事情跟语言的发展分割开。我们可以想象得到:以标准语为依据,以拼音文字所写出来的书报对于发展祖国文化教育事业将会起极大的推动作

---

① 刘进《谈民族共同语》,《汉族的共同语和标准音》第 33 页。

② 根据王辅世、刘涌泉的译文,见《中国语文》1954 年 4 月号第 28—29 页。

③ 《马克思主义与语言学问题》第 21 页。

用。这种出版物不但在学校里可以帮助培养青年掌握民族语言的规范,同时它也将深入最偏僻的地区,以提高人民的文化水平。所以必须以我国全国政治、经济、文化达到高度集中的首都的语言为标准才对。再从少数民族语言的发展上来看,他们的语言中将有很多科学的术语、政治经济的名词借自汉语[1],汉语必须有一定的规范。少教民族在参加祖国伟大的社会主义建设当中,他们都热情地要学会汉语,汉语没有确定的规范,叫他们怎样来学呢? 由此就可以看出,我们有必要确定首都语为标准语。假如我们定一个含义不清的"普通话",那不但给发展祖国经济文化建设事业上增加一重障碍,同时也失去了标准语在促成汉民族语言的一致上所应起的作用。

因此,我认为:我们的民族共同语就是首都语。这是关于第一个问题的讨论。

底下还须要谈一下方言与标准语的关系的问题。标准语的规范如果这样确定下来了,是不是有意排斥其他方言,消灭其他方言呢? 肯定地说:不是的。所有方言的词汇都会在一定的程度上为标准语所采用。标准语在它的继续发展的过程中一定会大量吸收方言中适用的新鲜的词汇,达到更丰富的程度。标准语对于一切方言都有均衡的作用。它一方面可以促成标准语和方言间差异的消失,一方面又可以促成方言与方言间差异的消失。方言词汇被标准语吸收了以后,这些原为某一方言所有的词又会通过标准语的应用而进到另一种方言里去。同时,在拼音文字推行以后,其他方言的特点也就逐渐消失了。在很老的老年人的口里即便还保存着方言土语,可是所有的青年一定就慢慢地能说标准语了。这样,不同的方言将自然地消磨成为统一的语言。统一的语言的存在也就是许多不同的方言改造的基础[2]。这就是标准语与各处方言发展的趋势。正如斯大林在他分析民族语言与方言的相互关系时所着重指出的那种情形:其他方言丧失了自己的独特性,溶入这些语言中,并在这些语言中消灭了[3]。这是语言发展的规律。推行拼音文字固然是一种文字改革运动,但是它与发展民族共同语有不可分离的关系。确定标准语的意义也就在这里表现出来了。

在了解了标准语和个别方言的关系以后,我们还有一个问题须要讨论一下,那就是今后以首都语音为标准音的拼音文字是否行得通的问题。

---

① 参看袁家骅《壮族语文问题》,《中国语文》1954 年 6 月号。
② 参看康拉德《论汉语》第 20 页。
③ 见《马克思主义与语言学问题》第 44 页。

我们知道汉语方言是很多的,可是其间的差异主要表现在语音一方面,至于基本词汇和语法构造则大致相同。当然每一种方言都有它一些自有的词汇,在语法构造上也有一些特殊的情况,例如粤方言、闽方言、客赣方言、吴方言都有其特色。像北京话"你先说吧",广州话说"你讲先喇";我给你这个,广州话说"我畀呢个你";你的小刀儿在这儿没有,厦门话说"你有(念ㄝ)刀仔(念ㄚ)有在(念ㄉㅣ)这块抑无";我说,你听得懂,你说,我听不懂,厦门话说"咱讲汝听有,汝讲咱听无";给我点儿水,上海话说"拨点水我";你有没有钱,吴兴话说"你阿有铜钿"等都是。但是除了粤方言、闽方言、客赣方言、吴方言以外,其他的方言在语法方面几乎没有很大的出入。人称代词、指示代词、疑问代词、语气词等基本上是相同的。虽然在语音方面,方言之间有些差异,但是甲方言与乙方言在语音上的不同却是有规律可寻的,而且除了粤方言、闽方言、客赣方言、吴方言以外,各地区的语音共同之点还是很多的。首都语的音系在汉语方言中是最简单的,其词汇和语法又足以代表广大地区的方言。由此可以推知在推行以首都语为标准语的拼音文字的时候,对于广大的方言地区而言,是不会有多少困难的。当然在推行的时候,要由点到面,逐渐推广。先在某些地方某些方面进行,等到取得经验以后,再有计划地逐步开展。并且,为了减少学习上的困难,对于粤方言、闽方言、客赣方言、吴方言几个方言区域,就须要多做些准备工作。假如先就个别方言与标准语的异同做一些说明,包括语音、词汇、语法各方面,这样就会有极大的帮助①。

其次,我们也可以明显地看出推行拼音文字成功的可能性。首先我们可以看到语言中的地方特点在乡村保留得最多,城市各阶层居民的语言早在人民革命胜利以前已经在相当的程度上受到北京话的影响。跟大城市中心有联系的乡村地区的居民因为很多要入城谋生,所以北京话的这种影响在不同的程度上也曾经透过城市语言渗入到乡村里去。特别值得注意的是:伟大的人民解放战争胜利之后,人民的经济地位有了根本的转变,生活日益丰裕,文化教育事业日益发展,城乡之间居民的交际往来一天比一天活跃,乡村的居民抛弃了许多与新社会的生活不相适应的方言词汇,大量地学到了属于社会、政治、经济各方面的语词和反映新的生活情况的语词,这些都在语言中造成很大的变化。主要的变化是方言成分逐渐减少,属于共同语的成分逐渐增多。这正是推行拼音文字

---

① 像王力先生的《广东人学习国语法》(《广东人怎样学习普通话》)就是很好的参考资料。

的一个极有利的条件。我们应当看到这种新的语言中发展的情况。斯大林说："语言从一种质过渡到另一种质,不是经过爆发,不是经过一下子消灭旧的和建立新的那种方法,而是经过逐渐的长期的语言新质和新结构的要素的积累,经过旧质要素的逐渐衰亡来实现的。"[①]由此,也可以证明他的话非常正确。那么,我们完全有理由可以相信有计划地、有步骤地推行拼音文字是一定可以成功的。凡是抱有保守思想的人可能还没有认识到这一点,所以有提醒的必要。还有在拼音文字逐渐推行开以后,自然而然会促进方音特点的消失,虽然有人提议应用几种不同的方言拼音文字来进行文字改革,但那是不必要的,在这里也就不用再去讨论它了。

　　原名"根据斯大林的学说论汉语标准语和方言问题,"载《中国语文》1954年第6期,后改为此名收入中华书局1956年出版的《汉族的共同语和标准音》

[①] 《马克思主义与语言学问题》第25页。

学习斯大林的语言学说改进我们的语文教学

——纪念斯大林逝世一周年

全世界劳动人民的伟大导师约·维·斯大林已经逝世一年了，他一生对于全人类的卓越贡献是人们永远不能忘记的。他留给了我们许多光辉的马克思主义的经典著作，这些著作对于我们的工作都有极重大的指导意义。

关于语言学，他的《马克思主义与语言学问题》这部天才著作对于一切科学的发展都起了极大的作用。他创造性地提供了马克思主义的新的语言学原理，对于语言学的基本概念和范畴——语言的特征、语言与经济基础和上层建筑的关系、语言的全民性、语言发展的内在规律、语言的构成要素、语言和思维的联系等，都给了严格的科学的规定。关于语言的发展和社会的发展的关系、语言在人类发展史中的作用等问题，也都作了极精辟的解说。这不仅对于语言学的改造和发展有极大的贡献，就是对于语文教学也指示了一个新的途径。所以在这一部伟大的著作发表以后，苏联的语文教学有了很大的改革，我们也一定要以苏联为榜样，认真地学习斯大林的著作，并且吸取苏联的经验，贯注到我们的语文教学当中去。

我们的语文教学，在教学制度、教学内容和教学方法上须要改进的地方很多，需要大家提出意见，共同讨论。根据斯大林的科学的语言学说，针对我们目前的情况，我愿意提出三点来谈。

一、语言教学的系统化问题

斯大林告诉我们："语言既是交际的工具，同时也就是社会斗争和发展的工具。"所以语言的学习应当是语文教育的重要部分。1951 年 6 月 6 日《人民日报》的社论《正确地使用祖国的语言，为语言的纯洁和健康而斗争》一文也说过："语言的使用是社会经济政治文化生活的重要条件，是每人每天所离不了的。学习把语言用得正确，对于我们的思想的精确程度和工作效率的提高都有极重要的意义。"现在我们中学里对于语言教学虽已重视，可是摆在面前的问题，如怎样完成学会听说读写的任务，怎样才能保证教学的质量等，都还有待大家进一步来研究改进的办法。这里只想提出比较基本的一点，就是语言教学必须系统化，例如下面所举的都是语言教学的重要项目：语言在社会生活中的重要性；全民的民族语言的特点；语言现象的全面的知识（包括语音的知识）；文学和语言的关系；文字和语言的关系。

这些都要有系统、有步骤地去进行。苏联在语文教育中对于语言教学非常重视，他们的中等学校在俄语一方面有语法课和文学讲读课，学生在语法课上理解文学语言的结构和它的规律，在文学课上理解最典型的文艺作品，两者分开来进行，而又有密切的联系[①]。这种办法是很好的，我们应该向他们学习。为了提高教学的质量，并且免去教师有顾此失彼的毛病，我们的语文课在文学和语言两方面也应该走向分设专课的道路。文学讲读课着重在讲解作品的思想内容，讲解作者怎样反映现实，怎样选择正确明白和生动有力的语言来表达他的思想，他的作品的风格怎么样，同时也涉及文体一方面的知识。语言的教学则着重讲解学习语言的意义和怎样从历史的观点去观察语言的现象，讲解祖国语言的语音、词汇和语法构造的科学知识，并且培养学生运用语言表达思想的能力。这样如果两方面能够取得联系，互相配合，自然能够获得更好的教学效果。

二、语法教学问题

语言教学中最重要的两部分是语法教学和词汇教学。1950 年 11 月，苏联科学院文学语言部和苏俄教育科学院曾经召开联席会议，根据斯大林论语言学的著作，具体规定了改善苏联学校语文教学工作的原则，做出决议。这件决议是很重要的一个文件，对于我们语文科学工作者和语文教师们都有很大的启示[②]。决议中明白指出苏联学校的俄语课程应以语法为基础，同时强调指出词汇的学习也是不可缺少的。这两方面在我们的语文教学中还没有很好地开展，是目前须要讨论的课题。

我们的中学有些虽然曾经进行过语法教学，但是学生所得的益处不大，很多教师对于讲授语法也缺乏信心，因为既无一定的办法，又无适用的教本，所以感到非常困难。要改进，我们首先要从思想上认识语法的教育意义。苏联教育

---

① 见《苏联语文教学的新方向》改订本第 78 页，五十年代出版社 1952 年。

② 译文见《苏联语文教学的新方向》。

家 H·B·拉赫曼诺夫说[①]:

> 研究经千百年来形成的、它在语言中已是根深蒂固的语法构造,一定可以使学生了解语言结构,并使他们易于达到掌握语言的发展规律、语言的内在规律的目的。语法之具有重大的教育意义,是在于它有助于发展思惟、养成观察现象的能力,综合与分析它们,从观察所得的事实中做出一定的推论和结论。

这就是说,学习语法的任务在于使学生掌握基本的语法规则,并且能在说话和写作中实际地运用。教师应该教会学生怎样观察、分析与比较语言的事实,探求其间的联系,区别出最主要的、最本质的东西,做出结论和概括的说明。语法的教育意义也就在此。

其次,我们必须有一个适用的教本,不但要与学生所学的文学课本相结合,而且要有足够数量的练习,内容上注重词法、句法、词序、虚字四方面,目的在使学生从反复练习中学习表达意念的方法,理解祖国语言的内在规律,而不在死记知识,死背公式。另外,语法与逻辑、修辞的相互关系也须要注意。这样,在教学上既得到便利,学生也有了实践的机会;他们学了以后,也容易达到熟练的地步。如果单单讲一些理论是不会有好的效果的。因此,语法工作者须要尽快地整理出一个比较完整的语法系统来;语法教学的目标和教学的步骤也应该由有关的机关及时拟定。这是一件很重要的事。

三、词汇教学问题

词汇的教学在我们中小学的语文教学中还没有足够地被重视,这是极大的缺点。斯大林说:"语言的文法构造和基本词汇是语言的基础,是语言特点的本质。"他又说:"词汇反映着语言发展的状态,词汇越丰富,越纷繁,那么语言也就越丰富,越发展。"足见在语文教学中丰富学生的词汇是很重要的一件事。高尔基说过:"在文学创作领域内,语言上的——语汇的——贫乏,永远是修养不高的标记,并且总是和思想上的贫乏分不开的。"[②]词汇的贫乏和不善于运用词汇,正是许多学生的通病。注重词汇教学应当是今后语文教学的重点之一。

[①] 《苏联语文教学的新方向》第 17 页。

[②] 引自叶高林《略论文艺学的几个问题》,见《斯大林论语言学的著作与苏联文艺学问题》第 54 页,时代出版社 1952 年。

　　但是怎样做好词汇教学的工作呢？做好词汇教学的工作，首先要编辑教科书的人对于这项工作有明确的认识，使词汇在课文中的出现有一定的计划和范围，编辑小学的语文课本尤其要重视这一点。做教学工作的人在进行教学当中至少应当注意下列五方面：使学生建立词的观念，理解字与词的分别；指出词的构成方式；讲解词的用法和词与词的配合，并指出必须熟悉而且会用的词汇；指出丰富词汇的方法；讲解同义词的分别。

　　这里面建立词的观念是非常要紧的，因为汉字的难写难认，不适于做很好的记录语言的工具，是人所尽知的，我们的文字一定要走上拼音文字的道路，所以在中小学的语文教育中必须使学生建立词的观念，打下基础；同时惟有这样，才能理解祖国语言的内部规律。

　　这里有一点值得特别提一提，就是词汇教学须要与语法教学和文学教学相结合，不能孤立地进行。

　　从斯大林的光辉不朽的学说中，我们会找到很多关于怎样改进语文教学的启示，现在仅仅提出这三个问题来做一个开端。

　　总之，我们语文教学中所存在的问题还很多，在国家过渡时期总路线的灯塔照耀之下，我们为配合国家的经济建设，必须逐步地解决它。谋求解决的途径，必须向苏联学习。苏联的教育是世界上最进步的，以苏联人民的高度智慧，他们在长期教养下所积累的教学经验是非常丰富的。他们怎样把语言教育和思想教育结合起来，怎样重视语言的训练和文学的教养，怎样运用一些极其重要的教育原则进行教学，我们都须要好好地学习。全国的语文工作者和语文教师都要热烈地认真学习斯大林的学说，吸取苏联的先进经验，有计划有步骤地应用到学校的语文教学中去。

原载《语文学习》1954 年 3 月号

语言学界必须充分展开讨论和批评，肃清资产阶级唯心论的观点

任何一种科学，要得到发展，必须展开争论和批评。斯大林在《马克思主义与语言学问题》里指出："谁都承认，如果没有不同意见的争论，没有自由的批评，任何科学都是不可能发展，不可能进步的。"这是一个很明显的规律。从最近全国文化学术界对于俞平伯研究《红楼梦》的资产阶级唯心论的错误观点展开讨论和批判一件事来看，更可以证明没有批评，就没有进步。

现在世界上的思想体系只有两个：一个是工人阶级的思想体系，一个是资产阶级的思想体系。我们在学术上不肃清资产阶级的各种错误思想，任其流衍滋蔓，那就不可能把马克思列宁主义思想在学术的领域上建树起来，那就跟我们国家向社会主义过渡的伟大的历史使命相抵触，那就是忽略了文化建设事业与国家工业化建设事业有不可分割的关系，斯大林在《辩证唯物主义与历史唯物主义》中说过：旧东西和新东西间的斗争，衰亡着的东西和产生着的东西间的斗争，衰颓着的东西和发展着的东西间的斗争，便是发展过程底实在内容。在人民新中国的学术界中，不容许资产阶级的唯心主义的观点和方法存在！在这次关于《红楼梦》研究的讨论过程中，每一个文化教育工作者都受到了重大的教育，并且深刻地认识到：这次讨论是马克思列宁主义思想与资产阶级唯心论思想的斗争，这是一场严重的斗争；而且问题不仅仅限于古典文学研究一方面，所有文化学术的部门都应当积极地稳步地开展对于胡适派资产阶级错误思想的批判，使学术走向健全发展的道路。

现在我们来看一下语言学的研究工作当中是否也存在着唯心主义的观点和方法呢？胡适派的学术观点是否也曾经渗入到语言学里来呢？如果答"没有"，答"不曾"，恐怕都是不正确的。近三四十年来中国的语言学者接受了资本主义国家语言学的研究方法，不可能不受到资产阶级唯心论语言学理论的影响。胡适的反动的资产阶级的学术观点过去对于哲学、历史、文学都有过很大的影响，对语言学方面一定也是如此，例如胡适反对从汉语本身的规律去做汉语语法的独立研究，他说（《胡适文存》卷三）："我老实规劝那些高谈独立文法

的人：中国文法学今日的第一需要是取消独立。但独立的反面不是模仿，是比较与参考。"这种反动的轻视自己民族语言独特性的资产阶级的观点就害人专向外国的语法里去比附，去找解释。这就是一个极明显的例子。胡适大捧瑞典人高本汉的《中国音韵学研究》，认为在大学里讲了高本汉的学说，一切关于中国语言学的课程都可以不要。因此，高本汉所有的说法，也就被一些学者奉为圭臬。甚至于他在一些书里说汉语是单音节语，这种不合客观实际的说法，至今还有人相信。高本汉甚至于说"北京的国语是一种最可怜的方言"，"汉语语法事实上很贫乏"，诸如此类，都是十足的带有诬蔑性的言论，必须加以严格的批判。胡适在政治上是反动的，在学术上同样是反动的。他所宣传的哲学思想是资产阶级的实用主义。实用主义否认客观的存在，否认客观真理，认为凡是有效果，或能使人满意的就是真的，这种思想无疑问是彻头彻尾的主观唯心主义，是反科学的，是反马克思列宁主义的。从上面所举的事实，就足以说明胡适所贩的是什么货色了！在旧中国的时候，语言学在胡适派资产阶级思想笼罩之下，很多研究工作是偏枯的、繁琐的、脱离实际的。只孤立地注意到语言的某一方面，而忽视语言各方面的内在联系；只主观地片面地看问题，而缺乏历史主义的观点。这种现象在今天可能还有，我们急须提高认识，扫除一切资产阶级的唯心观点，把马克思主义语言学的旗帜树立起来。

要肃清资产阶级思想，树立马克思主义语言学的旗帜，就不能不充分展开讨论和批评。日丹诺夫在《关于〈星〉与〈列宁格勒〉两杂志的报告》中说过："哪里没有批评，哪里腐臭和停滞就会生根，哪里就没有前进的余地。"

语文方面的工作，这几年中在党和人民政府及文化教育、科学研究部门的领导下，经过全国语文工作者的共同努力，固然获得很大的进展，但是跟人民的需要相比，还差得很远。当前许多迫切须要解决的语言上的问题，都没有得到适当的解决。为什么得不到解决，问题出在什么地方，很值得检查。是工作的目的性不够明确呢，还是工作方法有问题呢？是缺乏理论的指导呢，还是我们的观点、方法有问题呢？看起来，这些缺点可能都有。自由主义、分散主义、理论不联系实际的现象并没有完全消除。而当前最严重的问题还是缺乏理论的指导，缺乏正确的观点、方法。我们还没有能够把马克思列宁主义和业务结合起来，没有认真地钻研马克思主义语言学的著作，更重要的是对于影响我们最深的一些资产阶级语言学的错误观点不曾展开有系统的批判。因此对于一个问题纠缠不清，没有扫清思想上的障碍，抓不住问题的本质，因此什么问题也解决不了。现在人民不能再等待我们了！比如说，关于语法上的词类问题，不知道有多少语文教师反映意见，希望赶快解决，我们是否已经组织起来，发挥集体主义精神，开展热烈的讨论和批评呢？没有讨论，没有批评和自我批评，工作自然展不开。在这次参加讨论《红楼梦》研究的过程中，我深深体会到在语言学的领域中所受的资产阶级唯心论的影响有及时肃清的必要，不去掉乌烟瘴气是看不到光明的。

原载《中国语文》1954 年第 12 期

我们必须深入地学习斯大林的语言学理论

斯大林的天才著作《马克思主义与语言学问题》，是对于马克思列宁主义科学的最伟大的贡献之一。他在这一部书里精辟地发展了辩证唯物论与历史唯物论的基本原理，解决了很多极复杂、极重要的问题，例如关于基础与上层建筑、基础与上层建筑的相互作用和上层建筑在基础发展中的积极作用等等问题都给予明确的指示，使马克思列宁主义的理论更加充实和丰富起来。他不仅在运用马克思主义来研究社会科学的问题一方面给我们提供了一个范例，而且武装了我们的思想，使我们认识到怎样去同不正确的反马克思主义的资产阶级的思想和表现在科学上的唯心观点进行斗争。无论在政治理论上或科学的发展上都给了我们极大的启示。

关于语言学一方面，像语言有无阶级性、语言与文化的关系、语言与生产及社会生活一切方面的联系、人民在创造语言中的作用以及语言与思维的关系、语言内部发展的规律、语言融合的作用和结果等等一些长期纠缠不清的问题，斯大林在这部书里都有了科学的全面的解决。这样就奠定了真正马克思主义语言学的坚实的不可动摇的理论基础，把语言科学引向新的正确的发展的道路上去。这本著作对于苏联和各人民民主国家的文化建设都起了极大的作用。

在我国，对于一般文化干部和语文工作者来说，这本书已经不是陌生的了，很多人都学习过了，甚至于学习过好几遍，可是我们还须要进行深入的学习。我觉得，如果学习不够深入，不能领会著者在这部书里所阐发的马克思主义语言学的理论，是不能进行语言研究，不能解决语言问题的。关于语言的研究，我们尽管已经有了一些成绩，可是进展得很慢。要展开研究工作，就必须有很多人来参加工作，而且要深刻地理解马克思主义语言学的理论才行，这是事实上的一种需要。另外，目前我们在语言研究方面有些问题还存在着一些分歧的看法，要确定什么是正确的，什么是不正确的，就不能不根据马克思主义的语言学理论来衡量，这又是一种需要。总之，理论是指导实践的，没有理论作指导而去实践，往往要走许多弯路。所以斯大林在《论列宁主义基础》里指示我们："离开实践的理论是空洞的理论，离开理论的实践是盲目的实践。"理论对于实践的真实意义是很容易理解的。

比如清代以前的学者关于词的研究是有很多成绩的,但是他们的主要工作是古字古义的研究,对于整个的词汇系统并没有全面的了解。清人除了创立"同音假借"或双声叠韵的通假和"因声求义"的条例以探讨字义、推寻词源以外,再没有更多的贡献。但是我们今天有了斯大林的科学的马克思主义的语言学说,了解了词汇的构成,了解了词汇变化和发展的规律,那么对于词汇的研究就获得了新的途径,就会有新的成绩出来。足见有科学理论作指导和没有科学理论作指导是迥乎不同的。

我所说的要深入地学习斯大林的语言学理论,含有两方面的意思:

(1)不要作为一般性的常识来吸收,要深刻地领会斯大林在这本书里给语言科学所提供的全部的马克思主义的理论基础。要注意在语言问题上他怎样发展了辩证唯物论与历史唯物论的许多重要原理。

(2)不是作为教条来记诵,而是要领会斯大林的语言学理论的实质,进一步根据他的理论的实质来研究语言,讨论语言方面的问题。这就是说,理论必须要为实践来服务,只空谈理论而不能解决实际问题是没有用处的。

这样做,目的就在于避免"华而不实"的毛病。这本著作在科学和实践上的意义是极其丰富的,可以说是马克思列宁主义发展中的一个高峰。草草一读是不够的,我们必须从中获得足够的理解,必须从实际问题中掌握这种理论的正确性。

目前在语言方面存在的问题太多了,语音、词汇、语法各方面都有很多问题须要解决,特别是语言的规范化、词汇教学以及词典编纂法都是当前的重要问题,必须发挥集体的智慧来共同研究,共同讨论。但是为了工作得以顺利开展,首先要掌握科学的语言学理论,所以大家都来深入钻研斯大林的著作正是当前最迫切的任务之一。

语言是人与人交际的工具,在人的一切活动范围中无时无地不用语言,语言文字问题是大众经常关心的问题,人人都有进行研究的兴趣。当我们掌握了马克思主义语言学的理论以后,不但可以进行研究,而且对于如何接受过去的文化遗产,可以知道如何抉择,对于语言研究方面由于过去受了资产阶级的语言学说的影响而存在的一些错误观点(包括唯心论的和机械唯物论的),也知道如何进行批判了。

马克思列宁主义是最犀利的武器。如果以斯大林的坚实的颠扑不破的语言学说来对待反科学的资产阶级的错误观点,是无往而不胜利的。斯大林说过:"马克思主义是关于自然和社会底发展规律的科学,是关于被压迫和被剥削群众革命的科学,是关于社会主义在一切国家中胜利的科学,是关于共产主义社会建设的科学。"①因此,只要我们掌握了马克思主义语言学的观点和方法,对于我们研究语言的工作就有极大的帮助。深入地学习斯大林的著作,领会其中的深刻的涵义,那就是我们工作能够取得胜利的保证,我们大家必须努力地认真地进行钻研,来解决我们语言方面的一些问题!

原载《语文学习》1955 年第 3 期

---

① 《马克思主义与语言学问题》第 55 页。

从文学语言的概念论汉语的雅言、文言、古文等问题[*]

一

"文言"和"白话"是我们久已惯用的名词了。但是什么是文言,文言的性质如何,文言与现代口语究竟有什么关系,始终还是没有进行讨论的问题。这不仅对于研究汉语有关系,而且对于怎样对待古代文化遗产也有密切的关系,所以很须要提出来讨论。

根据马克思主义科学的定义,"文学语言"这个词有两个意思:(1)在民族还未形成的时代,它一方面是以其各种不同体裁服务于文牍、文学、宗教和科学的书面语言,而另一方面是人民大众诗歌创作的语言;(2)在民族语发展的时代,它是民族共同语的加工形式,以其口头和书面的形式服务于民族的文化生活,服务于民族的社会活动的一切方面。根据这样的了解,我们来看文言和白话的不同就很清楚,文言就是古代的文学语言,换句话来说,就是古代的书面语言和人民大众诗歌创作的语言,它不仅为文学服务,而且为一般的文牍和政治、历史、哲学、科学方面的著作服务。至于白话,它是从 13 世纪以来以北方话为基础而逐渐发展起来的民族语言的加工形式,也就是现代的文学语言。白话和文言的分别,简单来说,就是现代语和古代语的分别。

我们谈到文言和白话的问题,不能不提到五四运动。五四运动是中国民主革命由旧民主主义革命转变为新民主主义革命的转折点,五四运动所进行的文化革命,则是彻底地反对封建文化的运动。当时社会的先进人物提倡科学与民主,反对为封建阶级服务的旧礼教、旧道德,反对旧文学,提倡新文学。同时也就提出反对文言文提倡白话文的口号。反对文言文提倡白话文,是确定新的文学语言的斗争,也就是为了反对旧文学提倡新文学而联系到改革表达形式的斗争。毛主席在《反对党八股》里已经对于五四运动提倡白话文的意义做了扼要的说明和正确的评价。在五四运动时期,以鲁迅为首的先进人物对于古代文化遗产都是有深切了解的人,他们肯定写文章应当用现代语——白话来写,不但

---

[*] 本文是中国语言文学系语言学教研室和汉语教研室所举行的科学讨论会上的发言,后经著者写出发表。

新的文学要用白话来写,而且政论的文章和科学的著作也要用这种语言来写。这就充分地表明了中国的新的文化应该是民族的、科学的、大众的。五四运动时期提倡用白话文写文章,无疑问,对于现代汉语就起了肯定为民族的文学语言的作用;而且经过这一番文学语言的斗争以后,现代文学语言的基础也就逐渐奠定下来了。五四运动时期提倡白话文,不仅代表文学发展过程中言文一致的要求,而且标志着白话已经是全民交际的语言了。所以五四运动以后尽管有一些保守派,如林纾、严复等还想继续维持文言文为全民的书面语言,但终归失败。

　　"白话"的名称起于清末。在五四时期所指的就是普通话。"白话"的"白"是从戏剧中"说白"的"白"来的。我们现在所谈的现代汉语的文学语言就是以口语为基础的加了工的人民语言,它以北方方言为基础,同时吸收了文言成分、方言成分和外来语成分,有机地组成为统一的文学语言。五四时期所说的"白话"基本上也就是这样的内容。

　　白话代表的是现代语,文言代表的是古代语,这两者之间又不是截然没有关系的东西。现代语就是以过去的丰富的古代语为基础而发展起来的,它的基本语法构造和大部分的词汇都是从古代语承接下来的。如果认为古代语和现代语之间完全没有历史继承的关系,那是错误的。事实上古代的文学语言和现代文学语言之间有一脉相承的关系。要说明这件事实,就不能不了解文言与活的口语的关系,同时也就必须批判胡适对于文言的错误看法。

　　胡适是把文言和白话割裂开做为对立体的,他在《白话文学史》开头就提出了文言是久已死去的语言,他用文体上的名称"古文"来替代"文言"的名称,据他说古文在汉武帝的时候早已成为一种死文字了。他在《建设的文学革命论》里又说(《胡适文存》第一集第80页):"二千年的文人所做的文学都是死的,都是用已经死了的语言文字做的,死文字决不能产生活文学……中国的文学凡是有一些生命的,都是白话的,或是近于白话的,其余的都是没有生气的古董,都是博物院中的陈列品。"这些话都是极其荒谬的。他把汉语发展的历史完全割裂开了,并且把白话和文言当做两个对立的东西来看待。如果不把这种荒谬的反动的说法批判掉,对于现代语和古代语之间的关系就会弄不清。在这里,我想从汉语历史发展的情况来谈一谈"雅言、文言、古文"等问题。主要的目的在于说明古代的书面语和口语的关系,文言是否从汉代起就是一种死去的语言。假如我们弄清楚了这一些问题,不但对于研究汉语的历史有帮助,而且对于研究古典文学也有帮助。

二

要了解这一方面的问题,我们应当先看一下上古时代汉语发展的情况。汉语的历史非常悠久,今天我们见到的最古的文字记载是商代的甲骨卜辞。商代的甲骨卜辞在语法上跟周代的金文及春秋战国的文辞基本上是相同的,例如:

> 哉贞今春王出。 《殷契粹编》1053
>
> 贞今七月王入于商。 《卜辞通纂》752
>
> 癸丑卜贞今岁受禾,弘吉。在八月,佳王八祀。 《殷契粹编》896
>
> 丙子卜,今日雨不? 《殷虚文字乙编》435
>
> 我其已宁,乍帝降若;我勿已宁,乍帝降不若。 《卜辞通纂》367
>
> 东土受禾? 南土受禾吉? 西土受禾吉? 北土受禾吉? 《殷契粹编》907

这种卜辞当然是巫史记录下来的。这种记载即便因为受了书写契刻工具的限制,文辞非常简单,可是它必然跟口语是接近的。语言是人类互相交际和交流思想的工具,记载下来的文辞如果脱离了语言,就不能使人理解,就会失去它的作用。

周代的金文,在文字上是从商代甲骨文发展来的,在文辞上也跟商代的甲骨卜辞的语法构造极其相近。这是什么道理呢? 我们可以想到商人被周人统治以后,商人虽是被统治者,可是商人的文化比周人高,商人的语言在黄河流域中下游一带已经有了相当大的势力,周人征服了商人,但并不能消灭商人的语言和商人的文字。当时部落与部落之间一定发生过语言融合的现象,商人的语言一定是胜利者,所以才产生了这种现象。斯大林在《马克思主义与语言学问题》中指出(第28页):"在两种语言融合的时候通常都是有其中某一种成为胜利者,保存自己的语法构造和基本词汇,并继续按其内部发展的规律发展着,另一种语言就逐渐失去自己的本质,而逐渐衰亡。"我们看满洲语就是一个很显明的例子。在清代的时候,满族征服了中国,汉族虽然是被征服者,可是汉语并没有消灭,反倒成为胜利者,而满洲语却逐渐消亡了,我想西周时代一定也是这样情形。商人的语言是胜利者,而周人的语言逐渐消亡了。所以周代的金文和商代的卜辞在语法和词汇上是非常接近的。今日我们能够见到的文献中恐怕只有《尚书·周诰》和《诗经·周颂》的一部分是代表周人的语言的。

到了春秋战国时代,书面语言的一致性表现得很清楚。谈到这里,我们自然联想到"雅言"。关于"雅言",我们知道的并不很多。"雅言"这个名称,见于《论语》,《论语·述而》篇说:"子所雅言,《诗》《书》、执礼皆雅言也。""雅言"汉人解释为"正言",郑康成说(见何晏《论语集解》引):"读先王典法必正言其音,然后义全。"从"雅"字的训诂来看,汉人这种解释应当是正确的。《论语》特别指出孔子在诵《诗》读《书》或者赞礼的时候要说雅言,雅言必然是比较正规的读书的语言。

清人对于雅言又曾经有进一步的解释,以为雅言就是"夏言"。《荀子·荣辱》篇说:"越人安越,楚人安楚,君子安雅。是非知能材性然也,是注错习俗之节异也。"又同书《儒效》篇说:"居楚而楚,居越而越,居夏而夏。是非天性也,积靡使然也。"这里"君子安雅"和"居夏而夏"是一个意思。"雅"与"夏"同义,"夏"即中夏,所以与楚越对称。夏是黄河中部一带的地方,因此刘端临以为雅言就是"王都之言"(见《论语骈枝》),刘宝楠以为雅言就是当时的"官话"(见《论语正义》)。这样,雅言就是当时的共同语了。

《论语》里所说"子所雅言"的"雅言",究竟指的是正确的文学的读音呢,还是当时的官话呢,固然难以确定,可是清人这种解释正引出一个问题,就是春秋以至战国时代有没有一个共同语的问题。

如果从文献上来看,在春秋时代黄河流域的国家统称"诸夏",诸夏的经济、文化已经发展到了相当高的程度。当时列国之间人民往来非常频繁,可能已经有了一种区域的共同语。孔子可以周游列国,重耳可以糊口四方,列国行人聘使往来,宣达辞命,可以赋诗言志,这都是一种证明。这种区域的共同语逐渐发展,到了战国的时候就发展成为黄河流域一带的共同语了。这件事实可以从春秋战国时代的古典著作在语法、词汇各方面的基本一致性得到证明。清人认为春秋战国时代黄河流域有一种近于官话的雅言,并不是没有根据的。

至于春秋时代列国的语言是否完全相同呢?这就不能那样肯定地说了。列国的语言可能因地理的远近不同而有分歧。比如吴楚的语言跟中夏各国的语言就会相差很远,秦与鲁的语言就可能差别很大。可是春秋时代是列国争霸的时期,由于战争的频繁,生产的发达,商业的兴盛,黄河流域诸夏的语言有可能逐渐向接近的一条路上发展。至少周郑曹许陈宋鲁卫这一地区彼此邻近的国家的语言会更接近一些。这一个地区正是商人文化传布的区域,推想当时的语言与从商代语言发展下来的书面语言更接近。这种由商代语言发展下来的口语和书面语逐渐发展,到了战国时期.黄河流域的语言慢慢会形成一种共同语,这就是汉以后发展为部族语言的基础。因为我们看得很清楚:这种语言一方面是承接商代的语言而来的,一方面又跟现代汉语的语法构造基本相同。因此可以推想由春秋到战国之间一定有这样一个过程。

假如我们说春秋战国时代所写下来的书面语言,根本就没有实际语言做基础,那是不正确的。因为如果书面语言跟实际语言完全脱节,那就不可能由春秋到战国末年四百二十多年之间(前722—前221)写下来的书面语言会那样一致[①],甚而到了秦汉时代还没有很大的变化。以其应用之广和历时之久来看,它必然有跟实际语言相联系的特征,所以不同的作家的作品,除了在语言风格上有不同以外,在语法构造上自有其一致性。

在春秋战国时代各国语言尽管有差别,可是没有各自独立发展为不同的语言,这是社会、经济、文化等历史条件所决定了的。到了秦汉两代成为中央集权的封建大国以后,语言的统一性更加强了。西汉末扬雄作《方言》,其中出现了"通语、凡语"的名称。"通语、凡语"就是当时的共同语。我们看得很清楚,汉代的一般著作跟战国的书面语仍然是一线相承的,没有多大的变化。像司马迁的《史记》、王充的《论衡》、应劭的《风俗通义》都是最能代表汉代文学语言的面貌的。从各方面的文献材料来看都表现出汉语在汉代已经形成了一个共同的部族语言。各地固然都有它的方言土语,但在书面上却是一致的。这种一致的书面语,就是当时的文学语言。它是根据口语加过工的,但并非完全脱离口语。我们研究汉语史不能不应用这种材料,而这种材料,应当肯定地说,就是反映实际语言情况的材料。我们研究汉以上的文学作品,除了一些具有特殊风格和有意雕饰的文字以外,也应当看做是与语言接近的东西。如果说汉人的作品是用死的语言文字来写的,那是错误的。

现在我们来看一下胡适在《白话文学史》里是怎样对待这个问题的。他在《白话文学史》开头第一章就说当战国的时候文体已经不能与语体一致,到了汉代,古文已经成为一种死文字了。他举《史记·儒林传·序》汉武帝时公孙弘奏请立博士弟子员所说"诏书律令下者,明天人分际,通古今之义,文章尔雅,训辞深厚,恩施甚美。小吏浅闻,不能究宣,无以明布谕下"一段话来证明古文到汉代已经死去,这根本是错误的。公孙弘提倡儒术,希望培植一批能通文学的人到郡国去做"卒史",而以一般不通文字的小吏不能懂得深奥的诏令为理

---

① 编者注:一般来说,春秋指公元前770年至公元前476年,战国指公元前475年至公元前221年。

由,这并不能做为汉人写的文章都是一些死语言死文字的证据,胡适根本没有读懂原文的意思,就牵强附会地抓过来做为证据,于是夸大地说:"这可见当时不但小百姓看不懂那文章尔雅的诏书律令,就是那班小官也不懂得,这可见古文在那个时候已成了一种死文字了。"其实完全是错误的。

胡适一贯地宣传他从美国贩运来的实用主义思想,他把这种极端反动的唯心论思想说成是什么"科学方法、实验室的态度",实际是主观唯心论的思想方法。他张口闭口讲"证据",讲"细心搜求事实",但是他根本不去认识事实,只在那里依照主观的想法,把不能做为证据的东西强拉过来做证。这纯粹是反科学的。关于上面的问题,他根本不去看也不考虑汉代的文章跟战国的文章有什么不同,战国的文章又跟战国以前的文章有什么不同,而说古文已经成为一种死文字。他只片面地看到战国时代各地方言的不同,而看不到书面语言的一致性;他看到了汉朝扬雄《方言》中所说的"通语",而硬说"这种语言上的统一,究竟只限于一小部分"。这些就充分证明他是在那里有意地抹杀事实,颠倒黑白,把小的不重要的夸大、发展,把重要的抹杀不谈,或故意歪曲、缩小。只要合乎他个人的唯心观点的东西就被认为是正确的。这种完全不顾客观事实而任凭口说的唯心观点,正是他所鼓吹的实用主义的反科学性。

三

根据以上所说,我们可以了解,我们的汉语就是从古代发展下来的。春秋战国时代黄河流域的语言就是汉以后发展为部族语言的基础。汉代的书面语跟春秋战国时代的书面语是一致的,它并不是一种死去的语言,而是根据口语加过工的文学语言。下面来谈谈文言和古文的问题。

"文言"这个名称开始见于《易经》。古人说"言之无文,行之不远","文"跟"质"是对称的。"文言"就是文饰之言。我们现在所说的"文言"是与"白话"对称的。文言文就是应用一些古典语来写的文章,白话文就是应用现代语来写的文章。文言文既然是应用了一些古典语,所以也称为"古文"。"古文"的名字是很早的一个名字,《史记·自序》说"年十岁诵古文","古文"即指古书而言。可是唐人所称的"古文",是对"时文"来说的。唐人承六朝之余,一般公牍文字都用骈文,从萧颖士、李华、韩愈开始改变文风,为文规摹先秦两汉,所以称为"古文"。唐李翱论韩愈的文章说:"后进之士有志于古文者,莫不视以为法。"欧阳修《书韩文后》说:"官于洛阳,而尹师鲁之徒皆在,遂相与为作古文。"

"古文"都是对"时文"而言的。李翱《答朱载言书》说:"溺于时者曰文章必当对,病于时者曰文章不当对。""时文"即指骈俪之文而言①。骈文是讲对偶的,古文是不讲对偶的,所以说"当对、不当对"。"古文"既然是不尚对偶的,所以在宋代也称为"平文",宋沈括《梦溪笔谈》卷十四说:"往岁士人多尚对偶为文,穆修、张景辈始为平文,当时谓之古文。"古文从唐宋以后成为一般散文的规格,无论唐宋元明清哪一代的文章,凡是用文言写的散文,在五四时期统称为"古文"。"古文"就是对"现代文、白话文"而言的,这与唐人所称的"古文"意义已经不同了。

文言文,从语言上来看,就是古代的应用在书面形式的"文学语言"。前面已经说过,这种文学语言是从实际的语言发展而来的。但是语言随着社会的发展而发展,如果写出来的文章不跟着语言走,势必跟实际口语的距离愈来愈大。东汉以后的散文恰恰走上了这一条路。统治阶级提倡经学,上层社会使用文字的文人拼命把文章写得特别古奥,于是自汉末以迄六朝书面语跟实际语言愈来愈不相称了。我们看一些接近口语的文章,如晋陆云《与兄平原书》、《世说新语》的对话,《文选·奏弹刘整》的状词等都跟一般散文不同,由此也就可以看出"文"跟"语"的差别来了。六朝的骈四俪六的文章是利用汉语特点而发展到极端的一种特殊的体裁,仅仅局限于四字句六字句,而且讲究声音对偶,徒为形式所拘,与口语距离很大,无怪到了隋朝李谔要上书正文体了。

韩愈是唐代的古文大家,他起来反对骈文而提倡古文,为文务去陈言,辞必己出,在文学语言史上无疑问是有贡献的。韩愈以后的文章虽然用的是古典的文言,但在用词上和语法构造上都跟全民的活的语言有关系,并非完全脱离了口语,实际上语言发展中新质的要素的增加也同样表现在书面上了。我们读韩文都会发现其中长句很多,这都与当时的口语有关系,如他所作的《柳子厚墓志铭》"平居里巷相慕悦"以下的长句,这是韩文以前比较少见的②。而同时的元结、柳宗元则刻意摹古,反而枯涩。自韩柳以后,文人所作的散文一般都是文言,直到明清,文体未变,可是跟活的语言并没有断绝关系,其间总有很多的联系。在历史过程中古文本身也在发展着、变化着。发展到后来的桐城派的古文,除了运用一些古典的词汇和一些文言的句法以外,语言的构造上跟口语非常相近。因此,在一定的历史条件下就保存了它做为交际工具的作用。这种细微的关系我们必须了解,不了解这种关系,就会发生种种错误的见解。

---

① "时文"在明清时代又指八股文而言。八股文基本上也是骈文的系统。

② 这种现象从司马迁《史记》开始。

　　总之，无论是汉代的文章或者是唐代以后的文章都是古代的书面语言，书面语言古人有一个名字，称为"书语"，《隋书·李密传》说："密与（宇文）化及隔水而语，密数之，化及默然，俯视良久，乃嗔目大言曰：共尔论相杀事，何须作书语耶？""书语"就是书面上的语言。这种书面上的语言虽然与实际口语不尽一致，但绝不能说它是完全死去的语言。汉语从远古一直到现代就从来没有"死"过，它在许许多多时代中丰富起来，发展起来，精练起来。斯大林明白指出（《马克思主义与语言学问题》20、25 页）："语言是随着社会的产生而产生，随着社会发展而发展的。""语言的发展不是用消灭现存的语言和创造新的语言的方法，而是用扩大和改进现存语言基本要素的方法。并且语言从一种质过渡到另一种质不是经过爆发，不是经过一下子消灭旧的和建立新的那种方法，而是经过逐渐的长期的语言新质和新结构的要素的积累，经过旧质要素的逐渐衰亡来实现的。"我们应该认识到现代汉语就是古代汉语的继续。文言既是古代的书面语言，它的语法基本上跟现代语相同，我们就不是说文言是已经死去的语言。文言中所表现的语法结构与现代语的语法结构的一致性，正表现出古今语言是一个，现代语就是继承古代语发展来的。语言里的词汇几乎处在经常变动中，古今应用的词汇不同，并不能说明古语与今语是两回事。语言有巨大的稳固性，"马克思主义不承认在语言发展中有突然的爆发，有现存语言的突然死亡和新语言的突然创造"（斯大林语），胡适认为文言是已死去的语言，白话又是一种语言，那是彻头彻尾反马克思主义的。

　　胡适只能从表面看问题，从形式看问题。他看到文言有些句法和虚词跟现代语不同，于是就认为文言是二千年前的死语言，把白话和文言割裂成为两种毫无关系的对立体。进一步，他又把语言和文学混为一谈，用形式主义的观点把文学分为死文学和活文学两类，凡是用文言写的就是死文学，凡是用白话写的就是活文学。不用说文学不能讲死活，而评论文学也不能从它所应用的语言来定其价值的高低。马克思主义者认为语言是社会的现象，文学是社会的上层建筑，根本不能混为一谈。文学是反映社会现实的，文学作品的价值决定于它的思想内容，决定于它的社会意义，而不专在于形式。胡适单讲形式，而不管内容，又以形式来定作品的价值，这纯粹是主观唯心论。列宁曾经指出（《关于辩证法问题》，《黑格尔逻辑学一书摘要》219 页，人民出版社）："哲学唯心论是把认识的诸特点、诸方面、诸界限之一片面地、夸大地………发展（吹肿、胀大）为与物质和自然分离的、神化了的绝对。"胡适正是如此。胡适所以专谈形式，可以说"二千年的文人所做的文学都是死的",其目的就在于把祖国的优秀的古典文学遗产一笔抹杀,从这一点我们完全可以认识到他是一个宣传民族虚无主义的最阴险最卑鄙的人!

胡适在《历史的文学观念论》里和《白话文学史》里还曾经把古人作文应用文言和欧洲中古世纪著书用拉丁文相比,这同样是错误的。拉丁文对于英国、德国来说都不是自己本国的语言,可是我们古代的作家所写的文言文仍旧是本族的语言,大部分的词汇和语法的基本规律跟口语相同,这两种不同性质的东西怎能相提并论呢?实用主义者一贯否认客观真理,他们所说的真理,都是随着他们的主观为转移的。因此他们看不到实际内容而只看到表面现象,胡拉瞎扯,颠倒是非。胡适在五四时期提倡白话文,也只是做为一种工具的改良来看待的(见《中国新文学大系·建设理论集》导言),对于伟大的新文化运动中建立新的文学语言的真实意义是茫无所知的。胡适从帝国主义国家把最腐朽最反动的唯心论哲学贩运到中国来,在学术上散布着唯心的错误观点,今天我们在马克思主义的唯物论思想的指导下把这种腐朽的东西必须加以澄清,再不能为他的邪说所迷惑了!

四

总之,文言古文等问题牵涉的方面很广,是很复杂的问题,以上所说,只是我对于这几个问题的初步认识。我觉得把这几个问题弄清楚很有必要,这不仅对于研究汉语史有关系,而且对于如何接受文化遗产,如何发展我们的文学语言都有关系。我们可以想一想,像胡适那样不管文学的内容如何,但凭他的主观的形式主义的看法以为凡是白话的作品就是好的,文言的作品都是没有价值的,那么在古代有很多富有人民性和艺术性的作品是否就要被归入死文字内抛弃掉呢?假如我们只有胡适所说的一些白话作品的发展史,那么我们中国三千多年的文化史又表现在哪里呢?假如我们抛弃了民族的语言文学的宝贵的优良的传统,又怎样去发展我们的语言和文学呢?从这里我们清清楚楚可以看出我们对于以上所谈的几个问题必须有正确的认识和理解才行,否则我们就会忽视了语言发展的继承的关系,就会忘掉了历史主义观点在进行科学研究工作中的重要性,很多文学史语言史上的问题就都不能索解了。

原载《北京大学学报》(人文科学)1956年第1期

对于唐兰先生的文字改革理论的批评

一、文字改革是不是"爆发"

我们采取什么样的方针来体现毛主席对于文字改革的正确的指示的呢？我们一直是采取稳步前进的原则，也就是斯大林所说的经过新质要素的逐渐积累和旧质要素的逐渐衰亡的方式来实现的。现在正在大力推广普通话，积极进行汉语的规范化，从而为拼音文字准备了可靠的语言基础。而且，"即使理想的拼音方案选定了，为使文化的进展不至遭受到天变地异般的突然的变革，我们更可以预想到必然还有一段相当长的时期，让汉字和新造的拼音文字平行使用，在新文字的逐渐推广中而让汉字在大多数人民的日用中逐渐归于隐退"①。这难道是爆发的形式吗？当然不是的。

所谓爆发是说"作为一次决定性打击的行动"来实现的，是用"一下子消灭旧的和建立新的那种方式"来进行的。文字改革当然不能采取这样爆发的形式，我们知道爆发是现实世界的事物或现象在发展进程中从旧质态向新质态飞跃的一种特殊形式。这种形式是当新事物在发生和发展的道路上遭遇到决定性的障碍时所产生的，因为不根本摧毁这种障碍，新质就不能获得胜利，获得巩固。例如在分成两个敌对阶级的社会的革命，有时就有必要用爆发的形式来实现。但是假如在新质发生发展的道路上没有遇到什么决定性的障碍，那么从旧质向新质的飞跃就不会采取爆发的形式，而采取使旧质要素逐渐衰亡、新质要素逐渐积累的形式来实现，例如我国正在进行的社会主义改造就是如此。至于新文字的产生与旧汉字的逐渐缩小使用范围，它们中间并不存在着对抗性的矛盾，因为它们同样是记录汉语的，只是式样不同而已。所以用新的拼音文字来代替现行的方块字就无所谓爆发不爆发。

既然事实不如此，为什么唐先生还要说这样过渡的方式是爆发呢？主要的原因就是由于他坚决地反对文字改革，所以他不管我们是不是采取逐渐过渡的形式，只要我们是另外创造非方块汉字形式的新文字，就硬说是爆发。他在文

---

① 郭沫若《为中国文字的根本改革铺平道路》，《中国语文》1955 年 11 月号。

章里说得很明白："马克思主义理论所说的'逐渐过渡'是和'爆发'相对的。是指旧质到新质的转化……用在文字改革方面，是指由非拼音的文字通过拼音化过渡到拼音文字，是应该把汉字彻底改造而不应该排斥汉字另外去创造新文字。必须指出，'爆发'决不能同时是'逐渐过渡'，'逐渐过渡'决不能通过'爆发'的方式。如果说让爆发延长一下，那也还是爆发。"总而言之，只要是不用旧汉字而去另造新文字，那就是爆发，即使容许旧汉字在相当长的期间内可以与新文字平行使用，那也不过是爆发的延长，归根到底还是爆发，这就是唐先生的根本观点。大家看看。这个观点究竟与马克思主义的观点有什么共通之处呢？

任何一种文字体系都是表达语言的一种书写符号。当一种文字被另一种文字所代替的时候，丝毫也不会使语言受到损害，语言仍然保留着自己的规律，向前发展，绝不会引起"语言革命"。语言既然不因文字改革而有爆发式的突变，那么当文字改革时人民极端需要的时候，当文字改革对国家的经济、文化的发展必不可缺的时候，不用原来旧有的文字而创制另外一种文字，等于另外创造一种工具，又有什么"爆发"可言呢？唐先生认为在文字改革上如果创造新的拼音文字就是应用了爆发的形式来对待文字改革，这种论证是站不住脚的，是把马克思主义理论中所说的爆发公式歪曲了的！

二、我们对于文字改革政策应有怎样的体会

唐兰先生在他的文章里歪曲事实并且危言耸听地说："消灭现行的文字，创立新的文字来代替它，会在社会生活中造成无政府状态，并使社会受到崩溃的威胁。"谁都知道，我们的文字改革工作是在党的领导下进行的。党一直关心文字改革问题，毛主席曾经一再指示文字改革不能脱离实际，在实行拼音以前，要做许多准备工作。既然我们党过去领导中国人民进行革命已经取得伟大的胜利，今天领导中国人民进行伟大的社会主义建设，又是一个胜利接着一个胜利，难道领导文字改革就会使社会遭受崩溃的威胁吗？显然，只有不相信我们党的人才会相信唐先生这种毫无根据的话的。

唐先生把文字改革说成为"消灭现行的文字"，是歪曲事实的。中国文字改革委员会主任吴玉章同志在全国文字改革会议上说得很明白："在今后一个相当长的时期内，我国进行社会主义建设和改造的伟大事业。在文化教育和生产建设中，汉字仍然将被广大人民群众当作一种书写阅读的工具而更广

泛地使用。"①在此以前,吴玉章同志向政协全国委员会作《关于汉字简化问题》的报告时也曾明确地说:"汉字的使用范围虽然将要相应缩小,但是仍将作为一种古典文字永久地保存下去,供高等学校、科学机关和专门书刊使用。埋在地下几千年的甲骨文,我们尚且要发掘出来研究,对于发生了伟大作用的现行的汉字决没有把它消灭的道理。"②为什么唐先生要把文字改革歪曲成消灭汉字呢? 除了解释为反对文字改革,是很难找到别的合理的解释的。

汉字本身存在着许多缺点:难认,难写,难记,无法利用现代科学技术的最新成果,如果继续保持它的现状不加改革,势必严重地妨碍人民文化教育的普及与提高,对于我国社会主义工业化的整个国民经济的发展都是不利的。文字必须进行根本改革,已经是势所必然的了。毛主席指示我们"文字必须改革,要走世界文字共同的拼音方向",为什么唐先生不理解这个完全正确的指示呢?

原载《中国语文》1956 年 3 月号

---

① 吴玉章《文字必须在一定条件下加以改革》,《中国语文》1955 年 11 月号。
② 见《中国语文》1955 年 4 月号。

文字改革问题座谈会上的发言

文字改革我一向很关心。因为我是研究语言文字的，所以非常关心这个问题。文改会经过辛勤劳动提出的方案，我都注意看和研究。文字改革的根本方向是没有问题的，但是，社会上的很多人还没有认识到改革的必要性和可能性。有人把语言、文字看成一个东西，对语言和文字的关系了解得不够清楚。文字本来是记录语言的，汉字在发展过程中一直在向表音方向发展。形声字在汉字中占的数量最大，汉字从甲骨文金文起，就在向表音方向发展，如"铸"字，这在金文中是会意字，后来就出现了表音部分，再后来才加上金字旁。汉字到晚周时代就出现了大量的形声字。文字要走向拼音，这是文字发展的规律。可是有人还不理解这一点。至于汉字，它是不能废除的，它是会存在下去的。有人以为汉字改革是要废除汉字，丢掉汉字，那是一种误解。还有人认为可能因此会割断文化历史，文化遗产的继承会发生问题。当然，这种顾虑是好的。我认为文化遗产是必须继承的，但文字改革要走拼音方向也是不成问题的。拼音文字记录语音到底记录到什么程度，这也牵涉到汉字记录语言记录到什么程度的问题。我们在说话时能听得懂的地方，拼写出来也能看得懂。可是现在汉字和口语还有一定的距离，因此有人担心拼音文字写出来会看不懂，并且认为我们方言很复杂，拼音文字未必能行得通。我认为文字改革工作须要做，社会上有许多人想不通，就要看我们怎样进行这项工作了，并针对这个问题来检查一下我们的工作，这对工作是有好处的。

我认为，我们过去还没有把文字为什么要改革这个根本问题提出来讨论，对于如何来改革的问题也没有好好地讨论。今天学习社会科学的人不一定都赞成文字改革，而学自然科学的人也有不同意文字改革的。由于过去还未能使大家把不同的意见都说出来，作为进行工作的参考，所以过去文改会辛辛苦苦地做的工作不能为社会上所谅解。

过去文改会做了不少工作，但是宣传解释工作做得不够，如《汉字简化方案》第一、第二表中的简化字，其中哪些字在讨论过程中有哪些不同意见，并没有拿出来加以说明，使人都能了解。又如《汉语拼音方案》(草案)中，ㄎ、ㄝ两个元音合用一个字母很好,可是并没有一个比较清楚的说明。在这方面最好要把大家可能会遇到的问题作一个说明。

《汉字简化方案》的确是存在一些问题的。简化汉字最好是先把一些好的、用惯了的、不会造成混乱的字先合法化。但在简化方案中有些是自己想出来的,其中问题最多的是同音代替。采用同音代替的办法是一个不好的办法,如用"干"代"乾",两字的声调是不一样的,这种办法忽略了声调的作用。又如以"出"代"齣",看见这些字时,脑子里还要绕弯。语言中常常出现同音的字或声音相似的字,在简化汉字中采用同音代替的办法可能会造成混乱。汉字作为词素用时,同音代替可能发生的问题小一些;但在单用时就会发生问题。同音代替还牵扯到古书的文字问题,如以"御"代"禦",那么"子路御"就会被误会成"子路保护着孔子"。

某些简化字有人看了不顺眼,原因就在于这些字和过去的历史传统不合,太注意一笔一画的减少了。"慮"简作"虑",而"瀘"简作"泸",这种字简化得和过去的传统离得太远了。我认为宁可少简,但要简得整齐,不必斤斤计较一笔一画。

关于《汉字简化方案》公布的方式,我认为不很好。对于繁体字怎样处理,也没有详细说明;而且其中有些简化字在古典书籍中是不能用的,这样法定了以后,就会造成困难。也正由于此,我们有些书只好拿到上海去排。所以说明的工作很重要。

拼音方案的工作一直还没有做好。毛主席的指示很正确,我们要好好做。但是社会上还不了解,这对于我们来说是一个大损失。我认为文改会可能认为只要自己努力工作就行,没有想一想社会上还存在着很大的阻力。而且有些东西研究也不够,如对声调表示法和其他的一些问题。当前做好推广普通话的工作,是很重要的。我认为毛主席所说稳步前进这一点非常正确。我们的工作可分几步走,可先公布一个初步可行的方案试用,用来注音和推广普通话。至于拼音文字方案可再进行研究。如果走得太快,会出一些问题。

我觉得文改会还要有信心地去做工作,其中语言本身的研究很重要。但这件事情要大家来做。如果光由文改会煞费苦心地去做,结果大家还是不了解。去年汉语拼音方案审订委员会要我们讨论文改会提出的五个方案,并要在其中圈一个方案。我不太同意这种办法。有些事情可先让专家考虑,如拼音字母,语言学家的意见可能比较容易一致,但拿到别的地方可能就会被推翻。一音一母的原则,语言学家们较同意,但后来审订委员会通过了修正第一式,后来修正第一式又被推翻了。与其这样,不如先做为一种拼音工具定下一个方案来,拼音文字的字母以及拼写的方法等可以细细地研究。

　　总之,我认为文改会今后要多做宣传、解释、讨论、研究等工作。

原载《拼音》1957 年第 7 期

在党和政府的领导下我国语言科学的发展

中国共产党开始进行整风运动以后,资产阶级右派分子乘机向党进攻,发表了一系列的反党反社会主义的谬论,进行了一系列的反党反社会主义的活动。他们想把我们的国家从社会主义的道路拖到资本主义的道路上去,这是广大人民所绝不容许的,三个月来全国普遍展开反右派分子的斗争,就是有力的证明。

在科学领域方面,右派分子不顾事实地硬说党不能领导科学工作,这是一种极其荒谬的言论,我们想一想,从中华人民共和国成立以来,哪一门科学不是在党和人民政府的正确领导下迅速地获得发展的? 没有党的领导,就不会有今天蓬蓬勃勃的繁荣气象。语言科学的发展就是最明显的例证。我们要用事实彻底驳斥右派分子的诬蔑和诋毁。

解放以前,研究语言学的人很少,工作非常分散,研究范围有限,出版的著作也很少。自从中华人民共和国成立以后,在党和政府的领导下语言科学才迅速地有了发展。八年来,党和政府一直重视这门科学,积极地领导,使语言方面的科学研究工作能够切实地为广大人民服务。党给我们鼓舞和力量,使我们明确了工作的方向,使我们的工作密切与实际相结合,扩大我们的队伍,组织各方面的力量,使科学工作者有良好的条件开展科学研究工作。这都是每一个语言科学工作者所深切感受到的。

绝不能忘掉党和政府在提高全国人民文化水平和促进语言科学的发展方面所采取的一系列的重要措施。

很早,在 1950 年,中国科学院就成立了语言研究所,作为专门研究语言科学的机构。它的工作方针是:使语言研究配合当前实际的需要,以其研究结果帮助提高广大人民的文化水平,以马克思列宁主义的立场、观点、方法,有步骤地从事现代汉语、汉语史、国内兄弟民族语言以及亚洲邻近各国语言的研究[1]。几年来,语言研究所与其他学术研究机构互相配合,做了很多的工作,对于中国

---

① 《中国科学院语言研究所工作近况》,《中国语文》创刊号。

语言科学的发展起了很大的推动作用。已编印的语言学专刊就有十几种之多，还进行了学术论文报告、汉语研究报告等组织工作。

1950 年 6 月，中央人民政府教育部在毛主席指示之下开始进行常用字和汉字简化的研究工作。1952 年 2 月，正式成立中国文字改革研究委员会，专门研究汉字整理工作和文字改革问题。1956 年，国务院又成立了普通话推广工作委员会、全国扫除文盲协会和词典编纂委员会。这些都说明了党和政府对于语言科学和当前发展文化的实际问题是如何重视。中国文字改革是一件大事，必须经过各方面的研究，郑重其事地来进行，一方面要进行整理汉字、简化汉字的工作，一方面要进行拼音字母的拟订，所以要成立一个专门委员会来负责推进工作。中国文字改革研究委员会到 1954 年 12 月又改组为中国文字改革委员会，作为国务院的一个直属机构。1955 年到 1956 年之间，中国文字改革委员会提出《汉字简化方案》和《第一批异体字整理表》，经过多方面的讨论，付诸实施，使广大人民群众在使用汉字上获得极大的便利。1956 年 2 月，中国文字改革委员会又提出《汉语拼音方案》（草案）来，给推广普通话和实验拼音文字的工作提供了良好的条件。这些重要的工作的开展跟党和政府的领导是分不开的。

出于语言科学知识的不普及，在运用语言上一向存在着很多分歧混乱和不合语法的现象。为了提高全国人民的语文水平，1951 年 6 月《人民日报》发表社论，号召大家正确地使用祖国的语言，为语言的纯洁和健康而斗争。这一号召在全国范围内有了极大的影响，各机关、学校、部队都掀起学习汉语语法的热潮。由此，社会上知道学习语言科学知识的重要，从事语言科学研究的人也越来越多了。

中国是统一的多民族的国家，汉族之外还有几十个少数民族，人口约有四千万。这些少数民族在反动政府统治时期是受压迫、受歧视的。自从全国解放以后，党不仅提出各民族一律平等，而且确定各民族都有使用和发展自己的语言文字的自由，都有保持或者改革自己的风俗习惯的自由。但是四千万人口的少数民族，有两千万左右人口的少数民族没有自己的通用的文字，或者虽有文字而不够完备。党和政府号召语言科学工作者要调查少数民族语言，帮助少数民族创立或改进文字，这不仅扩大了语言科学工作者的视野，而且使语言科学工作者树立起为广大人民服务的思想。从 1951 年前政务院决定帮助没有文字的民族创立文字以后，中国科学院语言研究所、中央民族学院和其他有关机构的民族语文工作者根据党和政府的指示,几年来先后组织了许多民族语言调查队,调查我国各地区少数民族的语言,并且帮助他们改进文字或创立文字,对于各民族的文化教育及其他建设事业的迅速发展有很大的贡献[①]。这样伟大的工作在中国语言科学发展的历史上写下了崭新的一页。中国科学院在1956年又特别成立了少数民族语言研究所,少数民族语言的研究将成为新中国语言科学的一个重要的部门。我国少数民族语言的研究将丰富普通语言学的内容,对于各民族语言的系属会作出更精确的论断。这是一件了不起的事情。这样的工作,如果没有党和政府的领导和支持,是根本做不到的。

党和政府十分关心语言科学工作的发展。在1955年第四季内接连召开了三个重要的会议:一个是全国文字改革会议,一个是现代汉语规范问题学术会议,一个是民族语文科学讨论会。在这些会议里,对于学术问题充分地进行了讨论,作出了决议,并且贯彻了百家争鸣的精神,提高了对于科学研究的认识,加强了团结,明确了工作的方向,对于科学研究工作起了推动的作用。类似这种讨论会,有关语言教学的和语言研究的还很多,例如中小学语文教学会议、语法座谈会等等,都使我们感觉到以马克思列宁主义武装起来的中国共产党在领导科学工作上具有充沛的力量,更使我们深切地感觉到没有党的坚强的正确的领导,科学事业就不可能迅速地发展。

八年以来,在党和政府的领导下,语言科学工作有了不少的成绩。过去研究语言学的人数很少,工作的范围也非常狭窄。现在大不相同了。语音学、语法学、词汇学、修辞学、方言学、文字学以及汉语规范化问题、文字改革问题等等都有不少的人进行研究,这是一方面;另一方面,我们不仅研究汉语,还研究国内其他各民族的语言,还研究亚洲邻近各国的语言和欧洲各国的语言。方面之广,前所未有。仅以汉语语法而论,近年来出版了不少的语法著作,对于各个专题也进行了讨论和研究,如汉语的词类问题、构词法问题、造句法问题等等,都在有关的刊物上充分讨论过,参加的人除了国内研究语言的同志,还有苏联的语言学者。为了编写中学汉语课本,集中了许多人的力量,拟定了暂行的教学用的语法系统。这些工作,离开党的领导都是不可能开展的。

推广普通话和方言普查工作的开展,是近年语言科学工作中值得重视的大事。在两年内,受过普通话语音训练的中小学和师范学校的语文教师,达到54

---

① 参看《人民日报》1956年2月3日社论。

万多人,全国各地大多数小学和部分中学、师范学校的语文课,已开始用普通话教学。有关普通话的留声片发行了 138 万张,有关普通话的教材、读物、参考书,已发行了数百万册。大多数省市已进行了初步的方言普查,预计在今年年底可以基本上完成,有的省市还编出了指导当地人学习普通话的书籍[①]。这样伟大的成就在旧中国是无法想象的。像调查方言这样艰巨的工作,过去只有少数个别的学者单独地作,穷年累月,成绩也很有限,现在成为有领导、有计划的群众性的工作,就能在短时间获得巨大的成绩。没有党和政府的领导,像这样性质的工作更是不可想象的。

词汇研究和字典、词典的编纂工作也有一定的成绩。1959 年《学文化字典》出版,1953 年《新华字典》出版,1955 年《同音字典》出版。现在中国科学院语言研究所正在进行编纂《现代汉语中型词典》,其他各方面也正在进行各种词典(如民族语言和汉语对照、外国语和汉语对照等)的编纂工作。这些工作对于汉语规范化有很大的作用。

少数民族语言工作这几年的巨大的进展,前边已经谈到。1951 年以来,中国科学院语言研究所、少数民族语言研究所、中央民族学院以及其他单位组成的少数民族语言调查队,先后在我国南部和西南部调查了壮、彝、苗、布依、傣、卡瓦、哈尼、瑶、傈僳、侬、纳西、拉祜、景颇等民族的语言,在北部、东北部和西北部调查了蒙古、维吾尔、哈萨克、柯尔克孜、东乡、土、达呼尔、鄂伦春、锡伯、塔吉克等民族的语言。并且帮助四川彝族、广西壮族设计了初步的拼音文字方案,又帮助云南傣族和别的民族设计了初步的文字改进方案[②]。中央民族学院语文系自 1951 年起,陆续开办了藏、蒙、维吾尔、哈萨克、彝、壮等 17 种语言的班次。为了培养少数民族语言研究的专门人才,又开办了研究班[③]。短短的几年内有这样巨大的规模和成绩,只有在共产党领导下才是可能的!

研究和介绍马克思主义的语言学理论,研究和介绍苏联先进的语言学论著,是一项新的、重要的工作。几年来在这方面也取得了显著的成绩。有了正确的指导,我们的语言学工作才不会迷失方向。此外,我们还正在进行对资产阶级语言学说的批判的研究。

有关语言学各方面的科学研究工作,正在积极展开。在现代汉语规范问题

① 参看郑林曦《推广普通话工作要经常化群众化》,《语文学习》1957 年 8 月号。

② 参看《人民日报》1956 年 2 月 3 日社论。

③ 参看傅懋勣《帮助少数民族创立和改革文字工作的情况和问题》,《语言研究》1956 年第 1 期。

学术会议上认定研究题目的就有 87 个人,到 1956 年 11 月,认定的研究题目共有 782 个。这反映了语言科学的研究工作的新气象。去年在国务院科学规划委员会统一领导之下,哲学社会科学各学科都制定了工作的长远规划,语言学工作者更有共同奋斗的目标了。

以上所说的这些成就都是语言科学工作者在党和政府的正确领导下努力的结果,当然说的还不够完全。我们可以肯定地说,没有党的领导,我们的工作就不可能进展得这样快,成绩也不可能这样大。"中国共产党的领导的力量,在于它有马克思列宁主义的思想武器,有正确的政治路线和组织路线,有丰富的斗争经验和工作经验,善于把全国人民的智慧集中起来,并且把这种智慧表现为统一的意志和有纪律的行动"[①]。党的一切方针政策的决定都是从人民的利益出发的。科学工作者体会到党的方针政策的正确性,就有了明确的努力方向,在党和政府的领导和支持下工作才能有足够的勇气和力量,工作才能获得进展。新中国的科学事业必须是为社会主义建设服务的,同时也必须有统一的领导。我们绝对不能再回到科学研究与国家建设需要不相适应的状态。我们要发展科学,就离不开党的领导。右派分子说党不能领导科学,从语言科学的发展上就可以充分证明这种话是根本错误的,是别有用心的。右派分子企图用抹杀成绩、夸大缺点的方法反对共产党,反对马克思列宁主义,反对社会主义的根本制度;他们企图离间科学工作者同党和政府的关系,借以夺取科学工作的领导权,这是人民绝对不能容忍的!

现在右派分子的阴谋在全国人民反右派的正义斗争中已完全被揭露出来了。为了清除他们所散布的毒害,我们必须把反右派的斗争进行到底,对于他们的谬论必须予以反击。全国的语言科学工作者要坚决地保卫马克思列宁主义的思想阵地,团结在党和政府的周围,沿着社会主义的道路前进!

原载《语文学习》1957 年第 9 期

[①] 刘少奇《中国共产党中央委员会向第八次全国代表大会的政治报告》。

为语言科学的跃进而奋斗

——国务院科学规划委员会召开语言学科跃进座谈会上的发言

八年以来,教学方面经过许多次的改革而且取得了很大的成绩。成绩的主要方面在于教学内容的改革和具有一定的教学计划,这是前所未有的事情。不过客观的情况是不断发展的,人的认识也必须随着客观情况的变化和发展而不断地改变和提高。在这次双反运动全民大跃进当中就发现我们在思想上是远远落后于实际了,反映在教学方面就是因循保守者多,而缺乏不断改进的精神。

北京大学从整改期间以至现在正在蓬勃开展的双反运动中,学生提出了很多的意见,教师们也发现了许多问题。

(一)就语言课程来说,最突出的一个问题是教学脱离了实际。教学脱离实际表现在以下各方面:

1)课程的目的要求不够明确。例如现代汉语、汉语方言学、汉语史各课虽然都开出来了,可是要求并不具体。因此教学的内容是否切合需要就成问题。

3)传授知识做得多,培养学生能力方面做得少。因此同学提出许多意见,认为大学教师不重视教学效果。好的学生只记住一些理论,不能联系实际。

3)忽视与当前社会主义建设关系最大的重要问题。例如文字改革问题、语言规范化问题,等等。

4)与总的培养目标不相适应。在高等学校的培养目标中有中学师资一项。我们在教学中并没有贯彻这一点。所学的东西是否有用、是否适用都有问题。

5)忽视学生的接受能力,不注意课程间的衔接。有些课不该重复的重复了,该联系起来的没有联系。专门化的课与基础课也缺乏联系。

(二)从这些脱离实际的现象不难想到,培养出来的学生就没有真正合乎规格,这就是教学当中最大的浪费。如果说学生完全没有学得一些东西,那也是不合实际的,问题在于我们的工作远远赶不上客观的要求,今天我们就不能不跃进。

（三）谈到科学研究方面，不仅在同一个学校内缺乏共同努力的方向，就是整个语言科学工作者也缺乏共同奋斗的目标。我所说的奋斗目标就是语言科学研究怎样为社会主义服务和怎样发展我们的语言科学的问题。

（四）语言科学工作者过去几年内也做了不少与实际问题相关的研究工作，但是步伐是很慢的，问题的研究是浅尝则止的。过去所召开的现代汉语规范问题学术会议、全国文字改革会议，对于汉语语言文字问题有了初步共同的认识，在语言教育方面起了一定的作用。但是我们的研究工作并没有开展得好。因此在科学研究方面也跟教学方面一样，应该考虑如何与实际结合。

（五）要跃进首先是思想的大跃进。我们在教学中所以造成脱离实际的现象，其根本性的问题是教学主导思想的问题。教师们存在着严重的资产阶级个人主义，就不能有高度的责任感，同时个人与集体的关系也永远搞不好。教师所追求的是个人的名利，只搞业务，忽视政治，在祖国飞跃前进中更看不到应当怎样去培养年青的一代。反映在教学内容和教学方法中不仅因循保守而且存在着不少的非无产阶级的观点和方法，学生在这种情形之下，就走向只专不红的路上去，为什么要学，学了为什么人服务也都置之度外了。这是一个根本问题，只有从思想上烧掉非无产阶级的思想，把马列主义的旗帜树立起来，明确办学的方针、培养的目标，我们才能飞跃前进。

（六）思想有了大跃进以后，我们就要在认真学习苏联先进经验并密切结合本国实际情况的原则下，从教学计划以至教学内容上来一个大跃进。以往所制订的教学计划是经过多次讨论的，但经过几年的实施也发现有许多的缺点，例如只重知识的传授而忽视对学生语言实践能力的培养，在语言和文学两方面都存在着厚古薄今的现象，教学与生产脱节，基础课之间和专门化与基础课之间缺乏联系等等，都牵涉到教学计划。因此在办学方针和培养目标有了共同的认识之后，我们还要展开辩论，在教学计划方面来一次大跃进。

（七）另外就是人力的组织问题。我们要做的工作很多，而在不同工作岗位上的工作者并没有完全组织起来。组织人力适应当前的需要来展开科学研究是非常必要的。在语言科学方面也还有许多空白点，例如语法规范问题以及词汇学、修辞学、风格学的研究都跟当前整顿文风有关。我们就不能忽略，我们要在科学规划委员会和中国科学院的领导下发挥集体主义的精神，一齐跃进。

（八）最后我要提到的一点，是在语言科学研究工作中贯彻马列主义的问题。马列主义是进行一切工作的指导思想。这几年来我们很多人都在努力学习马克思主义的语言学理论,但是可以说马列主义的旗帜在语言科学的研究中还没有树立起来。这是非常重要的问题。要想把马列主义在语言科学中树立起来,一方面要批判资产阶级的语言学说,一方面还要大量介绍苏联在语言学方面的成就。不仅介绍而且要组织起来共同学习。这样,我们才能使我们的语言科学获得新的发展。

总之,无论在语言教学或者语言科学的研究工作中,都必须打破因循保守的现象,从实际出发,认识当前的缺点,不断发现矛盾,解决矛盾,发动一切力量,在马列主义思想的领导下共同跃进。

原载《中国语文》1958 年 4 月号(书面意见)

更好地发挥《汉语拼音方案》的作用

《汉语拼音方案》是广大的语文工作者于 1957 年经过反复深入研究和讨论,在以前拉丁化新文字方案的基础上创制出来的,它为拼写汉语普通话而服务,早已为广大群众所接受。

普通话是汉民族的共同语,也是中国各民族互相交际的语言。普通话是以汉语北方方言为基础方言,而以北京音系为标准音的。《汉语拼音方案》按照北京音系列出 21 个声母,35 个韵母,并且规定出几条拼写的简单规则,容易学,容易掌握。自 1958 年 2 月经全国人民代表大会批准公布以来,在扫除文盲、推广普通话、发展文化教育各方面都起到了一定的作用。现在我们正处在一个新的历史转折时期,随着国内经济改革的前进和国际贸易往来的发展,汉语教学势必要广泛开展起来,作为拼写汉语的《汉语拼音方案》将更充分地发挥它的作用。

就全国的推广普通话的情况而言,以前虽然取得了不小的成绩,但是经过十年动乱的干扰,这项工作几乎陷于停顿,南方不同的省份里有不少的学校放弃用普通话讲课,而使用当地的方言来进行讲授,即使是语文课也是如此,学生读的课文是规范的语体文,但用方言来读,很不恰当。现在虽然逐渐在改变,可是还很不彻底。作为教学的语言和社会上普遍交际的语言都应当使用以北京音为标准音的普通话,因此,积极地大力推广和普及普通话还是当前语文工作者的一项重要任务。

目前农村的经济有了极大的发展,农民们迫切需要科学以及多方面的文化知识,发展农村教育是刻不容缓的大事。农村教育的初级教育自然先以识字为主。那么,要识字,同时也要普及普通话,二者都离不开应用《汉语拼音方案》来给汉字注音和用拼音字母拼写汉语。这就要更好地发挥《汉语拼音方案》的作用。

为加速地推广普通话,取得好的成绩,不能只注重大城市而忽略农村、市镇。在全国的小学里语文课都要把《汉语拼音方案》教好,学生要能应用《汉语拼音方案》拼写字音,并且能阅读拼音的读物和使用字典。农村里可能缺乏教师,在县里可以办短期培训班,以充实师资队伍。

还有,根据调查,在全国汉民族范围内现在至少有一亿五千万人口是文盲,要提高人民的文化水平,还要大力推行识字教育。要认识汉字,《汉语拼音方案》就是有力的工具,我们应当看重这个有力的工具,充分利用它,尽量发挥它的作用。我们可以多编一些拼音汉字的读物,加快识字的速度,以普及文化知识。

现在的社会已经进入信息化的社会,对语言文字信息的处理感觉格外重要,用汉语拼音以词为单位输入电子计算机,可以很快转换为汉字,对通讯、排检、印刷、传播文化会起到极大的作用。《汉语拼音方案》应用的范围就更加扩大了。

当前在世界上汉语的地位越来越重要。汉语已经是联合国工作语言之一,与英语、法语居于平等的地位。现在世界上有一百多个国家跟中国有贸易往来,在外交上和商业经济上的迅速发展势必带来语言文化的交流,因而在世界上有不少的国家,如日本、美国、波兰、联邦德国、法国、澳大利亚等,都有不少的人在学习汉语、研究汉语。一方面想获得一种语言交际的技能,一方面想通过阅读中文的书籍报刊了解中国的历史、中国的文化和中国政治经济发展的现状。他们要掌握汉语就要利用《汉语拼音方案》来学习语音。他们会发现以往国际上应用的威妥玛式的或法语式的拼注汉字读音的方法太不适用了,如威式"西"拼为 hsì,"子"拼为 tzǔ;法文"知"拼为 tche,"壮'拼为 tchouang,远没有《双语拼音方案》简便易学。国际的学习汉语热为广泛地传播汉文化展现了新的天地,《汉语拼音方案》就起了极大的作用。

汉语是一种有声调的语言,《汉语拼音方案》也规定了声调的标法,可是有不少人都不喜欢在韵母上标明声调。如果有相应的汉字在纸面上出现,还不难理解;如果没有汉字,单纯写出一串拼音字母来,它所代表的语词就不容易领会了;即使能够领会得到,也要费一点时间去思索。所以我认为在注音时还是标出声调为好。有些人认为在注音上标出声调既费事又不好看,可是用增添不同的字母表示不同的声调,又恐怕行不通,如以往曾经提倡过的《罗马字拼音法式》那样实在不便于应用。究竟应当怎样标调才好,可以再进行深入的讨论。不标调不是办法。

原载《语文建设》1988 年第 2 期

教非汉族学生学习汉语的一些问题[*]

教非汉族学生学习汉语是语文教学中一项崭新的而且很重要的工作。我们应当深入研究怎样做到理论结合实际,怎样在进行教学上用最短的时间而能收到最大的效果。关于这一方面就有很多的问题,例如教学的基本原则、教学的目标、教学的内容、教材的配置、进行的程序、教学的方法等,都要从实践中求得真正的解决。本文的目的,就是根据从实际工作中所得的一些经验和体会着重这几个问题来谈一谈。有些具体的实施办法是在北京大学少数民族医科预备班和外国留学生中国语文专修科朝鲜同学组进行汉语教学中试用过的,在此也提到一些,供从事这一方面工作的同志们参考。

一、汉语教学的基本原则

一般学习汉语的人感觉学习汉字是顶困难的一件事,在学写汉字上要用很多的时间,因此认为汉语很难学。教的人也就专门注意汉字教学,而忽略了语言教学。我们认为汉字是一种很大的障碍,固然须要大大突破,可是汉语和汉字不是一回事,如果以为学习汉语能够认识汉字就成了,这是不对的。我们说一句话是许多语词在一定的语法规律下组织成的,教汉语的人必须从语言的基础出发,使学的人能够实际掌握汉语的发音、词汇和语法才行。因为唯有这样,才能真正可以用汉语做为交际的工具。单纯从汉字出发,领导学生认识几千汉字,读一些课文是不能实际应用的。我们必须建立以新的语言学为基础的教学方法来进行汉语教学。斯大林《马克思主义与语言学问题》,对于我们有重大的指导意义,他说:"语言的语法构造和基本词汇是语言的基础,是语言特点的本质。"因此我们要使学汉语的人能够充分掌握汉语,就必须注重词汇教学和语法教学,这是汉语教学的基本原则。

其次要着重提出的是必须联系实际,发挥教师的领导作用和学生的积极性、主动性,并且做好群众性的互助辅导工作,这样才能收到最大的效果。

---

[*] 士琦按:50 年代初,周祖谟先生在北京大学讲授少数民族医科预备班和外国留学生班的汉语课,本文即为教学经验的总结,是我国第一篇对外国留学生进行汉语教学的论文。

二、教学的目标

教学的目标是随客观的要求来决定的。例如少数民族的同学学习汉语，有的准备作政治干部，有的准备作翻译工作，有的准备在学好汉语之后再进一步学习科学知识和科学技术。他们将来从事的工作不同，学习汉语的要求也就有不同。因此，教学的目标一定要随同学的要求来定。

但是学习一种语言要达到能够应用的目的，也是要有一定的基础的。根据一般的要求来看，能够日常生活会话，能听学术报告，能读懂浅近的读物，能写简短的叙事文和学习笔记，都是很必要的。这就是很具体的目标，也是一般学习汉语要达到的水平。这里面包括了听、说、读、写四方面。四者之中，能听能说是基本的要求，能读能写是进一步的要求。上面所说的"要有一定的基础"，就是指这四种能力而言。要达到这种基础，首先要重视口语的训练。口语训练有了好的基础以后，再针对同学将来要从事的工作来订训练阅读和写作的目标的实施计划，理论与实际相结合，才能胜利完成教学的任务。

三、教学的内容

教学的内容要根据目标来定。如果初学汉语要达到上面所说的水平，就要包括发音、会话、词汇、汉字、语法、阅读、写作练习几项。这几项都要保持联系，不能孤立来看待，例如学发音的一段时间内在练习拼音的时候就可以学习一些词汇和短句，其他的项目，如会话和语法、阅读和写作也都要结合起来进行。可是在全部教学过程中，词汇教学和语法教学应当是教学的中心，别的都要围绕着这一个中心来进行。

词汇教学是要拿一个词一个词来教的，跟认单个儿的汉字不同，学生不但要把每一个词的声音学好，同时还要知道它的意义和用法。假如学生没有掌握足够的词汇，说话的能力就很难发挥。所以词汇教学非常重要，在整个教学中应当有一定的计划（学习的数量，先教什么，后教什么），而且要结合着语法和阅读来进行，否则会有"会说会讲不会用"的毛病。

至于语法教学，主要的目的是给学生一些基本的语法知识，使他们了解汉语的结构，掌握汉语的内在规律，这样不但可以帮助他们学习说话，而且可以培养阅读和写作的能力。北大的朝鲜同学经过一个多月的语法学习以后，不但可以说话了，而且有的同学还可以写几百字的叙述文，这就是学习语法的好处。

语法是语言教学的基础,如果不教语法,单单通过反复的口语练习,固然也可以达到能说能看的目的,但是那样基础不是很实在的,而且教学的效果往往事倍而功半。我认为:不论通过一种什么讲解的方式或练习的方式,语法的知识是必须教给同学的。学习汉语在语法上必须掌握三点:句子结构的形式,句中语词的次序,词与词、句与句关联的虚字。有了这种基本的知识,自然学得快,理解得也快。

四、进行的程序和教学的要点

上面所说的教学内容,每种教材必须联系实际,符合学生的需要。教材的配置也一定要有严格的系统性和联贯性,顺序进行。至于具体的实施步骤,虽然还没有全部的经验可以提出来,但是体会到一点,就是:在全部教学中找出重点,分段来进行,是比较好的方法,也就是"分散难点,逐步占有"的意思。这是很重要的一点。

就上面提出的几项教学的内容来说,不妨分做两个大的阶段来进行:第一阶段着重听话和说话的训练,第二阶段着重阅读和写作的训练。两个阶段又可以分步来做。第一个阶段可分为下面几个段落:

(1)发音;　(2)口语练习;　(3)汉字写法;　(4)词汇及语法。

发音是很重要的一个阶段,教师和学生必须一致地重视。要把拼音字母、拼音、声调、轻重音教好学好。教发音以前,教师要把同学的本族语的声音系统理解清楚,先教他们语言中有的声音,后教他们语言中没有的声音,哪些音是他们所没有的要抓紧时间,集中突破。根据经验,如果发音学得好,说话就容易有进步,否则以后处处感觉吃力。在教发音的时候,同学跟先生都容易犯急躁的毛病,同学忙着要学说话,先生急于求成,如果再感觉练音非常单调,往往草草了之,对于教学全部的效果可能影响很大。为免于有感觉枯燥的毛病,应当教一些词汇和短句,从学习词汇或短句上来练习发音是最有意义的办法。在这一段教学工作中,教师要特别努力,充分辅导学生,不可把时间拉长,以免学生失去信心。发音的标准,应当以中央人民广播电台播送全国的普通话语音为标准,这是不成问题的,要求学生严格一些也是正确的,但是一定要与学生学习的情况相结合,例如新疆的少数民族同学和朝鲜同学对于 p、f、zh、ch、sh、r、ei、ao、u 几个音和北京话的四种声调感觉很困难,可是这不是在学习发音一个阶段内可以学得很好的,假如大多数的学生都学会了,就可以进行下一段教学,有不熟练的以后再随时帮助。

口语练习是练习说一些日常生活会话的句子。这一部分的教材要完全用拼音字母来写，而且须要采取词儿连书的办法。目的在于使同学巩固学习拼写字母的成果，练习看和说，同时也学习语调和句中语词的声音轻重、词与词相连在读音上的关系。就学生的要求来说，他们学了发音以后，很想学说话，如果学习一些日常生活中的会话句子，马上就可以应用，非常切合实际，他们学习的情绪一定很高。这一段学习是跟发音练习相连的。要多用一些时候，而且要把基本的语法规律贯注在例句里面，反复练习，使同学在不断的实践中变为技巧。学生会说一些句子以后，再进行语法学习，也增加很多的便利。

教非汉族的学生学习汉语最不好处理的问题是学写汉字的问题。同学开始学汉语的时候往往希望很快地学写汉字，这是不妥当的，我们必须加以劝止。如果教材中很早写出汉字来，他们就会专门去注意文字，一个字一个字地去写去念，忽视了语言的学习，所以在口语练习的阶段里教材中不应写汉字，要写拼音字母。可是在学语法之前就可以学着认汉字了。例如汉字结构的形式、笔画的样子、常用的偏旁、书写的笔顺等可以用很短的时间先教一教，等到学习语法的时候，教材中就可以把拼音字母和汉字一齐写出来，学生也可以逐渐练习着写。一直等到语法学完，词汇学习很多了，再练习大量书写。如果学习语法的时候，强调书写汉字，必然有顾此失彼的毛病。

语法教学的目的在于使同学掌握基本的语法知识，以便发展说话和听话的能力，并且为培养阅读的能力打下基础，这就是"理论指导实践"的意思。这种语法教学跟教汉族同学不一样，不能专门讲述理论的知识，要扼要，要简明，特别是要把一些汉语的表达法教给同学，使同学能够充分灵活运用，并且要结合他们的实际需要来进行，从感性认识提高到理性认识。在教学中是不能脱离练习的，每讲一个要点要多举例句，通过例句，指出其中语法的规则。同学学了以后还须要应用这种规则按照例句来说话，如果不实践，空学一些语法知识是没有用处的。更重要的是：在教语法的时候，要把汉语语法的结构跟学生的本族语语法做适当的比较说明，这样对于他们帮助更大，例如维吾尔族的同学初学汉语的时候常常按照维语语句的结构方式把动词和宾语的次序说错，"我买书"可以说成"我书买"，朝鲜同学可以按照朝鲜语的句中词序把"我没有找他"说成"我他找没有"。类似这种特殊的不同，必须提醒他们注意。

上面说过，词汇的教学是要贯注在全部教程里面的，要有系统有计划地加以布置。在教发音和会话的时候,就可以教很多的词汇。在进行语法教学的时候,这一方面也要配合着来进行(语法例句或练习中的词汇可以提出来先教)。教的时候必须要求同学把词汇的发音,如声母、韵母、轻声、声调等都要说得准确,这是非常重要的。如果教师和同学忽略了这一点,将来会产生说出来语法不错可是别人听不懂的毛病。学说话不怕说得慢,就怕声音不清楚,发音不正确,节奏不分明。要想避免这种流弊,就要从教词汇的时候起加以注意。特别是声调对于非汉族的同学最难学好,最好的办法是结合着词汇来学,每个词汇的读音都学得很好,说得很准确,那么,再有了语法的知识,说出来别人还能听不懂吗? 这是从失败中得到的经验教训,所以特别提出来说一说。其次,所教的词汇必须是与学生的学习生活有关系的词汇,这样才符合实际的需要,同学学了才有用。一般说起来,如果不要求同学写汉字,正规的学习每天可以学四五十个词汇,一个月可以学习一千多词汇。这样也许有人会问,每天学四五十个词汇记起来不是很困难吗? 但是如果能够利用卡片,采取北京高等学校学习速成俄文的"循环记忆法",自然容易成功。应用这种方法来记汉语的词汇,北大的新疆少数民族同学是有经验的。他们在突击词汇的时候,随着词义的浅深,一天可以记八十个到一百个词汇。卡片上写出拼音字母、汉字、维文,反复比照着来记,学得很快。词汇与语法同时并进,同学说话和听话的能力可以迅速提高。这是汉语教学中最重要的一环,如果能够胜利完成,阅读和写作就有了很好的基础了。

　　还有一个学生学习很多的词汇以后如何巩固的问题。教师可以编制分类的词汇表发给同学,教他们复习。同时可以把词汇表中的汉字抽出来,把声音相同(或偏旁相近)的排在一起,而且把应用这一个字的语词也附注出来,写成另外一种词汇表(例如:发——发生、发展、启发、出发……),这样叫同学一面温习词汇,一面书写汉字,很快可以记熟、念熟、写熟,汉字书写的问题在这种情形之下也就得到解决了。

　　这一些事做完以后,还要结合着复习(包括词汇和语法),展开听话说话的练习。利用讲故事、小组漫谈、讲述通讯报导、重述文章大意等种种方式,使同学熟悉知识,掌握技巧,第一个大阶段才算完成。

　　教学的第二个大阶段是阅读和写作。同学有了以上所说的基础以后,就可以大力培养他们的阅读能力,如果单凭课堂的讲授,一句一句地教,收效很慢,必须发扬同学的积极性和主动性,在教师的帮助下可以逐渐练习独立阅读。阅读也可以分段来做,先读短文,再读长篇的文字。短文的取材必须由浅到深,内容包括的方面要广,要具有多样性,而且要与同学的实际生活有联系,像报纸上的通讯报导、有关政治时事的讲话、革命的故事、劳动英雄的事迹、浅近的科学文字、短篇的文艺创作等都是同学所喜爱的。在此必须提出来引起注意的是:阅读课中除了充分说明读物的思想内容以外,词汇和语法还是教学的重要部分。不但词汇、成语须要做充分的讲解,语法的问题也要多做解释和练习。这样才能提高同学的理解能力,由此才能逐渐达到能读长篇的程度。其次阅读课中必须着重练习听写和朗读,这样不但可以增强同学听说写看四方面的能力,而且可以使他们所学的更加巩固,更加明晰。

阅读长篇的浅近读物是发展同学阅读能力的最好办法,一方面可以巩固已知的词汇,熟悉它的用法;另一方面可以广泛地学习很多新的词汇,接触很多不同的句法,进步自然很快。长篇读物中的新词汇可以先找出来进行突击学习,教师在课堂上讲解以后,同学经过记忆,就可以进行阅读。阅读之前,教师可以先说明大意,指出要点,然后同学阅读。阅读之后,提出问题,由教师解答;同时教师也要提出一些问题叫学生回答,借此可以检查学生的理解能力。这种方法费时少而收效大,可以根据学生的程度试着来做。

至于写作练习是要跟阅读相结合的。开始的时候,教师可以指定一些学过的词汇让同学用这些词汇来写他自己要说的话,进一步可以结合着阅读教材提出一两个可以引申发挥的问题叫同学笔答。这样练习几次之后,教师就可以给同学一个题目或一个范围练习写话,先写学生自己本人的事情,然后再写生活里的事情,逐渐培养他们的写作能力。关于这方面,常青同志的"写作教学法"是极有价值的,可供我们参考。

五、教学的方法

教学法是非常重要的。教材没有配置好,固然会走些弯路,可是仅仅教材配置得好,而没有积极的好的教学法,仍然没有用。例如:只知讲述,而不研究如何来讲才可以使同学易于接受;或者强调学生接受的能力差,没有主动地发挥领导作用,寻找更好的方法进行;或者只重课堂讲授,不能帮助同学复习或巩固;或者没有发扬同学善于理解和体会的能力,对于成绩较差的不去设法帮助,诸如此类都会影响教学的成功。

关于教学法的问题很多,现在举出四项来谈一谈。

1. **综合教学法**。一般教语言的方法有三种：一种是直接教学法，用实物或图片使同学通过认识形象的过程来直接掌握语义和声音。一种是翻译教学法，用学生的本族语言来做辅助的工具，经过翻译，学习另外一种语言。这两种方法都有优点和缺点：直接教学法的优点在于学生可以把所学的东西记忆清楚，善于应用；缺点在于了解不易完全正确，也不能真正深入。翻译教学法的优点在于学生可以理解得很清晰，进行也比较便利；缺点在于学生依赖翻译，不善于从听觉视觉的直接感受中去体会去学习。另外还有一种综合教学法，把直接法和翻译法配合着来用，可以兼有上面两种方法的长处。这种方法曾经试用过，从发音教起，经过一个多月的时间，他们就可以完全直接听讲了。经验告诉我们：唯有练习直接听讲，听和说的能力才能很快地提高。要训练学生直接听讲，教师必须特别注意说话的技术。在上课的时候，说话一定要慢一点，发音要清晰，一个词一个音都要使学生听到，有很深刻的印象，尤其重要的是要用学生已经熟习的正确的句法和词汇来讲，同时要联系同学的生活，始终以口语为基础，逐步提高。这样学生自然容易接受，而且会感觉非常亲切。每讲一种新的东西，必须反复练习，有难懂的或者很抽象的概念，可以用翻译法来帮助，进行的时候也就不会有什么困难了。这是应用综合法的一点经验。

2. **练习和辅导的方法**。北大教新疆少数民族同学和朝鲜同学学习汉语，除课堂讲授词汇、口语、语法以外，每一天有一定的练习。练习包括两部分：一部分是课堂作业，一部分是课外作业。另外每天还有课堂辅导和课外辅导。

课堂作业的主要作用在于帮助同学练习当天所学的东西，不但要使他们彻底领会，而且引导他们反复练习，如对话、造句、听写、重述等各种练习，把学到的知识与实际应用联系起来。经过练习以后，同学通过自学和小组学习，然后提出问题，当天再由教师做课堂辅导。教师辅导的时候，一方面解答他们的问题，一方面提出问题，检查他们是否充分了解，能否应用。这个时间内也可以听录音，最后布置课外作业。课外辅导是请汉族的同学做辅导员，经常帮助同学做实际的练习，并且帮助教师检查同学学习的情况，提出问题做教师的参考。

实施这一套方法的目的就在于帮助同学把所学的知识及时巩固起来，而且达到能够灵活运用的地步。教师如果能利用所有的条件给他们造成优良的学习环境，如每位同学都有一位汉族的朋友，或请他们和汉族的同学住在一块儿，经常在一起做文娱活动，教学一定可以"速成"。

3. **复习**。知识必须巩固以后才能有用，复习是巩固知识最重要的方法。如果学过的东西经过复习更加巩固,更加明晰以后,自然就有吸收新知识的能力,所以在教学过程中必须经常引导同学复习。学习告一段落以后还要分出时间做一次总复习。在复习的时候,教师要把同学学过的东西作系统的说明,并且指出重点和复习的方法。如果内容很多,就要规定时间,分步来作。

4. **思想领导与学习领导**。在进行教学中教师必须与同学取得密切的联系,教材的难易和进行的快慢是否合乎他们的要求,要随时听取他们的意见。对于他们学习的情况和他们能否搞好小组学习,更要有充分的了解和帮助。因此要有坚强的思想领导和学习领导。教学能否顺利成功,这也是主要的一个环节。思想领导和学习领导必须密切结合起来,要能够发现问题,及时解决问题,才能收到效果。现在举出一些具体的办法:

①组织同学,发挥集体互助的精神。

②每一阶段开始的时候,必须先讲明这一阶段学习的目的和具体的方法,使同学在思想上有明确的认识,同时要鼓舞他们的学习热情。

③在进行当中,不但要研究教法,而且要深入群众,了解群众,研究学习的方法,根据同学的学习情况,及时加以指导。对每位同学都要有一份学习情况登记表,他在学习上进展的情况,所遇到的困难,教师都要按时登记,加以研究,找出根源,进行个别辅导。

④从思想上启发同学的积极性和创造性,在学习过程中尽量用汉语讲话,同时要创造好的学习方法,很快地掌握知识,具体去运用它。在每一阶段完了的时候要发动同学做小结,交流经验,把好的学习方法加以推广。或者选出学习优良的同学加以表扬,这样可以很快地发挥同学的积极性。

⑤教师要经常和小组长谈话,小组长要汇报同学的学习情况和思想动态,教师也要主动地提出问题做全面的正确的了解。

以上所举的五个问题是结合着一些经验和体会来谈的,其中有的地方说得还很粗疏,考虑得还不够成熟,仅供从事这一方面工作的同志们参考,希望我们大家从实践中共同创造一套好的办法出来,把祖国人民教育事业中这种重要的工作做得更好,迅速地得到发展并取得成就。

1953 年 2 月 10 日

怎样自学语文

最近有许多《语文学习》的读者来信提出怎样自学语文的问题,迫切希望得到解答。这些读者有在机关部队中工作的,也有在学校里服务的。他们说语文基础较差,在工作中时常遇到些困难,所以迫切希望提高语文水平,以便把工作做得更好。这种热爱工作、热爱学习的精神是值得称赞的。

底下是从他们的来信中摘出来的话:

1. 目前感到一个困难问题,就是缺少语文基本读物。虽然有了语法修辞书,但是还缺少对语文全面知识的了解,仍然不知道怎样自学语文,如先从哪儿学、怎样学等等。

2. 我想有系统地学习语文,很快地提高自己的语文水平,但不知怎样学,学习些什么? 希望给我一个满意的解答。

3. 现在提出下面几个马上须要解决的问题:根据我现在的程度和希望,应该从哪里开始学起? 我应该怎样进行自修? 哪些书籍可以作为我的基本学习材料? 如果每天以两小时计算,约要多长时期可以达到初中的语文程度? 以上请在复信时尽可能地讲得详细一些。

4. 现在我看了有关语法修辞的一些书,感觉这些抽象的东西很难搞通。我很热爱自己的工作,因此我迫切地须要提高自己的语文程度,请你们根据我的情况,指出怎样来进行自学。

5. 由于我的语文知识缺乏,在实际工作中就碰到了很多困难。比如写个总结、报告之类,写出来,不是词句不通,就是成了公式化,有时连自己看了也感到不对头。可是,我满怀信心地要把语文程度提高,希望告诉我在语文自学上,用什么学习方法才能获得进步。

这几段话里都充满了想学习语文的热望。所提的问题主要有三点:(1)想学习语文,应当从哪里学起;(2)怎样学习,怎样自修,有什么好的方法没有;(3)要有比较全面的知识,应当学习些什么。这三个问题是很重要的,但是很概括,很笼统,难以做出很全面很具体的答复。因为每一个人的语文修养的基础和学习的情况与条件不十分清楚，单凭一封来信怎能就做出正确的解答呢？如果随便举出一两本书来说说，对这些同志未必有很大的帮助。但是这样一个普通的问题必须求得解决才行。现在我试着来回答一下。

从来信所说，我觉得有几个基本问题须要先跟同志们谈谈：第一，学习语文的目的，同志们大致是认识的。这里还须要多少说几句，再明确一下，因为明确了目的才好说到学习的方法。运用语文的能力跟我们的工作、生活和学习其他科学知识都有密切的关系。要是我们不善于思考，不能明确地表达思想，不能深切地了解别人所写的东西，那就会在工作中和学习中遭遇很多的困难。学习语文就是要学习运用这个工具，好克服工作上和学习上那些因语文障碍而产生的困难，从而提高工作和学习的效率。那么学习语文就是要自己具有很好的实际的语文知识，有正确地阅读、书写和说话各方面的足够的能力和良好的习惯——为了很好地进行工作和学习。

明白了这一点，我们就不会单纯地认为学习语文只是为了能把文章写通，因而专门去注意写作一方面，而忽略其他。在学习的方法上，我们也就不会一股劲儿地去追寻写作的"秘诀"，知道要从多方面去吸收知识，蓄积知识，从说话、阅读、写作各方面来培养自己正确地运用语文的能力。在学习的材料上，也就不一定单单依靠一两本语法书，而知道从日常所接触到的读物，如报纸、文件、杂志、小说等去寻找学习资料了。这是第一点。

其次，学习语文必须有耐心。有些同志希望马上速成，这是不正确的。这牵涉到学习态度的问题，与学习能否获得进步很有关系。学习是自觉的积极的创造性的劳动，一切知识必须自己在实践中认真地精细地去体会，去了解，才能成为自己的活的知识。《毛泽东选集·实践论》里指出："认识从实践始，经过实践得到了理论的认识，还须再回到实践去。"因此，由不知到知，由知到能熟练地运用是要有一个比较长的过程的。尤其学习语言，更不是一蹴而就的事。我们的语言有极丰富的词汇、多样的语法结构的形式和修辞的手段，所以学习必须有耐心，经过长时期的辛勤劳动，才能学习得好。同志们要求快，可是又快不来，就很可能感到苦闷，信心不足，以致畏难而止。所以我劝同志们不要先存着一个求其速成的愿望，只要脚踏实地去学习，认清目的，估计自己的基础、条件去进行，是一定可以逐步提高的。当然，方法的好坏可以影响到学习的效率。不过那只是相对地讲，就是说，方法好的可以比方法不好的效率高些，而不是说会有一种方法能使我们转眼之间就把语文学好。这是第二点。

再次，就是学习语文必须联系实际，不能单纯依靠讲语文的书本，更不能跟工作或其他学习截然划开，不相联系。上文说到学习的方法问题，联系实际应该是最基本的方法，从同志们的来信中可以看出有一种现象，就是把提高语文程度的希望完全寄托在语法书和指导写作的书上，希望能够买到那样一本书，正好合乎自己的程度，一看就很快可以学会。像上面举的第四封信所说的情形就是一个例子。存了这样的想法，就不容易从书本中细心找到自己需要的知识，经过咀嚼寻味而变为自己的东西。当然，语文工作者目前没有给广大的读者写出很多符合实际需要的读物来，值得省察；可是，同志们把学习语文看成那样简单，希望从书本上找出什么公式、定理来，好去照办，这也是不正确的。要真正能够获得进步，最可靠的办法是把书本的知识和实际的工作和日常的学习联系起来。比如我们现在正在认真地讨论《中华人民共和国宪法》(草案)，通过学习，我们对于中国人民革命斗争，对于过渡时期的总任务，对于人民民主制度的优越性，对于马克思列宁主义的政治、经济理论等都会有更深刻的认识和了解。可是我们在学习的时候是不是对每一条每一个词的意思都要理解清楚呢？我想同志们一定是这样做的。那么，这不就是联系到语文学习了吗？所以我说，如果我们在工作中，在政治学习、业务学习中，都能随时留意语文的问题，处处与实际联系，收获必多。单单死读书本是不行的。这是要说明的第三点。

以上我谈了三个问题：一是学习语文的目的；二是学习语文的态度——不能希望速成；三是学习语文的基本方法——不要以为单纯地、食而不化地读一些语法书或指导写作的书就行了，应当联系实际，多多实践。如果对于这三点没有明确的认识，只希望别人给开一个书目，规定出一个计划来，帮助是不大的。这三个基本问题认识清楚以后，关于学什么、怎样学的问题就比较容易解决了。

我以这些话来回答同志们的问题，可能还不能满足需要。也许还有些同志希望我能够针对着问题再具体地谈一谈。因为所有的来信都说：希望答复得越详细越好。那么，我就再谈一些。

学习语文应当注意的方面很多，主要是词汇、语法、修辞三方面。这三方面尽管可以随着每个人的基础和需要去安排时间特别着重哪一方面的学习，可是无法分别先后，因为这三方面都是语文学习的具体内容。根据青年们的一般反映，三者之中，讲语法的书多，可是说法纷歧，意见不一致，术语弄不清，所以比较难学。词汇、修辞两方面的书籍又太少，简直不知道怎样办。要解答这样的问题,当然不是三言两语可以说得完的。现在只能简单地提供一些办法。

学习语法,尽管有些术语一时不容易理解清楚,但是主要的方法是根据自己在语言实践中(说话、写作)所认识的规律来和语法书中所讲的有系统的知识相印证,注意词与词组合的关系、句子里组成的成分、词在句中的次序、句子结构的主要形式、虚词在句子中的作用等等。根据这些知识再应用到阅读上去,试着分析句子的结构,遇到有不了解的地方再翻阅语法书,这样自觉地积极地去学习,实践、认识、再实践、再认识,反复钻研,一定可以逐渐了解透彻,而且可以使学到的知识得到巩固,成为技巧。

关于词汇和修辞两方面既然没有很多的书可以参考,只有从平时阅读的读物中去学习。应当了解词的多义性,词的本义和转义,同义词和反义词。对于某一个词不但要了解它的意义,而且要注意它的用法,它在句中经常担任什么职务,常常跟哪类词连用。另外还得注意同义词在意义上和用法上的细致的区别。

讲到修辞,首先我们要了解修辞的作用。我们知道,语言是人类交流思想的工具,同时也是促进社会发展的工具,修辞的作用就在于充分运用语言的表现能力而收到运用语言的最大效果。要收到运用语言的效果,必须具备三个基本条件:(1)正确,能真实地把思想情感表达出来;(2)清楚,使人易于了解,易于接受;(3)词句生动鲜明,富于说服力,使人易于感动。高尔基在《论文学》里曾经说过:"作为一种感动的力量,语言的真正的美是由于言辞的准确、明了和响亮动听而产生出来的。"同志们千万别误以为修辞要求的就是词采华丽,其实并不如此。修辞的范围很宽,如说话有条理,有重点,有逻辑的力量,有各种生动活泼的表现方式都是,所以研究修辞也是多方面的。不过主要的须要注意两方面:(1)学习怎样选择词汇,并且把词汇适当地配合起来;(2)学习表达情感和描写事物的手段,如修饰、比喻、对比、反复、陪衬、铺张等。要了解这些,都须要从政治论文和优秀的文学作品中去学习,绝对不是一蹴而就的。

现在只能简简单单地谈到这里。总起来说,同志们要提高自己的语文水平,首先要估计一下自己的基础和条件,定出一个切实可行的计划。读过一些有指导性的书籍以后,多多从实际的语言材料去学习。书本的知识很重要,可是要会运用它,不可死记;要把知识变成熟练的技巧。只有在说话、阅读、写作中反复地实践,日久自然就有进步。关于写作的问题比较复杂,而且已经有很多的书讲到,在这里只预备提出一点意见,不多说。要把一篇文章写好,条件是很多的：首先，思想内容要正确，这要靠一定的政治水平和文化水平；条理层次要清楚，这要靠合乎逻辑的思维习惯；遣词造句要正确，这就要求我们具备适当的语法修辞知识。提高政治水平、文化水平和思维能力，又要靠各方面的学习和丰富的生活经验。有些同志认为只要学好语法，再看上两本讲写作的书，就可以把文章写好，这种想法显然是不正确的。语法修辞是有用的知识，甚至是必要的知识，可是它不能解决写作上的一切问题。这一点我们必须认识清楚。

这些意见考虑并不成熟，而且讲得很简单，诚恳地提出来，作为同志们的参考。

原载《语文学习》（上海）1954年第7期

怎样学习古典文学

自从中学课本《文学》增多了古典文学以后,青年们都注意到古典文学的学习。有些青年对于为什么要学习古典文学,学习古典文学对提高语文水平有什么作用,还有一些疑问。有些青年又感觉到时代较早的作品,如唐宋以前的文章,文辞艰深,很难理解得透彻,尽管依靠课本的注释和译文可以解决不少问题,但独立阅读的能力还很差。他们很想知道怎样学习才能提高理解的能力,特别是自学的青年们要求更加迫切。现在想就我所理解到的贡献一点意见,作为参考。

对于学习古典文学的目的和要求,青年们可能有不同的理解。我觉得这是一个首先要认识的问题。认识明确以后,也就容易知道应当怎样学习了。

学习古典文学的目的和要求,概括来说,有三方面:

(1)从优秀的古典文学作品了解祖国过去的文化和各历史阶段的人民生活,了解作家在作品中所表现的思想和情感,以提高我们对于社会生活的认识。

(2)了解祖国文学发展的历史,认识古典文学的优良传统,对于古典文学的丰富的艺术形式和艺术技巧有理解和欣赏的能力,以提高我们艺术修养的水平,继承并且发扬祖国文学的优良传统。

(3)通过古典文学的学习,丰富我们的有关祖国语文发展的认识,认识作家对于全民语言加工的手段,吸取作品中的新鲜生动活泼而且富有表现力的词语和表达方式,以提高我们运用语言的能力。

为什么这样提呢? 根据近代新现实主义文艺理论的观点,我们知道文学是社会现实生活的反映。所谓现实生活,包括人和客观世界中事物的关系,也包括人的内心生活。作家运用语言把现实生活中人民所关心的一切事物以活生生的形象真实地表现出来,人们读了就会有所感受,有所体会。真正的优秀作品必然是表现人民生活、人民的理想以及人民所关心的事物。我国的古典文学,从周秦到明清已经有三千多年的光辉历史,各时代都有极宝贵的富有人民性的现实主义精神的作品,诗歌、散文、传记、戏剧、小说等各种体裁的优秀作品非常丰富。这些作品反映出人民的勤劳、质朴、勇敢、高尚的品质和爱国主义的精神,并且表现出历史各阶段中社会生活的面貌、人民对生活的认识以及人民对封建制度对统治者的憎恨和反抗。学习这些作品不仅可以了解祖国过去的文化和人民的生活,获得极丰富的知识,而且可以提高我们的思想认识,这就具有极大的教育意义。

其次,文学是以艺术形象来反映现实的。凡是历史上优秀的古典作品是一直为人所传诵的,必然有深刻的思想内容和高度的艺术成就。历史上的著名的作家们在刻画人物、描写自然的景色和叙述故事的情节上都表现出无穷的智慧,在表现的形式上也是多种多样的。我们从他们的作品中可以学习到怎样观察事物,怎样塑造形象,怎样表达思想情感。这样,一方面可以发展我们的观察力和想象力,一方面可以提高我们在艺术方面的修养水平。因此,我们要学习古典文学,培养我们的写作能力。

文学是语言的艺术,是通过语言来表现艺术形象的一种形式,文学的专门特点就在于它与语言有密切的关系。古典作品的语言固然跟现代语有差别,但是现代语是从古代语发展来的,古今相同的地方还是很多。要想深刻地了解现代语,也必须对古代语有一般的认识,例如现代汉语中有大量的合成词都是以古代所用的单词构成的,不了解古代语的面貌,对现代语就不能有透彻的了解。我们要从古典作品中认识汉语发展的过程,要从古代优秀的作品中学习作家运用语言的技巧,吸取富有生命力和生动活泼的词语,这也是学习古典文学的目的之一。

学习古典文学的目的主要包括这几方面。有些青年对于这些学习的目的了解得还不够,于是产生了一些不正确的看法。

有人认为学习古典文学就是要学习文言文,甚至练习写文言文。这样的看法是不对的。《诗经》《史记》是古典文学,《水浒传》《红楼梦》也是古典文学,凡是不属于现代的都可以称为古典作品。古典作品在词汇语法方面有的跟现代语相差较远,如《左传》《史记》之类都是"文言";有的就跟现代语非常接近,如宋元以来的小说之类都是"白话"。所以古典文学不就是文言文。其次,文言文只是古代书面语的一种,我们学习文学作品,不等于单纯的语言方面的学习。学习古典文学,透彻地了解古代书面语的用词造句,逐步养成阅读古典作品的能力,是需要的,但是没有必要去练习写文言文。文言跟现代口语有很大的距离,我们写作应当用现代语。

另外有人认为学习古典文学对提高写作的能力没有什么帮助,这也是不正确的。这样理解的缘故在于把古今语言隔开来看了,把文学的学习缩小为单纯的词句的学习了。试看现代优秀的作家哪一个人不是在古典文学方面具有一定的修养呢? 我们不能认为学习古典文学对于提高语文的水平没有用,只看我们能否从不同的方面去吸取它。

现在可以进一步谈谈学习的方法。

根据上面所说的学习的目的和要求,我们学习一篇作品,首先要了解作品的思想内容,了解作品中所反映的现实,了解作家对现实生活的态度和情感。要了解作品的思想内容,当然先要知道作家的生平和作品,然后从作家所描写的现象、人物、情节各方面来看作品的主题以及作品中所体现出来的作者的思想情感,我们读陶潜的诗,如果不知道他所处的时代和他的生平,就不容易明白诗意。我们读杜甫《石壕吏》、王安石《答司马谏议书》,也都必须知道作品的时代背景,才能了解得深刻。要了解作品的思想内容,不能不理解作品所描述的各方面,因为作者的思想就渗透在人物、事件等等各方面的描绘中,即使是写景的部分,也同样体现出作者的思想情感,例如杜甫《绝句》的"窗含西岭千秋雪,门泊东吴万里船",表现出诗人胸襟的广阔;孟浩然《过故人庄》的"绿树村边合,青山郭外斜",也体现出作者对于这种清幽环境的爱好。所以我们要善于观察,善于分析,从作品中认识作家对于现实生活的体验和他给我们的启示。

好的文学作品不仅有深刻的思想意义,而且有高度的艺术成就。事实上思想性和艺术性是密切地结合的。我们读一篇作品,不可略观大意,知道主题、思想以及情节就完了,还要注意它的艺术技巧。应当细心地分析作品的结构,观察作品内容的联系和配置,还要看作家怎样叙述事情的发展,怎样刻画人物的形象和性格,怎样分析人物的心理,怎样鲜明而生动地描绘自然的景色,这样才能真正体会作品的优点。

作家运用语言的技巧和重要的修辞手段,我们也应当注意。例如《史记·刺客列传》叙述鞫武的话:"夫行危欲求安,造祸而求福,计浅而怨深,连结一人之后交,不顾国家之大害,此所谓资怨而助祸矣。"应用反义词构成强烈的对比;岑参《白雪歌》用"忽如一夜春风来,千树万树梨花开"来描写落雪的景色;李白《送友人》用"浮云游子意,落日故人情"来表现相别时的情感,都用的是比喻的方法。又如李白《望庐山瀑布》"飞流直下三千尺,疑是银河落九天",苏轼《蝶恋花》"白首送春拼一醉,东风吹破千行泪","三千尺、千行泪"都是夸张的说法;秦观《蝶恋花》"持酒劝云云且住,凭君碍断春归路",这又是拟人的方法。

像这些修辞手段都是常见的。

诗歌富有想象力和艺术感染力,是古典文学中的重要部分。诗的语言比散文更要求精练。汉语的特色在诗歌里表现得格外清楚,在命意遣词方面,形象鲜明,生动活泼,例如杜诗的"随风潜入夜,润物细无声"写春雨,"星垂平野阔,月涌大江流"写江上的夜景,词语精练,形象生动鲜明,是我们应当留意的地方。白居易《琵琶行》写琵琶的声音说:"大弦嘈嘈如急雨,小弦切切如私语。嘈嘈切切错杂弹,大珠小珠落玉盘。间关莺语花底滑,幽咽泉流水下滩。水泉冷涩弦凝绝,凝绝不通声暂歇。别有幽愁暗恨生,此时无声胜有声。银瓶乍破水浆迸,铁骑突出刀枪鸣。"这是非常生动而且形象化的一段。凡是伟大的作家在语言上都是不肯放松的,不仅用词要求生动活泼,而且讲究声音的和谐、顿挫。我们学习古典的诗歌,除了了解不同体裁的形式的格律外,特别要注意学习它的丰富和精练的语言。

所谓精练,不等于刻意雕琢。精妙的语言往往是质朴而生动的,如王维诗"大漠孤烟直,长河落日圆",欧阳修词"离愁渐远渐无穷,迢迢不断如春水",都是在口语的基础上加工的。

如果能够按照上面所说的方法来学习,自然会有收获。读得多了,理解和欣赏的能力以及艺术修养的水平都会提高。

目前青年们学习古典文学最感觉困难的恐怕还是语言上的问题,特别是时代较早的作品,只能略观大意,而不能真正了解。有时一句话不看译文就不能讲,一个词换个地方就不能懂。这主要由于词句了解得不透彻。必须冲破这一关,才能无往而不利。

如果没读过古典作品,最根本的方法是先从语言方面去注意。理解了古人应用的书面语言,才能理解作品的思想内容。如果读不下去,其他就都谈不到。怎样从语言入手呢?初学的人最好是先读在语言上有代表性的浅近的散文,从古今的比较逐渐认识古代书面语和现代语的异同,熟悉文言的面貌、文言的词汇和语法。

古词汇和现在的有同,有不同,有些只是一部分相同。同一个字,有时意义不同,有时意义相近而有广狭之分。古典作品语言跟现代语差异较大的是虚词,虚词大多数不相同。我们要看哪些虚词与现代语的虚词相同,要看一些常用的虚词在造句上有什么作用,代表哪些语气等等。吕叔湘先生的《文言虚字》对学习古典作品很有帮助,可以参考。

仅仅注意词汇还不够,还要注意语法。古代文言语法跟现代口语语法有很大的一致性,可见现代汉语跟古代汉语是一脉相连的。文言跟现代语不同的地方主要有三方面:(1)在词的用法上变动性比较大;(2)有些句子的词序跟现代不同;(3)省略的成分比较多。《文言虚字》的附录里举了很多例子,可以参看。注意古今词汇和语法的异同,逐渐熟悉古人用词造句的方法,要达到能阅读浅近文言的程度是不难的。

现在有些青年学习古典作品,对于单词的意义不够重视,这样就只能说大意而不能逐句讲解。前人解释古书的文句,总是先释单词,然后贯穿文义,这是一个良好的传统。现在文学课本着重贯穿一句而加以解释,是必要的,对读者的帮助很大,但是有些文章的单词缺乏个别的解释,学的人不会注意从整句的注释中寻求单词的解释,就不能一一讲解了。为了逐步培养独立阅读的能力,必须注意单词的意义,根据单词的意义把全句的意思贯穿起来。只能说说全句的注义,而说不出每个词的含义,知识必然不能活用。

词的意义有时是多方面的,要知道一句话里某个单词的含义,就不能脱离上下文,所以了解全句的意思跟了解单词的意义是相联系的。先了解单词的一般意义,再结合上下文来看它用在这句话里的意义,例如"尔"有"你、你的、你们、你们的"几种用法,而在这句话里是什么意义,要根据上下文来决定。

在古典作品里一个字不一定就是一个词,有时候一个词可以相当于现代语好几个词。例如上面说的"尔","盍各言尔志"里的"尔"跟"君尔妾亦然"里的"尔"就不是一个词①。又如"于",在"于赵则有功矣"一句中②,"于"相当于现代语的"对于";在"于斯时也"一句中就相当于现代语的"在"③。所以不能忽略单词的意义,而且了解单词的意义和了解整句的意思必须联系在一起。

词义方面的问题,学生有教师指导,可以解决,但自己也须要查字典或辞书,自学的青年更要自己动手。现在的辞书对学习古典文学有帮助的是《辞海》和《辞源》。

注意语言的学习是最根本的办法,要踏踏实实地学习。哪怕我们的语法知识差,也不要紧,只要逐步熟悉古代的词汇的面貌,熟悉常用虚词的用法,了解常见的一些表达方式和修辞手段,阅读的能力就会逐渐提高。能冲破这一关,

---

① 前者见《论语·公冶长》;后者见《孔雀东南飞》。
② 《史记·魏公子列传》。
③ 《孟子·万章上》。

才能深入地了解作品的思想内容和艺术技巧,有更多的收获。

学习古典文学的方法是多方面的,这里只是针对初学来谈。只要青年们认清学习的目的和要求,根据自己的基础认真地学习,日久自然发现学习古典文学对于提高思想认识和语文水平有很大的作用。当然学习现代的作品还是很重要的,我们不宜因为对于古典作品有兴趣就忽略了现代作品的学习。

1957 年 4 月

语文课的教学法问题

在中学里怎样提高学生的语文水平，一直是语文教育工作者所关心的问题。语文教学的目的和任务是培养学生的阅读能力和写作能力，这是许多人的共同看法。根据这样的目的和任务，怎样进行教学呢？这就牵涉到教材与教法的问题。

教材的问题是比较多的。教材的内容和教材的编法，跟能否达到教学的目的要求有直接的关系。多年来不断改换教材，改进编法，可是大家仍然不满意。我看，主要的原因在于大家对怎样培养学生的阅读能力，怎样培养他们的写作能力，不同的年级应当达到什么样的水平等问题讨论得不够，意见也颇不一致，更缺乏深入的调查研究。如今要编好切合实际、能适应今日需要的教材，还要从多方面去研究和实践。但是，教材终究是进行教学的一种凭借，在整个教学过程中应当怎样去做才能收到比较好的效果，就不能不研究教学法。在这里，仅就语文课的教学法问题提出几点意见，以当刍荛之献。

一

我们从事任何一项工作，总是要对中心任务有明确的认识。语文教学的目的和任务既然是培养学生的阅读能力和写作能力，那么就应当以讲授基本的、必要的、能提高学生的语文水平的知识为主体，这一点必须肯定下来。知识跟能力不是对立的，知识对于技能的增长会起很大的作用，过去总有人认为学生只要多读多写就行了，那是一种旧的办法。因为以前缺乏教学的理论和科学的语言学知识作指导，只有靠学生自己去背诵和揣摩。但是在今天，我们就要以语言学的知识和理论为指导，使学生逐年掌握必要的语文知识，并且在此基础上有意识地不断通过阅读和写作的实践提高他们的语文水平。这样，教师就要确定不疑地把语文课做为语言教学来教，从语言的角度说明词汇、语法、逻辑、修辞各方面的基本知识和有关阅读、欣赏、写作的方法，教会学生怎样去读，怎样去写。

当然，语文课还会给学生多方面的教育，如哲学的、道德思想的、文学的、美学的等等,但是那些都不是语文教学的中心任务。教师在教学过程中也可以有所发挥,有时甚至是必要的,可是重点要摆对。

二

语文课的教学内容很多,应该怎样进行呢? 很值得研究。我认为,我们现在虽然有统一的教本,但是任何一种教本都不可能完全符合各方面的要求,因此不能不要求教师根据学生的程度,联系实际情况,安排好教学的内容。教师应当依据《中学语文教学大纲》所规定的要求,利用教材设计自己的教学方案。不同的班,不一定要求一致,教师可以根据自己的教学经验,充分发挥才智去引导学生学好。我想,教师应当首先把教学的内容和重点按时间的先后分配好,把所要讲的多方面的知识和要进行的教学项目组织成一整体的有系统的教学过程,既要分项进行,又能前后融贯,多从培养学生的阅读和写作的能力着眼。如果能突出说明汉语的性质,能把词汇和语法的知识联系起来,把读跟写,以至于说(语言的训练)联系起来,教学的效果一定会好得多。

在这里不能不提到要使学生掌握必要的语文知识,绝不可能作为一种单纯的知识来讲授,也不是一讲就了的事,而是要从学生的基础出发,从无兴趣引向有兴趣,多做比较说明。一方面要联系阅读的教材,有步骤地来进行;另一方面,也可以说是更重要的,要联系学生写作中反映出来的问题进行讲解和剖析;同时,也要安排一定分量的练习,使学生得以巩固所学到的知识,并收到举一反三的效果。要使学生能把知识转化,发展为技能,就必须往复循环讲解,讲到新的,同时复习旧的,把前后所讲的融贯在一起,反复解说,叫学生反复领会,用于实践才行。

三

另外一个问题是关于课文的讲解问题。课文是基本的学习材料。课文上所选的文章都是一些范文,但是怎样利用和讲解范文以提高学生的语文水平,应当进行研究。怎样做才算好,毕竟要看具体的情况和不同的文章来决定,比如文言文跟语体文就各有所侧重,文言文的教学应着重与现代语的比较,结合语法的结构和用词的异同来讲,说明文言文词语的特点和虚词的用法;而语体文的教学又随不同的体裁而异。现在只就语体文来说。

我想,范文是多种多样的,讲范文的时候不可千篇一律,每篇宜各有侧重点,不必面面俱到,有如刻板文章。书中有"解题"的,就毋庸多说。为使学生能增加知识,提高阅读和写作的能力,除了上面说过的结合课文以讲解有关的语文知识外,如能多从作者所表达的中心思想推寻作者思想发展的脉络和文章是怎样展开的,布局如何,结构如何,以及作者运用语言的技巧,具有哪些独特的风格等方面加以阐发,使学生了解:在阅读文章时,怎样去领会作者的主旨,作者怎样观察事物,分析事理,从文中可以吸取哪些表达的方法;在写作时,怎样叙事,怎样描述,怎样说明一个问题,怎样推理等等;诸如此类,可以开发学生的思路,对阅读和写作都会有很大的帮助。

四

最后而不是最小的一个问题,是注意发挥学生的主动性,积极培养学生的自学能力。教师希望学生学得好,往往喜欢自己多讲一点给学生听,这是好的。但是学习绝不是单凭教师的讲授可以学好的,必须能够自己动脑,动手,善于学习。因此教师应当改变单纯讲授的办法,要发挥学生的主动性,叫他们自己动手动脑,培养他们具有自学的能力,例如教他们要学会利用字典或词典检查字音和字义,叫他们课前预习,学着自己讲解课文,并提出问题,叫他们分析句子的结构和文章的结构,讨论文章的作法,自拟题目练习写作或互相批改作文等等。教师还可以根据学生的程度,适当给一部分课外读物,包括文言文在内,训练学生去阅读,扩大知识面,提高理解的水平,并从中吸取营养。

总之,要改进课文的教法,要研究语文教学法,要把以教为主改为以学为主,使学生学到的知识通过各方面的自我实践转化为技能,这是非常重要的。

1981 年 1 月 8 日

关于语言与文学教学与研究的问题[*]

有机会来参加河北语言文学学会的学术年会，能和许多同行见面，我非常高兴。

河北省有着悠久的文化传统，历史上出现过不少卓有成就的语言学家和文学家，像汉代涿郡的高诱、卢植，都是很有名的研究语言和文献典籍的专家。古代范阳卢氏是一个大的世族，在六朝隋唐间出了很多名人，各位都是知道的，如北齐的卢思道，唐代的卢照邻、卢仝，都是范阳人。东南的巨鹿有魏征，是唐初的大政治家，对古代文献十分精熟，编纂过《群书治要》。他的文章写得很好，诗歌也见于《全唐诗》。还有赵郡，也出了不少人才，像唐代的李阳冰就是，他写篆书，当时是第一把手，他说："斯翁之后，唯有小生。"他认为李斯之后就数他了。唐代的李峤、苏味道、李德裕，都是赞皇人。李峤的诗在日本流传很广，很有影响。宋代古文的倡导者柳开是河北的大名人。总之，历史上对语言和文学做出贡献的河北人是不胜枚举的。河北语文学会的会员应当继承和发扬前代的光荣传统，应该在语言文字的研究上做出更大的贡献。

现在谈我们的语文学会。湖北、广东也都叫"语言文学学会"，简称"语文学会"。我想，语言和文学合成为一个学会，大概是有点道理的。语言和文学息息相关，我们可以讲出很多道理。简单说，文学作品就是我们研究语言的极其重要的资料，无论是古代的还是现代的。当然，研究语言离不开现代语言、现代方言。可是一牵涉到历史，就必然要利用古代的文学语言资料。研究文学呢？也不能不重视语言的研究，这是很清楚的。我们说话，是一般的口语，写到书面上，就是书面语言。书面的语言在口语的基础上经过提炼加工，就成了文学语言。所谓文学作品，还要经过作家在艺术、思想内容各方面加工提高，才能在社会上起一定的作用。古代的作品，流传到现在，很多都是脍炙人口的。我们要研究文学，如果不懂得古人怎样运用语言，古代的语言到底是什么样的，古代的语法跟我们现在的是不是完全一样，搞不明白这些，要继承和发扬，岂不是空

＊ 本文为 1982 年 12 月在石家庄召开的河北省语言文学学会第二届年会上的讲话。

话？还有，古人的作品中有很多语言很动听，在修辞上有很多特点，是不是也值得研究呢？如果撇开这些不讲，我看把古人文章读懂也不是很容易的，甚至说是不可能的，更不必说研究它的思想艺术了，因为他们写出来的就是语言。这是很明白的一个道理，所以，研究文学的人，不能不重视语言的研究。可是，我特别感觉到，研究语言的人，有时候忽略文学方面的知识，把语言孤立起来看，那也很不好。比如说，我们讲语法是一种结构形式，那不错。因为语法有一定的规律，古代的、现代的都是如此。既然结构有一定的规律，那么我们当然就可以用数字的方式把它写出来。我们现在还可以用电子计算机，把一定的材料，按一定的语法规律储存起来。可是，说一句话是有思想内容的，它是有一定的意义的。如果脱离了语句的内容去讲规律和形式，这就有很多问题说不明白。我并不反对就结构来谈语法，但是我心里总有一个疑问，是不是一点意思也不讲？完全不讲表达的内容须要用这样一种结构的原因，恐怕也是不合适的。其次，结构与意义，就是形式与内容的关系，应当是内容决定形式，所以研究语言不注意内容不行。比如修辞，现在我们对修辞学研究的还少，古人没有不讲修辞的。春秋战国时代"出使专对"的一些使臣，都非常善于辞令。看看《战国策》里那些游说之士，简直口若悬河，都有一套说话的本领。研究语言的人，我觉得对文学不能不注意，尤其是现代文学理论不能不知道一些。我们研究的内容，研究的范围，应当逐步扩大起来，要研究古代，也要注意研究现代。语言的风格学，我们没有多少人讲。我在香港遇到一位香港大学的先生，他讲鲁迅的风格学，用英文写了很厚的一本书，而我们在这方面做的很少，就是在世界语言学界，对于语言的风格学也研究得不够。我的意思是说，研究语言应当多注意一些文学是有必要的。单独把语言看成是一些零琐的部件，那是不太恰当的。

　　再说，研究文学的人，我深感到不能不研究语言，刚才已谈了一些。这些年，尤其感到这是一个问题。语言和文学一样，也是一门学问，非学不可，不学就不成，想搞文学也搞不出什么名堂来。比如说读《诗经》，你不懂得古音古义就读不懂，看清人的书籍也不会懂。读《文选》，要用李善的注本。李善注里面有很多反切，他那时没有拼音，都是用反切来注的。学一点音韵学的知识，读《文选》那就容易一些。如果某一个字你都念不下来，要把这句话的意思弄懂，岂不很难？古书里面还有很多通假字，为什么这个字能通那个字？清人虽有专讲通假字的书，也没有全讲清楚。只有通晓文字学和音韵学才能解决这类问题。

我国古代的一些有名学者，往往既是语言学家，又是文学家，如晋代的郭璞，他注《尔雅》，注《方言》，注《楚辞》，注《山海经》，注《穆天子传》，是一个很有名的古代语言学家。他不仅注古人这些文献书籍，而且还有发明，他在古人的基础上，又联系晋代的语言实际加注解，这很不简单。说明他不仅知道古书上的意思，而且懂得当代的语言。当然还不那么广泛深刻，可这种做法是很了不起的。郭璞在这方面给我们留下了很好的著作。同时，他又是个文学家，《文选》里不是有他的《江赋》吗，还有《游仙诗》等一些著名的作品。他既研究语言，又能驱遣词汇，写出很好的诗赋作品。

梁代的沈约，不仅是个写了很多诗的诗人，而且深明语言的声音、格律，对韵律很有研究。他认为作文章不能不讲究声音美，主要在于能"上口"，念出来，好听动人。汉语本身就有这样一个特色，就是音节美。沈约讲究韵律，"若前有浮声，则后须切响"，前面有个平声，后面最好有个仄声。就是一联之内，两句话之间，互相交错，平平仄仄平平仄，仄仄平平仄仄平。这话很有道理，调节音韵，就造成诗的韵律，产生了婉转回环的音律效果。他自己很自负，他说："自灵均以来，此秘未睹。"古人都不知道，就他知道，非常自信。确实，惟其有这一点，就对后来唐代律诗的发展起了决定性的作用。了解语言，对促进文学的发展有作用，沈约就是一个例子。谢灵运是南朝宋文帝时的大诗人。据说他还懂梵文，这里不去谈他了。

唐宋的诗家，虽然没有专门的语言学著作，可是也都非常重视语言材料的运用。韩愈讲了，要作文，先要识字。欧阳修说韩文"起八代之衰"，他作诗作文都追踪韩愈，诗文虽然有新的境界，但仍然可以看出他的来龙去脉。可是他写的小词就有不同，别具风致，如他的《踏莎行》："候馆梅残，溪桥柳细，草薰风暖摇征辔。离愁渐远渐无穷，迢迢不断如春水。寸寸柔肠，盈盈粉泪，楼高莫近危阑倚。平芜尽处是春山，行人更在春山外。"这是拿去唱的，所以直抒胸臆，明白如话，这就不是他写《新五代史》那样简古的文字了，大都是当时的口语。虽然也有当时的书面语词汇，可一点也不古奥，都是文人口里所说的词儿。当然还没有像黄庭坚那样大量利用当时的俗语。我觉得，在宋代，没有一个人像欧词那样明快自然的了，可以说有如行云流水，无拘无碍。不是深于领略语言的作用的，就办不到。

另外，清代有些朴学家，如顾炎武，他作有《音学五书》，研究古韵，是一个划时代的开山祖师，超过了宋人和明人。《音学五书》是很有名的。他的诗也是非常好的,他不是单纯的朴学家,他的著述很多,《天下郡国利病书》《昌平水道记》《肇域志》《日知录》等书。一个人作学问应当广博。研究语言的人也要研究文学,在文学上应当有一定的造诣。不是要去兼当作家,而是要理解有关文学的一些问题。古代的、当代的、历史的、现在的,都要知道一些才行。

还有钱大昕,他在《潜研堂答问》《十驾斋养新录》里谈语言、语音的问题很多,都非常重要。他所总结的规律,有些是颠扑不破的。其实他的诗也写得很好,向来却很少有人注意。同志们不妨读读看。近代学者像刘申叔,他的《左盦集》《文学教科书》等,有很多地方谈到语言方面的问题,对我们治学很有启示。他对六朝文学也有很深的研究。王国维做学问的面更宽,他在古史、古文字和训诂学方面都有很高的成就。可是他同时又是词曲家,他的《人间词话》是极有影响的文艺理论、文艺批评著作。他自己的词也填得很好,曾自诩能直攀欧晏,就是说可以追踪欧阳修和晏殊。读来也确有独到之处,不同凡响。我讲这些,意思是说,不管作学问、作研究,还是教学,都要多方面地学习掌握知识。

黄季刚先生,他精于研究《说文》《尔雅》。大家看过他的《论学杂著》,我个人深为佩服。而他作的辞赋、诗歌,无一不高妙。这对于我们很有启发。文学和语言要统顾,不要偏于一方面,过于偏,则不深。我认为一个研究工作者,要做一个通人,从多方面理解问题,掌握多方面的知识,尽管学无止境,而我们必须有这样一个心思。要谦虚,要多问,要向人请教,这话都可以向青年学生去讲。正如章太炎先生所说"勿捷径以窘步为也",不要净走小道,就走那么一条。我们的教育在这方面也应当有所注意。学习面通常都是很窄很窄。学生也就满足知道那么一点。当然,听课、考试是必要的,如果只停留在老师讲,学生记,考也只考这个笔记,其他什么都不知道,这就不妙了。这是一种倾向。把专业搞得都那么专,学现代文学的,毕业论文是这个,考研究生论文也是这个,古代的就不去理会,因为不是他本人的专业,这不成为理由。学习固然应当有一定的方向,可是,古代的也应当知道,也应有足够的了解,不要"一条鞭",搞得那么窄。进一步来说,学理科的不学点文学,学文科的没一点自然科学知识,都不行。我们已经看出弊病来了,所以有人提出理科学生要学一点文科的课程。你懂得 x+y 和各种公式定理,能计算得很好,这必要,有用。不过要知道我们还是社会生活中的一分子,要交往,要有精神生活;还有一个道德品质、思想修养问题。所以研究自然科学的人了解一点文学,学一点中国的历史文化知识是有必要的。老一辈的专家,对中国传统的古典文学都知道得很多。研究语言文学的人,也应了解一些自然科学。今天,时代不同了,科学发展这样快,有些边缘科学出现了,我们不能不有一些自然科学知识。不仅在生活中需要这些知识,对提高我们的语言文学研究的水平也是需要的。我们应当在这方面作一些工作。哪一方面的知识不足,就应当补足哪一方面,无论是古代的,还是现在的,是人文的,还是科技的。多知道一些就比不知道强。对学生,在这方面要鼓励一下。不是说要设多少门课程,而是要指导学生在课外多读一些,或者在选课的时候,使学语言的选些文学课程,学文学的,选一些语言课程,不仅对他是个调剂,而且促使他知识面扩大。对大学中文系来讲,语言文学课程是首要的基础课程,一、二年级就要学语言文学基础课,不管将来的专业是学文学,或专门研究语言,都要这样引导,这是我要说的第一层意思。

我们不否定学有专攻,也不是主张泛滥无涯涘,没有一个方向。我们提倡的是扎扎实实地打一个广博的知识基础,由博返约,进而对自己的专业作深入的研究。就目前情况而论,无论我们研究语言,还是研究文学,都有一些共同的问题值得讨论,我姑且提三个问题来谈一谈。

首先是重古还是重今的问题。

侧重古代还是侧重现代,就目前说,我们有些偏差应当注意。就是我们研究任何一门科学,都不能割断古与今的历史发展关系。研究现代的,不能不知道古代的。研究古代的目的,就在于更好地了解现代,更好地了解事物发展的规律,从这里面取得经验、教益,发展我们现代的学术。所以"古"与"今"的关系不是对立的,而是统一的。把研究语言作为研究文学的重点,是要放在理解现代上,但又不能不联系到现代以前的历史,不能不涉及到古代的语言,这是我的观点。这不是一个简单的重古或重今的问题,应当联系起来看待。研究语言,应当古今并重,而把研究现代作为起点。这就是它的特殊性。对学生来讲,应先知道现代的,然后追溯古代的,再把古今联系起来,说明语言发展的规律。就是由今知古、以古证今的过程。如果学生没有现代语言的知识,不了解今天的语言是什么样子,什么语音的系统、语法的规律他都不知道,你给他谈先秦两汉的语言,他就无法理解,摸不着边际。所以要先从现代了解起。同时,我们也注意到要真正理解语言,还必须接触方言。现在我们讲普通话,当然首先要对普通话理解清楚。语言的问题很多很多,有各个方面,要想理解它,光学一本《语言学概论》不够。我是这样体会的:应当首先就你口里所说的家乡话去理解语言。我在指导研究生的时候，要求他们古今并重，都要学。但是先要了解现代，让他们暑假或寒假回家时完成一项作业，就是调查自己家乡的方言，把自己家乡方言的词汇、语音、语法的特点记下来，与普通话作一个比较。或者不比较，专门作详细的记录。他们原来对语言的复杂、丰富没有足够的理解，只有一般的一些概念和知道一些肤浅的事实。我请他们回去记录方言，回来就不同了。他们知道了语言的各方面要点，就能够跟普通话做比较，收获很大。要让他们明白古今音的不同，就让他们先了解自己口里的语音系统，然后去跟古代的声韵系统相对照。口里没有浊音声母，对古反切的浊音字须要多注意。凡声韵类别跟自己的口语不同的，都要专门去记。相同的，就不要怎么特别下工夫去记了。口语里没入声怎么办？就要注意哪些入声字变成阳平或去声，读古诗的时候要专门注意。例如"德"是入声字，你念"德"（dé）为阳平，就不对了，古人不这样念。我的意思是说作学问要有个方法，有方法就有了捷径。要了解古代，就要以现代为基点，然后去追溯古代。这是古今并重。

研究文学必须要了解文学发展的源流。那不是一个简单的问题。我想，古今还不是绝对对立的。如果研究现代文艺理论，那你就应知道，我们自己也有历史传统的文艺学理论。各时代都有著述，我们古人从来对这件事没有放松过，我们可以把它结合起来进行比较研究。我们自己有自己的东西，有自己的传统，我们不能忽略丢掉。现代语义学，是语言学中的一门，我们可以接受下来。但总得和我们自己的东西结合起来，联系我们的历史。所以，无论研究语言或文学，重点都是理解现代，而又不能不联系到历史。这就要运用历史唯物主义和辩证唯物主义的观点、方法作指导，以此作为根据，去分析问题、说明问题才行。语言随历史发展而变迁，"语言随社会发展而发展"，这是任何语言学书都要讲的一句话。究竟社会的发展怎样和语言的发展连到一块，这就是一个历史的问题。到底什么影响到语言的发展呢？语言有它本身发展的规律，这个本身的规律又是什么呢？这两个规律的关系又是怎样的呢？这就要联系到政治、经济、文化各个方面，联系到我们民族的特点等等。这些都应当联系起来思考。这才是全面的历史的观点。单纯讲语言的自身发展规律是不解决问题的。因为语言是活的，是社会的产物，不是一代人，也不是自然科学家某一项技术创造。它有它的特殊性。因此，我们研究语言，就要联系到过去民族历史的各个方面。

研究文学亦是如此。文学本身有他的规律，不同的文体，不同的作品出现，跟社会都有一定的联系。就它的本身看，总是从民间产生。无论五言诗、七言诗，无论词曲、小令，都是从民歌演化而来。但它在某一时候出现，某一时代才有，这就要跟社会的其他方面联系起来，比如佛经传入中国，这是中国文化史上的一件大事，那么我们的小说故事，有不少是从佛经中吸取来的。当然又经过改造，跟我们民间的东西结合起来，变成了新的东西。"说因缘"是从佛经来。唐代变文的出现，是当时佛教流行，大规模修建寺院的结果。佛教徒为了引起听众兴趣，求得施主的布施，在佛经中加进了世俗故事，进行演述，讲得天花乱坠，以致于倾城士女都来听大和尚讲"经变"，这样变文就出现了。我们注意到当时是怎样一种情况，都市里的生活是什么情况，当时政治、经济的发展又是什么情况，一联系起来看就好了。不理解这些，是不行的。因此，我感到，我们不要割断历史，把古今对立起来，而是要上下联系起来看。

总之，无论研究语言或文学，对于中国的历史，包括文化史、宗教史、政治经济史、交通史都得研究。比如刚才讲的唐代赞皇为什么出那么多文人，这与当时的世族势力有关系，与六朝以来的门阀势力有关系。所以，我们从这些历史事实出发，就知道我们要研究理解一个问题，不能不广泛理解事物的各个方面。一个作家、作品的评价，应当放到当时的历史时期去看，而不能用今天的眼光，今天你所想象的这个人应当具备的思想境界去衡量这个人。毫无疑问，古代是封建社会，这些文人都是为封建统治阶级服务的。那当然是这样的，这还用说吗？有的文学史，最后总有这么一句话："他的作品里面还有糟粕，是为封建统治阶级服务的。"这话等于没说。我们不要把问题看得太单纯，都一律公式化。讲作家作品的特点，唯有了解他与历史互相联系的各个方面才能讲得清，讲得透，公式化的讲法是不行的。如果对 19 世纪外国文学给予中国文学的影响（这不是一个历史问题吗？）不理解，你能理解 30 年代吗？你不理解 30 年代，研究当代文学又从何谈起？这也是历史，应当古今并重。姑且提出这样一个问题，请大家考虑。

其次，是理论与实际应用问题。

理论是指导实践的，实践反过来丰富理论。我这里谈的是理论与实际应用，以及与实际工作怎样结合的问题。要理解理论，就得实践。搞创作，不深入社会生活，自己不去调查研究，没有好好地与群众结合，你的创作就往往空洞，写不出好作品。研究语言，不了解自己口头的语言，不了解自己的方言，学了一些空洞的理论，什么语言学概论啊，什么语言基础知识啊，等等几大本，你还不能应用理论解决问题。我主张理论要与实际应用、实际工作结合起来。怎样结合才好,值得大家讨论。大家都很注意语言各个方面的研究。从大会提交的论文看,不少是关于古代汉语的、现代汉语的。我们还有一样工作应当重视,那就是语言教育。

语言教育,是当前一个重要问题,从幼儿园到小学、中学以至于大学,究竟我们怎样使儿童、青年在最短时间内掌握祖国的语言,这不是一个很重要的问题吗? 我们先读了一些理论,是不是应当做一些实际工作呢? 如汉字,总还是要教他们认吧! 那么究竟怎样认呢? 应当先学哪些汉字呢? 汉字字音也很麻烦,如果一个个去认,须要经过一个很长的时间。我们怎样可以使学生在学习中把时间缩短一点呢? 如果我们就汉字形声字多这个特点来观察一下,可以看出同从一个声旁的,字音往往相同,或相近,四声也许稍有变化,可以一看声旁就能够约略估计出这个字怎么念。当然还要剔除例外,不能一概而论。只要我们能找出汉字形声字的常见的声符是哪些,我们就可以先教这些声符。这些声符的读音知道了,一连串的常用字也就容易认识了。在教学工作中,会使老师、学生受益不浅。这就是实际工作。

过去,我们仅停留在笼统的几句话上,说形声字很多,占汉字的80%以上,读音有的相同,有的不相同等等。但究竟有哪些呢,闹不清。我们在科学上讲统计,讲数字。我们在语言教学上也应有一点科学思想来提高教学的效率,知道应先教哪些,后教哪些,总结出一套切实可行的规则来。

汉字书写,也存在着大量的问题,字应当怎样写,怎样才能写好,在座的同志一定深切感觉到这是一个问题。好多学生字写得难看、难认,主要责任在于我们,在教师,在我们的教育方法。过去写毛笔字讲"永字八法"。现在我们不能用那一套了。但还要教学生写毛笔字,写钢笔字。这是语文教学的一个重要内容,不能不研究。

说到学习词汇,应当让小学生先掌握哪些词,中学生又应当掌握哪些词,都值得考虑。在小学我以为基本词汇应当先学,进一步讲明用基本的单音词怎样组合成许多双音词,怎样教法也是一个实际问题。总之,我们要在教育上用最短的时间,使学生收益最多,要收到最好的效果,这是进行教育的起码原则。我们应当在这方面做些建树性的工作。

目前,我们大学的现代汉语课问题很多。语音、词汇、语法从头讲起,一点一点学,费的时间不算少。实际上有很多东西属于综合性的,如果把一些东西提前,在小学进行一部分,在中学进行一部分,是不是好一些呢? 值得我们从事语言教学的人在这方面做一些实际的研究工作,把理论与实际应用结合起来,空谈没有用。这样做,中学语文打好了基础,在大学,课程就不须要安排很长的时间了。当然,现代汉语还要讲,但时间要节省一些。

古代汉语课也很麻烦,我们给学生选了读物是必要的,课本也是必要的。古汉语课本,现在也出了足有五六种。但是怎样编课本,因循守旧,脱离实际都不行,古代汉语课本到底怎么编,值得研究。不能选来选去老是《七月》《捕蛇者说》《伤仲永》《赤壁赋》,跳不出这个圈子去。前人编辑选本的目的可以说有两种:一种是要求表示选者的文学主张,编者自己的文学志向;另外一种要求是从文体的发展或不同作家的风格来考虑,编成一集。《古文观止》所选都是不同时代、不同作家的名作,作品是好的,但对精通古代汉语究竟能起多大作用? 收益到底多大? 实践过没有? 考虑过没有? 很难说。恐怕就是“神而明之”吧。当然教师在利用选本时会有高妙的主意的,比如说,这一段着重讲什么问题,那一段讲什么问题,这确实很好。可是真正让学生了解古代汉语,是先读先秦的好呢? 是先读两汉的好呢? 还是先读明清的好呢? 这就有不同的见解了。开头就是《荀子·劝学》“学不可以已”,学生好念吗? 好理解吗? 我们应当认真想一想。减少盲目性,避免少、慢、差、费,多一点科学思想和方法,提高计划性、目的性,这是我们搞语文教学所需要的,也是研究语言的人须要做的工作。不要认为这是不重要的。自己写一篇高深的论文发表了,固然有价值,研究出用科学的方法提高教学效率同样有价值。这是我要讲的第二个问题,即理论与实际应用的问题。

另外还有一个问题,就是继承与借鉴的问题。

我们深深感觉到,现在我们正处于一个承前启后的新时代。无论在哪方面,对于以往的科学成就和实践经验都应当吸取,不应当弃置不顾。我的意见是说,我们对于过去的东西还理解得不全面,不深刻,对于前人所作的成绩,我们还知道得不够,缺乏深入的研究和总结。现在我们已经感觉到了不足,就应当对以前的一些东西做一些具体的实际的调查搜集、整理工作,贯穿起来,作出系统的叙述。这些工作,我们都没有做。比如自然科学,我们古代有很多成就,不仅那几项重大的、对世界文化发展有极大影响的火药、造纸、印刷、指南针等,我们还有很多东西没有探讨。英国人李约瑟写了一部书,叫《中国科学技术史》,我们现在已经把它翻译过来了。外国人研究中国科学发展史,我们自己为什么不研究或研究甚少呢？晋人葛洪的《抱朴子》里就讲到了化学，李约瑟看到，我们却没有挖掘。我们讲经络、针灸几千年了，至今治病靠经验，还不能上升到理论上去。一位瑞典学者右腿长年不利于行走，多处治不好，今年暑假他告诉我说：来到中国治，一针就好了，几年都没有犯。对我们的针灸赞不绝口。欧洲也都在研究我们的针灸学。经络针灸到底是怎么回事呢？到现在我们自己还没有讲明白。中华民族过去有着悠久的文化，可是我们没有很好地总结。西方语言学界最近又出了几本讲汉语音韵、语义的书。可是我们自己至今还未对音韵、训诂作一个系统的总结，这是不应该的。文学也是如此。文学史一本一本出版了，可是要把中国文学发展历史的一些问题都讲清楚，一时还做不到。我们还要做很多研究工作，由个别的研究，再提出概括性、总结性的东西。过去的研究成果都应当有个总结才能继承，以适应今天的需要，向前发展。要继承优良的东西，就一定要把总结搞好。如果写了一篇文章，而别人早写过这个题目了，你心里会很不舒服，人家说过了，我还讲什么。可是古人已经说过的，我们还不知道，还以为是自我发明，那好吗？所以我们应当有辨别地继承古人的东西，在继承前人成果的基础上求得发展。所以，无论是研究语言的，还是研究文学的，在这方面应当注意。

说到借鉴，包括两方面：一方面是借鉴古人的，一方面是借鉴外国的。借鉴与不借鉴有很大不同，这是人所共喻的。外国的一些有用的科学知识，可以用来发展我们的研究工作。外国的东西要学，一定要学。人家在前进，我们还没前进，我们就要吸取有用的东西，促使我们前进。人家能的，我们也能，就在于我们是否善于学习人家有用的东西。怎么借鉴呢？不是全听人家的，而把自己的东西都忽略了。社会的情况不同，各有特点。他们有些东西对我们有用，我们要吸收，要学，但是也不要偏。各国的情况不一样，特别是人文科学，外国喜欢搞标新立异，他们有科学的头脑，善于找门路，我们得承认。但他们的目的是争名望，他们不搞标新立异就站不住。所以，我们在吸取外国的学术成就时，还要有鉴别力，一定要防止盲目性。

以上所谈，都是自己在工作和研究中想到的一些问题。主持大会的先生既然要我讲一讲，我就借此机会把这些问题提出来，说说自己的看法，没有什么系统，信口谈出，请各位多多指教。

谈治学的方法

所谓治学，就是从事于研究学问。研究学问应当采取什么步骤，利用什么方法，才能做到精的地步，并在前人的基础上，进一步有所发现，有所发明，这是很值得研究的问题。关于治学的方法，前人讲过很多，各有所见。现在，我根据个人治学的一点粗浅的体会，结合目前的情况，陈述几点意见，供同志们参考。

对学术有所建树，做出成绩来，是完全可以办得到的，青年同志不必自卑。可是要脚踏实地，更要虚心，这是很重要的。我们必须实实在在地、一步一步地去做。《荀子》讲："积土成山，风雨兴焉；积水成渊，蛟龙生焉。"就是说，积蓄得深，才能有成就；见识窄狭，读书不专，基础薄弱，积蓄不厚，华而不实，那就不能多有贡献。这是显而易见的道理。

第一个问题，治学要有根基

比如研究古代的历史、语言、文化，各有些专门的书籍要读，但是无论从事哪一方面的研究，都必须有广博的知识作根基。根基不好，就处处感觉困难，所谓资之深，才能左右逢源。现在一般讲"基础"，我说"根基"，就是要有根底，要有基本知识。基本知识，包括一般的基本知识和专科的基本知识。

从一般的基本知识来说，我认为有古汉语知识、书籍知识、历史知识三个方面是比较重要的。以下分别来谈谈。

(一)古汉语知识。要利用古代书本知识，通晓古汉语是非常必要的。读古书，就不能不知道古字、古音、古义、古代语句结构，以及古人用词表达语义的方法。这是基础知识。中文系的学生必须具备文字学、音韵学的基本知识。历史系的学生要研究先秦史，当然也须要具备这些知识。尽管有的大学分语言、文学两个专业，而文学专业如果没有这些知识，就谈不到真正理解古典文学作品。如果是学习历史的，不能读一般的古书，只能依靠一些《史记》《汉书》的翻译节选本，那是绝对不行的。你必须自己能理解原文。怎样掌握古代汉语，我认为有两点要注意：第一要读文，要多读、熟读、反复读。古人的文句，脱离不了它的语法结构，尽管用了些古代词汇，可是在语法结构上，跟现代汉语一致的多,不一致的少。古人行文精赅,讲究篇章组织,要求文句生动、简练明了。如不反复读,你就不了解它的词义的配合、上下句的联贯、语气的转折。反复读,才能逐渐领会它的意义。即使学了一点文字、音韵知识,不熟读原文也还是隔了一层。感性知识丰富了,才能提高到理性知识。前人讲究背文,现在我们不提倡背诵,要求熟读,熟读可以成诵。古代一些大文学家,对一些名著都反复念,念得非常熟。至今还有学者能背《汉书》,这很受用。第二,读的当中要比较古今异同,跟现在相同的地方可以不必管,要注意和现在不同的地方,这样就把要了解的面缩小了。凡是不同的地方,比如词汇、语法、词义等各方面,都要跟现代汉语比较(比较的方法非常重要,下面还要提到)。

(二)书籍知识。我们要初步了解历史上存留下来的书籍,有哪些内容,这是比较浅近的。前代就有所谓目录之学,这是中国所特有的一门传统学问。我们的古本书多得很,所以,自古就有书的目录。最早是汉代刘歆的《七略》。他的父亲刘向曾校订官府收藏的古书竹简,刘歆继承父业校书,编了一个目录,就是《七略》。《七略》分“六艺、诸子、诗赋、兵书、术数、方技”等六类,前面有一个总述“辑略”。这部书现在没有了,但很多内容保存在班固的《汉书·艺文志》里。《汉书·艺文志》继承刘歆《七略》的目录,又增加了一些他看到而刘歆没有注意到的书。每种书都登载了书的时代、作者、篇数。到南北朝时,也有人编写了很多公家或私家的藏书目录。唐人修的《隋书·经籍志》(历代正史里大都有书籍的目录,或叫“艺文志”,或叫“经籍志”),修的特别好,首次使用了经、史、子、集四部分类法。它不仅记录了当时能见到的书,还把一些当时虽不存但前人目录书有记载的书,也记下了书名、作者、卷数。这是很有用处的。到清乾隆年间,就有了《四库全书》。《四库全书》的编纂,对保存中国历史文献起了很大作用。最初,馆阁大臣为乾隆翻阅书籍的方便,在每部书前加一个浮签,上面写了这本书的作者、内容等简短的提要,到后来编辑整个目录时把它登载进去,而且搞得更加详细,这就叫做《四库全书总目提要》。书籍有提要,始于宋代。宋代有两个大藏书家,一是南北宋之间的晁公武,有《郡斋读书志》,一是南宋理宗时的陈振孙,有《直斋书录解题》。他们都是把自己的藏书编成目录,而且写出内容提要,或称题解。《四库全书总目提要》,每种书都介绍卷数、内容、作者的简历和后人对此书的评价。这些评价虽不一定对,但可以使读者初步了解书的内容。《四库全书总目提要》的分类,是以经、史、子、集为大类,每一类中又有许多小类。这样,目录书由只记书名、作者、篇数、卷数,发展到书的内容、作者、篇数、卷数，又发展到对书的内容、作者都有说明，这是目录书的逐渐加细。这部书比较大，我们可以翻阅简单一些的《四库全书》简明目录，它除了一些只有"存目"的东西不登外，其他部分均有简明的提要，篇幅小，好翻阅。求其次，可以翻阅张之洞的《书目答问》，它是根据《四库全书总目提要》的分类编的，少有变动。它很有程序，重要的书顶格写，记出卷数、作者，并且指出版本，注明善本（善本指错字少、卷数足的本子），但没有解题；某一书跟它类似，而是次要的，就低一格来写；几种书性质相近，就在书名后打一个符号"乚"。这个符号很重要，表明这几种书同一类别。后来，只有贵阳书院的刻本保留着这个符号，别的刻本都丢了。近人范希曾作《书目答问补正》，就是根据这个版本，并作了增补。这些目录书，大家可以选看。至于正史中的《艺文志》《经籍志》，则可帮助我们了解书籍流传的历史、佚失的时代。《明史·艺文志》最为简略，它只登本朝人写的书。如果我们不做专门考察，只是一般了解书籍的分类，应当看哪些书，到哪儿去找材料，目录书给我们的这点知识是很容易吸取的。

另外，有些工具书，也是做学问要经常应用的。如讲历史，现代有些历史年表，很方便，比较全一些的如翦伯赞等编的《中外历史年表》，既有中国历史的记事，又记载了同一年内别国的重要事情。这是按日本人的方法做的。你研究某一时代的历史，也有些前人作的年表，如清顾栋高的《春秋大事表》。

还有字书、词书，也是我们要经常翻翻的。比如有一个佛教名词不懂，就可以查《佛教大辞典》。对一个典故不懂，不知出处，可以查《佩文韵府》。它是按要找的那个词的下一个字依韵排列的，找到下一个字，就可查到你要找的词。相似的还有《骈字类编》。诗词里有的特殊词汇不懂，可以看张相的《诗词曲语辞汇释》。现在还有人做了一些索引，如你要研究杜甫的诗，不知杜甫的这句诗出在哪一篇，有《杜诗引得》；要查晋朝一个人的事迹，有《晋书索引》。日本学者也编有许多古书索引。

此外，还有类书，类似现在的百科全书。常用的类书如《太平御览》，它对校订古书很有用，其中引了许多古书跟现在的本子不一样。因为它根据的是写本，时代早，文字上有很多地方胜于现在的传本。另外，还有一些综合性的专书，你要查某一类事时，可以到里面去找。作者收集了很多材料，排比在一起，加以叙述，很方便。比如你想知道一些典章制度、经济、军事等问题，可以看"三通"：即唐杜佑的《通典》、宋郑樵的《通志》、宋末元初马端临的《文献通考》。

想看古代小说,有宋人编的《太平广记》五百卷,唐代的传奇小说也都在里面了。要了解古代建筑,有宋人李诫的《营造法式》。有关农业的,可看元王祯的《农书》;有关碑刻的,有清陆增祥的《八琼室金石文字补正》;有关植物的,有清吴其濬的《植物名实图考》。还有如《全唐诗》《宋诗抄》等诗歌的总集。这些综合性的书很重要。

至于如何掌握历史知识就不用再多说了。《中国通史》《世界通史》都应抽时间读两本,这也是为学的根基。有了这些根基,你才能从事各方面的研究。

第二个问题,为学要有次第

或者学文学,或者学语言、历史,都要有一个先后次第。专攻某一门学科,也要先读有关的基础书,然后兼及其他。如从事语言研究,语音学就要先学好,要会发音,会用音标记音,这是必要的一个次第。从事文学研究,文学史概要就是必要的一个次第。关于语言文字,就得先看《说文解字》,然后才能研究古文字。研究历史,应先从通史入手,再进行断代史研究。

这里,要格外提出的是:第一,如果向专门方向发展,先要认真把一两部书读好。不读书是当今通病。束之高阁,不念,或者只念两篇、三段,那有什么用处?《诗经》只念《伐檀》《七月》《硕鼠》,那离懂《诗经》还差得远呢。要研究文学,就得先读《诗经》,然后读《楚辞》,读魏晋南北朝的五言诗。专门研究中国古典文学,第一步就要把《诗经》全读了,认真念好这部书,受用无穷,一直到清人,还在用《诗经》呢!它是最早的一个诗歌总集,后代都受它的语言词汇各方面的影响。所以,应该把一两本书读好。研究《楚辞》,只念一两篇如《哀郢》《东皇太一》《湘夫人》,那不行,你得先把《离骚》念好。不读书,空谈,学术大门就没法进去。

第二,研究文学,仅读选本不行。选本的用处是帮助了解历代文体的发展,不同作家作品的风格,但是研究某一作家,还要读他的全部作品。如研究杜诗,就有仇兆鳌《杜诗详注》;研究李白,有王琦《李太白全集》;研究王维,有赵殿成《王右丞集注》。应该先读选本,了解概貌,然后进一步读全集,才能进行深入的研究。以上讲的就是为学要有次第。

第三个问题,为学要靠平日积累

读书必须手勤眼到,随看随摘记。平日的功夫非常重要。专门从事某一学科的研究,要把有关材料随手记下来,即使是不属于你研究的学科,你觉得有兴趣,或许以后用得上,也要记下来。凡是从事学术研究工作的,都要注意平日的积累。如果手懒,凭记忆,那是不行的。随手札记,可以广泛记录,然后再集中起来,根据不同的目的分类存放。逐步做到以时代先后为序,做上记号,给以时代标志,最后整理起来就容易多了。书名、卷次、页数一定要同时记下来,以后用时可以核对原文。现在的杂志上的文章也要记。同时,要多作读书笔记,可以像《四库全书总目提要》那样,作一个提要。通过这种练习,对帮助我们逐渐领会全书的内容,大有好处。还要练习写作,现在许多人写出东西来文字不通,就是因为平时缺乏练习。练习写作,不必要老师出题目,自己经常作读书笔记,或长或短。古人有很多著名的书,都是由笔记、札记而来的,如顾炎武的《日知录》,就是平日念书积累材料,最后用一个题目综合起来,加以说明评论。或是把历史渊源、演变沿革写出来,也很有用处,如宋代王应麟的《困学纪闻》,就是很好的笔记,这些书可以看看。日本有一位有名的汉学家带研究生,让学生第一部书念《日知录》,因为《日知录》内容非常广泛,历史、文学、典章制度各方面都有,足见他是很有眼力的。我希望同志们也能在笔底下天天有"日知录"。我认为教师要指导学生有目的地去看书,同时教他们做札记,畅览有关材料,慢慢积累起来。心中有了些问题,或者发现了哪方面有价值的资料,就可以写一篇短文以至一篇论文。

第四个问题,注意从搜集材料入手,然后进一步参互比证

研究某一问题,有时有好多同类材料。同一事实,不同的书可能有不同的记载。比如研究历史,可先看正史,次看别史。关于制度,可看"三通"。《资治通鉴》是一部编年史,它是根据很多历史材料综合编写而成的。有的录原文,有的加以简化,有的加以考证。假如一个年代,正史写的二年,《资治通鉴》写的三年,这就要参看其他有关的材料如笔记、杂书、金石文字之类互相比证。

正史里记载某人事迹往往很简略,某人文集里写到某人的传记,或者有给他写的墓志铭,记了这个人的生年卒年和一生经历官职,因为是当代人写的,往往比较正确真实。当然也有些不可信的"谀墓文字"(本来这个人恶行多端,他的儿子请别人作墓志铭,别人就不好把他骂一顿,只好说他有什么功绩、德政,这就是"谀墓")。但一般历史事实、年代,往往不错。另外,某人事迹还可能记在方志里,如县志、府志、省志,这些都是可以参考的材料。

　　方志的材料很丰富,不仅记载当地的山川地理、风习人物和物产,而且还有关于语言的材料。有些方志对当地特有的词汇、说法,都有记录。有的还进行了深入细致的考证,如广东《肇庆府志》就非常好,记载当地方言非常细致,而且有注。当然,利用它还要和现在活的口语相印证,音义才能搞准。

　　又如,古代讲山川地理的书很多,如《太平寰宇记》,把宋代的地理山川,分地方区域记载,这是考查地理的重要材料。有些问题牵涉到历史地理,现在还没有一份翔实、完整的历史地图。使用过去一些历史地图时,还须考证核实,把它和今人画的地图相比证,你才能了解山的走向,水的流向;原来是哪里,现在是哪里;古代什么战场,应在现在什么地方。由此看来,研究任何问题,都须搜集很多材料对比一下,要经过考证,经过一番思考,根据各种材料来断定。

　　清人提倡考证,做了很多重要工作。比如,《尚书》里的一些词,可同金文相印证。王国维有《与友人论〈诗〉〈书〉中成语书》,一些常用的成语,从《诗》《书》的比较中确定它的意义,就能解释很多前人没有讲通的词语。清代王引之有《经义述闻》,是解释经书文辞的意义的;他还有《经传释词》,是专门解释虚词的,如“终”字见于《诗经》,有“终风且暴”(《邶风·终风》)、“终温且惠”(《邶风·燕燕》),古人讲不出来什么意思。他加以比证,把有“终”字的句子列在一块,然后才看出“终”字当“既”字讲。近人张相的《诗词曲语辞汇释》,把诗词曲中一些特殊的词比列在一起,唐诗、宋词、元曲中凡是用这个词的都列在一起,从上下文意观察这个词的意义。一个、两个、三个例句都讲通了,然后确定这个词应当怎么讲。或者这几个例子是这个意思,另外几个例子是另一个意思,就确定这个词有两方面(或多方面)的意义。这是一种比证。总之,研究问题,离不开比较。

　　比较是知识提高一步的必然方法,是引导我们深入思考的一个最好办法。有些问题你根本不知道,看不到,比如前面说的“三年”还是“二年”的问题。你只有经过比较才能发现异同,然后加以考证,才能有所发现。比如研究《诗经》,有的汉学家认为毛传、郑笺最好,要根据它来讲明《诗经》的意思。清人陈奂,用30年作了一部《诗毛氏传疏》,用力很勤,也很有成绩,但他拘守毛传,不敢以郑笺破毛传。同时,还有齐、鲁、韩三家诗,他也不管。这样拘守毛传讲《诗经》,有些地方怎么兜圈子也讲不通。另一个有名的学者马瑞辰写的《毛诗传笺通释》,不仅解释毛传的意思,同时把郑笺同毛传相比证,不拘守毛传,破了这个家法。更高明的是,他还参照了三家诗的文字。毛传的这个字,用通常的意义讲不顺,三家诗可能是另外一个字,两个字声音有关,用那个字就讲通了。因为古人学习,最早是口耳相传,到汉时才有人记下底本。三家诗的说法和文字,跟毛传不完全一样。马瑞辰既能通释毛传、郑笺,又能利用三家诗来说《诗》意,这就比陈奂高明得多。从这里,我们可以体悟到:治学要善于参照各方面的材料加以比证,经过考释,而后作出决断,那才是真正有所得,我们要注意这类书的考释方法。

第五个问题,讲讲治学态度

治学态度似乎与方法无关,其实不然。态度不正确,就影响学问不得前进,所以也须要附带谈一谈。概括来说,有以下几点:

(1)态度要认真,不可粗鲁。即使是一个概念,一个名词,也要弄清楚,使字字落在实处。

(2)重观察,重实证,不能凭空悬想,满足于一知半解。

(3)重分析,要实事求是。人云亦云不好,要从各方面进行深入的思考。

(4)重精审,要切磋,不墨守成规,不蔽于自见。不要自以为是,拘守一家之说,不肯接受新的学说见解,把别人的是处拒之于千里之外。清代学者非常注重切磋,朋友往还,互相研讨,很重视学术的科学真实性。每个人都有长处,要善于吸取,不能文人相轻。

(5)重条理,避免驳杂。写出东西,不要急于发表,可以放一段时间来修改。多了的就删掉,有人写文章很长,说来说去,其实,就那么一点意思,要言不烦,岂不更好?不肯割爱,必然拖泥带水。唯其能割爱,少而精,人家才爱看,才能从中得到教益。因此,希望大家多写短文,不要写不必要的长文。

以上五个问题,内容很平浅,只是个人的一点体会,仅供参考。

原载《与青年朋友谈治学》,中华书局1983年

谈谈古今汉语的几个问题*

一、古今汉语的关系

汉语的历史极其悠久,现在我们通常所称的古代汉语,基本上指的是从周秦时代到明清时代写在书上的文言。文言作为书面上的语言历时久远,但是,因为它是以实际的语言为基础发展而形成的一种文体,所以历代一直作为书面语言的形式来使用。这种文言在春秋战国时期就已形成,这跟当时在北方的广大区域内有了共同语,即所谓雅言有关。春秋战国时期在北方黄河流域有许多诸侯国,各国的方言有不同,各国间通行的语言则叫做"雅言"。《论语》上说(见《论语·述而》):"子所雅言,《诗》《书》、执礼皆雅言也。"意思是说:孔子读《诗经》、读《书经》和执行赞礼的时候都说普通话。"雅言"是对"方言"来说的。自公元前3世纪之后,共同语流行的地区愈加扩大。虽然词汇有发展,但语法的基本结构形式是比较稳定的,所以先秦的著作在后代读起来并非很难懂。加上汉字是一种形体文字,两千多年前从隶书开始,没有什么大的改变,历代的书籍也都是守着一定的语言规范写出来的,这就是我们今天能够通晓古书的重要原因。今天所说的现代汉语就是继承了古代语言而又有所发展的。

古往今来,在黄河流域、长江流域,汉民族和其他兄弟民族共同创造了祖国的文化。语言本身有很强的稳固性,虽然历史上中国汉人也曾受过别族的统治,但是汉语不仅没有被消灭,反而融合了其他的语言。清代乾隆时期,很多满族人喜欢读《红楼梦》,八旗子弟也读五经四书,他们还能写出很好的文言文。汉语是根深蒂固的,无论什么力量也是消灭不了的。

尽管应用汉语的地区辽阔,不同的地方也有各自的方音和不同的语汇,但用汉字写出来,各地方的人都能互相交流思想。

古今汉语关系极为密切,研究现代汉语的语法,也要研究古代汉语的语法。我们要从语言的发展过程当中研究语法发展的规律和方向,并进一步研究语法规范在不同的方言里是怎样保持和演变的。

---

* 士琦按:本文系周祖谟先生应北京语言学会之邀,在该学会举办的"教学语法系列讲座"所做的讲演。

二、书面语跟口语的关系

古汉语是以单音词为主的，即便并列在一起的汉字，也各有各的意思。由于受书写工具的限制，写在书面上的话就要求简明，句子以短的居多。西周以前写作的人往往是史官，到了春秋战国时期，出了诸子百家，读书的人多了，写书的人也多了，写出的东西也逐渐由短句发展为较长的句子，表达的内容也越来越复杂。商代的甲骨卜辞、周代的铜器铭文，以及《尚书》，文句都是很短的，但是语法并不简单。《论语》的句子也比较短，可是无论句子多短，语句中的虚词，特别是表示语气的虚词一定要写下来，这样才能使人读得懂，例如《论语·述而》说："叶公问孔子于子路，子路不对。子曰：'女奚不曰：其为人也，发愤忘食，乐以忘忧，不知老之将至云尔。'"这句话中的"于、奚、也、以、之、将"等都是虚词。所以书面语不能脱离口语过远。古代的文言有大量的虚词，如助词、介词、副词、连词、语气词，都用各有当。因此，可以说掌握古代汉语的虚词，是学好古汉语的一把钥匙。

语言是随着社会的经济、政治、文化、科学技术在不断发展的。而书面语一旦稳定下来，就形成一种固定的形式，变化很慢，这样书面语与口语的分歧就越来越大。一则是口语中词汇日益增多，单音词在向双音词方向发展，词义也不断有引申。再则语法要向精密的程度发展，定语、状语、补语以及谓语部分的扩展，使句法日趋复杂。书面语的句法也就要随之逐渐有所改变，在不同的时期也必然要吸收口语的形式，包括新词汇，以便更好地表达语意，绝对不能离开口语而发展。因此不同时代的古文，也在不断的发展之中，例如汉代司马迁《史记》的文章跟唐代韩愈的文章两者就不同。我们要分别层次去看待古代的文言。在南北朝时代，流行一种骈体文，它是另外的一种表达形式，文句要求整饬，运用双声、叠韵、平仄、对偶等汉语的一些特点，形成一种特殊的文体，离口语渐远，不能为普通人所接受。

但是，一般文章如史书地志之类还是按旧日所通用的书面语写的。晋宋时期的小说和翻译的佛经都趋向于口语化，如宋刘义庆的《世说新语》所记"望梅止渴"的故事（见《世说新语·假谲》）："魏武行役，失汲道，军皆渴，乃令曰：'前有大梅林，饶子，甘酸可以解渴。'士卒闻之，口皆出水，乘此得及前源。"就是很明显的例子。尽管在长期的封建社会里，书面语一直守着老文言的遣词造句的惯例，以及仍旧使用着各种文语的虚词，而人民的口头语言却不断有新变化。从南北朝时代的佛经译文、口语书札，到唐代的变文，中间变易很多，而唐代的变文与宋代的平话，又有所不同，这说明人民口语是不断有发展变化的。文言在不断吸收口语的营养的情况下，也屡有变化。所以我说要分别层次来看待古代的文言。唐代古文运动的代表者韩愈的文章就跟古代有很大的不同，他以古文的形式，表达他那个时代的思想。由于社会发展了，思想复杂了，语句也变长了。前人说韩愈的文章有如长江大河，一泻千里，例如韩愈在《柳子厚墓志铭》里说："今夫平居里巷相慕悦，酒食游戏相征逐，诩诩强笑语以相取下，握手出肺肝相示，指天日涕泣，誓生死不相背负，真若可信。一旦临小利害，仅如毛发比，反眼若不相识，落陷阱，不一引手救，反挤之，又下石焉者，皆是也。"他仍然用的是判断句的老格式："……者……也。"但是语法的附加成分多了，内容复杂了，在他以前的文言文里是不多见的。

加在动词后的"了、着、过"，原来是有实在意义的，后来虚化为表示时态的词尾，而成为现代汉语的样子。

我们现在研究语法，以就一般选本的文言文与现代语文做比较，就可以了解到语言的继承和发展的关系了。

三、古今语法上的差异

要说明古今语法的差异，可以从语词上的差异和句法结构上的差异两方面来看。在语词上表现得最明显的就是文言中自有一套虚词，即副词、介词、连词、助词、叹词几类，总数有几百个。这几类词中，只有少数现在还在使用，如"为、与、而、之"等，其他大都不用了。"而"这个连词很有意思，一篇文章中不用"而"，简直办不到，还不易找到代替它的词。还有"之"，如果写文章不用这个"之"，就得完全改变句式，才能说得顺口。或把单句换成复句，或把短句延展为长句，反而冗赘。古汉语虚词虽然数量很多，但是由于句子的主要成分主语、谓语、宾语、定语、状语等的位置，古今是基本一致的，所以也不难领会这些虚词用在句子里的作用，从上下文的意思也可以转译为现代语。在语词上的差异的另一方面，是词类的活用，名词、形容词用作动词，动词、形容词用作名词等。古代词类活用，是古人书面语表达的一种方法。一方面，文章要写得简明，主要用的是单音词，双音词不多；另一方面，书面语还不能适应口语的发展，所以有词类活用。所谓活用的词，只是一种词义内涵的扩展，一种表达意念的手段，不是词类不分的混用。以今天对不同性质的词有一定用法的规律来看，古文里有不那么严格的地方,所以说是"活用"。

例如:"天下大定,高祖都洛阳。""都"是名词,用作动词。"亲贤臣,远小人。""远"是形容词,用作动词。"量入为出。""入、出"是动词,用作名词。"将士披坚执锐。""坚、锐"是形容词,用作名词。

另外,名词、动词或形容词有表示使动的用法。名词、形容词又有作为动词,表示以为如何的用法,称为意动。如"己欲立而立人,己欲达而达人""尔欲吴王我乎""孔子登泰山而小天下"之类都是其例。

下面谈谈句法结构上的差异。

在句法结构上,有几种文言特有的形式,在现代汉语里是不那么用的:

(1)"之"字结构,"之"字加在主谓之间,如:"孤之有孔明,犹鱼之有水也。"

(2)"所"字结构,如:"法者所以爱民也,礼者所以便事也。"

(3)代词宾语放在动词或介词前,如:"吾谁欺,欺天乎?""何由知吾可也?"

(4)代词在否定句中置于动词前,如:"子不我思,岂无他人?"

(5)强调宾语,宾语提在动词前,中间加"之"字,如:"何罪之有?"

(6)介词"以"的宾语往往前置,如:"夜以继日。"

以上所说的都是最普通的情形。文言文作为古代汉语书面语的表现形式似乎很难懂,其实难在古语词的意义上和一些虚词的用法上,而不是在语法上,因为古今语法相去不甚远。文言中有些造句的形式,如句中有表停顿的虚词"者、也",或句中有些成分省略,只要多读些,注意定语、状语、补语的习惯用法,并多与现代汉语做一些比较,也就不难理解了。

1987 年 9 月

怎样学习古代汉语

一、学习的目的

古代汉语是大学中国语言文学系的必修科目,用意在于使学生了解古代的书面语言,能阅读古代的文籍,通晓古今语言的异同。

中国的古籍浩如烟海,从周秦直至明清,历代的著述极多,举凡历史、地理、典章制度、哲学、宗教、文学、艺术以及农、医、天文历算等科学技术,无所不包。我们要研究古代的历史文化就要阅读古书,要有运用古代资料的能力。学习古代汉语的目的,就是要研究汉语发展的历史,研究古代书面语的词汇和语法与现代语的关系和古今的异同。我们学习古代的书面语言,还可以从中吸收生动活泼的富有表现力的词语,学习古人精于表达语意的方法,对提高我们的写作能力都会大有裨益。

二、古代汉语跟现代汉语的关系

汉语有极悠久的历史,从商代有文字的记载到现在已经过四千多年,文字的写法体势虽有改变,但是一直守着原来最早的形态作为记录语言的工具,这是世界上罕有的。语言本身自有其继承性,古汉语的基本词语,现代依然应用。现在使用的双音词大都是根据古汉语的单字字义构成的,例如"机智、辐射、批判、鲁莽、凝结、固定、沸腾、残酷、技术、激烈"等都是。至于成语,更是继承古时候已有的词语,如"养精蓄锐、南辕北辙、色厉内荏、破釜沉舟、化险为夷、运筹帷幄、偃旗息鼓"等不胜枚举。语言也是随着社会的发展而有变化的,不过语言的变化是渐变的,不是突然变的,这在语法方面表现得更加清楚,因为古今的基本语法结构和主要的构词方式都具有一致性,这也是我们学习古代汉语的方便之处。

这里还要说明一下古今的界线问题。古今汉语本是一脉相承的,古代流传下来的著作大都是文语,文语跟口语自古就有一定的距离。商代的卜辞,文句简短,是最古老的书面语言。《尚书》和周代的铜器铭文,文辞古奥,是早期周代史官应用的文语,带有豳岐方域语言的特色,跟春秋战国以后的书面语不同。

春秋战国时期河南雒邑以东广大地区形成一种北方区域的共同语,即当时通行的"雅言"。当时列国史官书于史册的和《孔子》《孟子》以及战国诸子书中所载的语言就是文言文的基础。这种文言文体,在不同的书里,风格不尽一致,从中可以看出有的最接近于口语,句子的结构和虚词的使用、语气的表达等都与现代语切近;但有的较整饬简练,似与口语稍远。前者如《论语》,后者如《左传》。汉魏六朝期间一直使用古典式的文语,甚且骈偶文辞盛行,离口语日远。这同一些带有口语性质的书札、传记、状词等一比较就看得很清楚。语体文字自唐代起逐渐发展起来,如佛曲变文、和尚语录、民间的文学作品已经用语体来写。宋元明清的文人学士仍用文言著述,而儒者的语录、民间的平话、小说、词曲、杂剧都是白话,唯词语和语法还与现代语不尽相同,可以称之为近代汉语。现在我们说的古代汉语一般所指就是古代的文言,包括散文和诗歌。古代的文言以其实质而论,也就是《论语》《孟子》《礼记》《史记》等书所写的书面语言。以前有的学者认为《论语》《孟子》的文语就是以鲁语为基础而形成的,很清楚,是有实际语言作根据的。实际的语言,也就是上面所说的北方广大区域的共同语。我们要学习的古代汉语应当就以这种文言为主。

三、学习的侧重点

学习古代汉语,一要注意比较古今语词的异同,用心辨析词义;二要注意比较古今语法的异同,掌握文言语法上的一些特点和规律。

在语词方面,在古代汉语里,除专门名词以外,多数是单音词。古代的一个单音词,现代可能发展为双音词或几个双音词,但单字成词是古汉语里的普遍现象,而且往往是一字多义,所以要仔细分辨。古今字义的不同,主要表现在以下几方面:

(1)义近而有别。例如"他"在汉魏南北朝时代是别的意思,如"他人、他物",跟现代作第三人称代词不同。又如"握手",古代是执手的意思,跟现代的"握手"稍有不同。

(2)义有广狭。例如"售"是卖的意思,如"贾用不售";可是前人也有当买的意思用的,如柳宗元《钴鉧潭西小丘记》"余怜而售之",词义较宽;现在就只能作卖讲。

(3)义有改变。例如"经济"古人指经世济民而言,现在就不是那样用了。又如"赖"古人作善的意思讲,如《孟子》说"富岁子弟多赖";现在用"赖"这样一个词是劣的意思,如"好的、赖的"对言;只有作"无赖"一词的语素时,还保留有古义。

（4）义有消失。例如"豆"是古人用的一种食器,《周礼·梓人》说:"食一豆肉,饮一豆酒,中人之食也。"现在"豆"字无此义。又如"窃"古有私自的意思,也作为自己的谦称,现在只作盗窃的意思用。古今字义有不同,用字也有时不同,有的是古今字的关系,有的是假借,如"婚"作"昏"、"途"作"涂"、"嗜"作"耆"、"价"作"贾"、"值"作"直",这是古今字的关系。如"刑"作"形"、"惟"作"唯"、"慧"作"惠"、"待"作"侍",这是字的假借。书籍越古的,假借字越多,不可不辨。在读古代作品的时候,要注意上下文,从上下文去体会词义,词的确切含义是表现在句子当中,例如欧阳修《江邻几文集序》说:"自明道景祐以来,名卿巨公,往往见于余文矣。至于朋友故旧,平居握手言笑,意气伟然,可谓一时之盛;而方从其游,遽哭其死,遂铭其藏者,是可叹也。"

这里的"方、遽、遂"三个字的意义,孤立地讲,不能理解透彻,从文句上下文看就容易理解了。

学习古代汉语所要注意的语法特点是看它跟现代汉语有哪些不同。比较重要的有以下几点:

（1）古汉语名词前有数词时,一般不加量词,如"三人行必有我师""晏平仲二桃杀三士"。数词在特定的场合也有放在名词后面的,如"车一马一""予有臣三千"。说年月,过"十"则加"有"字,如"十有八载""行年二十有五"。

（2）名词作动词用,如《左传·僖公二年》"城楚丘",《论语·先进》"孔子以其兄子妻之",《史记·淮阴侯列传》"解衣衣我,推食食我",又《陈丞相（平）世家》"陈平不事事",《三国志·诸葛亮传》"先主器之"。"城、妻、衣、食、事、器"都是名词,这里作动词用。

（3）形容词作动词用,如《论语·宪问》"夫子欲寡其过,而未能也",《孟子·尽心上》"孔子登东山而小鲁",陶潜《桃花源记》"渔人甚异之",柳宗元《袁家渴记》"余无以穷其状"。"寡、小、异、穷"都是形容词作动词用。

（4）主谓式中加"之"字,如《列子·仲尼》"公孙龙之为人也,行无师,学无友",又如《通鉴》卷六十五《赤壁之战》"众士慕仰,若水之归海"。

（5）被动的意思以主动式表述,如"未闻于人"是不为人所知的意思,"选为昆山尉"是被选为昆山尉的意思。

（6）自动词用为使动的意思,如"生之长之"是使它生使它长的意思。又如

《史记·淮阴侯列传》"项王怜而活之"是使他活的意思。晏几道词"昨夜西风凋碧树"是使碧树凋落的意思。

（7）受事格宾语放在动词或介词之前，例如《论语·里仁》"盍有之矣，我未之见也"，"之见"即"见之"，"之"字提前。范仲淹《岳阳楼记》"噫！微斯人，吾谁与归？""谁与"即"与谁"，"谁"是疑问代词，作"与"的宾语而提前。

（8）状语有在动词之后的，例如"晓之以利害"即"以利害晓之"，"观于其市"即"于其市观之"，"得之于人"即"于人（从别人那里）得之"。

（9）动词后没有"了、着"之类的附加成分，例如《吕氏春秋·察今》"有过于江者，见人方引（着）婴儿而欲投之江中"，"引"后不加"着"。又如《史记·滑稽列传》"西门豹簪笔磬折，向（着）河立，待（了）良久"。又白行简《李娃传》"时也适遇（着）生之父在京师"。动词后都没有"了、着"。

四、学习的步骤和方法

学习重在能自学，要由浅及深，不可好高骛远，要根据自己的基础选择适当的作品去读（这里指自学而言，在教学上由教师去安排）。所谓深浅，是程度上的差别。古代的作品有难有易，难易是从文辞与现代汉语接近的多少来看的，接近的多就容易懂，接近的少就难懂，这是很自然的。先秦的古书或比唐宋以后的难一些，但同一时期或时代相近的也有难有易，如《论语》容易懂，而《左传》就比较难，《史记》容易读，而《汉书》则比较难。深或浅，只能看个人的基础和素养，不能单从时代先后而论。由浅及深，就是古人所说"盈科而后进"的意思，要逐步提高。选择读物不能不以个人的基础为准。

学习应注意实践，用心阅读，用心体会，时时与现代汉语相对照，练习口译。如果仅凭借读语法和讲虚词的书要弄通古代汉语是不容易的。语法书和讲虚词的书是要配合着阅读而起作用的。初步经过学习，知其梗概，在阅读时有疑问，再翻检这类书，加深理解，逐步掌握古文的语法和规律。这样交替为用，而以练习阅读为主。所以读书要懂得读书的方法。

在阅读时首先要明句读（dòu），要能断句。现在写文章要讲句读标点，而古人的文句一般比较简短，有的也比较整齐，或四字一逗，明句读也不太难。多读并利用有标点的本子熟悉古文的句式是很可行的办法。

所谓阅读，不能局限于阅而不读，要读出声音来。用听感帮助学习是非常重要的。读时对古人命意遣辞以及各种语气的表达法会逐渐得其神味，如《史记·信陵君列传》侯嬴说:"公子喜士,名闻天下。今有难,无他端,而欲赴秦军,譬若以肉投馁虎,何功之有哉!尚安事客?然公子遇臣厚,公子往而臣不送,以是知公子恨之复返也。"

这些话的神情和语气在文辞上表现得淋漓尽致,只阅不读是体会不到的。如果是诗歌,更要诵读,在吟咏中可以增加对诗歌音律美感的认识,如李白《夜泊牛渚怀古》:"牛渚西江夜,青天无片云。登舟望秋月,空忆谢将军(谢尚)!余亦能高咏,斯人不可闻。明朝挂帆席,枫叶落纷纷。"诗中没有对仗,而音节铿锵,情致高雅,韵味不尽,在诵读时自然可以体会到。限于篇幅,不能多举。

最后要谈到选读与精读的问题。前人编纂本有两种目的:一明流变,一明文体或风格。编排的方法,有的分时代,有的分作家,有的分体裁,各有其用,随目的而不同。《古文观止》分时代,《唐宋八大家文抄》分作家,《古文辞类纂》分体裁。前面我已经提到学习最好由浅及深,如何选择,只能随个人的基础和要求而定了。

不过有一点须要说明的即泛读不如专攻。譬如打仗,战线太长,目标分散,都是不相宜的。读书贵专,贵精。真能精通一家之作,反复诵习,有了深厚的基础,就无往而不胜。其难者,比较艰深者,不过在于古字古义,换言之,即词汇和词义而已。因为古今语法结构相去不远。至于典故、典章制度等,那要利用辞书和有关的著作来解决,如《通典》《通志》和《文献通考》之类。不过,一家之作也有难有易,因其写作的目的和功用不同,而在风格、用字上或有差异。这里面也可以先取其易,而后及其难。只要有专攻的精神,日久自有成效。

1955 年 8 月

改造思想和改进文风

改进文风是社会主义革命中思想工作方面的一项重要措施。文章是体现思想情感和认识活动成果的工具，同时也是进行思想教育和发展文化的有力武器，文风的好坏对我们工作的进展和思想水平的提高都有极大的影响，凡是写作的人都不能忽视。

改进文风的目的在于提高质量，更好地发挥语言文字在社会生活中的作用。文章本来是写给别人看的，意思不明确，别人看不懂，就失去了文章的作用；写得死板、冗长、缺乏感染力，使读者得不到鲜明的印象和深刻的认识，也就削弱了它的作用。所以写文章，一要准确，二要鲜明，三要生动，这就是我们努力的方向。

文章是运用语言的材料来表达思想感情的，但是文风的好坏绝不能看作单纯的运用语言的技巧问题，而应当看到思想和思想方法是最根本的问题。文章尽管有各种不同的形式，但都要有一定的内容。对于事物认识不清，话自然说不明白；作者缺乏真实的情感，说出来的话就不会鲜明而有力。这个道理是非常明显的。文章是客观事物的反映，一个人讲话总有他的立场，对一件事的评价如何也跟他的思想和情感是密不可分的。没有正确的立场和观点，在文章里就不可能真实地反映客观现实；不用唯物辩证法去分析问题，对事物的认识就不能是正确的、全面的和深刻的。如果对客观事物缺乏明确的概念，缺乏全面的深刻的认识和理解，写出来的文章也就不可能表达得准确、鲜明而有力，所以要改进文风必须从思想和思想方法上着眼。假如我们认识到这一点，在不断改造思想和改变思想方法上用功夫，写出来的东西才真能对广大的人民有益。

我们写文章绝不可以抱着"只可自欣悦"的态度。能为人所了解、所感受，这是写作的目的，因此就要认真负责。要从群众是否了解着想，要从能否把思想感情突出地、深刻地、鲜明地表现出来着想，这样也就自然要考究到语言的运用问题。生造的和冷僻的词要避免，冗长的不便于理解的句子也同样要去掉。善于运用丰富的生动的口语表达得确切、明晰、简洁，这样才能为群众所欢迎。我们都知道书面语言是要在口语的基础上加工的，脱离口语的基础就不可能写出好的文章,因此要改进文风必须肯用心学习语言。

　　一般知识分子在思想没经过很好的改造以前是不肯向工农大众学习语言的,文人相轻、自以为是更是根深蒂固的老毛病。我相信在全民大跃进的壮阔无比的波澜中,大家都会从思想上认识到这一点,认真学习群众语言,学习别人的作品,使我们的文风向建康的途径发展。

原载《语文学习》1958 年第 5 期

谈怎样读书

这次能有机会来到苏州,感到苏州这个地方确实是好:园林甲天下。我1963年来过一次苏州,那时候有些杀风景,是暑期,热得不得了,在狮子林里钻来钻去,也钻不进去。而现在秋高气爽,气候宜人。唐朝刘长卿有一首诗讲到苏州:"春风倚棹阖闾城,水国春寒阴复晴。细雨湿衣看不见,闲花落地听无声。"这一次才领略到确实如此。雨点落在身上确实是看不见,很细,很湿润。霏霏小雨,很有意思。雨中游园,更加惬意。

今天,老师们、同学们来听我讲话,很不敢当,我感到讲不出什么东西来。苏州铁道师范学院是一个新学校,新的学校必然是富有生命力的,大有作为、大有希望的。铁道系统有很多中学,十分需要很好的师资。在座的同学们就是将来的栋梁,是很好的老师。所以,我就借这个机会来讲一点怎样学习。这个题目很大,很宽泛,有很多问题可谈。就学习的方面说,一方面可以从书本上学习;一方面要从个人在社会上所接触的方面、从生活中去学习。学习,不仅要学习古代的,而且更重要的还要学习现代的,这都是人所共知的。那么我要来谈,我想就从读书上来谈,因为书本还是很重要的。同学们在学校里除了听老师讲授,还要看很多的书。应该怎样读书,这是个老生常谈的题目,似乎没有深文大义;可是要说起来也很复杂。因为要读书,我们总有一个目的要求,就是我们想从书本里获得自己所需要的知识。而知识的方面又是很多的,所以在读书方面就不能无所选择。该读什么书?选择的书怎么来读?如何才能获得自己所需要的知识?这都是问题,都值得探讨,值得把这个题目说得更清楚一些。前人关于读书方面的话已经很多了,手勤啦,眼到啦,等等。我觉得读书因为目的要求不同,而怎么读还是一个重点,还是一个重要方面。

一、打好基础,循序渐进

我首先想说的一点就是,要掌握一门学科的知识,需要一个过程。一般情况是,同学们刚入学都渴望掌握多方面的知识,心情很迫切。不过我讲还是要从基本书籍读起,由浅入深,由初级到高级,由简单到繁难,由本门主科联系到其他有关的学科去学习,这一意思就是说,需要我们循序渐进。这里要特别注意的是基本的学科是非常重要的,对于基本学科首先要下功夫学好。不能因为它浅近容易,就大致听听而已。比如说学习外语的时候,开头学习发音、基本语法,这个阶段就要很下大气力。你就不能说我的发音差不多了,或者说基本语法也大致掌握了,翻一个句子也勉强能说出来,这个标准就不行,这样你的外语就学不好。必须扎扎实实把语音学得很准确,语法学得很熟练,说出来别人能够懂,即是说你要能够听,能够说,能够看,同时还要能翻译。这就是说,你从一开始就必须下大气力。

我们学习本专业的基础课也应当如此,比如学习现代汉语这门课程,一开始要先讲到语音,讲语音不免要讲到《汉语拼音方案》,《汉语拼音方案》是简单的一张纸,一个表就是了,声母多少,韵母多少,老师念念,我也跟着念念,这不行。这个是要下功夫的,一定要把这一部分掌握好了,才能够说好普通话。同学们将来都是优秀干部,做老师的,一定要说普通话。刚才王(力)先生还给大家用苏州话来读杜牧的诗了。你们在教杜牧诗的时候,用苏州话就吃不开了。要用普通话来教学。这个意思不用我来阐述,先生都会讲到的。这就是普通话的重要性。在我们这样一个社会主义国家,语言必须有一个共同的东西。当然,方言是绝对废除不了的。你跟你的同乡可以讲家乡话,你在苏州,可以跟苏州人讲苏州话。但是,对从四面八方来的同学,你必须用普通话去教他,使他能够将来在社会上胜任各方面的工作。因此,掌握普通话是非常重要的。当然不是说你一定得跟北京人一样,不是那个意思,这里不用多说;而是说你必须掌握普通话的语音的声音系统、声调、变调等等,这些方面你要下点功夫。

也许在读古代的东西时,你们江南人比较方便,因为有入声。北京没有入声。尽管如此,你要把入声翻成普通话的阴平、阳平、去声,也还不容易呢!你知道哪个是阳平?你也许会说,按照一般规律,读去声的居多,那你就不对了,必须知道哪些念阳平,念去声,少数变成上声,比如"钢笔"的"笔"念上声,可是它是个入声字。这方面你们又困难了。这里边的难易"盖难言之矣"!要而言之,开头不能急躁。因为语音学以及将来要学到的文字学、训诂学等等,都属于基础课程。把基础打好了,将来你自学或学习其他课程就会容易些。

你学习文学也有一个循序渐进的步骤,比如讲到文学史——这一定要学,它是一门基础课程——你能够了解中国文学发展的历史,然后分时代去读专书,《诗经》《楚辞》等等,这又要循序来学。《诗经》《楚辞》是个源头,是个根本,了解了《诗经》《楚辞》,然后再念后代的文学作品,那就比较容易了。从这个意义上讲,《诗经》《楚辞》又是学习古代文学的基础,然后才是五言诗、七言诗。学习现代文学,你也要懂得古代文学。从现代文学讲,你对30年代的文学作品应当先注意,这样你才能了解现代的作家怎样在30年代的许多著名作品的基础上发展的,这样你才能学得通,所以这是很重要的一点,即必须从基本的书籍读起,注意基本课程的学习。

二、知人论世,执简驭繁

其次讲到怎样读。怎样读呢? 有精读、略读的问题。有些书要精心地、细致地来研究,来读;有些要略读,略读也就是一种粗略地、观其大意地、不必全面地细读的方法,也就是一种泛览,广泛地浏览一些有关的书籍。既有精读,又有略读。读书时,要搜集一部分材料,就要泛览同类的书籍。当你拿到一本书的时候,你对于他的作者作这个书的意旨、他的主张以及他的意图如何,都应当有所了解。

比如说读《史记》,这是一部通史,司马迁说,他写《史记》是要用它来"究天人之际,通古今之变,成一家之言",它记叙了古代很多方面的人物,采用纪传体,上自黄帝,下至汉文帝,这样来立传,作者有他的意图,他借助《史记》要发挥他的胸怀,比如《伯夷列传》本没有多少史实的,是"天之报施善人,其何如哉"这一套。《史记》每篇之后又有他的议论,即"太史公曰",在史书中创立了这样一个体制,这些都是值得我们理解的。

读《资治通鉴》,就要了解它是一个编年史,它是要上继《春秋》的,是编年体史书的范例。司马光写这部书是怎样网罗前人的历史典籍的,在材料上又经过作者怎样精心细致的编排从而使叙事更加完密的,语言又从哪些书上取来并经他修润、修改的,这些都是我们要注意的。

比如你要读《昭明文选》,这是古代文学的一个有影响的选本,作于梁代,史传、诸子它都不选。它要求入选的文章"事出于沉思,义归乎翰藻",即符合齐梁时代的文学理论、那个时候对文学的要求。内容是丰富的,藻采是精工的,古质无文的东西它不入选。而清代张惠言的《词选》,他取古代的词,要求其沉郁、婉约,这是扬州派了。他讲古人作词都有其寄托,这才是好词,所以,他由李白之后,选了温庭筠的《菩萨蛮》,有好几首。在每一首之下,他都讲这首词如何缠绵悱恻,它寄托什么什么,这是古人为他选词而服务的。是他读这一首或几首词有怎样的感受,是怎样去想的。因为他主张词要庄重、深厚、沉郁、婉约,这样才是好词。这就是他的文艺理论,"言有寄托"是也。讲到姚鼐《古文辞类纂》这部古文的选本,他有他桐城派的观点,他讲义理、考据、词章,这是他的主张。

我们要读一本书,第一要知道它为什么要这样来作,而书本身是怎样的一个书,阐发什么内容,对我们有什么用,这些都是我们须要知道的。对于一个专家,一个作家,他的原集作品可能很多。古人讲"知人论世",我们读他的作品就要知道他是怎样一个人,处在怎样的时代,当时是怎样一个政治社会情况,他个人又如何,要联系当时社会一时的风尚,跟作者本人的遭遇,作品中所表现出来的思想,这些方面都必须注意。只有这样,你才能把一部书读懂。读其书而不知其人,不知其为何而作,不知读它对我们有什么用,那么一部书是很难读得深入的。

就一本书来说,我们读书要挈其要。古人讲,读书要好学深思,心知其义,这些话,就我个人体会,都是很要紧的。要挈其要就不能不执简驭繁。有的书部头很大,内容很多,你应当想法子找到其纲领,了解书的体例。要了解它的体例,就要通观大局,从序文到跋,你都要看一下,了解它的性质,全书是怎样编排的。了解体例很重要,一个书它都取了哪些材料? 一个选本,选的范围是什么?跟别的选本有何异同?《六朝文絜》是《六朝文絜》,《骈体文抄》是《骈体文抄》,这两个书都是选骈文的,但是二书时代不一样,作者不一样,它们的取材也不同,多寡也不一样。其次要知道其要点,知道这个书什么地方是我所需要的,主要的东西是什么。这是很不容易的,你知道了它的要点,你才能化难为易,从中取得其主要的东西。否则,你就不能获得对你有用的东西。其效果是大不相同的。

比如读《说文解字》这样一部书,这是东汉许慎编的一部最早的字书,也是世界上第一部字典。这部书,清人段玉裁给它作了很详细的注,段玉裁的注非常之繁密,体大思精。我们怎么来读呢? 可以说总要三年五载才能慢慢地念下来,是比较困难的。它引用了许多经传、古代的文章,很多他对于文字的解说、发展,各个方面,内容非常之丰富。我们必须掌握它着重点是什么、方法是什么。比如,他讲的以经解字、以字解经,引用古代的经传,来说明一个字的字义,这是以经解字的方法;利用《说文》训释,即许慎对一些字的讲解,联系到古代其他一些训诂,来说明一些经传原文的意思,这是以字解经的方法。他是听他老师戴震的话去这样做的,以经解字,以字解经。而对于我们汉语来说,最重要的是说明字义的发展、字义的引申之类。而要探讨古代一个词的词义如何,他联系到后代使用这个词而又发生音变,演化为其他的词,也许增加一些偏旁,他从声音上利用古韵学的知识,来说明这个词的词义,例如"于"字,从于的声旁的字,他认为有大的意思。这话还是很对的,例如古代的乐器竽跟笙,从于的竽就比从生的笙大。从生的"星"就含有小的意思,天上的星星当然比月亮要小得多了,从生有比较小的意思。但这又不是一概而论,不能迷信,以为一定都是如此;也还有一些例外。这就是说,可以从声音上推断出为什么语言里声音不同的文字其意义有相关相通的地方,这就是他用心之所在。掌握了这三点,再从他的书里去取材,找出这些东西来看,看他怎样以经解字,以字解经,哪些是精要的,好的。至于全书,可以不一定通读了,因为我们没有那么多时间。不同的专业、不同的要求,读书的目的也不一样。但是,要点在于要领会全书,这是很必要的。这样来说,我们在读书时,要训练自己认识这个书的能力,知道哪些是作者用心之所在,哪些是重要的东西,我们应当怎样去读,好学深思,心知其义,一句话,就是我们要站得高一些,眼光细一点,像疱丁解牛那样,陷其窥曲,曲径通幽,豁然开朗。这样来读就比较容易奏效。这是很浮浅地来讲的。

三、切忌穿凿,多闻阙疑

读书更进一步来说,要忌穿凿附会,要多闻阙疑。大家都熟悉陶渊明文章中的一句话:"好读书不求甚解。"那并不是说陶渊明不好好念书;他是喜欢读书的,却不大好好念,不好好理解——不是这个意思。"好读书不求甚解"者,谓不是不解,而是不过分地去作解释,不过分地穿凿附会。我们还可以从上下文去推寻,去揣摩,不是不解,而是要解。因此,读书不能断章取义,本来不解,硬要附会穿凿,甚至以今当古,拿现在的标准去度量古人,那是违背历史唯物主义的。以今当古,必然贻笑大方。断章取义,夸夸其谈,尤为不可。比如刚才王先生举杜牧的诗:"停车坐爱枫林晚,霜叶红于二月花。""坐爱"的"坐"字怎么讲?这个不能不解。说是坐着,不是站起来,坐在那儿看,好啊,这个霜叶很红啊!——不是那个意思,不是把车停下来好好欣赏一番。"停车坐爱枫林晚",就是我很喜欢晚秋枫叶如此之红,所以我把车子停下来——这就不是不解,而是要好好地解。不解的、不会的,就得问人,不能含混。当老师很不容易。将来各位都是老师。我也当了一辈子老师,人之患好为人师,当老师就更不容易了。

对于自己不知道的东西、不大懂的东西,都要去问人,不耻下问嘛! 不肯问或不便问的话,那就要查,查字典词典,或其他的工具书。不知道意思的、不会念的,甚至念起来感到含混一点的,都要查,绝对不能手懒。我有时一个字查好几次还记不住;查了,记住了,有时又忘了。只要坚持,日久天长你就不会为难字所累。所以曹子建文章讲,他修改文章是应时改定,就是即刻把文章改掉,而不是丢在一边不管,或者马马虎虎算了吧! 就那样念下去。这不行。所以说当老师要难一些,要不厌其烦,日积月累地这样作下去才行,这一点我也顺便提一下。

四、月积日累,作好札记

另外,还有第四点,我们读书要作札记,作摘要,作笔记。这件事要持之以恒。因为我们接触的东西多,学的方面广,不同的门类要求我们读很多的书;我们课外还要看一些报刊、文集。凡看这些东西,内容必然是我们需要的。有我们需要的,就应当有所摘记。摘记最简单的是记下什么书、多少卷、什么文章、谁的文章、多少页、讲什么的,就这么两行。这是最简单、最需要的。一定要注上卷数页数,这很重要,因为这样你下次要看时,马上一下子就可以找到。更进一步的摘要是把你所需要的东西都抄出来,等于这个书就上到你的笔记本上来了,即使这个书归还图书馆了。如果很多的书你都能这样来作摘要,选重要的东西,有关的、需要的知识把它记下来,这样积累一多,你还可以作细致的分类。这样的东西很必要。如果一个人做学问,他手上连个小本本都没有,那就不足道矣。要知道,你的知识的积累,都在你那本子上。

五、坚持自学,掌握工具

很切要的一件事情:学习,要靠自学,这一点非常必要。我们有很好的老师给同学们讲授系统的知识,这是引导我们来学习的起点。但仅有课堂的讲授是不够的,因为各人的程度不一样,理解能力也有差异,用功时间的多少也有不同。这就需要我们自己来学习,在课堂之外,自己来看看书。这里特别要强调一点,你在学习当中,要时常注意自己的基础,哪个不够,哪个补充。对哪一方面我还欠缺,我就自己想法来补充。老师课堂上讲的,是大家共同的进度。也许对某些方面我还欠缺一点,或者我受一定局限,比如学普通话语音,我的口语与普通话语音距离较远,我就多用一点时间。别的人口语也许跟普通话接近,那他就少用点时间,自己来掌握,把它学好:这就是自学。

　　读文章也如此，比如你专门研究古代文学，你必须先念文学史，然后顺序地念《诗经》《楚辞》，《诗经》《楚辞》你也不能专攻。可是你要理解古代汉语，你单纯地从古到今，以古今时间先后来读，还不行。我看你真正地通古代汉语是就你个人的基础，你看什么书大体我都能看下来，只有少数的单词或词句不懂，你就可以先念这个。因为学习古代汉语，难的恐怕还是在特殊的句法；词汇不太难，而它一些虚字怎么用，意思是什么，它的语法作用是什么，这些你要多读，这就要从个人的基础出发。比如你开始的时候可以从归有光的文章读起，明代归有光的文章比较浅显一些。你可以读宋人的文章，觉得念起来还可以，你就读宋人的文章。宋人的文章念会了，然后你读韩愈的文章。一开头你就念先秦诸子，来部《荀子》，那不行，那看不懂。这也就是说你要循序渐进，由浅近到深奥，按这个顺序你才能读得进去。也就是说，有了一般，特殊的东西就容易学了。

　　还有一点，自学，你就得查一些东西。查什么，怎么查——关于工具书这一方面，特别要注意，因为有些问题你不能尽问老师。比如一个作家，你不知道他是哪个时代，他的事迹如何，等等，不能都去问老师，这些你要会查。比如你要查制度方面的问题，就得找《通典》，找《通考》，"三通"即杜佑的《通典》、郑樵的《通志》、马端临的《文献通考》，这三通你要会用。工具书很重要。慢慢地锻炼，到什么程度才好呢？就是你有什么问题，知道上哪儿去查，不必问人，你自己能够动手去查，自己解决。比如找一本书，我就去找《中国丛书综录》，拿来就查了。有一些典故，普通的词藻，不懂怎么办？你可以去查《佩文韵府》，《佩文韵府》你可能不一定会用，那不像一般工具书那么容易，——现在新出的有了索引。没有索引的呢？它是查下面的，两个字，三个字，要找下面这个。工具书是要用的。像《文科工具书使用法》这样的小册子也已有好几种了，不下五种吧！你也许买了一种，但如果仅仅读那个书是没有用处的，一点用处也没有。你必须亲自去摸一下那个书，看一看到底是什么样子，大本？小本？自己查一个试试，这样才能受益。这也就是说，这方面要通过自学，培养自己自学的能力，奠定自己的基础，不能总是依靠别人教，每事都去问人家也不行。既然要自学，你就得把时间安排好。这里有一个矛盾，现在课程也比较多，还有一些作业，等等。当然老师会给你留下一些自学的时间，另外还得就你的基础加一把力气。哪些方面你比较欠缺，就多用些时间。但是有一个一般的要求，你要会查工具书，会针对一个问题找有关资料，这是基本功方面不可或缺的。

这是极其简单地来跟各位谈一谈,没有深文大义,只是就个人一些浮浅的读书经验来说一说就是了,耽误大家的时间,谢谢诸位!

本文是作者 1982 年 11 月 5 日的报告,由杨军同志整理,原载《苏州铁道师范学院学报》(社会科学版)1984 年试刊

文章与语言

　　语言与文章同是表达思想的工具，但是并不完全相同，因为语言是用许多声音表达思想，而文章是以书写的方式来代替语言，所以不同。我们说话的时候，不但在声音语气上可以有情感的表现，而且还可以有手势用以帮助他人的了解，这都不是文章中可以完全称情表现出来的。陆机《文赋》里说："恒患意不称物，文不逮意。"正是这个道理。同时在领受者的一方面，文章又不若语言之直接，举凡为文的意旨，词品的虚实及语气的轻重等，都要读者从文字上去体察玩味，终不免又隔一层，因此在效能上也不一定完全相同。但是文章虽与语言不同物，然绝不可脱离语言而独立。舍语言而谈文章的"义法"，是舍本逐末的。文章是代表语言的东西，语言就是文章的根源，词藻、格局全是末事。综观古人的文章，其精妙者都是有如说话的，凡是有如说话的文章，也就最生动。甚至于呆板叙事的史传文字，如插入问答语，则见灵活，引人入胜。《史记》即惯用此法，如《魏公子列传》前后所载的对话几乎过半，所以极见精彩。其他直录口语的也很多，如《张丞相列传》述周昌谏高帝废太子事：

> 帝欲废太子，而立戚姬子如意为太子，大臣固争之，莫能得。上以留侯策即止。而周昌廷争之强，上问其说，昌为人吃，又盛怒，曰："臣口不能言，然臣期期知其不可。陛下虽欲废太子，臣期期不奉诏。"上欣然而笑。

这里把周昌口吃期期的声音都写下来了，极为生动。又如《后汉书》的文字也有不少平易如话的，例如卷六十七写范滂入狱后王甫鞫讯的话：

> 君为人臣，不惟忠国，而共造部党，自相褒举，评论朝廷，虚构无端；诸所谋结，并欲何为？皆以情对，不得隐饰！

这虽是四言一句，然全是口语，王甫声色俱厉的情景均已表现无遗。据此可知要使文笔灵活清顺，都不能不在实际的语言上多加留意。

　　相反的，我们看《新唐书》的文章，总觉其中文气不畅的地方太多。所以王若虚《滹南遗老集》内有《新唐书辨》（《文集》卷廿二至廿四），专门攻发其短。

例如所举《新唐书·令狐德棻传》云：

> 高宗尝召宰相及弘文学士坐中华殿，问："何修而王？若而霸？又当孰
> 先？"德棻曰："……若用之，王为先，而莫难焉。"帝曰："今兹何为而要？"

以此与上面所说的两段相较，自然可以看出宋祁所作是如何的诡异晦涩不合语法了。与前面所举正是相反，这就是文章脱离语言的毛病。

论文体，有文言与语体之分。现在仍有人以为作文言文自有文言文的文法，与语体文接近的口语有不同，文章必以古雅为高。但这仅是一面的看法，如果认清文章要与语言相近的话，自然发现古代的文章除了虚字语词与今语声音有异外，在句法上仍然是说话的语法，设若舍语言而谈文法是错误的。因为语言上的习惯用法就是文法，合乎语言，即合乎文法了。现在的语言都是由周秦传下来的，语言虽与古代不同，语句的排列方式（syntax）尚无大变，如《尚书》及金文之一部分，都不若后世文字之清畅易晓，此乃事所必然，固可不论；然而自春秋时代以后的文章就清楚多了。即如《论语》一书，去今虽已两千余年，今日读来依然可晓，就因为它是根据当时的鲁语写下来的，不但语词次第严整，就是语言中的语助词也都一一写出，几乎等于说话。足见要与语言相附丽，才能使人明白。

可是历代的文格，颇有变易，有人喜欢取法乎上，学习汉魏的文章，本亦无妨；不过要有所抉择。汉人的文章其艰深者固多，而平浅的也有。文章以达意为主，无贵乎艰深，如《汉书·文帝纪》所载诏书有云：

> 道民之路，在于务本。朕亲率天下农，十年于今，而野不加辟，岁一不
> 登，民有饥色，是从事焉尚寡，而吏未加务也。吾诏书数下，岁劝民种树，而
> 功未兴，是吏奉吾诏不勤，而劝民不明也。且吾农民甚苦，而吏莫之省，将
> 何以劝焉？其赐农民今年租税之半。

又《刑法志》载文帝除肉刑诏云：

> 盖闻有虞氏之时，画衣冠异章服以为戮，而民弗犯，何治之至也！今法
> 有肉刑三，而奸不止，其咎安在？非乃朕德之薄而教不明与！吾甚自愧。
> 故夫训道不纯而愚民陷焉。《诗》曰："恺弟君子，民之父母。"今人有过，教
> 未施而刑已加焉；或欲改行为善，而道无繇至；朕甚怜之。夫刑至断支体，
> 刻肌肤，终身不息，何其刑之痛而不德也！岂称为民父母之意哉？其除肉
> 刑，有以易之。

这都是第一等明快的文章。所以刘熙载《艺概》中说:"两汉文之最不可及者,文帝之诏书也。《周书·吕刑》论者以为哀矜恻怛,犹可想见三代忠厚之遗意。然彼文至而实不至,孰若文帝之情至而文生耶?"然而刘氏所谓情至而文生者,即语无不真,倾肺腑以出之,而写成的文句即是语言,自然美妙。古人说"修辞立其诚",又说"辞达而已矣"。其意未始不如是。

然而齐梁以后骈偶的文章盛行,在文体上诚然是一种大变动。可是名家于讲求声律格调之外,仍然注意笔致的流畅。下至隋唐,作四六文的人便滥用古人成语,广引故事,以炫其博学了。以致文章与语言隔离,不但叙事不明,而且了无生气。因此直至韩愈倡导复古运动,才逐渐将积习加以扫除。所谓复古,是恢复了古人作文章的方法,并非剽袭古人的词句,而摹其形貌。由此文章又走上明畅的途径。韩愈《答李翊书》论文云:

> 气,水也。言,浮物也。水大而物之浮者大小毕浮。气之与言犹是也,气盛则言之短长与声之高下者皆宜。

他所说的"气",就是气势的气;"言"就是心中有所欲言的言。而语言之发,皆由气呼造作而成,那就是"气"以载"言"了。且凡人之说话自有一贯的辞气,辞气盛,则言亦盛;辞气顺,则言亦顺。然则为文必与辞气相应,是很明显的事情。以往古文家尽管心知其意,然始终没有说明白。宋代的古文家欧、苏固是能手,也是积渐修养而成的。其功力之深,可以"纡徐委备,往复百折,而条达疏畅,无所间断";可以"容与闲易,无艰难劳苦之态"(苏洵《上欧阳内翰书》)。这是由读韩文久,而悟到文章与语言关系所致。

在此并非有意标榜唐宋八家,实在是八家足以代表能依照古人"文"与"言"一贯的方法来作文的。文章里吸收很多当时的词语和新的语法形式。所以自明末茅鹿门、唐荆川以迄清代桐城派的文家,都特重八家,也绝非无故。至于明代李梦阳之复古,为文有如伐木凿石,徒供后人所笑而已。往者章太炎先生早年为文,颇喜摹效秦汉以上文字,文多古字,语多简奥,但是晚年论文,仍以为初学当从八家入手。且其自作如《章氏丛书续编》所收的文章,也都一改故常,变为冲淡雅正了。足见章先生充然有得,从经验中体察出文章的正轨来,是暗与理合的。如此来说,历史上的文格虽变,而文章之美恶在修整之外,首先要看是否与语言相应了。凡与语言不相应的,多半不足为法。

　　总之,无论作何种文体的文章,流利畅达,有如说话,是第一要义。滞塞生硬,不合语言习惯的,都是不相宜的。

原载《申报》(上海)1948 年 1 月 17 日

中国古代诗歌的比兴和想象

中国古代诗歌极为丰富,从《诗经》《楚辞》以后,不同时代的民歌和五言、七言、古诗、律诗以及词曲等等,从内容到形式都是丰富多彩的。这跟民族历史的悠久,语言、文化以及社会经济各方面的发展是密切相关的。

这些古代的宝贵的文学遗产表现出人民的高度智慧和才能。诗歌、艺术、音乐、舞蹈都起自民间,人民在劳动生产过程中创造出优美的文学作品,文人承袭了优秀的传统而又有所创造、发展。从古代诗歌中,我们可以得到不同历史时期的关于政治经济、社会生活、文化艺术各方面的知识。

从诗歌本身做为文学的一种独特的形式来说,既有不同的格调、音律和句式,而又在艺术表达上要求精练、美妙,具有感染力,"使味之者无极,闻之者动心"(钟嵘《诗品》),所以作家在表达思想情感方面就应用了种种不同的艺术表现手法,给人以鲜明的印象。不同的作品给人的观感也就不同,有的兴会飙举,有的沉郁深挚,有的清新宛转,有的淋漓尽致,命意遣辞,各有所能。从观察事物的敏锐、描绘情状的精巧、想象的丰富深刻来说,值得我们借鉴的地方很多。为了取得借鉴,我们自然要取其精华,弃其糟粕,这是无庸多说的。

前人论诗、论词的"诗话、词话"虽多,但是专从某一方面或者某一角度进行综合探索,阐发一个问题的不多,大都零散,不成系统。现在只就古代诗歌中的比兴和想象举一些例子作为讨论的资料,说明古代诗人怎样因受外界事物的感发以表现内心活动的境界。这不单纯是一个修辞上的问题,而且是一个文学上的理论问题。

比兴始见于《毛诗》大序。《诗》有六义:风、赋、比、兴、雅、颂。《周礼·大师》郑众注认为"比方于物曰比,托事于物曰兴"。"兴"就是兴起的意思,"比"就是以彼方此的意思。

梁刘勰《文心雕龙·比兴》篇说:"比者,附也;兴者,起也。附理者切类以指事,起情者依微以拟议。起情故兴体以立,附理故比例以生。比则蓄愤以斥言,兴则环譬以托讽。"又说:"兴之托谕,婉而成章,称名也小,取类也大。"他认为"比显而兴隐",比是以事物相比附,兴是借物以讽喻。这是受了《毛诗》小序的影响,以为《诗经》每章都有微言大义,开头的话都是一种有所托喻之辞。其实并非如此。古今民歌起句往往就眼前所见外物而兴咏,不存在什么深义,例如《诗经·王风·黍离》:

> 彼黍离离,彼稷之苗。行迈靡靡,中心摇摇。知我者谓我心忧,不知我者谓我何求。悠悠苍天,此何人哉!

我们不能说开头两句有托讽的意味。但是唐人却受刘勰的影响,把"比兴"指为诗有讽喻,这是不恰当的(杜甫如此,白居易、元稹更是如此)。"比、兴"合为一个词,比与兴的意义就有了改变。

我们认为比是以事物相比,用来说明作者自己的认识和思想感情的。兴是言别的事物引起自己要说的话。两者都是诗歌方面表现的方法。王应麟《困学纪闻》引李仲蒙释比兴义称:"索物以托情谓之比,情附物也;触物以起情谓之兴,物动情也。"这说明无论是比,还是兴,表现在诗人的作品中都与外界的事物相联系,而诗人内心的联想和想象都是以外界的事物为基础的。

比兴在古代诗歌里应用很广泛。就兴来说,主要有三种情形:

(1)因物而兴感,如:

> 谢灵运《登池上楼》:"初景革绪风,新阳改故阴。池塘生春草,园柳变鸣禽。祁祁伤豳歌,萋萋感楚吟。索居易永久,离群难处心。"
>
> 宋之问《题大庾岭北驿》:"阳月南飞雁,传闻至此回。我行殊未已,何日复归来?"
>
> 杜甫《月夜忆舍弟》:"戍鼓断人行,边秋一雁声。露从今夜白,月是故乡明。有弟皆分散,无家问死生!"

(2)借物以抒情,如:

> 杜甫《春望》:"国破山河在,城春草木深。感时花溅泪,恨别鸟惊心。"
>
> 刘禹锡《竹枝词》:"瞿塘嘈嘈十二滩,人言道路古来难。长恨人心不如水,等闲平地起波澜。"
>
> 周邦彦《点绛唇》:"今日原头,黄叶飞成阵。知人闷,故来相趁,共结临歧恨。"
>
> 秦观《踏莎行》:"驿寄梅花,鱼传尺素,砌成此恨无重数。郴江幸自绕郴山,为谁流下潇湘去?"

(3)怀古而兴叹,如:

许浑《金陵怀古》:"英雄一去豪华尽,惟有青山似洛中。"

杜牧《登乐游原》:"长空澹澹孤鸟没,万古销沉向此中。看取汉家何事业,五陵无树起秋风。"

韦庄《台城》:"江雨霏霏江草齐,六朝如梦鸟空啼。无情最是台城柳,依旧烟笼十里堤。"

就比来说,诗歌中有种种比方。《文心雕龙·比兴》篇曾说:"比之为义,取类不常。或喻于声,或方于貌,或拟于心,或譬于事。"刘勰所说的"心"也就是情感。比的应用见于诗歌的可以列为以下几项:

(1)以物比物的颜色或形状,如:

岑参《白雪歌送武判官归京》:"北风卷地白草折,胡天八月即飞雪。忽如一夜春风来,千树万树梨花开。"

贺知章《咏柳》:"碧玉妆成一树高,万条垂下绿丝绦。不知细叶谁裁出,二月春风似剪刀。"

柳宗元《柳州城西北隅种甘树》:"几岁开花闻喷雪,何人摘实见垂珠?"

苏轼《浣溪沙》:"雨脚半收檐断线,雪林初下瓦疏珠。归来冰颗乱粘须。"

(2)以事物比声音,如:

白居易《琵琶行》:"大弦嘈嘈如急雨,小弦切切如私语。嘈嘈切切错杂弹,大珠小珠落玉盘。间关莺语花底滑,幽咽泉流冰下难……银瓶乍破水浆迸,铁骑突出刀枪鸣。曲终收拨当心画,四弦一声如裂帛。"

(3)以物比事,如:

屈原《离骚》:"何方圆之能周兮,夫孰异道而相安?"

杜甫《旅夜书怀》:"飘飘何所似? 天地一沙鸥。"

韦应物《淮上喜会梁川故人》:"江汉曾为客,相逢每醉还。浮云一别后,流水十年间。"

王昌龄《芙蓉楼送辛渐》:"洛阳亲友如相问,一片冰心在玉壶。"

苏轼《水龙吟》:"晓来雨过,遗踪何在,一池萍碎。春色三分,二分尘土,一分流水。"

（4）借事物以喻情感，如：

杜甫《喜达行在所》："西忆岐阳信，无人遂却回。眼穿当落日，心死著寒灰。"

刘禹锡《酬乐天扬州初逢席上见赠》："巴山楚水凄凉地，二十三年弃置身。怀旧空吟闻笛赋，到乡翻似烂柯人。"

欧阳修《踏莎行》："候馆梅残，溪桥柳细。草薰风暖摇征辔。离愁渐远渐无穷，迢迢不断如春水。"

贺铸《青玉案》："若问闲愁都几许，一川烟草，满城风絮，梅子黄时雨。"

周邦彦《玉楼春》："烟中列岫青无数，雁背夕阳红欲暮。人如风后入江云，情似雨余粘地絮。"

（5）以物比拟作人，如：

杜甫《宿府》："永夜角声悲自语，中天月色好谁看。"

李白《劳劳亭》："天下伤心处，劳劳送客亭。春风知别苦，不遣柳条青。"

白居易《三月二十八日赠周判官》："一春惆怅残三日，醉问周郎忆得无？柳絮送人莺劝酒，去年今日别东都。"

贺铸《踏莎行》："急雨收春，斜风约水。浮红涨绿鱼文起。年年游子惜余春，春归不解招游子。"

（6）比衬以见意，如：

刘皂（一说贾岛）《旅次朔方》："客舍并州已（数）十霜，归心日夜忆咸阳。无端又渡桑干水，却望并州似故乡。"

司空曙《喜外弟卢纶见宿》："静夜四无邻，荒居旧业贫。雨中黄叶树，灯下白头人。"

陆游《宿武连县驿》："宦情薄似秋蝉翼，乡思多于春茧丝。"

又《烧香》："千里一身凫泛泛，十年万事海茫茫。"

（7）正比，如：

白居易《忆江南》："江南好，风景旧曾谙。日出江花红胜火，春来江水绿如蓝，能不忆江南？"

杜牧《山行》："远上寒山石径斜，白云生处有人家。停车坐爱枫林晚，霜叶红于二月花。"

（8）反比，如：

《诗经·邶风·柏舟》："我心匪石，不可转也；我心匪席，不可卷也。威仪棣棣，不可选也。"

《楚辞·九歌·湘君》："桂櫂兮兰枻，斲冰兮积雪。采薜荔兮水中，搴芙蓉兮木末。心不同兮媒劳，恩不甚兮轻绝。"

至于想象则超脱于比兴，扩展于现实，而出之于联想或虚构。姑举两种情况为例：

（1）想象出于推测和联想，如：

杜甫《月夜》："今夜鄜州月，闺中只独看。遥怜小儿女，未解忆长安。香雾云鬟湿，清辉玉臂寒。何时倚虚幌，双照泪痕干？"

李商隐《无题》："晓镜但愁云鬟改，夜吟应觉月光寒。"

又《筹笔驿》（在四川广元县北）："猿鸟犹疑畏简书，风云长为护储胥。徒令上将挥神笔，终见降王走传车。"

韩翃《送客水路归陕》："相风竿影晓来斜，渭水东流去不赊。枕上未醒秦地酒，舟前已见陕人家。春桥杨柳应齐叶，古县棠梨也作花。好是吾贤佳赏地，行逢三月会连沙。"

又《送孙革及第归江南》："过淮芳草歇，千里又东归。野水吴山出，家林越鸟飞。荷香随去棹，梅雨点行衣。无数沧洲客，如君达者稀。"

陆游《秋思》："中原形胜关河在，列圣忧勤德泽深。遥想遗民垂泣处，大梁城阙又秋砧。"

（2）想象源于神话，如：

杜甫《祠南夕望》："山鬼迷春竹，湘娥倚暮花。"

李贺《李凭箜篌引》："女娲炼石补天处，石破天惊逗秋雨。"

苏轼《渔家傲》："公驾飞车凌彩雾，红鸾骖乘青鸾驭。却讶此洲名白鹭，非吾侣，翩然欲下还飞去。"

想象的产生必然跟外物的引发有联系，脱离外物就无从构成想象。物质是第一性的，思维是第二性的。兴是因外物以引起所咏之词，比是因此物、此事而联想到其他相似的事物以相比拟，想象则就感官所接触的事物或情景根据时间地点进一步设喻、推想,以至于虚构。这些都不能脱离形象而构思,例如张若虚《春江花月夜》形容月光"空里流霜不觉飞,汀上白沙看不见",姜夔《踏莎行》"淮南皓月冷千山,冥冥归去无人管",都能因物以拟景,即景以抒情。李白《梦游天姥吟留别》写梦中所见更极尽驰骋想象之能事,但不能不借助于自然的景物。

就比来说,也是想象的一方面。不过比喻总以近似为主,有时转入夸饰;想象可以超出现实,而转入一个新的境界,有时则不免以物拟人。这又是两种不同的修辞方法。诗人的联想力强,想象力也特别丰富。他们善于观察事物,体会物情,而又具有真挚深厚的感情,所以能把所见、所闻、所想的情节意境以及个人的感受和意愿,用优美的文辞,经过陶冶熔铸以出之。在艺术的技巧上,用比喻、夸饰、渲染、烘托等等手法以增强作品的感染力。所以好的作品历久仍为人所传诵。

宋人严羽《沧浪诗话》论诗主"妙晤",称盛唐诗如羚羊挂角,如镜中花、水中月,无迹可求。清人王士祯《渔洋诗话》又标榜"神韵",只从个人感受出发,而未能触及根本。近代王静安《人间词话》又标举"境界"一词,指出情景交融,合乎自然,方为上乘。然则物象是情景交融的依据,一切比兴、想象都以外界事物为基础,而诗人独能善假于物,因物而构成联想,自联想而形成种种想象。王静安指出"虽如何虚构之境,其材料必求之于自然"。这话是对的。

1978 年 9 月

原载日本京都大学《中国文学报》第 36 册,1985 年

释古代文学评论中的文气说

"气"字是中国古代文学评论中常用的名词,或单称,或与其他的字组合在一起成为一个复合词,如"气骨、气质、气韵"等。这些词见于古代文论中的非常之多,但涵义颇不一致。大体来说有四种说法:

最早倡文气说的是三国时魏的曹丕,曹丕在《典论·论文》里说:"文以气为主,气之清浊有体,不可力强而致。"这里的"气"是指才性或气质而言。曹丕在《与吴质书》里说"徐干时有齐气","公干(刘桢)有逸气,但未遒耳",都论的是才性的刚柔。曹丕有时又把"体"与"气"并言,如称"孔融体气高妙,有过人者","仲宣独自善于辞赋,惜其体弱,不足起其文","体"即谓身体。气质的刚柔正与身体的强弱有关,所以"体"与"气"并举。

论人的体性有刚柔,气质有清浊,为东汉时期品评人物所习用,如《后汉书》卷五十三称:"(袁)奉高之器,譬之泛滥,虽清而易挹;(黄)叔度汪汪若千顷陂,澄之不清,淆之不浊,不可量也。"又《许劭传》称:"太丘(陈寔)道广,广则难周;仲举(陈蕃)性峻,峻则少通。"所谓"道广、性峻"的品藻跟《典论·论文》说"应玚和而不壮,刘桢壮而不密"是一类的。曹丕以气质才性论文即是受东汉就人之心性品评人物的风气而来。因为文学是一己心性的表现,各有其风格气骨,所以说"文以气为主,气之清浊有体,不可力强而致"。后来梁刘勰《文心雕龙·体性》篇中论气有刚柔,也是同样的意思。这是文与气最早的一种说法。

第二种说法是辞气说。《论语·泰伯》曾子说:"出辞气,斯远鄙倍矣。""辞气"或称"气调",北齐颜之推《颜氏家训·文章》篇说:"文章当以理致为心肾,气调为筋骨,事义为皮肤,华丽为冠冕。""辞气"也指"辞调"而言,就是语气和格调的意思。这是第二种说法。

然而自唐宋以后文家言气,则又是"心平气和"之"气"。"气"是心气、气势的意思,刘勰《文心雕龙·才略》篇说"气形于言",宋苏辙《上韩太尉书》说"文者,气之所形",都指心气而言。唐代韩愈《答李翊书》说:"气盛,则言之短长与声之高下皆宜。"柳宗元《答韦中立论师道书》说:"吾每为文章,未尝敢以轻心掉之……未尝敢以怠心易之……未尝敢以昏气出之……未尝敢以矜气作之。"

李翱《答王载言书》说:"义深则意远,意远则理辩,理辩则气直,气直则辞盛,辞盛则文工。"杜牧《答庄充书》说:"凡为文以意为主,以气为辅,以辞采章句为之兵卫。"这些所谓"气"都是心气之气。汉扬雄在《法言》里曾说"言,心声也"。在人之未言,先有意思;意思组织既成,而后以言辞表达之;表达言辞的时候,又因情感之不同而生出不同的气势。韩愈所说"气盛",气即气势的意思。在文章上来说,或谓之"笔势",清代刘大櫆《论文偶记》里说:"神者气之主,气者神之用⋯⋯行文之道,神为主,气辅之。"神,就是意思上优越的精神;气,就是表达此精神的笔势。因此,他又说:"论气,不论势,不备。"而姚鼐《与陈硕士书》也说:"欲得笔势痛快,一在力学古人,一在涵养胸趣,夫心静则气自生矣。"可见古文辞家笔下的"气"与"势"是相关的。

他们作文章既讲气盛,同时也要求"心平而气醇"(见韩愈《答尉迟生书》)。欲求气醇,又在于平日有修养,所以又提倡"养气"。《孟子》说"我善养吾浩然之气"(《公孙丑上》),这是讲对外知言、对内集义的修养工夫。而为文首要积理,积理久则气盛。因此作文也要同做人一样,须要有平日的修养。苏辙《上韩太尉书》说:"文者,气之所形。然文不可学而能,气可养而致。"明宋濂《文原》下说"为文必在养气"。清魏际瑞《伯子论文》说:"诗文不外情事景,而三者情为本。然置顿不得法,则情为章句所暧,尤贵善养吾气,故无窘窒懈累之病。"这都是提出为文必须养气的。有了养气的工夫,则"气盛者,其文畅以肆;气舒者,其文殊以达"(清邵长蘅《与魏叔子论文书》语)。文章自然如行云流水,行其所当行,止其所当止,无适而不可。

不过,"养气"的方法是什么?元陈绎曾《文说》略有解释,他说:"养气之法,宜澄心静虑,以此景、此事、此人、此物默存于胸中,使之融化与吾心为一,则此气油然自生;当有乐处,文思自然流动,充满而不可遏矣。切不可作气,气不能养而作之,则昏而不可用,所出之言,皆浮辞客气,非文也。"所说即是积理存养的工夫,由《孟子》养气说而出。以上所说的气是第三种说法。

另外,前代的文家又有以"气"指气象或风格而言的,如宋周必大《宋文鉴序》说:"文之盛衰主乎气,辞之工拙存乎理。"此所谓"气",就是气象的意思。至于《旧唐书·韩愈传》所说"迁、雄(司马迁、扬雄)之气格",就是风格的意思。风格之美者必有超逸的趣致,所以又有"气味"或"气韵"之名,如姚鼐《古文辞类纂序》说:"神理气味,文之精也;格律声色,文之粗也。然苟舍其粗,则精者亦胡以寓焉?"方东树《昭昧詹言》说:"读古人诗须观其气韵⋯⋯如对名花,其可爱处,必在形色之外。"又说:"气者,气味也;韵者,态度风致也。"这都是指文章的"总相"的,是气字的第四种说法。

据上可知古代文学评论中习用的"气"字,其意义大体有此四种。这四种意义是随时代而有转变的。

就此四义来看,也有其相互的关系。因为论文章的优劣异同,首先要从内容和体制来看。不同的文章又有不同的风格。风格之构成,有天资和学力两方面,天资包括作者的情性和才气,学力包括作者的所学和所习。由辞理足以见其才之庸俊,由风骨足以见其气之刚柔,由事义足以见其学之浅深,由体制足以见其习之雅郑。所以"气"可以统指其气象及风格,可以单指其气质,或文章的辞气和气势。"气"是一个笼统的名词,所论不出精神、志意、才情、言辞、神韵各方面。

就用此字的时代来讲,第一种说法始于魏,第二种说法始于六朝,第三种说法始于唐,第四种说法始于宋。魏曹丕首以汉人论人之才性者论文,实开文学评论之先声。其后刘勰承接晋宋以来的文艺理论而作《文心雕龙》,于是有《养气》《体性》《定势》《风骨》各篇。到唐代的韩愈想扫除六朝文体靡敝之风,乃又倡气盛的说法。到宋代以后又承唐人之说以理学的观点盛言养气,主张文章要有气韵。这些文气说转变的原由是很清楚的。

　　　　　　　　　　　　　　　　　　　　　　　1947 年 6 月

写作与修辞

文章写出来是给别人看的,一方面要叫别人看得懂,另一方面要叫别人看了有清楚的印象,首先自己要立意明确,即:写作的目的是什么,想要达到什么效果,起到什么作用。有了主旨,然后动笔才能围绕着主旨有顺序地展开。

在机关工作的人经常要写一些请示、报告、总结、报道、通知等等的文字,要说明一桩事情的缘由、经过、目前状况,并提出某种问题,制订出某些措施,或陈述有哪些经验,都很具体,这与一般文学作品不同,不需要渲染烘托,也不需要绚丽的辞藻,首要的要求是要条理清楚。要做到条理清楚,必然要思想明确,思想明确,才能理顺条理,知道先说什么,后说什么。所以在着笔之前要思考写作的内容,分别主次先后,安排好顺序,这样做才能有比较好的成效。这就是写作时必须要考虑的。

其次,文章因其使用的方面有不同,而体制也不一样,用词也略有差异,如请示与通知不同,报告与报道不同,各有内容,各有所用,写法不同,因此又牵涉到怎样写才合体的问题。这要看写者与接受者或读者之间的关系而定,不同的关系自然措词也不一样。如此说来,在条理清楚之外,还要写的得体允当,符合客观的实际需要。文辞要平实确切,意思显豁,说理明晰,符合事实,不能有依违两可、含混不清的地方。

就修辞方面来说,最基本的要求是写得清畅流利,逻辑上没有语病,用词妥帖,合乎语法。至于如何锤炼词句,应用什么技巧使表达的意思更加深刻生动而且富有感染力,那是进一步的要求。但不是以字面华丽取胜,也不是以堆砌辞藻取胜。一般讲修辞学方面的书对积极修辞都讲得很细,如在命义方面,有比喻、夸张、对比、拟人等方法;在句式方面,有对偶、排比、重复、变换等方式。在这里不去申说,只就修辞的基本要求,略作说明。

修辞的基本要求,从运用语言的角度来说,可从两方面来看:一是用词妥帖恰当,二是句法合乎语言习惯。

梁代刘勰《文心雕龙·章句》篇说:"夫人之立言,因字而生句,积句而成章,积章而成篇,篇之彪炳,章无疵也;章之明靡,句无玷也;句之清英,字不妄也。振本而末从,知一而万毕矣。"所谓"彪炳",指文采焕发;所谓"明靡"指文辞清畅;所谓"精英",指用词精当。句之根本在词。所以用词妥帖恰当是写作的根本要求。词用得不妥当正确,会影响文句的意思,使人发生误解。要做到词符合自己的意思,能表达明确,须要注意以下几点:

(1)首先要正确理解词义和成语的含义,例如"开展"指活动而言,"展开"则对场面、前景之类而言。"负担"一词跟"担负"义近,但"负担"是名词,指承担的事物,"担负"就是承担任务、责任的意思,是动词。这些都不能相混。又如"故步自封","故"是旧的、原来的,"故"不能写作"固"。"前仆后继"也写作"前赴后继",两者意义不同,"仆"是向前倒下的意思,"赴"是向前去的意思,这都要分辨。

(2)区别义近词。汉语里有很多义近词,在意义上的轻重有不同,例如"明显"与"显著"、"指责"与"斥责"、"勇敢"与"英勇"、"阻止"与"制止",前者跟后者意义相近而轻重有异。又如"时代"与"时期"所代表的时间的长短不同,"时期"可以表示一段的时间。又如"集录"和"辑录"字面不同,意思也不同。

(3)注意词的色彩和意义的褒贬,例如"坚强、顽强、顽固"三者,"坚强"是褒义,"顽固"是贬义,"顽强"则属中性。又如"成果、结果、后果"三者,"成果"是褒义,"后果"属于贬义,"结果"则属中性。

(4)注意词与词的配合,例如"改正错误、改进工作、应用原理、使用工具、利用人"等各有用法,不能疏忽。

(5)注意词在应用上具有的不同的风格和文言词语的应用,如"公布"不如"颁布"庄严,"颁布"大都对重要命令或法规而言。又如"光辉"跟"辉煌"不同,我们可以说"光辉的业绩"而不大说"光辉的战果",说战果通常说"伟大",说"辉煌"。又公文或信件中有一些常用的词语,如"感荷、为荷、亮察、鉴亮、承蒙、批复、以此为准、一切事宜"等等都用各有当,在一般作品中不用。

(6)注意字词的规范。汉语的双音词的写法跟词义是相联系的,我们不能随便写,例如"刻苦"不能写作"克苦","糜烂"不能写作"靡烂","艰苦卓绝"不能写作"坚苦卓绝","要言不烦"不能写作"要言不繁"。这些似乎是小事,实际也是对词义的理解问题,应当注意。

说到句法方面怎样才符合习惯,主要须注意以下几点:

(1)结构完整。句子的完整是很重要的。经常看到的病句,在上下文之内,缺落主语;或一句之内有两个不同的宾语,其中有一个宾语没有相应的介词或动词。

（2）搭配得当。主要是动词与宾语、动词与补语的搭配要得当，如说"衡量轻重、估计大小、说得清楚、考虑得很周密"，这些都配合得比较得当。把"大小"放在"衡量"后，把"轻重"放在"估计"后，把"周密"放在"说得"后就不符合习惯了。

（3）关系明确。在文章中关系不明确的地方主要出现在前后词语的关联上，例如这样的一句话："改革的主要目的是为进一步发展生产力，提高企业经营活动的经济效益创造条件。"这里"发展生产力"是目的之一，"提高企业经营活动的经济效益"又是另一个目的，句中"提高"前应当有一"为"字，同上面的"为进一步"的"为"字并列才对，否则就把两项目的混合为一了。

（4）虚词要用对。虚词是连接实词，表示种种不同关系的必要造句成分，所以在写作中不能不注意虚词的运用，特别是在偏正复合句里连词要用对。

以上所说是有关遣词造句的基本要求，也是属于修辞上的内容。写作要达到清畅流利，没有语病，就要在这些方面用心。同时在阅读别人好的文章里仔细体会，吸收营养，日久也就会写得很好。

1982 年 3 月

语言与文学

"语言与文学"，多么大的题目！而内容很简单。首先说明我为什么要讲这些东西。我们研究文学，特别是中国古典文学作品，比较容易，领会也容易。而语言呢，范围太广，有西洋的外国的语言学的理论；中国也有一套古代传留下来的关于语言的各个方面的知识，从文字，到音韵，到训诂，很多很多。如何应用语言的知识在文学的学习方面，也是个问题。因为学习语言太枯燥，特别是音韵，更觉得难，不容易领会。所以我现在就想谈谈这个问题，就是要使各位先生能够理解语言跟文学之间的关系非常密切。要把文学学好，语言还是很重要的。我的宗旨就是这个。

大家都知道，汉语是一个字一个音节的，结构很简单，就是有一个声母，还有一个韵母，把声母跟韵母一起拼，就成为一个音。另外还有声调；这是一般语言没有的。声调的来源很早。它能区别字义，不同的语词，它的声跟韵一样，说的是一个音，可加上调子就不一样了，就区分开了。从古如此。在应用文字上，一个字就是一个音节，有一个意思。最早都是单音节的语词，到后来慢慢地发展了，就把意义相同的两个单音词摆在一块儿成为双音词，比如"道路"，"道"就是"路"，"路"就是"道"。后来又发现，还可以有别的组合方法，就是用前边的修饰后边的。这样可以构成许多双音词，表意就容易了，语言也向前发展了，比如《古诗十九首》里"胡马依北风，越鸟巢南枝"一联，"胡马"跟"越鸟"对起来了，"依北风"和"巢南枝"又对起来了，构成对偶。汉语的音节在发展，可以有双声，比如"宽阔"，"宽、阔"声母一样。还有"零落"，声母一样，"踟蹰、铿锵"，都是声母一样。另外还有叠韵，比如"朦胧、苍茫、徘徊、殷勤"，都是韵母一样，这就是叠韵。还有重言，就是两个相同的字重叠在一起，比如"白云苒苒"，苒苒，形容云彩慢慢移动的样子。还有"萧萧暮雨"的"萧萧"、"悠悠岁月"的"悠悠"，都是重言。利用这种办法又产生了很多语词，语词就丰富起来了。我们可以看到这个特点是在什么地方，就是声音的结构比较简单，而利用声调的关系来组词；而且用声调来分别词语。应用到文学上，就在声调方面产生了韵语。韵语就是韵母一样，产生押韵。在这个方面，很多文学作品从六朝以后特别注意,比如骈体文。

现在举个例子,就是丘迟的《与陈伯之书》:"暮春三月,江南草长。杂花生树,群莺乱飞。见故国之旗鼓,感生平于畴日。抚弦登陴,岂不怆悢!"这么几句话,写景也写情,情景交融的,并且很美,是名篇。"暮春三月,江南草长"是平声;"杂花生树,群莺乱飞",平声;"月"跟"长"呢,是一仄一平。"杂花生树"是仄声,"群莺乱飞"是平声。原来陈伯之本来在梁朝做将军,后来他投降了鲜卑族的北魏,到了北边。丘迟写这封信,让他回到梁朝来,所以"见故国之旗鼓",是指梁朝。"感生平于畴日",一定想到昔日在南方的那些情景。"抚弦登陴",拿着弓弦,登到城头上,小的城头,矮的;"岂不怆悢",心里不难过吗?这个"陴"字、"悢"字呢,正好也是一仄一平。于是,语音的特点,在这么短的几个句子里就表现出来了。所以古典文学里边的诗啊、词啊,就是散文里边的骈体文,都是这样平仄对称起来的。这是汉语的一个特点,平仄高低不一样,有起伏,有音乐性。过去小孩儿拿毛笔描红,有这样四句话:"一去二三里,烟村四五家。亭台六七座,八九十技花。"这是五言律诗。仄仄平平仄,平平仄仄平。平平平仄仄,仄仄仄平平。"家"和"花"押韵,平声,"里"跟"座"是仄声。这里边有一个不合适,就是"六"字,这个地方应当是平声,可它也将就了,不算为病。小孩儿从小的时候,就写这个,读这个,对平仄、押韵,他就领会得一些。我小时候写过这个,所以我张口就来"一去二三里,烟村四五家"啊。很小的时候就可以对于平仄理解得多一点儿。这对于后来学习古代的文学,就有方便。叠韵我以杜甫为例。杜甫对叠韵,很着重讲,"晚来渐于诗律细",晚年渐渐地对于诗律,越来越考究了,考究得细。《咏怀古迹》:"蓬莱宫阙对南山,承露金茎霄汉间。西望瑶池降王母,东来紫气满函关。云移雉尾开宫扇,日绕龙鳞识圣颜。一卧沧江归(或作:惊)岁晚,几回青琐点朝班。"诗人写的是自己心中所感。他现在在西蜀,因为辗转来到西蜀,所以想到长安,当年,自己作左拾遗时那般盛景;今天呢,却"一卧沧江"归去了。"蓬莱宫阙对南山",描写长安宫殿的宏伟。唐朝的宫殿,都是坐北朝南,对着终南山。"承露金茎霄江间",是皇帝想长生不老,于是在高高的地方摆了一个盘子,承接从天上降下的露水,以为喝了它之后,就可以长生不死。"西望",西向。"西望瑶池降王母",就是长安的西边,青海那边的昆仑,西王母是想象里虚构的。"东来紫气满函关","函关"就是函谷关;"紫气",在这儿代表天宫里云彩下的有香味的气。在想象里,诗人是能看见皇帝的。"云移雉尾开宫扇",宫女举着一把又大又圆、用羽毛做成的扇子。"日绕龙鳞识圣颜",宫殿里有柱子,柱子上雕刻着的云龙,太阳照着,所以"日绕云龙";"识圣颜"就是看见皇帝了。这里边,"云移"是双声,"雉尾"是叠韵。雉,古人不念(zhi),而跟"尾"(wei)的音一样,"雉、尾"叠韵。"开宫扇","开宫",一个是吐气的"开",一个是不吐气的"宫","开、宫"都属于押韵。"绕"是三十六字母里的日母,"龙、鳞"都是来母。"识、圣",都是审母,"识(shi)、圣(sheng)"双声。上边的"开宫"实际上也是双声。你看,它在这个地方声音是多么细密啊!"一卧沧江","沧江"是叠韵;"青琐","青、琐"都是齿音。前边"沧江",后边"青琐",就是双声了。双声本来要求很严格,就是来母叠韵对来母。"开宫扇",就用的是同属押韵的,也就成为一个名句。"晚来渐于诗律细",老先生在这儿是用心了的。

　　再谈成语与四声的关系。"江山易改,禀性难移",是成语,指人的性情已经定型了,很难改变,而江山还会动换呢。有人认为"江山易移,禀性难改"才对,因为,水道可以改变,这山上那边去了,难道不是"江山易移而禀性难改"吗? 可是汉语有这特点,它就不愿意那样说。为什么呢? "易改"是仄声,"江山"是平声;"禀性"是仄声,"难移"是平声;它是完全对起来的。"江山"对"禀性"是平仄,"易改"对"难移"是仄平,所以倒过来"江山易移"就不行了,"禀性难改",就拆乱了。同样的,"山青水秀",水怎么秀呢? 应当"山秀",山的景色秀丽;"青"是水青,水很清澈、好看。"山青"是平声,"水秀"是仄声;跟"江山易改,禀性难移"是一样的。

　　像这种例子在成语里很多,比如"山光水色","光、色",一平一仄,"山光"是平声,"水色"是仄声。比方"三心二意、三言两语",这"二"跟"两"不是一样吗? 都指的是两个。能不能说"三心两意、三言二语"呢? 不行! 因为"二意"都是仄声,"三心"都是平声;"两语"都是仄声,"三言"又就是平声:前面两个字是平声,后边两个字是仄声。调换一下,就不合适了。一般语词,里边也有四声的关系,特别是两个单字合在一起。

　　我们说苏武跟李陵常叫"苏李",元稹跟白居易叫"元白",温庭筠跟李义山叫"温李"。"元白"为什么不说成"白元"呢? 就关系到声音的问题。头一个字是平声,后边是仄声。很多词都是这样。如果必须要照顾年代早晚,就不一样了。有相同的,比如说,"周孔、尧舜";有时候则不一样。如果词的头一个字不是平声而是仄声,怎么办呢? 那就把上声排在去入的前边,像"李杜",在中国古典文学的学习中,如果多运用一点儿语言学知识,可以解决一些问题,有助于我们更深入地理解原文的意思,特别是体味原文的意境,并进而获取一些美感。

这是作者 1993 年 9 月在奈良女子大学所做的学术报告,原载《文史知识》1998 年第 5 期

北魏的佛教与政治

在西晋灭亡以后,羯、氐、羌、鲜卑、匈奴诸族纷争的时期,北方佛教的中心在西凉和后赵。西凉因为接近西域,外国的沙门停留的较多,所以佛教最盛。后赵因为有佛图澄善以咒术宣扬佛法,所以佛教的信仰很普遍。

北魏的佛教是历史上最盛的一个时期,佛教的传布和西凉、后赵有关。当北魏最初建国朔北的时候,是不知道有佛教的。自太祖拓跋珪征服河北以后才开始和佛教接触,为了安抚被征服的人民,自然不得不注意他们的宗教信仰,所以用赵郡沙门法果作"道人统"来管摄僧人,并且担负敷导民俗的责任,这是北魏佛教最初的基础。等到太武帝太延五年(439)平定凉州以后,很多凉州沙门随着迁徙的士族来到国都平城宣扬佛法,于是相信佛教的人与日俱增,逐渐形成佛教鼎盛的局面。

太武帝太平真君七年到正平元年(446—451),虽然曾经一度毁弃佛法而崇信天师道教,但是结果反倒促成佛教势力的扩展。太武帝所以崇奉天师道,完全受了司徒崔浩的影响。崔浩是崇拜寇谦之天师道的,他随从太武帝出征参议军事,每建奇功,所以深得宠信,言无不从。他很想采取用夏变夷的办法:起用汉人,抵制胡人;提倡汉族文化,排斥外族文化,因此在政治上他主张推行儒家政治,在宗教上竭力反对佛教。太武帝毁灭佛法,实际就是他在主动。但是他这种行动自然招来异族的仇恨,尤其和太子晃屡有嫌隙。后来满门被诛,甚至于与崔氏有亲属关系的范阳卢氏、太原郭氏、河东柳氏几族也都连坐不能幸免。这是政治上种族之间的一次大屠杀。在宗教上统治者从此便一反崔浩之所为,罢黜天师道,而崇奉佛教。所以佛教复兴正是崔浩事件的一大反抗。太武帝死了以后,文成帝即位(452),立刻下诏恢复佛法,令旨一下,天下承风,从前毁去的佛寺很快地就修复起来了。

从这里我们可以看出来,在封建时代宗教和政治两方面的措施往往是结合在一起的,同时宗教的活动也必须借重政治的力量才能容易成功。道安曾经说过:"不依国主,则法事难立。"北魏的佛教由文成帝时起直到孝武帝时止,八十年之间(452—532),因为有统治阶级的竭力崇尚,所以成为佛教史上从来未有的黄金时代。

在这八十年间关系最大的有四个人,就是文成帝和文成后冯氏、宣武帝和宣武后胡氏。这四个人之中文成帝和宣武帝、冯后和胡后的许多作为前后都是非常相似的。他们都竭力提倡佛教,不但兴造佛寺,并且凿营石窟,几乎岁无虚日。文成帝曾于五级大寺为太祖以下五帝铸丈六释迦立像五尊,用赤金二万五千斤;又在平城西武州塞凿山开佛窟五所,镌建佛像,就是现在有名的云岗石窟。文成后冯氏的母家是笃信佛教的,兄冯熙曾自出资造寺72所,写《一切经》16部(见《魏书》卷八十三熙传)。冯氏在献文帝和孝文帝的初年先后辅政,也竭力提倡佛教,于是在平城兴建永宁寺和建明寺。永宁寺且有七级浮图,高三百余尺。在这时候佛教已经开始隆盛。当时平城的新旧寺宇将近一百所,僧尼达两千余人。等到孝文帝迁都洛阳以后,佛教的中心又由平城转到洛阳。后来经过宣武帝和胡后的推扬激荡,佛教便达到了极盛的时期(500—527)。宣武帝除了大兴土木在洛阳营建景明、永明、瑶光诸寺以外,并在洛阳南伊阙山为高祖文昭皇太后凿石窟二所,同时又在禁中亲讲经论,阐发教义,并延纳外国沙门,翻译佛典。像菩提流支(Bodhiruci)、勒那摩提(Ratnamati)等译出经论极多。《魏书·释老志》说:"上既崇之,下弥企尚。至延昌中(513—515),天下州郡僧尼寺,积有一万三千七百二十七所。"这应当到了极峰了,可是孝明帝的时候,佛寺续有增加。太后胡氏首先在洛阳城内起永宁寺,构九级浮图,亲率百官表基立刹;又为父追福起秦太上公寺,为母追福起秦太上君寺;迭兴土木,耗费无算。当时宦官,富倾王侯,随风扇拂,也大起尼寺。武泰元年(528)尔朱荣举兵向洛,在河阴杀死朝臣二千多人,死者家族又多半把住宅施舍为寺,因此仅仅洛阳一处城内城外就有寺一千三百六十七所(见《洛阳伽蓝记》),占夺民居三分之一以上,佛教之污滥已经达到不可收拾的地步了。这是文成帝下诏复佛的时候所料想不到的。

最初文成帝恢复佛法,固然是由崔浩事件激发出来的,同时统治者也想借此欺骗一般被统治的人民,使他们修行五戒,不为奸慝,甘心作为奴隶,所以复佛诏令有"助王政之禁律,益仁智之善性,排斥群邪,开演正觉"的一类话。至于一般饱受种族压迫和阶级压迫的人民在困顿难以为计的时候,也就毫不奇怪地接受了这种超现实的宗教信仰;而且崔浩被诛,酷受五刑,一般人以为正是不信佛法的报应(见《魏书·崔浩传》),僧徒更可借此以为宣传的口实,所以佛教在人民中间更容易流行。尤其太和以后赋税加重,正光以后徭役增多,人民在不堪为生的时候,一部分就出家去做僧尼,以求苟全。因为僧尼既没有纳税做工的负担,又可以得到公私的供养,所以僧尼大增。《魏书·释老志》说:"正光以后,天下多虞,王役尤甚。于是所在编民,相与入道,假慕沙门,实避调役,猥滥之极,自中国之有佛法,未之有也。略而计之,僧尼大众二百万矣,其寺三万有余。流弊不归,一至于此,识者所以叹息也。"由此可知北魏佛法如是之盛,僧尼如是之多,都是腐化的政治所促成的。

但是我们从另外一方面来看,佛教势力的增大和统治阶级的利益是相冲突的。僧尼逃避调役固然是一种损失,而更重要的是佛寺经济力量的膨胀直接破坏了封建政权的经济基础,因为在文成帝的时候,沙门统昙曜为奠定佛寺的经济而奏立"僧祇户"和"佛图户",凡民人岁输谷六十斛交给僧曹的称为"僧祇户",谷称为"僧祇粟";凡民人犯重罪的可以作为佛寺的奴役,称为"佛图户"。僧祇粟是在年荒岁歉的时候用来赈给饥民的,佛图户则专供应佛寺的杂役和耕田一类的事情,这样一来僧曹佛寺的经济基础就建立起来了。僧祇粟虽说是赈饥民的,但事实上全由僧寺包占,用来放款赢利,甚至于和官吏勾结,以此侵占贫民的土地。于是僧寺有了很多的田亩,佛图户就是僧寺的农奴。久而久之,佛寺的僧徒就变成封建的大地主了。他们可以贪财枉法,逼人自杀。在宣武帝的时候"都维那"僧暹迫使民人自死的有五十多人,由此可以知道他们是如何的强暴。这种行为对于统治政权的威信却是有害的,所以永平四年(511)宣武帝下诏说"僧祇之粟,本期济施,俭年出贷,丰则收入;山林僧尼,随以给施;民有窘敝,亦即赈之。但主司冒利,规取赢息,及其征责,不计水旱,或偿利过本,或翻改券契,侵蠹贫下,莫知纪极。细民嗟毒,岁月滋深……自今已后,不得专委维那、都尉,可令刺史共加监括……后有出贷,先尽贫穷,征债之科,一准旧格,富有之家,不听辄贷。脱仍冒滥,依法治罪!"然而这仅仅是用来缓和人民愤激的情绪的,实际上没有什么作用。一则僧人除犯杀人罪以外,其余罪犯都由沙门的官署"昭玄曹"来处理,僧人自然彼此袒护;一则佛寺都有豪强的施主,施主就是大地主,同声相应,可以毫无忌惮。尤其在孝庄帝的时候,沙门可以输粟而得到"都统、维那"一类的职分(见《魏书·食货志》),那么他们更要侵夺人民的土地了。从这一点来看,佛寺的增加就是特殊的宗教大地主的增加,他们拥有广大的寺院田宅和独占的人力跟资财,不出调役,不受一般法律的约束,结果成为社会上一种特殊的集团。这和封建政权的利益自然互相冲突,换句话来说,也就是封建势力中有了一种内在的矛盾:佛教势力愈膨胀,封建政权的经济愈下降。两者之间的矛盾本来是很明显的,但是统治阶级不悟,仍然大起寺宇,奖励佛教,恰如养虎成群,反受其害!

另外,佛寺既然是宗教地主,就是一种恶势力,在当时和封建主、王公、官吏,跟一般的地主成为封建的阶梯,共同剥削人民,人民处在层层压迫之下,唯一的办法就是反抗。所以由宣武帝到孝明帝二十几年间农民起义三十多次,统治政权势力一天比一天削弱,到尔朱荣起兵来犯的时候就完全没有抵挡的能力了,结果王公卿士束手就戮,元氏一族死亡殆尽。这都是崇信佛教使政治日趋腐化的结果。

总起来说,在封建时代政治和宗教的关系常常是很密切的,北魏佛教的盛行,是出于政治的力量,政治经济基础的破坏,则由于佛教势力的膨胀。同时可以看出统治阶级的势力愈大,则幻想愈多,不顾现实,但求冥报,政治只有趋向于腐化一途。其中正有相互的关系。等到矛盾增多不能统一的时候,只有土崩瓦解了。

现代汉语方言的研究

"方言"与"方音"是两个名词,意义是不相同的。"方音"是指某地语音里的声韵而言,方言则指某地的语汇和语法而言。我国自古以来,四方的语言就不一致。字音方面固然差异很大,就是语词方面也互有异同。可是我们要研究古代语言的各方面,除根据书本上的记载以外,还要考察现在实际的方音俗语。

古代方音的现象,由经子诗文的韵读以及汉人的经子注释中可以透露出一些消息来,此外再没有什么特殊的材料了。至于古代的方言,旧书雅记里颇有记载,而汉代扬雄的《方言》,更是一部最珍贵的书。他把许多古代意义相同或相近的语词,集录在一起,分别注出每个语词所流行的方域,并且说明何者为"通语",何者为"转语",这对于我们考索古音古义都有很大的用处。后来清人依照他的体例搜采古代方言而编纂成书的也不少。这两方面的材料,固然后者多于前者,可都是书本上的死材料。然而为考求古音,仅仅凭仗书本上的材料是不足的,因此不得不取之于现代实际的方音。以今溯古,以古证今,这样往往可以解决不少音韵上的问题,例如据现代方音以拟测古音,就是很好的例子。在近二十年来,方音的研究是最有进展的。至于方言的研究,则还没有努力去作。

即以书本上的材料而论,扬雄《方言》一书,严格地说,尚无人完全加以整理。清代虽有戴震的《疏证》、钱绎的《笺疏》、王念孙的《疏证补》,可是仅照注解《尔雅》的办法,举出一个语词用法的例证,说明它与其他字通假的关系,或探讨同类音近的语词义类相通的脉络,这样做还是不够的。比如说:各处不同的方言里,它们音韵上的差别是什么? 哪些语词是属于某一种音变的条例(principle of phonetic change)而由甲方言转变为乙方言的? 而且甲方言转变为乙方言,普遍的在音理上有没有一种规律? 古人的某一个词,在现在是否存在? 如果不存在了,有无由音变而孳生的新词? 这是就音韵一方面来说的。

若就意义一方面来说,两个地方的同样一个语词是否它们的涵义一样? 一个语词由甲地传到乙地,有无意义上的变迁(semantic change)? 若就地域来讲,汉代的方言在地理上分划的情形如何? 是否可以画出一个方言地理图来(dialect geography)？诸如此类,都是前人未竟之业,留待我们来作的。至如前人所作属于搜集材料的书,如杭世骏的《续方言》、钱大昕的《恒言录》之类,只是随手掇拾,既不曾分时代,又挂一漏万。假若求全责备的话,历史上的记载,我们都不可放过,例如南北史里的俗言、唐代传奇、宋人笔记语录、元人杂剧,以及明清小说之类的方语,都应当搜集起来,以便作一种有系统的研究。

但是这种工作需要的时间很长,一则可以从容不迫地去做,一则也非当务之急。当前最主要的事情,还是现代方言俗语的研究。因为书本上的记载一时尚不致亡逸,而各处的口语经过抗战变乱,再过若干年也许要泯灭无闻了。而且为构拟古代的汉语语音,须要研究现代的方音;要明白古代的语词,也须要注意到今日的方言。理由有五点:

(1)古代许多训诂的材料书,如《尔雅》《说文》之类,其中许多同义词往往是各处的方语,为了解这些同义词的来源,不得不从方言入手。

(2)如果古代的方言有失于记载的,我们应当从现代的方言里去找。

(3)见于古书的许多古方言的读法,须要借助现代方言的语音来证实。

(4)在意义上有许多古今可以互证的,现代方言对于解释古语的意义很有帮助。

(5)研究古代的语法,可以用现代的方言来作出发点。

这样看来,现代方言的研究是十分切要的了。然而借今语以释古语的方法,古人应用的已经很多。今以郭璞注《尔雅》、段玉裁注《说文》作例,如《释诂》"阳,予也",注云:"今巴濮之人自呼阿阳。""瘵、瘼,病也",注云:"今江东呼病曰瘵,东齐曰瘼。""悈、怜、惠,爱也",注云:"悈,韩郑语,今江东通呼为怜。""契,绝也",注云:"今江东呼刻断物为契断。"这是郭璞以后代方言注《尔雅》的例子。又《说文》十部"甚,甚甚,盛也,汝南名蚕盛曰甚",段注:"此汝南方言也。今江苏俗语多云密甚甚,音如蛰。"寱部"寱,卧惊也",注云:"《广雅》曰:寱,觉也。义相近。今江苏俗语曰睡一寱。"广部"疥,搔也",注云:"今四川语如此。"目部"瞟,瞟也",注云:"今江苏俗谓以目伺察曰瞟,音如瓢上声。"这是段氏以今方言注《说文》的例子。然而前人应用这种方法来疏证古语的并不普遍,我们现在应当充分地来利用。可是在材料的运用上,不能不讲求。我认为仅仅注意到现代的一二方言,随手来用,依然不可。未应用以前,须要有一番整理研究的工夫。因为前人之举今证古,往往是牵合而成的。一方面有一个古语,一方面有一个方语,方语所云是否即此古语,其中关系之深浅颇有可疑。所谓关系者,第一意义是相等,第二声音是否有关。我们知道方言中的语词时常有音无字,设若因为一个语词适与某古语的义类相若,且其声音与古语某字韵书的反切相近,即勉强牵合为一事,有时会有错误的。反过来说,假如我们细心考究过现代某语实际的音值与古代某语的读音,在音韵演变的条例上说得通;在义类上应当是同一个语源;如此或可定谳。所以我们零散地知道一些方语是不够的,随便应用来解释古语,更有危险。最好先作一番深切有系统的研究,然后再说。

　　研究之始,首贵有翔实的记录。以往州县的志书里"风俗"一类有时也附记当地的语言,但多疏陋不备,只可作为参考的资料。此外清人间或也有记录一地方言的书,如毛奇龄《越语肯綮录》、胡文英《吴下方言考》之类。可是他们的目的,或在记录俗语俗字,稽考载籍,求其所本;或在证明他们的语音如何与古相合;但并非一种有系统的方言记载。真正合乎现代精神的,只有范寅的《越谚》,此书分为三卷,他把耳熟口习的俗语、名物、字音,都分类地记录下来。不拘泥文雅,不改避土音,确是难得。如果就材料来讲,可说是很翔实了。可惜为时代所限,他没有正确的标音方法,所以非本地人无法揣测得清楚。至于后来章太炎所作的《新方言》,诚然是研究方言的一部奇书,他荟萃许多的方语,依据《尔雅》释诂、释言等的分类写出,而以古声韵为条贯,说出它们在语言史上转变的情形。取材精审,用心缜密,足与《文始》相表里;在研究的方法上,可谓尽其能事。然而也有可以商酌的地方:一则包括的地域过广,不能太细,如"吴楚、江南、闽广"一类的名词,在地理上的界划有些含混不清,名为"吴楚",果为何县何乡? 同为"吴楚",是否地理完全相同? 我们以为扬雄的时代应用古地理名词已有不妥,当今之世放着今地理不用,而用古地理,更不合宜了。再则方言中的词字,有时没有确当的写法,约定俗成的通行字未始不可用。如果一定追求本字,刻舟求剑,终不免鼠璞之讥。何况在字源学上 (etymological) 语根 (stem or root) 的断定,并非易事,仅以声韵的相近相通作为断定的根据,有时必然似是而非。这都是受了前人所作《恒言录》《通俗编》好求出典的影响所致。因此尚待斟酌的地方也就多了。以往对于研究现代方言的成绩,不过如此;范寅、章太炎自是其中翘楚。

　　现在我们要提出一个新的方案,作为研究的出发点:

（一）记录工作

（1）分地录语,方音与方言并重。换句话说,除记录当地方言外,对于本地音韵的系统也要兼顾到,使方音与方言增加更多的联系性,二者不可偏倚不全。

(2)记录方言,除文字之外,兼以国际音标注音。字音、语音、词汇之外,同时要记录语法和一般的语助词。

(二)研究工作

(1)初步的研究:先由个别的研究作起,然后推衍到综合的研究。

(2)历史的研究:由初步研究的结果,考其语源,以及音读意义之演变,作历史上的探讨。

其中记录的工作最关重要。然而应当如何着重,不得不先有一种粗疏的准备。如以地域而论,中国的领域如此宽广,我们应以自然地理的界划为范围,分区来考察。如以记录词汇而论,应先调查方音,然后再记录语汇。调查方音一方面,从前赵元任先生所编的几种表格,最为实用。记录语汇一方面,岑麒祥先生所编的《方言调查表》(1936年中山大学所印),也很方便。其中分类录语,对于名物、语词、语法各方面都顾到了。不过二者可以合而为一,扩而充之,重新编定一个调查的底本,内容应当包括下列七部分:

(1)本地的音韵。声、韵、调三方面都简单地列举数百字,记录出读音来,以为考校方言语音的参考。

(2)事物的名词及代名词。此类宜求详尽。《越谚》卷中名物之属分类甚广,如天地、人伦、神祇、鬼怪、疾病、身体、屋宇、器用、货物、饮食、服饰、禽兽、水族、虫豸、花草、竹木、瓜果、谷蔬、技艺、风俗之类皆是,颇可取法。

(3)形容的语词。属于《尔雅》释诂、释言、释训三类的语词,在岑先生《方言调查表》内这一类所占的地位太少,不妨加倍扩大。

(4)语助词。选择例句,包括各种不同的语法,并调查当地的语助词。

(5)特殊的词字。凡在语法上因意义或用法的不同而转变音读的语词,以及两字同音、单词双义之类,属之。

(6)谚语。俗谚俚语、歇后语之类属之。

(7)短篇的故事及歌谣。这是附带的一种记录,目的在于补充前面调查之不足。歌谣对于考察俗文学也很重要。

这是一个简单的草案,虽然不甚完备,可是从调查方言的意义上讲,各方面都有了。

当我们有了这种详细的方言记录以后,才能谈到研究。研究有了初步的基础以后,对于古语的解释,自然增添了许多新的根据。这在研究汉语史上是必经的途径,同时也是一种新的生机。如果仅仅步清人之后尘,仍旧由书本上去找办法,结果会有时而穷的。现在大家调查方音的成绩,已卓越可观;唯有对于方言的研究,刚在开始。我很希望多得几位同志之友,向这一方面努力,来实行调查方言的工作。

1946 年 9 月

给纪念周德清诞辰 710 周年
学术讨论会的贺词

各位代表同志：

　　《中原音韵》的作者周德清是元代一位著名的曲韵家，深通音律，为作北曲者所宗仰。江西高安是周德清的家乡，高安县人民政府为崇敬乡先贤建起周德清先生纪念馆，我们极为敬佩。现在中国音韵学研究会的同志们得到江西语言学会的热情赞助和高安县政府的盛情接待，前来参加纪念活动，并借此机会交流研究《中原音韵》和元代语言的心得和成果，非常荣幸。为此我们谨问江西语言学会和高安县政府致以深切和诚挚的谢意！

　　《中原音韵》作于公元 1324 年，距今已经有六百六十多年，原为作曲押韵以归一致而作，但是他的声韵系统都代表了自唐宋以迄明清北方语言发展的中间历程，很值得我们深入研究。以前虽然已有许多专家学者从事这方面的探索和阐述，可是有些问题意见并不一致。我切望能得到进一步的解决。本人因工作关系不能参加盛会，一聆各位高论，颇感遗憾。今谨以书面预祝会议取得丰硕的成果，并祝各位代表身体健康、精神愉快。

1987 年 10 月 12 日于北京大学

原载《音韵学研究通讯》总第 12 期

中国音韵学研究会第四次学术讨论会开幕词

各位先生：

西南师大为大会提供了这么好的场所，从各个方面给予大力支持，我很高兴地向师大表示衷心的感谢！我来到会场上，一个鲜明的印象在脑子里回旋，我感觉各位都年轻了，这个印象很深刻。与很多老朋友很长时间没见面了，但都越发年轻了。同时刚才听副会长讲了这次提交的论文有七十多篇，来了七十多名代表，这就是说每人一篇。足见我们这个学科发展很快。前年在桂林开会的时候我没能够赶得上，所以今年星夜兼程赶来，恰巧今天早晨到了。能够跟各位见面，心里非常高兴，非常愉快。我感觉我们这个会有很大的特色。我们这个学科是一个实事求是的学科，来不得半点虚假。别的也许可动笔万言，而我们这个学科可不是那么好玩的，不是说一写就写出一两万字，都是扎扎实实从各个方面进行深刻的研究，然后提出自己的论点，讲出自己的发现。这是跟别的学科不一样的地方。第二就是我们的会员同志是全国的，而写出的论文，没有抑人扬己的这种风气，即说别人的都不行，就我的这个好；别的论点都不对，我这个才是正确的。可见我们的学风很正。这是我体会到我们这个研究会有这么两大特色。

我在车上一夜没睡觉，来到就说让我讲话，我更睡不着了，所以就索性不睡了。我想随便谈几句。第一就是向各位问好。其次谈谈这次会议讨论的主题是音韵与方言，这个题目选得好。这当然是常委、还有严会长跟各方面的同志们联系而确定下来的。为什么说这个题目好呢？就是过去我们研究音韵学多一半都是依靠书本：古代遗留下来的一些资料、诗歌韵文的押韵、韵书、韵图，还有一些笔记上面提到的有关古音韵的材料。而仅仅这些确实是不够的。同时从研究语言这方面来讲(讲我们的汉语、我们语言的历史)，也必须注意到方言与方音，这是非常重要的。就是说我们整个语言发展史都在我们全国范围里头。汉语各个方言里边都有一定的参考资料跟参考材料。如果不懂得今天的方音，我们对古代的语音就不能够很清楚地了解。研究语言，跟方言不能脱节，比如研究周秦的古韵当然要依靠《诗经》，《诗经》在押韵这方面可以说是相当整齐了,可是里面有没有方音? 也有方音,顾炎武就提到其中有一部分诗篇押韵特殊,是一些方音的问题,这个观点(我指的是这个观点)是非常重要的观点,就是说我们要探讨语言的历史,要从我们全国各地的方言与方音去探讨。同时,不知道今天也就难以知道古代,就是说没一个实际的凭证。而这个凭证在哪儿呢? 就在全国的方言中体现。就是说这个地方是一个样的,那个地方是一个样的,有的保留古代的某一方面多一些,有的那一方面保留得多一些,当然不完全是直线的,不同的方言与方言还有交融,还有融合,经过不同时代,经过人民的迁徙、流转,使语音各方面都有所变动,而这个变动散布在全国各处的方音里。所以我感觉到研究语言的人不懂得方言不行,研究汉语音韵的发展史、语言史,不懂得现代的方言跟方音是不行的。

方言里面有语音,有词汇,有语法,整个又是一个体系,所以研究音也要注意它的词,也要注意它的语法。而词汇方面反映出来的语音现象也是很多的。在语法上不如词汇那么丰富,但在语法方面也反映语音,比如一些虚词就是这种情况,比如我们现代写的语体中的一些虚词,跟古代都有相当的联系,比如不同方言中用的同一个语气词,有的保存的就是古音,而不是存在普通话里头。同时,在北方(大北方)各处的方音也不一样,如果我们说北方没有入声,这话也不对;说北方没有尖音,都是团音,也不对,就是说不同的方音都保存了一些很古的现象。我们能够抓住方音跟音韵学之间的联系,从这方面探讨非常重要。而在过去的历史上,就因为没有一个标音的符号普遍地使用,所以有些个音上的问题反映得不清楚,但是很多方志(各省的、各县的方志)里边记载了本地的方言,其中也有些古音。在明代一些笔记书里也有南方人讲北方语音如何如何,他讲的也不一定是纯粹的真正符合北方当时实际的音值,也是一种参考材料。我的意见就是说,现在抓住这个题目大家分头来做很必要,进行深入研究很必要。

现在各省都作了一些方言研究,或者写方言志,或者写方言调查报告,比如四川已经作了很多方音调查报告,山西写了很多方言志,这都是好的起步。我很高兴能够把自己这一点极其肤浅的意思提出来跟同志们谈一谈。因为我过去在教学当中,尽管我在那讲的是现代汉语普通话,可是我鼓励我的学生进行方音跟方言的研究,如果这个同学到寒假了、暑假了,要回家了,回去做一个作业,研究本地方言,从语音到词汇,到语法,这样一做,他学的语言学概论、现代汉语,还有其他的语法,都能通过这个实践贯穿起来,他的知识就有了系统,他才能真正理解语言这个整体,整个系统性。所以我愿意把自己的这一点意思很简单地谈一下。我想我们的工作一定会向前有很大的发展,我们抓住这个主题全面做这个工作很有必要,因为以前没有做这个工作。

最后祝各位身体健康,祝大会胜利成功。

原载《音韵学研究通讯》总第 11 期

中国音韵学研究会第六次学术讨论会开幕词

我很高兴今天能够参加中国音韵学研究会学术讨论会第六次年会,今年恰恰是咱们音韵学会成立十周年纪念,从到会的同志们来看,人数这么多,可以说是一个盛会。回想十年前,中国音韵学会在武汉武昌东湖成立,代表仅有几十人,现在我们的队伍真是发展壮大了。学会的成立,仰仗名誉会长严学宭先生。严先生是我的老朋友,我们已经有五十六年的交情,严先生因病没有来,他有一封信,祝愿大会成功,也唤起我对他的思念之情。

今天我来,没有什么准备,只讲两个感受:一个呢,就是这次会能在北京大学开成,这是创举。我很感谢学校、中文系还有社会科学处的大力支持。第二呢,我还要感谢筹备这次会议的唐先生、邵先生,还有杨耐思先生,尉迟治平先生,由于他们的操劳,我们才能开成这次大会,这是很不容易的。刚才听会长邵先生讲话,说音韵学影响扩大,队伍壮大。对此,我有很深的感受,以前没有想到我们的学会会这样壮大,这是严先生、唐先生、邵先生、赵诚先生、李新魁先生等先生的努力的结果,这是我感觉到很高兴的事情。

刚才听王校长的讲话,北大有一个优势是语言学,多少年来,从"五四"一直到现在,北大对语言学都很重视。北大培养了很多语言学人才,现在国内外很多知名学者都是北大学生,希望今后能保持这个优势,希望音韵学这个学科在北大得到进一步发展。

音韵学专门的研究项目广,必须多方面发展,有历史音韵学,联系到现在,有语言学、方言学各个方面。可以说现在中国语言的历史和现代的一个中心就是音韵学。这是因为在研究历史方面,必须懂得历史音韵学。另外,现在研究方言学,你非得理解音韵学不可。因为中国的方言实在是太多了,再谈到这些方言的历史,再和现在的情况联系起来,尤其是以后如何发展,如何推广普通话,和音韵学都有一定的关系,所以我们不妨自豪一下,就是说我们的音韵学是中心。

另外我想到,专题研究很重要。学术是逐渐向前发展的,要老一辈的、中年的、年轻的,学术界共同努力,如长江黄河奔流不息。音韵学有很多基本工作要做,如翻译工作,欧美、日本,其他国家的著作要介绍。不能全部翻译,也可以先翻译一部分,可以介绍其观点,如高本汉的著作很多,有的有翻译,有的没有翻译。另外音韵学研究要注意交流信息,做好文献综述,知道某人是什么看法,不同的观点可以促进研究的发展。文章是天下公器,不是某一个人做得了的。音韵学和实际应用联系要更紧密一点,应用语言学要发展,如音韵学怎样帮助训诂学,帮助到什么程度,前人已经做过什么工作,哪些值得发展,哪些不值得发展,这些都是基本工作。

最后祝大会圆满成功!谢谢大家!

原载《音韵学研究通讯》总第 15 期

中国音韵学研究会第七次学术讨论会书面发言

尊敬的来宾，各位女士们、先生们：

今天的会议是中国音韵学研究会第七次学术讨论会。本会自成立至今已经十二年，严学宭先生是本会的创建者。在过去十多年中他为本会的成立与发展倾注了巨大的精力，以团结全国的音韵学研究者共同策进，发展本学科，为汉语历史的研究贡献力量。"不薄今人爱古人"，团结是宗旨，要求大家从多方面进行语音史的研究。同时举办音韵学研究班，为大专院校培养师资，已取得了很大的成绩。近两三年来，他虽在病中，依然关注学会的事务。但不料去年12月他不幸溘逝，这是我们学会的巨大损失，令人凄怆，悲疼难已。他毕生为发展学术汲汲不息，他的业绩，我们是不会忘记的。我相信，我们同仁一定会学习他那种坚韧不拔的精神，满腔热诚地为学科的发展贡献力量，把我们的学会办得更好。

我们学会的学风是正的，大家都是从材料出发，深入细致地探讨。对一个问题即使所见不同，也是言必有据，不务空谈。对待同一个问题，在观点和方法上可能不一致，可以充分进行讨论，以求得到新突破。我们应当放开思路：一，不单纯局限于书本上的材料，还要与现代方言联系起来；二，把同一时代的不同的材料贯串起来，不要以一点概括全面，点与面的关系应当理清；三，研究语音的变迁，对某一时代人民的活动与社会政治经济商业交通等的改变应有所照应。这些都是放开思路必要的思想准备。

我们学会的工作历年都得到许多省份的学者和有关的大专院校的支援，所以能够按部就班如期开会。会员都努力提出论文，相互切磋，大有收获。现在台湾、香港，日本各方面的专家学人又欣然接受我们的邀请，光临我们的学术讨论会，使讨论会弥增光采。他们能同我们一道研讨问题，可以说乐莫大焉。同声相应，同气相求，我们会从他们获得很多的教益。我们感觉非常荣幸。我希望各位来宾能经常和我们交流研究的成果，使我们共同享受你们丰收的喜悦。热烈欢迎你们！

　　我因为有事不能参加这次的讨论会,谨藉此一申所怀,预祝大会圆满成功。谢谢!

1992 年 8 月 22 日于北京

纪念《语言教学与研究》创刊
10 周年座谈会发言

  《语言教学与研究》从 1979 年正式创刊,至今已有 10 年了。这一直是一份我喜欢读的刊物,因为对外汉语教学是汉语研究的一部分,是专门的一种应用科学。这份刊物在对外汉语教学方面有极大的贡献。其可贵就在于,许多文章是从教学实践中做了深入的研究写出来的,很多问题是人们习焉不察的,所以很受读者欢迎。

  目前在组稿上还可以进一步研究一下,例如在安排稿件上编辑先生确实花费了很多心血,不过怎样平衡不同类别的文章,多少之间,也可以研究;或者有意识地在某一期上组织两三篇文章,讨论教学上的同一个问题,发表不同的意见,这样会引起读者更大的兴趣,从而也使得研究工作不断前进。如果问题带有系统性,也可以给普通语言学增加新的内容。我们所看到的普通语言学著作大都是外国人在研究他们的语言的基础上写的。汉语无论从哪方面说都有自己的特点,但普通语言学上谈到汉语的方面是很少的。我们这个刊物发展起来,可以为普通语言学增加新的内容。这是一个很大的课题,在汉语方面能增加更多的份量,是很必要的。刊物可以在组稿上做一些工作,把教学内容、教学方法很好地总结起来,介绍出去,这也是很有必要的。

  另外,也应当注意国外的情况,把国外的研究成果简要地介绍进来,作一些评价,使我们的眼界更开阔一些,同时可以从他们所讨论的问题中发展我们自己的科学研究。这是交相为用,很值得我们注意。

  从发表文章的目录可以看到,有些内容的比例大一些,有些内容的比例小一些。我看谈语词的不多,谈语词的也主要是结合语法来谈的,与外语比较来谈词的也有,但日常生活中使用的词或短语就谈得较少。是不是从教学中总结一些经验,也从科研中提出一些注意点,能对单个词以外的熟语多做一些文章就好。前两天跟两位日本朋友谈两国的语言问题,举了"不够"这个语词作例子,"不够"可以说"吃不够"。什么叫"吃不够",意思是很爱吃,很喜欢吃,吃得津津有味。外国人就不懂这个意思,就得加以解释。还有"看不够"也是如此。

但有些动词后就不能加"不够"。我举这个例子就是想说明短语研究的重要性。由短语的研究牵涉到个别词在语言中活动的用法,在词义上反映了什么现象,其中还是有规律的,跟语法规律有相近的地方,不容忽略。对语言的研究有一个总体观念,就是词汇学习与语法学习有相通之处,要把它们联系起来,结合在一块进行研究。

在教学方面怎样指导外国人学汉语,也是大家一直关心的问题,我们的刊物应当发表一些指导性的文章。我认为教外国人自学很重要,因为学生在课堂上学的有限,课外又不尽适于应用,所以只限于课堂教学是很不够的。要特别指导他们自学,提出问题,加以指导。也可以组织他们研究一些问题,发表意见。还可以搞读书会,分头准备,在会上发表意见,借此帮助学生自学,以提高学习效果。

还有就是汉字的问题。刊物谈汉字的文章不多。外国人总说汉字难学,我认为不一定。这里有一个怎样化难为易的问题。汉字就那么多笔画形式,就那么多经常运用的偏旁,最常见的 3500 到 5000 汉字的偏旁就那么些,分析清楚,教学就能搞好。有些外国人字写得很好;有些人学问很好,字写得不好,说明没有用心。就像学习语音一样,语音是一个语言的物质基础,有些人急于说话,不注重发音,迫切想通过语音阶段,这是很大的错误。不同民族的人语言习惯不一样,有些人辨音能力差,又忽略语音训练,不能掌握汉语的声调、汉语的轻重音,说出来就不对,或不好听。不同语言的人又有不同的难点,只有多下功夫才能学好。写汉字也是一样,汉字虽说难写,但是可以化难为易。书写是语言教学中的工具,做些研究,可以把教学工作开展得更好。

《语言教学与研究》前途是无限量的,现在越来越为外国人所重视,衷心希望编辑先生坚持把它办好,使之越办越好。

原载《语言教学与研究》1989 年第 3 期

许慎研究会成立大会发言

这次承蒙漯河市文化局和许慎研究会的邀请,能够来到漯河市,能同各位同志会面,聆听高论,深感荣幸。

关于成立许慎研究会的重要性,几位领导同志讲得很透彻,我完全同意。成立许慎研究会应当说是一件大事。许慎,在学术界,唯有研究社会科学的人比较了解,理工科的同志就不一定知道许慎是何许人了。那么,我们就应当使人知道才对。

许慎生于东汉时期,距今已有 1900 年了。他是一位著名的经学家和语言学家。他作的《说文解字》是当今世界上最早的一部语言词典,给后代人提供了重要的文化宝库,从汉代一直流传下来,历代都有人学习研究。清代的学者写出来的重要著作就有一百部以上,足见这部书对于汉语语言文字的研究影响之大。在我们这样一个有悠久历史文化的国家里,在公元 100 年之际就出现了许慎这样一位伟大的语言文字学家确实值得称扬,他的名字应当列在世界历史文化名人大辞典里,与世界上其他国家的语言学家相比,毫无逊色。可是在国际上除了少数的汉学家,如法国、日本一部分学者知道以外,恐怕知道许慎的人就很少了。许慎在整个世界文化史上无疑问应当有一定的地位。因此我感觉到我们有这个许慎研究会,大家来研究"许学",同时要多多宣传许慎在世界文化史上的地位,也就是进一步在世界学术界引起对汉学的重视。

此外,我认为成立许慎研究会也是属于继承古代文化遗产的一项工作。现在有一些人缺乏对中国文化的理解,总以为没有很多可说的。其实不然。我们知道英国有一位科学家李约瑟教授写了一部《中国科学技术史》,对中国历史上的自然科学各方面的科学成就及其对世界文明的贡献都做了详细的叙述,而且他还称赞说:"在人类了解自然和控制自然方面,中国人是有过贡献的,而且贡献是伟大的。"他特别提出宋朝沈括的《梦溪笔谈》,把沈括做为中国科学家的代表人物看待。《梦溪笔谈》中涉及到的科学知识和科学技术范围之广是惊人的,其中有天文、历法、地理、数学、气象学、地质和矿物学、物理学、化学、生物科学、植物学和动物学、医药、冶金、工艺等等方面的探讨和说明,无怪乎李约瑟认为他可算是中国整部科学史中最卓越的人物了。就此一端来说,我国的古代文化遗产中值得我们重视和研究的方面确实不少,不应当弃而不论。以李约瑟这样一个外国人对中国的文化特别是科学技术尚且如此称颂来看,我们更没有理由对祖国光辉的优秀的文化传统毫不在意了。

以语言学而论,在西汉时期,已有《尔雅》和《方言》两部讲词义的书。《尔雅》按照词义把语言中的大部分的语词作了分类,每类词又都分别作了解释,主要的精神是以今语释古语,以通语释方言。这是汉语最早的一部训诂书。《方言》则是以通语来解释在不同方言中所出现的同义词或义近词。这两部书可以互相补充,但是所解释的语词并不十分完备,语言中很多实际应用的词都没有收录。因为作者着重的是解释书传中的语词和方言,凡属于通常应用的口语词就不烦解说了。不过这两部书对研究古籍还是很重要的,《尔雅》对语词的分类对后代的训诂书也有不少的影响。

许慎的《说文解字》是中国语言学史中的一部巨著,是汉语言文字的宝库,许冲在《上〈说文〉表》中说:"六艺群书之诂,皆训其意,而天地鬼神、山川草木、鸟兽昆虫、杂物奇怪、王制礼仪、世间人事,莫不毕载。"《说文》既是一部文字学书,又是一部语词的训诂书。其中的文字形体以小篆为主,兼收古文、籀文。由此我们可以通晓甲骨文和金文,我们可以通晓古训,读通古书,它对于我们了解古代的语言和古代的文化至关重要,它的重要性远在《尔雅》《方言》之上。我们应当认识到《说文》在中国文化史中的地位,在前人的研究基础上进一步加以阐发,并且把《说文》所收的文字放在汉代这一个阶段里,和汉代的哲学、文学、史学的著述联系起来说明汉代语言文字的发展情况,这将会更有意义。这是继承古代文化遗产的一项重要的工作。刚才会长谈了很多今后的工作任务,颇有宏图大志,这恰是使人很高兴的事。

另外,我想着重谈一谈文字的问题。文字在人类的文明史上占有极为重要的位置。在远古时代或者说原始时代,从没有文字到创造了文字,这是人类文明发展的一次重大的飞跃。有了文字,有了国家,文字就成了记述史实的工具。许慎在《说文解字·叙》里讲得很清楚,他说:"文字者,经艺之本,王政之始,前人所以垂后,后人所以识古。"这说明一个国家的政治机构要拟定法令和各种不同的文件,非得有文字不可。文字可以行之久远,口语就办不到。有了文字,书于竹帛纸张,后人由此才能知道古代的语言、古代的历史。我们设想,如果没有文字的话,我们今天对于有史以来四千年的光辉历史就无法知道了。我们还可以想一下,如果一个民族没有文字,跟一个民族有文字相比,在人民的生活中该受到多么大的局限呢?

中国在上古很早很早就有了文字,而更为奇特的是这种文字一直经过不同时期的演变,到现在,我们仍然用这种文字记载语言。我们日常应用的一些基本字在商代的甲骨文里就都有了,后来由篆书变为隶书,由隶书变为楷书,体势和笔画虽有不少变化,可是依旧保持原形,还是一个个的方块字。可是在外国大都使用拼音文字,跟汉字迥乎不同。有人会问我们为什么不改一下呢? 这件事很值得我们思考。我们的国家在秦汉时期已经发展成为一个方言多而又包容着一些少数民族的大国,如果不用这种文字,我们的国家就不会达到这样的统一。在历史上,民族经过融合,已经有一些古老的民族消失了,但是还有许多少数民族都有他们的语言。汉语地区的方言虽然逐渐减少,但并没有完全消灭。方言的语音不同就难以互相交际,所以汉字正符合实际的需要。我们听广东人、福建人讲话觉得很难懂,可是在纸上写出文字来就无不通晓了。由此可知文字关系着一个整个国家的统一和发展,文字是非常重要的。

假如不这样说,不用汉字而用拼音式的文字,我们就很难实行。譬如说《汉语拼音方案》,那是一个学习普通话语音的很好的工具,但是如果我们看一段按照《汉语拼音方案》写出的文章或小说,你能懂吗? 你能很快地理解吗? 不是说不能懂,当然能懂,因为它还是汉语,可是你未必一下子能看明白。比起用汉字写出来的就大不相同了。这不是因为我们不习惯于用拼音符号的缘故,而是汉字本身有个特点,它是便于目治的。譬如"陇海铁路"四个字,不用念,一看就了解了,汉字就有这样的好处。从字形上首先给我们一个词义的大的范畴,如金属类的词,"铜、铁、铅、锡"都从金;水一类的词,"河、海、潮、汐"都从水,形体本身就表现了一定的意义。而在音上呢? 它又有一定的系统。在声符上,同声符的字又往往具有共同的基本含义。总之,在形体上所表现出的信息之多,不是拼音文字所能有的。我们应当珍视汉字的形式,学好使用汉字。

有人总说汉字难写难认。我看那不是本质的问题,而是我们如何进行教育、推进文化教育的问题。我们不认真研究怎样教幼儿学习的方法,不研究从文字的使用频率和文字本身表现音义的规律去寻求办法,而空喊难写难认,这是错误的。我说应当特别申说文字教学在文化教育工作中的重要性。现在有不少人写的字一塌糊涂,漫不经意,胡画一气,使人哭笑不得。有一次,我到医院去看病,医生给我写在病历上的字,稀里哗啦,萦回缭绕,一个字也不认识。

怎么写出来的汉字会难认到如此地步呢？原因就在于书写的人对汉字的优点和汉字的表意性质缺乏认识，所以我们应当很好地理解汉字。这是非常重要的。

说汉字难写嘛，由于笔画繁多，笔画繁多则由于把不同的部件摆在一个方块内。设若不摆在一起，把部件分写，也许就不觉繁难了。反过来看，写一个英语的多音节的词，如 literature（文学）、dictionary（字典），那又何尝很简单呢？我们在教学上如果善于安排，从笔画简单的字教起，然后把文字结构的情形分类作解说，经过反复练习，也就化难为易了。

今天是"五四"的第二天，七十年前五四时期，曾经有人提出"废除汉字"的口号。汉字如果被废除，我们今天就都成文盲了。当然，那是欠思考的一种激进的提法。汉字废除掉，几千年的书籍都成为废纸了，几千年光辉灿烂的文化也就泯没无闻了，那我们又怎能称得起是一个文明的古国呢？论断事情绝不可执著于一面，而忽略其余。不重视汉字在继承文化遗产上的作用，而加以鄙薄，那是错误的。为了提高全国汉族人民的文化素质，消灭文盲，我们不能不认识文字的重要性，对于汉字还要好好研究它，研究怎样更好地使用它，发挥它的作用。

以前人们总以为汉字不能输入电子计算机，可是现在全无问题了。这是前几年大家所想象不到的。汉字能输入电子计算机，对于检索、统计、排版、翻译等各个方面都提供了极大的效率，这确实是了不起的事情。现在全世界都承认汉语是国际间交往的一种重要语言，各国学习汉语的人愈来愈多。在世界的语言中，汉语是最精练、最简短的语言，不同的外国语言我们都能翻译过来，而且恰到好处。汉字随着汉语的广泛学习，这对传播我国的物质文明和精神文明将发挥极大的作用。我们应当有这样的眼光，不能糊里糊涂地认为汉字不如拼音式的文字，不能忽视汉字体系之构成和在记录语言上所表现出来的先民的卓越的智慧和它在我国的历史上的方言分歧中人们互相交流思想的适应性。我们不是说在世界上各种不同的文字中唯有汉字好，我们只是说汉字并不比别国的拼音文字差。我们要深入研究有关汉字的问题，在发展我国的文化教育事业之外，还要使汉字与汉语在国际交往中，在传播我国的优秀文化中，发挥更大的作用。

要研究文字，《说文解字》应该是一部最基本、最重要的著作。《说文》既是认识商周古文字的阶梯，又是研究隶书所由发展的途径的主要参考资料。前人对《说文》已经做了很多的工作。前面已经说过,单以清人而论,有关《说文》的重要著作总在一百部以上。那么我们又怎样进行研究呢?是否要开创一种新的道路呢?这是要共同来讨论的问题。我认为文字是记录语言的,要研究文字必须结合语言来进行。我们一方面要发掘《说文》在字形上、在训解中给我们的关于语词音义的信息,另一方面我们要注意每一个字在古代汉语中是怎样使用的,通常所含有的意义是什么,作为构词的语素时又有哪些意义上的转变和发展。许慎所加的解释,不都是字的本义。我们要提倡用一种新的历史语言学的观点和方法来研究《说文》。同时,我们还可以从语词的理解中认识汉代社会的生活和汉代人已掌握的自然科学各方面的知识,增加我们对于古代文化的理解。许慎研究会的成立会带动大家从事语言文字研究的兴趣,为宣扬祖国的传统的优秀文化遗产,为提高人民文化的素质,促进我国语文教育的发展而贡献自己的力量。成绩一定是巨大的。我就说这么些,请大家指教,谢谢!

原载《漯河文史资料》第 3 辑(许慎研究会成立大会专辑)

祝贺《书品》创刊五周年

《书品》自创刊以来,一直为广大读者所欢迎,不仅印刷精美,而且内容丰富充实,为国内不多的一种质量高的书评刊物。它所登载的文章大都是就中华书局所出版的书籍而谈的,其中有作者自己谈成书的经过和研究的心得,有读者对已出版的书籍的评论,有编辑先生谈论出书的过程和体会,还有学者关于海外藏书情况的报道,这些萃集为一编,读者可以从中获得很多的教益。

中华书局的业务主要是出版古籍。除影印工作力求精善外,其他都要求经过整理、点校,或新加注释,或附校记和索引,品类繁多,为弘扬中国文化,发扬学术,给读者提供方便,不遗余力。《书品》创刊以后,成为作者、编者、读者三方面交流学识、互相研讨的桥梁,对古籍的整理研究和出版的工作无疑起到了推进和提高的作用,大为学术界所赞赏。

自我接触《书品》以来,受益极多。我深切感觉到《书品》恰似古籍整理实习的教科书,我一方面从专家学者所谈的著书的经过去综合体察他们研究古籍的方法,另一方面看他们如何整理不同类的书籍和如何运用各式各样的数据,以达到完美的程度,大有收获。《书品》登载的每一篇文章都是一份难得的实习报告。《书品》把这些文章展示在读者面前,不仅传布了知识,而且反映出我们在整理古籍方面已经取得的成果和可以达到的水平,同时也反映出一些值得注意的问题。《书品》之佳惠士林,不必多言。

在祝贺《书品》创刊五周年之际,我们应当特别感谢编者为了发展我国的文化事业,在组稿和编辑工作中不辞辛勤地忘我劳动。我们衷心祝愿《书品》这个刊物愈办愈好。

我还希望《书品》能由一年出版四期增加为六期,把内容过于琐细的文章略事压缩,以五六千字为限,移出一些篇幅来刊登一部分对某一类书加以概括论述的文章,从实例中提高整理古书的理论认识。另外还可以考虑一下登一些报导性质的文字,以增加刊物的普及面,吸收更多的读者,进一步促进古籍整理工作的开展。

原载《书品》1991 年第 1 期

酬答祝寿的谢辞

各位先生,各位朋友:

今天承国内语言学界的先生们和本会的会员们以及国外的语文专家学者们藉本会第八届学术讨论会召开之际向邢公畹先生和我庆祝八十寿诞,或致贺词,或送花篮书籍,如此光宠,愧不敢当。在此表示衷心的感谢。同样,对天津市委、天津语言学会、南开大学、南大中文系、天津师范大学中文系的祝贺,表示诚挚的谢意。

现在中国长寿的人比以前多了,这跟生活的稳定、环境的适应,以及生活上和精神意志上之有耐性有关系。我从二十四岁开始(1938年)即在北平辅仁大学任课,到抗战胜利后又到母校北大来任教,到现在已经是五十五个年头了,始终没有离开北京,不曾奔走四方,生活应当说是稳定的。当然其间在生活上所遭遇的艰苦和精神上所受到的痛楚是难以形容的,但是也锤炼了耐性。因为想到每一个人活在社会上都负有一定的责任和义务,不能不有坚韧的意志去克服困难。在教学的过程中,长期与青年在一起有莫大的兴趣,写讲稿、印讲义、刻蜡板,虽累也不以为苦。为教课,也必须做研究工作,正可以陶冶情性,也正是益寿延年之道。这就是前面所说的环境的适应,能使人意志不衰,永葆青春。现在我虽然有点慢性病,但还会适应下去。

回顾从事教育工作,五十余年匆匆过去了,岁月虽长,而自己对国家、对人民、对我们的社会主义事业的贡献实在很微薄,不过尽量尽己之所能而已。

在立身行事方面,以利国利民及有益于他人为准的。在抗战时期,我在北平私立辅仁大学任国文教师,尽量通过教材(如顾炎武《与友人书》)鼓舞学生要有民族气节,要坚决抵御外侮,不与敌伪合作。在北平面临解放的围城期间,我正任母校文科研究所秘书职务,同事们都不上班,所中唯有我与二三工友整日坐班,冷炮落于屋瓦,也不曾畏惧,共同保护所中的历史文物,免遭意外的损失。1950年之冬,我报名参加了中央南下土改团,被分配到湖南耒阳县工作,学习怎样从事人民群众的工作,在分田时候费尽心思,使得群众都满意,从而增强了为人们服务的信念。平时与人来往,要求态度谦和,绝不菲薄他人。我们的音韵学研究会成立之后，我同已故的严子君先生对同道之友一直坚持团结并进的方针，不搞派系，不立门户，兼容并包，互相学习，以发展本门学术为宗旨，这是我们的学会能发展、队伍能日益壮大的重要原因。

至于在教学方面，在教育思想上，则重视不断革新；在学术思想上则要求知识要有系统性。早期我在辅仁大学八年之间所教的课程门类很多，主要侧重于古代。我到北大以后，参加教育改革，首先主持开设现代汉语（最初称为"中国现代语"）一门课程，草拟大纲，进行讲授。同时又首创开设工具书使用法一课，以提高学生利用工具书的能力。另外，在教少数民族学生和外国留学生时探讨出一套行之有效的教学方法，而且根据教育学原理为对外汉语教学提供一套程序出来。这都是勇于创新改革旧章的成果。

在指导研究生方面，在人文科学范围内，我不主张学生抱着一门课程孤立地去研究问题，而主张扩大范围，以历史的发展为线索，从近到远，从古到今去探讨，换言之，就是要从根本中来，不为无源之水、无本之木，学识要有根柢要有系统性，所以凡是从我学习的，古今都要兼顾。有好几位及门的同学毕业后在大学都能承担多方面的工作，未始不与此有关。连带的事情就是要求端正学风，避免流于浮夸，不切实际。

古人说："贤者识其大者，不贤者识其小者。"我所做的实在有限，不过，我是认真的。我喜欢我的职业，我热爱我们的国家和勤劳勇敢的人民，热爱我们的社会主义事业，我仍然希望以我的有生之年再写出一两本书来，以酬答各位先生各位朋友无比亲切的祝贺和鼓励。

我的话讲完了，最后，再次向大家致谢！

致杨树达

遇夫先生座右：

　　前奉三月一日尊翰，启示甚多，曷胜欣感。比更承颁赐金文跋及《〈说文〉读若探源》，中多发蔀之论。以先生之高年，仍如此勤于述作，既速且精，诚令人钦仰赞叹！但恨未得奉手承教，一聆绪余耳。所示将以王氏治古书之法以治金文，愚以为此诚为崭新蹊径，其收益之富必大有可观，而他日汉语学之建立亦正有待于是也。唯惜手边一二稿本未能理清，竟无暇随属先生之后以请益耳！比年以来，陆志韦先生亦治古音学，前有论及许书"读若"者一文，愚有副本，日内当检出寄呈。又前寄交《读书周刊》稿，已发表者为《曾子遟簠跋》。近又由所赐金文跋抽出《兔𣪘跋》（此文必刻之字较少）一首转陈毅生先生发表，其单刊文字当一并寄上也。尔来时感疲惫，不堪繁剧，是以奉复稍迟。唯祈尊者鉴谅为感。琐琐不检言辞。

　　即颂
道安。

后学周祖谟顿首

四月四日

又高本汉此人尚健在。附及。

片羽集诗词抄*

晚步太液水滨

1938 年

乱柳萧疏日色曛，黄芦白苇侵江濆。
年来苦寂无多兴，独对寒涛送暮云。

游颐和园后湖

1942 年秋

菊蕊露华滋，清风雁阵迟。
天寒迷曙色，竹劲傲霜枝。
曲水云屏度，微波树影移。
客愁浑减尽，舍此复何之。

重九日登高

1943 年

天末秋风劲，平原草木衰。
孤城昏雾合，落日壮心悲。
丧乱人谁健，生涯事总疑。
松醪今日好，聊酌酹佳期。

悼叶楚伧先生　代孟真师

1947 年

河清已自伤迟暮，岂意今朝竟永辞！
慷慨谋猷兴汉室，艰难擘画退胡儿。

---

* 士琦按：《片羽集诗词抄》从名称到内容，均系先父生前手订，其中有些诗词，近年来曾由我投寄给报纸发
表，其余均系首次披露，先父取"片羽"为集名，系取"吉光片羽"之意。世事沧桑，所存诗词，不过片羽而
已，令人三叹！

虚堂夜静孤灯悄,霜野风高万木悲。
千载英名垂信史,空留遗像仰清辉!

赠叶嘉莹女士

　　　　　　1979 年 6 月由加拿大来京,得以会面
卅年回首忆前尘,才调风华轶等伦。
忧国深知工部怨,论诗偏觉剑南亲。
关山迢递疏音问,云水空濛历岁辰。
辽鹤应惊风物改,旧游白发益天真。

又赠

才思俊逸声闻久,羁旅偏多世事忧。
风雨十年惊客梦,莺花三月乱乡愁。
为迎晓日浮沧海,颇爱春山傍暖流①。
霜晚秋窗犹自励,吟哦可有月当楼。

赴敦煌道中作

　　　　　　　　　　　1978 年 10 月

祁连岭峻堆冰雪,嘉峪关高见戍楼。
古道逶迤随树转,山泉萦绕傍田流。
沙平日暮风烟净,野旷天低禾黍稠。
陇雁南征声唳唳,明驼载货去悠悠。

喜至兰州

　　　　　　　　　1978 年动乱后赴兰州讲学

细雨微风洗路尘,老来重见旧京人。
相看恰喜身俱健,骋望河山处处新。

---

① 旅居温哥华。

留兰州作

1978 年 11 月 13 日

皋兰小住属清秋,旧友相逢意气遒。

满面风霜人健在,不须脱帽看皤头。

寄内

1978 年 10 月 14 日自敦煌归,于车中作

不惯离家却远游, 更迎黄叶向沙洲。

归时过岭风飘雪[①],遥念芸窗意转愁。

观莫高窟藏经洞

秘殿珠林闭有年,梵宫尊宿护遗编。

三清道士殊无赖,五戒佛徒宁坐禅。

古籍漫随沧海去,他人是愉隔云天。

书生獭祭头斑白,日暮空留石洞前。

游榆中兴隆山赏云杉并序

予将自兰州东归,临行前夕诸友约往榆中观云杉。山峦蔓延十数里,双峰对峙,涧水奔腾,悬泉一线,苍翠满山。仰视松杉挺秀,枝干峥嵘,郁郁葱葱,倏然清寂,顿觉胸襟豁然。既而迎风履霜,登高眺远,盘桓徙倚,笑语相扶,极一时之乐,日宴始归,因赋其事云。

胜友相招兴倍浓,晓光掠面过榆中。

苍烟笼翠峰峦迥,古木承天气象雄。

霜雪只应添秀色,枝柯常自引清风。

劳生不必悲秋晚,壮志还看岭上松。

别兰州诸师友

1978 年 11 月 14 日

喜至金城越三旬,旧交新识两相亲。

---

① 过鸟鞘(shāo)岭。

今朝小别情何限,他日重逢细论文。

酬兰州张孟伦先生以诗见赠,多称扬之语,殊不敢当

十年动乱之后,1979 年 5 月

远劳音问惠诗篇,感切衷肠思渺然。

千里关山清月夜,一帘风雨落花天。

难酬夙愿忧心力,敢论余生竞后先。

吟罢华章增愧悚,每怀靡及叹君贤。

寄老友严学宭兄(子君)武昌桂子山华中师范学院

1979 年 8 月 25 日于北京

宣南燕饮话襟期①,四十余年久别离。

江介风多春意老,塞垣霜重月轮低。

华年盛事惊虚梦,衰齿颓颜念旧知。

海内乾坤如许大,感君高义动心脾。

游四川灌县都江堰离堆二王庙

1979 年 10 月入蜀,于蓉城作

川蜀文明古,离堆举世闻。

李冰贤父子,惠泽及斯民。

能得众人力,疏导定乾坤。

夏秋洪潦至,桀骜不可驯。

惊涛冲雪浪,浩荡杳无垠。

势欲吞牛马,遑论鸡与豚。

但经鱼嘴坝,猛势顿相分。

转向飞沙堰,浊泥渍岸滨。

直入宝瓶口,悠漾向江村。

沟渠布纵横,田畴碧如茵。

年丰人欢笑,庶物富且殷。

---

① 君旅京,寓于宣武门南。

仓廪溢梁栋，歌吹颂良辰。

蜀汉成天府，万代仰清芬。

为政贵力行，空言何足论。

寄香港选堂饶宗颐先生

1980 年

岭表逢君契合深，每闻宏论快胸襟。

江山一别音疏阔，明月应知两地心。

庆祝中华书局成立七十周年

1981 年 8 月

古籍流传久，缥缃卷帙多。

前贤遗后哲，累世重勘摩。

自有雕版术，书史广传播。

剞劂贵精细，墨色尚匀和。

宋元畅其流，明清扬其波。

近世书业盛，沪上导先河。

中华与商务，不复守陈窠。

古今兼相顾，囊括各学科。

济济多士才，咸仰沾溉多。

今者谋建树，出版有专主。

才士如云集，众擎更易举。

古籍待新编，编选有伦序。

非为欲崇古，数典岂忘祖。

鉴往以知来，端在慎所取。

展望起鸿图，旁溥应可睹。

振发百世功，赫赫惊寰宇。

为友人题画（画师倪云林意）

清词彩笔见精神，惯写秋山雨后林。

澹宕风烟多逸趣，沧洲云水岁寒心。

有感

一滞京华数十春,春风逃离郁如林。

劳生于世终何益,日昃操觚惜寸阴。

又

讲习京华四十春,东风桃李竞芳芬。

无何老去疏慵甚,抚卷常怀后继人。

于苏州训诂学讨论会上作

1982 年 11 月 2 日

关门相聚喜清秋,四座高谈意兴遒。

缵续前贤成伟业,广开蹊径展新猷。

张中行兄邀去香山小住因寄

春晚多风雨,微寒尚著人。

一年花事尽,杯酒旧交亲。

屡念郊园趣,常嗟市筑尘。

感君诗意重,欢会岂辞频。

奉陪选堂、宪通两先生游江陵,登荆州北门,并于沙市送行前往奉节

荆江同访楚王城,沙市停车送远行。

君去夔州风正稳,东出峡口一帆轻。

又

苍茫宇宙浮生短,把臂高谈论古今。

深羡轻舟溯江渚,烟波浩渺适长吟。

重至屯溪

1983 年 5 月

廿年犹自忆前踪,重见溪桥柳色浓。

雨歇鸠鸣风候暖,插秧人在画图中。

1984 年访日讲学,始至京都。奉和清水茂教授见赠

6 月 4 日

凌云破雾喜东征,敢荷高车远路迎。
山色葱茏风候暖,川光熠耀晚霞明。
得亲芝范平生愿,久慕诗家四海名。
京洛招提看不尽,庄严佳丽自天成。

奉酬早稻田大学松浦友久教授

1984 年 7 月

1984 年 7 月访早稻田大学,承图书馆展示唐写本《玉篇》及《礼记子本疏义》,得识松浦友久教授。教授有赠别诗云:"南浦何人不别离,相知相送自堪悲。纵令大海风涛隔,时寄飞鸿一曲词。"因奉酬一章。

初承雅教沐清辉,谈笑风生澹忘归。
君在日边川路杳,何当相会有良机。

戏为绝句并序

1984 年 7 月 2 日

1984 年 7 月访东京大学及东京外国语大学亚非文化研究所,并在东大作公开学术演讲。7 月 2 日,桥本万太郎教授、平山久雄教授盛情邀予与妻淑宜游日光名胜。车中桥本先生谓:"江山易改,秉性难移","移"与"改"二字当互换,始与意义相合。余谓前代成语特重平仄音律,如"山清水秀"亦然,"清、秀"二字互易方合。车中所谈,莫非语言之事。中午游轮王寺,观华严泷,望中禅寺湖,遂宿于日光金谷旅舍。是晚思及车中谈笑之乐,戏为绝句呈两先生。

山清水秀望飞泉,秉性难移爱语言。
今日相携登胜境,万峰苍翠笼寒烟。

乙丑重九随程千帆先生登金陵中华门观藏兵洞,因赋短章呈教

1984 年 10 月

宿雨初晴露未晞,登临同赏旧城基。
金汤岂抵人心在,不羡藏兵百万师。

重游西安兴庆宫

1986 年 4 月 16 日

花萼沉香迹已陈，美人箫管寂无闻。
君王雅爱腰肢舞，空有风飘绿柳裙。

怀小川环树教授并申喜寿之祝

1987 年元月 24 日作

几度从君闻雅教，难禁身远倍增思。
扶桑日暖春应早，海鹤添筹庆寿时。

泛舟富春江并访黄公望隐居处

1987 年夏历三月

三月绯桃映水开，舟行迤逦傍山隈。
暗云疏雨笼春色，指点峰峦认钓台①。
子久山居隐富春②，免遭叱咤作痴人③。
丹青妙笔殊潇洒，谁识心中蕴苦辛。

1987 年 9 月 22 日，日本京都大学清水茂教授应聘来华讲学，喜作小诗四章呈正

流光驹逝已三年④，最忆长街北白川⑤。
比睿苍烟迎户牖⑥，杜鹃浓艳总堪怜⑦。

黉舍多才人济济，研修驳难乐融融。
我悦此邦重师道，几番回味醉春风⑧。

宇治名高念旧游⑨，月光辉映满芳洲。
腾空烟火如明昼，散落疏星带水浮。

---

① 严子陵钓鱼处，高三丈许。
② 子久有《富春山居图》。
③ 避蒙古人呵斥，自称大痴道人。
④ 1984 年曾访日。
⑤ 在京都左京区。
⑥ 寓京都大学国际交流会馆五楼，窗对比睿山。
⑦ 门外阶前两行杜鹃花，姹紫嫣红，鲜艳夺目。
⑧ 多次与会，听学者作报告。
⑨ 先生寓所在宇治，中元节晚承亲来寓所相邀前往观烟火。

今朝重会日边人,散郁逍遥语笑频。

心仪仰慕倾积愫,沧海迢迢若比邻。

陪清水教授游颐和园,蒙惠诗奉和[①]

9 月 22 日

喜迎嘉客至,乘兴共遨游。

日丽风烟净,阁高气象豪。

行舟多细藻,拍岸戽惊涛。

慨叹前朝事,何曾恤殚劳。

再次奉和见赠二章[②]

9 月 28 日

登山岂畏高,非比太空遨。

望远胸怀阔,临风逸兴豪。

龙宫生雾霭,铜兽镇波涛。

佳景诚希有,猕桃可祛劳[③]。

天晴爽气高,休沐适游遨。

佛阁凌空险,回廊绕殿豪。

登临览古迹,徙倚听松涛。

旧物伤零落,生民殚苦劳。

虞美人

1936 年冬居南京,常至孝陵南赏梅花,北归之后,犹念念不忘,有国土沦陷之痛。

梦中犹记城闉路,雪后花千树。暗香疏影近黄昏,独自徘徊徙倚坐青墩。　　钟山一别音尘杳,为问春来早。月华应照满山明,簇锦繁英何日见

---

① 原作:天晴秋气高,喜与硕儒遨。鱼藻围船戏,湖山护殿豪。海军为石舫,国步陷狂涛。游客欣风景,岂忘黔首劳　9 月 21 日

② 原作:再游颐和园　登坡渐及高,怡眼胜初遨。能仿江南好,固存河北豪。平原才见岭,渌水不生涛。信美非吾土,偏无王粲劳。寻踪兴趣高,回忆满清遨。执政慈禧陋,题诗弘历豪。佛香已无像,慧海亦经涛。文物伤痕在,频思动乱劳。9 月 27 日

③ 儿子士琦陪登佛香阁,饮猕猴桃汽水。

清平。

浣溪沙

1936 年秋曾游金陵莫愁湖,1958 年作。

烟雨亭台忆旧游,黄花簌簌满庭秋,夕阳疏柳动人愁。　闻道棋楼今尚在,清波摇荡藕花稠,何时重赏听吴讴。

浣溪沙

伤年华之流逝,有无可奈何花落去之感。

花发春城入眼明,柳丝摇曳燕飞轻,几番尊酒话平生。　往事云烟空有恨,百年身世足堪惊,素笺何以寄深情。

浣溪沙·题几士居主人(史君树青)添词图

碧涨澄澄烟气浮,远山呈翠作清幽,闲云舒卷为君留。　词客至今称达祖,高人逸少最风流,锦笺香管写春愁。

浣溪沙·观兰州黄河河口有感

河口青山两扇开,洪流浩森自天来,排空泻玉荡尘埃。　千古文明资孕育,九垓风物赖栽培,临流畅想几徘徊。

浣溪沙并序

1978 年 11 月 15 日

予自兰州讲学东归,途经西安,未能一留,有负师友殷殷相邀之厚意。时细雨霏霏,四顾朦胧,怅然有怀。

夜发金城路向东,秦川烟雨正濛濛,坡坡绿麦绣如绒。　驿近长安劳望眼,车依渭曲过临潼,何时得见展从容。

蝶恋花并序

赵元任先生自美赐书,并惠近照,且谓"已经老了",因赋词一首致谢。

1978 年春

耄耋高龄人未老,霁月高风,犹是当年貌。遥隔云天承惠教,寒冬初过春来早①。　　顾我薄才无所造,蒲柳先衰,且幸精神好。切盼轻轺时一到②,得亲謦欬申怀抱。

浣溪沙

中国音韵学研究会于武汉成立大会有作,1980 年。

高会群英在鄂城,登临四望楚山青,东湖烟暖碧波平。　　论韵宜详洪与细,审音应辨重和轻,萧颜胜业喜峥嵘③。

浣溪沙

自合肥偕淑宜游黄山,东去杭州,途经屯溪,宿屯溪楼上。

楼迥临江瞩望余④,淡烟一抹衬明霞,水禽遥集落平沙⑤。　　暂憩征车留醉饮,漫劳知友瀹清茶,欢谈不觉月光斜。

浣溪沙·灞桥柳

1982 年 10 月游西安作

古柳依依向晚晴,长条拂地舞轻盈,灞桥流水泛金星。　　阅尽行人今古恨,望极烟草浅深情,路旁何处有长亭。

玉楼春·怀友

人生易老天难老,冻雪消残春又到。已教松柏展青葱,应遣芳菲舒窈窕。　　别离长恨云山渺,遥想汾河风日好。民淳俗古露苗新,彩笔题诗应未少。

---

① 时中美关系已解冻。
② 轻轺谓飞机。
③ 谓萧该、颜之推于陆法言家论韵。
④ 东望新安江。
⑤ 多为鹭鹚,夜则栖于楼侧松树间。

主要术语、人名、论著索引